MANUAL DE DIREITO DO URBANISMO

Vol. I

FERNANDO ALVES CORREIA
PROFESSOR CATEDRÁTICO DA FACULDADE DE DIREITO
DA UNIVERSIDADE DE COIMBRA

MANUAL DE DIREITO DO URBANISMO

Vol. I

4.ª EDIÇÃO

REIMPRESSÃO

ALMEDINA

MANUAL DE DIREITO DO URBANISMO

AUTOR
FERNANDO ALVES CORREIA

EDITOR
EDIÇÕES ALMEDINA, SA
Rua Fernandes Tomás, n.ᵒˢ 76, 78, 80
3000-167 Coimbra
Tel.: 239 851 904
Fax: 239 851 901
www.almedina.net
editora@almedina.net

PRÉ-IMPRESSÃO | IMPRESSÃO | ACABAMENTO
G.C. GRÁFICA DE COIMBRA, LDA.
Palheira – Assafarge
3001-453 Coimbra
producao@graficadecoimbra.pt

Março, 2012

DEPÓSITO LEGAL
279132/08

Os dados e as opiniões inseridos na presente publicação
são da exclusiva responsabilidade do(s) seu(s) autor(es).

Toda a reprodução desta obra, por fotocópia ou outro qualquer
processo, sem prévia autorização escrita do Editor, é ilícita
e passível de procedimento judicial contra o infractor.

Biblioteca Nacional de Portugal – Catalogação na Publicação

CORREIA, Fernando Alves

Manual de direito do urbanismo. – 4ª ed. – 2 v.
(Manuais)
1º v. :   p. - ISBN 978-972-40-3571-0

CDU 397
      378

NOTA PRÉVIA À 4.ª EDIÇÃO

Decorrido pouco mais de ano e meio sobre a data da publicação da 3.ª Edição do Volume I do Manual de Direito do Urbanismo, são já várias as modificações legislativas com importantes repercussões nas matérias nele versadas. São exemplos mais relevantes: a aprovação do regime jurídico da avaliação ambiental de planos e programas, através do Decreto-Lei n.º 232/2007, de 15 de Junho, transpondo para a ordem jurídica interna as Directivas n.ᵒˢ 2001/42/CE, do Parlamento Europeu e do Conselho, de 27 de Junho, e 2003/35/CE, do Parlamento Europeu e do Conselho, de 26 de Maio; a alteração à Lei n.º 48/88, de 11 de Agosto (Lei de Bases da Política de Ordenamento do Território e de Urbanismo), operada pela Lei n.º 54/2007, de 31 de Agosto; a alteração ao Decreto-Lei n.º 380/99, de 22 de Setembro (Regime Jurídico dos Instrumentos de Gestão Territorial), primeiro pela Lei n.º 56/2007, de 31 de Agosto, e depois pelo Decreto-Lei n.º 316/2007, de 19 de Setembro; a aprovação do Programa Nacional da Política de Ordenamento do Território (PNPOT), levada a cabo pela Lei n.º 58/2007, de 4 de Setembro; e a alteração ao Decreto-Lei n.º 555/99, de 16 de Dezembro (Regime Jurídico da Urbanização e Edificação), operada pela Lei n.º 60/2007, de 4 de Setembro.

A presente edição do Volume I do Manual de Direito do Urbanismo pretende dar conta destas e de outras modificações legislativas, bem como apresentar alguns aperfeiçoamentos doutrinais e jurisprudenciais relacionados com vários pontos nele versados.

Em tudo o mais, ela mantém as características e os objectivos essenciais das edições anteriores.

Coimbra, 18 de Junho de 2008

F. ALVES CORREIA

NOTA PRÉVIA À 3.ª EDIÇÃO

A presente edição do Volume I do Manual de Direito do Urbanismo foi motivada por dois objectivos fundamentais: apresentar alguns aperfeiçoamentos e desenvolvimentos em vários pontos nele versados; e dar conta de algumas actualizações decorrentes de alterações legislativas e de novidades nos domínios da planificação territorial, da doutrina e da jurisprudência.

Em tudo o mais, a 3.ª Edição mantém as características e os objectivos essenciais das edições anteriores.

Coimbra, 16 de Outubro de 2006

F. ALVES CORREIA

NOTA PRÉVIA À 2.ª EDIÇÃO

Esgotada a 1.ª edição do Volume I do Manual de Direito do Urbanismo, dá-se, agora, à estampa a 2.ª edição, a qual, apesar de conter algumas actualizações – decorrentes, sobretudo, de alterações legislativas – e alguns aperfeiçoamentos, mantém as características e os objectivos essenciais da 1.ª edição.

Ela apresenta, no entanto, uma importante novidade em relação à edição anterior: a inclusão da Parte II, dedicada ao Direito e Política de Solos, *a qual comporta dois Capítulos, que versam, respectivamente,* o regime urbanístico da propriedade do solo e a intervenção da Administração Pública nos solos urbanos.

Coimbra, Outubro de 2004

F. ALVES CORREIA

NOTA PRÉVIA

Desde o ano lectivo de 1990/1991 – ano em que, pela primeira vez, fomos incumbidos da regência das aulas teóricas da disciplina de Direito Administrativo do 5.º ano ("Opção Jurídico-Publicística") –, vimos inserindo, no programa desta cadeira, o ensino dos aspectos mais importantes do Direito do Urbanismo português. A justificação desta opção foi apresentada no nosso Relatório sobre o Programa, os Conteúdos e os Métodos de Ensino da Disciplina de Direito Administrativo – 5.º ano, publicado na nossa obra Estudos de Direito do Urbanismo, Coimbra, Almedina, 1997. *A leccionação das linhas fundamentais do ordenamento jurídico urbanístico português estendeu-se, a partir do ano lectivo de 1995/1996, ao Curso de Pós--Graduação em Direito do Ordenamento do Território, do Urbanismo e do Ambiente, ministrado pela Faculdade de Direito de Coimbra, em conjugação com o Centro de Estudos de Direito do Ordenamento, do Urbanismo e do Ambiente (CEDOUA), primeiro, nas disciplinas de "Regime Jurídico dos Planos" e de "Gestão Urbanística" e, posteriormente, nas disciplinas de "Direito do Urbanismo I" e de "Direito do Urbanismo II".*

Sempre tivemos consciência da utilidade (e até da necessidade) da elaboração e da publicação de um Manual, *que condensasse o essencial do nosso ensino oral sobre os princípios e os institutos fundamentais do Direito do Urbanismo. Um tal propósito foi sendo, no entanto, sucessivamente adiado, fundamentalmente por duas razões. A primeira foi a manifesta falta de tempo, devido às absorventes funções de Juiz do Tribunal Constitucional, que tivemos a honra de exercer, de 30 de Outubro de 1989 a 16 de Março de 1998. A segunda foi a acentuada instabilidade do nosso ordenamento urbanístico, verificada nos últimos anos, e decorrente, sobretudo, das frequentes reformas legislativas, fenómeno que originou alguma desmotivação na concepção e na execução do nosso projecto.*

Ultrapassados estes dois obstáculos – e quanto ao segundo, não queremos deixar de assinalar que, depois das reformas dos últimos quatro anos, é desejável que o nosso ordenamento jurídico urbanístico adquira uma maior estabilidade, necessária para que ele seja mais eficaz –, estão criadas as condições para darmos à estampa (e submetermos ao juízo crítico do público) o nosso "Manual de Direito do Urbanismo". *Os seus destinatários principais são, como facilmente se compreende, os alunos. Daí que ele seja escrito num estilo didáctico, destinado, acima de tudo, a pôr em evidência os princípios basilares do ordenamento jurídico urbanístico e os interesses conflituantes que ele se propõe harmonizar e satisfazer equilibradamente e, bem assim, a descobrir os fundamentos, com base numa dialéctica argumentativa, das opções consagradas nos textos normativos do urbanismo. Mas não ignoramos que o Manual terá também alguma utilidade para a comunidade jurídica em geral, que dispõe ainda de escassos estudos sobre o Direito do Urbanismo português.*

Não podemos deixar de referir, por último, que, na elaboração deste Manual, aproveitámos muito do que anteriormente escrevemos sobre vários temas de Direito do Urbanismo.

Coimbra, Novembro de 2001

F. ALVES CORREIA

ABREVIATURAS

AD	*Acórdãos Doutrinais do Supremo Tribunal Administrativo.*
AFDUH	*Annuaire Français du Droit de l'Urbanisme et de l'Habitat.*
AIA	*Avaliação de Impacte Ambiental.*
AJDA	*L'Actualité Juridique – Droit Administratif.*
BFDUC	*Boletim da Faculdade de Direito da Universidade de Coimbra.*
BMJ	*Boletim do Ministério da Justiça.*
CEDOUA	*Centro de Estudos de Direito do Ordenamento, do Urbanismo e do Ambiente.*
CJA	*Cadernos de Justiça Administrativa.*
CPA	*Código do Procedimento Administrativo.*
CPTA	*Código de Processo nos Tribunais Administrativos.*
DA	*Documentación Administrativa.*
DAR	*Diário da Assembleia da República.*
DAUH	*Droit de l'Aménagement, de l'Urbanisme et de l'Habitat.*
DJAP	*Dicionário Jurídico da Administração Pública.*
DÖV	*Die Öffentliche Verwaltung.*
DR	*Diário da República.*
DRL	*Direito Regional e Local.*
DVBl	*Deutsches Verwaltungsblatt.*
ED	*Enciclopedia del Diritto.*
ETAF	*Estatuto dos Tribunais Administrativos e Fiscais.*
FA	*Foro Amministrativo.*
ICNB	*Instituto de Conservação da Natureza e da Biodiversidade.*
JuS	*Juristische Schulung.*
LBPOTU	*Lei de Bases da Política de Ordenamento do Território e de Urbanismo.*
LPTA	*Lei de Processo nos Tribunais Administrativos.*

NDI	*Novíssimo Digesto Italiano.*
NJW	*Neue Juristische Wochenschrift.*
PDM	*Plano Director Municipal.*
PNPOT	*Programa Nacional da Política de Ordenamento do Território.*
POOC	*Plano de Ordenamento da Orla Costeira.*
PROT	*Plano Regional de Ordenamento do Território.*
QREN	*Quadro de Referência Estratégico Nacional 2007-2013.*
RAN	*Reserva Agrícola Nacional.*
RAP	*Revista de Administración Pública.*
RDC	*Rivista di Diritto Civile.*
RDU	*Revista de Derecho Urbanístico.*
RCCS	*Revista Crítica de Ciências Sociais.*
RCED	*Revista do Centro de Estudos Demográficos.*
RDA	*Revista de Direito Autárquico.*
RDES	*Revista de Direito e de Estudos Sociais.*
RDP	*Revista de Direito Público.*
RDUMA	*Revista de Derecho Urbanístico y Medio Ambiente.*
REN	*Reserva Ecológica Nacional.*
RFAP	*Revue Française d'Administration Publique.*
RFDUL	*Revista da Faculdade de Direito da Universidade de Lisboa.*
RGA	*Rivista Giuridica dell'Ambiente.*
RGE	*Rivista Giuridica dell'Edilizia.*
RGU	*Rivista Giuridica di Urbanistica.*
RIDC	*Revue Internationale de Droit Comparé.*
RISA	*Revue Internationale des Sciences Administratives.*
RJIGT	*Regime Jurídico dos Instrumentos de Gestão Territorial.*
RJUA	*Revista Jurídica do Urbanismo e do Ambiente.*
RJUE	*Regime Jurídico da Urbanização e Edificação.*
RLJ	*Revista de Legislação e Jurisprudência.*
RMP	*Revista do Ministério Público.*
RTDP	*Rivista Trimestrale di Diritto Pubblico.*
VVDStRL	*Veröffentlichungen der Vereinigung der Deutschen Staatsrechtslehrer.*
ZÖR	*Zeitschrift für öffentliches Recht.*

BIBLIOGRAFIA PRINCIPAL*

I. Estudos, Lições e Teses

a) *Língua Portuguesa*

AMARAL, Diogo Freitas do – *Direito do Urbanismo (Sumários)*, Lisboa, 1993.
— *Ordenamento do Território, Urbanismo e Ambiente: Objecto, Autonomia e Distinções*, in RJUA, N.º 1 (1994).
— *Apreciação da Dissertação de Doutoramento do Licenciado Fernando Alves Correia "O Plano Urbanístico e o Princípio da Igualdade"*, in RFDUL, Vol. XXXII (1991).
— *Opções Políticas e Ideológicas Subjacentes à Legislação Urbanística*, in Direito do Urbanismo, coord. D. Freitas do Amaral, Lisboa, INA, 1989.

ANTUNES, Luís Filipe Colaço – *Direito Urbanístico, Um Outro Paradigma: A Planificação Modesto-Situacional*, Coimbra, Almedina, 2002.

AZEVEDO, Bernardo – *Servidão de Direito Público (Contributo para o seu Estudo)*, Coimbra, Coimbra Editora, 2005.

BRITO, Miguel Nogueira de – *A Justificação da Propriedade Privada numa Democracia Constitucional*, Coimbra, Almedina, 2007.

CARDOSO, Isabel Moraes – *A Revisão do Plano Regional de Ordenamento do Território do Algarve e o Regime de Adequação dos Planos Municipais de Ordenamento do Território. Em Especial, os Investimentos Estruturantes (NDE e NDT)*, in RJUA, N.ºs 27/28 (2007).

---

* Indicam-se apenas, para efeitos de consulta, algumas das principais obras sobre Direito do Urbanismo, sendo referidos nas notas de rodapé outros importantes elementos bibliográficos utilizados em cada um dos pontos específicos abordados no Manual.

CARVALHO, Jorge – *Ordenar a Cidade*, Coimbra, Quarteto, 2003.
CONDESSO, Fernando dos Reis – *Direito do Urbanismo (Noções Fundamentais)*, Lisboa, Quid Juris?, 1999.
CORDEIRO, António – *A Protecção de Terceiros em Face de Decisões Urbanísticas*, Coimbra, Almedina, 1995.
— *Arquitectura e Interesse Público*, Coimbra, Almedina, 2008.
CORREIA, Fernando Alves – *O Plano Urbanístico e o Princípio da Igualdade*, Coimbra, Almedina, 1990.
— *As Grandes Linhas da Recente Reforma do Direito do Urbanismo Português*, Coimbra, Almedina, 1993.
— *Estudos de Direito do Urbanismo*, Coimbra, Almedina, 1997.
— *O Contencioso dos Planos Municipais de Ordenamento do Território*, in RJUA, N.º 1 (1994).
— *A Execução dos Planos Directores Municipais. Breves Considerações*, in RJUA, N.º 3 (1995).
— *Propriedade de Bens Culturais – Restrições de Utilidade Pública, Expropriações e Servidões Administrativas*, in Direito do Património Cultural, coord. Jorge Miranda/J. Martins Claro/M. Tavares de Almeida, Lisboa, INA, 1996.
— *Evolução do Direito do Urbanismo em Portugal em 1997-1998*, in BFDUC, Vol. 74 (1998).
— *Problemas Actuais do Direito do Urbanismo em Portugal*, in Revista do CEDOUA, Ano I, N.º 2 (1998).
— *"Caducidade" de Licenças e Aprovações Urbanísticas Incompatíveis com as Disposições de um Superveniente PROT: uma Solução Constitucionalmente Admissível? Anotação ao Acórdão do STA (1.ª Secção) de 30.9.1997, P. 35751*, in CJA, N.º 14 (1999).
— *A Jurisprudência do Tribunal Constitucional sobre Expropriações por Utilidade Pública e o Código das Expropriações de 1999*, Separata dos N.ºˢ 3904 a 3914 da RLJ, Coimbra, 2000.
— *Urbanismo (Direito do)*, Separata do II Suplemento do DJAP, Lisboa, 2001.
— *Planos Municipais de Ordenamento do Território, Perequação de Benefícios e Encargos e Indemnização*, in BFDUC, *Studia Juridica* 61, *Ad Honorem* – 1, Estudos em Homenagem ao Prof.

Doutor Rogério Ehrhardt Soares, Coimbra, Coimbra Editora, 2001.
— *Evolução do Direito do Urbanismo em Portugal em 1999-2000*, in Revista do CEDOUA, Ano IV, N.º 1 (2001).
— LOPES, Dulce – *O Direito das Implantações Comerciais em Portugal, Uma Mesma Realidade, Dois Olhares Diferentes*, in Revista do CEDOUA, Ano V, N.º 9 (2002).
— *Le Juge et l'Urbanisme au Portugal, Rapport*, in Le Juge et l'Urbanisme dans les Pays de l'Europe de l'Ouest, Colloque International de Rome, Les Cahiers du Gridauh, N.º 9 (2004).
— *Evolução do Direito do Urbanismo em Portugal em 2001, 2002 e 2003*, in Revista do CEDOUA, Ano VI, N.º 12 (2003).
— MELO, António Barbosa de/OLIVEIRA, Fernanda Paula//LOPES, Dulce/MENDES, Joana – *Direito do Urbanismo e Autarquias Locais*, CEDOUA/FDUC/IGAT, Coimbra, Almedina, 2005.
— *Le Contenu des Instruments de Gestion Territorial au Portugal, Rapport* (com a colaboração de LOPES, Dulce), in Le Contenu des Plans d'Urbanisme et d'Aménagement dans les Pays d'Europe de l'Ouest, Colloque International de Genève – Lausanne, Les Cahiers du GRIDAUH, N.º 15 (2006).
— *Urbanismo (Direito do)*, in Polis/Enciclopédia Verbo da Sociedade e do Estado, Vol. V, 2.ª ed., Lisboa-São Paulo, Verbo, 2005.
— *Principais Instrumentos da Tutela do Ambiente Urbano em Portugal*, in A Tutela Jurídica do Meio Ambiente: Presente e Futuro, BFDU, *Studia Juridica* 81, *Colloquia* 13, Coimbra, Coimbra Editora, 2005.
— *O Direito do Urbanismo em Protugal (Síntese)*, in RLJ, Ano 135.º, N.º 3937.
— *Le Silence de l'Administration en Droit de l'Urbanisme Portugais*, in Mélanges en l'Honneur de Henri Jacquot, Orléans, Presses Universitaires d'Orléans, 2006.

— *O Direito do Ordenamento do Território e o Direito do Urbanismo em Portugal: Os Grandes Desafios do Futuro,* in Scientia Iuridica, Tomo LVI, N.° 309 (2007), e in Revista Andaluza de Administración Pública, N.° 64 (2006).

— *A Perequação nos Planos Municipais de Ordenamento do Território (Breves Considerações),* in 30 anos de Poder Local na Constituição da República Portuguesa, Governo Civil de Braga//Universidade do Minho, 2007.

— *A Avaliação Ambiental de Planos e Programas: Um Instituto de Reforço da Protecção do Ambiente no Direito do Urbanismo,* in RLJ, Ano 137.°, N.° 3946.

— *O Programa Nacional de Ordenamento do Território (PNPOT): Um Instrumento de Reforço da Harmonia e da Coerência do Sistema de Gestão Territorial,* in IV Colóquio Internacional "O PNPOT e os Novos Desafios do Ordenamento do Território", FDUC/CEDOUA/APDU, Coimbra, Almedina, 2008.

COSTA, António Pereira da – *Direito dos Solos e da Construção,* Braga, Livraria Minho, 2000.

DALLARI, Adilson Abreu/FERRAZ, Sérgio (coord.) – *Estatuto da Cidade,* São Paulo, Malheiros, 2003.

DIREITO DO URBANISMO, coord. Diogo Freitas do Amaral, Lisboa, INA, 1989.

DIREITO URBANÍSTICO, org. Edésio Fernandes, Belo Horizonte, Del Rey, 1998.

GARCIA, Maria da Glória Ferreira Pinto Dias – *Direito do Urbanismo (Relatório),* Lisboa, Lex, 1999.

— *O Direito do Urbanismo Entre a Liberdade Individual e a Política Urbana,* in RJUA, N.° 13 (2000).

GOMES, Rogério Manuel Loureiro – *A Região Urbana,* Tese Mest., polic., Lisboa, 2005.

GONÇALVES, Pedro – *Controlo Prévio das Operações Urbanísticas Após a Reforma Legislativa de 2007,* in DRL, N.° 1 (2008).

GUIA DAS ALTERAÇÕES AO REGIME JURÍDICO DOS INSTRUMENTOS DE GESTÃO TERRITORIAL, Lisboa, DGOTDU, 2007.

GUERREIRO, J. A. Mouteira – *Efeitos Registrais Decorrentes da Execução Urbanística*, in DRL, N.º 2 (2008).
LEAL, Rogério Gesta – *Direito Urbanístico (Condições e Possibilidade da Constituição do Espaço Urbano)*, Rio de Janeiro/São Paulo, 2003.
LOBO, Manuel Costa/PARDAL, Sidónio/CORREIA, Paulo V. D./LOBO, Margarida Sousa – *Normas Urbanísticas*, Vol. I (*Princípios e Conceitos Fundamentais*), 2.ª ed., Lisboa, DGOTDU/UTL, 1996.
MEIRELLES, Hely Lopes – *Direito de Construir*, 7.ª ed., São Paulo, Malheiros, 1996.
MIRANDA, João – *A Dinâmica Jurídica do Planeamento Territorial (a Alteração, a Revisão e a Suspensão dos Planos)*, Coimbra, Coimbra Editora, 2002.
MONTEIRO, Cláudio – *O Embargo e a Demolição de Obras no Direito do Urbanismo*, Tese Mest., polic., Lisboa, 1995.
MORAIS, Paula – *Dicionário: Conceitos Jurídicos nos Domínios do Ordenamento do Território, do Urbanismo e do Ambiente*, APDU, Coimbra, Almedina, 2004.
— *Planificação Sem Planos*, Estudos do CEDOUA, Coimbra, Almedina, 2006.
MUKAI, Toshio – *O Estatuto da Cidade – Anotações à Lei n.º 10.257, de 10-07-2001*, São Paulo, Saraiva, 2001.
NEVES, Maria José Castanheira/OLIVEIRA, Fernanda Paula/LOPES, Dulce – *Regime Jurídico da Urbanização e Edificação Comentado*, Coimbra, Almedina, 2006.
NOVAIS, Jorge Reis – *Ainda Sobre o Jus Aedificandi (... Mas Agora Como Problema de Direitos Fundamentais)*, in Direitos Fundamentais: Trunfos Contra a Maioria, Coimbra, Coimbra Editora, 2006.
OLIVEIRA, Fernanda Paula Marques de – *Medidas Preventivas dos Planos Municipais de Ordenamento do Território (Alguns Aspectos do Seu Regime Jurídico)*, in BFDUC, Studia Juridica 32, Coimbra, Coimbra Editora, 1998.
— *Planos Especiais de Ordenamento do Território: Tipicidade e Estado da Arte. Em Especial os Planos de Ordenamento das Áreas Protegidas*, in Revista do CEDOUA, N.º 17 (2006).

— *A Alteração ao Regime Jurídico de Urbanização e Edificação: Uma Lebre que Saiu Gato...?*, in DRL, N.º 0 (2007).

— *A Reserva Ecológica Nacional e o Planeamento do Território: A Necessária Consideração Integrada de Distintos Interesses Públicos*, in RJUA, N.ºˢ 27/28 (2007).

— *As Virtualidades das Unidades de Execução num Novo Modelo de Ocupação do Território*, in DRL, N.º 2 (2008).

— LOPES, Dulce – *Medidas Cautelares dos Planos*, in Revista do CEDOUA, Ano V, N.º 10 (2002).

— LOPES, Dulce – *Implicações Notariais e Registais das Normas Urbanísticas*, Coimbra, Almedina, 2004.

— LOPES, Dulce – *Direito do Urbanismo (Casos Práticos Resolvidos)*, Coimbra, Almedina, 2005.

O SISTEMA DE EXECUÇÃO DE PLANOS E A PEREQUAÇÃO, Lisboa, DGOTDU, 2002.

SILVA, José Afonso da – *Direito Urbanístico Brasileiro*, 4.ª ed., São Paulo, Malheiros, 2006.

SÈVES, António Bernardo de Meneses e Lorena de – *Um "Condomínio" Aberto? A Protecção Jurídica Pública de Terceiros nos Loteamentos Urbanos*, Tese Mest., polic., Coimbra, 2004.

VIANA, Cláudia — *A Actividade Administrativa de Formação dos Planos Directores Municipais [A Experiência dos Municípios do Distrito de Braga]*, Braga, Associação Jurídica de Braga, 2002.

b) *Língua Estrangeira*

ABRAMI, Alberto – *Il Regime Giuridico delle Aree Protette*, Torino, Giappichelli, 2000.

ANGIOLINI, Vittorio/MARZUOLI, Carlo/ROCCELA, Alberto/SORACE, Domenico/TRAVI, Aldo – *Materiali per un Corso di Diritto Urbanistico*, 2.ª ed.,Torino, Giappichelli, 1996.

ASSINI, Nicola/MANTINI, Pierlugi – *Manuale di Diritto Urbanistico*, 3.ª ed., Milano, Giuffré, 2007.

AUBY, Jean-Bernard/PÉRINET-MARQUET, Hugues – *Droit de l'Urbanisme et de la Construction*, 2.ª ed., Paris, Montchestien, 1989.

BATTIS, Ulrich – *Öffentliches Baurecht und Raumordnungsrecht*, 4. Aufl., Stuttgart/Berlin/Köln, Kohlhammer, 1999.
BATTIS, Ulrich/KRAUTZBERGER, Michael/LÖHR, Rolf-Peter – *Baugesetzbuch*, 10. Aufl., München, Beck, 2007.
BLACKHALL, J. Cameron – *Planning Law and Practice*, 3.ª ed., Oxon, Cavendish, 2006.
BLANCA BLANQUER, Maria – *Derecho Urbanistico Actual*, Vol. I e II, Madrid, Montecorvo, 1993.
BREUER, Rüdiger/SCHMALTZ, Hans Karsten/SCHRÖDTER, Wolfgang/ /KÖHLER, Horst/SCHRÖDTER, Hans/STANG, Gerulf – *Baugesetzbuch Kommentar*, 5. Aufl., München, Vahlen, 1992.
BROHM, Winfried – *Öffentliches Baurecht*, 2. Aufl. München, Beck, 1999.
CARCELLER FERNANDEZ, Antonio – *Instituciones de Derecho Urbanistico*, 5.ª ed., Madrid, Montecorvo, 1992.
CHARLES, Hubert – *Droit de l'Urbanisme*, Paris, PUF, 1997.
COGNETTI, Stefano – *La Tutela delle Situazioni Soggetive tra Procedimenti e Processo (le Esperienze di Pianificazione Urbanistica in Italia e in Germania)*, Perugia, Edizioni Schientifiche Italiane, 1987.
CRISTINI, René – *Droit de l'Urbanisme*, Paris, Economica, 1985.
CULLINGWORTH, Barry/NADIN, Vincent – *Town and Country Planning in the UK*, 14.ª ed., London/New Iork, Routledge, 2007.
DERECHO URBANÍSTICO ESTATAL Y AUTONÓMICO, coord. Tomás Quintana López, Valencia, Tirant lo Blanch, 2001.
DÜRR, Carmen Seiler – *Baurecht*, Baden-Baden, Nomos, 1999.
DÜRR, Hansjochen – *Baurecht*, 10. Aufl., Baden-Baden, Nomos, 2001.
ERNST, Werner/HOPPE, Werner – *Das Öffentliche Bau und Bodenrecht, Raumplanungsrecht*, 2. Aufl., München, Beck, 1981.
ESTÉVEZ GOYTRE, Ricardo – *Manual de Derecho Urbanístico*, 5.ª ed., Granada, Comares, 2006.
FERNÁNDEZ CARBALLAL, Almudena – *El Urbanismo Finalista, A Propósito del Principio de Menor Restricción en el Derecho de Propiedad*, Madrid, Civitas, 2002.
FERNÁNDEZ CANO, António/MORILLAS SÁNCHEZ, Pedro/LÓPEZ PELLICER, José António – *Derecho Urbanístico Práctico, Antonómico y Estatal Supletorio*, Madrid, El Consultor, 2001, 2 vols.

FIALE, Aldo – *Diritto Urbanistico*, 6.ª ed., Napoli, Simone, 1996.
FINKELNBURG, Klaus/ORTLOFF, Karsten-Michael – *Öffentliches Baurecht*, Vol. I, 2. Aufl., München, Beck, 1990; e Vol. II, 1994.
GARCÍA DE ENTERRÍA, Eduardo/PAREJO ALFONSO, Luciano – *Lecciones de Derecho Urbanistico*, Madrid, Civitas, 1981.
GELZER, Konrad/BIRK, Hans-Jörg – *Bauplanungsrecht*, 5. Aufl., Köln, Otto Shmidt, 1991.
GONZÁLEZ PÉREZ, Jesús – *Comentarios a la Ley Sobre Regimen del Suelo Y Valoraciones (Ley 6/1998, de 13 de Abril)*, Madrid, Civitas, 1998.
GONZÁLEZ-VARAS IBÁÑEZ, Santiago – *Urbanismo y Ordenación del Territorio*, 4.ª ed., Pamplona, Aranzadi, 2007.
HOPPE, Werner/BÖNKER, Christian/GROTEFELS, Susan – *Öffentliches Baurecht*, 3. Auflage, München, Beck, 2004.
HEALEY, Patsy – *Collaborative Planning*, 2.ª ed., New Iork, Macmillan, 2006.
HAUMONT, Francis – *Droit Européen de l'Aménagement du Territoire et de l'Urbanisme*, Bruxelles, Bruylant, 2007.
JACQUOT, Henri/PRIET, François – *Droit de l'Urbanisme*, 5.ª ed., Paris, Dalloz, 2004.
KOCH, Hans-Joachim/HENDLER, Reinhard – *Baurecht, Raumordnungsrecht und Landesplanungsrecht*, 2. Aufl., Stuttgart/München//Hannover/Berlin/Weimar/Dresden, Boorberg, 1995.
KREBS, Walter – *Baurecht*, in Besonderes Verwaltungsrecht, org. E. Shmidt-Assman, 10. Aufl., Berlin/New Iork, W. de Gruyter, 1995.
LAMORLETTE, Bernard/MORENO, Dominique – *Code de l'Urbanisme, Commenté et Annoté*, 16.ª ed., Paris, LexisNexis/Litec, 2007.
LEBRETON, Jean-Pierre – *Droit de l'Urbanisme*, Paris, PUF, 1993.
LÓPEZ RAMÓN, Fernando – *Introducción al Derecho Urbanístico*, 2.ª ed., Madrid, Pons, 2007.
MADIOT, Yves – *L'Aménagement du Territoire*, 2.ª ed., Paris, Masson, 1993.
MANUAL DE URBANISMO, Madrid, Instituto Nacional de Administración Pública, 2001.
MANUALE DI DIRITTO URBANISTICO, a cura di N. Assini, Milano, Giuffrè, 1991.

MAROTTA, Lucio – *Pianificazione Urbanistica e Discrizionalità Amministrativa*, Padova, Cedam, 1988.
MENGOLI, Gian Carlo – *Manuale di Diritto Urbanistico*, 3.ª ed., Milano, Giuffrè, 1992.
MOORE, Victor – *A Practical Approach to Planning Law*, 10.ª ed., Oxford/ New Iork, Oxford University Press, 2007.
MORAND-DEVILLER, Jacqueline – *Droit de l'Urbanisme*, 7.ª ed., Paris, Dalloz, 2006.
MORELLI, Marco – *La Pianificazione Urbanistica, Dal Piano Regolatore Generale ai Piani Attuativi*, Matelica, Halley, 2007.
MUCKEL, Stefan – *Öffentliches Baurecht*, 2. Aufl., Frankfurt am Main, Euwi, 2000.
ORDENAMIENTOS URBANÍSTICOS (VALORACIÓN CRÍTICA Y PERSPECTIVAS DE FUTURO), dir. E. Gómez-Reino y Carnota, Enrique, Madrid/ Barcelona, Pons, 1998.
PAGLIARI, Giorgio – *Corso di Diritto Urbanistico*, 2.ª ed., Milano, Giuffrè, 1999.
PAREJO ALFONSO, Luciano José/ROGER FERNÁNDEZ, Gerardo – *Comentarios a la Ley de Suelo (Ley 8/2007, de 28 de mayo)*, Madrid, Iustel, 2008.
PEINE, Franz-Joseph – *Raumplanungsrecht*, 4. Auflage, Tübingen, Mohr, 2003.
RAMÓN FERNÁNDEZ, Tomás – *Manual de Derecho Urbanístico*, 19.ª ed., Madrid, La Ley/El Consultor, 2006.
SALVIA, Fillipo – *Manuale di Diritto Urbanistico*, Padova, Cedam, 2008.
SALVIA, Fillipo/TERESI, Francesco – *Diritto Urbanistico*, 7.ª ed., Padova, Cedam, 2002.
SÁNCHEZ-CÍA, Ángel Luis – *Ley del Suelo del 98, Comentarios Jurídicos*, Zaragoza, Edijus, 1999.
SAVY, Robert – *Droit de l'Urbanisme*, Paris, PUF, 1981.
SCHMIDT-ASSMANN, Eberhard – *Grundfragen des Städtebaurechts*, Göttingen, Schwartz, 1982.
STOLLMANN, Frank – *Öffentliches Baurecht*, München, Beck, 1998.
TEJEDOR BIELSA, Julio César – *Propiedad, Equidistribución y Urbanismo, Hacia un Nuevo Modelo Urbanístico*, Pamplona, Aranzadi, 1998.

URBANI, Paolo, *Urbanistica Consensuale (La Disciplina degli Usi del Territorio Tra Liberalizzazione, Programmazione Negoziata e Tutele Differenziate)*, Torino, Boringhieri, 2000.

URBANI, Paolo/CIVITARESE, Stefano – *Diritto Urbanistico, Organizzazione e Rapport*, Torino, Giappichelli, 2000.

II. Revistas e Publicações Periódicas

a) *Língua Portuguesa*

– Cadernos de Justiça Administrativa.
– Direito Regional e Local.
– Revista Jurídica do Urbanismo e do Ambiente.
– Revista do Centro de Estudos de Direito do Ordenamento, do Urbanismo e do Ambiente (CEDOUA).

b) *Língua Estrangeira*

– Baurecht – Zeitschrift für das gesamte öffentliche und zivile Baurecht.
– Droit de l'Aménagement, de l'Urbanisme et de l'Habitat (inicialmente, Annuaire Français du Droit de l'Urbanisme e de l'Habitat).
– Droit et Ville.
– L'Actualité Juridique – Droit Administratif.
– L'Actualité Juridique – Propriété Immobilière.
– Revista de Derecho Urbanístico y Medio Ambiente (inicialmente, Revista de Derecho Urbanístico).
– Rivista Giuridica dell'Ambiente.
– Rivista Giuridica dell'Edilizia.
– Rivista Giuridica di Urbanistica.

III. Legislação Básica

CORREIA, Fernando Alves – *Direito do Ordenamento do Território e do Urbanismo (Legislação Básica)*, 8.ª ed., Coimbra, Almedina, 2008.

INTRODUÇÃO

Observando a mais elementar regra metodológica, vamos apresentar, na *Introdução*, um conjunto de noções e de esclarecimentos preliminares sobre o direito do urbanismo, de modo a fornecer ao leitor um acervo de conceitos fundamentais indispensáveis a uma adequada compreensão dos assuntos a versar subsequentemente e de proporcionar um correcto enquadramento das matérias a tratar ao longo do presente Manual.

A "caracterização geral do direito do urbanismo", a "formação e evolução histórica do direito do urbanismo" e a "organização administrativa do urbanismo" constituem os três temas por nós escolhidos para servir de antecâmara ao estudo dos princípios e institutos fundamentais do Direito do Urbanismo.

§ 1.º
CARACTERIZAÇÃO GERAL
DO DIREITO DO URBANISMO

1. Noção e evolução histórica do urbanismo

A "caracterização geral do direito do urbanismo" não pode deixar de incluir, desde logo, a apresentação da noção e evolução histórica do *urbanismo*, o qual constitui o objecto daquela fracção ou sector do ordenamento jurídico. O conceito de *urbanismo* tem uma natureza polissémica, já que comporta uma pluralidade de sentidos.

De entre estes, podemos salientar quatro: o urbanismo como *facto social*, como *técnica*, como *ciência* e como *política*[1-2]. É à análise destes quatro sentidos fundamentais do "urbanismo" que vão ser dedicadas as linhas subsequentes.

1.1. *O urbanismo como facto social*

O urbanismo como *facto social* expressa o fenómeno secular do crescimento da cidade, devido à atracção que a vida desta exerce

---

[1] Para além do vocábulo "urbanismo", outros existem com uma raiz etimológica comum, precisamente a palavra latina *urbs, urbis = cidade*. É o caso dos termos "urbanização", "urbanologia" e "urbanística".

"Urbanização" significa, segundo M. COSTA LOBO, o acto de adaptação do espaço natural ao homem e à sua medida, arrumando as suas instalações, o qual implica uma consciência colectiva de preparação do espaço comum de uma comunidade, através da realização de obras, tais como a modelação do terreno, a sua pavimentação e suporte (estabilidade), a infra-estruturação e o seu equipamento social. O mesmo autor designa por "urbanologia" a ciência que trata da análise e compreensão do *espaço urbano*, quando visa o seu estudo fundamentalmente retrospectivo e de análise. Por sua vez, a "urbanística" abrange, na sua óptica, o corpo do saber respeitante às políticas e estratégias do domínio do planeamento urbano e regional. Cfr. *Noções Fundamentais. Conceitos Técnicos. Habitação e seus Espaços de Vivência*, in Direito do Urbanismo, coord. D. Freitas do Amaral, Lisboa, INA, 1989, p. 18, 20 e 21.

Sobre os referidos conceitos, cfr. também A. CASTELO-BRANCO, *Urbanismo, Urbanística, Urbanização e Urbanologia*, in Verbo/Enciclopédia Luso-Brasileira de Cultura, Vol. 20, Lisboa, Verbo, 1980, p. 1414-1422; e M. COSTA LOBO/SIDÓNIO PARDAL/PAULO V. D. CORREIA/MARGARIDA SOUSA LOBO, *Normas Urbanísticas (Princípios e Conceitos Fundamentais)*, Vol. I, 2.ª ed., Lisboa, DGOTDU/UTL, 1995, p. 221 e 222.

[2] Numa perspectiva algo diferente, A. LORENA de SÈVES identifica três tradições principais no estudo da genealogia do urbanismo, que representam três grandes aproximações de carácter epistemológico aos factos urbanos (as quais não se excluem reciprocamente, antes devem ser vistas integradamente): o urbanismo como problema estético-formal, o urbanismo como racionalidade técnico-científica e o urbanismo como meio de transformação social. Cfr. *Um "Condomínio" Aberto? A Protecção Jurídica Pública de Terceiros nos Loteamentos Urbanos*, Tese Mest., polic., Coimbra, 2004, p. 15-24.

sobre as populações rurais. O aumento contínuo da população que se concentra nos aglomerados urbanos está na origem de uma progressão regular da *taxa de urbanização*, isto é, da percentagem da população que em cada país vive em cidades [3].

Não desconhecemos que a distinção entre o "urbano" e o "rural" é um problema muito complexo e assaz debatido na doutrina. De um modo geral, são dois os tipos de *critérios* avançados para distinguir aquelas duas realidades: os de natureza demográfica e os de carácter não demográfico [4]. Os primeiros procuram a distinção através da determinação do limiar de população ou densidade a partir dos quais um aglomerado populacional ou outra unidade territorial devem ser considerados "urbanos". Os segundos recorrem a outros factores, tais como os conteúdos económicos, sociais e culturais de cada um daqueles meios. Discutem-se, deste modo, elementos como a ocupação económica dos habitantes de uma localidade, em especial a ocupação na agricultura ou em outro sector de actividade; a existência de infra-estruturas de tipo "urbano", de que se destacam as redes de saneamento básico e equipamentos colectivos de determinada natureza; ou, ainda, uma certa forma de cultura "rural" [5]. Por vezes, estes dois tipos

---

[3] Sobre o sentido do urbanismo como *facto social*, cfr. a nossa obra *O Plano Urbanístico e o Princípio da Igualdade*, Coimbra, Almedina, 1989, p. 27-32, e a bibliografia aí citada.

[4] Cfr. JOÃO PEIXOTO, *O Crescimento da População Urbana e a Industrialização em Portugal*, in RCCS, N.º 22 (1987), p. 103.

[5] Cfr. JOÃO PEIXOTO, *ob. e loc. cits.*. Já há alguns anos atrás, A. AMORIM GIRÃO considerava que não era possível estabelecer uma separação segura entre população rural e população urbana, tomando como ponto de partida o número de habitantes ou a densidade por quilómetro quadrado ou ainda tomando como base a forma predominante da actividade económica. Com efeito, como escreve o citado autor, nem sempre o trabalho agrícola constitui a ocupação da maior parte da população rural, nem se pode considerar como urbano um determinado aglomerado só pelo simples facto de uma boa parte trabalhar nos sectores secundário e terciário. Daí que, para aquele autor, o centro urbano se distinga do centro rural principalmente pela *função de relações* que naquele se desenvolve, a qual se baseia especialmente no comércio, na indústia, na administração e noutros serviços públicos, quando estes deixam de ter o carácter local de uma simples aldeia e passam a abranger uma área mais vasta. Outro aspecto importante da distinção entre o

de critérios são usados conjuntamente[6]. De qualquer modo, o critério demográfico é sempre utilizado na definição de centro urbano, por ser o que permite mais facilmente a operacionalização dos dados[7]. Acontece, porém, que não existe um critério estatístico uniforme para definir o aglomerado urbano. Na verdade, alguns autores socorrem-se do limiar estabelecido pelas Nações Unidas, segundo o qual são populações urbanas as que residem em localidades com pelo menos 2.000 habitantes[8]. Outros utilizam patamares diferentes, por exemplo, de

---

"urbano" e o "rural" mencionado pelo mesmo professor é o da *mentalidade* dos habitantes da cidade e do campo: os rurais são, em regra, mais enraizados à terra e mais conservadores das matrizes culturais que beberam na infância, das tradições e costumes; os urbanos têm, de um modo geral, uma mentalidade mais aventureira e mais aberta às influências vindas do exterior e às inovações do progresso. Para além desta distinção, que podemos rotular de *sociológica*, o autor que estamos a citar apresenta ainda uma distinção *geográfica* dos fenómenos "urbano" e "rural". De acordo com esta perspectiva, o povoamento rural adapta-se melhor ao meio que o cerca, "faz corpo com a paisagem" e confunde-se muitas vezes com ela, ao passo que o aglomerado urbano deixa de ser o reflexo das condições naturais do solo e do clima para se transformar, acima de tudo, numa obra do habitante e até, por vezes, o que há de menos conforme às leis da natureza. Cfr. *Origens e Evolução do Urbanismo em Portugal*, Separata do N.º 1 da RCED, Lisboa, 1945, p. 44 e 45.

[6] É o que sucede nos Estados Unidos da América, onde se associam ao volume da população outros parâmetros, designadamente os relacionados com os tipos de actividades económicas predominantes e com a inter-relação entre unidades administrativas elementares. Cfr. J. REIS MACHADO, *Urbanismo*, in Polis/ /Enciclopédia Verbo da Sociedade e do Estado, Vol. V, 2.ª ed., Lisboa-São Paulo, Verbo, 2005, p. 1531 e 1532. O mesmo acontece, entre nós, com JORGE GASPAR (cfr. *Portugal, Os Próximos 20 Anos*, Vol. I – A Ocupação e a Organização do Território –, Lisboa, Gulbenkian, 1987, p. 6), defensor do alargamento do "facto" urbano de cada concelho a todo o seu território, desde que aquele se revele significativo e dominante. Este autor considera como urbanos os concelhos que reunam pelo menos uma das seguintes condições: 1) ter um centro urbano (capital de distrito ou aglomeração com mais de dez mil habitantes); 2) ter uma densidade populacional superior a cem habitantes por Km^2 e menos de 20% da população na agricultura.

[7] Cfr. JOÃO PEIXOTO, *ob. e loc. cits.*.

[8] Cfr. J. REIS MACHADO, *ob. e loc. cits.*. JORGE GASPAR considera as localidades com mais de 2.000 habitantes como fazendo parte dos núcleos urbanos. Cfr. *ob. cit.*, p. 109.

5.000 e 10.000 habitantes. Devido à falta de consenso sobre o limiar populacional adequado à caracterização "urbana" dos diferentes "lugares" ou aglomerados populacionais, consolidou-se a tendência para fornecer as dimensões dos aglomerados por escalões populacionais (até 1999, 2000-4999, 5000-9999, etc.), deixando-se ao utilizador a liberdade de definir o limiar a partir do qual considera que o aglomerado é urbano [9]. Foi esta a prática seguida, no nosso país, pelo Instituto Nacional de Estatística nos Recenseamentos da População de 1981 e de 1991 [10]. De qualquer modo, parece ter sido abandonado o critério definido, entre nós, em 1960, de acordo com o qual são considerados aglomerados urbanos aqueles que têm um mínimo de 10.000 habitantes ou que, tendo um número inferior a este, sejam capitais de distrito, devido ao facto de ele conduzir a um subdimencionamento estatístico do fenómeno da urbanização em Portugal [11-12].

---

[9] Cfr. J. REIS MACHADO, *Urbanismo,* in Verbo/Enciclopédia Luso Brasileira de Cultura, Edição Século XXI, Vol. 28, Lisboa/São Paulo, Verbo, 2003, p. 1240.

[10] Veja-se, por exemplo, nesta linha, a posição de JOÃO PEIXOTO, que distingue entre "centros urbanos", que são os dotados de um mínimo de 10.000 habitantes, ou que, tendo um número inferior a este, sejam capitais de distrito, e "centros semi-urbanos", constituídos pelas localidades que contêm de 2.000 a 9.999 habitantes e não sejam capitais de distrito. Com base neste critério, o referido autor apontava, para o ano de 1981, a taxa de 43% da população portuguesa com características "urbanas" (correspondente ao somatório da "população urbana" e "semi-urbana"). Cfr. *ob. e loc. cits.*.

[11] Para obviar a um tal inconveniente, o Instituto Nacional de Estatística (INE) construiu, na sequência da experiência adquirida nos Censos de 1981 e 1991, a "Base Geográfica de Referenciação de Informação" (BGRI), definida como um sistema de referenciação geográfica suportado em informação cartográfica ou ortofotocartográfica em formato digital, que permite a divisão de cada unidade administrativa de base (a freguesia) em pequenas áreas estatísticas (secções e subsecções) – a qual constituiu um instrumento fundamental de apoio aos Recenseamentos da População e da Habitação de 2001 e é considerada um mecanismo essencial para a investigação dos problemas urbanos em Portugal. Cfr. *Boletim Informativo do Instituto Nacional de Estatística*, N.º 5 (1999), p. 1 e segs..

[12] Saliente-se que a classificação de "cidade" atribuída a um aglomerado com base no critério referido no texto não coincide necessariamente com a categoria de "cidade" conferida por lei da Assembleia da República a várias povoações

A ausência de um conceito uniformizado de população urbana leva a que o fenómeno da urbanização assuma aspectos muito variados de país para país e de região para região. Além disso, os quantitativos populacionais de cada cidade isolada ou de cada área metropolitana dependem das fronteiras que forem delineadas. Assim, os valores de população são substancialmente diferentes consoante se considera apenas a área central de cada cidade ou o conjunto formado por esta e pelos seus arredores – que alguns autores designam por *cidade alargada*, constituída pela cidade contínua e pela sua envolvente *periurbana*[13]. Acresce que a separação entre espaços urbanos e rurais tende a esbater-se, devido ao fenómeno da "rurbanização", caracterizado por conjuntos de habitações dispersas por um espaço ainda parcialmente agrícola. Seja como for, e não obstante as dificuldades apontadas, tem sido possível proceder ao tratamento da informação fornecida pelas diversas fontes, históricas e estatísticas, no sentido de dispormos de uma ideia aproximada sobre a forma como tem evoluído, em diferentes países, a concentração das populações urbanas.

(cfr. o artigo 2.º da Lei n.º 11/82, de 2 de Junho, alterada pela Lei n.º 8/93, de 5 de Março). É certo que, nos termos do artigo 3.º, alínea *a*), da Lei n.º 11/82, a Assembleia da República deve ter em conta, na apreciação da iniciativa legislativa, vários índices, entre os quais, os demográficos, e que, de acordo com o artigo 13.º do mesmo diploma, uma vila só pode ser elevada a cidade quando conte com um número de eleitores, em aglomerado populacional contínuo, superior a 8.000 e possua, pelo menos, metade dos equipamentos colectivos elencados na mesma disposição legal. Todavia, o artigo 14.º admite a possibilidade de uma ponderação "especial" dos requisitos enumerados no artigo 13.º, se importantes razões de natureza histórica, cultural e arquitectónica o justificarem. O que significa que é possível, à luz da nossa legislação, elevar à categoria administrativa de "cidades" aglomerados com um número inferior de eleitores ao acima apontado, situação que se verificou em mais de metade das "vilas" que foram elevadas à categoria de "cidade" (cfr. HENRIQUE ALBERGARIA, *A Dinâmica Populacional das Cidades do Continente Português*, in Revista de Estatística, Vol. II, 2.º Quadrimentre de 1999, p. 49). Os requisitos enunciados no artigo 13.º como *conditio* para a elevação de uma vila à categoria de "cidade" reflectem, no entanto, claramente, a existência de características "urbanas" nas povoações candidatas a "cidades".

[13] Cfr. JORGE CARVALHO, *Ordenar a Cidade*, Coimbra, Quarteto, 2003, p. 31 e segs..

Sobre este ponto, pode afirmar-se que o processo de urbanização das populações tem sido um fenómeno universal e bem marcado ao longo dos séculos – processo esse que andou historicamente associado às grandes fases de progresso, a ponto de o termo "urbanização" quase se poder considerar sinónimo de "civilização"[14]. Desenvolveu-se especialmente durante o século XIX e atingiu no século que acabou de findar proporções muito vastas. Assim, no ano de 1800, a taxa de urbanização mundial seria de 2,9%, tendo aumentado para 13,6% em 1900, para 28,2% em 1950 e para 46,6% em 1998. As estimativas mais recentes das Nações Unidas projectam para o ano de 2015 a taxa de 54,5%[15].

Relativamente ao ano de 1998, um estudo das Nações Unidas indicava as seguintes percentagens de população urbana, em relação a alguns países europeus: Bélgica: 97,2%; Islândia: 92,0%; Reino Unido: 89,4%; Holanda: 89,2%; Alemanha: 87,1%; Espanha: 77,1%; França: 75,2%; e Itália: 66,8%. O mesmo estudo adiantava para Portugal uma taxa de 37%[16]. Trata-se, porém, de uma quantitativo percentual claramente subdimencionado. Com efeito, num documento oficial português elaborado para a Conferência das Nações Unidas sobre Estabelecimentos Humanos, realizada em Istambul, em 1996, era apontada, em relação ao ano de 1991, uma taxa de urbanização de 49%[17]. E em estudos anteriores, já tinham sido avançadas taxas superiores a 60%. Foi o que sucedeu com a obra de JORGE GASPAR, que, adicionando às populações das áreas metropolitanas as que habitam em todas as sedes de concelho e ainda as localidades com mais de 2.000 habitantes, indicou, relativamente a 1987, cerca de 66% da população a residir em concelhos com características urbanas[18]. Por sua vez, num trabalho publicado em 1999 pelo Instituto Nacio

---

[14] Cfr. A. AMORIM GIRÃO, *ob. cit.*, p. 42.
[15] Cfr. *Relatório do Desenvolvimento Humano 2000*, Lisboa, Trinova, 2000, p. 226.
[16] Cfr. *Relatório do Desenvolvimento Humano 2000*, cit., p. 223.
[17] Cfr. *Nações Unidas, Habitat II, Portugal, Relatório Nacional, Conferência sobre Estabelecimentos Humanos, Istambul, Junho de 1996*, p. 16.
[18] Cfr. *Portugal. Os Próximos 20 Anos*, cit., p. 109.

nal de Estatística e pela Direcção-Geral do Ordenamento do Território e Desenvolvimento Urbano, afirma-se que, segundo os dados do Recenseamento da População e Habitação de 1991, do total dos habitantes residentes em Portugal Continental viviam em "áreas predominantemente urbanas" 68% da população[19].

Compreende-se, por isso, que a mencionada percentagem da população urbana apontada para o nosso país pelo referido estudo das Nações Unidas tenha sido corrigida. Assim, relativamente ao ano de 2002, enquanto para os países acima indicados o estudo das Nações Unidas regista pequenas variações, em relação a Portugal indica uma

---

[19] Cfr. *Indicadores Urbanos do Continente*, Série Estudos, N.º 80 (1999), Instituto Nacional de Estatística, p. 80.

As "áreas predominantemente urbanas" fazem parte da *tipologia de áreas urbanas*, aprovada pela Deliberação n.º 488/98 do Conselho Superior de Estatística, publicada no *DR*, II Série, de 11 de Setembro de 1998. De acordo com aquela deliberação, a tipologia de áreas urbanas integra os três níveis seguintes:

Áreas predominantemente urbanas (APU). – Integram as áreas predominantemente urbanas as seguintes situações:

Freguesias urbanas (★);

Freguesias semiurbanas (★★) contíguas às freguesias urbanas (★), incluídas na área urbana, segundo orientações e critérios de funcionalidade/planeamento;

Freguesias semiurbanas (★★) constituindo por si só áreas predominantemente urbanas segundo orientações e critérios de funcionalidade/planeamento;

Freguesias sedes de concelho com população residente superior a 5000 habitantes.

Áreas mediamente urbanas (AMU). – Integram as áreas mediamente urbanas as seguintes situações:

Freguesias semiurbanas (★★) não incluídas na área predominantemente urbana;

Freguesias sede de concelho não incluídas na área predominantemente urbana.

Áreas predominantemente rurais (APR). – Os restantes casos.

(★) Freguesias urbanas – freguesias que possuam densidade populacional superior a 500 habitantes/quilómetro quadrado ou que integrem um lugar com população residente superior ou igual a 5000 habitantes.

(★★) Freguesias semiurbanas – freguesias não urbanas que possuam densidade populacional superior a 100 habitantes/quilómetro quadrado e inferior ou igual a 500 habitantes/quilómetro quadrado, ou que integrem um lugar com população residente superior ou igual a 2000 habitantes e inferior a 5000 habitantes.

taxa de urbanização de 54,1%, número este que estará mais próximo da realidade[20].

Nos termos do Relatório do *Programa Nacional da Política de Ordenamento do Território* (PNPOT)[21], a evolução do sistema de povoamento em Portugal tem como pano de fundo duas tendências complementares: despovoamento de vastas áreas rurais e urbanização das populações. Nele se refere que, em 2001, mais de $^3/_4$ da população residente no continente concentrava-se em *áreas com características predominantemente urbanas*, tendo o ritmo de urbanização sido particularmente intenso nas décadas de 60 e 70 do século XX. De harmonia com o mesmo instrumento de ordenamento do território, o processo de urbanização português conduziu à configuração de um sistema urbano caracterizado por: duas áreas metropolitanas (Lisboa e Porto), com dinamismos e processos de estruturação interna diferenciados, que aliam uma grande dimensão (populacional e física) em termos nacionais a uma frágil projecção funcional em termos internacionais; uma extensa mancha litoral de urbanização difusa, onde emergem alguns sistemas urbanos polinucleados e se destacam diversos centros urbanos de maior dimensão e dinamismo, embora sem o tamanho demográfico de cidade média, de acordo com os padrões europeus; uma urbanização linear ao longo da costa algarvia; e uma rede de pequenas e médias cidades no interior, nalguns casos configurando eixos e sistemas urbanos multipolares.

Ainda segundo o referido Relatório do PNPOT, as dinâmicas territoriais recentes traduziram-se, a nível do sistema urbano, na afirmação de quatro grandes tendências: estabilização do peso das áreas metropolitanas no total da população residente; reforço das cidades médias, com destaque para os centros urbanos do litoral; afirmação do dinamismo de alguns centros do interior em contexto de despovoamento rural; e reforço do policentrismo funcional e da suburbanização no interior das áreas metropolitanas.

---

[20] Cfr. *Relatório do Desenvolvimento Humano 2004*, Lisboa, Mensagem, 2004, p. 152.

[21] Aprovado pela Lei n.º 58/2007, de 4 de Setembro, rectificada pela Declaração de Rectificação n.º 80-A/2007, de 7 de Setembro.

Todavia, seja qual for a percentagem exacta da taxa de urbanização do nosso país, há um ponto que não suscita quaisquer divergências entre os autores: o de que se tem assistido em Portugal a uma lenta, mas regular e persistente diminuição da população rural e a um aumento da população das cidades, sem que se tenham verificado os saltos bruscos que caracterizaram alguns países europeus, mormente aqueles que foram cenário de um intenso processo de industrialização.

O que acaba de ser exposto permite-nos compreender que o acréscimo da população urbana, cuja razão principal está na corrente migratória rústica-urbana[22], mas que não pode ser dissociado do fenómeno geral do crescimento da população[23], tenha trazido um cor-

---

[22] Nas últimas décadas, sobretudo nos países mais industrializados e com taxas de urbanização mais elevadas, os fluxos migratórios internos processam-se não já apenas entre o campo e a cidade, mas também entre áreas urbanas de diferente importância demográfica. Além disso, as transferências de populações estão a processar-se entre as áreas centrais e as áreas periféricas de cada cidade, dando origem ao fenómeno da *suburbanização*. Há, assim, que resolver, nos nossos dias, não somente os problemas derivados do crescimento urbano, mas ainda os que resultam do declínio quer de determinadas zonas ou bairros, quer de cidades inteiras, ou, ainda, de conjuntos de cidades contíguas, designados por *conurbações, regiões urbanas* ou *áreas metropolitanas*. Cfr., sobre este ponto, J. REIS MACHADO, in Polis, *cit.*, p. 1531, e in Verbo, *cit.*, p. 1238, e o nosso artigo *Alguns Problemas Jurídico-Administrativos das Áreas Metropolitanas*, in Espaço Imperfeito, Porto, Forum Portucalense, 1989, p. 215 e segs..

[23] Assim, a nível mundial, a população rondava os 980 milhões, em 1800. Em 1900, atingiu 1650 milhões, em 1970, aumentou para 3628 milhões e, em 1987, saltou para 5743 milhões de indivíduos. Estimativas das Nações Unidas indicam que os efectivos populacionais esperados para o ano de 2015 se cifrem em 7040, 2 milhões de indivíduos. No nosso país, o crescimento da população foi substancial durante um longo período, tendo abrandado o ritmo nas últimas décadas. Segundo J. CARVALHO ARROTEIA, a população do Continente passou dos 3.986.558, em 1864, para 9.336.760, em 1981. De acordo com o Recenseamento de 1991, a mesma população subiu para 9 867 147. E, segundo os resultados do Recenseamento Geral da População de 2001, residiam em Portugal, 10.536.117 indivíduos, dos quais 5.000.141 eram homens e 5.355.976 eram mulheres. Entre os recenseamentos de 1991 e 2001, a população residente total no nosso país aumentou, assim, 5%, uma variação superior à verificada na década anterior, que foi apenas de 0,3%. Mas esta evolução da população não foi idêntica em todas as

tejo de problemas, que reclamaram respostas urgentes com vista à sua correcção ou, pelo menos, à sua atenuação. Foi o crescimento desor-

---

regiões do nosso país. Enquanto o Algarve registou o maior aumento, bastante acima da média nacional, as Regiões Autónomas dos Açores e da Madeira e o Alentejo viram decrescer os seus efectivos populacionais entre 1991 e 2001 (cfr. *Portugal Social 1991-2001*, Lisboa, INE, 2003, p. 27). O crescimento global da população deveu-se, fundamentalmente, ao surto imigratório ocorrido nos últimos anos, já que, nas últimas décadas, o nosso país vem registando uma quebra sensível da natalidade e da fecundidade. O número de autorizações de residência de estrangeiros em Portugal foi de 3.725, em 1997, 13.400, em 1998, 5.146, em 1999, 20.007, em 2000, e de 56.955, de 1 de Janeiro de 2001 até 11 de Maio deste mesmo ano. Por outro lado, enquanto até ao ano de 2001 (com excepção do ano de 1998) a percentagem mais elevada de autorizações de residência dizia respeito a cidadãos de Países Africanos de Língua Oficial Portuguesa, nos primeiros meses do ano de 2001 a percentagem das autorizações de residência de cidadãos provenientes de países da Europa de Leste atingiu 53,9% do total. Cfr., sobre este ponto, a Resolução do Conselho de Ministros n.º 164/2001, de 30 de Novembro, que aprovou o relatório de previsão anual de oportunidades de trabalho para final de 2001.

A grande descida do índice sintético de fecundidade para níveis abaixo da capacidade de substituição das gerações, por um lado, bem como o aumento da esperança de vida, por outro lado, têm contribuído para um rápido envelhecimento da população, o que representa um dos acontecimentos mais relevantes na transformação da sociedade portuguesa nas ultimas décadas. Por isso, face à actual estrutura demográfica do nosso país, só o aumento dos índices de fecundidade e, complementarmente, a ocorrência de saldos migratórios externos positivos poderão assegurar a manutenção ou o crescimento da população residente em Portugal. Como breve indicação prospectiva, é de assinalar um dos cenários de evolução futura da população portuguesa, construído pelo Instituto Nacional de Estatística, no qual um valor de 10,5 milhões de habitantes em 2020, isto é, um valor próximo do actual, pressuporia um aumento gradual dos índices de fecundidade e uma imigração da ordem dos 10 mil indivíduos por ano (cfr. o Relatório do PNPOT).

O aumento da população mundial tem vindo a verificar-se sobretudo nas áreas urbanas, estimando as Nações Unidas, no documento intitulado "*Situação da População Mundial 2007*", que, em 2008, metade da população mundial (3,3 mil milhões) viverá em zonas urbanas, chegando aos 5 mil milhões em 2030. De acordo com alguns analistas das Nações Unidas, o fenómeno mais marcante dos últimos decénios tem sido o do crescimento das "Megacidades". Em 1990, diversas das maiores aglomerações urbanas alojavam já quantitativos superiores a 15 milhões

denado e caótico das cidades, devido à ausência de um planeamento global e eficaz; a enorme procura de terrenos para construção, não contrabalançada por uma oferta suficiente, e o consequente aumento galopante do seu preço[24]; o aparecimento de um elevado défice de habitações; a construção de habitações sem obediência a padrões mínimos de higiene, segurança e estética e desprovidas das chamadas obras de urbanização primária (rede de esgotos, abastecimento de água e electricidade, arruamentos); em suma, o aparecimento dos chamados *bairros operários,* onde as condições de vida são verdadeiramente desumanas, heranças ainda presentes da revolução industrial. São os tristemente famosos *slums,* na expressão anglo-saxónica, os *bidonville* das cidades francesas ou argelinas, as *chabolas* ou *chabolismo* espanhol, as *favelas* brasileiras, os *ranchos* venezuelanos e os *bairros de*

---

de habitantes. Os casos mais salientes são os das aglomerações de Tóquio (25,013 milhões), de Nova Iorque (16,056 milhões) e do México (15,085 milhões). Estes quantitativos poderão ser muito superiores, se forem incluídas as populações de todas as unidades administrativas que fazem parte das respectivas áreas metropolitanas. Nova Iorque, por exemplo, passaria a ter uma população de 19,3 milhões de habitantes. Esta situação explosiva de crescimento verifica-se igualmente nos países em desenvolvimento. No ano de 1990, dos 586 aglomerados urbanos com mais de um milhão de habitantes, 194 localizavam-se em África, na Ásia, na América Latina e na Oceania. E das 28 cidades com 10 milhões ou mais de habitantes projectadas para o ano 2015, 22 serão em países em desenvolvimento (Ásia: 14; América Latina: 5; África: 3).

Este fenómeno coloca aos governos problemas muito graves, na medida em que as cidades não estão ainda preparadas para oferecer oportunidades de emprego e capacidades de habitação, bem como para proporcionar prestações de serviços, necessariamente crescentes, de saúde, de educação, de cultura e de lazer.

Cfr., sobre estes pontos, *An Urbanizing World, Global Report on Human Settlements 1996*, Oxford University Press, Oxford/New York, 1996, p. 16-21; *Relatório do Desenvolvimento Humano 2000*, cit., p. 226; PAULA SANTANA, *Contribuição da Geografia da Saúde para o Conhecimento das Desigualdades em Saúde e Bem--Estar no Mundo*, in Cadernos de Geografia, N.º 19 (2000), Instituto de Estudos Geográficos da Faculdade de Letras da Universidade de Coimbra, p. 46 e 47; e J. CARVALHO ARROTEIA, *A Evolução Demográfica Portuguesa*, 2.ª ed., Lisboa, Instituto de Cultura e Língua Portuguesa, 1985, p. 32.

[24] Cfr. A. SUSTAETA ELUSTIZA, *Propiedad y Urbanismo*, Madrid, Montecorvo, 1978, p. 17.

lata de algumas cidades portuguesas [25] – bairros estes que, felizmente, vêm sendo eliminados, graças, sobretudo, ao "Programa Especial de Realojamento nas Áreas Metropolitanas de Lisboa e Porto", aprovado pelo Decreto-Lei n.° 163/93, de 7 de Maio, alterado pela Lei n.° 34//96, de 29 de Agosto, e pelos Decretos-Leis n.os 93/95, de 9 de Maio, 79/96, de 20 de Julho, 30/97, de 28 de Janeiro, 156/97, de 24 de Junho, 1/2001, de 4 de Janeiro, e 271/2003, de 28 de Outubro, e ao "Programa de Construção de Habitações Económicas", criado pelo Decreto-Lei n.° 164/93, de 7 de Maio, alterado pelos Decretos-Leis n.os 181/94, de 29 de Junho, e 63/95, de 7 de Abril.

Perante estas graves questões sociais, o Direito não podia deixar de intervir. Foi devido a estes factores e a vários outros que foram surgindo com o decurso do tempo que, gradualmente – como teremos oportunidade de ver mais à frente –, se foi formando um conjunto de preceitos jurídicos, em quantidade e complexidade crescentes, que vieram a dar corpo ao chamado direito do urbanismo.

1.2. *O urbanismo como técnica. Evolução histórica das principais técnicas urbanísticas*

O termo "urbanismo" aparece utilizado também no sentido de *técnica* de criação, desenvolvimento e reforma das cidades. "Urbanismo" é, nesta acepção, sinónimo de *técnica urbanística*[26].

As técnicas urbanísticas não foram as mesmas ao longo dos tempos. O seu nascimento, desenvolvimento e progressiva complexidade caminharam lado a lado com a consolidação e o desenvolvimento da cidade. Acompanharam igualmente a evolução das correntes de arquitectura, das técnicas de planeamento e de construção, dos meios de transporte e das próprias concepções político-ideológicas.

---

[25] Cfr. F. CHUECA GOITIA, *Breve História do Urbanismo*, trad. port., Lisboa, Presença, 1982, p. 18, 160 e 185.

[26] Cfr., sobre este ponto, a nossa obra *O Plano Urbanístico*, cit., p. 32-45, e a bibliografia aí mencionada.

Não vamos, porque tal ultrapassaria os objectivos do presente Manual, fazer uma análise detalhada da evolução histórica das principais técnicas urbanísticas. Não poderemos, contudo, deixar de lhe fazer uma referência, ainda que sintética, devido à importância que esta matéria revela não só para a compreensão da génese e evolução do direito do urbanismo, mas também para a interpretação de muitas disposições do direito do urbanismo actual[27].

1.2.1. O alinhamento

O *alinhamento (Fluchtlinie)* apresenta-se como uma das técnicas mais antigas do urbanismo. Consiste, de um modo geral, na fixação de uma linha que delimita as zonas edificáveis das não edificáveis, definindo, consequentemente, as ruas, as praças e o próprio recinto da cidade. A legislação sobre o alinhamento constituiu o mais forte impulso na génese de um direito do urbanismo e de um ordenamento jurídico dos solos de natureza territorial[28]. A fixação de uma linha em relação à via traduzia uma decisão policial de proibição de construir para além dela, na direcção do corpo da rua ou da estrada. O alinhamento tanto podia ser determinado para um só terreno, como para um conjunto de terrenos.

Convém, no entanto, salientar que o alinhamento caracterizava-se por ser, no século XIX, uma medida corrente de intervenção da

---

[27] Alguns autores (cfr., por exemplo, E. GARCÍA DE ENTERRÍA/L. PAREJO ALFONSO, *Lecciones de Derecho Urbanistico*, Madrid, Civitas, 1981, p. 47-64, e A. CARCELLER FERNANDEZ, *Instituciones de Derecho Urbanistico*, 5.ª ed., Madrid, Montecorvo, 1992, p. 34-36) inserem no elenco das técnicas urbanísticas os "regulamentos municipais de construção", que assumiram grande importância durante o Estado absolutista, e a "legislação sanitária" do séc. XIX. A nossa opinião é a de que este entendimento não é correcto. Não estamos, nestes casos, defronte de verdadeiras técnicas urbanísticas, expressivas dos modelos conceptuais da cidade e dos meios para a sua concretização, mas sim perante algumas das primeiras regras jurídicas sobre o urbanismo, que devem ser vistas como antepassadas do direito do urbanismo moderno.

[28] Cfr. E. SCHMIDT-ASSMANN, *Grundfragen des Städtebaurechts*, Göttingen, Schwartz, 1972, p. 72.

Administração Pública no domínio do direito de construção individual, com a finalidade de proibir a realização de edificações, por motivos de polícia urbana, e não por uma exigência de conformação do território[29]. O alinhamento surgiu, assim, como uma primeira limitação da liberdade de aproveitamento do solo para fins de edificação. Esta técnica continua a desempenhar no urbanismo dos nossos dias um papel insubstituível, embora tenha deixado de ser concebida como um instrumento isolado, para passar a integrar-se numa ideia de conjunto constituída pelo plano urbanístico.

1.2.2. A expansão e a renovação urbanas

São duas técnicas de desenvolvimento e de reestruturação urbanas que viram a luz do dia no século XIX. A *expansão (ensanche)* consiste na adição de novos bairros ao sector antigo da cidade, os quais são planeados de um modo abstracto, em regra por quadrículos regulares. Esta técnica andou associada à progressão das cidades para fora das muralhas, que funcionaram como cinto protector da cidade medieval[30].

A *renovação urbana* significa, de um modo geral, o derrube de bairros antigos para abrir novas ruas e construir edifícios mais higiénicos e de melhor qualidade arquitectónica. Estas duas técnicas urbanísticas tiveram uma acentuada projecção no país vizinho com o Plano *Castro* de Madrid, de 1860, e o Plano *Cerdá* de Barcelona, de 1859.

A técnica de *expansão* teria forçosamente de vir a ser superada, pelo menos em relação aos grandes centros urbanos, uma vez que se baseia num crescimento das cidades em forma de "mancha de azeite"[31], mediante a junção de bairros em forma quadricular a um centro urbano cada vez mais congestionado e que continua dotado dos serviços (administrativos, educacionais, de saúde, etc.) que tinham

---

[29] Cfr. K. H. FRIAUF, *Baurecht*, in Besonderes Verwaltungsrecht, org. Ingo von Münch, 7.ª ed., Berlin, New York, W. de Gruyter, 1985, p. 446.

[30] Cfr. F. CHUECA GOITIA, *ob. cit.*, p. 87 e 88.

[31] Cfr. E. GARCÍA DE ENTERRÍA/L.PAREJO ALFONSO, *ob. cit.*, p. 52.

sido projectados para uma urbe muito mais pequena. Esta técnica poderá continuar actual apenas em relação a pequenas concentrações urbanas, desde que seja completada com a criação de serviços de utilização comum próprios para cada sector ou bairro.

A renovação de sectores urbanos, que via a solução para os problemas da cidade no derrube sistemático dos bairros e construções antigos, para os substituir por edificações mais modernas, é hoje rejeitada, pelo menos na sua versão inicial. Actualmente, há uma maior sensibilidade para a conservação e valorização do património arquitectónico histórico e cultural, pelo que as operações de renovação, de reabilitação e de reestruturação urbanas devem preservar, na medida do possível, as características dos bairros e edifícios antigos. Acresce que as operações de renovação e de reabilitação urbanas, com a finalidade de impedir a contínua degradação do património construído, não devem ser projectadas e realizadas casuisticamente, mas ser integradas numa visão global constituída por *planos de pormenor*, ou na sua *modalidade normal*, ou na sua *modalidade específica* de "plano de pormenor de reabilitação urbana", nos termos do artigo 91.º-A, n.ºˢ 1, 2, alínea *b*), 5 e 6, do Decreto-Lei n.º 380/99, de 22 de Setembro, alterado pelo Decreto-Lei n.º 53/ /2000, de 7 de Abril, pelo Decreto-Lei n.º 310/2003, de 10 de Dezembro, pela Lei n.º 58/2005, de 29 de Dezembro, pela Lei n.º 56/ /2007, de 31 de Agosto, e pelo Decreto-Lei n.º 316/2007, de 16 de Dezembro, que aprovou o Regime Jurídico dos Instrumentos de Gestão Territorial, doravante RJIGT[32-33].

---

[32] Sublinhe-se que foi o Decreto-Lei n.º 316/2007, de 16 de Setembro, que, alterando o RJIGT, substituiu a figura de planos de pormenor de modalidade simplificada (que tinha sido introduzida pelo Decreto-Lei n.º 310/2003, de 10 de Dezembro), cuja utilização, segundo o exórdio daquele diploma legal, se vinha revelando de difícil operacionalização prática, sem que a especificidade do respectivo regime procedimental evidenciasse ganhos de eficiência, por modalidades específicas de plano de pormenor, a que se encontram associados conteúdos materiais próprios em função das respectivas finalidades e da sua articulação com regimes legais relativos à salvaguarda de interesses públicos específicos, como seja a lei de bases da política e do regime de valorização do património cultural português, no

caso dos planos de pormenor de salvaguarda, ou o regime jurídico da reabilitação urbana, no caso dos respectivos planos de pormenor.

No que respeita ao *plano de pormenor de reabilitação urbana*, enquanto *modalidade específica* de plano de pormenor com conteúdo material adaptado a finalidades particulares de intervenção previstas nos termos de referência do plano e na deliberação municipal que determinou a respectiva elaboração, abrange solo urbano correspondente à totalidade ou a parte de um centro histórico delimitado em plano director municipal ou plano de urbanização eficaz, de uma área crítica de recuperação e reconversão urbanística ou de uma área de reabilitação urbana constituída nos termos da lei. O plano de pormenor de reabilitação urbana pode também delimitar áreas a sujeitar à aplicação de regimes específicos de reabilitação urbana previstos na lei.

[33] A *renovação urbana* ocupa, hoje, um lugar central no nosso direito do urbanismo e constitui um virtuoso instrumento de melhoria e tutela do *ambiente urbano*.

De facto, em vários quarteirões ou bairros das cidades contruídos há décadas (alguns deles de génese ilegal ou clandestina) existe um elevado défice de várias infra-estruturas urbanísticas, de zonas verdes e de equipamentos públicos. Por outro lado, o património edificado existente vai envelhecendo, pelo que se torna imperiosa a sua modernização e revitalização. A todas estas situações pretendem dar resposta as operações de "renovação urbana", as quais implicam que se dê uma maior atenção às zonas consolidadas das cidades, em detrimento da expansão das mesmas – expansão esta que vem entrando em crise, nos últimos anos, devido ao fenómeno, que tende a generalizar-se no espaço da União Europeia, da variação negativa da população residente nas cidades de grande dimensão. Por exemplo, no nosso país, entre 1991 e 2001, as cidades de Lisboa e Porto registaram um crescimento negativo da população residente de 14,9% e 13,0%, respectivamente (cfr. *Censos 2001, Resultados Provisórios*, Lisboa, INE, 2002, p. XXVIII. Cfr., ainda, sobre este ponto, relativo à situação italiana, PAOLO URBANI, *La Riconversione Urbana: Dallo Straordinario all'Ordinario*, in L'Uso delle Aree Urbane e la Qualità dell'Abitato, a cura di Erminio Ferrari, Milano, Giuffrè, 2000, p. 237 e 238).

Vista como uma alternativa à expansão urbana e como uma ardente obrigação para que cada cidade "conserve a sua alma" ou ainda como a capacidade que temos hoje de corrigir os erros do passado e de criar um quadro de vida de qualidade para que cada um readquira "uma certa arte de viver", a "renovação urbana" constitui um dos traços característicos do urbanismo pós-moderno. Ela tem ocupado também um lugar de destaque nas políticas da União Europeia. De facto, sem utilizar a mesma terminologia, mas inspirando-se nas mesmas preocupações, a Comissão Europeia lançou a iniciativa comunitária URBAN, adoptada em 2 de Março de 1994 pela Comissão das Comunidades Europeias [COM (94) 61 final], que decorreu de 1994 e 1999, objecto de reedição para o período de 2000 a 2006, sob a designação de URBAN II (cfr. Comunicação da Comissão aos Estados-Membros de 28 de Abril de 2000, que estabelece as orientações relativas à Iniciativa Comunitária de Revitalização Económica e Social das Cidades e dos Subúrbios em Crise, a fim de promover um Desenvolvimento Urbano Sustentável – URBAN II (*Jornal Oficial das Comunidades Europeias*, C, 141, de 19 de Maio de 2000)], e que visa intervir em zonas urbanas em dificuldades, que apresentem problemas de pobreza, exclusão e isolamento, por forma a promover a melhoria da qualidade de vida dos seus habitantes e a diversificação e equilíbrio das condições económicas dessas zonas. As acções elegíveis devem ter um impacte global e prendem-se com a recuperação de infra-estruturas obsoletas, com acções de financiamento nos sectores económicos, em especial às pequenas e médias empresas do domínio do comércio e artesanato, e com medidas destinadas a combater a exclusão e a melhorar a qualidade do ambiente, como sucede com o arranjo dos espaços públicos e a relocalização de actividades indesejáveis por motivos ambientais [cfr., para uma descrição mais pormenorizada destas acções comunitárias, M. GRUBERT, *Les Actions Communautaires dans le Domaine du Commerce et la Ville*, in Le Commerce et de la Ville en Europe. Le Droit des Implantations Commerciales, Les Cahiers du Gridauh, N.º 6 (2002), p. 35-41. Cfr. também JEAN-PIERRE DEMOUVEAUX, *La Notion de Renouvellement Urbain*, in Droit de l'Aménagement, de l'Urbanisme et de l'Habitat, Paris, Le Moniteur, 2002, p. 126].

Com base na nova programação dos fundos comunitários 2007-2013, a Comissão Europeia deu um novo impulso às políticas elaboradas pela iniciativa URBAN, integrando-as nos grandes programas de desenvolvimento daquele período [cfr. Comunicação da Comissão ao Conselho e ao Parlamento Europeu sobre "Política de Coesão e Cidades: A Contribuição Urbana para o Crescimento e Emprego nas Regiões", COM (2006), 385 final, de 13 de Julho de 2006]. Neste documento reconhece-se que as cidades, tendo em conta o seu papel impulsionador em termos de crescimento, emprego, inovação, educação e cultura, mas também devido ao desafio que colocam a exclusão social e a situação dos bairros desfavorecidos a um grande número de entre elas, são simultaneamente uma aposta crucial e parceiros privilegiados para a política de coesão e para a realização das prioridades de "Lisboa". São vários os instrumentos financeiros previstos para a prossecução das políticas elaboradas pela iniciativa URBAN, entre os quais o programa *Jessica*, destinado a financiar projectos de renovação e desenvolvimento urbanos, combinando subvenções e empréstimos.

Entendemos por "*renovação urbana*" o conjunto das acções estruturadas, objecto de planificação global, de iniciativa dos poderes públicos, com ou sem a cooperação dos particulares (não englobando as actuações, ainda que desejáveis, de iniciativa e responsabilidade privadas), que visam a requalificação de zonas urbanas, de modo a adaptar o "existente" carecido de intervenção aos objectivos urbanísticos de melhoria das condições de vida e de multifuncionalidade dos espaços urbanos, bem como aos fins ambientais de melhoria da qualidade do ambiente urbano e sociais de disponibilização de habitações em condições condignas e de luta contra a exclusão social [sobre o conceito de "renovação urbana" (*renouvellement urbain*) no direito francês – matéria esta objecto da "Lei sobre Solidariedade e Renovação Urbanas" de 13 de Dezembro de 2000 –, cfr. JEAN-PIERRE DEMOUVEAUX, *La Notion de Renouvellement Urbain*, in DAUH, 2002, cit., p. 125-140; por seu lado, sobre o conceito de "operações de renovação urbana" (*städtebauliche Sanierungsmaßnahmen*) no direito alemão, as quais são definidas, no § 136, n.º 2, do *Baugesetzbuch*, como as operações que consistem em melhorar ou reordenar uma zona de modo substancial, com vista a corrigir deficiências urbanísticas (*städtebauliche Mißstände*), cfr., por todos, HOPPER/BÖNKER/GROTEFELS, *Öffentliches Baurecht*, 3. Auflage, München, Beck, 2004, p. 450-452]. Em suma, poderá dizer-se que toda e qualquer acção de "renovação urbana" se traduz num aumento da "intensidade urbana", com mais actividade, mais diversidade e, por conseguinte, mais "valor urbano" (cfr. OLIVIER PIRON, *Le Renouvellement Urbain: Tentative d'Approche Systémique*, in Droit de l'Aménagement, de l'Urbanisme et de l'Habitat, Paris, Dalloz, 2001, p. 222).

O conceito de "renovação urbana" parece-nos, assim, mais amplo e mais adequado do que as noções de "recuperação", "reabilitação", "reconversão", "requalificação" ou "revitalização" urbanas, que apelam, por vezes, para actuações pontuais centradas no imóvel e que nem sempre dão o devido relevo à criação ou à valorização de infra-estruturas, equipamentos e espaços envolventes (cfr. a nossa obra *Principais Instrumentos da Tutela do Ambiente Urbano em Portugal*, in A Tutela Jurídica do Meio Ambiente: Presente e Futuro, BFDUC, *Studia Juridica* 81, *Colloquia* 13, Coimbra, Coimbra Editora, 2005, p. 96-114).

De qualquer modo, a expressão "renovação urbana" nem sempre é utilizada pelo nosso legislador, preferindo este, a diversos propósitos, lançar mão de outras, tais como "reabilitação, recuperação, reconversão, requalificação ou revitalização do espaço urbano".

São vários os testemunhos que comprovam a atenção crescente do direito do urbanismo português pelas políticas de "renovação urbana". Assim, a Lei n.º 48//98, de 11 de Agosto, alterada pela Lei n.º 54/2007, de 31 de Agosto, que estabelece as bases da política de ordenamento do território e do urbanismo, determina, no artigo 3.º, alínea *f*), que constituem fins desta política a "racionalização, a reabilitação e a modernização dos centros urbanos". Por sua vez, o artigo 6.º do mesmo diploma considera que constituem objectivos do ordenamento do território e do urbanismo: a reabilitação e a revitalização dos centros históricos e dos elementos de património cultural classificados [alínea *h*)]; a recuperação ou reconversão de áreas urbanas degradadas [alínea *i*)]; e a reconversão de áreas urbanas de génese ilegal [alínea *j*)].

A concretização das políticas de renovação urbana pressupõe uma estreita cooperação entre a Administração directa e indirecta do Estado e a Administração local. O envolvimento do primeiro nível administrativo verificava-se, na estrutura orgânica do XV Governo Constitucional (aprovada pelo Decreto-Lei n.º 120//2002, de 3 de Maio, alterado pelos Decretos-Leis n.ᵒˢ 119/2003, de 17 de Junho, 20/2004, de 22 de Janeiro, e 176/2004, de 23 de Julho), através de serviços concentrados e desconcentrados do Ministério das Cidades, Ordenamento do Território e Ambiente. Com efeito, o Decreto-Lei n.º 97/2003, de 7 de Maio (alterado pelo Decreto-Lei n.º 316/2003, de 17 de Dezembro), que estabelecia a orgânica daquele Ministério, determinava como uma das suas atribuições a promoção da "requalificação urbana e da valorização ambiental das cidades, em parceria com as autarquias locais" [artigo 2.º, n.º 1, alínea *i*)]. Aquele mesmo diploma especificava que a Direcção-Geral do Ordenamento do Território e Desenvolvimento Urbano devia articular os programas de "reabilitação, renovação e requalificação urbanas", "em colaboração com as autarquias locais, instituições e demais entidades responsáveis, através de contratos-programa ou de outros instrumentos adequados" [artigo 14.º, n.º 2, alínea *g*)]. E as Comissões de Coordenação e Desenvolvimento Regional (CCDR) – que eram serviços desconcentrados do Ministério das Cidades, Ordenamento do Território e Ambiente, dotados de autonomia administrativa e financeira – tinham como atribuição, entre outras, "participar na concepção e no acompanhamento e execução de programas de requalificação urbana" [artigo 4.º, alínea *r*), do Decreto-Lei n.º 104/2003, de 23 de Maio, alterado pelo Decreto-Lei n.º 117/2004, de 18 de Maio).

Por sua vez, na estrutura orgânica do XVII Governo Constitucional (aprovada pelo Decreto-Lei n.º 79/2005, de 15 de Abril, alterado pelos Decretos-Leis n.ᵒˢ 11/2006, de 19 de Janeiro, 16/2006, de 26 de Janeiro, 135/2006, de 26 de Julho, 201/2006, de 27 de Outubro, 240/2007, de 21 de Junho, e 44/2008, de 11 de Março), a intervenção do Estado no domínio da renovação urbana verifica-se, sobretudo, através do Instituto da Habitação e da Reabilitação Urbana, I. P., que prossegue atribuições do Ministério do Ambiente, do Ordenamento do Território e do Desenvolvimento Regional, sob superintendência e tutela do respectivo Ministro, e que tem como missão assegurar a concretização da política definida pelo Governo para as áreas da habitação e da reabilitação urbana, de forma articulada com a política de cidades e com outras políticas sociais e de salvaguarda e valorização patrimonial, assegurando a memória do edificado e a sua evolução (artigo 19.º do Decreto-Lei n.º 207/2006, de 27 de Outubro, que aprovou a orgânica do Ministério do Ambiente, do Ordenamento do Território e do Desenvolvimento Regional, e artigos 1.º e 3.º do Decreto-Lei n.º 223/2007, de 30 de Maio, que aprovou a orgânica do Instituto de Habitação e da Reabilitação Urbana, I.P.).

A renovação urbana constitui também uma componente importante dos *objectivos estratégicos* e dos *objectivos específicos* do PNPOT. Isso resulta claramente da "Medida Prioritária" n.º 4 ["incentivar novas parcerias para o desenvolvimento de programas integrados de reabilitação, revitalização e qualificação das áreas urbanas e agilizar o papel das Sociedades de Reabilitação Urbana e rever o enquadramento fiscal e financeiro das operações integradas nestes programas (2007-2009)"], inserida no "Objectivo Específico" n.º 3.3. "promover um desenvolvimento urbano mais compacto e policêntrico no Continente, contrariar a construção dispersa, estruturar a urbanização difusa e incentivar o reforço das centralidades intra-urbanas", integrada no "Objectivo Estratégico" n.º 3. "promover o desenvolvimento policêntrico dos territórios e reforçar as infra-estruturas de suporte à integração e à coesão territoriais", do "Programa das Políticas" do *Programa de Acção* do PNPOT.

No que respeita à Administração local, o artigo 29.º, alínea *c*), da Lei n.º 159//99, de 14 de Setembro, determina que compete aos órgãos municipais, em matéria de ordenamento do território e de urbanismo, "delimitar as zonas de defesa e controlo urbano, de áreas críticas de recuperação e reconversão urbanística, dos planos de renovação de áreas degradadas e de recuperação de centros históricos".

A "renovação urbana" constitui igualmente um espaço aberto à *cooperação intermunicipal*, que pode merecer a atenção das novas figuras de organização intermunicipal, isto é, das *Áreas Metropolitanas* (Grandes Áreas Metropolitanas e Comunidades Urbanas) e das *Comunidades Intermunicipais de Direito Público* (Comunidades Intermunicipais de Fins Gerais e Associações de Municípios de Fins Específicos), disciplinadas, respectivamente, pelas Leis n.ºs 10/2003 e 11/2003, ambas de 13 de Maio, ainda que se reconheça que a política de renovação urbana, pelo seu enfoque em áreas urbanas delimitadas, nem sempre suscite a mobilização de interesses e competências intermunicipais.

Não existe, no nosso país, uma lei geral que defina e enquadre a política de "renovação urbana", à semelhança do que sucede em França. É possível, no entanto, encontrar várias *figuras jurídicas, programas* e *instrumentos* que podem ser enquadrados no conceito de "renovação urbana". Vamos tão-só enunciar os principais, para não sermos demasiado longos: as "áreas críticas de recuperação e reconversão urbanística", disciplinadas nos artigos 41.º a 46.º do Decreto-Lei n.º 794/76, de

5 de Novembro (Lei dos Solos), as quais constituem, na perspectiva destas disposições legais, um mecanismo de intervenção da Administração Pública nos solos, cuja declaração é da competência do Governo, através de decreto, que é utilizado em casos de tal modo graves que só a intervenção da Administração, através de providências expeditas, permite obviar eficazmente aos inconvenientes e perigos inerentes às situações de falta ou insuficiência de infra-estruturas urbanísticas, de equipamento social, de áreas livres e espaços verdes ou de deficiências dos edifícios existentes, no que respeita a condições de solidez, segurança ou salubridade (para uma caracterização do regime jurídico das *áreas críticas de recuperação e reconversão urbanística*, cfr. A. PEREIRA DA COSTA, *Direito dos Solos e da Construção*, Braga, Livraria Minho, 2000, p. 44-51, e P. SIZA VIEIRA, *Solos Urbanos*, in A. Duarte de Almeida [*et al.*], *Legislação Fundamental do Direito do Urbanismo, Anotada e Comentada*, Vol. I, Lisboa, Lex, 1994, p. 86-94); o "processo de reconversão urbanística das áreas urbanas de génese ilegal" (AUGI), constante da Lei n.º 91/95, de 2 de Setembro, alterada pela Lei n.º 165/99, de 14 de Setembro, pela Lei n.º 64/2003, de 23 de Agosto, e pela Lei n.º 10/2008, de 20 de Fevereiro; o "Programa Especial para a Reparação de Fogos ou Imóveis em Degradação" (PRID), criado pelo Decreto-Lei n.º 704/76, de 30 de Setembro, e relançado pelo Decreto-Lei n.º 449//83, de 26 de Dezembro; o "Regime Especial de Comparticipação na Recuperação de Imóveis Arrendados" (RECRIA), regido, actualmente, pelo Decreto-Lei n.º 329-C/2000, de 22 de Dezembro, e pela Portaria n.º 56-A/2001, de 29 de Janeiro; o "Regime de Apoio à Recuperação Habitacional em Áreas Urbanas Antigas" (REHABITA), constante dos Decretos-Leis n.ºs 197/92, de 22 de Setembro, e 105/96, de 31 de Julho, alterados pelo Decreto-Lei n.º 329-B/2000, de 22 de Dezembro; o "Regime Especial de Comparticipação e Financiamento na Recuperação de Prédios Urbanos em Regime de Propriedade Horizontal" (RECRIPH), criado pelo Decreto-Lei n.º 106/96, de 31 de Julho, e regulado pela Portaria n.º 711/96, de 9 de Dezembro; o "Programa de Apoio Financeiro Especial para a Realização de Obras de Conservação e de Beneficiação em Habitação Própria Permanente por parte dos Proprietários" (SOLARH), criado pelo Decreto-Lei n.º 7/99, de 8 de Janeiro, alterado pelo Decreto-Lei n.º 39/2001, de 9 de Fevereiro (cujo artigo 21.º foi alterado pelo Decreto-Lei n.º 25/2002, de 11 de Fevereiro); o "Programa Especial de Realojamento nas Áreas Metropolitanas de Lisboa e Porto" (PER), anteriormente referido; o "Programa de Requalificação Urbana e Valorização Ambiental das Cidades – Programa Polis", criado pela Resolução do Conselho de Ministros n.º 26/2000, de 15 de Maio; a "Iniciativa Operações de Qualificação e Reinserção Urbana de Bairros Críticos", aprovada pela Resolução do Conselho de Ministros n.º 143/2005, de 7 de Setembro, tendo o

período da sua vigência sido prorrogado até 31 de Dezembro de 2013, pela Resolução do Conselho de Ministros n.º 189/2007, de 31 de Dezembro; "o regime excepcional de reabilitação urbana para as zonas históricas e áreas críticas de recuperação e reconversão urbanística", aprovado pelo Decreto-Lei n.º 104/2004, de 7 de Maio, no uso da autorização legislativa concedida pela Lei n.º 106/2003, de 10 de Dezembro. Definindo "reabilitação urbana" como "o processo de transformação do solo urbanizado, compreendendo a execução de obras de construção, reconstrução, alteração, ampliação, demolição e conservação de edifícios, tal como definidas no regime jurídico da urbanização e da edificação, com o objectivo de melhorar as suas condições de uso, conservando o seu carácter fundamental, bem como o conjunto de operações urbanísticas e de loteamentos e obras de urbanização que visem a recuperação de zonas históricas e de áreas críticas de recuperação e reconversão urbanística" (artigo 1.º, n.º 2) – conceito este que aponta para um nível primário de intervenção, meramente urbanístico, que incide sobre o edificado (*a transformação do edificado*), e para uma nível secundário de intervenção (que pode existir ou não), de âmbito urbanístico-cultural, quando se trate de intervir em *zonas históricas*, urbanístico-social, quando a intervenção incide sobre *áreas críticas de recuperação e reconversão urbanística,* ou urbanístico-sócio-cultural, quando a mesma abrange áreas simultaneamente qualificadas como *zonas históricas* e *áreas críticas de recuperação e reconversão urbanística* (cfr. SUZANA TAVARES DA SILVA, *Reabilitação Urbana e Valorização do Património Cultural: Dificuldades de Articulação de Regimes Jurídicos*, in BFDUC, Vol. LXXXII, 2006, p. 354 e 355) –, aquele decreto-lei reveste-se de particular importância, dado que cria as *sociedades de reabilitação urbana (SRU)*, as quais são empresas municipais, criadas pelos municípios, e nas quais estes detêm a totalidade do capital social (artigo 2.º, n.º 1), podendo, em casos de excepcional interesse público, ser sociedades anónimas de capitais exclusivamente públicos com participação municipal e estatal (artigo 2.º, n.º 2). As referidas sociedades gozam de várias prerrogativas, designadamente: a competência para licenciar ou autorizar as operações de loteamento e as obras de construção executadas pelos proprietários ou por parceiros privados [artigos 6.º, n.º 1, alínea *a*), 9.º, n.º 2, e 10.º]; o poder de expropriar imóveis destinados à reabilitação urbana, bem como o poder de constituir servidões administrativas [artigos 6.º, alínea *b*), 21.º e 22.º]; a isenção dos procedimentos de licenciamento e autorização previstos no artigo 4.º do Decreto-Lei n.º 555/99, de 16 de Dezembro, para as operações urbanísticas executadas por elas próprias, dentro da respectiva zona de intervenção, carecendo os projectos de simples aprovação da câmara municipal, após audição das entidades exteriores ao município que, nos termos da lei, devam emitir parecer, autorização ou aprovação (artigo 9.º, n.º 1); e a competência para fiscalizar as obras de

1.2.3. O zonamento

O conceito de *"zoning"* ou de zonamento constitui um pilar do urbanismo contemporâneo. O *ubi consistam* desta técnica é a repartição ou a demarcação do solo correspondente a uma determinada unidade territorial (em regra, o espaço municipal), reservando os sectores ou as zonas a destinos ou fins determinados. O zonamento mais elementar é o que fixa áreas destinadas à habitação e áreas destinadas à indústria. Todavia, esta técnica evoluiu até ao estabelecimento das funções de todo o território municipal: zonas residenciais (de vivendas unifamiliares e de prédios em propriedade horizontal), zonas industriais (indústrias pesadas e ligeiras, poluentes e não poluentes), zonas comerciais, zonas verdes, zonas desportivas, zonas histórico--monumentais, zonas de estabelecimentos de ensino, zonas de vias de comunicação, zonas hoteleiras, zonas agrícolas, etc. Deve-se ao arquitecto alemão JOSEPH STÜBBEN (1845-1936), autor de uma obra verdadeiramente enciclopédica *"Der Städtebau, Handbuch der Architektur"*, a criação da técnica do zonamento [33].

O *zonamento* é, nos nossos dias, uma técnica fundamental do planeamento urbanístico. Constitui um elemento essencial do *conteúdo material* e do *conteúdo documental* dos planos territoriais, em particular dos planos municipais de ordenamento do território (que abrangem os planos directores municipais, os planos de urbanização e os planos de pormenor), e está na base da *classificação do solo* (que tem a ver com o destino básico dos terrenos e assenta, de acordo com o regime actualmente vigente, na distinção fundamental entre solo

---

reabilitação urbana [artigo 6.º, alínea *d*)]; e, por último, a exclusão dos limites ao individamento municipal das dívidas contraídas para desenvolvimento das actividades de reabilitação urbana e a possibilidade da concessão pelo Governo ou pelos Governos Regionais de auxílios financeiros às autarquias locais, para "reconversão de áreas urbanas de génese ilegal ou programas de reabilitação urbana, quando o seu peso relativo transcenda a capacidade e a responsabilidade autárquica nos termos da lei" [artigos 6.º, n.º 2, alínea *b*), e 8.º, n.º 3, alínea *d*), da Lei das Finanças Locais (Lei n.º 2/2007, de 15 de Janeiro)].

[33] Cfr. PAOLO SICA, *Historia del Urbanismo, El Siglo XX*, trad. esp., 2.ª ed., Madrid, IEAL, 1981, p. 42-44.

rural e solo urbano) e na *qualificação do solo* (a qual, atenta a sua classificação básica, regula o aproveitamento do mesmo, em função da utilização dominante que nele pode ser instalada ou desenvolvida, fixando os respectivos usos e, quando admissível, a edificabilidade), que são estabelecidos pelos planos municipais de ordenamento do território (cfr. os artigos 71.°, 72.°, 73.°, 85.°, 86.°, 88.°, 89.°, 91.°, 91.°-A e 92.° do RJIGT).

Todavia, a partir dos anos 60 do século XX, começaram a ser sublinhados os aspectos negativos decorrentes da excessiva monofuncionalidade das diversas zonas da cidade e passou a defender-se que, na reestruturação das cidades, deve abandonar-se o sistema de zonas monofuncionais e criar áreas de uso misto, como, por exemplo, habitação, comércio e serviços, procurando-se uma "coexistência harmoniosa de funções"[34], o que aponta para um zonamento plurifuncional das diferentes áreas da cidade[35-36].

1.2.4. A cidade-jardim

Outra das técnicas urbanísticas de grande alcance é a que dá pelo nome de *cidade-jardim*. O autor desta concepção urbana é o inglês EBENEZER HOWARD, que a teorizou na sua obra *"Tomorrow: A Peaceful Path to Real Reform"*, vinda a lume, em 1898, e reimpressa quatro anos mais tarde com o novo título de *"Garden Cities of Tomorrow"*. Partindo da observação directa da realidade inglesa, HOWARD pretendeu harmonizar o ambiente urbano com o rústico, através da

---

[34] Cfr. JORGE CARVALHO, *ob. cit.*, p. 209- 212.

[35] Cfr. L. F. COLAÇO ANTUNES, *Direito Urbanístico, Um Outro Paradigma: A Planificação Modesto-Situacional*, Coimbra, Almedina, 2002, p. 103 e 104.

[36] F. PRIET salienta, a este propósito, que a recente legislação francesa, ao disciplinar os *plans locaux d'urbanisme* (PLU), pretendeu retirar o zonamento de uma "lógica monofuncional" e favorecer a "mistura de funções" ("mistura urbana"), a qual deve ser acompanhada de uma "mistura social", através da reserva de terrenos para a realização de "programas de alojamento". Cfr. *Rapport Français,* in Le Contenu des Plans d'Urbanisme et d'Aménagement dans les Pays de l'Europe de l'Ouest, Colloque International de Genève – Lausanne, Les Cahiers du GRIDAUH, N.° 15 (2006), p. 236.

vivenda unifamiliar rodeada de jardim, com a finalidade de superar o contraste entre a vida urbana (caracterizada pela existência de oferta de trabalho, facilidade de trocas e de tecnologia avançada, mas igualmente pela presença de um alto nível das rendas, falta de condições higiénicas adequadas, degradação de muitos bairros residenciais e pela poluição do ar) e a vida do campo (no qual os recursos ambientais não são correctamente utilizados, devido à deficiência ou à carência total de equipamentos, à pobreza e ao baixo nível dos salários) [37].

Segundo o autor citado, para ultrapassar esta situação de contraste, é necessário encontrar uma *terceira via,* dotada de uma *vis* atractiva superior à daqueles dois tipos de vida. Aquela deveria congregar os aspectos positivos da cidade e do campo e eliminar os factores negativos de uma e de outro. Na perspectiva de HOWARD, essa terceira via encontra-se na edificação de aglomerados urbanos planificados de acordo com o modelo da cidade-jardim: novos núcleos urbanos independentes e afastados das grandes cidades, com casas próprias rodeadas de grandes jardins.

A mensagem deste autor teve uma enorme repercussão, no Reino Unido e em outros países europeus, bem como nos E.U.A.. Formaram-se associações nacionais para a divulgação do movimento da cidade-jardim na França, Alemanha, Holanda, Bélgica, Polónia, Checoslováquia e Rússia. Nos E.U.A., nasceu, em 1906, a "Garden City Association of America"[38]. Na Grã-Bretanha, constituiu-se, em 1899, sob a direcção do próprio HOWARD, uma "Garden City Association", que esteve na origem das cidades-jardim de Letchworth e Welwyn, as quais subsistem nos nossos dias com grande vitalidade[39].

---

[37] Cfr. HANS MAUSBACH, *Urbanismo Contemporâneo*, trad. port., 3.ª ed., Lisboa, Presença, 1981, p. 26-28; FERNANDO DE TERÁN, *Ciudad y Urbanización en el Mundo Actual*, Barcelona, Blume, 1969, p. 48-50; e PAOLO SICA, *ob. cit.*, p. 14 e 15.

[38] Cfr. PAOLO SICA, *ob. cit.*, p. 21 e 22.

[39] Cfr. F. CHUECA GOITIA, *ob. cit.*, p. 162.

1.2.5. *A cidade linear*

A *cidade linear*, concebida pelo espanhol SORYA Y MATA (1844--1920), constitui outra das contribuições teóricas de grande alcance para a resolução dos problemas da cidade. O citado autor apelida de cidade linear a estrutura urbana estreitamente ligada a uma via rápida de comunicação: numa primeira fase, o caminho de ferro e, mais tarde, a estrada. A longitude da cidade linear é teoricamente infinita (de Cádiz a São Petersburgo, na expressão de SORIA Y MATA), desde que a sua largura seja, ao contrário, rigorosamente limitada, de modo a possibilitar que se verifique, em qualquer ponto da cidade, uma relação estreita com a via de comunicação, que constitui, por assim dizer, a sua espinha dorsal.

De acordo com esta técnica urbanística, a cidade mantém-se em contacto com o campo e este com aquela. Graças à distribuição dos equipamentos que decorre deste modelo, o campo pode receber em larga medida os efeitos e os benefícios da cidade. Na íntima relação cidade-campo subjacente a esta técnica, pode descortinar-se uma influência da concepção da *cidade-jardim,* abordada no ponto anterior.

As vantagens da organização interna da cidade inerentes a este modelo eram evidentes, já que a *cidade linear*, embora tivesse nascido de acordo com uma morfologia estruturalmente compatível com o meio mais revolucionário que a tecnologia da época tinha concebido – a via férrea –, permitia facilmente a disposição em grandes franjas longitudinais de todas as canalizações da cidade moderna[40].

1.2.6 *O regionalismo urbanístico*

Uma técnica urbanística de profundo alcance é a que dá pela designação de *regionalismo urbanístico*. Os primeiros teóricos desta

---

[40] Nas quais incluía SORIA Y MATA as condutas de "vapor destinado à calefacção das habitações e das cozinhas" e um "tubo neumático" para a distribuição do correio. Cfr. FERNANDO DE TERÁN, *ob. cit.*, p. 44-48, e PAOLO SICA, *ob. cit.*, p. 62 e 63.

ideia são o escocês PATRICK GEDDES (1854-1932) e o seu discípulo americano LEWIS MUMFORD. Esta concepção urbanística assenta em dois princípios intimamente ligados entre si. O primeiro é o reconhecimento de que é impossível controlar eficazmente o crescimento das cidades e o seu impacto sobre o território circundante se se tomar em consideração apenas o espaço estritamente urbano. O segundo é o de que a vida das cidades não se confina à área urbana, antes se estende a todo o território de um município, de uma região e até de um país inteiro. Daí o aparecimento do método da "Regional Survey": o urbanismo deve alargar o seu âmbito, de modo a englobar o ordenamento do território urbano e rural, numa dimensão municipal, regional e mesmo nacional, e tendo em conta os múltiplos factores que influenciam a cidade (económicos, culturais, históricos e geográficos)[41].

Caminha-se, com esta técnica, de um *microurbanismo,* configurado ao âmbito da cidade, para um *macrourbanismo,* de âmbito municipal e regional. A primeira concretização desta ideia foi o Plano de Nova Iorque de 1929, mas a sua consagração legislativa mais explícita foi no "Town and Country Planning Act" inglês de 1932[42].

Esta concepção ampla de urbanismo, que rompe as fronteiras estreitas da cidade, é hoje um dado irrecusável no campo das técnicas urbanísticas, de tal modo que a planificação dos nossos dias não se compagina à cidade ou à sede do concelho, antes abrange, como veremos mais à frente, toda a área do município, áreas que incluem vários municípios e mesmo todo o território de um país.

1.2.7. *O plano urbanístico e o funcionalismo racionalista*

O *plano urbanístico* é, certamente, a técnica *capital* do urbanismo. A sua importância é tão grande que, na terminologia inglesa, o urbanismo é designado por *"planning"* e o direito do urbanismo por

---

[41] Cfr. GASTON BARDET, *L'Urbanisme*, 10.ª ed., Paris, PUF, 1983, p. 15.
[42] Cfr. PAOLO SICA, *Historia del Urbanismo, El Siglo XVIII*, trad. esp., Madrid, IEAL, 1982, p. 163-171.

"planning law". O plano aparece como um documento onde são recolhidas muitas das técnicas já anteriormente utilizadas (o alinhamento, o zonamento, a expansão e renovação das cidades, etc.), colocando-as ao serviço de um determinado espaço e tendo em conta as características específicas deste.

A utilização do plano como instrumento de programação urbanística já nos aparece, em casos isolados, no século XVIII, como aconteceu em Portugal com o *plano* de reconstrução da baixa lisboeta, aprovado em 1758 por MARQUÊS DE POMBAL, na sequência do terramoto de 1 de Novembro de 1755[43], e, no século XIX, com as operações de expansão e de renovação ou reforma interior das cidades, mas a aplicação em larga escala desta técnica é obra da corrente urbanística apelidada de *funcionalismo racionalista*[44]. Esta foi desenvolvida nos Congressos Internacionais de Arquitectura Moderna (C.I.A.M.), que se realizaram a partir de 1928, e está consagrada na chamada "Carta de Atenas", emanada do Congresso que decorreu, em Atenas, de 29 de Julho a 13 de Agosto de 1933, e cuja paternidade espiritual é atribuída ao arquitecto suíço LE CORBUSIER, justamente considerado o grande criador da utopia da cidade moderna no seu aspecto físico[45].

A "Carta de Atenas" começa por criticar a irracionalidade das cidades existentes (densidades excessivas, insalubridade, repartição arbitrária dos usos do solo, inexistência ou insuficiência de espaços livres, ruptura das relações entre os locais de habitação e de trabalho, situação crítica dos transportes nas horas de ponta, instalação de indústrias apenas com base no critério económico, ruas estreitas, etc.), para defender, de seguida, que a cidade deve ser regida pela "escala humana", o que implica a necessidade da sua organização com base nas quatro funções do homem dentro da cidade: *habitar,*

---

[43] Cfr. ROBERT SAVY, *Droit de l'Urbanisme*, Paris, PUF, 1981, p. 20 e 21.

[44] Cfr. THILO HILPERT, *La Ciudad Funcional (Le Corbusier y su Visión de la Ciudad)*, trad. esp., Madrid, IEAL, 1983, p. 195 e segs.; PAOLO SICA, *Historia del Urbanismo, El Siglo XX*, p. 143 e segs.; e F. CHUECA GOITIA, *ob. cit.*, p. 197.

[45] Cfr. THILO HILPERT, *ob. cit.*, p. 379.

trabalhar, recrear-se (nas horas livres) e *circular*. Estas são, por assim dizer, as chaves do urbanismo. Na perspectiva de LE CORBUSIER, os planos deverão determinar a estrutura de cada um dos sectores destinados àquelas quatro funções-chave e assinalar a respectiva localização no conjunto. A cidade é, assim, vista como uma *unidade funcional*[46].

Aquele documento é apologético de um urbanismo em *terceira dimensão* (com prédios em altura), dotado de grandes espaços verdes, os quais devem ser utilizados para fins de lazer e funcionar, simultaneamente, como uma divisória dos edifícios habitacionais em relação às vias de comunicação[47]. Esta corrente urbanística, baptizada de "progressista", com um carácter puritano e utópico, como resulta do projecto da "Ville Radieuse", publicado em 1935 por LE CORBUSIER, inspirou as obras de construção e de reconstrução, em vários países europeus, depois da 2.ª Grande Guerra Mundial, com especial destaque para a República Federal da Alemanha[48], bem como a morfologia de várias cidades de países do terceiro mundo.

1.2.8. *As novas cidades*

A técnica das *"new towns"* ou das *novas cidades* pode enquadrar-se na perspectiva global do regionalismo urbanístico acima referido. A criação artificial de cidades não é, porém, uma novidade do século XX. No passado, encontramos exemplos de cidades administrativas, cidades coloniais, cidades religiosas e cidades industriais criadas *ex novo*. Estes tipos históricos de cidades têm, porém, a natureza de aglomerados unidimensionais, voltados para a satisfação do interesse específico que presidiu à sua formação. Elas não têm, por isso, nada de comum com as *novas cidades* que queremos aqui abordar, as quais são

---

[46] Cfr. W. ERNST/W. HOPPE, *Das Öffentliche Bau-und Bodenrecht, Raumplanungsrecht*, 2.ª ed., München, Beck, 1989, p. 76 e 77.

[47] Cfr. ROBERT SAVY, *ob. cit.*, p. 20.

[48] Cfr. W. ERNST/W. HOPPE, *ob. cit.*, p. 77.

planeadas como unidades pluridimensionais, isto é, como unidades completas de vida integral, destinadas a descongestionar as zonas urbanas com base numa política de descentralização industrial e de equilíbrio regional. Trata-se de *novas cidades* que são motivadas por fins de ordenamento ou de planeamento metropolitano[49].

O movimento contemporâneo das "new towns" surgiu, na Inglaterra, com base em três documentos oficiais, a saber: os "Reports" da Comissão *Barlow,* de 1940, e da Comissão *Reith,* de 1946, bem como o Plano *"Abercrombie"* da Grande Londres, de 1944[50]. A primeira comissão, constituída em 1937, foi incumbida de analisar as causas da distribuição geográfica da população industrial, de estudar os inconvenientes de natureza social, económica e estratégica resultantes da concentração da indústria e da população industrial nas cidades e regiões e de propor as medidas adequadas para contrariar esse fenómeno[51]. À segunda foi cometida a tarefa de estudar "os problemas gerais surgidos com a formação, ordenamento, organização e administração das novas cidades, no quadro de uma política de descentralização planificada das zonas urbanas congestionadas"[52].

As recomendações da Comissão *Reith* incluíam os seguintes pontos: 1) As novas cidades deviam ser edificadas a uma distância não inferior a 40 quilómetros na região de Londres e a 20 quilómetros nas outras regiões, a fim de possibilitar a constituição de núcleos de vida económica, social e cultural realmente independentes, afastando-se, assim, a fórmula altamente negativa das cidades-satélites ou das cidades-dormitório, com o cortejo das deslocações quotidianas massivas entre as residências e os locais de trabalho. 2) As distâncias destas

---

[49] Cfr. C. CHALINE, *Les Villes Nouvelles dans le Monde,* 2.ª ed., Paris, PUF, Que Sais-Je?, 1996, p. 36-39.
[50] Cfr. GARCÍA DE ENTERRÍA/L. PAREJO ALFONSO, *ob. cit.*, p. 62.
[51] Cfr. VICTOR MOORE, *A Practical Approach to Planning Law,* 10.ª ed., Oxford//New Iork, Oxford University Press, 2007, p. 3; e B. CULLINGWORTH/V. NADIN, *Town and Country Planning in the UK,* 14.ª ed., London/New Iork, Routledge, 2007, p. 19-21.
[52] Cfr. E. GARCÍA DE ENTERRÍA/L. PAREJO ALFONSO, *ob. cit.*, p. 63.

novas cidades em relação aos centros metropolitanos não podiam ser demasiado elevadas, devido à necessidade de atrair certas indústrias e serviços que exigem a manutenção de contactos entre os dois aglomerados. 3) A dimensão das novas cidades devia mover-se entre 20.000 e 60.000 habitantes, de modo a facilitar as deslocações a pé ou em bicicleta entre a residência e os locais de trabalho, que deveriam situar-se nas próprias cidades, assim como todos os serviços e meios culturais necessários para garantir a sua autonomia. 4) Uma cintura verde e um zonamento rigoroso teriam como função impedir o crescimento ilimitado destes núcleos, cuja densidade populacional deveria manter-se baixa[53].

Estas sugestões tiveram realização prática, embora com algumas adaptações. No círculo de Londres, foram criadas oito novas cidades, localizadas a uma distância que varia entre 32 e 49 quilómetros do centro, sendo as mais famosas as de Stevenage e Harlow. Outras surgiram na Escócia, País de Gales e em diversas áreas metropolitanas, num total de vinte e oito.

A persistência do crescimento desmesurado das cidades, influenciado fortemente por um amplo surto migratório de cidadãos vindos de vários países, esteve na base do aparecimento, em Inglaterra, na década de sessenta do século XX, de uma "segunda geração" de *new towns*, como alternativa à expansão das zonas suburbanas e periféricas das cidades. Neste sentido, B. CULLINGWORTH/V. NADIN referem que, entre 1961 e 1971 do século há pouco findo, foram programadas catorze adicionais *new towns*, entre as quais, Skelmersdale, Redditch, Livingstone e Irvine[54].

A técnica das *novas cidades* irradiou posteriormente para outros países, como a Suécia, Dinamarca, Finlândia, Holanda, França, E.U.A., bem como para alguns países do leste europeu[55]. Especificamente no

---

[53] Com base nas propostas da Comissão *Reith*, foi aprovado, em 1 de Agosto de 1946, o *New Towns Act*, que foi o ponto de partida de uma vasta operação de criação de *novas cidades*, provavelmente a mais ambiciosa do urbanismo contemporâneo. Cfr. E. GARCÍA DE ENTERRÍA/L. PAREJO ALFONSO, ob. cit., p. 63.

[54] Cfr. ob. cit., p. 26.

[55] Cfr. PAOLO SICA, *Historia del Urbanismo, El Siglo XX*, cit., p. 541-559.

que respeita à França, a criação de *"villes nouvelles"* foi proposta na região de Paris pelo "esquema director de ordenamento e de urbanismo" de 1965, tendo sido efectivamente implantadas cinco novas cidades das oito projectadas (Cergy-Pontoise, Evry, Marne-la-Vallée, Melun-Sénart e Saint-Quentin-en-Yvelines). Poucos anos depois, a criação de novas cidades foi também proposta em outras regiões urbanas francesas, vindo a ser instituídas quatro: Le Vaudreuil (perto de Rouen), Lille-Est, L'Isle-d'Abeau (a este de Lyon) e les Rives de l'étang de Berre (próximo de Marselha)[56].

A encerrar esta breve abordagem de algumas das principais técnicas urbanísticas, é conveniente referir que todas elas, mesmo as mais antigas, continuam presentes e a influenciar, embora em grau diverso, o arsenal técnico e jurídico do urbanismo dos nossos dias.

1.3. *O urbanismo como ciência*

Em terceiro lugar, o vocábulo urbanismo é frequentemente usado no sentido de *ciência*[57]. Agora, urbanismo designa a ciência que tem como objecto a investigação e o ordenamento dos aglomerados urbanos[58]. O urbanismo como disciplina científica autónoma surgiu, na Europa, no período que medeia entre finais do século XIX e a 1.ª Grande Guerra Mundial. Apareceu como "inventário de instrumentos empírico-científicos destinados a proporcionar uma síntese propositivo-operativa da evolução e da transformação da cidade"[59].

A doutrina é unânime na afirmação de que esta nova ciência assume uma natureza eminentemente *interdisciplinar*. De facto, a multiplicidade e a profundidade dos problemas urbanos não podem ser

---

[56] Cfr. P. MERLIN, *Les Techniques de l'Urbanisme*, Paris, PUF, Que Sais-Je?, 1995, p. 112-114.

[57] Cfr., sobre este ponto, a nossa obra *O Plano Urbanístico*, cit., p. 45-49, e a bibliografia aí referenciada.

[58] Cfr. GASTON BARDET, *ob. cit.*, p. 6.

[59] Cfr. PAOLO SICA, *Historia del Urbanismo, El Siglo XX*, cit., p. 11.

abarcadas por uma única disciplina ou por um só ramo científico[60]. O urbanismo apresenta-se, assim, como uma *ciência compósita,* que vai buscar conhecimentos a várias ciências, tais como a geografia, a arquitectura e a técnica de construção, a estatística, a ciência económica, a ciência política, a ciência administrativa, a sociologia[61], a história[62], a ecologia urbana[63], e, inclusive, à própria medicina, com o

---

[60] Cfr. E. SCHMIDT-ASSMANN, *ob. cit.,* p. 1.

[61] De facto, a sociologia assume uma importância capital como ciência auxiliar do urbanismo, sobretudo no processo de planeamento. Assim, na fase dos trabalhos preliminares conducentes à elaboração do plano urbanístico, que é constituída pela análise da situação e pela compilação de dados, a sociologia realiza a tarefa de investigação básica do fenómeno "cidade", proporcionando análises estruturais e de tendências, tais como o estudo do processo de urbanização, dos movimentos da população, da situação sócio-laboral, do problema habitacional, etc. Numa segunda fase de conversão de dados e de formulação de directivas com vista à redacção do plano director, a sociologia facilita a elaboração de prognoses, a construção de modelos e a crítica da ideologia urbanística. Funções idênticas são desempenhadas pela sociologia na fase da proposta do plano. Na fase da execução do plano, a sociologia desempenha igualmente importantes tarefas: a de comprovar se os prognósticos do plano foram acertados ou errados e a de controlar e criticar a execução do plano. Para mais desenvolvimentos sobre as possibilidades que a sociologia, como ciência auxiliar, oferece ao urbanismo, cfr. N. SCHMIDT RELENBERG, *Sociologia y Urbanismo,* trad. esp., Madrid, IEAL, 1976, p. 111-128.

[62] O contributo da história para a ciência do urbanismo é deveras importante, uma vez que ela estuda a formação e a evolução das cidades desde o mundo antigo até à actualidade. Numa perspectiva histórica, é vulgar a seguinte classificação das cidades: *cidades da antiguidade,* que abrangem as civilizações mesopotâmica, egípcia, indostânica e creto-micénica; *cidades do mundo clássico,* que englobam as civilizações grega e romana; *cidades islâmicas,* características da civilização inspirada no Islão, que se localizaram nos séculos VIII a X, num território bastante extenso, que abrangia toda a zona costeira mediterrânica do Golfo Pérsico ao Atlântico, passando por uma grande parte da Península Ibérica; *cidades medievais,* que se desenvolveram na Europa por exigências crescentes do comércio e da indústria, numa sociedade inicialmente feudal, agrária e religiosa; *cidades do Renascimento,* famosas pelas alterações no interior das áreas urbanas, como as de Roma e de Veneza; *cidades do Barroco,* que constituíam as capitais dos Estados absolutistas mais representativos, dotadas de harmonia geométrica, verdadeiras obras de arte da percepção visual imediata, e que obedeciam a três princípios fundamentais: a

objectivo de possibilitar um desenvolvimento harmonioso e racional dos aglomerados humanos. Uma das ciências onde o urbanismo vai beber muitos dos seus princípios é a ciência do direito. Na verdade, o fenómeno social do urbanismo não poderia ser indiferente ao di-

linha recta, a perspectiva monumental e a uniformidade; as *cidades industriais*, que surgiram de modo desorganizado e desumano com o fenómeno da revolução industrial da Europa e da América e cujos efeitos negativos as várias técnicas urbanísticas apontadas procuraram corrigir; *cidades modernas*, caracterizadas por uma *explosão de formas urbanas*, mas todas elas planeadas de forma global, convergentes na recusa da cidade existente e assentes num sistema hierarquizado de vias, numa separação funcional (com o consequente zonamento) e numa procura do verde/ /natureza; e as *cidades pós-modernas*, caracterizadas como *cidades-móveis* (nas quais a mobilidade constitui a base das relações sociais e espaciais), *cidades-território* (que se estendem e dispersam por territórios cada vez mais vastos, incluindo o próprio campo), *cidades-natureza* (como cidades descontínuas e fragmentárias, abrangem a natureza e o campo), *cidades policêntricas* (onde emergem novas centralidades, sobretudo ligadas ao consumo, como as grandes superfícies comerciais), *cidades de escolhas pessoais* (a mobilidade, a cidade-território e o policentrismo alimentam a possibilidade de escolha pessoal e permitem a cada habitante constituir a sua própria rede de sociabilidade) e como *cidades de espaços não edificados* (a fragmentação e a dispersão características da cidade-território e da cidade-natureza levam a que os espaços urbanizados ou edificados se misturem com outros, agrícolas, florestais, ou simplesmente não utilizados, todos eles com as dimensões mais diversas).

Não podemos, como facilmente se compreende, analisar, *hic et nunc*, as características destes tipos históricos de cidades. Uma análise histórica de carácter universal da evolução das cidades pode ver-se em L. MUMFORD, *La Cité à travers de l'Histoire*, trad. franc., Paris, Seuil, 1964; J.-L. HAROUEL, *Histoire de l'Urbanisme*, 2.ª ed., Paris, PUF, 1985; F. CHUECA GOITIA, *Breve História do Urbanismo*, cit.; e JORGE CARVALHO, *ob. cit.*, p. 31-40. Para a evolução histórica das cidades em Portugal, cfr. ORLANDO RIBEIRO, *Cidade*, in *Dicionário de História de Portugal*, Vol. I, dir. Joel Serrão, Lisboa, Iniciativas Editoriais, 1963, p. 574-580; e A. AMORIM GIRÃO, *ob. cit.*, p. 46-52.

[63] Entende-se por *ecologia* a parte da biologia que estuda as relações entre os seres vivos e o seu meio ambiente. Da ecologia humana faz parte a *ecologia urbana*, que estuda a distribuição do homem e dos grupos sociais na cidade, de acordo com as suas condições sociais, económicas e culturais. Cfr. J. R. MELLOR, *Sociologia Urbana*, trad. port., Porto, Rés, 1984, p. 327-347; M. PRIEUR, *Droit de l'Environnement*, 4.ª ed., Paris, Dalloz, 2001, p. 2 e 3; e F. CHUECA GOITIA, *ob. cit.*, p. 205-225.

reito, dado que ele influencia de modo decisivo institutos jurídicos importantes, de que se destaca o direito de propriedade do solo[64].

Como já tivemos ocasião de assinalar, o urbanismo, entendido como ciência e como técnica, ultrapassou as muralhas da cidade para abarcar todo um território determinado, tanto no seu sector urbano, como rural. Assistiu-se, assim, a uma superação do sentido etimológico do termo *urbanismo* (do latim *urbs, urbis* = cidade) e a uma extensão do seu objecto. Como escreve G. BARDET, de simples disciplina de ordenamento das cidades, o urbanismo alargou-se ao ordenamento das regiões e das aldeias e, depois, da nação. Fala-se, por isso, em "urbanismo rural", "urbanismo regional", "urbanismo nacional" e mesmo, mais recentemente, de um "urbanismo europeu" e de um "urbanismo mundial". Actualmente, o urbanismo designa o ordenamento do solo a todos os níveis e o estudo de todas as formas de localizações humanas na terra[65]. O fenómeno expansivo do conceito científico de urbanismo teve a sua génese no reconhecimento de que a *urbe* não se apresenta como uma entidade com vida própria, independente e isolada, antes sofre influências de diversos tipos do vasto território em que está inserida[66].

Passando a ter como objecto o ordenamento do espaço e por função adaptá-lo às exigências sociais que nele se exprimem[67], o urbanismo dos nossos dias converteu-se, na terminologia de G. BARDET, num *orbenismo*, na medida em que se estendeu ao orbe no seu conjunto.

De tudo o que acaba de ser dito pode concluir-se que o *urbanismo* é a ciência que estuda o modo de tornar compatíveis entre si os vários usos possíveis do território, de evitar entre eles as interferências recíprocas negativas, numa palavra, de optimizar o gozo daquele bem

---

[64] Cfr. J. GONZÁLEZ PÉREZ, *Principios Generales de Derecho Urbanístico*, in RISA, 47 (1981), p. 294; R. SAVY, *ob. cit.*, p. 40 e 41; e E. GARCÍA DE ENTERRÍA//L. PAREJO ALFONSO, *ob. cit.*, p. 65.

[65] Cfr. *ob. cit.*, p. 27.

[66] Cfr. F. SPANTIGATI, *Manual de Derecho Urbanístico*, trad. esp., Madrid, Montecorvo, 1973, p. 28 e 29.

[67] Cfr. J. CHAPUISAT, *Le Droit de l'Urbanisme,* Paris, PUF, 1983, p. 5.

essencial e irreprodutível de toda a sociedade que é o próprio território. O urbanismo tem, assim, como objecto o território globalmente entendido e como finalidade específica assegurar a coordenação de todos os interesses que interferem normalmente com o território[68].

Este conceito de "urbanismo" é contestado por alguns autores portugueses, que o consideram excessivamente amplo e, além disso, susceptível de ser confundido com a noção de "ordenamento do território". É o que sucede com D. FREITAS DO AMARAL, que entende que o "urbanismo" se situa ao nível da urbe, isto é, da cidade, do aglomerado urbano, sendo, por isso, uma matéria essencialmente *local*, que se ocupa do ordenamento racional da cidade[69]. Haveremos de voltar, um pouco mais à frente, a este tema, quando analisarmos a problemática da distinção entre "urbanismo" e "ordenamento do território" e entre "direito do urbanismo" e "direito do ordenamento do território". Por agora, adiantamos tão-só que nos parece que a noção de "urbanismo" (na vertente de *ciência*) apresentada em último lugar é demasiado restrita e não atribui o devido relevo à ideia de que as questões urbanísticas dos nossos dias não se circunscrevem à cidade, sendo os problemas que se verificam nesta e tudo o que ocorre no seu seio uma resultante de fenómenos que têm lugar fora dela, no seu *hinterland* imediato e, em último termo, no contexto geral do país.

É, neste contexto, que a doutrina mais recente vem salientando que a distinção entre cidade e região, no presente estádio de desenvolvimento económico, social, tecnológico e ambiental, deixou de ter sentido ou utilidade, devendo ser reconstruído um conceito combinado, seja sob a nomenclatura de *cidade-região*, seja pela designação de *região urbana*, e, bem assim, que o ressurgimento da economia re-

---

[68] Cfr. V. CERULLI IRELLI, *Pianificazione Urbanistica e Interessi Differenziati*, in RTDP, 35 (1985), p. 386 e 387; e P. STELLER RICHTER, *Profili Funzionali dell'Urbanistica*, Milano, Giuffrè, 1984, p. 56.

[69] Cfr. *Aspectos Jurídicos do Ordenamento do Território, Urbanismo e Habitação, Sumários*, 1971, p. 11; *Ordenamento do Território, Urbanismo e Ambiente: Objecto, Autonomia e Distinções*, in RJUA, n.º 1 (1994), p. 15; e *Apreciação da Dissertação de Doutoramento do Licenciado Fernando Alves Correia "O Plano Urbanístico e o Princípio da Igualdade"*, in RFDUL, Vol. XXXII (1991), p. 95 e 96.

gional tem mais a ver com a urbanização regional do que com o declínio das economias urbanas. Ainda segundo a mesma doutrina, a *região urbana* tende, hoje, de facto, a tornar-se um excelente motor da vida social, especialmente quando se estabelece em torno não de uma cidade central, mas de uma *rede urbana* equilibrada do ponto de vista da dimensão dos aglomerados urbanos, bem como da paisagem e das áreas naturais e rurais[70].

1.4. *O urbanismo como política*

O urbanismo pode ser entendido, em quarto lugar, como *política*. Neste sentido, é o conjunto articulado de objectivos e de meios de natureza pública, com vista à ocupação, uso e transformação racional do solo[71].

A definição dos meios e objectivos da "política pública" de urbanismo é feita pelo legislador, no quadro das regras e princípios constitucionais [desde logo, por meio de lei da Assembleia da República ou de decreto-lei alicerçado em autorização legislativa, como decorre do artigo 165.º, n.º 1, alínea *z*), da Constituição, que inclui na reserva relativa de competência legislativa da Assembleia da República a matéria respeitante às "bases do ordenamento do território e do urbanismo" – incumbência que foi concretizada pela Lei n.º 48/ /98, de 11 de Agosto, alterada pela Lei n.º 54/2007, de 31 de Agosto, que contém as "bases da política de ordenamento do território e de urbanismo", daqui em diante LBPOTU], mas também pela Administração Pública, sobretudo quando estabelece um conjunto de opções em matéria de ocupação, uso e transformação do solo, para serem consagradas nos planos territoriais.

---

[70] Cfr. ROGÉRIO GOMES, *A Região Urbana*, Tese Mest., polic., Lisboa, 2005, p. 69.

[71] Cfr. D. FREITAS DO AMARAL, *Direito do Urbanismo (Sumários)*, Lisboa, 1993, p. 16 e 17; J.-B. AUBY/H. P.-MARQUET, *Droit de l'Urbanisme et de la Construction*, 2.ª ed., Paris, Montchrestien, 1989, p. 37; e H. JACQUOT/F. PRIET, *Droit de l'Urbanisme*, 5.ª ed., Paris, Dalloz, 2004, p. 6.

Há uma "prioridade lógica"[72] da política urbanística em relação às normas jurídicas urbanísticas, sejam elas de âmbito geral ou de âmbito local, destacando-se, nestas últimas, as constantes dos planos urbanísticos. Com efeito, as leis urbanísticas têm subjacentes várias ideias e objectivos de carácter político. De igual modo, os planos de ordenamento do território, designadamente os planos municipais, traduzem objectivos políticos fixados de antemão pelos órgãos do município, corporizando – supõe-se – as aspirações e os desejos da comunidade municipal. Saber se o crescimento da cidade deve ser estimulado ou não, se o desenvolvimento industrial deve ser favorecido ou limitado, se o município deve apostar predominantemente no turismo e na cultura, se devem ser criados espaços verdes, jardins e parques naturais, etc., são opções de carácter primariamente político, que antecedem a redacção do plano municipal e que são posteriormente nele vertidas, influenciando decisivamente as normas jurídicas que compõem o seu conteúdo[73].

2. Conceito, objecto, natureza, traços particulares, autonomia didáctica e importância do estudo do direito do urbanismo

2.1. *Conceito*

Depois de aclarados, ao que supomos, os sentidos mais importantes do vocábulo "urbanismo", é ocasião de nos debruçarmos sobre o conceito de "direito do urbanismo".

---

[72] Cfr. D. FREITAS DO AMARAL, *Direito do Urbanismo (Sumários)*, cit., p. 17. Não obstante a *prioridade lógica* das opções de política urbanística em relação às normas urbanísticas, acentuou-se nos últimos anos, pela via da intensificação da penetração do direito na política urbana, o fenómeno da *juridicização* da política urbana. Cfr., sobre este ponto, MARIA DA GLÓRIA DIAS GARCIA, *O Direito do Urbanismo Entre a Liberdade Individual e a Política Urbana*, in RJUA, N.º 13 (2000), p. 97-102.

[73] Cfr. T.-RÁMON FERNÁNDEZ, *Os Sistemas de Execução dos Planos Gerais Municipais de Ordenamento do Território em Espanha*, in A Execução dos Planos Directores Municipais, Associação Portuguesa de Direito do Urbanismo (APDU), Coimbra, Almedina, 1998, p. 64.

A propósito da noção de direito do urbanismo, deparam-se-nos acentuadas divergências de opinião entre a doutrina, fenómeno que encontra a sua justificação na "juventude" desta disciplina jurídica[74]. Seja como for, na nossa perspectiva, o direito do urbanismo é o conjunto de normas e de institutos respeitantes à ocupação, uso e transformação do solo, isto é, ao complexo das intervenções e das formas de utilização deste bem (para fins de urbanização e de construção, agrícolas e florestais, de valorização e protecção da natureza, de recuperação de centros históricos, etc.). Esta noção de direito do urbanismo – que se baseia num conceito amplo de "urbanismo", como ciência que tem por objecto o território globalmente entendido, e não apenas o espaço da cidade ou da urbe (já que esta não se apresenta como uma entidade com vida própria, independente e isolada, antes sofre influências de diversos tipos do vasto território em que está inserida) – não é aceite por alguns autores portugueses, que contestam a sua excessiva amplitude[75]. Há, por isso, quem considere que o direito do urbanismo é constituído apenas pelas normas jurídicas respeitantes ao "ordenamento racional da cidade" (seu planeamento, operações económico-administrativas a que dá lugar, regras destinadas a garantir a segurança, a salubridade e a estética das construções urbanas, etc.)[76], ou, numa concepção um pouco mais lata, que aquele integra tão-só o conjunto de normas e princípios jurídicos que disciplinam a actuação da Administração e dos particulares com vista ao correcto ordenamento da ocupação, utilização e transformação dos solos para fins urbanísticos, isto é, para fins que excedam um aproveitamento agrícola, florestal, pecuário, mineiro

---

[74] Cfr. R. CRISTINI, *Droit de l'Urbanisme*, Paris, Economia, 1985, p. 5; e a nossa obra *O Plano Urbanístico, cit.*, p. 49-51.

[75] Aderindo a uma noção ampla de direito do urbanismo, que abarca "tudo" o que tem expressão territorial, tudo o que incide ou se repercute no território", cfr. SOFIA GALVÃO, *Sobre o Objecto e o Sentido do Direito do Urbanismo*, in RJUA, N.º 17 (2002), p. 80 e 81.

[76] Cfr. D. FREITAS DO AMARAL, *Ordenamento do Território, Urbanismo e Ambiente: Objecto, Autonomia e Distinções, cit.*, p. 11-19, e *Apreciação da Dissertação de Doutoramento de Fernando Alves Correia, cit.*, p. 95 e 96.

ou cinegético dos solos[77]. A essência do direito do urbanismo reside na *harmonização* ou *compatibilização* entre os diferentes interesses implicados no uso e transformação desse bem essencial – por natureza, escasso e irreprodutível – que é o solo, sendo, por isso, constituído por normas jurídicas cuja função precípua é a *ponderação de interesses* e a *superação dos conflitos de interesses* surgidos a propósito da utilização do mesmo (ponderação que reveste uma tríplice vertente: entre interesses públicos e privados colidentes, entre interesses públicos que não são coincidentes e entre interesses privados divergentes)[78].

---

[77] Cfr. CLÁUDIO MONTEIRO, *O Embargo e a Demolição de Obras no Direito do Urbanismo*, Tese Mest., polic., Faculdade de Direito de Lisboa, 1995, p. 5-10. Também ANTÓNIO CORDEIRO parece defender uma posição intermédia entre a avançada por nós e a apresentada por D. FREITAS DO AMARAL, destacando como ideia básica da noção de direito do urbanismo "a de que se ocupa das regras sobre edificação dos solos e sobre a sua infraestruturação, condicionadas a montante, seguramente, por um variado e heterogéneo conjunto de regimes que devem obter uma expressão unitária, e operativa, no chamado direito de ordenamento do território" (cfr. *A Protecção de Terceiros em Face de Decisões Urbanísticas*, Coimbra, Almedina, 1995, p. 22 e 23). Na mesma linha, A. LORENA DE SÈVES define o direito do urbanismo como "o ramo do direito público constituído pelo sistema aberto de princípios e regras que regula as actividades de ocupação, uso e transformação dos solos urbanos, a organização administrativa pertinente e o respectivo controlo, com vista a contribuir para uma sociedade bom ordenada no território nacional". Segundo este último autor, a noção apontada de direito do urbanismo integra não apenas o urbanismo (enquanto fenómeno sócio-económico), mas também a sua consideração no território nacional (enquanto fenómeno político), tal como ele é hoje considerado político-constitucionalmente. Cfr. *ob. cit.*, p. 43 e 44.

[78] Sobre o conceito, objecto, natureza, traços particulares, autonomia didáctica e importância do estudo do direito do urbanismo, cfr. as nossas obras *O Plano Urbanístico*, cit., p. 49-64, e a bibliografia aí citada, e *Estudos de Direito do Urbanismo*, Coimbra, Almedina, 1997, p. 15-17, 36-38 e 97-100, bem como os nossos artigos *Direito do Urbanismo*, in Alguns Conceitos de Direito Administrativo, 2.ª ed., Coimbra, Almedina, 2001, p. 33-37, e *Urbanismo (Direito do)*, in DJAP, 2.º Suplemento, Lisboa, 2001, p. 675-678.

2.2. Objecto

O *objecto* do direito do urbanismo – e estamos a considerar apenas o chamado *direito do urbanismo geral*, falando-se já de um *direito do urbanismo especial*, que abrange outras matérias, para além das que a seguir se vão indicar – engloba os seguintes cinco grandes sectores: as *regras jurídicas* que disciplinam a ocupação, uso e transformação do solo, ou seja, as *normas* que determinam os tipos ou modalidades de utilização dos solos, as quais podem ter como fonte a *lei*[79]

---

[79] As leis mais importantes respeitantes ao urbanismo são a LBPOTU, que é uma lei-quadro, aprovada pela Assembleia da República, nos termos da alínea *z*) do n.º 1 do artigo 165.º da Constituição (preceito este que integra na competência exclusiva daquele órgão, salvo autorização ao Governo, legislar sobre as "bases do ordenamento do território e do urbanismo"), e que define os princípios básicos ou fundamentais da disciplina destas matérias, os seus princípios reitores ou orientadores, os quais cabe ao Governo desenvolver ou concretizar em diplomas legislativos complementares, isto é, em decretos-leis de desenvolvimento, nos termos do artigo 198.º, n.º 1, alínea *c*), da Lei Fundamental; o RJIGT, que, no desenvolvimento da disciplina jurídica estabelecido naquela Lei de Bases, define o regime geral de uso do solo e o regime de elaboração, aprovação, execução e avaliação dos instrumentos de gestão territorial (*rectius*, instrumentos de planeamento territorial); o Decreto-Lei n.º 555/99, de 16 de Dezembro, alterado pela Lei n.º 13/2000, de 20 de Julho, pelo Decreto-Lei n.º 177/2001, de 4 de Junho, pelas Leis n.ᵒˢ 15/2002, de 22 de Fevereiro, e 4-A/2003, de 19 de Fevereiro, pelo Decreto-Lei n.º 157/2006, de 8 de Agosto, e pela Lei n.º 60/2007, de 4 de Setembro, que contém o regime jurídico da urbanização e edificação (daqui em diante, RJUE), isto é, a disciplina de todas as operações de transformação urbanística do solo; o Decreto-Lei n.º 794/76, de 5 de Novembro (alterado pelo Decreto-Lei n.º 313/80, de 19 de Agosto), que, apesar da sua vetusta idade, disciplina ainda vários mecanismos de intervenção da Administração pública nos solos urbanos; e o Código das Expropriações (CE), aprovado pela Lei n.º 168/99, de 18 de Setembro.

Não existe, assim, no ordenamento jurídico urbanístico português, um *Código de Urbanismo*, que reúna, sistematizada e ordenadamente, o conjunto de *normas gerais* de direito do urbanismo. A discussão sobre as vantagens e inconvenientes, a oportunidade ou a inoportunidade da elaboração e aprovação de um Código de Urbanismo tem estado muito viva em Portugal, tendo a Faculdade de Direito da Universidade de Coimbra, o Centro de Estudos de Direito do Ordenamento,

ou (como sucede mais frequentemente) os *planos territoriais* (designados pelo legislador "instrumentos de gestão territorial"), no âmbito dos quais assumem uma importância particular os planos municipais de ordenamento do território (os quais remetem, múltiplas vezes, com autorização legal, a disciplina de algumas matérias para regulamentos municipais de urbanização e ou de edificação); *o direito e política de solos* (que inclui, entre o mais, o regime urbanístico do direito de propriedade privada do solo e os mecanismos de intervenção da Administração Pública nos solos urbanos); *os sistemas e instrumentos de execução dos planos* (sendo os primeiros os sistemas de compensação, de cooperação e de imposição administrativa e contando-se, entre os segundos, como figuras principais, a expropriação por utilidade pública, o direito de preferência urbanística, o reparcelamento do solo urbano e o licenciamento e a comunicação prévia das operações urbanísticas); o *direito administrativo da construção*, que abrange as regras técnicas e jurídicas a que deve obedecer a construção de edifícios [não somente normas respeitantes à segurança, salubridade e estética das edificações, mas também normas que visam garantir, de acordo com os princípios do Estado de Direito Social, que as habitações sejam saudáveis e apresentem os requisitos (de espaço, luminosidade, conforto, etc.) ne-

---

do Urbanismo e do Ambiente e a Associação Portuguesa de Direito do Urbanismo realizado, conjuntamente, nos dias 22 e 23 de Novembro de 2002, um Colóquio Internacional, subordinado ao tema "Um Código de Urbanismo em Portugal?" (cfr., sobre este tema, *Um Código de Urbanismo para Portugal?*, Actas do 2.º Colóquio Internacional, organizado pela FDUC, CEDOUA e APDU, coord. Fernando Alves Correia, Coimbra, Almedina, 2003).

Todavia, tem-se assistido, nos últimos anos, à *unificação*, num mesmo diploma legal, de alguns regimes jurídicos dispersos por vários diplomas legais. Assim sucedeu com o Regime Jurídico dos Instrumentos de Gestão Territorial, que regula conjuntamente a elaboração, aprovação, execução e avaliação dos instrumentos de planeamento territorial, e com o Regime Jurídico da Urbanização e Edificação, que reúne a disciplina jurídica do controlo prévio de todas as operações urbanísticas. Esta *unificação* legislativa é encarada pelo legislador como um "passo decisivo" para a futura "codificação integral do direito do urbanismo" (*vide* o preâmbulo do Decreto-Lei n.º 555/99, de 16 de Dezembro).

cessários para que se tornem verdadeiramente dignas do homem] [80]; e o *contencioso do urbanismo*, que tem assumido nos últimos 15-20 anos, um relevo crescente, devido à consciencialização dos cidadãos em relação à importância das questões jurídico-urbanísticas, ocupando hoje uma boa parte do trabalho dos tribunais administrativos.

---

[80] Só o *direito administrativo da construção*, e não já o *direito privado da construção (privates Baurecht)*, é parte integrante do direito do urbanismo. Sublinhe-se, a propósito, que, no direito alemão, o *direito privado da construção* tem vindo a autonomizar-se, para fins didácticos, sendo objecto de estudos e exposições sistemáticas. O *privates Baurecht* constitui, no direito germânico, o direito da construção propriamente dito e abrange o conjunto das normas jurídicas privadas que, no quadro da *liberdade de construção (Baufreiheit)*, disciplinam as relações jurídicas entre os participantes no planeamento e na execução de uma edificação. Este *direito privado da construção* regula, segundo H. LOCHER, as relações jurídicas entre o dono da obra e o arquitecto; o dono da obra e o empreiteiro; o dono da obra e os encarregados da execução desta; o dono da obra e outras pessoas de profissão especializada; as relações jurídicas entre o dono da obra e terceiros não participantes na construção, por exemplo, proprietários vizinhos e outras pessoas eventualmente afectadas por ocorrências relacionadas com a construção. No âmbito do *direito privado da construção*, cabem também as relações especiais de responsabilidade que se verificam entre os intervenientes na construção (cfr. *Das Private Baurecht*, 5. Aufl., München, Beck, 1993, p. 3 e 4).

Também o direito francês nos fornece exposições sistemáticas sobre o *direito da construção*, autonomizadas do direito do urbanismo. Mas enquanto na literatura jurídica alemã o *direito privado da construção* é visto como o corpo de normas jurídico-privadas disciplinadoras das relações entre os actores da construção, na perspectiva da doutrina francesa o *direito da construção* compreende todas as regras relativas à *edificação* propriamente dita de imóveis, qualquer que seja a sua natureza: civil, administrativa, criminal, financeira e fiscal [cfr., neste sentido, G. LIET-VEAUX/A. THUILLIER, *Droit de la Construction*, 10.ª ed., Paris, Litec, 1991, p. 15 e segs.; *Droit de la Construction*, dir. PHILIPPE MALINVAUD, Paris, Dalloz/Le Moniteur, 2000; e R. SAINT-ALARY, *Droit de la Construction*, Paris, PUF, 1977, p. 29, e *Le Droit de la Construction*, 2.ª ed., Paris, PUF, Que Sais-Je?, 1981, p. 8]. Para mais desenvolvimentos, cfr. a nossa obra *O Plano Urbanístico*, cit., p. 88-91.

2.3. *Natureza*

No que respeita à *natureza* do direito do urbanismo, embora haja quem o considere um *ramo autónomo do direito,* a tese claramente maioritária perspectiva-o como uma *parte* ou uma *área especial do direito administrativo.* A inserção do direito do urbanismo no âmbito do direito administrativo ancora-se numa pluralidade de factores, designadamente na natureza das relações jurídicas que constituem o seu objecto (relações jurídicas administrativas, que são, frequentes vezes, de carácter *multipolar, poligonal* ou *multilateral*), no leque de instrumentos jurídicos nele predominantes (regulamentos, actos administrativos, contratos administrativos e responsabilidade administrativa), nas garantias administrativas e contenciosas no mesmo vigentes, na sua génese e evolução históricas (de facto, as primeiras regras jurídicas do urbanismo surgiram por obra dos municípios e estenderam-se depois ao Estado, que são os sujeitos principais de direito público) e, bem assim, na finalidade das suas normas (a resolução de uma situação conflitual entre o interesse público, traduzido no ordenamento do espaço, e o interesse individual, representado no direito de propriedade privada do solo)[81]. Apesar de não revestir a natureza de um *ramo autónomo* da ciência jurídica, deve reconhecer-se ao direito do urbanismo uma *substantividade própria,* que se expressa no facto de *matizar, adaptar* e, às vezes, até *rectificar* os princípios e categorias gerais do direito administrativo.

2.4. *Traços particulares*

O direito do urbanismo, entendido como uma *especialidade* do direito administrativo, revela alguns *traços particulares* que o singularizam deste ramo do direito. Os mais importantes são os seguintes: a

---

[81] Cfr., neste sentido, P. URBANI/S. CIVITARESE, *Diritto Urbanistico, Organizzazione e Rapporti,* Torino, Giappicheli, 2000, p. 3 e 8.

complexidade das suas fontes; a *mobilidade* das suas *normas*; e a natureza intrinsecamente *discriminatória* dos seus preceitos[82].

Com a primeira expressão, quer significar-se que no direito do urbanismo aparecem conjugadas normas jurídicas de âmbito geral e regras jurídicas de âmbito local, assumindo estas (de que se destacam as constantes dos planos urbanísticos) um relevo particular.

A segunda locução expressa a ideia de uma certa *infixidez* ou *instabilidade* das normas do direito do urbanismo, a qual se manifesta não apenas na alteração frequente das normas jurídicas urbanísticas aplicáveis ao todo nacional (devido essencialmente à evolução dos problemas colocados pelo ordenamento do espaço, bem como da maneira de os resolver), mas também na *flexibilidade* dos planos urbanísticos (com efeito, estes não são documentos fechados e imutáveis, antes devem adaptar-se à evolução da realidade urbanística, através da sua alteração, rectificação, revisão ou suspensão – cfr., por exem-

---

[82] Cfr. H. JACQUOT/F.PRIET, *ob. cit.*, p. 14-17; J. MORAND-DEVILLER, *Droit de l'Urbanisme*, 7.ª ed., Paris, Dalloz, 2006, p. 1-3; J.-P. LEBRETON, *Droit de l'Urbanisme*, Paris, PUF, 1993, p. 28-34; e R. CRISTINI, *ob. cit.*, p. 8-19.

Alguns autores apontam ao direito do urbanismo mais algumas características peculiares, entre as quais a de ser um *direito patrimonial*, onde se confrontam dois modos de uso da propriedade: um uso no interesse comum (tendo em vista o ordenamento e gestão racionais do espaço, a protecção do ambiente, a melhoria da qualidade de vida, etc.) e um uso no interesse privado; um direito que *reclama a intervenção de uma pluralidade de actores*, normalmente em situação conflitual (o Estado, as autarquias locais, outras pessoas colectivas públicas, os proprietários do solo, os construtores, terceiros vizinhos, associações de protecção do ambiente, vários profissionais, como os planeadores do território, arquitectos, engenheiros, etc.); um direito que *coenvolve fortes interesses económicos, financeiros e sociais*; e um direito "espacializado", isto é, um direito no qual uma grande parte das regras jurídicas se aplicam num âmbito territorial circunscrito (como sucede com os planos, que abrangem um "espaço" determinado, variando, além disso, dentro dos próprios planos, as regras jurídicas aplicáveis a cada uma das *zonas afectadas a usos diferentes*). Como sublinham H. JACQUOT/F. PRIET, a propósito desta última característica do direito do urbanismo, este antecipou em larga medida o movimento actual de "espacialização" ou de "territorialização" do direito, que permite a adaptação das regras jurídicas a um espaço determinado. Cfr. *ob. cit.*, p. 16. Cfr. também R. CRISTINI, *ob. cit.*, p. 13 e 14, e J. MORAND-DEVILLER, *ob. e loc. cits.*.

plo, os artigos 95.º, 96.º, 97.º, 97.º-A, 97.º-B, 98.º e 100.º do RJIGT, relativos à *dinâmica* dos planos especiais e dos planos municipais de ordenamento do território).

O terceiro traço peculiar apontado às normas do direito do urbanismo assenta no facto de elas terem como finalidade definir os destinos das diversas áreas ou zonas do território, bem como as formas e intensidades de utilização das diferentes parcelas do solo. Uma vez que o tipo e a medida de utilização do solo não podem ser os mesmos independentemente da sua localização, antes devem ser diferentes conforme as zonas em que se situarem os terrenos, as normas de direito do urbanismo revestem inexoravelmente um carácter discriminatório e são fonte de desigualdades em relação aos proprietários – ou aos titulares de outros direitos reais – dos terrenos por elas abrangidos. O carácter desigualitário das normas jurídico-urbanísticas, não obstante fazer parte da essência destas, deve ser, por força do *princípio da igualdade*, condensado nos artigos 13.º e 266.º, n.º 2, da Constituição, *eliminado* ou pelo menos *atenuado*, através da adopção pelo ordenamento jurídico de instrumentos ou mecanismos adequados, designadamente por meio de técnicas de perequação de benefícios e encargos resultantes dos planos urbanísticos.

2.5. *Autonomia didáctica e importância do estudo do direito do urbanismo*

A *autonomia didáctica* do direito do urbanismo, traduzida na inserção nos *curricula* dos cursos superiores, sobretudo nos cursos de licenciatura em direito, de cadeiras anuais ou semestrais, cujo programa é constituído pelos princípios gerais e institutos fundamentais daquela área especial do direito administrativo, tem vindo a conquistar apoios nos últimos anos, devido não apenas à significativa importância *teórica* (cite-se, por exemplo, o especial interesse científico suscitado pelo plano urbanístico e os efeitos que ele provoca em alguns princípios jurídicos estruturais do ordenamento jurídico, tais como o princípio da garantia constitucional do direito de propriedade privada e o princípio constitucional da igualdade) e *prática* dos temas que compõem o direito do urbanismo, mas ainda devido à convicção, que tende a generalizar-se, da grande *utilidade*, se não mesmo *necessidade*, para a formação do jurista do estudo das matérias que integram aquela disciplina.

3. O direito do urbanismo e outras disciplinas jurídicas afins

No conjunto das *disciplinas jurídicas afins* do direito do urbanismo, merecem destaque o "direito do ordenamento do território" e o "direito do ambiente".

3.1. *O direito do urbanismo e o direito do ordenamento do território. Critérios de distinção*

As relações do direito do urbanismo com o direito do ordenamento do território são muito estreitas, em termos de ser muito difícil traçar uma linha rigorosa de fronteira entre eles (sobretudo aceitando-se o conceito amplo de direito do urbanismo acima referido)[83].

Apresentar uma noção de "ordenamento do território" (*Raumordnung; aménagement du territoire; regional planning; assetto territoriale; ordenación del territorio*), que seja simultaneamente certa, completa e precisa, é missão muito difícil ou quase impossível, se considerarmos a diversidade de objectivos que com ele se pretende prosseguir e a variedade de meios por ele utilizados[84]. A expressão "ordenamento do

---

[83] Sobre a problemática das relações entre o direito do urbanismo e o direito do ordenamento do território, cfr. a nossa obra *O Plano Urbanístico, cit.*, p. 64-74, e a bibliografia aí mencionada. Cfr. também FERNANDA PAULA OLIVEIRA, *Direito do Ordenamento do Território*, Cadernos do CEDOUA, Coimbra, Almedina, 2002, p. 17-27.

[84] Cfr. A. DE LAUBADÈRE/J.-C. VENEZIA/Y. GAUDEMET, *Manuel de Droit Administratif*, 14.ª ed., Paris, L.G.D.J., 1992, p. 421 e 422.

território" foi utilizada, pela primeira vez, em França, em Fevereiro de 1950, pelo então Ministro da Reconstrução e do Urbanismo, CLAUDIUS PETIT, que a definiu como "a procura no quadro geográfico da França de uma melhor repartição dos homens em função dos recursos naturais e das actividades económicas"[85]. De um modo muito semelhante, entende-se na República Federal da Alemanha que a tarefa do ordenamento do território é influenciar a distribuição territorial das *funções existenciais (Daseinsfunktionen)* do homem[86]. O ordenamento do território teve a sua origem numa tomada de consciência do significado do espaço como elemento determinante de uma adequada localização das actividades produtivas e como instrumento de correcção dos desequilíbrios regionais e de resolução dos problemas resultantes do crescimento das cidades e da expansão demográfica[87]. A sua justificação encontra-se no reconhecimento de que o desenvolvimento económico, que se verificou nos vários países europeus desde o início do processo de industrialização, deu origem a diferenças tão acentuadas na repartição territorial da população e nas condições de vida das pessoas que, se não forem corrigidas ou atenuadas, são postos em perigo o equilíbrio social e o próprio desenvolvimento económico[88]. O ordenamento do território privilegiou originariamente a valorização do espaço numa perspectiva de política económica, através do estímulo à descentralização industrial e ao desenvolvimento da economia. Todavia, nos anos 70 do século XX, foram incorporados novos objectivos no ordenamento do território, com a finalidade de corrigir o crescimento acelerado

---

[85] Cfr. J.-C. NEMERY, *De la Liberté des Communes dans l'Aménagement du Territoire*, Paris, L.G.D.J., 1981, p. 19 e 22; Y. MADIOT, *L'Aménagement du Territoire*, 2.ª ed., Paris, Masson, 1993, p. 28 e 29; e A. DE LAUBADÈRE/P. DELVOVÉ, *Droit Public Economique*, 5.ª ed., Paris, Dalloz, 1986, p. 418.

[86] Cfr. W. HOPPE/R. MENKE, *Raumordnungs-und Landesplanungsrecht des Bundes und des Landes Rheinland-Pfalz*, Köln, Bonn, München, C. Heymans, 1986, p. 3, e W. ERNST/W. HOPPE, *ob. cit.*, p. 4.

[87] Cfr. M. BASSOLS COMA, *Ordenación del Territorio y Medio Ambiente: Aspectos Jurídicos*, in RAP, 95 (1981), p. 46 e 47.

[88] Cfr. W. ERNST/W. HOPPE, *ob. cit.*, p. 9, e W. HOPPE/R. MENKE, *ob. cit.*, p. 3.

e "selvagem" dos anos 60 do século há pouco terminado, tais como a protecção do meio ambiente, a preservação das riquezas naturais e a melhoria da qualidade de vida[89].

A técnica do ordenamento do território é hoje utilizada, em larga escala, nos diversos países europeus e a nível da União Europeia. Em 20 de Maio de 1983, o Conselho da Europa aprovou a Carta Europeia do Ordenamento do Território, na qual foram condensados os princípios fundamentais do ordenamento do território. De acordo com aquele texto internacional, o ordenamento do território é simultaneamente uma disciplina científica, uma técnica administrativa e uma política concebidas como uma abordagem interdisciplinar e global, que visam desenvolver de modo equilibrado as regiões e organizar fisicamente o espaço, segundo uma concepção orientadora. Aquele documento, depois de referir que o ordenamento do território deve ser democrático, global, funcional e dotado de capacidade antecipadora do futuro, indica como seus objectivos fundamentais o desenvolvimento sócio-económico equilibrado das regiões, a melhoria da qualidade de vida, a gestão responsável dos recursos naturais e a protecção do ambiente, bem como a utilização racional do território.

Por sua vez, em Maio de 1999, o Conselho dos Ministros responsáveis pelo ordenamento do território dos Estados-Membros da União Europeia aprovou, em Potsdam, o Esquema de Desenvolvimento do Espaço Comunitário (EDEC), o qual define à escala da União Europeia objectivos políticos e princípios gerais de desenvolvimento espacial, tendo em vista assegurar um desenvolvimento sustentável equilibrado do território europeu e respeitador da sua diversidade. Baseando-se na ideia de que o crescimento económico e a convergência de determinados indicadores económicos não bastam para atingir o objectivo da coesão económica e social, o Esquema de Desenvolvimento do Espaço Europeu propõe uma intervenção concertada em matéria de desenvolvimento espacial, a fim de corrigir

---

[89] Cfr. J.-F. LANGUMIER, *Les Leçons de la Politique Française d'Aménagement du Territoire et les Pays en Developpement*, in RFAP, 37 (1986), p. 112-117.

as disparidades que se vêm registando. Aquele documento – de natureza intergovernamental, indicativo e não obrigatório – consagra os seguintes três princípios directores: o desenvolvimento de uma sistema urbano equilibrado e policêntrico e a criação de uma nova relação cidade-campo; a garantia de uma igualdade de acesso às infra-estruturas; e o desenvolvimento durável, a gestão inteligente e a preservação da natureza e do património cultural[90].

Segundo Y. MADIOT, o "ordenamento do território" – que ele define como uma "investigação" (*"recherche"*) particularmente delicada e difícil de levar a cabo, atendendo à multiplicidade dos actores intervenientes e dos factores a tomar em consideração – deve obedecer a um conjunto de características que a seguir se indicam. Deve ser, em primeiro lugar, de natureza *voluntarista* e, por isso, *intervencionista*, na medida em que se traduz sempre na definição e na execução de políticas específicas, como, por exemplo, na protecção e valorização das zonas mais sensíveis (zonas litorais, zonas de montanha, etc.) e dos espaços rurais. Deve ser, em segundo lugar, de natureza *incitadora*, isto é, deve repousar essencialmente em mecanismos de estímulo e incitamento, destinados a orientar as decisões de localização geográfica das empresas, através de subvenções, benefícios fiscais, técnicas contratuais e ajudas múltiplas. Deve assumir, em terceiro lugar, um carácter *descentralizado*, no sentido de que deve ser reconhecido um importante papel a outras pessoas colectivas públicas para além do Estado, designadamente às autarquias locais.

Deve ter, em quarto lugar, uma dimensão *nacional* e uma dimensão *europeia* – dimensões estas que já estão, e estarão cada vez mais, indissoluvelmente ligadas. Deve apresentar-se, em quinto lugar, como algo de *selectivo*, ou seja, deve estar associado, para ser eficaz, a um pequeno número de domínios bem precisos. Deve ser, em sexto lugar, *flexível* (*souple*), na medida em que não é disciplinado por um corpo legislativo e regulamentar rigoroso, assenta frequentemente numa actuação de vários órgãos da Administração Pública regulada pelo direito privado e baseia-se na utilização intensiva do

---

[90] Cfr. B. CULLINGWORTH/V. NADIN, *ob. cit.*, p. 87-90.

processo contratual (v.g., contratos de localização, contratos de descentralização e contratos de plano). Deve ser, por último, uma "investigação" (*"recherche"*) *aberta*. Abertura, que deriva, desde logo, do seu método *prospectivo*. Trata-se, com efeito, de uma "investigação", a longo prazo (dez, quinze ou vinte anos), do desenvolvimento provável da sociedade (a qual deve ser continuamente actualizada e corrigida), destinada a discernir as tendências de evolução, a precisar os objectivos a atingir, a assinalar os obstáculos e os freios ao crescimento dos territórios e a "esclarecer" as decisões que devem ser tomadas pelos responsáveis políticos. Abertura, que se manifesta também no seu carácter *interdisciplinar*, que reclama a intervenção, entre nós, dos juristas, dos economistas, dos sociólogos, dos geógrafos e dos demógrafos[91].

No que respeita ao nosso país, o texto constitucional emergente das Revisões de 1997 e de 2004 considera as matérias do "ordenamento do território" e do "urbanismo" como duas realidades simultaneamente distintas e complementares. De facto, algumas normas constitucionais, ao acoplarem aqueles dois conceitos, referindo-se às "leis respeitantes ao ordenamento do território e ao urbanismo" (cfr. o artigo 65.º, n.º 4) e às "bases do ordenamento do território e do urbanismo" [cfr. o artigo 165.º, n.º 1, alínea *z*)], indiciam a existência de uma *distinção material* entre ambos e, bem assim, de uma *íntima ligação* entre eles. Na perspectiva da Constituição, entre o "ordenamento do território" e o "urbanismo" existe, assim, nas palavras de Y. MADIOT, uma relação de "independência na interdependência"[92].

Mas a apontada separação conceitual e a mencionada estreita relação estão apenas pressupostas naqueles preceitos constitucionais, já que a nossa Lei Básica não fornece qualquer definição de "ordenamento do território" e de "urbanismo". Além disso, a Constituição não retira dessa distinção quaisquer consequências, designadamente

---

[91] Cfr. *L'Aménagement du Territoire*, 2.ª ed., Paris, Mason, 1993, p. 23-29.

[92] Cfr. *Urbanisme et Aménagement du Territoire*, in AJDA, Número Especial, 1993, p. 109.

no campo da repartição de atribuições entre o Estado, as regiões autónomas (dos Açores e da Madeira) e as autarquias locais (em especial os municípios). Pelo contrário, das mencionadas disposições constitucionais resulta claramente que o "ordenamento do território" e o "urbanismo" constituem domínios abertos à intervenção concorrente – e também concertada – daquelas pessoas colectivas públicas territoriais[93].

Também a LBPOTU define conjuntamente os fins e os princípios gerais da política de ordenamento do território e de urbanismo, e, bem assim, os objectivos do ordenamento do território e do urbanismo, não apresentando qualquer critério de distinção entre o "ordenamento do território" e o "urbanismo".

---

[93] Diferentemente, no ordenamento jurídico-constitucional espanhol, e de harmonia com a Sentença do Tribunal Constitucional n.º 61/97, de 20 de Março, da conjugação dos artigos 148.º e 149.º da Constituição do país vizinho resulta que as Comunidades Autónomas têm competência exclusiva nas matérias de ordenamento do território e de urbanismo, tendo o legislador estatal competência, segundo a citada Sentença, apenas para regular as condições básicas que garantam a igualdade no exercício do direito de propriedade do solo em todo o território nacional, assim como para disciplinar outras matérias com incidência no urbanismo, tais como a expropriação, as valorizações, a responsabilidade das Administrações Públicas e o procedimento administrativo comum. Neste contexto, o Estado espanhol aprovou a Ley 6/1998, de 13 de Abril, *de Régimen del Suelo e Valoraciones*, a qual foi recentemente revogada e substituída pela Ley 8/2007, de 28 de Maio, *de Suelo*, que se limita a regular as condições básicas que garantem a igualdade no exercício dos direitos e no cumprimento dos deveres constitucionais relacionados com o solo em todo o território estatal e a estabelecer as bases económicas e ambientais do seu regime jurídico, da sua valorização e da responsabilidade patrimonial das Administrações Públicas na matéria. Cfr., sobre este ponto, L. PAREJO ALFONSO [*et al.*], *Legislación General Vigente en Materia de Urbanismo Tras la Sentencia del Tribunal Constitucional de 20 de Marzo de 1997*, Pamplona, Aranzadi, 1997, p. 13-22, bem como o texto da mencionada Sentença do Tribunal Constitucional Espanhol, na mesma publicação, p. 353 e segs.; A. MENÉNDEZ REXACH, *L'Évolution du Droit de l'Urbanisme en Espagne en 1997*, in AFDUH, N.º 2 (1998), Paris, Dalloz, p. 469, 472 e 473; S. GONZÁLEZ-VARAS IBÁÑEZ, *El Derecho Urbanístico*, in Derecho Urbanístico Estatal y Autonómico, coord. Tomás Quintana López, Valencia, Tirant lo Blanch, 2001, p. 81 e segs.; e J. L. MEILÁN GIL, *La Nueva Regulación Legal del Suelo en España*, in Revista do CEDOUA, N.º 19 (no prelo).

Significa tudo isto que é à doutrina que cabe a responsabilidade de demarcar a fronteira – nem sempre perceptível [94] – entre o "ordenamento do território" e o "urbanismo", no quadro das regras e princípios constitucionais e legais, e ao mesmo tempo realçar os estreitos pontos de contacto entre estas duas matérias. É na senda daquelas duas linhas de orientação, contrárias mas não contraditórias, que vamos procurar esclarecer as relações entre as disciplinas jurídicas que têm como objecto o "ordenamento do território" e o "urbanismo".

Vários *critérios* de distinção entre o direito do urbanismo e o direito do ordenamento do território têm sido avançados, os quais, apesar de não traçarem uma linha rigorosa de demarcação entre eles, têm, pelo menos, um valor *indicativo* de algumas diferenças entre aquelas disciplinas jurídicas.

3.1.1. *O critério do âmbito territorial de aplicação*

De acordo com esta posição, o direito do urbanismo é composto pelas regras jurídicas respeitantes ao ordenamento racional da urbe, isto é, da cidade, do aglomerado urbano, e da sua expansão, tendo, por isso, uma dimensão de aplicação essencialmente *local*, ao passo que o direito do ordenamento do território tem um âmbito de aplicação muito mais vasto, abrangendo as regras jurídicas que têm por objecto a ocupação, uso e transformação do solo a nível regional e nacional [95-96].

---

[94] Fronteira que, no caso do "ordenamento do território" e do "urbanismo", não assume tanto o significado de uma barreira, mas sobretudo o sentido de um ponto de passagem e de ligação entre aquelas duas disciplinas. Cfr., sobre este ponto, Y. MADIOT, *Urbanisme et Aménagement du Territoire, cit.*, p. 108.

[95] É esta, como sabemos, a posição de D. FREITAS DO AMARAL. Cfr. *Direito do Urbanismo (Sumários), cit.*, p. 23-26; *Ordenamento do Território, Urbanismo e Ambiente: Objecto, Autonomia e Distinções, cit.*, p. 13-19; e *Apreciação da Dissertação de Fernando Alves Correia, cit.*, p. 95 e 96.

De modo semelhante H. JACQUOT/F. PRIET (cfr. *ob. cit.*, p. 12) falam de uma diferença de "escalão territorial" e de "nível geográfico" entre o direito do urbanismo e o direito do ordenamento do território, realçando que o primeiro trata dos problemas de "micro-ordenamento", ao passo que o segundo ocupa-se

À luz desta concepção, o direito do ordenamento do território seria a súmula dos preceitos jurídicos que dizem respeito ao planeamento territorial global, supralocal e suprasectorial, ou seja, à conformação de índole autoritária, formal e sistemática do território na sua globalidade [97].

---

com o "macro-ordenamento", já que visa assegurar uma repartição equitativa das actividades sobre o território nacional (e mesmo europeu), sendo as suas motivações essencialmente de ordem económica.

[96] Uma concepção ainda mais redutora do âmbito territorial do direito do urbanismo é a que parece emanar do exórdio do Decreto-Lei n.º 316/2007, de 19 de Setembro, que introduziu alterações ao RJIGT. Com efeito, depois de explicitar as restrições ao perímetro de aplicação do instituto da *ratificação governamental* de planos municipais de ordenamento do território – que referiremos adiante –, refere o preâmbulo daquele diploma legal que "esta alteração, concretizando a autonomia municipal em matéria urbanística, permite recuperar a distinção entre atribuições e competências da administração central e municipal em matérias de ordenamento do território e de urbanismo, acentuando que estas últimas se desenvolvem no quadro das opções definidas pelos instrumentos de gestão territorial de âmbito nacional e regional e pelos respectivos planos directores municipais". Parece resultar deste trecho que as regras jurídicas urbanísticas se circunscrevem às normas dos planos de urbanização e dos planos de pormenor, sendo os planos directores municipais um instrumento do direito do ordenamento do território.

Trata-se de uma posição que deve ser claramente rejeitada, porque ignora, desde logo, que o plano director municipal, sendo um instrumento definidor da estratégia de desenvolvimento territorial e da política municipal de ordenamento do território, é também um instrumento de planeamento urbanístico, na medida em que estabelece o modelo de organização espacial do território municipal, através da classificação e da qualificação do solo, e contém a especificação qualitativa e quantitativa dos índices, indicadores e parâmetros de referência, urbanísticos ou de ordenamento, a estabelecer em plano de urbanização e plano de pormenor, bem como os de natureza supletiva aplicáveis na ausência destes – aspecto este que possibilita, ainda que isso não seja desejável, a execução directa dos planos directores municipais ou a realização de gestão urbanística directamente com base nos planos directores municipais (cfr. os artigos 84.º a 86.º do RJIGT).

[97] Cfr. F.-J. Peine, *Raumplanungsrecht*, Tübingen, Möhr, 1987, p. 1 e 8. Em sentido semelhante, cfr. U. Battis, *Öffentliches Baurecht und Raumordnungsrecht*, 4. Aufl., Stuttgart, Berlin, Köln, Kohhammer, 1999, p. 1; e H.-J. Koch/R. Hendler, *Baurecht, Raumordnungs-und Landesplanungsrecht*, 2. Aufl., Stuttgart, München, Hannover, Berlin, Weimar, Dresden, Boorberg, 1995, p. 29.

Na análise deste critério, não se pode deixar de ter em conta a evolução operada no conceito de urbanismo e o facto, hoje claramente demonstrado, de que o ordenamento do espaço municipal e submunicipal não pode, de modo algum, ser correcta e eficazmente realizado sem ter em conta os níveis regional e nacional[98]. Deste modo, ordenamento municipal, regional e nacional são como que três lados de um mesmo triângulo, que não podem ser compreendidos isoladamente. Esta ideia tornar-se-á clara quando abordarmos as relações entre os vários tipos de planos territoriais. Aí ver-se-á como os planos de âmbito municipal e submunicipal (os planos directores municipais, os planos de urbanização e os planos de pormenor) estão subordinados às *directivas* e às *opções* constantes de planos hierarquicamente superiores e abrangentes de um âmbito territorial mais vasto, como, por exemplo, os planos regionais de ordenamento do território. Parece-nos, por isso, que o critério acima enunciado não atribui o realce devido à necessidade de coordenação e de harmonização entre os vários planos, independentemente do seu âmbito territorial de aplicação.

3.1.2. *O critério da contraposição direito-política*

Segundo alguns autores, não se deve falar em *direito* do ordenamento do território, mas em *política* de ordenamento do território. Com efeito, os objectivos vastos e imprecisos do ordenamento do território apontariam para a sua perspectivação não como um con-

---

[98] Sublinhe-se que foi esta constatação que esteve na base da aprovação na Grã-Bretanha, em 2004, do *"Planning and Compulsory Purchase Act"*, o qual criou um novo escalão na hierarquia dos *"development plans"*, contituído pelos *"regional spatial strategies (RSS)"*, que visam responder a uma necessidade, sentida há muito tempo, de aprovação de uma estratégia a nível da região, tendo em conta os limites dos *structure plans* – antigos planos estratégicos preparados para o território dos condados –, os quais não abrangiam territórios suficientemente amplos para responder às exigências do urbanismo actual. Cfr. VICTOR MOORE, *ob. cit.*, p. 48-50; J. CAMERON BLACKHALL, *Planning Law and Practice*, 3.ª ed., Oxon, Cavandish, 2006, p. 24; e B. CULLINGWORTH/V. NADIN, *ob. cit.*, p. 101-108.

junto de regras jurídicas, mas sim como uma *política*[99]. A realização de finalidades tão amplas, como o reforço da "coesão nacional, organizando o território, corrigindo assimetrias regionais e assegurando a igualdade de oportunidades dos cidadãos no acesso às infra-estruturas, equipamentos, serviços e funções urbanas" [cfr o artigo 3.º, alínea *a*), da LBPOTU], "a coordenação e a eliminação das contradições das actividades do Estado e dos municípios com relevância territorial no âmbito do urbanismo, da política económica regional, da política agrícola, da viação e da economia da água"[100] ou, ainda, "a orientação das implantações económicas e das implantações humanas" e "o desenvolvimento da economia na perspectiva da sua repartição territorial"[101], constituiria um problema mais político do que jurídico.

Esta tese não pode ser aceite, dado que a actual concepção ampla de Estado de direito não permite a existência de actividades da Administração Pública estranhas ao domínio do jurídico. A visão do ordenamento do território como um problema político essencialmente voltado para a acção e a eficácia, não limitado por regras jurídicas, inteiramente dominado por objectivos quantificáveis e inspirado unicamente por elementos económicos, estatísticos, prospectivos e de programação, deve ser rejeitada. Uma tal concepção só poderia justificar-se no quadro político-ideológico do Estado de polícia.

Com esta afirmação, não estamos a pôr em causa o princípio segundo o qual a realização dos objectivos do ordenamento do território tem uma componente política, princípio este claramente consagrado na Carta Europeia do Ordenamento do Território e na LBPOTU. O que queremos sublinhar é que a ordem jurídica pode e deve enquadrar eficazmente as acções englobadas no ordenamento do território e organizar a sua coerência interna[102]. Aliás, a atestar o lastro jurídico do ordenamento do território está o facto de o seu

---

[99] Cfr. A. DE LAUBADÈRE/J.-C. VENEZIA/Y. GAUDEMET, *ob. cit.*, p. 422.
[100] Cfr. W. ERNST/W. HOPPE, *ob. cit.*, p. 3.
[101] Cfr. A. DE LAUBADÈRE/ P. DELVOLVÉ, *ob. cit.*, p. 482.
[102] Cfr. F.-X. AUBRY, *L'Encadrement Juridique de la Politique d'Aménagement du Territoire,* Paris, Economica, 1979, p. 381.

objectivo fundamental ser a obtenção de uma justiça distributiva, de uma espécie de paridade regional, falando-se até de um mínimo regional garantido. O seu verdadeiro sentido é a criação de *condições de vida equivalentes (gleichwertige Lebensverhältnisse)* em todas as partes do território [103]. O ordenamento do território visa, assim, garantir uma certa *igualdade* entre as pessoas, procurando pôr termo à situação chocante de um homem que vive numa região não dispor de condições de vida e de trabalho semelhantes e não ter as mesmas "chances" de progredir que um homem que vive noutra região [104]. É à luz deste quadro que o PNPOT, aprovado, como dissemos, pela Lei n.º 58/2007, de 4 de Setembro, define como uma das *ambições* para o nosso país a criação de "um território *equitativo* em termos de desenvolvimento e bem-estar", acentuando, em dado passo, que "o lugar onde se vive não pode ser um factor de penalização em domínios básicos da vida colectiva" e, bem assim, que "a garantia universal de níveis mínimos de qualidade de vida e de prestação de serviços constitui a base da estabilidade territorial".

Este objectivo do ordenamento do território de promoção de uma *igualdade de oportunidades* entre as pessoas independentemente do local onde residem é bem vincado na alínea *b)* do artigo 27.º do RJIGT, que define como um dos objectivos do PNPOT – o qual é um instrumento tipicamente de ordenamento do território – "garantir a coesão territorial do país, atenuando as assimetrias regionais e garantindo a igualdade de oportunidades". E o PNPOT indica, no *programa das políticas*, como um dos *objectivos estratégicos* deste instrumento de ordenamento do território, "assegurar a equidade territorial no provimento de infra-estruturas e de equipamentos colectivos e a universalidade no acesso aos serviços de interesse geral, promovendo a coesão social".

A conclusão a extrair de tudo o que foi referido é a de que o ordenamento do território deve ser visto, à semelhança do urbanismo, como uma matéria regulada pelo direito.

---

[103] Cfr. W. HOPPE/R. MENKE, *ob. cit.*, p. 3.
[104] Cfr. F.-X. AUBRY, *ob. cit.*, p. 26 e 27.

3.1.3. *O critério dos instrumentos jurídicos*

Uma terceira tese procura distinguir o direito do urbanismo do direito do ordenamento do território com base nos *instrumentos jurídicos* utilizados por um e outro na prossecução dos respectivos fins. Enquanto o primeiro recorreria predominantemente a *medidas imperativas* (regulamentos e actos administrativos), o segundo caracterizar-se-ia pelo recurso frequente a medidas de apoio e incitamento das actividades dos particulares e a formas contratuais de cooperação com os agentes económicos privados[105].

A doutrina francesa tem sublinhado, de modo particular, a nota da dominância dos *instrumentos jurídicos* do direito do ordenamento do território. Já vimos como Y. MADIOT acentua a índole *incitadora* e *flexível* do direito do ordenamento do território, que resulta da utilização primordial de instrumentos jurídicos de orientação das decisões de localização geográfica das empresas e do recurso frequente a técnicas contratuais[106]. E A. DE LAUBADÈRE/J.-C. VENEZIA/Y. GAUDEMET realçam que o recurso à negociação e ao contrato constitui uma tendência bem marcada da Administração em matéria da acção económica, nomeadamente no domínio do ordenamento do território. Ainda segundo os mesmos autores, o direito do ordenamento do território francês vem utilizando privilegiadamente dois tipos de contratos ou acordos: os *contratos de implantação* (ou de *localização*) concluídos entre a Administração e empresas, procurando estimulá-las a instalar-se em certas regiões escolhidas em função da política de ordenamento do território, mediante vantagens, geralmente financeiras e fiscais; e os *contratos de plano*, celebrados entre o Estado e certas autarquias locais, nos termos dos quais estas se comprometem a construir infra-estruturas e equipamentos públicos, beneficiando, em contrapartida, de ajudas financeiras do Estado[107].

---

[105] Cfr. R. SAVY, *ob. cit.*, p. 54.
[106] Cfr. *L'Aménagement du Territoire, cit.*, p. 24, 26 e 27. Também H. JACQUOT//F. PRIET (cfr. *ob. cit.*, p. 12) sublinham que o direito do ordenamento do território faz apelo sobretudo a "techniques d'orientation et d'incitation financière".
[107] Cfr. *ob. cit.*, p. 427 e 428.

Tem de reconhecer-se que as técnicas *contratuais* e as técnicas *atractivas* ocupam um lugar de destaque no ordenamento do território e que elas são, em princípio, mais consentâneas com a realização dos objectivos deste do que as medidas autoritárias e unilaterais. Designam-se técnicas *atractivas* aquelas cuja finalidade é estimular os empresários a implantar as suas indústrias em certas regiões, sobretudo nas menos desenvolvidas, e que se traduzem quer no fornecimento pela Administração das chamadas "estruturas de acolhimento" (equipamentos, grandes obras, redes de comunicação), quer na outorga de subvenções, prémios, empréstimos em condições favoráveis e benefícios fiscais [108].

[108] Cfr. J.-B. AUBY/R. DUCOS-ADER, *Droit Administratif (L'Expropriation pour cause d'Utilité Publique, l'Aménagement du Territoire, l'Urbanisme et la Construction)*, 4.ª ed., Paris, Dalloz, 1980, p. 213 e 289 segs..

No direito português, têm surgido, ao longo dos anos, exemplos significativos de instrumentos contratuais e de apoio no domínio do direito do ordenamento do território, com vista a um desenvolvimento equilibrado do espaço nacional. Podemos citar como exemplos mais recentes os *contratos de concessão de incentivos*, previstos no Decreto-Lei n.º 70-B/2000, de 5 de Maio, com o objectivo de promoção do desenvolvimento estratégico para os diversos sectores de actividade da economia portuguesa, no âmbito do III Quadro Comunitário de Apoio, através de apoios directos e indirectos às empresas e demais agentes económicos, para o período de 2000 a 2006, e abrangendo os sectores industrial, energético, da construção, turístico, comercial e dos serviços. Ao abrigo daquele diploma legal vêm sendo regulamentados vários "sistemas de incentivos" (os quais serão, certamente, reformulados, em face do Quadro de Referência Estratégico Nacional para o período 2007-2013, aprovado pela Resolução do Conselho de Ministros n.º 86/2007, de 3 de Junho), tais como o "Sistema de Incentivos a Pequenas Iniciativas Empresariais" (SIPIE), através, numa primeira fase, da Portaria n.º 317-A/2000, de 31 de Maio, alterada pelas Portarias n.ºs 164/2001, de 7 de Março, 169/2001, de 4 de Julho, e 879-A/2002, de 25 de Julho, e, depois, por meio da Portaria n.º 1254/2003, de 3 de Novembro; o "Sistema de Incentivos à Modernização Empresarial" (SIME), inicialmente, por meio de várias portarias, e, posteriormente, através da Portaria n.º 130-A/2006, de 14 de Fevereiro; o "Sistema de Incentivos a Produtos Turísticos de Vocação Estratégica" (SIVETUR), inicialmente, por meio da Portaria n.º 1214-B/2000, de 27 de Dezembro, e, depois, por meio da Portaria n.º 59/2005, de 21 de Janeiro; o regime de apoios aos "Programas Integrados Turísticos de Natureza Estruturante e Base Regional" (PITER), através da Porta-

Não é, porém, correcto partir desta realidade e arvorá-la em critério de distinção entre o direito do urbanismo e o direito do orde-

---

ria n.º 450/2001, de 5 de Maio; o "Programa de Intervenção para a Qualificação do Turismo", aprovado pela Resolução do Conselho de Ministros n.º 12/2002, de 24 de Janeiro, e mantido em vigor pela Resolução do Conselho de Ministros n.º 189/2003, de 16 de Dezembro; o "Sistema de Incentivos à Economia Digital (SIED)", constante da Portaria n.º 88-A/2006, de 24 de Janeiro; e os "sistemas de incentivos ao investimento das empresas", cujo enquadramento nacional foi aprovado pelo Decreto-Lei n.º 287/2007, de 17 de Agosto, o qual define também as condições e as regras a observar pelos sistemas de incentivos ao investimento nas empresas aplicáveis no território do continente durante o período de 2007 a 2013.

São também exemplos dos referidos instrumentos as *"medidas de incentivo à recuperação acelerada das regiões portuguesas que sofrem de interioridade"*, previstas, actualmente, no artigo 39.º-B do Estatuto dos Benefícios Fiscais, na redacção da Lei n.º 67-A/2007, de 31 de Dezembro, e regulamentadas no Decreto-Lei n.º 55//2008, de 26 de Março, o *"Programa de Recuperação de Áreas e Sectores Deprimidos da Economia"*, criado pela Resolução do Conselho de Ministros n.º 42/2003, de 26 de Março, na sequência do qual foi aprovado o mapa "Portugal menos favorecido", constituído pelos municípios constantes do Anexo I à Resolução do Conselho de Ministros n.º 11/2004, de 17 de Fevereiro, e determinado que "seja prioritariamente usado esse mapa para a discriminação positiva de base regional efectuada por medidas de carácter fiscal, de incentivo financeiro, de carácter social ou de promoção da cultura e da sociedade do conhecimento, assim como incentivos ao desenvolvimento baseados na ciência, inovação e qualificação, podendo as mesmas medidas ser estendidas, caso a caso quando tal se justifique, a freguesias contíguas aos concelhos seleccionados" (cfr. os n.ºs 1 e 2 da Resolução do Conselho de Ministros n.º 11/2004, de 17 de Fevereiro), bem como o *"Fundo de Apoio ao Investimento no Alentejo* (FAIA)", aprovado pela Portaria n.º 1360/2004, de 27 de Outubro. E integram-se, por último, no quadro dos instrumentos de que estamos a falar os *contratos programa, plurisectoriais ou sectoriais*, e os *acordos de colaboração* entre o Estado e as autarquias locais, sobretudo os municípios, celebrados nos termos do artigo 7.º da anterior Lei das Finanças Locais (Lei n.º 42/98, de 6 de Agosto, alterada pelas Leis n.ºs 87-B/98, de 31 de Dezembro, 3-B/2000, de 4 de Abril, 15/2001, de 5 de Junho, e 94/2001, de 20 de Agosto) e do Decreto-Lei n.º 384/87, de 24 de Dezembro, alterado pelo Decreto-Lei n.º 319/2001, de 10 de Dezembro, e os *contratos* ou *protocolos* de *cooperação técnica* e *financeira* celebrados entre o Estado e as autarquias locais, nos termos do artigo 8.º da actual Lei das Finanças Locais (Lei n.º 2/2007, de 15 de Janeiro) e do mencionado Decreto-Lei n.º 384/87, ainda em vigor por força do n.º 8 do artigo 8.º da vigente Lei das Finanças Locais.

namento do território, fundamentalmente por duas ordens de razões. A primeira refere-se ao facto de os instrumentos de incentivo e contratuais não serem exclusivos do direito do ordenamento do território, antes surgirem frequentemente no direito do urbanismo. É o que sucede, desde logo, no âmbito do denominado urbanismo comercial[109]. Acresce que, tanto na fase da elaboração dos planos urbanísti-

---

[109] Em matéria de *urbanismo comercial*, o "Programa de Apoio à Modernização do Comércio" (PROCOM), criado pelo Decreto-Lei n.º 184/94, de 1 de Julho, e, actualmente, o "Sistema de Incentivos a Projectos de Urbanismo Comercial" (URBCOM), inicialmente criado pela Portaria n.º 317-B/2000, de 31 de Maio, alterada pela Portaria n.º 113-A/2002, de 7 de Fevereiro, e, hoje, regulado pela Portaria n.º 188/2004, de 26 de Fevereiro, alterada pela Portaria n.º 1635/2007, de 31 de Dezembro, têm como função dinamizar o comércio no centro das cidades. O objectivo é, por isso, revitalizar essas áreas, evitando a sua degradação e abandono, por intermédio da implantação de unidades comerciais de pequena e média dimensão. Procura-se, também, criar verdadeiros "centros comerciais a céu aberto", sem esquecer que cada vez mais as cidades se encontram pluricentradas, sendo necessário que o urbanismo comercial se ocupe também destas novas dinâmicas comerciais.

Existem, no nosso País, desde 1991, programas de incentivos com uma forte componente contratual, que visam, através da canalização de fundos provenientes da Comunidade Europeia, modernizar o comércio e a qualidade do urbanismo comercial. Ao Sistema de Incentivos para a Modernização do Comércio (SIMC) sucedeu, em 1994, o PROCOM, que, no ano de 2000, com a aprovação do III Quadro Comunitário de Apoio e do Plano Operacional da Economia, foi substituído, embora com poucas inovações, pelo URBCOM. A estes há que acrescentar o Fundo de Modernização do Comércio, criado pelo Decreto-Lei n.º 178/2004, de 27 de Julho, alterado pelo Decreto-Lei n.º 143/2005, de 26 de Agosto, e cujo Regulamento de Gestão consta da Portaria n.º 1297/2005, de 20 de Dezembro.

O PROCOM e, agora, o URBCOM são instrumentos que introduzem parcerias público-privadas, estimulando a utilização de mecanismos contratuais na área do urbanismo comercial. No entanto, muito embora a concessão de apoio seja formalizada através da celebração de um contrato (cfr. os artigos 31.º da Portaria n.º 317-B/2000, de 31 de Maio, e da Portaria n.º 188/2004, de 26 de Fevereiro), o pré-procedimento contratual e os termos do mesmo resultam quase integralmente de imposições regulamentares. De facto, as Portarias mencionadas descrevem exaustivamente o faseamento dos projectos (estudo prévio e qualificação do projecto, estudo global, consulta pública e apresentação pública), seguindo-

cos de âmbito municipal, como na da sua execução, são frequentes, como melhor se verá mais adiante, formas de *participação* e de *concer-*

-se a apresentação de candidaturas por parte dos promotores. Nelas se definem também os critérios de elegibilidade e selecção e a natureza e limites dos incentivos a conceder.

A responsabilidade pelos projectos de urbanismo comercial é cometida ao Ministro da Economia e da Inovação, por intermédio da Direcção-Geral das Actividades Económicas (DGAE) e do Instituto de Apoio às Pequenas e Médias Empresas e ao Investimento, I. P. (IAPMEI, I. P.).

Os projectos de urbanismo comercial visam, segundo o artigo 2.º da Portaria n.º 188/2004, de 26 de Fevereiro, "a modernização das actividades empresariais do comércio e de alguns serviços, a qualificação do espaço público envolvente e a promoção do respectivo projecto global, integrados em áreas limitadas dos centros urbanos com características de alta densidade comercial, centralidade, multifuncionalidade e de desenvolvimento económico, patrimonial e social". Destinam-se, portanto, à redinamização de áreas que são tradicionalmente áreas comerciais, *maxime* à revitalização de centros históricos das cidades. A limitação do âmbito geográfico destes projectos escudou-se num "efeito de demonstração" ("arrastamento") que estes programas potenciariam, e que dependeriam de iniciativa e financiamento privados. No entanto, tal efeito não tem sido conseguido em dimensão considerável, o que leva a repensar tal restrição geográfica, uma vez que esta pode introduzir clivagens e desequilíbrios no território urbano.

São quatro os parceiros dos projectos de urbanismo comercial: o Ministério da Economia, as câmaras municipais, as estruturas associativas de comércio e serviços e as microempresas e pequenas e médias empresas do comércio ou sectores afins. No entanto, outros actores de comércio não são associados a estes projectos, como acontece com os consumidores, aos quais não é reconhecida uma intervenção qualificada neste procedimento, limitando-se a mesma a uma participação em sede de consulta pública, nos termos do n.º 7 do artigo 6.º da Portaria n.º 188/2004, de 26 de Fevereiro. Quanto à intervenção das autarquias locais, pensamos que deveria ser-lhes reconhecida uma margem mais lata de actuação, tendo em conta a possibilidade de intervenções em regime de parceria entre a Administração Central e as mesmas, previstas no artigo 8.º da Lei n.º 159/99, de 14 de Setembro.

Seria também desejável uma participação mais intensa e institucionalizada dos consumidores, para além da mera consulta pública, designadamente através de reuniões informais e da realização de inquéritos e amostragens, quer no domínio das políticas contratuais, quer, inclusivamente, em matéria de autorização e exploração de implantações comerciais, participação essa que se torna cada vez mais

tação entre a Administração e os particulares [cfr. os artigos 65.º, n.º 5, da Constituição, 5.º, alíneas *f)* e *h)*, 16.º e 17.º da LBPOTU e 77.º e 118.º a 125.º do RJIGT]. Veremos, um pouco mais à frente, em que termos é que são admissíveis, no nosso ordenamento jurídico urbanístico, os contratos ou acordos entre a Administração e os particulares no procedimento de elaboração dos planos, designadamente os *contratos para planeamento*, no âmbito dos planos municipais, agora objecto de previsão expressa nos artigos 6.º-A e 6.º-B do RJIGT, na versão do Decreto-Lei n.º 316/2007. Também no domínio da execução daquela modalidade de planos, a legislação urbanística prevê expressamente figuras contratuais entre a Administração e os particulares, como sucede com os *contratos para execução* dos planos de urbanização e dos planos de pormenor e com os *contratos de urbanização*, previstos nos artigos 122.º, n.º 2, e 123.º, n.º 2, do RJIGT e no artigo 55.º do RJUE. Por último, são frequentes os mecanismos de incentivo utilizados pela Administração com vista à construção de habitações, designadamente a atribuição de isenções e bonificações fiscais e a concessão de empréstimos com taxa de juro bonificada [veja-se, por exemplo, o Programa de Financiamento para Acesso à Habitação (PROHABITA), disciplinado pelo Decreto-Lei n.º 135//2004, de 3 de Junho, alterado pelo Decreto-Lei n.º 54/2007, de 12 de Março].

A segunda razão tem a ver com o facto de as medidas *unilaterais* e *autoritárias* serem também utilizadas no direito do ordenamento do território. É o que se passa, por exemplo, com os actos administrativos respeitantes ao licenciamento de empreendimentos

---

necessária, numa altura em que a relação indissociável entre comércio e consumo se altera e ganha novas valências, muito por força da própria modificação dos hábitos de consumo. Para mais desenvolvimentos sobre a problemática do *Urbanismo Comercial*, cfr. o nosso *Rapport*, elaborado (com a colaboração de DULCE LOPES) para o Colloque International de Louvain-la-Neuve sobre "Le Commerce et la Ville en Europe, Le Droit des Implantations Commerciales", in Les Cahiers du Gridauh, N.º 6 (2002), p. 274-282, e F. ALVES CORREIA/DULCE LOPES, *O Direito das Implantações Comerciais em Portugal, Uma Mesma Realidade: Dois Olhares Diferentes*, in Revista do CEDOUA, Ano V, N.º 9 (2002), p. 9-43.

industriais (cfr. os artigos 37.º a 40.º do RJUE, o Decreto-Lei n.º 69/2003, de 10 de Abril, alterado pelos Decretos-Leis n.ᵒˢ 174//2006, de 25 de Agosto, e 183/2007, de 9 de Maio, e o Decreto Regulamentar n.º 8/2003, de 11 de Abril, alterado pelo Decreto Regulamentar n.º 61/2007, de 9 de Maio), ao licenciamento e à admissão de comunicação prévia de empreendimentos turísticos [cfr. o Decreto-Lei n.º 39/2008, de 7 de Março (rectificado pela Declaração de Rectificação n.º 25/2008, de 6 de Maio), e as Portarias n.ᵒˢ 327/2008, de 28 de Abril, e 518/2008, de 25 de Junho] e ao licenciamento da instalação de áreas de localização empresarial (cfr. o Decreto-Lei n.º 70/2003, de 10 de Abril).

3.1.4. *O critério da eficácia jurídica das normas*

Segundo esta posição doutrinária, a linha divisória (ainda que uma linha esbatida e pouco rigorosa e, por isso, com um valor meramente tendencial) entre o direito do ordenamento do território e o direito do urbanismo estaria na *eficácia jurídica* das respectivas normas. De acordo com esta tese, as normas de ordenamento do território assumem, por via de regra, o carácter de meras *directivas* e apresentam um conteúdo simplesmente *orientador* e *coordenador* das acções a desenvolver no quadro geográfico regional e nacional. Contêm apenas *normas gerais* de ocupação e utilização que permitam fundamentar um correcto zonamento, utilização e gestão do território abrangido e limitam-se a definir as *opções* e a estabelecer os *critérios* de organização e uso do espaço. Daí que as normas de ordenamento do território não sejam *directa e imediatamente vinculativas* para os particulares, mas tão-só para as entidades públicas. Em relação aos particulares, têm, em regra, apenas uma eficácia jurídica *indirecta* ou *mediata* e não *directa* ou *imediata*. Ao invés, o direito do urbanismo encerra normas *directa e imediatamente vinculativas* tanto para os sujeitos de direito público, como para os particulares. As suas normas têm uma força vinculativa directa e estabelecem, de um modo mais ou menos concreto e preciso, o destino e o regime de ocupação, uso e transformação do solo.

Esta posição de demarcação (mesmo que ténue) entre o direito do ordenamento do território e o direito do urbanismo foi por nós sustentada em escrito anterior[110], tendo como base a tese da eficácia jurídica *indirecta* ou *imediata* das disposições dos planos regionais de ordenamento do território, disciplinados pelo Decreto-Lei n.º 176-A/88, de 18 de Maio (alterado, sucessivamente, pelos Decretos-Leis n.ᵒˢ 367/90, de 26 de Novembro, 249/94, de 12 de Outubro, e 309/95, de 20 de Novembro) – tese essa que tivemos ocasião de aperfeiçoar posteriormente[111].

Uma tal posição parece ter sido reforçada com dois diplomas legais posteriores: a LBPOTU e o RJIGT. Com efeito, neles se estabelece que todos os instrumentos de gestão territorial vinculam as entidades públicas, mas só os planos municipais e especiais de ordenamento do território vinculam *directa* e *imediatamente* os particulares (cfr. o artigo 11.º da LBPOTU e o artigo 3.º do RJIGT). De acordo com o regime constante destes diplomas, o "programa nacional da política de ordenamento do território", os "planos sectoriais", os "planos regionais de ordenamento do território" e os "planos intermunicipais de ordenamento do território" conteriam "normas de ordenamento do território", na medida em que se limitam, em regra, a fixar *opções gerais* no que respeita à organização do território por eles abrangido e a estabelecer *directivas* quanto ao ordenamento do espaço, a desenvolver e a densificar em planos de conteúdo mais concreto e preciso, não tendo, por isso, idoneidade para definir as *modalidades* e *intensidades* de uso do solo (cfr. os artigos 26.º a 34.º, 35.º a 41.º, 51.º a 59.º e 60.º a 68.º do RJIGT). Em contrapartida, os planos especiais e municipais de ordenamento do território integrariam "normas de direito do urbanismo", uma vez que vinculam *directa* e

---

[110] Cfr. a nossa obra *O Plano Urbanístico, cit.*, p. 73 e 74.

[111] Cfr. as nossas obras *As Grandes Linhas da Recente Reforma do Direito do Urbanismo Português*, Coimbra, Almedina, 1993, p. 24-28, *Estudos de Direito do Urbanismo, cit.*, 46, 119 e 120, e *"Caducidade" de Licenças e Aprovações Urbanísticas Incompatíveis com as Disposições de um Superveniente PROT: Uma Solução Constitucionalmente Admissível? – Anotação ao Ac. do STA de 30.9.1997, P. 35751*, in CJA, N.º 14 (1999), p. 35 e 36.

imediatamente os particulares. De facto, os primeiros são instrumentos de natureza regulamentar, elaborados pela administração central, que "estabelecem regimes de salvaguarda de recursos e valores naturais e o regime de gestão compatível com a utilização sustentável do território" (cfr. os artigos 42.º a 50.º do RJIGT). E os segundos são também instrumentos de natureza regulamentar, aprovados pelos municípios, que fixam o regime de uso do solo, isto é, as vocações e os destinos das parcelas de terrenos, incluindo a urbanização e a edificação (cfr. os artigos 69.º a 92.º-B do referido diploma legal).

A tese da *eficácia jurídica* das normas não nos parece, contudo, capaz de marcar uma linha suficientemente esclarecedora da diferenciação entre o direito do ordenamento do território e o direito do urbanismo. Na verdade, não obstante vincularam *directa* e *imediatamente* os particulares, os planos directores municipais contêm normas de direito do ordenamento do território e de direito do urbanismo, isto é, normas que têm como finalidade a programação do desenvolvimento económico do município e normas que disciplinam a ocupação, uso e transformação do espaço municipal. Eles estabelecem, de facto, "a estratégia de desenvolvimento territorial, a política municipal de ordenamento do território e de urbanismo e as demais políticas urbanas", bem como "o modelo de organização espacial do território municipal", a qual tem por base a classificação e a qualificação do solo (cfr. o artigo 84.º do RJIGT), apresentando-se, por isso, como documentos de *natureza híbrida*, isto é, com um carácter simultaneamente *estratégico*, no que concerne às opções de desenvolvimento local, e *regulamentar*, no que respeita à especificação qualitativa e quantitativa dos índices, indicadores e parâmetros de referência de utilização dos solos[112].

---

[112] Cfr. o nosso *Rapport* (elaborado com a colocação de DULCE LOPES) sobre "Le Contenu des Instruments de Gestion Territoriale au Portugal", in Le Contenu des Plans d'Urbanisme et d'Aménagement dans les Pays d'Europe de l'Ouest, Colloque International de Genève-Lausanne, Les Cahiers du GRIDAUH, N.º 15 (2006), p. 321.

3.1.5. Posição adoptada

As posições doutrinárias anteriormente expostas são aceitáveis na medida em que traduzem *características recorrentes* do direito do ordenamento do território e do direito do urbanismo. Já são, porém, criticáveis, enquanto procuram um *critério essencialista* de distinção entre estas duas disciplinas jurídicas.

O que vem de ser referido deixa já antever a ideia que nos guia na vereda da descoberta dos pontos de distinção e de íntima ligação entre o direito do urbanismo e o direito do ordenamento do território. Essa ideia é a de que não é possível encontrar um critério *seguro* e *rigoroso* de distinção entre o direito do urbanismo e o direito do ordenamento do território, sendo viável somente indicar *algumas características predominantes* de cada um deles. De acordo com esta perspectiva, devemos renunciar avisadamente à indagação de um *critério essencialista* definidor de cada um daqueles direitos – tarefa essa que se revelaria quase impossível – e tentar descortinar as *notas recorrentes* de cada uma das referidas disciplinas jurídicas.

E uma das *principais características* distintivas do direito do ordenamento do território e do direito do urbanismo que importa aqui salientar diz respeito à *maior amplitude* dos fins prosseguidos pelo primeiro. Com efeito, segundo a Carta Europeia do Ordenamento do Território, aprovada em 20 de Maio de 1983, pelo Conselho da Europa, são objectivos fundamentais do ordenamento do território o desenvolvimento sócio-económico equilibrado das regiões, a melhoria da qualidade de vida das pessoas, a gestão responsável dos recursos naturais e a protecção do ambiente, bem como a utilização racional do território.

Ora, preocupando-se o direito do urbanismo com a definição e controlo da execução das normas respeitantes à ocupação, uso e transformação do solo[113], é inegável que o direito do ordenamento do terri-

---

[113] O direito do urbanismo – que, sob o ponto de vista histórico, é anterior ao direito do ordenamento do território, uma vez que, enquanto a formação do primeiro foi lenta e ocorreu ao longo de vários séculos, não sendo, por conseguinte, possível marcar o seu nascimento num determinado período histórico (cfr., para mais desenvolvimentos, a nossa obra *O Plano Urbanístico*, cit., p. 93 e segs.), a vida do segundo é ainda muito curta, dado que é uma realidade posterior à Se-

tório prossegue fins mais amplos do que os do direito do urbanismo[114]. E um dos fins específicos do direito do ordenamento do território é o do desenvolvimento harmonioso das diferentes regiões que compõem um país, isto é, o denominado ordenamento do desenvolvimento[115]. É este, aliás, um dos principais objectivos que o artigo 66.º, n.º 2, alí-

---

gunda Guerra Mundial (cfr. Y. MADIOT, *L'Aménagement du Territoire*, cit., p. 15) – é definido no Relatório do *Conseil d'État* francês, intitulado *L'Urbanisme: Pour un Droit Plus Efficace*, Paris, La Documentation Française, 1992, p. 29, como "le droit qui définit et encadre les possibilités d'utiliser le sol".

[114] Cfr. a nossa obra *Estudos de Direito do Urbanismo*, cit., p. 16 e 17, 35-39 e 97-101.

[115] A ideia de uma maior amplitude dos fins do direito do ordenamento do território em comparação com os do direito do urbanismo está presente na definição de "ordenamento do território" fornecida por D. FREITAS DO AMARAL: "acção desenvolvida pela Administração Pública no sentido de assegurar, no quadro geográfico de um certo país, a melhor estrutura das implantações humanas em função dos recursos naturais e das exigências económicas, com vista ao desenvolvimento harmónico das diferentes regiões que o compõem". Cfr. *Ordenamento do Território, Urbanismo e Habitação*, cit., p. 3; *Ordenamento do Território, Urbanismo e Ambiente: Objecto, Autonomia e Distinções*, cit., p. 14; e *Apreciação da Dissertação de Doutoramento do Licenciado Fernando Alves Correia*, cit., p. 95 e 96. Também MANUEL PORTO considera o ordenamento do território como uma ciência que prossegue fins mais amplos do que os do urbanismo, acentuando a sua importância para a competitividade das economias, para o equilíbrio regional e para a boa qualidade de vida dos cidadãos. Cfr. *O Ordenamento do Território Face aos Desafios da Competitividade*, Coimbra, Almedina, 1996, p. 5, e *O Novo Aeroporto de Lisboa e o Ordenamento do Território em Portugal*, in Revista do CEDOUA, Ano II (1999), p. 9-16, em especial p. 13.

Esta concepção de que o direito do urbanismo é uma disciplina que enquadra e organiza a ocupação física dos solos, enquanto o direito do ordenamento do território tende a assegurar uma repartição equilibrada das actividades sobre o território nacional, tendo motivações de índole essencialmente económica, inspira-se claramente na doutrina francesa. Diferentemente, na Alemanha, o entendimento do ordenamento do território é o de que este pretende criar uma situação de ordenamento do espaço através de uma planificação física das ocupações deste, pelo que se verifica uma espécie de continuidade entre o direito do ordenamento do território e o direito do urbanismo. Cfr. G. MARCOU/H. JACQUOT, *Présentation* da obra Le Droit de l'Aménagement du Territoire et de l'Urbanisme en Allemagne, Loi sur l'Aménagement du Territoire et Code de l'Urbanisme, in Les Cahiers du GRIDAUH, N.º 8 (2003), p. 5 e 6.

nea *b*), da Constituição comete ao "ordenamento do território", ao referir que este visa "uma correcta localização das actividades, um equilibrado desenvolvimento sócio-económico e a valorização da paisagem".

Os objectivos, entre outros, de um desenvolvimento territorial integrado, harmonioso e sustentável do país, de atenuação das assimetrias regionais e de garantia da igualdade de oportunidades e de salvaguarda e valorização dos recursos naturais e promoção da sua utilização sustentável, bem como de protecção dos valores ambientais e do património natural, paisagístico e cultural são também assinalados ao PNPOT – como já dissemos, uma figura planificatória típica de ordenamento do território – no artigo 27.º do RJIGT e no n.º 9 da Resolução do Conselho de Ministros n.º 76/2002, de 11 de Abril (rectificada no *DR*, I Série-B, de 29 de Junho de 2002, e alterada pela Resolução do Conselho de Ministros n.º 162/2004, de 11 de Novembro), que determinou a elaboração do programa nacional da política de ordenamento do território e estabeleceu os respectivos princípios orientadores. Eles estão, além disso, bem vincados nos seis *objectivos estratégicos* do PNPOT, que indicam o rumo traçado por aquele instrumento de ordenamento do território para o Portugal 2025[116].

---

[116] Os seis *objectivos estratégicos* do PNPOT são os seguintes:

1. Conservar e valorizar a biodiversidade, os recursos e o património natural, paisagístico e cultural, utilizar de modo sustentável os recursos energéticos e geológicos e monitorizar, prevenir e minimizar os riscos.

2. Reforçar a competitividade territorial de Portugal e a sua integração nos espaços ibérico, europeu, atlântico e global.

3. Promover o desenvolvimento policêntrico dos territórios e reforçar as infra-estruturas de suporte à integração e à coesão territoriais.

4. Assegurar a equidade territorial no provimento de infra-estruturas e de equipamentos colectivos e a universalidade no acesso aos serviços de interesse geral, promovendo a coesão social.

5. Expandir as redes e infra-estruturas avançadas de informação e comunicação e incentivar a sua crescente utilização pelos cidadãos, empresas e administração pública.

6. Reforçar a qualidade e a eficiência da gestão territorial, promovendo a participação informada, activa e responsável dos cidadãos e das instituições.

Estes *objectivos estratégicos* são desdobrados em *objectivos específicos*, que indicam as principais linhas de intervenção a desenvolver, com a finalidade de prossecução

A preocupação da obtenção de um desenvolvimento equilibrado das regiões estende-se actualmente ao território da União Europeia, falando-se, por isso, num ordenamento do território de âmbito comunitário. De facto, o ordenamento do território, apesar de não ser expressamente visado pela política de coesão económica e social do conjunto da União Europeia (cfr. o artigo 158.° do Tratado de Roma), não deixa de estar nela necessariamente incluída. E em aplicação do artigo 175.°, parágrafo segundo, do Tratado, a União Europeia está habilitada a adoptar medidas de ordenamento do território e de afectação dos solos. E fê-lo, desde logo, através da aprovação do Esquema de Desenvolvimento do Espaço Comunitário (EDEC), anteriormente referido [117].

---

dos objectivos estratégicos, e em *medidas* ou *acções prioritárias,* identificadas e calendarizadas, que permitirão concretizar os objectivos estratégicos e específicos. Cfr. a Lei n.° 58/2007, de 4 de Setembro, rectificada pela Declaração de Rectificação n.° 80-A/2007, de 7 de Setembro.

[117] Já no que respeita especificamente ao direito do urbanismo, a intervenção do direito comunitário e, consequentemente, do Tribunal de Justiça das Comunidades, verifica-se principalmente a nível das implicações ambientais dos projectos urbanísticos. Uma tal intervenção foi estendida pela Directiva 2001/42/CE, do Parlamento e do Conselho, de 27 de Junho de 2001 (transposta para o direito interno português, através do Decreto-Lei n.° 232/2007, de 15 de Junho, isto é, decorridos quase três anos sobre a expiração do prazo, ocorrida em 21 de Julho de 2004), à *avaliação ambiental* de determinados planos e de certos planos e programas, incluindo os planos territoriais susceptíveis de produzir efeitos significativos no ambiente, com o objectivo de estabelecer um nível elevado de protecção do ambiente e de contribuir para a integração das considerações ambientais na elaboração e aprovação de planos e programas, com vista a promover um desenvolvimento sustentável. Cfr., sobre esta problemática, a nossa obra *A Avaliação Ambiental de Planos e Programas: Um Instituto de Reforço da Protecção do Ambiente no Direito do Urbanismo,* in RLJ, Ano 137.°, N.° 3946, p. 20-35, e F. HAUMONT/ /P. STEICHEN, *Urbanisme et Jurisprudence Européenne,* in Le Juge et l'Urbanisme dans les Pays de l'Europe de l'Ouest, Les Cahiers du GRIDAUH, N.° 9 (2004), p. 88.

Sobre a influência do direito comunitário no direito do urbanismo dos Estados membros da União Europeia, sublinham, no mesmo sentido, H. JACQUOT/ /F. PRIET (cfr. ob. cit., p. 17 e 18) que o urbanismo não releva, em princípio, para o direito comunitário, sendo, no entanto, afectado por este de duas maneiras: pela via do direito do ambiente, que entra no campo da competência da União, citando

Ademais, a ideia de ordenamento do território da União Europeia está presente no artigo 26.º do RJIGT, onde se determina que

---

o exemplo da Directiva anteriormente referida, e através da aplicação do direito comunitário da concorrência, mencionando a Directiva 93/37/CE, do Conselho, de 14 de Junho de 1993, relativa à coordenação dos processos de adjudicação de empreitadas de obras públicas, que já foi aplicada a uma operação urbanística pelo Tribunal de Justiça das Comunidades (Acórdão *Ordine degli Architetti Province di Milano e Lodi e. o. Contra Commune di Milano*, de 12 de Julho de 2001). Cfr., sobre este ponto, a nossa obra *Le Juge et l'Urbanisme au Portugal, Rapport*, in Le Juge et l'Urbanisme dans les Pays de l'Europe de l'Ouest, cit., p. 270.

Não é, porém, apenas aquela Directiva que impõe aos Estados membros da União Europeia obrigações que devem ser respeitadas pelos planos urbanísticos e pelos actos administrativos da gestão urbanística. Podemos, ainda, citar, *inter alia*, as directivas respeitantes à *Rede Natura 2000* (Directiva n.º 92/43/CEE, do Conselho, de 21 de Maio, conhecida por *Directiva Habitats*, e Directiva n.º 79/409/ /CEE, do Conselho, de 24 de Abril, denominada *Directiva Aves*), bem como a Directiva n.º 2002/49/CEE, de 25 de Junho, relativa à avaliação e à gestão do ruído no ambiente, que impõe aos Estados membros a obrigação de cartografar as zonas mais expostas ao ruído e de adoptar planos de acção, os quais podem incluir medidas de planificação espacial para impedir a instalação de zonas residenciais nas áreas mais expostas ao ruído.

Como sublinha F. HAUMONT, embora seja sobretudo no momento do licenciamento ou de autorização de operações urbanísticas que se coloca a questão da conformidade com a *Directiva Habitats* e a *Directiva Aves*, nada impede que o Tribunal de Justiça das Comunidades seja um dia confrontado com a questão respeitante à conformidade de um plano urbanístico com uma zona de protecção especial ou uma zona especial de conservação. Cfr. *La Cour de Justice des Communautés Européennes et l'Urbanisme*, in Mélanges en l'Honneur de Henri Jacquot, Orléans, Press Univervitaires d'Orléans, 2006, p. 265-281.

Também F. J. PEINE sublinha que, embora a planificação urbanística municipal não seja directamente influenciada pelo direito comunitário, há uma parte do direito comunitário que irradia efeitos sobre os planos municipais, qual seja o direito comunitário do ambiente, mais precisamente o direito comunitário de protecção da natureza *(das europäische Naturschutzrecht)*. Cfr. *Öffentliches Baurecht*, 3. Auflage, Tübingen, Mohr, 2003, p. 32-35.

Alguns autores vêm, porém, defendendo, nos últimos anos, uma influência não apenas pontual, mas generalizada, das instituições comunitárias nas matérias do ordenamento do território e do urbanismo. Assim, F. HAUMONT afirma que, apesar de os Estados-Membros da União Europeia e as instituições europeias reco-

"o programa nacional da política de ordenamento do território estabelece as grandes opções com relevância para a organização do território nacional, consubstancia o quadro de referência a considerar na elaboração dos demais instrumentos de gestão territorial e constitui um instrumento de cooperação com os demais Estados membros para a organização do território da União Europeia", no artigo 27.º, alínea *a*), do mesmo diploma, onde se indica que aquele instrumento visa "definir o quadro unitário para o desenvolvimento territorial integrado, harmonioso e sustentável do País, tendo em conta a identidade própria das suas diversas parcelas e a sua inserção no espaço da União Europeia", no n.º 9, alínea *a*), da mencionada Resolução do Conselho de Ministros n.º 76/2002, onde se estabelece que a elaboração daquele documento deve visar a articulação, *inter alia*, do objectivo

---

nhecerem com regularidade que os primeiros nunca transferiram as suas competências nos domínios do ordenamento do território e do urbanismo para a Comunidade Europeia, os estudiosos e os aplicadores do direito interno do ordenamento do território e do urbanismo confrontam-se, amiúde, com várias directivas europeias sobre estas matérias e mesmo com várias decisões do Tribunal de Justiça. Neste contexto, aquele autor apresenta-nos uma análise sistemática das intervenções das instâncias europeias nas políticas de ordenamento do território e de urbanismo (cfr. *Droit Européen de l'Aménagement du Territoire et de l'Urbanisme*, Bruylant, Bruxelles, 2007, p. 1-6). Na mesma linha, M. BOZZAOTRE sublinha que se assiste a um crescimento progressivo da atenção por parte das instituições da Comunidade Europeia pelas temáticas territoriais e a uma forte incidência das políticas comunitárias sobre decisões adoptadas no âmbito estatal e sub-estatal sobre matérias do *governo do território* [cfr. *Unione Europea e Governo del Territorio. Spunti per una Ricerca*, in RGU, 2-3 (2004), p. 314 e 315]. E F. LÓPEZ RAMÓN acentua que, desde finais do século XX, assiste-se à formação de um *urbanismo supramunicipal europeu*, caracterizado pela ideia de um *urbanismo sustentável*, composto tanto por elementos que configuram uma política própria urbana da União Europeia, como por tendências que pretendem estabelecer uma comunidade de princípios nas políticas urbanas dos Estados-Membros e especialmente das cidades da Europa – o qual se alicerça em documentos que fazem parte da *soft law*, do direito débil ou das declarações que não geram obrigações (embora o observador atento não possa deixar de ver neles o desenho de futuros elementos normativos e fundados critérios que deverão vertebrar as políticas urbanas), tais como o Livro Verde sobre o Ambiente Urbano, a Carta Urbana Europeia e a Nova Carta de Atenas (cfr. *Introducción al Derecho Urbanístico*, 2.ª ed., Madrid, Pons, 2007, p. 30-33).

estratégico de "estruturar o território nacional de acordo com o modelo e a estratégia de desenvolvimento económico-social sustentável do País, promovendo uma maior coesão territorial e social, bem como a adequada integração em espaços mais vastos, considerando as questões fronteiriças, ibéricas, europeias e transatlânticas" e, bem assim, no segundo *objectivo estratégico*, antes referido, constante do PNPOT.

A política de ordenamento do território de âmbito comunitário visa obter um desenvolvimento equilibrado da Europa Comunitária, através da atenuação das assimetrias e desequilíbrios entre os Estados membros. Uma tal política tem uma particular expressão nas transferências financeiras a favor dos países menos desenvolvidos, por intermédio dos fundos estruturais, com especial destaque para o Fundo Europeu de Desenvolvimento Regional (FEDER) e para o Fundo Social Europeu (FSE). Com a adopção do Tratado da União Europeia, verificou-se um reforço da política de ordenamento do território a nível do território da União Europeia, com a introdução de normas relativas "às redes transeuropeias", que, segundo o artigo 154.º, n.º 2, do Tratado da Comunidade Europeia (TCE), terão em conta, "[...] em especial, a necessidade de ligar as regiões insulares, sem litoral e periféricas às regiões centrais da Comunidade", e com o aprofundamento das medidas de coesão económica e social, "a fim de promover um desenvolvimento harmonioso do conjunto da Comunidade" (cfr. o artigo 158.º do TCE). Também ao Tratado de Maastricht se deve a introdução de uma norma – posteriormente modificada pelos Tratados de Amesterdão e de Nice –, constante do artigo 175.º, n.º 2, do TCE, nos termos da qual o Conselho, deliberando por unanimidade, sob proposta da Comissão, e após consulta ao Parlamento Europeu, ao Comité Económico e Social e ao Comité das Regiões, adoptará as "medidas que afectam", entre o mais, o "ordenamento do território" e "o destino dos solos" – norma esta que assume uma grande importância na construção de uma política de ordenamento do território da União Europeia.

Ainda na mesma linha se situa o mencionado artigo 158.º do TCE, relativo à coesão económica e social, nos termos do qual, "em especial, a Comunidade procurará reduzir a disparidade entre os níveis de desenvolvimento das diversas regiões e o atraso das regiões e das ilhas menos favorecidas, incluindo as zonas rurais", preceito este que permite à União Europeia uma ampla margem de manobra na adopção e no apoio de projectos que procurem corrigir os desequilíbrios de desenvolvimento económico e social entre os países e as regiões que integram a União Europeia[118-119].

Por último, a política comunitária do ambiente passou também a ter em conta, *inter alia*, "o desenvolvimento económico e social da Comunidade no seu conjunto e o desenvolvimento equilibrado das suas regiões".

De qualquer modo, a proximidade das duas disciplinas jurídicas que vêm sendo referidas é de tal ordem que, em alguns pontos deste Manual, sentiremos necessidade de tocar vários aspectos que pertencem, certamente, ao âmbito do direito do ordenamento do território. Assim sucederá na parte dedicada às regras de ocupação, uso e transformação do solo, que se apresentaria totalmente claudicante se não abrangesse a apresentação das diferentes normas legais sobre utilização do solo e a análise das normas dos diferentes tipos de planos territoriais.

---

[118] Cfr., sobre este ponto, Y. MADIOT, *L'Aménagement du Territoire*, cit., p. 25 e 26.

[119] Sublinhe-se que a política de ordenamento do território da União Europeia não foi esquecida pelo Tratado que estabelecia uma Constituição para a Europa. Com efeito, a expressão "ordenamento do território" aparecia no Artigo III – 234.º, 2, b), i), na Secção 5, respeitante ao *ambiente*, e os Artigos III – 220.º a 224.º, na Secção 3, relativa à *coesão económica, social e territorial*, condensavam as principais opções da União Europeia em matéria de ordenamento do território.

Por sua vez, o Tratado de Lisboa, que altera o Tratado da União Europeia e o Tratado que institui a Comunidade Europeia, assinado em Lisboa em 13 de Dezembro de 2007, aprovado para ratificação pela Resolução da Assembleia da República n.º 19/2008, de 23 de Abril, e ratificado pelo Decreto do Presidente da República n.º 31/2008, de 19 de Maio, não só mantém as traves mestras da política europeia de ordenamento do território, como as reforça, designadamente ao indicar, no artigo 2.º, como um dos objectivos da União Europeia, a promoção da coesão económica, social e territorial e da solidariedade entre os Estados-Membros, ao alterar a denominação do Título XVII para "coesão económica, social e territorial" e ao substituir, nos artigos 158.º e 159.º do Tratado da União Europeia, a expressão "coesão económica e social" por "coesão económica, social e territorial".

3.2. O direito do urbanismo e o direito do ambiente. Posições doutrinárias elucidativas das suas relações

Não vamos, neste momento e neste local, abordar os problemas do *conceito de ambiente*, do ambiente como *bem jurídico*, do *direito fundamental* ao ambiente, da noção de *direito do ambiente*, dos *princípios fundamentais* do direito do ambiente (em que avultam os princípios da precaução e da prevenção, da correcção, prioritariamente na fonte, dos danos causados ao ambiente, do poluidor-pagador, da participação e da cooperação), das principais *fontes* do direito do ambiente (destacando o conceito de *constituição do ambiente*) e dos aspectos mais importantes do *direito internacional* e *comunitário* do ambiente[120], pois eles situam-se no âmbito da disciplina do direito

---

[120] Cfr., sobre estes pontos, e limitando-nos à doutrina portuguesa, por todos, J. J. GOMES CANOTILHO, *Procedimento Administrativo e Defesa do Ambiente*, in RLJ, Ano 123.º, N.ºs 3794, p. 134 e segs., 3795, p. 168 e segs., 3798, p. 261 e segs., 3799, p. 289 e segs., 3800, p. 325 e segs., e Ano 124.º, N.º 3802, p. 7 e segs.; *Direito Público do Ambiente (Direito Constitucional e Direito Administrativo)*, polic., Lições ao Curso de Pós-Graduação promovido pelo CEDOUA e pela Faculdade de Direito de Coimbra no Ano Lectivo de 1995/1996; *A Responsabilidade por Danos Ambientais – Aproximação Jurisclássica*, in Direito do Ambiente, coord. D. FREITAS DO AMARAL/M. TAVARES DE ALMEIDA, Lisboa, INA, 1994, p. 397-407; e *Actos Autorizativos Jurídico-Públicos e Responsabilidade por Danos Ambientais*, in BFDUC, Vol. 69 (1993), p. 1-69; D. FREITAS DO AMARAL, *Ordenamento do Território, Urbanismo e Ambiente: Objecto, Autonomia e Distinções*, cit., p. 19-22; J. PEREIRA REIS, *Da Garantia do Direito ao Ambiente no Sistema Jurídico Português*, in Temas do Direito do Ambiente, Lisboa, MPAT, 1989, p. 71-86; JOSÉ EDUARDO FIGUEIREDO DIAS, *Tutela Ambiental e Contencioso Administrativo (Da Legitimidade Processual e das suas Consequências)*, Studia Juridica 29, Coimbra, Coimbra Editora, 1997, p. 19-76, *Direito e Política do Ambiente*, Coimbra, CEFA, 1999, e *Direito Constitucional e Administrativo do Ambiente*, 2.ª ed., Cadernos do CEDOUA, Coimbra, Almedina, 2007; CLÁUDIA M. CRUZ SANTOS/JOSÉ EDUARDO FIGUEIREDO DIAS/M. ALEXANDRA ARAGÃO, *Introdução ao Direito ao Ambiente*, coord. J. J. GOMES CANOTILHO, Universidade Aberta, 1998, p. 19 e segs.; M. ALEXANDRA ARAGÃO, *Direito Comunitário do Ambiente*, Cadernos do CEDOUA, Coimbra, Almedina, 2002; PAULO J. CANELAS DE CASTRO, *Mutações e Constâncias do Direito Internacional do Ambiente*, in RJUA, N.º 2 (1994), p. 145--183; VASCO VIEIRA DA SILVA, *Verde Cor do Direito: Lições de Direito do Ambiente*,

do ambiente, mas tão-só analisar a questão que verdadeiramente nos preocupa: a das relações entre o direito do urbanismo e o direito do ambiente[121]. Ora, quanto a este aspecto, poderemos, desde já, adiantar que são muito intensos os pontos de contacto entre o direito do urbanismo e o direito do ambiente.

Na análise das relações entre o direito do urbanismo e o direito do ambiente, deparámo-nos com três posições doutrinárias. Vamos referi-las sucintamente.

3.2.1. *O direito do ambiente como uma parte integrante do direito do urbanismo*

É uma teoria que vemos defendida principalmente por M. S. GIANNINI. Para este administrativista italiano, o "ambiente" não é um *conceito jurídico unitário*, tem, antes, três significados jurídicos.

No primeiro, o ambiente é entendido como *bem público* e abrange as belezas naturais, os centros históricos, os parques naturais, os parques florifaunísticos e as florestas. Todos eles estão incluídos numa zona circunscrita, na qual a Administração Pública é titular de um poder dispositivo sobre as coisas ou bens individuais nela compreendidos. O regime jurídico específico deste conceito de ambiente é a imposição de vínculos de *conservação* da substância dos bens, os quais são designados por "bens ambientais"[122]. No segundo, o ambiente é considerado como facto de mútua agressão entre o homem e a natureza e tem a ver com o movimento de ideias respeitantes à defesa do solo, do ar e da água. Neste significado jurídico de "ambiente", o elemento preponderante é o *facto jurídico* do agressor,

---

Coimbra, Almedina, 2002; e a nossa obra *A Avaliação Ambiental de Planos e Programas*, cit., p. 4-35.

[121] Sobre a temática das relações entre o direito do urbanismo e o direito do ambiente, cfr. as nossas obras *O Plano Urbanístico, cit.*, p. 74-88, e *Estudos de Direito do Urbanismo, cit.*, p. 38 e 101, e os nossos artigos *Direito do Urbanismo*, in Alguns Conceitos de Direito Administrativo, cit., p. 37, e *Urbanismo (Direito do), cit.*, p. 678.

[122] Cfr. M. S. GIANNINI, *"Ambiente": Sagio sui Diversi suoi Aspetti Giuridici*, in RTDP, 23 (1973), p. 23-26.

actual ou potencial, das coisas que integram ou poderão integrar o ambiente. Os factos agressivos são, em regra, juridicamente relevantes enquanto constituem objecto da actividade de polícia, ou de carácter preventivo para evitar a verificação do facto, ou de natureza repressiva para o remover [123]. No terceiro, aparece-nos aquilo que GIANNINI apelida de *ambiente urbanístico,* isto é, o ambiente puro e simples, objecto do poder de planificação territorial enquanto dirigido ao ordenamento material do mundo físico. É este o conceito de "ambiente" assumido por grande parte dos urbanistas, que não gostam que se fale de "ambiente" como objecto de poder e defendem que este é antes o resultado da actividade planificatória, a qual se desenvolve num "território". A referida actividade de planificação exprimir-se-ia num "ordenamento territorial" e não num "ordenamento ambiental" [124]. Subjacente a esta concepção está a ideia da

---

[123] Cfr. M. S. GIANNINI, *ob. cit.*, p. 23 e 37 e segs..
[124] Cfr. M. S. GIANNINI, *ob. cit.*, p. 47 e 48. Este autor chama a atenção para o debate que precedeu e se seguiu ao Congresso de Estocolmo de 1972, sobretudo por iniciativa dos urbanistas, os quais contestaram a validade da fórmula "gestão do ambiente", observando que a noção exacta é a de "gestão do território". Cfr. do mesmo autor, *Primi Rilievi sulle Nozioni di Gestione dell'Ambiente e di Gestione del Territorio,* in RTDP, 25 (1975), p. 484.
  Ao atribuir ao vocábulo "ambiente" três significados jurídicos distintos, GIANNINI nega a existência, do ponto de vista jurídico, de uma noção unitária de ambiente. A palavra "ambiente" constitui para este autor um termo genérico, metajurídico e apresenta-se como uma "pluralidade de interesses", não como um "interesse público unitário". Mas esta maneira de conceber o ambiente é posta em causa por alguns autores, nomeadamente por A. POSTIGLIONE, que perspectiva o ambiente como um *conceito jurídico unitário.* Os elementos unificantes mais significativos da matéria ambiental são, de acordo com este autor, os dados da realidade jurídica, com especial destaque para a existência de institutos jurídicos de protecção do ambiente enquanto tal e que reconhecem o ambiente não como uma pluralidade de interesses difusos, mas como um interesse público fundamental da colectividade no seu todo, bem como a concepção do *direito ao ambiente* como um direito fundamental do homem. Cfr. A. POSTIGLIONE, *Ambiente: Suo Significato Giuridico Unitario,* in RTDP, 35 (1985), p. 34 e 38 segs.. Também P. MANTINI sublinha que, nos anos mais recentes, desenvolveu-se uma clara tendência, tanto no plano legislativo, como no plano jurisprudencial, no sentido de uma concep-

"globalidade" das previsões dos planos territoriais, designadamente dos "planos reguladores gerais" de âmbito municipal. De facto, estes instrumentos urbanísticos tomam em consideração todos os interesses que confluem no ordenamento do território por eles abrangido e fixam métodos de harmonização entre os que forem potencial ou realmente conflituantes.

Está bem de ver que a noção de *ambiente urbanístico* pressupõe o entendimento de que os interesses ambientais fazem parte do direito do urbanismo. De acordo com esta perspectiva, o direito do ambiente confundir-se-ia na totalidade, ou pelo menos em grande parte, com o direito do urbanismo, sendo os seus objectivos absorvidos por este.

Esta doutrina encerra um princípio verdadeiro, que é a consideração do interesse do ambiente como um dos objectivos dos instrumentos de planificação territorial. Com efeito, a prossecução de objectivos de protecção ambiental por parte dos planos territoriais é claramente referida em vários preceitos do RJIGT. É o que sucede, por exemplo, com os artigos 12.º e 14.º, relativos à identificação, harmonização e hierarquização pelos instrumentos de gestão territorial dos interesses públicos relativos aos *recursos e valores naturais* e à *protecção e valorização ambiental* dos espaços rurais e urbanos, com o artigo 44.º do mesmo diploma legal, respeitante ao conteúdo material dos planos especiais de ordenamento do território (que incluem os planos de ordenamento de áreas protegidas, os planos de ordenamento de albufeiras de águas públicas, os planos de ordenamento da orla costeira e os planos de ordenamento dos estuários), o qual consiste no estabelecimento de "regimes de salvaguarda de recursos e valores naturais e o regime de gestão compatível com a utilização sustentável do território", bem como com o artigo 70.º do RJIGT, que indica como objectivos dos planos municipais de ordenamento do território, entre outros, a definição da *estrutura ecológica municipal* [cfr. a alínea e)] e a fixação dos princípios e das regras de *garantia da qualidade ambiental* e da *preservação do património cultural* [cfr. a alínea f)].

ção unitária do "bem ambiente". Cfr. *Per una Nozione Constituzionalmente Rilevante di Ambiente*, in RGA, 2 (2006) p. 210.

A tese que estamos a analisar não pode, no entanto, ser aceite, pois é manifestamente excessiva ao considerar o direito do ambiente como uma parte ou um capítulo do direito do urbanismo. Ora, como veremos um pouco mais à frente, o direito do urbanismo e o direito do ambiente, apesar de terem muitos pontos comuns, apresentam alguns traços distintivos bem característicos.

3.2.2. *O direito do urbanismo como um capítulo do direito do ambiente*

Numa perspectiva oposta à referida em primeiro lugar, o direito do urbanismo e mesmo o direito do ordenamento do território não passariam de meros instrumentos de realização dos fins de protecção do ambiente. Dir-se-ia, agora, que o direito do ambiente absorveria o direito do urbanismo.

Parece ser esta a concepção subjacente à nossa Lei de Bases do Ambiente (Lei n.º 11/87, de 7 de Abril), que, no seu artigo 27.º, n.º 1, considera *instrumentos* da política do ambiente, entre outros, o ordenamento integrado do território a nível regional e municipal [alínea c)], bem como os planos regionais de ordenamento do território, os planos directores municipais e outros instrumentos de intervenção urbanística [alínea e)].

De acordo com a teoria que estamos a expor, o direito do ambiente seria um direito de carácter *horizontal*, que cobre os diferentes ramos do direito (privado, público e internacional), e um direito de *interacções*, que tende a penetrar em todos os sectores do direito para neles introduzir a ideia ambiental[125]. A natureza *horizontal* e *globalizante* do direito do ambiente teria como consequência a anexação de todos os sectores onde intervém e a transformação de todos os direitos especiais – e naturalmente o direito do urbanismo – em ramos do direito do ambiente.

Estamos perante uma autêntica concepção *imperialista* do direito do ambiente[126], que deve ser rejeitada. A penetração do direito do

---

[125] Cfr. M. PRIEUR, *Droit de l'Environnement*, cit., p. 6.
[126] Cfr. M. PRIEUR, *ob. cit.*, p. 7.

ambiente noutros ramos do direito não pode legitimar a conclusão de que estes se transformam em meros capítulos daquele. De igual modo, as influências recíprocas entre o direito do ambiente e o direito do urbanismo não podem levar à consideração deste último como uma simples derivada do primeiro. Aqueles dois direitos são enformados por princípios comuns, mas também há entre eles uma relativa autonomia de fins, de meios e de objecto. Cremos, por isso, que a concepção correcta das relações entre o direito do ambiente e o direito do urbanismo é traduzida pela teoria que vem a seguir.

3.2.3. *O direito do ambiente e o direito do urbanismo como duas disciplinas jurídicas autónomas, embora estreitamente conexas*

Esta posição doutrinária, à qual aderimos, entende que o direito do ambiente deve ser delimitado por uma série de círculos concêntricos, que traduzam o carácter total ou parcialmente ambiental da norma jurídica. Há, assim, um núcleo central de normas jurídicas, teleologicamente voltadas para os problemas ambientais, que constituem o direito do ambiente. Paralelamente, certos "direitos" são influenciados pelo direito do ambiente de modo privilegiado, na medida em que muitas das regras jurídicas que se aplicam ao seu objecto são também influenciadas pela ideia de protecção do ambiente. É o que acontece, de modo particular, com o direito do urbanismo e também com o direito do ordenamento do território.

Os fortes laços existentes entre o direito do urbanismo e o direito do ambiente derivam, essencialmente, de um lado, do facto de ambos se aplicarem, simultaneamente, nos espaços rurais e nos espaços urbanos, assistindo-se, por isso, a uma coabitação estreita entre eles, e, do outro lado, da circunstância de, nos últimos anos, o direito do urbanismo se ter tornado cada vez mais *qualitativo* – na medida em que muitas das suas normas (mormente as dos planos) têm em vista a defesa do meio ambiente, a protecção e valorização do património histórico edificado, a renovação de áreas urbanas degradadas, a recuperação dos centros históricos, a protecção e valorização das paisagens naturais e a criação de zonas verdes –, enquanto o direito do ambiente se revela cada vez mais atento à cidade, através do *conceito de ambiente urbano* ou *ecologia urbana* (na sua tríplice dimensão de combate à poluição urbana, de melhoria do ambiente construído, pela via do incremento da qualidade das edificações e da preservação dos centros históricos, e de criação e valorização dos espaços naturais na cidade)[127-128].

Pois bem. A distinção e, ao mesmo tempo, a estreita conexão entre o direito do urbanismo e o direito do ambiente constituem, hoje, um importante princípio do direito constitucional do urbanismo. Com efeito, depois de estabelecer um apertado laço de união entre o direito do ambiente e o direito do ordenamento do território, ao definir, na alínea *b*) do n.º 2 do artigo 66.º, como incumbência do Estado, para assegurar o direito ao ambiente, "ordenar e promover o ordenamento do território, tendo em vista uma correcta localização das actividades, um equilibrado desenvolvimento sócio--económico e a valorização da paisagem", consagrou a nossa Constituição, na alínea *e*) do n.º 2 do mesmo artigo, um vínculo muito forte entre o direito do urbanismo e o direito do ambiente, ao preceituar que, para assegurar o direito ao ambiente, incumbe ao Estado

---

[127] Cfr., sobre este ponto, M. PRIEUR, *Urbanisme et Environnement*, in AJDA, Número Especial, 1993, p. 80-88. Segundo este autor, "l'intégration ponctuelle et éclatée de l'environnement dans le droit de l'urbanisme n'a pas suffi à enrayer la dégradation de la qualité de la ville. Il faut donc tenter une intégration moins formelle et plus substantielle où l'urbanisme et l'environnement soient au service d'une politique conçue globalement pour une meilleure qualité de la vie des habitants et conforme au principe du développement durable. Le concept d'environnement urbain devrait répondre à cette attente. Le droit de l'environnement dans la ville serait ainsi l'instrument d'une politique d'environnement urbain combinant l'usage du droit de l'urbanisme écologisé et du droit de l'environnement urbanisé". Cfr. *ob. cit.*, p. 85.

[128] Como refere lapidarmente J. MORAND-DEVILLER, na medida em que o ambiente se interessa cada vez mais com o urbanismo e o urbanismo com o ambiente, *"o ambiente urbaniza-se"* e *"o urbanismo ambientaliza-se"* (*"l'environnement s'urbanise"* et *"l'urbanisme s'environnementalise"*). Cfr. *Les Grands Principes du Droit de l'Environnement et du Droit de l'Urbanisme*, in «Environnement et Urbanisme: Sur la Voie de l'Intégration?», Droit de L'Environnement, Número Especial, Janeiro//Fevereiro 2002, p. 11.

"promover, em colaboração com as autarquias locais, a qualidade ambiental das povoações e da vida urbana, designadamente no plano arquitectónico e da protecção das zonas históricas".

Interessa-nos sobretudo realçar, neste preceito, a recepção que nele se faz da íntima convivência entre o direito do urbanismo e o direito do ambiente, através da constitucionalização do conceito de "direito do ambiente urbano", que combina a utilização de um "direito do urbanismo ecológico" e de um "direito do ambiente urbanístico", tendo como finalidade precípua a promoção da "qualidade ambiental das povoações e da vida urbana"[129-130].

---

[129] A preocupação por um *ambiente urbano* de qualidade tem vindo a acentuar-se não só a nível de cada um dos países, mas também a nível comunitário. Neste sentido, a Comissão Europeia elaborou, em 1990, como documento de reflexão e de acção, o "Livro Verde sobre o Ambiente Urbano da CEE". Neste estudo e programa de acção, identificaram-se *três áreas problemáticas: a poluição urbana, o ambiente edificado* e *a falta de espaços naturais na cidade*, designadamente de espaços verdes urbanos. Foi definida como principal linha de acção naquele documento a necessidade de incorporação dos interesses ambientais no planeamento urbano.

Neste quadro, a Resolução do Conselho das Comunidades Europeias de 28 de Janeiro de 1991 (cfr. *Jornal Oficial das Comunidades Europeias*, N.º C 33/4, de 8 de Fevereiro de 1991) congratulou-se com o "Livro Verde" sobre o ambiente urbano e reconheceu que o mesmo contribuiu de modo significativo para o debate sobre o futuro das cidades e aglomerados populacionais da Europa.

No seguimento destas preocupações, um Grupo de Peritos, constituído no âmbito da CE, apresentou, em 1993, um projecto de cidades sustentáveis, onde se enuncia o conceito de *desenvolvimento sustentável*. Este é definido como o "desenvolvimento que presta serviços ambientais, sociais e económicos de base a todos os moradores de determinada comunidade, sem ameaçar a viabilidade dos sistemas naturais urbanos e sociais de que depende a prestação desses serviços" [cfr. CARLA VICENTE, *A Protecção Jurídica de Espaços Verdes Urbanos – No Quadro de um Desenvolvimento Sustentável*, in RJUA, N.ºs 15/16 (2001), p. 46 e 47].

Os conceitos de "ambiente urbano" ou "ecologia urbana", de "desenvolvimento social urbano", de "desenvolvimento urbano durável", de "desenvolvimento sustentável das cidades" e de "sustentabilidade das cidades" estão intimamente associados e passaram a fazer parte da linguagem política e jurídica, tanto a nível mundial (veja-se, por exemplo, a conferência de Joanesburgo sobre "Desenvolvimento Sustentável", que decorreu durante dez dias e terminou no dia 4 de Setembro de 2002), como no âmbito da União Europeia e no espaço dos Estados-

Apesar de manterem um assinalável espaço de autonomia, o direito do urbanismo e o direito do ambiente são duas disciplinas

-Membros [veja-se, no nosso país, a Resolução do Conselho de Ministros n.º 109//2007, de 20 de Agosto, que aprovou a *Estratégia Nacional de Desenvolvimento Sustentável – 2015 (ENDS) e o respectivo Plano de Implementação, incluindo os indicadores de monitorização (PIENDS)*]. Todas essas expressões reflectem uma ideia de estreita conexão entre ambiente e urbanismo. Especialmente, o conceito de "desenvolvimento sustentável das cidades" ou "sustentabilidade das cidades" constitui, hoje, um *punctum saliens* da política e do direito do ambiente.

Isso decorre, fundamentalmente, de uma tomada de consciência de que os problemas económicos, sociais e ambientais do fim do século XX e das primeiras décadas do século XXI têm como palco principal os aglomerados urbanos, tornando-se urgentes as acções necessárias ao desenvolvimento da sustentabilidade, nos seus diferentes domínios.

O empenho da União Europeia na promoção de um "desenvolvimento urbano sustentável", com vista a tornar as cidades pólos de crescimento económico e desenvolvimento regional, e não causas de deseconomias ou de desequilíbrios na sua própria estrutura interna, tem a sua expressão mais recente na Decisão n.º 1411/2001/CE do Parlamento e do Conselho, de 7 de Junho de 2001, relativa a um quadro comunitário de cooperação para o desenvolvimento urbano sustentável (cfr. *Jornal Oficial das Comunidades Europeias*, L, 191, de 13 de Julho de 2001).

No ordenamento jurídico português, os conceitos de "ambiente urbano" e de "desenvolvimento sustentável" foram elevados, na Revisão Constitucional de 1997, a nível constitucional, como se referiu no texto. De igual modo, a noção de "desenvolvimento sustentável" – e, por isso, também a ideia de "desenvolvimento urbano sustentável" – encontra guarida no corpo do n.º 2 do artigo 66.º da Lei Fundamental, quando aí se afirma que, "para assegurar o direito ao ambiente, no quadro de um desenvolvimento sustentável", incumbe ao Estado um conjunto de acções que são elencadas nas oito alíneas desse mesmo n.º 2 do artigo 66.º, bem como na alínea *a*) do artigo 81.º, igualmente da Constituição, que estabelece como tarefa prioritária do Estado no âmbito económico e social "promover o aumento do bem-estar social e económico e da qualidade de vida das pessoas, em especial dos mais desfavorecidos, no quadro de uma estratégia de desenvolvimento sustentável".

Mas estes conceitos de "ambiente urbano" e de "desenvolvimento urbano sustentável" não passarão de *fórmulas vazias* ou de *meras declarações de intenção* se não forem acompanhados de um intrumentário jurídico e financeiro capaz de lhes conferir eficácia e eficiência. Os principais instrumentos de tutela do "ambiente urbano" são, em linhas gerais, os planos urbanísticos, os espaços verdes urbanos,

complementares – e não concorrentes –, ambas preocupadas com a protecção do ambiente. Esta relação de complementaridade vem

---

o combate à poluição urbana e a renovação urbana (para mais desenvolvimentos sobre esta problemática, cfr. o nosso artigo *Principais Instrumentos da Tutela do Ambiente Urbano em Portugal*, cit., p. 90-115). Cfr., ainda, ROGÉRIO GOMES, *Ambiente Urbano, Conceito e Estratégia*, Lisboa, Urbe, 2000.

[130] Dando corpo a esta camaradagem entre o direito do urbanismo e o direito do ambiente, reflectida nos conceitos de *ambiente urbano* ou *ecologia urbana* e de *direito do ambiente urbano*, e dando cumprimento à incumbência definida no artigo 66.º, n.º 2, alínea *e*), da Lei Fundamental, aprovou o Governo, através da Resolução do Conselho de Ministros n.º 26/2000, de 15 de Maio, o Programa Polis – Programa de Requalificação Urbana e Valorização Ambiental das Cidades, que, com base nas disponibilidades financeiras do III Quadro Comunitário de Apoio, "se propõe desempenhar um papel mobilizador e potenciador de iniciativas que visem a qualificação urbanística e ambiental das cidades" – programa esse que abrangeu várias cidades do país.

Por sua vez, o Decreto-Lei n.º 119/2000, de 4 de Julho (cujo anexo foi alterado pelos Decretos-Leis n.ºˢ 319/2000, de 14 de Dezembro, 203-B/2001, de 24 de Julho, 251/2001, de 21 de Setembro, 318/2001, de 10 de Dezembro, 103/2002, de 12 de Abril, 212/2002, de 17 de Outubro, 314/2002, de 23 de Dezembro, 161/2004, de 2 de Julho, 149/2005, de 30 de Agosto, 232/2006, de 29 de Novembro, e 388/2007, de 30 de Novembro), procedeu à localização e delimitação de diferentes áreas de intervenção do programa Polis e aprovou as medidas preventivas com vista a salvaguardar a execução das intervenções previstas no âmbito daquele programa, tendo os Decretos-Leis n.ºˢ 212/2002, de 17 de Outubro, e 188/2004, de 17 de Agosto, prorrogado, pelo prazo de 1 ano, as medidas preventivas previstas no Decreto-Lei n.º 119/2000, de 4 de Julho. E o Decreto-Lei n.º 330/2000, de 27 de Dezembro, extinguiu as concessões e os direitos de uso privativo de bens dominiais nas zonas de intervenção do programa Polis e desafectou do domínio público esses bens.

Com base nas orientações gerais definidas naquela Resolução, foram constituídas, por meio de decreto-lei, várias Sociedades Polis, Sociedades para o Desenvolvimento do Programa Polis, em diversos municípios, na forma de sociedades anónimas de capitais exclusivamente públicos, sendo o capital social subscrito na proporção de 60% pelo Estado e de 40% pelo respectivo município.

As sociedades gestoras das intervenções previstas no Programa Polis gozam de um conjunto de medidas ou poderes excepcionais, que incluem benefícios fiscais, a declaração de interesse público nacional do Programa Polis, um regime especial em matéria de instrumentos de gestão territorial e de licenciamentos muni-

sendo construída com base numa comunhão de *princípios gerais*, numa comunidade de *fins* e *objectivos*, na adopção de *idênticos instrumentos jurídicos* (nos quais se incluem: a *avaliação ambiental* de determinados planos e programas, susceptíveis de produzir efeitos significativos no ambiente; a *avaliação de impacte ambiental* dos projectos públicos e privados, de carácter urbanístico, susceptíveis de produzir efeitos significativos no ambiente; os *mecanismos de informação e de participação do público*; e os *instrumentos de planeamento*) e na *articulação de procedimentos* de urbanismo e de procedimentos de ambiente, a qual tem como finalidade a simplificação e a aceleração desses mesmos procedimentos [131-132].

---

cipais relativos a loteamentos urbanos, a obras de urbanização e a obras particulares e um conjunto de regras específicas no domínio do procedimento expropriativo (cfr. o Decreto-Lei n.º 314/2000, de 2 de Dezembro, o qual foi aprovado no uso da autorização legislativa concedida pela Lei n.º 18/2000, de 10 de Agosto).

Para uma análise crítica do regime jurídico do Programa Polis, cfr. JOANA MENDES, *Programa Polis – Programa ou Falta de Programa para a Requalificação das Cidades?*, in Revista do CEDOUA, Ano IV, N.º 1 (2001), p. 83-100.

Sublinhe-se, por último, que o XVII Governo Constitucional aprovou o Programa *"A Política de Cidades POLIS XXI"*, o qual pretende beneficiar da experiência acumulada através de programas de âmbito comunitário (como o URBAN) e de âmbito nacional (como o POLIS) e alcançar os seguintes três objectivos: adicionar à dimensão inter-urbana uma visão mais ampla, que conceba o desenvolvimento das cidades no quadro tanto das redes urbanas nacionais e internacionais em que se inserem como da região em que se integram; colocar as intervenções físicas ao serviço de uma visão mais integradora de transformação das cidades em espaços de coesão social, de competitividade económica e qualidade ambiental; e estimular novas formas de "governação", baseadas numa maior participação dos cidadãos, num envolvimento mais empenhado dos diversos actores urbanos – públicos, privados e associativos – e em mecanismos flexíveis de cooperação entre cidades e entre estas e os espaços envolventes (cfr. o Despacho do Secretário de Estado do Ordenamento do Território e das Cidades n.º 23021/2007, que aprova o lançamento, com carácter experimental e demonstrativo, de acções preparatórias com vista à eficaz implementação do instrumento de política Redes Urbanas para a Competitividade e Inovação, cujo financiamento está previsto nos Programas Operacionais Regionais 2007-2013, no âmbito da Política de Cidades POLIS XXI, publicado no *DR*, II Série, de 4 de Outubro de 2007).

[131] Para mais desenvolvimento, cfr. a nossa obra *A Avaliação Ambiental de Planos e Programas*, cit., p. 6-20.

Introdução

Esclarecidos, segundo supomos, os estreitos pontos de contacto entre o direito do urbanismo e o direito do ambiente, é ocasião de

---

[132] A referida *articulação* pode assumir duas *formas* distintas: *integração* e *concentração* de procedimentos. A primeira ocorre quando dois procedimentos se *coligam* num *procedimento complexo* (também designado *"procedimento de procedimentos"*), com vista a um resultado comum em termos materiais, mas dando origem a *dois actos jurídicos autónomos* – os quais estão, no entanto, numa *relação de pressuposição*, na medida em que o conteúdo negativo de um dos actos impede a prática de outro acto com um conteúdo positivo, apesar de os dois actos não fazerem parte da mesma sequência procedimental. Constitui exemplo desta *forma de articulação* a que se verifica, nos termos do Decreto-Lei n.º 69/2000, de 3 de Maio, alterado pelos Decretos-Leis n.ºs 74/2001, de 26 de Fevereiro, e 69/2003, de 10 de Abril, pela Lei n.º 12/2004, de 30 de Março, e pelo Decreto-Lei n.º 197/2005, de 8 de Novembro, entre o procedimento de *avaliação de impacte ambiental* dos projectos urbanísticos que, por força deste diploma legal, a ele estão sujeitos e o procedimento de licenciamento dos mesmos projectos, uma vez que o primeiro é um subprocedimento "enxertado" no segundo, só podendo ser adoptada uma decisão (positiva) de licenciamento ou de autorização dos projectos urbanísticos com base numa *declaração de impacte ambiental* favorável ou condicionalmente favorável.

A segunda *forma de articulação* de procedimentos tem lugar quando o legislador *incorpora* ou *concentra* um procedimento noutro procedimento, dando origem a um *único* procedimento, que desemboca *num só acto jurídico autónomo*. Como primeiro exemplo desta forma de *articulação de procedimentos*, podemos citar a *incorporação* dos procedimentos de avaliação ambiental dos planos territoriais nos procedimentos de elaboração, acompanhamento, participação e aprovação dos instrumentos de gestão territorial, operada pelo RJIGT, na versão do Decreto-Lei n.º 316/2007, de 19 de Setembro, e a que nos referiremos, mais desenvolvidamente, um pouco mais adiante.

Como segundo exemplo da forma de *articulação de procedimentos* que vem de ser apontada, podemos referir os casos em que o legislador *concentra* num único procedimento, *in casu*, no procedimento de licenciamento de uma operação urbanística, o controlo da observância das normas jurídicas urbanísticas e ambientais, atribuindo à licença da operação urbanística uma função *federadora* ou de *síntese* de todas as autorizações e aprovações exigidas por lei para cada uma das operações urbanísticas. É, neste contexto, que a lei exige, no âmbito do procedimento de licenciamento das operações urbanísticas, a consulta às entidades, designadamente as que têm atribuições no domínio ambiental, que, nos termos da lei, devam emitir parecer, autorização ou aprovação (cfr. os artigos 13.º, 13.º-A e 13.º-B do RJUE, na redacção da Lei n.º 60/2007, de 4 de Setembro), cominando com a sanção de

afirmar que, embora os princípios ambientais influenciem intensamente o direito do urbanismo, tanto na fase da elaboração e aprovação dos planos territoriais[133], como na do licenciamento da realização de projectos públicos e privados de natureza urbanística susceptíveis de produzirem efeitos significativos no ambiente[134], o direito do urba-

---

nulidade as licenças urbanísticas que não tenham sido precedidas de consulta das entidades cujos pareceres, autorizações ou aprovações sejam legalmente exigíveis, bem como quando não estejam em conformidade com esses pareceres, autorizações ou aprovações [cfr. o artigo 68.°, al. *c*), do RJUE, na redacção da mesma lei].

[133] A influência do ambiente no domínio dos planos verifica-se não apenas no conteúdo destes, mas também, desde logo, no procedimento de elaboração dos mesmos. É o que resulta, como sabemos, da Directiva n.° 2001/42/CE, do Parlamento e do Conselho, de 27 de Junho de 2001, a qual foi transposta para o direito interno português, pelo Decreto-Lei n.° 232/2007, de 15 de Junho, tendo o Decreto-Lei n.° 316/2007, de 19 de Setembro, que introduziu alterações ao RJIGT, *incorporado* nos procedimentos de elaboração, acompanhamento, participação e aprovação dos instrumentos de gestão territorial a avaliação dos seus efeitos ambientais. A este tema voltaremos um pouco mais à frente.

Sobre a problemática do regime da avaliação das incidências no ambiente de certos planos e programas, no direito francês, cfr. Y. JÉGOUZO, *L'Évaluation Environnementale des Plans et Programmes*, in Mélanges en l'Honneur de Henri Jacquot, cit., p. 311-325. No direito alemão, a transposição da Directiva respeitante à avaliação ambiental de planos e programas foi realizada pela *Lei de Adaptação ao Direito Europeu em Matéria de Urbanismo*, de 24 de Junho de 2004 (*Europarechtsanpassungsgesetz Bau — EAG Bau*), a qual introduziu algumas alterações ao *Código do Urbanismo (Baugesetzbuch)*, as quais vão além das exigidas pela transposição para o direito interno germânico daquela Directiva. O principal objectivo daquela lei (no seguimento da referida Directiva) foi a introdução de uma avaliação ambiental no direito da planificação urbanística, passando a mesma a fazer parte integrante dos procedimentos de elaboração dos planos urbanísticos, ou seja, dos *planos de utilização de superfícies (Flächennutzungspläne)* e dos *planos de urbanização (Bebauungspläne)*. Para uma sinopse das alterações ao Código do Urbanismo alemão decorrentes da aprovação da *EAG Bau* 2004, cfr. BATTIS/KRAUTZBERGER/LÖHR, *Die Änderungen des Baugesetzbuchs durch das Europarechtsanpassungsgesetz Bau (EAG Bau 2004)*, in NJW, 36 (2004), p. 2553-2559, e *Baugesetzbuch Kommentar*, 10 Auflage München, Beck, 2007, § 2.°, p. 98-112, e § 2.°a, p. 112-114.

[134] É através do instituto da *avaliação de impacte ambiental* que são prevenidos os efeitos nocivos no ambiente da realização de projectos públicos e privados, incluindo alguns projectos urbanísticos. Aquele instituto — cujo regime jurídico

nismo e o direito do ambiente conservam entre si um espaço de relativa autonomia.

São três as manifestações mais importantes da referida autonomia.

Primo, essa autonomia tem expressão a nível dos fins. O direito do urbanismo não tem como fim directo e imediato a protecção do ambiente, mas a fixação de regras jurídicas de uso, ocupação e transformação do território. O que significa que o *móbil* ambiental, embora presente, não constitui a ideia condutora da regra jurídica urbanística. Ao contrário, as normas jurídico-ambientais são intrinsecamente preordenadas aos fins de tutela do ambiente.

Secundo, no que concerne à substância, há matérias que constituem o núcleo central do direito do ambiente e que, de modo algum, se podem confundir com as do direito do urbanismo. Assim sucede com a protecção da fauna e da flora; a prevenção e repressão da poluição, nas suas diferentes modalidades, da água, do solo e do ar; a matéria da responsabilidade civil por danos ambientais; o direito

---

consta, actualmente, do Decreto-Lei n.º 69/2000, de 3 de Maio, alterado pelos Decretos-Leis n.ºˢ 74/2001, de 26 de Fevereiro, e 69/2003, de 10 de Abril, pela Lei n.º 12/2004, de 30 de Março, e pelo Decreto-Lei n.º 197/2005, de 8 de Novembro, e regulamentado pelas Portarias n.ºˢ 330/2001, de 2 de Abril, e 123//2002, de 8 de Fevereiro (diploma esse que revogou e substituiu o Decreto-Lei n.º 186/90, de 6 de Junho, que anteriormente disciplinava a matéria da *avaliação de impacte ambiental*, e que transpôs, para a ordem jurídica portuguesa, o regime comunitário de *avaliação de impacte ambiental*, criado pela Directiva 85/337/CEE, alterada pela Directiva 97/11/CE) – constitui uma das expressões mais significativas do *princípio da prevenção* – que é um dos *princípios fundamentais* do direito do ambiente –, na medida em que se baseia na prevenção e denúncia dos riscos de natureza ambiental de projectos públicos e privados, procurando, desse modo, combater não apenas o dano ambiental, mas sobretudo a própria ameaça. Sobre o instituto da *avaliação de impacte ambiental*, cfr. a nossa obra *A Avaliação Ambiental de Planos e Programas*, cit., p. 11-13, e L. F. COLAÇO ANTUNES, *O Procedimento Administrativo de Avaliação de Impacto Ambiental*, Coimbra, Almedina, 1998. Para uma análise do Decreto-Lei n.º 69/2000, de 3 de Maio, cfr. M. ALEXANDRA ARAGÃO//JOSÉ EDUARDO FIGUEIREDO DIAS/MARIA ANA BARRADAS, *O Novo Regime da AIA: Avaliação de Previsíveis Impactes Legislativos*, in Revista do CEDOUA, Ano III, N.º 1 (2000), p. 71-91, e *Regime Jurídico da Avaliação de Impacte Ambiental, Comentário*, Coimbra, CEDOUA, 2002.

constitucional do ambiente; a matéria do ilícito ambiental, quer de índole penal, quer de índole contra-ordenacional; o direito processual do ambiente; o direito fiscal do ambiente; a organização administrativa do ambiente; e as matérias do direito internacional público do ambiente (*v. g.*, responsabilidade civil inter-Estados por danos ambientais) e do direito internacional privado do ambiente (por exemplo, questões de responsabilidade civil por danos ambientais entre pessoas jurídico-privadas que suscitem conflitos de competência entre ordens jurídicas diferentes) [135].

Tertio, o direito do ambiente também se situa em boa parte no âmbito do direito administrativo, devido à importância das normas de polícia, aos instrumentos jurídico-administrativos nele utilizados e ao papel de relevo desempenhado pelo Estado e outros entes públicos na defesa do ambiente. Todavia, o direito do ambiente apresenta uma natureza *interdisciplinar,* já que as normas jurídicas de direito civil (sobretudo no domínio de responsabilidade civil), de direito constitucional, de direito fiscal, de direito internacional público, de direito internacional privado e mesmo de direito penal ocupam naquela disciplina jurídica um lugar de destaque [136].

---

[135] Sobre a problemática do direito internacional do ambiente, cfr. M. DESPAX, *Droit de l'Environnement*, Paris, Litec, 1980, p. 657 e segs.; A. KISS, *Droit International de l'Environnement*, Paris, Pedone, 1989, p. 5 e segs.; e M. PRIEUR, *ob. cit.*, p. 15-17.

[136] Este carácter *interdisciplinar* do direito do ambiente justifica o entendimento desta disciplina como um "espaço de diálogo, entre os diferentes cultores de ciências jurídicas, obrigando a conjugar esforços e métodos no sentido de conseguir realizar uma mais adequada tutela ambiental" (cfr. VASCO PEREIRA DA SILVA, *ob. cit.*, p. 44-54), e a consideração de que a construção do Estado de Direito, democrático e ambiental, "não é tarefa que possa ser suportada por um ramo autónomo de direito" e, bem assim, que, "por mais que o direito do ambiente adquira contornos teóricos, dogmáticos e conceituais cientificamente rigorosos, é indispensável continuar o diálogo jurídico interdisciplinar e redescobrir um novo *jus commune* que nos permita enfrentar com as leis dos homens as ameaças fracturantes da comunidade biótica" (cfr. J. J. GOMES CANOTILHO, *Juridicização da Ecologia ou Ecologização do Direito*, in RJUA, N.º 4 (1995), p. 75 e 76).

4. Constituição e direito do urbanismo

4.1. *A constitucionalização do direito*

As Constituições escritas dos nossos dias – e estamos a pensar sobretudo nas Constituições escritas dos Estados europeus – mantêm-se fiéis aos axiomas fundamentais da ideologia liberal. De facto, são também suas as preocupações das Constituições que emergiram das revoluções liberais dos fins do século XVIII e da primeira metade do século XIX: de um lado, a *organização* e a *racionalização* do poder político, através da repartição do mesmo entre diferentes órgãos do Estado e da indicação das competências de cada um deles, de acordo com o princípio da *separação de poderes* – respondendo, assim, como sublinha R. EHRHARDT SOARES, à interrogação sobre a identificação do titular do poder e sobre a sua legitimação[137]; e, do outro lado, a *limitação* e *controlo* do poder, fundamentalmente por meio da definição de um *catálogo de direitos fundamentais* do cidadão, invioláveis pelo poder executivo, com especial destaque para os direitos de liberdade e de propriedade, e da consagração do mencionado princípio da *separação de poderes* – limitação e controlo esses que, nas palavras de K. LOEWENSTEIN, devem ser considerados, num sentido ontológico, como o *telos* de toda e qualquer Constituição[138].

As Constituições liberais – cujo objectivo essencial era a garantia da *liberdade individual*[139] – encarnam, segundo CARL SCHMITT, o *conceito ideal* de Constituição do Estado de direito. A Constituição liberal era, para este autor, um *sistema de garantias da liberdade burguesa*, que incluía o reconhecimento dos direitos fundamentais do cidadão, a separação de poderes e, pelo menos, uma participação do povo no poder legislativo, mediante uma representação popular[140].

---

[137] Cfr. *Constituição*, in DJAP, Vol. II, Coimbra, Coimbra Editora, 1972, p. 661.

[138] Cfr. *Teoría de la Constitución*, 2.ª ed., trad. espanhola, Barcelona, Ariel, 1976, p. 151.

[139] Cfr. J. M. CARDOSO DA COSTA, *Constitucionalismo*, in Polis – Enciclopédia Verbo da Sociedade e do Estado, Vol. 7, Lisboa, Verbo, 1998, p. 1152.

[140] Cfr. *Teoría de la Constitución*, 2.ª ed., trad. espanhola, Madrid, Alianza, 1983, p. 59 e 60.

Todavia, as actuais Constituições têm preocupações bem mais amplas. Estas traduzem-se, *inter alia*, no alargamento e no aprofundamento dos direitos e liberdades fundamentais do cidadão, na enunciação dos fins essenciais (nos domínios económico, social e cultural) do Estado e na consagração – ponto este que nos interessa aqui destacar – das *têtes de chapitre* dos vários ramos do direito, isto é, dos princípios fundamentais que os enformam – princípios estes que "revestem um significado político, identificam-se com as concepções dominantes acerca da vida colectiva e consubstanciam uma ideia de Direito"[141].

As Constituições passaram, assim, a incluir, além do direito político ou do direito do Estado (*Staatsrecht*), os princípios essenciais dos vários ramos infra-constitucionais do direito, não apenas do direito público – em particular, o direito administrativo cujas relações com o direito constitucional são muitíssimo estreitas[142] –, mas também do direito privado. E procurando responder ao grande relevo social e económico que, nas últimas décadas, vêm assumindo os direitos do ordenamento do território, do urbanismo e do ambiente, bem como à sua íntima ligação à garantia da *qualidade de vida* dos homens dos nossos dias, vêm também os textos constitucionais mais recentes, entre os quais o nosso, inserindo um acervo específico de regras e princípios basilares daquelas *áreas* ou *disciplinas jurídicas*.

Graças a este alargamento dos horizontes da Constituição, ela é, hoje, entendida, nas palavras certeiras e rigorosas de J. J. GOMES CANOTILHO, como uma *ordem fundamental* (uma *ordem aberta* e uma *ordem-quadro*), seja porque se apresenta como uma *lei fundamental do Estado* e como uma *lei fundamental da sociedade* (já que a Constituição não apenas fixa uma *estadualidade juridicamente conformada*, como também estabelece *princípios relevantes para uma sociedade aberta bem orde-*

---

[141] Cfr. JORGE MIRANDA, *Manual de Direito Constitucional*, Tomo I, 6.ª ed., Coimbra, Coimbra Editora, 1997, p. 16.

[142] Cfr. A. RODRIGUES QUEIRÓ, *Lições de Direito Administrativo*, Vol. I, Coimbra, 1976, p. 159-170 e 197-199; e VITAL MOREIRA, *Constituição e Direito Administrativo (A "Constituição Administrativa" Portuguesa)*, in AB UNO AD OMNES – 75 Anos da Coimbra Editora 1920-1995, Coimbra, Coimbra Editora, 1998, p. 1141 e 1142.

nada), seja porque a mesma constitui a pirâmide de um sistema normativo que nela encontra fundamento (aspirando, por isso, à natureza de *norma das normas*, já que é erigida como *parâmetro de validade* das restantes normas do ordenamento jurídico, como flui, por exemplo, do artigo 3.º, n.ᵒˢ 2 e 3, da nossa Constituição)[143].

Como salienta K. HESSE, "a Constituição estabelece linhas fundamentais do ordenamento jurídico e não somente da vida estatal em sentido estrito. Positiva princípios e critérios para o estabelecimento e a aplicação das normas do ordenamento. Ordena todas as esferas da vida essenciais para a convivência, precisamente porque as referidas esferas são consubstanciais à vida do conjunto e encontram-se indissoluvelmente ligadas à ordem política". Segundo aquele constitucionalista alemão, a Constituição condensa os fundamentos do ordenamento jurídico, tais como os do direito de família, do direito de propriedade, do direito sucessório, do direito do ensino, do direito penal, da liberdade religiosa e do direito do trabalho. E em todos estes domínios, "a Constituição é o plano estrutural básico, orientado por determinados princípios dotadores de sentido, para a configuração jurídica de uma comunidade (*Rechtsgestalt eines Gemeinwesens*)"[144].

Considerando o que vem de ser referido, os diferentes ramos do direito não são mais espaços imunes à influência das Constituições, são antes sectores fortemente influenciados e impregnados pelas regras e princípios constitucionais. Para expressar esta realidade, vem a doutrina falando da *constitucionalização do direito*[145] – fenómeno que tem a sua origem não apenas na definição pelos textos constitucio-

---

[143] Cfr. *Direito Constitucional e Teoria da Constituição*, 7.ª ed., Coimbra, Almedina, 2003, p. 1436. Cfr. também as nossas obras *A Fiscalização da Constitucionalidade das Normas do Ordenamento Jurídico de Macau À Luz da Recente Jurisprudência do Tribunal Constitucional*, in BFDUC, Vol. 73 (1997), p. 61, e *A Justiça Constitucional em Portugal e em Espanha. Encontros e Divergências*, in RLJ, Ano 131.º, N.º 3983, p. 162 e 163.

[144] Cfr. *Verfassung und Verfassungsrecht*, in Benda/Maihofer/Vogel/Hesse//Heyde, *Handbuch des Verfassungsrechts der Bundesrepublik Deutschland*, 2.ª Aufl., Berlin, New Iork, W. de Gruyter, 1994, p. 7 e 8.

[145] Cfr. L. FAVOREU, *La Constitutionnalisation du Droit*, in L'Unité du Droit, Paris, Economica, 1996, p. 26-42.

nais das bases ou dos princípios fundamentais das várias fracções do ordenamento jurídico, mas também na insubstituível função interpretativo-concretizadora, densificadora e criadora [146] da jurisdição constitucional.

Os efeitos do fenómeno da *constitucionalização do direito* são deveras importantes [147]. Vale a pena enunciá-los, em breves linhas. O primeiro foi a transformação dos vários ramos do direito. Na medida em que a Constituição passou a condensar as regras e os princípios dos diferentes ramos do direito – regras e princípios de carácter normalmente progressivo –, o conteúdo daqueles teve de se adaptar aos ditames constitucionais, sofrendo, desse modo, uma profunda *mudança* e *transformação*.

---

[146] A actividade juridicamente criadora da jurisdição em geral é, segundo A. CASTANHEIRA NEVES, "uma situação evolutiva que nas sociedades modernas terá de ver-se como irreversível". Uma tal actividade deve ser exercida não segundo o modelo do *normativismo legalista* ou do *funcionalismo jurídico*, mas de acordo com o modelo do *jurisprudencialismo*, assente na "autonomia de uma validade normativa material que numa prática problemática e judicanda se realiza, e se orienta por uma perspectiva polarizada no homem-pessoa, que é o sujeito dessa prática" – modelo esse que significará, nas palavras do mesmo autor, "a reafirmação ou mesmo a recuperação do sentido da prática jurídica como *iuris-prudentia*: axiológico-normativa nos fundamentos, *prático-normativa* na intencionalidade, *judicativa* no *modus* metodológico". Cfr. *Entre o "Legislador", a "Sociedade" e o "Juiz" ou entre "Sistema", "Função" e "Problema" – Os Modelos Actualmente Alternativos da Realização Jurisdicional do Direito*, in BFDUC, Vol. 74 (1998), p. 1-44, em especial, p. 10 e 32.

A função *criadora* da jurisdição constitucional, em particular da jurisprudência dos Tribunais Constitucionais, exprime-se privilegiadamente nas denominadas *decisões interpretativas*, que conduzem frequentemente a uma *interpretação conforme à Constituição*, nas *decisões de inconstitucionalidade parcial*, nas *decisões construtivas*, nas *decisões integrativas* e nas *decisões substitutivas*. Para uma caracterização de cada um destes tipos de decisões, cfr. o nosso *Relatório Geral*, in I Conferência da Justiça Constitucional da Ibero-América, Portugal e Espanha (Os Órgãos de Fiscalização da Constitucionalidade: Funções, Competências, Organização e Papel no Sistema Constitucional Perante os Demais Poderes do Estado), Lisboa, Tribunal Constitucional, 1997, p. 90-94; F. RUBIO LLORENTE, *La Forma del Poder (Estudios sobre la Constitución)*, 2.ª ed., Madrid, Centro de Estudios Constitucionales, 1997, p. 483-491; e T. MARTINES, *Diritto Costituzionale*, 9.ª ed., Milano, Giuffrè, 1997, p. 633-641.

[147] Cfr. L. FAVOREU, *ob. cit.*, p. 35-42.

O segundo foi a *modernização* do direito ordinário. A transformação dos vários ramos do direito, em consequência da sua constitucionalização, traduziu-se, na generalidade dos casos, num aperfeiçoamento dos princípios e institutos fundamentais dos vários sectores ou fracções do direito infra-constitucional. Os exemplos que podiam ser, *hic et nunc*, fornecidos são múltiplos. Pense-se, só para mencionarmos alguns, no reforço das garantias do arguido em processo penal, na melhoria das garantias dos administrados, na reformulação dos impostos sobre o rendimento das pessoas singulares e das pessoas colectivas e nas alterações no direito da família, designadamente em matéria de igualdade dos cônjuges.

A terceira consequência teve a ver com o incremento da *unidade* e da *simplificação* do ordenamento jurídico [148]. Agora, devido ao processo de constitucionalização do direito, as regras e princípios constitucionais tornaram-se progressivamente no *fundamento* dos diversos ramos de direito, aspecto este que favorece incontestavelmente a ideia de *unidade da ordem jurídica* e contribui decisivamente para a *simplificação* do direito.

Por último, a *constitucionalização do direito* produziu uma profunda mutação na *teoria das fontes* do direito, fazendo deslocar o *centro de gravidade* da lei – considerada, durante o século XIX e boa parte do século XX, como o eixo essencial da ordem jurídica – para a Constituição, fenómeno que corresponde à passagem do *Estado-de-legislação (Gesetzgebungsstaat)* para um *Estado-de-Constituição (Verfassungsstaat)* [149].

4.2. *Noção e evolução da "constituição do urbanismo"*

O fenómeno da *constitucionalização do direito* vem permitindo que se identifiquem, no todo que é a Constituição, "conjuntos normativos" que constituem o "tronco" dos diferentes ramos do direito. É, neste sentido, que se fala, entre outras, de uma "constituição admi-

---

[148] Cfr. JORGE MIRANDA, *ob. cit.*, p. 17.
[149] Cfr. A. CASTANHEIRA NEVES, *ob. cit.*, p. 11.

nistrativa", de uma "constituição penal", de uma "constituição económica", de uma "constituição financeira", de uma "constituição educativa", de uma "constituição judiciária", de uma "constituição do ordenamento do território", de uma "constituição do ambiente" e de uma "constituição do urbanismo". Todas estas expressões devem ser entendidas no sentido de que a generalidade dos diferentes ramos do direito são, hoje, em maior ou menor grau, "direito constitucional concretizado", variando apenas a intensidade da pré-determinação constitucional do conteúdo de cada um deles. Neste contexto, o estudo dos vários ramos do direito ordinário não poderá deixar de tomar em consideração as respectivas bases constitucionais.

Entendemos por "constituição do urbanismo" o conjunto das regras e princípios constitucionais respeitantes ao urbanismo[150]. Ela apresenta-se, actualmente, entre nós, devido às profundas inovações trazidas pela Quarta Revisão da Constituição de 1976, operada pela Lei Constitucional n.º 1/97, de 20 de Setembro, como um conjunto *autónomo* (não obstante a estreita conexão do urbanismo com o ordenamento do território e o ambiente), *global* e *coerente*, e não apenas como uma série de pontualizações constitucionais, fragmentárias e assistemáticas sobre o urbanismo. Idêntica afirmação não pode, no entanto, ser feita em relação aos textos constitucionais antecedentes. Justifica-se, por isso, antes de caracterizarmos a actual "constituição do urbanismo" – tarefa que será desenvolvida um pouco mais adiante –, uma breve referência ao *modo* como as Constituições que se sucederam, no nosso país, no século que acabou de encerrar encaravam o fenómeno do urbanismo.

4.2.1. Tanto a Constituição de 21 de Agosto de 1911 (incluindo as suas diversas revisões), como a Constituição de 11 de Abril de 1933 (na sua versão inicial e nas versões decorrentes das suas várias revisões) apresentam como nota característica uma total insensibilidade às questões do urbanismo, já que omitiam qualquer dever do

---

[150] Cfr. a nossa obra *Evolução do Direito do Urbanismo em Portugal em 1997--1998*, in BFDUC, Vol. 74 (1998), p. 683.

Estado ou de outros entes públicos de disciplinar a ocupação, uso e transformação do solo ou de optimizar o gozo do mesmo, enquanto bem essencial e irreprodutível de toda a sociedade. Relacionada com o direito do urbanismo, apenas encontramos naquelas duas Constituições a inserção, no elenco dos "direitos e garantias individuais", da garantia do direito de propriedade privada, salvo as limitações estabelecidas na lei (cfr. o artigo 3.º, n.º 25, da Constituição de 1911), bem como da garantia do direito de propriedade e da sua transmissão em vida ou por morte, nas condições determinadas pela lei civil (cfr. o artigo 8.º, n.º 15, da Constituição de 1933).

4.2.2. Foi a Constituição de 2 de Abril de 1976 que, pela primeira vez, consagrou algumas normas de índole urbanística. Mas o texto originário da Constituição saída da Revolução de 25 de Abril de 1974 ainda não encerra uma autónoma "constituição do urbanismo", uma vez que a matéria do urbanismo não é encarada como uma realidade *a se* (basta referir que o vocábulo "urbanismo" ainda não aparece na redacção originária da Constituição de 1976), antes é concebida ou como um *mero instrumento* de efectivação do direito fundamental a uma habitação condigna e do direito fundamental a um ambiente de vida humana, sadio e equilibrado, ou como uma *simples componente* de uma política geral de socialização dos meios de produção e dos solos (*in casu*, dos solos urbanos e urbanizáveis).

Vejamos quais as normas da Constituição de 1976, na sua redacção inicial, que têm a ver com o urbanismo (embora este termo não seja utilizado no texto constitucional).

O artigo 62.º, n.º 1, garantia "o direito à propriedade privada e à sua transmissão em vida ou por morte, nos termos da Constituição", e o n.º 2 do mesmo preceito determinava que, fora dos casos previstos na Constituição, a expropriação por utilidade pública só podia ser efectuada mediante o pagamento de justa indemnização. Esta última norma da redacção originária da Constituição abria, deste modo, a porta à possibilidade de a expropriação de bens, designadamente de solos urbanos e urbanizáveis, ser realizada sem indemnização. Uma tal possibilidade resultava também do n.º 2 do artigo 82.º.

Com efeito, o n.º 1 deste artigo referia que a lei determinaria "os meios e as formas de intervenção e de nacionalização e socialização dos meios de produção, bem como os critérios de fixação de indemnizações". E o n.º 2 do mesmo preceito estabelecia que a lei podia determinar que as expropriações de latifundiários e de grandes proprietários ou accionistas não dessem lugar a qualquer indemnização. E no mesmo sentido apontava a norma do n.º 2 do artigo 87.º. De facto, depois de o n.º 1 deste artigo prescrever que os meios de produção em abandono podiam ser expropriados em condições a fixar pela lei, que teria em devida conta a situação específica da propriedade dos trabalhadores emigrantes, o n.º 2 do mesmo preceito determinava que, no caso de abandono injustificado, a expropriação não conferia direito a indemnização[151].

Por sua vez, o artigo 65.º, n.º 2, alínea a), estatuía que, para assegurar o direito à habitação, incumbia ao Estado, entre o mais, "pro-

---

[151] O dever de indemnização respeitante à expropriação e à nacionalização (cfr., para a distinção entre estas duas figuras ablativas dos direitos patrimoniais dos particulares, a nossa obra *A Jurisprudência do Tribunal Constitucional sobre Expropriações por Utilidade Pública e o Código das Expropriações de 1999*, in RLJ, Ano 132.º, N.º 3904, p. 198-205) já não sofre, no actual texto constitucional, qualquer excepção. Isto resulta, de um lado, da circunstância de, no que respeita à obrigação de indemnização por expropriação, ter sido eliminado, na Revisão de 1989, no artigo 62.º, n.º 2, o inciso "fora dos casos previstos na Constituição", passando a "justa indemnização" a constituir um pressuposto de legitimidade de todo o acto expropriativo [cfr. as nossas obras *As Garantias do Particular na Expropriação por Utilidade Pública*, Coimbra, Almedina, 1982, p. 120-122 e 156-162, *O Plano Urbanístico e o Princípio da Igualdade*, cit., p. 528 e segs., e *Formas de Pagamento da Indemnização na Expropriação por Utilidade Pública (Algumas Questões)*, Separata do Número Especial do BFDUC – "Estudos em Homenagem ao Prof. Doutor António Arruda Ferrer Correia" – 1984, Coimbra, 1991, p. 15]. Do outro lado, da eliminação, na Revisão Constitucional de 1982, da possibilidade de expropriação sem indemnização "de latifundiários e de grandes proprietários e empresários ou accionistas", prevista no n.º 2 do artigo 82.º, na sua versão originária, e, bem assim, do desaparecimento, na Revisão de 1989, da possibilidade de serem expropriados sem indemnização os meios de produção em abandono (cfr. o artigo 87.º, n.º 2, na versão da Revisão de 1982, o artigo 89.º, n.º 2, na versão da Revisão de 1989, e o artigo 88.º, n.º 2, na versão da Revisão de 1997).

gramar e executar uma política de habitação inserida em planos de reordenamento geral do território e apoiada em planos de urbanização que garantam a existência de uma rede adequada de transportes e de equipamento social". E o n.º 4 do mesmo artigo prescrevia, ainda com o intuito de assegurar a realização do direito fundamental à habitação, que o Estado e as autarquias locais exerceriam efectivo controlo do parque imobiliário, procederiam à necessária nacionalização ou municipalização dos solos urbanos e definiriam o respectivo direito de utilização.

Acresce que o n.º 2 do artigo 66.º assinalava como incumbência do Estado, por meio de organismos próprios e por apelo a iniciativas populares, para assegurar o direito a um ambiente de vida humano, sadio e ecologicamente equilibrado, entre outras, "ordenar o espaço territorial de forma a construir paisagens biologicamente equilibradas" [cfr. a alínea b)].

Ainda com relevo no campo do direito do urbanismo, o artigo 89.º, n.º 1, da Constituição de 1976 determinava que, "na fase de transição para o socialismo", haveria três sectores de propriedade dos meios de produção, dos solos e dos recursos naturais, definidos em função da sua titularidade e do modo social de gestão. E o artigo 167.º indicava que era da exclusiva competência da Assembleia da República (não se distinguindo, na versão originária da Constituição de 1976, entre *reserva absoluta* e *relativa* de competência legislativa) legislar sobre a "definição dos sectores de propriedade dos meios de produção, incluindo a dos sectores básicos nos quais é vedada a actividade às empresas privadas e a outras entidades da mesma natureza" [cfr. a alínea p)], bem como sobre "meios e formas de intervenção e de nacionalização e socialização dos meios de produção, bem como critérios de fixação de indemnizações" [cfr. a alínea q)].

4.2.3. O texto que emergiu da Lei Constitucional n.º 1/82, de 30 de Setembro, não trouxe alterações substanciais na problemática do urbanismo em relação à versão originária da Constituição de 1976. O urbanismo continuou a ser uma matéria sem *tratamento autónomo* no texto constitucional.

A dependência do urbanismo em relação aos direitos fundamentais à habitação e ao ambiente manteve-se como pedra angular da "constituição do urbanismo" na versão decorrente da Primeira Revisão da Constituição de 1976. Esta asserção é, desde logo, confirmada pelas normas dos artigos 65.º, n.º 2, alínea *a*), e n.º 4, e 66.º, n.º 2, alínea *b*), que mantiveram inalterada a redacção originária.

Não sofreram também quaisquer alterações as transcritas alíneas *p*) e *q*) do artigo 167.º da Constituição de 1976, ainda que tenham sido transformadas nas alíneas *j*) e *l*), respectivamente, do n.º 1 do artigo 168.º e enquadradas na *reserva relativa* de competência legislativa da Assembleia da República. Imodificados se mantiveram, por último, para além do artigo 62.º, n.º 1, o artigo 89.º, n.º 1, respeitante à garantia da coexistência de três sectores de propriedade de meios de produção, dos solos e dos recursos naturais, e, bem assim, o artigo 82.º (correspondente ao artigo 82.º, n.º 1, na versão inicial da Constituição de 1976), sobre a determinação pela lei dos meios e das formas de intervenção e de nacionalização e socialização dos meios de produção, bem como dos critérios de fixação de indemnização.

A Revisão de 1982 da Constituição de 1976 introduziu, no entanto, algumas modificações com repercussão na "constituição do urbanismo". A primeira traduziu-se no acrescento no artigo 62.º, n.º 2, da Constituição – preceito relativo aos *pressupostos de legitimidade* da expropriação e da requisição por utilidade pública – do inciso, segundo o qual estes actos ablativos só podem ser afectados *com base na lei* (princípio da legalidade). A segunda consistiu no aditamento aos princípios fundamentais da organização económico-social, constantes do artigo 80.º, da "apropriação colectiva dos principais meios de produção e solos, bem como dos recursos naturais" [cfr. a alínea *c*)] – princípio este com significativa incidência no *direito dos solos*, enquanto capítulo do direito do urbanismo. E a terceira cifrou-se na eliminação do n.º 2 do artigo 82.º, que permitia que a lei pudesse determinar que as expropriações de latifundiários e de grandes proprietários ou accionistas não dessem lugar a qualquer indemnização.

4.2.4. A Segunda Revisão da Constituição de 1976, resultante da Lei Constitucional n.º 1/89, de 8 de Julho, introduziu algumas inovações importantes na "constituição do urbanismo". São essas novidades que, *brevitatis causa*, vamos sinteticamente referir.

O artigo 9.º, alínea *e*), definiu, pela primeira vez, como tarefa fundamental do Estado "assegurar um correcto ordenamento do território", o que aponta para assunção pelo Estado – termo que deve ser entendido em sentido amplo, de modo a abranger não só o ente público específico "Estado", mas também as "autarquias locais" – da responsabilidade da elaboração e da aprovação de planos territoriais, que são, como se sabe, os *institutos fundamentais* do direito do urbanismo.

No domínio da expropriação por utilidade pública, o artigo 62.º, n.º 2, deixou de permitir que este acto ablativo dos direitos patrimoniais do particular fosse desacompanhado de justa indemnização. E na mesma linha, o artigo 89.º, n.º 2, suprimiu a possibilidade de os meios de produção em abandono serem expropriados sem indemnização.

Alteração significativa sofreu também o n.º 4 do artigo 65.º da Constituição. Este passou a determinar que "o Estado e as autarquias locais exercerão efectivo controlo do parque imobiliário, procederão às expropriações dos solos urbanos que se revelem necessárias e definirão o respectivo direito de utilização". Esta norma, ao deixar de impor ao Estado e às autarquias locais a obrigação de proceder "à necessária nacionalização ou municipalização dos solos urbanos" (na redacção originária da Constituição de 1976) e ao cometer àquelas entidades a tarefa de proceder "às expropriações dos solos urbanos que se revelem necessárias", veio tornar constitucionalmente ilegítima a expropriação *obrigatória, sistemática e geral* dos solos urbanos ou dos solos com vocação edificatória e a consequente abolição da propriedade privada que incide sobre esta categoria de bens. Em face da redacção dada ao n.º 4 do artigo 65.º pela Lei de Revisão Constitucional n.º 1/89, a expropriação continua a apresentar-se como um instrumento importante e adequado para a execução dos planos urbanísticos. Só que deve ser utilizada apenas quando um interesse público de natureza urbanística o exigir ou, como nele se refere expressamente, tão-só quando uma tal medida se revelar *necessária*[152].

Modificado foi igualmente o artigo 66.º, n.º 2, alínea *b*), que passou a indicar como incumbência do Estado, por meio de organismos próprios e por apelo e apoio a iniciativas populares, para garantia do direito fundamental ao ambiente e qualidade de vida, "ordenar e promover o ordenamento do território, tendo em vista uma correcta localização das actividades, um equilibrado desenvolvimento sócio-económico e paisagens biologicamente equilibradas".

Alvo de modificações foi também a alínea *c*) do artigo 80.º, indicando como um dos princípios fundamentais da organização económico-social a "apropriação colectiva de meios de produção e solos", mas acrescentando que tal só pode ser feito "de acordo com o interesse público".

O artigo 82.º, n.º 1, continua a condensar a garantia da coexistência de três sectores de propriedade dos meios de produção, mas todo este artigo foi objecto de uma profunda reestruturação, teleologicamente orientada para a eliminação da excessiva carga socializante daquele preceito.

Sobre o artigo 83.º, respeitante aos requisitos de apropriação colectiva, incidiram também alguns ajustamentos, passando aí a referir-se que "a lei determinará os meios e as formas de intervenção e de apropriação colectiva dos meios de produção e solos, bem como os critérios de fixação da correspondente indemnização".

Finalmente, as alíneas *e*), *f*) e *l*) do n.º 1 do artigo 168.º incluem na reserva relativa de competência legislativa da Assembleia da República as matérias, respectivamente, do "regime geral da requisição e da expropriação por utilidade pública", da "definição dos sectores de propriedade dos meios de produção, incluindo a dos sectores básicos nos quais é vedada a actividade às empresas privadas e a outras entidades da mesma natureza" e dos "meios e formas de intervenção, expropriação, nacionalização e privatização dos meios de produção e

---

[152] Cfr., sobre esta problemática, a nossa obra *O Plano Urbanístico*, cit., p. 594, 595, 597 e 598.

solos por motivo de interesse público, bem como critérios de fixação, naqueles casos, de indemnizações".

4.2.5. O verdadeiro salto qualitativo na "constituição do urbanismo" deu-se, como já demos a entender, com a Quarta Revisão da Constituição de 1976, resultante da Lei n.º 1/97, de 20 de Setembro[153].

Não vamos, naturalmente, agora, analisar, com um certo desenvolvimento, as regras e princípios que compõem a "constituição do urbanismo", tal como resultam da penúltima Revisão Ordinária da Constituição – essa é uma tarefa de que nos ocuparemos um pouco mais adiante –, mas tão-só enunciar as mais relevantes alterações introduzidas pela Lei Constitucional n.º 1/97 no domínio específico do urbanismo.

Uma primeira novidade traduziu-se na recepção pela Constituição do termo "urbanismo"[154] – o qual aparece, em vários preceitos, ao lado da expressão "ordenamento do território", fenómeno que implicou a assunção pela Lei Fundamental de uma distinção, mas também de uma íntima ligação, entre aqueles dois conceitos. Foi o que sucedeu com o artigo 65.º, n.º 4 – cuja redacção foi alterada – e com os artigos 165.º, n.º 1, alínea z), e 228.º, alínea g) – que foram aditados pela Lei de Revisão Constitucional de 1997[155].

---

[153] A Constituição de 1976 foi objecto de uma Terceira, de uma Quinta e de uma Sétima Revisões Constitucionais, operadas, respectivamente, pelas Leis Constitucionais n.ºs 1/92, de 25 de Novembro, 1/2001, de 12 de Dezembro, e 1/2005, de 12 de Agosto. Tratou-se, porém, de três Revisões (extraordinárias), de alcance limitado, a primeira motivada pela ratificação do Tratado da União Europeia (Tratado de Maastricht), a segunda induzida pela aceitação da Jurisdição do Tribunal Penal Internacional e a terceira justificada pela introdução da possibilidade de convocação e efectivação de referendo sobre a aprovação de tratado que vise a construção e aprofundamento da União Europeia, as quais não tiveram qualquer reflexo na "constituição do urbanismo".

[154] MARIA DA GLÓRIA PINTO GARCIA fala de uma "decisiva e explícita entrada do urbanismo na Constituição". Cfr. Direito do Urbanismo, Relatório, Lisboa, Lex, 1999, p. 49.

[155] Cfr. a nossa obra Evolução do Direito do Urbanismo, cit., p. 684.

Por sua vez, no ordenamento jurídico brasileiro, foi com a Constituição de 1988 que o direito do urbanismo foi constitucionalizado, surgindo então, como

Uma segunda inovação que merece ser realçada foi a clarificação de que o urbanismo e o ordenamento do território constituem matérias onde estão coenvolvidos interesses *gerais, estaduais* ou *nacionais*, interesses *específicos* das regiões autónomas e interesses *locais*, em particular dos municípios, sendo, por isso, duas áreas onde se verifica uma concorrência de atribuições e competências entre a Administração estadual, regional (das regiões autónomas) e municipal. É esta uma ideia que resulta do artigo 65.°, n.° 4, nos termos do qual o "Estado, as regiões autónomas e as autarquias locais definem as regras de ocupação, uso e transformação dos solos urbanos, designadamente através de instrumentos de planeamento, no quadro das leis respeitantes ao ordenamento do território e ao urbanismo, e procedem às expropriações dos solos que se revelem necessárias à satisfação dos fins de utilidade pública urbanística", e, bem assim, do artigo 228.°, alínea g), que inclui, no elenco indicativo das matérias de interesse específico das regiões autónomas – podendo, por isso, ser objecto de decretos legislativos regionais, dentro dos limites estabelecidos nos n.ºˢ 4 e 5 do artigo 112.° e nas alíneas *a)* a *c)* do n.° 1 do artigo 227.° da Constituição –, as respeitantes à "utilização dos solos, habitação, urbanismo e ordenamento do território"[156].

Significativa foi, em terceiro lugar, a indicação, na alínea e) do n.° 2 do artigo 66.° da Constituição, da incumbência do Estado, para assegurar o direito ao ambiente, no quadro de um desenvolvimento sustentável, por meio de organismos próprios e com o envolvimento e a participação dos cidadãos, de "promover, em colaboração com

---

o direito da *política de desenvolvimento urbano*, em três sentidos: como conjunto de normas que disciplinam a fixação dos objectivos da política urbana (por exemplo, normas constitucionais); como conjunto de textos normativos em que estão fixados os objectivos da política urbana (os planos urbanísticos, por exemplo); e como conjunto de normas em que estão previstos e regulados os instrumentos de implantação da política urbana (o próprio Estatuto da Cidade, entre outros). Cfr. CARLOS ARI SUNDFELD, *O Estatuto da Cidade e suas Diretrizes Gerais*, in Estatuto da Cidade, Comentários à Lei Federal 10.257/2001, coord. Adilson Abreu Dallari/Sérgio Ferraz, São Paulo, Malheiros, 2003, p. 48 e 49.

[156] Cfr. a nossa obra *Evolução do Direito do Urbanismo*, cit., p. 684 e 685.

as autarquias locais, a qualidade ambiental das povoações e da vida urbana, designadamente no plano arquitectónico e da protecção das zonas históricas". Esta nova alínea do artigo 66.º, n.º 2, da Lei Fundamental deve ser entendida como uma recepção pelo texto constitucional do *conceito de ambiente urbano* ou *ecologia urbana*, o qual traduz, como já salientámos, de modo impressivo, a estreita conexão entre o direito do urbanismo e o direito do ambiente.

A consagração constitucional, no n.º 5 do artigo 65.º, da *garantia de participação* dos interessados na elaboração dos instrumentos de planeamento urbanístico e de quaisquer outros instrumentos de planeamento físico do território foi também uma inovação da Revisão Constitucional de 1997 [157].

Uma última novidade trazida pela Revisão Constitucional de 1997 consistiu na inclusão das "bases do ordenamento do território e do urbanismo" no catálogo das matérias de reserva relativa de competência legislativa da Assembleia da República. De facto, de harmonia com o disposto na nova alínea *z*) do n.º 1 do artigo 165.º da Constituição, é da exclusiva competência da Assembleia da República, salvo autorização ao Governo, legislar sobre as "bases do ordenamento do território e do urbanismo" [158].

4.2.6. A última Revisão Ordinária da Constituição de 1976 (a sexta), operada pela Lei Constitucional n.º 1/2004, de 24 de Julho, alargou substancialmente a competência legislativa das regiões autónomas, com reflexos importantes nos domínios do ordenamento do território e do urbanismo.

Assim, as Assembleias Legislativas das Regiões Autónomas dos Açores e da Madeira passaram a ter competência para legislar sobre as matérias enunciadas no respectivos estatutos político-administrativos que não estejam reservadas aos órgãos de soberania. Significa isto que a competência legislativa deixou de estar sujeita ao *limite positivo* da incidência sobre *matérias de interesse específico* para as regiões autónomas e ao respeito pelos *princípios fundamentais das leis gerais da Repú-*

---

[157] Cfr. a nossa obra *Evolução do Direito do Urbanismo*, cit., p. 685.
[158] Cfr. a nossa obra *Evolução do Direito do Urbanismo*, cit., p. 686 e 687.

blica, passando a ser balizada tão-só pelo *limite positivo*, mais genérico, da incidência sobre matérias enunciadas nos estatutos político-administrativos e pelo *limite negativo* das matérias de reserva legislativa absoluta e relativa da Assembleia da República e pela reserva de competência legislativa do Governo [cfr. os artigos 112.°, n.° 4, 227.°, n.° 1, alínea *a*), e 228.° da Constituição]. Em consequência destas modificações, a Constituição deixou de definir e elencar (exemplificativamente) as matérias de interesse específico das regiões autónomas, onde se incluíam a "utilização de solos, habitação, urbanismo e ordenamento do território" [cfr. a alínea *g*) do artigo 228.° da Constituição, na versão da Revisão de 1997).

Às Assembleias Legislativas das regiões autónomas (cfr. o artigo 232.°, n.° 1, da Constituição) foi ainda atribuída competência para legislar em matérias de reserva relativa da Assembleia da República, mediante autorização desta, com excepção das constantes das alíneas do n.° 1 do artigo 165.° da Constituição referidas na alínea *b*) do n.° 1 do artigo 227.°. Ora, das matérias excluídas desta competência legislativa, mediante autorização da Assembleia da República, não constam, como pensamos que deviam constar, as "bases do ordenamento do território e do urbanismo". O que significa que, nos domínios do ordenamento do território e do urbanismo, têm as Assembleias Legislativas das regiões autónomas competência para legislar, com respeito das "bases do ordenamento do território e do urbanismo", que constituem matéria reservada à competência legislativa da Assembleia da República, nos termos da alínea *z*) do n.° 1 do artigo 165.° da Constituição. Todavia, as "bases" daquelas matérias podem ser objecto de decretos legislativos, no âmbito de cada região autónoma, se a Assembleia da República conceder autorização legislativa à Assembleia Legislativa da região autónoma, nos termos da alínea *b*) do n.° 1 do artigo 227.° da Lei Fundamental.

A competência legislativa daqueles órgãos de Governo próprio de cada região autónoma passou a abranger, ainda, o desenvolvimento para o âmbito regional dos princípios ou das bases gerais dos regimes jurídicos contidos em lei que a eles se circunscrevam (como sucede com a "lei de bases do ordenamento do território e do urbanismo"), de harmonia com o que dispõe a alínea c) do n.º 1 do artigo 227.º da Constituição. E inclui, tal como já decorria da versão anterior da Constituição, a regulamentação das leis emanadas dos órgãos de soberania que não reservem para estes o respectivo poder regulamentar.

Importantes para caracterizar o alargamento da competência legislativa das Assembleias Legislativas das regiões autónomas são também o novo artigo 168.º, n.º 6, alínea f), da Constituição e a disposição transitória da Lei Constitucional n.º 1/2004, constante do respectivo artigo 46.º. De acordo com aquele preceito, carecem de aprovação por maioria de dois terços dos Deputados presentes, desde que superior à maioria absoluta dos Deputados em efectividade de funções, "as disposições dos estatutos político-administrativos das regiões autónomas que enunciem as matérias que integram o respectivo poder legislativo". E de harmonia com o que dispõe aquele artigo 46.º da Lei Constitucional n.º 1/2004, "até à eventual alteração das disposições dos estatutos político-administrativos das regiões autónomas, prevista na alínea f) do n.º 6 do artigo 168.º, o âmbito material da competência legislativa das respectivas regiões é o constante do artigo 8.º do Estatuto Político-Administrativo da Região Autónoma dos Açores e do artigo 40.º do Estatuto Político-Administrativo da Região Autónoma da Madeira".

Ora, o artigo 8.º, alínea g), do Estatuto Político-Administrativo da Região Autónoma dos Açores, aprovado pela Lei n.º 39/80, de 5 de Agosto, alterada pelas Leis n.ºs 9/87, de 26 de Março, e 61/98, de 27 de Agosto, e republicado por esta última, define como sendo matérias de "interesse específico" a "utilização dos solos, habitação, urbanismo e ordenamento do território". E, de igual modo, o artigo 40.º do Estatuto Político-Administrativo da Região Autónoma da Madeira, aprovado pela Lei n.º 13/91, de 5 de Junho, alterado pela Lei n.º 130/99, de 21 de Agosto, e republicado por esta última (tendo a Lei n.º 12/2000, de 21 de Junho, alterado o artigo 15.º, n.º 2, daquele Estatuto, na versão da Lei n.º 130/99), considera, nas suas alíneas i) e z), como sendo de "interesse específico", as matérias de "política de solos, ordenamento do território e equilíbrio ecológico" e de "habitação e urbanismo".

Resulta, por isso, da remissão material feita pelo artigo 46.º da Lei Constitucional n.º 1/2004 para as mencionadas disposições dos Estatutos Político-Administrativos das Regiões Autónomas dos Açores e da Madeira que as matérias do ordenamento do território e do urbanismo integram a *autonomia legislativa* das regiões autónomas, com o *limite negativo* anteriormente referido.

4.3. *A "constituição do urbanismo" e a "constituição administrativa"*

O direito do urbanismo é, quanto à sua natureza, como já sublinhámos, não um *ramo autónomo do direito*, mas uma *parte* ou uma *área especial do direito administrativo*.

Da referida pertinência do direito do urbanismo ao direito administrativo (*rectius*, ao direito administrativo especial) resulta que a "constituição do urbanismo" (em sentido amplo) é composta necessariamente também por regras e princípios constitucionais respeitantes à Administração Pública, isto é, por regras e princípios que integram a "constituição administrativa"[159].

A "constituição administrativa" – que é o direito constitucional administrativo ou o direito administrativo constitucional – assume, nos nossos dias, uma importância decisiva para a caracterização do direito administrativo. Como salienta H. MAURER, "a Administração e o direito administrativo são caracterizados nas suas linhas essenciais pelas Constituições do seu tempo", correspondendo a "cada época constitucional" o "seu tipo de Administração" (*jede Verfassungsepoche hat ihren Verwaltungstyp*)[160]. Esta dependência da Administração Pública e do direito administrativo em relação ao direito constitucional foi lapidarmente caracterizada por FRITZ WERNER, com a sua célebre frase, segundo a qual o direito administrativo não é mais do que "direito constitucional concretizado" (*konkretiesiertes Verfassungsrecht*)[161]. Esta mesma

---

[159] Cfr. VITAL MOREIRA, *ob. cit.*, p. 1141.
[160] Cfr. *Allgemeines Verwaltungsrecht*, 9. Aufl., München, Beck, 1994, p. 12.
[161] Cfr. INGO VON MÜNCH, *Verwaltung und Verwaltungsrecht im demokratischen und sozialen Rechtstaat*, in P. Badura [*et al.*], Allgemeines Verwaltungsrecht, 8. Aufl.,

ideia levam G. LANDI/G. POTENZA a falar de uma "relação de pressuposição" do direito constitucional com o direito administrativo[162].

É, neste contexto, que a Constituição passou a ser uma importante – senão a mais importante – fonte de direito administrativo[163]. Como realça VITAL MOREIRA, "as modernas Constituições revelam uma crescente constitucionalização do direito administrativo, por acção combinada de três factores: a ampliação do espaço jurídico-constitucional, o aumento do papel da administração pública, o reforço das garantias dos particulares. Primeiro, a ampliação do espaço constitucional é típica das extensas constituições contemporâneas, que deixaram de se limitar ao núcleo originário da organização dos poderes políticos do Estado, tendo passado a ocupar-se de outras esferas, a começar pela organização e actividade administrativa [...]. Segundo, o século XX assistiu ao crescimento da importância da administração pública, da qual passou a depender cada vez mais a vida quotidiana dos cidadãos, o que levou a aprofundar o seu enquadramento constitucional. Terceiro, verificou-se uma crescente preocupação com as garantias dos particulares perante a administração, que naturalmente encontrou eco na Constituição. O princípio da legalidade da administração passou a ser consumido em boa parte pelo *princípio da constitucionalidade da administração*"[164].

Tendo em conta o quadro anteriormente traçado, compreende-se que, ao referirmos as regras e princípios que compõem a "constituição do urbanismo", não possamos atender exclusivamente às regras e princípios constitucionais que se referem *especificamente* ao urbanismo (a "constituição do urbanismo" em sentido estrito), antes

---

Berlin. New Iork, W. de Gruyter, 1998, p. 35; N. ACHTERBERG, *Allgemeines Verwaltungsrecht*, Heidelberg, Müller, 1982, p. 63; e H. MAURER, *ob. e loc. cits.*.

[162] Cfr. *Manuale di Diritto Amministrativo*, 10.ª ed., Milano, Giuffrè, 1997, p. 14.

[163] Cfr. D. FREITAS DO AMARAL, *Direitos Fundamentais dos Administrados*, in Nos Dez Anos da Constituição, org. Jorge Miranda, Lisboa, Imprensa Nacional, 1986, p. 11; e J. C. VIEIRA DA ANDRADE, *O Ordenamento Jurídico Administrativo Português*, in Contencioso Administrativo, Braga, Livraria Cruz, 1986, p. 48-50.

[164] Cfr. *ob. cit.*, p. 1143.

devamos tomar em consideração as regras e princípios que integram a "constituição administrativa" com reflexos directos no direito do urbanismo. Noutros termos, para ficarmos com um quadro completo da "constituição do urbanismo", devemos chamar à colação as regras e princípios constitucionais do direito administrativo que são determinantes para a caracterização do direito do urbanismo. Assim sucede com alguns *princípios constitucionais gerais* com incidência na Administração, como, por exemplo, com os princípios do Estado unitário, da autonomia política-administrativa das regiões autónomas insulares e da autonomia das autarquias locais e com o princípio da subsidiariedade (cfr. o artigo 6.º); com alguns *direitos fundamentais* com incidência administrativa, como, por exemplo, os direitos de participação e informação dos interessados na Administração e no procedimento administrativo (cfr. os artigos 267.º, n.ºs 1 e 5, e 268.º, n.º 1, da Constituição); com algumas normas constitucionais sobre a *organização administrativa* [v.g., princípios gerais da organização administrativa, como a descentralização e desconcentração administrativas (cfr. os artigos 6.º, n.º 1, e 267, n.º 2), e normas sobre a pluralidade de administrações territoriais: administração do Estado, administração das regiões autónomas dos Açores e da Madeira e administração local autárquica]; com os *princípios fundamentais* da actividade administrativa, tanto de natureza material (princípios da prossecução do interesse público e do respeito dos direitos legalmente protegidos dos cidadãos, princípios da constitucionalidade e legalidade da Administração e princípios da igualdade, da proporcionalidade, da justiça, da imparcialidade e da boa-fé – cfr. o artigo 266.º), como de natureza procedimental [imposição constitucional da regulação legal do "processamento da actividade administrativa" (cfr. o artigo 267.º, n.º 5) e limites constitucionais dos regulamentos administrativos (cfr. os artigos 112.º, n.ºs 5, 6 e 7, e 241.º)]; e com os *direitos e garantias constitucionais dos particulares* perante a Administração, tais como os de natureza procedimental (o direito de participação e os direitos à informação, à fundamentação e à notificação dos actos administrativos que lhes respeitem – cfr. os artigos 267.º, n.º 5, e 268.º, n.ºs 1, 2 e 3), as garantias jurisdicionais (cfr. os artigos 268.º, n.ºs 4 e 5) e, por último, o direito à indemnização dos danos causados pela Administração (cfr. o artigo 22.º)[165].

Do conjunto das regras e princípios constitucionais que integram a "constituição administrativa" com particular incidência no direito do urbanismo, merecem destaque os respeitantes às *garantias jurisdicionais*, devido aos seus reflexos evidentes no domínio do *contencioso do urbanismo*. Ora, no âmbito específico das garantias jurisdicionais dos administrados, a Lei de Revisão Constitucional de 1997 introduziu modificações de grande alcance. Tais alterações, que tiveram como consequência uma completa remodelação dos n.ᵒˢ 4 e 5 do artigo 268.º da Constituição, consubstanciaram-se na consagração do princípio da "tutela jurisdicional efectiva" dos direitos ou interesses legalmente protegidos dos cidadãos e na indicação, meramente exemplificativa, de um acervo de meios ou instrumentos processuais de protecção jurisdicional dos direitos ou interesses legalmente protegidos dos particulares, tais como: o recurso contencioso contra actos administrativos lesivos daqueles direitos ou interesses, independentemente da sua forma (englobando, por isso, os actos administrativos praticados sob a forma de lei ou regulamento), as acções administrativas (incluindo as acções para o reconhecimento de direitos ou interesses legalmente protegidos), as intimações para a prática de actos administrativos legalmente devidos, as medidas cautelares adequadas (e não apenas a tradicional "suspensão da eficácia do acto administrativo") e a impugnação directa das normas administrativas com eficácia externa lesivas dos direitos ou interesses legalmente protegidos dos cidadãos. A nova redacção dos n.ᵒˢ 4 e 5 do artigo 268.º da Lei Fundamental induziu o legislador a aprovar uma *profunda reforma* do contencioso administrativo, a qual não só aperfeiçoou os instrumentos processuais já existentes, mas também criou novos meios, a fim de tornar operativo o amplo e rico "princípio da tutela jurisdicional efectiva" dos direitos ou interesses legalmente protegidos dos administrados[166].

---

[165] Cfr., para mais desenvolvimentos, VITAL MOREIRA, ob. cit., p. 1145-1150.

[166] Cfr., a nossa obra *Evolução do Direito do Urbanismo*, cit., p. 685 e 686, e o nosso artigo *Garantias dos Administrados*, in Alguns Conceitos de Direito Administrativo, cit., p. 59-61.

Uma tal reforma – a qual foi precedida de um amplo debate [167] – corporizou-se na aprovação de um novo Estatuto dos Tribunais Administrativos e Fiscais (ETAF), pela Lei n.º 13/2002, de 19 de Fevereiro, alterada pelas Leis n.ºˢ 4-A/2003, de 19 de Fevereiro, 107-D/2003, de 31 de Dezembro, 1/2008 e 2/2008, de 14 de Janeiro, e 26/2008, de 27 de Junho, e de um Código de Processo nos Tribunais Administrativos (CPTA), por meio da Lei n.º 15/2002, de 12 de Fevereiro, alterada pela Lei n.º 4-A/2003, de 19 de Fevereiro, bem como na criação de mais um Tribunal Central Administrativo (ficando a existir dois, o Tribunal Central Administrativo do Sul, com sede em Lisboa, e o Tribunal Central Administrativo do Norte, com sede no Porto) e de vários tribunais administrativos de círculo, cujo número é, actualmente, de 16 (cfr. o Decreto-Lei n.º 325/2003, de 29 de Dezembro) – reforma esta que entrou em vigor em 1 de Janeiro de 2004 e terá enormes repercussões no âmbito do contencioso do urbanismo.

4.4. *As regras e princípios constitucionais do direito do urbanismo*

Chegados aqui, cumpre-nos, agora, indicar as regras e princípios constitucionais do urbanismo, o mesmo é dizer as regras e princípios do direito constitucional do urbanismo ou do direito do urbanismo constitucional.

Não vamos, porém, referir *todas* as regras e princípios que integram a "constituição do urbanismo", mas tão-só aqueles que se si-

---

[167] Foram organizados diversos debates sobre os vários anteprojectos legislativos pelo XIV Governo Constitucional, com especial destaque para os realizados nas Faculdades de Direito das Universidades do Estado e na Faculdade de Direito da Universidade Católica Portuguesa. Os textos dos anteprojectos constam de uma publicação intitulada *Reforma do Contencioso Administrativo (Discussão Pública)*, Lisboa, Ministério da Justiça, 2000. Por sua vez, as várias intervenções proferidas nos debates universitários estão publicadas na *Reforma do Contencioso Administrativo, Trabalhos Preparatórios* – o *Debate Universitário*, Vol. I, Lisboa, Ministério da Justiça, 2000. Também nos *Cadernos de Justiça Administrativa*, N.º 22 (2000), são publicadas várias intervenções proferidas ao longo da discussão pública sobre a Reforma do Contencioso Administrativo.

tuam no *núcleo essencial* do *corpus* constitucional do urbanismo. E, tendo em conta que, ao longo do presente Manual, teremos oportunidade de analisar vários aspectos da "constituição do urbanismo", vamos, agora, limitar-nos à mera enunciação das *linhas essenciais* de cada uma das regras e princípios do direito constitucional do urbanismo[168].

4.4.1. *A distinção e a íntima relação entre o direito do urbanismo e o direito do ordenamento do território*

Como sublinhámos um pouco mais atrás, o texto constitucional emergente da Revisão de 1997 considera as matérias do "ordenamento do território" e do "urbanismo" como duas realidades simultaneamente distintas e complementares. De facto, algumas normas constitucionais, ao acoplarem aqueles dois conceitos, referindo-se às "leis respeitantes ao ordenamento do território e ao urbanismo" (cfr. o artigo 65.º, n.º 4) e às "bases do ordenamento do território e do urbanismo" [cfr. o artigo 165.º, n.º 1, alínea *z*)], indiciam a existência de uma *distinção material* entre ambos e, bem assim, de uma *íntima ligação* entre eles. Foi este um ponto já abordado anteriormente, pelo que não se justifica, neste local, qualquer esclarecimento complementar.

4.4.2. *A distinção e a estreita conexão entre o direito do urbanismo e o direito do ambiente*

A distinção e, ao mesmo tempo, a estreita conexão entre o direito do urbanismo e o direito do ambiente constituem também um importante princípio do direito constitucional do urbanismo. Um tal princípio foi também já objecto da nossa atenção, não sendo, agora, necessário qualquer desenvolvimento suplementar.

---

[168] Cfr., sobre este tema, FAUSTO DE QUADROS, *Princípios Fundamentais de Direito Constitucional e de Direito Administrativo em Matéria de Direito do Urbanismo*, in Direito do Urbanismo, coord. D. Freitas do Amaral, Lisboa, INA, 1988, p. 270-295.

4.4.3. O direito do urbanismo e o direito fundamental à habitação

Desde a versão originária da Constituição de 1976 que o artigo 65.°, n.° 2, alínea *a*), da Constituição considera o direito do urbanismo como uma garantia do direito fundamental à habitação, ao determinar que, para assegurar este direito, incumbe ao Estado "programar e executar uma política de habitação inserida em planos de ordenamento geral do território e apoiada em planos de urbanização que garantam a existência de uma rede adequada de transportes e de equipamento social"[169]. Mas uma tal *associação* entre o direito do urbanismo e o direito à habitação tornou-se ainda mais intensa com a reformulação do artigo 65.° da Lei Fundamental, operada pela Lei Constitucional n.° 1/97, de 20 de Setembro, que, entre outros aspectos, congregou, no respectivo título, os termos *habitação* e *urbanismo*.

Podemos, então, afirmar que um dos princípios constitucionais do direito do urbanismo é o da consideração desta disciplina jurídica como uma *garantia* da efectivação do direito à habitação. A contribuição do direito do urbanismo para a garantia da efectivação do direito à habitação é feita essencialmente por duas vias: pela via da planificação urbanística, já que é através dela que se reservam terrenos destinados à implantação de habitações, incluindo habitações sociais[170]; e pela via da definição pelo *direito administrativo da construção* (que é um capítulo do direito do urbanismo) das regras técnicas e jurídicas a que deve obedecer a construção de edifícios destinados à habitação.

---

[169] Registe-se que a Lei Constitucional n.° 1/97, de 20 de Setembro, aperfeiçoou a redacção deste preceito, substituindo o termo *reordenamento* por *ordenamento*, tendo como objectivo adequar a terminologia constitucional à utilizada quer na lei, quer na doutrina (cfr. ALEXANDRE SOUSA PINHEIRO/MÁRIO JOÃO DE BRITO FERNANDES, *Comentário à IV Revisão Constitucional*, Lisboa, Associação Académica da Faculdade de Direito, 1999, p. 194).

[170] Cfr. M. BASSOLS COMA, *Rapport d'Espagne*, in Le Contenu des Plans d'Urbanisme et d'Aménagement dans les Pays d'Europe de l'Ouest, Colloque International de Genève-Lausanne, Les Cahiers du GRIDAUH, N.° 15 (2006), p. 205.

O direito à habitação é, como sublinhou o Tribunal Constitucional, entre outros, nos seus Acórdãos n.ᵒˢ 130/92 e 131/92[171], o direito de todos os cidadãos "a uma *morada decente*, para si e para a sua família, uma morada que seja adequada ao número dos membros do respectivo agregado familiar, por forma a que seja preservada a intimidade de cada um deles e a privacidade da família no seu conjunto; uma morada que, além disso, permita a todos viver em ambiente fisicamente são e que ofereça os serviços básicos para a vida da família e da comunidade".

Ainda segundo a jurisprudência do nosso órgão supremo da justiça constitucional, aquele direito, como direito fundamental de natureza social, é um *direito a prestações*. Ele implica determinadas *acções* ou *prestações* do Estado, que são indicadas nos n.ᵒˢ 2 a 4 do artigo 65.º da Constituição. Trata-se, porém, de "um direito cujo conteúdo não pode ser determinado ao nível das opções constitucionais, antes pressupõe uma tarefa de concretização e de mediação do legislador ordinário, e cuja efectividade está dependente da chamada «reserva do possível» (*Vorbehalt des Möglichen*), em termos políticos, económicos e sociais". Tal direito, quer seja entendido como um direito a uma prestação não vinculada, reconduzível a uma mera pretensão jurídica, ou, antes, como um autêntico direito subjectivo inerente ao espaço existencial do cidadão, "não confere a este um direito imediato a uma prestação efectiva, já que não é directamente aplicável, nem exequível por si mesmo", só surgindo, por isso, na esfera jurídica do cidadão "depois de uma *interpositio* do legislador, destinada a concretizar o seu conteúdo, o que significa que o cidadão só poderá exigir o seu cumprimento, nas condições e termos definidos na lei".

O direito à habitação tem, no entanto, como se realçou nos mencionados Acórdãos do Tribunal Constitucional n.ᵒˢ 130/92 e 131/92, como sujeito passivo o Estado. E, como se funda na dignidade da pessoa humana – vincou o Acórdão do Tribunal Constitucional n.º 420/2000[172] –, há um mínimo incomprimível desse di-

---

[171] Publicados no *DR*, II Série, de 24 de Julho de 1992, e em *Acórdãos do Tribunal Constitucional*, 21.º Vol. (1992), p. 495 e segs., e p. 505 e segs., respectivamente.

[172] Publicado no *DR*, II Série, de 22 de Novembro de 2000.

reito cuja concretização o Estado deve assegurar. Por isso, o legislador, com esse objectivo, impõe, por exemplo, restrições ao proprietário privado (consagrando a renovação obrigatória e automática do contrato de arrendamento), "que, desse modo, é chamado a ser solidário com o seu semelhante, em nome, desde logo, da função social da propriedade, sobre a qual recai uma verdadeira hipoteca social, a qual, numa certa visão das coisas, se funda no destino universal dos bens".

4.4.4. *O urbanismo como uma tarefa ou uma função pública*

Um quarto princípio constitucional do direito do urbanismo que queremos referir muito genericamente – e que está na base do aparecimento da própria organização administrativa do urbanismo, isto é, de um aparelho administrativo ou de uma estrutura de serviços que tem a seu cargo a realização do interesse público urbanístico – é a concepção do urbanismo como uma *função pública* e não como uma simples actividade privada. No Estado de Direito Social, as decisões básicas sobre o urbanismo deixaram de pertencer aos proprietários do solo, para serem cometidas à Administração, a quem cabem funções de planeamento, gestão e controlo das actividades com reflexos na ocupação, uso e transformação do solo[173]. Isto significa que, no domínio do urbanismo, é inadequada uma concepção do Estado como desempenhando uma função meramente *reguladora* ou actuando de acordo com o paradigma do *Estado regulador*, limitando-se a definir regras públicas sobre uma actividade que competiria a entidades privadas, ou, nas palavras rigorosas de PEDRO GONÇALVES, como "alguém que está de fora", que se comporta como *agente exterior* à actividade regulada, que se situa na posição de um "estranho" ao exercício efectivo dessa mesma actividade, em suma, que *interfere*

---

[173] Cfr. D. FREITAS DO AMARAL, *Opções Políticas e Ideológicas Subjacentes à Legislação Urbanística*, in Direito do Urbanismo, coord. D. FREITAS DO AMARAL, Lisboa, INA, 1989, p. 99, e E. GARCÍA DE ENTERRÍA/L. PAREJO ALFONSO, *ob. cit.*, p. 113-115. Cfr. também a nossa obra *Estudos de Direito do Urbanismo*, cit., p. 40 e 108.

e se *intromete* apenas para *definir* as regras de desenvolvimento da actividade, com a finalidade de a *orientar*, bem como para *implementar* e *fiscalizar* a verificação de tais regras e punir o desrespeito do que neles se estipula[174].

Trata-se de um princípio que resulta claramente do n.º 4 do artigo 65.º da Lei Fundamental, que comete ao Estado, às regiões autónomas e às autarquias locais a definição das "regras de ocupação, uso e transformação dos solos urbanos, designadamente através de instrumentos de planeamento, no quadro das leis respeitantes ao ordenamento do território e ao urbanismo", bem como a realização das "expropriações dos solos que se revelem necessárias à satisfação de fins de utilidade pública urbanística".

A nível do direito infra-constitucional, encontramos diversos afloramentos do mencionado princípio constitucional. É o que sucede, entre outros domínios, com o dever de ordenar o território, que incide sobre o Estado, as regiões autónomas e as autarquias locais, previsto no artigo 4.º da LBPOTU; com a obrigação que impende sobre a Administração Pública de proceder à execução coordenada e programada dos instrumentos de planeamento territorial, condensado no n.º 1 do artigo 16.º da LBPOTU e no n.º 1 do artigo 118.º do RJIGT[175]; com os mecanismos de intervenção da Administração Pública nos solos urbanos; e com a regra geral da sujeição a licença ou a comunicação prévia das operações de loteamento e das obras de

---

[174] Cfr. *Direito Administrativo da Regulação*, in Regulação, Electricidade e Telecomunicações, Estudos de Direito Administrativo da Regulação, Faculdade de Direito de Coimbra/Cedipre, Coimbra, Coimbra Editora, 2008, p. 15. Sobre o paradigma do *Estado regulador*, cfr. J. J. GOMES CANOTILHO, *O Direito Constitucional Passa: O Direito Administrativo Passa Também*, in BFDUC, Studia Juridica 61, Ad Honorem – 1, Estudos em Homenagem ao Prof. Doutor Rogério Ehrhardt Soares, Coimbra, Coimbra Editora, 2001, p. 705-722. Sobre o conceito e características da *regulação da economia*, cfr., por todos, VITAL MOREIRA, *Auto-Regulação Profissional e Administração Pública*, Coimbra, Almedina, 1997, p. 34-52; e S. VALENTINI, *Diritto e Istituzioni della Regolazione*, Milano, Giuffrè, 2005, p. 4-8.

[175] Cfr. as nossas obras *Evolução do Direito do Urbanismo*, cit., p. 689-691, e *Problemas Actuais do Direito do Urbanismo em Portugal*, in Revista do CEDOUA, Ano I, N.º 2 (1999), p. 22.

urbanização e das obras de edificação e, em geral, das operações urbanísticas, constante do RJUE.

Não se pense, no entanto, que o princípio constitucional do urbanismo como uma *tarefa* ou uma *função pública* implica uma marginalização dos particulares em relação à actividade urbanística da Administração Pública. Como resulta da própria Constituição (cfr. o artigo 65.º, n.º 5) e da lei [cfr., entre outros, os artigos 5.º, alíneas *f)* e *h)*, 16.º, n.º 3, 17.º e 21.º da LBPOTU, bem como os artigos 6.º, 6.º-A, 6.º-B, 33.º, 40.º, 48.º, 58.º, 77.º, 118.º, n.ᵒˢ 1 e 2, 121.º, 122.º e 123.º do RJIGT], os particulares têm o direito de participar, através de diferentes formas, na elaboração, alteração, revisão, execução e avaliação dos instrumentos de gestão territorial.

4.4.5. *O urbanismo como um espaço de condomínio de interesses estaduais, regionais e locais*

Como já tivemos ocasião de salientar, a nossa Constituição consagra, no contexto da organização administrativa do Estado, um princípio fundamental orientador da problemática de repartição de atribuições entre o Estado, as regiões autónomas e as autarquias locais no campo do urbanismo: o de que ele convoca, simultaneamente, interesses *gerais*, *estaduais* ou *nacionais* – cuja tutela é cometida pela Constituição ao Estado –, *interesses* das regiões autónomas [cfr. os artigos 6.º, n.º 2, 225.º, n.º 2, e 228.º da Constituição] e *interesses locais*, cuja responsabilidade cabe aos municípios, de harmonia com os princípios da subsidiariedade, da autonomia das autarquias locais e da descentralização administrativa, condensados nos artigos 6.º, n.º 1, 235.º e 237.º da Constituição, sendo, por isso, um domínio onde se verifica uma concorrência de atribuições e competências entre a Administração estadual, regional (das regiões autónomas) e municipal. Esta ideia de que a problemática do urbanismo é um espaço aberto à intervenção concorrente – e também concertada – das pessoas colectivas públicas territoriais acima referidas já resultava implicitamente do texto originário da Constituição de 1976 e já vinha sendo sublinhada por uma boa parte da doutrina, bem como pela jurisprudência constitucional e administrativa. Mas a nova redacção dada ao n.º 4 do artigo 65.º da Constituição pela Lei de Revisão Constitucional de 1997 veio eliminar quaisquer dúvidas que porventura existissem sobre um tal assunto[176].

É a concepção do urbanismo acabada de referir que explica que ao Estado sejam reservados não apenas a competência para elaborar e aprovar as *normas gerais* sobre a ocupação, uso e transformação do solo e para elaborar e aprovar o PNPOT (o que já fez, como sabemos, através da Lei n.º 58/2007, de 4 de Setembro), mas também o poder (na ausência, actualmente, no Continente português de uma autarquia local intermédia entre o Estado e os municípios) para elaborar (sem prejuízo do que se dirá à frente sobre as competências das Juntas das Grandes Áreas Metropolitanas) e aprovar, entre outros, os planos regionais e especiais de ordenamento do território, para "ratificar", em certos termos, os planos directores municipais e, bem assim, para fiscalizar, em determinadas condições [cfr. os artigos 105.º, n.º 1, alínea *b*), e 104.º, n.º 8, alíneas *a*) e *b*), do RJIGT], a observância pelas câmaras municipais e pelos particulares das disposições dos planos e para adoptar medidas de tutela de legalidade urbanística (embargo e demolição de obras e reposição do terreno), no caso de operações urbanísticas desenformes com medidas preventivas de planos especiais de ordenamento do território ou violadoras de planos especiais ou municipais de ordenamento do território (cfr. os artigos 114.º, n.º 2, do RJIGT e 108.º-A do RJUE). É ela que justifica também que às Regiões Autónomas dos Açores e da Madeira seja reconhecida competência legislativa nos domínios do urbanismo e do ordenamento do território, com respeito pelos limites ao poder legislativo das regiões autónomas, bastante mais ténues depois da Revisão da Constituição de 2004, plasmados nos artigos 112.º, n.º 4, 227.º, n.º 1, alíneas *a*) a *c*), e 228.º da Constituição, e lhes sejam, de um modo geral, cometidos, no respectivo âmbito territorial, os poderes anteriormente indicados a propósito do

---

[176] Cfr. as nossas obras *Estudos de Direito do Urbanismo*, cit., p. 40, 41, 108 e 109, *Evolução do Direito do Urbanismo*, cit., p. 684 e 685, e *Problemas Actuais do Direito do Urbanismo*, cit., p. 14 e 15.

Estado[177]. E é a mesma ideia que está na base da confiança aos municípios da elaboração e aprovação dos planos municipais e intermunicipais de ordenamento do território e de regulamentos municipais sobre urbanizações e construções, bem como, em geral, da gestão ur-

---

[177] No ordenamento jurídico italiano, o urbanismo, no sentido da versão originária do artigo 117.º da Constituição e das correspondentes normas dos Estatutos especiais, era uma matéria atribuída à competência legislativa das Regiões de estatuto ordinário e de estatuto especial. As primeiras podiam legislar sobre o urbanismo no respeito dos princípios fundamentais estabelecidos pelas leis do Estado. As segundas, uma vez que gozavam de uma competência legislativa *exclusiva* sobre aquela matéria, podiam sobre a mesma legislar apenas com respeito pelos limites estabelecidos para tal tipo de poder pelos respectivos Estatutos (princípios constitucionais, normas fundamentais das reformas económico-sociais, etc.). Cfr. F. SALVIA/F. TERESI, *Diritto Urbanistico*, 5.ª ed., Padova, Cedam, 1992, p. 25 e 26; A. FIALE, *Diritto Urbanistico*, 6.ª ed., Napoli, Simone, 1996, p. 27-30; e A. CHIAPPETTI/F. PINTO, *L'Urbanistica fra Stato e Regioni, Assetto delle Competenze e Vicenda Istituzionale*, in Manuale di Diritto Urbanistico, a cura di N. Assini, Milano, Giuffrè, 1991, p. 111 e segs..

Todavia, o artigo 117.º da Constituição italiana foi alterado pela Lei Constitucional de 18 de Outubro de 2001, N.º 3. Este preceito, em vez de enumerar as matérias de competência legislativa regional, passou a indicar as matérias de competência legislativa estatal (sistema típico dos Estados Federais). O novo texto passou a elencar as matérias de *competência exclusiva* do Estado e as matérias de *competência concorrente* do Estado e das Regiões.

Nestas últimas matérias, cabe às Regiões – como anteriormente – o poder de legislar, salvo a determinação dos *princípios fundamentais*, que é reservada à legislação estatal. Em qualquer outra matéria que não entre em nenhuma das referidas categorias, a competência legislativa pertence exclusivamente às Regiões.

O novo texto do artigo 117.º da Constituição italiana não refere especificamente o *"urbanismo"*, embora inclua o *"governo do território"* nas matérias de competência legislativa concorrente do Estado e das Regiões. A utilização da expressão "governo do território", em substituição do termo "urbanismo", pretende sublinhar que as futuras leis estatais sobre aquela matéria não deverão abranger todos os aspectos da disciplina do território, mas tão-só a "macro-planificação" ou – como salientam textos legislativos recentes – as "linhas do ordenamento do território". Cfr. F. SALVIA/F. TERESI, *Diritto Urbanistico*, 7.ª ed., Padova, Cedam, 2002, p. 29-31, e N. ASSINI/P. MANTINI, *Manuale di Diritto Urbanistico*, 3.ª ed., Milano, Giuffrè, 2007, p. 298-299. Cfr. também A. ROCCELLA, *Les Évolutions du Droit de l'Urbanisme en Italie en 2001 et 2002*, in DAUH, 2003, p. 549-559.

banística, isto é, da competência para praticar os actos de controlo das actividades que se traduzem na realização de transformações urbanísticas no solo (v. g., licenciamento e comunicação prévia das operações de loteamento e das obras de urbanização e das obras de edificação).

4.4.6. *O princípio da colaboração entre vários sujeitos de direito público na formação e execução dos planos territoriais*

O artigo 65.º, n.º 4, da Constituição, ao determinar que "o Estado, as regiões autónomas e as autarquias locais definem as regras de ocupação, uso e transformação dos solos urbanos, designadamente através de instrumentos de planeamento, no quadro das leis respeitantes ao ordenamento do território e ao urbanismo [...]", para além de consagrar os princípios já referidos do urbanismo como uma *tarefa* ou uma *função pública* e como um *espaço de condomínio* de interesses *estaduais*, *regionais* e *locais*, contém igualmente ínsito o princípio de que no procedimento de formação de todos e quaisquer planos territoriais devem *colaborar* vários sujeitos de direito público. Tal princípio expressa a ideia de que os planos são o produto de uma *colaboração* ou de um trabalho conjunto entre vários órgãos da administração directa do Estado, da administração indirecta do Estado e da administração local, cujas competências incidam sobre o território a abranger por eles, devendo os mesmos espelhar, na medida do possível, uma *harmonização* ou uma *concertação* dos conflitos de interesses públicos representados pelos vários sujeitos da Administração[178].

---

[178] Cfr. as nossas obras *O Plano Urbanístico*, cit., p. 268-274, *As Grandes Linhas*, cit., p. 33-35, e *Estudos de Direito do Urbanismo*, cit., p. 44, 45 e 116.

F. SALVIA/F.TERESI sublinham que, sendo o território o "terminal necessário de grande parte da actividade humana", o poder planificatório urbanístico não pode ser concebido sem o *coenvolvimento* dos sujeitos públicos, tocados pelo plano, através de *formas de coordenação horizontal* dos diversos interesses públicos implicados na planificação territorial. Cfr. *ob. cit.*, p. 46-50.

Na mesma linha, P. URBANI qualifica o actual direito do urbanismo italiano como sendo um direito do urbanismo *consensual*, caracterizado por uma *co-determinação público-privada do ordenamento urbanístico*, a qual se manifesta, entre outros aspectos, na celebração de "acordos procedimentais sobre o conteúdo da plani-

O mesmo *princípio* deve valer para a *execução* dos planos: esta não pode ser uma obra exclusiva do ente público que os aprovou, deve antes ser uma tarefa em que *colaboram* várias entidades públicas.

Não vamos, agora, analisar os diversos conceitos abrangidos na *noção ampla* de *colaboração*, nem as diferentes *manifestações*, a nível do direito ordinário, do *princípio* constitucional da *cooperação* entre vários sujeitos de direito público na formação e execução dos planos territoriais – um princípio que, como dissemos, está contido no artigo 65.º, n.º 4, da Lei Fundamental. Isso será feito mais à frente. Limitámo-nos, por isso, tão-só a referir que o legislador preocupa-se em garantir, entre outros aspectos, que a elaboração dos planos e, em geral, as políticas de ordenamento do território e de urbanismo sejam promovidas, de *forma articulada*, pelo Estado, regiões autónomas e autarquias locais (cfr. o artigo 4.º, n.º 1, da LBPOTU); que a elaboração, a aprovação, a alteração, a revisão, a execução e a avaliação dos instrumentos de gestão territorial tenham como base uma *adequada coordenação* das políticas nacionais, regionais e municipais com incidência territorial (cfr. o artigo 22.º do RJIGT); que o procedimento de elaboração dos vários instrumentos de gestão territorial seja integrado por *mecanismos de acompanhamento* e de *concertação* entre uma pluralidade de entes públicos (cfr., por exemplo, os artigos 31.º, 32.º, 39.º, 47.º, 56.º, 57.º, 65.º, 66.º, 75.º, 75.º-A, 75.º-B, 75.º-C, 76.º e 78.º do RJIGT); que o Governo exerça uma actividade de controlo preventivo, pela via da *ratificação*, em certos casos, de planos directores municipais (cfr. os artigos 80.º e 96.º do RJIGT), de determinados tipos de medidas preventivas de planos municipais de ordenamento do território (cfr. os artigos 109.º, n.º 3, e 112.º, n.º 5, do mesmo diploma) e de deliberações das assembleias municipais de suspensão, total ou parcial, de planos municipais de ordenamento do território (cfr. o artigo 100.º, n.º 2, alínea *b*), e n.º 5, do RJIGT); e,

ficação urbanística", no recurso a "módulos contratuais no domínio da execução da planificação urbanística" e na existência de uma verdadeira "co-planificação entre poderes públicos". Cfr. *Urbanistica Consensuale (La Disciplina degli Usi del Territorio Tra Liberalizzazione, Programmazione Negoziata e Tutele Differenziate)*, Torino, Boringhieri, 2000, p. 74-96.

por último, que a *execução* dos instrumentos de gestão territorial seja feita de modo *coordenado* e *programado* pelos vários entes que compõem a Administração Pública (cfr., *inter alia*, os artigos 16.º e 17.º da LBPOTU, bem como os artigos 118.º e 121.º do RJIGT).

4.4.7. *O direito de participação dos interessados na elaboração dos planos e, em geral, na actividade urbanística da Administração Pública*

Como já sabemos, o n.º 5 do artigo 65.º da Constituição – preceito aditado pela Lei de Revisão Constitucional de 1997 – garante aos interessados a participação na elaboração dos instrumentos de planeamento urbanístico e de quaisquer outros instrumentos de planeamento físico do território. A legislação ordinária, na altura em vigor, designadamente as leis reguladoras do regime jurídico dos planos regionais, especiais e municipais de ordenamento do território (Decretos-Leis n.ºˢ 176-A/88, de 18 de Maio, 151/95, de 24 de Junho, e 69/90, de 2 de Março), e, bem assim, a vigente Lei n.º 83/95, de 31 de Agosto, que contém o regime do direito de participação procedimental e acção popular, já contemplava a participação dos interessados no procedimento de elaboração dos planos. Mas a "constitucionalização" de um tal direito veio abrir novas perspectivas à participação dos cidadãos (sejam eles proprietários de parcelas de solo, titulares de outros direitos subjectivos e de interesses legalmente protegidos ou portadores de interesses difusos) no procedimento de elaboração dos planos territoriais, impondo ao legislador ordinário a adopção de mecanismos reforçados de participação, nomeadamente formas de concertação de interesses.

O direito de participação, consagrado no n.º 5 do artigo 65.º da Lei Fundamental, é um direito de participação *em sentido amplo*, que abrange diferentes *formas* e *níveis de intensidade* de participação, diversos *momentos*, no contexto do procedimento administrativo, de participação, um círculo alargado de *titulares do direito* de participação e um conjunto de *mecanismos de garantia* da sua eficácia. Todos estes pontos serão objecto da nossa atenção, quando estudarmos o procedimento de elaboração dos planos.

4.4.8. Os princípios da justa ponderação e da superação dos conflitos de interesses coenvolvidos nos planos

A nossa Lei Básica constitucionalizou, no artigo 65.º, n.º 2, alínea *a*), e n.ºˢ 4 e 5, a figura dos *planos territoriais*, ou seja, dos planos que definem as regras respeitantes à ocupação, uso e transformação do solo. Ora, sendo conatural à ideia de plano territorial, designadamente à ideia de plano urbanístico, a realização por este de uma *justa ponderação* entre a multiplicidade e complexidade de interesses conflituantes nele coenvolvidos e, uma vez realizada aquela, a *superação dos conflitos* de interesses surgidos à volta do plano, poderemos concluir que os princípios da *justa ponderação* e da *superação* dos conflitos de interesses tocados pelo plano são *princípios constitucionais* do direito do urbanismo, que se inferem do conceito de *plano territorial* recebido nos mencionados preceitos constitucionais.

Aliás, o princípio constitucional da *colaboração* de vários sujeitos de direito público no procedimento de formação dos planos, bem como o *direito constitucional de participação* dos particulares na sua elaboração têm uma finalidade comum, que é a de fazer chegar ao conhecimento dos órgãos administrativos competentes os interesses de que são portadores, para que o plano realize uma *justa ponderação* (*gerechte Abwägung*) dos diferentes interesses nele envolvidos. Assiste-se, por isso, a um *nexo funcional* ou a um *fio condutor* entre, de um lado, o princípio constitucional da colaboração e o direito constitucional de participação e, do outro lado, os princípios constitucionais da justa ponderação e da superação dos conflitos de interesses coenvolvidos nos planos.

Sublinhe-se, por último, que os princípios segundo os quais o plano deve fazer uma justa ponderação e superar os conflitos de interesses implicados na ocupação, uso e transformação do solo constituem, hoje, também *princípios legais* do direito do urbanismo, que vemos expressamente consagrados nos artigos 5.º, alínea *c*), da LBPOTU e 6.º, n.º 4, 9.º, n.º 1, 33.º, n.º 5, 40.º, n.º 5, 48.º, n.ºˢ 5 e 8, 58.º, 65.º e 77.º, n.ºˢ 8 e 9, do RJIGT.

4.4.9. *O princípio da publicidade dos planos*

Vinculando todos os planos as entidades públicas (para além daquela que os aprovou) e os planos especiais e municipais de ordenamento do território, para além dos mesmos entes, ainda directa e imediatamente os particulares (cfr. os artigos 11.º da LBPOTU e 3.º do RJIGT), estão eles sujeitos ao princípio da *publicidade*. Trata-se de um princípio que está condensado no artigo 119.º, n.º 2, da Constituição, nos termos do qual todos os actos "de conteúdo genérico dos órgãos de soberania, das regiões autónomas e do poder local" devem ser publicados no jornal oficial, *Diário da República*, sob pena da sua *ineficácia jurídica*.

São uma concretização daquele princípio constitucional os artigos 24.º da LBPOTU e 148.º do RJIGT, nos termos dos quais são publicados no *Diário da República* os instrumentos de gestão territorial, dependendo dessa publicação a sua *eficácia jurídica*. Como bem sublinha MARIA DA GLÓRIA P. GARCIA, "o conhecimento do plano, através da sua publicação, deve ser completo, por forma a permitir a identificação do destino atribuído às diferentes áreas por ele abrangidas"[179]. E, nesta linha, o artigo 148.º do RJIGT determina a publicação no *Diário da República* – definindo o artigo 149.º do mesmo diploma legal outros meios complementares de publicidade – de um conjunto de elementos dos planos, prevendo, por exemplo, a alínea *f)* do n.º 2 e a alínea *d)* do n.º 3 do referido preceito, no tocante aos planos municipais de ordenamento do território, a publicação, na 1.ª série, da resolução do Conselho de Ministros que ratifica o plano director municipal, bem como do regulamento, da planta de ordenamento e da planta de condicionantes, e a publicação, na 2.ª série, da deliberação da assembleia municipal que aprova o plano municipal de ordenamento do território não sujeito a ratificação, incluindo o regulamento, a planta de ordenamento, de zonamento ou de implantação e a planta de condicionantes.

No contexto da criação de um sistema público geral e integrado de informação sobre o conteúdo dos planos, assumem relevo particular os artigos 83.º-A e 83.º-B do RJIGT – disposições aditadas àquele

---

[179] Cfr. *ob. cit.*, p. 83 e 84.

normativo pelo artigo 1.º da Lei n.º 56/2007, de 31 de Agosto –, que impõem, entre o mais, o dever de os planos municipais de ordenamento do território estar acessíveis, a todos os cidadãos, na *Internet*, recaindo sobre os municípios, para esse efeito, a obrigação de proceder à transcrição digital georreferenciada de todo o conteúdo documental por que são constituídos os planos municipais de ordenamento do território, disponibilizando-o nos respectivos sítios electrónicos[180], e de ser referenciados em planta, de forma consolidada, em cada município, todos os planos de urbanização ou planos de pormenor em vigor.

Tendo em conta o que vem de ser referido, tem de concluir-se que, à luz do actual texto constitucional, não seria admissível a vigência de um plano cujas normas não tivessem sido publicadas no *Diário da República*, como sucedeu com o *Plano de Urbanização da Costa do Sol*, em que apenas foi publicado no *Diário do Governo* o diploma legal que o aprovou (o Decreto-Lei n.º 37 251, de 28 de Dezembro de 1948), e não também o próprio plano, e com o *Plano Morfológico e de Cérceas da Avenida da Liberdade*, em Lisboa (designado "Plano Vieira de Almeida"), aprovado por despacho do Secretário de Estado do Urbanismo e da Habitação, de 22 de Fevereiro de 1974, em que apenas foi publicado no *Diário do Governo* este despacho, mas não aquele plano de pormenor[181].

---

[180] De acordo com o artigo 2.º da Lei n.º 56/2007, de 31 de Agosto, a obrigação referida no texto deve ser cumprida dentro dos seguintes prazos, a contar da data de entrada em vigor daquela lei: até um ano, para municípios com mais de 100 000 eleitores; até 18 meses, para municípios com mais de 20 000 e menos de 100 000 eleitores; e até dois anos, para municípios com menos de 20 000 eleitores. O artigo 3.º daquela lei estabelece uma pesada sanção para o incumprimento da referida obrigação, dentro daqueles prazos, traduzida na preclusão da possibilidade de candidatura e ou acesso a fundos comunitários, com excepção dos que se destinem ao cumprimento dessas mesmas obrigações.

[181] Cfr., sobre o problema constitucionalidade das normas do *Plano de Urbanização da Costa do Sol*, o Acórdão do Tribunal Constitucional n.º 234/97, publicado no *DR*, II Série, de 25 de Junho de 1997, e em *Acórdãos do Tribunal Constitucional*, 36.º Vol. (1997), p. 525 e segs..

Sobre a questão da constitucionalidade das normas do *Plano Morfológico e de Cérceas da Avenida da Liberdade*, conhecido por "Plano Vieira de Almeida", cfr. o

4.4.10. *Os princípios da legalidade e da proporcionalidade dos planos*

A planificação territorial é uma actividade administrativa na qual o órgão decisor detém um amplo espaço de discricionaridade. A "liberdade de conformação" de que goza a Administração no âmbito da actividade de planificação manifesta-se tanto na *ponderação* da multiplicidade de interesses coenvolvidos nessa actividade, como na *opção*, uma vez realizada a ponderação, por uma de entre uma pluralidade de escolhas possíveis. Todavia, aquela margem de discricionaridade está sujeita a uma série de limitações. Elas resultam daquilo que designamos "por princípios jurídicos fundamentais ou estruturais dos planos urbanísticos"[182]. Ora, do conjunto desses princípios, fazem parte os princípios constitucionais da *legalidade* e da *proporcionalidade*.

Apresentando-se como uma manifestação da actividade da Administração Pública, os planos estão necessariamente vinculados à lei – é esta, desde logo, uma exigência do artigo 266.º, n.º 2, da Constituição. As vinculações estabelecidas na lei tocam vários aspectos dos planos e assumem diversos graus de intensidade, desdobrando-se, por isso, o *princípio da legalidade* dos planos em vários *subprincípios*, tais como o da *homogeneidade da planificação* (o qual se aplica ao plano director municipal, significando que a lei pretendeu sujeitar

---

Acórdão do Tribunal Constitucional n.º 279/04, publicado no *DR*, II Série, de 8 de Junho de 2004, e em *Acórdãos do Tribunal Constitucional*, 59.º Vol. (2004), p. 265 e segs..

Nestes dois arestos, o Tribunal Constitucional não julgou inconstitucionais as normas daqueles dois instrumentos de planeamento territorial, com o fundamento de que o artigo 122.º da Constituição não é parâmetro de aferição da validade constitucional de normas de planos urbanísticos aprovados antes da entrada em vigor de Constituição de 1976, uma vez que, quanto ao direito pré-constitucional, só a validade material – e não também a validade formal ou orgânica – pode ser ajuizada à luz das regras e princípios daquela Constituição, sendo que o artigo 122.º da Constituição de 1976 é uma norma relativa à publicidade dos actos normativos e, portanto, à sua forma, e não ao seu conteúdo ou substância.

[182] A problemática da discricionaridade de planeamento e dos princípios jurídicos estruturais dos planos será objecto de tratamento aprofundado um pouco mais adiante.

as áreas urbanas e rurais do espaço municipal a um mesmo tipo de plano, com a finalidade de equiparar ou parificar as condições de vida na cidade e no campo), o da *tipicidade dos planos* (que expressa a ideia de que a Administração não pode elaborar os planos que entender, mas apenas os que a lei prevê de modo *típico* – cfr., por exemplo, o artigo 34.º, n.º 1, da LBPOTU), o da definição pela lei da *competência* para a elaboração e a aprovação dos planos e do *procedimento* da sua elaboração e o da determinação pela lei de um *regime particular* para certos tipos de bens.

O segundo princípio constitucional que contém um "limite interno" à discricionaridade de conteúdo dos planos é o princípio da *proporcionalidade em sentido amplo* ou da *"proibição do excesso"* – princípio este expressamente contemplado no artigo 266.º, n.º 2, da Constituição e que constitui também uma inferência do princípio do *Estado de direito democrático*, condensado no artigo 2.º da Lei Fudamental, e que encontra igualmente afloramento no artigo 9.º, alínea *b*), da Constituição. Aquele princípio desdobra-se em três subprincípios: o da adequação, o da necessidade e o da proporcionalidade em sentido estrito. O princípio geral da proporcionalidade em sentido amplo ou da "proibição do excesso" significa que as medidas do plano que estabelecem *restrições* ou que *proíbem* a realização de transformações urbanísticas nos imóveis dos particulares devem ser *adequadas*, *necessárias* e *proporcionais* ao fim público de ordenamento urbanístico do plano. As referidas medidas do plano não podem ser *desadequadas*, antes devem ser *idóneas* para a prossecução dos objectivos do plano. Em segundo lugar, aquelas disposições do plano devem ser *necessárias* ou *indispensáveis*, isto é, não devem ser estabelecidas quando o mesmo fim puder ser atingido com outros meios menos onerosos para o cidadão. Em terceiro lugar, as medidas citadas devem ser *proporcionais*, no sentido de que os custos ou inconvenientes que delas resultam não podem ser notoriamente excessivos em relação ao fim público por elas realizado[183].

---

[183] Os três subprincípios ou "testes" co-envolvidos na aferição do respeito pelo princípio da proporcionalidade são todos eles de verificação cumulativa, uma

4.4.11. *Os planos e o princípio da igualdade*

O princípio da igualdade constitui também um princípio jurídico estrutural dos planos territoriais, pelo menos daqueles que contêm disposições que vinculam directa e imediatamente os particulares.

O *princípio da igualdade* do cidadão perante a lei, consagrado no artigo 13.º da Constituição, é um princípio estruturante do Estado de direito democrático e do sistema constitucional global, que vincula directamente os poderes públicos, tenham eles competência legislativa, administrativa ou jurisdicional. Este facto resulta da consagração pela nossa Constituição do princípio da igualdade perante a lei como um direito fundamental do cidadão e da atribuição pela mesma aos preceitos constitucionais respeitantes aos direitos, liberdades e garantias de uma *força jurídica* própria, traduzida na sua *aplicabilidade directa*, sem necessidade de qualquer lei regulamentadora, e da sua *vinculatividade imediata* para todas as entidades públicas, dotadas de competência legislativa, administrativa ou jurisdicional (cfr. o artigo 18.º, n.º 1, da Constituição)[184].

A vinculação da Administração Pública ao princípio da igualdade, apesar de resultar já de uma interpretação conjugada dos arti-

---

vez que só superando todas as fasquias colocadas por cada um deles se conseguirá a meta almejada. O teste da adequação ter-se-á por superado sempre que a medida adoptada seja idónea ou apta à obtenção da finalidade eleita. Por sua vez, o teste da necessidade exige a opção pela medida que provoque um mínimo de interferência nos direitos, interesses e bens jurídicos que se prevê poderem ser lesados. Por último, do teste da proporcionalidade em sentido estrito retira-se que uma medida só será proporcional se dela decorrerem, de forma razoável ou adequada, mais benefícios, tendo em vista a consecução do fim proposto, do que prejuízos para os restantes direitos, interesses ou bens jurídicos em confronto. Sobre esta problemática e para mais desenvolvimentos, cfr. DULCE LOPES, *O Princípio da Proporcionalidade no Direito Comunitário (Uma Perspectiva de Controlo)*, Tese Mest., polic., Coimbra, 2003, p. 62-73.

[184] Cfr. a nossa obra *O Plano Urbanístico*, cit., p. 401-412; e os Acórdãos do Tribunal Constitucional n.ºs 186/90 e 187/90, publicados no *DR*, II Série, de 12 de Setembro de 1990, e em *Acórdãos do Tribunal Constitucional*, 16.º Vol. (1990), p. 383 e segs. e 395 e segs., respectivamente.

gos 13.º e 18.º, n.º 1, da Constituição, recebeu um impulso especial ao ser expressamente contemplada no artigo 266.º, n.º 2, da Lei Fundamental, na sequência da Revisão Constitucional de 1989. Com efeito, este artigo dispõe (agora, na versão decorrente da Revisão Constitucional de 1997) que "os órgãos e agentes administrativos estão subordinados à Constituição e à lei e devem actuar, no exercício das suas funções, com respeito pelos princípios da igualdade, da proporcionalidade, da justiça, da imparcialidade e da boa-fé".

Tendo em conta o referido entendimento do princípio constitucional da igualdade, compreende-se que ele deva ser observado em todos os domínios da actividade da Administração Pública, incluindo a que se traduz na elaboração e aprovação de planos que estabelecem regras respeitantes à ocupação, uso e transformação do solo (designadamente, através da definição do regime de uso do solo, corporizado na *classificação* e *qualificação* do mesmo) directa e imediatamente vinculativas para os particulares – planos esses que são, como dissemos já, de harmonia com o disposto no artigo 11.º, n.º 2, da LBPOTU e no artigo 3.º, n.º 2, do RJIGT, os planos municipais e especiais de ordenamento do território.

O princípio da igualdade tem uma importância transcendente no domínio do regime jurídico dos planos. Daí que esteja reservado, neste Manual, um capítulo para a análise das relações entre os planos urbanísticos e o princípio da igualdade. Guardaremos, por isso, para essa altura o desenvolvimento desta matéria.

4.4.12. *O princípio da conjugação ou da harmonização entre as normas dos planos*

A Constituição, no seu artigo 65.º, n.ᵒˢ 2, alínea *a*), 4 e 5, prevê uma *diversidade* de instrumentos de planeamento, os quais, como foi acentuado, são elaborados e aprovados ou pelo Estado, ou pelas regiões autónomas ou, finalmente, pelos municípios, mas sendo todos eles o produto de uma *colaboração* e de uma *concertação* entre aquelas pessoas colectivas territoriais.

Ora, da existência, consagrada nos mencionados preceitos constitucionais, de uma *pluralidade* de planos territoriais deflui necessariamente o *princípio constitucional da conjugação ou da harmonização entre as normas dos planos*, o qual visa obstaculizar os conflitos ou colisões de normas dos planos.

A multiplicação e a proliferação de normas de diferentes planos colocam o problema da sua coexistência, o qual pode ser gerador de conflitos [185]. Essas normas constantes de vários tipos de planos não podem, sob pena de ficar gravemente comprometida a coerência e a eficácia do sistema de planificação territorial, conflituar entre si, antes devem estar devidamente conjugadas e harmonizadas [186]. Significa isto que não pode deixar de considerar-se implícito nas citadas normas constitucionais o *princípio da conjugação ou da harmonização* entre as normas dos planos. E é em aplicação deste princípio constitucional, ínsito no artigo 65.º, n.ºˢ 2, alínea *a*), 4 e 5, da Lei Fundamental, que o legislador ordinário prevê um conjunto de *mecanismos* de *prevenção* e de *resolução* dos *conflitos* ou das *colisões* de normas constantes de vários tipos de planos.

Não é este o local adequado para referir desenvolvidamente os instrumentos consagrados pelo legislador para evitar e resolver as colisões de normas das diferentes espécies de planos, nem para analisar detalhadamente a trama das relações entre os instrumentos de gestão territorial, disciplinada nos artigos 10.º da LBPOTU, 23.º a 25.º e 80.º do RJIGT e 4.º a 7.º da Lei n.º 58/2007, de 4 de Setembro, que aprovou o PNPOT. Será essa uma tarefa a desenvolver quando estudarmos a problemática das relações entre os diversos tipos de planos.

---

[185] Cfr. J.-P. LEBRETON, *Articulation des Règles d'Aménagement et d'Urbanisme Avec les Autres Normes d'Occupation des Sols*, in L'Articulation des Règles d'Occupation des Sols en Europe (Colloque Internationel de Nice), Les Cahiers du Gridauh, N.º 1 (1998), p. 52; MARIA DA GLÓRIA P. GARCIA, *ob. cit.*, p. 78; e JOÃO MIRANDA, *A Dinâmica Jurídica do Planeamento Territorial (A Alteração, a Revisão e a Suspensão dos Planos)*, Coimbra, Coimbra Editora, 2002, p. 163-169.

[186] Cfr. a nossa obra *Problemas Actuais do Direito do Urbanismo*, cit., p. 17-19.

4.4.13. *A garantia constitucional do direito de propriedade privada dos solos e o princípio da intervenção da Administração Pública nos solos*

Os dois princípios constitucionais referidos na epígrafe deste número constituem o eixo sobre o qual giram o *direito e política de solos* – os quais são considerados como um importante sector ou capítulo do direito do urbanismo.

O *direito e política de solos* têm constituído, como é do conhecimento geral, um palco de aceso debate ideológico, centrado essencialmente na questão do papel ou do grau de intervenção do Estado, das regiões autónomas e das autarquias locais, sobretudo dos municípios, no domínio dos solos urbanos, isto é, daqueles para os quais, segundo a alínea b) do n.º 2 do artigo 72.º do RJIGT, é reconhecida vocação para o processo de urbanização e de edificação, neles se compreendendo os solos urbanizados ou cuja urbanização seja programada, constituindo no seu todo o perímetro urbano. Deixando de lado essa controvérsia ideológica, podemos dizer, muito genericamente, que o *direito e política de solos* portugueses são enformados por dois princípios fundamentais: o da garantia constitucional do direito de propriedade privada dos solos urbanos, condensado no artigo 62.º, n.º 1, da Lei Fundamental[187]; e o do reconhecimento ao Estado, às regiões autónomas e às autarquias locais de competência para realizarem as expropriações desses bens que se revelem necessárias à satisfação de fins de utilidade pública urbanística, para procederem à apropriação dos mesmos, quando tal for exigido pelo interesse público, ou para intervirem nos referidos bens, de acordo com os meios e formas definidos na lei, por motivo de interesse público, previsto nos artigos 65.º, n.º 4, 80.º, alínea d), e 165.º, n.º 1, alínea l), da Constituição. O nosso ordenamento jurídico-constitucional rejeita,

---

[187] Para uma caracterização da garantia constitucional do direito de propriedade privada, cfr. as nossas obras *O Plano Urbanístico*, cit., p. 301-320, e *A Jurisprudência do Tribunal Constitucional sobre Expropriações por Utilidade Pública e o Código das Expropriações de 1999*, in RLJ, Ano 132.º, N.º 3904, p. 194 e 195, e a bibliografia nelas citada.

assim, no domínio dos solos urbanos, quer a ideologia liberal, que acredita sem reservas nas virtualidades da propriedade privada daquela classe de solos e nos benefícios do livre funcionamento do mercado e defende, consequentemente, a abstenção de intervenção da Administração Pública na correcção das disfunções sociais que eles originam no processo urbanizador e, em geral, no aproveitamento do território, quer a ideologia socialista, defensora de uma nacionalização ou municipalização geral do solo urbano e, por isso, da abolição da propriedade privada que incide sobre aquela classe de bens[188]. De harmonia com o disposto nos mencionados artigos da Constituição, a expropriação, a apropriação e outras formas de intervenção nos solos urbanos apenas são admissíveis quando tal for necessário para a realização de um interesse público específico de natureza urbanística.

4.4.14. *O direito do urbanismo e o princípio constitucional da indemnização*

O *princípio constitucional da indemnização* reveste-se de capital importância no campo do direito do urbanismo. São, aliás, vários os domínios de aplicação daquele princípio constitucional no âmbito daquela disciplina jurídica. Vamos indicá-los em termos muito breves.

O primeiro domínio de aplicação daquele princípio constitucional é o das *expropriações urbanísticas* – figura expressamente contemplada no artigo 65.º, n.º 4, da Lei Fundamental e que abrange quer as *expropriações acessórias ao plano*, isto é, as expropriações de imóveis e direitos a eles inerentes necessárias à execução dos planos[189],

---

[188] Cfr. D. FREITAS DO AMARAL, *Direito do Urbanismo (Sumários)*, cit., p. 85, e *Opções Políticas e Ideológicas Subjacentes à Legislação Urbanística*, cit., p. 99.

[189] A *expropriação acessória* ao plano constitui um instrumento jurídico de execução dos planos e está expressamente prevista no artigo 128.º do Decreto-Lei n.º 380/99, cujo n.º 1 determina que "a Administração pode expropriar os terrenos e edifícios que sejam necessários à execução dos planos municipais de ordenamento do território". Aliás, de harmonia com o disposto nos n.ºs 2, 3 e 4 do artigo 14.º do Código das Expropriações, aprovado pela Lei n.º 168/99, de 18 de Setembro, no caso de expropriações da iniciativa da administração local autárquica, para

quer as *expropriações do plano*, ou seja, aquelas que resultam das disposições dos planos directa e imediatamente vinculativos dos particulares que produzem danos *especiais (singulares)* e *graves (anormais)* no direito de propriedade do solo e que, por isso, devem ser consideradas como tendo um carácter expropriativo [190-191]. Ora, estas duas categorias de *expropriações urbanísticas* devem ser acompanhadas de uma *justa indemnização*, por força do artigo 62.º, n.º 2, da Constituição, e, bem assim, por imposição do *princípio da igualdade*, plasmado no artigo 13.º, n.º 1, da Constituição, e do *princípio do Estado de direito democrático*, condensado nos artigos 2.º e 9.º, alínea b), da Lei Fundamental (a indemnização dos prejuízos decorrentes dos actos expropriativos é também uma exigência destes princípios) [192].

Um segundo domínio de aplicação do *princípio constitucional da indemnização* é o das *servidões de urbanismo*, designadamente das ser-

---

efeitos de concretização de plano de urbanização ou plano de pormenor eficaz, a competência para a declaração de utilidade pública pertence à assembleia municipal, devendo a deliberação deste órgão ser tomada por maioria dos membros em efectividade de funções e ser comunicada ao membro do Governo responsável pela área da administração local. Cfr., sobre esta problemática, a nossa obra *A Jurisprudência do Tribunal Constitucional sobre Expropriações por Utilidade Pública* e o *Código das Expropriações de 1999*, in RLJ, Ano 132.º, N.ºˢ 3908 e 3909, p. 327-329.

[190] Sublinhe-se que a figura da *expropriação do plano* encontra-se, actualmente, prevista nos artigos 18.º, n.º 2, da LBPOTU e 143.º do RJIGT. Embora o legislador não utilize aquela expressão nestes preceitos, não deixa de lhe fazer uma significativa referência explícita no exórdio do Decreto-Lei n.º 380/99. À análise do regime jurídico das *expropriações do plano*, constante das citadas disposições legais, voltaremos mais à frente.

[191] Sobre a distinção entre a *expropriação acessória ao plano* (que é uma *expropriação em sentido clássico*) e a *expropriação do plano* (que configura uma *expropriação de sacrifício ou substancial*), cfr. a nossa obra *O Plano Urbanístico*, cit., p. 471 e segs..

[192] Para uma análise do sentido e alcance do conceito constitucional de "justa indemnização" por expropriação e para uma abordagem da jurisprudência do Tribunal Constitucional sobre a *extensão* ou *conteúdo* da indemnização por expropriação, cfr., por todos, a nossa obra *A Jurisprudência do Tribunal Constitucional sobre Expropriações por Utilidade Pública* e o *Código das Expropriações de 1999*, in RLJ, Ano 132.º, N.ºˢ 3905 e 3906, p. 231-246, e N.º 3907, p. 294-305, e a bibliografia aí citada.

vidões non aedificandi – servidões essas que são uma modalidade de "servidões administrativas". Todavia, nem todas as *servidões de urbanismo*, fixadas directamente na lei ou resultantes de acto administrativo, que oneram certos prédios e que se traduzem numa proibição de edificar, por razões de interesse público, devem dar origem a indemnização.

Segundo pensamos, devem dar direito a indemnização as servidões administrativas (e, por isso, também as *servidões de urbanismo*) que se apresentam como verdadeiras *expropriações de sacrifício* ou *substanciais*, isto é, como actos que produzem modificações *especiais* e *graves* (ou *anormais*) na *utilitas* do direito de propriedade, em termos tais que ocorreria uma violação do *princípio da justa indemnização* por expropriação (aqui entendida no sentido de *expropriação de sacrifício* ou *substancial*), condensado no artigo 62.º, n.º 2, da Constituição, do *princípio do Estado de direito democrático*, consagrado nos artigos 2.º e 9.º, alínea b), da Lei Fundamental, nos termos do qual os actos do poder público lesivos de direitos ou causadores de danos devem desencadear uma indemnização, e do *princípio da igualdade dos cidadãos perante os encargos públicos*, ínsito no artigo 13.º, n.º 1, da Constituição, se o proprietário onerado com essa servidão administrativa não obtivesse uma indemnização.

De acordo com este critério, só não dão direito a indemnização as servidões administrativas que criem limitações ou condicionamentos à utilização e disposição dos bens, designadamente dos solos, que são um mero efeito da *função social*, da *vinculação social* (*Sozialbindung*) ou da *vinculação situacional* (*Situationsgebundenheit*) da propriedade que incide sobre aqueles bens, isto é, uma simples consequência da especial situação factual dos bens, da sua inserção na natureza e na paisagem e das suas características intrínsecas, ou cujos efeitos ainda se contenham dentro dos limites ao direito de propriedade definidos genericamente pelo legislador[193].

---

[193] Na linha do referido, consideramos que o n.º 2 do artigo 8.º do Código das Expropriações de 1999, que indica quais as servidões, resultantes ou não de expropriações, que dão origem a indemnização, é demasiado restritivo no que respeita ao âmbito das servidões administrativas que devem ser acompanhadas de in-

Sublinhe-se que o recente Regime da Responsabilidade Civil Extracontratual do Estado e Demais Entidades Públicas, aprovado pela Lei n.º 67/2007, de 31 de Dezembro, prevê, no seu artigo 16.º, a *indemnização pelo sacrifício*, dispondo que "o Estado e as demais pessoas colectivas de direito público indemnizam os particulares a quem, por razões de interesse público, imponham encargos ou causem danos especiais e anormais, devendo, para o cálculo da indemnização, atender-se, designadamente, ao grau de afectação do conteúdo substancial do direito ou interesse violado ou sacrificado". Por seu lado, o artigo 2.º do mesmo Regime densifica o conceito de *danos ou encargos especiais e anormais*, determinando que, "para efeitos do disposto na pre-

---

demnização. Com efeito, na nossa óptica, para além das servidões administrativas que produzem os tipos de danos referidos nas três alíneas do n.º 2 do artigo 8.º, outras há que devem dar direito a indemnização: são aquelas que produzem danos *especiais* e *anormais* (ou *graves*) na esfera jurídica dos proprietários dos prédios (normalmente, terrenos). Tem sido esta, aliás, a orientação da jurisprudência do Tribunal Europeu dos Direitos do Homem sobre o artigo 1.º do Primeiro Protocolo Adicional à Convenção, e cujo sentido é o de que devem dar origem a indemnização todos os actos do poder público (incluindo, por isso, as servidões administrativas) de que resulte para o proprietário um encargo "especial e exorbitante", desproporcionado em relação ao objectivo de interesse geral prosseguido. Tendo em conta o que vimos de referir, propendemos a entender que a norma do n.º 2 do artigo 8.º do Código das Expropriações de 1999, na parte em que não consente a indemnização de todas e quaisquer servidões administrativas que produzam danos *especiais* e *anormais* (ou *graves*) na esfera jurídica dos proprietários dos prédios pelas mesmas onerados, é inconstitucional, por violação do *princípio do Estado de direito democrático*, condensado nos artigos 2.º e 9.º, alínea *b*), da Constituição (a indemnização dos prejuízos oriundos daquelas servidões é uma exigência deste princípio), do *princípio da igualdade*, plasmado no artigo 13.º, n.º 1, da Lei Fundamental (o proprietário do prédio afectado pelas referidas servidões administrativas contribuirá em maior medida do que os restantes cidadãos para o interesse público, havendo, assim, uma violação do "princípio da igualdade dos cidadãos perante os encargos públicos", se os danos por ele suportados não forem indemnizados) e do *princípio da "justa indemnização"* por expropriação (entendida, aqui, no sentido de *expropriação de sacrifício* ou *substancial*), consagrado no artigo 62.º, n.º 2, também da Constituição. Cfr., sobre este ponto, a nossa obra *A Jurisprudência do Tribunal Constitucional sobre a Expropriação por Utilidade Pública e o Código das Expropriações de 1999*, in RLJ, Ano 132.º, N.º 3907, p. 301 e 302, nota 61.

sente lei, consideram-se especiais os danos ou encargos que incidam sobre uma pessoa ou um grupo, sem afectarem a generalidade das pessoas, e anormais os que, ultrapassando os custos próprios da vida em sociedade, mereçam, pela sua gravidade, a tutela do direito". Estas disposições vão plenamente ao encontro do que dissemos anteriormente – na linha, aliás, do que vimos defendendo há alguns anos – sobre os *pressupostos* da indemnização dos danos resultantes das disposições dos planos directa e imediatamente vinculativos das particulares (*expropriações do plano*) e dos danos oriundos das *servidões administrativas* (onde se incluem as *servidões de urbanismo*). Todavia, embora o *conceito de danos ou encargos especiais e anormais* e o *regime da indemnização pelo sacrifício*, constantes do Regime da Responsabilidade Civil Extracontratual do Estado e Demais Entidades Públicas, irradiem luz sobre a disciplina jurídica da indemnização dos danos decorrentes das *expropriações do plano* e das *servidões do urbanismo*, a mesma encontra-se no Código das Expropriações, como resulta claramente, quanto às primeiras, do artigo 143.°, n.° 4, do RJIGT, e, quanto às segundas, do artigo 8.°, n.° 3, do Código das Expropriações.

Um terceiro domínio de aplicação do *princípio constitucional da indemnização* no campo do direito do urbanismo é o da *responsabilidade civil extracontratual* do Estado e demais pessoas colectivas públicas e dos titulares dos seus órgãos, funcionários e agentes por actos praticados no exercício da actividade urbanística, de que resulte violação dos direitos, liberdades e garantias dos particulares ou prejuízo para eles.

O direito de indemnização dos danos com fundamento na responsabilidade civil extracontratual da Administração está expressamente contemplado no artigo 22.° da Constituição, embora este preceito pareça não abranger a chamada responsabilidade da Administração por *actos lícitos* (actualmente englobada na "indemnização pelo sacrifício", prevista no artigo 16.° do Novo Regime da Responsabilidade Civil Extracontratual do Estado e Demais Entidades Públicas), cujo fundamento estará antes no *princípio do Estado de direito democrático*, condensado nos artigos 2.° e 9.°, alínea b), da Constituição, e no *princípio da igualdade dos cidadãos perante os encargos públicos*, que é uma expressão do *princípio da igualdade*, plasmado no artigo 13.°, n.° 1, da

Lei Fundamental[194]. Ele tem lugar sempre que estejam preenchidos os pressupostos definidos no diploma que contém o Regime da Responsabilidade Civil Extracontratual do Estado e Demais Entidades Públicas, antes referido, mas a nossa legislação urbanística contempla expressamente um conjunto de situações em que a Administração Pública tem a obrigação de indemnizar os prejuízos causados aos particulares por actos de gestão urbanística. É o que sucede, por exemplo, com o dever de indemnização que incide sobre os municípios dos danos suportados pelos particulares, em consequência de revogação, anulação ou declaração de nulidade de licenças, comunicações prévias ou autorizações de utilização dos edifícios ou suas fracções, sempre que a causa da revogação, anulação ou declaração de nulidade resulte de uma conduta ilícita dos titulares dos órgãos ou dos funcionários e agentes dos municípios, de harmonia com o disposto no artigo 70.º do RJUE (responsabilidade civil por actos ilícitos), ou a obrigação de ressarcimento dos prejuízos provocados aos particulares pela alteração das condições da licença ou comunicação prévia de operação de loteamento por iniciativa da câmara municipal, desde que tal alteração seja necessária à execução de plano municipal de ordenamento do território, plano especial de ordenamento do território, área de desenvolvimento urbano prioritário, área de construção prioritária ou área crítica de recuperação e reconversão urbanística, nos termos do artigo 48.º do RJUE (responsabilidade por actos lícitos, agora, na sequência do Novo Regime da Responsabilidade Civil Extracontratual do Estado e Demais Entidades Públicas, "indemnização pelo sacrifício").

A esta problemática voltaremos mais adiante, designadamente para nos debruçarmos, ainda que em termos necessariamente breves, sobre a complexa questão da distinção entre a *indemnização pelo sacrifício*, enquanto modalidade de responsabilidade civil extracontratual do Estado e demais pessoas colectivas de direito público, e a *expropriação de sacrifício*.

---

[194] Cfr., por todos, J. J. GOMES CANOTILHO/VITAL MOREIRA, *Constituição da República Portuguesa Anotada*, Vol. I, 4.ª ed., Coimbra, Coimbra Editora, 2007, p. 431 e 432.

4.4.15. *Outros direitos e garantias constitucionais dos particulares perante a actividade urbanística da Administração Pública*

Importa, por último, indicar, em termos sucintos, um conjunto de direitos e garantias constitucionais dos particulares em face da actividade urbanística da Administração Pública que não foram incluídos nos pontos anteriores. Vários deles – esclareça-se – estão condensados em regras e princípios que integram a "constituição administrativa", mas que devem ser considerados, como sublinhámos mais acima, como fazendo parte também da "constituição do urbanismo", entendida em sentido lato.

O acervo de direitos e garantias constitucionais que queremos aqui apresentar inclui, em primeiro lugar, a *garantia da existência* ou da *manutenção* (*Bestandsschutz*). Segundo ela, as normas legais e regulamentares sobre a ocupação, uso e transformação do solo, em particular as normas dos planos urbanísticos, produzem efeitos apenas para o futuro, pelo que devem respeitar as edificações existentes à data da sua entrada em vigor, desde que elas tenham sido realizadas legalmente. O princípio da garantia da existência assume um particular relevo no domínio dos planos. Aquele princípio – que constitui também um limite à "liberdade de conformação" do conteúdo do plano – significa que um edifício, cuja legalidade material não sofra contestação, não pode ser eliminado sem indemnização, mesmo que esteja em contradição com as novas prescrições do plano.

A garantia da subsistência ou da manutenção das construções erigidas legalmente antes da entrada em vigor de um plano urbanístico, quer se trate de um plano originário, quer de um plano que veio alterar ou modificar um anterior, ainda que aquelas estejam em contradição com as disposições desse plano, deve ser considerada como um *princípio constitucional* do nosso direito do urbanismo[195]. Com

---

[195] A *garantia da existência* tem, como referimos, um campo especial de aplicação em face das disposições dos planos, mas abrange também as normas legais e outras normas regulamentares sobre a ocupação, uso e transformação do solo. Uma recepção expressa pela legislação ordinária daquele princípio constitucional foi feita no artigo 60.º, n.º 1, do RJUE, ao determinar que "as edificações cons-

efeito, ela tem o seu fundamento na *garantia constitucional da propriedade privada*, plasmada no artigo 62.°, n.° 1, da Lei Fundamental, e nos princípios da *não retroactividade* das disposições dos planos urbanísticos e da *protecção da confiança* – os quais estão ínsitos no *princípio do Estado de direito democrático*, condensado nos artigos 2.° e 9.°, alínea b), da Constituição[196].

Do referido elenco de direitos e garantias constitucionais fazem parte, em segundo lugar, o *direito à informação* dos cidadãos pela Administração, sempre que o requeiram, sobre o estado e o andamento dos procedimentos urbanísticos em que sejam directamente interessados, bem como o *direito de acesso aos arquivos e registos administrativos* que contenham elementos de índole urbanística – direitos esses consagrados nos n.ºˢ 1 e 2 do artigo 268.° da Lei Fundamental.

Trata-se de dois direitos fundamentais do cidadão estreitamente conexionados. O primeiro não garante ao administrado apenas o direito de ser informado sobre a *situação* em que se encontram os processos ainda em vias de decisão – como poderia resultar de uma interpretação literal da expressão "andamento dos processos" –, garante-lhe mais latamente o direito de obter todos os dados informativos que considere úteis sobre toda e qualquer fase do procedimento administrativo, desde o seu início até à sua conclusão. O segundo garante a toda e qualquer pessoa o direito de acesso às informações constantes de documentos, *dossiers*, arquivos e registos administrativos, mesmo que não se encontre em curso qualquer procedimento administrativo

---

truídas ao abrigo do direito anterior e as utilizações respectivas não são afectadas por normas legais e regulamentares supervenientes". E em coerência com este princípio, o n.° 2 do mesmo artigo prescreve que "a licença ou admissão de comunicação prévia de obras de reconstrução ou de alteração das edificações não pode ser recusada com fundamento em normas legais ou regulamentares supervenientes à construção originária, desde que tais obras não originem ou agravem desconformidade com as normas em vigor ou tenham como resultado a melhoria das condições de segurança ou salubridade da edificação".

[196] Para mais desenvolvimentos sobre a *garantia da existência* no âmbito dos planos, designadamente sobre a distinção entre a *garantia da existência passiva* e a *garantia da existência activa*, cfr. a nossa obra O *Plano Urbanístico*, cit., p. 343-346. A este assunto voltaremos mais adiante.

que lhe diga directamente respeito – desde que elas não incidam sobre matérias concernentes à segurança interna e externa, à investigação criminal e à intimidade das pessoas[197].

O direito de acesso aos arquivos e registos administrativos é reconhecido a qualquer cidadão, mesmo que não exista qualquer procedimento administrativo em curso em que seja directamente interessado[198]. Mas, no caso de estar a decorrer um procedimento administrativo, o cidadão directamente interessado tem não só o direito de ser informado sobre o seu andamento, mediante informação oral ou escrita, nos termos do n.º 1 do artigo 268.º da Constituição, mas também o direito de consultar o processo, com todos os documentos e registos administrativos que o componham, e de obter as certidões necessárias, nos termos do n.º 2 do mesmo preceito constitucional, desde que elas não digam respeito a matérias relativas à segurança interna e externa, à investigação criminal e à intimidade das pessoas.

Aqueles dois direitos têm várias ressonâncias na legislação urbanística. É o que acontece, a título exemplificativo, com os artigos 5.º

---

[197] Entre o direito à *informação procedimental*, plasmado no artigo 268.º, n.º 1, da Lei Fundamental, e o *direito de acesso à informação administrativa*, condensado no artigo 268.º, n.º 2, da Constituição, existe uma "relação solidária", uma "relação genética" ou uma "complementaridade recíproca", dado que, apesar de se tratar de *dois direitos distintos*, dotados de "âmbitos normativo-constitucionalmente diferentes", aparecem constantemente *associados*, nos domínios constitucional e legal e nos planos dogmático e jurisprudencial. Cfr., sobre este ponto, ANTÓNIO MALHEIRO DE MAGALHÃES, *O Direito à Informação Procedimental no Ordenamento Jurídico de Macau*, Tese Mest., polic., Macau, 2000, p. 205 e segs.; e RAQUEL CARVALHO, *O Direito à Informação Administrativa Procedimental,* Porto, Edições Universidade Católica, 1999, p. 157-175.

[198] Pode dizer-se que o direito à informação administrativa procedimental define-se como um direito *uti singuli*, ao passo que o direito de acesso aos arquivos e registos administrativos se caracteriza por ser um direito *uti cives*. Noutros termos, o direito à informação administrativa procedimental visa a tutela de interesses e posições subjectivas pessoais ou singulares, enquanto o direito de acesso aos arquivos e registos administrativos é configurado como um instrumento de protecção de interesses objectivos partilhados pela comunidade jurídica, designadamente o da transparência administrativa. Cfr. RAQUEL CARVALHO, *ob. cit.*, p. 160 e 161.

e 150.º do RJIGT, que reconhecem aos interessados aqueles dois direitos (o *direito à informação* e o *direito de acesso aos arquivos e registos administrativos*) no âmbito da elaboração, aprovação, acompanhamento, execução e avaliação dos instrumentos de gestão territorial, incluindo a consulta dos diversos processos, acedendo, designadamente, aos estudos de base e outra documentação, escrita e desenhada, que fundamentem as opções estabelecidas, a obtenção de cópias de actas de reuniões deliberativas e certidões dos instrumentos aprovados, a obtenção de informações sobre as disposições constantes de instrumentos de gestão territorial, bem como conhecer as condicionantes e as servidões aplicáveis ao uso do solo, e a consulta dos instrumentos de gestão territorial em suporte informático adequado e através do sistema nacional de informação territorial; com o direito de qualquer interessado ser informado pela câmara municipal sobre os instrumentos de desenvolvimento e planeamento territorial em vigor para determinada área do município, sobre as demais condições gerais a que devem obedecer as operações de loteamento e as obras de urbanização, as obras de construção civil, a utilização dos edifícios ou das suas fracções autónomas ou as respectivas alterações e, em geral, quaisquer operações urbanísticas, e, bem assim, sobre o estado e andamento dos processos de licenciamento, comunicação prévia ou autorização que lhe digam directamente respeito, com especificação dos actos praticados e do respectivo conteúdo, e daqueles que ainda devam sê-lo, bem como dos prazos aplicáveis a estes últimos, constante do artigo 110.º, n.ºˢ 1, alíneas *a*) e *b*), e 6, do RJUE; e com o direito dos interessados de consultar os processos que lhes digam directamente respeito, nomeadamente por via electrónica, e de obter as certidões ou reproduções autenticadas dos documentos que os integram, mediante o pagamento das importâncias que forem devidas, estabelecido nos n.ºˢ 3 e 6 do artigo 110.º do RJUE[199].

---

[199] Sobre o sentido e alcance dos direitos fundamentais de informação procedimental e de acesso aos arquivos e registos administrativos, plasmados nos n.ºˢ 1 e 2 do artigo 268.º da Lei Fundamental, cfr., por todos, os Acórdãos do Tribunal Constitucional n.ºˢ 176/92 e 177/92 [publicados no *DR*, II Série, de 18 de Setembro de 1992, e em *Acórdãos do Tribunal Constitucional*, 22.º Vol. (1992), p. 377 e

O conjunto de direitos e garantias constitucionais dos particulares integra, em terceiro lugar, o *direito à notificação* dos actos administrativos de gestão urbanística susceptíveis de afectar a sua esfera jurídica [200] e o *direito à fundamentação expressa e acessível* dos mesmos actos,

---

segs. e 378 e segs., respectivamente] e a *Anotação* que sobre eles elaborou J. J. GOMES CANOTILHO, in RLJ, Ano 125.°, N.° 3821, p. 252-256. Cfr. também o Acordão do Tribunal Constitucional n.° 254/99, publicado no *DR*, II Série, de 15 de Junho de 1999, e em *Acórdãos do Tribunal Constitucional*, 43.° Vol. (1999), p. 365 e segs.. O direito à informação sobre o andamento dos procedimentos por parte dos sujeitos directamente interessados e o direito à consulta do processo e à passagem de certidões estão consagrados, em relação ao procedimento administrativo geral, nos artigos 61.° a 64.° do Código do Procedimento Administrativo (aprovado pelo Decreto-Lei n.° 442/91, de 15 de Novembro, alterado pelo Decreto-Lei n.° 6/96, de 31 de Janeiro). Por sua vez, a Lei n.° 46/2007, de 24 de Agosto, disciplina o direito de acesso dos cidadãos aos documentos administrativos.

[200] Cfr., sobre o *direito à notificação* dos actos administrativos, o Acórdão do Tribunal Constitucional n.° 489/97, publicado no *DR*, II Série, de 18 de Outubro de 1997, e em *Acórdãos do Tribunal Constitucional*, 37.° Vol. (1997), p. 473 e segs.. Segundo este aresto, sendo a notificação do acto administrativo, prevista no artigo 268.°, n.° 3, da Lei Fundamental – a qual visa dar *conhecimento pessoal* aos interessados dos actos administrativos susceptíveis de afectar a sua esfera jurídica –, essencial para o *efectivo* conhecimento pelos interessados dos actos da Administração susceptíveis de os atingir na sua esfera jurídica, seria *irrazoável* e claramente *excessivo* contar o prazo para o recurso contencioso da *publicação* de tais actos, quando esta fosse obrigatória, em vez de tal contagem se fazer a partir da *notificação*, pelo que a norma do artigo 29.°, n.° 1, da Lei de Processo nos Tribunais Administrativos (aprovada pelo Decreto-Lei n.° 267/85, de 16 de Julho), interpretada no sentido de mandar contar o prazo para o recurso contencioso de actos administrativos sujeitos a publicação obrigatória da data dessa publicação, é inconstitucional. Cfr. também, no mesmo sentido, o Acórdão do Tribunal Constitucional n.° 145/01, publicado no *DR*, II Série, de 9 de Maio de 2001, e em *Acórdãos do Tribunal Constitucional*, 49.° Vol. (2001), p. 551 e segs., que julgou inconstitucional a norma do artigo 71.° do Código do Registo Predial, na versão anterior à decorrente do Decreto-Lei n.° 533/99, de 11 de Dezembro, por ofensa do n.° 3 do artigo 268.° da Lei Fundamental, com o fundamento de que daquela norma resulta a postergação do princípio da necessária notificação aos interessados, de modo oficial e formal, dos actos praticados pelos conservadores do registo predial.

Para uma análise da jurisprudência do Tribunal Constitucional sobre a exigência de *notificação* dos actos administrativos, consagrada na primeira parte do

quando afectem os seus direitos ou interesses legalmente protegidos – direitos esses contemplados no artigo 268.º, n.º 3, da Lei Fundamental. No que respeita à *fundamentação* dos planos, o artigo 4.º do RJIGT prescreve que "os instrumentos de gestão territorial devem explicitar, de forma racional e clara, os fundamentos das respectivas previsões, indicações e determinações", constando, por via de regra, como veremos mais à frente, a referida *fundamentação* dos *relatórios* dos planos. Refira-se, ainda, que constituíam uma tradução, a nível de legislação urbanística, daqueles dois direitos constitucionais, de um lado, os artigos 14.º, n.º 1, do Decreto-Lei n.º 448/91 e 20.º, n.º 1, do Decreto-Lei n.º 445/91, respeitantes à notificação da deliberação da câmara municipal sobre o pedido de licenciamento da operação de loteamento e sobre o pedido de licenciamento de uma obra particular, respectivamente, e, do outro lado, os artigos 13.º, n.º 7, do Decreto-Lei n.º 448/91 e 63.º, n.º 3, do Decreto-Lei n.º 445/91, relativos à *fundamentação* das deliberações ou decisões de indeferimento dos mesmos pedidos de licenciamento. Os referidos direitos não estão expressamente contemplados no RJUE. Todavia, não podem os mesmos deixar de ser aplicáveis no âmbito das licenças e autorizações das operações urbanísticas, desde logo por força do disposto nos artigos 2.º, n.º 7, 66.º e 124.º do Código do Procedimento Administrativo.

No naipe de direitos e garantias constitucionais dos particulares perante a actividade urbanística enquadram-se, por último, as *garantias jurisdicionais* dos administrados, condensadas nos n.ºs 4 e 5 do artigo 268.º da Constituição, e a que já fizemos uma ligeira referência. As *garantias jurisdicionais* dos administrados no *domínio do urbanismo* comungam do mesmo regime do *contencioso administrativo* ou da *justiça administrativa*[201], mas apresentam algumas especificidades em rela-

---

n.º 3 do artigo 268.º da Lei Fundamental, cfr. J. M. CARDOSO DA COSTA, *A Jurisprudência Constitucional Portuguesa em Matéria Administrativa*, in BFDUC, *Studia Juridica* 61, *Ad Honorem* – 1, Estudos em Homenagem ao Prof. Doutor Rogério Ehrhardt Soares, Coimbra, Coimbra Editora, 2001, p. 203 e 204.

[201] Para uma análise dos *meios de acesso* aos tribunais administrativos no actual regime do contencioso administrativo, cfr., por todos, J. C. VIEIRA DE ANDRADE,

ção ao contencioso administrativo geral. Tais particularidades serão escrutinadas quando abordarmos o contencioso do urbanismo. Podemos, no entanto, afirmar que elas abrangem, entre o mais, alguns aspectos do regime da *impugnação dos planos* (em comparação com o regime geral da impugnação jurisdicional de normas administrativas)[202], certos domínios da *impugnação dos actos administrativos de gestão urbanística*[203], bem como determinadas vertentes das *intimações judiciais para a prática de actos administrativos de gestão urbanística legalmente devidos*[204].

A Justiça Administrativa (Lições), 9.ª ed., Coimbra, Almedina, 2007, p. 179 e segs., e M. AROSO DE ALMEIDA, *O Novo Regime do Processo nos Tribunais Administrativos*, 4.ª ed., Coimbra, Almedina, 2005, p. 75 e segs..

[202] Sobre o regime geral da impugnação jurisdicional de normas administrativas, antes da reforma da justiça administrativa de 2002/2003, cfr. a nossa obra *A Impugnação Jurisdicional de Normas Administrativas*, in CJA, N.º 16 (1999), p. 16--27. Para uma abordagem de algumas especificidades do contencioso dos planos, cfr. as nossas obras *O Contencioso dos Planos Municipais de Ordenamento do Território*, in RJUA, N.º 1 (1994), p. 31-40, *Estudos de Direito do Urbanismo*, cit., p. 137-140, e *Direito do Urbanismo em Portugal (Síntese)*, in RLJ, Ano 135.º, N.º 3937, p. 227--230. À problemática da impugnação contenciosa dos planos voltaremos mais adiante. Cfr. também os artigos 7.º e 102.º, n.º 2, do RJIGT.

[203] Cfr., sobre este ponto, PEDRO GONÇALVES/FERNANDA PAULA OLIVEIRA, *A Nulidade dos Actos Administrativos de Gestão Urbanística*, in Revista do CEDOUA, Ano III, N.º 1 (1999), p. 17 e segs., e *O Regime de Nulidade dos Actos Administrativos de Gestão Urbanística que Investem o Particular no Poder de Realizar Operações Urbanísticas*, na mesma Revista, Ano II, N.º 2 (1999), p. 15 e segs.; e as nossas obras *Estudos de Direito do Urbanismo*, cit., p. 140-142, e *Direito do Urbanismo em Portugal (Síntese)*, cit., p. 230 e 231. Cfr. também os artigos 69.º e 115.º do RJUE, bem como os Acórdãos da 1.ª Secção do Supremo Tribunal Administrativo de 13 de Maio de 2004 (Proc. n.º 0155/2004) e de 19 de Maio de 2004 (Proc. n.º 0177/2004), o primeiro sumariado nos CJA, N.º 46 (2004), p. 62 e 63.

[204] Cfr. a nossa obra *Le Juge et l'Urbanisme au Portugal, Rapport*, cit., p. 258 e segs., e *Le Silence de l'Administration en droit de l'Urbanisme Portugais*, in Mélanges en l'Honneur de Henri Jacquot, Orléans, Presses Universitaires d'Orléans, 2006, p. 129-159, bem como a nossa *Anotação* ao Acórdão da 1.ª Secção do Supremo Tribunal Administrativo de 10 de Março de 2004 (Proc. n.º 182/2004), com o título "Intimação para a Prática de Acto Legalmente Devido no Âmbito do Pro-

4.5. *A "constituição do urbanismo" na jurisprudência do Tribunal Constitucional*

A jurisprudência do Tribunal Constitucional vem tendo uma influência importante na "construção" e na "consolidação" da constituição do urbanismo. Justifica-se, por isso, uma breve referência aos principais arestos do nosso órgão supremo da justiça constitucional sobre o direito do urbanismo, com a finalidade de captar os elementos essenciais da doutrina jurídica que deles emana.

Um primeiro grupo de arestos do Tribunal Constitucional, que inclui, entre outros, os Acórdãos n.ºs 432/93, 674/95, 379/96 e 560/99[205], sublinhou que o *urbanismo é um espaço de condomínio de interesses estaduais e locais*. Assim, o primeiro daqueles acórdãos, debruçando-se, em processo de fiscalização preventiva, sobre a questão da constitucionalidade das normas dos artigos 2.º, n.ºs 1 e 2, e 4.º, n.º 1, do Decreto n.º 264/93, aprovado pelo Conselho de Ministros, sobre o Programa de Realojamento e de Construção de Habitações Económicas (e de que viria a resultar o Decreto-lei n.º 272/93, de 4 de Agosto), depois de acentuar que as matérias de ordenamento do território e planeamento urbanístico, "porque respeitam ao interesse geral da comunidade constituída em Estado" (e, portanto, "transcendem o universo dos interesses específicos das comunidades locais"), não são privativas das autarquias locais, precisou que, "para mais, este domínio da promoção habitacional, urbanismo e gestão do ambiente é mesmo um domínio aberto à intervenção concorrente das autarquias e do Estado". E, em consonância com a referida ideia, decidiu não se pronunciar pela inconstitucionalidade das apontadas

---

cedimento de Licenciamento de Operações Urbanísticas", in RLJ, Ano 135.º, N.º 3934, p. 37-50. Cfr., ainda, os artigos 111.º, alínea *a*), 112.º e 113.º, n.ºs 5, 6 e 7, do RJUE.

[205] Publicados no *DR*, II Série, de 18 de Agosto de 1993, de 21 de Março de 1996, de 15 de Julho de 1996, e de 21 de Fevereiro de 2000, respectivamente, e os três primeiros em *Acórdãos do Tribunal Constitucional*, 25.º Vol. (1993), p. 37 e segs., 32.º Vol. (1995), p. 609 e segs., e 33.º Vol. (1996), p. 595 e segs., respectivamente.

normas, pois não violavam "o espaço incomprimível da autonomia das autarquias locais", constante dos artigos 6.º, n.º 1, 237.º, n.º 2, e 239.º da Constituição (na versão anterior à Revisão Constitucional de 1997).

Por sua vez, o segundo aresto, analisando a questão da constitucionalidade da norma do n.º 1 do artigo 65.º do Decreto-Lei n.º 400//84, de 31 de Dezembro, relativa à competência das autarquias nos processos de loteamento, após realçar que "o urbanismo é [...] daqueles domínios reconhecidamente abertos à intervenção concorrente das autarquias e do Estado/administração central", concluiu que aquela norma não infringia, entre os mais, os artigos 6.º, n.º 1, 237.º e 243.º, n.º 2, da Lei Fundamental (na versão antecedente à Revisão Constitucional de 1997).

O terceiro aresto, por seu lado, apreciando a questão da constitucionalidade da norma do artigo 1.º, n.º 6, do Decreto-Lei n.º 219//72, de 27 de Junho, que atribuía à Junta Autónoma das Estradas o poder de embargar obras proibidas nas zonas *non aedificandi* das estradas nacionais, baseando-se na ideia vincada pelos Acórdãos n.ºs 432//93 e 674/95, não julgou inconstitucional aquela norma, uma vez que ela não colidia com o princípio constitucional da *autonomia das autarquias locais*, tal como a Constituição o configura nos artigos 237.º, n.º 2.º, 239.º e 243.º, n.º 1, da Constituição (na versão decorrente da Revisão Constitucional de 1989). Por último, o quarto aresto, tendo como objecto a questão da constitucionalidade das normas dos artigos 2.º, n.º 1, e 14.º, n.º 1, do Decreto-Lei n.º 289/93, de 6 de Junho, depois de afirmar que "as matérias atinentes à política geral do urbanismo e ordenamento do território são matérias de interesse nacional, constituindo tarefas do Estado", decidiu que aquelas normas, que ferem com a nulidade os actos das câmaras municipais respeitantes a operações de loteamento que não sejam precedidas da audiência da Direcção-Geral dos Serviços de Urbanização, ou que sejam desconformes com o seu parecer ou com a decisão do ministro respectivo, não violam o princípio da autonomia local (já que se mantém o *núcleo essencial* desta), nem configuram qualquer situação de tutela integrativa ou substitutiva (uma vez que se está perante uma competência estadual própria e concorrente com a das autarquias locais e não perante aquelas outras situações de exercício de meros poderes de controlo da legalidade, característicos do instituto da tutela administrativa), pelo que não colidem com os artigos 6.º, n.º 1, 237.º e 243.º da Lei Fundamental.

Um segundo conjunto de acórdãos do Tribunal Constitucional versa sobre a *expropriação por utilidade pública,* que constitui, como já dissemos, um importante instituto do direito do urbanismo. A jurisprudência daquele Tribunal sobre a expropriação por utilidade pública é muito rica e variada e cobre vários aspectos da vida deste instituto, tais como os do conceito de expropriação, da indemnização por expropriação (a extensão, o momento e as formas do seu pagamento), da reversão dos bens expropriados, da discussão litigiosa do valor da indemnização (a arbitragem, a competência dos tribunais judiciais e os graus de jurisdição sobre o valor da indemnização) e da indemnização das servidões *non aedificandi* constituídas na sequência de um procedimento expropriativo. A análise dos mais importantes arestos do Tribunal Constitucional sobre a expropriação por utilidade pública não deve ser feita aqui, mas no capítulo dedicado ao estudo das expropriações urbanísticas. Limitámo-nos, por isso, agora, a remeter para outro nosso trabalho, onde expusemos as linhas essenciais da jurisprudência do Tribunal Constitucional sobre o acto expropriativo [206].

---

[206] Cfr. a nossa obra *A Jurisprudência do Tribunal Constitucional sobre Expropriações por Utilidade Pública e o Código das Expropriações de 1999,* in RLJ, Ano 132.º, N.ᵒˢ 3904, p. 194 e segs., 3905 e 3906, p. 231 e segs., e 3907, p. 294 e segs.. Cfr. também a nossa obra *Evolução do Direito do Urbanismo em Portugal em 2001, 2002, e 2003,* in Revista do CEDOUA, Ano VI, N.º 12 (2003), p. 19. Entretanto, após a publicação desta obra, vários foram os arestos prolatados pelo Tribunal Constitucional sobre *expropriações por utilidade pública.* Pode referir-se, a título de exemplo, o Acórdão n.º 422/04 (publicado no *DR,* II Série, de 4 de Novembro de 2004, e em *Acórdãos do Tribunal Constitucional,* 59.º Vol. (2004), p. 687 e segs.), tirado pelo Plenário do Tribunal Constitucional, que, por sete votos contra seis dos juízes que o compõem, não julgou inconstitucional a norma do n.º 4 do artigo 23.º do Código das Expropriações de 1999, que determina a dedução ao *quantum* da indemnização por expropriação do adicional de contri-

Um terceiro grupo de arestos do Tribunal Constitucional que versam questões de direito do urbanismo é constituído pelos Acórdãos n.ᵒˢ 329/99 e 517/99 [207], que analisaram a questão de constitucionalidade das normas do Decreto-Lei n.º 351/93, de 7 de Outubro (alterado pelo Decreto-Lei n.º 61/95, de 7 de Abril), que estabelece o regime de "caducidade" de licenças e aprovações urbanísticas incompatíveis com as disposições de um superveniente plano regional de ordenamento do território (PROT) – plano este elaborado e aprovado ao abrigo do Decreto-Lei n.º 176-A/88, de 18 de Maio (alterado, sucessivamente, pelos Decretos-Leis n.ᵒˢ 367/90, de 26 de Novembro, 249/94, de 12 de Outubro, e 309/95, de 20 de Novembro) e cujo regime jurídico é disciplinado por aquele diploma legal.

No primeiro dos mencionados acórdãos, foi analisada, em processo de fiscalização concreta, a questão da constitucionalidade das normas constantes do artigo 1.º, n.ᵒˢ 1, 2 e 3, do Decreto-Lei n.º 351/93, de 7 de Outubro, tendo o Tribunal Constitucional concluído que as mesmas não são inconstitucionais, "no entendimento de que elas se hão-de ter por integradas pelo artigo 9.º do Decreto-Lei n.º 48 051, de 27 de Novembro de 1967, por forma a impor-se ao Estado o dever de indemnizar, nos termos deste último diploma legal, os parti-

---

buição autárquica, nos últimos cinco anos, e que tivemos ensejo de *anotar criticamente* na RLJ, Ano 134.º, N.ᵒˢ 3931 e 3932, p. 340-352, bem como o recente Acórdão, também do Plenário do Tribunal Constitucional, n.º 11/2008 (publicado no *DR*, II Série, de 13 de Março de 2008), subscrito por uma ampla maioria de juízes, que inverteu o sentido da jurisprudência constante do citado Acórdão n.º 422/2004, julgando inconstitucional a referida norma do Código das Expropriações, por violação dos princípios constitucionais da justa indemnização, consagrado no artigo 62.º, n.º 2, da Constituição, e da igualdade dos cidadãos perante encargos públicos, incluindo o da igualdade tributária, enquanto expressão específica do princípio de igualdade, constante do artigo 13.º da Constituição. Cfr. a nossa *Anotação* concordante ao Acórdão do Tribunal Constitucional n.º 11/2008, na RLJ, Ano 137.º, N.º 3948 (no prelo).

[207] Publicados no *DR*, II Série, de 20 de Julho de 1999, e de 11 de Novembro, respectivamente. Cfr., sobre este ponto, a nossa obra *A Evolução do Direito do Urbanismo em Portugal em 1999-2000*, in Revista do CEDOUA, Ano IV, N.º 1 (2001), p. 21.

culares que, por aplicação daquelas normas, vejam «caducar» as licenças que antes obtiveram validamente". E, no segundo dos citados arestos, o mesmo Tribunal apreciou, em processo de fiscalização abstracta sucessiva, a questão da constitucionalidade das normas constantes dos vários artigos do mencionado Decreto-Lei n.° 351/93, tendo também aí decidido não declarar a inconstitucionalidade daquelas normas, no entendimento acima assinalado.

As referidas normas do Decreto-Lei n.° 351/93 foram confrontadas, naqueles dois arestos, com diferentes regras e princípios constitucionais. Interessa-nos aqui focar tão-só a parte em que as normas daquele diploma legal foram analisadas à luz dos princípios da *justa indemnização*, da *igualdade* e da *proporcionalidade*, condensados nos artigos 62.°, n.° 2, 13.° e 266, n.° 2, da Constituição.

Pois bem. Os Acórdãos n.ºˢ 329/99 e 517/99 assumiram a ideia de que a declaração da incompatibilidade de licenças e aprovações urbanísticas com as regras constantes de um plano regional de ordenamento do território (PROT), numa situação em que aqueles actos de gestão urbanística foram emitidos anteriormente à data da entrada em vigor do PROT que é utilizado como padrão do juízo de compatibilidade, tendo tal declaração como consequência a cessação dos efeitos das referidas licenças ou aprovações, constitui uma *expropriação de sacrifício* ou uma *expropriação em sentido substancial* de "direitos urbanísticos" conferidos por actos administrativos válidos e, por isso, deve ser acompanhada de indemnização[208]. Com efeito, neles se sublinhou, a dado passo, que "uma das situações que, por via da gravidade e da intensidade dos danos que produz na esfera jurídica dos particulares impõe o pagamento de uma indemnização, é, justamente, aquela em que as licenças ou autorizações de loteamento, urbanização ou construção já concedidas são postas em causa por um plano urbanístico posterior, designadamente em virtude de, como é o caso, uma lei posterior vir retirar eficácia a licenças de loteamento, urbanização ou construção já concedidas, desde que se não prove que essas licen-

---

[208] Cfr., sobre este ponto, a nossa obra *"Caducidade" de Licenças e Aprovações Urbanísticas, cit.*, p. 33-45.

ças já concedidas são compatíveis com as regras de uso, ocupação ou transformação dos solos, constantes desse plano. Esta perda de eficácia, importando a ablação de faculdades ou direitos antes reconhecidos aos particulares, não pode ter lugar senão mediante o pagamento de uma indemnização".

E depois de constatar que o Decreto-Lei n.º 351/93 não contemplava o pagamento de qualquer indemnização, referiu o Tribunal Constitucional que, "se, no momento em que foi editado o Decreto-Lei n.º 351/93, de 7 de Outubro, não havia norma legal que expressamente previsse o dever de indemnizar, com fundamento no facto de, por «caducarem» as licenças anteriormente concedidas, se ficar impedido de urbanizar ou construir em loteamento já autorizado, o certo é que esse direito a ser indemnizado podia fazer-se decorrer do artigo 9.º do Decreto-Lei n.º 48051, de 21 de Novembro de 1967". E, nesta linha, concluiu o mesmo Tribunal, naqueles dois arestos, que, "sendo isto assim, uma interpretação do mencionado artigo 9.º à luz do artigo 22.º da Constituição não pode deixar de impor ao Estado o dever de indemnizar o particular que se viu «expropriado» de faculdades ou direitos que antes lhe foram validamente reconhecidos".

Um quarto grupo de acórdãos do Tribunal Constitucional pronunciou-se sobre o problema da relação entre o vulgarmente designado "*jus aedificandi*" e o direito de propriedade do solo constitucionalmente garantido. Assim, no Acórdão n.º 341/86[209], afirmou-se que "no direito de propriedade constitucionalmente consagrado contém-se o poder de gozo do bem objecto do direito, sendo certo que não se tutela ali expressamente um «jus aedificandi», um direito à edificação como elemento necessário e natural do direito fundiário". E o mesmo Tribunal consignou no mencionado Acórdão 329/99, e repetiu no citado Acórdão 517/99, que os direitos de urbanizar, lotear e edificar não fazem parte da *essência* do direito de propriedade, tal como ele é garantido pela Constituição. E acrescentou-se, nestes dois arestos: "E, assim, como só pode construir-se ali onde os planos

---

[209] Publicado no *DR*, II Série, de 19 de Março de 1987, e em *Acórdãos do Tribunal Constitucional*, 8.º Vol. (1986), p. 507 e segs..

urbanísticos o consentirem; e o território nacional tende a estar, todo ele, por imposição constitucional, integralmente planificado [artigos 9.°, alínea e), 65.°, n.° 4, e 66.°, n.° 2, alínea b)]; o *direito de edificar*, mesmo entendendo-se que é uma faculdade inerente ao direito de propriedade, para além de ter que ser exercido nos termos desses planos, acaba, verdadeiramente, por *só existir* nos solos que estes qualifiquem como *solos urbanos*. Atenta a *função social* da propriedade privada e os relevantes interesses públicos que confluem na decisão de quais sejam os solos urbanizáveis, o *direito de edificar* vem, assim, a ser inteiramente modelado pelos planos urbanísticos".

Por fim, um quinto conjunto de acórdãos que queremos aqui referir (mas de que praticamente só podemos dar notícia) incide sobre diversas questões de direito do urbanismo. São eles, em termos muito sintéticos, os seguintes: o Acórdão n.° 14/99[210], que julgou organicamente inconstitucional a norma do artigo 56.°-A do Decreto-Lei n.° 445/91, de 20 de Novembro (aditada pelo Decreto-Lei n.° 250//94, de 15 de Outubro), a qual pune como crime de falsificação de documentos as falsas declarações ou informações prestadas pelos técnicos e pelos autores de projectos no certificado de conformidade previsto no artigo 5.°, no termo de responsabilidade contemplado no artigo 6.°, no livro de obra previsto no artigo 25.°, ou na declaração referida no n.° 4 do artigo 26.°, uma vez que a Lei n.° 17/94, de 23 de Maio, ao abrigo da qual o Decreto-Lei n.° 250/94 foi editado, não autorizou a prever qualquer ilícito criminal; o Acórdão n.° 194//99[211], que decidiu não julgar inconstitucionais as normas constantes do artigo 11.°, n.° 3, do Decreto Regulamentar n.° 11/91, de 21 de Março (que aprovou o Plano Regional de Ordenamento do Território do Algarve), e do n.° 2 do Despacho Conjunto dos Ministros do Planeamento e da Administração do Território e do Comércio e Turismo de 15 de Dezembro de 1992, dado que elas não brigam com o artigo 115.°, n.ᵒˢ 5, 6 e 7, da Constituição, na versão da Revi-

---

[210] Publicado no *DR*, II Série, de 24 de Março de 1999, e em *Acórdãos do Tribunal Constitucional*, 42.° Vol (1999), p. 109 e segs..

[211] Publicado no *DR*, II Série, de 5 de Novembro de 1999, e em *Acórdãos do Tribunal Constitucional*, 43.° Vol (1999), p. 173 e segs..

são de 1989 (a que correspondem, na versão decorrente da Revisão de 2004, os n.ᵒˢ 5, 6 e 7 do artigo 112.º), nem com os artigos 62.º e 18.º, n.º 2, também da Constituição; o Acórdão n.º 377/99[212], que não julgou inconstitucionais as normas dos artigos 1.º do Decreto-Lei n.º 19/90, de 11 de Janeiro, e dos artigos 20.º, 21.º e 23.º do Decreto-Lei n.º 445/91, de 20 de Novembro, relativas à caducidade da licença de construção, da deliberação que tiver licenciado a realização de obras e do alvará de licença de construção, com o fundamento de que elas não infringem as alíneas *b*) e *s*) do n.º 1 do artigo 168.º da Constituição (na redacção resultante da Revisão de 1989); o Acórdão n.º 639/99[213], que não julgou inconstitucionais as normas dos n.ᵒˢ 1 e 2 do artigo 1.º do Decreto-Lei n.º 327/90, de 22 de Outubro (alteradas, por ratificação, pela Lei n.º 54/91, de 8 de Agosto), respeitantes ao regime de ocupação do solo em que tenha ocorrido um incêndio florestal, enquanto proíbem, pelo prazo de dez anos, a sua afectação a outros fins que não o da reflorestação, salvo se tal proibição for levantada por despacho conjunto dos Ministros referidos no n.º 2 do artigo 1.º, com o fundamento de que aquelas normas não são desadequadas, excessivas ou desproporcionadas, não violam os princípios da igualdade, da justiça, da imparcialidade e da boa-fé, não atentam contra o princípio da protecção da confiança, inerente à ideia de Estado de direito, entendido como garantia de um direito dos cidadãos à segurança jurídica, nem têm natureza sancionatória, mas apenas natureza cautelar, pelo que não podem servir como parâmetro de referência da sua constitucionalidade as normas e princípios constitucionais respeitantes ao processo criminal; o Acórdão n.º 70//2000[214], que não julgou inconstitucional a norma constante do n.º 9

---

[212] Publicado no *DR*, II Série, de 28 de Fevereiro de 2000. Cfr., sobre este ponto, a nossa obra *A Evolução do Direito do Urbanismo em Portugal em 1999-2000*, cit., p. 22.

[213] Publicado no *DR*, II Série, de 23 de Março de 2000. Cfr., sobre este ponto, a nossa obra *A Evolução do Direito do Urbanismo em Portugal em 1999-2000*, cit., p. 22.

[214] Publicado no *DR*, II Série, de 11 de Dezembro de 2000. Cfr. a nossa obra *A Evolução do Direito do Urbanismo em Portugal em 1999-2000*, cit., p. 22.

do artigo 68.º do Decreto-Lei n.º 448/91, de 29 de Novembro – que fixa em seis meses, contados do conhecimento do acto que lhe serve de fundamento, o prazo para a propositura da acção destinada ao reconhecimento de direitos constituídos com o deferimento tácito de um pedido de licenciamento de loteamento –, com o fundamento de que aquele prazo não se apresenta como desnecessário, irrazoável ou excessivo, nem é de tal modo exíguo que inviabilize o exercício do direito ou torne esse exercício particularmente oneroso, antes tem a justificá-lo valores de certeza e segurança jurídicas (valores objectivos que se encontram intimamente conexionados com o direito à protecção jurídica, que o Estado de direito deve assegurar), pelo que a referida norma não infringe os artigos 2.º, 9.º, 18.º, 20.º, 268.º, n.º 5, 266.º e 277.º, n.º 1, da Constituição (na versão da Revisão de 1989); o Acórdão n.º 40/2001 [215], que não julgou inconstitucional a norma do artigo 25.º, n.º 1, da Lei de Processo nos Tribunais Administrativos (LPTA), aprovada pelo Decreto-Lei n.º 267/85, de 16 de Julho, interpretada no sentido de não admitir recurso contencioso contra o acto de aprovação do *projecto de arquitectura*, com o fundamento de que este acto, atento o disposto no artigo 20.º, n.º 3, do Decreto-Lei n.º 445/91, de 20 de Novembro, estaria "sujeito a uma *fase integrativa de eficácia*, pelo que só a partir da emissão da respectiva licença é que produz os seus efeitos e, consequentemente, poderá ser impugnado pelos contra-interessados vizinhos" [216]; e o Acórdão

---

[215] Publicado no *DR*, II Série, de 9 de Março de 2001.

[216] Em anotação crítica a este aresto, afirma MÁRIO TORRES que, num contexto legal como o nosso, "em que a aprovação do projecto de arquitectura surge [...] como acto constitutivo de direitos ou interesses legalmente protegidos, representando a última palavra da Administração sobre a questão da conformidade legal desse projecto, em que o regime legal claramente pretende que só se avance para o patamar dos projectos de especialidades depois de cimentado o patamar do projecto de arquitectura, em que a possibilidade de lesão de interesses de terceiros ou de interesses difusos, colectivos ou públicos se centra em termos quase praticamente exclusivos nessa fase do procedimento, surge destituída de racionalidade a proibição da imediata impugnação contenciosa desse acto". Cfr. *Ainda a (In)Impugnabilidade da Aprovação do Projecto de Arquitectura, Acórdão do*

n.º 360/2004[217], que não julgou inconstitucional a norma do artigo único, n.º 3, do Decreto-Lei n.º 204/2002, de 1 de Outubro, que retroage os efeitos deste diploma ao termo dos prazos – fixados nos diplomas que procederam à criação ou à reclassificação de áreas protegidas, nos termos do Decreto-Lei n.º 19/93, de 23 de Janeiro – para elaboração dos planos de ordenamento e respectivos regulamentos, com o fim de obstar à caducidade da classificação das áreas protegidas.

4.6. *Continuidade e mudança da "constituição do urbanismo"*

Como vem sublinhando J. J. GOMES CANOTILHO, todo e qualquer texto constitucional apresenta duas dimensões fundamentais: *pretensão de estabilidade* na sua qualidade de "ordem jurídica fundamental" ou de "estatuto jurídico" e *pretensão de dinamicidade*, tendo em conta a necessidade de ele fornecer aberturas para as mudanças no seio do político. Ainda segundo o mesmo autor, "Constituição implica, como «ordem jurídica fundamental», a ideia de *estabilidade e rigidez*, designadamente quanto às suas dimensões estruturantes ou ao seu «núcleo duro» caracterizador (princípio do Estado de direito, princípio democrático, direitos, liberdades e garantias, separação dos órgãos de soberania, descentralização territorial, etc.)". Mas, por outro

---

Tribunal Constitucional n.º 40/2001, Proc. 405/99, de 31/1/2001, in CJA, N.º 27 (2001), p. 41-45.

Também nós entendemos que a aprovação do projecto de arquitectura de uma obra de edificação é um *acto administrativo prévio*, que se pronuncia de modo *final* e *vinculativo* para a Administração sobre um conjunto de requisitos constantes da lei, sendo, por isso, em relação a esses aspectos, *constitutivo de direitos* para o requerente do licenciamento e *vinculativo* para a câmara municipal no momento da deliberação final sobre o pedido de licenciamento, de tal modo que, no caso de a licença não poder ser concedida ou de a comunicação prévia não poder ser admitida, por ter, entretanto, entrado em vigor um plano cujas disposições são incompatíveis com a realização da obra de edificação, tem o beneficiário do acto de aprovação do projecto de arquitectura direito a uma indemnização. Voltaremos mais à frente a este assunto.

[217] Publicado no *DR*, II Série, de 29 de Junho de 2004.

lado, "o *futuro* é uma tarefa indeclinável da Constituição, devendo, por isso, a lei constitucional fornecer aberturas para captar a dinamicidade da vida política e social". Fala-se, por isso, "da *polaridade* dos elementos de estabilidade e flexibilidade como um problema de «coordenação justa» desses momentos e não como um problema de alternativa", bem como "da relação de *continuidade/mudança* garantida pelas Constituições"[218].

De modo similar, R. EHRHARDT SOARES sublinha que "cada Constituição deve preservar aquela *abertura* que lha garanta, sob o domínio dos princípios fundamentais que colheu na experiência histórica do povo, a possibilidade de se ir adaptando às mudanças técnicas, económicas e sociais que o processo político da comunidade venha a manifestar"[219].

Esta característica de polaridade ou tensão entre estabilidade e flexibilidade, que é conatural à ideia de Constituição como ordem jurídica aberta, assume um relevo muito particular no âmbito da "constituição do urbanismo", dado que as normas jurídicas urbanísticas apresentam, pela sua própria natureza, como tivemos ensejo de acentuar, uma especial *infixidez* ou *instabilidade*, a qual se manifesta não apenas na *alteração frequente* das normas de direito do urbanismo aplicáveis ao todo nacional, mas também na *flexibilidade* dos planos urbanísticos.

À luz do exposto, compreende-se que as regras e princípios que compõem a "constituição do urbanismo", a par de desempenharem uma importante função *estabilizadora* e *ordenadora* do sistema jurídico urbanístico, manifestem uma *especial abertura* às *mudanças históricas* das concepções e da realidade urbanísticas, comprovando, desse modo, o acerto da conhecida frase de K. HESSE, segundo a qual *jede Verfassung ist "Verfassung in der Zeit"*[220].

---

[218] Cfr. *Direito Constitucional e Teoria da Constituição*, cit., p. 1435.
[219] Cfr. *O Conceito Ocidental de Constituição*, in RLJ, Ano 119.º, N.º 3744 (1986), p. 72.
[220] Cfr. *ob. cit.*, p. 11.

§ 2.º
FORMAÇÃO E EVOLUÇÃO HISTÓRICA DO DIREITO DO URBANISMO

Uma abordagem, ainda que breve, das principais metamorfoses históricas por que passou o direito do urbanismo, não só no nosso país, mas também nos países europeus que, sob o ponto de vista cultural, mais próximos estão de nós, constitui uma tarefa de primordial importância para quem procura deslindar os princípios enformadores do direito do urbanismo actual e rasgar algumas pistas para a sua evolução. Com a exposição, na *Introdução* deste Manual, das linhas essenciais da formação e evolução histórica do direito do urbanismo, procuramos seguir a máxima de ORTEGA Y GASSET, segundo a qual é "el futuro y el porvenir que nos lanza y nos hace descubrir el pretérito", pelo que "volvemos la vista atrás, precisamente porque lo primero es mirar adelante"[221]. Do que se trata, ao desenvolvermos a historicidade das criações culturais[222], no caso concreto, do direito do urbanismo, "é de saber reconstruir os horizontes herdados com os horizontes conquistados, fundindo, no presente, o passado e o futuro, pois mesmo quando este parece cortar com aquele é ainda o primeiro o lugar de emergência do segundo [...]"[223].

---

[221] Cfr. *Una Interpretacion de la Historia Universal (en Torno a Toynbee)*, in *Obras Completas*, Vol. IX (1960-1962), 3.ª ed., Madrid, Revista de Occidente, 1977, p. 42.

[222] Cfr. RUI M. F. MARCOS, *História da Administração Pública, Relatório sobre o Programa, o Conteúdo e os Métodos de Ensino*, polic., Coimbra, 2005, p. 83.

[223] Cfr. F. PINTO BRONZE, *Relatório com o Programa, os Conteúdos e os Métodos de Ensino Teórico e Prático da Disciplina de "Introdução ao Direito"*, polic., Coimbra, 1996, p. 42.

A origem do direito do urbanismo é reportada por um certo número de autores ao século XIX, quando se tomou consciência da necessidade de uma intervenção correctora da Administração Pública dos efeitos negativos provocados no tecido urbano por dois fenómenos ocorridos no século anterior: o aumento da população, devido fundamentalmente à queda acentuada da taxa de mortalidade, e a revolução industrial, cujas manifestações mais salientes se verificaram na Inglaterra e na França. Estes dois fenómenos estão na base de consequências assaz importantes. Primeiro, põem termo ao mecanismo multissecular de sucessão de várias gerações, com base no qual a geração seguinte ocupava o lugar da antecedente e procurava repetir o seu destino. Agora, surgem novas formas de vida, novas ocupações derivadas da génese e desenvolvimento das novas indústrias. Segundo, rompem o antigo equilíbrio entre a cidade e o campo, assistindo-se a uma deslocação em massa das pessoas das aldeias para as cidades, muitas delas nascidas improvisadamente nas proximidades das oficinas.

É inegável que o século XIX trouxe consigo um incremento da legislação urbanística, com a finalidade de minorar os males decorrentes das chamadas cidades industriais, também apelidadas de "cidades carvão", repletas de bairros operários, construídos pelos "Jerry Builders" e pelas "Company Towns" mesmo junto das minas e das fábricas, caracterizados pelas condições desumanas e carecidos dos requisitos mínimos de higiene e de habitabilidade. Mas não concordamos com a tese que marca o nascimento do direito do urbanismo no século XIX. Não podemos esquecer que em épocas históricas anteriores existiram normas jurídicas aplicáveis à abertura de ruas e praças e à construção de edifícios, muitas delas destinadas a garantir que a actividade privada de construção respeitasse os ditames do interesse público.

Assim se compreende que o nosso rápido bosquejo histórico se inicie muito antes do século XIX, convictos de que, como refere E. SCHMIDT-ASSMANN, o direito do urbanismo pode ser analisado com base numa tradição de vários séculos [224-225].

---

[224] Cfr. *Grundfragen*, cit., p. 7.
[225] Sobre as linhas de evolução histórica do direito do urbanismo, cfr. a nossa obra *O Plano Urbanístico*, cit., p. 93-166, e a bibliografia aí citada.

5. Principais etapas da formação e evolução histórica do direito do urbanismo nos vários países europeus

5.1. *Manifestações jurídico-urbanísticas no Direito Romano*

Na nossa óptica, os primórdios do ordenamento jurídico urbanístico actual encontram-se no Direito Romano. É por aí, então, que vamos iniciar o nosso olhar histórico.

Poderemos arrumar o conjunto das regras jurídicas urbanísticas dos romanos em quatro grandes grupos: normas destinadas a garantir a *segurança* das edificações, de modo a evitar riscos para os que nelas habitavam e para o público em geral; normas dirigidas à tutela da *estética* das construções; normas que visavam a *salubridade* das edificações; e, finalmente, disposições com um objectivo mais amplo, que poderemos designar de *ordenamento do conjunto urbano*.

No grupo das normas de segurança das edificações, incluem-se, por exemplo, as disposições que definiam a altura máxima dos edifícios. A fixação pelos romanos de um limite máximo para a altura das construções – limite este fixado pelo Imperador *Augusto* em 70 pés (20,74^m) e por *Trajano* em 60 pés (17,77^m) – visava a garantia da *segurança pública* pela maior estabilidade conferida aos imóveis (e, bem assim, de uma maior *luminosidade* e de melhores *vistas* para as habitações).

Várias foram também as disposições jurídicas criadas pelos romanos para tutela do interesse estético das edificações. Assim, só para citarmos um exemplo, no tempo de *Cláudio*, o senatusconsulto "Osidianum" (*de aedificiis non diruendis*) obstava à demolição de edifícios com a finalidade de especular com os materiais (mármores, colunas, etc.). Era, deste modo, proibido o comércio de edifícios, quando o objecto do negócio não eram os edifícios enquanto tais, mas os materiais utilizados na sua construção. Para os prevaricadores era cominada, para além da nulidade do contrato de compra e venda, uma multa correspondente ao dobro do preço estipulado.

No que respeita às normas com fins de salubridade das edificações, fazem parte deste naipe as que visavam a garantia da luminosidade dos edifícios, tais como as já referidas a propósito da altura máxima das construções. No mesmo sentido, podem citar-se os regulamentos do Imperador *Augusto* que impediam a construção de saliências ou relevos que tirassem área e luz às casas.

Acrescem a estes exemplos as actividades desenvolvidas pelo Imperador *Trajano* e pelos seus sucessores destinadas a beneficiar e a tornar mais salubres as zonas mais excêntricas da cidade de Roma.

Integram o elenco das normas destinadas ao ordenamento do conjunto urbano, entre outras, as concernentes às distâncias entre as construções (*limitatio*) – normas estas que não tinham apenas como finalidade a solução dos conflitos entre vizinhos, tinham em vista, sobretudo, o estabelecimento de uma configuração geral da cidade, para além, naturalmente, da garantia de uma certa luminosidade e de um mínimo de vistas para as edificações –, bem como as respeitantes à largura das ruas.

Ainda no tocante ao acervo de normas do direito romano que tinham como finalidade o ordenamento do conjunto urbano, devem assinalar-se que o espírito jurídico romano conheceu vários institutos do direito do urbanismo actual. Assim sucedeu com a expropriação por utilidade pública [226], com a proibição de ocupação da via pública, com a obrigação de demolição das casas que ameaçassem ruína e com a fixação do alinhamento das novas construções – medidas estas da competência dos magistrados de Roma, designadamente dos *curatores*

---

[226] Tendo em conta, por um lado, o enorme volume de obras públicas que nos legou Roma e, por outro lado, o sentido romanista do direito de propriedade, tradicionalmente associado ao paradigma individualista [cfr., sobre as principais características da propriedade no direito romano, A. SANTOS JUSTO, *A Propriedade no Direito Romano. Reflexos no Direito Português*, in BFDUC, Vol. 75 (1999), p. 99- -102], vêm alguns estudiosos mais recentes, não obstante a controvérsia ainda existente (cfr., sobre este ponto, as nossas obras *As Garantias do Particular*, cit., p. 16 e 17, e *O Plano Urbanístico*, cit., p. 103 e 104), defendendo, com base numa análise de um conjunto de provas directas e indirectas, que o instituto de expropriação por utilidade pública foi conhecido pelos romanos, não só nos tempos do Império, mas também na última fase da República (cfr., neste sentido, E. LOZANO CORBÍ, *La Expropiación Forzosa, por Causa de Utilidad Pública y en Interés del Bien Común, en el Derecho Romano*, Zaragoza, Mira, 1994, p. 31 e segs.).

urbis. Ou, ainda, com a interdição de demolir ou de construir sem autorização imperial ou, fora de Roma, sem consentimento dos poderes locais.

O exposto permite-nos retirar a seguinte conclusão geral: não existia no direito romano um corpo unitário de normas jurídicas urbanísticas, tal como é entendido na actualidade, e eram desconhecidos do léxico jurídico do povo romano alguns dos institutos mais importantes do direito do urbanismo hodierno. Mas, apesar disso, não faltavam no direito romano várias regras jurídicas cujo fim genérico era a tutela do interesse público no domínio do urbanismo, tanto no aspecto da salvaguarda da segurança, estética e salubridade das edificações, como no de um correcto ordenamento dos aglomerados urbanos. Não será, por isso, descabido afirmar que também no campo do direito do urbanismo se manifestou a genialidade do espírito jurídico romano.

5.2. *O direito do urbanismo na Idade Média*

Com a queda do Império Romano e o consequente desmoronamento da organização política e institucional que lhe andava associada, o espírito urbanístico existente nos últimos séculos da civilização romana quase se extinguiu por completo. Verifica-se uma rápida diminuição da população das *civitates* romanas, vindo muitas delas a desaparecer quase totalmente. A população dispersa-se por toda a área rural, deixando de estar concentrada em grandes aglomerados, de que resulta a formação de pequenos núcleos feudais. Assiste-se, deste modo, na Alta Idade Média, a um verdadeiro *eclipse* da vida urbana.

O desenvolvimento do comércio e do artesanato, nos séculos X e XI, possibilita o despontar das cidades medievais. Verifica-se um fenómeno, que J.-L. HAROUEL denominava *explosão urbana* medieval[227]. Os seus reflexos traduzem-se não apenas no desenvolvimento das cidades que já existiam, mas também no aparecimento de novas

---

[227] Cfr. *Histoire de l'Urbanisme*, 2.ª ed., Paris, PUF, Que Sais-Je?, 1985, p. 26 e 27.

cidades. Estas ora são cidades nascidas à volta de um mosteiro ou de um castelo, ora verdadeiras criações urbanas, que emanam dos reis, dos senhores laicos ou eclesiásticos e, inclusive, como em Itália, do poder municipal. Este grande impulso urbano resultou de vários factores. Em primeiro lugar, um acentuado aumento demográfico, que se ficou a dever ao fim das invasões, à melhoria das condições de segurança e ao aperfeiçoamento das técnicas agrícolas. Em segundo lugar, a deslocação dos camponeses para as cidades, atraídos pela procura de um ofício ou de uma ocupação mercantil ou pela perspectiva de se libertarem da servidão do campo. Em terceiro lugar, a melhoria do estatuto jurídico dos habitantes das cidades, a quem são outorgados pelos senhores e reis vários privilégios e, em alguns casos, uma autonomia completa.

A cidade medieval, tal como existia no século XII, pode ser definida como uma "comuna comercial e industrial cercada por um recinto fortificado, que gozava de uma lei, de uma administração e de uma jurisdição excepcionais, que faziam dela uma pessoa colectiva privilegiada"[228].

A nota mais saliente do ordenamento jurídico urbanístico da Idade Média é a natureza eminentemente municipal das normas jurídicas, as quais versavam a polícia económica da cidade (abastecimento público, polícia de pesos e medidas, fixação de preços, etc.) e a polícia das edificações e da higiene pública. Este fenómeno explica-se não apenas pela autonomia dos municípios medievais, mas também, como refere R. EHRHARDT SOARES, pela falta de racionalização e institucionalização da comunidade política medieval, pulverizada num complexo mosaico de organizações que obedecem a intenções diferentes, e à qual é estranha a ideia de Estado[229]. Não admira, por isso, que tenha sido no âmbito da organização autónoma das cidades, confrontadas com a necessidade de resolver os mais variados conflitos

---

[228] Cfr. H. PIRENNE, *Medieval Cites. Their Origin and the Revival of Trade*, Princeton University Press, 1925, p. 25, apud F. CHUECA GOITIA, *ob. cit.*, p. 88.

[229] Cfr. *Direito Administrativo*, Apontamentos policopiados das lições proferidas no Curso de Direito do Porto da Faculdade de Ciências Humanas da Universidade Católica Portuguesa (sem data), p. 11 e 12.

surgidos no seu seio, que, ao lado de uma primeira racionalização das tarefas administrativas e da institucionalização de funções de manutenção de ordem interna, tenham germinado as principais manifestações normativas no domínio do urbanismo, destinadas não só à prevenção dos litígios entre os vizinhos, mas também à garantia de um ordenamento mínimo dos aglomerados urbanos.

Refira-se, por último, que alguns institutos importantes do direito do urbanismo dos nossos dias já eram conhecidos na Idade Média. Era o que sucedia com a *autorização (licença) de construção*[230]; a *expropriação* de imóveis por utilidade pública, a qual era utilizada sobretudo para a construção ou melhoramento das fortificações; e os *planos,* que eram utilizados pelos suseranos como instrumento de orientação da fundação e desenvolvimento das cidades[231].

5.3. *O direito do urbanismo no período do Renascimento*

O Renascimento é, acima de tudo, um movimento intelectual, que surgiu, na Europa, no século XVI. O homem do Renascimento deixa-se fascinar pelo antigo, pela antiguidade clássica, que representa para ele algo de absoluto, um ideal inacessível e permanentemente válido.

No campo do urbanismo, as contribuições desta época histórica são fundamentalmente de carácter teórico, voltadas para a prefiguração da cidade ideal, tendo, por conseguinte, uma escassa projecção na realidade.

---

[230] Cfr. E. SCHMIDT-ASSMANN, *Grundfragen*, cit., p. 7. J.-L. HAROUEL refere que, em Paris, desde o século XIII, era necessária uma licença (*congé*) do *Voyer* real para realizar qualquer construção. A ele competia também fixar os alinhamentos das construções novas. Cfr. *ob. cit.*, p. 32.

[231] Cfr. K. H. FRIAUF, *Baurecht*, cit., p. 445. J.-L. HAROUEL escreve que, no caso da criação de cidades, o fundador determinava o *plano* ou designava as pessoas encarregadas de o traçar, fixava a largura das ruas e as modalidades do loteamento, ordenava a delimitação das parcelas e fornecia muitas vezes materiais para a construção das casas, em particular madeira, a cortar na floresta vizinha. Cfr. *ob. cit.*, p. 32.

O Renascimento é sobretudo um "período intermédio", no qual coexistem formas antigas e de um estilo novo, ou uma "fase de transição" da época medieval para o barroco, que se imporá no século XVIII. As perspectivas rectilíneas, o alinhamento uniforme dos frontões, o arco redondo e a repetição, em cada fachada, de elementos idênticos constituem os traços característicos do urbanismo renascentista.

A actividade urbanística, durante o século XVI, consiste, fundamentalmente, em alterações no interior das cidades, as quais, geralmente, modificam muito pouco a sua estrutura geral. Enquanto o pensamento utópico elabora cidades geométricas ideais, a vida decorre nos velhos ambientes do período medieval, nas praças irregulares e pitorescas e nas ruelas estreitas e tortuosas construídas no passado. A abertura de algumas ruas novas, com edifícios solenes e uniformes, e sobretudo a construção de novas praças, regulares ou quase regulares, para o enquadramento de um monumento destacado, de uma estátua para honrar um rei ou um príncipe, ou para representações ou festejos públicos, são os empreendimentos urbanos mais frequentes, que o período barroco irá continuar ainda em maior escala.

As principais realizações do urbanismo renascentista verificam-se em Itália, com especial destaque para a cidade de Roma. Os papas do Renascimento procuram fazer de Roma uma cidade digna da sua função de capital espiritual da Cristandade. Promovem o alargamento e a rectificação das ruas antigas, transformando-as em ruas de traçado rectilíneo, de arquitectura compassada e uniforme, como por exemplo a Via Júlia. De elevado valor urbanístico é o plano mandado elaborar, nos fins do século XVI, por SISTO V, o qual tinha fins predominantemente religiosos, na medida em que visava ligar com ruas largas e rectilíneas os maiores santuários e basílicas, formando um esquema estelar, mas que assumiu grande importância, não só porque serviu de base à realização de grandes obras públicas (*v.g.*, novos aquedutos), mas também porque permitiu obter uma disciplina efectiva da ampliação do aglomerado urbano.

Paralelamente, os papas elaboram um corpo importante de normas urbanísticas, as quais prevêem: a expropriação, mediante uma justa indemnização, de imóveis necessários à correcção de ruas e à construção de praças; a recuperação das mais-valias provocadas pelas obras públicas nos prédios confinantes; e a obrigação para o proprietário de um terreno de o vender a quem quisesse realizar uma construção de bela aparência.

5.4. *O direito do urbanismo na época do Estado de Polícia*

No período histórico que começa com a centralização do poder real e a construção do Estado absolutista e termina com a edificação do Estado de Polícia nos fins do século XVII e primeira metade do século XVIII, assiste-se a um enriquecimento tanto quantitativo, como qualitativo das normas jurídico-urbanísticas.

Com a acentuação do poder do príncipe iluminado, a cidade com o seu esplendor barroco passou a ser vista como a expressão de uma realidade política, a capital do Estado. Desejosos de desenvolver o prestígio da nação e o grau de progresso da sociedade, os príncipes não podiam deixar de conferir uma atenção especial a uma coisa tão visível como o urbanismo.

Em diversos países europeus, ainda hoje são bem perceptíveis os três princípios fundamentais que caracterizavam o urbanismo barroco, também apelidado de clássico: a linha recta, a perspectiva monumental e o programa. Uma vez que o objectivo fundamental do urbanismo era "criar uma cidade como obra de arte da percepção visual imediata", não admira que se sucedessem as intervenções autoritárias do príncipe na actividade de construção dos particulares, destinadas principalmente a impor determinadas sistematizações das fachadas que dessem para as ruas ou praças mais importantes, com a finalidade de se obter uma regularidade arquitectónica. Outras vezes, a intervenção do soberano ia ao ponto de ordenar, em diferentes casos, onde e como os súbditos deviam construir. Tudo isto permite-nos afirmar que muitas das realizações urbanísticas do *Ancien Régime* são fundamentalmente o produto de uma concepção monumentalista ou estética do monarca.

A época histórica que estamos a considerar deixou-nos, ainda, como herança: a consolidação de alguns institutos fundamentais do direito do urbanismo e a sua aplicação por lei a todo o território de um país, como o *congé* (autorização ou licença de construção) e o *allignement*, que foram estendidos a toda a França pelo Édito de Henrique IV, de Dezembro de 1607; o emergir da *planificação urbana*, através da adopção dos *planos de alinhamento*, definidos, na época, como a "delimitação geral de uma via ou de um conjunto de vias"; a generalização dos regulamentos de *polícia urbana* (nalguns casos de origem estatal, mas na maior parte deles, de proveniência municipal), tendo como obejcto a disciplina de diferentes aspectos respeitantes à segurança, estética e salubridade das edificações – regulamentos esses que não estavam, no entanto, vinculados a quaisquer normas legais ou subordinados a quaisquer limites jurídicos ou princípios orientadores; e a utilização, em larga escala, da expropriação por utilidade pública como instrumento urbanístico, designadamente para a abertura de ruas, avenidas e praças e para a construção de edifícios públicos.

5.5. *O direito do urbanismo no Estado de Direito Liberal*

O Estado de Direito Liberal, que abrange o período histórico que vai da recepção do ideário liberal nos diferentes países europeus até à 1.ª Grande Guerra Mundial, e cujos princípios filosófico-políticos mais importantes eram o estabelecimento de um catálogo de direitos fundamentais do cidadão numa Constituição escrita, a consagração do princípio da separação de poderes como princípio organizatório-base do Estado, a subordinação do poder executivo à lei, a elevação do direito de propriedade à dignidade de um direito fundamental, sagrado e inviolável e a conversão do Estado a uma filosofia não intervencionista na vida social, de acordo com o princípio "laissez faire-laissez passer", deixou naturalmente marcas profundas no ordenamento jurídico-urbanístico. São essas marcas que vamos procurar mostrar, em termos muito esquemáticos.

A libertação da propriedade imobiliária rústica e urbana dos vínculos feudais que a oprimiam, passando o direito de propriedade a ser considerado como um direito absoluto, sagrado e inviolável (cfr. o artigo 17.° da Declaração dos Direitos do Homem e do Cidadão de 26 de Agosto de 1789, o Código Civil Napoleónico de 1804, a Constituição Portuguesa de 1822 e a Constituição Espanhola de 1837), constitui a primeira nota caracterizadora do direito do urbanismo da época liberal. A segunda marca tem a ver com a escassa intervenção da Administração Pública no domínio do urbanismo, graças à vigência do princípio da *liberdade de construção* – o qual era limitado apenas por meio de regulamentos de polícia urbana, fundados somente em razões de segurança, de ordem pública e de salubridade das edificações.

O terceiro *punctum saliens* relaciona-se com uma nova compreensão das intervenções administrativas de polícia de construção. De facto, os regulamentos de polícia municipal e estatal de construção ficam submetidos ao princípio da legalidade, facto que não se verificava na época histórica do Estado absolutista. Depois, o próprio conteúdo dos regulamentos de polícia de construção é restringido ao conceito de "ordem pública", cujos elementos característicos são, segundo os esquemas liberais, a tranquilidade, a segurança e a salubridade públicas. Estes instrumentos normativos contêm disposições de carácter meramente preventivo e sancionador de determinadas infracções, ficando de fora desta regulamentação de polícia as actividades que implicam uma realização material ou a prestação de um serviço público. Por fim, o exercício concreto dos poderes de polícia fica dependente de uma disciplina prévia delimitadora do seu conteúdo e alcance, definida por lei ou regulamento.

A quarta característica do direito do urbanismo do período liberal consiste no reforço das atribuições municipais no campo do urbanismo, sobretudo nos países em que essas tarefas não pertenciam tradicionalmente aos municípios.

A quinta nota dominante do direito do urbanismo da época histórica que estamos a considerar é constituída pelo prosseguimento do esforço de *planificação urbana* (que tinha sido iniciado no *Ancien*

Régime), através, por um lado, da generalização dos *planos de alinhamento* (por exemplo, em França, a elaboração dos planos foi tornada obrigatória para todos os municípios com mais de 2.000 habitantes pela Lei Napoleónica de 16 de Setembro de 1807, tendo essa obrigação sido posteriormente alargada a todos os municípios pela Lei de 18 de Julho de 1837 e pela Lei Municipal de 5 de Abril de 1884) e, por outro lado, do aparecimento das primeiras manifestações – ainda tímidas – de alguns planos cujos objectivos eram mais amplos do que os de alinhamento.

Por último, a nota mais saliente do direito do urbanismo do Estado de Direito Liberal está na legislação destinada a corrigir os efeitos nefastos da cidade industrial, que começou a aparecer na primeira metade do século XIX nos países que mais cedo e mais intensamente conheceram a revolução industrial. A legislação urbanística que surgiu no século XIX estava inicialmente confinada ao campo sanitário e visava resolver os problemas de higiene decorrentes do adensamento e extensão dos bairros operários, em cujas ruas corriam os esgotos a descoberto, se amontoava toda a espécie de lixos, circulavam promiscuamente os carros e os peões, vagueavam os animais e brincavam as crianças. Os bairros de habitação eram construídos preferencialmente junto das fábricas, sem subordinação a qualquer plano ou ordenamento. As oficinas impregnavam as casas de fumo e inquinavam os cursos de água com resíduos[232]. Os resultados destas péssimas condições higiénicas não se fizeram esperar: o aparecimento de grandes epidemias, entre as quais a cólera, e a queda vertiginosa da média de vida dos operários que residiam nos referidos bairros.

Em face de uma situação social tão grave, o Estado teve de intervir, embora para tal tivesse de passar por cima de valores supremos do liberalismo[233]. As experiências históricas mais representativas, neste domínio, são a inglesa e a francesa.

---

[232] Cfr. M. BLANCA BLANQUER, *Derecho Urbanistico Actual*, Tomo I, Madrid, Montecorvo, 1993, p. 21.

[233] Com o objectivo de curar os males da cidade industrial, surgiram na época três correntes ideológicas diferentes, que viriam a marcar o desenvolvimento do direito do urbanismo. Uma primeira concepção partia de um modelo ideoló-

Em Inglaterra, os relatórios de vários inquéritos sobre as condições higiénicas das cidades, com especial destaque para o *"Report on an inquiry into the sanitary conditions of the labouring population of Great Britain"*, redigido por E. CHADWICK, estiveram na base de medidas legislativas concretas, que impunham padrões mínimos de higiene nas habitações, a separação das zonas de habitação das zonas industriais, a construção de redes de abastecimento de água e de eliminação de esgotos, a construção de parques e de pátios como elementos de iluminação e de ventilação das habitações, a abertura de arruamentos, etc.. Como exemplos, podem ser citadas a Lei de 9 de Agosto de 1844, para Londres e arredores, que veio estabelecer certos requisitos higiénicos mínimos para os alojamentos de arrendamento e proibir que, a partir de Julho de 1846, as divisões subterrâneas fossem destinadas à habitação; uma Lei de 1846, que estabeleceu a criação de balneários e lavandarias públicas na capital; e a Lei de 31 de Agosto de

---

gico global, que era apresentado em alternativa à cidade existente, e traduzia-se em novas formas de convivência ditadas exclusivamente pela teoria. Era a posição defendida pelos movimentos utópicos do século XIX, cujos expoentes foram ROBERT OWEN, SAINT-SIMON, FOURIER, CABET e GODIN. A segunda corrente era constituída pela concepção marxista, a qual defendia que as transformações urbanísticas eram uma consequência necessária das mudanças nas relações sociais. Daqui resultou uma certa indiferença da teoria marxista pela questão urbanística e uma indeterminação das suas previsões sobre a forma de povoamento na sociedade futura. De acordo com a teoria marxista, pretender resolver o problema da habitação e ao mesmo tempo pretender conservar os grandes aglomerados urbanos da época era um contra-senso. Os grandes aglomerados urbanos só seriam eliminados com a abolição do modo de produção capitalista. A terceira corrente, que poderemos designar de reformista, era encabeçada pelos especialistas e funcionários que, perante os malefícios das cidades industriais, criaram os novos regulamentos de higiene e procuraram encontrar os meios técnicos e jurídicos que permitissem a realização de certas modificações nas condições de habitabilidade dos edifícios e no ordenamento citadino, dando assim início à moderna legislação urbanística. Esta orientação, que vai encontrar realização prática ao longo do século XIX, enfermava de um grande defeito, que era o de tentar resolver os problemas singulares e remediar os inconvenientes isoladamente, sem ter em conta as suas conexões e sem uma visão global do organismo citadino. Cfr., sobre estes pontos, L. BENEVOLO, *ob. cit.*, p. 61-166; e F. SALVIA/F. TERESI, *ob. cit.*, p. 4.

1848, que aprovou o *Public Health Act,* cujos objectivos eram declarados no seu artigo 1.º, nos seguintes termos: "Na medida em que é necessário tomar novas e mais eficazes providências para melhorar as condições sanitárias das cidades e dos distritos populosos em Inglaterra e no País de Gales, interessa que o abastecimento de água a estas cidades e distritos, os esgotos, as drenagens, a limpeza urbana e as pavimentações sejam tanto quanto possível colocados sob um único e mesmo órgão local de gestão e controlo [...]"[234].

Em França, as consequências da industrialização no campo do urbanismo manifestaram-se um pouco mais tarde, mas as condições higiénicas das grandes cidades e das concentrações industriais eram, em 1840, tão alarmantes como as que se verificavam na Inglaterra. Não admira, por isso, que naquele país além Pirinéus tenham surgido várias tentativas, umas de iniciativa privada e outras de iniciativa pública, de saneamento dos bairros operários. Com esta finalidade, foi apresentada, em 1849, uma proposta de lei à Assembieia Nacional, tendo M. DE RIANCEY, presidente da comissão parlamentar que a apreciou, numa atitude de precaução perante os ataques da oposição, defendido no seu relatório: "A matéria é delicada [...], o livre uso, a livre disponibilidade dos bens pertencentes ao cidadão exigem o

---

[234] Não se pense, porém, que estas medidas legislativas foram aceites sem contestação. Pelo contrário, foram objecto de uma viva oposição da parte dos defensores do dogma da não intervenção do Estado. Durante a discussão parlamentar da Lei de 31 de Agosto de 1848, surgiram várias objecções, não apenas dos proprietários cujos interesses eram seriamente ameaçados e dos seus representantes, mas também dos teóricos liberais, de que se destaca H. SPENCER. A título de curiosidade, podemos citar o "Economist", de 13 de Maio de 1848, no qual o articulista lamenta que o *Public Health Act* não tenha encontrado uma oposição adequada e, depois de referir não poder embrenhar-se em pormenores, uma vez que a lei abarca "uma grande quantidade de matérias, que não podemos enumerar sem atulhar o nosso espaço com um rol de palavras quase ofensivas" (essas palavras eram "esgotos", "imundícies", etc.), escreve: "Sofrimento e males são admoestações da natureza; não é possível eliminá-los, e as impacientes tentativas filantrópicas para os banir do mundo através da legislação, sem determinar previamente o seu objecto e o seu fim, trouxeram sempre mais mal do que bem". L. BENOVOLO, *ob. cit.*, p. 126-128, 132 e 133.

mais rigoroso respeito, uma vez que são as bases da ordem social". Todavia, em numerosos casos, "o direito e o interesse privado devem ceder perante o interesse público" e existem já diversas limitações deste género ao direito de propriedade: é proibido vender alimentos estragados, fazer navegar uma embarcação em mau estado. Estas proibições não enfraquecem o direito de propriedade, antes o salvaguardam: "Nada justifica melhor a propriedade do que a própria autoridade da lei, que regula e sanciona o seu exercício"[235].

A proposta de lei referenciada foi vivamente contestada pelos liberais, defensores dos "direitos do homem", e pelos socialistas, que desconfiavam de qualquer medida parcial de reforma. Daí que só, em 13 de Abril de 1850, tenha visto a luz do dia a primeira lei sanitária, facto que não se pode desligar da epidemia de cólera, ocorrida em 1849. Mas o conteúdo desta lei era muito mais restrito do que o da lei inglesa, já que se limitava a disciplinar as características dos alojamentos para arrendamento e a confiar a sua execução aos serviços municipais, que não eram assistidos por um órgão central coordenador e dinamizador. No entanto, o artigo 13.º da referida lei continha uma disposição assaz importante, ao prescrever que, "quando a insalubridade resultar de causas externas e permanentes, e quando estas causas não se puderem remover sem trabalhos de conjunto, o município pode adquirir, de acordo com as normas e modalidades da Lei de 3 de Abril de 1841, a totalidade das propriedades compreendidas no perímetro dos trabalhos". Tratava-se de um instrumento urbanístico de grande alcance, que se caracterizava pelo alargamento do objecto da expropriação, o qual se estendeu do sector tradicional das obras públicas ao saneamento dos bairros habitacionais[236-237].

---

[235] Cfr. L. BENEVOLO, ob. cit., p. 138 e 139.

[236] No conjunto da legislação urbanística francesa do século XIX – embora sem ligação directa com os problemas de natureza sanitária –, deve citar-se o Decreto-Lei de 26 de Maio de 1852 relativo às ruas de Paris, que atribuía à Administração o direito de expropriar para além dos alinhamentos, para proceder ao alargamento e à correcção das vias públicas. Este diploma legal impunha igualmente a todos os construtores a obtenção de uma licença de construção, com a qual era assegurado o respeito de certas regras de segurança e de salubridade e con-

5.6. *O direito do urbanismo no Estado de Direito Social*

Ao Estado liberal, conservador e abstencionista sucedeu o Estado-providência, assistencial, de bem estar e intervencionista na vida económica, social e cultural da sociedade. Foi este o tipo de Estado que predominou na Europa, no século XX, sobretudo no período que se seguiu à 2.ª Guerra Mundial. E é este mesmo tipo de Estado que vem caracterizando, actualmente, nas suas linhas essenciais, os Estados que integram a União Europeia, não obstante a crise que nos últimos anos vem afectando o Estado de bem estar e a enorme força que em todos eles têm as ideias neo-liberais associadas ao fenómeno da *globalização*, baseado na evolução das tecnologias de informação, designadamente no campo das telecomunicações, e cujas consequências mais relevantes são uma grande interdependência das economias nacionais, uma desenfreada competição internacional e o aparecimento de intensas mudanças tecnológicas num período de tempo cada vez mais curto[238].

---

trolada a boa inserção do imóvel no conjunto urbano. Foi este o quadro normativo em que apoiou o Prefeito HAUSSMANN para realizar uma transformação radical de Paris nos vinte anos seguintes, com o rasgar de grandes avenidas e a construção de imponentes edifícios, dotados de belas fachadas arquitectónicas, dando, deste modo, execução à vontade de Napoleão III, que pretendia fazer de Paris "a capital das capitais". Cfr. L. BENEVOLO, *ob. cit.*, p. 139 e 140; H. JACQUOT/ /F. PRIET, *ob. cit.*, p. 25 e 31; e J.-L. HAROUEL, *ob. cit.*, p. 91-94.

[237] Conforme sublinham J.-P. MOUVEAUX/J.-P. LEBRETON, as preocupações "higienistas" continuaram a influenciar a adopção de uma legislação de urbanismo, no início do século XX, em França, uma vez que era necessário, para fins de saúde pública, promover o saneamento das habitações e o alargamento das vias de circulação. Ainda segundo aqueles autores, estas razões são abundantemente desenvolvidas nos documentos urbanísticos e não assumem qualquer particularidade naquele país, antes se inscrevem num conjunto de considerações teóricas e de realizações práticas, presentes, desde os meados do século XIX, em todos os países industrializados. Cfr. *La Naissance du Droit de l'Urbanisme 1919-1935*, Paris, Journaux Officiels, 2007, p. 12.

[238] E. SCHMIDT-ASSMANN caracteriza lapidarmente a situação actual da Administração Pública dos Estados da União Europeia, afirmando que a mesma é perpassada por uma ideia de *transformação*, a qual se manifesta num duplo sentido: por

Esta nova postura do Estado em face da sociedade trouxe profundas alterações na concepção do direito do urbanismo. Reportando-nos, de modo particular, ao direito do urbanismo do período pós-2.ª Guerra Mundial, detectam-se duas fases na evolução do direito do urbanismo: a fase do denominado "direito do urbanismo da explosão urbana", que se estende desde o fim daquele trágico evento histórico até ao início da década de setenta do século transacto; e a fase da procura de "novas exigências" e de "novos valores" e da busca de "novos equilíbrios" para o direito do urbanismo, que vai dos primeiros anos da década de setenta do século XX até à actualidade[239].

São as seguintes as principais notas características daquela primeira fase do direito do urbanismo contemporâneo:

a) A essência da intervenção da Administração Pública no domínio do urbanismo sofre uma profunda transformação. Com efeito, as destruições das duas grandes guerras, as carências habitacionais ocasionadas pela aceleração do crescimento da população das cidades, os problemas decorrentes dos desequilíbrios regionais e a necessidade de protecção do meio ambiente estão na base do aparecimento de um *urbanismo activo ou operacional*. Com esta expressão, pretende-se significar que a Administração Pública já não se contenta em gizar o quadro e em definir as regras que presidem à actividade urbanística dos proprietários, promotores e construtores, exerce também um papel *activo* e *dinâmico*. Este novo tipo de intervenção apresenta várias manifestações: construção de infra-estruturas urbanísticas (vias de comunicação, arruamentos, redes de abastecimento de água, drenagem de esgotos, etc.); construção por execução directa ou por meio de contratos de empreitada com empresas privadas de habitações destinadas às classes de rendimentos mais baixos; expropriação de vastas zonas, com a finalidade de constituir bolsas de solos, que, depois de urba-

---

um lado, numa perspectiva negativa, numa crise do Estado de bem estar; por outro lado, numa perspectiva positiva, numa série de reptos, que podem ser sintetizados nos conceitos de sociedade de risco, de sociedade de informação e de sociedade de economia global. Cfr. *Allgemeines Verwaltungsrecht in europäischer Perspektive*, in ZÖR, N.º 55 (2000), p. 159-179, em especial, p. 160.

[239] Cfr. H. JACQUOT/F. PRIET, *ob. cit.*, p. 31-50.

nizados, são vendidos aos particulares a preços acessíveis ou cedidos em direito de superfície para fins de construção; atribuição de incentivos financeiros e fiscais para a construção ou a aquisição de habitações próprias permanentes, etc. Verifica-se, deste modo, a passagem de um urbanismo de *salvaguarda,* de *polícia* e de *regulamentação* para um urbanismo *activo* ou *operacional*.

b) Assiste-se igualmente à formação daquilo que se pode designar por *urbanismo de concertação*. Esta locução expressa duas ideias: a primeira é a de que os planos urbanísticos são o produto de uma *colaboração* ou de um *trabalho de concertação* entre o Estado, as autarquias locais e outros entes públicos; a segunda é a de que no procedimento de formação dos planos, bem como no domínio da sua execução, aparecem formas várias de *participação* ou de *concertação* entre a Administração e os particulares.

c) O plano passa a ser considerado como o instituto fundamental do direito do urbanismo e verifica-se uma transformação radical do modo como era concebido. O instituto do plano urbanístico deixa de ser perspectivado para fins *limitados* – como acontecia com os planos dos séculos XVIII e XIX, que atendiam apenas às exigências da higiene, salubridade e segurança das habitações, às necessidades de trânsito (estas eram, como vimos, as razões determinantes dos planos de alinhamento) e à localização dos edifícios públicos mais importantes – e passa a englobar uma *multiplicidade de fins* ligados à ocupação, uso e transformação do solo. Além disso, o seu *âmbito territorial* de aplicação é consideravelmente alargado: estende-se de um sector ou quarteirão da cidade ao conjunto desta e aos seus arredores, em seguida a todo o espaço municipal e, finalmente, a áreas mais vastas, constituídas por vários municípios ou mesmo por uma região. De facto, com o decurso do tempo, adquiriu-se consciência de que a área do município constituía um quadro demasiado pequeno para possibilitar uma planificação eficaz. A necessidade de uma planificação de âmbito supramunicipal manifesta-se primeiramente nos grandes centros urbanos ou nas grandes metrópoles, cuja dependência em relação às circunscrições vizinhas se revela com mais intensidade. Foi através da criação de *associações de municípios*

(Kommunalverbände) que se deram os primeiros passos para uma *planificação supralocal*[240]. Caminha-se, assim, a breve trecho, para um sistema de *planificação gradualista,* no qual o plano municipal – com o carácter de um documento regulamentar oponível aos administrados – fica dependente e subordinado às directivas de outro plano supralocal ou regional, dotado de uma dimensão territorial mais ampla, com a natureza de um documento meramente *prospectivo* e *previsional,* indicador das grandes linhas de desenvolvimento harmonioso do território abrangido[241].

d) No Estado de Direito Social, verifica-se a superação do conceito de direito de propriedade como direito absoluto, passando o seu conteúdo e os seus limites a ser definidos pela lei. Simultaneamente, as Constituições de diferentes países começam a incluir a denominada *função social* da propriedade (cfr. o artigo 14.°, n.° 2, da Constituição Alemã – *Grundgesetz*; o artigo 33.°, n.° 2, da Constituição Espanhola; e o artigo 42.° da Constituição Italiana). Este princípio da *função, obrigação* ou *vinculação social* da propriedade vai acarretar consequências importantes no domínio do direito do urbanismo: o vulgarmente designado *jus aedificandi* deixa de ser considerado como um conteúdo essencial ou natural do direito de propriedade do solo, passando a ser encarado como uma faculdade cuja existência e utilização estão dependentes da lei e do plano urbanístico.

e) Outra característica importante do direito do urbanismo do Estado de Direito Social tem a ver com a esfera dos *instrumentos de execução* do plano urbanístico. Ao lado de um aumento substancial da utilização da expropriação para fins urbanísticos, vêem a luz do dia novos institutos jurídico-urbanísticos: a obrigatoriedade de cedência de terrenos à Administração; a realização de obras de urbanização pelos particulares ou a repartição dos seus custos por eles; a criação de sistemas específicos de execução dos planos; o direito de preferência da Administração na alienação de terrenos e edifícios; a associação

---

[240] Cfr. E. SCHMIDT-ASSMANN, *Grundfragen*, cit., p. 49-53.
[241] Cfr. E. SCHMIDT-ASSMANN, *Grundfragen*, cit., p. 53-55; e H. JACQUOT/ /P. PRIET, *ob. cit.*, p. 33-36.

da Administração com os proprietários dos terrenos na execução dos planos; a criação de sistemas de perequação de benefícios e encargos resultantes do plano urbanístico, etc..

f) Na fase histórica que está a ocupar a nossa atenção, são lançados os fundamentos de um *ordenamento jurídico dos solos urbanos,* de modo a dotar a Administração de mecanismos jurídicos que impeçam a subida incessante dos preços dos terrenos com aptidão edificativa. De facto, foi-se adquirindo consciência de que os mecanismos jurídico-privados reguladores do comércio do solo urbano não eram, em muitas circunstâncias, adequados para resolver a escassez da oferta de terrenos para construção nos aglomerados urbanos. As soluções que têm sido adoptadas variam de país para país, e em cada um deles, de acordo com as concepções urbanísticas do momento. Elas vão desde a *expropriação sistemática* e a consequente *nacionalização* ou *municipalização* dos solos urbanos e urbanizáveis até posições menos radicais, que se traduzem no apetrechamento dos municípios com instrumentos que lhes permitam influenciar o mercado do solo urbano, de modo a evitar a especulação (*v.g.*, a expropriação de terrenos situados em determinadas áreas de expansão dos aglomerados urbanos a favor da Administração, que os urbaniza e os transmite, em propriedade plena ou em direito de superfície, aos particulares para construção; a celebração de acordos entre a Administração e os proprietários para a obtenção de áreas a utilizar nas operações de expansão ou renovação urbanas e de criação de novos aglomerados; a aquisição de terrenos, através de cedências gratuitas, nas operações de loteamento urbano; a instituição do direito de preferência da Administração na alienação de terrenos, etc.).

g) Finalmente, é no século há pouco encerrado que nos diferentes países europeus aparecem as primeiras *leis gerais* que disciplinam os vários aspectos do fenómeno urbanístico (planos, regime jurídico dos solos urbanos, disciplina jurídica da construção, regime dos loteamentos urbanos, etc.), as quais foram sendo objecto de modificações ao longo do tempo, de acordo com as especificidades dos problemas de cada país e as concepções ideológicas dominantes em cada momento histórico.

A segunda fase da evolução do direito do urbanismo no período do Estado de Direito Social – iniciada, como se disse, nos primórdios da década de setenta do século XX – corresponde à sociedade dos nossos dias, que é uma sociedade global e complexa, também denominada sociedade pós-industrial, pós-moderna, de informação, de conhecimento e de risco. É uma fase fortemente influenciada pelo abrandamento do crescimento urbano, por uma maior consciencialização dos cidadãos quanto à importância do direito do urbanismo para a melhoria da sua qualidade de vida, pelo aparecimento de numerosas "associações" com fins estatutários nos campos do ordenamento do território, do urbanismo e do ambiente e por um aumento exponencial das questões litigiosas ou contenciosas do urbanismo.

Correspondendo a este novo quadro, o conteúdo do direito do urbanismo desta fase é enriquecido com novos objectivos e novos instrumentos jurídicos. Assim, assiste-se à transformação de um urbanismo essencialmente *quantitativo*, caracterizado pela expansão contínua do fenómeno urbano e cujo objectivo era a construção do maior número possível de habitações e de edifícios públicos – fenómeno que teve lugar nos países da Europa desenvolvida até aos anos 70 do século passado –, num urbanismo de pendor mais *qualitativo*. Este novo paradigma de urbanismo é caracterizado por uma melhoria do espaço urbano existente e por uma maior atenção aos problemas de defesa do meio ambiente e de melhoria da qualidade de vida das pessoas, bem como à protecção e valorização do património histórico, arqueológico, artístico e paisagístico, pelo que se assiste ao ressurgimento do interesse por um *urbanismo de salvaguarda e de protecção*.

Procura-se igualmente travar a expansão contínua das cidades para a periferia por meio da urbanização acelerada de novos terrenos, valorizando-se mais as operações de reestruturação e renovação de bairros e de edifícios no interior das cidades.

Em segundo lugar, adoptam-se novas formas de *descentralização* e de *redistribuição de competências* urbanísticas entre o Estado e outras pessoas colectivas públicas territoriais, de modo a que estas tenham um papel activo no domínio do urbanismo. Em terceiro lugar, descobrem-se novas modalidades de *participação* dos cidadãos na elaboração e na execução dos planos, dando corpo à atenção e preocupação crescentes com que os particulares acompanham os problemas jurídico-urbanísticos. Por último, são incorporados no direito do urbanismo novos conceitos jurídicos, tais como o de "ambiente urbano" ou "ecologia urbana", de "desenvolvimento social urbano", de "desenvolvimento durável do território", de "desenvolvimento sustentável"[242] e de "sustentabilidade das cidades". Este último conceito decorre, como tivemos ensejo de realçar, fundamentalmente, de uma tomada de consciência de que os problemas económicos, sociais e ambientais do fim do século XX e das primeiras décadas do século XXI têm como palco principal os aglomerados urbanos, tornando-se urgentes as acções necessárias ao desenvolvimento da sustentabilidade, nomeadamente no direito à habitação[243-244].

---

[242] Neste contexto, assume especial relevância a *Estratégia Nacional de Desenvolvimento Sustentável* (ENDS), aprovada pela Resolução do Conselho de Ministros n.º 109/2007, de 20 de Agosto – a qual aprovou também o respectivo Plano de Implementação –, com o horizonte temporal de 2015, cujo objectivo é colocar Portugal, nesta última data, num patamar de desenvolvimento económico mais próximo da média europeia, entre os primeiros quinze países do Índice de Desenvolvimento Humano do Programa das Nações Unidas para o Desenvolvimento e entre os primeiros vinte e cinco países mais competitivos do mundo. A implementação da ENDS tem como instrumentos chave: o Quadro de Referência Estratégica Nacional (QREN) 2007/13 e os Programas Operacionais associados, que enquadram a utilização dos Fundos Estruturais e do Fundo de Coesão da União Europeia, o Programa Nacional de Acção para o Crescimento e Emprego (PNACE), o Programa Nacional da Política de Ordenamento do Território (PNPOT) e o Programa Nacional para as Alterações Climáticas (PNAC).
A ENDS afirma os seguintes sete objectivos de acção: preparar Portugal para a "sociedade do conhecimento"; crescimento sustentado, competitividade à escala global e eficiência energética; melhor ambiente e valorização do património natural; mais equidade, igualdade de oportunidades e coesão social; melhor conectividade internacional do País e valorização equilibrada do território; um papel activo de Portugal na construção europeia e na cooperação internacional; e uma Administração Pública mais eficiente e modernizada.

[243] Acrescente-se que a primeira Conferência Europeia sobre Cidades Sustentáveis realizou-se em Aalborg, Dinamarca, em Maio de 1994, tendo sido organizada pelo "International Council for Local Environment Initiatives" (ICLEI),

6. Linhas gerais da formação e evolução histórica do direito do urbanismo em Portugal

Tal como em outros países da União Europeia, também em Portugal a formação do direito do urbanismo foi lenta e ocorreu ao longo de vários séculos, não sendo, por conseguinte, possível marcar o nascimento do direito do urbanismo num determinado período histórico [245]. Apesar disso, pode afirmar-se que foi no século XX, sobretudo depois da 2.ª Guerra Mundial, que, em consequência do fenómeno da explosão da urbanização, se foi constituindo um verdadeiro corpo de normas e de princípios jurídicos, em quantidade e complexidade crescentes, tendo como objecto específico a resolução

---

com o patrocínio da Comissão da União Europeia. Nesta Conferência, foi aprovada a Carta da Sustentabilidade das Cidades Europeias, já assinada por 500 municípios europeus, e lançada a Campanha das Cidades Europeias Sustentáveis.

Na segunda Conferência, realizada em Lisboa, em Outubro de 1996, foram analisadas as acções empreendidas na sequência da Conferência de Aalborg e estabelecidas formas de colaboração conjunta em projectos de nível local.

A Conferência de Hannover de Fevereiro de 2000, na sequência das de Aalborg e de Lisboa, constituiu, depois, mais uma oportunidade, para identificar os problemas ainda existentes e para avaliar os progressos realizados pelos municípios europeus no caminho da sustentabilidade.

[244] A Carta Urbana Europeia, aprovada, em 1992, pela Conferência Permanente dos Poderes Locais e Regionais do Conselho da Europa, e a Nova Carta de Atenas, aprovada em 1998, pelo Conselho Europeu de Urbanistas, e revista em 2003, são dois documentos de enorme importância para a compreensão do *urbanismo* do nosso tempo, uma vez que identificam, de uma forma global e coerente, os problemas do urbanismo actual e enunciam um conjunto de *princípios* (em que se destacam o do "direito à cidade" e o do "desenvolvimento urbano sustentável") e de *recomendações*, com vista à sua resolução. Os mencionados documentos constituem, como dissemos, dois pilares fundamentais do *urbanismo europeu*. Para uma síntese do conteúdo destes dois documentos, cfr. JORGE CARVALHO, *ob. cit.*, p. 40- -43, e F. LÓPEZ RAMÓN, ob. cit., p. 31 e 32.

[245] Sobre a formação e a evolução histórica do direito do urbanismo em Portugal, cfr. as nossas obras *O Plano Urbanístico*, cit., p. 106 e segs., e *Estudos de Direito do Urbanismo*, cit., p. 102-108, bem como o nosso artigo *Urbanismo (Direito do)*, cit., p. 678-684, e a bibliografia neles mencionada.

dos problemas urbanísticos. Enfim, nos últimos anos, foram realizadas reformas profundas no edifício jurídico do urbanismo português, as quais se traduziram essencialmente na publicação de diplomas gerais reguladores dos principais institutos do direito do urbanismo, actualizados e mais adequados às realidades urbanísticas hodiernas, e, bem assim, na elaboração e aprovação do PNPOT, de alguns planos regionais de ordenamento do território, de vários planos especiais de ordenamento do território (planos de ordenamento da orla costeira, planos de ordenamento de albufeiras de águas públicas e planos de ordenamento de áreas protegidas) e de um número expressivo de planos municipais de ordenamento do território (devendo salientar-se que, actualmente, todos os 278 municípios do Continente Português estão dotados de plano director municipal aprovado e ratificado)[246].

---

[246] Em 31 de Dezembro de 1998, do total de 278 municípios do Continente português só 18 é que ainda não estavam dotados de plano director municipal aprovado e ratificado – e isto se considerarmos que a área dos três municípios criados por lei no ano de 1998 (Vizela, Trofa e Odivelas, por meio, respectivamente, das Leis n.ºˢ 63/98, de 1 de Setembro, 83/98 e 84/98, ambas de 14 de Dezembro) está coberta pelos planos directores dos municípios cujo território esteve na origem daqueles três novos entes autárquicos. Em 31 de Dezembro de 2000, o número dos municípios do Continente português sem plano director municipal já tinha baixado para 5 e, em 30 de Junho de 2001, este último número já estava reduzido a 4. Cfr. as nossas obras *Evolução do Direito do Urbanismo em Portugal em 1997-1998*, cit., p. 694, *Evolução do Direito do Urbanismo em Portugal em 1999--2000*, cit., p. 20, e *Planos Municipais de Ordenamento do Território, Perequação de Benefícios e Encargos e Indemnização*, in BFDUC, *Studia Juridica* 61, *Ad Honorem – 1*, Estudos em Homenagem ao Prof. Doutor Rogério Ehrhardt Soares, Coimbra, Coimbra Editora, 2001, p. 59 e 60, nota 11.

Com as Resoluções do Conselho de Ministros n.ºˢ 75/2002, de 10 de Abril, 101/2002, de 18 de Junho, 148-A/2002, de 30 de Dezembro, e 41/2003, de 26 de Março, que ratificaram os Planos Directores Municipais da Murtosa, Caldas da Rainha, Ourém e Góis, respectivamente, foi concluído o ciclo da elaboração e aprovação dos planos directores municipais da 1.ª geração, estando os 278 municípios do Continente dotados de plano director municipal aprovado e ratificado. Cfr. a nossa obra *Evolução do Direito do Urbanismo em Portugal em 2001, 2002 e 2003*, cit., p. 18.

6.1. *Da Baixa Idade Média aos fins do Século XIX*

Na Baixa Idade Média, forjou-se, em Portugal, a tradição de conferir às autoridades municipais uma boa parte das atribuições que diziam respeito à regulamentação da construção e do urbanismo, tradição esta que aguentou os embates da centralização do poder real – que começa a manifestar-se a partir do século XIV e atinge o seu auge no século XVIII, no reinado de D. José I –, atravessou o período liberal e constitui um traço característico do direito do urbanismo actual.

Mesmo durante o período absolutista – o qual não foi tão intenso e tão requintado como em alguns países europeus, designadamente na França –, as matérias relativas à construção e ao urbanismo eram, em geral, da competência dos municípios e não do Estado, sobre as quais elaboravam *regulamentos de polícia*. No entanto, na referida época histórica, aqueles eram relativamente escassos, dado que, segundo a doutrina jurídica coeva, não existiam, salvo raras excepções, limitações de direito público à liberdade de construir. O entendimento corrente era o de que derivava do direito natural de cada pessoa a liberdade de edificar no seu solo como quisesse e com a altura que achasse conveniente, de acordo com a máxima *"ejus est aer cujus est solum"*, estando aquela sujeita apenas a limitações de direito privado, isto é, motivadas pela protecção dos direitos dos proprietários dos prédios vizinhos.

No século XVIII, na sequência do terramoto de 1 de Novembro de 1755 que destruiu grande parte da baixa da cidade de Lisboa, o Estado aprovou um conjunto de normas jurídicas que impunham fortes restrições, por motivos de interesse público, ao princípio da *liberdade de edificação*. Do elenco da legislação urbanística, elaborada pelo Ministro do Reino, MARQUÊS DE POMBAL, merece ser destacado o Alvará com força de lei, de 12 de Maio de 1758, que ordenou a reconstrução da parte da cidade de Lisboa afectada pelo terramoto de acordo com "um novo Plano regular e decoroso", o qual continha, além do mais, disposições rigorosas sobre o alinhamento das ruas, a sua largura, o prospecto e a altura dos edifícios, bem como regras precisas sobre o modo de construção dos edifícios, designadamente um tipo de estrutura anti-sísmica, que consistia numa jaula de madeira (gaiola) destinada a servir de apoio ao conjunto no caso de falhanço das paredes mestras [247]. Deve notar-se, porém, que as mencionadas normas jurídicas urbanísticas ficaram circunscritas à cidade de Lisboa, continuando a vigorar nas outras cidades, vilas e povoações do reino o já referido princípio da *liberdade de construção*.

No século XIX, assistiu-se a um agravamento das limitações ao princípio da *liberdade de edificação*, através do reconhecimento aos municípios de funções importantes no domínio do urbanismo – e disso nos dão conta os vários *Códigos Administrativos* que se sucederam, em Portugal, no período subsequente à revolução liberal (1820). Para a sua realização, as câmaras municipais tinham competência para elaborar posturas e regulamentos sobre o alinhamento e o prospecto dos edifícios dentro das povoações, impor a cedência ou a aquisição de terrenos em consequência dos alinhamentos, emitir licenças para edificações e reedificações junto das ruas e dos lugares públicos, deli-

---

[247] Para mais desenvolvimentos sobre a legislação urbanística pombalina, cfr. a nossa obra *O Plano Urbanístico*, cit., p. 126-129, e RUI M. F. MARCOS, *A Legislação Pombalina (Alguns Aspectos Fundamentais)*, Separata do Vol. 33 do Suplemento ao BFDUC, Coimbra, 1990, p. 253-258, em especial a nota 399, e a bibliografia aí citada. Sobre a caracterização morfológica da "Baixa Pombalina", onde, na sequência do Plano da autoria de Manuel da Maia, Carlos Mardel e Eugénio dos Santos, surgiu "uma cidade nova, altamente organizada, bela e grandiosa", cfr. M. J. MARTINS PARDAL, *O Terramoto de 1755 – A Urbanização da Nova Lisboa*, Lisboa, Sete Caminhos, 2005, p. 81-86.

Segundo WALTER ROSSA, "o sucesso da reconstrução pombalina da cidade de Lisboa deve-se de facto à conjugação de esforços nas áreas de concepção, realização, legislação e fiscalização, ocorrência extremamente rara na história do urbanismo e só possível perante a concentração e objectivação do Poder".

Registe-se que o urbanismo pombalino não se expressou apenas na reconstrução de Lisboa, também se manifestou na concepção e construção da cidade de Vila Real de Santo António, a qual, na opinião daquele autor, "é o ponto de referência máximo do urbanismo do consulado pombalino, pois contém em si a síntese dos paradigmas teóricos da *escola* e do iluminismo formulado por Pombal". Cfr. *A Urbe e o Traço, Uma Década de Estudos sobre o Urbanismo Português*, Coimbra, Almedina, 2002, p. 314-323, 329 e 330.

berar sobre o saneamento das povoações e ordenar a demolição ou a reparação das habitações insalubres ou que ameaçassem ruína – sendo de realçar, todavia, que, no exercício destas competências, não gozavam as câmaras municipais de completa autonomia, já que estavam previstas diferentes modalidades de intervenção tutelar por parte do Governo ou de órgãos dele dependentes.

No domínio da planificação urbanística, os instrumentos dominantes, durante o século XIX, foram os planos de alinhamento. Mas, para além destes, importa mencionar os *planos gerais de melhoramentos* das cidades de Lisboa e do Porto, bem como de outras cidades, vilas e povoações do reino, desde que as respectivas câmaras municipais reclamassem a sua elaboração ao Governo, instituídos pelo Decreto de 31 de Dezembro de 1864, e cujo objectivo fundamental era programar a construção e a abertura de novas ruas, praças, jardins e edificações, de modo a garantir as condições de higiene, estética, comodidade e liberdade de circulação do público – os quais, no entanto, não deixaram marcas visíveis na fisionomia dos principais centros urbanos.

Convém, por fim, sublinhar a seguinte nota: a evolução do direito do urbanismo português no século XIX teve uma influência menos mercante *do factor sanitário* do que nos países mais industrializados da época, sobretudo a Inglaterra e França, podendo, por isso, afirmar-se que o direito do urbanismo português do século XIX não foi condicionado por um posicionamento crítico da cidade industrial. Tal não significa que não tenha existido, em Portugal, naquele século, um leque variado de leis e regulamentos gerais de índole sanitária, que visavam não apenas impor um conjunto de requisitos mínimos de higiene e salubridade das edificações, tais como a iluminação e a ventilação das casas, o abastecimento de águas, os sistemas de esgotos, etc. – aspectos estes desenvolvidos na primeira legislação geral sobre as condições higiénicas a observar na construção de edifícios, constituída pelo Regulamento de Salubridade das Edificações Urbanas, de 14 de Fevereiro de 1903 –, mas também prevenir e combater os vários surtos de epidemias surgidos no mesmo século.

6.2. Evolução do direito do urbanismo no Século XX e inícios do Século XXI

O desenvolvimento do direito do urbanismo português no século XX pode ser surpreendido nas seguintes ideias-força: evolução na concepção do plano urbanístico; reforço das atribuições das autarquias locais no domínio do urbanismo; disciplina legislativa dos diferentes aspectos da actividade urbanística; aumento da intervenção da Administração estadual no campo do urbanismo; surgimento de um direito do urbanismo qualitativo e de concertação; e aparecimento de novas entidades de cooperação intermunicipal (novas áreas metropolitanas e novas comunidades intermunicipais de direito público), que desempenham importantes atribuições nos domínios, entre outros, do ordenamento do território e do urbanismo.

No que respeita à primeira, de uma concepção do plano urbanístico como um instrumento com objectivos limitados e abrangendo apenas determinadas áreas, passou-se para um entendimento daquele instituto como englobando todos os fins relacionados com a ocupação, uso e transformação do solo e como abarcando todo o espaço municipal e ainda áreas territoriais mais amplas. Como etapas principais deste desenvolvimento, podem citar-se: o Decreto-Lei n.º 24 802, de 21 de Dezembro de 1934, que impôs, pela primeira vez, às câmaras municipais a obrigação de promover a elaboração de "planos gerais de urbanização" das sedes dos seus municípios, "em ordem a obter a sua transformação e desenvolvimento segundo as exigências da vida económica e social, da estética, da higiene e viação, com o máximo proveito e comodidade para os seus habitantes", bem como dos centros urbanos mais importantes; o Decreto-Lei n.º 33 921, de 5 de Setembro de 1944, que criou as figuras dos "planos de expansão" das sedes dos municípios e de outras localidades e aglomerados urbanos mais importantes e dos "planos parciais de urbanização" (que abrangem apenas uma parte da área dos "planos gerais de urbanização"); o Decreto-Lei n.º 35 931, de 4 de Novembro de 1946, que atribuiu força vinculativa aos "anteplanos de urbanização", aprovados pelo Ministro das Obras Públicas e Comunicações (instituto que dominou, durante algumas décadas, o panorama da planificação urbanística em Portugal, apesar de muitos deles nunca terem sido submetidos pelas câmaras municipais à aprovação do Governo, nem nunca terem sido publicados); o Decreto-Lei n.º 37 251, de 28 de Dezembro de 1948, que aprovou o Plano de Urbanização da Costa do Sol – o qual estabeleceu uma disciplina de ocupação do solo e uma organização urbanística adequadas à preservação da qualidade da faixa do território marginal à foz do rio Tejo, situada nos municípios de Oeiras e Cascais, abrangendo uma área compreendida entre a zona ribeirinha e uma linha traçada a 100 m a norte do eixo da projectada auto-estrada naqueles municípios, e que só veio a ser revogado pelo Decreto-Lei n.º 141/94, de 23 de Maio (diploma este que entrou em vigor nas circunscrições administrativas dos municípios de Cascais e Oeiras, sucessivamente, nas datas de publicação das resoluções do Conselho de Ministros que ratificaram os respectivos planos directores municipais); a Lei n.º 2099, de 14 de Agosto de 1959, que ordenou a elaboração do Plano Director do Desenvolvimento Urbanístico da Região de Lisboa, abreviadamente designado por Plano Director da Região de Lisboa, abrangendo, no distrito de Lisboa, a área dos municípios de Cascais, Lisboa, Loures, Mafra, Oeiras, Sintra e Vila Franca de Xira, e, no distrito de Setúbal, o território dos municípios de Alcochete, Almada, Barreiro, Moita, Montijo, Palmela, Seixal, Sesimbra e Setúbal – tendo o Decreto-Lei n.º 17/72, de 13 de Janeiro, determinado que aquele Plano, ainda antes da sua aprovação pelo Governo, fosse reformado de acordo com a orientação de planeamento regional definida no III Plano de Fomento; os Decretos-Leis n.ºs 560/71 e 561/71, ambos de 17 de Dezembro, que, *inter alia*, instituíram os "planos de áreas territoriais", isto é, planos de conjunto que abrangem vários centros urbanos e zonas territoriais intermédias ou envolventes, e os "planos de pormenor", que incidem sobre sectores de áreas já abrangidas por planos gerais ou parciais de urbanização aprovados; o Decreto-Lei n.º 124/73, de 24 de Março, que ordenou a elaboração, nos termos do Decreto-Lei n.º 560/71, de 17 de Dezembro, do Plano Geral de Urbanização da Região do Porto, abreviadamente designado por Plano da Região do

Porto, abrangendo, no distrito do Porto, a área dos municípios de Felgueiras, Gondomar, Lousada, Maia, Matosinhos, Paços de Ferreira, Paredes, Penafiel, Porto, Póvoa de Varzim, Santo Tirso, Valongo, Vila do Conde e Vila Nova de Gaia, e, no distrito de Braga, o território dos municípios de Barcelos, Braga, Esposende, Guimarães e Vila Nova de Famalicão – plano esse que, de harmonia com o disposto no exórdio do Decreto-Lei n.º 124/73, visava dotar a vasta zona abrangida, de elevada densidade populacional e em acelerado ritmo de desenvolvimento, com um instrumento de orientação urbanística que, considerando a situação então existente, estivesse apto a fornecer resposta adequada às necessidades do futuro previsível e estivesse, em si mesmo, dotado da maleabilidade indispensável a uma constante adaptação à realidade que contemplava; o Decreto-Lei n.º 208/82, de 26 de Maio (totalmente reformulado pelo Decreto-Lei n.º 69/90, de 2 de Março), que disciplinou o regime jurídico dos "planos directores municipais", instrumentos que englobam todo o território do município e prosseguem fins múltiplos, ou seja, todos aqueles que se relacionam com a ocupação, uso e transformação do espaço municipal; o Decreto-Lei n.º 383/83, de 20 de Julho, que criou a figura dos "planos regionais de ordenamento do território", que abarcam áreas pertencentes a mais de um município (diploma posteriormente substituído pelo Decreto-Lei n.º 176-A/88, de 18 de Maio); o Decreto-Lei n.º 151/95, de 24 de Junho (alterado pela Lei n.º 5/96, de 29 de Fevereiro), que regulou a elaboração e aprovação dos planos especiais de ordenamento do território; e a LBPOTU, aprovada pela Lei n.º 48/98, de 11 de Agosto, alterada pela Lei n.º 54/2007, de 31 de Agosto, e o RJIGT, aprovado pelo Decreto-Lei n.º 380/99, de 22 de Setembro, alterado, por último, pelo Decreto-Lei n.º 316/2007, de 19 de Setembro (que, no desenvolvimento da referida lei, estabelece o regime jurídico dos instrumentos de gestão territorial), os quais, *inter alia*, reformularam a disciplina dos planos de ordenamento do território.

No que toca à segunda, isto é, ao reforço das atribuições das autarquias, em particular dos municípios, no domínio do urbanismo, assistiu-se não apenas ao aumento do papel dos municípios como sujeitos simultaneamente criadores e controladores da aplicação do denominado "direito administrativo da construção" (funções tradicionalmente enquadradas nas atribuições de polícia urbana), mas também ao cometimento àqueles entes públicos territoriais de novas tarefas urbanísticas (v.g., a elaboração e aprovação de planos urbanísticos de âmbito municipal; a realização de infra-estruturas urbanísticas; o licenciamento e a comunicação prévia de operações de loteamento e de obras de edificação; a adopção de medidas de combate à especulação do solo urbano, etc.).

No que concerne à terceira, no século XX foi aprovada, pela primeira vez, *legislação geral* sobre diversos sectores da actividade urbanística, a qual, naturalmente, foi sofrendo alterações ao longo dos tempos. Podem mencionar-se, a título de exemplo: o regime jurídico dos solos urbanos e urbanizáveis; a disciplina jurídica das edificações urbanas (somente a disciplina geral, tendo os municípios a liberdade de elaborar, dentro dos limites daquela, regulamentos locais); as regras e princípios a que obedece o controlo administrativo da actividade urbanística dos particulares, designadamente as operações de loteamento e a construção de edifícios (devendo realçar-se que o RJUE, aprovado pelo Decreto-Lei n.º 555/99, de 16 de Dezembro, alterado, por último, pela Lei n.º 60/2007, de 4 de Setembro, disciplinou, com o propósito de simplificação legislativa, o conjunto das operações urbanísticas, nomeadamente as operações de loteamento urbano e obras de urbanização e as obras de edificação); o regime jurídico das expropriações por utilidade pública, incluindo das expropriações urbanísticas, condensado nos Códigos das Expropriações de 1976 e de 1991, e, por último, no de 1999 (aprovado pela Lei n.º 168/99, de 18 de Setembro); e o regime da avaliação ambiental de planos e programas, incluindo os planos territoriais, condensado no Decreto--Lei n.º 232/2007, de 15 de Junho, e no RJIGT, na versão do Decreto-Lei n.º 316/2007, de 19 de Setembro.

No que se refere à quarta, para além dos municípios, igualmente a Administração estadual (directa e indirecta) aumentou a sua intervenção no sector do urbanismo. As manifestações deste fenómeno são múltiplas e uma boa parte delas consta das atribuições de diversos organismos integrados ou tutelados pelo Governo. Indicaremos, a título de exemplo: a formulação das bases gerais da política de ordenamento do território e de desenvolvimento urbano; a elaboração do programa nacional da política de ordenamento do território; a elaboração [248] e a aprovação dos planos regionais e especiais de ordenamento do território, bem como dos planos sectoriais; o apoio, o acompanhamento e o controlo da actividade de planificação urbanística dos municípios; a construção de equipamentos urbanos de utilização colectiva, etc. O que vem de ser exposto demonstra que a Administração Pública portuguesa – estadual e autárquica – desempenha um papel *activo* e *dinâmico* no domínio do urbanismo.

Relativamente à indicada em quinto lugar, verifica-se, nos últimos anos, que o direito do urbanismo *quantitativo*, voltado, exclusiva ou primordialmente, para a construção massiva de novas habitações e de novos equipamentos públicos, vem cedendo o lugar a um direito do urbanismo *qualitativo*, cujos traços característicos já foram acima apontados [249]. Também a *participação* dos particulares na actividade

---

[248] Isto sem olvidar que, de harmonia com o disposto no artigo 18.º, n.º 4, alínea *a*), da Lei n.º 10/2003, de 13 de Maio, as Juntas das Grandes Áreas Metropolitanas têm competência para a promoção e a elaboração dos planos regionais de ordenamento do território – norma esta que, no entanto, não tem tido aplicação prática. A este tema haveremos de voltar um pouco mais à frente.

[249] A fase do urbanismo *quantitativo* prolongou-se, no nosso país, até ao fim da década de 90 do século passado. O rompimento com um tal paradigma de urbanismo constitui uma preocupação do PNPOT, aprovado pela lei n.º 58/2007, de 4 de Setembro, como resulta, desde logo, do *objectivo específico* n.º 3.3 "promover um desenvolvimento urbano mais compacto e policêntrico do Continente, contrariar a construção dispersa, estruturar a urbanização difusa e incentivar o reforço das centralidades intra-urbanas", integrado no *objectivo estratégico* n.º 3 "promover o desenvolvimento policêntrico dos territórios e reforçar as infra-estruturas de suporte à integração e à coesão territoriais". Neste sentido, a já mencionada Resolução do Conselho de Ministros n.º 76/2002 (alterada pela Resolução do Conselho de Ministros n.º 162/2004, de 11 de Novembro), que determinou a elaboração daquele instrumento de ordenamento do território e definiu os seus grandes objectivos estratégicos, indica como um objectivo fundamental da política de ordenamento do território a *contenção da expansão urbanística*, adiantando que a tendência, que ainda persiste, para a expansão generalizada das áreas urbanizáveis e da

administrativa do urbanismo, sobretudo no procedimento de elaboração dos planos, tem vindo a ser aprofundada nos tempos mais recentes, caminhando-se, deste modo, para a formação de um direito do urbanismo de *concertação*.

No que tange à apontada em último lugar – a criação e a instituição de novas entidades supramunicipais com importantes atribuições nas matérias do ordenamento do território e do urbanismo –, será a mesma objecto da nossa especial atenção no § 3.º desta *Introdução*, quando tratarmos a problemática da "organização administrativa do urbanismo" ou da "Administração Pública do Urbanismo".

---

construção dispersa surge muitas vezes ao arrepio das tendências demográficas, acarreta evidentes prejuízos para a paisagem e gera assinaláveis encargos em matéria de construção e manutenção de infra-estruturas. Acresce que o objectivo assinalado é bem visível em vários planos recentemente aprovados, sobretudo nos planos especiais de ordenamento do território, nomeadamente nos planos de ordenamento de orla costeira, e, de forma particularmente vincada, nos planos regionais de ordenamento do território, designadamente no Plano Regional de Ordenamento do Território da Área Metropolitana de Lisboa (aprovado pela Resolução do Conselho de Ministros n.º 68/2002, de 8 de Abril, e cuja alteração foi determinada pela Resolução do Conselho de Ministros n.º 92/2008, de 5 de Junho), no Plano Regional de Ordenamento do Território da Zona Envolvente do Alqueva (aprovado pela Resolução do Conselho de Ministros n.º 70/2002, publicada no *DR*, I Série-B, de 9 de Abril de 2002) e no Plano Regional de Ordenamento do Território para o Algarve (PROT Algarve), na sua versão revista, aprovada pela Resolução do Conselho de Ministros n.º 102/2007, de 3 de Agosto, alterada pela Resolução do Conselho de Ministros n.º 188/2007, de 28 de Dezembro. E o artigo 72.º, n.º 3, do RJIGT, que impõe aos órgãos com competência planificatória *critérios, standards* ou *padrões urbanísticos* a observar nos planos municipais de ordenamento do território, prossegue idênticos objectivos de *contenção da expansão urbanística*. Com efeito, de acordo com aquele preceito, os mencionados planos só podem reclassificar o solo como solo urbano em situações excepcionais, devendo essa reclassificação ser limitada aos casos em que tal for comprovadamente necessário face à dinâmica demográfica, ao desenvolvimento económico e social e à indispensabilidade da qualificação urbanística. Significa isto que os planos municipais devem consagrar, nos termos do RJIGT, *um princípio de limitação da urbanização dos solos*, com o qual se pretende racionalizar o consumo de solos para fins urbanísticos.

§ 3.º
ORGANIZAÇÃO ADMINISTRATIVA DO URBANISMO

A importância primordial do *urbanismo* nas sociedades contemporâneas produziu um enorme impacto na estrutura da Administração, impondo a criação de uma organização administrativa específica para a prossecução do interesse público urbanístico. Parece-nos, por isso, de toda a utilidade, na fase introdutória deste Manual, indicar os traços gerais da "organização administrativa do urbanismo" ou da "Administração Pública do urbanismo". Começaremos por realçar os princípios fundamentais que constituem os alicerces da problemática da nossa organização administrativa do urbanismo. Num segundo momento, enunciaremos, em termos esquemáticos, as entidades, órgãos e serviços com atribuições e competências no domínio do urbanismo.

7. Princípios fundamentais da organização administrativa do urbanismo

Tivemos oportunidade, um pouco mais atrás, ao enumerarmos as regras e princípios constitucionais do direito do urbanismo, de referir que um desses princípios é a concepção do urbanismo como uma *função pública* e não como uma simples actividade privada. Também aí dissemos que este princípio – que resulta claramente do n.º 4 do artigo 65.º da Lei Fundamental e encontra consagração no direito infra-constitucional – está na base do aparecimento da própria organização administrativa do urbanismo, isto é, de um aparelho administrativo ou de uma estrutura de serviços que tem a seu cargo a realização do interesse público urbanístico. Com efeito, no Estado de Direito Social, as decisões básicas sobre urbanismo deixaram de pertencer aos proprietários do solo, para serem cometidas à Administração, a quem cabem funções de planeamento, gestão e controlo das actividades com reflexos na ocupação, uso e transformação do solo, pelo que só com a existência de uma estrutura organizatória específica é que tais funções podem ser cabalmente exercidas.

O segundo princípio constitucional da organização administrativa do urbanismo – que já foi também anteriormente mencionado – é o de que o urbanismo convoca, simultaneamente, interesses *gerais*, *estaduais* ou *nacionais* – cuja tutela é cometida pela Constituição ao Estado –, *interesses* das regiões autónomas [cfr. os artigos 6.º, n.º 2, 225.º, n.º 2, e 228.º da Constituição] e *interesses locais*, cuja responsabilidade cabe aos municípios, de harmonia com os princípios da subsidiariedade, da autonomia das autarquias locais e da descentralização administrativa, condensados nos artigos 6.º, n.º 1, 235.º e 237.º da Constituição, sendo, por isso, um domínio onde se verifica uma concorrência de atribuições e competências entre a Administração estadual, regional (das regiões autónomas) e municipal – princípio este que resulta, hoje, claramente, do artigo 65.º, n.º 4, da Constituição.

Este princípio segundo o qual o urbanismo é um espaço aberto à intervenção concorrente – e também concertada – das pessoas colectivas públicas territoriais acima referidas constitui um princípio orientador da repartição de atribuições entre o Estado e as autarquias locais no campo do urbanismo (e referimos apenas entre o Estado e as autarquias locais, porquanto, dispondo as Regiões Autónomas dos Açores e da Madeira de órgãos de Governo próprio, e sendo o urbanismo e o ordenamento do território matérias que entram no domínio da autonomia legislativa daquelas duas regiões (com respeito das "bases do ordenamento do território e do urbanismo", definidas por lei da Assembleia da República), têm elas, na respectiva área territorial, poderes tendencialmente idênticos aos do Estado). Aquele princípio confere ao legislador um amplo espaço de liberdade na consagração de soluções mais ou menos descentralizadoras, vedando-lhe, no entanto, a possibilidade de cercear de tal modo as atribuições das autarquias locais (em especial dos municípios) que desvirtue ou esvazie a intervenção destas no domínio do urbanismo, bem como a de levar tão longe as atribuições daqueles entes públicos que afecte substancialmente o insubstituível papel do Estado no planeamento e na gestão do território, enquanto "património comum da nação".

O princípio que vimos considerando tem reflexos, por exemplo, no conteúdo do PNPOT e dos PROT, que devem limitar-se a estabelecer *orientações* e *opções*, *directrizes* e *princípios* e *regras orientadoras* para a organização do território nacional e regional, respectivamente, e a definir o *quadro de referência* para a elaboração dos planos municipais de ordenamento do território. Por isso, se os municípios, ao elaborarem e aprovarem os seus planos, não podem contrariar as *opções* e *orientações* constantes do PNPOT e dos PROT, também o Estado deve respeitar as atribuições e competências dos municípios em matéria de ordenamento e planeamento territorial. Daí que lhe esteja constitucionalmente vedado elaborar e aprovar instrumentos de gestão territorial que contenham normas de tal modo concretas e detalhadas sobre a ocupação, uso e transformação do solo que eliminem ou reduzam substancialmente as atribuições e competências dos municípios ou destruam, desvirtuem ou esvaziem a sua margem de manobra sobre aquelas matérias[250].

O terceiro princípio fundamental da organização administrativa do urbanismo caracteriza-se pelo relevo particular que nela assumem os *organismos de concertação* de interesses públicos e privados coenvolvidos na ocupação, uso e transformação do solo. Com efeito, a Administração Pública do urbanismo não se apresenta como uma estrutura autoritária, burocrática e distante dos cidadãos, antes integra no seu seio, na esteira do estatuído no artigo 267.º, n.º 1, da Constituição, órgãos cuja missão é o estabelecimento de *consensos* entre vários sujei-

---

[250] Cfr. a nossa obra *O Programa Nacional da Política de Ordenamento do Território (PNPOT): Um Instrumento de Reforço da Harmonia e da Coerência do Sistema de Gestão Territorial*, in IV Colóquio Internacional "O PNPOT e os Novos Desafios do Ordenamento do Território", FDUC/CEDOUA/APDU, Coimbra, Almedina, 2008 (no prelo).

tos de direito público e entre estes e os particulares. É o que se passa, por exemplo, no domínio da organização administrativa responsável pela elaboração e aprovação dos instrumentos de gestão territorial, com a previsão de *comissões consultivas* para acompanhar a elaboração do programa nacional da política de ordenamento do território, dos planos regionais de ordenamento do território e dos planos intermunicipais de ordenamento do território (cfr. os artigos 31.º, 56.º e 65.º do RJIGT) e com a criação de *comissões de acompanhamento* para a elaboração dos planos especiais de ordenamento do território e dos planos directores municipais (cfr. os artigos 47.º, 75.º, 75.º-A e 75.º-B daquele diploma legal). No que toca a estes últimos planos, a composição da *comissão de acompanhamento* deve "traduzir a natureza dos interesses a salvaguardar e a relevância das implicações técnicas a considerar, integrando técnicos oriundos de serviços da administração directa ou indirecta do Estado, das Regiões Autónomas, do município e de outras entidades públicas cuja participação seja aconselhável no âmbito do plano" (cfr. o artigo 75.º-A, n.º 1, do RJIGT) [251].

A necessidade de os planos traduzirem uma *harmonização* e uma *concertação* entre os diferentes interesses públicos e entre estes e os interesses dos particulares reclama a introdução de ajustamentos na organização administrativa do urbanismo, através da adopção de *técnicas* organizatórias e decisórias adequadas à prossecução daqueles objectivos. Algumas dessas *técnicas* foram, recentemente, consagradas pelo nosso legislador.

A primeira é a técnica, inspirada no direito italiano, da *conferência de serviços*, que consiste na reunião das entidades interessadas na situação concreta, para promover, pelo contacto directo, o diálogo e a troca de pontos de vista para uma decisão final consensual. Consi-

---

[251] A Portaria n.º 1474/2007, de 16 de Novembro, rectificada pela Declaração de Rectificação n.º 1-C/2008, de 15 de Janeiro, regula a constituição, a composição, e o funcionamento da comissão de acompanhamento da elaboração e da revisão do plano director municipal (revogando a Portaria n.º 290/2003, de 5 de Abril), nos termos do n.º 8 do artigo 75.º-A do RJIGT [cfr. o nosso *Direito do Ordenamento do Território e do Urbanismo (Legislação Básica)*, 8.ª ed., Coimbra, Almedina, 2008].

derada "como o instrumento-príncipe da simplificação administrativa", destinado a favorecer a celeridade do procedimento e a coordenação dos diferentes interesses, a *conferência de serviços* tem como finalidade obter da parte dos diversos sujeitos públicos interessados, e avaliá-los numa única sede, todos os elementos determinantes para a instrução no âmbito dos procedimentos mais complexos[252].

A técnica da *conferência de serviços* foi considerada recentemente pelo legislador português em vários instrumentos normativos: nas alterações ao RJIGT, operadas pelo Decreto-Lei n.º 316/2007, de 19 de Setembro, no âmbito do *acompanhamento* dos planos territoriais, precisamente a propósito da emissão e apreciação dos pareceres de várias entidades ou serviços representativos dos interesses a ponderar nos instrumentos de planeamento territorial, com o objectivo de se encontrar uma solução consensual (cfr. os artigos 39.º, n.º 3, quanto aos planos sectoriais, e 75.º-C, n.ºs 3 a 5, quanto aos planos de urbanização e aos planos de pormenor); nos artigos 15.º, n.º 2, e 17.º, n.º 1, da Portaria n.º 1474/2007, de 16 de Novembro, que determinam que o *parecer final* da *comissão de acompanhamento* de elaboração do plano director municipal, previsto no n.º 4 do artigo 75.º-A do RJIGT, deve ser emitido em *conferência de serviços*; no diploma que condensa o regime da *avaliação ambiental de planos e programas* (Decreto-Lei n.º 232/2007, de 15 de Junho), o qual prevê que as *consultas* às entidades com responsabilidades ambientais específicas possam ser emitidas em *conferência de serviços*, com o intuito da sua agilização, quando os meios disponíveis o permitam e a entidade que elabora o plano ou programa o determine, podendo aquela decorrer por via electrónica (cfr. o artigo 7.º, n.ºs 4 e 5); no Decreto-Lei n.º 285//2007, de 17 de Agosto, que estabelece o regime jurídico aplicável aos projectos de potencial interesse nacional (PIN) classificados como de importância estratégica, designados como projectos PIN +, cuja a apreciação e decisão cabem a uma *conferência decisória*, integrada por todas as entidades da Administração Central responsáveis pela emissão de pareceres, aprovações, autorizações e decisões ou licenciamen-

---

[252] Cfr. N. ASSINI/F. MANTINI, *Manuale di Diritto Urbanistico*, cit., p. 117--126.

tos legalmente necessários [cfr. os artigos 6.º, n.º 4, alínea b), 8.º, alínea b), 9.º, n.ºˢ 3, alíneas a), b), e) e f), e 4, 10.º e 11.º]; e no RJUE, na versão da Lei n.º 60/2007, de 4 de Setembro, onde se prevê, a propósito das *consultas* de entidades da Administração Central, directa ou indirecta, que se devam pronunciar no âmbito do *controlo prévio* de uma operação urbanística (as quais são efectuadas através de uma única entidade coordenadora, a comissão de coordenação e desenvolvimento regional territorialmente competente), o recurso a uma *conferência decisória*, promovida pela comissão de coordenação e desenvolvimento regional, caso existam posições divergentes entre as entidades consultadas, com vista à tomada de uma decisão final, a qual pode ser favorável, favorável condicionada ou desfavorável (cfr. o artigo 13.º-A, n.ºˢ 5, 6, 7 e 9, do RJUE e os artigos 3.º a 8.º da Portaria n.º 349/2008, de 5 de Maio).

A segunda, colhida na experiência alemã, é a técnica do *management organizacional*. Consiste ela na institucionalização do trabalho de grupo, também designada trabalho em rede[253], intra ou inter-ministerial, no quadro do *New Public Management*, a significar "a conjugação entre o carácter público das organizações e a inspiração empresarialista das técnicas de gestão"[254].

A terceira, também provinda do ordenamento jurídico germânico, é a técnica da *concentração de procedimentos*, aplicável naquelas situações em que, para o mesmo resultado material, são necessários vários actos administrativos provenientes de diferentes autoridades administrativas, com obediência a diferentes procedimentos, da qual resulta que se passe de vários a um só procedimento, com a emanação de um único acto que substitui todos os restantes ou aqueles que a lei determinar. A técnica de *concentração de procedimentos* foi também adoptada pelo nosso legislador, designadamente, como já referimos, na *incorporação* dos procedimentos de avaliação ambiental dos planos territoriais nos procedimentos de elaboração, acompanhamento, participação e apro-

---

[253] Cfr. E. SCHMIDT-ASSMANN, *Allgemeines Verwaltungsrecht in europäischer Perspektive*, cit., p. 173.

[254] Cfr. *Il Management Pubblico*, a cura di L. LAPERUTA, Napoli, Simone, 2006, p. 6.

vação dos instrumentos de gestão territorial, realizada pelo RJIGT, na versão do Decreto-Lei n.º 316/2007, de 19 de Setembro.

A quarta, igualmente trazida do direito alemão, é a realização de *pré-procedimentos informais*, como forma de redução da complexidade e aumento de eficiência nos *procedimentos decisórios complexos*. Com eles, criam-se fases de carácter negocial, que podem limitar-se às relações entre os órgãos da Administração ou incluir também entidades externas. Estamos perante mecanismos destinados a alcançar o consenso quanto a elementos essenciais da decisão, evitando posteriores delongas quer nas fases de apreciação inter-orgânica e inter-administrativa, quer na fase de apreciação pública [255].

8. Entidades, órgãos e serviços com atribuições e competências no domínio do urbanismo

Indicados os três princípios fundamentais da organização administrativa do urbanismo, vejamos, agora, quais são as principais entidades, órgãos e serviços da Administração Pública com atribuições e competências no domínio do urbanismo.

8.1. *Órgãos e serviços da administração directa do Estado*

São vários os órgãos e serviços da administração directa do Estado com competências administrativas no âmbito do urbanismo e do ordenamento do território, designadamente no domínio da elaboração, aprovação e ratificação de instrumentos de gestão territorial [256].

---

[255] Cfr. sobre estas técnicas, e para mais desenvolvimentos, F. ALVES CORREIA/A. BARBOSA DE MELO/FERNANDA PAULA OLIVEIRA/DULCE LOPES/JOANA MENDES, *Direito do Urbanismo e Autarquias Locais*, CEDOUA/FDUC/IGAT, Coimbra, Almedina, 2005, p. 25-30, e a bibliografia aí citada.

[256] Cfr., sobre esta problemática, FERNANDA PAULA OLIVEIRA, *A Organização Administrativa do Planeamento Urbanístico em Portugal*, in AB UNO AD OMNES – 75 Anos da Coimbra Editora, Coimbra, Coimbra Editora, 1998, p. 903 e segs..

8.1.1. *Governo*

São cometidas por lei a este órgão, nas matérias de urbanismo e de ordenamento do território, entre outras, as seguintes competências administrativas:

a) Determinar, através de resolução do Conselho de Ministros, a elaboração do "programa nacional da política de ordenamento do território" (cfr. o artigo 30.º, n.º 2, do RJIGT);

b) Aprovar, por meio de resolução do Conselho de Ministros, os "planos sectoriais", salvo norma especial que determine a sua aprovação por decreto-lei ou decreto regulamentar (cfr. o artigo 41.º do RJIGT) [257];

c) Aprovar, através de resolução do Conselho de Ministros, os "planos especiais de ordenamento do território" (cfr. o artigo 49.º do RJIGT) [258];

d) Determinar a elaboração de "planos regionais de ordenamento do território" (sem prejuízo do que se dirá adiante sobre as competências das Juntas das Grandes Áreas Metropolitanas) e aprovar estes mesmos planos, em ambas as situações através de resolução do Conselho de Ministros (cfr. os artigos 55.º e 59.º, n.º 1, do RJIGT);

e) Ratificar, total ou parcialmente, por resolução do Conselho de Ministros, em determinadas situações, os planos directores municipais, bem como a sua alteração e revisão (cfr. os artigos 80.º e 96.º, n.ºˢ 1 e 7, do RJIGT);

f) Estabelecer, através de resolução do Conselho de Ministros, "medidas preventivas" para salvaguardar situações excepcionais de reconhecido interesse nacional ou regional e garantir a elaboração dos

---

[257] A elaboração dos "planos sectoriais" passou, *ex vi* das alterações introduzidas pelo Decreto-Lei n.º 316/2007, de 19 de Setembro, a ser determinada por despacho do ministro competente em razão da matéria (cfr. o n.º 2 do artigo 38.º do RJIGT).

[258] A elaboração dos "planos especiais de ordenamento do território" passou, em consequência das alterações trazidas pelo Decreto-Lei n.º 316/2007, a ser determinada por despacho do ministro competente em razão da matéria (cfr. o artigo 46.º, n.º 1, do RJIGT).

planos especiais de ordenamento do território (cfr. os artigos 107.º, n.º 9, e 109.º, n.º 2, do RJIGT);

g) Ratificar, por meio de resolução do Conselho de Ministros, as "medidas preventivas" relativas ao plano director municipal que consistam na limitação ou sujeição a parecer vinculativo das seguintes acções: operações de loteamento e obras de urbanização; obras de construção civil, ampliação, alteração e reconstrução, com excepção das que estejam sujeitas a um procedimento de comunicação prévia à câmara municipal; trabalhos de remodelação de terrenos; obras de demolição de edificações existentes, excepto as que, por regulamento municipal, possam ser dispensadas de licença ou autorização; e derrube de árvores em maciço ou destruição do solo vivo e do coberto vegetal (cfr. os artigos 109.º, n.º 3, e 107.º, n.º 4, do RJIGT);

h) Suspender, total ou parcialmente, por meio de resolução de Conselho de Ministros (se for esse o caso), os instrumentos de desenvolvimento territorial e os instrumentos de política sectorial, ouvidas as câmaras municipais das autarquias abrangidas, a comissão de coordenação e desenvolvimento regional e a entidade pública responsável pela elaboração do plano sectorial (cfr. o artigo 99.º, n.ºˢ 1 e 2, do RJIGT)[259];

i) Suspender, total ou parcialmente, através de resolução do Conselho de Ministros, os planos especiais de ordenamento do território, ouvidas as câmaras municipais das autarquias abrangidas (cfr. o artigo 100.º, n.ºˢ 1 e 3, do RJIGT);

---

[259] Sublinhe-se, no entanto, que a suspensão, total ou parcial, de instrumentos de desenvolvimento territorial e de instrumentos de política sectorial apenas é da competência do Governo, por meio de resolução do Conselho de Ministros, quando os mesmos tiverem sido aprovados por aquele órgão de soberania e utilizando aquela forma. Com efeito, de acordo com a nova redacção dada ao artigo 99.º, n.º 2, do RJIGT pelo Decreto-Lei n.º 316/2007, de 19 de Setembro, "a suspensão dos instrumentos de desenvolvimento territorial e de instrumentos de política sectorial é determinada pelo mesmo tipo de acto que os haja aprovado". Consagrou, por isso, este preceito o "princípio do paralelismo das competências e das formas", indo ao encontro da crítica por nós apresentada (cfr. o nosso *Manual de Direito do Urbanismo*, Vol. I, 3.ª ed., Coimbra, Almedina, 2006, p. 492 e 493).

j) Suspender, total ou parcialmente, através de resolução do Conselho de Ministros, em casos excepcionais de reconhecido interesse nacional ou regional, ouvidas as câmaras municipais das autarquias envolvidas, os planos municipais de ordenamento do território [cfr. o artigo 100.º, n.ºs 2, alínea *a*), e 3, do RJIGT];

l) Ratificar, através de resolução do Conselho de Ministros, a deliberação da assembleia municipal de suspensão, total ou parcial, de planos municipais de ordenamento do território [cfr. o artigo 100.º, n.ºs 2, alínea *b*), 3 e 5, do RJIGT].

8.1.2. *Ministro do Ambiente, do Ordenamento do Território e do Desenvolvimento Regional*

O artigo 16.º, n.º 1, do Decreto-Lei n.º 79/2005, de 15 de Abril (alterado pelos Decretos-Leis n.ºs 11/2006, de 19 de Janeiro, 16/2006, de 26 de Janeiro, 135/2006, de 26 de Julho, 201/2006, de 27 de Outubro, 240/2007, de 21 de Junho, e 44/2008, de 11 de Março) – diploma que aprovou a Lei Orgânica do XVII Governo Constitucional – criou o Ministério do Ambiente, do Ordenamento do Território e do Desenvolvimento Regional.

De acordo com o exórdio o Decreto-Lei n.º 207/2006, de 27 de Outubro – que aprovou a orgânica do Ministério do Ambiente, do Ordenamento do Território e do Desenvolvimento Regional –, a missão daquele Ministério é "a de garantir um exigente nível de qualidade ambiental e territorial, mobilizar e coordenar a integração das dimensões ambiental e territorial na concepção, concretização e avaliação das diferentes políticas públicas, orientadas no médio e longo prazos para a melhoria da qualidade de vida dos cidadãos e o pleno desenvolvimento da sociedade, reconhecendo-se que nenhuma política ambiental ou territorial se pode cingir, apenas, à Administração Pública".

Ao Ministro do Ambiente e do Ordenamento do Território incumbe, em geral, definir, executar e coordenar as políticas de ambiente, de ordenamento do território e cidades e de desenvolvimento regional, bem como coordenar globalmente a política de coesão em

Portugal, numa perspectiva de desenvolvimento sustentável e de coesão territorial. Ao mesmo cabe, sem prejuízo da natureza horizontal do política de desenvolvimento sustentável[260], e dando, agora, particular ênfase às áreas do ordenamento do território e do urbanismo, um vasto elenco de atribuições referido no artigo 2.º do Decreto-Lei n.º 207/2006, de que destacamos as seguintes: promover os programas, projectos, medidas e acções que visem assegurar a preservação do património natural, o bom estado e funcionamento dos ecossistemas, a manutenção e fomento da biodiversidade, da conservação da natureza e da protecção e valorização da paisagem; garantir a existência de sistemas de monitorização e avaliação, bem como assegurar a divulgação pública da informação sobre o estado do ambiente, do ordenamento do território e do desenvolvimento das regiões; definir a Estratégia de Gestão Integrada da Zona Costeira Nacional e garantir a sua execução e avaliação; definir a política de ordenamento do território e urbanismo e garantir a sua execução e avaliação, com destaque para o Programa Nacional da Política de Ordenamento do Território, e assegurar a articulação com as políticas sectoriais com incidência na organização do território; definir, executar e avaliar a política social de habitação e estimular e apoiar a gestão, conservação e reabilitação do património habitacional, bem como definir a política de cidades e garantir a sua execução e avaliação; coordenar e desenvolver o Sistema Nacional de Informação Geográfica e o Sistema Nacional de Informação Territorial, assegurar as funções de Observatório do Ordenamento do Território e Urbanismo e de Observatório da Habitação e da Reabilitação Urbana e coordenar a execução da política nacional de informação geográfica de base nos domínios da geodesia, cartografia e cadastro predial; promover uma

---

[260] Segundo a Comissão Mundial para o Ambiente e o Desenvolvimento, entende-se por *desenvolvimento sustentável* "o desenvolvimento que satisfaça as necessidades do presente sem comprometer a capacidade de as futuras gerações satisfazerem as sua próprias necessidades". Como já referimos, a Resolução do Conselho de Ministros n.º 109/2007, de 20 de Agosto, aprovou a *Estratégia Nacional de Desenvolvimento Sustentável – 2015 (ENDS)*, e o respectivo *Plano de Implementação*, incluindo os indicadores de monitorização (PIENDS).

política de desenvolvimento regional, económica e socialmente sustentável, orientada para o reforço da competitividade e da coesão dos territórios e suportada em processos de planeamento estratégico com o envolvimento de agentes económicos e sociais, públicos e privados; coordenar a elaboração e a negociação com as instâncias comunitárias dos documentos de programação necessários à aplicação da política de coesão da União Europeia em Portugal, incluindo os processos de avaliação e monitorização estratégica da mesma e implementar mecanismos que permitam assegurar transparência, rigor, eficácia e eficiência na utilização dos fundos comunitários com finalidade estrutural; assegurar a gestão nacional do Fundo Europeu de Desenvolvimento Regional e do Fundo de Coesão, planear e gerir a participação de Portugal nos programas de cooperação territorial da União Europeia e participar nos órgãos de direcção política dos Programas Operacionais do Quadro Comunitário de Apoio III (QCA III) e do Quadro de Referência Estratégico Nacional (QREN), nos termos fixados na legislação relevante[261]; e definir a estratégia de aplicação e colaborar na gestão dos fundos nacionais e comunitários afectos às políticas de ambiente, de ordenamento do território e de desenvolvimento regional e participar nos processos de avaliação do seu contributo, numa óptica de coesão nacional e de sustentabilidade do País.

O Ministro do Ambiente, do Ordenamento do Território e do Desenvolvimento Regional exerce também um amplo naipe de atribuições no domínio do urbanismo, referidas, entre outros diplomas legais, no RJIGT.

A agregação no mesmo Ministério das matérias do ambiente e do ordenamento do território, adoptada pela Lei Orgânica do XVII

---

[261] A Resolução do Conselho de Ministros n.º 86/2007, de 3 de Julho, aprovou o Quadro de Referência Estratégico Nacional para o período 2007-2013, tendo o Decreto-Lei n.º 312/2007, de 17 de Setembro, alterado pelo Decreto-Lei n.º 74/2008, de 22 de Abril, definido o modelo de governação do Quadro de Referência Estratégico Nacional 2007-2013 e dos respectivos programas operacionais. Por sua vez, a Resolução da Assembleia da República n.º 8/2008, de 19 de Março, recomendou ao Governo a criação de um sistema de dinamização de parcerias e de apoio à gestão das PME no âmbito do QREN.

Governo Constitucional – na esteira, aliás, das soluções consagradas nas leis orgânicas de governos anteriores –, é, sem dúvida, virtuosa, tendo em conta as íntimas conexões entre aquelas duas problemáticas. Mas o cometimento ao Ministro do Ambiente, do Ordenamento do Território e do Desenvolvimento Regional – o qual é coadjuvado no exercício das suas funções pelo Secretário de Estado do Ambiente, pelo Secretário de Estado do Ordenamento do Território e das Cidades e pelo Secretário de Estado do Desenvolvimento Regional (cfr. o artigo 3.º, n.º 8, da Lei Orgânica do XVII Governo Constitucional) – das matérias respeitantes ao ambiente, ao ordenamento do território e ao desenvolvimento regional merece os maiores encómios, já que não é possível uma correcta política de desenvolvimento regional desligada do ordenamento do território. Face à ligação das questões do ordenamento do território e do planeamento territorial com o desenvolvimento (económico e social) regional, é louvável a associação no mesmo Ministério destas duas políticas – uma de cariz mais estática e operacional e outra de índole mais dinâmica e estratégica [262].

8.1.3. *Direcção-Geral do Ordenamento do Território e Desenvolvimento Urbano (DGOTDU)*

A Direcção-Geral do Ordenamento do Território e Desenvolvimento Urbano é o mais importante serviço central do Ministério do Ambiente, do Ordenamento do Território e do Desenvolvimento Regional, que tem por missão prosseguir as políticas públicas de ordenamento do território e de urbanismo, assegurando uma adequada organização e utilização do território nacional e promovendo a valorização integrada das suas diversidades, através do aproveitamento racional dos recursos naturais, da salvaguarda do património natural e cultural, da qualificação e humanização das cidades, da valorização dos espaços rurais e da criação de condições favoráveis à loca-

---

[262] Cfr. F. ALVES CORREIA/A. BARBOSA DE MELO/FERNANDA PAULA OLIVEIRA/DULCE LOPES/JOANA MENDES, ob. cit., p. 39-41.

lização e desenvolvimento de actividades económicas, sociais e culturais (cfr. o artigo 14.º, n.º 1, do Decreto-Lei n.º 207/2006).

Àquele serviço concentrado[263] e operacional do Ministério do Ambiente, do Ordenamento do Território e do Desenvolvimento Regional – cuja orgânica consta do Decreto Regulamentar n.º 54//2007, de 27 de Abril – incumbe, nos termos do n.º 2 do artigo 14.º do Decreto-Lei n.º 207/2006 e do n.º 2 do artigo 2.º do Decreto Regulamentar n.º 54/2007: participar na definição da política nacional de ordenamento do território e de urbanismo, acompanhar a sua execução e promover a respectiva avaliação; apoiar a definição e a prossecução da política de cidades, nomeadamente através da preparação, coordenação e gestão de programas de cooperação técnica e financeira dirigidos à promoção das boas práticas de gestão territorial e à qualificação do território e da gestão urbana; acompanhar e avaliar o funcionamento do sistema de gestão territorial e propor as medidas necessárias ao seu aperfeiçoamento; promover a elaboração do Programa Nacional da Política de Ordenamento do Território, acompanhar e avaliar a sua aplicação e propor a sua alteração ou revisão; desenvolver e manter o Sistema Nacional de Informação Territorial e o Portal do Ordenamento do Território e do Urbanismo; assegurar o funcionamento do Observatório do Ordenamento do Território e do Urbanismo, prestando-lhe suporte técnico, administrativo e logístico; intervir, nos termos da lei, na elaboração, acompanhamento e execução dos instrumentos de gestão territorial e nos procedimentos de avaliação ambiental dos instrumentos de gestão territorial, e apoiar o membro do Governo responsável pela área do ordenamento do território nos procedimentos e nas decisões de gestão territorial da sua competência; proceder, nos termos da lei, ao registo dos instrumentos de gestão territorial; dinamizar, acompanhar, orientar e apoiar tecnicamente as práticas de gestão territorial nos âmbitos nacional, regional e local, promovendo a harmonização

---

[263] Sobre os conceitos de *administração concentrada* e *administração desconcentrada do Estado*, cfr. o nosso artigo *Centralização*, in Alguns Conceitos de Direito Administrativo, cit., p. 23-25.

dos procedimentos e dos critérios técnicos aplicáveis e a divulgação de boas práticas; elaborar normas técnicas nacionais de ordenamento do território e urbanismo, promover a sua adopção e apoiar e avaliar a sua aplicação; assegurar, em colaboração com as demais entidades competentes, a articulação entre a política de ordenamento do território e de urbanismo e as políticas sectoriais e intervir, por determinação do membro do Governo responsável pelo ordenamento do território, na elaboração de legislação e regulamentação sectorial e na preparação e execução de políticas e de programas e projectos de desenvolvimento territorial, de âmbito nacional, sectorial ou regional; acompanhar a evolução das políticas territorial e urbana nos âmbitos comunitário, europeu e internacional, assegurar a representação nacional nas organizações e entidades responsáveis pela sua formulação e promover a respectiva aplicação e avaliação no âmbito nacional; participar nos programas comunitários, europeus e internacionais que visem o reforço da sustentabilidade, da coesão, da competitividade e da boa governação do território e das cidades; promover e apoiar a investigação científica, o desenvolvimento experimental e a inovação no domínio das suas atribuições, participar em programas e projectos nacionais, comunitários, europeus e internacionais, com essas finalidades e colaborar na divulgação dos respectivos resultados; promover e coordenar, em colaboração com outras entidades, a implementação da Convenção Europeia da Paisagem no território nacional; desenvolver, divulgar e comercializar produtos de informação técnica ou de aplicação no âmbito do ordenamento do território, do urbanismo e da política de cidades, e prestar apoio técnico à sua utilização; e colaborar e cooperar com outras entidades, nacionais e estrangeiras, no domínio das suas atribuições.

8.1.4. *Comissões de Coordenação e Desenvolvimento Regional*

As comissões de coordenação e desenvolvimento regional (CCDR) são serviços periféricos de administração directa do Estado, no âmbito do Ministério do Ambiente, do Ordenamento do Território e do Desenvolvimento Regional, dotados de autonomia administrativa e financeira, que têm por missão executar as políticas de ambiente, de ordenamento do território e cidades e de desenvolvimento regional ao nível das respectivas áreas geográficas de actuação e promover a actuação coordenada dos serviços desconcentrados de âmbito regional, bem como apoiar as autarquias locais e as suas associações (cfr. os artigos 4.º, n.º 2, e 16.º, n.º 1, do Decreto-Lei n.º 207/2006 e 1.º e 2.º, n.º 1 do Decreto-Lei n.º 134/2007, de 27 de Abril). Previstas inicialmente no artigo 4.º, n.º 5, do Decreto-Lei n.º 97/2003, de 7 de Maio, e criadas pelo Decreto-Lei n.º 104/2003, de 23 de Maio, alterado pelos Decretos-Leis n.ºˢ 117/2004, de 18 de Maio, e 114/2005, de 13 de Julho, as comissões de coordenação e desenvolvimento regional vieram substituir as comissões de coordenação regional (CCR), criadas pelo Decreto-Lei n.º 494/79, de 21 de Dezembro, na versão do Decreto-Lei n.º 224/2001, de 9 de Agosto, e as direcções regionais do ambiente e do ordenamento do território (DRAOT), criadas pelos artigos 2.º, alíneas f) a j), e 12.º do Decreto-Lei n.º 120/2000, de 4 de Julho, e cuja estrutura orgânica foi definida pelo Decreto-Lei n.º 127/2001, de 17 de Abril, tendo sucedido nas posições jurídicas activas e nos deveres destes mesmos organismos (cfr. o artigo 5.º, n.º 1, do Decreto-Lei n.º 104//2003, de 23 de Maio, diploma este revogado e substituído pelo Decreto-Lei n.º 134/2007, de 27 de Abril, que aprovou a actual orgânica das comissões de coordenação e desenvolvimento regional). Na linha do que vem de ser assinalado, o n.º 3 do artigo 5.º deste último diploma legal determinou que "todas as referências feitas às CCR e às DRAOT, designadamente em diplomas legais ou regulamentares, consideram-se feitas, consoante os casos, às CCDR em geral ou à concreta CCDR que sucede aos serviços extintos no âmbito da correspondente área geográfica de actuação".

As áreas geográficas de actuação das CCDR correspondem ao nível II da Nomenclatura das Unidades Territoriais para Fins Estatísticos (NUTS) do Continente, tal como definidas no Decreto-Lei n.º 46/89, de 15 de Fevereiro, com as alterações do Decreto-Lei n.º 317/99, de 11 de Agosto (cfr. o artigo 3.º, n.º 1, do Decreto-Lei n.º 134/2007).

As comissões de coordenação e desenvolvimento regional são em número de cinco: a CCDR do Norte, com sede no Porto; a CCDR do Centro, com sede em Coimbra; a CCDR de Lisboa e Vale do Tejo, com sede em Lisboa; a CCDR do Alentejo, com sede em Évora; e a CCDR do Algarve, com sede em Faro (cfr. o n.º 3 do artigo 3.º do Decreto-Lei n.º 134/2007).

Num quadro de inexistência, no território do Continente, de *regiões administrativas*, entendidas como autarquias locais (artigos 236.º, n.º 1, e 255.º a 262.º da Constituição), as comissões de coordenação e desenvolvimento regional procuram colmatar, em parte, as lacunas da inexistência daquelas, tanto mais que o Decreto-Lei n.º 104/2003, de 23 de Maio, reforçou a legitimidade do respectivo presidente, cuja nomeação, embora fosse feita, por um período de três anos, pelo Governo, era precedida da indicação de três personalidades escolhidas em reunião do *Conselho Regional*, expressamente convocada para o efeito (do qual fazem parte, entre outros, mas numa posição largamente maioritária, os presidentes das câmaras municipais abrangidas na área geográfica de actuação da respectiva comissão de coordenação e desenvolvimento regional (cfr. os artigos 10.º e 15.º do Decreto-Lei n.º 104/2003).

Todavia, o XVII Governo Constitucional pôs termo a esta *participação* do *Conselho Regional* no procedimento de escolha do presidente da comissão de coordenação e desenvolvimento regional, através da alteração dos artigos 10.º e 16.º do Decreto-Lei n.º 104/2003, de 23 de Maio, operada pelo Decreto-Lei n.º 114/2005, de 13 de Julho. Embora o Governo tenha fundamentado a solução de nomeação do presidente daquele organismo exclusivamente por despacho conjunto do Primeiro Ministro e do Ministro do Ambiente, do Ordenamento do Território e do Desenvolvimento Regional, dizendo, no exórdio do Decreto-Lei n.º 114/2005, de 13 de Julho, que "a atribuição de uma tal competência aos conselhos regionais da CCDR ultrapassa largamente as atribuições que um órgão de natureza consultiva, como é o conselho regional, deve ter", e, bem assim, que aquela "cria [...] uma situação algo paradoxal e rara no seio da administração desconcentrada do Estado, pois um alto cargo da Administração Pública, embora de nomeação por despacho conjunto, está fortemente condicionado por uma proposta de um órgão de natureza consultiva", o certo é que, em direitos contas, aquela solução constitui claramente um *retrocesso*, num sentido *centralista*, na medida em que elimina a salutar participação dos presidentes das câmaras municipais abrangidas na área geográfica de actuação da respectiva comissão de coordenação e desenvolvimento regional na designação do presidente deste organismo, cujo núcleo de atribuições muito tem a ver com as atribuições dos municípios.

As mesmas exercem importantes atribuições nos domínios do ambiente do ordenamento do território e cidades e do desenvolvimento regional, no âmbito de circunscrições territoriais respectivas. Tais atribuições estão elencadas no artigo 16.º, n.º 2, do Decreto-Lei n.º 207/2006, sendo muito semelhantes as indicadas no artigo 2.º, n.º 2, do Decreto-Lei n.º 134/2007. São elas as seguintes: contribuir para a definição das bases gerais da política de desenvolvimento regional no âmbito da política de desenvolvimento económico e social do País, dinamizando e participando nos processos de planeamento estratégico de base territorial, bem como fomentar parcerias entre agentes regionais e a elaboração de programas integrados visando a coesão e a competitividade territoriais; executar, avaliar e fiscalizar, ao nível regional, as políticas de ambiente, de conservação da natureza, de ordenamento do território e de cidades, articulando-se, para o efeito, com os outros serviços do Ministério do Ambiente, do Ordenamento do Território e do Desenvolvimento Regional e pessoas colectivas públicas tuteladas por aquele Ministério; garantir a elaboração, acompanhamento e avaliação dos instrumentos de gestão territorial e assegurar a sua articulação com o Programa Nacional da Política de Ordenamento do Território; coordenar os serviços desconcentrados de âmbito regional, no domínio do planeamento, do ordenamento do território, da coordenação estratégica e do desenvolvimento económico, social e ambiental; assegurar o cumprimento das responsabilidades de gestão que lhes estiverem confiadas, no âmbito da política de coesão da União Europeia em Portugal; dinamizar a cooperação inter-regional e transfronteiriça e assegurar a articulação entre instituições da administração directa do Estado, autarquias locais e entidades equiparadas, contribuindo para a integração europeia do espaço regional e para o reforço da sua competitividade interna e externa com base em estratégias de desenvolvimento sustentável de níveis regional e local; e apoiar tecnicamente as autarquias locais e as suas associações, em articulação com a Direcção-Geral das Autarquias Locais.

A legislação urbanística reserva, além disso, às comissões de coordenação e desenvolvimento regional um conjunto de competências, as quais estavam inicialmente previstas para as comissões de coordenação regional e, numa fase posterior, para as direcções regionais do ambiente e do ordenamento do território. Elas são, *inter alia*, as seguintes: elaborar os planos regionais de ordenamento do território, na sequência determinação por resolução do Conselho de Ministros (cfr. o artigo 55.º do RJIGT)[264]; emitir parecer sobre as versões finais das propostas dos planos intermunicipais de ordenamento do território e dos planos directores municipais (cfr. os artigos 66.º e 78.º do RJIGT); acompanhar a elaboração dos planos de urbanização e dos planos de pormenor, se tal for solicitado pelas câmaras municipais (cfr. o artigo 75.º-C do RJIGT); colaborar no procedimento de suspensão dos instrumentos de desenvolvimento territorial e dos instrumentos de política sectorial (cfr. o artigo 99.º, n.º 1, do RJIGT); tomar conhecimento das alterações simplificadas aos planos municipais de ordenamento do território e emitir parecer sobre as mesmas (cfr. o artigo 97.º-B, n.º 6, do RJIGT); emitir parecer prévio favorável para o licenciamento, por parte da câmara municipal, de operação de loteamento que se realize em área não abrangida por qualquer plano municipal de ordenamento do território (cfr. o artigo 42.º do

---

[264] A reafirmação desta competência pelo Decreto-Lei n.º 316/2007, de 19 de Setembro, que introduziu alterações ao RJIGT, significa que a competência conferida pelo artigo 18.º, n.º 4, alínea *a*), da Lei n.º 10/2003, de 13 de Maio, às Juntas das Grandes Áreas Metropolitanas para promover e elaborar os planos regionais de ordenamento do território, sem prejuízo dos poderes de aprovação do Governo, não passa de letra morta. A este assunto voltaremos um pouco mais à frente.

RJUE); e emitir parecer prévio não vinculativo sobre as operações de loteamento e as obras de urbanização promovidas pelas autarquias locais e suas associações em área não abrangida por plano municipal de ordenamento do território (cfr. o n.º 3 do artigo 7.º do mesmo diploma legal).

Por sua vez, os presidentes das comissões de coordenação e desenvolvimento regional detêm também importantes competências em matéria de urbanismo, como sucede com a competência que o artigo 114.º, n.º 2, do RJIGT, comete ao presidente da comissão de coordenação e desenvolvimento regional para ordenar o embargo, a demolição, a reposição da configuração do terreno ou a recuperação do coberto vegetal, no caso de obras e trabalhos efectuados com inobservância das proibições, condicionantes ou pareceres vinculativos decorrentes das medidas preventivas estabelecidas pelo Governo, ainda que licenciados ou autorizados pelas autoridades competentes, bem como com a competência conferida pelo artigo 108.º-A do RJUE para determinar o embargo, a introdução de alterações, a demolição do edificado ou a reposição do terreno em quaisquer operações urbanísticos desconformes com o disposto em plano municipal ou plano especial de ordenamento do território, sempre que não se mostre assegurada pelo município a adopção das referidas medidas de tutela da legalidade urbanística.

8.2. *Instituto da Habitação e da Reabilitação Urbana, I.P.*

São vários os institutos públicos que prosseguem atribuições do Ministério do Ambiente, do Ordenamento do Território e do Desenvolvimento Regional, sob superintendência e tutela do respectivo Ministro. Interessa-nos aqui considerar tão-só o Instituto da Habitação e da Reabilitação Urbana, I. P., previsto nos artigos 5.º, n.º 1, alínea c), e 19.º do Decreto-Lei n.º 207/2006, cuja orgânica foi aprovada pelo Decreto-Lei n.º 223/2007, de 30 de Maio, e cujos Estatutos foram aprovados pela Portaria n.º 662-M/2007, de 31 de Maio, por ser o que maior ligação tem com a matéria de urbanismo.

De harmonia com o disposto no n.º 1 do artigo 1.º do Decreto-Lei n.º 223/2007, o Instituto de Habitação e da Reabilitação Urbana, I. P., abreviadamente designado IHRU, I.P., é um instituto público integrado na administração indirecta do Estado, dotado de autonomia administrativa e financeira e património próprio. Tem por missão assegurar a concretização da política definida pelo Governo para as áreas da habitação e da reabilitação urbana, de forma articulada com a política de cidades e com outras políticas sociais e de salvaguarda e valorização patrimonial, assegurando a memória do edificado e da sua evolução (cfr. os artigos 19.º, n.º 1, do Decreto-Lei n.º 207/2006 e 3.º, n.º 1, do Decreto-Lei n.º 223/2007).

Os artigos 19.º, n.º 2, do Decreto-Lei n.º 207/2006 e 3.º, n.º 2, do Decreto-Lei n.º 223/2007, indicam as atribuições do IHRU, I. P.. São elas as seguintes: elaborar, acompanhar e promover a avaliação dos planos nos sectores da habitação e da reabilitação urbana, nomeadamente os planos estratégicos de âmbito nacional e os planos anuais e plurianuais de investimentos; promover o conhecimento das dinâmicas habitacionais e do edificado, com vista a propor medidas de política legislativas e regulamentares, apoiando o Governo na definição das políticas de habitação e reabilitação urbana; desenvolver e gerir a aplicação de instrumentos de financiamento de programas habitacionais de interesse social e de reabilitação urbana, promovidos por entidades públicas, cooperativas e privadas; desenvolver parcerias público-privado para a promoção do acesso à habitação ou para a reabilitação urbana, nos termos da lei; gerir, conservar e alienar o parque habitacional, equipamentos e solos que constituem o seu património, em concretização da política social de habitação; intervir no mercado de solos, como instrumento da política do Governo com vista à regulação da oferta de terrenos urbanizados para a construção de habitação de interesse social; conceder apoio técnico a autarquias locais e a outras instituições no domínio da gestão e conservação do parque habitacional e no domínio da reabilitação urbana, contribuindo para a revitalização social e económica das áreas intervencionadas; desenvolver e gerir sistemas de informação no domínio do património arquitectónico, da habitação e da reabilitação urbana, nomeadamente o Sistema de Informação para o Património (SIPA) e o Portal da Habitação; assegurar o funcionamento do Observatório da Habitação e da Reabilitação Urbana; elaborar e promover a implementação e a avaliação de planos de habitação e de reabilitação urbana da responsabilidade do sector público, assim como medidas e instrumentos de política de habitação e reabilitação urbana; elaborar, promover, acompanhar e divulgar estudos técnicos e de investigação destinados a manter actualizado o conhecimento e a propor medidas nos sectores da construção, reabilitação urbana, arrendamento e gestão do património habitacional; propor medidas legislativas e regulamentares e normas técnico-económicas adequadas à prossecução da política de habitação e reabilitação urbana; desenvolver e gerir sistemas de informação e conhecimento no domínio do património arquitectónico, da habitação e da reabilitação urbana; conservar, tratar e actualizar os arquivos documentais, bem como o banco de dados para o inventário do património arquitectónico e habitacional; aperfeiçoar técnicas e processos de inventariação e arquivo da informação existente sobre o património arquitectónico e habitacional e assegurar o acesso do público a essa informação; realizar acções de divulgação sobre o património arquitectónico, habitação e reabilitação urbana, nomeadamente através da realização ou do apoio a publicações, congressos e exposições nestes domínios; participar e dinamizar redes nacionais e internacionais de análise e avaliação das intervenções nos sectores da habitação e da reabilitação urbana; avaliar os custos do Estado e do sector público na execução da política de habitação; atribuir subsídios e outras formas de apoio e incentivo ao arrendamento urbano; conceder comparticipações e empréstimos, com ou sem bonificação de juros, destinados ao financiamento de acções e de programas nas suas áreas de atribuições, designadamente relativos à gestão de património habitacional público, à aquisição, construção e reabilitação de imóveis e à revitalização urbana; gerir a concessão pelo Estado de bonificações de juros aos empréstimos e, quando necessário, prestar garantias, designadamente às instituições de crédito que pratiquem operações de financiamento nos domínios da habitação de interesse social e da reabilitação urbana; contrair empréstimos em moeda nacional ou estrangeira, emitir obrigações e realizar outras operações, no domínio dos mercados monetário e financeiro, directamente relacionadas com a sua actividade; celebrar contratos de desenvolvimento ou contratos-programa nos domínios da habitação e da reabilitação e revitalização urbanas; participar em sociedades, fundos de investimento imobiliário, consórcios, parcerias ou outras formas de associação que prossigam fins na sua área de atribuições, designadamente relativos à gestão de património habitacional público, à habitação de interesse social e à reabilitação urbana; adquirir imóveis no âmbito e para efeito de regularização de dívidas de que seja credor e proceder à sua alienação; gerir programas específicos que lhe sejam cometidos, nomeadamente no domínio do apoio ao arrendamento, da gestão e da reabilitação urbana; adquirir, urbanizar e alienar, nos termos legais, terrenos para a promoção de habitações e equipamentos de interesse social; alienar habitações ou outros edifícios, bem como a propriedade ou o mero direito de superfície de terrenos destinados a habitação e equipamentos de interesse social; verificar a conformidade da utilização conferida aos terrenos objecto de alienação nos termos da alínea anterior com a finalidade da mesma, sem prejuízo das competências de fiscalização atribuídas a outras entidades; assegurar a conservação do seu património habitacional e atribuir as habitações em propriedade ou arrendamento segundo os regimes legalmente fixados; assegurar a conservação dos equipamentos de que seja proprietário e decidir sobre a sua utilização; adquirir ou arrendar imóveis destinados a alojar pessoas em situação de carência habitacional ou a instalar equipamentos de utilização colectiva em bairros sociais; contratualizar com pessoas colectivas ou particulares a alocação de habitações ou edifícios para fins habitacionais de interesse social; apoiar e incentivar a execução de acções de reabilitação e revitalização urbanas de promoção pública, privada ou cooperativa; acompanhar a execução dos projectos habitacionais de interesse social por ele financiados ou subsidiados; proceder à certificação legal de projectos e habitações de interesse social, designadamente as de custos controlados ou relacionadas com este conceito; desenvolver acções formativas, de informação e de apoio técnico nos domínios da habitação, da reabilitação e da revitalização urbanas; acompanhar a execução de projectos de reabilitação e revitalização urbanas apoiados financeiramente pelo Estado; e gerir operações e programas específicos de reabilitação e revitalização urbanas.

8.3. *Órgãos e serviços dos municípios*

Os municípios detêm importantes atribuições nos domínios do ordenamento do território e do urbanismo [cfr. o artigo 13.º, n.º 1, alínea *o*), da Lei n.º 159/99, de 14 de Setembro, que estabelece o quadro de transferência de atribuições e competências para as autarquias locais]. Para a realização das atribuições relativas àquelas matérias, o artigo 29.º da Lei n.º 159/99 indica o seguinte conjunto de competências dos órgãos municipais (o qual não é, no entanto, exaustivo): elaborar e aprovar os planos municipais de ordenamento do território; delimitar as áreas de desenvolvimento urbano e construção prioritárias, com respeito pelos planos nacionais e regionais e pelas políticas sectoriais; delimitar as zonas de defesa e controlo urbano, de áreas críticas de recuperação e reconversão urbanística, dos planos de renovação de áreas degradadas e de recuperação de centros históricos; aprovar operações de loteamento; participar na elaboração e aprovação do respectivo plano regional de ordenamento do território; propor a integração e a exclusão de áreas na Reserva Ecológica Nacional e na Reserva Agrícola Nacional; declarar a utilidade pública, para efeitos de expropriação, de terrenos necessários à execução dos planos de urbanização e dos planos de pormenor plenamente eficazes; e licenciar, mediante parecer vinculativo da administração central, construções nas áreas dos portos e praias.

Para efeitos de apoio técnico aos órgãos municipais no exercício das suas competências urbanísticas, dispõem os municípios de *direcções municipais, departamentos municipais* ou *divisões municipais* (cfr. o Decreto-Lei n.º 93/2004, de 20 de Abril (alterado pelo Decreto-Lei n.º 104/2006, de 7 de Junho), que adapta à administração local a Lei n.º 2/2004, de 15 de Janeiro (alterada pela Lei n.º 51/2005, de 30 de Agosto), que aprova o estatuto do pessoal dirigente dos serviços e organismos da administração central, regional e local do Estado), conforme os casos, voltados para as questões de urbanismo e de obras municipais, na sequência do disposto no artigo 2.º do Decreto-Lei n.º 116/84, de 6 de Abril, que veio reconhecer, dentro de certos parâmetros, às autarquias locais o princípio da liberdade de escolha do sistema de organização e do tipo de funcionamento dos respectivos serviços técnico-administrativos, rompendo com a filosofia uniformizadora e centralizadora do Código Administrativo de 1940[265].

Vejamos, agora, como é feita, em termos genéricos, a repartição de competências no âmbito do urbanismo entre os órgãos do município.

---

[265] Verifica-se que na origem de muitas ilegalidades e irregularidades que vêm sendo detectadas nas acções inspectivas levadas a cabo pela Inspecção-Geral da Administração do Território (hoje, Inspecção-geral da Administração Local, a qual está integrada na Presidência do Conselho de Ministros, nos termos do artigo 15.º do Decreto-Lei n.º 202/2006, de 27 de Novembro, que aprovou a orgânica daquele Ministério, e do Decreto-Lei n.º 326-A/2007, de 28 de Setembro, que aprovou a orgânica daquela Inspecção-Geral), tanto a nível do planeamento urbanístico, como no âmbito da gestão urbanística, encontra-se uma deficiente organização dos serviços municipais responsáveis pelo urbanismo e uma dificuldade de coordenação interna entre os mesmos. De facto, não é raro que o departamento ou divisão de planeamento se encontre a elaborar, a alterar ou a rever um plano, enquanto o departamento ou a divisão responsável pelo licenciamento e comunicação prévia de operações urbanísticas desenvolve a sua actividade sem tomar em consideração aquele facto, designadamente no que respeita à necessidade de adopção de medidas preventivas de salvaguarda do plano em elaboração, alteração ou revisão, em face das pretensões urbanísticas existentes para a área a abranger pelo plano.

Daí que seja necessária, em muitos municípios, uma reformulação daqueles serviços, com as seguintes finalidades: criar uma articulação regular e eficaz entre as unidades que os compõem, dotá-los de uma dimensão adequada; muni-los de pessoal qualificado em planeamento e gestão urbanística; dotá-los de pessoal com formação especializada nos vários sectores do urbanismo: engenheiros, arquitectos, juristas, geógrafos, sociólogos, etc.; muni-los com chefias superiores e intermédias dinâmicas e estimuladoras de processos de decisão rigorosos, mas céleres e desburocratizados; e apostar na formação e no aperfeiçoamento contínuos do pessoal. Cfr. F. ALVES CORREIA/A. BARBOSA DE MELO/FERNANDA PAULA OLIVEIRA//DULCE LOPES/JOANA MENDES, ob. cit., p. 41 e 42.

8.3.1. *Assembleia municipal*

As competências das assembleias municipais manifestam-se, sobretudo, no domínio da aprovação de normas urbanísticas. Assim sucede, em primeiro lugar, com a aprovação de planos intermunicipais de ordenamento do território, quando se trate de municípios associados para o efeito (cfr. o artigo 67.º do RJIGT)[266], com a aprovação de planos municipais de ordenamento do território, mediante proposta apresentada pela câmara municipal (cfr. o artigo 79.º, n.º 1, do RJIGT), com a alteração, revisão e suspensão dos mesmos planos, também sob proposta da câmara municipal [cfr. os artigos 95.º, 98.º e 100.º, n.ºs 2, alínea *b*), 3, 4 e 5, do RJIGT] e com o estabelecimento de medidas preventivas de garantia da elaboração, alteração, revisão e execução dos planos municipais de ordenamento do território, igualmente mediante proposta da câmara municipal [cfr. os artigos 100.º, n.º 4, 107.º, n.ºs 1 e 2, e 109.º, n.º 1, do RJIGT]. O mesmo se passa, em segundo lugar, com a aprovação de regulamentos municipais de urbanização e ou de edificação e com a aprovação de regulamentos relativos ao lançamento e liquidação de taxas que, nos termos da lei, sejam devidas pela realização de operações urbanísticas, em ambos os casos sob proposta da câmara municipal [cfr. o artigo 53.º, n.º 2, alíneas *a*) e *e*), e n.º 3, alínea *b*), da Lei n.º 169//99, de 18 de Setembro, na redacção da Lei n.º 5-A/2002, de 11 de Janeiro, os artigos 3.º e 116.º, n.º 5, do RJUE e o artigo 6.º, alíneas *a*) e *b*), da Lei n.º 53-E/2006, de 28 de Janeiro, que aprovou o Regime Geral das Taxas das Autarquias Locais].

As assembleias municipais têm, por último, competência para declarar a utilidade pública das expropriações da iniciativa da administração local autárquica, para efeitos de concretização de plano de urbanização ou plano de pormenor eficaz, devendo a deliberação daqueles órgãos ser tomada por maioria dos membros em efectividade de funções e ser comunicada ao membro do Governo respon-

---

[266] Note-se que isto deve ser interpretado, sem prejuízo que do que se vai referir daqui a pouco sobre as competências dos órgãos das áreas metropolitanas e das comunidades intermunicipais de direito público.

sável pela administração local (cfr. o artigo 14.º, n.ºs 2, 3 e 4, do Código das Expropriações, aprovado pela Lei n.º 168/99, de 18 de Setembro)[267].

8.3.2. *Câmara municipal*

Como órgão executivo do município, a câmara municipal tem relevantes competências urbanísticas.

No âmbito do planeamento territorial, compete à câmara municipal tomar a iniciativa e elaborar os planos municipais de ordenamento do território (cfr. o artigo 74.º do RJIGT), bem como apresentar a respectiva proposta à assembleia municipal para aprovação; elaborar as propostas de alteração, revisão e suspensão dos planos municipais de ordenamento do território e, bem assim, das medidas preventivas dos mesmos planos; promover a execução coordenada e programada dos planos municipais de ordenamento do território (cfr. os artigos 118.º a 125.º do RJIGT) e lançar mão de vários instrumentos jurídicos de execução dos planos (cfr. os artigos 126.º a 134.º do RJIGT).

No domínio dos regulamentos municipais de urbanização e ou de edificação e dos regulamentos relativos ao lançamento e liquidação de taxas urbanísticas, compete àquele órgão elaborar e apresentar as correspondentes propostas à assembleia municipal.

Em matéria de controlo das operações urbanísticas, designadamente das operações de loteamento urbano e obras de urbanização, de obras particulares e de reparcelamento do solo urbano, compete-lhe conceder licenças e aprovar informações prévias [cfr. os artigos 131.º, n.º 6, do RJIGT e 5.º, n.ºs 1 e 3, do RJUE e o artigo 64.º, n.º 5, alínea a), da Lei n.º 169/99, de 18 de Setembro] e, bem assim, emitir parecer, nos casos e nos termos previstos na lei, sobre operações urbanísticas não sujeitas a licenciamento municipal [cfr. o ar-

---

[267] Cfr., sobre este ponto, a nossa obra *A Jurisprudência do Tribunal Constitucional sobre Expropriações por Utilidade Pública e o Código das Expropriações de 1999*, in RLJ, Ano 132.º, N.ºs 3908 e 3909, p. 327-329.

tigo 64.º, n.º 3, alínea a), da Lei n.º 169/99 e o artigo 7.º, n.ºˢ 2 e 4, do RJUE].

Por último, compete à câmara municipal deliberar sobre a promoção da realização das obras de urbanização por conta do titular do alvará, verificados os pressupostos referidos na lei (cfr. o artigo 84.º do RJUE), e sobre a recepção provisória e definitiva das obras de urbanização (cfr. o artigo 87.º do mesmo diploma legal), bem como ordenar, precedendo vistoria, a demolição total ou parcial ou a beneficiação de construções que ameacem ruína ou constituam perigo para a saúde ou segurança das pessoas [cfr. o artigo 64.º, n.º 5, alínea c), da Lei n.º 169/99, de 18 de Setembro][268].

8.3.3. Presidente da câmara municipal

Embora o artigo 250.º da Constituição indique como órgãos representativos do município a assembleia municipal e a câmara municipal – e o mesmo sucede com o n.º 2 do artigo 2.º da Lei n.º 169/99, de 18 de Setembro –, o certo é que esta última lei (na senda, aliás, das várias leis que vêm sendo sucessivamente publicadas sobre as competências dos órgãos das autarquias locais) e vários diplomas legislativos em matéria de urbanismo conferem ao presidente da câmara numerosas *competências próprias* e *delegadas* no campo do urbanismo. Ele é, por isso, um importante órgão do município com relevantes competências urbanísticas. Como salienta D. FREITAS DO AMARAL, "não é pelo facto de a Constituição ou as leis qualificarem o Presidente da Câmara como órgão, ou não, que ele efectivamente é ou deixa de ser órgão do município: ele será órgão ou não,

---

[268] Convém realçar que o artigo 2.º de Lei n.º 47/2005, de 29 de Agosto, determina que os órgãos das autarquias locais e os seus titulares ficam impedidos, durante o período de gestão, isto é, durante o lapso temporal que medeia entre a realização das eleições e a tomada de posse dos novos órgãos eleitos, de deliberar ou de decidir sobre um conjunto de matérias, entre as quais as respeitantes à aprovação e licenciamento de obras particulares e loteamentos, e, bem assim, que se suspende o decurso dos prazos legais respeitantes a essas matérias, durante o mesmo intervalo temporal.

conforme os poderes que a lei lhe atribuir no quadro do estatuto jurídico do município"[269-270].

À luz do exposto, vejamos, então, quais são as mais importantes competências urbanísticas do presidente da câmara municipal.

As suas competências abrangem, em primeiro lugar, *a admissão* ou a *rejeição da comunicação prévia* das operações urbanísticas sujeitas a este tipo de controlo, nos termos dos artigos 6.º, n.ºˢ 1, alínea *c*) a *h*), e 3, e 34.º a 36.º-A do RJUE. Incluem, em segundo lugar, a concessão de autorizações de utilização de edifícios ou suas fracções, bem como a concessão de autorizações de alterações de utilização dos mesmos, nos termos do artigo 5.º, n.º 2, do RJUE [cfr. também a alínea *l*) do n.º 2 do artigo 68.º da Lei n.º 169/99 e o artigo 109.º, n.º 1, do RJUE]. Abarcam, em terceiro lugar, a determinação da realização de vistoria municipal para efeitos de autorização de utilização de edifícios ou suas fracções, quando se verificarem os pressupostos indicados no n.º 2 do artigo 64.º do RJUE. E integram, por último, a fiscalização administrativa da realização de quaisquer operações urbanísticas, independentemente da sua sujeição a prévio licenciamento, admissão de comunicação prévia, autorização de utilização ou isenção de controlo prévio (cfr. o artigo 94.º do RJUE), a ordenação do embargo e da demolição (bem como, sendo caso disso, a ordenação da reposição da configuração do terreno e da recuperação do coberto vegetal) de quaisquer obras, construções ou edificações efectuadas por particulares ou pessoas colectivas, sem a necessária licença ou admissão de comunicação prévia, em desconformidade com o respectivo projecto ou com as condições do licenciamento ou comunicação prévia admitida ou em violação das normas legais e regulamentares aplicáveis, designadamente medidas preventivas, áreas de construção prioritária, áreas de desenvolvimento urbano prioritário e planos municipais de orde-

---

[269] Cfr. *Curso de Direito Administrativo*, Vol. I, 3.ª ed., Coimbra, Almedina, 2006, p. 586 e 587.

[270] Cfr., para uma perspectiva crítica das competências próprias do presidente da câmara, considerando inconstitucionais as normas legais atributivas de tais competências, J. MONTEIRO DA ROCHA, *O Presidente da Câmara Municipal,* Tese Mest., polic., Coimbra, 2004, p. 148 e segs..

namento do território plenamente eficazes, bem como a ordenação da cessação da utilização de edifícios ou de suas fracções autónomas, quando sejam ocupadas sem a necessária autorização de utilização ou quando estejam a ser afectos a fim diverso do previsto no respectivo alvará [cfr. o artigo 68.°, n.° 2, alínea m), da Lei n.° 169/99, de 18 de Setembro, os artigos 105.°, n.ᵒˢ 1, alínea a), e 2, e 114.°, n.° 2, do RJIGT e os artigos 102.° a 108.° e 109.° do RJUE].

8.4. *Órgãos e serviços das áreas metropolitanas*

As atribuições dos municípios nos domínios do ordenamento do território e do urbanismo podem ser realizadas isoladamente por cada um deles. Todavia, a interdependência daquelas matérias e a necessidade de articulação ou harmonização entre os planos territoriais dos municípios vizinhos aconselham cada vez mais a que os municípios realizem as suas atribuições através de esquemas de cooperação entre si, designadamente através da criação de *áreas metropolitanas* ou da constituição de *comunidades intermunicipais de fins gerais* e de *associações de municípios de fins específicos*[271]. É a estas figuras jurídicas que nos vamos referir.

O artigo 1.°, n.° 1, da Lei n.° 44/91, de 2 de Agosto, criou as *áreas metropolitanas* de Lisboa e Porto, sendo o seu âmbito territorial definido no artigo 2.° do referido diploma legal. São pessoas colectivas de direito público de âmbito territorial e que visam a prossecução de interesses próprios das populações da área dos municípios que as integram. Elas não são, no entanto, autarquias locais, desde logo porque os seus órgãos dirigentes não são eleitos directamente pelo cidadãos residentes, apesar de o artigo 236.°, n.° 3, da Constituição possibilitar ao legislador o estabelecimento nas *grandes áreas urbanas*, de acordo

---

[271] Para uma análise das causas do recrudescimento, nos últimos anos, do fenómeno de *cooperação intermunicipal*, nomeadamente por meio da constituição de *associações de municípios*, cfr. a nossa obra *Formas Jurídicas de Cooperação Intermunicipal*, Separata do Número Especial do BFDUC – "Estudos em Homenagem ao Prof. Doutor Afonso Rodrigues Queiró – 1986", Coimbra, 1986, p. 9-13.

com as suas condições específicas, de *outras formas* de organização territorial autárquica (para além das espécies de autarquias locais definidas nos n.ᵒˢ 1 e 2 do artigo 236.º da Lei Fundamental). As duas *áreas metropolitanas* têm também atribuições no âmbito do ordenamento do território e do urbanismo. Mas tais atribuições são mais limitadas do que seria necessário e desejável, circunscrevendo-se ao acompanhamento da elaboração dos planos de ordenamento do território no âmbito municipal ou metropolitano, bem como da sua execução [cfr. o artigo 4.º, n.º 1, alínea *d*), da Lei n.º 44/91]. As competências dos órgãos daquelas pessoas colectivas públicas de âmbito territorial nos domínios do ordenamento do território e do urbanismo – órgãos esses que são a assembleia metropolitana, a junta metropolitana e o conselho metropolitano – estão previstas nos artigos 12.º, 15.º e 20.º daquela lei. Por sua vez, a natureza, estrutura e funcionamento dos serviços públicos metropolitanos – e, por isso, também dos vocacionados para o apoio à realização daquelas atribuições – são definidos em regulamento aprovado pela assembleia metropolitana, sob proposta da junta metropolitana (cfr. o artigo 21.º da Lei n.º 44/91).

Entretanto, a Lei n.º 10/2003, de 13 de Maio, veio estabelecer um novo regime de criação, bem como o quadro de atribuições das áreas metropolitanas e as competências e o funcionamento dos seus órgãos. Com esta lei, passou a ser possível a constituição de novas áreas metropolitanas, para além das de Lisboa e Porto, devendo estas promover, no prazo máximo improrrogável de um ano, a sua adaptação ao regime previsto na mencionada lei (cfr. o respectivo artigo 39.º).

Definidas como pessoas colectivas públicas de natureza associativa e de âmbito territorial e que visam a prossecução de interesses comuns aos municípios que as integram (cfr. o artigo 2.º da Lei n.º 10/2003) – não sendo, por isso, autarquias locais –, as áreas metropolitanas podem ser de dois tipos, de acordo com o âmbito territorial e demográfico: grandes áreas metropolitanas (GAM) e comunidades urbanas (ComUrb) – cfr. o artigo 1.º, n.º 2, da Lei n.º 10/2003. São ambas constituídas por municípios ligados entre si por um nexo de continuidade territorial, compreendendo as primeiras obrigatoriamente um mínimo de nove municípios, com, pelo menos, 350 000 habitantes, e as segundas um mínimo de três municípios, com, pelo menos, 150 000 habitantes (cfr. o artigo 3.º da Lei n.º 10/2003).

A Lei n.º 10/2003, de 13 de Maio, ampliou consideravelmente as atribuições das áreas metropolitanas, em comparação com as definidas na Lei n.º 44/91, em diferentes matérias, designadamente nas do ordenamento do território e do urbanismo. Assim, o artigo 6.º da Lei n.º 10/2003 indica um naipe de atribuições das áreas metropolitanas, designadamente as respeitantes ao "planeamento e gestão estratégica, económica e social" e à "gestão territorial da área dos municípios integrantes" [cfr. as alíneas *c*) e *d*)].

Para a prossecução das suas atribuições, as áreas metropolitanas estão dotadas de órgãos – que são, no caso da GAM, a assembleia metropolitana, a junta metropolitana e o conselho metropolitano, e, no caso das ComUrb, a assembleia da comunidade urbana, a junta da comunidade urbana e o conselho da comunidade urbana – e de serviços e pessoal próprios (cfr. os artigos 9.º e 26.º a 29.º da Lei n.º 10/2003).

Importa indicar, como principais competências, da *junta* da grande área metropolitana e da comunidade urbana, no âmbito do ordenamento do território e do urbanismo: elaborar e acompanhar os planos intermunicipais, ao nível do desenvolvimento regional, do ordenamento do território, da protecção civil e dos transportes; acompanhar a elaboração, revisão e alteração de planos directores municipais, de planos ou instrumentos de política sectorial e de planos especiais de ordenamento do território; dar, no processo de planeamento, parecer sobre os instrumentos de gestão territorial que abranjam parte ou a totalidade do território dos municípios integrantes da área metropolitana; dar parecer na definição da política nacional de ordenamento do território com incidência na área metropolitana; dar parecer sobre os investimentos em infra-estruturas e equipamentos de carácter intermunicipal, em função da respectiva coerência com as políticas de desenvolvimento definidas para o ordenamento do território; e, sem prejuízo dos poderes de aprovação ou ratificação do Governo, nas GAM, promover e elaborar os planos regionais de ordenamento do território e participar na elaboração dos planos especiais de ordenamento do território, e, nas ComUrb, promover e elaborar os planos intermunicipais de ordenamento do território e participar na elaboração dos planos especiais do ordenamento do território (cfr. o artigo 18.º da Lei n.º 10/2003, de 13 de Maio).

Por sua vez, a principal competência da *assembleia metropolitana* da grande área metropolitana e da *assembleia* da comunidade urbana, nos domínios do ordenamento do território e do urbanismo, é aprovar, sob proposta da *junta*, os planos previstos no n.º 2 do artigo 18.º da Lei n.º 10/2003, cuja alínea *d)* se refere à elaboração e acompanhamento dos planos intermunicipais de ordenamento do território [cfr. a alínea *i)* do artigo 16.º da mesma lei].

8.5. Órgãos e serviços das comunidades intermunicipais de direito público

As comunidades intermunicipais de direito público têm o seu regime jurídico vertido na Lei n.º 11/2003, de 13 de Maio. Elas podem ser de dois tipos: comunidades intermunicipais de fins gerais e associações de municípios de fins específicos (artigo 2.º, n.º 1). As mais importantes são as indicadas em primeiro lugar. Enquanto pessoas colectivas de direito público, constituídas por municípios ligados entre si por um nexo territorial – não sendo, por isso, autarquias locais –, detêm também importantes atribuições nos domínios, entre outros, do ordenamento do território e do urbanismo.

O artigo 5.º, n.º 1, alíneas *c)* e *d)*, da Lei n.º 11/2003 indica, *inter alia*, como atribuições das comunidades intermunicipais o "planeamento e gestão estratégica, económica e social" e a "gestão territorial na área dos municípios integrantes". Para a prossecução das suas atribuições, as comunidades intermunicipais são dotadas de serviços próprios, sem prejuízo do recurso ao apoio técnico de entidades da administração central, nos termos previstos para os municípios (cfr. o n.º 2 do artigo 5.º daquela lei).

Aos órgãos das *comunidades intermunicipais de fins gerais* – que são a assembleia intermunicipal, o conselho directivo e a comissão consultiva intermunicipal (cfr. o artigo 8.º do citado diploma legal) –

são reservadas importantes competências, nos campos, entre outros, do ordenamento do território e do urbanismo. Relevo especial assumem as que são cometidas ao *conselho directivo*. Vale a pena enunciar algumas delas (cfr. o artigo 14.º da Lei n.º 11/2003): elaborar e acompanhar os planos intermunicipais, ao nível do desenvolvimento regional, do ordenamento do território, da protecção civil e dos transportes; acompanhar a elaboração, a revisão e a alteração de planos directores municipais, de planos ou instrumentos de política sectorial e de planos especiais de ordenamento do território; emitir, no processo de planeamento, parecer sobre os instrumentos de gestão territorial que abranjam parte ou a totalidade do território dos municípios integrantes da comunidade; emitir parecer na definição da política nacional de ordenamento do território; apoiar financeiramente ou por qualquer outro modo, designadamente através da celebração de protocolos, a construção e a recuperação de equipamentos e estruturas locais que, pelo seu valor histórico, artístico, científico, social e técnico, se integrem no património cultural local ou intermunicipal; e elaborar, sem prejuízo dos poderes de ratificação do Governo, os planos intermunicipais de ordenamento do território.

Quanto à *assembleia intermunicipal* da comunidade intermunicipal de fins gerais, a sua principal competência, nos domínios do ordenamento do território, é, nos termos da alínea i) do artigo 11.º da Lei n.º 11/2003, aprovar, sob proposta do *conselho directivo*, os planos previstos no n.º 5 do artigo 14.º da mesma lei , isto é, os planos intermunicipais de ordenamento do território.

Por seu lado, as *associações de municípios de fins específicos* são pessoas colectivas de direito público, criadas para a realização de interesses específicos comuns aos municípios que as integram (cfr. o n.º 2 do artigo 2.º da Lei n.º 11/2003, de 13 de Maio).

As atribuições exercidas pelas associações de municípios de fins específicos nos campos do ordenamento do território e do urbanismo, as competências dos respectivos órgãos – que são a assembleia intermunicipal e o conselho directivo –, bem como os serviços afectos à realização daquelas atribuições são definidos pelos estatutos da associação (cfr. os artigos 20.º, n.º 2, e 21.º da Lei n.º 11/2003). Sublinhe-se, ainda, que as associações de municípios de fins especícos têm também competência, se for caso disso, para elaborar planos intermunicipais de ordenamento do território, após a aprovação pela assembleia intermunicipal da respectiva proposta, definindo a área abrangida e os objectivos estratégicos a atingir, cabendo a aprovação daqueles instrumentos de planificação à assembleia intermunicipal, após audição de todas as assembleias municipais envolvidas (cfr. os artigos 64.°, n.° 1, e 67.° do RJIGT)[272].

As *novas áreas metropolitanas* e as novas *comunidades intermunicipais de direito público* constituem valiosas *figuras de cooperação intermunicipal*, em matérias de interesse comum a vários municípios, e que reclamam, cada vez mais, um tratamento a nível supramunicipal, como são as do ordenamento do território e do urbanismo. Elas surgiram, além disso, como novas formas de organização intermunicipal susceptíveis de funcionarem como soluções subsidiárias da criação, no Continente, de *regiões administrativas*. A ideia foi a de criar novas "plataformas territoriais" capazes de desempenhar atribuições mais amplas – muitas delas tranferidas do Estado –, de modo a aprofundar a descentralização administrativa.

Beneficiando de apoio financeiro do Governo à sua instalação, foram instituídas 7 Grandes Áreas Metropolitanas (Algarve, Aveiro, Coimbra, Lisboa, Minho, Porto e Viseu), 12 Comunidades Urbanas (Baixo Alentejo, Baixo Tâmega, Beiras, Centro Alentejo, Douro, Leiria, Lezíria do Tejo, Médio Tejo, Oeste, Trás-os-Montes, Vale do

---

[272] Sublinhe-se que o Decreto-Lei n.° 68/2008, de 14 de Abril, veio, na sequência da Resolução do Conselho de Ministros n.° 39/2006, de 21 de Abril, que aprovou o Programa para a Reestruturação da Administração Central do Estado (PRACE) e do Decreto-Lei n.° 312/2007, de 17 de Setembro, alterado pelo Decreto-Lei n.° 74/2008, de 22 de Abril, que definiu o modelo de governação do QREN e dos respectivos programas operacionais, com o objectivo de introduzir uma certa uniformidade na organização territorial das associações de municípios, definir as unidades territoriais para efeitos de organização territorial das associações de municípios (e das áreas metropolitanas de Lisboa e do Porto), para a participação em estruturas administrativas do Estado e nas estruturas de governação do QREN. Para este fim, o Decreto-Lei n.° 68/2008 determinou que as associações de municípios devem ser correspondentes ao nível das NUTS III (Nomenclaturas das Unidades Territoriais Estatísticas de Nível 3), com algumas adaptações nele definidas.

Sousa e Valimar) e 2 Comunidades Intermunicipais (Pinhal e Vale do Minho), estando, neste momento, concluído o mapa do Continente quanto à constituição destas novas entidades supramunicipais. Embora só o decurso do tempo consiga demonstrar se estas novas entidades supramunicipais constituem uma solução adequada, designadamente para efeitos de garantia do cumprimento dos objectivos mais importantes do ordenamento do território e do urbanismo, pode, desde já, afirmar-se que eles apresentam virtualidades para promover um desenvolvimento urbano policêntrico, na medida em que permitem e fomentam o aproveitamento de complementaridades inter-urbanas [273].

Todavia, o legislador não cuidou de articular as competências cometidas aos órgãos destas novas entidades supramunicipais nos domínios da promoção, elaboração e participação na formação de instrumentos de planeamento territorial com as competências atribuídas pelo RJIGT a outros órgãos e entidades para a promoção, elaboração e participação na formação dos mesmos tipos de planos – omissão essa que é fonte de angustiosos problemas. Além disso, o legislador e o Governo, a partir do ano de 2005, têm ignorado sistematicamente as Grandes Áreas Metropolitanas (com excepção das GAM de Lisboa e do Porto), as Comunidades Urbanas e as Comunidades Intermunicipais de Fins Gerais, sem ter revogado as mencionadas Leis n.ᵒˢ 10/2003

---

[273] Note-se que a este juízo globalmente positivo da criação destas novas entidades supramunicipais vêm sendo opostas várias objecções e críticas. Assim, há quem afirme, em primeiro lugar, que a criação de novas pessoas colectivas públicas que acrescem às já existentes, sem que se substituam níveis intermédios da administração, designadamente os da Administração periférica do Estado, torna a organização administrativa mais complexa e conduz a sobreposições de entidades com intervenção no mesmo território. Em segundo lugar, que a excessiva amplitude da liberdade constitutiva destas novas estruturas intermunicipais implica uma enorme disparidade de dimensão territorial e populacional entre elas e, por isso, da respectiva capacidade de actuação, com efeitos nefastos em termos de coesão territorial. Em terceiro lugar, que a criação das mencionadas entidades constitui uma solução sem paralelo de "metropolização territorial", que aplica a mesma receita institucional às verdadeiras metrópoles e às agregações de pequenas cidades e vilas. Cfr. F. ALVES CORREIA/A. BARBOSA DE MELO/FERNANDA PAULA OLIVEIRA/ /DULCE LOPES/JOANA MENDES, ob. cit., p. 42-45. Cfr. também a nossa obra "*O Direito Urbanismo em Portugal (Síntese)*", cit., p. 206.

e 11/2003 e, consequentemente, extinguido estas entidades supramunicipais. Isso resulta claramente de três factos. *Primo*, as recentes alterações à LBPOTU, introduzidas pela Lei n.º 54/2007, de 31 de Agosto, e ao RJIGT, decorrentes do Decreto-Lei n.º 316/2007, de 19 de Setembro, não tiveram em conta a existência daquelas entidades supramunicipais na definição das entidades com competência para a elaboração e para a aprovação dos instrumentos de gestão territorial. *Secundo*, nem na recente Lei das Finanças Locais (Lei n.º 2/2007, de 15 de Janeiro), nem em qualquer outro diploma legal foram previstas quaiquer fontes de financiamento para aquelas entidades supramunicipais. *Tertio*, o XVII Governo Constitucional definiu, na linha do estabelecido no RJIGT, como objectivo fazer corresponder as áreas dos PROT às de actuação das comissões de coordenação e desenvolvimento regional (NUTS II). Para esse efeito, determinou, por meio das Resoluções do Conselho de Ministros n.ºˢ 28/2006, 29/2006, 30/2006 e 31/2006, todas de 23 de Março, a elaboração dos PROT para a Região do Alentejo, para a Região do Norte, para a Região do Oeste e Vale do Tejo e para a Região Centro, respectivamente, os quais, somando-se ao vigente PROT-Algarve, abarcarão todo o território do Continente e coincidirão, cada um deles, tendencialmente, com as áreas de actuação das comissões de coordenação e desenvolvimento regional. Significa isto que as áreas das Grandes Áreas Metropolitanas deixaram, de acordo com o novo modelo definido para os PROT, de servir de base territorial para estes instrumentos de planeamento territorial.

Podemos, então, dizer – e independentemente de outras considerações que poderiam ser aqui produzidas – que as competências delineadas nas Leis n.ºˢ 10/2003 e 11/2003, para as Grandes Áreas Metropolitanas, para as Comunidades Urbanas e para as Comunidades Intermunicipais de Fins Gerais, no procedimento de elaboração e aprovação dos instrumentos de gestão territorial, não têm tido ressonância prática [274].

---

[274] No elenco das entidades públicas com atribuições e competências nos campos do ordenamento do território e do urbanismo, podemos incluir os Agrupamentos Europeus de Cooperação Territorial (AECT). Como se sublinha no preâmbulo do Decreto-Lei n.º 376/2007, de 8 de Novembro – que adopta as

8.6. Entidades empresariais

O ponto respeitante às entidades, órgãos e serviços com atribuições e competências no domínio do urbanismo não ficaria completo

---

medidas necessárias para garantir a aplicação em Portugal do Regulamento (CE) n.º 1082/2006, do Parlamento e do Conselho, de 5 de Junho, sobre os Agrupamentos Europeus de Cooperação Territorial –, "trata-se de um novo instrumento jurídico para a cooperação territorial no âmbito da União Europeia, que se consubstancia na possibilidade de criação de entidades públicas, dotadas de personalidade jurídica, com o objectivo de facilitar e promover a cooperação territorial entre os seus membros, tendo em vista reforçar a coesão económica e social".

Os AECT são pessoas colectivas públicas de natureza associativa, constituídos por entidades de dois ou mais Estados membros da União Europeia, que têm por missão facilitar e promover a cooperação transfronteiriça, a cooperação transnacional e a cooperação inter-regional entre os seus membros, exclusivamente no intuito de reforçar a coesão económica e social no território da União Europeia, e que gozam da mais ampla capacidade jurídica reconhecida às pessoas colectivas pela lei portuguesa (cfr. o artigo 2.º, n.ºˢ 1 e 2, do Decreto-Lei n.º 376/2007). Tendo como possíveis membros o Estado, através dos serviços e entidades que integra, respectivamente, na sua administração directa e indirecta, as autarquias locais, as comunidades intermunicipais, as áreas metropolitanas e os "organismos de direito público" (cfr. o artigo 4.º, n.º 1, daquele diploma legal), os AECT têm por atribuições específicas a execução de projectos ou acções de cooperação territorial co-financiados pela União Europeia através do Fundo Europeu de Desenvolvimento Regional, do Fundo Social Europeu ou do Fundo de Coesão (cfr. o artigo 3.º, n.º 1). Podem, ainda, os mesmos promover a realização de estudos, planos, programas e projectos ou outras formas de relacionamento entre agentes, estruturas e entidades públicas susceptíveis de contribuírem para o desenvolvimento dos respectivos territórios, com ou sem co-financiamento público, nacional ou comunitário, bem como gerir infra-estruturas e equipamentos e ainda prestar serviços de interesse público (cfr. o artigo 3.º, n.º 2).

Tendo em conta a vocação dos AECT, cremos que cabem nas suas atribuições a elaboração de instrumentos de planeamento territorial, bem como a programação da execução dos mesmos. Assim, por exemplo, um AECT, criado por acordo entre um município português e um município espanhol, pode colaborar na elaboração dos planos territoriais aplicáveis ao território de cada um deles ou, inclusive, elaborar um plano territorial que abranja o território dos dois municípios, bem como programar e coordenar a respectiva execução. Sobre a problemática dos AECT, cfr. WLADIMIR BRITO, *Os Agrupamentos Europeus de Cooperação Territorial*, in DRL, N.º 0 (2007), p. 20-26.

sem uma referência, ainda que breve, ao fenómeno, com manifestações muito visíveis nos últimos anos, da criação de *empresas municipais, intermunicipais, metropolitanas* ou *estatais*, cujo objecto social é a realização de tarefas urbanísticas e cujos órgãos detêm relevantes competências em matéria urbanística.

Não nos interessa abordar, *hic et nunc*, o problema da *natureza jurídica* de tais empresas (designadamente, distinguir as que têm e as que não têm natureza societária, bem como destrinçar as que são pessoas colectivas de direito privado e as que são pessoas colectivas de direito público)[275], mas somente chamar a atenção para o cada vez mais frequente fenómeno da *empresarialização* no âmbito do urbanismo – o qual se caracteriza por uma operação jurídica (de carácter organizativo), consistente na instituição de uma *empresa*, um sujeito de direito, à qual a entidade instituidora (municípios, associações de municípios e áreas metropolitanas de Lisboa e do Porto, no caso do sector empresarial local) confia o desenvolvimento de uma tarefa da sua responsabilidade originária, e se enquadra num processo de transformação do modo de organização interna da Administração, no sentido de aí introduzir uma racionalidade e uma cultura de tipo empresarial, gerencial ou *managerial*[276] – e apresentar dois exemplos paradigmáticos de um tal fenómeno.

O primeiro exemplo é-nos dado pelas *sociedades de reabilitação urbana* (SRU), criadas pelos municípios, e nas quais estes detêm a totalidade do capital social (cfr. o artigo 2.º, n.º 1, do Decreto-Lei n.º 104/2004, de 7 de Maio), podendo, em casos de excepcional interesse público, ser sociedades anónimas de capitais exclusiva-

---

[275] Cfr., sobre esta problemática, J. M. COUTINHO DE ABREU, *Sobre as Novas Empresas Públicas (Notas a Propósito do DL 558/99 e da Lei 58/98)*, in BFDUC, Volume Comemorativo (2003), p. 555-575. Cfr., também, sobre a natureza jurídica das empresas municipais, J. PACHECO DE AMORIM, *As Empresas Públicas no Direito Português (Em Especial, as Empresas Municipais)*, Coimbra, Almedina, 2000, p. 52 e segs., e A. CÂNDIDO DE OLIVEIRA, *Empresas Municipais e Intermunicipais: Entre o Público e o Privado*, in BFDUC, *Studia Juridica* 60, *Colloquia* – 7, Os Caminhos da Privatização, Coimbra, Coimbra Editora, 2001, p. 142-146.

[276] Cfr. PEDRO GONÇALVES, *Regime Jurídico das Empresas Municipais,* Coimbra, Almedina, 2007, p. 59-62.

mente públicos, com participação municipal e estatal (equivalendo esta "participação estatal" a detenção do capital ou a participação social do Estado, mas também de pessoas colectivas públicas da administração indirecta do Estado e de pessoas colectivas empresariais do Estado, isto é, de empresas públicas e de entidades públicas empresariais, nos termos do Regime Jurídico do Sector Empresarial do Estado e das Empresas Públicas, constante do Decreto-Lei n.º 558/99, de 17 de Dezembro, alterado pelo Decreto-Lei n.º 300//2007, de 23 de Agosto). Segundo o artigo 3.º, n.º 1, do Decreto--Lei n.º 104/2004, as *sociedades de reabilitação urbana* regem-se pela Lei das Empresas Municipais, Intermunicipais e Regionais (hoje, pelo Regime Jurídico do Sector Empresarial Local, aprovado pela Lei n.º 53-F/2006, de 28 de Dezembro) ou pelo citado Regime Jurídico do Sector Empresarial do Estado e das Empresas Públicas, consoante a maioria do capital social seja detida pelo município ou pelo Estado. Significa isto que as *sociedades de reabilitação urbana* apresentam-se ou como *empresas municipais* ou como *empresas públicas* (*do Estado*)[277].

O objecto social dessas *sociedades de reabilitação urbana* é promover a reabilitação urbana de zonas históricas e de áreas críticas de recuperação e reconversão urbanística dentro de uma determinada zona de intervenção. Para a realização do seu objecto social, as sociedades de reabilitação urbana são investidas de um significativo leque de poderes públicos urbanísticos, designadamente: a competência para licenciar ou autorizar as operações de loteamento e as obras de construção executadas pelos proprietários ou por parceiros privados [cfr. os artigos 6.º, n.º 1, alínea *a*), 9.º n.º 2, e 10.º]; o poder de expropriar imóveis destinados à reabilitação urbana, bem como o poder de constituir servidões administrativas [cfr. os artigos 6.º, alí-

---

[277] Conforme sublinha PEDRO GONÇALVES, o Regime Jurídico do Sector Empresarial Local promoveu "uma ruptura profunda com o modelo de empresa municipal consagrado na Lei n.º 58/98 e com a natureza da regulamentação aí acolhida". Para um quadro sinóptico das principais novidades do Novo Regime Jurídico do Sector Empresarial Local, cfr. PEDRO GONÇALVES, *Regime Jurídico das Empresas Municipais,* cit, p. 13-19.

nea *b*), 21.° e 22.°]²⁷⁸; a isenção dos procedimentos de licenciamento e autorização previstos no artigo 4.° do RJUE (na versão anterior à Lei n.° 60/2007), para as operações urbanísticas executadas por elas próprias, dentro da respectiva zona de intervenção, carecendo os projectos de simples aprovação da câmara municipal, após audição das entidades exteriores ao município que, nos termos da lei, devam emitir parecer, autorização ou aprovação (cfr. o artigo 9.°, n.° 1); a fiscalização das obras de reabilitação urbana, exercendo os poderes de fiscalização previstos nos artigos 93.° e seguintes do RJUE, com excepção da competência para a aplicação de sanções por infracção contra-ordenacional, a qual se mantém como competência do município [cfr. o artigo 6.°, alínea *e*)].

De harmonia como o que estatui o n.° 2 do artigo 6.° do Decreto-Lei n.° 104/2004, as atribuições e competências acabadas de referir consideram-se transferidas para as sociedades de reabilitação urbana, que as exercerão em exclusivo, durante o procedimento de reabilitação urbana, nas respectivas zonas de intervenção. Resulta, assim, desta disposição legal que a aludida "transferência" e, consequentemente, a investidura de poderes de autoridade nas *sociedades de reabilitação urbana* estão sujeitas a limites *geográficos* (as competências são exercidas apenas nas zonas de intervenção) e *temporais* (as competências extinguem-se com o fim do procedimento de reabilitação urbana)²⁷⁹.

O segundo exemplo que queremos referir é constituído pelas *sociedades Polis*, as quais estão previstas no âmbito de dois *Programas Polis*. Também elas exercem importantes poderes públicos no âmbito do urbanismo.

O primeiro foi criado, como sabemos, pela Resolução do Conselho de Ministros n.° 26/2000, de 15 de Maio, com a designação de "Programa de Requalificação Urbana e Requalificação Ambiental das Cidades", abreviadamente denominado *Programa Polis*. Este responde à necessidade de intervir física e económico-socialmente nas

---

²⁷⁸ Resulta claramente destes preceitos legais que é a própria sociedade de reabilitação urbana que é detentora do *jus expropriandi* ou da *protestas expropriandi*.

²⁷⁹ Cfr., sobre esta problemática, PEDRO GONÇALVES, *Entidades Privadas com Poderes Públicos*, Coimbra, Almedina, 2005, p. 912-915.

cidades, "reinventando" o espaço urbano por intermédio de intervenções urbanísticas e ambientais, sendo que se centra, complementarmente, em quatro objectivos específicos: o desenvolvimento de operações integradas de requalificação urbana com uma forte compenente de valorização ambiental; a requalificação e revitalização de centros urbanos, que promovam a multifuncionalidade desses centros; a melhoria da qualidade do ambiente urbano; e o aumento de zonas verdes e áreas pedonais e o condicionamento de trânsito automóvel em centros urbanos[280].

Para a gestão das intervenções em cada uma das dezoito cidades beneficiárias do programa, foram constituídas *sociedades Polis*. Estas são, no momento da sua constituição, sociedades anónimas de capitais exclusivamente públicos, cujo capital social é repartido entre o Estado (60%) e o município a que pertence a cidade beneficiada (40%). Por aumento de capital poderão participar outras pessoas colectivas públicas de âmbito territorial e sociedades exclusiva ou maioritariamente participadas pelo Estado, mas a titularidade de acções representativas de pelo menos 51% do capital social deve ser detida, em qualquer caso, por entidades públicas. As *sociedades Polis* regem-se pelo regime do sector empresarial do Estado, pelo diploma que as cria, bem como pelos respectivos estatutos (aprovados por diploma legal).

Os diplomas que as criam atribuem às *sociedades Polis* um naipe de poderes públicos relacionados com o urbanismo. Acresce que as sociedades gestoras das intervenções previstas no *Programa Polis* gozam de um conjunto de *medidas* ou *poderes excepcionais*, que incluem benefícios fiscais, a declaração de interesse público nacional do *Programa Polis*, um regime especial em matéria de instrumentos de gestão territorial e de licenciamentos municipais relativos a loteamentos urbanos, a obras de urbanização e a obras particulares e um conjunto de regras específicas no domínio do procedimento expropriativo (cfr. o Decreto-Lei n.º 314/2000, de 2 de Dezembro, o qual foi aprovado no uso da autorização legislativa concedida pela Lei n.º 18/2000, de 10 de Agosto).

---

[280] Cfr. a nossa obra *Principais Instrumentos de Tutela do Ambiente Urbano em Portugal*, cit., p. 107-109.

Mais concretamente, o Decreto-Lei n.º 314/2000 prevê regras específicas para o procedimento de elaboração dos planos urbanísticos, que são elaborados pelas sociedades gestoras, acompanhadas por uma comissão técnica constituída para o efeito, ainda que continuem a ser aprovados pela assembleia municipal, e determina que o procedimento de licenciamentos municipais relativos a loteamentos urbanos, a obras de urbanização e a obras particulares seja particularmente célere. Ademais, confere carácter urgente a todos os procedimentos expropriativos que se destinem, em traços largos, à realização de intervenções no âmbito daquele Programa (cfr. o artigo 6.º), com a faculdade inerente de tomada de posse administrativa por parte das *sociedades Polis*, assumindo estas o papel de entidades beneficiárias da expropriação.

Nos termos da lei, os "poderes excepcionais" confiados às *sociedades Polis* caducam com a conclusão das respectivas intervenções[281].

O segundo Programa Polis foi aprovado pela Resolução do Conselho de Ministros n.º 90/2008, de 3 de Junho, com o nome de *"Polis Litoral – Operações Integradas de Requalificação e Valorização da Orla Costeira"*, destinado à realização de um conjunto de operações de requalificação e valorização de zonas de risco e de áreas naturais degradadas no litoral. De acordo com aquela Resolução do Conselho de Ministros, o *Polis Litoral* tem por objectivos: proteger e requalificar a zona costeira, tendo em vista a defesa da costa, a promoção da conservação da natureza e biodiversidade, a renaturalização e a reestruturação de zonas lagunares e a preservação do património natural e paisagístico, no âmbito de uma gestão sustentável; prevenir e defender pessoas, bens e sistemas de riscos naturais; promover a fruição pública do litoral, suportada na requalificação dos espaços balneares e do património ambiental e cultural; e potenciar os recursos ambientais como factor de competitividade, através da valorização das actividades económicas ligadas aos recursos do litoral e associando-as à preservação dos recursos naturais.

---

[281] Cfr. PEDRO GONÇALVES, *Entidades Privadas com Poderes Públicos*, cit., p. 905-907.

A referida Resolução do Conselho de Ministros reconhece o interesse público das operações de requalificação e valorização a realizar no âmbito do *Polis Litoral*; estabelece que o *Polis Litoral* deve ser desenvolvido através de conjuntos de operações independentes entre si, agrupadas em função de tipologias territoriais que tipifiquem espaços prioritários de intervenção; determina que cada conjunto de operações que integram o *Polis Litoral* seja executado por uma *empresa pública*, a constituir sob a forma de *sociedade comercial de capitais exclusivamente públicos*, com a participação maioritária do Estado e minoritária dos municípios territorialmente abrangidos; determina que o conteúdo operativo de cada conjunto de operações do *Polis Litoral* deve constar de um plano estratégico, cuja aprovação deve ser precedida de avaliação ambiental de planos e programas, nos termos do Decreto-Lei n.º 232/2007, de 15 de Junho, a realizar pela respectiva sociedade gestora; e determina que, para a realização das operações que integram o *Polis Litoral*, sejam constituídas sociedades gestoras de operações *Polis Litoral*, para as seguintes áreas: *Ria Formosa*, incidindo sobre a frente costeira e a frente de ria dos municípios de Loulé, Faro, Olhão, Tavira e Vila Real de Santo António; *Litoral Norte*, incidindo sobre a frente costeira dos municípios de Caminha, Viana do Castelo e Esposende; e *Ria de Aveiro*, incidindo sobre a frente costeira e a frente de ria dos municípios de Águeda, Albergaria-a-Velha, Aveiro, Estarreja, Ílhavo, Mira, Murtosa, Oliveira do Bairro, Ovar, Sever do Vouga e Vagos.

Na sequência da Resolução do Conselho de Ministros n.º 90//2008, o Decreto-Lei n.º 92/2008, de 3 de Junho, constituiu a *sociedade Polis Litoral Ria Formosa – Sociedade para a Requalificação e Valorização da Ria Formosa, S. A.*, sob a forma de sociedade anónima de capitais exclusivamente públicos, e aprovou os respectivos estatutos. A mesma tem por objecto a gestão, coordenação e execução do investimento a realizar no âmbito do *Polis Litoral Ria Formosa*, na área e nos termos definidos no respectivo plano estratégico, e goza de alguns poderes, entre os quais: a autorização para a utilização dos bens do domínio público do Estado abrangidos pelo *Polis Litoral Ria Formosa*, com vista à realização das operações previstas no plano estratégico e à prossecução dos seus fins; os poderes e as prerrogativas de que goza o Estado quanto à protecção, desocupação, demolição e defesa administrativa da posse dos terrenos integrados no domínio público do Estado, das instalações que lhe estejam afectas e direitos conexos a uns e outras, bem como das obras por si executadas ou contratadas, necessários para as operações previstas no plano estratégico; os poderes de que goza o Estado para, nos termos do Código das Expropriações, agir como entidade expropriante dos bens imóveis, e direitos a eles inerentes, necessários à prossecução do seu objecto social; o poder de promover a realização de estudos tendentes à elaboração de instrumentos de gestão territorial adequados à requalificação e valorização da ria Formosa, nos termos do respectivo plano estratégico; e a competência para a elaboração dos projectos sitos na sua área de intervenção, desde que a mesma lhe seja cometida pelas pessoas colectivas públicas responsáveis pela elaboração de projectos de intervenção e requalificação previstos no Plano de Ordenamento da Orla Costeira Vilamoura-Vila Real de Santo António, aprovado pela Resolução do Conselho de Ministros n.º 103/2005, de 27 de Junho (cfr. os artigos 4.º e 5.º do Decreto-Lei n.º 92/2008).

A sociedade já criada no âmbito do *Polis Litoral*, bem como as duas cuja criação ocorrerá a breve trecho constituem também um expressivo exemplo da *empresarialização* de tarefas públicas nos domínios do ordenamento do território e do urbanismo[282].

---

[282] Outro exemplo de constituição de uma *empresa*, para a prossecução de tarefas de natureza urbanística, da responsabilidade originária da Administração Pública, encontra-se na Resolução do Conselho de Ministros n.º 78/2008, de 15 de Maio, que aprovou os objectivos e as principais linhas de orientação da requalificação e reabilitação da frente ribeirinha de Lisboa, inscritos no documento estratégico Frente Tejo, e cujo n.º 2 determina que "as operações de requalificação e reabilitação urbana da frente ribeirinha de Lisboa sejam executadas por uma empresa pública a constituir sob a forma de sociedade de capitais exclusivamente públicos, a qual disporá de poderes excepcionais, designadamente em matéria de contratação pública e de utilização, fruição e administração de bens do domínio público".

PARTE I

AS REGRAS DE OCUPAÇÃO, USO E TRANSFORMAÇÃO DO SOLO

A Parte I do presente Manual tem como objecto o estudo das regras jurídicas respeitantes à afectação do solo, isto é, das normas que disciplinam a ocupação, uso e transformação deste bem. Essas regras jurídicas são essencialmente de dois tipos: *normas legais*, que estabelecem um regime particular para certos tipos de solos, e *normas de valor infra-legal*, constantes dos vários tipos de planos territoriais (ou, na expressão utilizada pelo legislador, dos diversos instrumentos de gestão territorial) [1].

As referidas *normas legais* constituem o primeiro pilar do direito do urbanismo e contêm uma disciplina jurídica dos solos que deve ser observada pelos planos – funcionando, por isso, como limites à discricionariedade de planeamento – e, simultaneamente, um conjunto de prescrições directamente vinculativas da actividade da Administração e dos particulares com reflexos na ocupação, uso e transformação do solo, em todas as áreas não abrangidas por qualquer plano de orde-

---

[1] Convém sublinhar que, no caso dos planos municipais de ordenamento do território, as disposições destes são, por vezes, completadas por disposições de regulamentos municipais de urbanização e ou edificação, quando a lei remete o tratamento de certas matérias, que, em princípio, caberiam nos regulamentos daqueles instrumentos de planeamento, para regulamentos municipais. É o que sucede, por exemplo, com o artigo 139.º, n.º 6, relativo ao *mecanismo de perequação* "índice médio de utilização", e com o artigo 141.º, n.ºs 4 e 5, respeitante ao *mecanismo de perequação* "área de cedência média", ambos do RJIGT.

namento do território. A elas dedicaremos o Capítulo I desta Parte do Manual. Por sua vez, o segundo pilar mais importante do direito do urbanismo é constituído pelos planos. A caracterização do "sistema de gestão territorial" e a análise da disciplina jurídica dos vários tipos de planos territoriais serão apresentadas no Capítulo II. A Parte I do Manual será encerrada com o Capítulo III, dedicado às relações entre os planos urbanísticos e o princípio da igualdade.

CAPÍTULO I
NORMAS LEGAIS SOBRE UTILIZAÇÃO DO SOLO

9. Regime jurídico da Reserva Agrícola Nacional (RAN)

O regime jurídico da Reserva Agrícola Nacional (RAN) é definido pelo Decreto-Lei n.º 196/89, de 14 de Junho, alterado pelos Decretos-Leis n.ᵒˢ 274/92, de 12 de Dezembro, e 278/95, de 25 de Outubro. A mesma é constituída pelo conjunto das áreas que, em virtude das suas características morfológicas, climatéricas e sociais, maiores potencialidades apresentam para a produção de bens agrícolas. Para efeitos da gestão ordenada da RAN, esta divide-se em regiões que coincidem com o território de cada direcção regional de agricultura, tendo cada região da RAN como órgão próprio uma *comissão regional de reserva agrícola,* e existindo, a nível nacional, o *Conselho Nacional da Reserva Agrícola* (cfr. os artigos 3.º, n.ᵒˢ 1, 2 e 3, e 14.º a 23.º do mencionado Decreto-Lei n.º 196/89)[2].

---

[2] A orgânica do actual Ministério da Agricultura, do Desenvolvimento Rural e das Pescas foi aprovada pelo Decreto-Lei n.º 209/2006, de 27 de Outubro (rectificado pela Declaração de Rectificação n.º 83-B/2006, de 26 de Dezembro). Por sua vez, o Decreto Regulamentar n.º 12/2007, de 27 de Fevereiro, aprovou a orgânica das actuais direcções regionais de agricultura e pescas (em número de cinco, com um âmbito de actuação correspondente ao nível II das NUTS: Norte, com sede em Mirandela; Centro, com sede em Castelo Branco; Lisboa e Vale do Tejo, com sede em Santarém; Alentejo, com sede em Évora; e Algarve, com sede em Faro).

As áreas da RAN são identificadas na carta da RAN, a publicar por portaria do Ministro da Agricultura, Pescas e Alimentação[3], a qual pode ser feita de forma parcelada, designadamente município a município, consoante os trabalhos da sua elaboração se forem desenvolvendo (cfr. o artigo 5.°, n.os 1 e 2)[4].

O objectivo principal da instituição da RAN é resguardar os solos de maior aptidão agrícola de todas as intervenções – designadamente urbanísticas – que diminuam ou destruam as suas potencialidades agrícolas e impeçam a sua afectação à agricultura (cfr. os artigos 8.° a 11.°). Daí que o artigo 8.° do Decreto-Lei n.° 196/89 proíba nos solos da RAN um conjunto de acções, contando-se, entre elas, a construção de edifícios e a realização de aterros e de escavações. Na mesma linha, o artigo 9.° do mesmo diploma legal determina que carecem de *parecer prévio favorável* das comissões regionais da reserva agrícola todas as licenças, concessões, aprovações e autorizações administrativas relativas a um determinado núcleo de utilizações não agrícolas de solos integrados na RAN – sendo *nulos* os actos administrativos respeitantes a essas utilizações, sem aquele parecer prévio favorável (cfr. o artigo 34.°)[5].

---

[3] Actualmente, de acordo com a estrutura orgânica do XVII Governo Constitucional, por portaria do Ministro da Agricultura, do Desenvolvimento Rural e das Pescas (cfr. o artigo 18.° do Decreto-Lei n.° 79/2005, de 15 de Abril, alterado pelos Decretos-Leis n.os 11/2006, de 19 de Janeiro, 16/2006, de 26 de Janeiro, 135/2006, de 26 de Julho, 201/2006, de 27 de Outubro, 240/2007, de 21 de Junho, e 44/2008, de 11 de Março).

[4] As cartas de RAN têm sido aprovadas, em relação a cada um dos municípios, de acordo com as correspondentes portarias que têm sido publicadas no *Diário da República*.

[5] A lista de utilizações não agrícolas que podem ser realizadas, desde que haja *parecer favorável* das comissões regionais da reserva agrícola, consta das nove alíneas do n.° 2 do artigo 9.° do Decreto-Lei n.° 196/89. Dela fazem parte, *inter alia*, as obras com finalidade exclusivamente agrícola, quando integradas e utilizadas em explorações agrícolas viáveis, desde que não existam alternativas de localização em solos não incluídos na RAN ou, quando os haja, a sua implantação nestes inviabilize técnica e economicamente a construção, bem como habitações para fixação em regime de residência habitual dos agricultores em explorações agrícolas viáveis,

Ainda no domínio da súmula da disciplina jurídica da RAN, é de toda a conveniência salientar que, de harmonia com o artigo 7.º do Decreto-Lei n.º 196/89, não se integram na RAN os solos destinados a expansões urbanas, consignados em planos directores municipais, em planos de urbanização, em áreas de desenvolvimento urbano prioritário e em áreas de construção prioritária plenamente eficazes; os solos destinados à construção que se encontrem dentro dos limites ou perímetros dos aglomerados urbanos definidos por planos directores municipais e planos de urbanização plenamente eficazes ou, na sua falta, fixados em diploma legal ou ainda aprovados por despacho fundamentado do Ministro do Planeamento e da Administração do Território [6], sob proposta dos respectivos municípios; e os destinados a loteamentos urbanos de interesse regional ou local, quando integrados em núcleos de construção legalmente autorizados antes da entrada em vigor daquele diploma.

Os solos integrados na RAN são obrigatoriamente identificados em todos os instrumentos que definam a ocupação física do território, designadamente planos especiais e municipais de ordenamento do território, e ainda nos planos e regionais e intermunicipais de ordenamento do território [cfr. o artigo 33.º do Decreto-Lei n.º 196//89 e, bem assim, os artigos 53.º, alínea *e*), 54.º, n.º 2, alínea *d*), 63.º, n.º 2, alínea *c*), 72.º, n.º 2, alínea *a*), 73.º, n.º 2, alínea *a*), e 85.º, n.º 1, alínea *c*), do RJIGT]. Os solos integrados na RAN são também

---

desde que não existam alternativas válidas de localização em solos não incluídos na RAN, vias de comunicação, seus acessos e outros empreendimentos ou construções de interesse público, desde que não haja alternativa técnica economicamente aceitável para o seu traçado ou localização, e campos de golfe declarados de interesse para o turismo pela Direcção-Geral do Turismo (actualmente, pelo Turismo de Portugal, I. P., cuja orgânica foi aprovada pelo Decreto-Lei n.º 141/2007, de 27 de Abril), desde que não impliquem alterações irreversíveis da topografia do solo e não se inviabilize a sua eventual reutilização agrícola [cfr. as alíneas *a*), *b*), *d*) e *i*) do n.º 2 do artigo 9.º].

[6] Tendo em conta a orgânica do XVII Governo Constitucional, constante do mencionado diploma legal, por despacho do Ministro do Ambiente, do Ordenamento do Território e do Desenvolvimento Regional (cfr. o artigo 16.º do Decreto-Lei n.º 79/2005, de 15 de Abril).

assinalados na *planta de condicionantes* dos planos directores municipais, planos de urbanização e planos de pormenor – planta essa que identifica todas as limitações ou impedimentos a qualquer forma específica de aproveitamento [cfr. os artigos 86.º, n.º 1, alínea *c*), 89.º, n.º 1, alínea *c*), e 92.º, n.º 1, alínea *c*), do RJIGT][7]. Acresce a tudo isto que as *áreas agrícolas* constituem uma categoria de "interesses públicos com expressão territorial", cuja *identificação* e *harmonização* com outros interesses devem ser feitas por todos os instrumentos de gestão territorial [cfr. os artigos 8.º, 9.º, 10.º, alínea *c*), e 13.º do RJIGT].

Refira-se, ainda, que o Decreto-Lei n.º 196/89 contém um naipe de disposições destinadas a garantir a aplicação do regime da RAN, através do recurso a vários instrumentos, tais como a *nulidade* de actos administrativos, a tipificação de *ilícitos de mera ordenação social*, um sistema de *fiscalização* da observância do regime da RAN e ordens do *embargo*, de *demolição*, de *cessação imediata* das acções desenvolvidas em violação do Decreto-Lei n.º 196/89 e de *reposição* da situação anterior à infracção (cfr. os artigos 34.º a 40.º deste diploma legal)[8].

---

[7] Cfr. as nossas obras *As Grandes Linhas*, cit., p. 57, e *Estudos de Direito do Urbanismo*, cit., p. 43.

[8] Adiante-se que o regime jurídico da RAN – e também a disciplina jurídica da REN – vem sendo objecto de setas críticas por parte de alguma doutrina, em particular por parte de SIDÓNIO PARDAL. Segundo este autor, a RAN e a REN não escondem que visam tão e somente chamar a si o poder de "interditar" as urbanizações nos terrenos que lhes são afectos e, consequentemente, dar uma acrescida legitimação às urbanizações fora das suas "manchas", isto é, uma legitimação a uma área urbanizável imensa, desproporcionada e incontrolável. Na opinião do mesmo autor, "a RAN e a REN desempenham uma função de manobra de diversão e de manto de encobrimento das questões essenciais que são a parametrização e distribuição das mais-valias urbanas e a clara separação entre os mercados de solos rústicos e urbanos". Mais do que apoiar a agricultura e proteger os valores ecossistémicos ou paisagísticos, a RAN e a REN visam, sobretudo, na óptica do mencionado autor, "filar o poder de decidir sobre o processo de urbanizar". Conclui, por isso, o autor cujo pensamento vimos expondo que o modo mais adequado de defender os valores naturais. em consonância com a garantia do direito de propriedade e em sintonia com a cultura e a sustentação económica das populações, é

Como nota final, importa sublinhar que o regime jurídico da RAN está longe de cumprir a sua função – a de resguardar os solos com aptidão agrícola de utilizações incompatíveis com a sua vocação natural, que é a sua afectação à agricultura –, facto que não só compromete o futuro da agricultura, como introduz factores de desequilíbrio ambiental. Na verdade, raras têm sido as obras de grande envergadura (como, por exemplo, vias de comunicação) que deixam incólumes os solos integrados na RAN. Ademais, multiplicam-se os pareceres favoráveis a empreendimentos ou construções que são reconhecidos como de interesse público, muitas vezes com base em critérios pouco rigorosos, o que tem permitido, por exemplo, a implantação de grandes superfícies comerciais ou postos de abastecimento de combustíveis em solos de elevada aptidão agrícola [9].

10. Disciplina jurídica da Reserva Ecológica Nacional (REN)

A REN é disciplinada pelo Decreto-Lei n.º 93/90, de 19 de Março, alterado, sucessivamente, pelos Decretos-Leis n.ºs 316/90, de 13 de Outubro, 213/92, de 12 de Outubro, 79/95, de 20 de Abril, 203/2002, de 1 de Outubro, e 180/2006, de 6 de Setembro. Com o regime jurídico da REN – aprovado no seguimento do disposto no artigo 27.º da Lei de Bases do Ambiente (Lei n.º 11/87, de 7 de Abril) – pretende-se, como se sublinha no exórdio do Decreto-Lei n.º 93/90, "salvaguardar, de uma vez, os valores ecológicos e o homem, não só na sua integridade física, como no fecundo enquadra-

---

a *concentração* no PDM da afectação dos usos do solo, devendo este instrumento de planeamento "ter a prerrogativa de ser o único plano onde se regulamentam, de forma integrada e global, os usos do solo" (cfr. SIDÓNIO PARDAL, *A Apropriação do Território, Crítica aos Diplomas da RAN e da REN*, Lisboa, Ordem dos Engenheiros, 2006, p. 6-17 e 39).

[9] Cfr., sobre este ponto, e para mais desenvolvimentos, ANDRÉ FOLQUE, *Solos Florestais e Reserva Agrícola Nacional*, in RJUA, N.ºs 27/28 (2007), p. 9 e segs., em especial, p. 18-21.

mento da sua actividade económica, social e cultural, conforme é realçado na Carta Europeia do Ordenamento do Território".

De acordo com o artigo 1.º do Decreto-Lei n.º 93/90, a REN constitui uma estrutura biofísica básica e diversificada que, através do condicionamento à utilização de áreas com características ecológicas específicas, garante a protecção de ecossistemas e a permanência e intensificação dos processos biológicos indispensáveis ao enquadramento equilibrado das actividades humanas. A integração e a exclusão de áreas da REN compete ao Governo, por meio de resolução do Conselho de Ministros, ouvida a Comissão Nacional da REN (cfr. os artigos 3.º, n.º 1, 8.º e 9.º do Decreto-Lei n.º 93/90)[10]. Nas áreas incluídas na REN[11] – essencialmente zonas costeiras e ribeirinhas,

---

[10] As propostas de delimitação são elaboradas pelas comissões de coordenação e desenvolvimento regional (cfr. o artigo 3.º do Decreto-Lei n.º 134/2007, de 27 de Abril), com base em estudos próprios ou que lhes sejam apresentados por outras entidades públicas ou privadas, e ponderada a necessidade de exclusão de áreas legalmente construídas ou de construção já autorizada, bem como das destinadas à satisfação das carências existentes em termos de habitação, equipamentos ou infra-estruturas (cfr. o artigo 3.º, n.º 2, do Decreto-Lei n.º 93/90).

Sublinhe-se que o Acórdão da 1.ª Secção do Supremo Tribunal Administrativo de 30 de Janeiro de 2003 (Proc. n.º 44 729) decidiu que a resolução do Conselho de Ministros que, nos termos do artigo 3.º do Decreto-Lei n.º 93/90, de 19 de Março, com as alterações constantes dos Decreto-Leis n.ºs 316/90, de 13 de Outubro, 213/92, de 12 de Outubro, e 79/95, de 20 de Abril, delimita as áreas da REN é um *acto normativo* que se insere na competência regulamentar do Governo. Em consequência, o recurso contencioso daquela resolução deve ser rejeitado, por não ter por objecto um acto administrativo (artigos 24.º e 25.º da Lei de Processo nos Tribunais Administrativos). O mesmo Tribunal já tinha decidido no mesmo sentido no Acórdão da 1.ª Secção de 4 de Julho de 2002 (Proc. n.º 46 273). Cfr., sobre este ponto, a nossa obra *Evolução do Direito do Urbanismo em Portugal em 2001, 2002 e 2003*, cit., p. 20.

[11] Do diploma legal disciplinador da REN consta também um regime transitório aplicável às áreas incluídas e definidas, respectivamente, nos seus anexos I e III, que ainda não tenham sido objecto de delimitação por resolução do Conselho de Ministros, o qual consiste, essencialmente, na subordinação dos projectos das obras e empreendimentos que destruam ou danifiquem o seu valor ecológico a aprovação da comissão de coordenação e desenvolvimento regional (cfr. o artigo

águas interiores, áreas de infiltração máxima ou de apanhamento e zonas declivosas, referidas no anexo I e definidas no anexo III do

---

17.º do Decreto-Lei n.º 93/90 e o artigo 5.º do Decreto-Lei n.º 104/2003, de 23 de Maio, alterado pelos Decretos-Leis n.ºs 117/2004, de 18 de Maio e 114/2005, de 13 de Julho).

É importante sublinhar que o Acórdão do Tribunal Constitucional n.º 544//2001 (publicado no DR, II Série, de 1 de Fevereiro de 2002) não julgou inconstitucionais as normas do artigo 17.º, n.ºs 1 (em conjungação com o n.º 1 do artigo 4.º e com a alínea d) do Anexo II) a 6, do Decreto-Lei n.º 93/90, de 19 de Março, alterado pelo Decreto-Lei n.º 316/90, de 13 de Outubro, que, em determinadas áreas susceptíveis de virem a ser integradas na REN, sujeita a aprovação, pela comissão de coordenação regional (hoje, comissão de coordenação e desenvolvimento regional), certas obras e empreendimentos e regulam o procedimento tendente a tal aprovação. Naquele aresto, o Tribunal Constitucional começou por rejeitar a acusação de *inconstitucionalidade orgânica* por pretensa violação da reserva de competência legislativa da Assembleia da República em matéria de direitos, liberdades e garantias (no caso, o direito de propriedade) e de meios e formas de intervenção nos solos por motivos de interesse público (artigo 168.º, n.º 1, alíneas b) e l), da Constituição, na versão de 1989). Quanto à primeira, retomando a fundamentação desenvolvida, a propósito do Decreto-Lei n.º 351/93, de 7 de Outubro, no mencionado Acórdão n.º 329/99, considerou que, "para quem entenda que o *ius aedificandi* (mais propriamente ainda, o direito de urbanizar, lotear e edificar) não se inclui no *direito de propriedade privada*, há-de concluir que o Governo, ao editar as normas em apreciação no presente recurso, não invadiu a reserva parlamentar [...]; mas ainda que se entenda que os direitos de urbanizar, lotear e edificar assumem a natureza de faculdades inerentes ao direito de propriedade de solo, há que reconhecer que não estão em causa faculdades que façam sempre parte da *essência* o direito de propriedade, tal como ele é garantido pela Constituição", pois "tal reserva paralamentar abrange apenas as intervenções legislativas que contendam com o *núcleo essencial* dos «direitos análogos», por aí se verificarem as mesmas razões de ordem material que justificam a actuação legislativa parlamentar no tocante aos direitos, liberdades e garantias". Quanto ao segundo aspecto, entendeu o Tribunal Constitucional que não pode ser dado à aludida alínea l) do n.º 1 do artigo 168.º da Constituição a extensão que o recorrente lhe assinala, sob pena de perder sentido a atribuição à Assembleia da República, na alínea g) do mesmo preceito, de competência reservada às "*bases do sistema de protecção da natureza e do equilíbrio ecológico*"; assim, a expressão "meios e formas de intervenção nos solos" não pode significar a regulação dos instrumentos de protecção da natureza e do equilíbrio ecológico, devendo antes

Decreto-Lei n.º 93/90 – são, em geral, proibidas as acções de iniciativa pública ou privada que se traduzam em operações de loteamento, obras de urbanização, construção e ou ampliação, obras hidráulicas, vias de comunicação, aterros, escavações e destruição do coberto vegetal, ou seja, quaisquer obras urbanísticas que destruam ou danifiquem o seu valor ecológico (cfr. o artigo 4.º, n.º 1, do Decreto-Lei n.º 93/90).

Antes das alterações ao regime da REN, operadas pelo Decreto-Lei n.º 180/2006, de 6 de Setembro, a doutrina vinha apontando fortes críticas à disciplina jurídica da REN – e discurso similar pode ser feito em relação ao regime da RAN –, afirmando que ela funcionava apenas pela *negativa,* definindo somente aquilo que nos solos nela integrados não se podia fazer, em especial a proibição de activi-

---

ser relacionado com o artigo 83.º da Constituição, relativo aos requisitos de apropriação colectiva.

De seguida, o Tribunal Constitucional entendeu não configurar *inconstitucionalidade formal*, mas mera irregularidade, o erro na indicação da alínea do n.º 1 do artigo 201.º da Constituição (versão de 1989) ao abrigo da qual o Governo emitiu o decreto-lei, já que a Constituição não impunha a indicação dessas alíneas, e, por outro, considerou que bastava, para satisfazer a exigência do n.º 3 do mesmo artigo, a referência à lei de bases feita no preâmbulo do decreto-lei de desenvolvimento.

Por último, o Tribunal Constitucional socorreu-se novamente da fundamentação desenvolvida no citado Acórdão n.º 329/99 para concluir pela não verificação de qualquer *inconstitucionalidade material,* por pretensa violação do direito de propriedade: a sujeição a aprovação das operações de loteamento em certas áreas sujeitas ao regime transitório da REN ou não traduz qualquer restrição do direito de propriedade (para quem entenda que não são inerentes a este direito as faculdades de urbanizar, lotear e edificar), ou (quando se entenda o contrário) mostra-se tal restrição perfeitamente justificada pela hipoteca social que onera a propriedade privada do solo e, como tal, conforme com a tutela constitucional da propriedade privada e com os princípios da igualdade, da justiça, da proporcionalidade, da prossecução do interesse público e da boa administração, sendo de realçar que, embora a proibição de urbanizar, lotear e construir, decorrente da natureza intrínseca da propriedade ou da sua especial situação, não dê, em princípio, direito a indemnização, já assim não será se a proibição implicar um dano de gravidade e intensidade tais que torne injusta a sua não equiparação à expropriação, para o efeito de dever ser paga uma indemnização.

dades urbanísticas (que só excepcionalmente podiam ser admitidas), em vez de conter uma regulamentação pela *positiva*, através da indicação das utilizações que eram possíveis e até desejáveis, tendo em conta os valores fundamentais a proteger. A mesma doutrina referia, ainda, que um tal tipo de regime jurídico não tinha evitado, e até tinha potenciado, um abandono crescente dos solos integrados na REN, que, pela sua natureza, são especialmente adequadas à prossecução de fins de interesse público.

À luz destas considerações, propôs a referida doutrina uma reforma do regime jurídico da REN, de modo a garantir que se procedesse à ocupação dos solos nela integrados pela *via positiva* e não apenas *negativamente*, dele passando a constar não apenas os usos que não podem ser realizados, mas também as utilizações que se consideram compatíveis com a respectiva salvaguarda e desejáveis de acordo com os fins estabelecidos, dando preferência a soluções que não impliquem um abandono dos solos[12].

A reforma do regime da REN constante do Decreto-Lei n.º 180/2006, de 6 de Setembro, veio de encontro àquela crítica e acolheu a mencionada sugestão. Com efeito, nos prolegómenos justificativos deste diploma legal refere-se que "o Programa de Governo do XVII Governo Constitucional assumiu a revisão do regime jurídico da Reserva Ecológica Nacional como tarefa fundamental na concretização da política de ordenamento do território e de ambiente, «preservando o seu âmbito nacional e incidindo, principalmente, nos princípios e critérios de demarcação, modos futuros de gestão, regime de usos e compatibilidades e integração eficaz no sistema nacional de áreas classificadas, permitindo que estas reservas actuem pela positiva no ordenamento do território (usos recomendáveis e usos compatíveis, incentivos para a gestão flexível, mas coerente com o interesse nacional)»".

Nesta linha, sublinha ainda o exórdio do Decreto-Lei n.º 180//2006, de 6 de Setembro, que "desde já, é urgente consagrar a pos-

---

[12] Cfr. F. ALVES CORREIA/A. BARBOSA DE MELO/FERNANDA PAULA OLIVEIRA, DULCE LOPES/JOANA MENDES, ob. cit., p. 65-68.

sibilidade de viabilizar usos e acções que, por reconhecidamente não porem em causa a permanência dos recursos, valores e processos ecológicos que a Reserva Ecológica Nacional pretende preservar, se justificam plenamente para a manutenção e viabilização de actividades que podem e devem existir nessas áreas", adiantando que é "importante identificar de imediato um conjunto de usos e acções que podem ser admitidos, dado que não prejudicam o equilíbrio ecológico das áreas afectas à Reserva Ecológica Nacional, definindo--se, para cada caso, as regras para a sua realização". Realça, por fim, o preâmbulo do Decreto-Lei n.º 180/2006, de 6 de Setembro, que "a manutenção e a viabilização dos usos e acções referidos nos anexos ao presente diploma dependem sempre da sua conformidade ou compatibilidade, consoante os casos, com os instrumentos de gestão territorial aplicáveis, o que significa que cabe aos municípios, no âmbito do planeamento municipal, uma responsabilidade importante na definição das acções insusceptíveis de prejudicar o equilíbrio ecológico" das áreas integradas na Reserva Ecológica Nacional.

Assim, para além das acções já excepcionadas pelo regime anterior, e a que acrescentou outras[13], veio o Decreto-Lei n.º 180/2006

---

[13] As excepções à realização de operações traduzidas na ocupação, uso e transformação do solo integrado na REN estavam contempladas no n.º 2 do artigo 4.º do Decreto-Lei n.º 93/90 e eram as seguintes: acções já previstas ou autorizadas à data da entrada em vigor do acto que integrou uma determinada área na REN; as instalações de interesse para a defesa nacional como tal reconhecidas por despacho conjunto dos Ministros da Defesa Nacional e do Ambiente, do Ordenamento do Território e do Desenvolvimento Regional; e as acções de interesse público como tal reconhecido por despacho conjunto dos Ministros do Ambiente, do Ordenamento do Território e do Desenvolvimento Regional e do Ministro competente em razão da matéria.

Com o Decreto-Lei n.º 180/2006, de 6 de Setembro, o n.º 2 do artigo 4.º do Decreto-Lei n.º 93/90 passou a n.º 3 do mesmo artigo, tendo este sofrido algumas *alterações substanciais*, traduzidas, essencialmente, no alargamento das excepções à realização de operações traduzidas na ocupação, uso e transformação do solo integrado na REN, de modo a abranger as instalações destinadas a *estabelecimentos prisionais*, como tal reconhecidas por despacho conjunto dos membros do Governo responsáveis pelas áreas da justiça, das finanças e do ambiente e ordenamento do território (no

de 6 de Setembro, possibilitar a realização em áreas integradas na REN de um naipe de acções insusceptíveis de prejudicar o equilíbrio ecológico das mesmas, e que são *identificadas* no seu Anexo IV, observados os *requisitos* descritos no Anexo V do mesmo diploma legal, e sujeitas, conforme os casos, ou a *autorização* da comissão de coordenação e desenvolvimento regional competente ou a *comunicação prévia* ao mesmo organismo desconcentrado do Ministério do Ambiente, do Ordenamento do Território e do Desenvolvimento Regional [cfr. o artigo 4.º, n.º 2, alíneas *a*) e *b*), do Decreto-Lei n.º 93/90, na redacção do Decreto-Lei n.º 180/2006, de 6 de Setembro][14].

A susceptibilidade de viabilização das acções previstas no Anexo IV depende da sua compatibilidade com as disposições aplicáveis dos vários instrumentos de gestão territorial para a área em causa (cfr. o artigo 4.º, n.º 4, do Decreto-Lei n.º 93/90, na versão do Decreto-Lei n.º 180/2006).

Tal como foi referido em relação às áreas da RAN, também as áreas integradas na REN são especificamente demarcadas em todos os instrumentos de planeamento que definam ou determinem a ocupação física do solo, designadamente planos especiais e municipais de ordenamento do território, e ainda nos planos regionais e intermunicipais de ordenamento de território [cfr. o artigo 10.º do Decreto-

---

caso das instalações de interesse para a defesa nacional passou a exigir-se que o despacho conjunto seja assinado também pelo membro do Governo responsável pela área das finanças) e as acções identificadas como *isentas* de autorização ou de comunicação prévia à comissão de coordenação e desenvolvimento regional, previstas no Anexo IV ao Decreto-Lei n.º 180/2006, de 6 de Setembro.

[14] Trata-se de uma extensa lista de acções que se consideram compatíveis com a preservação do valor ecológico das áreas integradas na REN, de um vasto elenco de requisitos a observar para viabilização dessas acções e de uma longa lista de acções sujeitas a *autorização* da comissão de coordenação e desenvolvimento regional ou *comunicação prévia* a este mesmo organismo, cuja indicação é impossível fazer neste local. Cfr., a este propósito, a Portaria n.º 813/2007, de 27 de Julho, que fixa os elementos que devem instruir os pedidos de autorização para o uso e acções compatíveis com a afectação de certas áreas ao Regime da REN, bem como, a Portaria n.º 814/2007, da mesma data, que fixa as taxas a que estão sujeitos os mesmos pedidos.

-Lei 93/90, de 19 de Março, bem como os artigos 53.º, alínea e), 54.º, n.º 2, alínea c), 63.º, n.º 2, alínea b, 70.º, alínea e), 72.º, n.º 2, alínea a), 73.º, n.º 2, alínea d), 73.º, n.º 4, alínea c), e 85.º, n.º 1, alínea c), do RJIGT]. De modo semelhante ao referido para os solos integrados na RAN, as áreas que fazem parte da REN são assinaladas na *planta de condicionantes* dos planos directores municipais, planos de urbanização e planos de pormenor [cfr. os artigos 86.º, n.º 1, alínea c), 89.º, n.º 1, alínea c), e 92.º, n.º 1, alínea c), do RJIGT]. Além disso, as áreas integradas na REN, bem como todas as zonas de valor ecológico constituem "interesses públicos com expressão territorial", cuja *identificação* e *harmonização* com outros interesses públicos com repercussão espacial devem ser feitas por todos os instrumentos de gestão territorial [cfr. os artigos 8.º, 9.º, 10.º, alínea d), e 14.º do RJIGT].

Do regime legal da REN fazem parte, por último, um conjunto de normas respeitantes à *fiscalização* do cumprimento do disposto no Decreto-Lei n.º 93/90 – fiscalização que cabe, actualmente, ao Instituto de Conservação da Natureza e da Biodiversidade, I. P., previsto nos artigos 5.º, n.º 1, alínea b), e 18.º do Decreto-Lei n.º 207/206, de 27 de Outubro, e cuja orgânica foi aprovada pelo Decreto-Lei n.º 136/2007, de 27 de Abril (tendo a Portaria n.º 530/2007, de 30 de Abril, aprovado os respectivos estatutos), às comissões de coordenação e desenvolvimento regional, aos municípios e a quaisquer outras entidades competentes em razão da matéria ou da área de jurisdição (cfr. o artigo 11.º, n.º 1, do Decreto-Lei n.º 93/90); à tipificação como *ilícito de mera ordenação social* e à punição como *contra-ordenação* da realização, em solos da REN, de operações de loteamento, obras de urbanização, construção de edifícios, obras hidráulicas, vias de comunicação, escavações e aterros e destruição do coberto vegetal, em violação do diploma legal condensador do regime jurídico da REN (cfr. os artigos 12.º e 13.º); ao *embargo* e *demolição* das obras realizadas em violação do diploma disciplinador da REN, bem como à *reposição* dos terrenos na situação anterior à infracção (cfr. o artigo 14.º); à *nulidade* dos actos administrativos que violem o disposto nos artigos 4.º e 17.º do Decreto-Lei n.º 93/90, isto é, dos actos administrativos que licenciem ou autorizem, em contravenção daqueles preceitos, a realização de obras e empreendimentos que destruam ou danifiquem o valor ecológico das áreas integradas na REN (cfr. o artigo 15.º do Decreto-Lei n.º 93/90); e à *responsabilidade civil* das entidades competentes para o licenciamento pelos prejuízos que advenham, para particulares de boa fé, da nulidade dos actos administrativos anteriormente referidos (cfr. o artigo 16.º).

Um ponto respeitante ao regime jurídico da REN que não podemos omitir diz respeito à questão de saber se, com a entrada em vigor do RJIGT, o acto de delimitação dos solos a integrar na REN (que assume, como referimos, na esteira da jurisprudência do Supremo Tribunal Administrativo, uma *natureza normativa*), a par de ser considerado como uma vinculação heterónoma ou um limite à liberdade de conformação dos planos municipais, deve ser também perspectivado como um *plano sectorial*, incluído na categoria dos "*regimes territoriais definidos ao abrigo de lei especial*", a que se refere a segunda parte da alínea *b*) do n.º 2 do artigo 35.º do RJIGT. Uma resposta positiva a esta questão tem como consequência imediata a reponderação da eficácia jurídica do acto que delimita a REN. Esta delimitação apenas poderia ser oposta ao particular se fosse recebida por um instrumento de planeamento territorial dotado de eficácia plurisubjectiva, geralmente um plano municipal de ordenamento do território.

Propendemos, no entanto, a entender que esta posição não é mais correcta. O regime jurídico da REN e a delimitação dos solos que a integram constituem uma disciplina dos solos que deve ser observada pelos planos – funcionando, por isso, como um limite à discricionaridade de planeamento – e, simultaneamente, uma prescrição directamente vinculativa da actividade da Administração e dos particulares com reflexos na ocupação, uso e transformação do solo, em todas as áreas não abrangidas por qualquer plano municipal de ordenamento do território (por exemplo, nos casos em que o plano municipal se encontra total ou parcialmente suspenso). Por isso, a integração e a exclusão de áreas da REN só podem ser realizadas pelos órgãos legalmente competentes para o efeito e de acordo com o procedimento gizado no Decreto-Lei n.º 93/90, não sendo admissível, em circunstância alguma, que um plano municipal possa ser aprovado, sem observância das regras competenciais e procedimentais constantes daquele diploma legal, quando contenha disposições que possibilitam utilizações do solo incompatíveis com o regime da REN. E isto é assim, porquanto a delimitação da REN não está, em caso algum, na esfera da disponibilidade do município[15]. Note-se, aliás, que uma situação destas seria possível nos termos da alínea b) do n.º 3 do artigo 80.º do RJIGT, antes da versão do Decreto-Lei n.º 316//2007, de 19 de Setembro, se se considerasse a determinação da REN como um *plano sectorial,* bem como nos termos do artigo 80.º, na versão actualmente em vigor, no caso de elaboração, alteração ou revisão de planos directores municipais. Está, por isso, vedado ao município, através de uma "alteração sujeita a regime simplificado", constante do artigo 97.º do RJIGT, na redacção anterior ao Decreto--Lei n.º 316/97, ou através de uma "alteração por adaptação", prevista no mesmo artigo do RJIGT, mas agora na versão decorrente do Decreto-Lei n.º 316/2007, sem que sejam seguidos os termos e formas previstos no Decreto-Lei n.º 93/90, alterar áreas incluídas na REN[16].

---

[15] Cite-se, a este propósito, a Resolução do Conselho de Ministros n.º 137--A/2006, de 20 de Outubro, que ratificou a suspensão parcial do Plano Director Municipal de Paços de Ferreira, pelo prazo de dois anos. Mas a mesma excluiu da ratificação a suspensão do artigo 7.º do Regulamento daquele plano, "em virtude de este artigo dizer respeito à Reserva Ecológica Nacional, restrição de utilidade pública imposta por lei (Decreto-Lei n.º 93/90, de 19 de Março) que abrange várias áreas do município, de acordo com a delimitação aprovada pela Resolução do Conselho de Ministros n.º 138/96, de 30 de Agosto, e que não está, no actual quadro legal, na esfera da disponibilidade do município, ao contrário do que sucede em matéria de opções de uso e ocupação do solo", pelo que "a ocupação urbanística da área em causa dependerá da adopção do procedimento adequado no âmbito do Decreto-Lei n.º 93/90, de 19 de Março".

[16] Cfr., neste sentido, o Acórdão da 1.ª Secção do Supremo Tribunal Administrativo de 29 de Junho de 2004, Proc. n.º 779/02, cujo *Sumário* pode ser consultado nos CJA, N.º 48 (2004), p. 56.

O discurso que vimos de apresentar não é incompatível com uma solução que defendemos, e que consideramos altamente virtuosa, que é a da *coordenação* e *articulação* entre o procedimento de elaboração, alteração e revisão de planos especiais e municipais de ordenamento do território e o procedimento de integração e de exclusão de áreas da REN (solução que é facilitada porque a aprovação dos planos especiais de ordenamento do território, a ratificação dos planos municipais de ordenamento do território e a aprovação da integração e exclusão de áreas da REN são todas da competência do Conselho de Ministros, através de resolução), com vista a uma salutar promoção do contacto directo, do diálogo e da troca de pontos de vista entre os vários sujeitos de direito público e os diferentes órgãos com interesse na ocupação, uso e transformação das áreas territoriais em causa. O que queremos dizer é que essa *articulação* de procedimentos nunca pode ocorrer, através da eliminação das exigências competenciais e procedimentais previstas especificamente para a elaboração, alteração e revisão dos planos especiais e municipais de ordenamento do território e para a integração e exclusão de áreas da REN[17].

Importa acentuar que as alterações ao Decreto-Lei n.º 93/90, operadas pelo Decreto-Lei n.º 180/2006, de 6 de Setembro, tiveram também como preocupação *coordenar* e *articular* o procedimento de elaboração, alteração e revisão de planos especiais e municipais de ordenamento do território e o procedimento de delimitação da REN, mas mantendo a *autonomia* de cada um dos procedimentos e dos actos em que eles desembocam. De facto, o n.º 10 do artigo 3.º refere expressamente que a "delimitação da REN pode ocorrer juntamente com a elaboração, alteração ou revisão de plano especial ou plano municipal de ordenamento do território, sendo nesse caso *praticados simultaneamente o acto de aprovação da delimitação da REN e o acto de*

---

[17] Cfr., sobre estema tema, mas com uma perspectiva algo diversa, FERNANDA PAULA OLIVEIRA, *A Reserva Ecológica Nacional e o Planeamento do Território: A Necessária Consideração Integrada de Distintos Interesses Públicos*, in RJUA, N.ºs 27/28 (2007), p. 33-52.

aprovação ou ratificação do instrumento de gestão territorial em causa" (itálico nosso). Por seu lado, o n.º 11 do mesmo artigo preceitua que, "quando a delimitação ou alteração da REN ocorra simultaneamente com o procedimento de elaboração, alteração ou revisão de plano especial de ordenamento do território ou plano director municipal, deve ser solicitado parecer à comissão mista de coordenação, prevista no Decreto-Lei n.º 380/99, de 22 de Setembro, na redacção que lhe foi dada pela Lei n.º 58/2005, de 29 de Dezembro". O n.º 12 do mesmo artigo estatui que, "quando a alteração da delimitação da REN ocorra simultaneamente com a elaboração, alteração ou revisão de plano especial ou plano municipal de ordenamento do território, a nova delimitação determina a publicação da carta da REN do concelho"[18]. Por último, o n.º 13 do mesmo artigo deter-

---

[18] Como exemplos de *revisão simultânea* de um plano de urbanização e de alteração da delimitação da Reserva Ecológica no município, cfr. a Resolução do Conselho de Ministros n.º 100/2006, de 10 de Agosto, que ratificou a revisão do Plano de Urbanização da Vila de Castelo de Paiva e aprovou a alteração da delimitação da Reserva Ecológica Nacional neste município, e a Resolução do Conselho de Ministros n.º 79/2007, de 15 de Junho, que ratificou o Plano de Urbanização da Gandra, no município de Paredes, e alterou a delimitação da REN do mesmo município. E como exemplos da *revisão simultânea* de uma plano especial e de alteração da delimitação da REN nas áreas dos municípios abrangidos por aquele plano especial, cfr. a Resolução do Conselho de Ministros de 94/2006, de 4 de Agosto, que aprovou a revisão do Plano de Ordenamento das Albufeiras do Alqueva e Pedrógão e alterou parcialmente a delimitação da REN para áreas dos municípios de Alandroal, Moura e Portel, abrangidas por aquele plano especial; a Resolução do Conselho de Ministros n.º 184/2007, de 21 de Dezembro, que aprovou o Plano de Ordenamento da Albufeira de Odivelas e alterou a delimitação da REN dos municípios de Alvito e de Ferreira do Alentejo; a Resolução do Conselho de Ministros n.º 185/2007, de 21 de Dezembro, que aprovou o Plano de Ordenamento da Albufeira de Santa Clara e alterou a delimitação da REN dos municípios de Odemira e Ourique; a Resolução do Conselho de Ministros n.º 186/2007, de 21 de Dezembro, que aprovou o Plano de Ordenamento da Albufeira da Aguieira e alterou a delimitação da REN dos municípios de Carregal do Sal, Mortágua, Penacova, Santa Comba Dão, Tábua e Tondela; e a Resolução do Conselho de Ministros n.º 187/2007, de 21 de Dezembro, que aprovou o Plano de Ordenamento da Albufeira de

mina que nas situações em que a demarcação da REN, constante de plano especial ou municipal de ordenamento do território, não coincida com a delimitação da mesma Reserva operada pela resolução do Conselho de Ministros que integrou ou excluiu áreas da REN, deve o respectivo plano ser objecto de alteração, no prazo de 90 dias, nos termos do Decreto-Lei n.º 380/99, de 22 de Setembro, na redacção que lhe foi dada pela Lei n.º 58/2005, de 29 de Dezembro (e, por isso, na versão anterior ao Decreto-Lei n.º 316/2007, de 19 de Setembro).

Atente-se que as situações contempladas neste novo n.º 13 do artigo 3.º do Decreto-Lei n.º 93/90 são aquelas em que à demarcação da REN constante de plano especial ou municipal de ordenamento do território sobrevem uma resolução do Conselho de Ministros que altera as áreas da REN contempladas naqueles instrumentos de planeamento. Nesses casos, devem tais planos ser objecto de uma alteração em forma simplificada, em cumprimento do disposto na alínea *a*) do n.º 1 do artigo 97.º do do RJIGT, na redacção anterior ao mencionado Decreto-Lei n.º 316/2007.

Note-se que o Decreto-Lei n.º 93/90, na relação do Decreto-Lei n.º 180/2006, deve ser devidamente conjugado com o RJIGT, na versão decorrente do Decreto-Lei n.º 316/2007, de 19 de Setembro. E como uma das grandes alterações operadas no RJIGT por este diploma legal foi a drástica redução do perímetro da *ratificação governamental* dos planos municipais de ordenamento do território — o qual passou a abranger apenas os planos directores municipais e somente a solicitação da câmara municipal, quando, no âmbito do procedimento de elaboração e aprovação (ou alteração e revisão), for suscitada pelos serviços e entidades com competências consultivas no âmbito da elaboração e do acompanhamento a incompatibilidade com plano sectorial ou regional de ordenamento

---

Crestuma-Lever, alterou parcialmente a delimitação da REN dos municípios de Castelo de Paiva, Cinfães, Gondomar, Marco de Canaveses, Penafiel e Santa Maria da Feira e procedeu à delimitação parcial da REN do município de Vila Nova de Gaia.

do território, com vista à legitimação da derrogação das normas destes planos incompatíveis com as opções municipais, e, em geral, as deliberações das assembleias municipais que suspendam, total ou parcialmente, os planos municipais de ordenamento do território (cfr. os artigos 80.° e 100.°, n.ᵒˢ 2, alínea b), e 5, do RJIGT) –, nos casos em que a delimitação da REN ocorra no âmbito de procedimentos de elaboração, alteração ou revisão dos planos directores municipais não sujeitos a ratificação governamental e em todas as situações em que a delimitação da REN ocorra no âmbito dos procedimentos de elaboração, alteração ou revisão dos planos de urbanização e dos planos de pormenor, não poderão ser praticados simultaneamente o acto de aprovação da delimitação da REN e o acto de ratificação daqueles instrumentos de planeamento territorial, precisamente porque este deixou de existir. Nestes dois grupos de casos, a aprovação da delimitação ou alteração da REN deve preceder a aprovação dos planos municipais de ordenamento do território.

11. Disciplina jurídica da rede nacional de áreas protegidas

A *rede nacional de áreas protegidas* tem o seu regime definido no Decreto-Lei n.° 19/93, de 23 de Janeiro, alterado pelos Decretos--Leis n.ᵒˢ 151/95, de 24 de Janeiro, 213/97, de 16 de Agosto, 227/98, de 17 de Julho, 221/2002, de 22 de Outubro, e 117/2005, de 18 de Julho – diploma que foi aprovado no desenvolvimento do regime jurídico constante do artigo 29.° da Lei de Bases do Ambiente (Lei n.° 11/87, de 7 de Abril) e que revogou o Decreto-Lei n.° 613/76, de 27 de Julho, que continha o estatuto jurídico das áreas classificadas.

De harmonia com o estatuído no n.° 2 do artigo 1.° do Decreto-Lei n.° 19/93, devem ser classificadas como *áreas protegidas* as áreas terrestres (e, bem assim, as águas interiores e marítimas) em que a fauna, a flora, a paisagem, os ecossistemas ou outras ocorrências naturais apresentem, pela sua raridade, valor ecológico ou paisagístico, importância científica, cultural e social, uma relevância especial que exija medidas de conservação e gestão, em ordem a promover a gestão racional dos recursos naturais, a valorização do património natural e construído, regulamentando as intervenções artificiais susceptíveis de as degradar. E segundo o n.º 3 do mesmo artigo, a classificação de áreas protegidas pode abranger o domínio público e o domínio privado do Estado (bem como a zona económica exclusiva) e, em geral, quaisquer bens imóveis.

O artigo 2.º do Decreto-Lei n.º 19/93 distingue *áreas protegidas de interesse nacional* (*parque nacional, reserva natural, parque natural* e *monumento natural*), de *interesse regional ou local* (*paisagem protegida*) e de *estatuto privado* (*"sítio de interesse biológico"*). Com estas modalidades de áreas protegidas, pretendeu o legislador desenvolver o regime jurídico constante do n.º 2 do artigo 29.º da Lei de Bases do Ambiente e dar cumprimento às incumbências constitucionais referidas nos artigos 9.º, alínea *e*), e 66.º, n.º 2, alíneas *b*) e *c*), da Lei Fundamental (merecendo especial destaque a condensada nesta última alínea, traduzida na incumbência ao Estado de "criar e desenvolver reservas e parques naturais e de recreio, bem como classificar e proteger paisagens e sítios, de modo a garantir a conservação da natureza e a preservação de valores culturais de interesse histórico ou artístico").

As áreas protegidas de interesse nacional são geridas, actualmente, pelo Instituto de Conservação da Natureza e da Biodiversidade, I. P., enquanto as áreas protegidas de interesse regional ou local são geridas pelas respectivas autarquias locais ou associações de municípios. O ICNB pode, no entanto, cometer a gestão de uma área protegida de âmbito nacional às comissões de coordenação e desenvolvimento regional, mediante protocolo a celebrar com as mesmas, o qual é submetido a aprovação do Ministro do Ambiente, do Ordenamento do Território e do Desenvolvimento Regional (cfr. o artigo 4.º).

Os artigos 5.º a 10.º do Decreto-Lei n.º 19/93 contêm a definição de cada uma daquelas modalidades de *áreas protegidas* e a indicação dos objectivos e efeitos da respectiva classificação[19], referindo o artigo 11.º que, nas áreas protegidas, podem ainda ser demarcadas zonas de protecção integral, denominadas "reservas integrais", cuja demarcação tem como consequência a sujeição da respectiva área a expropriação por utilidade pública[20].

Assim, *parque nacional* é uma área que contenha um ou vários ecossistemas inalterados ou pouco alterados pela intervenção humana, integrando amostras representativas de regiões naturais características, de paisagens naturais e humanizadas, de espécies vegetais e animais, de locais geomorfológicos ou de *habitats* de espécies com interesse ecológico, científico e educacional[21]. *Reserva natural* é uma área destinada à protecção de *habitats* da flora e da fauna[22].

---

[19] Para além dos tipos de áreas protegidas definidos nos artigos 5.º a 10.º do Decreto-Lei n.º 19/93, existem as *reservas marinhas* e os *parques marinhos,* que são áreas protegidas que abrangem meio marinho.

A possibilidade de delimitação de *reservas marinhas* e de *parques marinhos* está prevista no artigo 10.º-A do Decreto-Lei n.º 19/93 – disposição aditada pelo artigo 1.º do Decreto-Lei n.º 227/98, de 17 de Julho –, tendo as primeiras como objectivo a adopção de medidas dirigidas para a protecção das comunidades e dos *habitats* marinhos sensíveis, de forma a assegurar a biodiversidade marinha, e os segundos a adopção de medidas que visem a protecção, valorização e uso sustentado dos recursos marinhos, através da integração harmoniosa das actividades humanas.

[20] Nos termos do n.º 2 do artigo 11.º do Decreto-Lei n.º 19/93, as *reservas integrais* são espaços que têm por objectivos a manutenção dos processos naturais em estado imperturbável e a preservação de exemplos ecologicamente representativos num estado dinâmico e evolutivo e em que a presença humana só é admitida por razões de investigação científica ou monitorização ambiental.

[21] De harmonia com o disposto no n.º 2 do artigo 5.º do Decreto-Lei n.º 19//93, a classificação de um *parque nacional* tem por efeito possibilitar a adopção de medidas que permitam a protecção da integridade ecológica dos ecossistemas e que evitem a exploração ou ocupação intensiva dos recursos naturais.

Exemplo típico de um *parque nacional* é o Parque Nacional de Peneda-Gerês, criado pelo Decreto-Lei n.º 187/71, de 8 de Maio, alterado pelo Decreto-Lei n.º 519-C/79, de 28 de Dezembro, e cujo Plano de Ordenamento foi aprovado pela Resolução do Conselho de Ministros n.º 134/95, de 11 de Novembro.

[22] Nos termos do n.º 2 do artigo 6.º do diploma legal que estamos a analisar, a classificação de uma *reserva natural* tem por efeito possibilitar a adopção de medidas que permitam assegurar as condições necessárias à estabilidade ou à sobrevi-

Parque natural define-se como uma área que se caracteriza por conter paisagens naturais, seminaturais e humanizadas, de interesse nacional, sendo exemplo da integração harmoniosa da actividade humana e da Natureza e que apresenta amostras de um bioma ou região

---

vência de espécies, grupos de espécies, comunidades bióticas ou aspectos físicos do ambiente, quando estes requerem a intervenção humana para a sua perpetuação.

Como exemplos de *reservas naturais*, podemos citar: a Reserva Natural do Estuário do Tejo, criada pelo Decreto-Lei n.º 565/76, de 19 de Julho, cujo Regulamento Geral foi aprovado pela Portaria n.º 481/79, de 7 de Setembro, e cujo Plano de Ordenamento foi mandado elaborar, primeiro, pela Resolução do Conselho de Ministros n.º 44/2001, de 10 de Maio, e depois, pela Resolução do Conselho de Ministros n.º 155/2006, de 15 de Novembro; a Reserva Natural do Estuário do Sado, criada pelo Decreto-Lei n.º 430/80, de 1 de Outubro, cujo Plano de Ordenamento foi mandado elaborar pela Resolução do Conselho de Ministros n.º 150/2006, de 7 de Novembro; a Reserva Natural do Paúl de Arzila, criada pelo Decreto-Lei n.º 218/88, de 27 de Junho, reclassificada pelo Decreto Regulamentar n.º 45/97, de 17 de Novembro, e cujo Plano de Ordenamento foi aprovado pela Resolução do Conselho de Ministros n.º 75/2004, de 19 de Junho; a Reserva Natural Parcial do Paúl do Boquilobo, criada pelo Decreto-Lei n.º 198//89, de 24 de Junho, reclassificada pelo Decreto Regulamentar n.º 49/97, de 20 de Novembro, e cujo Plano de Ordenamento foi mandado elaborar pela Resolução do Conselho de Ministros n.º 46/2001, de 10 de Maio, tendo o mesmo sido aprovado pela Resolução do Conselho de Ministros n.º 50/2008, de 19 de Março, rectificada pela Declaração de Rectificação n.º 28/2008, de 16 de Maio; a Reserva Natural das Berlengas, criada pelo Decreto-Lei n.º 264/81, de 3 de Setembro, reclassificada pelo Decreto Regulamentar n.º 30/98, de 23 de Dezembro, e cujo Plano de Ordenamento foi mandado elaborar pela Resolução do Conselho de Ministros n.º 47/2001, de 10 de Maio; a Reserva Natural da Serra da Malcata, criada pelo Decreto-Lei n.º 294/81, de 16 de Outubro, reclassificada pelo Decreto Regulamentar n.º 28/99, de 30 de Novembro, e cujo Plano de Ordenamento foi aprovado pela Resolução do Conselho de Ministros n.º 80/2005, de 29 de Março; a Reserva Natural das Dunas de São Jacinto, criada pelo Decreto-Lei n.º 41/79, de 6 de Maio, reclassificada e com os limites definidos pelo Decreto Regulamentar n.º 46/97, de 17 de Novembro, alterado pelo Decreto Regulamentar n.º 24//2004, de 12 de Julho, e cujo Plano de Ordenamento foi aprovado pela Resolução do Conselho de Ministros n.º 76/2005, de 21 de Março; e a Reserva Natural das Lagoas de Santo André e da Sancha, cujo Plano de Ordenamento foi aprovado pela Resolução do Conselho de Ministros n.º 177/2007, de 23 de Agosto, rectificada pela Declaração de Rectificação n.º 90/2007, de 16 de Outubro.

natural[23]. *Monumento natural* é uma ocorrência natural, contendo um ou mais aspectos que, pela sua singularidade, raridade ou representa-

---

[23] Refere o n.º 2 do artigo 7.º do Decreto-Lei n.º 19/93 que a classificação de um *parque natural* tem por efeito possibilitar a adopção de medidas que permitam a manutenção e valorização das características das paisagens naturais e seminaturais e a diversidade ecológica.

São abundantes os exemplos de *parques naturais*. De entre eles, podemos citar: o Parque Natural da Serra da Estrela, criado pelo Decreto-Lei n.º 557/76, de 16 de Julho, cujo Regulamento foi aprovado pela Portaria n.º 409/79, de 8 de Agosto, alterada pela Portaria n.º 27/87, de 15 de Janeiro, e cujos limites foram definidos no Decreto Regulamentar n.º 50/97, de 20 de Novembro, alterado pelo Decreto Regulamentar n.º 83/2007, de 10 de Outubro; o Parque Natural da Arrábida, criado pelo Decreto-Lei n.º 622/76, de 28 de Julho, e reclassificado pelo Decreto Regulamentar n.º 23/98, de 14 de Outubro, tendo os seus limites sido alterados pelo Decreto Regulamentar n.º 11/2003, de 8 de Maio, e cujo Plano de Ordenamento foi aprovado pela Resolução do Conselho de Ministros n.º 141/2005, de 23 de Agosto; o Parque Natural do Vale do Guadiana, criado pelo Decreto Regulamentar n.º 28/95, de 18 de Novembro, e cujo Plano de Ordenamento foi aprovado pela Resolução do Conselho de Ministros n.º 161/2004, de 10 de Novembro; o Parque Natural do Tejo Internacional, criado pelo Decreto Regulamentar n.º 9/2000, de 18 de Agosto, cuja área geográfica foi alterada pelo Decreto Regulamentar n.º 21/2006, de 27 de Dezembro, e cujo plano de ordenamento foi mandado elaborar pela Resolução do Conselho de Ministros n.º 33/2004, de 20 de Maio, alterada pela Resolução do Conselho de Ministros n.º 52/2007, de 4 de Abril; o Parque Natural do Sudoeste Alentejano e Costa Vicentina, cujo Plano de Ordenamento foi aprovado pelo Decreto Regulamentar n.º 33/95, de 11 de Dezembro, alterado pelo Decreto Regulamentar n.º 9/99, de 15 de Junho, tendo a revisão do mesmo sido ordenada pela Resolução do Conselho de Ministros n.º 173/2001, de 28 de Dezembro; o Parque Natural da Ria Formosa, cujo Plano de Ordenamento foi aprovado pelo Decreto Regulamentar n.º 2/91, de 24 de Janeiro, e cuja revisão foi determinada pela Resolução do Conselho de Ministros n.º 37/2001, de 3 de Abril; o Parque Natural de Sintra-Cascais, cujo Plano de Ordenamento foi aprovado pelo Decreto Regulamentar n.º 9/94, de 11 de Março, e revisto pela Resolução do Conselho de Ministros n.º 1-A/2004, de 8 de Janeiro; o Parque Natural da Serra de São Mamede, cujo Plano de Ordenamento foi aprovado pela Resolução do Conselho de Ministros n.º 77/2005, de 21 de Março; o Parque Natural do Douro Internacional, cujo Plano de Ordenamento foi aprovado pela Resolução do Conselho de Ministros n.º 120/2005, de 28 de Julho; o Parque Natural do Litoral Norte, criado pelo Decreto Regulamentar n.º 6/2005,

tividade em termos ecológicos, estéticos, científicos e culturais, exigem a sua conservação e a manutenção da sua integridade[24].

Por sua vez, entende-se por *paisagem protegida* uma área com paisagens naturais, seminaturais e humanizadas, de interesse regional ou local, resultantes da interacção harmoniosa do homem e da Natureza que evidencia grande valor estético ou natural[25]. Por último, *sítio de*

---

de 21 de Julho, e cujo Plano de Ordenamento foi mandado elaborar pela Resolução do Conselho de Ministros n.º 71/2006, de 8 de Junho; e o Parque Natural do Alvão, criado pelo Decreto-Lei n.º 237/83, de 8 de Junho, e cujo Plano de Ordenamento foi mandado elaborar pela Resolução do Conselho de Ministros n.º 85//2004, de 30 de Junho, tendo o mesmo sido aprovado pela Resolução do Conselho de Ministros n.º 62/2008, de 7 de Abril.

[24] Exemplos de *monumentos naturais* são o Monumento Natural das Pegadas de Dinossáurios de Ourém/Torres Novas (Decreto Regulamentar n.º 12/96, de 22 de Outubro), o Monumento Natural de Carenque (Decreto n.º 19/97, de 5 de Maio) e o Monumento Natural do Cabo Mondego (Decreto Regulamentar n.º 82/2007, de 3 de Outubro).

Como exemplo de *monumento natural regional* podemos citar o Monumento Natural Regional da Caldeira da Ilha Graciosa (Decreto Legislativo Regional n.º 24/2004/A, de 14 de Julho).

Deve ainda mencionar-se – apesar de ter natureza diferente da dos anteriores – o Monumento Nacional dos Sítios Arqueológicos no Vale do Rio Côa (Decreto n.º 32/97, de 2 de Julho).

[25] O artigo 9.º, n.º 2, do Decreto-Lei n.º 19/93 determina que a classificação de uma *paisagem protegida* tem por efeito possibilitar a adopção de medidas que, a nível regional ou local, permitam a manutenção e valorização das características das paisagens naturais e seminaturais e a diversidade ecológica.

A importância da *protecção das paisagens*, compreendendo as acções de conservação e de manutenção dos aspectos significativos ou característicos de uma paisagem, justificadas pelo valor patrimonial que emana da sua configuração natural e/ou da intervenção humana, esteve na base da aprovação pelo Conselho da Europa, em 20 de Outubro de 2000, da *Convenção Europeia da Paisagem*, enquanto instrumento novo consagrado exclusivamente à protecção, à gestão e ao ordenamento de todas as paisagens europeias (a qual foi recebida *in foro domestico* pelo Decreto n.º 4/2005, de 14 de Fevereiro).

A manutenção e valorização das paisagens constituem, como vimos, objectivos das classificações de áreas como *parques nacionais*, *parques naturais* e *paisagens protegidas*. A título de exemplos de *paisagens protegidas*, que, de acordo com o Decreto-Lei n.º 19/93, têm interesse regional ou local, e criadas ao abrigo deste

interesse biológico é uma área protegida de estatuto privado, que pode ser classificada a requerimento dos proprietários interessados, com o objectivo de proteger espécies da fauna e da flora selvagem e respectivos *habitats* naturais com interesse ecológico ou científico.

A classificação de *áreas protegidas de interesse nacional* é feita por decreto regulamentar, o qual indica, a par de outros elementos, o tipo e delimitação geográfica da área e seus objectivos específicos e os actos e actividades condicionados ou proibidos (cfr. o artigo 13.º, n.º 1), sendo aquele acto obrigatoriamente precedido de *inquérito público*, com vista à recolha de observações e sugestões dos interessados sobre a classificação da área protegida, e audição das autarquias locais e dos ministérios competentes (cfr. o artigo 13.º, n.ºs 3 a 5). O decreto regulamentar de classificação de uma área protegida pode fixar condicionamentos ao uso, ocupação e transformação do solo, bem como interditar, ou condicionar a autorização dos respectivos órgãos directivos no interior da área protegida, as acções e actividades susceptíveis de prejudicar o desenvolvimento natural da fauna ou da flora ou as características da área protegida (cfr. o artigo 13.º, n.º 6). No decreto regulamentar de classificação é fixado o prazo de elaboração do plano de ordenamento, sob pena de caducidade do acto de

---

diploma legal, podem citar-se a Paisagem Protegida da Albufeira do Azibo (criada pelo Decreto Regulamentar n.º 13/99, de 3 de Agosto) e a Paisagem Protegida das Lagoas de Bertiandos e São Pedro de Arcos (criada pelo Decreto Regulamentar n.º 19/2000, de 11 de Dezembro).

Foram criadas antes da vigência do Decreto-Lei n.º 19/93, entre outras: a Área de Paisagem Protegida de Sintra-Cascais (Decreto-Lei n.º 292/81, de 15 de Outubro); a Área de Paisagem Protegida da Serra do Açor (Decreto-Lei n.º 67/82, de 3 de Março), a Área de Paisagem Protegida da Arriba Fóssil da Costa da Caparica (Decreto-Lei n.º 168/84, de 22 de Maio), cujo Plano de Ordenamento foi mandado elaborar pela Resolução do Conselho de Ministros n.º 145//2006, de 31 de Outubro, alterada pela Resolução do Conselho de Ministros n.º 18/2007, de 7 de Fevereiro; e a Área de Paisagem Protegida do Litoral de Esposende (Decreto-Lei n.º 357/87, de 17 de Novembro). Esta última foi, porém, reclassificada pelo Decreto Regulamentar n.º 6/2005, de 21 de Julho, diploma este que, além disso, alterou os seus limites e transformou-a em Parque Natural do Litoral Norte.

classificação [26], o qual é elaborado pelo ICNB, e que passará a constituir o documento condensador das regras jurídicas aplicáveis à área

---

[26] Com vista a obstar à caducidade da classificação de áreas protegidas, foi editado o Decreto-Lei n.º 204/2002, de 1 de Outubro, cujo artigo único determina o seguinte:
"1. Mantém-se em vigor a classificação das áreas protegidas operada pelos diplomas que procederam à sua criação ou à respectiva reclassificação nos termos do Decreto-Lei n.º 19/93, de 23 de Janeiro.
2. No prazo de dois anos, a partir da data da entrada em vigor do presente diploma, devem ser aprovados os planos de ordenamento das áreas protegidas que ainda não disponham de tais instrumentos especiais de gestão territorial.
3. Os efeitos do presente diploma retroagem ao termo dos prazos fixados nos diplomas mencionados no n.º 1 do presente artigo, para elaboração dos planos de ordenamento e respectivos regulamentos".
Mais tarde, o artigo 1.º, n.º 1, do Decreto-Lei n.º 217-A/2004, de 8 de Outubro, prorrogou o prazo previsto no n.º 2 do artigo único do Decreto-Lei n.º 204/2002, de 1 de Outubro, para a aprovação dos planos de ordenamento do território de áreas protegidas que ainda não dispusessem de tais planos especiais de ordenamento do território, até 31 de Dezembro de 2005. Por sua vez, o n.º 2 do artigo 1.º do Decreto-Lei n.º 217-A/2004 determinou que se mantinha em vigor a classificação das áreas protegidas operada pelos diplomas que procederam à respectiva classificação ou reclassificação, nos termos do Decreto-Lei n.º 19/93, de 23 de Janeiro, estatuindo o artigo 2.º daquele Decreto-Lei n.º 217-A/2004 que este produzia efeitos a partir de 1 de Outubro de 2004 e entrava em vigor no dia seguinte ao da sua publicação.
Finalmente, o n.º 1 do artigo único do Decreto-Lei n.º 67/2006, de 23 de Março, prorrogou por dois anos o prazo previsto no artigo 1.º, n.º 1, do Decreto-Lei n.º 217-A/2004, a contar da data do respectivo termo, mantendo o n.º 2 do mesmo artigo único em vigor a classificação das áreas protegidas operada pelos diplomas que procederam à respectiva classificação ou reclassificação, nos termos do Decreto-Lei n.º 19/93, de 23 de Janeiro. E o n.º 3 daquele artigo único determinou que o Decreto-Lei n.º 67/2006 produz os seus efeitos a partir do termo do prazo previsto no n.º 1 do artigo 1.º do Decreto-Lei n.º 217-A/2004, de 8 de Outubro.
Note-se que sobre o Decreto-Lei n.º 204/2002, de 1 de Outubro, recaiu o Acórdão da 1.ª Secção do Supremo Tribunal Administrativo de 16 de Julho de 2003 (Proc. n.º 1047/03), nos termos do qual a não retroactividade da lei não está consagrada como princípio constitucional, entendendo-se que esta só é violadora dos princípios constitucionais, designadamente do da confiança, quando for arbitrária ou opressiva, violando de forma intolerável a confiança dos cidadãos na cer-

protegida, revogando, consequentemente, as disposições relativas a actos e actividades proibidos ou condicionados previstos no decreto regulamentar de classificação (cfr. o artigo 14.º, n.º 2, e 15.º, n.º 1).

A classificação de *áreas de paisagem protegida* é operada também por decreto regulamentar, sob proposta das autarquias locais e associações de municípios, a qual deve ser dirigida ao ICNB, acompanhada dos elementos referidos no n.º 2 do artigo 26.º (cfr. os artigos 26.º e 27.º). A área de paisagem protegida dispõe também obrigatoriamente de um plano de ordenamento (cfr. o artigo 28.º, n.ºs 1 e 3).

Finalmente, a classificação do *sítio de interesse biológico* é realizada a requerimento dos proprietários interessados, também por decreto regulamentar, que fixa a delimitação geográfica da área e as obrigações daqueles (cfr. os artigos 10.º, 30.º e 31.º).

---

teza e segurança da ordem jurídica. Ora, isso não sucede com o Decreto-Lei n.º 204/2002, de 1 de Outubro, que, visando a protecção de valores fundamentais relativos ao ambiente, derrogou, com efeitos retroactivos, a norma do n.º 2 do artigo 13.º do Decreto-Lei n.º 19/93, de 23 de Janeiro, que impunha a caducidade das áreas protegidas. Cfr., sobre este ponto, a nossa obra *Evolução do Direito do Urbanismo em Portugal em 2001, 2002 e 2003*, cit., p. 21.

E o acórdão do Tribunal Constitucional n.º 360/2004 (publicado no *DR*, II Série, de 29 de Junho de 2004) não julgou inconstitucional a norma do artigo único, n.º 3, do Decreto-Lei n.º 204/2002, que retroage os efeitos deste diploma ao termo dos prazos – fixados nos diplomas que procederam à criação ou reclassificação de áreas protegidas, nos termos do Decreto-Lei n.º 19/93 – para elaboração dos planos de ordenamento e respectivos regulamentos. Recordando a doutrina que emana dos já citados Acórdãos do Tribunal Constitucional n.ºs 329/99 e 517/99, que conduziria a não considerar verificada, no caso, qualquer restrição retroactiva de direitos fundamentais reportada ao direito de propriedade, entendeu o nosso órgão supremo da justiça constitucional, naquele aresto, que não ocorria tal restrição, agora reportada ao direito de participação dos cidadãos na elaboração de instrumentos de planeamento físico do território e na criação de reservas e parques naturais [artigos 65.º, n.º 5, e 66.º, n.º 2, alínea *c*), da Constituição], pois, para além de não estar em causa uma dimensão desse direito que seja de qualificar como "análoga aos direitos, liberdades e garantias", a norma questionada não procedeu, ela mesma, a qualquer classificação de áreas protegidas, limitando-se a fazer retroagir o alargamento do prazo de aprovação dos planos de ordenamento dessas áreas, com manutenção em vigor das anteriores classificações, radicando a dispensa de inquérito público prévio, não nessa norma, mas no artigo 32.º, n.º 2, do Decreto-Lei n.º 19/93.

Os planos de ordenamento de áreas protegidas são, actualmente, uma das modalidades dos *planos especiais de ordenamento do território*, cuja disciplina consta dos artigos 8.º, alínea *d*), 9.º, n.º 4, 10.º, n.º 4, 11.º, n.º 2, e 33.º da LBPOTU e dos artigos 42.º a 50.º do RJIGT. A decisão da sua elaboração cabia ao Governo, por meio de resolução do Conselho de Ministros, nos termos do artigo 46.º do RJIGT, na versão antecedente ao Decreto-Lei n.º 316/2007, de 19 de Setembro. Depois das alterações introduzidas àquele preceito pelo Decreto-Lei n.º 316/2007, a sua elaboração é determinada por despacho do ministro competente em razão de matéria (actualmente, o Ministro do Ambiente, do Ordenamento do Território e do Desenvolvimento Regional). A aprovação dos mesmos é feita por resolução do Conselho de Ministros (cfr. o artigo 49.º do RJIGT).

O regime especial de ocupação, uso e transformação do solo constante do decreto regulamentar de classificação de uma *área protegida* deve ser respeitado pelos planos territoriais, designadamente pelos planos municipais de ordenamento do território. O mesmo vale para o regime específico da *área protegida* constante do respectivo *plano especial de ordenamento do território*. Mas sobre as *relações* entre os *planos especiais de ordenamento do território* e os restantes planos territoriais, nomeadamente os planos municipais de ordenamento do território, haveremos de voltar mais à frente. As *áreas protegidas* integram também a categoria de "interesses públicos com expressão territorial", que devem ser *identificados* e *harmonizados* com outros interesses públicos com repercussão espacial por todos os instrumentos de gestão territorial [cfr. os artigos 8.º, 9.º, 10.º, alínea *b*), e 12.º, n.º 2, alínea *c*), do RJIGT].

No que respeita à *estrutura orgânica das áreas protegidas*, o artigo 16.º do Decreto-Lei n.º 19/93 refere que o *parque nacional*, a *reserva natural* e o *parque natural* dispõem de uma *comissão directiva* e de um *conselho consultivo*, cuja composição e competência são definidas nos artigos 17.º a 20.º do mesmo diploma legal[27]. As *áreas protegidas* classifi-

---

[27] Saliente-se que o artigo 1.º do Decreto-Lei n.º 221/2002, de 22 de Outubro, alterou os artigos 17.º e 20.º do Decreto-Lei n.º 19/93, com o objec-

cadas como *monumento natural* são, porém, directamente administradas pelo ICNB (cfr. o artigo 16.º, n.º 2, do Decreto-Lei n.º 19/93). Por sua vez, a fixação do órgão ou órgãos de gestão das *áreas de paisagem protegida* é feita no decreto regulamentar de classificação destas áreas protegidas [cfr. o artigo 27.º, n.º 2, alínea c), do Decreto-Lei n.º 19/93]. Finalmente, no que respeita à gestão dos *sítios de interesse biológico*, dispõem estas áreas protegidas de um responsável técnico nomeado pelos respectivos proprietários, mediante parecer favorável do ICNB (cfr. o artigo 31.º, n.º 2, do citado diploma legal). Mas, no que respeita à gestão desta modalidade de área protegida, não detém o proprietário quaisquer direitos ou prerrogativas especiais de autoridade (cfr. o artigo 31.º, n.º 3, do mesmo diploma legal).

---

tivo de aumentar o peso das câmaras municipais na *comissão directiva* e no *conselho concultivo* dos parques nacionais, das reservas naturais e dos parques naturais. Assim, nos termos daquele artigo 1.º do Decreto-Lei n.º 221/2002, a comissão directiva é constituída por um presidente e por dois vogais, sendo nomeada pelo então Ministro das Cidades, Ordenamento do Território e Ambiente, para um mandato de três anos, mediante parecer prévio vinculativo das câmaras municipais com jurisdição na área. O presidente é indicado por aquele Ministro, um dos vogais pelo ICN e o outro pelas câmaras municipais com jurisdição na área. Por sua vez, o conselho consultivo é constituído por um máximo de 15 elementos, representantes de várias entidades (cfr. o artigo 19.º do Decreto-Lei n.º 19/93), mas o seu presidente é obrigatoriamente escolhido de entre os representantes designados pelas câmaras municipais [cfr. o artigo 20.º, n.º 2, alínea a), do Decreto-Lei n.º 19/93, na redacção do Decreto-Lei n.º 221/2002, de 22 de Outubro).

Todavia, o Decreto-Lei n.º 117/2005, de 18 de Julho, introduziu alterações aos artigos 17.º e 20.º do Decreto-Lei 19/93, que foram no sentido de diminuir o grau de intervenção das câmaras municipais na designação da *comissão directiva*. Em consequência de tais alterações, o presidente deste organismo é recrutado, seleccionado e provido de acordo com o regime definido na Lei n.º 2/2004, de 15 de Janeiro, alterada pela Lei n.º 51/2005, de 30 de Agosto, que disciplina o estatuto do pessoal dirigente dos serviços e organismos da administração central, regional e local, sendo os vogais nomeados pelos Ministro do Ambiente, do Ordenamento do Território e o do Desenvolvimento Regional, cabendo a indicação de um ao ICN (hoje, ICNB) e de outro às câmaras municipais com jurisdição na área. Por sua vez, o *conselho consultivo* deixou de ter competência para dar parecer sobre a actividade da *comissão directiva*.

Os artigos 21.º a 25.º do Decreto-Lei n.º 19/93 contêm disposições sobre as entidades com *competência de fiscalização* do cumprimento do regime especial de ocupação, uso e transformação das *áreas protegidas*, sobre a tipificação como *ilícitos de mera ordenação social* e sobre a punição como *contra-ordenações* dos actos e actividades interditos ou condicionados realizados nas *áreas protegidas* e sobre a *ordem de reposição* da situação anterior à infracção que a comissão directiva de uma *área protegida* pode dirigir ao infractor das normas respeitantes à ocupação, uso e transformação do solo classificado como *área protegida*.

Apontado, em traços muito gerais, o regime jurídico das *áreas protegidas*, importa acentuar que as proibições, restrições e condicionamentos ao uso, ocupação e transformação do solo constantes do decreto regulamentar de classificação de um espaço como *área protegida* – e que são posteriormente integrados, como já referimos, no plano de ordenamento da *área protegida* – não conferem, por via de regra, ao respectivo proprietário um direito de indemnização. Discurso similar pode ser feito em relação às restrições ou limitações às faculdades de uso ou de utilização dos solos resultantes da integração de uma área na RAN ou na REN – solos esses que não poderão deixar de ser considerados, em consequência do seu regime jurídico particular, como "bens privados de interesse público"[28].

É que as proibições (designadamente a proibição de construção), restrições ou condicionamentos à utilização dos bens considerados necessários à *conservação* das suas características físicas (e também do seu destino económico) são, em geral, como salienta a doutrina e a jurisprudência germânicas, uma mera consequência da *vinculação situacional* (*Situationsgebundenheit*) da propriedade que incide sobre os solos incluídos nas *áreas protegidas*, isto é, um simples produto da especial situação factual destes, da sua inserção na natureza e na paisagem e das suas características intrínsecas[29]. Como vem realçando a dou-

---

[28] Cfr. ANA RAQUEL MONIZ, *O Domínio Público: O Critério e o Regime Jurídico da Dominialidade*, Coimbra, Almedina, 2005, p. 339-343.

[29] Cfr. a nossa obra *O Plano Urbanístico*, cit., p. 320-324.

trina e a jurisprudência italianas em relação à imposição de vínculos paisagísticos sobre imóveis privados, o acto de classificação de uma zona como *área protegida* não constitui uma expropriação que reclame uma indemnização, uma vez que o acto classificatório limita-se a tornar actual uma vocação que existe *naturaliter* nos bens, em razão das suas qualidades intrínsecas[30].

A tese exposta não excluirá, todavia, que, em situações decerto excepcionais, o acto de classificação de uma zona como *área protegida* implique a atribuição a algum ou alguns proprietários de uma indemnização. Isso sucederá, seguramente, quando do acto de classificação resultar uma proibição ou uma grave restrição à utilização que o proprietário vinha habitualmente efectivando no seu terreno, como, por exemplo, o exercício de uma actividade agrícola, para a qual a área em causa tinha especiais aptidões. Numa situação dessas – cuja identificação não se compadece com formulações genéricas, antes pressupõe uma punctualização tópica e típica –, o acto de classificação produz na esfera jurídica do proprietário danos *singulares* e *graves*, devendo, por isso, ser-lhe reconhecido natureza

---

[30] Cfr., na doutrina, por todos, M. IMORDINO, *Vincolo Paesaggistico e Regime dei Beni*, Padova, Cedam, 1991, p. 113-118 e 259-285, e A. ABRAMI, *Il Regime Giuridico delle Aree Protette*, Torino, Giappichelli, 2000, p. 15-17, e, na jurisprudência, a Sentença da *Corte Costituzionale* n.° 56, de 29 de Maio de 1968, citada por G. ROLLA, *Il Privato e l'Espropriazione* (I – *Principi di Diritto Sostanziale e Criteri di Indennizo*), 2.ª ed., Milano, Giuffrè, 1986, p. 14 e 15, G. MASUCCI/P. R. DI TORREPADULA, *Diritto Urbanistico*, 3.ª ed., Roma, Jandi Sapi, 1980, p. 69 e 70, nota 82, e G. MENGOLI, *Manuale di Diritto Urbanistico*, 3.ª ed., Milano, Giuffrè, 1992, p. 351 e 352, nota 29.

Cfr., ainda, a Sentença da *Corte Costituzionale* n.° 79, de 1971 (mencionada por A. ABRAMI, *ob. cit.*, p. 16), a qual destacou, a propósito da apreciação da constitucionalidade de uma lei que criou uma área protegida, que a conformação geológica, a inserção num determinado complexo paisagístico, a absoluta prioridade da fauna e da flora, a origem histórica e o valor naturalístico dos bens limitam as faculdades de uso do proprietário, no sentido de que tais faculdades não podem ser exercidas em contraste com as características naturais e em termos de as prejudicar. Por isso, as limitações trazidas pela lei – acrescentou ainda aquele Tribunal – não fazem mais do que aclarar uma condição típica dos bens.

expropriativa e, consequentemente, ser acompanhado de indemnização [31-32].

---

[31] Cfr., sobre este ponto, J. J. GOMES CANOTILHO, *Protecção do Ambiente e Direito de Propriedade* (*Crítica de Jurisprudência Ambiental*), Separata da RLJ, Coimbra, Coimbra Editora, 1995, p. 81-109. Segundo este autor, "a pressão gerada pelo «movimento ecológico» tem levado a considerar as medidas de garantia e preservação da natureza («definição legislativa da reserva ecológica», «delimitação de zonas protegidas», «proibição de uso agrícola dos solos», «proibição de pesticidas») como medidas concretizadoras da vinculação social da propriedade, tendo em conta a situação e condicionalismo dos bens imobiliários («dependência da situação», segundo a conhecida fórmula germânica da *Situationsgebundenheit*) [...]. A doutrina mais recente, embora sem contestar a bondade da «presunção ecológica» conducente ao enquadramento de muitas delimitações da propriedade na categoria de «vinculação ecológico-social da propriedade», contesta a consequência simplista e automática sistematicamente deduzida desta presunção da desnecessidade de uma «ponderação indemnizatória». WALTER LEISNER perguntava mesmo, num significativo e importante artigo, se a garantia e protecção da propriedade, constitucionalmente reconhecida, se transmutava, no direito do ambiente, numa simples excepção. Para evitar as consequências perturbadoras que a «causa ecológica» pode vir a ter na ordenação constitucional dos bens, algumas legislações recentes têm preceitos explícitos quanto ao dever de indemnização em caso de ingerências ou intervenções dos poderes públicos impositivos de mudanças ou alterações na conformação e uso dos solos que signifiquem restrições significativas quanto à exploração e economia dos mesmos" (cfr. *ob. cit.*, p. 98 e 99).

[32] No que respeita ao direito alemão, J. LUTHER dá-nos conta de que as proibições, restrições e condicionamentos às possibilidades de utilização do solo integrado em parques naturais e em parques nacionais concretizam, segundo a jurisprudência constante, vínculos sociais da propriedade, especialmente *vínculos situacionais* da propriedade, que derivam da posição natural do terreno no seu ambiente, não sendo, por isso, indemnizáveis. No entanto, todos os tipos de utilização do território iniciados em data anterior à instituição do parque beneficiam da garantia institucional da propriedade (*Bestandsschutz*), devendo, por isso, ser objecto de indemnização. Por outro lado, as restrições à iniciativa económica e ao exercício da profissão resultantes da criação do parque nacional ou do parque natural são consideradas limitações admissíveis sem indemnização, a não ser que comportem o completo abandono da profissão ou a cessação de uma iniciativa empresarial no momento da instituição da área protegida. Cfr. *La Normativa Sui Parchi Naturali nel Diritto Tedesco*, in RGA, Ano VII, N.º 3 (1992), p. 584.

Como já referimos, a indemnização por danos ou encargos *especiais* e *anormais* (*indemnização pelo sacrifício*) está, actualmente, expressamente prevista nos artigos 2.º e 16.º do Regime da Responsabilidade Civil Extracontratual do Estado e Demais Entidades Públicas, aprovado pela Lei n.º 60/2007, de 31 de Dezembro. No entanto, cremos que a indemnização nos casos referidos de danos *singulares* e *graves* ou *especiais* e *anormais* resultantes do acto de classificação de uma zona como *área protegida* deve seguir o regime da indemnização por expropriação, por estarmos perante situações análogas às *servidões administrativas* que devem ser acompanhadas de indemnização, nos termos do artigo 8.º, n.ºs 2 e 3, do Código das Expropriações.

Repare-se que estamos aqui a falar das hipóteses em que as áreas classificadas como *áreas protegidas* continuam nas mãos dos proprietários privados, isto é, das situações em que, por efeito do acto de classificação, se assiste a uma *expropriação de sacrifício* ou a uma *expropriação em sentido substancial*. Diferentes são os casos em que, na sequência da classificação de uma área como *área protegida*, tem lugar uma expropriação (em sentido clássico) e consequente transferência do direito de propriedade que sobre ela incide para a Administração Pública, nos quais estão afastadas quaisquer dúvidas sobre a garantia do direito de indemnização. É o que sucede, como foi referido, com a demarcação nas *áreas protegidas* de zonas de protecção integral, denominadas *"reservas integrais"* – definidas como "espaços que têm por objectivo a manutenção dos processos naturais em estado imperturbável e a preservação de exemplos ecologicamente representativos num estado dinâmico e evolutivo e em que a presença humana só é admitida por razões de investigação científica ou monitorização ambiental" (cfr. o artigo 11.º, n.º 2, do Decreto-Lei n.º 19/93) –, da qual resulta a sujeição das áreas em causa a expropriação, nos termos da lei (cfr. o artigo 11.º, n.º 3, do referido diploma legal).

12. Regime jurídico da Rede Natura 2000

A *Rede Natura 2000*, inserida numa rede ecológica de âmbito europeu, visa proteger os *habitats* naturais e a fauna e a flora selvagens, constituindo, assim, um instrumento fundamental da política europeia de defesa da biodiversidade. Compreende os *sítios* estabelecidos com base na directiva *Habitats* (Directiva n.º 92/43/CEE, do Conselho, de 21 de Maio), as áreas classificadas como *Zonas Especiais de Conservação* (ZEC), na sequência do reconhecimento da importância comunitária dos sítios, e as áreas classificadas como *Zonas de Protecção Especial* (ZPE), criadas ao abrigo da Directiva *Aves* (Directiva n.º 79//409/CEE, do Conselho, de 24 de Abril).

Os objectivos da *Rede Natura 2000* correspondem, *grosso modo*, aos do desenvolvimento sustentável, uma vez que tem como finalidade uma conservação a longo prazo dos recursos naturais, dando relevo à biodiversidade, mas sem sacrificar as exigências de desenvolvimento económico das gerações presentes. A *Rede Natura 2000* surge como um instrumento de gestão integrada dos "espaços naturais" e alicerça-se numa "*territorialização*" da política de conservação da natureza[33].

O regime jurídico da *Rede Natura 2000* está plasmado no Decreto-Lei n.º 140/99, de 24 de Abril, alterado pelo Decreto-Lei n.º 49/2005, de 24 de Fevereiro, que transpôs para a ordem jurídica interna as referidas Directivas, nas redacções que lhes foram dadas por outras Directivas posteriores.

Não vamos analisar, com profundidade, o travejamento jurídico da *Rede Natura 2000*, que se apresenta deveras multifacetado e complexo, mas tão-só avançar algumas ideias genéricas sobre a mesma.

A *Rede Natura 2000* e a *Rede Nacional das Áreas Protegidas* prosseguem objectivos substancialmente coincidentes, fenómeno que se reflecte na ampla sobreposição geográfica das respectivas áreas. O conjunto das áreas classificadas ao abrigo da *Rede Natura 2000* e da *Rede Nacional das Áreas Protegidas* representava, em 2005, 21,3% da superfície de Portugal continental, sendo esta percentagem ainda mais elevada na Região Autónoma dos Açores e mais ampla ainda na Região

---

[33] Cfr. M. PRIEUR, *La tutela Comunitaria degli Habitati Naturali*, in La Conservazione della Natura in Europa, a cura di Domenico Amirante, Milano, Franco--Angeli, 2003, p. 16, 22 e 23-25.

Autónoma da Madeira – facto este que demonstra a enorme importância daqueles dois tipos de áreas classificadas [34-35].

A *Rede Natura 2000* compreende as áreas classificadas como *Zonas Especiais de Conservação* (ZEC) e as áreas classificadas como *Zonas de Protecção Especial* (ZPE). A classificação das primeiras depende de prévia aprovação da lista de sítios de importância comunitária pelos órgãos competentes da União Europeia, com base na lista nacional de sítios e segundo o procedimento previsto na Directiva n.º 92/43//CEE, do Conselho, de 21 de Maio. A lista nacional de sítios inclui aqueles que foram já aprovados por Resolução do Conselho de Ministros (Resoluções n.ºs 142/97, de 28 de Agosto, e 76/2000, de 5 de Julho) ou, no caso das Regiões Autónomas, por resolução do respectivo Conselho do Governo Regional, mas a inclusão de novos sítios na lista nacional de sítios, a alteração de limites ou a exclusão de qualquer sítio da lista nacional de sítios são aprovadas por resolução do Conselho de Ministros, mediante proposta do Instituto de Conservação da Natureza e da Biodiversidade ou dos Serviços competentes das Regiões Autónomas (cfr. o artigo 5.º, n.ºs 1 a 4, do Decreto-Lei n.º 140/99, na redacção do Decreto-Lei n.º 49/2005). Por sua vez, os sítios da lista nacional de sítios reconhecidos como sítios de importância comunitária pelos órgãos competentes da União Europeia são publicitados através de portaria do Ministro do Ambiente, do Ordenamento do Território e do Desenvolvimento Regional, devendo os mesmos ser classificados, no prazo de seis anos a contar da data do seu reconhecimento como *Zona Especial de Conservação*, mediante decreto regulamentar (cfr. o artigo 5.º, n.ºs 5 e 6, do Decreto-Lei n.º 140/99, na versão do Decreto-Lei n.º 49/2005) [36].

---

[34] Cfr. o *Relatório* do PNPOT, aprovado pela Lei n.º 58/2007, de 4 de Setembro.

[35] A expressão *Rede Fundamental de Conservação da Natureza* vem sendo utilizada para traduzir uma figura integradora de um conjunto de regimes jurídicos e instrumentos de conservação da natureza e da biodiversidade, que inclui: a *Rede Nacional de Áreas Protegidas*, a *Rede Natura 2000*, a *REN*, a *RAN*, o *Domínio Público Hídrico* e *outras áreas classificadas* ao abrigo de compromissos internacionais.

[36] O artigo 7.º-A do Decreto-Lei n.º 140/99, na redacção do Decreto-Lei n.º 49/2005, determina, porém, que aos sítios da lista nacional de sítios que já

No que respeita às *Zonas de Protecção Especial*, a sua classificação reveste a forma de decreto regulamentar e abrange as áreas que contêm os territórios mais apropriados, em número e em extensão, para a protecção das espécies de aves constantes do Anexo A-1 ao Decreto-Lei n.º 140/99, bem como das espécies de aves migratórias não incluídas naquele Anexo e cuja ocorrência no território nacional seja regular (cfr. o artigo 6.º, n.º 1, do Decreto-Lei n.º 140/99, na redacção do Decreto-Lei n.º 49/2005).

Todas as áreas classificadas como *Zonas Especiais de Conservação* e como *Zonas de Protecção Especial* estão sujeitas a um conjunto de proibições, restrições, limitações e condicionamentos ao seu uso e ocupação, com vista à conservação dos *habitats* naturais e dos *habitats* de espécies nelas existentes. Neste contexto, o diploma legal que vimos referindo prevê, entre outras, as seguintes medidas: a sujeição das ZPE às medidas de conservação necessárias, nos termos dos diplomas que procedem à sua classificação, bem como às medidas adequadas para evitar a poluição ou a deterioração dos *habitats* e as perturbações que afectam as aves, desde que tenham um efeito significativo a propósito dos objectivos da classificação (cfr. o artigo 7.º-B, n.º 1); a obrigação de os instrumentos de gestão territorial aplicáveis nas ZEC e nas ZPE garantirem a conservação dos *habitats* e das populações das espécies em função dos quais as referidas zonas foram classificadas (cfr. o artigo 8.º, n.º 1); o dever de as entidades da Administração Pública com intervenção nas ZEC e nas ZPE, no exercício das suas competências, evitarem a deterioração dos *habitats* naturais e dos *habitats* de espécies, bem como as perturbações que atinjam espécies para as quais as zonas foram designadas, na medida em que possam vir a ter um efeito significativo, atendendo aos objectivos do Decreto-Lei n.º 140/99 (cfr. o artigo 9.º, n.º 1); a subordinação a *parecer favorável* do Instituto da Conservação da Natureza e da Biodiversidade ou da comissão de coordenação e desenvolvimento regional competente

---

tenham sido aprovados ou venham a ser aprovados, e enquanto não se proceder à sua classificação como ZEC, é aplicável o regime previsto naquele diploma para as ZEC.

(enquanto os planos especiais de ordenamento do território e os planos municipais de ordenamento do território aplicáveis não contiverem disposições que garantam a conservação dos *habitats* naturais e dos *habitats* de espécies) de um vasto elenco de acções de ocupação, uso e transformação do solo, entre as quais a realização de obras de construção civil fora dos perímetros urbanos, com excepção das obras de reconstrução, demolição, conservação de edifícios e ampliação, desde que esta não envolva aumento de área de implantação superior a 50% da área inicial e a área total de implantação seja inferior a 100 m², e a alteração do uso actual do solo que abranja áreas contínuas superiores a 5 ha (cfr. o artigo 9.º, n.º 2); a sujeição das acções, planos ou projectos não directamente relacionados com a gestão de um sítio da lista nacional de sítios, de um sítio de interesse comunitário, de uma ZEC ou de uma ZPE e não necessários para essa gestão, mas susceptíveis de afectar essa zona de *forma significativa*, individualmente ou em conjugação com outras acções, planos ou projectos, a *avaliação de incidências ambientais*[37], no que se refere aos objectivos de conservação da referida zona (cfr. o artigo 10.º, n.º 1), devendo essa análise de *incidências ambientais* constar da fundamentação da decisão sobre as acções, planos ou projectos, sendo precedida, sempre que necessário, de consulta pública (cfr. o artigo 10.º, n.º 7), e só podendo essas acções, planos ou projectos ser autorizados quando tiver sido assegurado que não afectam a *integridade do sítio*[38] da lista nacional de

---

[37] A avaliação de *incidências ambientais* segue o *procedimento de avaliação de impacte ambiental*, quando tal resultar da legislação que disciplina este procedimento (cfr. o artigo 10.º, n.º 2), devendo ser adoptado um procedimento próprio nos outros casos (cfr. o artigo 10.º, n.ºˢ 3, 4, 5 e 6).

[38] O conceito de *integridade do sítio* é um conceito indeterminado, que não é definido nem pelo direito comunitário, nem pelo direito nacional.
Uma publicação oficial das Comunidades Europeias procurou aclarar um pouco aquele conceito, podendo ler-se na mesma que, "quanto à conotação ou ao significado do termo «integridade», esta pode ser considerada como a qualidade ou a condição de ser inteiro ou completo. Num contexto ecológico dinâmico, também pode considerar-se que significa robustez e capacidade de evoluir de modos favoráveis à conservação". Neste quadro, é possível "afirmar-se que um sítio possui um elevado grau de integridade quando as potencialidades intrínsecas para satis-

sítios, do sítio de interesse comunitário, da ZEC ou da ZPE em causa (cfr. o artigo 10.º, n.º 9); o condicionamento da realização da acção, plano ou projecto objecto de *conclusões negativas* na *avaliação de impacte ambiental* ou na *análise das suas incidências ambientais*[39] ao reconheci-

---

fazer os objectivos de conservação do sítio estiverem realizadas, a capacidade de auto-reparação e auto-renovação em condições dinâmicas se mantiver e o apoio de gestão externa necessário for mínimo". Cfr. *Gestão dos Sítios Natura 2000: As Disposições do Artigo 6.º da Directiva "Habitats" 92/43/CEE*, Luxemburgo, Serviço das Publicações Oficiais das Comunidades Europeias 2000, p. 40.

[39] A locução *conclusões negativas* na avaliação de impacte ambiental ou na análise das incidências ambientais das acções, planos ou projectos, condensada no n.º 10 do artigo 10.º do Decreto-Lei n.º 140/99, refere-se à integridade do sítio da lista nacional de sítios, do sítio de interesse comunitário, da ZEC ou da ZPE em causa.

Estando-se perante um regime específico, não está em causa um qualquer impacte ambiental, tendo em vista, inclusivamente, a definição ampla que deste é dada no regime jurídico da avaliação de impacte ambiental – referindo-se, nos termos da alínea *j*) do artigo 2.º do Decreto-Lei n.º 69/2000, de 3 de Maio, ao conjunto de alterações favoráveis e desfavoráveis produzidas em parâmetros *ambientais* e *sociais* –, mas aos impactes desfavoráveis produzidos nos *habitats* e *espécies* objecto de protecção da *Rede Natura 2000*. Além disso, também não se pode considerar que estejam em causa quaisquer conclusões ou efeitos negativos sobre um sítio da lista nacional de sítios, de um sítio de interesse comunitário, de uma ZEC ou de uma ZEP, na medida em que esta interpretação entraria em contradição com a intenção e a formulação da Directiva *Habitats* (Directiva n.º 92/43/CEE, do Conselho, de 21 de Maio, na redacção que lhe foi dada pela Directiva n.º 97/62/CEE, do Conselho, de 27 de Outubro), que, no seu artigo 6.º, n.º 4, admite a autorização de projectos que coloquem em causa a *integridade* de um sítio, caso não haja soluções alternativas e a sua execução seja justificada por motivos bem definidos, desde que sejam atenuados os seus impactes e adoptadas medidas compensatórias.

A expressão *conclusões negativas*, inserta no artigo 10.º, n.º 10, do Decreto-Lei n.º 140/99, liga-se, assim, indissociavelmente, ao disposto no n.º 9 do mesmo artigo, já que se trata de excepções admissíveis à aplicação estrita do mesmo, pelo que a aplicação da norma derrogatória excepcional do n.º 10 do artigo 10.º depende da consideração prévia de que as acções, planos ou projectos em causa afectem a integridade do sítio da lista nacional dos sítios, do sítio de interesse comunitário, da ZEC ou da ZPE (cfr. *Gestão dos Sítios Natura 2000*, cit., p. 42).

mento, por despacho conjunto do Ministro do Ambiente, do Ordenamento do Território e do Desenvolvimento Regional e do ministro competente em razão da matéria, da ausência de soluções alternativas e da sua necessidade por razões imperativas de reconhecido interesse público, incluindo de natureza social ou económica (cfr. o artigo 10, n.º 10); a *fiscalização* do cumprimento do disposto no Decreto-Lei n.º 140/99 – fiscalização que compete ao Instituto de Conservação da Natureza e da Biodiversidade, às autarquias locais, às comissões de coordenação e desenvolvimento regional, ao Instituto da Água, à Direcção-Geral dos Recursos Florestais, às direcções regionais de agricultura e às autoridades policiais (cfr. o artigo 21.º, n.º 1); a tipificação como *ilícito de mera ordenação social* e a punição como *contra-ordenação* da realização de um conjunto de acções em infracção ao prescrito do Decreto-Lei n.º 140/99 (cfr. os artigos 22.º a 24.º); e o *embargo* e *demolição* de obras realizadas em violação do disposto no Decreto-Lei n.º 140/99 (cfr. o artigo 25.º-A) e a *reposição* dos terrenos na situação anterior à infracção (cfr. o artigo 25.º).

Para concluir as linhas gerais do regime jurídico da *Rede Natura 2000*, importa sublinhar que a execução da *Rede Natura 2000* é objecto de um *plano sectorial,* elaborado nos termos do RJIGT, e da Resolução do Conselho de Ministros n.º 66/2001, de 6 de Junho – a qual determinou a elaboração do *plano sectorial* relativo à implementação da *Rede Natura 2000* e constituiu a respectiva comissão mista de coordenação –, tendo em conta o desenvolvimento económico e social das áreas abrangidas e estabelecendo orientações para a gestão territorial nos sítios da lista nacional de sítios, nos sítios de importância comunitária, nas ZEC e nas ZPE e para as medidas respeitantes à conservação das espécies da fauna, flora e *habitats* (cfr. o artigo 8.º, n.º 4). O mencionado *plano sectorial* deverá ser revisto sempre que se verifique alteração dos limites das áreas da sua incidência, tendo em vista a execução de medidas de gestão para as novas áreas (cfr. o artigo 8.º, n.º 5). Aquele deverá prever as formas de adaptação dos planos especiais e dos planos municipais de ordenamento do território existentes, nos termos do n.º 1 do artigo 25.º do RJIGT, devendo essa adaptação ocorrer no prazo de seis anos após a aprovação do *plano sectorial* (cfr. o artigo 8.°, n.ᵒˢ 6 e 7)[40].

13. Regime de ocupação, uso e transformação do solo na faixa costeira

A costa portuguesa é uma área dinâmica e complexa, que apresenta elevada sensibilidade ambiental, grande concentração de habitats, recursos naturais de elevada produtividade e uma importante diversidade biológica. Ela é também um espaço onde, ao longo dos séculos, se têm vindo a concentrar aglomerados urbanos e actividades económicas, constituindo ainda um local preferido de recreio e um meio de ligação vital para os transportes marítimos e para as trocas comerciais.

A mesma tem sido objecto de uma intensa e desordenada ocupação, a qual criou pressões e alterações significativas sobre o meio, originando situações de desequilíbrio e de erosão costeira, com graves consequências ambientais e paisagísticas. As causas da erosão no litoral português são fundamentalmente três: a diminuição do afluxo de sedimentos, como consequência, entre outros factores, da construção de barragens; a ocupação desregrada da faixa litoral (constatando-se que os troços do litoral submetidos a erosão marinha mais intensa coincidem, muitas vezes, com locais onde se verifica uma significativa pressão urbana); e a subida eustática do nível do mar, em consequência da expansão térmica oceânica[41].

A importância estratégica da faixa costeira e a consciência da necessidade de proceder à sua protecção e gestão integrada estiveram na base de várias medidas legislativas e políticas, muitas delas inspiradas em políticas da União Europeia. Assim, o Decreto-Lei n.° 302//90, de 26 de Setembro – elaborado em execução dos objectivos tra-

---

[40] Saliente-se que a Região Autónoma dos Açores já está dotada de um *Plano Sectorial da Rede Natura 2000* daquela Região, o qual foi aprovado pelo Decreto Legislativo Regional n.° 20/2006/A, de 6 de Junho.

[41] Cfr. o *Relatório* do PNPOT, aprovado pela Lei n.° 58/2007, de 4 de Setembro.

çados na Carta Europeia do Litoral, aprovada na reunião plenária da Conferência das Regiões Periféricas Marítimas da CEE, realizada em Creta, em 1981 –, condensa os princípios a que deve obedecer a ocupação, uso e transformação da faixa costeira – a qual é definida, no n.º 2 do artigo 1.º daquele diploma legal, como "a banda ao longo da costa marítima, cuja largura é limitada pela linha de máxima praia-mar das águas vivas equinociais e pela linha situada a 2 km daquela para o interior". O mencionado diploma legal estabelece, em anexo, um naipe de princípios respeitantes à organização e gestão dos solos da faixa costeira, com a finalidade de evitar a sua degradação, os quais devem, em geral, ser recebidos nos planos municipais de ordenamento do território que abranjam áreas da referida faixa (cfr. o artigo 3.º), e, bem assim, observados em todos os projectos de loteamento ou de obras que se localizem total ou parcialmente na mesma, na ausência de instrumentos de planificação territorial ou de regras estabelecidas, por decreto regulamentar, para a ocupação, uso e transformação de áreas da faixa costeira que concretizem aqueles princípios (cfr. os artigos 2.º, 4.º e 11.º).

Os princípios definidos no Decreto-Lei n.º 302/90 constituem verdadeiros *"standards urbanísticos" especiais ou de eficácia diferida*, na medida em que traduzem determinações materiais de ordenamento fixadas pela lei, com a finalidade específica de estabelecer critérios de fundo a observar obrigatoriamente pelos planos – funcionando, por isso, como limites à discricionariedade de planeamento – e cuja operatividade se actualiza no momento em que são recebidos por aqueles, mas também autênticos *"standards urbanísticos" ope legis, gerais ou de eficácia imediata*, já que encerram prescrições oponíveis directamente aos particulares que apresentem na câmara municipal um pedido de licenciamento de uma operação de loteamento ou de uma obra de construção civil, localizada numa área incluída na faixa costeira, no caso de inexistir um plano municipal de ordenamento do território que tenha adoptado os princípios condensados no referido diploma legal[42].

---

[42] A distinção entre os dois tipos de *"standards urbanísticos"* referidos no texto pertence à doutrina italiana (cfr., por todos, F. SALVIA/F. TERESI, *ob. cit.*, p. 51-55, N. ASSINI/P. MANTINI, *Manuale di Diritto Urbanistico*, cit., p. 135-144,

O Decreto-Lei n.º 302/90 integra também um conjunto de disposições relativas à *fiscalização* do cumprimento do seu conteúdo preceptivo, à tipificação como *ilícito de mera ordenação social* e à punição como *contra-ordenação* da violação das regras constantes dos instrumentos de planeamento que tenham recebido as normas a que obedece a ocupação, uso e transformação da faixa costeira ou do decreto regulamentar que tenha concretizado os princípios enunciados no anexo ao Decreto-Lei n.º 302/90, nos casos em que não exista qualquer dos instrumentos referidos no n.º 1 do artigo 3.º (planos municipais de ordenamento do território, áreas de desenvolvimento urbano prioritário, áreas de construção prioritária, planos de ordenamento e expansão de portos e planos de ordenamento de áreas protegidas, que abranjam a faixa costeira), e às ordens de *embargo*, de *demolição* ou de *reposição do terreno,* tendo como objecto obras executadas em violação das normas definidoras do regime de ocupação, uso e transformação da faixa costeira (cfr. os artigos 5.º a 10.º e 12.º do Decreto-Lei n.º 302/90).

Importa sublinhar que uma parte da faixa costeira, com a extensão definida no n.º 2 do artigo 1.º do Decreto-Lei n.º 302/90, é, actualmente, objecto de uma planificação territorial especial, através da figura de *planos de ordenamento da orla costeira* (POOC). Estas figuras planificatórias são uma modalidade de *planos especiais de ordenamento do território* (cfr. o artigos 33.º da LBPOTU e 42.º, n.º 3, do RJIGT), que têm por objecto as águas marítimas costeiras e interiores e respectivos leitos e margens, com faixas de protecção a definir no âmbito de cada plano, as quais incluem uma "faixa marítima de protecção" e uma

---

e N. Assini/P. Mantini, *Problemi e Tendenze del Diritto Urbanistico*, in Manuale di Diritto Urbanistico, a cura di N. Assini, cit., p. 44-50). Ao invés, a doutrina espanhola não opera a aludida distinção, considerando apenas como *"standards urbanísticos"* (sem qualquer qualificativo) os apontados em primeiro lugar (cfr. T.-Ramón Fernández, *Manual de Derecho Urbanístico*, 19.ª ed., Madrid, La Ley/El Consultor, 2006, p. 49-51, E. García de Enterría/L. Parejo Alfonso, *ob. cit.*, p. 201, e S. González-Varas Ibáñez, *Urbanismo y Ordenación del Territorio*, 4.ª ed., Pamplona, Aranzadi, 2007, p. 323-326).

Sobre a problemática dos *"standards urbanísticos"*, cfr., ainda, a nossa obra *O Plano Urbanístico*, cit., p. 293 e 294, nota 219.

"zona terrestre de protecção", não podendo esta última ter uma largura superior a 500 metros contados da linha que limita a margem das águas do mar (cfr. o artigo 3.º, n.ºˢ 1 e 2, do Decreto-Lei n.º 309/93, de 2 de Setembro, alterado pelos Decretos-Leis n.ºˢ 218/94, de 20 de Agosto, 151/95, de 24 de Junho, e 113/97, de 10 de Maio, o qual foi adaptado à Região Autónoma dos Açores pelo Decreto Legislativo Regional n.º 18/98/A, de 9 de Novembro, e à Região Autónoma da Madeira pelo Decreto Legislativo Regional n.º 1/2002/M, de 28 de Fevereiro)[43]. Os POOC têm como principal preocupação proteger os recursos naturais de zonas especialmente sensíveis, como são o litoral e a orla costeira, zonas essas que se caracterizam por uma elevada vulnerabilidade ambiental (resultante, sobretudo, do fenómeno da erosão costeira), e por uma grande diversidade de usos, com especial destaque para as actividades económicas ligadas ao turismo, ao recreio e ao lazer[44-45-46]. Tais instrumentos de planificação territorial – que não abran-

---

[43] Cfr. também a Portaria n.º 767/96, de 30 de Dezembro, que aprovou as normas técnicas de referência a observar na elaboração dos planos de ordenamento da orla costeira.

[44] A consciência de que o litoral é um dos recursos naturais mais preciosos – recurso esse não renovável – e a convicção da necessidade de uma utilização "durável" das zonas costeiras levaram o "Comité para as Actividades do Conselho da Europa em Matéria de Diversidade Biológica e Paisagística" a aprovar, em 19 de Abril de 1999, em Genève, um "Modelo de Lei sobre a Gestão Durável das Zonas Costeiras", de modo a servir de fonte de inspiração na elaboração pelos países membros de legislação e de planos territoriais que abranjam aquelas áreas.

Na mesma linha, a Comissão Europeia aprovou o Programa de Demonstração sobre a Gestão Integrada das Zonas Costeiras, ao qual se seguiu a Recomendação n.º 2002/413/CE, do Parlamento Europeu e do Conselho, indicando os princípios gerais orientadores da estratégia de gestão integrada de zonas costeiras na Europa. Estes princípios vieram a ser desenvolvidos em 2004, através de recomendações baseadas no Projecto EURSION da Comissão Europeia e da Recomendação 2005/160, segundo a qual os Estados Membros deverão garantir a protecção, requalificação e desenvolvimento económico e social do seu litoral e a coordenação de políticas com incidência na zona costeira.

No nosso país, são múltiplas as instituições públicas que têm competência na gestão do litoral, fenómeno este que acarreta uma enorme descordenação na gestão do litoral. Seria, por isso, desejável a criação de uma única entidade que su-

gem as áreas sob jurisdição portuária referidas no Decreto-Lei n.º 201/
/92, de 29 de Setembro (cfr. o artigo 3.º, n.º 3, do Decreto-Lei n.º
309/93) – têm por objectivo o ordenamento dos diferentes usos e actividades específicas da orla costeira, a classificação das praias e a regulamentação do uso balnear, nos termos definidos no anexo I ao Decreto-Lei
n.º 309/93, a valorização e qualificação das praias consideradas estratégicas por motivos ambientais ou turísticos, a orientação do desenvolvimento de actividades específicas da orla costeira e a defesa e conservação da natureza (cfr. os artigos 2.º, n.º 2, e 5.º do citado diploma legal).

perintendesse e coordenasse a gestão de toda a faixa costeira portuguesa, como, por exemplo, a criação de um Instituto do Litoral.

Procurando dar resposta a esta preocupação, o XVII Governo Constitucional projectou, no ano de 2007, concretizar uma *Estratégia para a Gestão Integrada da Zona Costeira Nacional* (cfr. *As Grandes Opções do Plano para 2007*, aprovadas pela Lei 52/2006, de 1 de Setembro). Não tendo a mesma sido concretizada naquele ano, o PNPOT prevê como *medida prioritária* a elaboração e a implementação da *Estratégia para a Gestão Integrada da Zona Costeira Nacional*, no período de 2007-2013, inserida no *objectivo específico* 1.6. "definir e executar uma política de ordenamento e gestão integrada da zona costeira, nas suas componentes terrestre e marítima", enquadrada no *objectivo estratégico* 1. "conservar e valorizar a biodiversidade, os recursos e o património natural, paisagístico e cultural, utilizar de modo sustentável os recursos energéticos e geológicos e monitorizar, prevenir e minimizar os riscos".

[45] No contexto da política de protecção e valorização da orla costeira, revestem-se de particular importância o *"Programa Finisterra, Programa de Intervenção na Orla Costeira Continental"*, aprovado pela Resolução do Conselho de Ministros n.º 22/2003, de 18 de Fevereiro, que tem por objectivo imprimir um novo impulso e possibilitar a concretização das acções previstas nos POOC e de outras acções já previstas para o litoral fora de tal quadro regulamentar, com vista à requalificação, protecção e valorização da orla costeira, bem como o Programa *"Polis Litoral – Operações Integradas de Requalificação e Valorização da Orla Costeira"*, aprovado pela Resolução do Conselho de Ministros n.º 90/2008, de 3 de Junho, por nós referido um pouco mais acima.

[46] O fenómeno da erosão – que vem afectando gravemente vários troços da orla costeira portuguesa – levou o legislador a estabelecer medidas de protecção da orla costeira, através de um "sistema de alimentação artificial das praias", entendida esta como a "colocação por meios artificiais de materiais arenosos em locais imersos ou emersos com vista à obtenção de um determinado perfil de praia ou de fundo favorável à dissipação de energia das ondas e a uso balnear, simulando situações naturais" (cfr. a Lei n.º 49/2006, de 29 de Agosto).

Os POOC – que, entre o mais, concretizam os princípios a observar na ocupação, uso e transformação da *zona terrestre de protecção*, definidos no anexo ao Decreto-Lei n.º 309/93 – contêm prescrições que *prevalecem* sobre os planos intermunicipais de ordenamento do território, quando existam, e sobre os planos municipais de ordenamento do território (cfr. os artigos 24.º, n.º 4, e 49.º do RJIGT). O princípio da *superioridade hierárquica* dos POOC em relação aos planos intermunicipais e municipais de ordenamento do território é explicitado nos próprios Regulamentos dos nove POOC actualmente em vigor[47] – os quais, no seu conjunto, abarcam a totalidade da faixa costeira do Continente português[48].

---

[47] Assim, o artigo 1.º, n.º 1, do Regulamento do POOC de Cidadela – Forte de São Julião da Barra, aprovado pela Resolução do Conselho de Ministros n.º 123/98, de 19 de Outubro, determina que aquele plano "tem a natureza de regulamento administrativo e com ele se devem conformar os planos municipais e intermunicipais de ordenamento do território, bem como os programas e projectos a realizar na sua área de intervenção". E idênticos termos são usados nas disposições introdutórias dos Regulamentos do POOC de Sines-Burgau, do POOC de Caminha-Espinho, do POOC de Burgau-Vila Moura, do POOC de Sado-Sines, do POOC de Ovar-Marinha Grande, do POOC de Alcobaça-Mafra, do POOC de Sintra-Sado, e do POOC de Vila Moura-Vila Real de Santo António, aprovados pelas Resoluções do Conselho de Ministros n.ºs 152/98, de 30 de Dezembro, 25/99, de 7 de Abril, 33/99, de 27 de Abril, 136/99, de 29 de Outubro, 142/2000, de 20 de Outubro, 11/2002, de 17 de Janeiro, 86/2003, de 25 de Junho, e 103/2005, de 27 de Junho, respectivamente.

Sublinhe-se que, com a aprovação deste último POOC, completou-se o ciclo da elaboração e aprovação dos POOC do Continente. Quanto às regiões autónomas, estão ainda em elaboração vários POOC, tendo sido, há pouco tempo, aprovados, na Região Autónoma dos Açores, os POOC da Ilha Terceira e da Ilha de São Jorge, através dos Decretos Regulamentares Regionais n.ºs 1/2005/A e 24/2005/A, de 15 de Fevereiro, e de 26 de Outubro, respectivamente, e, mais recentemente, os POOC das Ilhas Graciosa, do Corvo e de Santa Maria, por meio dos Decretos Legislativos Regionais n.ºs 13/2008/A, 14/2008/A e 15/2008/A, todos de 25 de Junho.

[48] Saliente-se que a Resolução do Conselho de Ministros n.º 62/2004, de 17 de Maio (alterada pela Resolução do Conselho de Ministros n.º 3/2006, de 10 de Janeiro), determinou a alteração do POOC de Caminha-Espinho (a concluir no prazo de 12 meses contados a partir da data da entrada em vigor desta última Resolução), suspendeu algumas disposições dos planos de praia e das áreas de pro-

Refira-se, por último, que as áreas que integram a *orla costeira* constituem também um "interesse público com expressão territorial", cuja *identificação* e *harmonização* com outros interesses públicos com repercussão espacial devem ser realizadas pelos instrumentos de gestão territorial [cfr. os artigos 8.º, 9.º e 12.º, n.º 2, alínea *a*), do RJIGT].

14. Regime das áreas florestais

A floresta, pela diversidade e natureza dos bens e serviços que proporciona, é considerada como um recurso natural renovável, essencial à manutenção de todas as formas de vida, pelo que deve ser objecto de uma política de desenvolvimento sustentável, de conservação e de protecção. Para além da sua importância económica, a floresta desempenha um papel nuclear na manutenção de ecossistemas, na melhoria da qualidade do ar, na diminuição do crescimento das emissões dos gases responsáveis pelo efeito de estufa e no combate ao fenómeno das alterações climáticas [49].

---

tecção costeira daquele POOC e sujeitou a medidas preventivas as áreas abrangidas pelas disposições suspensas. A alteração do POOC de Caminha-Espinho foi aprovada pela Resolução do Conselho de Ministros n.º 154/2007, de 2 de Outubro.

Por sua vez, a Resolução do Conselho de Ministros n.º 104/2007, de 7 de Agosto, determinou a alteração do POOC de Burgau-Vila Moura.

[49] Neste contexto, a Resolução do Conselho de Ministros n.º 59/2001, de 30 de Maio, que aprovou a estratégia para as alterações climáticas, na sequência da Convenção Quadro das Nações Unidas para as Alterações Climáticas, estabelecida em 1992, na Conferência do Rio sobre Ambiente e Desenvolvimento, bem como do Protocolo de Quioto, fixado em 1997, na 3.ª Conferência das Partes Aderentes àquela Convenção Quadro, reconhece expressamente a necessidade de ser "aprofundado o estudo do contributo que os sistemas de gestão florestal e de uso agrícola do solo podem dar para o balanço global das emissões, tendo em atenção o papel que estes ecossistemas podem representar na sequestração de carbono da atmosfera".

Por sua vez, o Decreto-Lei n.º 7/2002, de 25 de Março, aprovou o Protocolo de Quioto à Convenção Quadro das Nações Unidas sobre Alterações Climatéricas, assinada em Nova Iorque em 28 de Novembro de 1998.

Acresce que a Resolução do Conselho de Ministros n.º 72/98, de 29 de Junho, alterada pela Resolução do Conselho de Ministros n.º 59/2001, de 30 de

Compreende-se, por isso, que as áreas florestais, enquanto bem jurídico de grande valor económico e ambiental, caracterizado pela sua diversidade, multifuncionalidade, transnacionalidade e debilidade, seja objecto de um vasto leque de medidas (vinculativas ou não) de protecção e valorização, a nível internacional (sobretudo no quadro das Nações Unidas) e a nível da União Europeia [50-51].

Maio, criou a Comissão para as Alterações Climáticas, tendo a Resolução do Conselho de Ministros n.º 119/2004, de 31 de Julho, aprovado o Programa Nacional para as Alterações Climáticas. Esta última Resolução foi revogada pela Resolução do Conselho de Ministros n.º 104/2006, de 23 de Agosto, que aprovou a actualização do Programa Nacional para as Alterações Climáticas (PNAC 2004), agora designado PNAC 2006.

Ainda no âmbito da mesma problemática geral, o Decreto-Lei n.º 233//2004, de 14 de Outubro, transpôs para a ordem jurídica interna a Directiva n.º 2003/87/CE, do Parlamento Europeu e do Conselho, de 13 de Outubro, relativa à criação de um regime de comércio de licenças de emissão de gases com efeito de estufa na Comunidade, e que altera a Directiva n.º 96/61/CE, do Conselho, enquanto a Resolução do Conselho de Ministros n.º 53/2005, de 3 de Março, aprovou o Plano Nacional de Atribuição de Licenças de Emissão (PNALE), relativo no período de 2005-2007, a Resolução do Conselho de Ministros n.º 59//2005, de 9 de Março, aprovou o Programa de Monitorização e Avaliação do Plano Nacional para as Alterações Climáticas e a Resolução do Conselho de Ministros n.º 33/2006, de 24 de Março, atribuiu à Comissão para as Alterações Climáticas a qualidade de autoridade nacional designada para os mecanismos de flexibilidade do Protocolo de Quioto.

Finalmente, a Resolução do Conselho de Ministros n.º 1/2008, de 4 de Janeiro (rectificada pela Declaração de Rectificação n.º 9/2008, de 4 de Março), aprovou o Plano Nacional de Atribuição de Licenças de Emissão (PNALE), relativo ao período de 2008-2012, designado por PNALE II, bem como as novas metas 2007 do Programa Nacional para as alterações Climáticas (PNACE 2006).

[50] Sobre as apontadas características do bem jurídico florestal e sobre os instrumentos internacionais e comunitários da sua protecção e valorização, cfr. DULCE LOPES, *Regime Jurídico Florestal: A Afirmação de um Recurso,* in Revista do CEDOUA, Ano VI, N.º 11 (2003), p. 59 e segs..

[51] Não é tarefa fácil encontrar um *conceito jurídico unitário* de floresta, não só porque, frequentemente, os textos normativos utilizam outras designações, para além da "floresta", como "área florestal", "mata", "bosque", "sub-bosque", "espaço florestal" e "povoamento florestal" , como ainda porque as definições que os

E compreende-se, também, que a nossa legislação se preocupe em definir uma política florestal, orientada pelos princípios da gestão,

---

mesmos nos apresentam são muito flutuantes e assumem, por vezes, um carácter meramente descritivo.

Do conjunto dos conceitos fornecidos pelas fontes normativas, vamos referir somente três. Em primeiro lugar, o artigo 3.º, n.º 1, alíneas *f*), *j*) e *s*), do Decreto-Lei n.º 124/2006, de 28 de Junho, que estabelece as medidas e acções a desenvolver no âmbito do sistema necional de defesa da floresta contra incêndios, define "floresta" como "os terrenos ocupados com povoamentos florestais, áreas ardidas de povoamentos florestais, áreas de corte raso de povoamentos florestais e, ainda, outras áreas arborizadas", "espaços florestais" como "os terrenos ocupados com floresta, matos e pastagens ou outras formações vegetais espontâneas" e "povoamento florestal" como "a área ocupada com árvores florestais que cumpre os critérios definidos no Inventário Florestal Nacional, incluindo os povoamentos naturais jovens, as plantações e sementeiras, os pomares de sementes e viveiros florestais e as cortinas de abrigo". Em segundo lugar, o artigo 3.º, alínea *c*), do Decreto-Lei n.º 127/2005, de 5 de Agosto, que estabelece o regime das Zonas de Intervenção Florestal, define "espaços florestais" como "terrenos ocupados com arvoredos florestais, com uso silvo-pastoril ou incultos de longa duração". Em terceiro lugar, o artigo 3.º, alíneas *a*), *b*) e *c*), do Regulamento CE n.º 2152/2003, do Parlamento e do Conselho, de 11 de Novembro, distinguindo entre "florestas", "outros terrenos arborizados" e "outros terrenos", define as primeiras como "terrenos com percentagem de coberto arbóreo (ou densidade equivalente) superior a 10% e área superior a 0,5 hectares", devendo a vegetação arbórea "ser susceptível de atingir a altura mínima de 5 metros na maturidade *in situ*". A alínea *a*) do artigo 3.º do referido Regulamento adianta que as mesmas podem consistir "quer em formações florestais cerradas nas quais as árvores de vários estratos e sub-bosque cobrem uma percentagem elevada do terreno, quer em formações florestais abertas, com um coberto vegetal contínuo no qual o coberto arbóreo ultrapassa 10%". Ainda segundo o mesmo preceito, incluem-se no conceito de floresta: os povoamentos naturais jovens e todas as plantações estabelecidas para fins florestais que não tenham ainda atingido uma densidade de 10% ou uma altura de 5 metros, tal como os terrenos que fazem normalmente parte da área de floresta e são temporariamente desarborizados em resultado da intervenção humana ou de causas naturais, mas em princípio retornam ao estado de floresta; viveiros florestais e pomares de semente que integrem a floresta; as estradas florestais, terrenos limpos, corta-fogos e clareiras integradas na floresta; as florestas incluídas em parques naturais, reservas naturais e outras áreas protegidas, tais como zonas de interesse especial ambiental, científico, histórico, cultural ou espiritual; os quebraventos e cortinas de abrigo com superfí-

conservação e desenvolvimento sustentável das áreas florestais e sistemas naturais que lhes andam associados. O quadro de uma tal política é definido na Lei de Bases da Política Florestal (Lei n.º 33/96, de 17 de Agosto) e nos diplomas que a desenvolvem e regulamentam.

De acordo com esta lei, a exploração, conservação, reconversão e expansão da floresta são de interesse público, sem prejuízo do regime jurídico da propriedade (cfr. o artigo 2.º, n.º 2), cabendo ao Estado definir normas reguladoras da fruição dos recursos naturais, em harmonia e com a participação activa de todas as entidades produtoras e utilizadoras dos bens e serviços da floresta e dos sistemas naturais associados (cfr. o artigo 2.º, n.º 3).

Segundo a referida Lei de Bases, a política florestal nacional prossegue os seguintes objectivos: promover e garantir um desenvolvimento sustentável dos espaços florestais e do conjunto das actividades da fileira florestal; promover e garantir o acesso à utilização social da floresta, promovendo a harmonização das múltiplas funções que ela desempenha e salvaguardando os seus aspectos paisagísticos, recreativos, científicos e culturais; assegurar a melhoria do rendimento global dos agricultores, produtores e utilizadores dos sistemas florestais, como contributo para o equilíbrio sócio-económico do mundo rural; optimizar a utilização do potencial produtivo de bens e serviços da floresta e dos sistemas naturais associados, no respeito pelos seus valores multifuncionais; promover a gestão do património florestal nacional, nomeadamente através do ordenamento das explorações florestais e da dinamização e apoio ao associativismo; assegurar o papel fundamental da floresta na regularização dos recursos hídricos, na conservação do solo e da qualidade do ar e no combate

---

cie superior a 0,5 hectares e largura superior a 20 metros; e as plantações de borracha e de sobreiros, mas já não os terrenos predominantemente agrícolas.

Seja como for, podemos concluir com M. ISABEL PORTO que é fundamental a assunção de um conceito objectivo e dinâmico de floresta, que não integre apenas um "conjunto de árvores", mas também a sua interacção com a flora que a envolve e a fauna que nesse espaço habita, bem como com o solo e os cursos de água nela existentes. Cfr. *A Floresta no Direito Português, Em Busca de um Conceito Jurídico*, Tese Mestr., Coimbra, 2006, p. 239-246.

à erosão e à desertificação física e humana; garantir a protecção das formações florestais de especial importância ecológica e sensibilidade, nomeadamente os ecossistemas frágeis de montanha, os sistemas dunares, os montados de sobro e azinho e as formações ripícolas, e das zonas marginais dulçaquícolas; assegurar a protecção da floresta contra agentes bióticos e abióticos, nomeadamente contra os incêndios; e incentivar e promover a investigação científica e tecnológica no domínio florestal (cfr. o artigo 4.º)[52].

---

[52] A defesa, o desenvolvimento e a reforma da floresta têm sido uma preocupação constante dos órgãos de soberania. Assim, a Resolução do Conselho de Ministros n.º 27/99, de 8 de Abril, adoptou o Plano de Desenvolvimento Sustentável da Floresta Portuguesa. Por seu lado, a Resolução do Conselho de Ministros n.º 64/2003, de 30 de Abril, aprovou o Programa de Acção para o Sector Florestal e a Resolução do Conselho de Ministros n.º 178/2003, de 17 de Novembro, aprovou as Linhas Orientadoras da Reforma Estrutural do Sector Florestal. Acresce que a Resolução da Assembleia da República n.º 19/2004, de 16 de Fevereiro, recomendou ao Governo a adopção de medidas prioritárias para a Defesa de uma Floresta Sustentável. E a Resolução do Conselho de Ministros n.º 114/2006, de 15 de Setembro, aprovou a Estratégia Nacional para as Florestas, cujas linhas de acção são a minimização dos riscos de incêndios e agentes bióticos, a especialização do território, a melhoria da produtividade através da gestão florestal sustentável, a redução de riscos de mercado e aumento do valor dos produtos, a melhoria geral da eficiência e competitividade do sector e a racionalização e simplificação dos instrumentos de política.

Ainda, na mesma linha, a Portaria n.º 199/98, de 25 de Março, aprovou o novo Regulamento do Programa de Desenvolvimento Florestal, revogando a Portaria n.º 809-D/94, de 22 de Setembro (cfr., também, a Portaria n.º 194/94, de 6 de Abril, alterada pela Portaria n.º 777/98, de 16 de Setembro). Por sua vez, a Portaria n.º 809-A/94, de 12 de Setembro (alterada pela Portaria n.º 726-A/99, de 24 de Agosto), aprovou o Regulamento de Aplicação da Medida Infra-Estruturas do Programa de Apoio à Modernização Agrícola Florestal (PAMAF). Também o Plano de Desenvolvimento Rural (RURIS), regulado pelo Decreto-Lei n.º 64/2004, de 22 de Março, inclui uma vertente de Regulamento de Aplicação da Intervenção Florestal de Terras Agrícolas, estabelecido pela Portaria n.º 283//2004, de 17 de Março. Por fim, o Despacho Normativo n.º 38/2003, de 25 de Setembro, aprovou normas que concretizam os apoios excepcionais concedidos a título de emergência, enquanto o Decreto-Lei n.º 63/2004, de 22 de Março, criou, junto do IFADAP, o Fundo Florestal Permanente.

O regime das áreas florestais não é esgotado, porém, pela Lei de Bases da Política Florestal e respectiva legislação complementar, antes está espalhado por um vasto número de diplomas, designadamente os que contêm normas sobre as bases do povoamento florestal, a beneficiação dos terrenos cuja arborização seja indispensável para a fixação e conservação do solo, a defesa do património florestal, a protecção das florestas contra os incêndios, a obrigatoriedade de manifestar o corte ou arranque de árvores, o condicionamento da arborização com espécies florestais de rápido crescimento, a protecção ao relevo natural, solo arável e revestimento vegetal e condicionamentos ou proibições de arranques e cortes de árvores, tais como amoreiras, oliveiras, pinheiro bravo e eucalipto, azevinho espontâneo e sobreiro e azinheira[53].

No âmbito do regime jurídico das áreas florestais, merece destaque a disciplina das áreas florestais percorridas por incêndios. Aspectos marcantes dessa disciplina jurídica são, por um lado, a imposição ao proprietário daquelas áreas florestais – ou ao arrendatário, no caso de elas terem sido objecto de arrendamento florestal – da obrigação de efectuar a sua arborização (cfr. o artigo 1.º do Decreto-Lei n.º 139/88, de 22 de Abril)[54] e, por outro lado, a *imobilização* dos terrenos com povoamentos florestais percorridos por incêndios, não incluídos em espaços classificados em planos municipais de ordenamento do território como urbanos, pelo prazo de dez anos, a contar da data da ocorrência do incêndio, e consequente *proibição* da sua afectação a outros fins que não o da reflorestação, designadamente

---

[53] Uma indicação das normas que disciplinam o regime das áreas florestais encontra-se no nosso *Direito do Ordenamento do Território e do Urbanismo (Legislação Básica)*, 8.ª ed., Coimbra, Almedina, 2008.

[54] O artigo 1.º, n.ᵒˢ 1 e 2, do Decreto-Lei n.º 180/89, de 30 de Maio, impõe também a obrigação de reflorestação ao proprietário – ou ao arrendatário, sendo caso disso – de terrenos florestais percorridos por incêndios sitos em áreas protegidas. Mas o n.º 3 do citado preceito legal estatui que o ICNB poderá tomar a seu cargo as acções de reflorestação previstas naqueles dois números, substituindo-se ao proprietário ou ao arrendatário, quando estes não disponham de meios suficientes para efectuar as referidas acções, mediante a celebração de um acordo entre ambas as partes.

a realização de obras de construção de quaisquer edificações e o estabelecimento de quaisquer novas actividades agrícolas, industriais, turísticas ou outras que possam ter um impacte ambiental negativo [cfr. o artigo 1.º, n.º 1, alíneas *a*) a *e*), do Decreto-Lei n.º 327/90, de 22 de Outubro, na redacção do artigo 1.º do Decreto-Lei n.º 55/2007, de 12 de Março]. A *imobilização* e as *proibições* referidas são estendidas pelo n.º 2 do artigo 1.º daquele diploma legal aos terrenos percorridos por incêndios não abrangidos por planos municipais de ordenamento do território, sendo neles proibida, durante o mesmo prazo, a realização de operações de loteamento, de obras de urbanização, de obras de construção ou de ampliação das edificações existentes[55-56].

---

[55] O n.º 3 do artigo 1.º deste diploma determina que, nos terrenos com povoamentos florestais percorridos por incêndios, não incluídos em espaços classificados em planos municipais de ordenamento do território como urbanos, não poderão, durante o prazo de dez anos a contar da data de ocorrência do incêndio, ser revistas ou alteradas as disposições dos planos municipais de ordenamento do território ou elaborar-se novos instrumentos de planeamento territorial, por forma a permitir-se a sua ocupação urbanística.

Por outro lado, o n.º 4 do artigo 1.º estabelece que as proibições elencadas no n.º 1 do mesmo artigo (de que se deram alguns exemplos), bem como no seu n.º 2 (estas respeitantes às proibições de acções nos terrenos não abrangidos por planos municipais de ordenamento do território) podem ser levantadas por despacho conjunto do Ministro do Ambiente, do Ordenamento do Território e do Desenvolvimento Regional e do Ministro da Agricultura, do Desenvolvimento Rural e das Pescas, a requerimento dos interessados ou da respectiva câmara municipal, apresentado no prazo de um ano após a data da ocorrência do incêndio. Tal requerimento deve ser instruído, entre o mais, com documento emitido pelo responsável máximo do posto da Guarda Nacional Republicana da área territorialmente competente comprovativo de que o incêndio se ficou a dever a causas a que os interessados ou transmitentes, quando haja alteração do titular de direitos sobre o imóvel após o incêndio, são alheios, bem como, sendo caso disso, com uma justificação do interesse da acção (cfr. o n.º 6 do artigo 1.º do Decreto-Lei n.º 327//90, na redacção do Decreto-Lei n.º 55/2007).

Tratando-se, porém, de uma acção de interesse público ou de um empreendimento com relevante interesse geral, como tal reconhecido por despacho conjunto dos membros do Governo responsáveis pelas áreas do ambiente e do ordenamento do território e da agricultura e do membro do Governo competente em razão da matéria, o levantamento das referidas proibições opera por efeito desse

As principais consequências da violação das referidas proibições são a *nulidade* dos actos administrativos autorizativos, a punição como

reconhecimento, o qual pode ser requerido a todo o tempo (cfr. o artigo 1.°, n.° 5, do Decreto-Lei n.° 327/90, na redacção do Decreto-Lei n.° 55/2007).

Sublinhe-se, por último, que o Acórdão do Tribunal Constitucional n.° 639//99 (publicado no *DR*, II Série, de 23 de Março de 2000) decidiu que não enfermam do vício da inconstitucionalidade as normas dos n.os 1 e 2 do artigo 1.° do Decreto-Lei n.° 327/90, de 22 de Outubro (alteradas pela Lei n.° 54/91, de 8 de Agosto), respeitantes ao regime de ocupação do solo em que tenha ocorrido um incêndio florestal, enquanto proíbem, pelo prazo de dez anos, a sua afectação a outros fins que não o da reflorestação, salvo se tal proibição for levantada por despacho conjunto dos Ministros referidos no n.° 2 do artigo 1.°, já que elas não são desadequadas, excessivas ou desproporcionadas, não violam os princípios da igualdade, da justiça, da imparcialidade e da boa-fé, não atentam contra o princípio da protecção da confiança, inerente à ideia de Estado de direito, entendido como garantia de um direito dos cidadãos à segurança jurídica, nem têm natureza sancionatória, mas apenas natureza cautelar, pelo que não podem servir como parâmetro de referência da sua constitucionalidade as regras e princípios constitucionais respeitantes ao processo criminal. Cfr. o nosso trabalho *Evolução do Direito do Urbanismo em Portugal em 1999-2000*, cit., p. 22.

[56] Os incêndios florestais do ano de 2003 – que consumiram uma vasta área florestal e causaram dramáticos danos humanos e materiais – estiveram na génese de várias medidas, entre as quais: a Resolução do Conselho de Ministros n.° 106--B/2003, de 11 de Agosto, alterada pelas Resoluções do Conselho de Ministros n.os 123/2003, de 25 de Agosto, e 161/2003, de 9 de Outubro, que declarou a situação de calamidade pública, decorrente dos incêndios do Verão de 2003, na área de vários distritos do Continente, e aprovou um conjunto de apoios excepcionais a famílias, pessoas e actividades agrícolas e florestais afectadas por aqueles eventos; a Resolução do Conselho de Ministros n.° 17/2004, de 2 de Março, que criou, na dependência do Ministro da Agricultura, Desenvolvimento Rural e Pescas, uma estrutura de missão para o planeamento da intervenção e coordenação das acções de recuperação das áreas florestais afectadas pelo fogo em 2003; a Lei n.° 9//2004, de 19 de Março, que estabeleceu um regime especial para a reparação dos danos provocados pelos incêndios do Verão de 2003; o Decreto Regulamentar n.° 5/2004, de 21 de Abril, que criou a Agência para a Prevenção de Incêndios Florestais; a Lei n.° 14/2004, de 8 de Maio, que criou as comissões municipais de defesa da floresta contra incêndios; o Decreto-Lei n.° 94/2004, de 22 de Abril, que, alterando o Decreto-Lei n.° 179/99, de 21 de Maio, estabeleceu, para o território do Continente, as regras e os procedimentos a observar na criação e reconhecimento de equipas de sapadores florestais e regulamentou apoios à sua activi-

contra-ordenação das infracções e a aplicação das medidas de *embargo* e *demolição* previstas na lei (cfr. os n.ᵒˢ 7 e 8 do artigo 1.º do Decreto--Lei n.º 327/90).

dade; o Decreto-Lei n.º 80/2004, de 10 de Abril (rectificado pela Declaração de Rectificação n.º 38/2004, de 13 de Maio), que criou a Direcção-Geral dos Recursos Florestais e investiu-a nas funções de autoridade florestal nacional (cfr., ainda, o Decreto-Lei n.º 74/96, de 18 de Junho, alterado pelo Decreto-Lei n.º 80/2004, de 20 de Abril, que aprovou a Lei Orgânica do Ministério da Agricultura, Desenvolvimento Rural e Pescas, e o artigo 18.º do Decreto-Lei n.º 120/2002, de 3 de Maio, na redacção do Decreto-Lei n.º 20/2004, de 22 de Janeiro, que aprovou a Lei Orgânica do XV Governo Constitucional); e o Decreto-Lei n.º 156/2004, de 30 de Junho, que estabeleceu as medidas e acções a desenvolver no âmbito do Sistema Nacional de Prevenção e Protecção da Floresta contra Incêndios (tendo a Portaria n.º 1185/2004, de 15 de Setembro, estabelecido a estrutura tipo do plano de defesa da floresta, previsto no artigo 8.º, n.º 2, daquele decreto-lei).

No Verão de 2004, ocorreram, também, devastadores incêndios, tendo a Resolução do Conselho de Ministros n.º 123/2004, de 19 de Agosto, criado uma estrutura de acompanhamento para proceder à avaliação da situação decorrente dos incêndios em vários municípios do País, a Resolução do Conselho de Ministros n.º 126/2004, de 28 de Agosto, estebelecido um conjunto de medidas e apoios excepcionais, destinados a fazer face às consequências dos incêndios verificados desde Junho de 2004, e a Resolução do Conselho de Ministros n.º 23/2005, de 28 de Janeiro, aprovado o plano integrado de desenvolvimento rural para as zonas afectadas pelos incêncios de 2004, no Alentejo e Algarve.

Durante o ano de 2005, foi igualmente dramática a destruição dos incêndios florestais. Várias medidas foram adoptadas neste contexto, designadamente: a Resolução do Conselho de Ministros n.º 88-A/2005, de 11 de Maio, que criou a Autoridade Nacional para os Incêndios Florestais de 2005; o Despacho Normativo n.º 35/2005, de 25 de Julho, que aprovou o Regulamento do Programa de Apoios a conceder pelo Fundo Florestal Permanente em 2005-2006; a Resolução da Assembleia da República n.º 54/2005, 3 de Outubro, que recomendou ao Governo medidas relativas à floresta e aos incêndios de 2005; a Resolução da Assembleia da República n.º 55/2005, de 7 de Outubro, que recomendou ao Governo que proceda a medidas urgentes no sentido de melhorar a eficácia da coordenação das operações de socorro e dos corpos de bombeiros; a Resolução da Assembleia da República n.º 56/2005, de 7 de Outubro, que criou uma comissão eventual de acompanhamento e avaliação das medidas para a prevenção, vigilância e combate aos fogos florestais e de reestruturação do ordenamento florestal; a Resolução da Assembleia da República n.º 57/2005, da mesma data, que recomendou ao Governo que proceda a medidas urgentes no sentido de aumentar as brigadas de vigi-

Os solos incluídos em áreas florestais são identificados nos planos regionais de ordenamento actualmente em vigor, elaborados ao abrigo do Decreto-Lei n.º 176-A/88, de 18 de Maio, tal como determinava o artigo 9.º, n.º 2, alíneas a) e b), deste diploma legal. Também os planos municipais de ordenamento do território, elaborados e aprovados nos termos do Decreto-Lei n.º 69/90, de 2 de Março, assinalam os mesmos solos, juntamente com os sujeitos a servidões administrativas e restrições de utilidade pública, na planta actualizada de condicionantes, tal como preceituava o artigo 10.º, n.º 6, daquele diploma legal.

O mesmo se passa com os planos regionais, intermunicipais e municipais de ordenamento do território, na disciplina do RJIGT. Com efeito, o conteúdo documental dos primeiros é constituído, entre o mais, por um relatório, que contém, para além de outros elementos, a "identificação dos espaços agrícolas e florestais com relevância para a estratégia regional de desenvolvimento rural" [cfr. o artigo 54.º, n.º 2, alínea d)]. Por sua vez, o artigo 63.º, n.º 2, alínea c), determina, quanto aos planos intermunicipais de ordenamento do território, que estes podem ser acompanhados, entre um conjunto de elementos, pela "identificação dos espaços agrícolas e florestais com relevância para a estratégia intermunicipal de desenvolvimento

---

lantes florestais nas matas e florestas públicas; a Resolução do Conselho de Ministros n.º 5/2006, de 18 de Janeiro, que adoptou as orientações estratégicas para a recuperação das áreas ardidas, aprovadas pelo Conselho Nacional de Reflorestação em 30 de Junho de 2005; a Resolução do Conselho de Ministros n.º 36/2006, de 3 de Abril, que aprovou apoios aos corpos de bombeiros para fazer face às despesas extraordinárias resultantes dos incêndios florestais do ano de 2005; o Decreto-Lei n.º 38/2006, de 20 de Fevereiro, que alterou, pela segunda vez, o Decreto-Lei n.º 179/99, de 21 de Maio, que estabelece as regras e procedimentos a observar na criação e reconhecimento de equipas de sapadores florestais e regulamenta os apoios à sua actividade; o Decreto-Lei n.º 69/2006, de 23 de Março, que extinguiu a Agência para a Prevenção de Incêndios Florestais e operou a transição das suas atribuições para a Direcção-Geral dos Recursos Florestais; a Resolução do Conselho de Ministros n.º 65/2006, de 26 de Maio, que aprovou o Plano Nacional de Defesa da Floresta contra Incêndios; e o Decreto-Lei n.º 124/2006, de 28 de Junho, que estabeleceu medidas e acções a desenvolver no âmbito do Sistema Nacional de Defesa da Floresta contra Incêndios.

rural". Por último, os planos municipais de ordenamento do território devem definir o regime de uso do solo, através da classificação e qualificação do mesmo, assentando a classificação daquele bem na distinção, entre solo rural e solo urbano, sendo o primeiro "aquele para o qual é reconhecida vocação para as actividades agrícolas, pecuárias, florestais ou minerais, assim como o que integra os espaços naturais de protecção ou de lazer, ou que seja ocupado por infra-estruturas que não lhe confiram o estatuto de solo urbano", e processando-se a qualificação do solo rural através da sua integração em várias categorias, entre as quais a de "espaços agrícolas ou florestais afectos à produção ou à conservação" [cfr. os artigos 71.°, 72.°, n.ºˢ 1 e 2, alínea a), e 73.°, n.° 2, alínea a), do RJIGT]. E os planos directores municipais definem um modelo de organização municipal do território, estabelecendo, *inter alia*, "a definição dos sistemas de protecção dos valores e recursos naturais, culturais, agrícolas e florestais, identificando a estrutura ecológica municipal" [cfr. o artigo 85.°, n.° 1, alínea c), do RJIGT].

Além disso, os planos municipais de ordenamento do território, designadamente os planos directores municipais, devem identificar as áreas de povoamento florestais, classificando as respectivas manchas de acordo com os critérios previstos nos artigos 5.°, 7.° e seguintes do Decreto-Lei n.° 124/2006, de 28 de Junho (isto é, de acordo com os critérios de classificação de risco espacial de incêndio), e no respectivo plano regional de ordenamento florestal e, bem assim, estabelecer medidas de protecção contra incêndios em áreas florestais, em conformidade com o disposto naquele diploma legal e no respectivo plano regional de ordenamento florestal (cfr. o artigo 4.°, n.ºˢ 1 e 2, do Decreto-Lei n.° 327/90, na redacção do Decreto-Lei n.° 55/2007).

A somar a tudo o que vem de ser referido, as *áreas florestais* constituem também um "interesse público com expressão territorial", que devem ser *identificadas* e *harmonizadas* com outros interesses públicos com repercussão espacial [cfr. os artigos 8.°, 9.°, 10.°, alínea c), e 13.° do RJIGT].

Verifica-se do exposto que existe uma relação muito estreita entre o regime jurídico das áreas florestais e o conteúdo prescritivo dos planos territoriais. Aliás, esta íntima ligação do regime jurídico das áreas florestais às disposições dos planos regionais e municipais de ordenamento do território constitui um dos pontos fundamentais do ordenamento e gestão florestal regulados na Lei de Bases da Política Florestal. Com efeito, por um lado, o artigo 1.º, n.º 2, desta lei prescreve que "a política florestal nacional, fundamental ao desenvolvimento e fortalecimento das instituições e programas para a gestão, conservação e desenvolvimento sustentável das florestas e sistemas naturais associados, visa a satisfação das necessidades da comunidade, num quadro de ordenamento do território". Por outro lado, nos termos do n.º 1 do artigo 5.º da mesma lei, "a organização dos espaços florestais faz-se, em cada região, através dos planos de ordenamento florestal, numa óptica de uso múltiplo e de forma articulada com os planos regionais e locais de ordenamento do território", sendo esses "planos regionais de ordenamento florestal" elaborados pelo organismo público legalmente competente em colaboração com os detentores das áreas abrangidas, submetidos à apreciação pública e aprovados pelo Ministério da Agricultura, do Desenvolvimento Rural e das Pescas (cfr. o n.º 2 do artigo 5.º da Lei n.º 33/96) [57].

---

[57] Os Planos Regionais de Ordenamento Florestal (PROF) são verdadeiros *planos sectoriais*, embora o seu regime jurídico não coincida em absoluto com o estatuído nos artigos 35.º a 41.º do RJIGT. O procedimento de elaboração, de aprovação, de execução e de alteração daqueles planos é regulado no Decreto-Lei n.º 204/99, de 9 de Junho. A sua elaboração compete às direcções regionais de agricultura, após determinação por resolução do Conselho de Ministros (da qual devem constar, nomeadamente, o âmbito territorial do plano, com menção expressa das autarquias envolvidas, o prazo de elaboração e a composição da comissão mista de acompanhamento), sendo aprovados pelo Conselho de Ministros, sob a forma de decreto regulamentar (cfr. os artigos 8.º, 9.º e 13.º do Decreto-Lei n.º 204/99).

De harmonia com o disposto no artigo 5.º, n.º 3, da Lei n.º 33/96, os planos regionais de ordenamento florestal devem contemplar a avaliação das potencialidades dos espaços florestais, do ponto de vista dos seus usos dominantes; a definição do elenco das espécies a privilegiar nas acções de expansão ou reconversão do património florestal; a identificação dos modelos gerais de silvicultura e de gestão de recursos mais adequados; e a definição das áreas críticas do ponto de vista do risco de incêndio, da sensibilidade à erosão e da importância ecológica, social e

Acresce que os artigos 6.º e 7.º da Lei n.º 33/96 prevêem a figura de "planos de gestão florestal", a que estão obrigatoriamente sujeitas as explorações florestais dotadas de uma área mínima definida nos "planos regionais de ordenamento florestal", a elaborar pelos proprietários segundo normas definidas pelo organismo público legalmente competente, enquanto instrumentos básicos de ordenamento florestal das explorações, com subordinação aos "planos regionais de ordenamento florestal", que regulam as intervenções de natureza cultural e ou de exploração e visam a produção sustentada dos bens ou serviços originados em espaços florestais, determinadas por condições de natureza económica, social e ecológica [58].

---

cultural, bem como das normas específicas de silvicultura e de utilização sustentada de recursos a aplicar nestes espaços.

A Resolução do Conselho de Ministros n.º 118/2000, de 13 de Setembro, alterada pela Resolução do Conselho de Ministros n.º 179/2003, de 18 de Novembro, incumbiu as Direcções Regionais de Agricultura de Entre Douro e Minho, de Trás-os-Montes, da Beira Litoral, da Beira Interior, do Ribatejo e Oeste, do Alentejo e do Algarve de elaborar, no prazo de dois anos, um conjunto de Planos Regionais de Ordenamento Florestal, tendo, além disso, definido o âmbito territorial e os objectivos desses planos, bem como a composição das respectivas comissões mistas de acompanhamento ou de coordenação.

A orgânica das actuais Direcções Regionais de Agricultura e Pescas foi aprovada pelo Decreto Regulamentar n.º 12/2007, de 27 de Fevereiro.

Assinale-se, por fim, que, recentemente, foram aprovados os seguintes *planos regionais de ordenamento florestal*: do Dão e Lafões, do Pinhal Interior Sul, do Pinhal Interior Norte, da Beira Interior Sul, do Centro Litoral, da Beira Interior Norte, da Área Metropolitana de Lisboa, do Ribatejo, do Algarve, do Baixo Alentejo, do Nordeste, do Barroso e Padrela, do Douro, do Alto Minho, do Baixo Minho, do Alentejo Central, do Alto Alentejo, do Alentejo Litoral e do Tâmega, por meio dos Decretos Regulamentares n.ºs 7/2006, de 18 de Julho, 8/2006, de 19 de Julho, 9/2006, de 19 de Julho, 10/2006, de 20 de Julho, 11/2006, de 21 de Julho, 12/2006, de 24 de Julho, 15/2006, de 19 de Outubro, 16/2006, de 19 de Outubro, 17/2006, de 20 de Outubro, 18/2006, de 20 de Outubro, 2/2007, de 17 de Janeiro, 3/2007, de 17 de Janeiro, 4/2007, de 22 de Janeiro, 16/2007, de 28 de Março, 17/2007, de 28 de Março, 36/2007, de 2 de Abril, 37/2007, de 3 de Abril, 39/2007, de 5 de Abril, e 41/2007, de 10 de Abril, respectivamente.

[58] O procedimento de elaboração, aprovação, execução e alteração dos "planos de gestão florestal" é disciplinado pelo Decreto-Lei n.º 205/99, de 9 de Junho.

Importa sublinhar, por último, que estas e outras figuras integradoras do planeamento florestal, enquanto instrumento relevante de prevenção e protecção da floresta contra incêndios e de ordenamento e gestão florestal, foram disciplinadas no Decreto-Lei n.º 124/2006, de 28 de Junho (que estabeleceu as medidas e acções a desenvolver no âmbito do Sistema Nacional de Defesa da Floresta contra Incêndios e revogou o Decreto-Lei n.º 156/2004, de 30 de Junho, que continha o regime jurídico dos planos de protecção e prevenção da floresta contra incêndios) e no Decreto-Lei n.º 127/2005, de 5 de Agosto [que contém a disciplina da criação de zonas de intervenção florestal (ZIF), bem como os princípios reguladores da sua constituição, funcionamento e extinção].

Neste contexto, o diploma mencionado em primeiro lugar determina, no n.º 1 do artigo 7.º, que o planeamento da defesa da floresta contra incêndios tem um nível nacional, regional ou supramunicipal, municipal e intermunicipal e um nível local. O nível nacional é constituído pelo Plano Nacional de Defesa da Floresta contra Incêndios (PNDFCI), o qual define os objectivos gerais de prevenção, pré-supressão, supressão e recuperação num enquadramento sistémico e transversal da defesa da floresta contra incêndios. É um plano plurianual, de cariz interministerial, submetido a avaliação anual, que incorpora o plano de protecção das florestas contra incêndios, elaborado nos termos do Regulamento (CEE) n.º 2158//92, do Conselho, de 23 de Julho, e contém orientações a concretizar nos planos regionais de ordenamento florestal, reflectindo-se nos níveis subsequentes do planeamento. O mesmo é elaborado pela Direcção-Geral dos Recursos Florestais e aprovado por resolução do Conselho de Ministros (cfr. o artigo 8.º do referido diploma legal) [59].

O nível regional de defesa da floresta contra incêndios é concretizado pelo planeamento regional de defesa da floresta contra in-

---

[59] Como referimos anteriormente, a Resolução do Conselho de Ministros n.º 65/2006, de 26 de Maio, aprovou o Plano Nacional de Defesa da Floresta contra Incêndios, o qual define objectivos e acções para os períodos que vão de 2006 a 2012 e de 2012 a 2018, e é avaliado anualmente.

cêndios, o qual desenvolve as orientações nacionais decorrentes do planeamento nacional em matéria florestal e do PNDFCI, estabelecendo a estratégia regional de defesa da floresta contra incêndios a integrar nos planos regionais de ordenamento florestal. A coordenação e a actualização contínua do planeamento regional de defesa da floresta contra incêndios cabe à Direcção-Geral dos Recursos Florestais, a qual assegura a participação dos diferentes serviços e organismos do Estado, dos municípios, das organizações de proprietários e de outras entidades relevantes (cfr. o artigo 9.º).

O terceiro nível apontado integra os planos municipais de defesa da floresta contra incêndios (PMDFCI), de âmbito municipal ou intermunicipal, que contêm as acções necessárias à defesa da floresta contra incêndios e, para além das acções de prevenção, incluem a previsão e a programação integrada das diferentes entidades envolvidas perante a eventual ocorrência de incêndios. São elaborados pelas comissões municipais de defesa da floresta contra incêndios, em consonância com o PNDFCI e com o respectivo planeamento regional de defesa da floresta contra incêndios, e aprovados pela Direcção-Geral dos Recursos Florestais. A sua elaboração, execução e actualização têm carácter obrigatório, devendo a câmara municipal consagrar a sua execução no âmbito do relatório anual de actividades, e decorrendo da sua não aprovação a privação das autarquias locais do direito a subsídio ou benefício outorgado pelo Estado, no âmbito da defesa da floresta contra incêndios e da gestão florestal. Os PMDFCI são executados pelos diferentes agentes, designadamente entidades envolvidas, proprietários e outros produtores florestais, mas a coordenação e a gestão dos mesmos competem ao presidente da câmara municipal (cfr. o artigo 10.º)[60].

---

[60] O Decreto-Lei n.º 423/93, de 31 de Dezembro, atribuiu aos municípios competência para aprovar *planos municipais de intervenção na floresta*, os quais visavam assegurar medidas de protecção das florestas contra incêndios. O Decreto-Lei n.º 124/2006, de 28 de Junho, nada nos diz, porém, sobre a subsistência (e em que termos), ou não, desta figura planificatória, ao contrário do que acontecia com o Decreto-Lei n.º 156/2004, de 30 de Junho (o qual foi revogado, pura e simplesmente, por aquele Decreto-Lei n.º 124/2006).

Finalmente, o nível local de planeamento de defesa da floresta contra incêndios abrange os instrumentos de gestão florestal das zonas de intervenção florestal, disciplinados no Decreto-Lei n.º 127//2005, de 5 de Agosto, e todos os instrumentos de gestão florestal de âmbito submunicipal, os quais devem explicitar não só acções de silvicultura de defesa da floresta contra incêndios e de infra-estruturação dos espaços rurais, mas também a sua integração e compatibilização com os instrumentos de planeamento florestal de nível superior, designadamente os planos municipais de defesa da floresta contra incêndios e os planos regionais de ordenamento florestal. A sua aprovação compete à Direcção-Geral dos Recursos Florestais (cfr. o artigo 11.º).

O Decreto-Lei n.º 124/2006 contém, ainda, importantes disposições sobre a *articulação* entre os planos de defesa da floresta contra incêndios e os planos municipais de ordenamento do território e sobre proibições e limitações à construção de edificações. Assim, em primeiro lugar, as cartas da rede regional de defesa da floresta contra incêndios e de risco de incêndio, constantes dos PMDFCI, devem ser delimitadas e regulamentadas nos respectivos planos municipais de ordenamento do território (cfr. o artigo 10.º, n.º 6). Em segundo lugar, a classificação e qualificação do solo definida no âmbito dos instrumentos de gestão territorial vinculativos dos particulares deve reflectir a cartografia de risco de incêndio, que respeita a zonagem do continente e as zonas críticas, definidas, respectivamente, nos artigos 5.º e 6.º do Decreto-Lei n.º 124/2006[61], e que consta dos PMDFCI

---

[61] A zonagem do continente segundo o risco espacial de incêndio assenta na determinação da probabilidade de ocorrência de incêndio florestal, engloba cinco classes (muito baixa, baixa, média, alta, muito alta) e baseia-se, entre outros, nos seguintes critérios: informação histórica sobre a ocorrência de incêndios florestais, ocupação do solo, orografia, clima e demografia (cfr. o artigo 5.º).

As zonas críticas são as manchas florestais onde se reconhece ser prioritária a aplicação de medidas mais rigorosas de defesa da floresta contra incêndios face ao risco de incêndio que apresentam e em função do seu valor económico, social ou ecológico, sendo identificadas, demarcadas e alvo de planeamento próprio nos planos regionais de ordenamento florestal (cfr. o artigo 6.º).

(cfr. o artigo 16.°, n.° 1)[62]. Em terceiro lugar, a construção de edificações para habitação, comércio, serviços e indústria é interdita nos terrenos classificados nos PMDFCI com risco de incêndio elevado ou muito elevado, sem prejuízo das infra-estruturas definidas nas redes regionais de defesa da floresta contra incêndios (cfr. o n.° 2 do artigo 16.°). Por último, as novas edificações no espaço florestal ou rural têm de salvaguardar, na sua implantação no terreno, a garantia de distância à estrema da propriedade de uma faixa de protecção nunca inferior a 50 m e a adopção de medidas especiais relativas à resistência do edifício, à passagem do fogo e à contenção de possíveis fontes de ignição de incêndios no edifício e respectivos acessos (cfr. o n.° 3 do artigo 16.°).

Por seu lado, o diploma apontado em segundo lugar – o Decreto-Lei n.° 127/2005, de 5 de Agosto – estabelece o regime de criação das *zonas de intervenção florestal* (ZIF), entendidas como "áreas territoriais contínuas e delimitadas, constituídas maioritariamente por espaços florestais, submetidas a um plano de gestão florestal e a um plano de defesa da floresta e geridas por uma única entidade" [cfr. o artigo 3.°, alínea i)][63]. A área territorial das ZIF compreende um mínimo de 1000 ha e inclui no mínimo 50 proprietários ou produtores florestais e 100 prédios rústicos (cfr. o artigo 5.°, n.° 3). As ZIF são criadas por portaria do Ministro da Agricultura, do Desenvolvimento Rural e das Pescas, sob proposta da Direcção-Geral dos Recursos Florestais, mediante requerimento subscrito por um mínimo de 30 proprietários e produtores florestais da área da ZIF, detentores, em conjunto, de pelo menos metade da área proposta

---

[62] O artigo 45.° do Decreto-Lei n.° 124/2006 contém, no entanto, um regime transitório, nos termos do qual se exclui do âmbito de aplicação do presente diploma a elaboração, alteração e revisão dos planos municipais de ordenamento do território, em cujo procedimento já se tenha procedido à abertura do período de discussão pública, à data da sua entrada em vigor.

[63] Nos termos do artigo 13.°, n.° 1, do Decreto-Lei n.° 127/2005, de 5 de Agosto, a gestão das ZIF é assegurada pela entidade gestora da ZIF, definindo a Portaria n.° 222/2006, de 8 de Março, os requisitos daquela entidade gestora.

para a ZIF[64]. Nos termos do artigo 19.º do Decreto-Lei n.º 127/
/2005, o *plano de gestão florestal* é elaborado de acordo com o disposto
no Decreto-Lei n.º 205/99, de 9 de Junho, e concretiza as orientações do plano regional de ordenamento florestal da sua área geográfica, atende aos instrumentos municipais e especiais de ordenamento
do território e respeita os interesses dos proprietários e produtores
florestais que têm de o subscrever. Quanto ao *plano de defesa da floresta*
das ZIF, aplica os princípios e acções estabelecidos nos planos de
defesa da floresta de âmbito municipal ou intermunicipal[65], é elaborado para um período temporal de cinco anos e é actualizado anualmente (cfr. o artigo 20.º). Ambos os tipos de planos das ZIF são de
cumprimento obrigatório para todos os proprietários e produtores
florestais aderentes.

15. Servidões administrativas e restrições de utilidade pública

15.1. *Conceito*

A figura jurídica das "servidões administrativas" anda normalmente associada à das "restrições de utilidade pública". Mas enquanto
as primeiras são definidas tradicionalmente pela doutrina – e idêntica
definição era adoptada pelo legislador [cfr. o artigo 3.º, alíneas *i*) e *j*),
do Decreto-Lei n.º 448/91, de 29 de Novembro, diploma entretanto
revogado e substituído pelo Decreto-Lei n.º 555/99, de 16 de Dezembro, alterado por vários diplomas posteriores, que contém o

---

[64] Cfr., a título exemplificativo, as Portarias n.ᵒˢ 794-C/2007, de 23 de
Julho, 1549/2007, de 7 de Dezembro (rectificada no *DR*, I Série, de 5 de Fevereiro de 2008), 1551/2007, de 7 de Dezembro, 1579/2007, de 12 de Dezembro
(rectificada no *DR*, I Série, de 8 de Fevereiro de 2008), 1592/2007, de 14 de
Dezembro, 1625/2007, de 27 de Dezembro, 51/2008, de 16 de Janeiro, e 359/
/2008, 360/2008 e 361/2008, todas de 12 de Abril, que criaram várias ZIF.

[65] De harmonia com o disposto no n.º 2 do artigo 44.º do Decreto-Lei
n.º 124/2006, de 28 de Junho, a referência feita a *planos de defesa da floresta municipais* entende-se feita a *planos municipais de defesa da floresta contra incêndios*.

RJUE] como "encargos impostos por lei sobre certo prédio, em proveito da utilidade pública de uma coisa", sendo, por isso, estabelecidas por causa da utilidade pública de certos bens, as segundas são consideradas como "limitações ao direito de propriedade que visam a realização de interesses públicos abstractos", sem que haja, portanto, qualquer relação com outros bens[66].

O conceito de "servidão administrativa" está intimamente ligado à noção civilista de servidão predial, entendida como um "encargo imposto num prédio em proveito exclusivo de outro prédio pertencente a dono diferente" (cfr. o artigo 1543.º do Código Civil). A servidão predial supõe, assim, uma relação de dependência entre dois prédios: o dominante, que beneficia da servidão; e o serviente, que está a ela sujeito.

Como modalidade específica de "servidões administrativas", existem, no nosso ordenamento jurídico urbanístico, as "servidões *non aedificandi*", fixadas directamente na lei ou resultantes de acto administrativo, que oneram certos prédios e que se traduzem numa proibição de edificar, por motivos de interesse público. Como exemplos, poderemos indicar as "zonas *non aedificandi*", incluídas nas *zonas especiais de protecção* dos imóveis classificados como bens culturais [cfr. o artigo 43.º da Lei n.º 177/2001, de 8 de Setembro (Bases da Política e do Regime de Protecção e Valorização do Património Cultural)], que oneram determinados prédios (os existentes na zona especial de protecção), em proveito da utilidade pública do bem cultural

---

[66] Estas definições correspondem aos conceitos avançados por MARCELLO CAETANO [cfr. *Manual de Direito Administrativo*, Vol. II, 9.ª ed., (Reimpressão), Coimbra, Almedina, 1980, p. 1052 e 1062].

A. PEREIRA DA COSTA define servidão administrativa como "o encargo imposto sobre um imóvel em proveito de outro imóvel, por causa da utilidade pública deste". Cfr. *O Novo Regime do Domínio Público Ferroviário, Os Bens, sua Desafectação e Servidões*, in Scientia Juridica, Tomo LII, N.º 297 (2003), p. 483.

Um exemplo de restrições de utilidade pública são as definidas no artigo 25.º da Lei 54/2005, de 15 de Novembro (estabelece a titularidade dos recursos hídricos), relativamente às *zonas adjacentes* às águas públicas, isto é, a todas as áreas contíguas às margens que como tais sejam classificadas, por se encontrarem ameaçadas pelo mar ou pelas cheias.

imóvel, tendo como finalidade a salvaguarda e a tutela do bem classificado, e, bem assim, as "servidões *non aedificandi*" que incidem sobre certas faixas de terrenos adjacentes a uma estrada ou a uma auto-estrada a construir, a reconstruir ou já existente (cfr. os artigos 3.º, 4.º e 5.º do Decreto-Lei n.º 13/94, de 15 de Janeiro, e o artigo 3.º do Decreto-Lei n.º 294/97, de 24 de Outubro) e que visam proteger as referidas vias de comunicação [67].

Embora a doutrina distinga, como vimos, as figuras da "servidão administrativa" e da "restrição de utilidade pública", há quem sustente que uma tal distinção não se justifica no domínio do direito do urbanismo e que seria vantajoso enquadrá-las num conceito amplo de "*servidões de urbanismo*", as quais abrangerão todas as proibições, limitações e condicionamentos à ocupação, uso e transformação do solo, por motivos de interesse público, decorrentes de normas urbanísticas, incluindo as constantes dos planos, em especial dos planos municipais de ordenamento do território (sem que naquela noção esteja, portanto, implicada necessariamente a imposição de um encargo sobre um prédio em proveito da utilidade pública de outra coisa) [68-69].

---

[67] Embora as zonas de "*servidão non aedificandi*" para as estradas nacionais constantes do Plano Rodoviário Nacional sejam definidas nos diplomas indicados no texto (aos quais acresce o Decreto-Lei n.º 13/71, de 23 de Janeiro, alterado pelos Decretos-Leis n.os 219/72, de 27 de Junho, 25/2004, de 24 de Janeiro, e 175/2006, de 28 de Agosto) – cuja largura, para as estradas nacionais já existentes, é de 20 m para cada lado do eixo da estrada e nunca menos de 5 m da zona da estrada –, o Decreto-Lei n.º 83/2008, de 20 de Maio, fixou zonas de "*servidão non aedificandi*" mais extensas para a EN 125, tendo em consideração as suas características especiais e com o objectivo de promover o seu ordenamento – extensão que é, quanto aos edifícios destinados a habitação, de 35 m para cada lado do eixo da estrada e nunca menos de 15 m da zona da estrada, e, quanto às instalações de carácter industrial, estabelecimentos comerciais ou de serviços, hotéis e congéneres, bem como qualquer instalação que influencie directa ou indirectamente a fluidez do tráfego e a segurança da circulação, de 70 m para cada lado do eixo da estrada e nunca menos de 50 m da zona da estrada.

[68] A expressão *servidão de urbanismo* é utilizada sobretudo no direito francês, consagrando o artigo L. 160-5 do *Code de l'Urbanisme* o *princípio da não-indemnização das servidões de urbanismo*, excepto nos casos em que resulta destas servidões "une atteinte à des droits acquis ou une modification à l'état antérieur des lieux détermi-

15.2. *Constituição das servidões administrativas*

Como se refere no preâmbulo do Decreto-Lei n.º 181/70, de 28 de Abril, contrariamente ao que sucede no domínio do direito civil, as "servidões administrativas" são sempre legais, ou seja, resultam sempre da lei. Todavia, ao lado de "servidões administrativas", cuja constituição resulta directa e imediatamente da lei, pela submissão automática a regimes uniforme e genericamente predeterminados de todos os prédios que se encontrem em determinadas condições, objectivamente fixadas na lei, outras servidões há cuja constituição exige a prática de um acto da Administração, quer apenas pelo reconhecimento da utilidade pública justificativa da servidão, quer ainda pela definição de certos aspectos do respectivo regime, designadamente no que se refere à área sujeita a servidão e aos encargos por ela impostos.

Resulta do exórdio do Decreto-Lei n.º 181/70 que as "servidões administrativas" podem ter duas *origens*: ou derivam directamente da lei ou são constituídas por acto administrativo. A norma

---

nant un dommage direct, matériel et certain". Cfr., por todos, B. LAMORLETTE/ /D. MORENO, *Code de l'Urbanisme, Commenté*, 16.ª ed., Paris, Lexis Nexis/Litec, 2007, p. 157-160, e H. JACQUOT/F. PRIET, *ob. cit.*, p. 838-844. Mas como sublinha M. FROMONT, a expressão *servidão de urbanismo* não é totalmente feliz, uma vez que nem sempre existe um prédio dominante, isto é, um prédio beneficiário da servidão, e, além disso, a justificação da servidão não é apenas o urbanismo, mas também a protecção dos monumentos históricos e da natureza. Seria, por isso, mais correcto falar de "sujeição de interesse geral". Mas como a maior parte das sujeições são impostas no interesse de uma boa urbanização, podemos também utilizar – acrescenta o mesmo autor – a expressão "sujeição de urbanismo" [cfr. *Conclusion Général du Colloque International "L'Indemnisation des Servitudes d'Urbanisme en Europe"*, in Droit et Ville, N.º 49 (2000), p. 119 e 120. Cfr. também R. HOSTIOU, *Rapport de Synthèse, L'Indemnisation Directe des Servitudes d'Urbanisme*, na mesma publicação, p. 85 e 86].

[69] Para uma análise crítica das posições doutrinárias que reconduzem a uma só figura jurídica as categorias das "servidões administrativas" e das "restrições de utilidade pública", com base no afastamento do *praedium dominans* do núcleo definitório das primeiras, cfr. BERNARDO AZEVEDO, *Servidão de Direito Público (Contributo para o seu Estudo)*, Coimbra, Coimbra Editora, 2005, p. 75-90.

geral habilitadora da constituição de servidões administrativas por acto administrativo é o artigo 8.º, n.º 1, do actual Código das Expropriações, aprovado pela Lei n.º 168/99, de 18 de Setembro. Nele se estabelece que "podem constituir-se sobre imóveis as servidões necessárias à realização de fins de utilidade pública", determinando-se no n.º 3 do mesmo artigo, na parte que agora interessa considerar, que à constituição dessas servidões se aplica o estatuído no Código das Expropriações, com as necessárias adaptações, salvo o disposto em legislação especial. Em consequência do preceituado no artigo 8.º, n.º 3, do vigente Código das Expropriações, o acto administrativo que constitui a "servidão administrativa" deve indicar a utilidade pública específica justificativa da servidão, identificar a área a ela sujeita e especificar os encargos que da mesma decorrem (tal como sucede na expropriação, em que o acto de declaração de utilidade pública deve indicar o fim público específico da expropriação e individualizar os bens que constituem o seu objecto)[70].

---

[70] É importante referir a doutrina que emana do Acórdão da 1.ª Secção do Supremo Tribunal Administrativo de 9 de Outubro de 2001 (Proc. n.º 45296). É a mesma a seguinte:

1. A constituição de servidão administrativa necessária à realização de fins de interesse público, como o atravessamento de uma propriedade por um emissário de águas residuais, sem o consentimento da proprietária, depende de declaração de utilidade pública por acto administrativo que individualize os bens a sujeitar à servidão e o seu âmbito, nos termos dos artigos 1.º, 8.º e 10.º, n.ºs 1 e 2, do Código das Expropriações (CE) de 1991 (que era o vigente na data da constituição da servidão administrativa).

2. As formalidades a observar no procedimento administrativo são as indicadas nos artigos 12.º e 14.º do CE e não as referidas no Decreto-Lei n.º 181/70, de 28 de Abril, que se mostram derrogadas pela nova regulamentação, que garante mais eficazmente os interesses dos particulares, em especial dos interessados directos que agora têm de ser notificados pessoalmente do conteúdo do requerimento de declaração de utilidade pública.

3. A competência para declarar a utilidade pública de servidão para implantação e manutenção de esgotos deixou de ser regulada pelo Decreto-Lei n.º 34021, de 11 de Outubro de 1944, em virtude da norma derrogatória que regulou a matéria em novos moldes do artigo 11.º do CE de 1991, conferindo-a ao ministro a cujo departamento compete a apreciação final do processo [cfr. CJA, N.º 30 (2001), p. 76].

O citado artigo 8.º, n.º 1, do vigente Código das Expropriações limita-se a repetir o conteúdo do artigo 8.º, n.º 1, do antecedente Código das Expropriações, aprovado pelo Decreto-Lei n.º 438/91, de 9 de Novembro — o qual, por sua vez, era de teor idêntico ao do artigo 3.º, n.º 1, do Código das Expropriações, aprovado pelo Decreto-Lei n.º 845/76, de 11 de Dezembro (alterado por vários diplomas posteriores). Refira-se, ainda, que, já antes, o artigo 3.º, n.º 1, da Lei n.º 2030, de 22 de Junho de 1948, determinava que "poderão constituir-se sobre imóveis as servidões necessárias à realização de fins de utilidade pública previstos na lei".

Existe, no entanto, um alargado elenco de diplomas legais sobre "servidões administrativas" (incluindo "servidões *non aedificandi*"), onde se encontram várias particularidades da respectiva disciplina jurídica, designadamente quanto ao modo da sua constituição (se resultam directamente da lei ou se são constituídas por acto administrativo), às áreas a elas sujeitas, à natureza e extensão dos encargos delas decorrentes e até, por vezes, quanto à indemnização dos danos das mesmas resultantes (algumas especificam que a "servidão administrativa" dá origem a indemnização e indicam o processo de fixação ou de determinação do *quantum* indemnizatório)[71].

15.3. *Classificação das servidões administrativas*

As "servidões administrativas" podem ser classificadas de acordo com diferentes critérios. Os mais importantes são o da sua *origem* ou *modo de constituição*, o da sua *duração*, o do seu *conteúdo* e o da sua *finalidade*.

Com base no critério da sua *origem* ou do seu *modo de constituição*, as "servidões administrativas" dividem-se em *legais* ou *voluntárias*. As primeiras derivam directa e imediatamente da lei, não sendo necessário qualquer acto administrativo para que se considerem constituí-

---

[71] Para alguns exemplos desses diplomas legais, cfr. a nossa colectânea *Direito do Ordenamento do Território e do Urbanismo* (*Legislação Básica*), cit..

das[72]. As segundas estão previstas na lei, mas são constituídas através de um acto administrativo.

De acordo com o critério da sua duração, as "servidões administrativas" podem ser *permanentes*, quando não têm um limite temporal, ou *temporárias*, quando são estabelecidas por tempo determinado, enquanto durarem certos trabalhos ou se mantiver uma certa situação.

Quanto ao seu *conteúdo*, é possível distinguir entre servidões *positivas* e *negativas*. As mencionadas em primeiro lugar abrangem as servidões que se traduzem numa obrigação positiva, *in faciendo*, do proprietário do prédio serviente, como sucede com os proprietários dos prédios confinantes com as estradas e caminhos municipais, que são obrigados a cortar as árvores e a demolir, total ou parcialmente, ou a beneficiar as construções que ameacem desabamento [cfr. o artigo 71.º da Lei n.º 2 110, de 19 de Agosto de 1951). Por seu lado, as referidas em segundo lugar consistem num *non facere*, na proibição de o proprietário do prédio serviente exercer alguma ou algumas faculdades, como, por exemplo, a faculdade de construir nas faixas de terrenos oneradas com uma servidão *non aedificandi*.

Por último, com base no critério da *finalidade*, as "servidões administrativas" desdobram-se em *activas* e *passivas*. Nestas (servidões *in patiendo*), o titular do prédio serviente suporta uma actividade de modo passivo, sem nada ter de fazer (tem, por exemplo, de deixar colocar os postes das linhas telefónicas ou as canalizações de gás natural[73],

---

[72] Um exemplo de servidões administrativas que derivam directa e imediatamente da lei pode colher-se no n.º 1 do artigo 21.º da Lei n.º 54/2005, de 15 de Novembro (estabelece a titularidade dos recursos hídricos), segundo o qual "todas as parcelas privadas de leitos ou margens de águas públicas estão sujeitas às servidões estabelecidas por lei e nomeadamente a uma servidão de uso público, no interesse geral de acesso às águas e de passagem ao longo das águas da pesca, da navegação e da flutuação, quando se trate de águas navegáveis ou flutuáveis, e ainda da fiscalização e policiamento das águas pelas entidades competentes."

[73] Cfr., quanto às servidões administrativas, no âmbito do Sistema Nacional de Gás Natural (aprovado pelo Decreto-Lei 30/2006, de 15 de Fevereiro), o artigo 8.º, n.º 1, alínea b), do Decreto-Lei n.º 140/2006, de 26 de Julho (que desenvolve os princípios gerais relativos à organização e ao funcionamento do Sistema Nacional de Gás Natural).

sem que lhe seja exigido qualquer comportamento). Naquelas (servidões *in faciendo*), tem o mesmo, pelo contrário, de agir, sendo compelido a fazer qualquer coisa, sob pena de a Administração se lhe substituir, fazendo recair sobre ele as despesas a que der causa[74].

15.4. *As servidões administrativas e as restrições de utilidade pública e os planos*

As "servidões administrativas" e as "restrições de utilidade pública" assumem uma importância particular no âmbito do planeamento territorial. Com efeito, umas e outras, desde que anteriores à aprovação dos planos territoriais directa e imediatamente vinculativos dos particulares – planos esses que são, de harmonia com o disposto no artigo 11.°, n.° 2, da LBPOTU e no artigo 3.°, n.° 2, do RJIGT, os planos especiais e municipais de ordenamento do território –, constituem uma limitação à liberdade de conformação daqueles instrumentos de planeamento territorial, devendo os mesmos respeitá-las e assinalá-las na denominada "planta de condicionantes".

Importa sublinhar que os planos especiais de ordenamento do território – que abrangem, como se referiu, os planos de ordenamento de áreas protegidas, os planos de ordenamento de albufeiras de águas públicas, os planos de ordenamento da orla costeira e os planos de ordenamento dos estuários – são instrumentos de natureza regulamentar, elaborados pela administração central, que "estabelecem regimes de salvaguarda de recursos e valores naturais e o regime de gestão compatível com a utilização sustentável do território" (cfr. os artigos 42.° a 50.° do RJIGT). E os planos municipais de ordenamento do território – que englobam os planos directores municipais, os planos de urbanização e os planos de pormenor – são instrumentos de natureza regulamentar, aprovados pelos municípios, que fixam "o regime de uso do solo, definindo modelos de evolução previsível

---

[74] Cfr., sobre este ponto, por todos, MARCELLO CAETANO, *ob. cit.*, p. 1054, e A. PEREIRA DA COSTA, *Servidões Administrativas e Outras Restrições de Utilidade Pública*, Porto, Ecla, 1992, p. 31-33.

da ocupação humana e da organização de redes e sistemas urbanos e, na escala adequada, parâmetros de aproveitamento do solo e de garantia da qualidade ambiental" (cfr. os artigos 69.º a 92.º-B do referido diploma legal).

Ora, neste contexto, o conteúdo documental dos planos especiais de ordenamento do território integra, entre o mais, a "planta de condicionantes, que identifica as servidões e restrições de utilidade pública em vigor" [cfr. o artigo 45.º, n.º 2, alínea c), do RJIGT]. E no que respeita ao conteúdo documental dos planos directores municipais, dos planos de urbanização e dos planos de pormenor, é o mesmo composto, entre outros elementos, pela "planta de condicionantes, que identifica as servidões e restrições de utilidade pública em vigor que possam constituir limitações ou impedimentos a qualquer forma específica de aproveitamento" [cfr. os artigos 86.º, n.º 1, alínea c), 89.º, n.º 1, alínea c), e 92.º, n.º 1, alínea c), do RJIGT].

15.5. *Indemnização das servidões administrativas e das restrições de utilidade pública*

O problema mais importante do regime jurídico das "servidões administrativas" é, seguramente, o que se prende com a indemnização dos danos delas resultantes. A esta questão vamos reservar as linhas subsequentes, sendo as soluções a que se vai chegar transponíveis, com as devidas adaptações, para a indemnização dos danos oriundos das "restrições de utilidade pública".

a) A questão de saber quais as "servidões administrativas" que devem dar origem a indemnização e quais as que não carecem de ser acompanhadas de indemnização suscita, ainda hoje, uma larga controvérsia.

Sobre este ponto específico, o artigo 3.º, n.º 2, da Lei n.º 2030 determinava que "as servidões derivadas directamente da lei não dão direito a indemnização, salvo quando a própria lei determinar o contrário". E o n.º 3 do mesmo preceito estabelecia que "as servidões constituídas por acto administrativo dão direito a indemnização, quando envolverem diminuição efectiva do valor dos prédios servientes". O texto do artigo 3.º, n.ºs 2 e 3, da Lei n.º 2030 foi posteriormente repetido pelos n.ºs 2 e 3 do artigo 3.º do Código das Expropriações de 1976 e pelos n.ºs 2 e 3 do artigo 8.º do Código das Expropriações de 1991 (com a diferença, não despicienda, de no n.º 3 do artigo 8.º deste último Código se determinar que davam lugar a indemnização as servidões constituídas por acto administrativo, quando envolvessem não só a diminuição efectiva do valor dos prédios servientes, mas também quando implicassem a diminuição efectiva do seu rendimento).

As normas dos n.ºs 2 e 3 do artigo 8.º do Código das Expropriações de 1991 – semelhantemente ao que sucedeu com as normas dos n.ºs 2 e 3 do artigo 3.º do Código de 1976 – foram criticadas por uma boa parte da doutrina, que as considerava, inclusive, inconstitucionais. Pela nossa parte, sempre defendemos que a *forma* ou a *origem* (lei ou acto administrativo) da constituição da "servidão administrativa" não podem servir de critério de indemnização, ou não, das "servidões administrativas", mas sim a *natureza* dos danos delas derivados. E o Tribunal Constitucional, na sequência de vários arestos proferidos em processos de fiscalização concreta da constitucionalidade, declarou, no Acórdão n.º 331/99[75], com força obrigatória geral, a inconstitucionalidade da norma do n.º 2 do artigo 8.º do Código das Expropriações de 1991, não em toda a sua extensão ou conteúdo normativo (porque a questão de constitucionalidade que foi colocada àquele Tribunal não abrangia a norma no seu todo), mas apenas numa determinada dimensão ou segmento normativo, isto é, "na medida em que não permite que haja indemnização pelas servidões fixadas directamente pela lei que incidam sobre parte sobrante do prédio expropriado, no âmbito de expropriação parcial, desde que a mesma parcela já tivesse, anteriormente ao processo expropriativo, capacidade edificativa, por violação dos artigos 13.º, n.º 1, e 62.º, n.º 2, da Constituição"[76].

---

[75] Publicado no *DR*, I Série-A, de 14 de Julho de 1999.

[76] Para uma análise da jurisprudência do Tribunal Constitucional sobre as servidões *"non aedificandi"* constituídas na sequência de um procedimento expro-

Procurando ir ao encontro das críticas formuladas à disciplina jurídica da indemnização das "servidões administrativas", consagrada no artigo 8.º, n.ºˢ 2 e 3, do Código das Expropriações de 1991 – e que já se encontrava também, nos seus aspectos essenciais, no artigo 3.º, n.ºˢ 2 e 3, do Código de 1976 –, veio o Código de 1999, nos n.ºˢ 2 e 3 do artigo 8.º, reformular o regime jurídico da indemnização das servidões administrativas. De facto, estes preceitos passaram a ter a seguinte redacção:

"2. As servidões, resultantes ou não de expropriações, dão lugar a indemnização quando:

a) Inviabilizem a utilização que vinha sendo dada ao bem, considerado globalmente;

b) Inviabilizem qualquer utilização do bem, nos casos em que este não esteja a ser utilizado; ou

c) Anulem completamente o seu valor económico.

3. À constituição das servidões e à determinação da indemnização aplica-se o disposto no presente Código com as necessárias adaptações, salvo o disposto em legislação especial".

Resulta da nova redacção do n.º 2 do artigo 8.º do Código das Expropriações que o problema da indemnização das "servidões administrativas" deixou – e bem – de estar dependente da *forma* ou da *origem* da sua constituição (lei ou acto administrativo), passando a estar ligado à *índole* ou à *natureza* dos prejuízos delas emergentes. Além disso, clarifica-se, no n.º 3 do artigo 8.º, algo que resultava implicitamente do Código das Expropriações de 1991, dizendo-se que, salvo o prescrito em legislação especial, a constituição das servidões e a determinação da indemnização seguem o disposto no Código das Expropriações, com as necessárias adaptações.

O n.º 2 do artigo 8.º do Código das Expropriações de 1999, apesar de conter o aspecto positivo anteriormente assinalado, é demasiado restritivo no que respeita ao âmbito das servidões administrativas que devem ser acompanhadas de indemnização. Com efeito, na

---

priativo, cfr. a nossa obra *A Jurisprudência do Tribunal Constitucional sobre Expropriações por Utilidade Pública e o Código das Expropriações de 1999*, in RLJ, Ano 132.º, N.º 3907, p. 300-305.

nossa óptica, para além das servidões administrativas que produzem os tipos de danos referidos nas três alíneas do n.º 2 do artigo 8.º, outras há que devem dar direito a indemnização: são aquelas que produzem danos *especiais* e *anormais* (ou *graves*) na esfera jurídica dos proprietários dos prédios (normalmente, terrenos). Tem sido esta, aliás, como dissemos, a orientação da jurisprudência do Tribunal Europeu dos Direitos do Homem, a propósito da interpretação do artigo 1.º do Primeiro Protocolo Adicional, de 20 de Março de 1952, à Convenção Europeia dos Direitos do Homem (recebida *in foro domestico* com a Lei n.º 65/78, de 13 de Outubro, que o aprovou para ratificação), que preceitua o seguinte: "Qualquer pessoa singular ou colectiva tem direito ao respeito dos seus bens. Ninguém pode ser privado do que é sua propriedade, a não ser por utilidade pública e nas condições previstas pela lei e pelos princípios gerais de direito internacional. As disposições precedentes entendem-se sem prejuízo do direito que os Estados possuem de aprovar as leis que julguem necessárias para a regulamentação do uso dos bens, de acordo com o interesse geral, ou para assegurar o pagamento de impostos ou outras contribuições ou de multas". De facto, desde o Acórdão "Sporrong e Lönnroth", de 23 de Setembro de 1982, que aquele Tribunal vem decidindo que devem dar origem a indemnização todos os actos do poder público (incluindo, por isso, as servidões administrativas) de que resulte para o proprietário um encargo "especial e exorbitante", desproporcionado em relação ao objectivo de interesse geral prosseguido[77]. Por outras palavras, e como sublinhámos mais acima, devem dar direito a indemnização todas as servidões administrativas que se apresentam como verdadeiras *expropriações de sacrifício* ou *substanciais*, isto é, como actos que produzem modificações *especiais* e *graves* (ou *anormais*) na *utilitas* do direito de propriedade, em termos tais que ocorreria uma violação do *princípio da justa indemnização* por expro-

---

[77] Para mais desenvolvimentos sobre a jurisprudência do Tribunal Europeu dos Direitos do Homem respeitante à interpretação do artigo 1.º do Primeiro Protocolo Adicional à Convenção Europeia dos Direitos do Homem, cfr. a nossa obra *A Jurisprudência do Tribunal Constitucional sobre Expropriações*, cit., in RLJ, Ano 132, N.º 3904, p. 199 e 200, nota 14, e a bibliografia aí citada.

priação (aqui entendida no sentido de *expropriação de sacrifício* ou *substancial*), condensado no artigo 62.º, n.º 2, da Constituição, do *princípio do Estado de direito democrático*, consagrado nos artigos 2.º e 9.º, alínea b), da Lei Fundamental, nos termos do qual os actos do poder público lesivos de direitos ou causadores de danos devem desencadear uma indemnização, e do *princípio da igualdade dos cidadãos perante os encargos públicos*, ínsito no artigo 13.º, n.º 1, da Constituição, se o proprietário onerado com essa servidão administrativa não obtivesse uma indemnização. E as servidões administrativas que produzem danos daquela *natureza* não se restringem, seguramente, às elencadas no n.º 2 do artigo 8.º do vigente Código das Expropriações.

De acordo com o critério por nós anteriormente avançado, só não dão direito a indemnização as servidões administrativas que criem limitações ou condicionamentos à utilização e disposição dos bens, designadamente dos solos, que são um mero efeito da *função social*, da *vinculação social* (*Sozialbindung*) ou da *vinculação situacional* (*Situationsgebundenheit*) da propriedade que incide sobre aqueles bens, isto é, uma simples consequência da especial situação factual dos bens, da sua inserção na natureza e na paisagem e das suas características intrínsecas, ou cujos efeitos ainda se contenham dentro dos limites ao direito de propriedade definidos genericamente pelo legislador.

O carácter excessivamente restritivo do n.º 2 do artigo 8.º do actual Código das Expropriações torna-se evidente se o cotejarmos com o n.º 3 do artigo 8.º do Código de 1991, onde se estabelecia que as "servidões administrativas" constituídas por acto administrativo davam direito a indemnização quando envolvessem a *diminuição efectiva do valor ou do rendimento dos prédios servientes*.

À luz deste quadro, e na linha do que escrevemos mais atrás, pensamos que a norma do n.º 2 do artigo 8.º do Código das Expropriações de 1999, na parte em que não consente a indemnização de todas e quaisquer servidões administrativas que produzem danos *especiais* e *anormais* (ou *graves*) na esfera jurídica dos proprietários dos prédios pelas mesmas onerados, é inconstitucional, por violação do *princípio do Estado de direito democrático*, condensado nos artigos 2.º e 9.º, alínea b), da Constituição (a indemnização dos prejuízos oriundos daquelas servidões é uma exigência deste princípio), do *princípio da igualdade*, plasmado no artigo 13.º, n.º 1, da Lei Fundamental (o proprietário do prédio afectado pelas referidas servidões administrativas contribuirá em maior medida do que os restantes cidadãos para o interesse público, havendo, assim, uma violação do "princípio da igualdade dos cidadãos perante os encargos públicos", se os danos por ele suportados não forem indemnizados) e do *princípio da justa indemnização* por expropriação (entendida, aqui, no sentido de *expropriação de sacrifício* ou *substancial*), consagrado no artigo 62.º, n.º 2, também da Constituição.

O *fundamento* da indemnização das "servidões administrativas" cujos efeitos sejam os que foram mencionados encontra-se nos referidos princípios constitucionais do *Estado de direito democrático*, da *igualdade dos cidadãos perante os encargos públicos* e da *justa indemnização por expropriação* (*de sacrifício ou substancial*) [78-79].

---

[78] Cfr., sobre estes pontos, a nossa obra *A Jurisprudência do Tribunal Constitucional sobre Expropriações*, cit., in RLJ, Ano 132.º, N.º 3907, p. 301 e 302, nota 61, e a bibliografia aí citada.

[79] Como referimos, importantes subsídios para a densificação do conceito de "danos ou encargos especiais e anormais" oriundos das "servidões administrativas" podem ser colhidos no artigo 2.º do Regime da Responsabilidade Civil Extracontratual do Estado e Demais Entidades Públicas, aprovado pela Lei n.º 67/2007, de 31 de Dezembro, que considera "especiais os danos ou encargos que incidam sobre uma pessoa ou grupo, sem afectarem a generalidade das pessoas, e anormais os que, ultrapassando os custos próprios da vida em sociedade, mereçam, pela sua gravidade, a tutela do direito". Também o artigo 16.º do mesmo Regime, reportando-se à "indemnização pelo sacrifício", determina que "o Estado e as demais pessoas colectivas de direito público indemnizam os particulares a quem, por razões de interesse público, imponham encargos ou causem danos especiais e anormais, devendo, para o cálculo da indemnização, atender-se, designadamente, ao grau de afectação do conteúdo substancial do direito ou interesse violado ou sacrificado". Mas a indemnização dos danos *especiais* e *anormais* decorrentes das servidões administrativas segue o regime da indemnização da expropriação por utilidade pública, como resulta claramente do artigo 8.º, n.º 3, do Código das Expropriações, e não o Regime da Responsabilidade Civil Extracontratual do Estado e Demais Entidades Públicas, constante da Lei n.º 67/2007, de 31 de Dezembro.

No Capítulo III da Parte I do presente Manual, teremos oportunidade de nos debruçar sobre a complexa questão da distinção entre a *indemnização pelo sacrifício*,

b) A indemnização das "servidões administrativas" pode ser *directa* ou *indirecta*[80].

No primeiro caso, a mesma traduz-se no pagamento ao proprietário do prédio onerado com a servidão de uma quantia *em dinheiro e de uma só vez*, como refere expressamente o artigo 67.º, n.º 1, do Código das Expropriações. É possível, no entanto, o pagamento da indemnização pecuniária em prestações ou a satisfação, total ou parcial, da indemnização através da *cedência de bens* ou *direitos* (pagamento da indemnização *in natura*). Mas tanto numa hipótese, como na outra, é necessário o acordo entre os interessados (cfr. os artigos 67.º a 69.º do Código das Expropriações).

Como foi sublinhado, o artigo 8.º, n.º 3, do vigente Código das Expropriações preceitua que à determinação da indemnização pelas "servidões administrativas" aplica-se o estatuído naquele Código, com as necessárias adaptações, salvo o disposto em legislação especial. Significa isto que, como regra geral, a indemnização pelas servidões deve ser calculada de acordo com as normas respeitantes à indemnização por expropriação. Tal como a indemnização por expropriação, também a indemnização pela "servidão administrativa" deve ser *justa* (cfr. o artigo 62.º, n.º 2, da Constituição). Ela deve, por isso, consistir numa *indemnização integral* (*volle Entschädigung*) ou numa *compensação total* do dano infligido ao proprietário do prédio serviente. Além disso, deve a mesma repor a observância do princípio da igualdade violado com a servidão, compensando plenamente o sacrifício especial e anormal suportado pelo proprietário do prédio serviente, de tal

---

enquanto modalidade de responsabilidade civil extracontratual do Estado e demais pessoas colectivas de direito público, e a *expropriação de sacrifício*.

[80] Sobre a problemática da indemnização *directa* e *indirecta* das "servidões de urbanismo", cfr. R. HOSTIOU, *Rapport de Synthèse, L'Indemnisation Directe des Servitudes d'Urbanisme*, cit., p. 85-92; Y. JÉGOUZO, *L'Indemnisation Indirecte des Servitudes d'Urbanisme en Europe*, in Droit et Ville, N.º 49 (2000), p. 95-115; M. FROMONT, *Conclusion Générale*, cit., *ibidem*, p. 126 e 127; F. BOUYSSOU/P. GALEN, *Rapport Français sur la Non Indemnisation des Servitudes d'Urbanisme, Colloque International*, in Droit et Ville, N.º 48 (1999), p. 115-133; e F. BOUYSSOU, *L'Indemnisation des Servitudes d'Interêt Public*, in Droit et Ville, N.º 30 (1990), p. 114-126.

modo que o sacrifício que lhe foi imposto seja equitativamente repartido entre todos os cidadãos[81].

Ora, tendo em conta que o *critério geral* da indemnização por expropriação é o do "prejuízo que para o expropriado advém da expropriação, correspondente ao valor real e corrente do bem, de acordo com o seu destino efectivo ou possível numa utilização económica normal, à data da publicação da declaração de utilidade pública, tendo em consideração as circunstâncias e condições de facto existentes naquela data" (cfr. o artigo 23.º, n.º 1, do Código das Expropriações) – critério este que é o do *valor de mercado (Verkehrswert),* também denominado *valor venal, valor comum* ou *valor de compra e venda* do bem expropriado, entendido não em sentido estrito, mas em *sentido normativo*, isto é, "o valor de mercado normal ou habitual", despido dos elementos especulativos –, deverá a indemnização pela "servidão administrativa" corresponder à diminuição do valor de mercado do prédio serviente, tendo em conta as circunstâncias e as condições de facto existentes à data da constituição da servidão.

A indemnização deve ser suportada pela entidade beneficiária da "servidão administrativa", que corresponde, por via de regra, à entidade responsável pela sua constituição.

A indemnização *indirecta* dos prejuízos oriundos da "servidão administrativa" verifica-se naqueles casos em que a lei prevê, como forma de indemnização da servidão, o direito de o proprietário requerer a expropriação do prédio com ela onerado. Assim parece suceder, por exemplo, no caso da "servidão *non aedificandi*", incluída na *zona especial de protecção* de imóveis classificados como bens culturais [cfr. o artigo 50.º, n.ºˢ 1, alínea *c*), e 2, da Lei n.º 107/2001, de 8 de Setembro][82].

---

[81] Também no direito brasileiro se entende que a indemnização das servidões administrativas, quando devida, corresponde ao efectivo prejuízo causado ao imóvel, segundo o seu destino normal, e cobre a totalidade dos danos impostos ao proprietário. Cfr. HELY LOPES MEIRELLES, *Direito de Construir*, 7.ª ed., São Paulo, Malheiros, 1996, p. 135 e 136.

[82] Para uma visão geral do regime do património cultural, no nosso país, cfr., por todos, J. CASALTA NABAIS, *Introdução do Direito do Património Cultural*, Coimbra, Almedina, 2004.

Idêntico direito é reconhecido aos proprietários de terrenos vedados à construção dentro das "zonas de protecção" de edifícios públicos de reconhecido valor arquitectónico, nos termos do artigo 6.º do Decreto n.º 21 875, de 18 de Novembro de 1932[83]. De igual modo, o artigo 7.º do Decreto-Lei n.º 382/99, de 22 de Setembro, veio atribuir aos proprietários dos terrenos que integram as "zonas de protecção imediata" ou as "zonas de protecção especial" das captações de águas subterrâneas destinadas ao abastecimento público o direito de requerer a respectiva expropriação, nos termos do Código das Expropriações[84]. E, mais recentemente, o artigo 37.º, n.º 5, da Lei n.º 58/2005, de 29 de Dezembro (Lei da Água), determinou, na mesma linha, que aos proprietários privados dos terrenos que integrem as zonas de protecção (imediata, intermédia e alargada) e as zonas adjacentes das captações de água para abastecimento público é assegurado o direito de requerer a respectiva expropriação, nos termos do Código das Expropriações.

Uma questão importante que se coloca aqui é a de saber se na indemnização correspondente a esta expropriação deve tomar-se em

---

[83] O Decreto-Lei n.º 173/2006, de 24 de Agosto, definiu um regime transitório para os imóveis abrangidos pela zona de protecção dos edifícios públicos de reconhecido valor arquitectónico, revogando o Decreto n.º 21 875, de 18 de Novembro de 1932 (mas manteve os efeitos inerentes à aplicação do Decreto-Lei n.º 40 388, de 21 de Novembro de 1955). Tal regime transitório traduziu-se na determinação de que "os imóveis para os quais foi estabelecida uma zona de protecção nos termos do Decreto n.º 21 875, de 18 de Novembro de 1932, gozam da protecção estabelecida na Lei n.º 107/2001, de 8 de Setembro, e respectiva legislação complementar para os bens em vias de classificação como património cultural, devendo o procedimento encontrar-se concluído nos prazos legalmente fixados para o efeito".

[84] Cfr. a Resolução do Conselho de Ministros n.º 186/2003, de 11 de Dezembro, que aprovou, ao abrigo do n.º 2 do artigo 4.º do Decreto-Lei n.º 382/99, de 22 de Setembro, a delimitação e respectivos condicionamentos dos perímetros de protecção para duas captações de águas subterrâneas, no Município da Golegã, bem como a Resolução do Conselho de Ministros n.º 34/2006, de 28 de Março, que aprovou a delimitação dos perímetros de protecção de dois furos de captação de águas subterrâneas construídos nas margens do ribeiro de Degolaço, no Município de Pombal.

consideração a diminuição de valor resultante da imposição da "servidão administrativa", designadamente da servidão *non aedificandi*, que é anterior ao acto expropriativo, nos casos em que, antes da imposição daquela servidão, o terreno tinha aptidão edificativa. A resposta adequada parece-nos ser a de que aquela menos-valia não deve ser considerada na indemnização pela expropriação do imóvel: ela é, de facto, a que se inscreve na lógica da opção do legislador ao considerar indemnizáveis os danos decorrentes da referida "servidão administrativa", reconhecendo ao proprietário do terreno por ela afectado o direito de requerer à entidade que constituiu a "servidão administrativa" (e, em regra, que beneficia com ela) a sua expropriação. Pensamos, por isso, que, numa situação destas, não deve ser aplicado o citado n.º 1 do artigo 23.º do Código das Expropriações, que ordena, no cálculo da indemnização por expropriação, a tomada em consideração das circunstâncias e condições de facto existentes à data da declaração de utilidade pública da expropriação[85].

Nos casos referidos, ou seja, quando a expropriação do prédio onerado com a "servidão administrativa" tiver sido requerida pelo proprietário à entidade que a constituiu e que dela beneficia, é ela a responsável pelo pagamento da indemnização dos danos decorrentes da "servidão administrativa" (*in casu*, pela via da não consideração na indemnização por expropriação do prédio da menos-valia resultante da servidão).

c) Pode suceder que sobre um prédio onerado com uma "servidão administrativa" venha a incidir, mais tarde, um procedimento expropriativo, fora do contexto assinalado anteriormente, isto é, sem que a expropriação tenha sido requerida pelo proprietário do prédio serviente. Nesses casos, quando a "servidão administrativa" deva dar origem a indemnização e o proprietário não tenha sido indemnizado dos prejuízos pela mesma provocados, também a desvalorização ori-

---

[85] Cfr. a nossa obra *Propriedade de Bens Culturais – Restrições de Utilidade Pública, Expropriações e Servidões Administrativas*, in Direito do Património Cultural, coord. JORGE MIRANDA/J. MARTINS CLARO/M. TAVARES DE ALMEIDA, Lisboa, INA, 1996, p. 412.

ginada pela servidão não deve ser considerada no cômputo da indemnização pela expropriação do imóvel. E havendo identidade do sujeito que beneficia da expropriação e da servidão, dúvidas não há em que é este o responsável pelo pagamento da indemnização dos prejuízos oriundos da "servidão administrativa" (também, através do não atendimento na indemnização por expropriação do prédio da menos--valia resultante da servidão).

Mas nas hipóteses em que a entidade que promove a expropriação e que dela beneficia (entidade expropriante) for diferente daquela que constituiu a "servidão administrativa" e que dela retira proveito, suscita-se o problema de saber quem é responsável pelo pagamento da parte da indemnização correspondente à menos-valia derivada da servidão. Pense-se no caso da expropriação de uma área de terreno promovida por um município e realizada em seu benefício, na qual está abrangida uma servidão *non aedificandi* incluída numa *zona especial de protecção* de um imóvel classificado como "monumento nacional". Sendo certo que esta é uma servidão que dá direito a indemnização, nos termos atrás salientados, e que o proprietário do terreno onerado com a servidão *non aedificandi* não deve ver a menos-valia dela oriunda deduzida no cômputo da indemnização por expropriação, cremos que não deve ser o município o sujeito responsável pelo pagamento da fracção da indemnização correspondente à diminuição de valor produzida no prédio pela servidão, desde que uma tal servidão subsista após a expropriação e continue a onerar (e a desvalorizar) o prédio adquirido pelo município através da expropriação, como parece acontecer no exemplo apontado. Numa situação destas, deve ser o Estado a entidade responsável pela indemnização correspondente à menos-valia originada pela servidão.

Nas situações em que o proprietário cujo prédio foi onerado com uma servidão recebeu uma indemnização correspondente ao prejuízo decorrente da mesma, não pode ser exigido num processo expropriativo posterior que venha a incidir sobre o mesmo prédio que a menos-valia correspondente à servidão não seja descontada no cálculo da indemnização por expropriação. É que, em tais casos, já antes o proprietário tinha sido ressarcido do dano resultante da servidão, devendo, por isso, evitar-se uma solução que redunde numa repetição da sua indemnização.

Mais problemática é a questão de saber se a "servidão administrativa" não sujeita a indemnização, porque constitui um limite às possibilidades de utilização do solo que se contém no âmbito da *função* ou *vinculação social* da propriedade do solo, deve ser considerada na indemnização por expropriação do prédio, isto é, se deve ser tomada em consideração como elemento diminuidor do valor do prédio expropriado. Propendemos a considerar que, nos casos em que a entidade beneficiária da expropriação – e responsável pela indemnização – for a entidade que constituiu e beneficia da servidão não sujeita a indemnização, não deve a mesma contribuir para a diminuição do montante da indemnização por expropriação.

À guisa de conclusão de tudo o que vem de ser referido poderemos dizer que, não obstante a existência de uma disposição de aplicação genérica como o artigo 8.º do Código das Expropriações, as "servidões administrativas" têm, ainda, entre nós, o seu regime jurídico disperso por um vasto elenco de diplomas legais, que apresentam diferenças significativas quanto ao procedimento da sua constituição, à sua sujeição, ou não, a indemnização e ao processo de fixação desta última. Tais diferenças ressentem-se muito da época em que cada um dos diplomas legais foi aprovado.

Seria, por isso, desejável que todas as "servidões administrativas" estivessem subordinadas a um regime jurídico inspirado por princípios comuns, o qual deveria abranger os seguintes aspectos essenciais: o procedimento da sua constituição; o critério da sua sujeição, ou não, a indemnização; as regras respeitantes ao conteúdo ou à extensão da indemnização e à forma do seu pagamento; e, por fim, o processo de fixação ou de determinação do *quantum* indemnizatório.

CAPÍTULO II
REGIME JURÍDICO DOS INSTRUMENTOS DE GESTÃO TERRITORIAL

A LBPOTU, bem como o RJIGT, que regulamentou e desenvolveu aquela Lei de Bases, instituíram um *sistema de gestão territorial* (cuja designação mais adequada seria, na nossa óptica, *sistema de planeamento territorial*, dado que a expressão "gestão territorial" ou "gestão do território" tem o significado de execução ou concretização dos planos) em que assenta a política de ordenamento do território e de urbanismo, o qual se organiza, num quadro de interacção coordenada, nos âmbitos nacional, regional e municipal.

O sistema de gestão territorial é integrado por um conjunto de *instrumentos de gestão territorial* (seria, porventura, mais rigorosa a fórmula *instrumentos de planeamento territorial*), os quais têm como finalidade a concretização dos âmbitos nacional, regional e municipal de um tal sistema. Assim, o âmbito nacional é concretizado através do "programa nacional da política de ordenamento do território", dos "planos sectoriais" com incidência territorial e dos "planos especiais de ordenamento do território" (que compreendem, como já sabemos, os "planos de ordenamento de áreas protegidas", os "planos de ordenamento de albufeiras de águas públicas", os "planos de ordenamento da orla costeira" e os "planos de ordenamento dos estuários"), o âmbito regional é concretizado através dos "planos regionais de ordenamento do território"; e o âmbito municipal através dos "planos intermunicipais de ordenamento do território" e dos "planos municipais de ordenamento do território" (que englobam, como também já dissemos, os "planos directores municipais", os "planos de urbanização" e os "planos de pormenor") [cfr. os artigos 7.º a 9.º da LBPOTU e 2.º do RJIGT].

Vejamos, então, os pontos mais relevantes do regime jurídico dos instrumentos de gestão territorial.

16. A planificação territorial no contexto geral da planificação administrativa

16.1. *Significado geral da planificação administrativa*

Os termos *plano* e *planificação* (ou *planeamento*) – a que correspondem, na terminologia alemã, os vocábulos *Plan* e *Planung*, respectivamente – são muito utilizados na linguagem jurídico-administrativa dos nossos dias. Embora manejados frequentemente como sinónimos, não têm, porém, um significado idêntico. Na verdade, *planificação* ou *planeamento* é uma *actividade* que tem como fim a emanação de um *plano*, ao passo que este é o *produto* da referida actividade. O vocábulo *planificação* expressa, assim, uma ideia de *acção*, de *procedimento*[1], enquanto o *plano* é algo que concretiza, que espelha o *resultado* do *procedimento* de planificação ou de planeamento[2]. À luz desta distinção, é concebível a existência de planificação ou planeamento sem plano (bastando para tal que a actividade de planeamento não desemboque

---

[1] A este propósito, E. SCHMIDT-ASSMANN refere que *planificação* é um processo de várias fases que, partindo de uma inventariação da situação existente, desemboca numa prognose de desenvolvimentos futuros e num projecto de ordenamento normativo. E acrescenta: "planificação significa *perequação de interesses (Ausgleich von Interessen)*, coordenação de actividades *(Koordination von Aktivitäten)* e conexão entre medidas *(Knonnexität von Massnahmen)*". Cfr. E. SCHMIDT-ASSMANN, in ERNST/ZINKAHN/BIELENBERG, *Bundesbaugesetz Kommentar*, Vol. I, 4.ª ed., München, Beck, 1986, § 1.º, p. 4 e 4a.

[2] Cfr. H. MAURER, *Algemeines Verwaltungsrecht*, cit., p. 388; H. J. WOLFF//O. BACHOF/R. STOBER, *Verwaltungsrecht*, Vol. II, 6. Aufl., München, Beck, 2000, p. 258; G. PAGLIARI, *Corso di Diritto Urbanistico*, 2.ª ed., Milano, Giuffrè, 1999, p. 31; e M. COSTA LOBO, *ob. cit.*, p. 20 e 21. No mesmo sentido, cfr. JOSÉ AFONSO DA SILVA, *Direito Urbanístico Brasileiro*, 4.ª ed., São Paulo, Malheiros, 2006, p. 94 e 95.

na aprovação de um plano), bem como a continuação da planificação ou do planeamento, após a aprovação do plano (o que atesta a negação do carácter rígido e imutável do plano)[3]. Para expressar esta última ideia, é utilizada a expressão *"planificação contínua"*, com o significado de que a actividade de planificação é perspectivada como um processo complexo, que compreende também a gestão, processo esse que, por sua vez, é concebido como um processo contínuo, que exige um eficiente sistema de acompanhamento e monitorização[4].

A planificação como actividade exercida pela Administração Pública não é um fenómeno exclusivo do nosso tempo[5]. Com efeito, a planificação, sob o ponto de vista *lógico*, é uma actividade que existe desde os primórdios dos tempos, não sendo possível assinalar a época do seu início. A acção de planificação existe desde o momento em que o homem, vivendo em sociedade, decide acerca da utilização dos recursos de que dispõe, com vista à prossecução de objectivos que entende como necessários[6]. Pode, então, afirmar-se que a planificação é uma actividade tão antiga como a vida do homem em sociedade. Muito mais recente é, porém, o reconhecimento do *plano* como instituto jurídico, que, como vimos, apareceu na Europa no século XVIII. No dizer de H. J. WOLFF/O. BACHOF, a acção de planeamento constituiu desde sempre a mais importante tarefa do Governo

---

[3] Cfr. NUNO PORTAS, *A Execução dos Planos Directores Municipais – Realidades e Perspectivas*, in A Execução dos Planos Directores Municipais, cit., p. 84.

[4] Cfr. PAULA MORAIS, *Planificação sem Planos (Estudo sobre Algumas Figuras Planificatórias de Natureza Urbanística não Designadas Ex Professo pela Lei como Planos)*, Estudos CEDOUA, Coimbra, Almedina, 2006, p. 53 e 54. Cfr. também TERESA CRAVEIRO PEREIRA, *O Plano – Processo no Planeamento Estratégico*, in Sociedade e Território – Revista de Estudos Urbanos e Regionais, N.º 12 (1990), p. 11-25.

[5] Cfr. H. MAURER, *ob. cit.*, p. 386 e 387.

[6] Cfr. M. S. GIANNINI, *Pianificazione*, in ED, XXXIII, Milano, Giuffrè, 1983, p. 629. A este propósito, P. HEALEY sublinha que "citis have been planned in one way or another, in the broadest sense of the management of organisation of space, of land and property rights and the provision of urban services, for as long as they have existed". (Cfr. *Collaborative Planning*, 2.ª ed., New Iork, Macmillan, 2006, p. 8).

e da Administração, embora o plano como um *instrumento juridicamente formalizado* seja um fenómeno muito jovem [7].

A actividade de planificação sofreu, porém, um impulso considerável nas últimas décadas, devido essencialmente ao grau de intervenção da Administração Pública no tecido social. Simultaneamente começou a aparecer uma multiplicidade de planos administrativos. Na verdade, o Estado de Direito Liberal do século XIX, que quase restringia a sua actividade à manutenção da ordem pública interna e à garantia da segurança externa, não tinha grande necessidade de lançar mão do instituto do plano. Mas, no Estado de Direito Social, em que a Administração Pública exerce funções de grande alcance, designadamente de apoio ao desenvolvimento económico e social, de promoção da justiça social e de prestação social, o plano tornou-se num instrumento essencial da acção administrativa. O plano é, assim, um sinal evidente da transformação verificada no modo de ser das funções estaduais, no seguimento da passagem do Estado de Direito Liberal para o Estado de Direito Social [8]. É um instrumento utilizado pela Administração para programar racionalmente a sua intervenção nos mecanismos sociais. Com o Estado de Direito Social, a planificação estende-se a muitos sectores anteriormente não abrangidos por ela, ao mesmo tempo que sofre uma mudança funcional, na medida em que passa de uma actividade de mera execução da lei à própria definição e realização de objectivos sociais, nomeadamente a regulamentação dos processos de desenvolvimento económico e a criação de condições mínimas de vida para todos os cidadãos. Poderemos, consequentemente, falar, com E. SCHMIDT-ASSMANN, de uma *massificação* da actividade de planificação e do plano na Administração Pública dos nossos dias [9].

---

[7] Cfr. *Verwaltungsrecht I*, 9. Aufl., München, Beck, 1974, p. 397.

[8] Cfr. G. SCIULLO, *Pianificazione Amministrativa e Partecipazione I (I Procedimenti)*, Milano, Giuffrè, 1984, p. 2. Cfr. também A. CARLOS SANTOS/M. EDUARDA GONÇALVES/M. MANUEL LEITÃO MARQUES, *Direito Económico*, 5.ª ed., Coimbra, Almedina, 2004, p. 225-227.

[9] Cfr. in ERNST/ZINKAHN/BIELENBERG, *ob. cit.*, Vol. I, § 1.º, p. 4a.

Embora, actualmente, se considere ultrapassada a *euforia planificadora (Planungseuphorie)* dos anos sessenta do século há pouco findo[10], devido ao facto de se ter adquirido consciência de que a evolução social não se deixa determinar antecipadamente de modo exacto e, consequentemente, não pode ser objecto de uma planificação rigorosa, ninguém hoje contesta a necessidade de uma planificação da actividade estadual, em geral, e da actividade administrativa, em particular. Uma pluralidade de factores aponta nessa direcção, designadamente a necessidade de: coordenar e programar a vasta gama de intervenções do Estado nos mais variados sectores sociais; estabelecer a cooperação entre os vários serviços administrativos, em consequência da crescente *divisão de trabalho* no âmbito da Administração Pública; utilizar racionalmente os meios e as capacidades – que são escassos – para a obtenção de um fim; e compatibilizar interesses diferenciados numa sociedade pluralista[11].

16.2. *Diversidade de planos administrativos*

O Estado de Direito Social dos nossos dias oferece-nos abundantes exemplos de planos administrativos[12]. Os dois tipos mais importantes que são indicados pela doutrina são os planos *económicos* – ou, talvez mais rigorosamente, sócio-económicos – e os planos *territoriais*.

Vários têm sido os critérios avançados pela doutrina para distinguir a planificação *económica* da planificação *territorial*. Um primeiro critério refere que aquela tem a ver com o factor tempo e será, por-

---

[10] Cfr. MAURER, *ob. cit.*, p. 387.
[11] Cfr. H. MAURER, *ob. cit.*, p. 386 e 387.
[12] Tem sido observado que, para além da planificação administrativa, pode falar-se numa *planificação política (politische Planung)*, que se situa no âmbito da legislação, e numa *planificação governamental (Regierungsplanung)*, que diz respeito à actividade do Governo. Uma clara distinção entre a planificação política e a planificação governamental, por um lado, e a planificação administrativa, por outro lado, é muito difícil, uma vez que estes diferentes níveis de planificação aparecem frequentemente interligados. Cfr. H. MAURER, *ob. cit.*, p. 387.

tanto, *estratégica (strategisch)*, ao passo que esta última reporta-se ao *espaço*, sendo, por isso, *estacionária (stationär)* [13]. Mas este critério é pouco persuasivo e, diríamos mesmo, algo artificial, dado que a planificação ecomómica não deixa de ter em conta o factor *território* como âmbito no qual se desenvolvem os factores económicos e como elemento determinante das opções a tomar e, inversamente, na planificação territorial assume um certo relevo o factor *tempo*, na medida em que ela se projecta no futuro e é concebida para um determinado lapso temporal. Daí que alguns autores salientem as relações estreitas entre a planificação económica e a planificação territorial e ponham em destaque a grande proximidade entre os respectivos conceitos, os instrumentos jurídicos utilizados, os processos adoptados e, muitas vezes, entre os próprios órgãos responsáveis pela sua elaboração [14].

Acrescente-se que os elementos *tempo* e *espaço* aparecem-nos hoje intimamente ligados no processo de planificação urbanística, considerada como uma das expressões mais significativas da denominada planificação no *espaço*. O fenómeno da *temporalização* da planificação territorial é actualmente um dado adquirido no ordenamento jurídico português. Atente-se, por exemplo, nos artigos 93.º a 100.º do RJIGT, relativos à *dinâmica* dos instrumentos de gestão territorial, através da sua *alteração, rectificação, revisão* e *suspensão*, os quais atestam bem o carácter *temporal* da duração dos planos territoriais.

Um segundo critério coloca o acento tónico da distinção entre a planificação territorial e a planificação económica na seguinte ideia: aquela apresenta-se como uma *planificação de ordenamento (Ordnungsplanung)*, enquanto esta última surge como uma componente essencial da *planificação de desenvolvimento (Entwicklungsplanung)*. Também não merece o nosso aplauso esta teoria. Ela apresenta um certo *valor histórico*, na medida em que expressa o facto de a planificação territorial ter atingido a sua maturidade no Estado de Direito Liberal, ao passo que a planificação económica apareceu, nas democracias da

---

[13] Cfr. H. J. WOLFF/O. BACHOF/R. STOBER, *Verwaltungsrecht*, Vol. II, cit., p. 261.

[14] Cfr. A. DE LAUBADÈRE/P. DELVOLVÉ, *Droit Public Économique*, cit., p. 417-423.

europa ocidental, apenas no Estado de Direito Social. Mas não revela idoneidade para servir de base na actualidade a uma distinção entre aqueles dois tipos de planificação.

Com efeito, por um lado, a planificação territorial viu alterado o seu significado institucional e constitucional, passando a constituir um elemento de transformação social e económica e apresentando-se ela própria como uma *planificação de desenvolvimento*[15], como resulta claramente, desde logo, e só para referirmos dois exemplos, da concepção dos planos regionais de ordenamento do território e dos planos directores municipais, expressa nos artigos 51.º, n.º 1, 52.º, alínea b), 70.º, alíneas a) e b), e 84.º, n.º 1, do RJIGT. Assim, o preceito citado em primeiro lugar refere que "os planos regionais de ordenamento do território definem a estratégia regional de desenvolvi-

---

[15] A denominada *planificação de desenvolvimento* demonstraria, segundo alguns autores, o carácter demasiado *rígido* da divisão dos planos administrativos em económicos e territoriais, uma vez que ela se caracteriza por uma "síntese compreensiva da planificação territorial [...] e da programação económica, tecnológica e social". Cfr. G. SCIULLO, *ob. cit.*, p. 29 e 30, nota 6. Esta íntima ligação entre a planificação territorial e económica está bem espelhada nos objectivos que o artigo 90.º da Constituição comete aos *planos de desenvolvimento económico e social* e resultava claramente do *Plano de Desenvolvimento Regional 2000-2006*, o qual constituiu a proposta portuguesa de enquadramento, orientação estratégica, sistematização operacional, programação financeira e estrutura organizativa que deu origem ao estabelecimento do Quadro Comunitário de Apoio 2000-2006 e assumiu *três domínios prioritários de intervenção:* o *potencial humano*, as *actividades produtivas* e a *valorização do território* [cfr. *Plano de Desenvolvimento Regional 2000-2006 (Introdução)*, Lisboa, Ministério do Planeamento, 1999].

A estreita conexão entre a planificação territorial e económica está também presente no *Quadro de Referência Estratégico Nacional* (QREN) para o período 2007--2013, aprovado pela Resolução do Conselho de Ministros n.º 86/2007, de 3 de Julho (tendo o Decreto-Lei n.º 312/2007, de 17 de Setembro, alterado pelo Decreto-Lei n.º 74/2008, de 22 de Abril, definido o modelo de governação do QREN 2007-2013 e dos respectivos programas operacionais), que assume como grande desígnio estratégico a qualificação dos portugueses, valorizando o conhecimento, a ciência, a tecnologia e a inovação, bem como a promoção de níveis elevados e sustentados de desenvolvimento económico, social e territorial, num quadro de valorização da igualdade de oportunidades e, bem assim, do aumento da eficiência e da qualidade das instituições públicas.

mento territorial, integrando as opções estabelecidas a nível nacional e considerando as estragégias municipais de desenvolvimento local, constituindo o quadro de referência para a elaboração dos planos municipais de ordenamento do território". O mencionado em segundo lugar salienta que o plano regional de ordenamento do território visa, entre o mais, "traduzir, em termos espaciais, os grandes objectivos de desenvolvimento económico e social sustentável formulados no plano de desenvolvimento regional". No que respeita ao referido em terceiro lugar, determina ele que os planos municipais de ordenamento do território visam estabelecer, *inter alia*, "a tradução, no âmbito local, do quadro de desenvolvimento do território estabelecido nos instrumentos de natureza estratégica de âmbito nacional e regional", bem como "a expressão territorial da estratégia de desenvolvimento local". E quanto ao indicado em último lugar, considera ele que "o plano director municipal estabelece a estratégia de desenvolvimento territorial, a política municipal de ordenamento do território e de urbanismo e as demais políticas urbanas, integra e articula as orientações estabelecidas pelos intrumentos de gestão territorial de âmbito nacional e regional e estabelece o modelo de organização espacial do território municipal". Verifica-se, assim, que o plano director municipal se apresenta como um documento de *matriz híbrida*, simultaneamente *estratégico*, no que se refere às opções de desenvolvimento local, e *regulamentar*, no sentido de que lhe compete a especificação qualitativa e quantitativa dos índices, indicadores e parâmetros de referência de uso do solo, que, na ausência de planos mais concretos, são aplicáveis de forma supletiva.

Por outro lado, a ideia da realização de uma *situação de ordenamento (Ordnungszustand)* constitui, como veremos um pouco mais à frente, um traço funcional caracterizador da planificação em geral e não de um tipo particular de planificação[16].

Não obstante as íntimas conexões e as influências recíprocas que se verificam entre a planificação territorial e a planificação económica, poderemos afirmar que uma e outra reportam-se *directamente*

---

[16] Cfr. G. SCIULLO, *ob. cit.*, p. 30, nota 7.

a *diferentes elementos da realidade*[17]. Sendo assim, a planificação territorial distingue-se da planificação económica porque, como escreve A. PREDIERI, tem o território como *objecto*, sobre ele intervém e pretende intervir *directamente*, prosseguindo efeitos de planificação da actividade económica apenas enquanto conexos com a planificação do território, somente enquanto efeitos condicionados ou induzidos pela planificação do solo[18].

O *plano económico* é "o acto ou conjunto de actos jurídicos por meio dos quais o Estado define para determinado período os grandes objectivos da política económico-social e as vias ou meios da sua implementação ou concretização"[19]. É com base nos planos económicos que os poderes públicos analisam as probabilidades da evolução económica, definem as orientações desta evolução e incitam os

---

[17] Cfr. G. SCIULLO, *ob. cit.*, p. 29.

[18] Cfr. *Profili Costituzionali, Natura ed Effetti dei Piani Urbanistici nelle Opinioni della Dottrina e nelle Decisioni Giurisprudenziali*, in RTDP, XI (1961), p. 242.

[19] Cfr. A. M. BARBOSA DE MELO, *Introdução às Formas de Concertação Social*, Separata do Vol. 59 (1983) do BFDUC, Coimbra, 1984, p. 38. Segundo A. SOUSA FRANCO, o plano, enquanto acto jurídico aprovado por órgãos ou autoridades públicas, "define e hierarquiza objectivos a prosseguir no domínio económico-social durante um determinado período de tempo, estabelece as acções destinadas a prossegui-los e pode definir os mecanismos necessários à sua implementação" (cfr. *Noções de Direito da Economia*, Vol. I, Lisboa, AAFDL, 1982-1983, p. 310). Por sua vez, M. AFONSO VAZ define os planos económicos como "os documentos adoptados pelos poderes públicos e destinados a analisar as probabilidades de evolução económica e a definir as orientações daquela evolução que as autoridades públicas consideram desejável e para a qual procuram dirigir os agentes económicos", sublinhando que qualquer plano é caracterizado por um tríplice conteúdo: a formulação de previsões a partir de um diagnóstico da situação presente; a fixação de objectivos a atingir; e a escolha e ordenação de meios para a prossecução desses objectivos (cfr. *Direito Económico – A Ordem Económica Portuguesa*, 4.ª ed., Coimbra, Coimbra Editora, 1998, p. 335-338).

Finalmente, L. S. CABRAL DE MONCADA define o plano económico como "o acto jurídico que define e hierarquiza objectivos de política económica a prosseguir em certo prazo e estabelece as medidas adequadas à sua execução", acentuando que o plano económico compõe-se sempre de duas operações essenciais: o diagnóstico e o prognóstico (cfr. *Direito Económico*, 3.ª ed., Coimbra, Coimbra Editora, 2000, p. 482).

agentes económicos a observá-las [20]. O artigo 90.º da Constituição refere que "os planos de desenvolvimento económico e social têm por objectivo promover o crescimento económico, o desenvolvimento harmonioso e integrado de sectores e regiões, a justa repartição individual e regional do produto nacional, a coordenação da política económica com as políticas social, educativa e cultural, a defesa do mundo rural, a preservação do equilíbrio ecológico, a defesa do ambiente e a qualidade de vida do povo português".

Os planos de desenvolvimento económico e social são susceptíveis de várias classificações, sendo as mais importantes as que têm como base a sua projecção temporal (distinguindo-se entre *planos de longo prazo*, de *médio prazo* e *planos anuais*, embora os actuais artigos 90.º a 92.º da Constituição não façam qualquer referência à duração temporal dos planos) e o seu âmbito territorial de aplicação (*planos nacionais* e *planos regionais*) [21].

---

[20] Cfr. A. DE LAUBADÈRE/P. DELVOLVÉ, ob. cit., p. 418. É possível, numa perspectiva histórica, descortinar três grandes concepções da planificação económica: a dos Estados de regime colectivista, a dos Estados do terceiro mundo e a dos Estados pluralistas e pluriclassistas. Nos primeiros, a planificação económica surge como uma planificação *necessária*, por causa da reserva de pertinência pública dos meios de produção, e caracteriza-se por uma unidade de decisão ou, pelo menos, por uma hierarquia de decisões no concernente ao uso dos meios de produção. No segundo grupo de países, a planificação económica assume a natureza de *planificação de desenvolvimento*. Tem por objecto algumas actividades produtivas que apresentam uma importância económica fundamental, bem como o desenvolvimento de algumas estruturas públicas de base (por exemplo, infra-estruturas públicas, transportes, educação, rede sanitária). Finalmente, no grupo de países apontado em terceiro lugar, nos quais coexistem bens de pertinência pública e bens de pertinência privada, empresas públicas, empresas privadas e empresas de economia mista, o problema da planificação da economia não é mais do que um dos aspectos de *intervenção pública* na economia, que apresenta uma grande variedade de experiências e de institutos jurídicos. Cfr. M. S. GIANNINI, *Pianificazione*, cit., p. 633.

[21] Para mais desenvolvimentos, cfr. A. CARLOS SANTOS/M. EDUARDA GONÇALVES/M. MANUEL LEITÃO MARQUES, ob. cit., p. 227-230; M. AFONSO VAZ, ob. cit., p. 346-348; L. S. CABRAL DE MONCADA, ob. cit., p. 484-486; e a nossa obra *O Plano Urbanístico*, cit., p. 175 e 176.

Sublinhe-se que o Decreto Legislativo Regional n.º 26/2003/M, de 23 de Agosto, regula a organização e o funcionamento do sistema de planeamento

No que respeita à denominada *planificação territorial,* a LBPOTU e o RJIGT tipificam, como sabemos, uma série de figuras planificatórias que disciplinam a ocupação, uso e transformação do solo. Ora, tais planos, sobretudo os de âmbito municipal, constituem o *núcleo central* ou o *instituto fundamental* de todo o direito do urbanismo [22] – pode dizer-se que uma administração e uma prática urbanísticas realizadas ao acaso, não enquadradas nas metas e nos meios definidos por um plano, são realidades que repugnam ao hodierno sistema jurídico urbanístico.

Enquanto actos simultaneamente de criação e de aplicação do direito, os planos urbanísticos constituem um instrumento de *programação* e de *coordenação* de decisões administrativas individuais com incidência na ocupação do solo. Para além de uma função natural de *ordenamento*, que impede que a evolução e o desenvolvimento urbanísticos sejam deixados ao respectivo "crescimento natural" (*natürlichen Wachsen*) [23], os planos territoriais surgem como instrumentos vinculativos da actividade urbanística da Administração Pública, de

---

na Região Autónoma da Madeira. Por seu lado, o Decreto Legislativo Regional n.° 44/2003/A, de 22 de Novembro, disciplina o sistema de planeamento na Região Autónoma dos Açores.

[22] O posicionamento privilegiado da planificação urbanística de âmbito municipal (*Bauleitplanung*) – que abrange, no direito alemão, o *plano de utilização de superfícies* ou *plano de zonamento* (*Flächennutzungsplan*) e o *plano de urbanização* ou *plano de utilização do solo com fins de edificação* (*Bebauungsplan*) – no seio do direito do urbanismo é vincado pela doutrina germânica. Assim, M. KRAUTZBERGER escreve que a planificação municipal é concebida pelo Código do Urbanismo (*Baugesetzbuch*) como "o instrumento central do Direito do Urbanismo". Por sua vez, E. SCHMIDT-ASSMANN salienta que a planificação municipal é vista como uma "peça essencial do moderno Direito do Urbanismo". Cfr. M. KRAUTZBERGER, in BATTIS/KRAUTZBERGER/LÖHR, *Baugesetzbuch, Kommentar*, 10. Aufl., München, Beck, 2007, § 1.°, p. 20 e 21.

Também no direito do país vizinho, o plano é considerado como "a base necessária e fundamental de todo o ordenamento urbanístico" e como "o eixo em torno do qual gira a disciplina do urbanismo" [cfr., por todos, J. M. LOBATO GÓMEZ, *La Participación Privada en la Formación de Planes de Ordenación Urbana*, in RDU, Ano XXIII, N.° 114 (1989), p. 47 e 48].

[23] Cfr. E. SCHMIDT-ASSMANN, *Grundfragen des Städtebaurechts*, cit., p. 70.

natureza individual e concreta, constituindo, assim, um travão à ilegalidade e ao arbítrio.

Para os particulares, em especial os proprietários do solo ou os titulares de outros direitos reais que sobre ele incidam, a existência de planos urbanísticos é, de igual modo, especialmente vantajosa. Na medida em que os planos definem os princípios e regras respeitantes à ocupação, uso e transformação do solo, ficam aqueles a conhecer qual o *tipo* e *intensidade* de utilização que podem dar à sua parcela de terreno. Em relação aos particulares, os planos urbanísticos constituem, deste modo, um *factor de previsibilidade* das decisões administrativas de gestão urbanística.

A estas vantagens decorrentes da planificação urbanística acresce outra de inegável importância: a influência benéfica que a existência de planos tem sobre o mercado de solo para fins de edificação. Na verdade, a definição antecipada pelo plano urbanístico dos terrenos destinados à edificação (para fins habitacionais, comerciais ou industriais) e da intensidade da sua vocação edificatória inspira confiança nos agentes interessados na realização de operações de transformação do solo, designadamente a construção, e estimula, pela via do reforço da *segurança*, o comércio desta classe de terrenos [24].

---

[24] Cfr. a nossa obra *O Plano Urbanístico*, cit., p. 331 e 332.

A doutrina mais recente vem defendendo a necessidade de os planos, mormente os planos directores municipais, deixarem de ser instrumentos excessivamente *prescritivos* e *minuciosos*, devendo conter uma certa indeterminação nalgumas das suas disposições e prever a possibilidade de remissão do desenvolvimento de algumas das suas prescrições para planos hierarquicamente inferiores. Esta ideia de *flexibilização* das regras dos planos – que não corresponde à defesa da desregulação ou desregulamentação do direito do urbanismo, inspirada em políticas neoliberais – é defendida, entre nós, por JOÃO MIRANDA (cfr. ob. cit., p. 107-133) e por L. F. COLAÇO ANTUNES [cfr. *Direito Urbanístico*, cit., p. 95-108], falando este último de um novo paradigma da planificação urbanística, reportado sobretudo aos planos directores municipais, que deve passar de um modelo *regulamentar-impessoal* a uma natureza *modesto-situacional-estrutural*.

E. GARCÍA DE ENTERRÍA dá um especial enfoque a esta visão da planificação urbanística, nos seguintes termos: "o mito de um plano omnicompreensivo e esgotante, de duração prolongada no tempo, encontra-se, além disso, em queda em todo o pensamento social europeu; não há razão para mantê-lo incólume

Mas, ao lado dos planos territoriais tipificados na LBPOTU e no RJIGT, existem outras figuras planificatórias de natureza territorial, inclusive algumas delas que não são *expressamente designadas* como *planos*. Quer dizer que é possível falar de uma *planificação sem planos*, expressão que designa o conjunto daquelas figuras jurídicas de natureza planificatória, que, apesar da sua essência planificadora, não são, todavia, designados pela lei como planos.[25] Era o que acontecia com os *"projectos de intervenção em espaço rural"* e com os *"projectos urbanos"*, os quais eram considerados pelo artigo 91.°, n.° 2, alíneas *a*) e *b*), do RJIGT, na sua versão anterior ao Decreto-Lei n.° 316/2007, de 19 de Setembro, como *modalidades simplificadas* de planos de pormenor (prevendo o RJIGT, na actual redacção, no seu artigo 91.°-A, n.ºs 2, alínea *a*), e 3, o "plano de intervenção no espaço rural", ao lado de outros, como uma *modalidade específica* de plano de pormenor, "a que se encontram associados conteúdos materiais próprios em função das respectivas finalidades e da sua articulação com regimes legais relativos à salvaguarda de interesses públicos específicos", a qual veio substituir a figura dos planos de pormenor de modalidade simplificada). E é o que sucede com as *"áreas de desenvolvimento urbano prioritário"* e com as *"áreas de construção prioritária"* e, bem assim, com os *loteamentos urbanos*.

Com efeito, quanto às indicadas em primeiro e segundo lugares, são elas reguladas pelo Decreto-Lei n.° 152/82, de 3 de Maio, alterado pelo Decreto-Lei n.° 210/83, de 23 de Maio, devendo ser consideradas verdadeiros *planos urbanísticos*, apesar de não serem designados *ex professo* pela lei. Umas e outras são obrigatoriamente criadas nos concelhos com mais de 30.000 habitantes, sendo facultativa a sua criação nos restantes (cfr. o artigo 1.°, n.° 1, do Decreto-Lei n.° 152//82). As "áreas de desenvolvimento urbano prioritário" têm como

---

no campo do urbanismo, do qual resultam rigidez, largos e onerosos processos de execução, grave custo social, em suma. Talvez seja conveniente pensar na possibilidade de uma ruptura dessa malha hierárquica, facilitando processos de alteração ou de adaptação mais flexíveis" (cfr. *El Derecho Urbanístico Español a la Vista del Siglo XXI*, in Ordenamientos Urbanísticos – Valoración Crítica y Perspectivas de Futuro, Madrid, Barcelona, Pons, 1998, p. 16).

[25] Cfr., sobre esta problemática, PAULA MORAIS, *ob. cit.*, p. 54 e 55-72.

objectivo servir de suporte ao desenvolvimento urbano para um período máximo de cinco anos e deverão ter, na medida do possível, uma superfície necessária para absorver o crescimento demográfico previsto para aquele período (cfr. o artigo 1.º, n.º 2), enquanto as "áreas de construção prioritária" visam definir os terrenos para construção imediata a incluir nos programas anuais de actividade urbanística do município (cfr. o artigo 1.º, n.º 3). Vários aspectos do seu regime jurídico, entre os quais o procedimento administrativo a que obedece a sua delimitação (cfr. os artigos 2.º, 6.º e 7.º), o conteúdo técnico destes instrumentos (cfr. o artigo 3.º, n.º 2) e a sua eficácia em relação à Administração e aos proprietários dos terrenos abrangidos (cfr. os artigos 8.º e 13.º), testemunham a sua natureza intrinsecamente *planificadora*.

E o mesmo resulta da equiparação feita pelo legislador da violação das "áreas de desenvolvimento urbano prioritário" e das "áreas de construção prioritária" à violação dos planos municipais e especiais de ordenamento do território, para efeitos de *indeferimento* dos pedidos de licenciamento de operações urbanísticas [cfr. o artigo 24.º, n.º 1, alínea *a*), do RJUE] e de *invalidade* das licenças ou admissões de comunicações prévias de operações urbanísticas (cfr. o artigo 67.º do mesmo diploma legal).

No que toca ao instituto do *loteamento urbano*, configura ele, sob o ponto de vista do respectivo *conteúdo*, um verdadeiro plano de pormenor da área a que diz respeito[26]. São sintomas claros desta equivalência, entre outros: o conjunto das especificações do *alvará* de loteamento referidas no artigo 77.º, n.º 1, do RJUE (em que se incluem o número de lotes e indicação da área, localização, finalidade, área de

---

[26] A natureza intrinsecamente planificatória do loteamento é bem vincada no direito do urbanismo italiano, onde o loteamento é designado por *"plano de loteamento"* (*"piano di lottizzazione"*), apresentando-se como um instrumento substitutivo do *plano de pormenor* (*piano particolareggiato*). Cfr., por todos, F. SALVIA/ /F. TERESI, *ob. cit*, p. 130 e segs.. Também M. MORELLI fala do *"piano di lottizzazione"* como um plano alternativo ao plano de pormenor. Cfr. *La Pianificazione Urbanística, Dal Piano Regolatore Generale ai Piani Attuativi*, Matelica, Halley, 2007, p. 61-72.

implantação, área de construção, número de pisos e número de fogos de cada um dos lotes); a sujeição a prévia *discussão pública* (semelhantemente ao que se passa no procedimento de elaboração dos planos) do licenciamento pela câmara municipal do pedido de operações de loteamento (cfr. o artigo 22.º do RJUE); a indicação como causa de *nulidade* das licenças ou admissões de comunicações prévias a violação pelas mesmas da licença de loteamento em vigor, em termos equiparados à violação do disposto em plano municipal de ordenamento do território, plano especial de ordenamento do território e medidas preventivas [cfr. o artigo 68.º, alínea *a*), do RJUE]; a consideração pela lei dos institutos do loteamento e do plano de pormenor como *autênticos equivalentes funcionais*, bem visível no facto de aquela equiparar as "operações de loteamento" aos planos de pormenor com as menções das alíneas *c*), *d*) e *f*) do n.º 1 do artigo 91.º do RJIGT, para determinar a sujeição a comunicação prévia ou a *licença* das "obras de construção, de alteração ou de ampliação", consoante se situem em áreas abrangidas, ou não, por aqueles instrumentos jurídicos [cfr. o artigo 4.º, n.º 2, alínea *c*), e 6.º, n.ºˢ 1, alínea *e*), e 3, do RJUE][27]; a possibilidade de os planos de promenor com um conteúdo suficientemente denso, tal como os loteamentos, procederem a operações de transformação fundiária relevantes para efeitos de registo predial e inscrição matricial, dispensando-se um subsequente procedimento administrativo de controlo – equiparação esta operada pelo Decreto-Lei n.º 316/2007, de 19 de Setembro, que introduziu alterações ao RJIGT, por razões de simplificação procedimental e de eficiência, e com o fundamento na reconhecida "identidade funcional entre muitos planos de pormenor e as operações de loteamento e de reparcelamento urbano e de estruturação da compropriedade", motivos estes que justificam, nas palavras do exórdio daquele diploma legal, "salvaguardada a autonomia da vontade dos proprietários, que o plano de pormenor possa fundar directamente a operação de transformação fundiária, seja o fraccionamento ou o emparcelamento das propriedades" [cfr. os artigos 92.º, n.ºˢ 2, alínea *c*), e 3, 92.º-A e 92.º-B do

---

[27] Cfr. A. LORENA DE SÈVES, *ob. cit.*, p. 128, nota 455.

RJIGT][28]; e, por último, a exigência legal de elaboração dos projectos de operações de loteamento urbano por *equipas multidisciplinares*, em termos tendencialmente idênticos aos exigidos para a elaboração dos planos de urbanização e do planos de pormenor (cfr. os artigos 2.º e 4.º do Decreto-Lei n.º 292/95, de 14 de Novembro)[29].

Finalmente, uma variedade importante de planos administrativos existente no Estado de Direito Social é constituída pelos chamados *planos de actividades*, de âmbito anual ou plurianual, das autarquias locais, de que nos permitimos destacar os dos municípios [cfr.

---

[28] Cfr. *Guia das Alterações ao Regime Jurídico dos Instrumentos de Gestão Territorial*, Lisboa, DGOTDU, 2007, p. 27-29.

De facto, antes da reforma legislativa indicada no texto, a doutrina claramente dominante, acompanhada pela prática registal, ia no sentido de que o plano de pormenor, mesmo quando procedesse à recomposição fundiária da sua área de intervenção (definida na sua planta de implantação), nunca poderia fundar directamente o registo predial. Necessário era que ao plano de pormenor se seguisse o licenciamento ou a autorização de uma operação de loteamento, titulados por alvará, nos termos do artigo 2.º, alínea d), do Código do Registo Predial. Cfr., neste sentido, FERNANDA PAULA OLIVEIRA/DULCE LOPES, *Implicações Notariais e Registais das Normas Urbanísticas*, Coimbra, Almedina, 2004, p. 20-23. No sentido de que o plano de pormenor, quando procedesse, ele próprio, à recomposição fundiária da sua área de intervenção, constituía documento bastante para efeitos de registo predial, cfr. SOFIA GALVÃO/L. PEREIRA COUTINHO, *Transformação Fundiária Operada por Planos de Pormenor,* in RJUA, N.º 20 (2003), p. 103-108.

[29] Além dos exemplos apontados, podem citar-se outras figuras jurídicas que revelam traços planificatórios de natureza urbanística, apesar de não serem designados como planos pela lei. Assim sucede com os *conjuntos turísticos*, integrados no figurino tipológico de empreendimentos turísticos, regulados pelo Decreto-Lei n.º 39/2008, de 7 de Março, e pelas Portarias n.ºs 327/2008, de 28 de Abril, e 518/2008, de 25 de Junho; os *parques industriais*, disciplinados pelo Decreto-Lei n.º 232/92, de 22 de Outubro, e entendidos como as aglomerações planeadas de actividades industriais, cujo estabelecimento visa a prossecução de objectivos de desenvolvimento industrial; e as *áreas de localização empresarial*, cujo regime jurídico consta do Decreto-Lei n.º 70/2003, de 10 de Abril, definidas como "as zonas territorialmente delimitadas e licenciadas para a instalação de determinado tipo de actividades industriais, podendo ainda integrar actividades comerciais e de serviços, administradas por sociedades gestoras". Para mais desenvolvimentos, cfr. PAULA MORAIS, *ob. cit.,* p. 63-71.

os artigos 53.º, n.º 2, alínea b), e n.º 3, alínea a), e 64.º, n.º 2, alíneas a) e c), da Lei n.º 169/99, de 18 de Setembro, alterada e republicana pela Lei n.º 5-A/2002, de 11 de Janeiro]. No que diz respeito a estes últimos, os *planos de actividades* condensam as acções a desenvolver pelo município, durante o respectivo lapso de tempo, com incidência económica, social ou territorial.

16.3. *Conceito de plano administrativo*

Em face da variedade de planos, a questão que imediatamente ocorre ao nosso espírito é a de saber se é possível elaborar um *conceito* de plano que seja comum às diferentes manifestações normativas ou se, pelo contrário, deve ser recusada a ideia de uma noção *unitária* de plano, vingando a tese daqueles que defendem apenas a possibilidade de uma definição correspondente a cada um dos múltiplos tipos de planos.

O tema tem suscitado viva controvérsia na doutrina. Assim, H. MAURER considera que a multiplicidade de planos que nos oferece o actual Estado de Direito Social – os quais se distinguem de acordo com a sua origem, círculo de destinatários, conteúdo, âmbito de aplicação, duração, eficácia e vinculação jurídica – exclui a aceitação de um conceito jurídico único e abrangente de plano. Além disso, na perspectiva do mesmo autor, não há uma *forma de acção administrativa autónoma de plano (Handlungsform Plan)*, não sendo este mais do que uma *designação genérica (Sammelbezeichnung)* de actos de recorte muito diferente, que devem ser praticados tendo em conta as respectivas particularidades e os preceitos jurídicos que lhe são aplicáveis. Daí que o citado administrativista questione a validade das diversas tentativas avançadas pela doutrina para definir o plano, adiantando que elas constituem a maior parte das vezes meras transcrições de direito positivo e não autênticas elaborações conceituais[30]. Outros autores, embora conscientes dos *escolhos* espalhados no caminho que

---

[30] Cfr. H. MAURER, *ob. cit.*, p. 388.

conduz à elaboração de uma noção jurídica de plano[31], abalançam-se à formulação de um conceito de plano comum às suas diversas manifestações.

É sobretudo na literatura jurídica alemã que se encontram as tentativas mais logradas na procura de um conceito unitário de plano administrativo. Assim, K. OBERMAYER entende que da variedade de planos previstos nas leis é possível duas notas essenciais: a primeira é a de que todos eles visam a realização de um determinado *fim*, sendo a planificação desligada de um fim uma autêntica *contradictio in adjecto*[32]; a segunda diz respeito ao facto de todos os planos preverem um leque de medidas, que se posicionam numa relação indissolúvel de complementaridade e dependência recíprocas[33]. Esta última característica é bem patente nos casos em que a obtenção de um resultado apenas pode ser garantida através da aplicação conjunta das diferentes medidas, ou ainda quando a sua interligação é de tal ordem que a alteração ou a ausência de alguma medida provoca uma reacção em cadeia, que põe em causa a concepção do conjunto. Com base nestas duas características essenciais, o referido autor apresenta a seguinte noção de plano: acto (*Ausarbeitung*) de um órgão administrativo que, através de diferentes medidas interligadas, visa a realização de uma determinada *situação de ordenamento* (*Ordnungszustand*)[34]. Não muito distante deste é o conceito apresentado por M. IMBODEN, para quem o plano é um instrumento ou um meio de coordenação de actos ou de

---

[31] Esses *escolhos* são de vária ordem: o facto de a planificação, na perspectiva jurídica, ser uma matéria ainda relativamente moderna, pelo que ainda não decorreu o tempo necessário para uma elaboração suficientemente sólida do conceito do plano; o facto de existir uma vasta gama de tipos de plano, tantas vezes sem qualquer relação entre si, sob o ponto de vista dogmático; finalmente, o facto de os institutos jurídicos clássicos do direito administrativo (o regulamento e o acto administrativo) não se ajustarem bem ao plano. Cfr. K. OBERMAYER, *Der Plan als verwaltungsrechtliches Institut*, in VVDStRL, 18, Berlin, W. de Gruyter, 1960, p. 144 e 145.

[32] Cfr. *ob. cit.*, p. 147.

[33] Cfr. *ob. cit,.*, p. 149.

[34] Cfr. K. OBERMAYER, *ob. cit.*, p. 150.

decisões individuais (*Einzelakten*)[35]. Em sentido idêntico, G. SCIULLO considera possível encontrar um *denominador comum* a todas as hipóteses normativas de planos. Em todos os casos, trata-se de actos da Administração Pública, que consistem na utilização de diferentes medidas discricionárias, interligadas, com o fim de impor uma certa ordem nos sectores a que se aplicam[36].

Pela nossa parte, entendemos que a procura de um conceito capaz de abarcar os vários tipos de planos não nos pode fazer perder de vista as particularidades da planificação urbanística em relação à restante planificação administrativa. Com efeito, aquela apareceu num período histórico anterior às restantes modalidades de planificação, designadamente a económico-social, com o fim de resolver problemas específicos ligados ao urbanismo[37]. Acresce que a planificação urbanística adquiriu, nos últimos anos, um desenvolvimento e um aperfeiçoamento jurídicos muito superiores aos conseguidos por outras formas de planificação, nomeadamente a económico-social.

17. Funções dos planos

Os planos territoriais podem ser analisados numa perspectiva fisiológica, isto é, sob o ângulo das *funções* por eles realizadas. A pluralidade de *funções* realizadas pelos planos pode ser arrumada em *quatro* grandes grupos.

17.1. *Inventariação da realidade ou da situação existente*

Uma primeira função desempenhada pelos diferentes planos territoriais é a *inventariação* da realidade ou da situação existente, quanto

---

[35] Cfr. *Der Plan als verwaltungsrechtliches Institut*, in VVDStRL, 18, Berlin, W. de Gruyter, 1960, p. 124 e 126.
[36] Cfr. *ob. cit.*, p. 11.
[37] Cfr. E. SCHMIDT-ASSMANN, *Grundfragen*, cit., p. 69.

à ocupação do espaço, tanto sob o ponto de vista *fáctico*, isto é, das utilizações urbanísticas efectivamente realizadas, como sob o ponto de vista *jurídico*, ou seja, das licenças ou autorizações de operações urbanísticas emitidas, bem como das informações prévias favoráveis em vigor na área por eles abrangida. O seu significado é o de que todos os planos devem fazer um levantamento da situação existente, bem como das respectivas causas, no que diz respeito aos vários aspectos da utilização do território que constitui o seu âmbito de aplicação [38]. Trata-se de uma função deveras importante, na medida em que confere um certo grau de realismo aos objectivos do plano. Sem ela, o plano poderia transformar-se numa mera expressão das ideias e dos desejos do seu autor ou autores. A função de que estamos a falar foi expressamente contemplada pelo legislador em relação aos vários tipos de planos territoriais.

Assim, quanto à dimensão *fáctica* da função de que estamos a falar, o artigo 37.º, n.º 2, do RJIGT determina que o *plano sectorial* "é acompanhado por um relatório que procede ao diagnóstico da situação territorial sobre o qual o instrumento de política sectorial intervém e à fundamentação técnica das opções e objectivos estabelecidos". Por sua vez, o artigo 45.º, n.º 2, alínea *a*), do mesmo diploma legal estabelece que os *planos especiais* de ordenamento do território são acompanhados por um "relatório que justifica a disciplina definida". Depois, o artigo 54.º, n.º 2, alínea *a*), do citado regime preceitua que os *planos regionais* de ordenamento do território são acompanhados por um *relatório,* que contém, entre outros elementos, "estudos sobre a caracterização biofísica, a dinâmica demográfica, a estrutura de povoamento e as perspectivas de desenvolvimento social e cultural da região". De modo semelhante, o artigo 85.º, n.º 1, alínea *a*), do RJIGT prescreve que o *plano director municipal* define um modelo de organização municipal do território, nomeadamente estabelecendo "a caracterização económica, social e biofísica, incluindo da estrutura fundiária da área de intervenção",

---

[38] Cfr. P. ESCRIBANO COLLADO, *La Propiedad Privada Urbana* (*Encuadramiento y Regimen*), Madrid, Montecorvo, 1979, p. 166 e 167.

sendo, além disso, acompanhado por "estudos de caracterização do território municipal" e por um "relatório, que explicita os objectivos estratégicos e as opções de base territorial adoptadas para o modelo de organização espacial, bem como a respectiva fundamentação técnica, suportada na avaliação das condições económicas, sociais, culturais e ambientais para a sua execução" [cfr. as alíneas *a*) e *b*) do n.º 2 do artigo 86.º do mencionado diploma legal].

O artigo 88.º, alínea *a*), do RJIGT estatui que o *plano de urbanização* deve adoptar o conteúdo material apropriado às condições da área territorial a que respeita, aos objectivos das políticas urbanas e às transformações previstas nos termos de referência e na deliberação municipal que determina a sua elaboração, dispondo nomeadamente sobre "a definição e caracterização da área de intervenção, identificando os valores culturais e naturais a proteger", sendo o seu conteúdo documental integrado, entre outros elementos, por um "relatório, que explicita os objectivos estratégicos do plano e a respectiva fundamentação técnica, suportada na avaliação das condições económicas, sociais, culturais e ambientais para a sua execução" [cfr. o artigo 89.º, n.º 2, alínea *a*), do mesmo diploma]. E, por último, na mesma linha, o artigo 91.º, n.º 1, alínea *a*), do RJIGT refere que o *plano de pormenor* estabelece, nomeadamente, "a definição e caracterização da área de intervenção, identificando, quando se justifique, os valores culturais e naturais a proteger", sendo o seu conteúdo documental constituído também, *inter alia*, por um "relatório", que contém "a fundamentação técnica das soluções propostas no plano, suportada na identificação e caracterização objectiva dos recursos territoriais da sua área de intervenção e na avaliação das condições económicas, sociais, culturais e ambientais para a sua execução" [cfr. o artigo 92.º, n.º 2, alínea *a*), do citado diploma legal].

No tocante à dimensão *jurídica* da função de inventariação da situação existente, o n.º 1, alínea *c*), da Portaria n.º 138/2005, de 2 de Fevereiro, determina que os planos municipais de ordenamento do território devem ser acompanhados por "relatório e ou planta com a indicação das licenças ou autorizações de operações urbanísticas emitidas, bem como das informações prévias favoráveis em vigor, substituível por declaração da câmara municipal comprovativa da inexistência dos referidos compromissos urbanísticos na área do plano".

17.2. *Conformação do território*

Uma segunda *função* dos planos é a *conformação do território*. Trata-se de uma função *conatural* a todos os planos, já que todos eles pretendem programar, influenciar e organizar a ocupação e transformação do território e desenvolver harmoniosamente as diferentes parcelas do espaço[39]. A função de que estamos a falar consiste, pois, numa definição das regras e dos princípios respeitantes à organização do território e à racionalização da ocupação e utilização do espaço.

Esta função geral de *conformação do território* está subjacente à definição e aos objectivos dos vários tipos de planos disciplinados no RJIGT (cfr., por exemplo, os artigos 26.º, 27.º, 42.º, 43.º, 51.º, 52.º, 60.º, 61.º, 69.º e 70.º deste diploma legal).

17.3. *Conformação do direito de propriedade do solo*

Uma terceira função é a *conformação do direito de propriedade* do solo. Com esta expressão, queremos significar que o plano tem como efeito o estabelecimento de prescrições que vão tocar a própria *essência* do direito de propriedade, através da classificação do uso e destino do solo, da divisão do território em zonas e da definição dos parâmetros a que deve obedecer a ocupação, uso e transformação de cada uma delas[40].

Esta função não é exercida directamente pelos planos que se limitam a estabelecer *normas gerais* sobre a ocupação do espaço, mas apenas pelos planos que apresentam *suficiente especificidade* para conterem indicações sobre o destino das áreas singulares. Com efeito, os

---

[39] Cfr. P. S. RICHTER, *Profili Funzionali dell'Urbanistica*, Milano, Giuffrè, 1984, p. 105 e segs..

[40] Cfr. P. S. RICHTER, *ob. cit.*, p. 131 e segs..

primeiros (que são o programa nacional de política de ordenamento do território, os planos sectoriais, os planos regionais de ordenamento do território e os planos intermunicipais de ordenamento do território), de acordo com o regime constante da LBPOTU e do RJIGT (cfr. os artigos 26.º a 34.º, 35.º a 41.º, 51.º a 59.º e 60.º a 67.º), limitam-se, em regra, a fixar *opções gerais* no que respeita à organização do território por eles abrangido e a estabelecer *directivas* quanto ao ordenamento do espaço, a desenvolver e a densificar em planos de conteúdo mais concreto e preciso, não tendo, por isso, idoneidade para definir as *modalidades* e *intensidades* de uso do solo. Já os segundos (que são os planos especiais e municipais de ordenamento do território) definem tais *modalidades* e *intensidades* de utilização do espaço. De facto, os planos especiais de ordenamento do território são instrumentos de natureza regulamentar, elaborados pela administração central, que "estabelecem regimes de salvaguarda de recursos e valores naturais e o regime de gestão compatível com a utilização sustentável do território" (cfr. os artigos 42.º a 50.º do RJIGT). E os planos municipais são instrumentos de natureza regulamentar, aprovados pelos municípios, que fixam o regime de uso do solo, isto é, as vocações e os destinos das parcelas de terrenos, incluindo a urbanização e a edificação (cfr. os artigos 69.º a 83.º-B do referido diploma legal). É nestes últimos, na verdade, que se encontra a resposta à questão de saber se, numa concreta parcela de terreno, é possível construir e, em caso afirmativo, quais os indicadores e parâmetros urbanísticos[41].

---

[41] Os conceitos de "indicadores" e "parâmetros" urbanísticos distinguem-se quanto ao grau de concreteza. Os primeiros são conceitos mais genéricos que enformam a prática urbanística, enquanto os segundos têm um conteúdo mais preciso e mais específico. Poderá dizer-se, *grosso modo*, que o conceito de "indicadores urbanísticos" inclui os conceitos mais abrangentes de *densidade populacional, densidade habitacional, área urbanizável, área de implantação* e *área de construção*. No conceito de "parâmetro urbanístico", poderemos enquadrar os *índices volumétricos, número de pisos, cérceas, superfícies de lotes, superfícies de pavimentos, afastamentos das construções*, etc. Cfr., sobre este ponto, *Indicadores e Parâmetros Urbanísticos*, Lisboa, DGOTDU, 1996, p. 7.

Saliente-se que o grau de rigor e de detalhe daqueles conceitos aumenta dos planos directores municipais para os planos de urbanização e destes para os planos

Mas, no conjunto dos planos municipais de ordenamento do território, há que distinguir os planos directores municipais, os planos de urbanização e os planos de pormenor, cujo *grau de concreteza* e de *detalhe* vai aumentando à medida que se passa dos primeiros para os segundos e destes para os indicados em terceiro lugar. Por isso, a função *conformadora* do direito de propriedade do solo é mais intensa e incisiva nos planos de pormenor do que nos planos de urbanização e mais profunda nestes do que nos planos directores municipais.

17.4. *Gestão do território*

A quarta *função* dos planos é a de *gestão do território*.

Os planos não têm, por via de regra, apenas como finalidade a regulamentação do processo urbanístico, desinteressando-se do *modo* e do *quando* da concretização do modelo territorial por eles desenhado. Pelo contrário, os planos – e nisso reside um dos traços da sua peculiaridade normativa – encerram normalmente disposições que têm a ver com o problema da execução concreta das suas previsões [42]. Ora, é esta preocupação dos planos em incorporar prescrições relacionadas com a execução ou concretização dos mesmos que espelha a *função* de *gestão do território* dos planos.

---

de pormenor – planos estes que, como se sabe, constituem os tipos de planos municipais [cfr. o artigo 9.º, n.º 2, da LBPOTU e artigo 2.º, n.º 4, alínea *b*), do RJIGT]. Assim, enquanto os primeiros contêm "a especificação qualitativa e quantitativa dos índices, indicadores e parâmetros de referência, urbanísticos ou de ordenamento, a estabelecer em plano de urbanização e plano de pormenor, bem como os de natureza supletiva aplicáveis na ausência destes", os segundos definem "os indicadores e parâmetros urbanísticos aplicáveis a cada uma das categorias e subcategorias de espaços" e os referidos em terceiro lugar incluem, no seu conteúdo material, "a distribuição de funções e a definição de parâmetros urbanísticos, designadamente índices, densidade de fogos, número de pisos e cérceas" [cfr. os artigos 85.º, n.º 1, alínea *j*), 88.º, alínea *h*), e 91.º, n.º 1, alínea *d*), do RJIGT].

[42] Cfr. P. S. RICHTER, *ob. cit.*, p. 119 e segs.. Cfr. também as nossas obras *As Grandes Linhas*, cit., p. 62-64, *A Execução dos Planos Directores Municipais*, in RJUA, N.º 3 (1995), p. 72, e *Problemas Actuais*, cit., p. 21.

Esta *função* — traduzida na inserção nos planos de disposições especificamente pensadas para a execução dos instrumentos planificatórios — encontra expressão em várias normas do RJIGT. Vejam-se, por exemplo, o artigo 29.º, n.º 3, que especifica o conteúdo do *programa de acção* do "programa nacional da política de ordenamento do território"; o artigo 36.º, alínea *b*), que determina que os "planos sectoriais" fixam, nomeadamente, "as acções de concretização dos objectivos sectoriais estabelecidos"; o artigo 54.º, n.º 2, alíneas *f*) e *g*), que prescrevem que os "planos regionais de ordenamento do território" são acompanhados de um *relatório*, que contém, designadamente, o *programa de execução* e a *identificação* das fontes e estimativa de meios financeiros; o artigo 63.º, n.º 2, alíneas *f*) e *g*), que preceituam que os "planos intermunicipais de ordenamento do território" podem ser acompanhados, entre o mais, de *programas de acção territorial* e de um *plano de financiamento*; o artigo 85.º, n.º 1, alíneas *l*) e *m*), que estatuem que o "plano director municipal" determina, *inter alia*, a definição de *unidades operativas de planeamento e gestão*, para efeitos de programação da execução do plano, e a *programação da execução* das opções de ordenamento estabelecidas; o artigo 89.º, n.º 2, alínea *c*), que indica que o "plano de urbanização" é acompanhado por um "programa de execução, contendo designadamente disposições indicativas sobre a execução das intervenções municipais previstas, bem como sobre os meios de financiamento das mesmas"; e o artigo 92.º, n.º 2, alínea *d*), que impõe que o "plano de pormenor" seja acompanhado, entre outros elementos, "pelo programa de execução das acções previstas e respectivo plano de financiamento".

18. Tipologia dos planos

A nossa legislação prevê uma pluralidade de planos territoriais, que podem ser classificados de acordo com diferentes critérios.

18.1. Classificação com base no critério da finalidade

É esta uma arrumação dos planos de acordo com a natureza dos objectivos prosseguidos por cada um deles. Segundo este critério, os planos dividem-se em *globais* ou *gerais* (*Gesamtplänen*), *sectoriais* (*Fachplänen*) [43] e *especiais*.

Os primeiros têm como fim estabelecer um *ordenamento integral* do território por eles abrangido e disciplinar (uns de modo mais genérico e outros de modo mais preciso) todos os *usos* e *destinos* do espaço. Os segundos têm como objectivo não o ordenamento integral da área territorial por eles abarcada, mas a *programação* e a *concretização* de diversas políticas com incidência ou repercussão na organização do território (o artigo 35.º, n.º 2, do RJIGT indica, exemplificativamente, como modalidades de planos sectoriais os planos, programas e estratégias de desenvolvimento respeitantes aos diversos sectores da administração central, nomeadamente nos domínios dos transportes, das comunicações, da energia e dos recursos geológicos, da educação e da formação, da cultura, da saúde, da habitação, do turismo, da agricultura, do comércio, da indústria, das florestas e do ambiente, os planos de ordenamento sectorial e os regimes territoriais definidos ao abrigo de lei especial e as decisões sobre a localização e a realização de grandes empreendimentos públicos com incidência territorial) [44].

---

[43] Cfr. W. BROHM, *Öffentliches Baurecht*, 2. Aufl., München, Beck, 1999, p. 19 e segs.; e H. J. WOLLF/O. BACHOF/R. STOBER, *Verwaltungsrecht*, Vol. I, 11. Aufl., München, Beck, 1999, p. 576, 577, 581 e 582.

[44] Exemplos de planos sectoriais são, para além dos já referidos *Planos Regionais de Ordenamento Florestal* (PROF) e das já mencionadas diversas figuras planificatórias de *defesa da floresta contra incêndios*, os *planos de gestão de resíduos* (que englobam o *plano nacional de gestão de resíduos*, os *planos específicos de gestão de resíduos* e os *planos multimunicipais, intermunicipais* e *municipais de acção*), disciplinados nos artigos 11.º a 19.º do Decreto-Lei n.º 178/2006, de 5 de Setembro, os *planos de recursos hídricos*, os *planos municipais de redução do ruído*, o *Plano Rodoviário Nacional* e o *Plano Estratégico Nacional de Turismo*.

Os *planos de gestão de resíduos* constituem um instrumento jurídico importante do *direito catabólico* – também designado direito dos resíduos em sentido estrito e que alguma doutrina vem considerando, a par do *direito anabólico,* como

Os planos sectoriais não têm, assim, como finalidade directa e imediata o planeamento do território, mas antes a programação e a con-

constituindo um novo ramo de direito, tradicionalmente incluído no direito do ambiente –, que trata da escolha dos destinos finais mais adequados para os resíduos que não foi possível evitar, e que vem sendo definido como "o conjunto de normas jurídicas que, com respeito pelo princípio do nível elevado de protecção ecológica, regulam os fluxos descendentes de materiais entre a esfera social-tecnológica e a esfera natural-tecnológica, com vista à escolha dos destinos finais mais adequados e à promoção de uma boa gestão catabólica" (cfr. M. ALEXANDRA ARAGÃO, *O Princípio do Nível Elevado de Protecção Ecológica – Resíduos, Fluxos de Materiais e Justiça Ecológica*, polic., Coimbra, 2004, em especial, p. 28 e 721).

Por sua vez, os *planos de recursos hídricos* abrangem o *Plano Nacional da Água*, de âmbito territorial, que abarca todo o território nacional, os *planos de gestão de bacia hidrográfica*, de âmbito territorial, que abrangem as bacias integradas numa região hidrográfica e incluem os respectivos programas de medidas, e os *planos específicos de gestão de águas,* que são complementares dos planos de gestão de bacia hidrográfica e que podem ser de âmbito territorial, abrangendo uma sub-bacia ou uma área geográfica específica, ou de âmbito sectorial, abrangendo um problema, tipo de água, aspecto específico ou sector de actividade económica com interacção significativa com as águas [cfr. os artigos 23.° a 31.° da Lei da Água (Lei n.° 58/2005, de 29 de Dezembro, rectificada no *DR*, I Série – A, de 23 de Fevereiro de 2006].

O *Plano Nacional da Água* foi aprovado pelo Decreto-Lei n.° 112/2002, de 17 de Abril, e os *Planos de Bacia Hidrográfica* do Continente português foram aprovados por meio de Decretos Regulamentares cuja enumeração exaustiva seria fastidiosa. Vamos, por isso, indicar, tão-só, o Decreto Regulamentar n.° 16/2001, de 5 de Dezembro, que aprovou o PBH do Guadiana; o Decreto Regulamentar n.° 17/2001, da mesma data, que aprovou o PBH do Minho; o Decreto Regulamentar n.° 18/2001, de 7 de Dezembro, que aprovou o PBH do Tejo; e o Decreto Regulamentar n.° 19/2001, de 10 de Dezembro, que aprovou o PBH do Douro. Sobre alguns aspectos do procedimento de elaboração dos *Planos de Bacia Hidrográfica*, cfr. JOANA PEREIRA MENDES, *O Governo da Água, Gestão Integrada por Bacia Hidrográfica na Administração Hídrica Portuguesa,* Tese Mest., polic. Coimbra, 2002, p. 166 e segs..

Estes planos foram elaborados e aprovados ao abrigo do Decreto-Lei n.° 45//94, de 22 de Fevereiro – diploma este que o artigo 98.°, n.° 2, da alínea *b*), da Lei da Água expressamente revogou. Todavia, esta lei determinou, no seu artigo 104.°, que, "enquanto não forem elaborados e aprovados os *planos de gestão de bacia hidrográfica,* os actuais *planos de bacia hidrográfica* equiparam-se-lhes para todos os efeitos legais" (itálico nosso). Quanto ao *Plano Nacional da Água*, o artigo 28.°,

cretização de políticas de desenvolvimento económico e social e de projectos com incidência espacial, determinando o respectivo im-

n.º 4, da mesma lei prescreve "que deve ser revisto periodicamente, devendo a primeira revisão do actual Plano Nacional da Água ocorrer até final de 2010".

Com vista a controlar a poluição sonora e a assegurar a qualidade do ambiente sonoro, devem os planos municipais de ordenamento do território promover a distribuição adequada dos usos do território, tendo em consideração as fontes de ruído existentes e previstas, e estabelecer a classificação, a delimitação e a disciplina das zonas sensíveis e das zonas mistas (cfr. o artigo 6.º, n.ºs 1 e 2, do Regulamento Geral do Ruído, aprovado pelo Decreto-Lei n.º 9/2007, de 17 de Janeiro, alterado pelo Decreto-Lei n.º 278/2007, de 1 de Agosto). Por sua vez, as zonas sensíveis ou mistas com ocupação expostas a ruído ambiente exterior que exceda os valores limite fixados no artigo 11.º do Regulamento Geral do Ruído devem ser objecto de *planos municipais de redução de ruído*, cuja elaboração é da responsabilidade das câmaras municipais (cfr. os artigos 8.º e 9.º do Regulamento Geral do Ruído).

Quanto ao *Plano Rodoviário Nacional,* foi o mesmo aprovado pelo Decreto-Lei n.º 222/98, de 17 de Julho, alterado pela Lei n.º 98/99, de 26 de Julho, e pelo Decreto-Lei n.º 182/2003, de 16 de Agosto. O mesmo define a rede rodoviária nacional do continente, que desempenha funções de interesse nacional ou internacional. O seu carácter de *plano sectorial* foi claramente afirmado no Acórdão da 1.ª Secção do Supremo Tribunal Administrativo de 14 de Abril de 2005, Proc. n.º 47 310.

Por seu lado, o *Plano Estratégico Nacional de Turismo* foi aprovado pela Resolução do Conselho de Ministros n.º 53/2007, de 4 de Abril, tendo como objectivos estratégicos o aumento da contribuição do turismo para o PIB nacional e para o emprego qualificado e a dinamização do turismo interno, elementos cruciais para a melhoria da qualidade de vida dos portugueses. Por sua vez, o Plano de Ordenamento Turístico da Região Autónoma da Madeira foi aprovado pelo Decreto Legislativo Regional n.º 17/2002/M, de 29 de Agosto (tendo o Decreto Legislativo Regional n.º 12/2007/M, de 16 de Abril, determinado a suspensão parcial do artigo 5.º e a suspensão do artigo 6.º das normas de execução daquele plano), o qual define a estratégia de desenvolvimento do turismo na Região Autónoma da Madeira e o modelo territorial a adoptar, com vista a orientar os investimentos tanto públicos, como privados, garantindo o equilíbrio na distribuição territorial dos alojamentos e equipamentos turísticos, bem como um melhor aproveitamento e valozização dos recursos humanos, culturais e naturais.

Por último, como exemplo de um plano sectorial relativo à localização de um grande empreendimento público com incidência territorial, temos a Resolução do Conselho de Ministros n.º 13/2008, de 22 de Janeiro, que aprovou, preliminarmente, a localização do novo aeroporto de Lisboa na zona do campo de tiro de Alcochete, sem prejuízo das conclusões da avaliação ambiental estratégica deste

pacto territorial. Finalmente, os indicados em terceiro lugar visam a *tutela de interesses públicos específicos*, através do estabelecimento de regimes de salvaguarda de recursos e valores naturais, de modo a assegurar a permanência dos sistemas indispensáveis à utilização sustentável do território. Os planos especiais têm, pois, como objectivo definir o regime de gestão do espaço compatível com a salvaguarda dos referidos recursos e valores naturais[45].

São exemplos de planos *globais* ou *gerais* o programa nacional da política de ordenamento do território, os planos regionais de ordenamento do território, os planos intermunicipais de ordenamento do território e os planos municipais de ordenamento do território (nas suas modalidades de planos directores municipais, planos de urbanização e planos de pormenor). Planos sectoriais são, por sua vez, os definidos nos artigos 8.º, alínea c), e 9.º, n.º 3, da LBPOTU, bem como no artigo 35.º, n.º 1, do RJIGT, podendo assumir as três modalidades indicadas no n.º 2 do mesmo preceito e que já referimos um pouco mais acima. São, finalmente, planos especiais os instrumentos de planificação cujo conceito está vertido no artigo 8.º, alínea d), da LBPOTU, e, bem assim, nos n.ºˢ 1 e 2 do artigo 42.º do RJIGT, os quais, de acordo com o artigo 33.º da LBPOTU e o n.º 3 do artigo 42.º do RJIGT, podem ser de quatro espécies: planos de ordenamento de áreas protegidas, planos de ordenamento de albufeiras de águas públicas, planos de ordenamento da orla costeira e planos de ordenamento dos estuários[46-47-48].

---

plano sectorial – localização essa que foi definitivamente confirmada pela Resolução do Conselho n.º 85/2008, de 26 de Maio.

[45] Como já tivemos ensejo de salientar, noutra ocasião, o Decreto-Lei n.º 316//2007, de 19 de Setembro, alterando o artigo 44.º do RJIGT, eliminou do conteúdo dos planos especiais de ordenamento do território a referência à fixação de usos, por se entender que os planos especiais devem conter regimes de salvaguarda de recursos e valores naturais e não classificar e qualificar o uso do solo. Cfr., sobre este assunto, a nossa obra *A Avaliação Ambiental de Planos e Programas*, cit., p. 18 e 19, incluindo nota 21.

[46] O artigo 33.º da versão inicial da LBPOTU e o artigo 42.º, n.º 3, do RJIGT indicavam como planos especiais de ordenamento do território apenas as três primeiras modalidades, mas a Lei da Água (Lei n.º 58/2005, de 29 de Dezembro), através do seu artigo 98.º, n.º 3, alterou aquela segunda disposição legal,

acrescentando-lhe um novo tipo de planos especiais: os planos de ordenamento dos estuários. Também o artigo 33.º da LBPOTU, na sequência das alterações introduzidas pela Lei n.º 54/2007, de 31 de Agosto, passou a abranger as referidas quatro modalidades de planos especiais. Acrescente-se que a Lei da Água considera os planos de ordenamento de albufeiras de águas públicas, os planos de ordenamento da orla costeira e os planos de ordenamento dos estuários como instrumentos de ordenamento que têm também como objectivo a protecção e valorização dos recursos hídricos (cfr. os artigos 18.º a 22.º).

[47] Embora o artigo 33.º do LBPOTU e o n.º 3 do artigo 42.º do RJIGT estabeleçam um princípio da taxatividade das modalidades de planos especiais de ordenamento do território, o certo é que o artigo 75.º, n.º 7, da Lei n.º 107/2001, de 8 de Setembro (Lei do Património Cultural), prevê um novo tipo de plano especial de ordenamento do território: *o plano de ordenamento de parque arqueológico*, o qual deve ser elaborado pela administração do património arqueológico competente, com vista a assegurar o ordenamento e a gestão dos parques arqueológicos. Estes são definidos no n.º 4 do artigo 74.º daquele diploma legal como "qualquer monumento, sítio ou conjunto de sítios arqueológicos de interesse nacional, integrado num território envolvente marcado de forma significativa pela intervenção humana passada, território esse que integra e dá significado ao monumento, sítio ou conjunto de sítios, e cujo ordenamento e gestão devam ser determinados pela necessidade de garantir a preservação dos testemunhos arqueológicos aí existentes".

É o Decreto-Lei n.º 131/2002, de 11 de Maio, que estabelece a forma de criação e gestão de parques arqueológicos, bem como os objectivos, o conteúdo material e o conteúdo documental do plano de ordenamento de parque arqueológico. O artigo 6.º, n.º 1, deste diploma legal determina que "os parques arqueológicos dispõem obrigatoriamente de um plano especial de ordenamento do território, adiante designado por plano de ordenamento de parque arqueológico". E o n.º 3 do mesmo preceito estatui que "à elaboração, aprovação e execução dos planos de ordenamento de parque arqueológico aplica-se o regime jurídico relativo aos planos especiais de ordenamento do território previsto no Decreto-Lei n.º 380/99, de 22 de Setembro, com o conteúdo do material e o conteúdo documental definidos nos artigos seguintes".

Não se compreende bem esta classificação dos *planos de ordenamento de parque arqueológico* como planos especiais, em clara violação do princípio da tipicidade destes planos, que foi claramente consagrado no artigo 33.º da LBPOTU. E como somos sensíveis ao argumento de que o património arqueológico, pelo seu âmbito supramunicipal e pelas suas caraterísticas e objectivos, requer um instrumento de planeamento de natureza nacional, deveria, então, o legislador tê-los integrado na categoria de planos *sectoriais*, que são considerados pela nossa legislação sobre planeamento territorial como uma categoria *aberta*. Não foi, porém, este o caminho trilhado pelo legislador do património cultural, ao qualificar, no artigo 75.º, n.º 7, da Lei n.º 107/2001, de 8 de Setembro, os *planos de ordenamento de parque arqueológico* como planos especiais de ordenamento do território. Esta opção do legislador não enferma de qualquer vício de *inconstitucionalidade orgânica*, porquanto a Lei n.º 107/2001 é, tal como a LBPOTU, uma *lei de bases* – a lei que estabelece as bases do sistema de protecção do património cultural –, que versa sobre matéria da reserva relativa de competência legislativa da Assembleia da República, referida na alínea g) do n.º 1 do artigo 165.º da Constituição. Donde ter de concluir-se que os planos especiais de ordenamento do território abrangem *cinco categorias* e não apenas quatro, como resulta do artigo 33.º da LBPOTU.

[48] A Lei do Património Cultural prevê uma planificação específica, que se intersecciona com a planificação territorial. Assim, para além do mencionado na nota anterior *plano de ordenamento de parque arqueológico*, contempla aquela lei os *planos de pormenor de salvaguarda* e os *planos integrados*. Quanto aos primeiros, o artigo 53.º, n.º 1, da Lei n.º 107/2001, de 8 de Setembro, determina que o acto que decrete a classificação de monumentos, conjuntos ou sítios, ou em vias de classificação, obriga o município, em parceria com os serviços da administração central ou regional autónoma responsáveis pelo património cultural, ao estabelecimento de um plano de pormenor de salvaguarda para a área a proteger. E, no tocante aos segundos, o artigo 53.º, n.º 2, da mesma lei estatui que a administração do património cultural competente pode ainda determinar a elaboração de um plano integrado, salvaguardando a existência de qualquer instrumento de gestão territorial já eficaz, reconduzido a instrumento de política sectorial nos domínios a que deva dizer respeito.

Relativamente aos *planos de pormenor de salvaguarda*, a doutrina vem discutindo a questão de saber a que tipo de instrumento de gestão territorial referido no RJIGT se devem os mesmos reconduzir. Se se atentar na respectiva designação e em alguns aspectos do seu regime jurídico (v.g., os seus efeitos jurídicos directos e imediatos em relação aos particulares e a dispensa de parecer prévio das entidades administrativas competentes em matéria de património cultural), seremos levados a considerá-los como *planos de pormenor*, isto é, como uma espécie de planos municipais de ordenamento do território. Foi, aliás, nesta linha que seguiu o legislador. Com efeito, o artigo 91.º-A, n.º 2, alínea c), e n.º 7, do RJIGT, na versão do Decreto-Lei n.º 316/2007, considera o *plano de pormenor* de salvaguarda como uma *modalidade específica* de plano de pormenor, cujo conteúdo é definido na Lei n.º 107/2001, de 8 de Setembro. Todavia, se colocarmos o acento tónico na natureza dos bens jurídicos em questão, que extravasam em larga medida o âmbito municipal,

18.2. Classificação segundo o âmbito espacial de aplicação

A classificação dos planos com base no critério do *âmbito espacial de aplicação* opera num sentido horizontal, já que não se preocupa com o valor hierárquico de cada um dos planos.

De acordo com o critério apontado, é possível distinguir, no conjunto dos planos disciplinados pela LBPOTU e pelo RJIGT, pelo menos a nível da teoria, *cinco níveis*, cujo âmbito espacial de aplicação é gradativamente mais restrito: *nacional, regional, supramunicipal, municipal* e *submunicipal*[49].

---

bem como no facto de estes planos deverem ser elaborados pelos municípios em parceria com os serviços da administração central ou regional responsável pelo património cultural, seremos transportados para um nível de planeamento superior ao âmbito municipal, que, atendendo à actual configuração jurídica dos instrumentos de planeamento territorial, constante da LBPOTU e do RJIGT, não pode ser outro senão o de um plano sectorial. É esta a opinião defendida por SUZANA TAVARES DA SILVA [cfr. *Da "Contemplação da Ruína" ao Património Sustentável. Contributo para uma Compreensão Adequada dos Bens Culturais*, in Revista do CEDOUA, Ano V, N.º 10 (2002), p. 80 e 81], coonestada por J. CASALTA NABAIS (cfr. *Introdução ao Direito do Património Cultural*, cit., p. 56).

Por fim, no que concerne aos *planos integrados*, louva-se a sua recondução à figura de *planos sectoriais*, o que faz dos mesmos instrumentos de planeamento de âmbito geral, elaborados pela Administração (central) do património cultural e que garantem uma visão integrada do sector. Mas, em contrapartida, critica-se o facto de a sua elaboração não ser *obrigatória*, mas *facultativa*.

Acrescente-se que, nos termos do artigo 54.º da Lei n.º 107/2001, até à elaboração de algum dos planos que vêm de ser referidos, a concessão de licenças, ou a realização de obras licenciadas, anteriormente à classificação do monumento, conjunto ou sítio dependem de parecer prévio favorável da administração do património cultural competente (n.º 1), mas, após a entrada em vigor do *plano de pormenor de salvaguarda*, poderão os municípios licenciar as obras projectadas em conformidade com as disposições daquele, sem prejuízo do dever de comunicar à administração do património cultural competente, no prazo de 15 dias, as licenças concedidas (n.º 2), sendo *nulos* os actos administrativos que infrinjam a disciplina jurídica acabada de enunciar (n.º 3).

[49] Cfr. a nossa obra *O Plano Urbanístico*, cit., p. 188-192. Cfr. também FERNANDO CONDESSO, *Direito do Urbanismo (Noções Fundamentais)*, Lisboa, Quid Juris?, 1999, p. 220 e 221.

No primeiro, situa-se o PNPOT, que estabelece as grandes opções com relevância para a organização do território nacional, abrangendo, por isso, todo o espaço do país [cfr. os artigos 9.º, n.º 1, alínea a), da LBPOTU e os artigos 26.º a 34.º do RJIGT][50]. No segundo nível, enquadram-se os planos regionais de ordenamento do território (PROT). Esclareça-se, no entanto, que a inserção no nível *regional* destes planos não significa, de modo algum, que o seu âmbito territorial de aplicação coincida com as áreas das *regiões administrativas*, entendidas como autarquias locais (cfr. os artigos 236.º, n.º 1, e 255.º a 262.º da Constituição). É que estas ainda não foram instituídas em concreto, dado que a "consulta directa, de alcance nacional e relativa a cada área regional", realizada, para esse efeito, no dia 8 de Novembro de 1998, por exigência do artigo 256.º, n.º 1, da Lei Fundamental, não obteve o voto favorável expresso da maioria dos cidadãos eleitores que nela se pronunciaram. A sua área de aplicação corresponde às áreas de actuação das comissões de coordenação e desenvolvimento regional [áreas correspondentes ao nível II da Nomenclatura das Unidades Territoriais para Fins Estatísticos (NUTE II)], podendo, no entanto, aqueles organismos propor ao Governo que o PROT seja estruturado em unidades de planeamento correspondentes a espaços sub-regionais integrados na respectiva área de actuação susceptíveis de elaboração e aprovação faseadas (cfr. o artigo 51.º, n.ºˢ 2 e 3, do RJIGT)[51-52].

---

[50] Como já referimos, a Lei n.º 58/2007, de 4 de Setembro, aprovou o PNPOT.

[51] Diferente é a área abrangida pelos PROT elaborados e aprovados ao abrigo do Decreto-Lei n.º 176-A/88, de 18 de Maio, alterado, sucessivamente, pelos Decretos-Leis n.ºˢ 367/90, de 26 de Novembro, 249/94, de 12 de Outubro, e 309/95, de 20 de Novembro, e que continuam em vigor até à sua revisão obrigatória, nos termos do artigo 153.º do RJIGT. A área desses planos (o PROT do Algarve, aprovado pelo Decreto Regulamentar n.º 11/91, de 21 de Março, e cuja revisão foi aprovada pela Resolução do Conselho de Ministros n.º 102/2007, de 3 de Agosto, alterada pela Resolução do Conselho de Ministros n.º 188/2007, de 28 de Dezembro; o PROT da Zona Envolvente do Douro, aprovado pelo Decreto Regulamentar n.º 60/91, de 21 de Novembro; o PROT da Zona Envolvente das Barragens da Aguieira, Coiço e Fronhas, aprovado pelo Decreto Regu-

No nível supramunicipal, enquadram-se os planos intermunicipais de ordenamento do território, que abrangem a totalidade ou parte das áreas territoriais pertencentes a dois ou mais municípios vizinhos [cfr. os artigos 9.º, n.º 1, alínea c), da LBPOTU e 60.º a 68.º do RJIGT][53].

---

lamentar n.º 22/92, de 25 de Setembro; o PROT do Litoral Alentejano, aprovado pelo Decreto Regulamentar n.º 26/93, de 27 de Agosto, e cuja revisão foi determinada pela Resolução do Conselho de Ministros n.º 4/2002, de 8 de Janeiro; e o Plano para o Ordenamento do Território na Região Autónoma da Madeira, aprovado pelo Decreto Legislativo Regional n.º 12/95/M, de 24 de Junho, alterado pelo Decreto-Legislativo Regional n.º 9/97/M, de 18 de Julho) é a definida em cada um deles, de acordo com o critério constante do artigo 2.º do Decreto--Lei n.º 176-A/88 ("áreas pertencentes a mais de um município, definidas quer pela sua homogeneidade em termos económicos, ecológicos ou outros, quer por representarem interesses ou preocupações que, pela sua interdependência, necessitam de consideração integrada").

Entretanto, foram aprovados ao abrigo do Decreto-Lei n.º 380/99, de 22 de Setembro, estando sujeitos ao regime jurídico previsto neste diploma legal, os seguintes PROT: o Plano Regional de Ordenamento do Território da Área Metropolitana de Lisboa (PROTAML), através da Resolução do Conselho de Ministros n.º 68/2002, de 8 de Abril, e cuja alteração foi determinada pela Resolução do Conselho de Ministros n.º 92/2008, de 5 de Junho; o Plano Regional de Ordenamento do Território da Zona Envolvente do Alqueva (PROZEA), por meio da Resolução do Conselho de Ministros n.º 70/2002, de 9 de Abril; e o Plano Regional de Ordenamento do Território da Zona dos Mármores (PROZOM), pela Resolução do Conselho de Ministros n.º 93/2002, de 8 de Maio.

[52] O XVII Governo Constitucional definiu como objectivo fazer corresponder as áreas dos PROT às de actuação das comissões de coordenação e desenvolvimento regional. Para esse efeito, determinou, por meio das Resoluções do Conselho de Ministros n.ºˢ 28/2006, 29/2006, 30/2006 e 31/2006, todas de 23 de Março, a elaboração dos PROT para a Região do Alentejo, para a Região do Norte, para a Região do Oeste e Vale do Tejo e para a Região do Centro, respectivamente, o quais, somando-se ao vigente PROT – Algarve, abarcarão todo o território do Continente e coincidirão, cada um deles, tendencialmente, com as áreas de actuação das comissões de coordenação e desenvolvimento regional.

[53] Note-se que a Resolução do Conselho de Ministros n.º 150/2003, de 22 de Setembro, ratificou o primeiro plano intermunicipal de ordenamento do território surgido no nosso país: o Plano Intermunicipal de Ordenamento do Território do Alto Douro Vinhateiro.

O quarto nível é constituído pelo plano director municipal (PDM), que abarca todo o território do município a que respeita (cfr. os artigos 84.º, n.º 1, e 85.º, n.º 1, do RJIGT). Finalmente, situam-se no nível submunicipal, e cingindo-nos aos planos territoriais tipificados na LBPOTU e no RJIGT, os planos de urbanização e os planos de pormenor, na medida em que abrangem apenas uma parte do território do município. De facto, os primeiros concretizam, "para uma determinada área do território municipal, a política de ordenamento do território e de urbanismo, fornecendo o quadro de referência para a aplicação das políticas urbanas e definindo a estrutura urbana, o regime de uso do solo e os critérios de transformação do território", podendo abranger "qualquer área do território do município incluída em perímetro urbano por plano director municipal eficaz e ainda o solo rural complementar de um ou mais perímetros urbanos, que se revele necessário para estabelecer uma intervenção integrada de planeamento", ou "outras áreas do território municipal que, de acordo com os objectivos e prioridades estabelecidas no plano director municipal, possam ser destinadas a usos e funções urbanas, designadamente à localização de instalações ou parques industriais, logísticos ou de serviços ou à localização de empreendimentos turísticos e equipamentos e infra-estruturas associadas" [cfr. o artigo 87.º, n.ºs 1 e 2, alíneas a) e b), do RJIGT], e os segundos desenvolvem e concretizam "propostas de ocupação de qualquer área do território municipal", abrangendo "áreas contínuas do território municipal, correspondentes, designadamente, a uma unidade ou subunidade operativa de planeamento e gestão ou parte delas" (cfr. o artigo 90.º, n.ºs 1 e 3, do mesmo diploma legal).

Antes de encerrarmos o ponto relativo à classificação dos planos segundo o *âmbito espacial de aplicação*, importa deixar registadas duas notas. A primeira é a de que o âmbito espacial de aplicação dos planos sectoriais e dos planos especiais de ordenamento do território é *variável*, pois depende, quanto aos primeiros, em cada caso, da incidência territorial das políticas de desenvolvimento económico e social por eles programadas e concretizadas e, bem assim, do impacto territorial das decisões sobre a localização e a realização de grandes empreendimentos públicos, e, quanto aos segundos, da extensão ou amplitude territorial de cada uma das áreas protegidas, de cada albufeira de águas públicas, de cada troço da orla costeira e de cada estuário abrangidos pelos planos especiais de ordenamento do território.

A segunda nota é para referir que a classificação por nós adiantada não tem em conta o *relevo* nacional, regional ou municipal dos interesses tutelados por cada um dos tipos de planos. Por isso, ela é diferente da que é feita pela LBPOTU e pelo RJIGT, e que assenta não na dimensão territorial de aplicação dos planos, mas no *relevo* ou *alcance* dos interesses prosseguidos pelos planos. De acordo com esta perspectiva, os artigos 7.º da LBPOTU e 2.º do RJIGT determinam que a política de ordenamento do território e de urbanismo assenta num sistema de gestão territorial, que se organiza num quadro de interacção coordenada, nos âmbitos nacional, regional e municipal, sendo o primeiro concretizado através do programa nacional da política de ordenamento do território, dos planos sectoriais com incidência territorial e dos planos especiais de ordenamento do território, o segundo através dos planos regionais de ordenamento do território e o terceiro através dos planos intermunicipais de ordenamento do território e dos planos municipais de ordenamento do território.

18.3. *Classificação com base no grau analítico das previsões*

O critério do *grau analítico* das previsões dos planos assenta na relação funcional que se verifica entre as suas previsões e os factos por si contemplados[54]. O seu fundamento repousa na ideia de que a planificação se realiza segundo um processo de concretização progressiva, isto é, por uma "sequência gradualista de comandos sempre menos abstractos e sempre mais concretos" ou por um conjunto de actos do poder público unidos "em cascata", cabendo a uns a definição dos escopos e a outros a fixação de medidas pontuais especificativas, sob o ponto de vista territorial ou sectorial, dos primeiros.

---

[54] Cfr. a nossa obra *O Plano Urbanístico*, cit., p. 192-201, e a bibliografia aí citada.

É assim que nos aparece na doutrina alemã a divisão entre a *planificação de objectivos* ou de *fins* (*Zielplanung*) e a *planificação de execução* ou *de medidas* (*Durchführungs-oder Massnahmenplanung*), conforme se proponha a enunciação genérica de fins ou a realização dos mesmos.

Esta classificação dicotómica tem sido, porém, criticada, dado que ela contempla somente os estádios extremos do sistema da planificação, sem ter em conta que no processo planificatório surgem actos de plano que são simultaneamente executivos dos precedentes e directivos em relação aos sucessivos. Não admira, por isso, que surjam alguns autores que acrescentam àqueles dois estádios um outro, de modo a expressar mais claramente o sistema de "pirâmide invertida" em que se traduz a planificação urbanística. É assim que vemos, sobretudo nas doutrinas italiana e espanhola, três níveis ou graus de planos urbanísticos: *planos de directivas*, *planos operativos* e *planos de execução*. Os planos de directivas, apelidados também de planos de segundo grau, limitam-se a traçar as directivas básicas e as linhas gerais do ordenamento do território, que devem ser observadas pelos planos subsequentes. Os planos operativos, designados também planos de primeiro grau, traduzem a nível municipal ou intermunicipal as directivas dos primeiros, recebem e especificam as previsões daqueles e encerram os princípios a que hão-de obedecer os planos hierarquicamente inferiores. Os apontados em terceiro lugar especificam e concretizam as previsões dos planos operativos em relação a uma área determinada[55].

Este critério de classificação, que se baseia no binómio "direcção-execução" e que perspectiva o sistema da planificação urbanística como uma série de planos executivos uns dos outros, tem sido alvo de algumas críticas. A primeira refere-se ao seu carácter excessivamente *teórico*, na medida em que não atende à realidade da planificação territorial. Por outras palavras, o referido critério pressupõe um sistema de planificação territorial que funcione de modo perfeito, como um conjunto harmónico e sem falhas. P. RICHTER vai ao ponto de afirmar que a concepção segundo a qual o sistema da pla-

---

[55] Cfr. G. PAGLIARI, *ob. cit.*, p. 76.

nificação urbanística se caracteriza por uma série de actos situados numa relação de supra e infra-ordenação constitui uma autêntica "mistificação da realidade"[56]. De facto, segundo o mesmo autor, uma tal concepção implica um conjunto de postulados ou de corolários, que nem sempre encontram tradução na realidade: em primeiro lugar, a ideia de que um determinado território só poderá considerar-se correcta e completamente planificado se for abrangido por uma multiplicidade de instrumentos urbanísticos sobrepostos; em segundo lugar, a necessária homogeneidade de conteúdo dos vários planos concatenados entre si; em terceiro lugar, a maior importância dos planos de âmbito territorial mais amplo em relação aos de âmbito mais circunscrito e a função substancialmente executiva que cada plano exerce em face do mais geral; em quarto lugar, a inderrogabilidade das prescrições dos planos por aqueles que constituem a sua execução e especificação, bem como a prioridade temporal dos primeiros em relação aos segundos[57].

As palavras do autor citado podem aplicar-se perfeitamente à situação do nosso país. Na verdade, a referida sobreposição de vários planos em relação ao mesmo território nem sempre se verifica. Na prática, alguns degraus do sistema concebido pelo nosso legislador são frequentemente omitidos. Além disso, como melhor se verá um pouco mais adiante, o nosso sistema de planeamento territorial é caracterizado por uma trama complexa de relações entre disposições de planos, que não cabe numa visão estreita de uma simples relação de *supra-infra-ordenação*.

A segunda crítica que vem sendo apontada ao critério de que estamos a tratar é a sua natureza excessivamente *rígida*. De facto, a referida classificação só poderia funcionar integralmente se a lei determinasse que os diversos degraus de planificação estivessem entre si numa relação de *necessidade*, isto é, se o legislador tivesse estabelecido o princípio segundo o qual o plano inferior só poderia ser aprovado se anteriormente ou, pelo menos concomitantemente, fosse aprovado

---

[56] Cfr. *ob. cit.*, p. 9.
[57] Cfr. *ob. cit.*, p. 40.

o plano de nível superior. Mas não é esta a solução adoptada pelo nosso direito. Nenhum dos estádios da planificação urbanística acima mencionados se apresenta como *necessário*, no sentido de que a existência de um deles é uma *conditio* necessária para o surgimento do plano imediatamente inferior. É assim que a nossa lei não faz depender a aprovação dos PROT da existência prévia do "programa nacional da política de ordenamento do território"; os PDM podem ver a luz do dia antes dos PROT; os planos de urbanização não necessitam de aguardar o aparecimento dos PDM; e os planos de pormenor podem ser aprovados antes dos planos de urbanização. Demonstrativo da não consagração, entre nós, do princípio da *necessidade* na relação entre planos é o artigo 91.º, n.º 3, do RJIGT, onde se estabelece que o "plano de pormenor relativo a área não abrangida por plano de urbanização, incluindo as intervenções em solo rural, procede à prévia explicitação do zonamento com base na disciplina consagrada no plano director municipal".

A não consagração do *princípio da necessidade* pelo nosso legislador tem a vantagem de tornar a planificação urbanística mais flexível e operacional, dadas as naturais demoras e dificuldades na elaboração de planos de âmbito territorial mais vasto. Mas tem o inconveniente de dificultar uma planificação global e harmónica do espaço municipal, regional e nacional e de possibilitar o aparecimento de uma multiplicidade de planos que incidem sobre áreas restritas e que consagram soluções tantas vezes descoordenadas e contraditórias.

Demonstrando uma certa sensibilidade às críticas apontadas, G. SCIULLO apresenta uma classificação, que continua a ter como base a repartição de planos territoriais em planos de directivas, operativos e de execução, mas retira-lhes o carácter funcional constituído pelo binómio "direcção-execução". Essa classificação é a seguinte: *planificação projectiva, planificação determinativa* e *planificação-acto*[58].

Trata-se de uma classificação que suscita a nossa concordância genérica. A cada um destes tipos correspondem planos que se caracterizam por uma crescente *analiticidade* das previsões em relação aos

---

[58] Cfr. *ob. cit.*, p. 108.

factos por eles contemplados, mas sem a nota de que eles são necessariamente executivos uns dos outros. Cingindo-nos a algumas das figuras planificatórias mais representativas definidas na LBPOTU e no RJIGT, poderemos afirmar que na "planificação projectiva" se enquadram "o programa nacional da política de ordenamento do território" e os PROT, na medida em que ambos contêm disposições *genéricas*, limitando-se a definir um conjunto de *opções* e de *linhas gerais* respeitantes ao ordenamento do espaço (cfr. os artigos 26.º e 51.º do RJIGT).

Da "planificação determinativa" fazem parte uma pluralidade de figuras, cujo elemento unificador é constituído por um grau de analiticidade, por assim dizer, intermédio em relação aos planos do primeiro tipo e aos planos de terceira categoria. Por um lado, desenvolvem o conteúdo dos PROT e, por outro lado, são recebidos em planos de maior concreteza. Neste sentido, são exemplos de planos determinativos no nosso direito os planos directores municipais e os planos de urbanização. A "planificação-acto" apresenta um carácter residual. Compreende todas as figuras de planos dotadas da mais elevada analiticidade, no sentido de que as suas previsões não encontram ulterior concretização em outras etapas planificatórias. Os exemplos mais expressivos são os planos de pormenor e os planos de alinhamento.

18.4. *Classificação com base na eficácia jurídica*

Todos os planos territoriais são dotados de eficácia jurídica, variando, no entanto, o círculo de destinatários e o grau de vinculatividade das suas disposições.

De acordo com a sua eficácia jurídica, a classificação mais adequada é a que distingue entre *autoplanificação*, *heteroplanificação* e *planificação plurisubjectiva*[59]. A primeira engloba os planos que produzem efeitos jurídicos ou que vinculam os próprios sujeitos de direito

---

[59] Cfr. a nossa obra *O Plano Urbanístico*, cit., p. 208 e segs..

público a quem são imputados os planos; a segunda abrange os planos que vinculam outras entidades públicas para além daquela que os elaborou e aprovou; e a terceira compreende os planos que vinculam directa e imediatamente os particulares.

Pode afirmar-se que todos os planos territoriais vinculam os sujeitos de direito público que os elaboram e os aprovam, de acordo com a máxima *"tu patere legem quam ipse fecisti"*. Nem faria sentido que fosse de outro modo. Com efeito, a Administração não pode deixar de estar ligada pelas regras de direito que encontra, incluindo as que são por si elaboradas. Significa isto que todos os planos territoriais, sem excepção, são uma manifestação da *autoplanificação*.

De igual modo, os diferentes tipos de planos territoriais vinculam todas as entidades públicas, sendo, por isso, uma expressão da *heteroplanificação*. Uma tal vinculatividade está expressamente contemplada no artigo 11.º, n.º 1, da LBPOTU e no artigo 3.º, n.ºˢ 1 e 2, do RJIGT. Expressão das características de *autoplanificação* e de *heteroplanificação* de todos os planos territoriais são os artigos 101.º a 103.º do RJIGT. De facto, determina-se no artigo 102.º, n.º 1, que "são nulos os planos elaborados e aprovados em violação de qualquer instrumento de gestão territorial com o qual devessem ser compatíveis ou conformes", prescrevendo-se, no artigo 103.º, que "são nulos os actos praticados em violação de qualquer instrumento de gestão territorial aplicável". Tal cominação legal aplica-se tanto aos entes públicos que elaboraram e aprovaram o plano, como às restantes pessoas colectivas de direito público[60].

---

[60] Uma questão que foi levantada durante os trabalhos de elaboração do PNPOT é a da sua aplicabilidade às Regiões Autónomas dos Açores e da Madeira e, por isso, da sua vinculatividade em relação aos planos territoriais elaborados e aprovados pelas regiões autónomas e pelos municípios nelas sediados.

Não temos quaisquer dúvidas quanto à aplicabilidade às regiões autónomas das disposições do PNPOT. Tais dúvidas inexistiam no período da vigência da versão da Constituição oriunda da Revisão de 1997. Mas elas inexistem também depois da Revisão de 2004, não obstante esta ter alargado a *autonomia legislativa* das regiões autónomas, através da abolição da categoria das "leis gerais da República" – a cujos princípios fundamentais deviam obedecer os decretos legislativos das

Ao invés, nem todos os planos cujo regime jurídico é gizado pela LBPOTU e pelo RJIGT têm uma eficácia *plurisubjectiva*. Na ver-

---

Assembleias Legislativas das Regiões Autónomas – e do conceito de "matérias de interesse específico" das regiões autónomas.

A aplicabilidade às regiões autónomas do PNPOT baseia-se, em primeiro lugar, no princípio do *Estado unitário* (embora respeitador, na sua organização e funcionamento, do regime autonómico insular), constante do artigo 6.º da Constituição. Este princípio implica necessariamente que um instrumento de ordenamento do território, que, *por natureza,* abarca todo o território nacional (na medida em que estabelece as grandes opções com relevância para a organização do território nacional, consubstancia o quadro de referência a considerar na elaboração dos demais instrumentos de gestão territorial e constitui um instrumento de cooperação com os demais Estados membros para a organização do território da União Europeia, como prescreve o artigo 26.º do RJIGT), deva aplicar-se também às regiões autónomas, cujo território faz parte integrante do Estado português. E alicerça-se, em segundo lugar, no *limite negativo* à competência legislativa das regiões autónomas, constituído pelas matérias que não estejam reservadas aos órgãos de soberania, condensado nos artigos 112.º, n.º 4, 227.º, n.º 1, alínea *a*), e 228.º da Constituição.

Ora, integrando-se nas matérias reservadas à competência legislativa da Assembleia da República "as bases do ordenamento do território e do urbanismo", nos termos da alínea *z*) do n.º 1 do artigo 165.º da Constituição, e sendo uma das "bases" daquelas matérias, constante da LBPOTU, a aplicação a todo o território nacional do PNPOT [cfr. os artigos 7.º, n.º 2, alínea *a*), 9.º, n.º 1, alínea *a*), e 20.º, n.º 1], é inexorável concluir que os decretos legislativos regionais que incidem sobre as matérias do ordenamento do território e do urbanismo devem respeitar a referida "base", sob pena de inconstitucionalidade, salvo autorização da Assembleia da República, nos termos da alínea *b*) do n.º 1 do artigo 227.º da Constituição.

É devido a este carácter nacional do PNPOT – o qual é elaborado pelo Governo e aprovado por lei da Assembleia da República – que as Regiões Autónomas dos Açores e da Madeira colaboram na sua elaboração (cfr. os artigos 20.º, n.º 1, da LBPOTU e 31.º do RJIGT, bem como o n.º 3 da Resolução do Conselho de Ministros n.º 76/2002, de 11 de Abril).

Tendo em conta o exposto, entendemos que as particularidades das regiões autónomas, decorrentes quer das suas características geográficas, económicas e sociais, quer da específica relevância ou acuidade que alguns problemas nelas assumam, e que justifiquem respostas próprias, deverão ser resolvidas directamente pelo PNPOT, que, nos termos do n.º 2 do artigo 28.º do RJIGT, "pode estabelecer directrizes aplicáveis a determinado tipo de áreas ou de temáticas com incidência territorial, visando assegurar a igualdade de regimes e a coerência na sua

dade, só alguns deles produzem efeitos jurídicos *directos* e *imediatos* ou vinculam *directa* e *imediatamente* os particulares. Tais planos são, de harmonia com o disposto no artigo 11.º, n.º 2, da LBPOTU e no artigo 3.º, n.º 2, do RJIGT, os planos municipais e especiais de ordenamento do território.

Os planos desprovidos de eficácia plurisubjectiva são planos de *orientação* e de *coordenação*, vinculativos para as entidades públicas, mas que não produzem efeitos directos e imediatos perante os particulares. Eles não são, por isso, idóneos para servirem de fundamento à prática de actos administrativos de gestão urbanística pelos órgãos municipais [cfr. os mencionados artigos da LBPOTU e do RJIGT e, ainda, os artigos 24.º, n.º 1, alínea *a*), e 68.º, alínea *a*), do RJUE]. Deste modo, as normas destes planos apenas podem ser oponíveis aos privados se e quando forem recebidas, em termos materiais, nos planos especiais e municipais de ordenamento do território. Ao invés, os planos dotados de eficácia plurisubjectiva são planos que definem, eles mesmos, os *modos de ocupação dos solos* (*planos de afectação*), que servem de parâmetro à prática de actos administrativos de gestão urbanística.

No que respeita à vinculação das entidades públicas pelos planos, importa sublinhar que o grau ou intensidade da vinculação das disposições dos planos em face das prescrições de outros planos ela-

---

observância pelos demais instrumentos de gestão territorial" – directrizes essas que poderão, como é óbvio, ser densificadas nos planos regionais de ordenamento do território, elaborados e aprovados pelos órgãos de governo próprio das regiões autónomas, nos termos da legislação respectiva.

A rematar esta problemática, acentue-se que a aplicação do PNPOT a todo o território nacional está consagrada na Lei n.º 58/2007, de 4 de Setembro, que aprovou aquele instrumento de ordenamento do território. Com efeito, o artigo 2.º, n.º 1, desta lei determina que "o PNPOT aplica-se a todo o território nacional, abrangendo o território historicamente definido no continente europeu e os arquipélagos dos Açores e da Madeira, bem como as águas territoriais definidas por lei, sem prejuízo das competências das Regiões Autónomas". E o n.º 2 do mesmo preceito estabelece que "o PNPOT constitui o quadro normativo de referência dos instrumentos de gestão territorial da responsabilidade das Regiões Autónomas dos Açores e da Madeira".

borados e aprovados pela mesma ou por outra entidade pública não é idêntico em todas as situações. Tal depende da natureza da *relação hierárquica* entre planos, a qual ora é comandada pelo princípio da *conformidade*, ora é pautada pelo princípio da *compatibilidade*. Louva-se, por isso, que a norma do artigo 102.º, n.º 1, do RJIGT tenha passado, por efeito de alteração introduzida pelo Decreto-Lei n.º 316/ /2007, a preceituar que são nulos os planos elaborados e aprovados em violação de qualquer instrumento de gestão territorial com o qual devessem ser *compatíveis* ou *conformes*.

Veremos, mais tarde, quando nos debruçarmos sobre as relações entre os vários tipos de planos territoriais, quais os casos em que a relação hierárquica é mais *rigorosa* e *estreita* (*princípio da conformidade*) e aqueles em que ela é menos *exigente* e menos *apertada* (*princípio da compatibilidade*). Por agora, importa tão-só sublinhar que a obrigação de compatibilidade é menos rigorosa do que a obrigação de conformidade. Enquanto a relação de conformidade exclui qualquer diferença entre os elementos de comparação – precisamente os elementos a respeitar, de um lado, e do outro, os elementos subordinados, que devem ser conformes aos primeiros –, a relação de compatibilidade exige somente que não haja contradição entre eles. Por isso, quando um plano deva ser compatível com outro hierarquicamente superior, a entidade que elabora e aprova aquele dispõe de um amplo poder discricionário na escolha das soluções que dizem respeito ao ordenamento do espaço, sendo-lhe vedadas apenas aquelas que contrariarem as directivas do segundo plano ou que ponham em causa as opções fundamentais nele condensadas ou o destino geral dos solos nele traçado. Ao invés, quando um plano deva ser *conforme* com outro hierarquicamente superior, a entidade que elabora e aprova aquele tem uma obrigação estrita de desenvolver e de especificar a disciplina contida no plano hierarquicamente superior[61].

---

[61] Para mais desenvolvimentos, cfr., as nossas obras *O Plano Urbanístico*, cit., p. 194-197, nota 53, *As Grandes Linhas*, cit., p. 20-23, e *Estudos de Direito do Urbanismo*, cit., p. 45, 46 e 116-118, bem como a bibliografia aí citada.

Sobre o sentido dos princípios da *compatibilidade* (ou "não-contrariedade") e da *conformidade* aplicados à teoria da legalidade administrativa, cfr. J. M. SÉRVULO

A LBPOTU e o RJIGT vieram alterar a natureza dos PROT, ao determinar que estes vinculam somente as entidades públicas, sobretudo na elaboração e aprovação de planos municipais. Esta mudança de orientação em relação ao figurino dos PROT constante do Decreto-Lei n.º 176-A/88, de 18 de Maio, terá sido motivada, entre o mais, pela circunstância de a quase totalidade dos municípios do Continente português estar dotada de planos directores municipais aprovados e ratificados, no momento em que foram aprovados os dois diplomas legais acima indicados.

Os PROT elaborados e aprovados ao abrigo do Decreto-Lei n.º 176-A/88 continuam em vigor até à sua revisão obrigatória pelas comissões de coordenação e desenvolvimento regional, nos termos do artigo 153.º, n.º 1, do RJIGT[62]. Tal revisão deverá ocorrer nos três anos subsequentes à entrada em vigor do RJIGT, após o que, caso não sejam revistos, deixarão de vincular directa e imediatamente os particulares (cfr. o artigo 153.º, n.º 2, daquele diploma legal). E uma vez verificada a aludida revisão dos PROT em vigor na data do início de vigência do RJIGT, a sua eficácia vinculativa limitar-se-á às entidades públicas com competência planificatória (cfr. o artigo 153.º, n.º 3, daquele diploma legal).

Ora, não tendo nenhum dos PROT em vigor na data do início de vigência do RJIGT sido revisto dentro do referido prazo de três anos, deixaram os mesmos de estar dotados de eficácia plurisubjectiva. Mas tinham-na antes. Tal decorria, desde logo, dos artigos 9.º, n.º 4, 12.º, n.º 1, 16.º, 17.º e 21.º do Decreto-Lei n.º 176-A/88. E resultava impressivamente do Decreto-Lei n.º 351/93, de 7 de Outubro –

CORREIA, *Legalidade e Autonomia Contratual nos Contratos Administrativos*, Coimbra, Almedina, 1987, p. 194-196, nota 53.

[62] Dos PROT em vigor na data do início de vigência do Decreto-Lei n.º 380/99 apenas foi determinada a revisão do Plano Regional de Ordenamento do Território para o Algarve e do Plano Regional de Ordenamento do Território do Litoral Alentejano, através das Resoluções do Conselho de Ministros n.ºs 126/ /2001, de 14 de Agosto, e 4/2002, de 8 de Janeiro, respectivamente. Entretanto, a Resolução do Conselho de Ministros n.º 102/2007, de 3 de Agosto, alterada pela Resolução do Conselho de Ministros n.º 188/2007, de 28 de Dezembro, aprovou a revisão do PROT-Algarve.

cujas disposições foram em parte suavizadas pelo Decreto-Lei n.º 61/ /95, de 7 de Abril –, que determinou a "caducidade" dos direitos urbanísticos conferidos por actos praticados anteriormente à entrada em vigor dos PROT (quer dos já existentes na data da entrada em vigor do Decreto-Lei n.º 351/93, quer dos que viessem a ser aprovados no futuro), e que esteve na base da prolação dos Acórdãos do Tribunal Constitucional n.ºs 329/99 e 517/99, anteriormente referidos.

Como tivemos ocasião de escrever noutra altura, só podia falar--se em vinculação directa e imediata dos particulares pelas disposições dos PROT nos casos em que as regras e directivas desta figura planificatória não fossem desenvolvidas e pormenorizadas em planos municipais de ordenamento do território (pois, de contrário, eram as disposições destes que vinculavam directa e imediatamente os particulares) e, além disso, nesses casos, não eram todas as prescrições dos PROT que eram directamente aplicáveis aos sujeitos privados, mas tão-só algumas delas, precisamente aquelas que estabeleciam para certas áreas modalidades de utilização do solo que não careciam de qualquer desenvolvimento ou concretização em outros instrumentos de planificação, como acontecia com as disposições que classificavam determinados espaços como áreas agrícolas, áreas florestais ou áreas de recursos naturais e equilíbrio ambiental, as quais tinham como efeito imediato a proibição de todas as acções, nomeadamente a edificação, que diminuissem ou destruissem aquelas vocações [63].

Cremos que o legislador do Decreto-Lei n.º 176-A/88 adoptou a solução de conferir eficácia *plurisubjectiva* aos PROT, essencialmente por duas razões: em primeiro lugar, porque no momento em que foi aprovado o regime jurídico dos PROT os municípios ainda não estavam dotados de planos directores municipais; em segundo lugar, porque abrangendo os PROT áreas muito sensíveis sob o ponto de vista

---

[63] Cfr. as nossas obras *As Grandes Linhas*, cit., p. 24-29, e *Estudos de Direito do Urbanismo*, cit., p. 118-120. Convém acentuar que a posição por nós defendida nestas duas obras sobre o tema referido no texto correspondeu, como tivemos o cuidado de alertar, a uma evolução do nosso pensamento sobre a questão da eficácia plurisubjectiva dos PROT e que antes constava das p. 208 e segs. da nossa obra *O Plano Urbanístico e o Princípio da Igualdade*.

do ordenamento do território e do ambiente e sujeitas a uma intensa procura para efeitos de urbanização e de construção (como, por exemplo, as zonas do litoral algarvio e alentejano), era necessário que as suas normas fossem imediatamente aplicáveis, na ausência de planos municipais de ordenamento do território válidos e eficazes[64].

19. Procedimento de formação dos planos

A nossa legislação desenha minuciosamente o procedimento de formação dos diferentes tipos de planos territoriais, regulando com detalhe "a sucessão ordenada de actos e formalidades tendentes à formação e manifestação de vontade da Administração Pública" (cfr. o artigo 1.º, n.º 1, do Código do Procedimento Administrativo), *in casu*, a aprovação de planos de ordenamento do território[65].

O aparecimento, neste capítulo, de um ponto respeitante ao "procedimento de formação dos planos" tem como finalidade analisar, com algum desenvolvimento, os *quatro princípios* que regem o procedimento de formação de todos e quaisquer planos territoriais.

Tais princípios são o da *colaboração* entre vários sujeitos de direito público na formação dos planos, o da *avaliação ambiental estratégica* dos planos, o da *participação* dos interessados na elaboração dos planos e o da *justa ponderação* e da *superação* dos conflitos de interesses coenvolvidos nos planos.

Preliminarmente à apresentação dos *quatro princípios* enunciados, importa referir que o Decreto-Lei n.º 316/2007, de 19 de Setem-

---

[64] Cfr. o nosso artigo *"Caducidade" de Licenças e Aprovações Urbanísticas Incompatíveis com as Disposições de um Superveniente PROT: Uma Solução Constitucionalmente Admissível?*, cit., p. 35-37.

[65] Sobre o procedimento de formação dos planos directores municipais, ainda que reportado ao Decreto-Lei n.º 69/90, de 2 de Março, com uma análise da experiência da formação dos planos directores municipais do Distrito de Braga, cfr. CLÁUDIA VIANA, *A Actividade Administrativa de Formação dos Planos Directores Municipais [A Experiência dos Municípios do Distrito de Braga]*, Braga, Associação Jurídica de Braga, 2002.

bro, que introduziu alterações ao RJIGT, veio, no seguimento do SIMPLEX – Programa de Simplificação Legislativa e Administrativa, *simplificar* os procedimentos de elaboração, alteração e revisão dos diferentes tipos de planos. Dada a vasta gama de *medidas de simplificação procedimental* trazidas pelo Decreto-Lei n.º 316/2007, vamos, por agora, indicar somente algumas. Seleccionámos as seguintes: a consagração do carácter facultativo do *acompanhamento* da elaboração dos planos de urbanização e dos planos de pormenor; o aligeiramento da composição das *comissões de acompanhamento* dos planos directores municipais e dos planos especiais de ordenamento do território; a redução dos prazos para emissão de pareceres, no âmbito do *acompanhamento* dos planos, bem como dos prazos de discussão pública das propostas dos planos; a adopção, em alguns casos, no âmbito do *acompanhamento* dos planos e da *concertação de interesses*, do modelo de decisão da *conferência de serviços*; a incorporação nos procedimentos de elaboração, alteração, revisão e avaliação dos planos do procedimento da avaliação dos seus efeitos ambientais; a drástica diminuição do perímetro da *ratificação governamental* dos planos municipais; o reconhecimento da possibilidade de os planos de pormenor com um conteúdo suficientemente denso procederem a operações de transformação fundiária relevantes para efeitos de registo predial e inscrição matricial, dispensando-se um subsequente procedimento administrativo de controlo prévio; a eliminação do *registo* dos planos municipais de ordenamento do território, no âmbito do qual eram exercidas funções de controlo da legalidade destes planos, e a sua substituição pelo *depósito* na DGOTDU, que passa a desempenhar a função de repositório centralizado e de publicitação de todos os instrumentos de gestão territorial; e a diminuição dos prazos para a publicação no *Diário da República* dos planos municipais após a sua aprovação.

19.1. *A colaboração entre vários sujeitos de direito público na formação dos planos*

O princípio indicado em epígrafe expressa, como já dissemos, a ideia de que os planos são o produto de uma *colaboração* entre vários órgãos da administração directa do Estado, da administração indirecta do Estado e da administração local, cujas competências incidam sobre o território a abranger por eles, devendo os mesmos espelhar, na medida do possível, uma *harmonização* ou uma *concertação* dos conflitos de interesses públicos representados pelos vários sujeitos da Administração.

Importa, antes de mais, esclarecer o sentido que aqui atribuimos ao vocábulo *colaboração*: é um sentido amplo, que abrange uma pluralidade de conceitos e uma variedade de manifestações, todos irmanados na ideia de que o procedimento de elaboração dos planos – de todos os planos – é um *trabalho conjunto* ou uma *tarefa conjunta* de uma multiplicidade de sujeitos e de órgãos administrativos.

É, assim, que incluimos no conceito alargado de *colaboração* os conceitos de *coordenação*, de *cooperação* e de *concertação de interesses*. No conceito de *coordenação* vão implicadas várias ideias: a existência de uma relação entre um *órgão coordenador* e *entidades a coordenar*, na qual o primeiro ocupa uma posição de supremacia ou de superioridade em face das segundas; a ausência de uma relação de hierarquia, na medida em que a *relação de coordenação* pressupõe a *descentralização* e a *autonomia* das entidades coordenadas e uma *diversidade de atribuições* que o coordenador deve respeitar[66]; e a verificação de uma relação de verticalidade, e não de horizontalidade, mas acrescida da complexidade de a decisão de coordenação ter de respeitar o âmbito de autonomia das entidades coordenadas e o conteúdo próprio das competências destas, de modo a que cada uma delas opere como limite imanente ao exercício das restantes. A *coordenação* é, assim, um poder atribuído a um ente ou órgão – o coordenador – para assegurar a acção coerente de outros – os coordenados – e destes com aquele. A mesma implica um limite efectivo ao exercício das competências dos coordenados, devendo, por isso, ser "amparada na pertinente atribuição competencial"[67].

---

[66] Cfr., sobre este ponto, M. SÁNCHEZ MORÓN, *La Coordinación Administrativa como Concepto Jurídico*, in DA, N.ºˢ 230-231 (1992), p. 23.

[67] Cfr. M. SÁNCHEZ MORÓN, *ob. cit.*, p. 21. Adoptando um conceito semelhante de coordenação, cfr. ALESSANDRA SILVEIRA, *Cooperação e Compromisso Constitucional nos Estados Compostos*, Coimbra, Almedina, 2007, p. 380-394.

O conceito de *cooperação* é também um conceito relacional. Coenvolvendo diferentes pessoas colectivas ou ministérios e implicando, por isso, diferentes atribuições, a *relação de cooperação* caracteriza-se, ao invés da relação de coordenação, pela situação de relativa paridade entre as respectivas estruturas administrativas. A relação de cooperação decorre do dever geral de as entidades públicas colaborarem, razão pela qual, ao contrário da relação de coordenação, não necessitar de justificação em preceitos normativos concretos[68].

Por sua vez, a *concertação de interesses* é uma forma nova de actuação das entidades públicas no procedimento de elaboração dos planos, que consiste na procura de uma *solução de consenso* quanto às opções fundamentais dos planos entre todos os sujeitos de direito público que colaboram na elaboração dos mesmos.

Apontados os conceitos coenvolvidos na *noção ampla* de *colaboração*, vejamos, agora, quais são as principais manifestações legais, no domínio do procedimento de elaboração dos planos, do princípio da *colaboração* entre vários sujeitos de direito público.

a) Uma primeira expressão do princípio da *colaboração* entre os vários sujeitos de direito público na formação dos planos é o *dever de articulação* das políticas e estratégias de ordenamento do território e de urbanismo promovidas pelo Estado, pelas regiões autónomas e pelas autarquias locais. Tal princípio – que vemos condensado no artigo 4.º, n.º 1, da LBPOTU – implica o *dever de coordenação* das intervenções do Estado e das autarquias locais em matéria de gestão territorial, isto é, nos domínios da elaboração, aprovação, alteração, revisão, execução e avaliação dos planos, como resulta do artigo 20.º do RJIGT. Nesta linha, as entidades públicas devem, na elaboração dos planos, *identificar* e *ponderar*, nos diversos âmbitos, os planos, programas e projectos com incidência na área a que respeitam, considerando os que já existam e os que se encontrem em elaboração, por forma a assegurar as respectivas compatibilizações.

---

[68] Cfr. A. MENENDEZ REXACH, *Coordinación de la Ordenación del Territorio con Políticas Sectoriales que Inciden sobre el Medio Físico*, in DA, N.ºˢ 230-231 (1992), p. 229 e segs.; e F. ALVES CORREIA/A. BARBOSA DE MELO/FERNANDA PAULA OLIVEIRA/DULCE LOPES/JOANA MENDES, ob. cit., p. 16-24.

O apontado *dever de coordenação* desdobra-se no dever de *coordenação interna* e no dever de *coordenação externa* (cfr. os artigos 21.º e 22.º do RJIGT). O primeiro desenvolve-se no *respectivo âmbito* (nacional, regional ou municipal) e visa assegurar, dentro dele, a compatibilização das políticas com incidência territorial e a política de ordenamento do território e de urbanismo aí aplicável. A definição do dever de *coordenação interna* encontra-se no n.º 1 do artigo 21.º do RJIGT, cujo conteúdo preceptivo é o seguinte: "As entidades responsáveis pela elaboração, aprovação, alteração, revisão, execução e avaliação dos instrumentos de gestão territorial devem assegurar, nos respectivos âmbitos de intervenção, a necessária coordenação entre as diversas políticas com incidência territorial e a política de ordenamento do território e de urbanismo, mantendo uma estrutura orgânica e funcional apta a prosseguir uma efectiva articulação no exercício das várias competências". De acordo com os n.ᵒˢ 2, 3 e 4 do mesmo artigo, a coordenação das políticas nacionais consagradas no PNPOT, nos planos sectoriais e nos planos especiais de ordenamento do território incumbe ao Governo; a coordenação das políticas regionais consagradas nos planos regionais de ordenamento do território incumbe às comissões de coordenação e desenvolvimento regional; e a coordenação das políticas municipais consagradas nos planos intermunicipais e municipais de ordenamento do território é da responsabilidade das associações de municípios e das câmaras municipais.

Por sua vez, o dever de *coordenação externa* consiste na obrigação de articulação de políticas nacionais, regionais e municipais com incidência territorial, compatibilizando-as verticalmente, de modo a evitar contradições ou incoerências entre elas. O artigo 22.º, n.º 1, do RJIGT define-o, nos seguintes termos: "A elaboração, a aprovação, a alteração, a revisão, a execução e a avaliação dos instrumentos de gestão territorial requerem uma adequada coordenação das políticas nacionais, regionais e municipais com incidência territorial". Neste sentido, o artigo 22.º, n.º 2, do apontado diploma legal determina que o Estado e as autarquias locais têm o dever de promover, de forma articulada entre si, a política de ordenamento do território, garantindo, designadamente: o respeito pelas respectivas atribuições na elaboração dos instrumentos de gestão territorial nacionais, regionais e municipais; o cumprimento dos limites materiais impostos à intervenção dos diversos órgãos e agentes relativamente ao processo de planeamento nacional, regional e municipal; e a definição, em função das estruturas orgânicas e funcionais, de um modelo de interlocução que permita uma interacção coerente em matéria de gestão territorial.

b) Uma segunda manifestação do princípio da *colaboração* entre vários sujeitos de direito público no procedimento de elaboração dos planos traduz-se na criação de *organismos de acompanhamento* da elaboração dos diferentes tipos de planos, constituídos, quase sempre, por representantes de uma pluralidade de entes públicos, os quais testemunham que a elaboração dos planos não é uma tarefa exclusiva da pessoa colectiva pública a quem incumbe especificamente a sua elaboração, mas um trabalho conjunto de vários sujeitos de direito público.

Assim, de harmonia com o artigo 31.º do RJIGT, a elaboração do PNPOT é acompanhada por uma *comissão consultiva*, criada pela resolução do Conselho de Ministros que determina a sua elaboração, e que é composta por representantes das regiões autónomas, das autarquias locais e dos interesses económicos, sociais, culturais e ambientais relevantes (o que aponta para a presença também de entidades de direito privado naquele organismo).

No tocante aos planos especiais de ordenamento do território, a sua elaboração é acompanhada por uma *comissão de acompanhamento*, cuja composição deve traduzir a natureza dos interesses a salvaguardar e a relevância das implicações técnicas a considerar, integrando representantes de serviços e entidades da administração directa ou indirecta do Estado, das Regiões Autónomas, dos municípios e de outras entidades públicas cuja participação seja aconselhável no âmbito do acompanhamento da elaboração do plano (cfr. o artigo 47.º, n.º 1, do RJIGT). Na comissão de acompanhamento devem também ser integradas as entidades às quais, em virtude das suas responsabilidades específicas, possam interessar os efeitos ambientais resultantes da aplicação do plano, cabendo às mesmas o acompanhamento da elaboração do *relatório ambiental* (cfr. o artigo 47.º, n.º 2, do RJIGT)[69].

No que respeita aos planos regionais de ordenamento do território, a sua elaboração é acompanhada por uma *comissão consultiva*, integrada por representantes das entidades e serviços de administração directa e indirecta do Estado que assegurem a prossecução dos interesses públicos relevantes, dos municípios abrangidos, bem como de representantes de interesses económicos, sociais, culturais e ambientais. Devem também integrar a comissão consultiva as entidades às quais, em virtude das suas responsabilidades ambientais específicas, possam interessar os efeitos ambientais da aplicação do plano, competindo-lhes acompanhar a elaboração do *relatório ambiental*. A composição e o funcionamento da *comissão consultiva* – a qual está obrigada a um acompanhamento assíduo e continuado dos trabalhos de elaboração do futuro plano, devendo, no final, apresentar um parecer escrito, assinado por todos os seus membros, com menção expressa da orientação defendida, que se pronuncie sobre o cumprimento das normas legais e regulamentares aplicáveis e, ainda, sobre a adequação e conveniência das soluções propostas pela comissão de coordenação

---

[69] Antes das alterações ao RJIGT decorrentes do Decreto-Lei n.º 316/2007, a elaboração técnica dos planos especiais de ordenamento do território era acompanhada por uma *comissão mista de coordenação*, cuja composição devia traduzir a natureza dos interesses a salvaguardar, designadamente pela participação de organizações não governamentais de ambiente, e a relevância das implicações técnicas a considerar, sendo a mesma definida pela Resolução do Conselho de Ministros que determinava a sua elaboração.

Cfr., a título de exemplo, as Resoluções do Conselho de Ministros n.ºs 130/ /2001, 131/2001, 132/2001, 133/2001, 134/2001, 135/2001 e 136/2001, todas de 25 de Agosto (tendo a última sido alterada pela Resolução do Conselho de Ministros n.º 166/2001, de 11 de Dezembro), que determinaram a elaboração e constituiram a comissão mista de coordenação dos planos de ordenamento das albufeiras de Aguieira, Crestuma-Lever, Tapada Grande, Cova do Viriato, Sabugal, Magos e Divor, respectivamente. Cfr. também a Resolução de Conselho de Ministros n.º 6/2005, de 7 de Janeiro, que alargou a composição das comissões mistas de coordenação de alguns planos de ordenamento de áreas protegidas.

e desenvolvimento regional – são regulados pela resolução do Conselho de Ministros que determina a elaboração do plano regional de ordenamento do território (cfr. o artigo 56.º do RJIGT)[70].

Por seu lado, no que concerne aos planos intermunicipais de ordenamento do território, a sua elaboração é acompanhada igualmente por uma *comissão consultiva*, aplicando-se quanto ao acompanhamento, concertação e discussão pública daqueles planos, as disposições relativas ao plano director municipal, com as necessárias adaptações (cfr. o artigo 65.º, n.º 1, do RJIGT).

Quanto aos planos directores municipais, a sua elaboração é acompanhada por uma *comissão de acompanhamento*, devendo a sua composição traduzir a natureza dos interesses a salvaguardar e a relevância das implicações técnicas a considerar, integrando representantes de serviços e entidades da administração directa ou indirecta do Estado, das regiões autónomas, dos municípios e de outras entidades públicas cuja participação seja aconselhável no âmbito do plano. Na *comissão de acompanhamento* devem também ser integradas as entidades às quais, em virtude das suas responsabilidades ambientais específicas, possam interessar os efeitos ambientais resultantes da aplicação do plano, competindo-lhes igualmente acompanhar a elaboração do *relatório ambiental* (cfr. o artigo 75.º-A, n.ᵒˢ 1 e 2, do RJIGT). O acompanhamento da elaboração daqueles planos visa: apoiar o desenvolvimento dos trabalhos e assegurar a respectiva eficácia; promover a compatibilidade ou a conformidade com os instrumentos de gestão territorial eficazes, bem como a sua compatibilização com quaisquer outros planos, programas e projectos de interesse municipal ou supramunicipal; permitir a ponderação dos diversos actos da Administração Pública susceptíveis de condicionar as soluções propostas, garantindo uma informação actualizada sobre os mesmos; e

---

[70] Antes da alteração ao RJIGT operada pelo Decreto-Lei n.º 316/2007, a elaboração dos PROT era acompanhada por uma *comissão mista de coordenação*. A título de exemplo, podem consultar-se os n.ᵒˢ 5, 6 e 7 da Resolução do Conselho de Ministros n.º 126/2001, de 14 de Agosto, que regularam a composição e o funcionamento da comissão mista de coordenação que acompanhou a revisão do PROT – Algarve.

promover o estabelecimento de uma adequada concertação de interesses (cfr. o artigo 75.º do RJIGT)[71].

Por último, no que concerne aos planos de urbanização e aos planos de pormenor, o acompanhamento da sua elaboração é facultativo, podendo a câmara municipal solicitar o acompanhamento que entender necessário, designadamente a emissão de pareceres sobre as propostas de planos ou a realização de reuniões de acompanhamento à comissão de coordenação e desenvolvimento regional territorialmente competente ou às demais entidades representativas dos interesses a ponderar (cfr. os n.ºs 1 e 2 do artigo 75.º-C do RJIGT).

c) Uma terceira expressão do princípio da colaboração entre vários sujeitos de direito público na elaboração dos planos consiste na previsão legal de *instrumentos de concertação* entre os interesses públicos defendidos pelas diferentes entidades públicas que intervêm no procedimento de formação dos planos.

A *concertação* dos diferentes interesses públicos envolvidos nos planos territoriais é feita, desde logo, no interior dos *organismos de acompanhamento* da elaboração dos planos, os quais funcionam como verdadeiras "comissões de conciliação de interesses". Os pareceres escritos emitidos por esses *organismos de acompanhamento*, anteriormente referidos, procuram traduzir essa concertação (cfr. os artigos 32.º,

---

[71] Sublinhe-se que a Portaria n.º 1474/2007, de 16 de Novembro, rectificada pela Declaração de Rectificação n.º 1-C/2008, de 15 de Janeiro, regula a constituição, a composição e o funcionamento da *comissão de acompanhamento* da elaboração e da revisão do plano director municipal, nos termos do n.º 8 do artigo 75.º-A da RJIGT. De acordo com o artigo 5.º, n.º 1, daquela Portaria, a *comissão de acompanhamento* é constituída por despacho do presidente da Comissão de Coordenação e Desenvolvimento Regional (CCDR), no prazo de 15 dias após a realização da reunião preparatória, a publicar através de aviso no *Diário da República* e a divulgar nas páginas da *Internet* da CCDR e da câmara municipal respectiva. Deveres importante é a alínea c) do n.º 1 do artigo 7.º daquela Portaria, que prevê a integração naquela comissão de um representante de cada câmara municipal dos municípios vizinhos, "quando estes assim entenderem necessário", a qual permite uma *articulação* entre as disposições de planos directores de municípios vizinhos, com os efeitos positivos que mais à frente se indicarão.

n.ᵒˢ 1 e 2, quanto ao PNPOT, 39.º, n.ᵒˢ 2 e 3, no tocante aos planos sectoriais, 47.º, n.ᵒˢ 3 a 7, quanto aos planos especiais de ordenamento do território, 56.º, n.ᵒˢ 3 a 5, relativamente aos planos regionais de ordenamento do território, 65.º, quanto aos planos intermunicipais de ordenamento do território, 75.º-A, n.ᵒˢ 4 a 7, e 75.º-B, n.ᵒˢ 2 e 3, quanto aos planos directores municipais, e 75.º-C, n.º 3, relativamente aos planos de urbanização e aos planos de pormenor, todos do RJIGT). Mas, em relação às entidades que tenham integrado um dos mencionados *organismos de acompanhamento* e que tenham formalmente discordado das soluções projectadas, a lei prevê, em algumas situações, *meios suplementares de concertação*, com vista a ultrapassar as objecções formuladas e a obter os almejados consensos. Tais meios consistem no envio pelo órgão competente, para emissão de parecer, da proposta de plano, acompanhada do parecer do respectivo *organismo de acompanhamento*, às entidades que, no âmbito deste, hajam formalmente discordado das soluções projectadas, e, bem assim, uma vez recebidos esses pareceres, na realização de *reuniões de concertação*, se tal for necessário, com as entidades que os tenham emitido, tendo em vista obter uma solução concertada que permita ultrapassar as objecções formuladas (cfr. os artigos 32.º, n.º 2, 57.º, n.º 2, e 76.º, n.ᵒˢ 2 e 3, do RJIGT).

Em várias situações, é utilizada a técnica da *conferência de serviços*, na qual ou são emitidos os pareceres das diferentes entidades (como sucede no procedimento de elaboração dos planos sectoriais, de acordo com o artigo 39.º, n.º 3, do RJIGT), ou é realizada a *concertação* entre todas as entidades representativas dos interesses a ponderar (como acontece no procedimento de elaboração dos planos de urbanização e dos planos de pormenor, de harmonia com o disposto no artigo 75-C, n.ᵒˢ 3 a 5, do RJIGT) ou tem lugar um *meio suplementar de concertação* com as entidades que tenham discordado das soluções do futuro plano (como sucede no procedimento de elaboração dos planos de urbanização e dos planos de pormenor, nos termos do artigo 76.º, n.º 3, do RJIGT).

Referindo-se à técnica da *conferência de serviços*, sublinha-se no exórdio do Decreto-Lei n.º 316/2007, de 19 de Setembro, que, em matéria de acompanhamento, se adopta "o modelo de simplificação de procedimentos baseado na coordenação de intervenções por via da previsão de uma conferência procedimental ou de serviços que visa substituir os pareceres que devem ser emitidos pelas entidades representativas dos interesses a ponderar, contribuindo, desta forma, o novo modelo simultaneamente para a responsabilização daquelas entidades e para a celeridade dos procedimentos". Não obstante os encómios feitos no preâmbulo do Decreto-Lei n.º 316/2007 à técnica da *conferência de serviços*, esta só nos aparece pontualmente consagrada no acompanhamento de alguns planos, como referimos anteriormente.

d) Uma quarta manifestação do princípio da *colaboração* entre vários sujeitos de direito público na elaboração dos planos está presente na possibilidade (não obrigatoriedade) de formulação de *parecer* pela comissão de coordenação e desenvolvimento regional, uma vez concluída a versão final, sobre as propostas dos planos intermunicipais e municipais de ordenamento do território, o qual, quando emitido, não possui carácter vinculativo e incide apenas sobre a conformidade com as disposições legais e regulamentares vigentes e a compatibilidade ou conformidade com os instrumentos de gestão territorial eficazes (cfr. os artigos 66.º e 78.º do RJIGT).

À comissão de coordenação e desenvolvimento regional compete também, no âmbito do acompanhamento da elaboração dos planos de urbanização e dos planos de pormenor, emitir *parecer* sobre as propostas destes planos, o qual deve constar da acta da *conferência de serviços* com todas as entidades representativas dos interesses a ponderar, e deve incidir sobre o cumprimento das normas legais e regulamentares aplicáveis, a compatibilidade ou conformidade das propostas dos planos com os instrumentos de gestão territorial eficazes e o fundamento técnico das soluções defendidas pela câmara municipal (cfr. os artigos 75.º-C, n.º 3, e 75.º-A, n.º 4, do RJIGT).

e) Uma última expressão do princípio da *colaboração* entre vários sujeitos de direito público na formação dos planos está espelhada no instituto da *ratificação* governamental, a qual, depois das alterações introduzidas ao RJIGT pelo Decreto-Lei n.º 316/2007, abrange apenas a elaboração, alteração e revisão, em certas circunstâncias, dos planos directores municipais e a suspensão dos planos municipais de ordenamento do território por deliberação da assembleia municipal, e é feita por resolução do Conselho de Ministros (cfr. os artigos 79.º, n.º 2, 80.º, 96.º, n.ºˢ 1 e 7, e 100.º, n.ºˢ 2, alínea b), e 5, do RJIGT).

O impropriamente designado instituto da *ratificação* governamental dos planos municipais de ordenamento do território, nos casos em que é exigida, tem a *natureza jurídica* de um acto de *controlo preventivo*, que desencadeia a eficácia da deliberação que aprova, altera, revê ou suspende o plano.

A referida *natureza jurídica* do *acto de ratificação* governamental, tendo como objecto o plano director municipal, tem vindo a ser sufragada pela jurisprudência da nossa mais alta instância jurisdicional em matéria administrativa, no âmbito de aplicação dos n.ºˢ 3 e 4 do artigo 3.º e do artigo 16.º do Decreto-Lei n.º 69/90, de 2 de Março, com a redacção introduzida pelo Decreto-Lei n.º 211/92, de 28 de Outubro – diploma que condensava o regime jurídico dos planos municipais de ordenamento do território e que foi revogado e substituído pelo Decreto-Lei n.º 380/99. Assim, no Acórdão da 1.ª Secção do Supremo Tribunal Administrativo de 8 de Abril de 1997 (Proc. n.º 38 998), acentuou-se, entre o mais, que "o plano director municipal torna-se válido com a aprovação pela assembleia municipal e adquire eficácia depois de ratificado pelo Governo – Resolução do Conselho de Ministros". No Acórdão da 1.ª Secção do Supremo Tribunal Administrativo de 8 de Julho de 1997 (Proc. n.º 38 632), sublinhou-se, *inter alia*, que "a ratificação pelo Conselho de Ministros dos planos directores municipais, desde que limitada à confirmação da legalidade estrita, é acto de aprovação ou integrativo da eficácia da deliberação da assembleia municipal, sendo contenciosamente impugnável, mas apenas por vícios próprios" [no mesmo sentido, decidiram os Acórdãos da 1.ª Secção do Supremo Tribunal Administrativo de 17 de Outubro de 1995 (Proc. n.º 35 829) e de 23 de Setembro de 1997 (Proc. n.º 38 991)]. E o Acórdão do Pleno da 1.ª Secção do

Supremo Tribunal Administrativo de 9 de Novembro de 1999 (Proc. n.º 38 998) veio reafirmar que "o acto de ratificação, pelo Governo, de um plano director municipal é um acto integrativo da eficácia deste último"[72-73].

Quanto ao *objecto* da ratificação governamental dos planos, deve sublinhar-se que, antes das alterações ao RJIGT operadas pelo Decreto-Lei n.º 316/2007, estavam a ela sujeitos: os planos intermunicipais de ordenamento do território, bem como as alterações de que fossem objecto, com excepção das decorrentes de ratificação de planos municipais de ordenamento do território (cfr. o artigo 68.º, n.º 1, do Decreto-Lei n.º 380/99); os planos directores municipais

---

[72] Cfr. uma indicação sumária da doutrina que emana dos mencionados arestos nos nossos artigos *Evolução do Direito do Urbanismo em Portugal em 1997-1998*, cit., p. 697 e 698, e *Evolução do Direito do Urbanismo em Portugal em 1999-2000*, cit., p. 24.

Os textos dos Acórdãos de 8 de Julho de 1997 e de 23 de Setembro de 1997 podem ser consultados nos *CJA*, N.º 7 (1998), p. 44 e segs., com uma *Anotação* de FERNANDA PAULA OLIVEIRA.

[73] Da apontada *natureza jurídica* do acto de *ratificação* governamental dos planos intermunicipais e municipais de ordenamento do território resultam importantes consequências em matéria de contencioso do urbanismo. É que, sendo aquele um acto administrativo (e não um acto normativo), é ele contenciosamente impugnável, mas apenas por vícios de que *ele mesmo* enferme ou por *vícios próprios* desse acto. Isto mesmo foi vincado pelos Acórdãos da 1.ª Secção do Supremo Tribunal Administrativo de 17 de Outubro de 1995, de 8 de Abril de 1997 e de 8 de Julho de 1997.

Este último aresto e o mencionado Acórdão de mesmo Tribunal de 23 de Setembro de 1997 decidiram também que, sendo requerida, nos termos dos artigos 66.º e seguintes da Lei de Processo nos Tribunais Administrativos, a declaração de ilegalidade da Resolução do Conselho de Ministros que ratificou um plano director municipal e porque estamos perante um acto administrativo, há inidoneidade do meio processual utilizado. E o citado Acórdão do Pleno da 1.ª Secção do Supremo Tribunal Administrativo de 9 de Novembro de 1999 consignou que, perante um plano director municipal e o respectivo acto de ratificação, os recorrentes dispõem de dois meios contenciosos: ou a acção declarativa de ilegalidade das normas do plano director municipal, se a ilegalidade destes pretendem ver declarada, ou o recurso contencioso de anulação do acto de ratificação, se antes visam vícios *próprios* deste último.

[cfr. o artigo 80.º, n.º 1, alínea *a*), do mesmo diploma legal]; os planos de urbanização, na falta de plano director municipal eficaz [cfr. o artigo 80.º, n.º 1, alínea *b*)]; e os planos de pormenor, na falta de plano director municipal ou plano de urbanização eficazes [cfr. o artigo 80.º, n.º 1, alínea *c*)].

O n.º 3 do artigo 80.º do Decreto-Lei n.º 380/99 enumerava ainda uma série de situações em que o Governo podia proceder à ratificação de planos municipais. Tratava-se de um conjunto de casos em que os planos se afastavam ou se desviavam, em alguma ou algumas das suas disposições, em relação a um plano hierarquicamente superior e com o qual deviam ser *compatíveis* ou *conformes*. A possibilidade de o Governo ratificar tais planos devia ser vista como um elemento de *flexibilização* ou de *temperamento do princípio da hierarquia* dos planos. Essas situações eram as seguintes: quando o plano director municipal, não obstante a incompatibilidade com o plano regional de ordenamento do território, tivesse sido objecto de parecer favorável da comissão mista de coordenação [cfr. a alínea *a*)]; quando o plano director municipal, não obstante a desconformidade com o plano sectorial, tivesse sido objecto de parecer favorável da entidade responsável pela elaboração deste no âmbito da comissão mista de coordenação [cfr. a alínea *b*)]; quando o plano director municipal, não obstante a incompatibilidade com o plano intermunicipal de ordenamento do território, tivesse sido objecto de parecer favorável da comissão mista de coordenação, ouvidos os restantes municípios [cfr. a alínea *c*)]; quando o plano de urbanização, não obstante a incompatibilidade com o plano director municipal, tivesse sido objecto de parecer favorável da comissão de coordenação e desenvolvimento regional [cfr. a alínea *d*)]; e quando o plano de pormenor, não obstante a incompatibilidade com o plano director municipal ou o plano de urbanização, tivesse sido objecto de parecer favorável da comissão de coordenação e desenvolvimento regional [cfr. a alínea *e*)].

Nos termos do n.º 4 do artigo 80.º do Decreto-Lei n.º 380/99, os pareceres respeitantes ao plano director municipal, referidos nas alíneas *a*), *b*) e *c*) do n.º 3 do artigo 80.º, deviam mencionar expressamente a concordância da alteração proposta com os resultados da avaliação do plano efectuada. E de harmonia com o disposto no n.º 5 do artigo 80.º do citado diploma legal, a ratificação de qualquer plano municipal de ordenamento do território, nos termos assinalados, isto é, nos casos em que alguma ou algumas das suas disposições fossem incompatíveis ou desconformes com o plano hierarquicamente superior, implicava a automática revogação das disposições constantes dos instrumentos de gestão territorial afectados, determinando, nos casos previstos nas alíneas a), b) e c) do n.º 3 do artigo 80.º, a correspondente alteração de regulamentos e plantas, por forma que traduzissem a actualização da disciplina vigente.

Eram também *objecto* de ratificação governamental as alterações dos planos municipais de ordenamento do território que não fossem uma consequência da ratificação de qualquer plano municipal de ordenamento do território que contivesse disposições incompatíveis ou desconformes com as de um plano hierarquicamente superior, nos termos do n.º 5 do artigo 80.º (cfr. o n.º 6 do artigo 80.º do Decreto-Lei n.º 380/99).

O modelo adoptado pelo legislador, antes das inovações introduzidas pelo Decreto-Lei n.º 316/2007 ao RJIGT, da *ratificação governamental* de planos tinha uma sólida coerência interna: estavam sujeitos a ratificação governamental todos os planos intermunicipais de ordenamento do território e todos os planos directores municipais, os planos de urbanização, na falta de plano director municipal eficaz, e os planos de pormenor, na falta de plano director municipal ou plano de urbanização eficazes, bem como todos os planos municipais de ordenamento do território, no caso de se afastarem ou se desviarem, em alguma ou algumas das suas disposições, em relação a um plano hierarquicamente superior com o qual devessem ser *compatíveis* ou *conformes*. Entendia-se que, em todos estes casos, se justificava um *controlo preventivo* do Governo, com vista a despistar a violação por parte dos planos dos princípios legais e regulamentares e com vista a verificar a observância por parte dos planos objecto de ratificação do *princípio da articulação* com outros instrumentos de planeamento eficazes.

Além disso, considerava-se que a intervenção governamental no procedimento de elaboração daqueles planos, pela via da sua ratificação, tinha o seu *fundamento* nas atribuições cometidas pela Constituição ao Estado nas matérias do urbanismo e do ordenamento do território [cfr. os artigos 65.°, n.° 4, 9.°, alínea *e*), e 66.°, n.° 2, alínea *b*), da Lei Fundamental], bem como no princípio constitucional, já antes aflorado, segundo o qual o urbanismo é um *espaço de condomínio de interesses gerais (estaduais* ou *nacionais), regionais* e *locais*[74]. Significa isto que o Governo, ao emanar o acto de ratificação dos planos municipais, não estava a praticar um acto de *tutela administrativa*, consistente na verificação do cumprimento da lei por parte do órgão municipal competente, quando este exerce poderes relacionados com a prossecução de interesses próprios (exclusivos) da população municipal, nos termos do artigo 242.°, n.° 1, da Constituição, mas a exercer uma função de curadoria de interesses supramunicipais relacionados com o urbanismo e o ordenamento do território, que lhe está constitucionalmente atribuída. Daí que, como tivemos ensejo de assinalar noutra ocasião, fosse lícito afirmar que, na ratificação dos planos municipais, não estava o Governo limitado a um controlo de pura legalidade estrita, tal como sucede no domínio dos actos praticados pelos órgãos dos municípios que traduzam a realização de interesses próprios e específicos das populações respectivas[75].

Discurso semelhante a este podia ser feito em relação à ratificação dos planos intermunicipais de ordenamento do território.

Quanto aos *poderes* do órgão ratificante, poderia dizer-se, *primu conspectu*, que esses poderes eram muito limitados, uma vez que o

---

[74] Cfr., neste sentido, o Debate Parlamentar sobre a Proposta de Lei n.° 103/V, que esteve na génese da Lei n.° 93/89, de 12 de Setembro, que autorizou o Governo a legislar sobre as atribuições das autarquias locais respeitantes aos planos municipais de ordenamento do território, in *DAR*, I Série, N.° 105, de 13 de Julho de 1989, p. 5113-5149, em especial p. 5143; e L. PERESTRELO DE OLIVEIRA, *Planos Municipais de Ordenamento do Território – Decreto-Lei n.° 69/90, de 2 de Março, Anotado*, Coimbra, Almedina, 1991, p. 21 e 22.

[75] Para mais desenvolvimentos, cfr. a nossa obra *O Plano Urbanístico*, cit., p. 271-275, notas 173 e 174.

controlo governamental era um controlo de *legalidade estrita* ou *rigorosa*[76]. Acrescentar-se-ia que este tipo de controlo resultava claramente dos artigos 68.°, n.° 2, e 80.°, n.° 1, do Decreto-Lei n.° 380//99, onde se estabelecia que a ratificação dos planos intermunicipais e municipais de ordenamento do território destinava-se a "verificar a sua conformidade com as disposições legais e regulamentares vigentes, bem como com quaisquer outros instrumentos de gestão territorial eficazes". E adiantar-se-ia, por último, que aquela concepção dos poderes de controlo governamental no acto de ratificação saía reforçada com o cotejo daquelas duas normas do Decreto-Lei n.° 380/99 com as diferentes alíneas do n.° 2 do artigo 16.° do Decreto-Lei n.° 69/90, de 2 de Março. De facto, enquanto nas mencionadas normas do Decreto-Lei n.° 380/99 a ratificação tinha como fim tão-só verificar a conformidade das disposições daqueles planos com as disposições legais e regulamentares vigentes e com quaisquer outros instrumentos de gestão territorial eficazes, no artigo 16.°, n.° 2, do Decreto-Lei n.° 69/90 determinava-se que a ratificação tinha como finalidade averiguar, para além da conformidade do plano municipal aprovado "com as disposições legais e regulamentares vigentes", a *conformidade* e a *adequada articulação* do mesmo plano "com outros planos municipais plenamente eficazes" e "com outros planos, programas e projectos de interesse para outro município ou supramunicipal"[77].

Estávamos, no entanto, convencidos de que, se analisássemos as coisas de modo mais aprofundado, chegaríamos à conclusão de que a problemática dos *poderes de controlo* do órgão ratificante era mais complexa do que a subjacente à posição acabada de referir.

---

[76] Defendendo esta posição, sob pena de inconstitucionalidade das normas que sujeitam a ratificação governamental os planos municipais de ordenamento do território, cfr. D. FREITAS DO AMARAL, *Apreciação da Dissertação de Doutoramento do Licenciado Fernando Alves Correia*, cit., p. 98, e *Direito do Urbanismo (Sumários)*, cit., p. 58 e 59; e J. M. SÉRVULO CORREIA, *Legalidade e Autonomia Contratual nos Contratos Administrativos*, cit., p. 275 e 276, nota 464.

[77] Sobre o sentido destes preceitos, cfr. a nossa obra *As Grandes Linhas*, cit., p. 37-39, nota 19.

Dúvidas não havia em que a ratificação governamental traduzia um juízo de *legalidade estrita* quando verificava a observância por parte do plano intermunicipal ou municipal aprovado das "disposições legais e regulamentares vigentes", bem como das regras e princípios constantes de planos *hierarquicamente* superiores (v. g., averiguação da compatibilidade das disposições do PDM com as regras e directivas dos PROT abrangentes da área englobada por aqueles, da conformidade das determinações dos planos de urbanização com as prescrições do PDM aplicáveis à área daqueles e da conformidade das estatuições dos planos de pormenor com as disposições dos planos de urbanização, quando aqueles tratarem em detalhe áreas disciplinadas por estes).

Mas situações existiriam em que o órgão ratificante, precisamente porque não estava a exercer uma actividade de tutela administrativa, mas a exercer uma função de curadoria dos interesses *nacionais*, *estaduais* ou *gerais* coenvolvidos nos planos intermunicipais e municipais de ordenamento do território, teria de ir um pouco mais além do que um controlo de *legalidade estrita* ou *rigorosa*. Isso sucederia, estamos certos, quando, por exemplo, fosse submetido a ratificação governamental um plano municipal que contivesse soluções técnico-urbanisticamente incompatíveis com as adoptadas por outros planos municipais aplicáveis no território do mesmo município e que não estivessem subordinados ao princípio da hierarquia ou com as prescrições de um plano municipal de ordenamento do território que abrangessem a totalidade ou parte do território de um município vizinho (pense-se na hipótese de um PDM submetido a ratificação classificar uma determinada área situada na linha de demarcação com outro município como *espaço industrial*, com a possibilidade de instalação de indústrias *poluentes*, quando o PDM anteriormente aprovado e ratificado do município vizinho previa para a área contígua uma *zona de construção habitacional*, dotada de elevada qualidade urbanística e ambiental). Numa situação destas, em que havia uma completa *desarticulação* ou *desarmonia* entre soluções adoptadas por planos municipais não subordinados ao princípio da hierarquia, entendíamos que devia ser recusada a ratificação, apesar de não se poder aqui falar de um controlo de *legalidade estrita*.

À luz do exposto, defendemos que só era possível falar da ratificação pelo Governo dos planos intermunicipais e municipais de ordenamento do território, nos termos dos artigos 68.º, n.º 2, e 80.º, n.º 1, do Decreto-Lei n.º 380/99, como exprimindo apenas um *controlo de legalidade*, se se entendesse esta em *sentido amplo*, de modo a abranger não apenas o controlo da observância dos princípios jurídicos fundamentais da actividade da Administração Pública, como os princípios da *proporcionalidade, da igualdade,* da *justiça* e da *imparcialidade (princípio* da *juridicidade)* [78], mas também o controlo do respeito do *princípio da articulação* entre as normas dos planos, o qual se caracteriza pela obrigação de *compatibilização recíproca* entre planos que não estão subordinados ao princípio da hierarquia, através da proibição da coexistência de planos que contenham disposições técnico-urbanisticamente contraditórias e incompatíveis [79].

---

[78] Um exemplo de uma resolução do Conselho de Ministros que excluiu da ratificação uma disposição de um plano municipal de ordenamento do território, com fundamento na violação do princípio da proporcionalidade, é a Resolução do Conselho de Ministros n.º 41/98, publicada no *DR*, I Série-B, de 23 de Março de 1998. Com efeito, nela se referiu, que a 1.ª parte do artigo 10.º do Regulamento do Plano de Pormenor da Alameda Dr. Miranda Rocha, no município de Marco de Canavezes (norma que determinava que "do resultado final das formas materiais e cores a adoptar deverá resultar uma expressão arquitectónica erudita"), não se compaginava com as disposições legais e regulamentares em vigor, "em virtude de o resultado final consignado contrariar o princípio da proporcionalidade, o qual constitui um limite interno à liberdade de conformação do conteúdo dos planos".

Por sua vez a Resolução do Conselho de Ministros n.º 156/2001, de 30 de Outubro, publicada no *DR*, I Série-B, de 30 de Outubro de 2001, excluiu da ratificação a alteração do n.º 2 do artigo 43.º do Regulamento do PDM da Batalha, "na parte em que apenas permite o licenciamento às associações culturais, desportivas ou recreativas já constituídas, por envolver uma violação do princípio da igualdade".

[79] De facto, como refere SIDÓNIO PARDAL, há indústrias que, devido aos seus efeitos poluentes e exigência em área, não são toleráveis no meio urbano (cfr. *Planeamento do Território, Instrumentos para a Análise Física*, Lisboa, Horizonte, 1988, p. 157). Ora, segundo pensamos, este importante princípio jurídico urbanístico vale também para as situações em que esse *meio urbano* abrange espaços pertencentes ao território de dois ou mais municípios vizinhos.

Significa tudo isto que consideramos o *princípio da articulação* como um princípio jurídico regente das relações entre normas dos planos, cuja observância era controlada no momento da *ratificação* dos planos intermunicipais e municipais de ordenamento do território – controlo esse que cabia perfeitamente na expressão "verificação da conformidade das disposições daqueles planos com quaisquer outros instrumentos de gestão territorial eficazes", constante dos artigos 68.º, n.º 2, e 80, n.º 1, do Decreto-Lei n.º 380/99.

Aliás, a ideia de que os planos intermunicipais e municipais de ordenamento do território deviam observar o *princípio jurídico da articulação* com outros planos estava expressamente contemplada nos artigos 66.º, n.º 2, e 78, n.º 2, do Decreto-Lei n.º 380/99, na parte em que determinavam que o parecer da comissão de coordenação e desenvolvimento regional incidia, *inter alia*, "sobre a articulação e coerência" da proposta do plano municipal e do plano intermunicipal de ordenamento do território "com os objectivos, princípios e regras aplicáveis no território em causa, definidos por quaisquer outros instrumentos de gestão territorial eficazes".

Entretanto, o Decreto-Lei n.º 316/2007, de 19 de Setembro, trouxe na bagagem das alterações ao RJIGT a drástica redução do perímetro de aplicação do instituto da *ratificação governamental* dos planos. Baseando-se nos princípios da responsabilização municipal e da simplificação administrativa e invocando a aprovação do PNPOT, a aprovação da revisão do PROT-Algarve e a pendência do procedimento de elaboração de quatro novos planos regionais de ordenamento do território, o legislador optou por sujeitar a ratificação pelo Governo apenas os planos directores municipais e unicamente quando, no procedimento de elaboração e aprovação (bem como no procedimento de alteração ou revisão), seja suscitada a questão da sua compatibilidade com planos sectoriais ou regionais de ordenamento do território e sempre que a câmara municipal o solicite, para que, em concretização do princípio da *hierarquia mitigada*, o Governo possa ponderar sobre a derrogação daqueles instrumentos de gestão territorial, que condicionam a validade dos instrumentos de gestão territorial de âmbito municipal (cfr. o exórdio do Decreto-Lei n.º 316/2007). A ratificação pelo

Governo do plano director municipal, nas condições assinaladas, tem como efeito a derrogação das normas dos planos sectoriais e dos planos regionais de ordenamento do território incompatíveis com as opções municipais. A apreciação pelo Governo do pedido de ratificação do plano director municipal é suscitada através da competente comissão de coordenação e desenvolvimento regional, devendo, quando tenha lugar, ser acompanhada de parecer fundamentado da parte desta. A ratificação do plano director municipal, nos termos referidos, implica a revogação ou a alteração das disposições constantes dos instrumentos de gestão territorial afectados, determinando a correspondente alteração dos elementos documentais afectados, por forma a que traduzam a actualização da disciplina vigente (cfr. os artigos 79.º e 80.º do RJIGT).

Embora de acordo com o RJIGT, na actual redacção, a *ratificação governamental* de planos municipais seja um instituto "verdadeiramente excepcional", a mesma não abrange apenas a elaboração, alteração e revisão dos planos directores municipais, nas condições referidas (cfr. os artigos 80.º, n.ºs 2 e 7, e 96.º, n.ºs 1 e 7, do RJIGT). Há mais três situações em que tem lugar a ratificação governamental de deliberações da assembleia municipal relativas a planos ou figuras similares: a deliberação da assembleia municipal de *suspensão*, total ou parcial, de um plano municipal de ordenamento do território, qualquer que ele seja, mesmo que se trate de um plano municipal cuja elaboração, alteração ou revisão não estão sujeitas a ratificação – a significar que o Estado "confia" na responsabilidade dos municípios pela elaboração, alteração e revisão dos planos municipais, mas não "confia" nos mesmos, quando se trate de *suspensão* de planos [cfr. o artigo 100.º, n.ºs 2, alínea b), e 5, do RJIGT]; a deliberação da assembleia municipal que aprova *medidas preventivas* relativas a plano director municipal que consistam na limitação ou na sujeição a parecer vinculativo (mas já não a proibição) das acções previstas no artigo 107.º, n.º 4 [operações de loteamento e obras de urbanização; obras de construção civil, ampliação, alteração e reconstrução, com excepção das que estejam isentas de procedimento de licenciamento ou comunicação prévia; trabalhos de remodelação de terrenos; obras de demolição de edificações existentes, excepto as que, por regulamento municipal, possam ser dispensadas de licença ou autorização; e derrube de árvores em maciço ou destruição do solo vivo e do coberto vegetal (cfr. o artigo 109.º, n.º 3, do RJIGT)], isto é, quando as medidas preventivas consistam em medidas antecipatórias do plano director municipal em elaboração, alteração ou revisão, e desde que seja suscitada, nos termos do n.º 2 do artigo 80.º do RJIGT, a incompatibilidade com plano sectorial ou plano regional de ordenamento do território; e a deliberação de aprovação de *medidas preventivas* incidentes sobre uma determinada área, antes de decorridos quatro anos sobre a caducidade das anteriores, em casos excepcionais, devidamente fundamentados (cfr. o artigo 112.º, n.º 5, do RJIGT).

À luz do exposto, deixaram de estar sujeitos a *ratificação governamental*: os planos directores municipais, fora dos casos em que sejam incompatíveis com normas dos planos sectoriais e dos planos regionais de ordenamento do território, e mesmo que sejam incompatíveis com planos intermunicipais de ordenamento do território; os planos de urbanização, mesmo na falta de plano director municipal eficaz e mesmo quando contenham disposições incompatíveis com as normas do plano director municipal, revogando ou alterando as disposições deste; e os planos de pormenor, mesmo na ausência de plano director municipal ou plano de urbanização eficazes e ainda quando contenham disposições incompatíveis com o plano director municipal ou desconformes com o plano de urbanização, revogando ou alterando as disposições destes.

Discordamos da eliminação da exigência de *ratificação governamental* nos casos apontados. Particularmente grave nos parece a inexigência deste *acto de controlo preventivo governamental* nos casos de alteração de disposições do plano director municipal por planos de urbanização e por planos de pormenor e de alteração das disposições dos planos de urbanização por planos de pormenor. É que a exigência da *ratificação governamental,* naquelas hipóteses, constituía um valioso *instrumento de prevenção de violações ilegais* do princípio da hierarquia dos planos e de *colisões ilegais* entre as normas dos diferentes planos municipais de ordenamento do território e, além disso, um virtuoso mecanismo de *publicidade* das alterações introduzidas a um plano municipal hierarquicamente superior por um plano municipal hierarquicamente inferior. Com a abolição do *controlo governamental preventivo* nos casos mencionados, corre-se o risco do aumento do contencioso dos planos e, por isso, de agravamento da insegurança jurídica. Apesar disso, entendemos que a alteração dos planos directores municipais por planos de urbanização e por planos de pormenor e de planos de urbanização por planos de pormenor, para além de estar sujeita à observância das regras procedimentais, designadamente o acompanhamento, a concertação e a participação (cfr. os artigos 75.º-C, 76.º e 77.º do RJIGT), não pode deixar de se alicerçar numa justa *ponderação* das normas dos planos a alterar, numa adequada *fundamentação* das alterações a introduzir, numa rigorosa *identificação* das disposições alteradas e numa adequada *publicidade* das normas objecto de alteração. De outro modo, estar-se-á perante uma violação do *princípio da hierarquia* dos planos, que desencadeia a respectiva nulidade (cfr. os artigos 101.º, n.º 1, e 102.º, n.º 1, do RJIGT). Vão, aliás, no sentido proposto: a norma do artigo 74.º, n.º 3, do RJIGT, ao preceituar que "a elaboração dos planos municipais de ordenamento do território obriga a identificar e a ponderar, nos diversos âmbitos, os planos, programas e projectos com incidência na área em causa [...]"; a norma do n.º 3 do artigo 25.º do RJIGT, ao determinar que nas deliberações municipais que aprovam os planos não sujeitos a ratificação devem ser expressamente indicadas as normas dos instrumentos de gestão territorial preexistentes revogadas ou alteradas; a norma do artigo 148.º, n.º 4, alínea *d*), ao consignar que deve ser publicada na 2.ª Série do *Diário da República* a deliberação municipal que aprova o plano municipal de ordenamento do território não sujeito a ratificação, incluindo o regulamento, a planta de ordenamento, de zonamento ou de implantação e a planta de condicionantes; e as normas dos artigos 83.º-A e 83.º-B, também do RJIGT, respeitantes à disponibilização da informação sobre os planos municipais de ordenamento do território na *Internet* e à actualização do conteúdo dessa informação.

A *ratificação* dos planos, quando ela é exigida, pode ser, quanto ao seu *âmbito*, *total*, se abrange todas as suas disposições, ou *parcial*, se exclui alguma ou algumas das suas disposições. A possibilidade de a *ratificação* dos planos directores municipais ser apenas *parcial* está expressamente prevista do artigo 80.º, n.º 3, do RJIGT, adiantando-se que, nesse caso, a *ratificação* aproveita apenas à parte compatível com os planos sectoriais e os planos regionais de ordenamento do território.

Quanto aos *poderes* do órgão ratificante, no novo figurino da ratificação governamental, não parece haver dúvidas de que estamos perante um mero *controlo de legalidades*, embora se deva entender esta em *sentido amplo*, nos termos anteriormente assinalados, de modo a abranger também o controlo da observância dos princípios jurídicos fundamentais da actividade da Administração Pública e o controlo do *princípio da articulação* entre as normas dos planos. A caracterização da *ratificação governamental* dos planos municipais, nos casos em que ela é exigida, como um simples *controlo de legalidade* está claramente consagrada no artigo 100.º, n.º 5, do RJIGT, quando refere que a ratificação pelo Governo da deliberação da assembleia municipal que suspende, total ou parcialmente, planos municipais de ordenamento do território "incide exclusivamente sobre a suspensão do plano municipal de ordenamento do território e destina-se a assegurar o cumprimento das disposições legais e regulamentares aplicáveis".

19.2. A avaliação ambiental estratégica dos planos

19.2.1. *Conceito e justificação da avaliação ambiental de planos e programas*

A avaliação dos efeitos ambientais de determinados planos e programas no ambiente – entendendo-se por planos e programas, incluindo os co-financiados pela União Europeia, aqueles cuja elaboração, alteração ou revisão por autoridades nacionais, regionais ou locais ou outras entidades que exerçam poderes públicos, ou aprovação em procedimento legislativo, resulte de exigência legal, regulamentar ou administrativa (estando, por isso, excluídos os programas de investidores privados), e que não respeitem unicamente à defesa nacional ou à protecção civil, não revistam natureza financeira ou orçamental ou não sejam financiados ao abrigo dos períodos de programação abrangidos pelos Regulamentos (CE) n.ᵒˢ 1989/2006, de 21 de Dezembro, e 1257/99, do Conselho[80] – foi estabelecida, como

---

[80] Uma questão que se pode suscitar é a de saber se é admissível a celebração pela Administração com os particulares de um *contrato urbanístico*, tendo por objecto a elaboração de um plano (*contrato para planeamento*) e, sendo caso disso, a elaboração do correspondente *relatório ambiental*. A nossa opinião vai no sentido da possibilidade de um *contrato para planeamento* abranger não apenas a elaboração, alteração ou revisão de um plano urbanístico, mas também a elaboração da respectiva avaliação ambiental, cujo elemento central é constituído pelo *relatório ambiental*, desde que observados os *limites* com que são admissíveis os *contratos para planeamento*.

A questão referida foi expressamente resolvida pelo § 11.º, alínea 1, frase 2, n.º 1, do *Baugesetzbuch* alemão, onde se determina que pode ser objecto de um *contrato urbanístico*, entre o mais, *a elaboração de planos urbanísticos, bem como, no caso de ser exigível, do relatório ambiental* (*die Ausarbeitung der städtebaulichen Planungen sowie erforderlichenfalls des Umweltberichts*). Cfr. P. LÖHR, in BATTIS/KRAUTZBERGER/LÖHR, *Baugesetzbuch Kommentar*, cit., § 11.º, p. 265-272, e HOPPE/ /BÖNKER/GROTEFELS, *Öffentliches Baurecht*, 3. Auflage, München, Beck, 2004, p. 410-425.

No nosso ordenamento jurídico, o legislador passou a admitir expressamente a possibilidade de os municípios celebrarem com os particulares *contratos para planeamento*, ainda que tão-só no domínio dos planos de urbanização e dos planos de pormenor, nos artigos 6.º-A e 6.º-B do RJIGT – preceitos aditados pelo artigo 3.º do Decreto-Lei n.º 316/2007, de 19 de Setembro. Nos termos do n.º 1 daquele primeiro preceito, os interessados na elaboração, alteração ou revisão de um plano de urbanização ou de pormenor podem apresentar à câmara municipal propostas de contratos que tenham por objecto a elaboração de um projecto de plano, sua alteração ou revisão (bem como a respectiva execução – os denominados *contratos para execução*, cuja admissibilidade já não suscitava quaisquer dúvidas no nosso ordenamento jurídico). Compreende-se que, nestas matérias passíveis de constituir objecto de um *contrato para planeamento*, esteja implícita a elaboração da *avaliação ambiental* daqueles projectos de planos e do respectivo *relatório ambiental*.

Não é este o momento adequado para abordar o *procedimento* e os *limites* dos contratos para planeamento. Diremos tão-só que o legislador estabeleceu, na linha daquilo que a doutrina já vinha defendendo, que a celebração daqueles contratos não prejudica "o exercício dos poderes públicos municipais relativamente ao procedimento, conteúdo, aprovação e execução do plano", bem como a "observância dos regimes legais relativos ao uso do solo e às disposições dos demais instrumentos de gestão territorial com os quais o plano de urbanização ou o plano de pormenor

dissemos, pela Directiva n.º 2001/42/CE, do Parlamento e do Conselho, de 27 de Junho, transposta para o direito interno português pelo Decreto-Lei n.º 232/2007, de 15 de Junho.

A avaliação ambiental de planos e programas foi consagrada no direito comunitário para colmatar as insuficiências da AIA de projectos. Como se assinala no exórdio do Decreto-Lei n.º 232/2007, desde cedo, a experiência revelou que AIA de projectos "tem lugar num momento em que as possibilidades de tomar diferentes opções e de apostar em diferentes alternativas de desenvolvimento são muito restritas. De facto, não é raro verificar que a decisão acerca das características de um determinado projecto se encontra já previamente condicionada por planos ou programas nos quais o projecto se enquadra, esvaziando de utilidade e alcance a própria avaliação de impacte ambiental a realizar". A avaliação ambiental de planos e programas – a qual tem uma função diferente da AIA de projectos, dado que tem uma *função estratégica*, de análise das grandes opções, ao passo que esta tem uma função de avaliação do impacte dos projectos, tal como são executados em concreto [81] – pode, assim, "ser entendida como um processo integrado no procedimento de tomada de decisão, que se destina a incorporar uma série de valores ambientais nessa mesma decisão. Mais precisamente, a avaliação ambiental de planos e programas constitui um processo contínuo e sistemático, que tem lugar a partir

---

devam ser compatíveis ou conformes" e, bem assim, que o mesmo contrato não substitui "o plano na definição do uso do solo, apenas adquirindo eficácia para tal efeito na medida em que vier a ser incorporado no plano e prevalecendo em qualquer caso o disposto neste último" (artigo 6.º-A, n.ºs 2 e 3, do RJIGT).

[81] É esta diferença de funções que justifica a solução da *não consumpção* da AIA de projectos pela avaliação ambiental de planos ou programas, condensada no n.º 2 do artigo 1.º do Decreto-Lei n.º 232/2007, de 15 de Junho. Aí se refere que a avaliação ambiental de planos e programas não prejudica a aplicação do regime de avaliação de impacte ambiental de projectos públicos e privados, nos termos do Decreto-Lei n.º 69/2000, de 3 de Maio, na redacção do Decreto-Lei n.º 197//2005, de 8 de Novembro. No entanto, uma tal solução não só não impede, como até exige, uma adequada articulação do regime da avaliação ambiental de planos e programas com o regime de AIA de projectos, consagrada no artigo 13.º do Decreto-Lei n.º 232/2007, e a que adiante nos referiremos.

de um momento inicial do processo decisório público, de avaliação da qualidade ambiental de visões alternativas e perspectivas de desenvolvimento incorporadas num planeamento ou numa programação que vão servir de enquadramento a futuros projectos, assegurando a integração global das considerações biofísicas, económicas, sociais e políticas relevantes que possam estar em causa. A realização de uma avaliação ambiental ao nível do planeamento e da programação garante que os efeitos ambientais são tomados em consideração durante a elaboração de um plano ou programa e antes da sua aprovação, contribuindo, assim, para a adopção de soluções inovadoras mais eficazes e sustentáveis e de medidas de controlo que evitem ou reduzam efeitos negativos significativos no ambiente decorrentes da execução do plano ou programa. Por outras palavras, os eventuais efeitos ambientais negativos de uma determinada opção de desenvolvimento passam a ser sopesados numa fase que precede a avaliação de impacte ambiental de projectos já em vigor no nosso ordenamento"[82]. A avaliação ambiental de planos e programas traduz, como acaba de se ver,

---

[82] Cfr. o preâmbulo do Decreto-Lei n.º 232/2007, de 15 de Junho.

No mesmo sentido, a *Exposição de Motivos da Ley Espanhola 9/2006, de 28 de Abril*, que, transpondo a Directiva n.º 2001/42/CE, regula a avaliação dos efeitos de determinados planos e programas no meio ambiente, refere que nos "encontramos perante um instrumento eficaz para a consecução de um desenvolvimento sustentável, mediante a consideração dos aspectos ambientais em determinadas acções públicas e privadas (...). E isto para garantir que as repercussões previsíveis sobre o meio ambiente (...) sejam tidas em consideração antes da adopção e durante a preparação dos planos e programas num processo contínuo (...). Este processo não há-de ser uma mera justificação dos planos, mas um instrumento de integração do meio ambiente nas políticas sectoriais para garantir um desenvolvimento sustentável mais duradouro, justo e saudável (...). Em definitivo, esta lei pretende integrar os aspectos ambientais na elaboração e aprovação de planos e programas para alcançar um elevado nível de protecção do meio ambiente e promover o desenvolvimento sustentável na sua tríplice dimensão económica, social e ambiental, através de um processo contínuo de avaliação em que se garanta a transparência e a participação". Cfr. *Boletín Oficial del Estado*, n.º 102, de 29 de Abril de 2006, p. 16820. Cfr., ainda, por todos, T.-RAMÓN FERNÁNDEZ, *Manual de Derecho Urbanístico*, cit., p. 91 e 92, e S. GONZÁLEZ-VARAS IBÁÑEZ, *ob. cit.*, p. 467-479.

uma aplicação mais antecipada ou recuada do *princípio da prevenção*, já que a análise e ponderação dos efeitos no ambiente têm lugar não apenas quando se decide concretizar um projecto, mas quando se elabora o plano ou programa em que esse projecto é previsto.

Estão sujeitos a avaliação ambiental os planos e programas para os sectores da agricultura, floresta, pescas, energia, indústria, transportes, gestão de resíduos, gestão de águas, telecomunicações, turismo, ordenamento urbano e rural ou utilização dos solos e que constituam enquadramento para a futura aprovação de projectos mencionados nos anexos I e II do Decreto-Lei n.º 69/2000, na sua actual redacção, isto é, no regime de AIA de projectos [artigo 3.º, n.º 1, alínea *a*), do Decreto-Lei n.º 232/2007, que reproduz o artigo 3.º, n.º 2, alínea *a*), da Directiva n.º 2001/42/CE]. Estão, além disso, submetidos à mesma avaliação os planos e programas que, atendendo aos seus eventuais efeitos num sítio da lista nacional de sítios, num sítio de interesse comunitário, numa zona especial de conservação ou numa zona de protecção especial, devam ser sujeitos a uma avaliação de incidências ambientais, nos termos do artigo 10.º do Decreto-Lei n.º 140/99, de 24 de Abril, na redacção do Decreto-Lei n.º 49/2005, de 24 de Fevereiro [artigo 3.º, n.º 1, alínea *b*), do Decreto-Lei n.º 232/2007 e artigo 3.º, n.º 2, alínea *b*), da Directiva n.º 2001/42/CE]. Para além dos planos e programas anteriormente referidos, estão, ainda, sujeitos à avaliação ambiental aqueles que constituam enquadramento para a futura aprovação de projectos e que sejam qualificados como susceptíveis de ter efeitos significativos no ambiente [artigo 3.º, n.º 1, alínea *c*), do Decreto-Lei n.º 232/2007 e artigo 3.º, n.º 4, da Directiva n.º 2001/42/CE]. Verifica-se, assim, que a referida Directiva e o diploma legal que a transpôs para o nosso direito interno disciplinam o *regime material* da avaliação dos efeitos significativos no ambiente não apenas dos instrumentos de planeamento territorial (denominados planos ou programas de "*ordenamento urbano e rural ou utilização dos solos*"), mas de todos os planos e programas susceptíveis de produzir efeitos significativos no ambiente[83]

---

[83] Podemos, assim, falar numa opção do legislador português por uma solução *monista*, na transposição da Directiva n.º 2001/42/CE, traduzida na consagra-

(devendo, em todo o caso, reconhecer-se que "o ordenamento do território e o urbanismo constituem o primeiro sector de aplicação da directiva", sendo "sintomático a este propósito constatar que os exemplos dados pelo vade-mecum da Comissão incidam muitas vezes sobre o urbanismo e o ordenamento do território") [84].

Todavia, se a Directiva n.º 2001/42/CE e o Decreto-Lei n.º 232/2007 contêm o *regime material* da avaliação ambiental dos instrumentos de planeamento territorial, é o RJIGT, na versão decorrente do Decreto-Lei n.º 316/2007, de 19 de Setembro, que encerra a *disciplina procedimental* da avaliação ambiental dos planos territoriais que a ela estão sujeitos, no termos daquela Directiva e daquele decreto-lei. É, de facto, no RJIGT, na redacção do Decreto-Lei n.º 316/2007, de 19 de Setembro, que encontramos a *incorporação* dos procedimentos de avaliação ambiental nos procedimentos de elaboração, acompanhamento, participação e aprovação dos planos territoriais, com os objectivos, assinalados no preâmbulo do Decreto-Lei

---

ção, num mesmo diploma legal, *in casu*, o Decreto-Lei n.º 232/2007, de todo o *regime substantivo* da avaliação ambiental de todos os planos e programas susceptíveis de produzirem efeitos significativos no ambiente, independentemente da sua natureza urbanística ou ambiental, deixando para o RJIGT apenas a disciplina do *procedimento* da avaliação ambiental dos instrumentos de planeamento territorial, através da sua *incorporação* no procedimento de elaboração dos planos.

O direito comparado fornece-nos, no entanto, exemplos de soluções *dualistas*. Assim sucedeu com o direito francês, no qual a *Ordonnance* n.º 2004-489, de 3 de Junho de 2004, que transpôs a Directiva n.º 2001/42/CE, adoptou a via da distinção entre normas de avaliação ambiental próprias dos planos urbanísticos, que inseriu nos artigos L. 121-10 a L.121-15 e R. 121-14 a R. 121-17 do *Code de l'Urbanisme*, e normas de avaliação ambiental de outros planos e programas, que enquadrou nos artigos L. 122-4 a L. 122-11 do *Code de l'Environnement*, apesar de esta distinção ser bastante formal, dada a forte analogia entre os dois regimes. Cfr. B. LAMORLETTE/D. MORENO, *Code de l'Urbanisme, Commenté,* cit., p. 47-49 e 553-555, C. HUGLO/J. DE MALAFOSSE, *Code de l'Environnement, Annoté*, 13.ª ed., Paris, LexisNexis/Litec, 2005, p. 28-30, e Y. JÉGOUZO, *L'Évaluation Environnementale des Plans et Programmes*, in «Mélanges en l'Honneur de Henri Jacquot», Orléans, Presses Universitaires d'Orléans, 2006, p. 311 e segs..

[84] Cfr. F. HAUMONT, *Droit Européen de l'Aménagement du Territoire et de l'Urbanisme*, cit., p. 109.

n.º 232/2007, de simplificação procedimental e de maior eficiência da acção administrativa.

19.2.2. Âmbito de aplicação da avaliação ambiental de planos e programas

Referimos, no número anterior, os *três tipos* de planos e programas que estão sujeitos a avaliação ambiental. Tal como na definição dos projectos sujeitos a avaliação de impacte ambiental, utilizou o Decreto-Lei n.º 232/2007, na linha da Directiva n.º 2001/42/CE, o *sistema de lista* para definir o campo de aplicação da avaliação ambiental de planos e programas. É esta uma solução virtuosa, pois, como salienta Y. JÉGOUZO, aquele é verdadeiramente o único método que permite definir o referido âmbito de aplicação com a segurança jurídica necessária[85].

Importa, no entanto, apresentar mais algumas notas, com vista a ficarmos com um quadro mais preciso do perímetro de aplicação da avaliação ambiental de planos e programas.

A primeira nota tem a ver com a entidade responsável pela averiguação da sujeição de um determinado plano ou programa a avaliação ambiental. Nos termos do n.º 2 do artigo 3.º do Decreto-Lei n.º 232/2007, uma tal responsabilidade cabe à entidade competente para elaborar o plano ou programa. Todavia, podem suscitar-se dúvidas sobre a sujeição, ou não, de um determinado plano ou programa a avaliação ambiental. Com vista à resolução de tais dúvidas, o n.º 3 do artigo 3.º daquele diploma legal prevê que a sujeição do plano ou programa a avaliação ambiental pode ser objecto de consulta promovida pela entidade responsável pela sua elaboração às entidades às quais, em virtude das suas responsabilidades ambientais, possam interessar os efeitos ambientais resultantes da aplicação do plano ou programa, designadamente a Agência Portuguesa do Ambiente, o Instituto da Conservação da Natureza e da Biodiversidade, I. P., o Instituto da Água, I. P., as Administrações de Região Hidrográfica, I. P.,

---

[85] Cfr. Y. JÉGOUZO, *ob. cit.*, p. 317.

as comissões de coordenação e desenvolvimento regional, as autoridades de saúde ou os municípios da área abrangida pelo plano ou programa, as quais dispõem de 20 dias para apresentarem as suas observações (não sendo considerados os pareceres emitidos após o decurso deste prazo). As referidas entidades devem também pronunciar-se sobre o âmbito da avaliação ambiental e sobre o alcance da informação a incluir no relatório ambiental (artigo 5.º, n.º 5, do Decreto-Lei n.º 232/2007).

A segunda nota diz respeito à qualificação dos planos e programas, referidos na alínea c) do n.º 1 do artigo 3.º do Decreto-Lei n.º 232/2007, como estando sujeitos a avaliação ambiental, isto é, aqueles que, não sendo abrangidos pelas alíneas a) e b) do n.º 1 daquele preceito, constituam enquadramento para a futura aprovação de projectos e que sejam qualificados como susceptíveis de ter efeitos significativos no ambiente. A qualificação de tais planos e programas é, de harmonia com o que dispõe o n.º 6 do artigo 3.º, realizada por despacho conjunto do membro do Governo responsável pela área do ambiente e do membro do Governo competente em razão da matéria, de acordo com os critérios constantes do anexo ao Decreto-Lei n.º 232/2007, do qual faz parte integrante[86], após consulta das enti-

---

[86] Os critérios de determinação da probabilidade de efeitos significativos no ambiente são os seguintes:

1 – Características dos planos e programas, tendo em conta, nomeadamente:

a) O grau em que o plano ou programa estabelece um quadro para os projectos e outras actividades no que respeita à localização, natureza, dimensão e condições de funcionamento ou pela afectação de recursos;

b) O grau em que o plano ou programa influencia outros planos ou programas, incluindo os inseridos numa hierarquia;

c) A pertinência do plano ou programa para a integração de considerações ambientais, em especial com vista a promover o desenvolvimento sustentável;

d) Os problemas ambientais pertinentes para o plano ou programa;

e) A pertinência do plano ou programa para a implementação da legislação em matéria de ambiente.

2 – Características dos impactes e da área susceptível de ser afectada, tendo em conta, nomeadamente:

a) A probabilidade, a duração, a frequência e a reversibilidade dos efeitos;

dades às quais, em virtude das suas responsabilidades ambientais específicas, possam interessar os efeitos ambientais resultantes da aplicação do plano ou programa. Esta decisão de qualificação ou de não qualificação a que se refere o número anterior deve ser disponibilizada ao público pela entidade responsável pela elaboração do plano ou programa, através da sua colocação na respectiva página da *Internet* (artigo 3.º, n.º 7, do Decreto-Lei n.º 232/2007).

A terceira nota relaciona-se com o sentido da expressão *"planos e programas que constituam enquadramento para a futura aprovação de projectos"*, que nos aparece nas alíneas *a*) e *c*) do n.º 1 do artigo 3.º do diploma condensador do regime jurídico da avaliação ambiental de planos e programas. Segundo o n.º 5 do artigo 3.º deste diploma legal, consideram-se enquadramento de futuros projectos os planos e programas que contenham disposições relevantes para a subsequente tomada de decisões de aprovação, nomeadamente respeitantes à sua necessidade, dimensão, localização, natureza ou condições de operação.

A quarta nota refere-se à relação entre o procedimento da avaliação ambiental de planos e programas regulado no Decreto-Lei n.º 232/2007 e o procedimento de avaliação ambiental dos mesmos planos e programas exigido por legislação específica. De harmonia com o disposto no n.º 8 do artigo 3.º do Decreto-Lei n.º 232/2007, sempre que a um dos planos ou programas referidos no n.º 1 do artigo 3.º deste diploma seja simultaneamente exigida a realização de

---

    b) A natureza cumulativa dos efeitos;
    c) A natureza transfronteiriça dos efeitos;
    d) Os riscos para a saúde humana ou para o ambiente, designadamente devido a acidentes;
    e) A dimensão e extensão espacial dos efeitos, em termos de área geográfica e dimensão da população susceptível de ser afectada;
    f) O valor e a vulnerabilidade da área susceptível de ser afectada, devido a:
        i) Características naturais específicas ou património cultural;
        ii) Ultrapassagem das normas ou valores limite em matéria de qualidade ambiental;
        iii) Utilização intensiva do solo;
    g) Os efeitos sobre as áreas ou paisagens com estatuto protegido a nível nacional, comunitário ou internacional.

um procedimento de avaliação ambiental nos termos de legislação específica, realiza-se unicamente o procedimento previsto naquele decreto-lei, sendo nele incorporadas as obrigações decorrentes dessa legislação. Consagra aquele dispositivo legal a concepção, sublinhada pela doutrina alemã, do *procedimento de avaliação ambiental* de planos e programas (*die Umweltprüfung*) como *procedimento principal* (*Trägerverfahren*) de todas as intervenções e procedimentos com efeitos significativos no ambiente[87]. O objectivo deste procedimento único é evitar uma dupla avaliação ambiental de planos e programas.

A quinta nota relaciona-se com a avaliação ambiental de planos relativamente aos quais seja exigível a avaliação de incidências ambientais nos termos do artigo 10.º do Decreto-Lei n.º 140/99, de 24 de Abril, na redacção conferida pelo Decreto-Lei n.º 49/2005, de 24 de Fevereiro. Determina o n.º 9 do artigo 3.º do Decreto-Lei n.º 232/2007 que a mesma compreende as informações necessárias à verificação dos seus efeitos nos objectivos de conservação de um sítio da lista nacional de sítios, de um sítio de interesse comunitário, de uma zona especial de conservação ou de uma zona de protecção especial.

Ainda sobre o âmbito da avaliação ambiental de planos e programas, interessa realçar as *isenções* e as *exclusões* da avaliação ambiental. Quanto às primeiras, o artigo 4.º, n.º 1, do Decreto-Lei n.º 232//2007, estatui que os planos e programas referidos nas alíneas *a*) e *b*) do n.º 1 do artigo 3.º em que se determine a utilização de pequenas áreas a nível local e pequenas alterações aos planos e programas aí referidos só devem ser objecto de avaliação ambiental no caso de se determinar que os referidos planos e programas são susceptíveis de ter efeitos significativos no ambiente, nos termos previstos no n.º 6 do referido artigo 3.º do Decreto-Lei n.º 232/2007 (podendo, de harmonia com o disposto no n.º 2 do artigo 4.º, a entidade res-

---

[87] Cfr. U. BATTIS, in BATTIS/KRAUTZBERGER/LÖHR, *Baugesetzbuch Kommentar*, cit., § 2.º, p. 102, e BATTIS/KRAUTZBERGER/LÖHR, *Die Änderung des Baugesetzbuchs durch das Europarechtsanpassungsgesetz Bau (EAG Bau 2004)*, in NJW, 36 (2004), p. 2554. Cfr. também HOPPE/BÖNKER/GROTEFELS, *Öffentliches Baurecht*, cit., p. 89.

ponsável pela elaboração do plano ou programa solicitar a emissão de parecer, no prazo de 30 dias, sobre esta matéria às entidades às quais, em virtude das suas responsabilidades ambientais específicas, possam interessar os efeitos ambientais resultantes da aplicação do plano ou programa). No tocante às segundas, o artigo 5.º, n.º 2, do Decreto--Lei n.º 232/2007 preceitua que ficam excluídos do âmbito da avaliação ambiental de um plano ou programa integrado num sistema de planos ou programas os eventuais efeitos ambientais que sejam susceptíveis de ser mais adequadamente avaliados a propósito da avaliação ambiental de planos ou programas situados em níveis diferentes desse sistema. Este preceito – que traduz bem o espírito da Directiva n.º 2001/42/CE (artigo 4.º, n.º 3) de obstaculização de uma dupla avaliação ambiental – assume uma importância particular no domínio dos instrumentos de planeamento territorial, dado que são regidos pelo *princípio da hierarquia,* ainda que com carácter *flexível* ou *mitigado*[88].

Como deflui dos preceitos que vêm de ser transcritos, não são coincidentes os conceitos de *isenção* e *exclusão* da avaliação ambiental de planos e programas. Enquanto as *isenções* dizem respeito a planos e programas que estariam sujeitos a avaliação ambiental, mas que, por força da lei, dela estão exonerados, as *exclusões* referem-se ao âmbito da avaliação ambiental de planos ou programas que a ela estão sujeitos, abrangendo, por isso, tão-só, uma circunscrição dos eventuais efeitos ambientais a incluir na âmbito da avaliação ambiental dos mesmos.

---

[88] Poderá falar-se na existência de um *critério implícito* na definição dos planos e programas que entram no campo da avaliação ambiental. Consiste ele no *desenvolvimento sustentável*, no sentido de que os planos e programas sujeitos a avaliação ambiental são aqueles que têm incidências no ambiente, ou seja, que permitem a realização de operações necessárias ao desenvolvimento, mas que só são legítimas à luz do objectivo do *desenvolvimento sustentável* se as suas opções tomarem em consideração as exigências da protecção do ambiente. Isto significa que os planos e programas que visam a protecção do ambiente estão, por via de regra, excluídos do perímetro da avaliação ambiental, como sucede, por exemplo, com os *planos municipais de redução de ruído,* regulados nos artigos 8.º e 9.º do Regulamento Geral do Ruído. Cfr., sobre este ponto, Y. JÉGOUZO, *ob. cit.*, p. 316 e 317.

Reportando-nos, agora, especificamente aos instrumentos de planeamento territorial, o RJIGT, na versão do Decreto-Lei n.º 316/ /2007, de 19 de Setembro, embora remetendo, como referimos, o *regime substantivo* da avaliação ambiental dos instrumentos de planeamento territorial para o Decreto-Lei n.º 232/2007, indica quais os planos territoriais que estão sujeitos àquela avaliação.

Segundo o RJIGT, estão, desde logo, sujeitos a avaliação ambiental os *planos sectoriais*. Todavia, a submissão a avaliação ambiental de um plano sectorial em concreto depende de uma determinação nesse sentido no despacho do ministro competente em razão da matéria que decide da elaboração desse plano. Com efeito, nos termos do artigo 38.º, n.º 2, alínea *g*), daquele normativo, do despacho do ministro competente em razão da matéria deve constar, *inter alia,* a indicação se o plano sectorial está sujeito a avaliação ambiental, ou as razões que justificam a sua inexigibilidade, podendo esta decisão ser precedida da consulta prevista no n.º 3 do artigo 3.º do Decreto- -Lei n.º 232/2007 (artigo 38.º, n.º 4, do RJIGT). Estão, em segundo lugar, sujeitos a avaliação ambiental os *planos especiais de ordenamento do território*. De facto, o artigo 45.º, n.º 2, alínea *b*), prescreve que os planos especiais são acompanhados, entre o mais, de um *relatório ambiental*, no qual se identificam, descrevem e avaliam os eventuais efeitos significativos no ambiente resultantes da aplicação do plano e as suas alternativas razoáveis que tenham em conta os objectivos e o âmbito de aplicação territorial respectivos.

Os *planos regionais de ordenamento do território* estão, igualmente, sujeitos a avaliação ambiental, porquanto, conforme dispõe o artigo 54.º, n.º 3, do RJIGT, os planos regionais de ordenamento do território são acompanhados, para além de outros elementos documentais, por um *relatório ambiental*, no qual se identificam, descrevem e avaliam os eventuais efeitos significativos no ambiente resultantes da aplicação do plano e as suas alternativas razoáveis que tenham em conta os objectivos e o âmbito de aplicação territorial respectivos.

Quanto aos *planos intermunicipais de ordenamento do território*, a sua submissão a avaliação ambiental também não é geral. Ela depende de uma deliberação nesse sentido das entidades competentes para determinar a elaboração desses planos (os municípios associados para o efeito ou as associações de municípios). Na verdade, nos termos do artigo 64.°, n.° 3, do RJIGT a deliberação que determinar a elaboração do plano intermunicipal – a qual deve ser publicada no *Diário da República* e divulgada através da comunicação social e da *Internet* pelos municípios ou associações de municípios – deve indicar se o plano está sujeito a avaliação ambiental, ou as razões que justificam a sua inexigibilidade, podendo esta decisão ser precedida da consulta prevista no n.° 3 do artigo 3.° do Decreto-Lei n.° 232/2007.

No que concerne aos *planos municipais de ordenamento do território*, a solução acerca da sua sujeição a avaliação ambiental não é idêntica para todos eles. Enquanto os *planos directores municipais* estão sempre sujeitos a avaliação ambiental, uma vez que o artigo 86.°, n.° 2, alínea c), do RJIGT impõe que sejam acompanhados de um *relatório ambiental*, no qual se identificam, descrevem e avaliam os eventuais efeitos significativos no ambiente resultantes da aplicação do plano e as suas alternativas razoáveis que tenham em conta os objectivos e o âmbito de aplicação territorial respectivos, os *planos de urbanização* e os *planos de pormenor* nem sempre são objecto de avaliação ambiental. Com efeito, nos termos do artigo 74.°, n.° 5, do RJIGT, os planos de urbanização e os planos de pormenor que impliquem a utilização de pequenas áreas a nível local só são objecto de avaliação ambiental no caso de se determinar que são susceptíveis de ter efeitos significativos no ambiente [estando, *a contrario sensu*, sujeitos a avaliação ambiental todos os outros planos de urbanização e de pormenor, como resulta dos artigos 89.°, n.° 2, alínea b), e 92.°, n.° 2, alínea b), do RJIGT, na versão do Decreto-Lei n.° 316/2007]. A qualificação dos planos de urbanização e dos planos de pormenor que impliquem a utilização de pequenas áreas a nível local e que só são objecto de avaliação ambiental no caso de se determinar que são susceptíveis de ter efeitos significativos no ambiente compete à câmara municipal, de acordo com os critérios estabelecidos no anexo ao Decreto-Lei n.° 232/2007, podendo ser precedida de consulta às entidades às quais, em virtude das suas responsabilidades ambientais específicas, possam interessar os efeitos ambientais resultantes da aplicação do plano (artigo 74.º, n.º 6, do RJIGT). Acresce que, nos termos do n.º 7 do artigo 74.º do RJIGT, tendo sido deliberada a elaboração de plano de urbanização ou de plano de pormenor, a câmara municipal solicita parecer sobre o âmbito da avaliação ambiental e sobre o alcance da informação a incluir no relatório ambiental, nos termos do artigo 5.º do Decreto-Lei n.º 232/2007, de 15 de Junho.

Finalmente, na linha da filosofia das modificações introduzidas pelo Decreto-Lei n.º 316/2007 ao RJIGT, no que tange "à reclamada delimitação conceptual das figuras da revisão e da alteração dos instrumentos de gestão territorial", através da autonomização de "procedimentos específicos de alteração quanto aos instrumentos de gestão territorial vinculativos dos particulares" e da reserva do "conceito de revisão para as situações mais estruturais de mutabilidade do planeamento", pretendendo-se, com isso, "flexibilizar e agilizar os procedimentos de alteração em função das dinâmicas de desenvolvimento económico, social e ambiental, obviando ao recurso sistemático à figura da suspensão do plano"[89], estabelece aquele normativo que as *pequenas alterações* aos instrumentos de gestão territorial só são objecto de avaliação ambiental no caso de se determinar que são susceptíveis de ter efeitos significativos no ambiente (artigo 96.º, n.º 3, do RJIGT). A qualificação das pequenas alterações aos instrumentos de gestão territorial susceptíveis de ter efeitos significativos no ambiente e consequente sujeição a avaliação ambiental compete à entidade responsável pela elaboração do plano, de acordo com os critérios estabelecidos no anexo ao Decreto-Lei n.º 232/2007, podendo ser precedida de consulta às entidades às quais, em virtude das suas responsabilidades ambientais específicas, possam interessar os efeitos ambientais resultantes da aplicação do plano (artigo 96.º, n.º 4, do RJIGT)[90].

---

[89] Cfr. *o preâmbulo* do Decreto-Lei n.º 316/2007, de 19 de Setembro.

[90] A questão do *âmbito material* de aplicação da avaliação ambiental de planos e programas, abordada no texto, não pode ser desligada de uma outra, que é a do seu *âmbito temporal* de aplicação. Sobre a problemática do *âmbito temporal* de aplicação da avaliação ambiental de planos e programas, a Directiva n.º 2001/42/CE estabeleceu, no seu artigo 13.º, várias regras. *Primo,* os Estados-Membros deviam

pôr em vigor as disposições legislativas, regulamentares e administrativas necessárias para dar cumprimento àquela Directiva até 21 de Julho de 2004 e informar imediatamente a Comissão desse facto. *Secundo*, a obrigação de submissão a avaliação ambiental dos planos e programas, nos termos da Directiva n.º 2001/42/CE, aplica-se exclusivamente àqueles cujo primeiro acto preparatório formal seja posterior à data de 21 de Julho de 2004. *Tertio*, os planos e programas cujo primeiro acto preparatório formal seja anterior a 21 de Julho de 2004 e que sejam adoptados ou submetidos a procedimento legislativo mais de 24 meses depois dela (isto é, 22 de Julho de 2006) ficam submetidos à obrigação de submissão a avaliação ambiental, a não ser que os Estados-Membros decidam, caso a caso, que tal não é possível e informem o público dessa decisão. *Quarto*, antes de 21 de Julho de 2004, os Estados-Membros deviam comunicar à Comissão as disposições legislativas, regulamentares e administrativas necessárias para dar cumprimento à Directiva, enviar informações separadas sobre os tipos de planos e programas que, em conformidade com a Directiva, seriam submetidos a avaliação ambiental e actualizar periodicamente essas informações (as quais devem ser disponibilizadas pela Comissão aos Estados-Membros).

Todavia, sobre a questão enunciada o Decreto-Lei n.º 232/2007, de 15 de Junho, guardou um expressivo silêncio. Não incorporando qualquer disposição transitória, o Decreto-Lei n.º 232/2007, de 15 de Junho, dispõe apenas para o futuro (artigo 12.º do Código Civil), o que significa que a obrigação de submissão a avaliação ambiental abrange apenas os planos e programas cuja elaboração (ou revisão) tenha sido iniciada após a sua entrada em vigor (a qual, de acordo com o artigo 2.º, n.º 2, da Lei n.º 74/98, de 11 de Novembro, alterada pelas Leis n.ºs 2/2005, de 24 de Janeiro, 26/2006, de 30 de Junho, e 42/2007, de 24 de Agosto, ocorreu no quinto dia após a sua publicação, ou seja, no dia 20 de Junho de 2007).

Em face do que vem de ser referido, é manifesto que, com aprovação e publicação do Decreto-Lei n.º 232/2007, de 15 de Junho, o Estado português colocou-se numa dupla *situação de incumprimento* da Directiva n.º 2001/42/CE: por um lado, transpôs a Directiva muito para além do prazo nela fixado, em manifesta violação do seu artigo 13.º, n.º 1; por outro lado, não inseriu qualquer norma transitória naquele decreto-lei, em termos de estender a obrigação de submissão a avaliação ambiental aos planos e programas que tenham atingido determinada fase do procedimento da sua elaboração ou revisão na data da entrada em vigor daquele diploma legal, em clara violação do artigo 13.º, n.º 2, da Directiva.

A referida *situação de incumprimento* da Directiva n.º 2001/42/CE foi minorada no domínio dos instrumentos de planeamento territorial, graças ao regime

19.2.3. *Procedimento e conteúdo da avaliação ambiental de planos e programas*

O procedimento da avaliação ambiental de planos e programas é constituído por várias *etapas*. A primeira consiste na definição do *âmbito* da avaliação ambiental a realizar e na determinação do *alcance* e *nível* de *pormenorização* da informação a incluir no relatório ambiental, tarefas que competem à entidade responsável pela elaboração do plano ou programa (artigo 5.º, n.º 1, do Decreto-Lei n.º 232/2007). Integra esta etapa o denominado *scoping*, que nos aparece também disciplinado, no direito alemão, no § 2.º, alínea 4,

---

transitório constante do artigo 4.º do Decreto-Lei n.º 316/2007, de 19 de Setembro, que alterou o RJIGT, tendo, como foi sublinhado, *inter alia*, *incorporado* nos procedimentos de elaboração, acompanhamento, participação a aprovação dos instrumentos de gestão territorial a avaliação dos seus efeitos ambientais. Na verdade, o artigo 4.º, n.º 1, daquele diploma legal determina que o mesmo se aplica aos procedimentos já iniciados à data da sua entrada em vigor, sem prejuízo da salvaguarda dos actos já praticados. O n.º 2 do mesmo preceito excepciona, porém, da aplicação imediata daquele diploma legal os procedimentos relativos aos intrumentos de gestão territorial que se encontrem em fase de discussão pública ou em momento posterior do procedimento, à data da entrada em vigor do Decreto-Lei n.º 316/2007, de 19 de Setembro. Significa isto que estão sujeitos a avaliação ambiental os instrumentos de planeamento territorial cujo procedimento de elaboração ou revisão seja iniciado após a entrada em vigor daquele Decreto-Lei n.º 316/2007, de 19 de Setembro, e aqueles cujo procedimento já tenha sido iniciado antes da entrada em vigor do mesmo, desde que ainda não tenha sido atingida a fase da *discussão pública*. Apesar deste regime transitório, subsiste a *situação de não cumprimento*, sancionável contenciosamente (artigo 226.º Tratado CE), devido à flagrante violação do prazo de transposição da Directiva. Sobre a acção por incumprimento, designadamente por não transposição no prazo fixado das Directivas, cfr., por todos, MARCÍLIO T. FRANCA FILHO, *O Silêncio Eloquente, Omissão do Legislador e Responsabilidade do Estado na Comunidade Européia e no Mercosul*, Coimbra, Almedina, 2008, p. 246 e segs., FAUSTO DE QUADROS//A. M. GUERRA MARTINS, *Contencioso Comunitário*, Coimbra, Almedina, 2002, p. 185-218, J. MOTA DE CAMPOS/J. L. MOTA DE CAMPOS, *Manual de Direito Comunitário*, 4.ª ed., Lisboa, Fundação Calouste Gulbenkian, 2004, p. 447 e segs., e M. GORJÃO-HENRIQUES, *Direito Comunitário*, Coimbra, Almedina, 2001, p. 274 e segs..

frase 3, do *Baugesetzbuch*[91]. A entidade responsável pela elaboração do plano ou programa deve solicitar parecer sobre o âmbito da avaliação ambiental e sobre o alcance da informação a incluir no relatório ambiental às entidades às quais, em virtude das suas responsabilidades ambientais específicas, possam interessar os efeitos ambientais resultantes da aplicação do plano ou programa – parecer esse que deve ser emitido no prazo de 20 dias (artigo 5.º, n.ºs 3 e 4).

A segunda etapa é constituída pela elaboração, a cargo da entidade responsável pelo plano ou programa, de um *relatório ambiental*. Este é, como salienta a doutrina germânica, o *elemento central* da avaliação ambiental[92]. No *relatório ambiental*, são *identificados, descritos* e *avaliados* os eventuais efeitos significativos no ambiente resultantes da aplicação do plano ou programa e as suas alternativas razoáveis que tenham em conta os objectivos e o âmbito de aplicação territorial respectivos (artigo 6.º, n.º 1, do Decreto-Lei n.º 232/2007)[93]. Do mesmo constam, atendendo à prévia definição do *âmbito* da avaliação ambiental, os seguintes elementos: uma descrição geral do conteúdo, dos principais objectivos do plano ou programa e das suas relações com outros planos e programas pertinentes; as características ambientais das zonas susceptíveis de serem significativamente afectadas, os aspectos pertinentes do estado actual do ambiente e a sua provável evolução se não for aplicado o plano ou programa; os problemas ambientais pertinentes para o plano ou programa, incluindo, em particular, os relacionados com todas as zonas de especial importância ambiental, designadamente as abrangidas pelo Decreto-Lei n.º 140/99, de 24 de Abril, na redacção conferida pelo Decreto-Lei n.º 49/2005, de 24 de Fevereiro;

---

[91] Cfr. HOPPE/BÖNKER/GROTEFELS, *Öffentliches Baurecht*, cit., p. 90.
[92] Cfr. U. BATTIS, in BATTIS/KRAUTZBERGER/LÖHR, *Baugesetzbuch Kommentar*, cit., § 2.º, p. 105.
[93] O § 2.º, alínea 4, frase 1, do *Baugesetzbuch* alemão tem uma formulação semelhante à norma portuguesa, ao preceituar que *"für die Belange des Umweltschutzes nach § 1 Abs. 6 Nr. 7 und § 1a wird eine Umweltprüfung durchgeführt, in der die voraussichtlichen erheblichen Umweltauswirkungen ermittelt werden und in einem Umweltbericht beschrieben und bewert werden"* (cfr. U. BATTIS, in BATTIS/KRAUTZBERGER/ /LÖHR, *Baugesetzbuch Kommentar*, cit., § 2.º, p. 98).

os objectivos de protecção ambiental estabelecidos a nível internacional, comunitário ou nacional que sejam pertinentes para o plano ou programa e a forma como estes objectivos e todas as outras considerações ambientais foram tomadas em consideração durante a sua preparação; os eventuais efeitos significativos no ambiente decorrentes da aplicação do plano ou do programa, incluindo os efeitos secundários, cumulativos, sinergéticos, de curto, médio e longo prazos, permanentes e temporários, positivos e negativos, considerando questões como a biodiversidade, a população, a saúde humana, a fauna, a flora, o solo, a água, a atmosfera, os factores climáticos, os bens materiais, o património cultural, incluindo o património arquitectónico e arqueológico, a paisagem e a inter-relação entre os factores supracitados; as medidas destinadas a prevenir, reduzir e, tanto quanto possível, eliminar quaisquer efeitos adversos significativos no ambiente resultantes da aplicação do plano ou programa; um resumo das razões que justificam as alternativas escolhidas e uma descrição do modo como se procedeu à avaliação, incluindo todas as dificuldades encontradas na recolha das informações necessárias; uma descrição das medidas de controlo previstas em conformidade com o disposto no artigo 11.º; e um resumo não técnico das informações anteriormente referidas.

Aspecto importante do alcance do *relatório ambiental* é o regulado no n.º 2 do artigo 6.º do Decreto-Lei n.º 232/2007 – preceito inspirado no artigo 5.º, n.º 2, da Directiva n.º 2001/42/CE. Nos termos daquele normativo, só é exigível que o relatório ambiental inclua as informações que sejam *razoavelmente* consideradas como *necessárias* para a realização da avaliação ambiental, tendo em conta os *conhecimentos* e *métodos* de *avaliação disponíveis*, o conteúdo e o nível de pormenor do plano ou do programa, a sua posição no procedimento de tomada de decisões e a medida em que determinadas questões sejam mais adequadamente avaliadas a níveis diferentes da hierarquia ou sistema em que o plano ou programa eventualmente se integre, por forma a evitar a duplicação da avaliação[94]. Ademais, as informações

---

[94] No direito alemão, encontramos uma regra semelhante, no § 2.º, alínea 4, frase 5, do *Baugesetzbuch*, destinada a impedir a duplicação da avaliação, consistente

pertinentes disponíveis sobre os efeitos ambientais dos planos e programas obtidas a outros níveis de tomada de decisão ou que resultem da aplicação de instrumentos legais podem ser utilizadas na elaboração do relatório ambiental (artigo 6.º, n.º 3).

A terceira etapa do procedimento da avaliação ambiental dos planos e programas é a da realização das *consultas* às entidades com responsabilidade ambientais específicas e a da *informação e participação do público*. Ambas as matérias são reguladas no artigo 7.º do Decreto-Lei n.º 232/2007. Quanto às primeiras, o n.º 1 deste preceito determina que, antes da aprovação do projecto de plano ou programa e do respectivo relatório ambiental, a entidade responsável pela sua elaboração promove a consulta das entidades às quais, em virtude das suas responsabilidades ambientais específicas, seja susceptível de interessar os efeitos ambientais resultantes da sua aplicação. Em função da natureza e complexidade do plano ou programa, a entidade responsável pela respectiva elaboração pode também consultar instituições ou especialistas de reconhecido mérito na actividade ou área objecto da consulta. A estas entidades são facultados os projectos de plano ou programa e o respectivo relatório ambiental, devendo as mesmas pronunciar-se sobre eles no prazo de 30 dias (artigo 7.º, n.ºs 2 e 3). Com o intuito de agilização das *consultas*, a lei prevê que, quando os meios disponíveis o permitam e a entidade que elabora o plano ou programa o determine, os pareceres possam ser emitidos em *conferência de serviços*, a qual pode decorrer por via electrónica. Os pareceres referidos são reduzidos a escrito em acta da conferência assinada por todos os presentes, ou documentados através de outro meio que ateste a posição assumida pelo representante da entidade consultada (artigo 7.º, n.ºs 4 e 5).

---

em que, se tiver sido efectuada uma avaliação ambiental para a área de um plano ou parte dela num plano que abranja uma área mais ampla, deverá a avaliação ambiental a realizar no procedimento de elaboração posterior de um plano urbanístico limitar-se à análise dos efeitos ambientais supervenientes ou relevantes. A mencionada regra é designada pela doutrina como *regra da estratificação* (*Abschichtungsregelung*). Cfr. U. BATTIS, in BATTIS/KRAUTZBERGER/LÖHR, *Baugesetzbuch Kommentar*, cit., § 2.º, p. 105, e HOPPE/BÖNKER/GROTEFELS, *Öffentliches Baurecht*, cit., p. 92.

No que respeita às segundas, o n.º 6 do artigo 7.º do diploma que estamos a analisar prescreve que o projecto de plano ou programa e o respectivo relatório ambiental são submetidos a *consulta pública*, por iniciativa da entidade responsável pela sua elaboração, tendo em vista a recolha de *observações* e *sugestões* formuladas por associações, organizações ou grupos não governamentais e pelos *interessados* que possam de algum modo ter interesse ou ser afectados pela sua aprovação ou pela futura aprovação de projectos por aquele enquadrados. A *consulta pública* e o respectivo prazo de duração, não inferior a 30 dias, são publicitados através de meios electrónicos de divulgação, nomeadamente publicação na página da *Internet* da entidade responsável pela elaboração do plano ou programa e da publicação de anúncios, em pelo menos duas edições sucessivas, de um jornal de circulação regional ou nacional, quando o âmbito do plano ou programa o justifique. Acresce que, durante o referido prazo de duração da *consulta pública*, o projecto de plano ou programa e o respectivo relatório ambiental *estão disponíveis ao público* nos locais indicados pela entidade responsável pela sua elaboração e nas câmaras municipais da área por eles abrangida, ou nas comissões de coordenação e desenvolvimento regional no caso de planos nacionais, podendo também utilizar-se meios electrónicos de divulgação (n.ºs 7 e 8 do artigo 7.º) [95].

Verifica-se, assim, que a avaliação ambiental de planos e programas participa não só do *princípio da prevenção*, mas também dos *princípios da informação e da participação do público*. Neste contexto, como se assinala no exórdio do Decreto-Lei n.º 232/2007, este diploma legal assegura também "a aplicação da Convenção de Aahrus, de 25 de Junho de 1998, aprovada para ratificação pela Resolução da Assem-

---

[95] Note-se, porém, que o prazo de 30 dias para a *consulta* às entidades com responsabilidades ambientais específicas e para a *consulta pública*, assinalado nos n.ºs 3 e 7 do artigo 7.º, pode ser encurtado, quando, por despacho conjunto do membro do Governo responsável pela área do ambiente e do membro do Governo competente em razão da matéria, se reconheça a existência de circunstâncias excepcionais que o justifique, devendo em todo o caso o prazo a fixar ser *adequado* à apresentação *efectiva* e *atempada* de observações sobre o plano ou programa (artigo 7.º, n.º 8).

bleia da República n.º 11/2003, de 25 de Fevereiro, e ratificada pelo Decreto do Presidente da República n.º 9/2003, de 25 de Fevereiro, e transposta para a ordem jurídica interna a Directiva n.º 2003/35/CE, do Parlamento Europeu e do Conselho, de 26 de Maio, que estabelece a participação do público na elaboração de certos planos e programas relativos ao ambiente. Para esse efeito, prevê-se a participação do público no procedimento de avaliação ambiental antes da decisão de aprovação dos planos e programas, tendo em vista a sensibilização do público para as questões ambientais no exercício do seu direito de cidadania, bem como a elaboração de uma declaração final, de conteúdo igualmente público, que relata o modo como as considerações finais foram espelhadas no plano ou programa objecto de aprovação".

As *consultas* e a *informação* e *participação* do *público* têm lugar num contexto *transfronteiriço*, sempre que o plano ou programa em elaboração seja susceptível de produzir efeitos significativos no ambiente de outro Estado membro da União Europeia ou sempre que um Estado membro da União Europeia susceptível de ser afectado significativamente o solicitar. O regime das "consultas transfronteiriças" está condensado no artigo 8.º do Decreto-Lei n.º 232/2007, na linha do artigo 7.º da Directiva n.º 2001/42/CE, bem como da Convenção d'Espoo, elaborada no quadro da Comissão Económica das Nações Unidas para a Europa, assinada em 1991, e do Protocolo à Convenção d'Espoo, assinado em Kiev, em 21 de Maio de 2003, relativo à avaliação ambiental estratégica num contexto transfronteiriço, o qual afirmou a sua importância na elaboração e aprovação de planos, programas e políticas como forma de reforçar a análise sistemática dos seus efeitos ambientais significativos. Nos termos do n.º 1 do artigo 8.º daquele diploma legal, sempre que se verifiquem os pressupostos acima referidos, deve a entidade responsável pela sua elaboração promover o envio do projecto do plano ou programa e do respectivo relatório ambiental às autoridades do Estado membro, através dos serviços competentes do Ministério dos Negócios Estrangeiros. No caso de o Estado membro da União Europeia pretender realizar consultas quanto aos eventuais efeitos ambientais transfronteiriços da aplicação do plano ou programa e às medidas propostas para minorar ou eliminar tais efeitos antes da sua aprovação, devem ser fixados, por comum acordo, as regras e o calendário que assegurem que as *entidades consultadas* e o *público* sejam *informados* e tenham possibilidade de apresentar as suas *observações* dentro de um prazo razoável fixado para o efeito (n.° 2 do artigo 8.°). É a Agência Portuguesa do Ambiente que tem a imcumbência de promover as necessárias consultas relativas aos planos e programas enviados ao Estado português por outros Estados membros da União Europeia, bem como, nos casos em que um plano ou programa elaborado por uma entidade portuguesa seja susceptível de produzir efeitos significativos no ambiente de outro Estado membro da União Europeia ou sempre que um Estado membro da União Europeia susceptível de ser afectado significativamente o solicitar, comunicar o teor das decisões finais tomadas e fornecer os elementos que integram a declaração *ambiental*, referidos no artigo 10.° (n.° 3 do artigo 8.°).

A quarta etapa é constituída pela *ponderação* na versão final do plano ou programa a aprovar do *relatório ambiental*, dos resultados das *consultas* às entidades com responsabilidades ambientais específicas e da *participação* do *público* e, sendo caso disso, das *consultas* e *participação* do *público* realizadas num contexto *transfronteiriço* (artigo 9.° do Decreto-Lei n.° 232/2007). Verifica-se, assim, que os referidos elementos que compõem a avaliação ambiental dos planos e programas devem ser incluídos na *justa ponderação* (*gerechte Abwägung*), por eles realizada, entre a multiplicidade e a complexidade de interesses conflituantes nos mesmos coenvolvidos. Esta *obrigação* de *ponderação* daqueles elementos da avaliação ambiental na elaboração da versão final do plano ou programa a aprovar, estabelecida pelo mencionado artigo 9.° do Decreto-Lei n.° 232/2007, no seguimento do artigo 8.° da Directiva n.° 2001/42/CE, coenvolve o *dever* de a *fundamentação* do plano ou programa incluir a indicação das implicações do interesse da protecção do ambiente no conteúdo do mesmo – fundamentação essa que expressa um "discurso justificativo" ou um "juízo justificativo" das previsões, indicações e determinações nele contidas, tendo como objectivo essencial esclarecer a motivação do mesmo e permitir a reconstituição do *iter* cognoscitivo que determinou o conteúdo do plano ou programa. Por outras palavras, a mencionada *obrigação de ponderação* leva ínsito o *dever* de aqueles elementos da avaliação ambiental constituírem uma *parte especial da fundamentação do plano* ou *programa*[96].

A referida obrigação de a *fundamentação* do plano ou programa abranger o modo como ele tomou em consideração os interesses ambientais está implícita no artigo 10.º do Decreto-Lei n.º 232/2007. Na verdade, se a *declaração ambiental* elaborada pela entidade responsável pelo plano ou programa deve incluir, *inter alia*, "a forma como as considerações ambientais e o relatório ambiental foram integrados no plano ou programa", bem como "as razões que fundaram a aprovação do plano ou programa à luz de outras alternativas razoáveis abordadas durante a sua elaboração", então, terá de entender-se que aquela entidade teve de, previamente, *fundamentar*, na perspectiva ambiental, as soluções nele consagradas.

A quinta etapa é integrada pela elaboração de uma *declaração ambiental*, após a aprovação do plano ou programa, a cargo da entidade responsável pelo mesmo, a qual deve ser enviada à Agência Portuguesa do Ambiente, juntamente com o plano ou programa aprovado, quando este não seja objecto de publicação em *Diário da República* [artigo 10.º, n.º 1, alínea a), do Decreto-Lei n.º 232/2007]. A *declaração ambiental* deve incluir os seguintes elementos: a forma como as considerações ambientais e o relatório ambiental foram integrados no plano ou programa; as observações apresentadas durante a consulta realizada nos termos do artigo 7.º e os resultados da respectiva ponderação, devendo ser justificado o não acolhimento dessas observações; os resultados das consultas realizadas nos termos do artigo 8.º; as razões que fundaram a aprovação do plano ou programa à luz de outras alternativas razoáveis abordadas durante a sua elaboração; e as medidas de controlo previstas em conformidade com o disposto no

---

[96] A expressão segundo a qual *"der Umweltbericht bildet einen gesonderten Teil der Begründung"* do plano urbanístico encontra-se no § 2.ºa, frase 3, do *Baugesetzbuch*. Cfr. U. BATTIS, in BATTIS/KRAUTZBERGER/LÖHR, *Baugesetzbuch Kommentar*, cit., § 2.ºa, p. 112-114, e HOPPE/BÖNKER/GROTEFELS, *Öffentliches Baurecht*, cit., p. 93-95.

artigo 11.º [artigo 10.º, n.º 1, alínea b)]. A *declaração ambiental*, bem como o plano ou programa aprovado, quando este não seja objecto de publicação em *Diário da República*, são disponibilizados ao público pela entidade responsável pela elaboração do plano ou programa, através da respectiva página da *Internet*, podendo ser igualmente disponibilizada na página da *Internet* da Agência Portuguesa do Ambiente (artigo 10.º, n.º 2).

A sexta etapa é constituída pela *avaliação* e *controlo* dos efeitos significativos da execução de planos e programas no ambiente, que integram a designada *monitorização* (*monitoring*), os quais, segundo cremos, ainda fazem parte do procedimento de avaliação ambiental dos planos e programas e, por isso, os incluimos nas etapas que o compõem, na linha da posição adoptada por uma boa parte da doutrina, e que suscita a nossa adesão, segundo a qual a *execução* e a *monitorização* são parte essencial do *próprio conceito* de plano e programa. Esta sexta etapa está prevista no artigo 11.º do Decreto-Lei n.º 232/2007. De acordo com o n.º 1 deste preceito, as entidades responsáveis pela elaboração dos planos e programas avaliam e controlam os efeitos significativos no ambiente decorrentes da respectiva aplicação e execução, verificando a adopção das medidas previstas na declaração ambiental, a fim de identificar atempadamente e corrigir os efeitos negativos imprevistos. Os resultados do controlo são divulgados pelas entidades responsáveis pela elaboração dos planos e programas através de meios electrónicos, actualizados com uma periodicidade mínima anual e remetidos à Agência Portuguesa do Ambiente (artigo 11.º, n.os 2 e 3)[97].

No que respeita aos procedimentos de avaliação ambiental dos instrumentos de gestão territorial, que, nos termos da Directiva n.º 2001/42/CE e do Decreto-Lei n.º 232/2007, a ela estão sujeitos, o RJIGT, na redacção do Decreto-Lei n.º 316/2007, de 19 de Setembro, *incorporou*, como se salienta no exórdio deste último diploma legal, "nos procedimentos de elaboração, acompanhamento,

---

[97] Sobre a problemática da *monitoring* no direito alemão, cfr. U. BATTIS, in BATTIS/KRAUTZBERGER/LÖHR, *Baugesetzbuch Kommentar*, cit., § 4.ºc, p. 143-146, e HOPPE/BÖNKER/GROTEFELS, *Öffentliches Baurecht*, cit., p. 92 e 93.

participação pública e aprovação dos instrumentos de gestão territorial a análise sistemática dos efeitos ambientais". Neste ponto, o legislador português seguiu as pistas traçadas pelo legislador alemão, que procedeu à integração da avaliação ambiental no procedimento de planificação urbanística (*die Integration der Umweltprüfung in das Bauleitplanverfahren*) [98-99].

Essa incorporação ocorreu por diferentes *vias*: a inclusão no *conteúdo documental* dos planos territoriais sujeitos a avaliação ambiental de um *relatório ambiental*, no qual se identificam, descrevem e avaliam os eventuais efeitos significativos no ambiente resultantes da aplicação do plano e as suas alternativas razoáveis que tenham em conta os objectivos e o âmbito de aplicação territorial respectivos [cfr. artigo 37.º, n.º 3, do RJIGT, quanto aos planos sectoriais; artigo 45.º, n.º 2, alínea b), relativamente aos planos especiais de ordenamento do território; artigo 54.º, n.º 3, no tocante aos planos regionais de ordenamento do território; artigo 63.º, n.º 3, quanto aos planos intermunicipais de ordenamento do território; artigo 86.º, n.º 2, alínea c), relativamente aos planos directores municipais; artigo 89.º, n.º 2, alínea b), no que concerne aos planos de urbanização; e artigo 92.º, n.º 2, alínea b), no que respeita aos planos de pormenor]; a integração na *comissão de acompanhamento* ou na *comissão consultiva*, conforme os casos, de elaboração dos planos das entidades às quais, em virtude das suas responsabilidades ambientais específicas, possam interessar os efeitos ambientais resultantes da aplicação do plano [100]; a inclusão do

---

[98] Cfr. HOPPE/BÖNKER/GROTEFELS, *Öffentliches Baurecht*, cit., p. 89.

[99] De modo semelhante, no direito italiano, o Decreto n.º 152/2006 – que, devido a uma prorrogação de prazo para a sua entrada em vigor, apenas começou a produzir efeitos no dia 31 de Janeiro de 2007 – prevê, no seu artigo 4.º, n.º 3, que a *avaliação ambiental estratégica* constitui, em relação aos planos e programas a ela sujeitos, parte integrante do procedimento ordinário de adopção e aprovação e, bem assim, que os actos de aprovação praticados sem a prévia avaliação ambiental estratégica, nos casos em que é exigida, são nulos. Cfr. N. ASSINI/P. MANTINI, *Manuale di Diritto Urbanistico*, cit., p. 1045.

[100] Como já referimos, o *acompanhamento* dos planos de urbanização e dos planos de pormenor é facultativo, não implicando a obrigação de constituição de qualquer organismo de acompanhamento (artigo 75.º-C do RJIGT).

relatório ambiental na *concertação* entre entidades públicas; a incidência da *informação* e *participação* do *público* sobre o *relatório ambiental*, bem como a submissão do mesmo a *discussão pública*, juntamente com a proposta do plano; a *ponderação* do *relatório ambiental*, bem como a *ponderação* (e *divulgação*) dos resultados da *discussão pública* na elaboração da versão final da proposta do plano [cfr. artigos 39.º e 40.º do RJIGT, quanto aos planos sectoriais; artigos 47.º e 48.º, relativamente aos planos especiais de ordenamento do território; artigos 56.º, 57.º e 58.º, no tocante aos planos regionais de ordenamento do território; artigo 65.º, quanto aos planos intermunicipais de ordenamento do território; artigos 75.º-A e 75.º-C, o primeiro relativo aos planos directores municipais e o segundo respeitante aos planos de urbanização e aos planos de pormenor; e artigos 75.º, 76.º, 77.º e 78.º, respeitantes àqueles três tipos de planos municipais de ordenamento do território]; o envio pela entidade competente pela elaboração do instrumento de gestão territorial sujeito a avaliação ambiental à Agência Portuguesa do Ambiente, após a sua publicação no *Diário da República*, da *declaração ambiental*, contendo os elementos acima referidos, a qual é disponibilizada ao público pela entidade responsável pela elaboração do plano através da respectiva página da *Internet*, podendo a mesma ser igualmente publicitada na página da *Internet* da Agência Portuguesa Ambiental (cfr. o artigo 151.º-A do RJIGT); e a inserção da *avaliação* e *controlo* dos efeitos significativos da execução dos planos territoriais no ambiente no sistema geral da *permanente avaliação* da adequação e concretização da disciplina consagrada nos mesmos (cfr. o artigo 144.º do RJIGT).

19.2.4. *Articulação do procedimento de avaliação ambiental de planos e programas com outros procedimentos*

O legislador preocupou-se em articular devidamente o procedimento de avaliação ambiental de planos e programas com outros procedimentos. É o que sucede com o procedimento de avaliação de impacte ambiental dos projectos públicos e privados susceptíveis de produzirem efeitos significativos no ambiente e com os procedimentos de elaboração, acompanhamento, participação pública e aprovação dos planos territoriais.

A articulação do procedimento de avaliação ambiental de planos e programas com o procedimento de avaliação de impacte ambiental dos projectos públicos e privados susceptíveis de produzirem efeitos significativos no ambiente é realçada no preâmbulo do Decreto-Lei n.º 232/2007, dizendo-se que essa articulação "visa conferir coerência e racionalidade ao sistema de avaliação da dimensão ambiental dos projectos, procurando evitar a desarmonia de avaliações". A disciplina dessa articulação está consubstanciada nos quatro números do artigo 13.º do Decreto-Lei n.º 232/2007 e comporta várias modalidades.

A primeira traduz-se em que os projectos sujeitos a avaliação de impacte ambiental nos termos do Decreto-Lei n.º 69/2000, de 3 de Maio, na redacção dada pelo Decreto-Lei n.º 197/2005, de 8 de Novembro, enquadrados, de forma detalhada, em plano ou programa, devem, sempre que possível, ser objecto de avaliação simultaneamente com a avaliação ambiental do respectivo plano ou programa. A segunda cifra-se na ponderação dos resultados da avaliação ambiental de plano ou programa realizada nos termos do Decreto-Lei n.º 232/2007 na definição de âmbito do estudo de impacte ambiental do projecto que esteja previsto de forma suficientemente detalhada nesse mesmo plano ou programa, quando à mesma houver lugar.

A terceira manifesta-se na possibilidade de o estudo de impacte ambiental apresentado pelo proponente no âmbito de procedimento de avaliação de impacte ambiental de projecto previsto de forma suficientemente detalhada em plano ou programa submetido a avaliação ambiental nos termos do Decreto-Lei n.º 232/2007 ser instruído com os elementos constantes do *relatório ambiental* ou da *declaração ambiental* que sejam adequados e se mantenham actuais. E a quarta tem expressão na ponderação pela decisão final de um procedimento de avaliação de impacte ambiental relativo a um projecto que esteja previsto de forma suficientemente detalhada em plano ou programa submetido a procedimento de avaliação ambiental nos termos do Decreto-Lei n.º 232/2007 dos resultados desta avaliação, podendo remeter para o seu conteúdo e conclusões e fundamentar a eventual divergência com os mesmos (artigo 13.º, n.ºs 1, 2, 3 e 4).

Por sua vez, a articulação do procedimento de avaliação ambiental de planos e programas com os procedimentos de elaboração, acompanhamento, participação pública e aprovação dos planos territoriais é feita, como tivemos ensejo de sublinhar, pela via da *incorporação* dos procedimentos de avaliação ambiental nos procedimentos de elaboração, acompanhamento, participação e aprovação daqueles planos, pretendendo-se com a mesma prosseguir "objectivos de simplificação procedimental e de maior eficiência da acção administrativa" (cfr. o exórdio do Decreto-Lei n.º 232/2007). Essa *incorporação* foi operada, como já dissemos, pelo RJIGT, na versão do Decreto-Lei n.º 316/2007, de 19 de Setembro, através das *vias* esquematicamente enunciadas um pouco mais acima.

19.2.5. *Avaliação ambiental de planos e programas e os princípios da "boa governação"*

A expressão *"good governance"*, em inglês, *"bonne gouvernance"*, em francês, e *"buena gobernanza"*, em castelhano, traduz um novo conceito que tem sido profusamente utilizado pelas organizações económicas internacionais (o Banco Mundial, o FMI, etc.), em textos da União Europeia (por exemplo, o Livro Branco da Comissão de 2001 e o artigo I-50.º do Projecto de Constituição Europeia[101]) e em vários textos de direito internacional (por exemplo, a Convenção de Aahrus). Seja qual for a tradução mais adequada daquela expressão – e nós propendemos a entender que deve evitar-se o recurso a neologismos e traduzir aquela locução por "boa governação"[102] –,

---

[101] Referia este preceito que, "a fim de promover a boa governação e assegurar a participação da sociedade civil, a actuação das instituições, órgãos e organismos da União pauta-se pelo maior respeito possível pelo princípio da abertura".

[102] Sobre a problemática da tradução mais adequada daquelas expressões, rejeitando as locuções "boa governação" e "boa governança" e optando pelo termo

a mesma pretende significar um novo conceito de "governação", pautado por vários princípios, entre os quais, o da *transparência* (o qual tem a ver com a publicidade, a visibilidade ou o carácter público da actuação dos órgãos políticos e administrativos), o da *coerência* (cujo sentido é o de que as políticas devem ser contínuas e consequentes, de modo a aumentar a sua qualidade e a sua compreensibilidade e, em face disso, a sua legitimação), o da *abertura* (cujo significado é o de que os órgãos políticos e administrativos devem procurar soluções menos unilaterais e mais dialogadas, menos autoritárias e mais negociadas, menos impostas e mais participadas), o da *eficácia* (o qual significa que as políticas devem dar resposta às necessidades com base em objectivos claros, na avaliação do seu impacto futuro e, quando possível, na experiência anterior e ser aplicadas de forma proporcionada aos objectivos prosseguidos e, bem assim, que as decisões devem ser adoptadas ao nível mais adequado) e o da *democracia participativa* (cujo sentido é o de que deve ser reconhecida aos cidadãos e às associações representativas a possibilidade de expressarem e partilharem publicamente os seus pontos de vista sobre os vários domínios da governação, devendo as instituições políticas e administrativas estabelecer um diálogo aberto, transparente e regular com as associações representativas e com a sociedade civil)[103].

"governância", para significar uma ideia nova, que "pretende ser uma nova resposta para novas preocupações, uma solução diferente para problemas especiais", cfr. M. ALEXANDRA ARAGÃO, *A Governância na Constituição Europeia: Uma Oportunidade Perdida?*, in Colóquio Ibérico: Constituição Europeia, Homenagem ao Doutor Francisco Lucas Pires, BFDUC, *Studia Yuridica* 84, *Ad Honorem* – 2/ *Colloquia* – 14, Coimbra, Coimbra Editora, 2005, p. 105-107.

[103] A propósito da consagração destes princípios no Projecto de Constituição Europeia, cfr. M. ALEXANDRA ARAGÃO, *A Governância na Constituição Europeia: Uma Oportunidade Perdida?*, cit., p. 115 e segs..

Sublinhe-se que os princípios da *abertura, transparência, coerência e democracia participativa* foram expressamente consagrados nos artigos 8.º-A, n.º 3, e 8.º-B, n.ºs 1, 2, 3 e 4, do Tratado da União Europeia, na sequência das alterações introduzidas pelo *Tratado de Lisboa,* assinado em Lisboa em 13 de Dezembro de 2007 – preceitos esses que passaram a integrar o Título II, com a epígrafe *"Disposições Relativas aos Princípios Democráticos".*

Ora, o regime da avaliação ambiental de planos e programas constitui, como vimos, um cadinho, no qual se misturam alguns dos princípios mencionados da "boa governação". Assim sucede com os princípios da *transparência* e da *democracia participativa*, os quais estão bem presentes, como foi vincado, na *publicidade*, na *informação* e na *participação do público* no procedimento de avaliação ambiental de planos e programas[104]. O mesmo se diga do *princípio da eficácia* das medidas de protecção do ambiente, que constitui, pode dizer-se, a *ratio essendi* da avaliação ambiental de planos e programas.

Todavia, em contradição com o que vem de ser referido, a avaliação ambiental de planos e programas colide com dois princípios caracterizadores da "boa governação". Referimo-nos aos princípios da *simplificação dos procedimentos* e da *redução das despesas públicas*[105]. Quanto ao primeiro, é indubitável que a avaliação ambiental de planos e programas torna os procedimentos de planificação mais longos e complexos e cria o risco de aumento do contencioso e, por isso, de agravamento da insegurança jurídica (e isto é assim, não obstante os esforços desenvolvidos pelo legislador para articular devidamente o procedimento de avaliação ambiental de planos e programas com o procedimento de avaliação de impacte ambiental dos projectos públicos e privados susceptíveis de produzirem efeitos significativos no ambiente e com os procedimentos de elaboração, acompanhamento, participação pública e aprovação dos planos territoriais).

Quanto ao segundo, é seguro que a avaliação ambiental de planos e programas implica o aumento das despesas públicas. Com efeito, enquanto a avaliação de impacte ambiental dos projectos susceptíveis de produzirem efeitos significativos no ambiente é da responsabilidade da entidade que requer o licenciamento ou a autorização do projecto, o que significa que, frequentes vezes, é financiada por investidores privados, o custo da avaliação ambiental de planos e programas é suportado apenas pelas entidades públicas,

---

[104] Cfr. Y. JÉGOUZO, *ob. cit.*, p. 320 e 321.
[105] Cfr. Y. JÉGOUZO, *ob. cit.*, p. 323-325.

uma vez que ela apenas é exigida para os planos e programas elaborados e aprovados por pessoas colectivas públicas[106]. A questão do aumento das despesas públicas originado pela avaliação ambiental de planos e programas apresenta uma particular acuidade para os municípios, que terão de suportar os custos decorrentes da avaliação ambiental dos planos territoriais por eles elaborados e aprovados, sem que tenha havido qualquer *compensação financeira* por parte do Estado[107].

Cremos, no entanto, que a constatação de que a avaliação ambiental de planos e programas se posiciona em contra-corrente dos princípios da *simplificação dos procedimentos* e da *redução das despesas públicas* não retira qualquer mérito àquele instituto. Com efeito, um tal facto constitui o preço a pagar pela prossecução de *dois objectivos cimeiros* dos Estados contemporâneos: *a preservação, a protecção e a melhoria da qualidade do ambiente e a promoção de um desenvolvimento sustentável.*

---

[106] Assinale-se, no entanto, que a questão dos custos não deve ser abordada de um modo puramente mecânico, tomando em consideração unicamente os custos emergentes da avaliação ambiental de planos e programas. Devem, antes, ser colocadas no outro prato da balança as economias, é certo menos palpáveis, realizadas a longo prazo pelos procedimentos que asseguram um melhor ajustamento dos planos e programas (e também dos projectos públicos e privados) às exigências do ambiente.

[107] Pensamos que o Estado tem a obrigação de *compensar* os municípios pelo *acréscimo* das suas despesas decorrente da avaliação ambiental dos planos da sua competência, uma vez que a protecção do ambiente constitui, como vimos, por força da Constituição, uma *tarefa fundamental* do Estado, sendo uma incumbência que lhe cabe primordialmente [embora não exclusivamente, dado que outros entes públicos, designadamente os municípios, também partilham dessa incumbência, como resulta, desde logo, do artigo 3.º, n.º 1, alínea *l*), da Lei n.º 159//99, de 14 de Setembro, que estabelece o quadro de transferência de atribuições do Estado para as autarquias locais], lançando mão das vias admitidas pela Lei das Finanças Locais (Lei n.º 2/2007, de 15 de Janeiro). Cfr., sobre este tema, J. CASALTA NABAIS, *A Autonomia Financeira das Autarquias Locais*, in BFDUC, N.º 82 (2006), p. 15-63.

19.3. *A participação dos interessados na elaboração dos planos*

19.3.1. *Os problemas gerais da participação dos interessados no procedimento de elaboração dos planos*

Como acentuámos anteriormente, todos os interessados têm direito de participar no procedimento de formação dos planos territoriais, sendo um tal direito garantido pelo artigo 65.º, n.º 5, da Constituição.

A problemática da *participação* dos interessados na elaboração dos planos não pode ser desligada do fenómeno da expansão do movimento participativo, que, nas últimas décadas, inundou múltiplos sectores da organização e da actividade administrativas.

O *fundamento* da expansão deste movimento participativo deve ir buscar-se à superação do modelo administrativo clássico, autoritário, centralizado e burocrático próprio da ideologia liberal e da concepção individualista do Estado, cuja forma de acção típica era a decisão unilateral, autoritária, susceptível de ser imposta aos particulares se necessário pela força. Como já tivemos ocasião de referir, no século XX, sobretudo no período posterior à 2.ª Grande Guerra, a Administração Pública abandonou a filosofia liberal e passou a prosseguir vários fins de natureza económica e social e a servir de motor de transformações económicas e sociais. Além disso, como escreve A. BARBOSA DE MELO, "a Sociedade dos Indivíduos foi suplantada por uma Sociedade de Grupos ou de organizações de interesses, não só numerosas e variadas, mas também suficientemente fortes para que sejam consideradas elementos relevantes do mundo administrativo actual"[108].

Neste novo contexto, compreende-se que o modo típico de actuação da Administração correspondente ao modelo administrativo clássico começasse a revelar-se inadequado, mormente no domínio da intervenção económica e social da Administração Pública. Sobretudo nestes sectores, a Administração burocrática sentiu dificuldades inultrapassáveis para tomar as decisões mais correctas. O recurso à *coo-*

---

[108] Cfr. A. BARBOSA DE MELO, *Introdução às Formas de Concertação Social*, cit., p. 26 e 27.

peração ou à *colaboração* dos administrados para a formulação de muitas decisões administrativas tornou-se indispensável. Com a *participação* dos particulares são preenchidos vários *objectivos*: resolvem-se os problemas da falta de conhecimentos e de experiência da Administração Pública indispensáveis à escolha das soluções mais adequadas, sobretudo no domínio das relações económicas[109]; contribui-se para o aumento da eficiência da Administração, já que as medidas adoptadas contam com a boa vontade e o espírito de colaboração dos particulares[110]; restabelece-se o contacto directo entre a Administração e os administrados, que funciona como meio de impedir a despersonalização e de evitar os desvios burocráticos da função administrativa[111]; finalmente, aprofunda-se a realização do espírito democrático, que exige não só uma participação episódica na vida política, através da designação dos governantes, mas também uma associação activa dos cidadãos à condução da Administração.

Se a participação dos interessados no procedimento de elaboração dos planos urbanísticos não pode deixar de encontrar também a sua justificação no apontado *fundamento geral* da participação dos cidadãos na organização e actividade da Administração Pública, o certo é que existe um *fundamento específico* que reclama a existência de formas adequadas de participação dos interessados nos procedimentos de planificação territorial: consiste ele na necessidade de *compensar* a amplitude do poder discricionário que caracteriza a actividade de planificação com uma exigente e aprofundada participação dos interessados[112].

---

[109] Cfr. A. BARBOSA DE MELO, *Introdução*, cit., p. 29.

[110] Cfr. J. BAPTISTA MACHADO, *Participação e Descentralização, Democratização e Neutralidade na Constituição de 76*, Coimbra, Almedina, 1982, p. 37. A doutrina alemã designa esta garantia da execução das decisões administrativas, através da concordância de um círculo o mais alargado possível de pessoas, como *função de integração da participação (Integrationsfunktion der Partizipation)*. Cfr. U. BATTIS, *Partizipation im Städtebaurecht*, Berlin, Duncker & Humblot, 1976, p. 44.

[111] Cfr. J. BAPTISTA MACHADO, *ob. cit.*, p. 39 e 39.

[112] Cfr. S. COGNETTI, *La Tutela delle Situazioni Soggettive tra Procedimento e Processo (Le Esperienze di Pianificazione Urbanistica in Italia e in Germania)*, Perugia, Edizione Scientifiche Italiane, 1987, p. 17 e 21.

De facto, as normas jurídicas que disciplinam a planificação urbanística contêm apenas os princípios fundamentais dos planos, os seus objectivos, as regras respeitantes ao procedimento da sua elaboração e aprovação. Como escreve M. KRAUTZBERGER, as normas legislativas programam o plano urbanístico através de princípios fundamentais de planificação, de regras de organização e de regras de procedimento, mas não contêm a programação do *conteúdo* do plano[113]. A doutrina alemã refere que a matéria respeitante ao conteúdo do plano, designadamente a questão de saber *quais* as utilizações admissíveis do espaço, *onde e quando*, bem como as que são proibidas, é deixada à *liberdade de conformação da planificação (planerische Gestaltungsfreiheit)* ou à *discricionaridade de planificação (Planungsermessen)*[114].

A moderna literatura jurídica alemã salienta que a lei não *programa condicionalmente* a planificação urbanística (de acordo com o esquema "Se A, então B"), mas apenas *finalmente (Finalprogramme)*, no sentido de que a lei indica apenas os fins ou os objectivos da planificação na forma de *directivas (Richtpunkten)*, remetendo a escolha dos meios e do momento mais adequados para atingir os referidos fins ou objectivos para a própria Administração[115]. A actividade de planificação apresenta-se, deste modo, como uma actividade administrativa de natureza criativa, isto é, como um sector onde é inconcebível a ideia de uma Administração na veste de mera executora das normas jurídicas.

A principal característica dos procedimentos de planificação urbanística consiste, como já tivemos a oportunidade de observar, na vastidão e na complexidade do cenário dos interesses neles coenvolvidos[116]. Isto comporta o exercício de um poder discricionário, cujo grau e espessura são directamente proporcionais à variedade das al-

---

[113] Cfr. M. KRAUTZBERGER, in BATTIS/KRAUTZBERGER/LÖHR, *Baugesetzbuch*, cit., § 1.°, p. 58 e 59.

[114] Cfr. W. ERNEST/W. HOPPE, *ob. cit.*, p. 169.

[115] Cfr. M. KRAUTZBERGER, *ob. e loc. cits.*; e W. BROHM, *ob. cit.*, p. 187-190.

[116] A variedade e a multiplicidade dos interesses coenvolvidos no domínio do urbanismo em geral são especialmente salientadas por Y. TANGUY. Cfr. *Le Règlement des Conflits en Matière d'Urbanisme*, Paris, L. G. D. J., 1978, p. 31 e segs..

ternativas que se apresentam ao planificador, tanto na selecção dos interesses, como na composição sucessiva dos mesmos no processo de determinação das escolhas. A esta extensão da discricionaridade da planificação urbanística deve corresponder uma disciplina rigorosa do procedimento administrativo. A este propósito, escreve M. S. GIANNINI que, "quanto mais a rede dos interesses for complexa, tanto mais o legislador deverá cuidar em urdir as fases do procedimento, de modo a permitir uma avaliação consciente dos interesses abrangidos"[117]. Por seu lado, SCHMITT GLAESER refere que, "quanto mais aumenta a variedade das alternativas de escolha, em presença das circunstâncias complexas, e quantas mais são as interdependências, tanto menos é admissível uma composição dos conflitos através de soluções intuitivas imediatas"[118].

A doutrina salienta, ainda, que, "quanto mais a Administração tende a subtrair-se ao domínio da lei", não se apresentando como mera executora da mesma, mas antes dotada de um poder *criativo* e *conformador* do direito, tanto mais necessária se torna a participação do cidadão, na dupla perspectiva (subjectiva e objectiva), com a função de "compensar" um poder discricionário que, em alguns sectores, como o da planificação urbanística, atinge uma extensão considerável[119]. Reconhece-se, de facto, que a subordinação da actividade planificatória a um procedimento administrativo, no qual seja reconhecido ao particular o direito de apresentar e de fazer valer as suas próprias razões e os seus próprios interesses, em contraditório com os outros particulares e com os representantes da comunidade e dos vários interesses colectivos, e a consequente obrigação imposta à Administração de levar em consideração, nas opções que vier a tomar

---

[117] Cfr. *Diritto Amministrativo*, Vol. II, 3.ª ed., Milano, Giuffrè, 1993, p. 160.

[118] Cfr. *Die Position der Bürger als Beteiligte im Entscheidungsverfahren gestaltender Verwaltung*, in LERCHE/SCHMITT GLAESER/SCHMIDT-ASSMANN, *Verfahren als staats – und verwaltungsrechtliche Kategorie*, Heidelberg, 1984, p. 38.

[119] Cfr. S. COGNETTI, *ob. cit.*, p. 55. Para uma análise da amplitude dos poderes discricionários atribuídos aos órgãos dotados de competência planificatória, cfr. L. MAROTTA, *Pianificazione Urbanistica e Discrezionalità Amministrativa*, Padova, Cedam, 1998, p. 17 e segs..

no domínio do conteúdo do plano, as "sugestões" e "observações" dos cidadãos, através de uma *motivação* suficientemente pormenorizada, constituem limites apreciáveis à liberdade de conformação da Administração[120].

Esclarecida, ao que supomos, a questão do *fundamento* da participação dos interessados no procedimento de formação dos planos territoriais, vejamos, agora, quem são os *titulares do direito* de participação, quais as *formas* que esta reveste, quais os *níveis de intensidade* da participação, quais os *momentos*, no contexto do procedimento de elaboração dos planos, em que ela tem lugar e quais os *mecanismos de garantia* da eficácia da participação.

No que concerne aos titulares do direito de participação no procedimento de elaboração dos planos, o n.º 5 do artigo 65.º da Lei Fundamental pretende abarcar um *círculo muito amplo*, abrangendo não apenas os proprietários ou os titulares de outros direitos reais que incidam sobre um imóvel situado no âmbito espacial de aplicação do plano, mas também aqueles que sejam portadores de um interesse económico ou ideal ou sejam simplesmente "cidadãos" preocupados com um correcto planeamento urbanístico e com a melhoria da qualidade de vida do aglomerado onde habitam[121].

No tocante às formas de participação, o perímetro de protecção do mencionado preceito constitucional abarca a participação *uti singuli* e *uti cives* ou, noutros termos, a participação *subjectiva* (a que tem como finalidade tutelar os direitos e os interesses legalmente protegidos dos particulares) e *objectiva* (a que tem como fim levar ao conhe-

---

[120] Cfr. S. COGNETTI, *ob. cit.*, p. 56.
[121] Cfr. J. KIRCHMEIER, *Rechtliches Gehör in der Bauleitpanung*, in Festschrift für Konrad Gelzer zum 75. Geburtstag, Werner-Verlag, Düsseldorf, 1991, p. 78, GRABIS/KAUTHER/RABE/STEINFORT, *Bau-und Planungsrecht*, 3. Aufl., Köln, Kohlhammer, 1992, p. 67 e 68; U. BATTIS, *Öffentliches Baurecht und Raumordnungsrecht*, cit., p. 86-88; W. ERNST/W. HOPPE, *ob. cit.*, p. 196 e 197; N. ASSINI/P. MANTINI, *Aspetti Evolutivi e Tendenza del Diritto Urbanistico*, in RGE, Ano XXXIII (1990), II, p. 266, 267 e 270-273; H. JACQUOT/F. PRIET, *ob. cit.*, p. 80-84; e J. M. LOBATO GÓMEZ, *La Participación Privada en la Formación de Planes de Ordenación Urbana*, cit., p. 49 e segs..

cimento da Administração todos os factos, interesses e circunstâncias objectivamente relevantes para a elaboração do plano).

Na segunda, o particular na sua actividade participativa no procedimento de formação das escolhas administrativas desempenha um papel cívico, de alguém que oferece à Administração um contributo de conhecimentos e de ideias sobre questões que dizem respeito ao seu próprio *status* de membro da colectividade, não aparecendo como titular de qualquer interesse qualificado. Na primeira, o administrado exerce uma função pessoal, de alguém que recebe da Administração consideração e cura para os seus bens individuais e tem como objectivo tutelar os seus interesses particulares. De acordo com as palavras de S. COGNETTI, a referida distinção mexe com a própria definição do fenómeno jurídico da participação no procedimento administrativo e expressa a contraposição entre a concepção objectiva de uma oferta de colaboração do cidadão e a subjectiva de uma pretensão de tutela do particular [122].

Uma parte da doutrina perspectiva a participação com base num conflito entre os elementos "objectivo" e subjectivo", que apenas poderá ser resolvido com o predomínio de um sobre o outro. Nesta ordem de ideias, alguns autores sublinham no fenómeno participativo a exigência objectiva de uma determinação consciente dos factos, interesses e circunstâncias objectivamente relevantes e definem-no como "um meio fundamental de conhecimento a favor da Administração". Outros, ao contrário, dão especial realce à exigência subjectiva de uma tutela eficaz do particular no procedimento e concebem a participação como "um meio fundamental de garantia a favor do particular" [123]. Mais recentemente, porém, vem-se afirmando progressivamente uma terceira concepção, que propõe uma mediação ou uma superação da contraposição entre as duas precedentes. Esta terceira *via* é representada pela doutrina que considera os elementos *objectivo* e *subjectivo* da participação como "estreitamente relacionados entre si" e que "não são de facto tão diferentes um do outro como

---

[122] Cfr. *ob. cit.*, p. 50.
[123] Cfr. S. COGNETTI, *ob. cit.*, p. 51.

normalmente parece". A referida doutrina observa, a propósito, que a função de contribuir para uma recolha completa de informações e, portanto, de esclarecer (ou de racionalizar) "os pressupostos em que se desenvolverá a acção administrativa" integra igualmente a função de tutela de todos os interesses (públicos e privados) merecedores de consideração objectiva [124].

Esta última posição doutrinária é, sem sombra de dúvidas, a mais correcta. De facto, como escreve S. COGNETTI, em qualquer tipo de procedimento administrativo, a *oferta de colaboração* – que tem como objectivo uma recolha mais completa de informações – traduz-se numa tutela mais cuidada dos interesses (incluindo os individuais) que, num contexto instrutório mais completo, poderão aparecer com maior evidência e ser, portanto, garantidos mais adequadamente. Em sentido inverso, a exigência de tutela traduz-se também num contributo para uma recolha mais completa de informações, estando, por isso, na base de uma determinação mais consciente dos factos e circunstâncias objectivamente relevantes [125]. Fala-se, portanto, numa *integração* entre a colaboração (a favor da Administração) e a tutela (a favor do interessado), que assume um significado particular nos procedimentos administrativos de maior complexidade, como o da planificação urbanística, onde a actividade administrativa apresenta um elevado grau de discricionariedade, devido à vastidão e à indeterminação dos interesses envolvidos, bem como à multiplicidade das alternativas decisórias [126].

Ainda no que respeita às *formas* de participação, pode falar-se numa participação *individual* e *colectiva* (conforme seja levada a cabo pelo administrado entendido singularmente ou pelos grupos ou estruturas sociais organizadas) e numa participação *directa* e *indirecta* (ou seja, a que é realizada pelos indivíduos interessados e a que é exercida pelos delegados ou representantes dos grupos sociais organizados) [127].

---

[124] Cfr. S. COGNETTI, *ob. cit.*, p. 53 e 54.
[125] Cfr. *ob. cit.*, p. 54.
[126] Cfr. S. COGNETTI, *ob. e loc. cits.*.
[127] Para mais desenvolvimentos, cfr. nossa obra *O Plano Urbanístico*, cit., p. 255 e 256, e a bibliografia aí citada.

Quanto ao grau de *intensidade* ou de *profundidade* da participação, a norma constitucional engloba a *participação-audição* ou *participação-auscultação* e a *participação-negociação* ou *concertação*.

A *participação-audição* ou a *participação-auscultação* caracteriza-se pela ideia de que a Administração antes de tomar decisões unilaterais deve *ouvir* e *consultar os* administrados. Esta *audição* ou *auscultação* dos particulares expressa-se na apresentação de pareceres, de observações e de sugestões relativamente a uma decisão administrativa em formação. Um mecanismo típico da "participação-audição" é o da *representação dos interesses,* frequentemente utilizado em diversos sectores da administração e em especial no campo da administração económica. Consiste em ouvir, episódica ou permanentemente, "les gens du métier", com o objectivo de obter as informações necessárias à correcção das decisões e de criar um clima propício ao acolhimento das medidas autoritárias junto dos seus destinatários[128]. A técnica da *representação dos interesses* traduz-se, frequentes vezes, na presença, em órgãos consultivos ou de gestão, de representantes das categorias profissionais ou sociais interessadas, ao lado dos representantes da Administração Pública.

A *participação-negociação* ou *concertação*, vulgarmente conhecida por *administração concertada*, distingue-se facilmente da anterior. Trata-se de um novo "estilo de administração"[129], que está na moda por toda a Europa, e que se traduz "num método de troca de pontos de vista e de negociação entre a Administração e os administrados interessados, com vista a tentar discernir em comum uma linha de conduta"[130]. Sector privilegiado da aplicação deste modo de actuação "*de concert*" da Administração é o da planificação territorial e económico-social.

A "administração concertada" vai muito mais além do que a simples *representação de interesses* na associação dos particulares ao exer-

---

[128] Cfr. A. BARBOSA DE MELO, *Introdução*, cit., p. 29; e A. DE LAUBADÈRE/ /P. DEVOLVÉ, *ob. cit.*, p. 54 e 298-304.

[129] Cfr. A. DE LAUBADÈRE/P. DEVOLVÉ, *ob. cit.*, p. 53.

[130] Cfr. A. DE LAUBADÈRE/P. DEVOLVÉ, *ob. e loc. cits.*

cício da função administrativa. Na verdade, não se satisfaz em permitir às *"gens du métier"* fazer ouvir a sua voz, antes procura, de um modo mais permanente e profundo, por um trabalho colectivo, uma elaboração comum dos objectivos e dos meios. O novo "estilo de administração" caracteriza-se também por uma troca recíproca de informações entre a Administração e os particulares, com manifestas vantagens para uma e outros. Finalmente, a "participação-negociação" não se limita à concepção conjunta dos objectivos e à elaboração dos meios, procura também estender-se à própria execução das decisões administrativas. Nas palavras certeiras de BARBOSA DE MELO, "momento marcante e decisivo da Administração concertada vem a ser, no fim de contas, a *negociação ou ajuste* entre a autoridade pública e os particulares, em virtude do interesse na descoberta de uma solução reciprocamente aceitável para um problema comum"[131].

Importa, porém, observar que a *participação-negociação* não implica forçosamente uma transformação do modelo clássico de actuação da Administração, ou seja, a substituição do *acto administrativo unilateral* pelo *contrato administrativo*[132]. Com efeito, "a administração

---

[131] Cfr. *Introdução*, cit., p. 32. Cfr. do mesmo autor *As Garantias Administrativas na Dinamarca e o Princípio do Arquivo Aberto (Relatório)*, Separata do Vol. 57 (1981) do BFDUC, Coimbra, 1983, p. 15. O artigo 92.º da Constituição instituiu um órgão específico de "consulta e de concertação" no domínio das políticas económica e social, a que deu o nome de *Conselho Económico e Social*. Para além de outras funções que lhe sejam atribuídas por lei, participa na elaboração das propostas das grandes opções e dos planos de desenvolvimento económico e social. A sua composição é definida por lei, mas dele deverão fazer parte, designadamente, representantes do Governo, das organizações representativas dos trabalhadores, das actividades económicas e das famílias, das regiões autónomas e das autarquias locais (cfr. a Lei n.º 108/91, de 17 de Agosto, alterada pelas Leis n.ºs 80/98, de 24 de Novembro, 128/99 de 20 de Agosto, 12/2003, de 20 de Maio, e 37/2004, de 13 de Agosto).

[132] O contrato administrativo distingue-se estruturalmente do acto administrativo, mesmo daquele que depende da colaboração do administrado. Como refere J. M. SÉRVULO CORREIA, "se, no plano estrutural, a manifestação de vontade do particular surge como requisito de existência, está-se perante um contrato. Pelo contrário, o acto será unilateral quando aquela manifestação só constituir um requisito de legalidade (actos dependentes de requerimento) ou de eficácia (actos

concertada" tanto pode desembocar numa *decisão unilateral*, como numa *administração contratual*. O *quid specificum* da "administração concertada" está no processo dinâmico, bilateral e iterativo da negociação, não no acto jurídico que dele brota. Na expressiva formulação de BARBOSA DE MELO, "na concertação administrativa releva, em rigor, não o *conteúdo* da decisão ou os seus efeitos jurídicos, mas o modo ou o processo de formação dela. Falar em concertação é falar no *agere* ou *negotium*, não é falar no *actus* ou *instrumentum*"[133].

Como veremos um pouco mais adiante, da *participação-negociação* pode resultar, em certos termos, a celebração de *contratos urbanísticos* entre a Administração e os particulares no procedimento de elaboração dos planos.

Relativamente aos *momentos* da participação, o artigo 65.º, n.º 5, da Constituição impõe uma participação que tenha lugar *logo após a divulgação* da decisão ou deliberação de elaboração do plano, ou, pelo menos, *durante a elaboração da proposta do plano* – modalidade participativa inspirada no instituto do direito alemão da "participação preventiva dos cidadãos" (*vorgezogene Bürgerbeteiligung*) ou da "participação tempestiva dos cidadãos" (*frühzeitige Bürgerbeteiligung*) –, bem como uma participação que verse sobre a *proposta do plano*, por via de regra, no período de *discussão pública* da mesma – participação esta que, na esteira da doutrina alemã, podemos apelidar de "participação sucessiva ou formal" (*förmliche Bürgerbeteiligung*)[134].

---

sujeitos a consentimento) da definição da situação jurídico-administrativa". "No contrato, as vontades são iguais como requisito de existência. No acto administrativo, são desiguais porque o poder constitutivo apenas assiste à vontade da Administração, enquanto que à do administrado cabe uma mera virtualidade integrativa da vontade constitutiva da Administração". Cfr. *Legalidade e Autonomia Contratual*, cit., p. 350.

[133] Cfr. *Introdução*, cit., p. 33.

[134] Sobre os institutos de "participação preventiva e sucessiva" dos cidadãos no direito alemão, consagrados no § 3.º da *Baugesetzbuch*, cfr., *inter alia*, a nossa obra *O Plano Urbanístico*, cit., p. 263 e 264, notas 165 e 166; U. BATTIS, *Öffentliches Baurecht und Raumordnungsrecht*, cit., p. 86-88; KOCH/HENDLER, *Baurecht, Raumordmungs-und Landesplanungsrecht*, 2. Aufl., Stuttgart, Boorberg, 1995, p. 176-180; K. FINKELNBURG/K.-M. ORTLOFF, *Öffentliches Baurecht*, Vol. I, 2. Aufl., München,

A introdução da "participação preventiva" no procedimento de elaboração dos planos é de grande importância, já que ela é mais eficaz do que a "participação sucessiva". A experiência ensina que qualquer modificação ao projecto final do plano implica uma série de repercussões que a Administração não tem certamente interesse em aceitar, para não ter de pôr em causa outras opções que, uma vez alteradas, originariam a modificação de outras e, assim sucessivamente, segundo um processo que se arrastaria durante muito tempo. Estas afirmações levam a supor que a Administração, na presença de um projecto de plano já adoptado, seja induzida a mostrar-se insensível perante as propostas apresentadas pelos particulares e a assumir perante os participantes uma postura de defesa e de enquistamento.

Esta ideia de que a participação dos interessados que incide sobre uma proposta ou um projecto acabado de um plano é pouco eficaz é também expressa por H. JACQUOT/F. PRIET, quando afirmam que o "inquérito público" tem lugar muitas vezes demasiado tarde no procedimento de planeamento, numa ocasião em que é difícil pôr em causa as escolhas iniciais. Foi a constatação desta fraca eficácia do "inquérito público" que, segundo aqueles autores, esteve na origem da consagração pelo artigo L. 300-2 do *Code de l'Urbanisme*, na redac-

---

Beck, 1990, p. 28-30; W. KREBS, *Baurecht*, in Besonderes Verwaltungsrecht, org. E. SCHMIDT-ASSMANN, 10. Aufl., Berlin. New York, W. de Gruyter, 1995, p. 364; U. BATTIS, in BATTIS/KRAUTZBERGER/LÖHR, *Baugesetzbuch*, cit., § 3.°, p. 115 e segs.; W. BROHM, *ob. cit.*, p. 270-274; C. SEILER-DÜRR, *Baurecht*, Baden-Baden, Nomos, 1999, p. 48-50; S. MUCKEL, *Öffentliches Baurecht*, 2. Aufl, Frankfurt, Euwi-Verlag, 2000, p. 23 e 24; F. STOLMANN, *Öffentliches Baurecht*, München, Beck, 1998, p. 46-49; e H. DÜRR, *Baurecht*, 10. Aufl., Baden, Nomos, 2001, p. 47 e 48.

Sublinhe-se, no entanto, que o § 3.° do *Baugesetzbuch* foi alterado pela citada *Lei de Adaptação ao Direito Europeu em Matéria de Urbanismo (das Europarechtsanpassungsgesetz Bau – EAG Bau 2004)*, passando o mesmo a utilizar a expressão do direito comunitário "participação do público" (*Beteilugung der Öffentlichkeit*), em vez da locução "participação dos cidadãos" (*Beteiligung der Bürger*). Mas continua essa nova redacção do § 3.° a consagrar as duas referidas modalidades de participação: a *preventiva* ou *tempestiva* e a *sucessiva* ou *formal*. Cfr. BATTIS/KRAUTZBERGER//LÖHR, Die Änderungen des Baugesetzbuchs durch das Europarechtsanpassungsgesetz Bau (EAG Bau 2004), cit., p. 2556.

ção introduzida pela Lei de 13 de Dezembro de 2000, de uma *concertação prévia* ao estabelecimento de certos documentos de urbanismo ou à decisão sobre certas operações de ordenamento. Uma tal *concertação* é obrigatória em três casos: elaboração ou revisão de um "esquema de coerência territorial" ou de um "plano local de urbanismo" (figura que veio substituir o "plano de ocupação dos solos"); criação de uma "zona de ordenamento concertado"; e outras operações de ordenamento que, pela sua importância ou pela sua natureza, modifiquem de modo substancial o quadro do município e que constam de uma lista aprovada por decreto. A referida *concertação* deve permitir associar, durante todo o período de elaboração do projecto, "les habitants, les associations locales et les autres personnes concernées dont les représentants de la profession agricole"[135].

Finalmente, o artigo 65.º, n.º 5, da Lei Básica não pode deixar de abranger os mecanismos considerados essenciais para garantir a *eficácia* do direito à participação. A eficácia deste direito – que não passa, como é óbvio, pela atribuição ao interessado de um direito a ver acolhidas pela Administração as suas sugestões, observações ou reclamações – pressupõe, por um lado, o fornecimento aos interessados de todas as informações relevantes sobre os objectivos do plano e sobre as opções que nele se pretendem consagrar, bem como sobre o estádio dos trabalhos e a evolução do procedimento de elaboração do plano, isto é, a satisfação por parte da Administração do direito à informação dos interessados no procedimento administrativo, plasmado no n.º 1 do artigo 268.º da Lei Fundamental (fenómeno este que demonstra a estreita conexão entre o direito à informação e o direito de participação) e, por outro lado, o dever de a Administração *examinar* e *ponderar* as reclamações, observações, sugestões e pedidos de esclarecimento apresentados pelos particulares no exercício do seu direito de participação e, bem assim, a obrigação de levar ao conhecimento dos interessados o resultado de tal exame e ponderação[136].

---

[135] Cfr. H. JACQUOT/F. PRIET, *ob. cit.*, p. 87-90.

[136] Sobre o sentido e alcance da participação dos cidadãos na formação dos planos no direito italiano, cfr., por todos, G. C. MENGOLI, *Manuale di Diritto Urbanistico*, 3.ª ed., Milano, Giuffrè, 1992, p. 22-25; N. ASSINI/P. MANTINI, *Problemi*

As diferentes dimensões do direito de participação dos interessados na formação dos planos – dimensões essas que decorrem do artigo 65.º, n.º 5, da Constituição e que devem ser consideradas como *necessárias* para que aquele direito cumpra uma *função compensadora* da amplitude do poder discricionário da planificação urbanística – foram contempladas, nos seus aspectos essenciais, na legislação ordinária, sobretudo no domínio do procedimento de elaboração dos planos territoriais directa e imediatamente vinculativos dos particulares, isto é, dos planos especiais e municipais de ordenamento do território.

Assim, no que respeita aos *titulares do direito* de participação, as várias disposições legais ora se referem aos "cidadãos", ora aos "cidadãos interessados", ora aos "interessados", querendo significar com estes vocábulos um *círculo muito alargado* de sujeitos do direito de participação. Atente-se, por exemplo, relativamente às duas primeiras expressões, nos artigos 5.º, alínea *f)*, e 21.º, n.º 2, da LBPOTU, no artigo 6.º, n.º 1, do RJIGT e no artigo 4.º, n.º 1, da Lei n.º 83/95, de 31 de Agosto. A primeira norma dispõe que a política de ordenamento do território e de urbanismo obedece a um conjunto de princípios gerais, designadamente ao princípio da "participação, reforçando a consciência cívica dos cidadãos através do acesso à informação e à intervenção nos procedimentos de elaboração, execução, avaliação e revisão dos instrumentos de gestão territorial". Por sua vez, a segunda determina que "a elaboração e aprovação dos instrumentos de gestão territorial vinculativos dos particulares são objecto de mecanismos reforçados de participação dos cidadãos, nomeadamente através de formas de concertação de interesses". A terceira norma estabelece que "todos os cidadãos, bem como as associações representativas dos interesses económicos, sociais, culturais e ambientais têm o direito de participar na elaboração, alteração, revisão, execução e avaliação dos instrumentos de gestão territorial". E a última estatui que a adopção de planos de desenvolvimento das actividades da Administração Pública, de planos de urbanismo e de planos direc-

---

e Tendenze del Diritto Urbanistico, in Manuale di Diritto Urbanistico, a cura di N. Assini, cit., p. 87-97; e N. ASSINI/P. MANTINI, *Manuale di Diritto Urbanistico*, cit., p. 165 e segs..

tores e de ordenamento do território deve ser precedida, na fase de instrução dos respectivos procedimentos, da audição dos cidadãos interessados e das entidades defensoras dos interesses que possam vir a ser afectados por aqueles planos. Por seu lado, o termo "interessados" aparece-nos em múltiplas disposições legais, designadamente nas respeitantes ao *direito à informação* – direito este que é uma condição de *eficácia* do direito de participação, já que não pode haver um direito de participação efectivo, sem o correspondente direito de informação sobre todos os aspectos relevantes de elaboração dos planos, incluindo sobre a decisão de elaboração do plano (cfr. os artigos 5.º, 6.º, 33.º, 48.º, 58.º, 65.º e 77.º do RJIGT, bem como os artigos 5.º, 7.º, 8.º, 9.º e 10.º da Lei n.º 83/95).

No que se refere à participação *uti cives* e *uti singuli*, a legislação não as distingue, pelo que são admissíveis estas duas formas de participação no procedimento de formação dos planos. Já no que toca à participação *individual* e *colectiva*, *directa* e *indirecta*, a nossa legislação prevê expressamente estas duas formas de participação. Para além dos já mencionados artigos 6.º, n.º 1, do RJIGT e 4.º, n.º 1, da Lei n.º 83/95, pode apontar-se o artigo 10.º da Lei n.º 83/95, onde, a propósito dos *procedimentos colectivos* ou *de massas* (isto é, daqueles em que a autoridade instrutora deva proceder a mais de 20 audições), se determina que pode ser exigido que a audição seja feita através de *representantes* dos interessados.

O legislador consagrou também os *dois níveis de intensidade* acima referidos da participação ("participação-audição" e "participação-negociação" ou "concertação"). Com efeito, a participação coenvolve, por um lado, a formulação de observações, sugestões, reclamações e pedidos de esclarecimento, ao longo do período de elaboração do plano, tanto sobre os objectivos deste, como sobre a proposta do plano (cfr. os artigos 6.º, n.º 2, 33.º, 40.º, 48.º, 58.º, 65.º e 77.º do RJIGT), assumindo, assim, a veste de "participação-audição" (cfr. também os artigos 8.º e 10.º da Lei n.º 83/95), e, por outro lado, a adopção de "mecanismos reforçados de participação dos cidadãos, nomeadamente através de formas de concertação de interesses" (cfr. o artigo 21.º, n.º 2, da LBPOTU) – os quais se manifestam, sobretudo, nos planos territoriais que vinculam directa e imediatamente os particulares –, apresentando-se, deste modo, também como uma "participação-negociação" ou "concertação". Podemos, por isso, falar, com P. HEALEY, a propósito da nossa planificação urbanística, de uma *planificação colaborativa (collaborative planning)*, traduzida num intenso coenvolvimento dos particulares na formação dos planos, de que resulta um aumento da sua democraticilidade, da sua eficácia e da sua eficiência [137].

No que se refere aos *momentos* da participação, a lei é clara no sentido de que a participação pode ter lugar em qualquer fase do procedimento de elaboração dos planos, vincando a obrigação das entidades públicas divulgarem a decisão de desencadear o procedimento de elaboração (ou de alteração e revisão) do plano, com identificação dos objectivos a prosseguir, para que todos os interessados possam, desde logo, apresentar sugestões e observações sobre as opções a consagrar no plano. Significa isto que a *participação preventiva* dos cidadãos é, hoje, possível em todos os tipos de instrumentos de gestão territorial. Isso resulta, desde logo, do artigo 6.º, n.ºˢ 2 e 3, alínea *a*), do RJIGT e dos artigos 4.º, n.º 1, e 5.º da Lei n.º 83/95 [138].

Mas a *participação preventiva* dos cidadãos no procedimento de elaboração dos planos é regulada com especial rigor no procedimento de elaboração dos planos especiais e municipais de ordenamento do

---

[137] Cfr. *Collaborative Planning*, cit., p. 318-320.

[138] Com base no disposto no artigo 29.º, n.º 12, da Constituição Brasileira, segundo o qual é garantida a "cooperação das associações representativas no planeamento municipal", vem a doutrina defendendo o planeamento urbanístico participativo ou o planeamento urbanístico democrático, que tem como elemento obrigatório a participação popular em todas as fases daquele. Cfr., sobre este ponto, NELSON SAULE JÚNIOR, *O Tratamento Constitucional do Plano Diretor como Instrumento de Política Urbana*, in Direito Urbanístico, org. EDÉSIO FERNANDES, Belo Horizonte, Del Rey, 1998, p. 60-64; e JOSÉ AFONSO DA SILVA, *ob. cit.*, p. 110 e 111.

Sobre alguns aspectos da participação popular no âmbito do "Plano Director" do direito brasileiro, cfr. ROGÉRIO COSTA LEAL, *Direito Urbanístico, Condições e Possibilidades da Constituição do Espaço Urbano*, Rio de Janeiro/São Paulo, Renovar, 2003, p. 176-182.

território. Assim, o artigo 48.º do RJIGT determina, no seu n.º 1, que, "ao longo da elaboração dos planos especiais de ordenamento do território, a entidade pública responsável deve facultar aos interessados todos os elementos relevantes para que estes possam conhecer o estádio dos trabalhos e a evolução da tramitação procedimental, bem como formular sugestões à entidade pública responsável e à comissão de acompanhamento". E, no seu n.º 2, estabelece que "a entidade pública responsável publicitará, através da divulgação de avisos, o despacho que determina a elaboração do plano por forma a permitir, durante o prazo estabelecido na mesma, o qual não deve ser inferior a 15 dias, a formulação de sugestões, bem como a apresentação de informações sobre quaisquer questões que possam ser consideradas no âmbito do respectivo procedimento de elaboração".

Quanto aos planos municipais de ordenamento do território, o artigo 74.º, n.º 1, do RJIGT determina que a elaboração destes planos compete à câmara municipal, sendo determinada por deliberação, a publicar no *Diário da República* e a divulgar através da comunicação social e na respectiva página da *Internet*, que estabelece os respectivos prazos de elaboração e do período de participação a que se refere o artigo 77.º. E o n.º 2 do mesmo preceito estatui que, naquela deliberação, deve a câmara municipal, sendo caso disso, definir a *oportunidade* e os *termos de referência* dos planos de urbanização e dos planos de pormenor, sem prejuízo da posterior intervenção de outras entidades públicas ou particulares. Ainda relativamente aos planos municipais de ordenamento do território, o artigo 77.º do RJIGT, na versão do Decreto-Lei n.º 316/2007, de 19 de Setembro, preceitua, no seu n.º 1, que, ao longo da elaboração dos planos municipais de ordenamento do território, a câmara municipal deve facultar aos interessados todos os elementos relevantes para que estes possam conhecer o estádio dos trabalhos e a evolução da tramitação procedimental, bem como formular sugestões à autarquia e à *comissão de acompanhamento*. E, no seu n.º 2, estatui que "na deliberação que determina a elaboração do plano é estabelecido um prazo, que não deve ser inferior a 15 dias, para a formulação de sugestões e para a apresentação de informações sobre quaisquer questões que possam ser consideradas no âmbito do respectivo procedimento de elaboração"[139].

Por sua vez, a *participação sucessiva* tem lugar uma vez concluída a proposta do plano e tem como momento privilegiado o período de *discussão pública*, durante o qual todos os interessados podem formular *reclamações, observações, sugestões* e *pedidos de esclarecimento* sobre um documento – a proposta do plano – que antecipa, em certa medida, aquilo que ele virá a ser. Com a *participação sucessiva*, os cidadãos procuram criticar ou sugerir alterações a prescrições que, com um certo grau de probabilidade, virão a fazer parte do conteúdo do plano. Elas incidem sobre um documento que constitui, em certa medida, uma antevisão do que virá a ser o plano. O legislador regula, de modo detalhado, entre outros aspectos, a publicitação do período de discussão pública, a duração do mesmo, a indicação das eventuais sessões públicas a que haja lugar e dos locais onde se encontra disponível a proposta do plano, o respectivo relatório ambiental, os pareceres que a acompanham, os resultados da concertação e, bem assim, a forma como os interessados podem apresentar as suas reclamações, observações ou sugestões (cfr. os artigos 33.º, n.ºs 1, 2 e 3, 40.º, n.ºs 1, 2, 3, e 4, 48.º, n.ºs 3 e 4, 58.º, 65.º e 77.º, n.ºs 3 e 4, do RJIGT)[140-141-142].

---

[139] O nosso legislador consagra, assim, o *princípio da abertura* ou *da transparência* do procedimento de planificação urbanística, com o sentido de que este deve ser publicitado o mais cedo possível, de modo a que possa ser influenciado por intervenções exteriores, quer de outros entes e órgãos administrativos, quer dos particulares. Cfr. PIERRE MOOR, *La Coordination: La Solution des Problèmes et les Problèmes de la Solution*, in Le Contenu des Plans d'Urbanisme et d'Aménagement dans les Pays de l'Europe de l'Ouest, Colloque International de Genève-Lausanne, Les Cahiers du GRIDAUH, N.º 15 (2006), p. 126.

[140] Tendo em conta que, como dissemos, sob o ponto de vista material, as *operações de loteamento* constituem verdadeiros *planos de pormenor*, o legislador consagrou a possibilidade de os municípios determinarem, através de regulamento, a prévia *discussão pública* do licenciamento de operações de loteamento com significativa relevância urbanística – sendo, porém, a mesma obrigatória sempre que a operação de loteamento ultrapasse 40 000 m², 100 habitações ou 10% da população do aglomerado urbano em que se insere o loteamento (cfr. o artigo 22.º do RJUE).

Por seu lado, o artigo 7.º, n.º 5, do mesmo diploma legal determina que as operações de loteamento e as obras de urbanização promovidas pelas autarquias

O legislador preocupa-se, por último, em garantir a *eficácia* da participação dos cidadãos. Para além de garantir o *direito à informação*

---

locais e suas associações ou pelo Estado, em área não abrangida por plano de urbanização ou plano de pormenor, são submetidas a *discussão pública*, nos termos estabelecidos no artigo 77.° do RJIGT, com as necessárias adaptações, excepto no que se refere aos períodos de anúncio e duração da discussão pública, que são, respectivamente, de 8 e de 15 dias.

E na mesma linha – por se tratar de instrumentos normativos de natureza urbanística –, o artigo 3.°, n.ᵒˢ 1 e 3, do RJUE estatui que os projectos de regulamentos municipais de urbanização e ou de edificação, bem como os projectos de regulamentos municipais relativos ao lançamento e liquidação das taxas e prestação de caução que, nos termos da lei, sejam devidas pela realização de operações urbanísticas devem ser submetidos a discussão pública, por prazo não inferior a 30 dias, antes da sua aprovação pelos órgãos municipais.

[141] Poderá colocar-se a questão de saber se, no caso dos planos municipais, a decisão que determina a publicação do período de discussão pública, a duração desse período, bem como os locais onde se encontra disponível a proposta do plano necessita de constar de uma deliberação da câmara municipal, ou se, ao invés, tal decisão é a consequência do procedimento de elaboração do projecto do plano e, por isso, resultado da *deliberação* da câmara municipal que determinou a elaboração do plano.

A nossa opinião vai claramente no sentido da primeira alternativa. Vejamos porquê.

A deliberação da câmara municipal de elaboração dos planos municipais de ordenamento do território está prevista no artigo 74.°, n.° 1, do RJIGT, o qual determina que essa deliberação, que estabelece também os prazos de elaboração daqueles planos e o período de participação a que se refere o n.° 2 do artigo 77.°, deve ser publicada no *Diário da República* e divulgada através da comunicação social e da respectiva página da *Internet*.

Por seu lado, do disposto no artigo 77.°, n.° 2, do mesmo diploma decorre que na deliberação que determina a elaboração do plano é estabelecido num prazo, que não deve ser inferior a 15 dias, para a formulação de sugestões e para a apresentação de informações sobre quaisquer questões que possam ser consideradas no âmbito do respectivo procedimento de elaboração (prazo do momento da *participação preventiva*).

Dos termos da lei resulta *expressamente*, então, a ligação desta fase inicial de participação procedimental à deliberação que determina o início do procedimento.

Pelo contrário, tal ligação não resulta com a mesma clareza no que se refere ao início do período de *discussão pública*. Este surge na sequência do termo do período de acompanhamento e, quando for caso disso, do período de concertação,

dos interessados sobre todos os aspectos relevantes do procedimento de elaboração (ou de alteração e revisão) dos planos, de modo a que

---

sendo aberto pela câmara respectiva, *"através de aviso a publicar no Diário da República e a divulgar através da comunicação social e da respectiva página da Internet, do qual consta a indicação do período de discussão, das eventuais sessões a que haja lugar e dos locais onde se encontra disponível a proposta (...), bem como da forma como os interessados podem apresentar as suas reclamações, observações ou sugestões"* (cfr. o artigo 77.º, n.º 3, do RJIGT).

Ora, se, no primeiro caso, se justifica plenamente a ligação entre a deliberação e a abertura do momento de participação preventiva, nesta segunda hipótese essa associação imediata é de afastar, uma vez que entre uma – a deliberação – e outra – a abertura do período de discussão pública – se intercalam momentos instrutórios de cariz técnico e jurídico, cuja complexidade e duração podem implicar um desfasamento temporal muito grande entre a tomada dessa deliberação e o início do período de discussão pública.

Este distanciamento só seria superável se o estabelecimento dos prazos de elaboração do plano a que alude o artigo 74.º, n.º 1, do RJIGT se referisse não apenas aos prazos globais de elaboração do mesmo (incluindo indistintamente todas as fases até à aprovação pela assembleia municipal do mesmo, já que quanto aos prazos que devem mediar entre esta e a publicação no *Diário da República*, rege o artigo 81.º, n.ºs 2 e 3, do RJIGT), mas também aos prazos parcelares para a conclusão de cada passo procedimental específico, nomeadamente o prazo concreto para o início da discussão pública.

Para além disso, seria necessário sustentar que esses prazos autovinculariam o próprio município, que se comprometeria em termos de *resultados* e não apenas de *meios*, a elaborar o plano de acordo com a calendarização divisada na deliberação de elaboração do plano.

Entendemos, porém, que a adopção deste entendimento implicaria um desconhecimento flagrante dos processos de planeamento, que, por envolverem decisivamente várias entidades públicas e privadas, não se compadecem com a fixação unilateral de prazos rígidos e tabelados por parte de uma delas, sob pena de resultar comprometido todo o desenho institucional e a obrigação de ponderação de interesses que a lei lhes faz corresponder.

Isto porque poder-se-ia, para cumprir formalmente os prazos fixados na deliberação, iniciar o período de discussão do plano, sem que, efectivamente, se mostrassem concluídas as fases de acompanhamento e de concertação, do que resultaria que os interessados não eram chamados a pronunciar-se, efectivamente, sobre a *proposta do plano*, mas sobre um qualquer projecto que o próprio município sabia, de antemão, necessitar de revisão ou de complementação, o que impli-

a participação dos cidadãos seja uma participação *consciente e informada* (cfr. também o artigo 6.º da Lei n.º 83/95), a lei impõe às entidades

---

caria a violação do direito fundamental de efectiva participação que a Constituição lhes defere.

Quanto ao aviso que publicita o início do período de discussão pública, é inegável, se olharmos exclusivamente para a letra da lei, repetida ao longo do RJIGT, que a única exigência formal que é efectuada neste momento é a da publicação e divulgação através da comunicação social e da página da *Internet* da respectiva câmara municipal de um *aviso*, anúncio este que deve ser feito com a antecedência mínima de 5 dias, não podendo o período de discussão pública ser inferior a 30 dias para o plano director municipal e a 22 dias para o plano de urbanização e o plano de pormenor (cfr. o artigo 77.º, n.º 4, do RJIGT).

Assim resulta, para além do disposto na parte inicial do artigo 77.º, n.º 3, do estatuído no artigo 148.º, n.º 4, alínea *a*), do RJIGT, que apenas determina a publicação, na II Série do *Diário da República*, dos "avisos de abertura do peíodo de discussão pública dos instrumentos de gestão territorial", enquanto que, por oposição, nas alíneas subsequentes se refere sempre a deliberações municipais.

Todavia, se o elemento literal coenvolvido nesta concreta operação de interpretação é um bordão inicial e imprescindível, ele não é, contudo, o único critério relevante que deve ser tomado em consideração.

De facto, assume especial relevo, na dilucidação do sentido mais razoável que deve ser reconhecido a estas disposições legais, a mobilização do elemento teleológico, que se prende com a finalidade da norma em questão, tendo em atenção o enquadramento normativo amplo em que ela se move.

Torna-se, então, necessário articular esta previsão legal com o *estatuto* da exigência de discussão pública no seio dos procedimentos de planificação e com a especial natureza da função pública que estes procedimentos implicam.

Assim, mesmo que se admitisse ser o "aviso" o meio idóneo para despoletar este efeito jurídico, restaria sempre a questão de saber qual a entidade a quem o mesmo deveria ser imputado, na medida em que ele é apenas a face externa de uma qualquer decisão ou determinação heterónoma.

Poder-se-ia pensar, num primeiro momento, que esse decisão seria tomada pelo presidente da câmara municipal, pelo responsável pelo departamento do município que se encontrava a elaborar o plano, ou, nesta ordem de ideias, pela equipa externa que, se fosse esse o caso, se encontrava contratualmente incumbida de o fazer.

Contudo, estas hipóteses esbarram, desde logo, com o facto de o artigo 77.º, n.º 3, referir expressamente a "câmara municipal" como entidade competente para proceder à abertura deste período de discussão pública. E nem poderia deixar de ser assim, pois é àquele órgão que a lei comete o *poder* de elaboração do plano e,

públicas responsáveis pela elaboração dos planos o *dever de ponderar* as sugestões, observações e reclamações apresentadas, bem como a obri-

---

portanto, a assunção directa dos momentos procedimentais mais relevantes, não podendo, salvo em hipóteses de delegação de poderes, haver uma qualquer preterição ou desvio ao princípio das *competências por atribuição*.

Mas, mesmo tratando-se de uma actuação que apenas poderia, em termos de princípios e por força da lei, ser imputada à câmara municipal, coloca-se ainda a questão de saber se a mera publicitação dos "avisos" cumpre as exigências constitucionais relativas ao princípio da participação dos particulares no procedimento de elaboração dos instrumentos de planeamento urbanístico e físico do território.

Ora, só assim seria, se se enquadrasse este aviso na categoria dos *"actos implícitos"*. Estes referem-se àquelas situações em que, na ausência da prática de um acto administrativo formal, se considera que a acção material contém, em si mesma, a estatuição que àqueles corresponde.

Esta inserção só seria, contudo, possível, se da operação material se pudesse retirar, com suficiente determinabilidade, os elementos que integram a estatuição autoritária da Administração, elemento essencial para se afirmar a sua natureza de acto administrativo e se estes não apelassem para uma dimensão criativa da intervenção da Administração, mas apenas se referissem a uma concretização, *in casu*, da consequência jurídica que a lei alia à verificação de uma determinada hipótese normativa.

Ora, o *"aviso"*, não antecedido da prática de um acto administrativo da competência do executivo camarário, para poder responder às exigências constitucionais e legais de determinabilidade e completude (que se referem, nos termos do disposto no artigo 77.º, n.º 3: ao período da discussão, já que os prazos definidos nos números seguintes inscrevem plataformas mínimas e não prazos supletivos sobre esta questão; à indicação das eventuais sessões públicas a que haja lugar; aos locais onde se encontra disponível a proposta e demais elementos para consulta; e à forma de participação dos interessados), teria de se pronunciar inovadoramente sobre os termos em que decorreria a discussão pública, o que excederia o âmbito limitado da figura dos *actos implícitos*.

Por seu lado, a admitir-se tal solução, e dependendo dos canais informais dos quais brotasse tal aviso, preterir-se-ia igualmente o disposto no artigo 77.º, n.º 9, do RJIGT, que estabelece, concretizando neste âmbito o dever de constitucional de transparência que impende sobre a actuação da administração, que "são obrigatoriamente públicas todas as reuniões da câmara municipal e da assembleia municipal que respeitem à elaboração ou aprovação de qualquer categoria de instrumento de planeamento territorial".

Por último, lembre-se que o artigo 117.º, n.º 1, do referido diploma legal, ao estabelecer o regime da impropriamente designada "suspensão de concessão de

gação de responder às observações e pedidos de esclarecimento formulados e de *fundamentar* as opções tomadas (cfr. os artigos 6.º, n.º 4,

---

licenças", faz depender o início dos seus efeitos – início este que é legalmente determinado – "da data fixada para o início do período de discussão pública".

Apesar de também este artigo omitir qual o *instrumento* que deve estar na base do início deste prazo, parece-nos claro que a suspensão dos procedimentos de informação prévia, de comunicação prévia e de licenciamento não pode, pelo gravame que determina na posição jurídica dos particulares, ser feito depender de um mero acto informal de actuação da Administração.

A certeza, a determinabilidade e a imputação funcional ao órgão competente – a câmara municipal – são, assim, elementos essenciais a um legítimo desencadeamento dos efeitos legais associados ao início da discussão pública.

Do exposto deflui, em face dos dados constitucionais e legais mobilizados, que a câmara municipal deve pronunciar-se expressamente sobre o início da fase de discussão pública no âmbito do procedimento de elaboração dos planos municipais de ordenamento do território.

Assim, aquele órgão do município deverá adoptar uma deliberação, nos termos do artigo 29.º da Lei n.º 159/99, de 14 de Setembro, e do artigo 64.º, n.º 2, alínea *b*), da Lei n.º 169/99, de 18 de Setembro, uma vez que lhe cabe a competência genérica em matéria de elaboração dos planos municipais de ordenamento do território, fazendo constar da deliberação os vários elementos a que se refere o artigo 77.º, n.º 3, do RJIGT, já que estes dependem de uma sua intervenção constitutiva e conformadora, cumprindo, desta forma, as exigências constitucionais e legais que sobre ela recaem de permitir a mais ampla e mais eficaz participação possível dos interessados.

[142] Importa assinalar que o artigo 79.º, n.º 2, do RJIGT, na versão anterior ao Decreto-Lei n.º 316/2007, determinava que, no caso de serem introduzidas pela assembleia municipal alterações à proposta de plano municipal de ordenamento do território apresentada pela câmara municipal, devia ter lugar nova *discussão pública*, sendo, nesta hipótese, o prazo da sua duração reduzido para metade, e ser emitido novo *parecer final* da comissão de coordenação e desenvlvimento regional. A solução consagrada naquela disposição legal ia de encontro à doutrina emanada da jurisprudência do Supremo Tribunal Administrativo. De facto, de acordo com a mesma, aprovado um PDM, numa primeira versão, pela assembleia municipal, depois de realizada a "discussão pública" (ou o "inquérito público", como sucedia no domínio da vigência do Decreto-Lei n.º 69/90, de 2 de Março), e não logrando aquele plano a ratificação pelo Governo, a segunda versão do mesmo plano, que inclui soluções fundamentais diferentes das da primeira versão, torna indispensável a realização de uma nova "discussão pública" (ou de um novo

33.º, n.º 5, 40.º, n.º 5, 48.º, n.ᵒˢ 5, 6, 7 e 8, e 77.º, n.ᵒˢ 5, 6, 7 e 8, do RJIGT e os artigos 9.º e 10.º da Lei n.º 83/95).

Especialmente minuciosa é a disciplina destes *deveres de ponderação* e de *resposta fundamentada* em relação aos planos especiais e municipais de ordenamento do território, devido à circunstância de eles produzirem efeitos jurídicos directos e imediatos em face dos particulares. Nos artigos 48.º, n.ᵒˢ 5, 6, 7 e 8, e 77.º, n.ᵒˢ 5, 6, 7, 8 e 9, do RJIGT, preceitua-se que a entidade responsável pela elaboração do plano deve ponderar as reclamações, observações, sugestões e pedidos de esclarecimento apresentados pelos particulares, ficando a mesma obrigada a resposta fundamentada perante aqueles que invoquem, designadamente: a desconformidade com outros instrumentos de gestão territorial eficazes; a incompatibilidade com planos, pro-

---

"inquérito público"). Cfr. o Acórdão da 1.ª Secção do Supremo Tribunal Administrativo de 23 de Fevereiro de 1999 (Proc. n.º 44 087). Entendíamos que uma tal repetição do período de *discussão pública* só devia ser exigida quando as alterações introduzidas à proposta do plano *fossem essenciais* ou *substanciais*, isto é, quando buliam com *opções fundamentais* nela consagradas.

Entretanto, a nova versão do RJIGT, emergente do Decreto-Lei n.º 316/ /2007, de 19 de Setembro, não nos fornece qualquer norma de teor idêntico à anteriormente referida, não sendo fácil descortinar as razões que levaram à eliminação da anterior norma do artigo 79.º, n.º 2, do RJIGT. Não nos parece que, com a abolição da mencionada norma, tenha o legislador querido vedar à assembleia municipal a introdução de alterações à proposta do plano apresentada pela câmara municipal, porquanto isso equivaleria a um grave cerceamento das competências da assembleia municipal. Aliás, esta seria uma matéria de "estatuto das autarquias locais", pelo que só uma lei da Assembleia da República ou um decreto-lei do Governo, alicerçado em lei de autorização legislativa, é que poderia introduzir uma tal limitação às competências da assembleia municipal [cfr. o artigo 165.º, n.º 1, alínea *q*), da Constituição]. Também não nos parece que o legislador tenha vindo obstaculizar uma repetição da *discussão pública*, no caso de introdução pela assembleia municipal de alterações substanciais à proposta do plano municipal, já que isso implicaria uma *grave restrição* à garantia constitucional de participação dos interessados na elaboração dos instrumentos de planeamento urbanístico, condensada no artigo 65.º, n.º 5, da Lei Fundamental.

Propendemos, assim, a entender, em face do exposto, que o desaparecimento, na nova versão do RJIGT, de uma norma sobre a *repetição da discussão pública* não implica que esta não deva ter lugar nas situações anteriormente assinaladas.

gramas e projectos que devessem ser ponderados em fase de elaboração; a desconformidade com disposições legais e regulamentares aplicáveis; e a eventual lesão de direitos subjectivos. Neles se determina também que a referida resposta deve ser comunicada por escrito aos interessados, podendo, no entanto, no caso de a apresentação de observações escritas atingir um número superior a 20, ser publicadas as respostas aos interessados em dois jornais diários e num jornal regional, quando exista, de harmonia com o disposto no n.º 4 do artigo 10.º da Lei n.º 83/95, de 31 de Agosto. Aí se estabelece ainda que, sempre que necessário ou conveniente, a entidade pública responsável pela elaboração do plano promoverá o esclarecimento directo dos interessados, quer através dos seus próprios técnicos, quer através do recurso a técnicos da administração directa ou indirecta do Estado e das Regiões Autónomas. Prescreve-se, ainda, que, findo o período de discussão pública, a entidade pública responsável (ou câmara municipal) *pondera* e *divulga*, designadamente através da comunicação social e da respectiva página da *Internet*, os respectivos resultados e elabora a versão final da proposta para aprovação. E, por último, estatui-se que são obrigatoriamente públicas todas as reuniões da câmara municipal que respeitem à elaboração ou aprovação de qualquer categoria de instrumento de planeamento territorial.

Impõe-se uma observação final sobre a problemática geral da participação dos interessados no procedimento de elaboração dos planos. Com vista à agilização e ao aumento da eficácia da participação dos interessados no procedimento de elaboração dos planos, deveria, *de jure condendo*, ser prevista a criação por parte da entidade que elabora o plano de um *gabinete permanente* de apoio à participação, vocacionado, em particular, para a divulgação da informação sobre os procedimentos de planeamento e para actuar como *interlocutor* dos interessados no âmbito dos procedimentos de elaboração, alteração e revisão dos planos, ao qual caberia, *inter alia,* receber e encaminhar as observações, sugestões e reclamações apresentadas no âmbito dos procedimentos de planeamento, à semelhante do *gestor do procedimento*, previsto nos artigos 8.º e 9.º do RJUE, e do *interlocutor único*, previsto no artigo 9.º do Decreto-Lei n.º 285/2007, de 17 de Agosto, relativo aos

Projectos de Potencial Interesse Nacional com Importância Estratégica (PIN+).

19.3.2. *Os problemas específicos da iniciativa dos particulares e da contratação nos procedimentos de planeamento*

Analisadas algumas questões gerais da participação dos interessados no procedimento de elaboração dos planos, debrucemo-nos, agora, sobre dois problemas específicos: o da *iniciativa* dos particulares no procedimento de elaboração (ou de alteração e revisão) dos planos e o da *contratação* nos procedimentos de planeamento. Vamos circunscrever a nossa abordagem aos planos municipais de ordenamento do território, que são, como se sabe, de entre os dotados de eficácia plurisubjectiva, os mais importantes.

Quanto ao primeiro ponto, traduz-se ele sem saber se os particulares têm o *poder de iniciativa* de apresentar aos órgãos municipais *propostas* de elaboração de planos, em termos de os mesmos terem o *dever* de sobre elas decidir, aprovando-as ou rejeitando-as. A resposta a este quesito é, em termos gerais, negativa. De facto, o nosso ordenamento urbanístico atribui aos órgãos municipais o *monopólio* da iniciativa da elaboração, alteração ou revisão dos planos municipais, sendo, por isso, estes instrumentos de planeamento de iniciativa exclusivamente *pública*[143]. Quer isto dizer que a elaboração, alteração ou revisão de planos municipais há-de passar sempre por uma *iniciativa* e por um *juízo de avaliação* por parte dos órgãos do município [vai neste sentido o artigo 74.º, n.º 1, do RJIGT, ao estatuir que "a elaboração dos planos municipais de ordenamento do território

---

[143] De igual modo, no direito alemão, o § 2.º, n.º 1, do *Baugesetzbuch* determina que os *planos municipais* (*die Bauleitpläne*) são elaborados pelos municípios sob a sua própria responsabilidade. Na mesma linha, o § 1.º, n.º 3, frase 2, consigna que "não existe qualquer direito (*Anspruch*) à elaboração de planos municipais e de regulamentos urbanísticos" e que um tal "direito também não pode fundar-se num contrato". Cfr., por todos, U. BATTIS, in BATTIS/KRAUTZBERGER//LÖHR, § 2.º, *ob. cit.,* p. 99 e 100, e M. KRAUTZBERGER, in BATTIS/KRAUTZBERGER/LÖHR, § 1.º, *ob. cit.*, p. 31 e 32.

compete à câmara municipal, sendo determinada por deliberação, a publicar no *Diário da República* e a divulgar através de comunicação social e na respectiva página da *Internet* (...)"]. Os procedimentos de elaboração dos planos municipais são, assim, sempre procedimentos *ex officio* e não procedimentos que possam ser desencadeados também pelos particulares, como sucede em vários procedimentos administrativos (cfr. o artigo 54.º do Código do Procedimento Administrativo).

O que acaba de ser referido não impede que os particulares possam apresentar, ao abrigo do artigo 115.º do Código do Procedimento Administrativo, aos órgãos competentes do município *petições*, solicitando a elaboração, a alteração ou a revisão de planos municipais, tendo em conta a natureza normativa destes últimos, dos quais resulta para os referidos órgãos o dever de informar os particulares do destino dado a tais petições, bem como dos fundamentos da posição que adoptar em relação a elas. Mas tais *petições* não se traduzem no reconhecimento aos particulares de uma qualquer *iniciativa* procedimental. São, antes, perspectivadas como instrumentos de convencimento da Administração das vantagens da elaboração (alteração ou revisão) de um plano, a qual está sempre dependente da formulação de um juízo de oportunidade e de uma avaliação quanto às razões de interesse público urbanístico, a levar a cabo pelos órgãos administrativos competentes.

De igual modo, nenhum obstáculo legal existe a que a câmara municipal, no âmbito de uma negociação com os particulares, lhes reconheça a possibilidade de apresentarem "propostas" de elaboração de planos, os quais podem ser, inclusive, acompanhadas de um projecto de plano. Só que essas "propostas" não são consideradas como *actos propulsivos* do procedimento de elaboração dos planos, mas tão--só como *antecedentes próximos* do respectivo procedimento de formação. Nem podem as mencionadas "propostas" assumir qualquer limite ao poder de iniciativa da câmara municipal, à sua liberdade de conformação e ao seu *jus variandi*, que são prerrogativas exclusivas e poderes irrenunciáveis da Administração.

Os particulares não detêm, assim, por si mesmos, um *poder de iniciativa* quanto à elaboração (alteração ou revisão) dos planos municipais e à *modelação* do respectivo conteúdo. Têm, no entanto, o poder de fazer intervir os tribunais administrativos, em termos de obrigar a Administração à elaboração e aprovação de alguns planos municipais e até à consagração nos mesmos instrumentos de planeamento de certos conteúdos prescritivos. Referimo-nos ao instrumento processual do *pedido de ilegalidade por omissão* no âmbito dos planos municipais, que abordaremos, mais à frente, a propósito do *contencioso dos planos* dotados de eficácia plurisubjectiva.

Cremos que o que vem de ser referido não foi posto em causa pelo artigo 6.º-A do RJIGT – o qual foi aditado pelo Decreto-Lei n.º 316/2007, de 19 de Setembro –, cujo n.º 1 estabelece que "os interessados na elaboração, alteração ou revisão de um plano de urbanização ou de um plano de pormenor podem apresentar à câmara municipal propostas de contratos que tenham por objecto a elaboração de um projecto de plano, sua alteração ou revisão, bem como a respectiva execução". É que estes *contratos para planeamento*, no âmbito específico dos planos de urbanização e dos planos de pormenor, bem como os *contratos de execução* destes mesmos planos "não prejudicam o exercício dos poderes públicos municipais relativamente ao procedimento, conteúdo, aprovação e execução do plano", como resulta da primeira parte do n.º 2 do artigo 6.º-A do RJIGT, o que significa, para a questão que ora temos entre mãos, que aqueles contratos não beliscam o monopólio dos *poderes de iniciativa* do município quanto à elaboração, alteração e revisão dos planos municipais. Acresce que, de harmonia com o preceituado no n.º 4 do mesmo artigo 6.º-A, o procedimento de formação do contrato depende de deliberação da câmara municipal, devidamente fundamentada, que explicite, designadamente: as razões que justificam a sua adopção; a oportunidade da deliberação, tendo em conta os termos de referência do futuro plano, designadamente a sua articulação e coerência com a estratégia territorial do município e o seu enquadramento na programação constante do plano director municipal ou do plano de urbanização; e a eventual necessidade de alteração aos planos municipais de ordenamento do território em vigor. Significa isto que a própria utilização do contrato no domínio da elaboração (ou alteração e revisão) e da execução dos planos de urbanização e dos planos de pormenor não é uma faculdade que esteja na disponibilidade dos particulares, mas algo que está dependente de uma deliberação (iniciativa) da câmara municipal, a qual deve ser devidamente fundamentada, explicitando, entre o mais, as razões que justificam a adopção do contrato. Também por esta via, torna-se claro que a figura do *contrato para planeamento* não coenvolve a atribuição aos particulares de um *poder de iniciativa* no âmbito da elaboração, alteração ou revisão dos planos de urbanização e dos planos de pormenor[144].

Os ventos que sopram no sentido do aprofundamento da participação dos particulares no procedimento de formação dos planos, em particular dos planos municipais de ordenamento do território, tornam inevitável uma alteração da nossa legislação urbanística, de modo a reconhecer aos interessados, em certos termos, um *poder de iniciativa* na elaboração de, pelo menos, alguns planos municipais. Estamos a pensar nos *planos de pormenor*, cuja similitude com os projectos de loteamento é manifesta, e em relação aos quais é amplamente reconhecida a iniciativa dos particulares. De facto, faz todo o sentido que, naquelas situações em que o plano director municipal prevê *"reservas de urbanização"*, isto é, naqueles casos em que aquele instrumento de planeamento condiciona o aproveitamento ou a aptidão urbanística de uma certa zona à posterior aprovação de planos de pormenor (criando, assim, *vínculos de inedificabilidade*), seja reconhecido aos interessados, em certos termos, o *direito* de apresentarem à câmara municipal uma proposta de plano de pormenor, sem, com isso, ser tolhida a discricionaridade da câmara municipal quanto à aprovação, ou não, da proposta daquele plano e à escolha do seu conteúdo prescritivo[145-146].

---

[144] Cfr., neste sentido, DULCE LOPES, Plano, *Acto e Contrato no Direito do Urbanismo, Anotação ao Ac. do STA de 18.5.2006, P. 167/05*, in CJA, N.º 68 (2008), p. 25.

[145] Cfr., sobre esta matéria, e para mais desenvolvimentos, FERNANDA PAULA OLIVEIRA/DULCE LOPES, *O Papel dos Privados no Planeamento: Que Formas de Intervenção?*, in RJUA, N.º 20 (2003), p. 64-69.

[146] Note-se que o actual ordenamento jurídico urbanístico contém mecanismos para impedir que as *reservas de urbanização* – e os consequentes *vínculos de inedificabilidade* – se prolonguem por tempo indeterminado. O primeiro é a possibilidade

O segundo ponto específico que queremos aqui versar é o da *contratação* nos procedimentos de planeamento municipal. Cifra-se em saber se é admissível e, no caso afirmativo, em que termos, a celebração entre a câmara municipal e os particulares de *contratos* sobre o conteúdo dos planos municipais, contratos esses que assumem a natureza de *contratos administrativos*.

Resulta claramente do exposto que não estamos a falar dos *contratos para execução* dos planos municipais, cuja admissibilidade pelo nosso direito do urbanismo não oferece, há bastante tempo, quaisquer dúvidas[147]. Na verdade, um breve percurso pela nossa legislação respeitante ao planeamento urbanístico revela-nos que a figura do contrato ocupa um lugar cimeiro no âmbito da execução dos planos. Assim, o artigo 5.º, alínea *b*), da LBPOTU, indica como *princípio geral* da política de ordenamento do território e de urbanismo a *contratualização*, através do incentivo de "modelos de actuação baseados na concertação entre a iniciativa pública e a iniciativa privada na concretiza-

---

de o PDM estabelecer índices, indicadores e parâmetros, urbanísticos ou de ordenamento, de natureza supletiva aplicáveis na ausência de planos de urbanização e planos de pormenor. Com efeito, o artigo 85.º, n.º 1, alínea *j*), prescreve que o PDM define um modelo de organização espacial do território, estabelecendo, *inter alia*, "a especificação qualitativa e quantitativa dos índices, indicadores e parâmetros de referência, urbanísticos ou de ordenamento, a estabelecer em plano de urbanização e plano de pormenor, bem como os de natureza supletiva aplicáveis na ausência destes". O segundo é a aplicação directa às operações urbanísticas a realizar em zona urbana consolidada, como tal identificada no PDM, dos índices, parâmetros e indicadores de referência para a elaboração de plano de urbanização ou de plano de pormenor, não obstante a existência dos índices, parâmetros e indicadores de natureza supletiva, quando tenha decorrido o prazo de cinco anos sobre a data da entrada em vigor do PDM, sem que haja sido aprovado o plano de urbanização ou o plano de pormenor, e quando os índices e parâmetros de referência estabelecidos no PDM definam os usos e a cércea máxima a observar, bem como os indicadores relativos à definição da rede viária e do estacionamento (cfr. o artigo 85.º, n.º 2, do RJIGT, na redacção do Decreto-Lei n.º 316/2007) – preceito este que consagra, assim, um regime de *caducidade* das *reservas de urbanização* e dos *vínculos de inedificabilidade* a elas associados.

[147] Para a distinção entre *acordos de planeamento* e *acordos de execução*, cfr. J. TEIXEIRA FREIRE, *A Contratualização do Conteúdo do Plano Urbanístico – Reflexões em Torno dos Chamados Acordos de Planeamento entre os Municípios e os Particulares*, in RFDUL, Vol. XLV, N.ºs 1 e 2 (2004), p. 427 e 428.

ção dos instrumentos de gestão territorial". A mesma lei determina, no artigo 16.º, n.º 2, a necessidade de serem previstas, para a execução coordenada e programada dos instrumentos de planeamento territorial, "formas de parceria ou contratualização que incentivem a concertação dos diversos interesses". Vários são, além disso, os domínios da execução dos planos municipais em que a figura dos contratos assume particular relevo: nos *sistemas de execução dos planos*, ou seja, nos sistemas de *compensação*, de *cooperação* e de *imposição administrativa* (cfr. os artigos 122.º, n.º 2, 123.º, n.º 2, e 124.º do RJIGT); no reparcelamento do solo urbano (cfr. o artigo 131.º, n.ºs 8 a 10, do RJIGT); nos *mecanismos de perequação dos benefícios e encargos* resultantes dos planos municipais, ou seja, no *índice médio de utilização*, incluindo a *compra e venda* do mesmo índice, na área de *cedência média* e na *repartição dos custos de urbanização* (cfr. os artigos 139.º, n.º 6, 140.º, 141.º, n.º 4, e 142.º do RJIGT); e no controlo da realização de operações urbanísticas (cfr. os artigos 25.º, n.ºs 3 e 6, 46.º, 47.º e 55.º do RJUE).

Retornando ao problema dos *contratos para planeamento*, importa acentuar que, ao invés do que sucede, por exemplo, nos ordenamentos jurídicos urbanísticos espanhol[148] e alemão[149], o direito do urba-

---

[148] No direito do urbanismo do país vizinho, os *convénios para planeamento* começaram a ser utilizados na prática urbanística, sendo, mais tarde, reconhecida a sua admissibilidade pela jurisprudência. Só mais recentemente, passaram a ser disciplinados nas *Leis Autonómicas*. Cfr. P. MARTÍN HERNÁNDEZ, *Los Convenios Urbanísticos*, in RDUMA, Ano XXIX, N.º 144 (1995), p. 59 e segs.; J. AROZAMENA SIERRA, *Algunas Consideraciones sobre la Institución Contractual y el Urbanismo: Los Llamados Convenios Urbanísticos*, in RDUMA, Ano XXX, N.º 146 (1996), p. 11 e segs.; J. A. LÓPEZ PELLICER, *Naturaleza, Supuestos Y Limites de los Convenios Urbanísticos*, in RDUMA, Ano XXX, N.º 146 (1996), p. 97 e segs.; F. E. FONSECA FERRANDIS, *Los Convenios Urbanísticos en la Jurisprudencia del Tribunal Supremo*, in RDUMA, Ano XXXII, N.º 159 (1998), p. 87 e segs.; F. LÓPEZ RAMÓN, *ob. cit.*, p. 113-117; e S. GONZÁLEZ-VARAS IBÁÑEZ, *ob. cit.*, p. 929-940.

[149] No direito do urbanismo alemão, a possibilidade de o município celebrar *contratos urbanísticos (städtebaulicher Vertrag)* com os particulares está expressamente prevista no § 11.º do *Baugesetzbuch*, inserido na secção relativa à *cooperação com os particulares (Zusammenarbeit mit Privaten)*.

O n.º 1.1. do referido parágrafo indica as matérias sobre as quais podem incidir contratos urbanísticos, contando-se entre as mesmas a *elaboração de planos*

nismo português, antes das alterações introduzidas ao RJIGT pelo Decreto-Lei n.º 316/2007, de 19 de Setembro, era totalmente omisso quanto à sua admissibilidade. Pela nossa parte, sempre entendemos que as vantagens da *contratação para planeamento* são manifestas: por um lado, o reforço da participação democrática, a partilha e a co-responsabilização, tudo princípios de uma boa governação; por outro lado, ajustam-se ou conciliam-se, de uma forma adequada, interesses públicos e privados, adapta-se a acção administrativa a situações especiais ou não previstas na lei e estimula-se uma colaboração mais efectiva dos particulares do que a que resultaria de uma actuação da Administração de carácter unilateral. Defendemos, por isso, que o legislador devia intervir rapidamente no sentido de definir as condições de admissibilidade, o procedimento aplicável e os efeitos dos *contratos para planeamento*.

Apesar de tudo, mesmo na ausência de previsão legal, entendíamos que devia responder-se afirmativamente à questão da admissibilidade no nosso ordenamento jurídico de *contratos para planeamento* – e isso já vinha sucedendo na *praxis* urbanística –, desde que observados determinados *limites*.

Um tal juízo de admissibilidade resultava, desde logo, do *princípio da autonomia contratual da Administração*, condensado no artigo 179.º, n.º 1, do Código do Procedimento Aministrativo, nos termos do qual os órgãos administrativos, na prossecução das atribuições da pessoa colectiva em que se integram, podem celebrar contratos admi-

---

urbanísticos (die Ausarbeitung der städtebaulichen Planungen). Mas o mesmo preceito determina que a responsabilidade do município quanto ao procedimento de elaboração dos planos previstos na lei não é afectada pelo contrato urbanístico.

A doutrina qualifica os *contratos urbanísticos* – os quais de harmonia com o n.º 3 do § 11.º do *Baugesetzbuch* devem revestir a forma escrita, a não ser que os preceitos jurídicos imponham outra forma – como *contratos de direito público*. E quanto aos contratos urbanísticos que tenham como objecto a elaboração de planos municipais – que são os *planos de utilização de superfícies (Flächennutzungspläne)* e os *planos de urbanização (Bebauungspläne)* –, entende a doutrina que eles só podem incidir sobre os espaços abrangidos pela discricionariedade de planeamento e que os mesmos contribuem para uma maior legitimação dos planos e para uma ponderação mais eficaz dos interesses coenvolvidos. Cfr., por todos, HOPPE/BÖNKER//GROTEFELS, *Öffentliches Baurecht*, cit., p. 406 e segs..

nistrativos, salvo se outra coisa resultar da lei ou da natureza das relações a estabelecer, e, bem assim, do *princípio da não tipicidade dos contratos administrativos*, condensado no artigo 178.º, n.º 2, do mesmo Código, cujo sentido é o da desvinculação da Administração a formas contratuais rígidas e o da legitimidade do recurso à via contratual, mesmo na ausência de uma habilitação legal específica[150]. Ora, não havendo, no nosso ordenamento jurídico urbanístico, qualquer norma que obstaculizasse o recurso a formas contratuais tendo por objecto o conteúdo dos planos municipais, nem sendo os mesmos incompatíveis com a *natureza* ou a *essência* destes instrumentos de planeamento, devíamos concluir, à luz daqueles princípios da contratação administrativa, pela legitimidade da utilização de contratos, acordos ou convénios destinados a influenciar as concretas soluções urbanísticas a consagrar nos planos municipais[151].

---

[150] Cfr. F. ALVES CORREIA/A. BARBOSA DE MELO/PEDRO GONÇALVES//ANA RAQUEL MONIZ/DULCE LOPES, *Contratação Pública Autárquica*, CEDOUA//FDUC/IGAT, Coimbra, Almedina, 2006, p. 47-50.

[151] Sublinhe-se que os artigos referenciados no texto do Código do Procedimento Administrativo foram revogados pelo artigo 14.º, n.º 1, alínea c), do Decreto-Lei n.º 18/2008, de 29 de Janeiro, que aprovou o Código dos Contratos Públicos. Mas os princípios da *autonomia contratual da Administração* e da *não tipicidade dos contratos administrativos* continuam a ser princípios estruturais dos contratos administrativos, como resulta claramente dos artigos 278.º e 1.º, n.º 6, daquele Código. Com efeito, o artigo 278.º do Código dos Contratos Públicos proclama que, "na prossecução das suas atribuições ou dos seus fins, os contraentes públicos podem celebrar quaisquer contratos administrativos, salvo se outra coisa resultar da lei ou da natureza das relações a estabelecer". E o n.º 6 do artigo 1.º do mesmo Código determina que, "sem prejuízo do disposto em lei especial, reveste a natureza de contrato administrativo o acordo de vontades, independentemente da sua forma ou designação, celebrado entre contraentes públicos e co-contratantes ou somente entre contraentes públicos, que se integre em qualquer uma das seguintes categorias": contratos que, por força do referido Código, da lei ou da vontade das partes, sejam qualificados como contratos administrativos ou submetidos a um regime substantivo de direito público; contratos com objecto passível de acto administrativo e demais contratos sobre o exercício de poderes públicos; contratos que confiram ao co-contratante direitos especiais sobre coisas públicas ou o exercício de funções dos órgãos do contraente público; e contratos que a lei submeta, ou que admita que sejam submetidos, a um procedimento de formação regulado

E, na *praxis* urbanística, encontravam-se contratos ou acordos cujo objecto era o conteúdo de planos a elaborar, a alterar ou a rever, como, por exemplo, a celebração de um contrato pelo município quanto ao pagamento da "justa indemnização" por expropriação de um terreno pela via da consagração de um determinado aproveitamento urbanístico no futuro plano, relativamente a outra parcela de terreno pertencente ao expropriado, ou a assinatura pelo município de um contrato, pelo qual se comprometia a qualificar terrenos, atribuindo-lhes determinados índices de utilização urbanística, vinculando-se o proprietário, em contrapartida, a ceder gratuitamente ao município certas áreas de terrenos.

À luz do quadro exposto, defendemos que a celebração de *contratos para planeamento* entre os órgãos municipais e os particulares estava submetida a um conjunto importante de *limites*. O primeiro era o de que os órgãos municipais não podem dispor dos seus poderes de planeamento por via contratual – indisponibilidade, por via contratual, do poder de planeamento –, donde resulta que este poder nunca pode ser limitado ou condicionado por aqueles contratos, devendo ser exercido sempre em conformidade com as exigências do interesse público. O segundo limite traduzia-se na possibilidade de o município, no uso da discricionariedade de planeamento e do *jus variandi*, alterar as disposições do plano objecto de contrato, não obstante a responsabilidade que resulta do incumprimento do mesmo e do consequente dever de indemnização. O terceiro – intimamente relacionado com o anteriormente referido – era o de que os contratos urbanísticos não eram, por si mesmos, dotados de eficácia urbanística: só a adquiriam *se* e *na medida* em que fossem incorporados ou aceites no plano, prevalecendo sempre este, se houvesse discrepância entre ambos.

---

por normas de direito público e em que a prestação do co-contratante possa condicionar ou substituir, de forma relevante, a realização das atribuições do contraente público. Sobre o contrato administrativo, cfr., por todos, A. BARBOSA DE MELO/F. ALVES CORREIA, *Contrato Administrativo,* Coimbra, CEFA, 1984, e PEDRO GONÇALVES, *O Contrato Administrativo (Uma Instituição Administrativa do Nosso Tempo),* Coimbra, Almedina, 2003.

O quarto limite à celebração de *contratos para planeamento* consistia em que tais contratos não podiam, em caso algum, conter disposições contrárias ao ordenamento urbanístico em vigor, designadamente às normas legais sobre utilização do solo, como as respeitantes à Reserva Agrícola Nacional, à Reserva Ecológica Nacional, às áreas protegidas, etc., e às prescrições de planos hierarquicamente superiores, donde se concluía que aqueles contratos só podiam incidir sobre espaços abrangidos pela discricionaridade de planeamento dos órgãos municipais.

O quinto limite cifrava-se na impossibilidade de, por via contratual, serem introduzidas, de forma directa, alterações aos planos. As modificações ao conteúdo dos planos só podiam ocorrer através das figuras jurídicas legalmente previstas da *alteração* e da *revisão* dos planos e com respeito dos procedimentos administrativos gizados na lei. Por último, o sexto limite à celebração de contratos para planeamento traduzia-se no seguinte: não podiam os mesmos, em circunstância alguma, violar o *princípio da legalidade* dos planos e, em particular, o *princípio da tipicidade dos planos,* cujo sentido é o de que a Administração não pode elaborar e aprovar os planos que entender, mas tão-só aqueles que a lei define de modo típico[152].

A admissibilidade dos *contratos para planeamento* foi expressamente, consagrada, como dissemos, nos artigos 6.°-A e 6.°-B do RJIGT, ainda que tão-só no âmbito dos planos de urbanização e dos planos de pormenor. O enquadramento normativo dos *contratos para planeamento* foi justificado pelo legislador, no exórdio do Decreto-Lei n.° 316/2007, mediante o recurso aos princípios da concertação de interesses públicos e privados envolvidos na ocupação do território, da contratualização e da autonomia pública contratual, tendo, ainda, o legislador vincado a necessidade de clarificar "os princípios funda-

---

[152] Sobre a problemática dos contratos para planeamento e para mais desenvolvimentos, cfr., por todos, FERNANDA PAULA OLIVEIRA/DULCE LOPES, *O Papel dos Privados no Planeamento,* cit., p. 69-79, FERNANDA PAULA OLIVEIRA, *Reflexão sobre Algumas Questões Práticas no Âmbito do Direito do Urbanismo,* in BFDUC, Volume Comemorativo (2003), p. 951-963, e J. TEIXEIRA FREIRE, *ob. cit.,* p. 433-438.

mentais a que se encontram sujeitos por força da irrenunciabilidade e indisponibilidade dos poderes públicos de planeamento, da transparência e da publicidade, tendo em conta os limites decorrentes das regras gerais relativas à contratação pública".

O legislador circunscreveu o perímetro da *contratualização* à elaboração, alteração ou revisão de planos de urbanização e de planos de pormenor. Pretendeu, assim, excluir da *negociação* o conteúdo dos instrumentos de planeamento que estabelecem as opções estratégicas de desenvolvimento territorial do município, a política municipal de ordenamento do território e de urbanismo e as demais políticas urbanas e definem o modelo de organização espacial do território municipal, através da classificação e qualificação do solo, certamente por considerar excessivo que o conteúdo dos planos directores municipais seja influenciado pelo contrato. A exclusão do âmbito dos *contratos para planeamento* da elaboração, alteração e revisão dos planos directores municipais é, no entanto, tão-só uma exclusão da *contratação directa*, já que, *indirectamente*, o conteúdo de um plano director municipal em elaboração, alteração ou revisão pode ser afectado por um *contrato* incidente sobre o conteúdo de um plano de urbanização ou um plano de pormenor, os quais, como sabemos, podem revogar ou alterar as disposições daquele[153].

O n.º 1 do artigo 6.º-A do RJIGT condensa o princípio da possibilidade de os interessados apresentarem à câmara municipal propostas de contratos que tenham por objecto a elaboração, alteração ou revisão de um projecto de plano de urbanização ou de um plano de pormenor (*contrato para planeamento*), bem como a respectiva execução (*contrato para execução*). Aliam-se, naquela disposição legal, os *contratos para planeamento* e os *contratos para execução* dos planos de urbanização e dos planos de pormenor, fenómeno que atesta a íntima ligação entre estas duas figuras contratuais, pretendendo com isso sig-

---

[153] Em sentido diverso, defendendo a admissibilidade de celebração de *contratos para planeamento* no âmbito da elaboração, alteração e revisão dos PDM, cfr. DULCE LOPES, *Plano, Acto e Contrato no Direito do Urbanismo*, cit., p. 24, e FERNANDA PAULA OLIVEIRA, *As Virtualidades das Unidades de Execução num Novo Modelo de Ocupação do Território*, in DRL, N.º 2 (2008), p. 22-27.

nificar o legislador a vantagem de se reunir num mesmo contrato uma concertação de interesses entre o município e os particulares, abrangente quer da elaboração (ou da alteração e revisão), quer da execução de um plano de urbanização ou de um plano de pormenor, com vista a uma máxima efectividade das respectivas disposições.

Os n.ᵒˢ 2 e 3 do referido preceito consignam os *limites* dos *contratos para planeamento*, na linha do que vinha sendo referido pela doutrina. Assim: os *contratos para planeamento* não prejudicam o exercício dos poderes públicos municipais relativamente ao procedimento, conteúdo, aprovação e execução do plano; não podem pôr em causa a observância dos regimes legais relativos ao uso do solo; não podem brigar com as disposições dos demais instrumentos de gestão territorial com os quais o plano de urbanização ou o plano de pormenor devam ser compatíveis ou conformes; não podem substituir o plano na definição do uso do solo; e apenas adquirem eficácia na medida em que vierem a ser incorporados no plano e prevalecendo em qualquer caso o disposto neste último.

Por seu lado, o n.º 4 do artigo 6.º-A dispõe, como já referimos, sobre o procedimento de formação do contrato, especificando que o mesmo depende de deliberação da câmara municipal, devidamente fundamentada, que explicite, designadamente: as razões que justificam a sua adopção; a oportunidade da deliberação, tendo em conta os termos de referência do futuro plano, designadamente a sua articulação e coerência com a estratégia territorial do município e o seu enquadramento na programação constante do plano director municipal ou do plano de urbanização; e a eventual necessidade de alteração aos planos municipais de ordenamento do território em vigor. Quanto aos n.ᵒˢ 5 e 6 dos mesmo artigo 6.º-A do RJIGT, impõem os mesmos, em homenagem aos princípios da *transparência* e da *participação do público,* que as propostas de contratos e a deliberação da câmara municipal que desencadeia e fundamenta o recurso à figura do *contrato para planeamento* sejam objecto de divulgação pública, nos termos do n.º 2 do artigo 77.º do RJIGT, pelo prazo mínimo de 10 dias, e, bem assim, que os contratos sejam publicados conjuntamente com a deliberação que determina a elaboração do plano e acompanhem a proposta de plano no decurso do período de discussão pública, nos termos do n.º 3 do artigo 77.º do RJIGT.

Por último, o n.º 7 do artigo determina que aos contratos celebrados entre o Estado e outras entidades públicas e as autarquias locais que tenham por objecto a elaboração, alteração e revisão ou execução de instrumentos de gestão territorial aplicam-se, com as necessárias adaptações, os n.ᵒˢ 2 e 3 do artigo 6.º-A, que consagram os *limites* à admissibilidade dos contratos para *planeamento*. Pensamos que a apontada norma refere-se, sobretudo, aos *contratos-interadministrativos* celebrados entre o Estado e os municípios, com vista à adequação dos planos municipais de ordenamento do território a um subsequente plano especial ou regional de ordenamento do território, previstos nos artigos 49.º e 59.º, n.º 2, do RJIGT. De facto, o primeiro estabelece que a resolução do Conselho de Ministros que aprova o plano especial do ordenamento do território deve consagrar as *formas* e os *prazos*, previamente acordados com as câmaras municipais envolvidas, para a adequação dos planos municipais de ordenamento do território e dos planos intermunicipais de ordenamento do território, quando existam. E o segundo determina, na sua alínea *a*), que a resolução do Conselho de Ministros que aprova o plano regional de ordenamento do território deve consagrar também as formas e os prazos, previamente acordados com as câmaras municipais envolvidas, para adequação dos planos municipais de ordenamento do território abrangidos e dos planos intermunicipais de ordenamento do território, quando existam, e, na sua alínea *b*), que a mesma deve identificar as disposições dos planos municipais de ordenamento do território abrangidos *incompatíveis* com a estrutura regional do sistema urbano, das redes, das infra-estruturas e dos equipamentos de interesse regional e com a estrutura regional de protecção e valorização ambiental, para efeitos da *alteração por adaptação* daqueles, nos termos da alínea *c*) do n.º 1 do artigo 97.º do RJIGT.

Quanto ao artigo 6.º-B do RJIGT, com a epígrafe "procedimento concursal", determina, no seu n.º 1, que "o regulamento do plano director municipal ou do plano de urbanização pode fazer depender de procedimento concursal e da celebração de contrato a elaboração de planos de urbanização ou de planos de pormenor para a respectiva execução". Apresenta-se cheia de escolhas a tarefa de interpretação desta norma. Parece que o legislador colocou na disponibilidade do regulamento do PDM duas opções: fazer depender a execução do PDM da elaboração de planos de urbanização ou de planos de pormenor; e fazer depender da celebração de contratos e de procedimento concursal a elaboração desses planos de urbanização ou planos de pormenor[154]. O mesmo vale para o regulamento do plano

---

[154] Um exemplo impressivo do "procedimento concursal" disciplinado no regulamento do PDM para a elaboração de planos de urbanização e de planos de pormenor encontra-se no mecanismo de concretização dos designados investimentos estruturantes – Núcleos de Desenvolvimento Económico (NDE) e Núcleos de Desenvolvimento Turístico (NDT) –, previstos no PROT Algarve, na sua versão revista, a qual foi aprovada pela Resolução do Conselho de Ministros n.º 102/2007, de 3 de Agosto (rectificada pela Declaração de Rectificação n.º 85-C/2007, de 2 de Outubro), alterada pela Resolução do Conselho de Ministros n.º 188/2007, de 28 de Dezembro.

Concretamente, no caso específico dos NDT, devido ao facto de o PROT Algarve adoptar o princípio geral de que as áreas destinadas à concretização destes investimentos estruturantes não possuem a sua localização previamente determinada em instrumento de planeamento territorial, é esta concretizada mediante concurso público promovido pelo município. Para a criação de um NDT, a câmara municipal comunica ao Observatório do PROT Algarve, para efeitos de parecer, a intenção de abertura de concurso público e o respectivo projecto de termos de referência. Tendo em consideração o parecer do Observatório, a câmara municipal promove o concurso público destinado à selecção de propostas. O NDT submetido a concurso compreende um determinado número de camas, que se contém na dotação da Unidade Territorial correspondente. O procedimento de concurso elaborado pelo município deve ter por referência os princípios gerais definidos no PROT Algarve, devidamente detalhados e densificados, de forma a integrar a estratégia local assumida pelo PDM. A proposta seleccionada é objecto de um acordo base entre a câmara municipal e o promotor, com vista à elaboração de plano de pormenor ou de urbanização para a implementação do NDT e posterior concretização do empreendimento. Cfr., para mais desenvolvimentos, I. MORAES CARDOSO, *A Revisão do Plano Regional de Ordenamento do Território do Algarve e o Regime de Adequação dos Planos Municipais de Ordenamento do Território, Em Especial, os Investimentos Estruturantes (NDE e NDT)*, in RJUA, N.ºs 27/28 (2007), p. 53--87, e o ponto 2.3.3. do Capítulo V do PROT Algarve.

de urbanização: também este pode fazer depender a execução do plano de urbanização da elaboração de planos de pormenor e fazer depender da celebração de contratos e de procedimento concursal a elaboração desses planos de pormenor.

No que respeita ao n.º 2 do mesmo artigo 6.º-B, estabelece o mesmo que nos regulamentos do PDM ou do plano de urbanização devem ser estabelecidas as regras gerais relativas ao procedimento concursal e às condições de qualificação, avaliação e selecção das propostas, bem como ao conteúdo do contrato e às formas de resolução de litígios.

A encerrar este ponto respeitante aos *contratos para planeamento*, importa referir que a *administratividade* destes contratos resulta de vários factores: da sua submissão a um regime substantivo de direito público; de terem um objecto passível de acto administrativo (*rectius*, de regulamento administrativo, tendo em conta a natureza regulamentar conferida aos planos municipais de ordenamento do território pelo artigo 69.º, n.º 1, do RJIGT); e de estarem submetidos por lei a um procedimento de formação regulado por normas de direito público [cfr. o artigo 1.º, n.º 6, alíneas *a*), *b*) e *d*), do Código dos Contratos Públicos].

19.4. *A justa ponderação e a superação dos conflitos de interesses coenvolvidos nos planos*

Tivemos oportunidade de referir anteriormente que a *justa ponderação* (*gerechte Abwägung*) entre a multiplicidade e a complexidade de interesses conflituantes coenvolvidos nos planos e, uma vez realizada aquela, a *superação dos conflitos* (*Konfliktbewältigung*) de interesses surgidos à volta dos planos são princípios constitucionais do direito do urbanismo, que se inferem do conceito de planos territoriais recebido no artigo 65.º, n.ºs 2, alínea *a*), e 4 e 5, da Lei Fundamental.

A *colaboração* de vários sujeitos de direito público no procedimento de formação dos planos, bem como a *participação* dos cidadãos na sua elaboração têm uma finalidade comum: a de fazer chegar aos órgãos administrativos competentes os interesses de que são portadores, para que o plano realize uma *justa ponderação* dos diferentes interesses nele envolvidos. Verifica-se, deste modo, um ne*xo funcional* ou um *fio condutor*[155] entre a *colaboração* e a *participação*, de um lado, e a *ponderação*, por outro, ou, noutros termos, entre o contributo de quem é chamado a evidenciar factos, interesses e circunstâncias e a *obrigação de ponderação*, que deve estar presente em todo o acto de planificação. "Colaborar" e "participar" no procedimento de planificação é, antes de mais, preparar a "ponderação", ou seja, salientar tudo aquilo que poderá eventualmente ser considerado como susceptível de fazer parte do "material de ponderação" e ser obrigatoriamente ponderado.

Como vimos, várias disposições legais falam no *dever de ponderação* entre interesses públicos e privados, *na obrigação de ponderação* das reclamações, sugestões e observações, no *dever de fundamentação* das soluções propostas nos planos e na *concertação* entre posições defendidas pelos vários intervenientes no procedimento de elaboração dos planos, o que significa que a *justa ponderação* entre os diferentes interesses tocados pelo plano – que assumem uma quantidade e uma complexidade crescentes[156] – constitui um *princípio legal* do direito do urbanismo. Um tal dever está expressamente contemplado nos artigos 6.º, n.º 4, 33.º, n.º 5, 40.º, n.º 5, 48.º, n.ºˢ 5 e 8, 58.º, 65.º e 77.º, n.ºˢ 5 e 8, do RJIGT. Especialmente significativo é o artigo 5.º, alínea *c*), da LBPOTU, que, a propósito dos *princípios gerais* da política de ordenamento do território e de urbanismo, salienta que ela deve assentar "no respeito por uma adequada ponderação dos interesses públicos e privados em causa". E, mais recentemente, as Portarias n.ºˢ 137/2005 e 138/2005, ambas de 2 de Fevereiro, vieram impor que os planos especiais de ordenamento do território e os planos municipais de ordenamento do território, na tríplice modalidade de planos directores municipais, planos de urbanização e planos de pormenor, sejam acompanhados das "participações recebidas em sede de discussão pública e *respectivo relatório de ponderação*" (itálico nosso).

---

[155] Cfr. S. COGNETTI, *ob. cit.*, p. 97.

[156] Cfr., sobre este ponto, R. STICH, *Planung als Weg zum Interessenausgleich: Die Bedeutung des Abwägungsgebots*, in Baurecht, 3 (1992), p. 275-287.

Também a *superação dos conflitos* de interesses tocados pelo plano é um *princípio legal* do direito do urbanismo português. De facto, o órgão com competência para elaborar e aprovar o plano urbanístico não está obrigado apenas a *ponderar com justiça* os vários conflitos de interesses. Sobre ele impende igualmente o *dever de superação dos conflitos do plano* (*Gebot der planerischen Konfliktbewältigung*). Na verdade, deve exigir-se que todo o plano urbanístico ultrapasse ou vença os conflitos de interesses que nele se repercutem, tanto os conflitos de interesses já existentes à data da sua entrada em vigor, como aqueles que têm a sua génese no plano. Não faria, com efeito, sentido, que o plano não tomasse uma posição sobre os conflitos de interesses ou não lhes desse uma resposta. A *superação dos conflitos* é vista, assim, como uma *tarefa*, um *objecto* ou um *fim* do plano[157]. Ora, a ideia de que o plano deve superar os conflitos de interesses está subjacente ao artigo 9.º do RJIGT, embora este preceito utilize o vocábulo "graduação" como epígrafe. Nele se determina, que "nas áreas territoriais em que convirjam interesses públicos entre si incompatíveis deve ser dada prioridade àqueles cuja prossecução determine o mais adequado uso do solo, em termos ambientais, económicos, sociais e culturais" (n.º 1); que a prossecução dos interesses respeitantes à defesa nacional, à segurança, à saúde pública e à protecção civil tem prioridade sobre os demais interesses públicos (n.º 2); e que a "alteração da classificação do solo rural para solo urbano depende da comprovação da respectiva indispensabilidade económica, social e demográfica" (n.º 3).

A "obrigação de ponderação" dos diferentes interesses tocados pelo plano urbanístico justifica que lhe dediquemos mais algumas linhas. Para esse efeito, vamos socorrer-nos de algumas fontes da literatura jurídica alemã, onde se podem encontrar importantes reflexões

---

[157] Cfr. B. M. GROH, *Konfliktbewältigung im Bauplanungsrecht (Umweltsschutz durch Bebauungsplanung und Anlagengenehmigungsrecht)*, Düsseldorf, Werner, 1988, p. 38-46; U. BATTIS, *Öffentliches Baurecht und Raumordnungsrecht*, cit., p. 103; M. KRAUTZBERGER, in BATTIS/KRAUTZBERGER/LÖHR, *ob. cit.*, § 1.º, p. 70; C. SEILER-DÜRR, *ob. cit.*, p. 43; F. STOLMANN, *ob. cit.*, p. 68; e H. DÜRR, *ob. cit.*, p. 42.

sobre a matéria – reflexões essas produzidas à volta do § 1.°, n.° 7, do *Baugesetzbuch*, nos termos do qual "na formação dos planos urbanísticos os interesses públicos e privados devem ser ponderados com justiça uns em face dos outros e uns com os outros"[158].

A obrigação de ponderação é considerada, no direito alemão, como a obrigação central da actividade de planificação num Estado social de direito, afirmando-se que, sem a justa ponderação, não é possível falar de uma planificação de um Estado de direito[159].

A ponderação deve conduzir a uma *fusão (Einschmelzung)* e a um *entrelaçamento (Bündelung)* de todos os interesses urbanisticamente relevantes atingidos pelo plano *(função de perequação ou de compensação do plano urbanístico – Ausgleichsfunktion der Bauleitplanung)*[160]. O plano urbanístico apresenta-se, assim, na expressão do Tribunal Administrativo Federal alemão, não só como um *procedimento de ponderação,* mas também como uma "determinação do peso (relativo) dos interesses a ponderar"[161]. Ele é, por isso, um *procedimento de compensação ou um compromisso* entre os diferentes interesses tocados pelo plano[162].

Segundo a jurisprudência do *Bundesverwaltungsgericht* alemão, a "obrigação de ponderação" apresenta-se não só como um *procedimento de ponderação (Abwägungsvorgang),* que diz respeito ao procedimento de elaboração do plano, e que constitui a sua *componente dinâmica,* mas também como um *resultado da ponderação (Abwägungsergebnis),* que se refere ao conteúdo do plano, e constitui a sua *componente estática*[163].

---

[158] O texto em língua alemã é o seguinte: "Bei der Aufstellung der Bauleitpläne sind die öfftentlichen und privaten Belange gegeneinander und untereinander gerecht abzuwägen". Cfr. M. KRAUTZBERGER, in BATTIS/KRAUTZBERGER/LÖHR, *Baugesetzbuch,* cit., § 1.°, p. 19.

[159] Cfr. U. BATTIS, *Öfftentliches Baurecht und Raumordnungsrecht,* cit., p. 97.

[160] Cfr. E. SCHMIDT-ASSMANN, in ERNST/ZINKAHN/BIELENBERG, *ob. cit.,* § 1.°, p. 226.

[161] Cfr. citação em M. KRAUTZBERGER, in BATTIS/KRAUTZBERGER/LÖHR, *ob. cit.,* § 1.°, p. 60.

[162] Cfr. M. KRAUTZBERGER, *ob. e loc. cits..*

[163] Cfr. W. BROHM, *ob. cit.,* p. 242; U. BATTIS, *Öfftentliches Baurecht und Raumordnungsrecht,* cit., p. 98; e M. KRAUTZBERGER, in BATTIS/KRAUTZBERGER//LÖHR, *ob. cit.,* § 1.°, p. 60.

Por outras palavras, o dever que impende sobre o órgão com competência de planificação de ponderar todos os interesses com repercussão no plano dirige-se tanto ao *plano como procedimento (Plan als vorgang)*, como ao *plano como produto deste procedimento (Plan als Produkt dieses vorgang)* [164].

Para que a referida obrigação seja respeitada, não basta que o conteúdo do plano urbanístico se apresente aceitável, devido ao facto de ser um produto da consideração de todos os interesses em jogo, é necessário também que no procedimento da sua elaboração tenha ocorrido uma justa ponderação entre os diferentes interesses.

A distinção operada na literatura jurídica alemã entre *resultado* e *procedimento* da ponderação relaciona-se com o princípio segundo o qual a Administração está dotada de uma margem de discricionaridade no momento em que chega a um resultado na avaliação dos interesses já adquiridos e seleccionados, mas está desprovida de idêntica margem de apreciação na selecção e organização dos interesses ao longo do procedimento, antes da avaliação final [165]. Esta separação entre "procedimento" e "resultado" está na base da distinção realizada pela jurisprudência entre "vícios da ponderação inerentes ao procedimento" (*Abwägungsfehler als Vorgang*) e "vícios da ponderação inerentes ao resultado" (*Abwägungsfehler als Ergebnis*). Em relação aos primeiros, o controlo jurisdicional não sofre restrições, estando aberto a qualquer indagação para a completa determinação das causas que os possam ter produzido. Os segundos, ao contrário, estão sujeitos a um controlo jurisdicional limitado, uma vez que tais vícios dizem respeito à escolha discricionária da Administração [166].

O procedimento de ponderação subdivide-se, de acordo com a jurisprudência *do Bundesverwaltungsgericht*, na denominada "recolha do material de ponderação" (*Zusammenstellung des Abwägungsmaterials*),

---

[164] Cfr. H.-J. KOCH, *Das Abwägungsgebot im Planungsrecht,* in DVBl, 1983, p. 1127; K. GELZER/H.-J. BIRK, *Bauplanungsrecht,* 5. Aufl., Köln, O. Schmidt, 1991, p. 22; W. ERNST/W. HOPPE, *ob. cit.*, p. 165 e 166; e G. SCHMIDT-EICHSTAEDT, *Einführung in das neue Städtebaurecht*, Stuttgart, Kohlhammer, 1987, p. 109 e 110.

[165] Cfr. S. COGNETTI, *ob. cit.*, p. 105.

[166] Para mais desenvolvimentos, cfr. S. COGNETTI, *ob. cit.*, p. 106 e segs..

isto é, no carrear dos interesses que devem ser considerados na "avaliação", e na "ponderação em sentido estrito" (*Abwägung in engeren Sinne*), ou seja, na decisão sobre a prioridade a atribuir a cada um dos interesses[167]. A compilação ou recolha daquele material é realizada pelo município que, de acordo com as circunstâncias objectivas, decide sobre quais os interesses dignos de ponderação.

HOPPE/BÖNKER/GROTEFELS analisam, com inusitada profundidade, a *estrutura da ponderação como método de decisão* e consideram que a *ponderação da planificação urbanística* abrange *quatro fases*. A primeira consiste no processo de *pesquisa* (*Ermittlung*) dos interesses relevantes para a ponderação. Traduz esta pesquisa a recolha, com base numa *selecção grosseira* (*Grobselektion*), dos interesses actuais e futuros relevantes para a ponderação com repercussão na ocupação, uso e transformação do solo. A mesma está sujeita à *obrigação de recolha do material de ponderação relevante para a ponderação* (*Gebot der Zusammenstellung des abwägungsrelevanten Abwägungsmaterials*). Os interesses futuros devem ser averiguados através de *prognoses*, isto é, decisões sobre a probabilidade da verificação de um acontecimento ou sobre o desenvolvimento de um facto num futuro determinado.

A segunda fase é constituída pelo processo de *incorporação* (*Einstellung*) dos interesses na ponderação. A *incorporação* abrange todos os interesses actuais e futuros que, *de acordo com a situação concreta* (*nach Lage der Dinge*), devem ser considerados na ponderação. A incorporação dos interesses que devam ser considerados concretamente baseia-se, agora, numa *selecção fina* (*Feinselektion*) dos interesses.

A terceira fase caracteriza-se pelo processo de *avaliação* ou de *determinação do peso* (*Gewichtung*) dos interesses incorporados na ponderação. A cada interesse deve ser atribuído um peso objectivo, de acordo com os dados factuais e jurídicos. Avaliar objectivamente um interesse significa "medir o peso de um interesse de modo real, imparcial e independente". Para este efeito, pode o legislador fixar heteronomamente *critérios de avaliação*.

---

[167] Cfr. K. GELZER/H.-J. BIRK, *ob. cit.*, p. 22; e M. KRAUTZBERGER, *ob. cit.*, § 1.°, p. 60 e 61.

A quarta fase consiste no processo de *compromisso* dos interesses concorrentes e conflituantes na decisão de planificação. Pode dizer-se que as três primeiras fases preparam esta última fase, que é a decisão da planificação. Por isso, enquanto as três primeiras fases representam a preparação das bases da decisão, a quarta fase é a fase da *decisão*, da *realização* e do *querer* (*der Dezision, der Gestaltung und der Wollens*), a qual traduz o *resultado da ponderação*, através da decisão de planificação.

As três primeiras fases caracterizam-se como processos de *obtenção de informação* e de *assimilação de informação*, que precedem e preparam a decisão. Como *informação* devem ser considerados os complexos de interesses e de factos que são relevantes para a formulação de uma decisão. A obtenção de informação, a assimilação de informação e a decisão estão, assim, estreitamente interligadas.

A pesquisa do material de ponderação (primeira fase), como obtenção de informação, conduz à incorporação dos interesses (segunda fase), enquanto assimilação de informação. A incorporação dos interesses na ponderação desempenha uma *função de articulação* (*Gelenkfunktion*) entre a obtenção de informação e a avaliação dos interesses (terceira fase). A incorporação dos interesses é o "*buraco da agulha*" ("*Nadelöhr*"), através do qual os interesses entram no processo de avaliação e, por fim, na decisão de compromisso dos interesses. Os interesses recolhidos, incorporados e avaliados constituem a base da decisão de planificação (quarta fase). As quatro fases em que se decompõe a ponderação estão, deste modo, intimamente ligadas entre si e influenciam-se reciprocamente[168].

O Tribunal Administrativo Federal tem-se preocupado em definir a noção de "interesses relevantes para fins de ponderação" (*Abwägungserhebliche Interessen*), especificando que o grau de relevância depende do facto de um interesse ser "atingido" (*betroffen*), isto é, "tocado de um modo considerável em sentido jurídico-planificatório", ou ainda do facto de "a planificação incidir sobre tal interesse de um modo apreciável, em sentido planificatório". Ao contrário, "um interesse que não seja tocado pela planificação de um modo considerável pode

---

[168] Cfr. HOPPE/BÖNKER/GROTEFELS, *ob. cit.*, p. 165-167.

ser posto de lado na decisão planificatória"[169]. Podem, por isso, ser excluídos da ponderação os interesses que forem atingidos pelo plano "de modo insignificante", que sejam "objectivamente de valor modesto" e os que não forem afectados num "prazo previsível"[170]. Interesses da mesma natureza podem ser ou não considerados como *essenciais* à planificação. De facto, não é apenas a natureza intrínseca da situação a ditar o critério da sua relevância, mas também o contexto particular em que tal situação se insere no decurso da planificação[171].

Tendo em conta o exposto, o *Bundesverwaltungsgericht* considerou, em Sentença de 9 de Novembro de 1979, que a "relevância dos interesses" deve ser avaliada com base nas seguintes características: a) que os interesses não sejam insignificantes; b) que a verificação da lesão seja, pelo menos, provável; c) e, sobretudo, que o interesse seja objectivamente *reconhecível* pela autoridade que procede à planificação, no momento da decisão planificatória, como *relevante* para a ponderação. É essencialmente neste terceiro requisito que se centra a "obrigação de ponderação", ou seja, no nexo *"evidência-relevância"* dos interesses, e do qual emerge o significado da participação (dos "cidadãos" e dos "portadores dos interesses públicos") no procedimento de formação do plano urbanístico. Na mesma sentença, o *Bundesverwaltungsgericht* aclarou o significado da *participação* dos cidadãos no que diz respeito à "recolha do material de ponderação", referindo que "aquilo que a autoridade de planificação não vê e aquilo que, segundo as circunstâncias, não tem necessidade de ver não pode ser ponderado", uma vez que "a participação tem a função de evidenciar à autoridade planificadora os interesses lesados". Consequentemente, "se o seu titular não cuidou de indicá-los à Administração, a obrigação de ponderação subsiste apenas quando a situação de lesão *deva impor-se* à atenção da própria autoridade"[172].

---

[169] Cfr. S. COGNETTI, *ob. cit.*, p. 118 e segs..

[170] Cfr. M. KRAUTZBERGER, *ob. cit.*, § 1.º, p. 70 e 71; e W. BROHM, *ob. cit.*, p. 246.

[171] Cfr. S. COGNETTI, *ob. cit.*, p. 123.

[172] Cfr. M. KRAUTZBERGER, *ob. cit.*, § 1.º, p. 70 e 71; W. BROHM, *ob. cit.*, p. 246; e S. COGNETTI, *ob. cit.*, p. 124.

O Tribunal Administrativo Federal, na Sentença de 11 de Dezembro de 1969, estabeleceu que a "obrigação de ponderação" é violada numa das seguintes hipóteses – orientação que aparece confirmada em todas as decisões posteriores do mesmo Tribunal: 1) quando não tem lugar uma adequada ponderação – *falta de ponderação (Abwägungsausfall)*; 2) quando na ponderação não são incluídos interesses que, de acordo com as circunstâncias objectivas, deveriam ter sido incluídos – *défice de ponderação (Abwägungsdefizit)*; 3) quando não é reconhecida na ponderação a relevância dos interesses privados atingidos – *falta de avaliação na ponderação (Abwägungsfehleinsschätzung)*; 4) quando, na perequação entre os interesses, os interesses públicos são preferidos, de modo desproporcionado, em relação aos interesses privados – *desproporcionalidade da ponderação (Abwägungsdisproportionalität)*[173]. A obrigação mencionada não é, todavia, violada se o município, perante a colisão entre interesses diferentes, atribuir *preferência* a um e, consequentemente, *preterir* outro. Na verdade, como refere o citado Tribunal, a *preferência* e a *preterição* de determinados interesses surgem como uma *decisão elementar do plano (elementare planerische Entschliessung)*[174].

A "obrigação" de que estamos a tratar apresenta-se como uma *ponderação diferenciada*[175], que abrange três níveis: entre os diferentes interesses públicos; entre os interesses públicos e os interesses privados; e entre os vários interesses privados. Todos estes interesses são ponderados *uns em face dos outros (gegeneinander)* e *uns com os outros*

---

[173] Cfr. M. GUBELT, *Fälle zum Bau-und Raumordnungsrecht*, 3.ª ed., München, Beck, 1987, p. 23, nota 20; W. HOPPE/H. W. RENGELING/O. DAHL, *Die Kommunale Bauleitplanung*, Stuttgart. München. Hannover, Boorberg, 1973, p. 35-37; W. HOPPE, *Die Schranken der planerischen Gestaltungsfreiheit*, in Baurecht, 1 (1970), p. 17; H.-J. PAPIER, *Die rechtlichen Grenzen der Bauleitplanung*, in DVBl, 1975, p. 461; U. BATTIS, *Öffentliches Baurecht*, cit., p. 101; K. GELZER/H.-J. BIRK, *ob. cit.*, p. 23-25; G. SCHMIDT-EICHSTAEDT, *ob. cit.*, p. 110; M. KRAUTZBERGER, *ob. cit.*, § 1.º, p. 63; W. BROHM, *ob. cit.*, p. 242 e 243; H. DÜRR, *ob. cit.*, p. 42-46; F. STOLMANN, *ob. cit.*, p. 63-67; e C. SEILER-DÜRR, *ob. cit.*, p. 44-47.

[174] Cfr. M. KRAUTZBERGER, *ob. cit.*, § 1.º, p. 60.

[175] Cfr. E. SCHMIDT-ASSMANN, in ERNST/ZINKAHN/BIELENBERG, *ob. cit.*, § 1.º, p. 231; e W. HOPPE/H.-W. RENGELING/O. DAHL, *ob. cit.*, p. 32.

(untereinander). No dizer de M. KRAUTZBERGER, a primeira expressão significa que não existe qualquer *ordem de dignidade* entre os interesses, os quais devem ser avaliados de acordo com as *circunstâncias concretas*. A segunda locução tem o sentido de que devem ser avaliados os diferentes pontos de vista ou as várias perspectivas incluídas nos interesses[176-177].

19.4.1. *Ponderação entre os interesses públicos e privados colidentes. Remissão*

Os "interesses privados" mais importantes que devem ser considerados na ponderação, em confronto com os interesses públicos, são os dos proprietários dos terrenos, que aspiram legitimamente a que estes sejam considerados pelo plano como terrenos com vocação edificatória.

Não vamos, neste momento, versar a problemática da ponderação dos "interesses privados" no plano, uma vez que, segundo pensamos, o local mais adequado para o tratamento desta problemática é o número dedicado à exposição dos princípios jurídicos fundamentais ou estruturais dos planos como limites à discricionariedade de planeamento.

19.4.2. *Ponderação dos interesses públicos entre si*

Os interesses públicos determinantes para o ordenamento e desenvolvimento urbanísticos e que devem ser tidos em conta pelo plano apresentam-se muitas vezes conflituantes e contraditórios.

---

[176] Cfr. in BATTIS/KRAUTZBERGER/LÖHR, *ob. cit.*, § 1.º, p. 61.

[177] A obrigação de o plano realizar uma contextual ponderação dos interesses públicos e privados nele coenvolvidos – a qual deriva, segundo F. SALVIA//F. TERESI, do carácter "totalizante" do plano regulador geral do direito italiano – representa, por si mesma, uma garantia da *imparcialidade* da acção pública, perante a qual a multiplicidade dos interesses se coloca originariamente (ou deveria colocar-se) numa situação de "indiferença". Cfr. F. SALVIA/F. TERESI, *ob. cit.*, p. 78 e 79.

Assim, o interesse público da boa ordenação do trânsito pode entrar em choque com o interesse público da protecção do património histórico construído e da protecção da paisagem, se, por exemplo, o alargamento das estradas ou das ruas ou a construção de uma zona de parqueamento de automóveis exigirem a demolição de edifícios de valor arquitectónico ou a agressão da paisagem. De modo idêntico, a satisfação das necessidades de habitação, através da construção de novos bairros, pode acarretar a produção de danos de natureza paisagística. Acresce que o interesse público da manutenção ou da criação de postos de trabalho pode exigir a criação ou a implantação de indústrias, que vão entrar em conflito com o interesse público da protecção do meio ambiente.

Compete aos órgãos administrativos competentes, na elaboração dos planos, decidir sobre qual ou quais dos interesses públicos contraditórios devem ter preferência. Todavia, o artigo 9.º do Decreto--Lei n.º 380/99 contém, como vimos, algumas *directivas de ponderação* (*Abwägungsdirektiven*), isto é, um conjunto de critérios que devem ser seguidos pela Administração na preferência a atribuir no caso de interesses públicos conflituantes. A jurisprudência alemã ensina-nos, a este propósito, que a decisão do órgão com competência de planificação não enferma de qualquer vício se se justificar, com base em *fundamentos suficientemente importantes e orientados pelos fins do plano,* a preterição de um interesse em benefício do outro. Todavia, a avaliação feita pelo órgão que aprova o plano violará a "obrigação de ponderação", se um interesse for colocado de parte *de modo desproporcional* e *injustificável*[178].

19.4.3. *Ponderação dos interesses privados entre si*

O plano urbanístico deve também *vencer* ou *ultrapassar* os conflitos de interesses privados que emergem da sua elaboração. De facto,

---

[178] Cfr. M. KRAUTZBERGER, *ob. cit.*, § 1.º, p. 60; E. SCHMIDT-ASSMANN, in ERNST/ZINKAHN/BIELENBERG, *ob. cit.*, § 1.º, p. 231 e 232; e W. HOPPE/H.-W. RENGELING/O. DAHL, *ob. cit.*, p. 32 e 33.

os interesses privados podem divergir uns dos outros, porque, por exemplo, os proprietários têm *concepções* diferentes a propósito da planificação de uma área destinada à habitação: uns pretendem habitações unifamiliares (vivendas), ao passo que outros desejam habitações em propriedade horizontal. Conflitos de interesses surgem também naqueles casos em que uma parte dos proprietários deseja que uma zona continue a ter um destino ou uma utilização agrícola, enquanto outros aspiram a que os terrenos se transformem em áreas de construção.

Resultam especiais dificuldades para uma "justa ponderação" entre os interesses privados conflituantes naquelas hipóteses em que o plano admite utilizações diferentes umas ao lado das outras, isto é, *utilizações que se prejudicam mutuamente,* em particular, habitações, indústrias, comércios e áreas agrícolas situadas umas junto das outras. Tais hipóteses constituem aquilo que é denominado na literatura jurídica alemã por *mistura de situações (Gemengelagen)*[179]. Sobre esta matéria, a jurisprudência do Tribunal Administrativo Federal alemão desenvolveu o *princípio da separação das utilizações incompatíveis (Grundsatz der Trennung von unverträglichen Nutzungen),* estabelecendo que um elemento essencial do desenvolvimento urbanístico ordenado e, por isso, "um princípio elementar da planificação urbanística" é o de que "as áreas de habitação e as áreas industriais que são por sua natureza poluidoras do ambiente devem distanciar-se o mais possível umas das outras"[180]. Para expressar esta ideia de que há alguns interesses que

---

[179] Cfr. M. KRAUTZBERGER, *ob. cit.,* § 1.º, p. 66-68.

[180] Cfr. M. KRAUTZBERGER, *ob. cit.,* § 1.º, p. 70 e 71. Note-se, porém, que este "princípio fundamental da separação de utilizações incompatíveis entre si" não pode valer sem limites. Estes derivam, em primeiro lugar, do facto já mencionado de as normas jurídicas respeitantes ao plano não concederem de antemão, salvo raras excepções, qualquer preferência a um interesse em face de outro. Em segundo lugar, resultam das exigências de o plano se adequar à situação existente no momento da sua entrada em vigor, designadamente ao facto de já existirem indústrias, habitações, áreas comerciais e áreas agrícolas localizadas umas junto das outras. Isto não impede que o plano consagre medidas de renovação urbana para uma área, prevendo, entre outras acções, a deslocalização de unidades industriais poluentes ou perigosas para zonas exteriores às cidades.

devem ter um peso especial na ponderação e ainda que determinados interesses só podem ser preteridos por outros em situações excepcionais vem a jurisprudência e a doutrina germânicas mais recentes utilizando o conceito de *obrigação de optimização* (*Optimierungsgebot*) do plano – obrigação esta que, segundo W. BROHM, deve ser considerada como uma linha orientadora da planificação para a ponderação (*Planungsleitlinie für die Abwägung*)[181], cujo significado é o de exigir que o plano adopte as melhores soluções, evitando a mistura de utilizações urbanisticamente incompatíveis.

A ponderação dos interesses privados uns em face de outros e uns com os outros deve ter como finalidade realizar uma "perequação ou um equilíbrio de interesses". Daí que os interesses privados afectados pelo plano não possam ser tratados *de modo desigual*, sem um fundamento objectivo, devendo na elaboração do plano ser dada especial ênfase à *obrigação constitucional da igualdade de tratamento*. Assim, o plano, ao fixar zonas para arruamentos e sistemas de comunicação, numa área a urbanizar, deve pautar-se pelo princípio da *produção de encargos o mais possível igual* em relação aos portadores de interesses privados.

O *Bundesgerichtshof* alemão, na sua Sentença de 13 de Maio de 1974, decidiu que "a justa ponderação dos interesses privados uns com os outros exige, em princípio, uma repartição dos encargos o mais possível igual", objectivo que nem sempre pode ser conseguido, "mas que em todo o caso deve servir de *quadro de orientação* (*Leitbild*) do plano"[182].

---

[181] Cfr. W. BROHM, *ob. cit.*, p. 230, 231, 258 e 259; e M. KRAUTZBERGER, *ob. cit.*, § 1.º, p. 66.

[182] Cfr. E. SCHMIDT-ASSMANN, in ERNST/ZINKAHN/BIELENBERG, *ob. cit.*, § 1.º, p. 239 e 240. Este autor observa que a *obrigação da mais possível igualdade de encargos* (*Gebot möglichster Lastengleichheit*) não pode levar a um "esquematismo" na concepção do plano. Referindo que a especial situação territorial do imóvel exige muitas vezes diferenciações no plano e que o artigo 3.º, n.º 1, da *Grundgesetz* não se opõe, antes pode exigir autorizações de utilização diferentes, opina que o essencial para que o princípio da igualdade não seja infringido é que a diferenciação seja justificada objectivamente. Cfr. *ob. cit.*, § 1.º, p. 240.

Mais tarde, teremos oportunidade de sublinhar que esta concepção respeitante às relações entre o princípio da igualdade e o plano urbanístico é muito res-

20. As relações entre os planos e a conjugação ou harmonização entre as respectivas normas

Tivemos ensejo de escrever, mais acima, que da existência, consagrada no artigo 65.º, n.ºs 2, alínea a), 4 e 5, da Constituição, de uma pluralidade de planos territoriais deriva necessariamente o princípio constitucional da conjugação ou da harmonização entre as normas dos planos, o qual visa obstaculizar os conflitos ou colisões entre as mesmas.

Agora, é ocasião de abordar a problemática das relações entre as normas dos planos e de referir, com algum desenvolvimento, os instrumentos ou mecanismos consagrados pelo legislador para evitar e resolver as colisões de normas das diferentes espécies de planos.

20.1. *Os princípios regentes das relações entre as normas dos planos*

O aparecimento de conflitos, de colisões ou de antinomias entre normas dos planos tem como causas específicas a existência de diversos tipos de planos que se sobrepõem territorialmente, da competência de uma pluralidade de órgãos administrativos, a diversidade de contextos em que os vários tipos de planos são elaborados e, bem assim, a ausência, no nosso ordenamento jurídico urbanístico, de uma relação de necessidade entre os planos, podendo um plano hierarquicamente inferior e abrangente de uma área restrita preceder temporalmente um plano hierarquicamente superior e incidente sobre uma área mais vasta [183].

Têm sido, tradicionalmente, apontados como *critérios* de resolução de conflitos de normas o critério *cronológico* (de acordo com o princípio "*lex posterior derogat legi priori*"), o critério da *especialidade* (com base no princípio "*lex specialis derogat legi generali*"), o critério da

---

trita e incapaz de abarcar os diferentes domínios de relevância do princípio da igualdade em face do plano urbanístico.

[183] Cfr., sobre este ponto, JOÃO MIRANDA, *ob. cit.*, p. 147 e 148.

hierarquia (segundo o princípio "*lex superior derogat legi inferiori*") e o critério da *competência* (baseado na repartição constitucional e legal de competências normativas)[184].

Nenhum dos princípios ou critérios enunciados se aplica *qua tale*, nas relações entre os planos, cuidando o legislador de tecer uma trama de relações entre eles, que obedece a um conjunto específico e complexo de princípios.

O princípio mais importante disciplinador das relações entre os vários instrumentos de gestão territorial é o *princípio da hierarquia*. Princípio este que, de harmonia com os oportunamente citados preceitos da LBPOTU e do RJIGT, não deve ser entendido, em termos gerais, de forma *rígida*, mas de forma *flexível* ou *mitigada*, devendo ser conjugado com o princípio da *coordenação das intervenções* das várias entidades responsáveis pela elaboração e aprovação dos diferentes instrumentos de gestão territorial, plasmado nos artigos 20.° a 22.° do RJIGT[185] – *princípio da hierarquia mitigada* que o próprio legislador proclamou, no exórdio do Decreto-Lei n.° 316/2007, de 19 de Setembro, como princípio regente das relações entre instrumentos de gestão territorial. Como salienta J.-B. AUBY, "la vision pyramidale, qui consiste à percevoir le système normatif en matière d'urbanisme comme un ensemble ordonné de haut en bas, du plus large géographiquement au plus local – n'est pas conforme aux réalités d'aujourd'hui, dans lesquelles se perçoivent plutôt des rapports d'influence réciproque des différents niveaux normatifs ou, pour le dire autrement, une certaine circularité"[186].

O referido princípio não tem, como já referimos, nos casos em que comanda as relações entre diferentes tipos de planos, a mesma força vinculativa, impondo ou que o plano inferior consagre disposi-

---

[184] Cfr., sobre este ponto, JOÃO MIRANDA, *ob. cit.*, p. 149-156.

[185] Cfr. FERNANDA PAULA DE OLIVEIRA, *Os Princípios da Nova Lei do Ordenamento do Território: da Hierarquia à Coordenação*, in Revista do CEDOUA, Ano III, N.° 1 (2000), p. 21 e segs..

[186] Cfr. *Sanction de la Hiérarchie des Normes et Documents d'Aménagement et d'Urbanisme*, in L'Articulation des Règles d'Occupation des Sols en Europe, cit., p. 37 e 38.

ções *conformes* às do plano superior (*princípio da conformidade*, que traduz uma relação hierárquica mais *rigorosa* e *estreita*), ou limitando-se a exigir que o plano inferior respeite as *directivas* do superior, determinando apenas que o primeiro não contenha disposições *contrárias* ou *incompatíveis* com as do segundo (*princípio da compatibilidade*, que espelha relação hierárquica *menos exigente* e *menos apertada*).

A *flexibilidade* do princípio da hierarquia tem a sua expressão na possibilidade de, em certas condições, o plano hierarquicamente inferior incluir disposições desconformes ou incompatíveis com as do plano hierarquicamente superior preexistente, revogando ou alterando as disposições deste. Uma tal possibilidade está expressamente prevista nos artigos 80.°, n.ºˢ 1 e 5, e 25.°, n.ºˢ 2 e 3, do RJIGT[187]. Determina, na verdade, o primeiro preceito mencionado que "a ratificação pelo Governo do plano director municipal tem como efeito a derrogação das normas dos planos sectoriais e dos planos regionais de ordenamento do território incompatíveis com as opções municipais". O normativo mencionado em segundo lugar estatui que a ratificação do plano director municipal implica a revogação ou alteração das disposições dos instrumentos de gestão territorial afectados, determinando a correspondente alteração dos elementos documentais afectados, por forma a que traduzam a actualização da disciplina vigente. E a quarta norma indicada prescreve que "na ratificação de planos directores municipais e nas deliberações municipais que aprovam os planos não sujeitos a ratificação devem ser expressamente indicadas as normas dos instrumentos de gestão territorial preexistentes revogadas ou alteradas". Por sua vez, o preceito mencionado em terceiro lugar determina, na parte que interessa aqui considerar,

---

[187] Refutando o entendimento de que as relações entre planos se regem por um princípio da hierarquia, ainda que mitigado, e defendendo a ideia de que as relações entre planos, nomeadamente entre planos municipais, são regidas por um princípio de adequação funcional, que determina a aplicação exclusiva de uma único plano a cada parcela do território, de acordo com um critério de prevalência do plano de maior proximidade, cfr. CLÁUDIO MONTEIRO, *Ordenamento e Planeamento do Território*, in Revista do Departamento de Geografia e Planeamento Regional da Universidade Nova de Lisboa, N.° 7 (2003), p. 151-164.

que, quando contrariem plano sectorial ou regional de ordenamento do território preexistente, os planos especiais de ordenamento do território devem indicar expressamente quais as normas daqueles que revogam ou alteram.

O segundo *princípio* regulador das relações entre as normas dos vários planos é o princípio da *contra-corrente* (*Gegenstromprinzip*), o qual se concretiza pela obrigação de o plano hierarquicamente superior e mais amplo tomar em consideração as disposições de um plano hierarquicamente inferior e abrangente de uma área mais restrita[188]. Este princípio – que tem também uma função preventiva de colisões de disposições de planos – está expressamente contemplado, para além de outros, nos artigos 10.º, n.º 5, da LBPOTU e 20.º, n.º 2, do RJIGT. Nos termos do primeiro, "na elaboração de novos instrumentos de gestão territorial devem ser identificados e ponderados os planos, programas e projectos com incidência na área a que respeitam, já existentes ou em preparação, e asseguradas as necessárias compatibilizações". E de harmonia com o segundo, "a elaboração, aprovação, alteração, revisão, execução e avaliação dos instrumentos de gestão territorial obriga a identificar e a ponderar, nos diversos âmbitos, os planos, programas e projectos, designadamente da iniciativa da Administração Pública, com incidência na área a que respeitam, considerando os que já existam e os que se encontrem em preparação, por forma a assegurar as necessárias compatibilizações" (vejam-se, no mesmo sentido, os artigos 38.º, n.º 3, e 74.º, n.º 3, do RJIGT). O princípio da *contra-corrente* implica, assim, uma *obrigação* de *identificação* e de *ponderação* dos planos hierarquicamente inferiores preexistentes ou em elaboração por parte do plano hierarquicamente superior que esteja a ser elaborado e que abranja a área daqueles. O mesmo parece traduzir, sobretudo, uma *obrigação de procedimento,* isto é, um dever de *identificar* aqueles planos e de *ponderar* as respectivas soluções, e não tanto uma *obrigação de conteúdo,* dado que o plano hierarquica-

---

[188] Cfr. a nossa obra *O Plano Urbanístico*, cit., p. 194, nota 52, e a bibliografia aí citada. Cfr. também H. J. WOLFF/O. BACHOF/R. STOBER, *Verwaltungsrecht*, Vol. I, cit., p. 578 e 583.

mente superior pode consagrar *soluções* diferentes do preexistente plano hierarquicamente inferior, embora não o deva fazer sem uma *fundamentação adequada*[189].

O terceiro princípio regente das relações entre as normas dos planos é o *princípio da articulação*. Caracteriza-se este pela obrigação de *compatibilização recíproca* entre planos que não estão subordinados ao princípio da hierarquia, a qual se traduz na proibição da coexistência de planos que contenham disposições contraditórias. É aquele princípio que rege as relações entre dois ou mais planos sectoriais ou entre dois ou mais planos especiais que incidem sobre a mesma área territorial, os quais não podem conter normas contraditórias. Para evitar uma situação destas, o n.º 6 do artigo 23.º do RJIGT prescreve que, quando sobre a mesma área territorial incida mais do que um plano sectorial ou mais do que um plano especial, o plano posterior deve indicar expressamente quais as normas do plano preexistente que revoga, sob pena de invalidade por violação deste. E, no mesmo sentido, o n.º 2 do artigo 25.º daquele diploma legal estabelece que, quando procedam à alteração de plano especial anterior, os planos especiais de ordenamento do território devem indicar expressamente quais as normas daquele que revogam ou alteram.

O apontado *princípio da articulação* expressa também a obrigação de harmonização entre as soluções adoptadas por planos municipais aplicáveis no território de um mesmo município e que não estejam subordinados ao princípio da hierarquia (v.g., a obrigação de articulação entre as disposições de dois ou mais planos de urbanização que abranjam diferentes áreas urbanas de um mesmo município), bem como entre as prescrições dos planos municipais de

---

[189] Apesar de termos utilizado, a propósito do *princípio da contra-corrente,* a expressão "tomar em consideração", cremos que aquele princípio tem uma força jurídica menor do que a que resulta da obrigação *"de prise en compte"* ou *"de prise en considération"*, utilizada no direito francês para traduzir a relação entre certos instrumentos de planificação territorial. Cfr., sobre este ponto, H. JACQUOT, *La Notion de Prise en Compte d'un Document de Planification Spatial: Enfin une Définition Jurisprudentielle*, in DAUH, Paris, Le Moniteur, 2005, p. 71-85.

ordenamento do território que abranjam territórios de municípios vizinhos[190-191] – princípio este cuja observância era, como dissemos,

---

[190] Como tivemos ensejo de escrever noutra altura, a articulação ou harmonização entre os planos de municípios vizinhos não se deve confinar aos municípios de um país, antes deve abranger, nas zonas fronteiriças, os municípios localizados de um e de outro lado da fronteira. Concretamente nos casos de Portugal e Espanha, há uma premente necessidade de instituir formas de cooperação entre os municípios transfronteiriços no domínio específico da planificação urbanística, com vista a estabelecer um mínimo de coerência na organização dos espaços raianos. Cfr. a nossa obra *Problemas Actuais do Direito do Urbanismo*, cit., p. 29, nota 23, e a bibliografia aí citada.

Tais formas de cooperação entre os municípios transfronteiriços encontram-se, hoje, disciplinadas na Convenção-Quadro Europeia sobre a Cooperação Transfronteiriça entre as Colectividades ou Autoridades Territoriais, que entrou em vigor no nosso país em 11 de Abril de 1989, depois de ter sido aprovada, para ratificação, pelo Decreto do Governo n.º 29/87, de 13 de Agosto. Para uma análise jurídica daquela Convenção-Quadro, cfr. WLADIMIR BRITO, *A Convenção--Quadro Europeia sobre a Cooperação Transfronteiriça entre as Colectividades ou Autoridades Territoriais*, BFDUC, Studia Juridica 47, Coimbra, Coimbra Editora, 2000, p. 183 e segs..

Saliente-se que o Decreto do Presidente da República n.º 11/2003, de 1 de Março, ratificou a Convenção entre a República Portuguesa e o Reino da Espanha sobre Cooperação entre Instâncias e Entidades Territoriais, a qual foi aprovada pela Resolução da Assembleia da República n.º 13/2003, também de 1 de Março. Ora, no âmbito desta Convenção, cabe perfeitamente a articulação ou harmonização entre planos de municípios vizinhos de Portugal e de Espanha, como resulta claramente do artigo 10.º, n.º 4, alínea c), daquela Convenção Internacional.

Por último, refira-se a figura dos *Agrupamentos Europeus de Cooperação Territorial*, regidos pelo Decreto-Lei n.º 376/2007, de 8 de Novembro, que adopta as medidas necessárias para garantir a aplicação em Portugal do Regulamento (CE) n.º 1082/2006, do Parlamento Europeu e do Conselho, de 5 de Junho, os quais são pessoas colectivas públicas de natureza associativa, constituídas por entidades de dois ou mais Estados membros da União Europeia, tendo como atribuições específicas, *inter alia,* a promoção da "realização de estudos, planos, programas e projectos ou outras formas de relacionamento entre agentes, estruturas e entidades públicas susceptíveis de contribuírem para o desenvolvimento dos respectivos territórios (...)". Ora, dois ou mais municípios fronteiriços de Portugal e de Espanha podem criar um "Agrupamento Europeu de Cooperação Territorial" e incluir, nas suas atribuições, formas de articulação ou de harmonização entre os planos muni-

controlada no momento da *ratificação* pelo Governo dos planos municipais de ordenamento do território, a qual exprimia, como salientava o n.º 1 do artigo 80.º do RJIGT, antes da sua revisão pelo Decreto-Lei n.º 316/2007, de 19 de Setembro, "o reconhecimento da sua conformidade com as disposições legais e regulamentares vigentes, *bem como com quaisquer outros instrumentos de gestão territorial eficazes* [...]" (itálico nosso), e estava expressamente previsto no n.º 2 do

---

cipais pertencentes a cada um dos municípios ou mesmo a elaboração de um plano conjunto para áreas transfronteiriças.

[191] A obrigação de harmonização entre os planos de municípios vizinhos aparece-nos também no § 2.º, n.º 2, do *Baugesetzbuch* alemão. Nos termos deste preceito, devem os planos de municípios vizinhos *(die Bauleitpläne benachbarter Gemeinden)* ser harmonizados entre si. A obrigação de harmonização material entre os planos de municípios vizinhos constitui uma manifestação especial da obrigação de ponderação de interesses do plano, prevista no § 1.º, n.º 7, daquele Código. Cfr. G. GAENTZSCH, *Baugesetzbuch Kommentar*, Köln, Kohlhammer, 1991, p. 44.

Segundo a jurisprudência administrativa germânica, municípios vizinhos, para efeitos desta disposição legal, são os municípios cujos territórios confinam entre si, bem como aqueles cujos interesses são atingidos por um plano de outro município. Ao município é reconhecido um direito de participação na elaboração dos planos dos municípios vizinhos *(Anspruch auf Beteiligung)*, com a finalidade de garantir uma articulação entre as disposições dos respectivos planos. Se um município for atingido "directamente e de modo substancial" pelos efeitos de um plano de um município vizinho e tiver havido violação da obrigação de harmonização *(Abstimmungsgebot)*, goza aquele de um direito à revisão material desse plano, o qual pode ser exigido judicialmente, através de uma "acção de vizinhança entre municípios" *(zwischengemeindliche Nachbarklage* ou *Gemeindenachbarklage)*. Cfr. K. GELZER//H.-J. BIRK, *ob. cit.*, p. 18 e 19; U. BATTIS, in BATTIS/KRAUTZBERGER/LÖHR, *Baugesetzbuch*, cit., § 2.º, p. 109-112; W. BIELENBERG, in ERNST/ZINKAHN/BIELENBERG, *Baugesetzbuch*, Vol. I, München, Beck, 1990, § 2.º, p. 46-57; V. PILTZ, *Bauplanungsrecht*, 4. Auflage, Stuttgart, Kohlhammer, 1987, p. 22; e H. J. WOLFF//O. BACHOF/R. STOBER, *Verwaltungsrecht*, vol. I, cit., p. 582 e 583.

Saliente-se que a Portaria n.º 1474/2007, de 16 de Novembro, deu, na linha da anterior Portaria n.º 290/2003, de 5 de Abril, um passo tímido, ainda que importante, no sentido da *articulação* ou *harmonização* entre planos directores municipais de municípios vizinhos, ao consagrar, na alínea *c)* do n.º 1 do artigo 7.º, que a *comissão de acompanhamento* da elaboração, alteração ou revisão de um plano director municipal é composta por um *representante de cada câmara municipal dos municípios vizinhos, quando estes assim entenderem necessário*.

artigo 78.º do RJIGT, na versão anterior àquele diploma legal, na parte em que determinava que o parecer da comissão de coordenação e desenvolvimento regional que se debruçava sobre a versão final da proposta dos planos municipais de ordenamento do território incidia, *inter alia*, "sobre a articulação e coerência da proposta com os objectivos, princípios e regras aplicáveis no município, definidos por quaisquer outros instrumentos de gestão territorial eficazes" (cfr. também o n.º 2 do artigo 66.º, que continha disciplina semelhante quanto ao parecer da comissão de coordenação e desenvolvimento regional sobre a versão final da proposta de plano intermunicipal de ordenamento do território). Mas cremos que o controlo da observância do *princípio da articulação* é, na sequência das inovações trazidas ao RJIGT pelo Decreto-Lei n.º 316/2007, objecto do parecer final da comissão de coordenação e desenvolvimento regional sobre o projecto do plano director municipal, parecer esse que incide, nos termos do n.º 2 do artigo 78.º, "sobre a conformidade com as disposições legais e regulamentares vigentes e a compatibilidade ou conformidade com os instrumentos de gestão territorial vigentes".

Resulta, assim, do exposto que as relações entre os planos são muito complexas, sendo pautadas por uma *influência recíproca* entre os vários instrumentos de planeamento da responsabilidade das diferentes entidades públicas ou por uma *repercussão circular* dos planos entre si e não simplesmente por uma *influência linear*, orientada ou de cima para baixo (princípio da *hierarquia*), ou de baixo para cima (princípio da *contra-corrente*) ou, ainda, em sentido horizontal (princípio da *articulação*). Para expressar esta ideia, a doutrina alemã fala do princípio dos *fluxos recíprocos*, cujo significado é o de que deve ser criada uma relação de harmonização ou de coerência permanente entre todos os planos a todos os níveis[192].

---

[192] Cfr. por todos, M. ROSSI, *Vue d'Ensemble sur la Planification Spatiale*, in Le Contenu des Plans d'Urbanisme et d'Aménagement dans les Pays d'Europe de l'Ouest, Colloque International de Genève-Lausanne, Les Cahiers du GRIDAUH, N.º 15 (2006), p. 157.

20.2. *As relações entre os vários tipos de planos territoriais*

Apresentados os princípios regentes das relações entre as normas dos planos, estamos, agora, em condições de analisar as relações entre os vários tipos de planos territoriais[193].

Importa referir, desde já, que o legislador nem sempre é claro e rigoroso no manuseamento dos princípios e dos conceitos acima enunciados. Daí que tenhamos necessidade de apontar, em relação a algumas normas legais, certas deficiências e incorrecções.

1. Comecemos, num primeiro momento, por analisar as relações entre o PNPOT e os outros instrumentos de gestão territorial e, num segundo momento, por destacar o PNPOT como instrumento de coerência de todo o sistema de gestão territorial.

1.1. Uma análise das relações entre o PNPOT e os outros instrumentos de gestão territorial não pode deixar de ter como ponto de partida a caracterização das disposições daquele instrumento de ordenamento do território. E não pode, também, deixar de tomar em consideração os objectivos e as características de cada um dos instrumentos de gestão territorial que se relacionam com o PNPOT. Notas típicas das disposições do PNPOT são a sua *elevada imprecisão*, o seu acentuado *grau de abstracção* e a sua *fraca densidade normativa*.

Com elas queremos significar que o PNPOT limita-se a estabelecer as *grandes opções* com relevância para a organização do território nacional e a consubstanciar o *quadro de referência* a considerar na elaboração dos demais instrumentos de gestão territorial (cfr. o artigo 26.º do RJIGT), a definir as *orientações e opções* para a elaboração de novos planos sectoriais e planos regionais de ordenamento do território (cfr. o artigo 4.º, n.º 3, da Lei n.º 58/2007, de 4 de Setembro, que aprovou o PNPOT), bem como as *directrizes* e o *quadro estratégico* a concretizar pelos novos planos municipais e intermunicipais de ordenamento do território (cfr. os artigos 24.º, n.ºs 1 e 2, do RJIGT

---

[193] Cfr., sobre esta problemática, JOÃO MIRANDA, *ob. cit.*, p. 156-163; e FERNANDO CONDESSO, *ob. cit.*, p. 233-236.

e 4.º, n.º 3, da Lei n.º 58/2007), e a estabelecer os *princípios* e as *regras orientadoras* da disciplina a definir por novos planos especiais de ordenamento do território (cfr. o artigo 4.º, n.º 4, da Lei n.º 58/2007).

As disposições do PNPOT, cuja caracterização genérica vem de ser apresentada, constam do *Relatório* e do *Programa de Acção*. O primeiro descreve o enquadramento do País no contexto ibérico, europeu e mundial, procede à caracterização das condicionantes, problemas, tendências e cenários de desenvolvimento territorial de Portugal, identificando os 24 principais problemas para o ordenamento do território, que fundamentam as opções e as prioridades da intervenção em matéria de ordenamento do território, e procede ao diagnóstico das várias regiões, fornecendo opções estratégicas territoriais para as mesmas e estabelecendo um modelo de organização espacial (cfr. o artigo 1.º, n.º 3, da Lei n.º 58/2007). O segundo concretiza a estratégia de ordenamento, desenvolvimento e coesão territorial do País, em coerência com outros instrumentos estratégicos, designadamente com o Quadro de Referência Estratégico Nacional (QREN) para o período de 2007 a 2013, através da definição de orientações gerais, de um conjunto articulado de objectivos estratégicos, que se desenvolvem através objectivos específicos e de medidas prioritárias, e prevê a coordenação da gestão territorial (cfr. o artigo 1.º, n.º 4, da Lei n.º 58/2007).

As notas características anteriormente apontadas às disposições do PNPOT não põem em causa a *superioridade hierárquica* do PNPOT em face dos restantes instrumentos de gestão territorial. Uma tal *superioridade hierárquica* é pautada pelo *princípio da compatibilidade,* cujo sentido é o de que os instrumentos de gestão territorial em vigor à data da publicação do PNPOT, bem como aqueles que vierem a ser elaborados ou revistos no futuro estão sujeitos a uma *obrigação de compatibilidade* com as disposições do PNPOT.

O princípio da superioridade hierárquica do PNPOT perante os demais instrumentos de gestão territorial está claramente consagrado, em relação aos já existentes, no artigo 4.º, n.º 2, da Lei n.º 58/2007, de 4 de Setembro, o qual determina que "o PNPOT prevalece sobre todos os demais instrumentos de gestão territorial em vigor" – princípio este que é reforçado pela segunda parte do n.º 4 do artigo 4.º da Lei n.º 58/2007, que prescreve que o PNPOT "implica a alteração dos planos especiais de ordenamento do território preexistentes que com o mesmo não se compatibilizem". Mas o mesmo princípio aplica-se também aos novos instrumentos de gestão territorial, uma vez que, nos termos dos n.ᵒˢ 3 e 4 do artigo 4.º da Lei n.º 58/2007, "o PNPOT define as orientações e opções para a elaboração de novos planos sectoriais e planos regionais de ordenamento do território, bem como o quadro estratégico a concretizar pelos planos municipais e intermunicipais de ordenamento do território" e "estabelece os princípios e as regras orientadoras da disciplina a definir por novos planos especiais de ordenamento do território".

A expressão utilizada no n.º 4 do artigo 10.º da LBPOTU, no artigo 23.º, n.º 1, do RJIGT e no artigo 4.º, n.º 1, da Lei n.º 58//2007, nos termos da qual o PNPOT, os planos sectoriais, os planos especiais de ordenamento do território e os planos regionais de ordenamento do território traduzem ou devem traduzir um *compromisso recíproco de compatibilização das respectivas opções* (itálico nosso), não parece, assim, espelhar correctamente as relações entre o PNPOT e aqueles instrumentos de gestão territorial. Com efeito, se pode falar--se de um *compromisso recíproco de compatibilização* das opções destes instrumentos de gestão territorial, isso é o *resultado* da aplicação dos princípios que regem as relações entre as disposições dos mesmos, designadamente do *princípio da hierarquia*.

Importa sublinhar que são as *características* das disposições do PNPOT acima indicadas – ou, dizendo as coisas de outro modo, a *própria substância* das suas disposições – que justificam que a sua força vinculativa em face dos demais instrumentos de gestão territorial seja comandada pelo *princípio da compatibilidade,* o qual é menos exigente ou rigoroso que o *princípio da conformidade*. De facto, enquanto a relação de conformidade exclui qualquer diferença entre os elementos de comparação – precisamente os elementos a respeitar, de um lado, e do outro, os elementos subordinados, que devem ser conformes aos primeiros –, a relação de compatibilidade exige somente que não haja contradição entre eles.

Se o PNPOT se limita a estabelecer *orientações* e *opções, directrizes* e *princípios* e *regras orientadoras,* compreende-se que as entidades que elaboram e aprovam instrumentos de planeamento hierarquicamente inferiores ao PNPOT disponham de um amplo poder discricionário na escolha das soluções que dizem respeito ao ordenamento do espaço, sendo-lhe vedadas apenas aquelas que contrariarem as directivas do PNPOT, que ponham em causa as opções fundamentais nele condensadas ou que impeçam a concretização do modelo de organização espacial nele traçado [194].

Note-se, porém, que a circunscrição das disposições do PNPOT ao estabelecimento das *grandes opções* e *orientações* quanto ao ordenamento do território não se fundamenta unicamente em *razões técnicas*, dada a dificuldade, se não mesmo impossibilidade, de, a nível nacional, se definirem normas concretas e detalhadas sobre a ocupação, uso e transformação do solo. Baseia-se também em *razões jurídico-constitucionais*, relacionadas com a repartição constitucional de atribuições e competências entre o Estado, as Regiões Autónomas dos Açores e da Madeira e as autarquias locais, em especial os municípios, ínsita no artigo 65.°, n.° 4, da Lei Fundamental, e decorrente dos princípios constitucionais da *autonomia político-administrativa* das regiões autónomas e da *autonomia* e da *descentralização administrativa* das autarquias locais (cfr. os artigos 6.°, 225.° a 234.° e 235.° a 243.° da Constituição).

Por isso, se os municípios, ao elaborarem e aprovarem os seus planos, não podem contrariar as *opções* e *orientações* constantes do PNPOT – e discurso similar pode ser feito em relação às *opções* e *orientações* constantes dos planos regionais de ordenamento do território –, também o Estado deve respeitar as atribuições e competências dos municípios em matéria de ordenamento e planeamento territorial. Daí que lhe esteja constitucionalmente vedado elaborar e aprovar instrumentos de gestão territorial que contenham normas de tal modo concretas e detalhadas sobre a ocupação, uso e transformação do solo que eliminem ou reduzam substancialmente as atri-

---

[194] Cfr. H. JACQUOT/F. PRIET, *ob. cit.*, p. 106 e 107, e J.-P. LEBRETON, *La Compatibilité en Droit de l'Urbanisme*, in AJDA, N.os 7/8 (1991), p. 491-496.

buições e competências dos municípios ou destruam, desvirtuem ou esvaziem a sua margem de manobra sobre aquelas matérias.

1.2. São diversas as *vias* utilizadas pelo PNPOT para cumprir o seu relevante papel de *enquadramento estratégico* dos planos e de *instrumento de coerência* de todo o sistema de gestão territorial. Vejamos quais são elas.

A primeira é a *alteração* de instrumentos de gestão territorial preexistentes incompatíveis com o PNPOT. De facto, o princípio da superioridade hierárquica e de prevalência do PNPOT sobre os demais instrumentos de gestão territorial em vigor, condensado, desde logo, no artigo 4.º, n.º 2, da Lei n.º 58/2007, de 4 de Setembro, tem como consequência a *alteração* dos instrumentos de gestão territorial preexistentes incompatíveis com as opções do PNPOT.

Nalguns casos essa *alteração* resulta *automaticamente* da aprovação e entrada em vigor do PNPOT. É o que parece resultar da segunda parte da norma do n.º 4 do artigo 4.º da Lei n.º 58/2007, nos termos da qual o PNPOT "implica a alteração dos planos especiais de ordenamento do território preexistentes que com o mesmo não se compatibilizem". Mas, na maioria dos casos, a entrada em vigor do PNPOT não altera *automaticamente* os preexistentes instrumentos de gestão territorial que contenham disposições colidentes com as opções daquele, antes cria uma *obrigação de alteração* desses instrumentos de gestão territorial, nos termos do artigo 93.º, n.º 2, alínea c), do RJIGT, com vista à sua adaptação às opções e orientações constantes do PNPOT (nos casos em que o PNPOT implique a reconsideração e a reapreciação global, com carácter estrutural ou essencial, do plano preexistente hierarquicamente inferior, essa obrigação será mesmo uma *obrigação de revisão*). O RJIGT não estabelece um prazo para o cumprimento da *obrigação de alteração*, mas há-de entender-se que esse prazo não pode ultrapassar o tempo considerado razoável em face das exigências procedimentais da alteração e das dificuldades técnicas da elaboração da proposta de alteração do instrumento de gestão territorial em causa.

O RJIGT estabelece um prazo apenas para a denominada *alteração por adaptação*, prevista no artigo 97.º, n.ºs 1, 2 e 3 – prazo esse que é de 90 dias após a entrada em vigor do plano hierarquicamente superior. Mas propendemos a entender que este prazo de 90 dias para a efectivação da *alteração por adaptação* dos instrumentos de gestão territorial preexistentes que não se compatibilizem com um instrumento de gestão territorial hierarquicamente superior não se aplica nas relações entre os outros instrumentos de gestão territorial e o superveniente PNPOT, não só porque aquele é um prazo muito curto e totalmente irrealista, como ainda porque o PNPOT não *identifica* as disposições dos planos hierarquicamente inferiores preexistentes consideradas com ele incompatíveis.

O referido prazo de 90 dias aplica-se, por exemplo, à *obrigação de adaptação* de um plano municipal de ordenamento do território a um posterior plano regional de ordenamento do território, já que este *identifica* as disposições dos planos directores municipais preexistentes incompatíveis com as suas disposições. É elucidativo, a este propósito, o artigo 59.º, n.º 2, alínea b), do RJIGT, nos termos do qual a resolução do Conselho de Ministros que aprovar o plano regional de ordenamento do território deve "identificar as disposições dos planos municipais de ordenamento do território abrangidos incompatíveis com a estrutura regional do sistema urbano, das redes, das infra-estruturas e dos equipamentos de interesse regional e com a delimitação da estrutura regional de protecção e valorização ambiental, a adaptar nos termos da alínea c) do n.º 1 do artigo 97.º".

O certo é que, nestas duas situações, pode falar-se de um *princípio de compatibilidade diferida,* o qual significa que a obrigação de compatibilização do instrumento de gestão territorial inferior com o superior está sujeita a uma prazo de concretização.

Mas, decorridos os prazos referidos, estejam eles fixados no RJIGT, ou sejam extraídos do *princípio da razoabilidade*, entendemos que as disposições dos instrumentos de gestão territorial hierarquicamente inferiores devem ser consideradas ilegais. Trata-se de uma opinião que vimos defendendo há algum tempo. Uma vez expirados os prazos mencionados, sem que tenha sido cumprido o dever de *alteração* do plano, verifica-se uma situação de *ilegalidade superveniente* e, consequentemente, de *nulidade* dos planos incompatíveis com as *opções* e *orientações* do posterior plano hierarquicamente superior, mesmo que este seja o PNPOT. Tem sido também esta a solução adoptada pela doutrina e jurisprudência francesas [195].

Esclareça-se que a *obrigação de alteração* de planos que contenham normas incompatíveis com o PNPOT aplica-se, em primeira mão, aos planos regionais de ordenamento do território já existentes. Por isso, no caso de existirem planos directores municipais compatíveis com um PROT, deve ser este o primeiro a ser alterado se for incompatível com o superveniente PNPOT, pois é o PROT que desenvolve os princípios, objectivos e orientações consagrados no PNPOT e constitui o quadro de referência estratégico para os planos directores municipais. É este um dos reflexos do princípio elaborado pela doutrina francesa da *compatibilidade limitada,* cujo sentido é o de que, no caso de sobreposição de mais de dois instrumentos de gestão territorial de natureza global sobre o mesmo território, as normas do plano inferior não necessitam de ser compatíveis com o conjunto das normas dos planos superiores, mas somente com as do plano que lhe é imediatamente superior [196].

A definição de *opções* e *orientações* para os novos planos territoriais constitui a segunda *via* – e, porventura, a mais importante – utilizada pelo PNPOT para cumprir a sua *missão* de *harmonização* e *coerência* do sistema de gestão territorial. Através desta via, o PNPOT procura não só prevenir que os instrumentos de gestão territorial que venham a ser elaborados ou revistos no futuro – revisão entendida, hoje, na sequência do n.º 3 do artigo 93.º do RJIGT, como uma modalidade de *dinâmica* dos instrumentos de gestão territorial que "implica a reconsideração e a reapreciação global, com carácter estrutural ou essencial, das opções estratégicas do plano, dos princípios e objectivos do modelo territorial definido ou dos regimes de salvaguarda e valorização dos recursos e valores territoriais" – consagrem disposições incompatíveis com as suas *opções*, mas também garantir que os mesmos desenvolvam e concretizem as suas *orientações gerais,* nos seus respectivos âmbitos de intervenção.

---

[195] Cfr. H. JACQUOT/F. PRIET, *ob. cit.*, p. 108 e 109.
[196] Cfr. H. JACQUOT/F. PRIET, *ob. cit.*, p. 107 e 108.

É, neste contexto, que o PNPOT define *orientações* e *opções* para a elaboração de novos planos sectoriais e planos regionais de ordenamento do território, bem como o *quadro estratégico* a concretizar pelos novos planos municipais e intermunicipais do ordenamento do território (cfr. o artigo 4.º, n.º 3, da Lei n.º 58/2007), e estabelece os *princípios* e *regras orientadoras* da disciplina a definir por novos planos especiais de ordenamento do território (cfr. o artigo 4.º, n.º 4, da mesma lei).

As *orientações* para a elaboração dos planos sectoriais com incidência territorial são identificadas no Capítulo II e sintetizadas no Quadro I, "medidas prioritárias por tipo de intervenção pública", e no Quadro II, "objectivos específicos e domínios da acção governativa", do Programa de Acção do PNPOT (cfr. o artigo 5.º, n.º 4, da Lei n.º 58/2007). Por seu lado, o *quadro de referência* a considerar na elaboração dos planos especiais de ordenamento do território encontra-se identificado no Capítulo III, intitulado "directrizes pata os instrumentos de gestão territorial", e traduz-se num conjunto de medidas do programa de políticas que são sintetizadas no Quadro III, "medidas prioritárias e instrumentos de gestão territorial", do Programa de Acção do PNPOT (cfr. o artigo 5.º, n.º 5, da Lei n.º 58/ /2007).

Quanto às orientações do PNPOT para o âmbito regional, que consubstanciam o *quadro de referência* a considerar na elaboração dos planos regionais de ordenamento do território, são as mesmas identificadas também no Capítulo III e traduzem-se num conjunto de medidas do programa das políticas que são sintetizadas no Quadro III, "medidas prioritárias e instrumentos de gestão territorial", do Programa de Acção (cfr. o artigo 6.º, n.º 2, da Lei n.º 58/2007). Finalmente, no que toca às *orientações* do PNPOT para o âmbito municipal, que em conjunto com as orientações dos planos regionais de ordenamento do território consubstanciam o *quadro de referência* a considerar na elaboração dos planos intermunicipais e municipais de ordenamento do território, são as mesmas identificadas, de igual modo, no Capítulo III e traduzem-se também num conjunto de medidas do programa das políticas que são sintetizadas no

Quadro III, "medidas prioritárias e instrumentos de gestão territorial", do Programa de Acção (cfr. o artigo 7.º, n.º 2, da Lei n.º 58//2007).

Não podemos, *hic et nunc*, referir-nos às *orientações para a elaboração dos instrumentos de gestão territorial,* condensadas no Capítulo III do programa de Acção do PNPOT, as quais se revestem de relevante significado. Acrescentamos tão-só, a terminar este ponto, que a definição pelo PNPOT de *orientações* para elaboração ou revisão de novos instrumentos de gestão territorial visa criar uma situação de *harmonia* e *coerência* entre aquele e os restantes planos territoriais, não só ao nível das respectivas *normas jurídicas*, mas também ao nível das correspondentes *políticas de ordenamento* e *desenvolvimento territorial*.

Uma terceira *via* pela qual o PNPOT desempenha o papel de instrumento de *coerência* do sistema de gestão territorial é a de funcionar como causa de *invalidade,* na sua modalidade mais grave de *nulidade,* dos instrumentos de gestão territorial com ele incompatíveis, seja dos preexistentes, depois de expirado o prazo para a sua *alteração por adaptação,* seja dos que vierem a ser elaborados e aprovados em data posterior ao seu início de vigência.

O legislador é claro no sentido de fulminar com a sanção de *nulidade* os planos elaborados e aprovados em violação de qualquer instrumento de planeamento com o qual devessem ser *compatíveis* ou *conformes.* De facto, como já referimos, o artigo 101.º, n.º 1, do RJIGT determina que "a compatibilidade ou conformidade entre os diversos instrumentos de gestão territorial é condição da respectiva validade". E o artigo 102.º, n.º 1, do mesmo diploma estatui que "são nulos os planos elaborados e aprovados em violação de qualquer instrumento de gestão territorial com o qual devessem ser compatíveis ou conformes".

Sublinhe-se que a sanção de *nulidade* está também prevista, no direito alemão, no caso de os planos municipais não cumprirem a *obrigação de adaptação* aos *fins* do ordenamento do território, condensada no § 1.º, alínea 4, do *Código do Urbanismo* (*Baugesetzbuch*), nos termos do qual "*os planos urbanísticos devem adaptar-se aos fins do ordenamento do território*" ("*die Bauleitpläne sind den Zielen der Raumordnung anzupassen"*). A referida *obrigação de adaptação* significa que os planos urbanísticos não podem ser *contrários* aos *fins* do ordenamento do território, antes devem concretizá-los (*"Anpassen" bedeutet konkretiesierung der landesplanerischen Ziele in der Bauleitplanung*)[197] – fins esses definidos nos planos de ordenamento do território que abrangem toda área de um Estado federado (*Raumordnungsplänen für das Landesgebiet*) e nos planos regionais, que abarcam apenas uma parte do território do estado federado (*Regionalplänen*)[198].

2. No que respeita às relações entre os planos regionais e os planos sectoriais, a alínea *b)* do n.º 2 do artigo 10.º da LBPOTU determina que os PROT devem integrar as regras definidas nos planos sectoriais preexistentes. Por sua vez, a alínea *c)* do n.º 2 do artigo 10.º da mesma lei prescreve que, na elaboração de planos sectoriais, deve visar-se "a necessária compatibilização com os planos regionais de ordenamento do território, relativamente aos quais tenham incidência espacial". O teor destas disposições foi retomado pelos n.ºs 4 e 5 do artigo 23.º do RJIGT. Parece resultar destes preceitos legais uma *superioridade hierárquica*[199] dos planos sectoriais preexistentes em relação aos PROT, devendo, no entanto, o plano sectorial em elaboração compatibilizar-se com o PROT preexistente, o que aponta, neste caso,

---

[197] Cfr. M. KRAUTZBERGER, in BATTIS/KRAUTZBERGER/LÖHR, *Baugeseztbuch Komentar*, cit., § 1.º, p. 32-35, e HOPPE/BÖNKER/GROTEFELS, *ob. cit.*, p. 225-235.

[198] Cfr. M. KRAUTZBERGER, in BATTIS/KRAUTZBERGER/LÖHR, *ob. cit.*, § 1.º, p. 33, e HOPPE/BÖNKER/GROTEFELS, *ob. cit.*, p. 233 e 234.

[199] Esta *superioridade hierárquica* é pautada pelo princípio da *conformidade* ou pelo princípio da *compatibilidade*, conforme o grau maior ou menor de concreteza das disposições do plano sectorial. Nos casos em que o plano sectorial procede à localização de grandes empreendimentos públicos com incidência territorial, as disposições de um posterior PROT devem ser *conformes* às normas do plano sectorial. Mas nas hipóteses em que o plano sectorial se limita a fixar as estratégias de desenvolvimento respeitantes aos diversos sectores da administração central, o princípio da *compatibilidade* traduz melhor o grau de vinculação do plano sectorial em relação ao superveniente PROT. Cfr., sobre este ponto, JOÃO MIRANDA, *ob. cit.*, p. 159, nota 400.

para a *obrigação de compatibilização* do plano sectorial com o PROT que lhe é anterior[200].

3. No que concerne às relações entre os planos sectoriais e os PROT, por um lado, e os planos especiais de ordenamento do território, por outro, o artigo 23.º, n.º 2, do RJIGT preceitua que aqueles dois instrumentos de planificação territorial "estabelecem os princípios e as regras orientadoras da disciplina a definir por novos planos especiais de ordenamento do território". Todavia, esta norma ressalva, *in fine*, o disposto no artigo 25.º, n.º 2, que permite que os planos especiais de ordenamento do território alterem ou revoguem as normas de planos sectoriais ou de PROT preexistentes, devendo, no entanto, nesses casos, indicar as normas destes planos que alteram ou revogam. Deve concluir-se das normas legais referenciadas que as relações entre os planos sectoriais e os PROT, de um lado, e os planos especiais, do outro lado, são regidas pelo princípio da *hierarquia* (na forma menos exigente de *compatibilidade*), sendo, porém, tal princípio temperado ou mitigado pela possibilidade de as normas dos planos especiais de ordenamento do território alterarem ou revogarem normas de planos sectoriais ou regionais anteriores[201].

---

[200] O Acórdão da 1.ª Secção do Supremo Tribunal Administrativo de 14 de Abril de 2005, Proc. n.º 47310, entendeu que as disposições legais referidas no texto atribuem ao PROT uma força vinculativa de compatibilização dos planos sectoriais posteriores e, naturalmente, dos actos administrativos que os visam aplicar em cada caso concreto, pelo que os planos sectoriais posteriores se situam num nível de hierarquia inferior ao do PROT preexistente. Cfr. o *Sumário* deste aresto nos CJA, N.º 51 (2005), p. 60.

[201] O Acórdão da 1.ª Secção do Supremo Tribunal Administrativo de 11 de Novembro de 2004, Proc. n.º 873/2003, debruçou-se, *inter alia*, sobre as relações entre os PROT e os planos especiais de ordenamento do território, concretamente os POOC, realçando que dos artigos 23.º, n.º 2, e 25.º, n.º 2, do RJIGT resulta que os planos especiais e os planos regionais "têm níveis de incidência e objectivos próprios e distintos, sem prejuízo de dever ser assegurada a necessária compatibilização entre eles, a concretizar, no que aos planos especiais respeita, pelo dever de «indicar expressamente quais as normas daqueles (planos) que revogam ou alteram»". Segundo o mencionado aresto, decorre do n.º 2 do artigo 25.º do RJIGT

4. No tocante às relações entre os planos especiais de ordenamento do território e os planos municipais de ordenamento do ter-

---

"a prevalência normativa dos planos especiais, sem que do eventual incumprimento da recomendação de indicação expressa das normas revogadas se possa concluir pela invalidação das normas inovatórias", dado que a expressão "devem indicar", constante daquele normativo, "contém um sentido de recomendação ou ordenação, não cominativo ". À luz desta doutrina, concluiu aquele acórdão que, no caso concreto, perante um plano de ordenamento da orla costeira – o POOC de Burgau-Vila Moura –, em que está em causa a protecção de "espaços naturais de arribas" daquele troço da orla costeira, fundamento da interdição de novas construções nesses espaços "particularmente sensíveis do ponto de vista ecológico, ambiental, paisagístico e geomorfológico" (artigos 19.° e 20.° do Regulamento daquele POOC), não seria sustentável que do eventual incumprimento daquela indicação das normas do PROT-Algarve revogadas (indicação que até pode resultar implícita) se acolha a invalidade da estatuição de interdição construtiva contida no citado plano especial, admitindo, com tal fundamento, a legalidade do acto de licenciamento de construção naquele espaço natural de arribas. Cfr. o texto deste aresto na Revista do CEDOUA, N.° 13 (2004), p. 141 e segs., com uma *Anotação* de Fernanda Paula Oliveira.

Propendemos a entender, na linha do aresto que vem de ser referido, que a ausência de indicação por um plano especial de ordenamento do território das normas do PROT preexistente que altera ou revoga não acarreta, só por si, a invalidade das normas do plano especial que operam tais alterações ou revogações. Todavia, a obrigação de indicação pelo plano especial das normas do PROT que altera ou revoga, tal como o determina o artigo 25.°, n.° 2, do RJIGT, exerce uma importante função de *certeza* e *segurança jurídicas* quanto às normas vigentes na área e constitui um *sintoma* de que, no procedimento de elaboração do plano especial, foram devidamente tomadas em consideração e ponderadas as disposições do PROT aplicáveis na área ou em parte da área a abranger pelo plano especial, tal como o impõe o artigo 20.°, n.° 2, do RJIGT, ao prescrever que na elaboração de todo e qualquer instrumento de planeamento territorial sejam identificados e ponderados "os planos, programas e projectos [...] com incidência na área a que respeitam, considerando os que já existam e os que se encontrem em preparação [...]" (cfr. também o artigo 10.°, n.° 5, da LBPOTU). Ora, a falta de indicação pelo plano especial das normas do preexistente PROT que altera ou revoga pode constituir um *indício* de que não ocorreu a ponderação das opções constantes do PROT no procedimento de elaboração do plano especial. No caso de se comprovar um tal *indício*, serão *inválidas* as referias normas do plano especial. Cfr., sobre este ponto, a citada *Anotação* de Fernanda Paula Oliveira, p. 153-155.

ritório – e o que se vai dizer sobre estes vale também para os planos intermunicipais de ordenamento do território, quando existam (cfr. o artigo 24.º, n.ºs 1, 3 e 4, do RJIGT) – são reguladas pelo princípio da *hierarquia*. Mas enquanto a subordinação dos planos municipais ao "programa nacional da política de ordenamento do território" é pautada pelo princípio da *compatibilidade*, a relação hierárquica dos planos especiais em face dos planos municipais é aferida pelo princípio da *conformidade*, devido ao acentuado grau de concreteza das previsões daqueles. Esta relação apertada de hierarquia resulta claramente dos artigos 10.º, n.º 4, da LBPOTU e 24.º, n.º 4, do RJIGT [202].

5. Quanto às relações entre os PROT e os planos municipais, o artigo 10.º, n.º 3, da LBPOTU, estabelece que aqueles vinculam as entidades públicas competentes para a elaboração e aprovação de planos municipais relativamente aos quais tenham incidência espacial, devendo ser assegurada a *compatibilidade* entre os mesmos. Por seu lado, o n.º 1 do artigo 24.º do RJIGT estatui que os planos regionais definem o *quadro estratégico* a desenvolver pelos planos municipais. E o n.º 2 do mesmo preceito determina que os planos municipais de ordenamento do território definem a política municipal de gestão territorial de acordo com as *directrizes* estabelecidas pelos planos regionais de ordenamento do território. Resulta destas disposições legais que as relações entre os PROT e os planos municipais são orientadas pelo princípio da *hierarquia*, na sua modalidade menos rigorosa de princípio da *compatibilidade*, tendo em conta o facto de o PROT ser também um plano de *directivas*.

Todavia, esta relação de hierarquia é temperada pela possibilidade de o Governo, em homenagem ao princípio da *flexibilidade* da planificação territorial, *ratificar* planos directores municipais, não obstante a *incompatibilidade* com os PROT, nos termos dos artigos 79.º, n.º 2,

---

[202] Cfr., sobre este tema, e defendendo a mesma posição no que respeita às relações entre os POOC e os planos municipais de ordenamento do território, ISABEL ABALADA MATOS, *POOC e PMOT: Notas sobre a Relação entre os seus Conteúdos Materiais,* in RJUA, N.ºs 18/19 (2002/2003), p. 51-55.

e 80.° do RJIGT, tendo a ratificação pelo Governo dos planos directores municipais como efeito a derrogação das normas dos planos regionais de ordenamento do território incompatíveis com as opções municipais.

6. As relações entre os planos sectoriais e os planos municipais são regidas, de igual modo, pelo princípio da *hierarquia*. Isso resulta do artigo 10.°, n.° 3, da LBPOTU, onde se consigna que os planos sectoriais vinculam as entidades competentes para a elaboração e aprovação de planos municipais relativamente aos quais tenham incidência espacial, devendo ser assegurada a compatibilidade entre os mesmos. E deriva também do n.° 3 do artigo 24.° do RJIGT, onde se determina que os planos municipais "devem acautelar a programação e a concretização das políticas de desenvolvimento económico e social e de ambiente, com incidência espacial, promovidas pela Administração central, através de planos sectoriais". A força vinculativa dos planos sectoriais em face dos planos municipais é comandada, por via de regra, pelo princípio da *conformidade*. A explicação reside na circunstância de os planos sectoriais serem dotados de um acentuado grau de concreteza, como sucede com aqueles que incorporam a localização de grandes empreendimentos públicos com incidência territorial [cfr. o artigo 35.°, n.° 2, alínea c), do RJIGT]. Todavia, nos casos em que o plano sectorial se limita a fixar "as estratégias de desenvolvimento respeitantes aos diversos sectores da administração central", o princípio da *compatibilidade* traduzirá melhor o grau de vinculação do plano sectorial em relação ao superveniente plano municipal[203-204].

---

[203] Cfr. JOÃO MIRANDA, *ob. cit.*, p. 159, nota 400.

[204] O anteriormente mencionado Acórdão da 1.ª Secção do Supremo Tribunal Administrativo de 14 de Abril de 2005, Proc. n.° 47310, analisou, também, as relações entre os planos sectoriais e os planos municipais de ordenamento do território, afirmando que os primeiros têm uma força vinculante superior à dos segundos, como os planos directores municipais, obrigando-os a se adaptarem àqueles, segundo o princípio da hierarquia. Ainda de harmonia com o mesmo aresto, os planos regionais de ordenamento do território e os planos sectoriais de âmbito

Mas também o princípio da hierarquia nas relações entre os planos sectoriais e os planos municipais surge *mitigado*, na medida em

---

nacional com incidência espacial estão em primeiro lugar na salvaguarda dos respectivos interesses públicos a defender, como seja o caso da implantação de redes viárias nacionais, pelo que o facto de um plano director municipal não prever para determinada área a construção de infra-estruturas, tais como auto-estradas, e, pelo contrário, estabelecer a proibição de vias de comunicação, salvo caminhos municipais e vicinais, não significa que aquelas não venham a ser previstas em planos sectoriais posteriores, como é o caso do Plano Rodoviário Nacional, aprovado pelo Decreto-Lei n.º 222/98, de 17 de Julho, alterado pela Lei n.º 98/99, de 26 de Julho, e pelo Decreto-Lei n.º 182/2003, de 16 de Agosto, sendo, consequentemente, legítimo o acto de declaração de utilidade pública da expropriação de um terreno abrangido por aquela proibição do plano director municipal para a construção de uma auto-estrada prevista naquele Plano Rodoviário Nacional.

Por sua vez, o Acórdão do Pleno da Secção do Contencioso Administrativo de 7 de Fevereiro de 2006, Proc. n.º 47545, depois de sublinhar que a hierarquia é o mais importante dos princípios jurídicos que disciplinam o relacionamento entre os vários instrumentos de gestão territorial, que, nos termos do artigo 35.º, n.º 2, alínea *c*), do Decreto-Lei n.º 380/99, são considerados planos sectoriais as decisões sobre a localização e a realização de grandes empreendimentos públicos, que tais decisões estão submetidas às regras das relações dos planos entre si e não ao regime da sujeição dos actos administrativos aos instrumentos de gestão territorial e, bem assim, que, sendo divergentes e inconciliáveis as opções de um plano sectorial e de um plano director municipal preexistente, prevalece o plano sectorial, devendo a harmonização normativa fazer-se através da alteração do plano director municipal, decidiu que "a mera consagração, no plano sectorial, mais amplo, de relevância supramunicipal, de uma medida que conflitue com os interesses mais restritos da comunidade local, não implica, por si só, a invalidade do acto de localização da auto-estrada".

Não é este o momento adequado para analisar criticamente estes dois arestos, pelo que nos limitamos a deixar registadas duas notas. A primeira tem a ver com o facto de ambos os arestos, apesar de não o referirem expressamente, terem *implícita* a ideia de que são *supervenientemente ilegais* e, por isso, *nulas* as disposições de um plano director municipal desconformes com um plano sectorial posterior, se o município não tiver promovido a alteração do plano director municipal, dentro do prazo de 90 dias referido no artigo 97.º, n.º 2, do RJIGT. E a segunda relaciona-se com a circunstância de o primeiro aresto, ao utilizar o Plano Rodoviário Nacional como parâmetro de validade do acto de declaração de utilidade pública da expropriação de um terreno para um fim desconforme com os tipos de utili-

que os artigos 79.º, n.º 2, e 80.º do RJIGT possibilitam ao Governo a ratificação dos planos directores municipais *incompatíveis* com as disposições de planos sectoriais, tendo a ratificação pelo Governo dos planos directores municipais como efeito a derrogação das normas dos planos sectoriais incompatíveis com as opções municipais.

7. As relações entre os planos intermunicipais de ordenamento do território, quando existirem, e os planos municipais de ordenamento do território são, de igual modo, pautadas pelo princípio da *hierarquia*, na modalidade menos *apertada* de princípio da *compatibilidade*, como resulta do n.º 2 do artigo 24.º do RJIGT. Com efeito, aí se determina que os planos municipais de ordenamento do território definem a política municipal de gestão territorial de acordo com as directrizes estabelecidas pelos planos intermunicipais de ordenamento do território. Mas, no domínio das relações entre estes dois tipos de planos, pensamos que o aludido princípio se apresenta *mitigado*. Embora o RJIGT, na actual versão decorrente do Decreto-Lei n.º 316//2007, nada diga sobre o assunto (ao contrário do que sucedia na versão antecedente a este diploma legal), propendemos a entender que é possível aprovar planos directores municipais, não obstante a sua incompatibilidade com planos intermunicipais de ordenamento do território, sem que, actualmente, seja necessária a ratificação governamental dos planos directores municipais que tenham disposições incompatíveis com os planos intermunicipais de ordenamento do território.

8. Resta-nos abordar a questão das relações entre os planos municipais de ordenamento do território. As relações entre as várias espécies de planos municipais de ordenamento do território são cla-

---

zação permitidos por um anterior plano director municipal, com fundamento no princípio da hierarquia do primeiro sobre o segundo, sem que este tenha sido previamente alterado, implica a atribuição de eficácia *plurisubjectiva* a um plano sectorial, em clara violação dos artigos 11.º, n.º 2, da LBPOTU e 3.º, n.º 2, do RJIGT, que circunscrevem a eficácia *plurisubjectiva* aos planos especiais e municipais de ordenamento do território.

ramente comandadas pelo *princípio da hierarquia*. Assim, o PDM tem uma superioridade hierárquica em relação ao plano de urbanização e ao plano de pormenor e o plano de urbanização uma superioridade hierárquica em face do plano de pormenor.

Isto resulta de uma pluralidade de preceitos do RJIGT. Assim, o PDM "estabelece a estratégia de desenvolvimento territorial, a política municipal de ordenamento do território e de urbanismo e as demais políticas urbanas" (cfr. o artigo 84.º, n.º 1), "é um instrumento de referência para a elaboração dos demais planos municipais de ordenamento do território" (cfr. o artigo 84.º, n.º 2), estabelece, entre o mais, "a especificação qualitativa e quantitativa dos índices, indicadores e parâmetros de referência, urbanísticos ou de ordenamento, a estabelecer em plano de urbanização e plano de pormenor, bem como os de natureza supletiva aplicáveis na ausência destes", e contém "a definição de unidades operativas de planeamento e gestão, para efeitos de programação da execução do plano, estabelecendo para cada uma das mesmas os respectivos objectivos, bem como os termos de referência para a necessária elaboração de planos de urbanização e de pormenor" [cfr. o artigo 85.º, n.º 1, alíneas *j*) e *l*)]. Por sua vez, "o plano de urbanização concretiza, para uma determinada área do território municipal, a política de ordenamento do território e de urbanismo, fornecendo o quadro de referência para a aplicação das políticas urbanas e definindo a estrutura urbana, o regime de uso do solo e os critérios de transformação do território" (cfr. o artigo 87.º, n.º 1), podendo abranger "qualquer área do território do município incluída em perímetro urbano por plano director municipal eficaz e ainda o solo rural complementar de um ou mais perímetros urbanos, que se revele necessário para estabelecer uma intervenção integrada de planeamento" ou "outras áreas do território municipal que, de acordo com os objectivos e prioridades estabelecidas no plano director municipal, possam ser destinadas a usos e funções urbanas, designadamente à localização de instalações ou parques industriais, logísticos ou de serviços ou à localização de empreendimentos turísticos e equipamentos e infra-estruturas associadas" [cfr. o artigo 87.º, n.º 2, alíneas *a*) e *b*)].

Por último, o plano de pormenor "desenvolve e concretiza propostas de ocupação de qualquer área do território municipal, estabelecendo regras sobre a implantação das infra-estruturas e o desenho dos espaços de utilização colectiva, a forma de edificação e a disciplina da sua integração na paisagem, a localização e inserção urbanística dos equipamentos de utilização colectiva e a organização espacial das demais actividades de interesse geral", abrangendo o mesmo "áreas contínuas do território municipal, correspondentes, designadamente, a uma unidade ou subunidade operativa de planeamento e gestão ou a parte delas" (cfr. o artigo 90.°, n.ᵒˢ 1 e 3).

Quanto ao grau de vinculação da relação hierárquica entre planos municipais de ordenamento do território, cremos que nas relações entre o PDM e os planos de urbanização e os planos de pormenor o princípio da hierarquia deve ser pautado ou pelo *princípio da compatibilidade,* ou pelo *princípio da conformidade,* em função do carácter mais *genérico* ou mais *concreto* das disposições do PDM. Mas no que toca à relação hierárquica entre o plano de urbanização e o plano de pormenor, dado o carácter mais *concreto, denso e especificado* do plano de urbanização, deverá a mesma ser pautada pelo *princípio da conformidade.* De qualquer modo, o carácter mais ou menos *dúctil* ou mais ou menos *rigoroso* da relação hierárquica entre as várias espécies de planos municipais dependerá da "estrutura concreta das normas-planos" colocadas em confronto[205].

Seja como for, o princípio da hierarquia entre as várias modalidades de planos municipais é também *temperado* ou *mitigado,* com o objectivo de introduzir *flexibilidade* no sistema de planeamento. É possível, assim, aprovar um plano de urbanização que contenha disposições incompatíveis com as normas do PDM, revogando ou alterando as disposições deste, e, bem assim, aprovar um plano de pormenor que encerre disposições incompatíveis com o PDM ou desconformes com um plano de urbanização, revogando ou alterando as disposições destes. E, como já tivemos ensejo de sublinhar, de um modo crítico, na sequência das alterações introduzidas ao

---

[205] Cfr. VASCO VIEIRA DA SILVA, *ob. cit.*, p. 187 e 188.

RJIGT pelo Decreto-Lei n.º 316/2007, foi eliminada a exigência da *ratificação governamental* nos casos de alteração de disposições do PDM por planos de urbanização e por planos de pormenor e de alteração das disposições dos planos de urbanização por planos de pormenor. Mas, como já tivemos ocasião de acentuar, entendemos que a alteração dos PDM por planos de urbanização e por planos de pormenor e de planos de urbanização por planos de pormenor, para além de estar sujeita à observância das regras procedimentais, designadamente o acompanhamento, a concertação e a participação (cfr. os artigos 75.º-C, 76.º e 77.º do RJIGT), não pode deixar de se alicerçar numa *justa ponderação* das normas dos planos a alterar, numa adequada *fundamentação* das alterações a introduzir, numa rigorosa *identificação* das disposições alteradas e numa adequada *publicidade* das normas objecto de alteração. A não ser assim, estar-se-á perante uma violação do *princípio da hierarquia* dos planos, que desencadeia a respectiva nulidade (cfr. os artigos 101.º, n.º 1, e 102.º, n.º 1, do RJIGT).

Para encerrarmos a análise da problemática das relações entre os vários tipos de planos territoriais, importa recordar que os princípios da *contra-corrente* e da *articulação* desempenham também um importante papel nas relações entre os planos. Mas o seu perímetro de aplicação já foi indicado, em traços gerais, no número anterior.

20.3. *Os instrumentos ou mecanismos de prevenção e de resolução dos conflitos ou das colisões de normas dos planos*

A legislação infra-constitucional prevê, igualmente, como já dissemos, alguns *instrumentos* ou *mecanismos* que procuram prevenir os conflitos ou as colisões de normas dos planos[206]. Vejamos alguns deles.

---

[206] JOÃO MIRANDA utiliza, a este propósito, a expressão "modos de auto-regulação do sistema de planeamento", os quais são gizados pelo legislador, "de modo a que a sucessão de planos no tempo ocorra num quadro de normalidade (fisiologia), procurando dispensar a aplicação de normas sancionatórias (patologia)". Cfr. *ob. cit.*, p. 163-169.

O primeiro consiste na *colaboração* de várias entidades públicas no procedimento de elaboração dos planos territoriais. A associação ao procedimento de formação dos planos de vários sujeitos de direito público possibilita o conhecimento e a ponderação das disposições dos planos já em vigor ou em elaboração, daí resultando um efeito preventivo dos conflitos de normas dos planos [cfr., por exemplo, a alínea *b*) do n.º 1 do artigo 75.º do RJIGT, a qual determina que o *acompanhamento* da elaboração dos planos municipais de ordenamento do território visa "promover a compatibilidade ou conformidade com os instrumentos de gestão territorial eficazes, bem como a sua compatibilização com quaisquer outros planos, programas e projectos de interesse municipal ou supramunicipal"].

O segundo instrumento preventivo do surgimento de conflitos de normas de planos territoriais é a *ratificação* governamental dos planos directores municipais. Apesar de, na sequência das alterações introduzidas ao RJIGT pelo Decreto-Lei n.º 316/2007, de 19 de Setembro, o perímetro de aplicação da *ratificação* governamental ter sido drasticamente reduzido, já que passou a abranger somente os planos directores municipais e unicamente quando, no procedimento da sua elaboração, seja suscitada a questão da sua compatibilidade com planos sectoriais ou regionais de ordenamento do território e sempre que a câmara municipal o solicite, para que, em concretização do *princípio da hierarquia mitigada*, o Governo possa ponderar sobre a derrogação daqueles instrumentos de gestão territorial que condicionam a validade dos instrumentos de gestão territorial de âmbito municipal (cfr. os artigos 79.º, n.º 2, e 80.º, n.ºs 1 a 5), o certo é que a *ratificação* governamental, nos casos em que ela é exigida, tem um carácter *legitimador* da derrogação por parte dos planos directores municipais das normas dos planos sectoriais e regionais de ordenamento do território incompatíveis com as opções municipais, pelo que não deixa a mesma de exercer uma *função preventiva* das *colisões ilegais* entre as normas dos planos directores municipais e as dos planos sectoriais e regionais de ordenamento do território.

O terceiro mecanismo consiste, quando um plano de nível superior é aprovado, na *indicação* das modificações que ele implica nos planos de nível inferior. Este mecanismo está consagrado no artigo 25.º, n.º 1, do RJIGT, onde se estatui que "os planos sectoriais e os planos regionais de ordenamento do território devem indicar quais as formas de adaptação dos planos especiais e dos planos municipais de ordenamento do território preexistentes determinadas pela sua aprovação". E na mesma linha se situam os artigos 49.º e 59.º, n.º 2, do mencionado diploma legal. O primeiro estabelece que a resolução do Conselho de Ministros que aprova o plano especial do ordenamento do território deve consagrar as *formas* e os *prazos,* previamente acordados com as câmaras municipais envolvidas, para a adequação dos planos municipais de ordenamento do território e dos planos intermunicipais de ordenamento do território, quando existam (os termos utilizados pelo legislador apontam claramente para a celebração de contratos entre o Estado e os municípios sobre esta matéria, que integram a categoria dos *contratos-interadministrativos*) [207]. E o segundo determina, na sua alínea *a*), que a resolução do Conselho de Ministros que aprova o plano regional de ordenamento do território deve consagrar também as formas e os prazos, previamente acordados com as câmaras municipais envolvidas, para adequação dos planos municipais de ordenamento do território abrangidos e dos planos intermunicipais

---

[207] Veja-se, a título de exemplo, o n.º 4 da Resolução do Conselho de Ministros n.º 1-A/2004, de 8 de Janeiro, o qual determina que, "nas situações em que os planos municipais de ordenamento do território abrangidos não se conformem com as disposições do Plano de Ordenamento do Parque Natural Sintra-Cascais (POPNSC), devem os mesmos ser objecto de alteração, a qual está sujeita a regime procedimental simplificado, nos termos do artigo 97.º do Decreto-Lei n.º 380/99, de 22 de Setembro, na redacção que lhe foi conferida pelo Decreto-Lei n.º 310//2003, de 10 de Dezembro, e no prazo constante do n.º 3 do mesmo artigo".

De teor idêntico é o n.º 2 da Resolução do Conselho de Ministros n.º 75//2004, de 19 de Junho, que aprovou o Plano de Ordenamento da Reserva Natural do Paúl de Arzila (PORNPA).

Registe-se que, de acordo com a actual versão do artigo 97.º do RJIGT, a adequação do plano municipal de ordenamento do território às disposições dos supervenientes planos especiais de ordenamento do território tem lugar pela via da *alteração por adaptação,* a qual deve estar concluída no prazo de 90 dias após a entrada em vigor do posterior plano municipal de ordenamento do território.

de ordenamento do território, quando existam, e, na sua alínea *b*), que a mesma deve identificar as disposições dos planos municipais de ordenamento do território abrangidos *incompatíveis* com a estrutura regional do sistema urbano, das redes, das infra-estruturas e dos equipamentos de interesse regional e com a estrutura regional de protecção e valorização ambiental, para efeitos da *alteração por adaptação* daqueles, nos termos da alínea *c*) do n.º 1 do artigo 97.º do RJIGT[208].

---

[208] Como exemplos, podemos citar as Resoluções do Conselho de Ministros n.ºˢ 68/2002, de 8 de Abril [que aprovou o Plano Regional de Ordenamento do Território da Área Metropolitana de Lisboa (PROTAML)], 70/2002, de 9 de Abril [que aprovou o Plano Regional de Ordenamento do Território da Zona Envolvente da Albufeira do Alqueva (PROZEM)], 93/2002, de 8 de Maio [que aprovou o Plano Regional de Ordenamento do Território da Zona dos Mármores (PROZOM)], e 102/2007, de 3 de Agosto, alterada pela Resolução do Conselho de Ministros n.º 188/2007, de 28 de Dezembro [que aprovou a revisão do Plano Regional de Ordenamento do Território do Algarve (PROT Algarve)].

Assim, os n.ºˢ 2, 3 e 4 da primeira têm o seguinte conteúdo:

"2 – Determinar que são genericamente incompatíveis com o PROTMAL as seguintes disposições constantes de plano municipal de ordenamento do território:

a) A classificação como solo urbanizável (destinado a fins urbanos, industriais ou equipamento) de áreas inseridas na rede ecológica metropolitana definida no PROTAML, ou seja, nas áreas estruturantes primárias ou secundárias, nos corredores e nas áreas vitais;

b) As que admitam ocupação, uso e transformação do solo não consentânea com as indicações do PROTAML nas áreas integradas na estrutura metropolitana de protecção e valorização ambiental, incluindo a rede ecológica metropolitana e as áreas a estabilizar (agrícolas, agro-florestais, florestais e naturais).

3 – A incompatibilidade genérica referida no n.º 2 implica a necessidade de alterar, nos termos legais, as disposições manifestamente incompatíveis dos planos municipais de ordenamento do território, quando estas contrariem os objectivos visados com as normas do PROTAML que motivaram a situação de incompatibilidade.

4 – Quando a alteração referida no número anterior não possa dispensar uma reavaliação global das propostas de ocupação e uso do solo no âmbito de uma acção de planeamento ou quando não seja possível determinar com segurança, por razões de escala ou pela natureza das disposições em causa, o alcance ou a própria existência da incompatibilidade, deve a reavaliação necessária processar-se em pro-

O quarto instrumento de índole preventiva dos conflitos de normas dos planos é constituído pela obrigação de o plano de igual nível

---

cedimento próprio de elaboração, alteração ou revisão de plano municipal de ordenamento do território".

Por seu lado, os n.ᵒˢ 2 e 3 da segunda estatuem o seguinte:

"2 – Determinar que são incompatíveis com o PROZEA as seguintes disposições constantes de plano municipal de ordenamento do território:

a) As que admitam a possibilidade de instalação de empreendimentos turísticos fora dos perímetros urbanos, quer sejam disposições genéricas aplicáveis a uma classe ou categoria de solo rural, quer sejam disposições relativas a áreas expressamente identificadas e destinadas a fins turísticos, com excepção das que se conformem, em termos de localização territorial e critérios, com as normas orientadoras para as áreas de localização preferencial de empreendimentos turísticos identificadas no PROZEA. Excepcionam-se as disposições que se refiram a projectos enquadráveis nas modalidades de turismo em espaço rural, no respeito pela legislação específica do sector, e desde que não colidam com as normas aplicáveis às áreas integradas ou sujeitas ao estabelecido no sistema de protecção e valorização ambiental;

b) As que admitam ocupação, uso e transformação do solo não consentâneos com as indicações do PROZEA para as áreas integradas no sistema de protecção e valorização ambiental ou para as áreas por remissão sujeitas ao estabelecido para este sistema".

Por sua vez, o n.º 2 da Resolução do Conselho de Ministros enunciada em terceiro lugar determina "que são incompatíveis com o PROZOM as disposições constantes de plano municipal de ordenamento do território aplicáveis na zona cativa declarada pela Portaria n.º 441/90, de 15 de Junho, do Ministro da Indústria e Energia, que admitam a ocupação do solo com qualquer tipo de estruturas permanentes".

Finalmente os n.ᵒˢ 3, 4, 5 e 6 da Resolução do Conselho de Ministros indicada em quarto lugar têm o seguinte conteúdo:

"3 – Determinar que são incompatíveis com a revisão do PROT Algarve as seguintes disposições constantes dos planos municipais de ordenamento do território, as quais devem ser objecto de alteração sujeita a regime simplificado, nos termos do artigo 97.º do Decreto-Lei n.º 380/99, de 22 de Setembro, com a redacção conferida pelo Decreto-Lei n.º 310/2003, de 10 de Dezembro:

a) As disposições que admitam novas construções na margem identificada na revisão do PROT Algarve, que corresponde à faixa do território, com a largura de 50 m, a partir da linha de máxima preia-mar de águas equinociais, fora dos perímetros urbanos e de aglomerados tradicionais, isto é, de génese não turística, sem

hierárquico ou de nível hierárquico inferior indicar expressamente as normas do plano anterior de idêntico grau hierárquico ou de nível

---

prejuízo do estabelecido nos planos de ordenamento da orla costeira para as infra--estruturas de apoio balnear e marítimas;

b) As disposições que admitam novas construções na zona terrestre de protecção, definida na revisão do PROT Algarve, que corresponde à faixa do território de 500 m a contar da margem, medida na perpendicular à linha de costa, fora dos perímetros urbanos e de aglomerados tradicionais, isto é, de génese não turística, com excepção das disposições relativas a infra-estruturas ou equipamentos colectivos de iniciativa pública, de inequívoco interesse público, de apoio balnear e marítimo;

c) As disposições que admitem edificações dispersas por razões ponderosas;

d) As disposições relativas ao regime das áreas de edificação dispersa que não sejam consentâneas com as orientações do PROT Algarve quanto à sua delimitação, estruturação e tipo de intervenção;

e) As disposições que regulam a criação de núcleos de desenvolvimento turístico, incluindo as referentes a áreas de aptidão turística, sem prejuízo do disposto na presente resolução quanto aos planos de urbanização e aos planos de pormenor em fase de elaboração;

f) As disposições relativas a unidades operativas de planeamento e gestão delimitadas para efeitos de ocupação urbanística, com fins turísticos ou habitacionais, fora dos perímetros urbanos tradicionais na acepção referida na alínea b), sem prejuízo do disposto na presente resolução quanto aos planos de urbanização e aos planos de pormenor em fase de elaboração;

g) As disposições relativas a unidades hoteleiras isoladas.

4 – Estabelecer que, com excepção das disposições referidas no número anterior, a adaptação dos planos directores municipais às opções estratégicas, ao modelo territorial e às normas orientadoras da revisão do PROT Algarve é efectuada em sede de procedimento alteração ou de revisão nos termos dos artigos 96.º e 98.º do Decreto-Lei n.º 380/99, de 22 de Setembro, com a redacção conferida pelo Decreto-Lei n.º 310/2003, de 10 de Dezembro.

5 – Determinar que os planos especiais de ordenamento do território em vigor na área de intervenção do PROT Algarve sejam objecto de alteração ou de revisão de acordo com as orientações constantes do Plano Regional ora revisto e nos termos do estabelecidos nos n.ºs 1 e 2 do artigo 96.º e no artigo 98.º do Decreto-Lei n.º 380/99, de 22 de Setembro, com a redacção conferida pelo Decreto-Lei n." 310/2003, de 10 de Dezembro, no que respeita:

a) Às disposições que autorizam edificações no solo rural ou que constituam excepção ao regime de proibição genérica de edificação para a faixa costeira e para

hierárquico superior que revogam ou alteram. Contêm este instrumento os artigos 23.°, n.° 6, e 25.°, n.° 2, do RJIGT. A primeira norma determina que, "quando sobre a mesma área territorial incida mais do que um plano sectorial ou mais do que um plano especial, o plano posterior deve indicar expressamente quais as normas do plano preexistente que revoga, sob pena de invalidade por violação deste". E a segunda prescreve que, "quando procedam à alteração de plano especial anterior ou contrariem plano sectorial ou regional de ordenamento do território preexistente, os planos especiais de ordenamento do território devem indicar expressamente quais as normas daqueles que revogam ou alteram".

O quinto mecanismo está vertido no n.° 3 do artigo 25.° do RJIGT e consiste no dever de, na ratificação de planos directores municipais e nas deliberações municipais que aprovem os planos não sujeitos a ratificação, serem expressamente indicadas as normas dos instrumentos de gestão territorial preexistentes revogadas ou alteradas.

---

o solo rural, com excepção das disposições dos planos de ordenamento da orla costeira e dos planos de ordenamento das áreas protegidas relativas a infra-estruturas, equipamentos colectivos de iniciativa pública, de inequívoco interesse público, de apoio balnear e marítimo;

b) Às disposições relativas à criação de empreendimentos turísticos fora dos perímetros urbanos de aglomerados tradicionais, isto é, de génese não turística, em moldes diversos das normas orientadoras do PROT Algarve quanto à criação de NDT;

c) Às disposições relativas a unidades hoteleiras isoladas.

6 – Estabelecer que a revisão do PROT Algarve não se aplica aos planos de urbanização e aos planos de pormenor em elaboração que à data da entrada em vigor da presente resolução já tenham sido remetidos à Comissão de Coordenação e Desenvolvimento Regional do Algarve para efeitos da emissão do parecer previsto no n.° 10 do artigo 75.° do Decreto-Lei n.° 380/99, de 22 de Setembro, com a redacção conferida pelo Decreto-Lei n.° 310/2003, de 10 de Dezembro, e que venham a ser aprovados e enviados para ratificação ou registo até 31 de Dezembro de 2007" (sublinhe-se que este regime transitório foi alargado pela Resolução do Conselho de Ministros n.° 188/2007, de 28 de Dezembro, aos planos de urbanização e aos planos de pormenor cujo período de discussão pública se tenha concluído até 31 de Dezembro de 2007 e tenham sido aprovados em Assembleia Municipal até 31 de Janeiro de 2008).

O último instrumento que visa prevenir os conflitos de normas dos planos encontra-se no n.º 5 do artigo 80.º do RJIGT e traduz--se no facto de a ratificação do plano director municipal implicar a *revogação* ou *alteração* das disposições constantes dos instrumentos de gestão territorial afectados e determinar a correspondente alteração dos elementos documentais afectados, por forma a que traduzam a actualização da disciplina vigente.

Se, não obstante os mecanismos de prevenção de conflitos de normas de planos, estes vierem a ocorrer na realidade, o legislador criou um *meio* de *resolução* das colisões de normas dos planos, cominando com a sanção de *nulidade* os planos elaborados e aprovados em violação de qualquer instrumento de gestão territorial com o qual devessem ser compatíveis ou conformes, e abrindo, consequentemente, a *via* da sua impugnação contenciosa junto dos tribunais administrativos. Na verdade, depois de o artigo 101.º, n.º 1, do RJIGT prescrever que "a compatibilidade ou conformidade entre os diversos instrumentos de gestão territorial é condição da respectiva validade" (sendo de sublinhar o aperfeiçoamento, operado pelo Decreto-Lei n.º 316/2007, de 19 de Setembro, que passou a referir "a compatibilidade ou a conformidade"), veio o mesmo diploma, no seu artigo 102.º, n.º 1, precisar que "são nulos os planos elaborados e aprovados em violação de qualquer instrumento de gestão territorial com o qual devessem ser compatíveis ou conformes" (redacção também aperfeiçoada por aquele diploma legal) [209].

---

[209] Tem, assim, razão MÁRIO LAMEIRAS MARQUES, quando escreve que a "regra da conformidade impõe, por via material ou por via institucional, que um plano de nível inferior se conforme com os de nível superior vigentes", sendo a sanção típica a da "nulidade das normas dos planos desconformes". Mas já não lhe assiste qualquer razao, quando considera, erroneamente, que a regra da compatibilidade, sendo, apesar de tudo, uma regra de relacionamento entre planos urbanísticos, significa "apenas que os planos de nível superior da cascata se compatibilizem com os de nível inferior", quando defende que a mesma "não é mais que o sentido descendente da escala de conformidade" e, bem assim, quando entende que não existe qualquer sanção para a sua não observância, já que impõe apenas "um juízo de consideração, puramente relativo e relativizável, o qual pode não ser tido em conta pela entidade que confere eficácia ao plano posterior, de nível su-

O efeito da *nulidade* do plano, ou de alguma ou algumas das suas disposições, verifica-se, desde logo, nos casos de violação do *princípio da hierarquia* dos planos. Mas cremos que idêntica consequência deve ser assacada à violação do princípio da *contra-corrente,* quando o plano hierarquicamente superior e mais amplo não *identificar* e não *ponderar* as disposições de um plano hierarquicamente inferior preexistente e abrangente de uma área mais restrita. Aliás, uma tal sanção parece estar implícita nos artigos 10.º, n.º 5, da LBPOTU e 20.º, n.º 2, do RJIGT, quando aí se afirma que a identificação e ponderação dos planos que já existam ou que se encontrem em preparação *visam assegurar as necessárias compatibilizações* entre as normas dos planos.

E o mesmo se poderá dizer da violação do *princípio da articulação,* tal como o definimos anteriormente. Um tal resultado da violação da obrigação de *compatibilização recíproca* entre planos que não estão subordinados ao princípio da hierarquia parece derivar do já citado artigo 23.º, n.º 6, do RJIGT. Mas o que é importante sublinhar é que, nos casos de violação dos mencionados três princípios (*da hierarquia, da contra-corrente e da articulação*)[210], se verificam as mesmas razões de ordem material que justificam a sanção da *nulidade* dos planos ou de alguma ou algumas das suas disposições.

21. Medidas cautelares dos planos especiais e municipais de ordenamento do território

Como vimos em páginas anteriores, o procedimento de formação dos planos é complexo e demorado. Ora, durante o período, bastante longo, em que se desenrola o procedimento de elaboração dos

---

perior" (cfr. *Legalidade e Conformidade dos Planos Urbanísticos*, Tese Mest., polic., Lisboa, 1999, p. 174-178).

[210] Sobre os princípios da *hierarquia e da articulação* dos planos, ainda que no contexto de legislação anterior à LBPOTU e ao RJIGT, cfr. as nossas obras *O Plano Urbanístico*, cit., p. 194-201 e 294-296, *As Grandes Linhas*, cit., p. 20-24 e 41-46, *Estudos de Direito do Urbanismo*, cit., p. 45 e 46 e 116-118, *O Contencioso dos Planos Municipais*, cit., p. 29 e 30, e *Problemas Actuais do Direito do Urbanismo*, cit., p. 16-19.

planos (e o mesmo se poderá dizer a propósito do procedimento de alteração, revisão ou suspensão dos mesmos), poderão ocorrer alterações das circunstâncias e das condições de facto existentes no momento em que foi decidida a elaboração dos planos que venham a limitar a liberdade de planeamento ou comprometer ou tornar mais difícil ou onerosa a sua execução.

Foi para evitar que tal sucedesse que o legislador consagrou *medidas cautelares* dos planos, embora dirigidas somente aos planos que produzem efeitos jurídicos directos e imediatos em relação aos particulares, isto é, aos planos especiais e municipais de ordenamento do território, pois apenas eles são susceptíveis de uma *execução directa*, isto é, sem necessidade de interposição de outro plano, devido à densidade ou ao grau de concreteza das suas disposições.

As *medidas cautelares* dos planos municipais são disciplinadas integralmente nos artigos 107.º a 117.º do RJIGT. Esta mesma conclusão é retirada do disposto no artigo 158.º deste diploma, onde se determina que "o regime de medidas preventivas previsto no capítulo II do Decreto-Lei n.º 794/76, de 5 de Novembro, deixa de ter aplicação enquanto medida cautelar aplicável aos planos municipais de ordenamento do território". O mesmo não se passa, como veremos daqui a pouco, com as medidas preventivas dos planos especiais, cujo regime ainda consta, em boa parte, dos artigos 7.º a 13.º do Decreto-Lei n.º 794/76, de 5 de Novembro (Lei dos Solos).

As *medidas cautelares* dos planos são de duas espécies: *medidas preventivas* e *suspensão de concessão de licenças* (rectius, *suspensão dos procedimentos de informação prévia, de comunicação prévia e de licenciamento*)[211].

21.1. Medidas preventivas

As medidas preventivas desempenham uma função de garantia dos planos especiais e municipais de ordenamento do território e destinam-se especificamente a evitar a alteração das circunstâncias e das

---

[211] Sobre este tema, cfr. FERNANDA PAULA OLIVEIRA, DULCE LOPES, *Medidas Cautelares dos Planos,* in Revista do CEDOUA, Ano V, N.º 10 (2002), p. 45-68.

condições de facto existentes que possa limitar a liberdade de planeamento ou comprometer ou tornar mais onerosa a execução do plano (cfr. os artigos 107.º, n.º 1, do RJIGT e 7.º, n.º 1, do Decreto-Lei n.º 794/76) [212].

[212] O artigo 7.º, n.º 1, da Lei dos Solos prevê também a possibilidade de o Governo estabelecer, por decreto, que uma área, ou parte dela, que se presuma vir a ser abrangida por um "projecto de empreendimento público" de grande dimensão (v. g., a construção de um aeroporto, de um porto de mar, de uma auto-estrada, etc.) seja sujeita a medidas preventivas. Assim sucedeu, por exemplo: com o Decreto n.º 19/2008, de 1 de Julho, que criou um regime de medidas preventivas na zona do Campo de Tiro de Alcochete, onde se encontra prevista a construção do novo aeroporto de Lisboa, e nas áreas circundantes; com o Decreto n.º 7/2008, de 27 de Março, que estabeleceu medidas preventivas destinadas a garantir o período necessário para a programação e viabilização da execução da ligação de alta velocidade no eixo de Lisboa-Porto; com o Decreto n.º 1/2007, de 25 de Janeiro, que estabeleceu medidas preventivas com o objectivo de viabilizar a terceira travessia do Rio Tejo no eixo Chelas-Barreiro; com o Decreto n.º 13/2006, de 22 de Março, que sujeitou, durante um prazo de dois anos, a medidas preventivas determinadas áreas de terreno confinantes com o Aeroporto de Francisco Sá Carneiro; com o Decreto n.º 50/2003, de 27 de Outubro, que estabeleceu medidas preventivas de ocupação do solo no local previsto para a instalação da Estação de Radar Secundária da Serra do Marão e na área circundante (tendo o Decreto n.º 22-A//2005, de 27 de Outubro, prorrogado pelo prazo de um ano a vigência daquelas medidas preventivas); com o Decreto-Lei n.º 33/95, de 11 de Fevereiro, alterado pelos Decretos-Leis n.ºs 232/98, de 22 de Julho, e 335/2001, de 24 de Dezembro, que adoptou medidas preventivas relativamente a áreas compreendidas na zona de intervenção do empreendimento de fins múltiplos do Alqueva; e com o Decreto n.º 42/97, de 21 de Agosto, que definiu as medidas preventivas de ocupação do solo nas potenciais áreas de localização do novo aeroporto (áreas da Ota e de Rio Frio), tendo o Decreto n.º 31-A/99, de 20 de Agosto, prorrogado essas medidas preventivas, relativamente à área da Ota, e estabelecido novas medidas preventivas de ocupação do solo na área potencial de localização do novo aeroporto. Acrescente-se que o Decreto-Lei n.º 170/2000, de 8 de Agosto, prorrogou, ao abrigo da autorização legislativa constante do artigo 12.º da Lei n.º 3-B/2000, de 4 de Abril, por um período de três anos, as medidas preventivas de ocupação do solo na área potencial do novo aeroporto, e, bem assim, que a Lei n.º 5/2003, de 27 de Fevereiro, autorizou o Governo a prorrogar o prazo de vigência das medidas preventivas de ocupação na área potencial do novo aeroporto, tendo o Decreto-Lei n.º 118//2003, de 14 de Junho, prorrogado por mais três anos o prazo de vigência dessas medidas preventivas. Por último, a Lei n.º 38/2006, de 17 de Agosto, prorrogou,

Pense-se, por exemplo, nas consequências altamente prejudiciais, no que respeita ao espaço de liberdade de que dispõem as entidades com competência planificatória para consagrar no plano as soluções mais adequadas sob o ponto de vista de um correcto ordenamento do espaço e, bem assim, no que concerne às possibilidades de execução do plano, se, durante o período de elaboração, alteração ou revisão deste, fossem aprovados projectos de transformação urbanística do solo e fossem concedidas licenças e admitidas comunicações prévias respeitantes à ocupação do solo ao arrepio do desenvolvimento do procedimento de elaboração, alteração ou revisão do plano. O resultado poderia ser a impossibilidade ou, pelo menos, uma grande dificuldade de execução do plano em elaboração, alteração ou revisão, devido ao facto de a realidade urbanística existente no momento em que se decidiu elaborar, alterar ou rever o plano ter sido substancialmente alterada no decurso do respectivo procedimento.

Antes de analisarmos o travejamento jurídico das medidas preventivas dos planos municipais de ordenamento do território, constantes dos artigos 107.º a 116.º do RJIGT[213], interessa, desde já,

---

por período não superior a três anos, o prazo de vigência das medidas preventivas de ocupação do solo na área prevista de localização do novo aeroporto de Lisboa, relativamente às áreas definidas nos quadros A e B Anexos ao Decreto-Lei n.º 31-A/99, de 20 de Agosto.

Este tipo de medidas preventivas não será aqui estudado, uma vez que a nossa atenção dirige-se tão-só às medidas preventivas dos planos. Seja como for, podemos suscitar a questão de saber se o artigo 7.º, n.º 1, da Lei dos Solos permite o estabelecimento pelo Governo, através de decreto, de medidas preventivas de planos sectoriais que, nos termos do artigo 35.º, n.º 2, alínea c), do Decreto-Lei n.º 380/99, contenham "decisões sobre a localização e a realização de grandes empreendimentos públicos com incidência territorial". A nossa propensão é para responder afirmativamente a este quesito.

[213] Cfr., sobre este ponto, o estudo monográfico de FERNANDA PAULA OLIVEIRA, *As Medidas Preventivas dos Planos Municipais de Ordenamento do Território – Alguns Aspectos do Seu Regime Jurídico,* BFDUC, *Studia Juridica* 32, Coimbra, Coimbra Editora, 1998, que, apesar de ter sido elaborado no domínio da aplicação dos artigos 7.º a 13.º da Lei dos Solos, se revela de grande utilidade para quem pretenda ir um pouco mais além no estudo daquela matéria.

salientar que o artigo 107.°, n.° 9, deste diploma legal habilita o Governo a adoptar medidas preventivas dos planos especiais de ordenamento do território, remetendo o seu regime jurídico para os artigos 7.° a 13.° da Lei dos Solos. De facto, aquela norma estabelece que, "para salvaguardar situações excepcionais de reconhecido interesse nacional ou regional e garantir a elaboração dos planos especiais de ordenamento do território, o Governo pode estabelecer medidas preventivas e zonas de defesa e controlo urbano nos termos definidos na Lei dos Solos"[214]. As medidas preventivas dos planos especiais são estabelecidas por resolução do Conselho de Ministros, de harmonia com o disposto no artigo 109.°, n.° 2, do RJIGT[215]. O seu *regime material*, apesar de regulado pelas referidas normas da Lei dos Solos, não é substancialmente diferente do previsto nos artigos 107.° a 116.° do RJIGT. Vamos, por isso, nas linhas subsequentes, expor, em traços gerais, a disciplina jurídica das medidas preventivas dos planos municipais, fazendo, nos pontos que consideramos mais significativos, uma pequena incursão nas disposições do Decreto-Lei n.° 794/76 reguladoras do regime jurídico das medidas preventivas dos planos especiais de ordenamento do território.

---

[214] Repare-se que a norma do artigo 107.°, n.° 9, do RJIGT permite não apenas a adopção de medidas preventivas para salvaguarda dos planos especiais de ordenamento do território, mas também o estabelecimento de medidas preventivas respeitantes a planos municipais, sempre que esteja em causa a salvaguarda de *situações excepcionais de reconhecido interesse nacional ou regional*, isto é, sempre que se pretenda que os mesmos garantam os interesses já consagrados ou que se pretendem vir a consagrar nos planos hierarquicamente superiores, sectoriais ou regionais, que prosseguem interesses, de índole nacional ou regional, respectivamente. Cfr. FERNANDA PAULA OLIVEIRA/DULCE LOPES, ob. cit., p. 47.

[215] Cfr., à guisa de exemplo, a Resolução do Conselho de Ministros n.° 139/ /99, de 4 de Novembro, com a redacção que lhe foi dada pelas Resoluções do Conselho de Ministros n.ᵒˢ 152/2000, de 11 de Novembro, e 7/2002, de 11 de Janeiro, que estabeleceu medidas preventivas para a área a abranger pelo Plano de Ordenamento da Albufeira de Castelo de Bode, tendo o prazo de vigência das mesmas sido prorrogado por mais um ano pela Resolução do Conselho de Ministros n.° 160/2001, de 12 de Novembro.

A lei estabelece dois *pressupostos* de validade da aprovação das medidas preventivas[216]. Em primeiro lugar, a existência de uma *decisão prévia* de elaboração, alteração, revisão[217] – determinando o estabelecimento de medidas preventivas por motivo de revisão e alteração de um plano a suspensão da eficácia deste, na área abrangida por aquelas medidas, e, ainda, sob proposta da câmara municipal à assembleia municipal, a suspensão dos demais planos municipais de ordenamento do território em vigor na mesma área, nos casos em que assim se justifique, conforme preceitua o n.º 3 do artigo 107.º do RJIGT – ou suspensão de um plano municipal de ordenamento do território (cfr. o artigo 107.º, n.ºˢ 1 e 2, do RJIGT)[218] ou de um plano especial de ordenamento do território (cfr. o artigo 107.º, n.º 9, do mesmo diploma legal). Em segundo lugar, a observância dos princípios da *necessidade* e da *proporcionalidade em sentido estrito*[219].

---

[216] Cfr. a nossa obra *O Plano Urbanístico*, cit., p. 328-330, nota 73.

[217] Cfr., por exemplo, a Resolução do Conselho de Ministros n.º 125/2002, de 15 de Outubro, que ratificou as medidas preventivas no âmbito do procedimento de revisão do Plano Director Municipal do Porto, bem como a Resolução do Conselho de Ministros n.º 127/2004, de 4 de Setembro, que ratificou a prorrogação, por mais um ano, do prazo de vigência das mesmas medidas preventivas.

[218] O Decreto-Lei n.º 310/2003, de 10 de Dezembro, introduziu uma alteração importante ao Decreto-Lei n.º 380/99, no que respeita às medidas preventivas relacionadas com a suspensão dos planos municipais. Consistiu ela na consagração da obrigação do estabelecimento de medidas preventivas, sempre que haja uma deliberação da assembleia municipal, sob proposta da câmara municipal, sujeita a ratificação do Governo, de suspensão, total ou parcial, de um plano municipal de ordenamento do território [cfr. os artigos 100.º, n.º 2, alínea *b*), e n.º 4, e 107.º, n.º 2, do Decreto-Lei n.º 380/99] – solução louvável, já que permite evitar vazios jurídicos no que respeita às regras de ocupação, uso e transformação do solo durante o período em que vigorar a suspensão daqueles planos ou *vazios planificatórios*.

O Decreto-Lei n.º 316/2007, de 19 de Setembro, que introduziu alterações ao RJIGT, manteve a referida alteração à versão inicial do RJIGT [cfr. os actuais artigos 100.º, n.ºˢ 2, alínea *b*), 4 e 5, e 107.º, n.º 2, do RJIGT].

[219] Também no direito alemão são considerados como *pressupostos* de validade das *medidas preventivas*, ou, numa tradução literal da expressão, da "*interdição de alterações*" (*Veränderungssperre*), regulada nos §§ 14.º, 16.º, 17.º e 18.º do

O princípio da *necessidade* expressa a ideia de que as medidas preventivas devem ser adoptadas para a *garantia* do plano em vias de formação, de alteração, de revisão ou de suspensão, pelo que elas terão de revelar-se *indispensáveis* ou *necessárias*, quer no seu âmbito territorial de aplicação, quer no seu conteúdo, quer, ainda, no seu período de duração, para "evitar a alteração das circunstâncias e das condições de facto existentes que possa limitar a liberdade de planeamento ou comprometer ou tornar mais onerosa a execução do plano". A importância do princípio da *necessidade* no âmbito das medidas preventivas dos planos é destacada no exórdio do Decreto-Lei n.º 380/99, nos seguintes termos: "Na disciplina das medidas preventivas esclarece-se a necessidade de demonstração da verificação do princípio da necessidade no seu estabelecimento, determinando-se que o mesmo deve não apenas demonstrar a respectiva necessidade, mas também esclarecer as vantagens e os inconvenientes de ordem económica, técnica e social decorrentes da sua adopção".

É no artigo 110.º, n.ºs 2 e 3, do RJIGT que vemos consagrado o princípio da *necessidade*. Com efeito, o n.º 2 do artigo 110.º determina que "o estabelecimento de medidas preventivas deve demonstrar a respectiva necessidade, bem como esclarecer as vantagens e os inconvenientes de ordem económica, técnica, social e ambiental consequentes da sua adopção". Esta obrigação de fundamentação da necessidade da aprovação de medidas preventivas estende-se ao ponto de a entidade competente para o seu estabelecimento dever precisar, quando o estado dos trabalhos de elaboração ou revisão dos planos o permitir, "quais são as disposições do futuro plano cuja execução ficaria comprometida na ausência daquelas medidas" (cfr. o artigo 110.º, n.º 3, do RJIGT).

O princípio da *necessidade* das medidas preventivas dos planos municipais, que vemos expressamente consagrado nos n.ºs 2 e 3 do

---

Baugesetzbuch, a existência de uma decisão por parte do competente órgão do município de elaboração, integração ou revisão de um plano de urbanização (*Bebauungsplan*) e a constatação da necessidade daquela medida. Cfr., por todos, M. KRAUTZBERGER, in BATTIS/KRAUTZBERGER/LÖHR, *ob. cit.*, § 14.º, p. 307--309; U. BATTIS, *Öffentliches Baurecht*, cit., p. 114; e W. BROHM, *ob. cit.*, p. 416.

artigo 110.º do RJIGT, já se inferia da própria definição dos fins das medidas preventivas, constante do artigo 7.º, n.º 1, do Decreto-Lei n.º 794/76, pelo que já o considerávamos como um *pressuposto material* da validade das medidas preventivas[220]. Daí que as medidas preventivas dos planos especiais de ordenamento do território estejam também sujeitas à observância do princípio da *necessidade*, como flui não apenas do artigo 7.º, n.º 1, da Lei dos Solos, mas também do n.º 2 artigo 110.º do RJIGT.

Do princípio da *necessidade*, entendido como *pressuposto material* das medidas preventivas, resulta que estas não poderão ser adoptadas se a garantia da execução do plano for possível através da aplicação de outros preceitos urbanísticos, designadamente os respeitantes ao licenciamento ou admissão de comunicação prévia de operações urbanísticas.

O *princípio da proporcionalidade em sentido estrito* – que é o segundo *pressuposto de validade* das medidas preventivas – apresenta quatro manifestações.

A primeira é expressa pelo princípio do "*bilan-coût-avantages*" ou da "*costs-benefits analysis*", constante do n.º 1 do artigo 110.º do RJIGT. Refere-se, com efeito, neste dispositivo legal, que "o estabelecimento de medidas preventivas deve ser limitado aos casos em que fundadamente se preveja ou receie que os prejuízos resultantes da possível alteração das características do local sejam socialmente mais gravosas do que os inerentes à adopção das medidas". Esta manifestação do *princípio da proporcionalidade em sentido estrito* está também contemplada no n.º 4 do artigo 7.º do Decreto-Lei n.º 794/76 – aplicável, como se sublinhou, às medidas preventivas dos planos especiais de ordenamento do território. Aí se determina que "o recurso às medidas preventivas deve ser limitado aos casos em que, fundadamente, se receie que os prejuízos resultantes da possível alteração das circunstâncias sejam socialmente mais relevantes do que os inerentes à adopção das medidas". Esta vertente do *princípio da proporcionalidade em sentido estrito* significa que os órgãos com competência para apro-

---

[220] Cfr. a nossa obra *O Plano Urbanístico*, cit., p. 328, nota 73.

var medidas preventivas devem proceder a uma ponderação entre os benefícios e os inconvenientes (v. g., os danos que advêm para os proprietários dos terrenos e para os promotores imobiliários da impossibilidade de realização de operações urbanísticas durante o período de vigência das medidas preventivas; a diminuição da oferta de habitações; as repercussões negativas no sector da construção civil e noutras indústrias que lhe andam associadas) das medidas preventivas, só sendo legítima a sua adopção se aqueles forem mais relevantes do que estes.

A segunda manifestação do *princípio da proporcionalidade em sentido estrito* diz respeito ao *âmbito territorial* de aplicação das medidas preventivas. Uma tal manifestação do mencionado princípio implica que as medidas preventivas não devem atingir necessariamente toda a área ou todo o território a abranger pelo plano em elaboração, em alteração ou em revisão. Se os fins de garantia da liberdade de planeamento ou da execução do plano forem compatíveis com a aplicação de medidas preventivas em relação apenas a uma parte da área a abranger pelo plano, não poderá ser decidida a aplicação de medidas preventivas à totalidade da área do território. Esta variante do *princípio da proporcionalidade em sentido estrito* está condensada no artigo 111.º, n.ᵒˢ 1 e 2, do RJIGT.

De facto, a primeira disposição determina que "a área sujeita às medidas preventivas deve ter a extensão que se mostre adequada à satisfação dos fins a que se destina". E a segunda preceitua que "a entidade competente para o estabelecimento das medidas preventivas deve proceder à delimitação da área a abranger, devendo os limites dessa área, quando não possam coincidir, no todo ou em parte, com as divisões administrativas, ser definidas, sempre que possível, pela referência a elementos físicos facilmente identificáveis, designadamente vias públicas e linhas de água". A vertente de que estamos a falar do *princípio da proporcionalidade em sentido estrito* está também plasmada no artigo 7.º, n.º 1, do Decreto-Lei n.º 794/76, quando refere que as medidas preventivas podem abranger *toda a área* de um plano ou *parte dela*.

A terceira expressão do *princípio da proporcionalidade em sentido estrito* encontra guarida no artigo 107.º, n.º 4, do RJIGT e no artigo

8.º, n.º 2, do Decreto-Lei n.º 794/76 e diz respeito ao *conteúdo* das medidas preventivas. Estas devem traduzir-se no cerceamento do menor número possível de actividades urbanísticas dos particulares e, no conjunto dos actos ou actividades proibidos ou condicionados, devem ser preferidos aqueles que menores danos causarem aos administrados. O que acaba de ser exposto resulta claramente dos mencionados preceitos do RJIGT e do Decreto-Lei n.º 794/76. Com efeito, o n.º 4 do artigo 107.º do diploma citado em primeiro lugar prescreve que as medidas preventivas podem consistir na proibição, na limitação ou na sujeição a parecer vinculativo [221] das operações de loteamento e obras de urbanização; obras de construção civil, ampliação, alteração e reconstrução, com excepção das que estejam isentas de procedimento de licenciamento ou comunicação prévia; trabalhos de remodelação de terrenos; obras de demolição de edificações existentes, excepto as que, por regulamento municipal, possam ser dispensadas de licença ou autorização; e derrube de árvores em maciço ou destruição do solo vivo e do coberto vegetal. Mas o n.º 5 do artigo 107.º do mesmo diploma legal logo atalha que "as medidas preventivas abrangem apenas as acções necessárias para os objectivos a atingir, que deverão ser o mais determinadas possível, de acordo com as finalidades do plano". E o n.º 6 do mesmo artigo adianta que "ficam excluídas do âmbito de aplicação das medidas preventivas as acções validamente autorizadas antes da sua entrada em vigor, bem como aquelas em relação às quais exista já informação prévia válida" [222-223].

---

[221] De harmonia com o n.º 8 do artigo 107.º do RJIGT, "quando as medidas preventivas envolvam a sujeição a parecer vinculativo, o órgão competente para o seu estabelecimento determinará quais as entidades a consultar". Também o artigo 8.º, n.º 3, do Decreto-Lei n.º 794/76 preceitua que o "Governo, ao estabelecer as medidas preventivas, definirá as entidades competentes para as autorizações ou outros condicionamentos exigidos pela sua aplicação, bem como para a fiscalização da sua observância e para as determinações da demolição a que se refere o artigo 12.º".

[222] Esta disposição legal – que não é mais do que uma consequência do princípio da não retroactividade das medidas preventivas e do respeito pelos direitos adquiridos – pode ser afastada em casos excepcionais, quando a acção (isto é, a operação urbanística) em causa prejudique de forma grave e irreversível as finali-

De modo semelhante, o artigo 8.º, n.º 1, do Decreto-Lei n.º 794/76 estatui que as medidas preventivas podem consistir na proibição ou na sujeição a prévia autorização, eventualmente condicionada, de um núcleo de actos ou actividades de índole urbanística (tendencialmente similares aos condensados no n.º 3 do artigo 107.º do RJIGT). Mas o n.º 2 do mesmo artigo acentua de imediato que "as medidas preventivas abrangerão apenas os actos com interesse para os objectivos a atingir, podendo, dentro dos tipos genéricos previstos no número anterior, limitar-se a certas espécies de actos ou actividades"[224].

A quarta vertente do *princípio da proporcionalidade em sentido estrito* das medidas preventivas tem a ver com o respectivo *âmbito temporal*. Tendo em conta o *escopo exclusivamente cautelar* das medidas preventivas, compreende-se que estas tenham um *carácter provisório* e uma *natureza acessória* em relação à formação, à alteração, à revisão ou à

---

dades do plano (cfr. o artigo 107.º, n.º 7, do RJIGT). Cremos, no entanto, que, nesses casos, deve haver indemnização, não obstante aquela disposição legal não o referir expressamente. Mas às situações em que as medidas preventivas devem ser acompanhadas de indemnização voltaremos daqui a pouco.

[223] As medidas preventivas dos planos municipais de ordenamento do território têm vindo, amiúde, a ser concebidas como tendo um carácter não apenas *conservatório* e *cautelar* dos planos em elaboração, alteração ou revisão, mas também um cariz *antecipatório* das opções a inscrever naqueles instrumentos de planeamento, possibilitando a licença ou a autorização (agora, admissão de comunicação prévia) de operações urbanísticas que estejam em consonância com as disposições a consagrar nos planos *in itinere*. Temos, porém, muitas dúvidas sobre a *legalidade* desta concepção das medidas preventivas, essencialmente por duas razões. *Primo*, porque uma tal concepção implica uma "aplicação antecipada" do plano, sem que tenha havido, no procedimento de aprovação das medidas preventivas, uma *participação* adequada dos particulares. *Secundo*, porque as medidas preventivas, ao fundar a prática de actos administrativos de gestão urbanística, através da "aplicação antecipada" do plano, comprometem a *liberdade* de *planeamento* do município, pondo, desse modo, em causa uma das finalidades das medidas preventivas, indicadas no n.º 1 do artigo 107.º do RJIGT.

[224] Cfr., sobre este ponto, J. OSVALDO GOMES, *Operações Urbanísticas e Medidas Preventivas*, in Direito do Urbanismo, coord. D. FREITAS DO AMARAL, cit., p. 386 e 387.

suspensão do plano[225]. Elas devem ter, por isso, necessariamente uma *duração de validade limitada*. Nos termos do artigo 112.º, n.º 1, do RJIGT, "o prazo de vigência das medidas preventivas será fixado no acto que as estabelecer, não podendo ser superior a dois anos, prorrogável por mais um, quando tal se mostre necessário" (mas na falta de fixação do prazo da sua vigência, as medidas preventivas vigoram pelo prazo de um ano, prorrogável por seis meses, conforme preceitua o n.º 2 do artigo 112.º daquele diploma legal). De igual modo, o artigo 9.º, n.º 1, do Decreto-Lei n.º 794/76 determina que "o prazo de vigência das medidas preventivas será fixado no diploma que as estabelecer, até dois anos, sem prejuízo, porém, da respectiva prorrogação, quando tal se mostre necessário, por prazo não superior a um ano". O prazo máximo de validade das medidas preventivas é, assim, de três anos, deixando automaticamente de vigorar decorrido o prazo fixado para a sua vigência [cfr. os artigos 112.º, n.º 3, alínea *b*), do RJIGT e 9.º, n.º 2, alínea *b*), do Decreto-Lei n.º 794/76].

O aspecto mais relevante do regime jurídico das medidas preventivas é o que se relaciona com a problemática da *indemnização*. Mas antes de versarmos esse ponto específico, importa registar algumas notas sobre outros aspectos da disciplina jurídica das medidas preventivas.

Quanto à *natureza jurídica* das medidas preventivas, o artigo 108.º do RJIGT determina que elas têm natureza de *regulamentos administrativos*. Significa isto que o legislador atribuiu às medidas preventivas uma *natureza jurídica* idêntica à dos planos em relação aos quais desempenham uma função *cautelar* ou de *garantia*. De facto, o legislador qualificou expressamente os planos especiais e municipais de ordenamento do território como *instrumentos de natureza regulamentar* (cfr. os artigos 42.º, n.º 1, e 69.º, n.º 1, do RJIGT)[226]. À questão da *natureza jurídica* dos planos haveremos de voltar mais adiante.

---

[225] Cfr. R. BREUER, *Die Bodennutzung im Konflikt zwischen Städtebau und Eigentumsgarantie*, München, Beck, 1976, p. 223.

[226] Também no direito alemão, quer as "medidas preventivas", ou as "interdições de alterações", quer os "planos de urbanização" são adoptados pelo município como *regulamentos*. De facto, depois de o § 10.º, n.º 1, do *Baugesetzbuch*

No que respeita à *invalidade* dos actos administrativos que decidam pedidos de licenciamento ou admitam comunicações prévias com inobservância das proibições ou limitações constantes das medidas preventivas ou que violem os pareceres vinculativos nelas previstos, as consequências são idênticas às da violação pelos actos administrativos das disposições dos planos, designadamente dos planos especiais e municipais de ordenamento do território. Em ambas as situações, a lei fulmina com a *nulidade* tais actos administrativos [cfr. os artigos 103.º e 115.º do RJIGT e 68.º, alínea *a*), do RJUE].

Também no que concerne à tipificação como contra-ordenação, punível com coima e, eventualmente, com sanções acessórias, da violação por parte dos particulares das proibições e limitações decorrentes das medidas preventivas e à possibilidade de as obras e os trabalhos efectuados com inobservância das proibições, condicionantes ou pareceres decorrentes das medidas preventivas, ainda que licenciados ou autorizados pelas entidades competentes, serem embargados ou demolidos e, bem assim, à possibilidade de ser ordenada a reposição da configuração do terreno e da recuperação do coberto vegetal, segundo projecto a aprovar pela Administração, se verifica uma similitude de regimes entre a violação das medidas preventivas e a violação dos planos (podem cotejar-se, para este efeito, de um lado, os artigos 104.º e 105.º do RJIGT e, do outro lado, os artigos 113.º e 114.º do mesmo diploma legal). Ainda sobre o embargo, a demolição, a reposição da configuração do terreno ou a recuperação do coberto vegetal nos casos de obras e trabalhos efectuados em violação das medidas preventivas, devem acrescentar-se dois pontos: o primeiro é o de que o artigo 12.º do Decreto-Lei n.º 794/76 prevê a possibilidade de serem aplicadas idênticas sanções; e o segundo é o de que, conforme dispõe o artigo 114.º, n.º 2, do RJIGT, a competência para ordenar aquelas medidas sancionatórias pertence ao

---

determinar que *"die Gemeinde beschliesst den Bebauungsplan als Satzung"*, o § 16.º, n.º 1, do mesmo Código estabelece que *"die Veränderungssperre wird von der Gemeinde als Satzung beschlossen"*. Cfr., por todos, R. LÖHR, in BATTIS/KRAUTZBERGER//LÖHR, *ob. cit.*, § 10.º, p. 248 e 249; e M. KRAUTZBERGER, in BATTIS/KRAUTZBERGER/LÖHR, *ob. cit.*, § 16.º, p. 317.

presidente da câmara municipal ou, quando se trate de medidas preventivas estabelecidas pelo Governo, ao presidente da comissão de coordenação e desenvolvimento regional ou ao órgão competente dependente do membro do Governo responsável pelo ordenamento do território.

No que toca à *competência* e ao *procedimento* de elaboração de medidas preventivas dos planos municipais, rege o artigo 109.º do RJIGT. De harmonia com o seu n.º 1, compete à assembleia municipal, mediante proposta da câmara municipal, estabelecer medidas preventivas de garantia da elaboração e execução dos planos municipais de ordenamento do território[227]. Já quanto às medidas preventivas destinadas a garantir a elaboração e a execução dos planos especiais de ordenamento do território, são as mesmas aprovadas por resolução do Conselho de Ministros, conforme prescreve o n.º 2 do artigo 109.º do mencionado diploma legal.

Na linha da redução do âmbito de aplicação da *ratificação governamental*, operada pelo Decreto-Lei n.º 316/2007, de 19 de Setembro, actualmente apenas estão sujeitas a *ratificação* as medidas preventivas respeitantes a planos municipais de ordenamento do território, em duas situações. A primeira diz respeito às medidas preventivas relativas ao plano director municipal que consistam na limitação ou na sujeição a parecer vinculativo das acções previstas no n.º 4 do artigo 107.º, a que nos referimos um pouco mais acima, isto é, quando as medidas preventivas sejam verdadeiras medidas antecipatórias do

---

[227] Vale a pena sublinhar que as medidas preventivas com vista a salvaguardar a execução das intervenções previstas no âmbito do Programa Polis, apesar de tais intervenções constarem de planos de urbanização e de planos de pormenor expressamente elaborados para o efeito (sendo as especificidades do seu procedimento de elaboração definidas no artigo 3.º do Decreto-Lei n.º 314/2000, de 2 de Dezembro), foram aprovadas por decreto-lei (concretamente, pelo Decreto-Lei n.º 119/2000, de 4 de Julho, alterado pelos Decretos-Leis n.ºs 319/2000, de 14 de Dezembro, 203-B/2001, de 24 de Julho, 251/2001, de 21 de Setembro, 318/2001, de 10 de Dezembro, 103/2002, de 12 de Abril, 212/2002, de 17 de Outubro, 314/2002, de 23 de Dezembro, 161/2004, de 2 de Julho, 149/2005, de 30 de Agosto, 232/2006, de 29 de Novembro, e 388/2007, de 30 de Novembro).

plano director municipal em elaboração, alteração ou revisão, e, além disso, seja suscitada, nos termos do n.º 2 do artigo 80.º do RJIGT, a incompatibilidade com plano sectorial ou plano regional de ordenamento do território (cfr. o n.º 3 do artigo 109.º do RJIGT). Não estão, assim, sujeitas a *ratificação governamental* as medidas preventivas relativas a plano de urbanização ou a plano de pormenor, seja qual for o seu conteúdo, nem as medidas preventivas respeitantes a plano director municipal que consistam na *proibição* de algumas ou de todas as acções previstas no artigo 107.º, n.º 4 do RJIGT. A segunda situação de sujeição a *ratificação* de medidas preventivas tem a ver com aquelas que são aprovadas relativamente a uma área que anteriormente esteve abrangida por medidas preventivas, antes de decorridos quatro anos sobre a caducidade das anteriores. Com efeito, de harmonia com o disposto no n.º 5 do artigo 112.º do RJIGT, "uma área só poderá voltar a ser abrangida por medidas preventivas depois de decorridos quatro anos sobre a caducidade das anteriores, salvo casos excepcionais, devidamente fundamentados e sujeitos a ratificação". Os termos genéricos utilizados pela norma indicam que estão abrangidas pela experiência de ratificação as medidas preventivas relativas a todos os planos municipais de ordenamento do território.

Por seu lado, o n.º 4 do artigo 109.º do RJIGT determina que, "na elaboração de medidas preventivas está a entidade competente dispensada de dar cumprimento aos trâmites da audiência dos interessados ou da apreciação pública". Esta norma – que prevê um aligeiramento do procedimento de elaboração das medidas preventivas – afasta a aplicação, no procedimento de elaboração das medidas preventivas, da *audiência dos interessados* e da *apreciação pública* dos projectos de regulamentos que imponham deveres, sujeições ou encargos, previstas, em termos genéricos, nos artigos 117.º e 118.º do Código do Procedimento Administrativo. A inaplicação do direito de participação dos cidadãos – ao contrário do que sucede, como vimos, no procedimento de elaboração dos planos – encontra a sua justificação no carácter cautelar das medidas preventivas, bem como na sua natureza estritamente limitada (quanto ao seu conteúdo, ao seu âmbito territorial de aplicação e ao seu período temporal de duração), notas caracterizadoras estas que não poderão deixar de exigir um acentuado informalismo, celeridade e aligeiramento da sua tramitação procedimental[228].

Quanto ao *âmbito temporal* das medidas preventivas, é importante realçar, para além do anteriormente referido, que as medidas preventivas deixam de vigorar não só quando decorrer o prazo fixado para a sua vigência, mas também quando forem revogadas, quando entrar em vigor o plano que motivou a sua aprovação, quando a entidade competente abandonar a intenção de elaborar, alterar, rever ou suspender o plano que as originou, ou quando, tratando-se de medidas preventivas destinadas a garantir a elaboração e a execução de planos especiais de ordenamento do território, cessar o interesse na salvaguarda das situações excepcionais de reconhecido interesse nacional ou regional (cfr. o artigo 112.º, n.º 3, do RJIGT e o artigo 9.º, n.º 2, do Decreto-Lei n.º 794/76)[229].

---

[228] Cfr., sobre este ponto, FERNANDA PAULA OLIVEIRA, *Medidas Preventivas*, cit., p. 190-196.

[229] O artigo 8.º, n.º 5, do Decreto-Lei n.º 69/90, de 2 de Março, previa outra *causa de caducidade* das medidas preventivas dos planos municipais de ordenamento do território, que era a entrada em vigor de *normas provisórias*, as quais determinavam também a alteração automática, durante a sua vigência, das disposições de qualquer plano municipal, na parte abrangida por essas normas (cfr. também o artigo 10.º, n.º 1, do Decreto-Lei n.º 794/76, o qual estabelecia que as medidas preventivas podiam ser substituídas por normas de carácter provisório, logo que o adiantamento do estudo do plano de urbanização permitisse defini-las).

As *normas provisórias* eram aprovadas pela assembleia municipal, mediante proposta da câmara municipal e com parecer da comissão técnica ou da comissão de coordenação regional, consoante os casos (estando também sujeitas a ratificação governamental quando estivessem relacionadas com a elaboração de planos municipais que carecessem de ratificação ou alterassem disposições de plano municipal ratificado), e continham disposições provisórias (cujo prazo de vigência não podia exceder dois anos) para a ocupação, uso ou transformação do solo em toda ou em parte das áreas a abranger por planos municipais em elaboração, quando o estado dos trabalhos fosse de modo a possibilitar a sua adequada fundamentação. As normas provisórias caducavam com o decurso do seu prazo de validade, com a entrada em vigor dos planos a que respeitavam, bem como com a entrada em vigor de qualquer outro plano na área que tal plano com elas tivesse em comum (cfr. o

Ainda sobre a temática do *âmbito temporal* das medidas preventivas, o n.º 4 do artigo 112.º do RJIGT determina que as mesmas "devem ser total ou parcialmente revogadas quando, com o decorrer dos trabalhos de elaboração ou revisão dos planos, se revelem desnecessárias". Trata-se de uma disposição que consagra, como se disse, uma vertente temporal do princípio da *necessidade* das medidas preventivas. E, como referimos, de acordo com o n.º 5 do mesmo artigo, uma área só poderá voltar a ser abrangida por medidas preventivas depois de decorridos quatro anos sobre a caducidade das anteriores, salvo casos excepcionais, devidamente fundamentados e

---

artigo 8.º, n.ºs 1 a 7, do Decreto-Lei n.º 69/90). As *normas provisórias* tinham um *valor jurídico* idêntico ao das normas dos planos, sendo a sua violação acompanhada de *sanções* idênticas às da violação das disposições dos planos.

O artigo 157.º, n.º 4, do Decreto-Lei n.º 380/99, na redacção do Decreto-Lei n.º 53/2000, de 7 de Abril, determinou que aos planos municipais de ordenamento do território em elaboração à data da entrada em vigor do Decreto-Lei n.º 380/99 se aplicava o disposto no artigo 8.º do Decreto-Lei n.º 69/90, de 2 de Março, desde que as normas provisórias fossem estabelecidas até ao dia 31 de Maio de 2000 (e foi em aplicação desta norma que, por exemplo, foram ratificadas, através da Resolução do Conselho de Ministros n.º 117/2000, de 6 de Setembro, as normas provisórias para a área a abranger pela revisão do PDM do Porto, as quais vigorarão pelo prazo de dois anos a contar da publicação daquela resolução ou até à entrada em vigor da revisão do PDM do Porto, consoante o que ocorrer em primeiro lugar).

Mas decorrido o período transitório de vigência do artigo 8.º do Decreto-Lei n.º 69/90, o Decreto-Lei n.º 380/99 aboliu a figura das *normas provisórias* dos planos municipais, adiantando, no preâmbulo deste último diploma legal, que "a opção pela eliminação da figura das normas provisórias fundamenta-se essencialmente na actual cobertura quase total do País por planos directores municipais eficazes, não se justificando assim a necessidade de ultrapassar as dificuldades resultantes da morosidade do processo de planeamento que subjaz à admissibilidade da aplicação antecipada do plano que tais medidas consubstanciam e a manutenção de um mecanismo que consagra, ainda que provisoriamente, opções de planeamento sem submissão a discussão pública".

Foi no seguimento desta orientação que o artigo 2.º do Decreto-Lei n.º 310/2003, de 10 de Dezembro, "revogou o artigo 157.º do Decreto-Lei n.º 380/99, cujo n.º 4 tinha sido, como se disse, alterado pelo mencionado Decreto-Lei n.º 53/2000, de 7 de Abril.

sujeitos a ratificação governamental. Mas numa situação dessas, o estabelecimento de medidas preventivas dentro do prazo de quatro anos após a caducidade das medidas anteriores constitui a entidade competente para a sua adopção na obrigação de indemnizar as pessoas afectadas – indemnização essa cujo valor corresponde ao prejuízo efectivo provocado à pessoa em causa em virtude de ter estado provisoriamente impedida de utilizar o seu solo para a finalidade para ele admitida (cfr. os n.ᵒˢ 6 e 7 do artigo 112.° do RJIGT).

Saliente-se, ainda, quanto ao *período de duração* das medidas preventivas, que os planos municipais de ordenamento do território que façam caducar as medidas preventivas devem referi-lo expressamente e, bem assim, que a prorrogação das medidas preventivas está sujeita às regras aplicáveis ao seu estabelecimento inicial (cfr. os n.ᵒˢ 8 e 9 do artigo 112.° do Decreto-Lei n.° 380/99).

Refira-se, por último, que a deliberação da assembleia municipal, adoptada mediante proposta da câmara municipal, que estabelece medidas preventivas não sujeitas a ratificação de garantia da elaboração e execução dos planos municipais de ordenamento do território, ou que as prorroga, está sujeita a publicação nos termos da alínea *e*) do n.° 4 do artigo 148.° do RJIGT, isto é, na 2.ª Série do *Diário da República*[230]. Por seu lado, a resolução do Conselho de Ministros que ratifica as medidas preventivas de planos municipais de ordenamento do território, incluindo o respectivo texto e planta de delimitação, é publicada na 1.ª Série do *Diário da República* [cfr. o artigo 148.°, n.° 2, alínea *h*), do RJIGT].

---

[230] De facto, em homenagem ao *princípio da publicidade* dos *planos* e das *medidas preventivas*, e como requisito da sua *eficácia*, a alínea *d*) do n.° 4 do artigo 148.° determina que é publicada na 2.ª Série do *Diário da República* "a deliberação municipal que aprova o plano municipal de ordenamento do território não sujeito a ratificação, incluindo o regulamento, a planta de ordenamento, de zonamento ou de implantação e a planta de condicionantes". E a alínea *e*) do n.° 4 do mesmo preceito estatui que também são publicadas na 2.ª Série do *Diário da República* "a deliberação de assembleia municipal que aprova as medidas preventivas não sujeitas a ratificação, incluindo o respectivo texto e a planta de delimitação, bem como a deliberação que aprova a prorrogação do prazo de vigência das medidas preventivas".

Vejamos, agora, a questão da *indemnização* das medidas preventivas. O princípio geral é o de que "a imposição de medidas preventivas não confere o direito a indemnização" (cfr. artigo 116.º, n.º 1, do RJIGT e o artigo 11.º do Decreto-Lei n.º 794/76). Significa isto que as medidas preventivas, atendendo às características anteriormente indicadas, criam, por via de regra, apenas limitações ou condicionamentos à utilização dos solos, que são um mero efeito da *função social* ou da *vinculação social* (*Sozialbindung*) da propriedade do solo, não atingindo os danos delas derivados um grau de *especialidade* e *gravidade* (ou *anormalidade*) que reclame uma indemnização.

Todavia, o artigo 116.º, n.º 2, do RJIGT enumera algumas situações em que a imposição de medidas preventivas confere direito a indemnização – artigo esse que não pode deixar de se aplicar também à imposição de medidas preventivas destinadas a garantir a elaboração de planos especiais de ordenamento do território, apesar de o artigo 11.º do Decreto-Lei n.º 794/76 não contemplar qualquer excepção ao princípio da não indemnização dos prejuízos resultantes das medidas preventivas. As situações previstas no n.º 2 do artigo 116.º – as quais estão devidamente assinaladas no exórdio do Decreto-Lei n.º 380/99, como constituindo uma inovação significativa deste diploma legal – que implicam o reconhecimento do direito de indemnização dos danos decorrentes de medidas preventivas são as seguintes: quando a adopção de medidas preventivas provocar danos equivalentes, embora transitórios, aos previstos no artigo 143.º do RJIGT – disposição que teremos ensejo de analisar um pouco mais adiante –, designadamente quando comportem, durante a sua vigência, uma restrição ou supressão substancial de direitos de uso do solo preexistentes e juridicamente consolidados, designadamente mediante licença ou autorização [cfr. a alínea *b*) do n.º 2 do artigo 116.º]; e quando as medidas preventivas forem estabelecidas dentro do prazo de quatro anos após a caducidade de medidas preventivas anteriores, correspondendo o valor da indemnização ao prejuízo efectivo provocado à pessoa em causa em virtude de ter estado provisoriamente impedida de utilizar o seu solo para a finalidade para ele admitida [cfr. a alínea *a*) do n.º 2 do artigo 116.º e os n.ºs 6 e 7 do artigo 112.º, ambos do RJIGT].

Segundo pensamos, há mais duas situações em que os prejuízos oriundos das medidas preventivas devem ser acompanhados de indemnização. A primeira é a situação contemplada no n.º 7 do artigo 107.º do RJIGT. Como já foi referido, o n.º 6 do artigo 107.º deste diploma legal exclui do perímetro de aplicação das medidas preventivas "as acções validamente autorizadas antes da sua entrada em vigor, bem como aquelas em relação às quais exista já informação prévia favorável válida" ou, acrescentámos nós, a *aprovação do projecto de arquitectura* de uma obra de edificação, tendo em conta, como veremos adiante, o seu carácter *constitutivo de direitos* para o requerente do licenciamento e *vinculativo* para a câmara municipal no momento da deliberação final de licenciamento. Mas o n.º 7 do mesmo artigo determina que, em casos excepcionais, quando aquelas acções prejudiquem de forma grave e irreversível as finalidades do plano, podem as mesmas ser abrangidas pelas medidas preventivas. Ora, em tais casos, não poderá deixar de considerar-se que os danos decorrentes das medidas preventivas devem ser objecto de indemnização. Poderá mesmo dizer-se que, nesses casos, as medidas preventivas comportam, durante a sua vigência, uma restrição ou supressão substancial de direitos de uso do solo preexistentes e juridicamente consolidados, designadamente mediante licença ou autorização, estando, por isso, abrangidos na hipótese do artigo 116.º, n.º 2, alínea *b*), do RJIGT. A utilização pelo legislador, nesta disposição legal, do advérbio "designadamente" não deixa dúvidas sobre a intenção de abranger os *actos administrativos prévios* que sejam equiparáveis às licenças e admissões de comunicações prévias. E a existência de uma *informação prévia favorável válida* terá de ser considerada, como mais desenvolvidamente se dirá à frente, uma situação similar à da existência de uma licença ou admissão de uma comunicação prévia para a realização de uma operação urbanística.

A segunda hipótese de indemnização dos danos resultantes das medidas preventivas não contemplada no n.º 2 do artigo 116.º do RJIGT é a que tem a ver com as *medidas preventivas ilegais*. De facto, no caso de serem aprovadas medidas preventivas em violação dos respectivos requisitos procedimentais e materiais de validade, deve entender-se que os prejuízos delas resultantes devem ser sempre objecto de indemnização. A doutrina e a jurisprudência alemãs denominam as medidas preventivas ilegais "*medidas preventivas de facto*" ("*faktische Veränderungssperre*"), adiantando que elas devem dar origem a indemnização, independentemente da sua duração, já que são consideradas como uma "intervenção no direito de propriedade semelhante à expropriação" ou como uma "expropriação de sacrifício" ou "substancial"[231].

A encerrar a problemática das medidas preventivas dos planos municipais e especiais de ordenamento do território, parece-nos útil abordar, em termos muitos breves, a experiência do direito alemão, nos domínios da *duração de validade* e da *indemnização* da *interdição de alterações* ou das *medidas preventivas* (*Veränderungssperre*) dos planos municipais. O § 17.º, n.º 1, do *Baugesetzbuch* determina que o prazo normal daquelas medidas é de dois anos, podendo o prazo ser prorrogado por mais um ano. Segundo o n.º 2 do mesmo parágrafo, o município pode ainda prorrogar até mais um ano o período de duração das referidas medidas, se circunstâncias especiais o exigirem. Todavia, nos termos do § 17.º, n.º 3, do referido Código do Urbanismo, uma vez cessada a eficácia de uma *Veränderungssperre*, pode esta ser renovada se persistirem os pressupostos que justificaram a sua criação.

Perante a eventualidade de uma *Veränderungssperre* ter uma duração superior a quatro anos, o § 18.º do *Baugesetzbuch* determina que se aquela ultrapassar quatro anos contados desde a data do seu início ou desde a primeira *suspensão de um requerimento de construção* (*Zurückstellung eines Baugesuchs*), deve ser atribuída ao particular uma indemnização adequada em dinheiro pelos danos patrimoniais suportados. O direito alemão adoptou o princípio segundo o qual a *interdição de alteração* de um imóvel se transforma com o decurso do prazo de quatro anos de uma *vinculação social* da propriedade, não acompanhada de indemnização, numa *expropriação*, que reclama uma indemnização adequada[232].

---

[231] Cfr., por todos, W. BROHM, *ob. cit.*, p. 420; U. BATTIS, *Öffentliches Baurecht und Raumordnungsrecht*, cit., p. 115; e U. BATTIS, in BATTIS/KRAUTZBERGER/LÖHR, *ob. cit.*, § 18.º, p. 324 e 325.

[232] Cfr. R. BREUER, *Die Bodennutzung*, cit., p. 233; K. H. FRIAUF, *Baurecht*, cit., p. 486 e 487; W. ERNEST/W. HOPPE, *ob. cit.*, p. 310-313; M. OLDIGES, *Bau-*

21.2. *A suspensão de concessão de licenças*

O RJIGT prevê, no seu artigo 117.º, uma segunda *medida cautelar* dos planos municipais e especiais de ordenamento do território. Trata-se da *suspensão de concessão de licenças* ou, mais rigorosamente, da *suspensão dos procedimentos de informação prévia, de comunicação prévia e de licenciamento*.

Tendo como pressuposto o procedimento de elaboração, revisão ou alteração – o artigo 117.º, n.º 1, do RJIGT não refere a alteração dos planos, mas tal só pode dever-se a omissão do legislador, pois a alteração normal dos planos municipais (com excepção da alteração por adaptação e da alteração simplificada) é uma modalidade de dinâmica daqueles planos semelhante à revisão dos planos municipais, como se verá um pouco mais adiante – de um plano municipal ou especial de ordenamento do território, a referida medida cautelar traduz-se na suspensão dos procedimentos de informação prévia, de comunicação prévia e de licenciamento, nas áreas a abranger por novas regras urbanísticas constantes de plano municipal ou especial em curso de elaboração, revisão ou alteração, a partir da data fixada para o início do período de discussão pública e até à data da entrada em vigor daqueles instrumentos de planeamento, com o limite temporal máximo de 150 dias (cfr. os n.ºˢ 1 e 3 do artigo 117.º do RJIGT) [233-234].

---

recht, in Arndt [*et al.*], Besonderes Verwaltungsrecht, Heidelberg, Müller, 1984, p. 382-385; K. GELZER/H.-J. BIRK, *ob. cit.*, p. 558-576; U. BATTIS, *Öffentliches Baurecht*, cit., p. 114-116; W. BROHM, *ob. cit.*, p. 418 e 419; M. KRAUTZBERGER, in BATTIS/KRAUTZBERGER/LÖHR, *ob. cit.*, § 17.º, p. 326-330; e U. BATTIS, in BATTIS/KRAUTZBERGER/LÖHR, *ob. cit.*, § 18.º, p. 321-328.

[233] Note-se que a Lei do Património Cultural (Lei n.º 107/2001, de 8 de Setembro) estabelece que a *abertura do procedimento de classificação* de bens imóveis como de interesse nacional, de interesse público ou de interesse municipal opera também a *suspensão* dos procedimentos de concessão de licença ou autorização de operações de loteamento, obras de urbanização, edificação, demolição, movimento de terras ou actos administrativos equivalentes, bem como a *suspensão* dos efeitos das licenças ou autorizações já concedidas, pelo prazo e condições a fixar na lei, prazo este que, enquanto não for determinado pela legislação de desenvolvimento da Lei do Património Cultural, é de 120 dias (cfr. os n.ºˢ 1 e 2 do artigo

42.º da Lei n.º 107/2001). Acresce que a *classificação* dos bens imóveis referidos gera a *caducidade* dos procedimentos, licenças e autorizações suspensos, sem prejuízo do direito a justa indemnização pelos encargos e prejuízos anormais e especiais resultantes da extinção dos direitos previamente constituídos pela Administração (cfr. o n.º 4 do artigo 42.º da Lei n.º 107/2001).

[234] No direito do urbanismo francês, encontramos uma figura similar, denominada *"sursis à statuer"*, que é a principal *medida conservatória* para salvaguardar as possibilidades de realização do plano em preparação. Todavia, devido à sua duração – em regra, pode ir até aos dois anos (cfr. o artigo L. 111-8 do *Code de l'Urbanisme*) –, ela desempenhará funções semelhantes às das nossas medidas preventivas.

A *"sursis à statuer"* é a decisão pela qual a autoridade competente recusa pronunciar-se imediatamente, de modo positivo ou negativo, sobre os pedidos de autorização de trabalhos que comprometam ou tornem mais onerosa a execução do plano em estudo. No caso dos "Planos Locais de Urbanismo" (PLU) – que vieram substituir a figura do "Plano de Ocupação dos Solos" (POS) – a "sursis à statuer" pode ser oposta a partir da publicação da deliberação que prescreve a elaboração do plano (cfr. o artigo L. 123-6 do *Code de l'Urbanisme*) ou a sua revisão (cfr. o artigo 123-13 do mesmo Código) aos "pedidos de autorização respeitantes a construções, instalações ou operações que seriam de natureza a comprometer ou a tornar mais onerosa a execução do futuro plano" (cfr. o artigo L. 123-6 do *Code de l'Urbanisme*).

A referida *medida de salvaguarda* tem um carácter temporário. Em nenhum caso pode exceder dois anos. Decorrido este prazo, a autoridade administrativa deve, com base numa simples confirmação do pedido por parte do requerente, tomar uma decisão definitiva. Uma nova "suspensão de decisão" apenas pode ser oposta com fundamento em outra disposição legislativa e com outro motivo. Em todo o caso, o cúmulo das duas "suspensões" não poderá exceder três anos. Cfr., para mais desenvolvimentos, por todos, H. JACQUOT/F. PRIET, *ob. cit.*, p. 253-255; J. MORAND-DEVILLER, *ob. cit.*, p. 52; e B. LAMORLETTE/D. MORENO, *Code de l'Urbanisme, Commenté*, cit., p. 27-29, 70 e 71 e 73 e 74.

O direito do urbanismo do país vizinho conhece também a figura da *"suspensión del otorgamiento de licencias"*, que é uma medida cautelar cuja finalidade é impedir que, enquanto se procede à elaboração, à revisão ou à modificação de um plano, se concedam licenças para o aproveitamento do solo de acordo com o ordenamento urbanístico vigente nesse momento, mas que podem ser absolutamente incompatíveis com as previsões do futuro plano. O prazo da suspensão de licenças não poderá ser superior a um ano, contado da publicitação da decisão

O âmbito de aplicação da medida cautelar consagrada no artigo 117.º do RJIGT suscita particulares dificuldades[235]. Mas antes de nos debruçarmos sobre as situações abrangidas pela medida cautelar de "suspensão de concessão de licenças", vejamos quais os casos que estão claramente excluídos do seu perímetro de aplicação. O primeiro está contemplado no n.º 4 do artigo 117.º, no qual se afirma que não se suspendem os procedimentos de informação prévia, de comunicação prévia e de licenciamento a partir da data fixada para o início do período de discussão pública e até à data de entrada em vigor dos planos municipais e especiais de ordenamento do território, "quando o pedido tenha por objecto obras de reconstrução ou de alteração em edificações existentes, desde que tais obras não originem ou agravem desconformidade com as normas em vigor ou tenham como resultado a melhoria das condições de segurança e de salubridade da edificação". Trata-se de uma situação que cabe no âmbito da *garantia da existência* ou da *manutenção*, na sua dimensão activa, consagrada no n.º 2 do artigo 60.º do RJUE, considerada pelo legislador como "um passo importante na recuperação do património construído" (*vide* o preâmbulo do Decreto-Lei n.º 555/99, de 16 de Dezembro)[236]. A solução consagrada no artigo 117.º, n.º 4, é lógica: tratando-se de operações urbanísticas que não podem ser indeferidas com base nas regras do novo plano, também não podem ser afectadas por qualquer medida cautelar deste.

---

de suspensão, podendo, no entanto, esse prazo ser prorrogado, em certas condições, por mais um ano. Para mais desenvolvimentos, cfr., por todos, R. ESTÉVEZ GOYTRE, *Manual de Derecho Urbanístico*, 5.ª ed., Granada, Comares, 2006, p. 249--254; e T.-RAMÓN FERNÁNDEZ, *Manual de Derecho Urbanístico*, cit., p. 92-95.

[235] Para uma análise dessas dificuldades, cfr. FERNANDA PAULA OLIVEIRA//DULCE LOPES, *ob. cit.*, p. 53-61.

[236] Prescreve, com efeito, o artigo 60.º, n.º 2, do RJUE, na versão da Lei n.º 60/2007, que "a licença ou admissão de comunicação prévia de obras de reconstrução ou de alteração das edificações não pode ser recusada com fundamento em normas legais ou regulamentares supervenientes à construção originária, desde que tais obras não originem ou agravem desconformidade com as normas em vigor ou tenham como resultado a melhoria das condições de segurança e de salubridade da edificação".

O segundo caso que está excluído da medida cautelar é o dos procedimentos de licenciamento ou comunicação prévia requeridos ou apresentados com suporte em informação prévia (cfr. o artigo 17.º, n.º 4, do RJUE, que contém uma excepção ao disposto no artigo 12.º-A do mesmo diploma legal, que reitera a medida cautelar constante do artigo 117.º do RJIGT), bem como, segundo pensamos, e na linha do exposto e do que mais se dirá à frente, o dos procedimentos de licenciamento em relação aos quais ocorreu já a aprovação do projecto de arquitectura.

As angustiosas dúvidas sobre o âmbito de aplicação de medida cautelar de suspensão da concessão de licenças originaram um regulamento de execução, de carácter interpretativo, constante do Despacho do Secretário de Estado do Ordenamento do Território e da Conservação da Natureza de 20 de Novembro de 2000 [237].

---

[237] Trata-se, porém, de um regulamento interno, que vincula apenas os organismos e serviços dependentes daquela Secretaria de Estado, já que não foi publicado no *DR*.

A opção pela utilização, neste caso, de um regulamento interpretativo interno, e não de regulamento de interpretação externo, teve na sua base razões políticas e não razões de natureza constitucional. Com efeito, a admissibilidade constitucional da elaboração pelo Governo de regulamentos de execução, com eficácia externa, de carácter interpretativo, foi claramente afirmada pelo Tribunal Constitucional, no Acórdão n.º 1/92 [publicado no *DR*, I Série-A, de 20 de Fevereiro de 1992, em *Acórdãos do Tribunal Constitucional,* 21.º Vol. (1992), p. 33 e segs., e no BMJ, N.º 413, p. 61 e segs.].

Neste importante aresto, sublinhou o Tribunal Constitucional, em determinado trecho, o seguinte: "de facto, não pode deixar de entender-se que a competência atribuída ao Governo pela alínea *c*) do artigo 202.º da Constituição para, no exercício de funções administrativas, «fazer os regulamentos necessários à boa execução das leis» implica a possibilidade de o executivo emanar regulamentos que resolvam certas dúvidas na interpretação das leis ou que, de uma forma mais genérica, obviem «a uma involuntária deficiência de expressão do legislador».

Questão é que estes regulamentos sejam *meramente executivos*, isto é, regulamentos que não se substituam em nenhuma medida à lei; que rigorosamente não dêem vida a nenhuma «regra de fundo», a nenhum preceito jurídico «novo» ou originário; que se limitem a repetir os preceitos ou regras de fundo que o legis-

A fonte principal das dúvidas encontra-se na expressão, plasmada no n.º 1 do artigo 117.º do RJIGT, "nas áreas a abranger por novas reagras urbanísticas" constantes do plano municipal ou especial de ordenamento do território em elaboração, alteração ou revisão.

---

lador editou – só que de uma maneira clara ou, de toda a maneira, mais clara (cfr. A. R. QUEIRÓ, «Teoria dos Regulamentos», I Parte, in *Revista de Direito e de Estudos Sociais*, Ano XXXVII, 1981, p. 9, e J. C. VIEIRA DE ANDRADE, *Autonomia Regulamentar e Reserva da Lei*, separata no número especial do Boletim da Faculdade de Direito de Coimbra «Estudos em Homenagem ao Prof. Doutor Afonso Rodrigues Queiró», 1986, Coimbra, 1987, p. 13 e 14). Poderá afirmar-se, por isso, que este tipo de regulamentos não está proibido pela segunda parte do n.º 5 do artigo 115.º da Constituição, sob pena de perder qualquer sentido útil o disposto no artigo 202.º, alínea c), da Lei Fundamental.

Impõe-se, consequentemente, a realização de uma *interpretação harmónica* dos artigos 115.º, n.º 5, e 202.º, alínea c), da Constituição. A harmonização de sentido destes dois preceitos constitucionais passará, nas palavras de A. R. QUEIRÓ, por uma *interpretação restritiva* do artigo 115.º, n.º 5, da Lei Fundamental, em face do que prescreve o artigo 202.º, alínea c). Na verdade, como observa o citado professor de Coimbra, aquele preceito constitucional «diz [...] mais do que parece ter querido dizer, porque a letra eliminaria a legitimidade dos regulamentos executivos, que, com "eficácia externa", interpretam os actos legislativos» (cfr. «Teoria dos regulamentos», cit., p. 11, nota 9).

De acordo com o esclarecimento de J. M. SÉRVULO CORREIA, um entendimento restritivo da proibição de o legislador conferir a actos de outra natureza o poder de, com eficácia externa, interpretar qualquer dos preceitos por ele criados «passa por concluir que a interpretação contida em regulamento não pode ser objecto de delegação, isto é, não pode receber da lei eficácia igual à desta. Os tribunais ficam assim livres de controlar a bondade da interpretação pela norma regulamentar e de considerarem esta inválida quando a interpretação se afigurar errónea» (cf. *Legalidade e Autonomia Contratual nos Contratos Administrativos*, Coimbra, Almedina, 1987, p. 257, nota 429)".

Para uma análise do citado Acórdão do Tribunal Constitucional n.º 1/92, cfr. J. M. CARDOSO DA COSTA, *A Jurisprudência Constitucional Portuguesa em Matéria Administrativa*, cit., p. 197-199.

A doutrina que emana deste acórdão mantém-se actual, em face do texto da Constituição resultante da Revisão de 2004. De facto, o artigo 199.º, alínea c), corresponde exactamente ao artigo 202.º, alínea c), da versão decorrente da Revisão de 1989. E o actual artigo 112.º, n.º 5, da Lei Fundamental reproduz o teor do artigo 115.º, n.º 5, da versão de 1989.

Sobre esta problemática, o Despacho do Secretário de Estado do Ordenamento do Território e da Conservação da Natureza de 20 de Novembro de 2000 determinou que o artigo 117.º do Decreto-Lei n.º 380/99, de 22 de Setembro, devia ser interpretado do seguinte modo:

1. A suspensão dos procedimentos de informação prévia, de licenciamento e de autorização prevista no n.º 1 do artigo 117.º verifica-se apenas na área a que respeitem as novas regras urbanísticas e não em toda a área em que é aplicável o plano municipal ou especial de ordenamento do território que se pretende alterar ou rever.

2. Na área a abranger pelas novas regras urbanísticas, a suspensão apenas afecta os procedimentos de informação prévia, de licenciamento ou de autorização cujos pedidos teriam ao abrigo das novas regras urbanísticas uma decisão diferente daquela que se impõe face às regras urbanísticas em vigor.

3. O âmbito da suspensão afere-se à luz das regras urbanísticas submetidas a discussão pública, devendo ser actualizado em conformidade com as regras urbanísticas constantes da versão final do plano aprovada pela entidade competente.

4. Não se suspendem os procedimentos de informação prévia, de licenciamento ou de autorização quando o pedido tenha por objecto obras de reconstrução ou de alteração em edificações existentes, desde que tais obras não originem ou agravem desconformidade com as normas em vigor ou tenham como resultado a melhoria das condições de segurança e de salubridade da edificação.

Todavia, o Despacho do Secretário de Estado Adjunto e do Ordenamento do Território de 25 de Novembro de 2002 veio estabelecer uma orientação interpretativa diversa, designadamente no que respeita a uma aplicação territorial mais extensiva da medida cautelar de "suspensão de concessão de licenças", com base no pressuposto de que o mencionado Despacho de 20 de Novembro de 2000, ao determinar a aplicação da suspensão dos procedimentos apenas às áreas a abranger por *novas regras urbanísticas*, teve em mente tão-só a revisão dos planos e não a sua elaboração, já que nesta última todas as regras são *novas regras*, devendo, assim, a suspensão dos procedimentos incidir sobre toda a área a abranger pelo plano em elaboração.

Com efeito, naquele Despacho de 25 de Novembro de 2002, consignou-se, *inter alia*, que, "nas situações em que é colocada em discussão pública uma nova proposta de plano especial ou municipal de ordenamento do território, suspendem-se todos os procedimentos de informação prévia, de licenciamento e de autorização no respectivo âmbito espacial de aplicação, uma vez que não se pode pretender que as soluções materiais a introduzir não venham a alterar os condicionalismos urbanísticos e planificatórios preexistentes"; que "o âmbito espacial de aplicação das novas regras é definido pelo tipo de plano em questão, uma vez que a respectiva área de intervenção é um dos elementos da tipologia legal de cada instrumento planificatório"; e "mesmo que se admita que a solução urbanística a proferir ao abrigo das novas regras em nada difeririria daquela que decorre das regras planificatórias em vigor no momento em que a proposta de plano é submetida a discussão pública, idêntica solução se impõe, porquanto se desconhece se as mesmas não irão comportar alterações em função dos resultados da discussão pública".

A interpretação constante do Despacho de 25 de Novembro de 2002 – a de aplicação da suspensão dos procedimentos a toda a área territorial abrangida pelo plano em elaboração, alteração ou revisão – não nos parece a mais adequada e viola o princípio da *necessidade*, que é um *pressuposto* de validade não apenas das medidas preventivas, mas também da medida cautelar da "suspensão da concessão de licenças".

Acresce que a elaboração pela Administração de um novo plano (e não a revisão ou a alteração do anterior) não implica que as respectivas regras assumam sempre um carácter inovador. Não podemos, de facto, olvidar que, estando o território português coberto por vários tipos de planos e, no que respeita ao território do Continente, todo ele abrangido por planos directores municipais, nem sempre a elaboração *ex novo* de um plano implica a criação de *regras novas,* se compararmos o seu regime com o que vigorava antes da elaboração do novo plano. Pense-se na hipótese em que o município está a elaborar um plano de urbanização, para uma área em que já existe um plano director municipal, ou um plano de pormenor, para uma área já abrangida por um plano director municipal ou por um plano de urbanização. Atente-se também numa situação em que se elabora *ex novo* um plano especial de ordenamento do território que abrange uma área em que já se encontra em vigor uma plano municipal, ou, ainda, numa situação em que se elabora um plano municipal numa área em que já vigora um plano especial de ordenamento do território. Em qualquer das hipóteses apontadas, pode ocorrer uma de duas situações distintas: ou o novo plano (em elaboração, revisão ou alteração), no projecto que é posto a discussão pública – onde constam as suas opções fundamentais relativas à ocupação dos solos e de acordo com os objectivos identificados logo no início do procedimento –, não altera as opções estabelecidas no plano anterior (da mesma ou de diferente natureza) ou, então, quando tal é possível, pretende alterar as regras dos planos anteriores, o que assume especial relevo quando pretende introduzir regras mais restritivas. Ora, enquanto nesta última situação a medida cautelar da suspensão de procedimentos prevista no artigo 117.º do RJIGT tem razão de ser, já na primeira situação referida se pode revelar completamente desnecessária a sua utilização[238].

À luz do exposto, entendemos que, tendo em conta as finalidades que se pretendem atingir com a medida cautelar da "suspensão da concessão de licenças", ela só deve abranger as áreas que, numa análise comparativa entre o plano ou planos em vigor para a mesma e a proposta do futuro plano submetido a discussão pública, mereçam soluções urbanísticas distintas. Noutros termos, por imposição do princípio da necessidade, o artigo 117.º, n.º 1, do RJIGT deve ser interpretado no sentido de que a suspensão dos procedimentos de informação prévia, de comunicação prévia e de licenciamento não pode ser aplicada a *toda a área* a abranger pelo plano municipal ou especial em elaboração, revisão ou alteração, mas somente àquelas áreas relativamente às quais se prevêem *novas regras urbanísticas*. Significa isto que, estando em causa áreas para as quais o plano em elaboração, revisão ou alteração não prevê *novas regras*, a suspensão dos procedimentos deve ser afastada.

---

[238] Cfr., sobre este tema, FERNANDA PAULA OLIVEIRA/DULCE LOPES, *ob. cit.*, p. 55.

Entendemos também que, se as *novas regras* forem objecto de alteração após a discussão pública do projecto do plano, em termos de a suspensão dos procedimentos se tornar desnecessária, ela deverá cessar relativamente à área cuja regulamentação se mantém inalterada, sob pena de violação do princípio da necessidade. Por outras palavras, a ocorrência da suspensão e o seu âmbito devem ser aferidos à luz das regras urbanísticas submetidas a discussão pública, mas devem também ser actualizados em conformidade com as regras urbanísticas constantes da versão final do plano aprovada pela entidade competente.

Cessando a suspensão dos procedimentos de informação prévia, de comunicação prévia e de licenciamento por efeito do início de vigência dos novos instrumentos de planeamento, os pedidos passam a ser decididos de acordo com as novas regras urbanísticas em vigor (cfr. o artigo 117.º, n.º 2, do RJIGT). O período de suspensão daqueles procedimentos nunca pode ultrapassar 150 dias contados da data do início da discussão pública. Se as novas regras urbanísticas não entrarem em vigor dentro deste prazo, cessa a suspensão dos procedimentos, devendo, nesse caso, prosseguir a apreciação do pedido até à decisão final de acordo com as regras urbanísticas em vigor à data da sua prática (cfr. o n.º 3 do artigo 117.º do mencionado diploma legal) [239].

Ainda sobre o regime jurídico desta *medida cautelar* dos planos especiais e municipais de ordenamento do território, importa referir o conteúdo prescritivo dos n.os 5 e 6 do artigo 117.º do RJIGT. De acordo com o primeiro, quando haja lugar à suspensão dos procedimentos de informação prévia, de comunicação prévia e de licenciamento, podem os interessados apresentar novo requerimento com referência às regras do projecto do plano colocado à discussão pública, ficando, porém, a respectiva decisão final condicionada à entrada em vigor das regras urbanísticas que conformam a pretensão.

---

[239] Para uma crítica a este prazo, por ser exíguo e irrealista e, por isso, dificilmente respeitado, cfr. FERNANDA PAULA OLIVEIRA/DULCE LOPES, *ob. cit.*, p. 60.

E nos termos do segundo, caso o plano seja aprovado com alterações ao projecto submetido a discussão pública, pode o requerente, quer tenha feito ou não uso da faculdade anteriormente referida, reformular a sua pretensão de acordo com a versão definitiva do plano.

Indicado, em termos genéricos, o regime jurídico de *suspensão dos procedimentos de informação prévia, de comunicação prévia e de licenciamento*, é o momento adequado para sublinhar que o RJIGT nada diz sobre as relações entre esta medida cautelar dos planos especiais e municipais de ordenamento do território e a outra medida cautelar dos mesmos planos, que são as *medidas preventivas*. Podemos, no entanto, afirmar que, enquanto as medidas preventivas são *regulamentos administrativos*, que servem de fundamento a vários actos administrativos *conservatórios* para garantir os planos em elaboração, em alteração ou em revisão, sendo, além disso, o seu estabelecimento, por via de regra, uma faculdade que os órgãos administrativos competentes podem utilizar ou não [240], a suspensão dos referidos procedimentos, durante o lapso temporal acima referenciado, é um *acto administrativo*, por meio do qual o órgão administrativo recusa pronunciar-se, de modo positivo ou negativo, sobre os pedidos que lhe são apresentados, devendo o mesmo ser adoptado pelos órgãos competentes (sendo, por isso, um *acto vinculado*), uma vez verificados os pressupostos definidos pela lei. De qualquer modo, cremos que a lei permite a utilização *simultânea* ou *sucessiva*, embora de maneira *coordenada*, daquelas duas *medidas cautelares*, desde logo porque o seu âmbito de aplicação não é necessariamente coincidente (assim sucede, por exemplo, quando as medidas preventivas não incluírem,

---

[240] Já vimos, porém, que, por força das alterações introduzidas ao Decreto-Lei n.º 380/99, de 22 de Setembro, pelo Decreto-Lei n.º 310/2003, de 10 de Dezembro, é obrigatório o estabelecimento de *medidas preventivas*, sempre que haja uma deliberação da assembleia municipal, sob proposta da câmara municipal, sujeita a ratificação do Governo, de suspensão, total ou parcial, de um plano municipal de ordenamento do território [cfr. os artigos 100.º, n.º 2, alínea b), e n.º 4, e 107.º, n.º 2, do Decreto-Lei n.º 380/99]. O Decreto-Lei n.º 316/2007, de 19 de Setembro, que introduziu alterações ao RJIGT, manteve-se fiel àquela exigência.

no seu conteúdo, a proibição da realização de operações urbanísticas na área a abranger pelo plano em elaboração, em revisão ou em alteração, ou, quando, apesar de conterem uma tal proibição, tiver ocorrido a caducidade das mesmas antes do início do período de discussão pública do projecto do plano)[241-242].

---

[241] Parece não se passar o mesmo com uma figura jurídica similar à nossa do direito do urbanismo alemão, denominada *suspensão de requerimentos de construção* (*Zurückstellung von Baugesuchen*), prevista no § 15.º do *Baugesetzbuch*. De acordo com o que preceitua o § 15.º, n.º 1, deste Código, parece que aquela medida cautelar não pode ser aplicada cumulativamente com a *Veränderungssperre*, isto é, com a *interdição de alterações* da situação urbanística dos solos, que nós traduzimos como *medidas preventivas*. Com efeito, aí se determina que, se não for estabelecida uma *Veränderungssperre* nos termos do § 14.º, apesar de se verificarem os respectivos pressupostos, ou se uma *Veränderungssperre* já estabelecida ainda não tiver entrado em vigor, pode a autoridade estatal com competência para emitir a autorização de construção (*Baugenehmigungsbehörde*) suspender, a requerimento do município, a decisão sobre a admissibilidade de um projecto de construção (*Vorhaben*) num caso concreto, por um período de tempo até doze meses, se se recear que a execução do plano se tornaria impossível ou essencialmente dificultada com a concretização do projecto de construção.

A doutrina alemã sublinha que a *suspensão de um projecto de construção* só é admissível se se verificarem os pressupostos do estabelecimento de uma *Veränderungssperre* e, bem assim, que a diferença entre a primeira e a segunda medida cautelar consiste em que aquela é um *acto administrativo*, ao passo que esta é um *regulamento*, que fundamenta materialmente a prática de actos administrativos de gestão urbanística. Cfr., sobre este ponto, W. BROHM, *ob. cit.*, p. 421 e 422; U. BATTIS, *Öffentliches Baurecht*, cit., p. 116; M. KRAUTZBERGER, in BATTIS/KRAUTZBERGER/ /LÖHR, *ob. cit.*, § 15.º, p. 313-317; K. GELZER/H.-J. BIRK, *ob. cit.*, p. 576-581; C. SEILER-DÜRR, *ob. cit.*, p. 120 e 121; F. STOLLMANN, *ob. cit.*, p. 108-113; H. DÜRR, *ob. cit.*, p. 112 e 113; e S. MUCKEL, *ob. cit.*, p. 51.

[242] Como exemplos de medidas preventivas que se traduzem na *proibição* de operações urbanísticas, podemos mencionar o artigo 2.º das medidas preventivas respeitantes à área correspondente ao traçado da Avenida Poente, 2.ª Fase, em Torres Vedras, estabelecidas para salvaguarda da revisão do Plano Director Municipal de Torres Vedras, ratificadas parcialmente pela Resolução do Conselho de Ministros n.º 138/2004, de 4 de Outubro, o artigo 3.º, n.º 1, das medidas preventivas associadas à suspensão parcial do Plano Director Municipal de Portalegre, ratificadas pela Resolução do Conselho de Ministros n.º 89/2005, de 12 de Maio, o artigo 2.º das medidas preventivas associadas à suspensão parcial do Plano Di-

E entendemos assim, porquanto não só não encontramos na lei qualquer impedimento desta solução, como também parece da mesma resultar que a medida cautelar de suspensão de procedimentos de informação prévia, de comunicação prévia e de licenciamento, nas áreas a abranger por novas regras urbanísticas constantes de planos municipais ou especiais de ordenamento do território em elaboração, revisão ou alteração, a partir da data fixada para o início do período de discussão pública e até à data da entrada em vigor daqueles instrumentos de planeamento (com o limite temporal de 150 dias), é uma medida cautelar que deverá ser adoptada sempre que se verificarem os respectivos pressupostos, independentemente de terem sido ou não adoptadas medidas preventivas. A aplicação simultânea das duas medidas cautelares só deverá ser rejeitada – e isto em homenagem ao princípio da necessidade – se estiverem em vigor medidas preventivas durante o período temporal de vigência da suspensão dos procedimentos de informação prévia, de comunicação prévia e de licenciamento e o respectivo conteúdo consumir ou tornar desnecessária essa mesma suspensão daqueles procedimentos [243].

Sublinhe-se que a posição que vimos de defender de uma possível aplicação *simultânea* ou *sucessiva* das duas *medidas cautelares* referidas foi sufragada no Acórdão da 1.ª Secção do Supremo Tribunal Administrativo de 6 de Julho de 2004, Proc. n.º 619/2004, o qual afirmou que ambas visam proteger interesses e regras urbanísticas dirigidos ao mesmo fim, mas são diferentes quanto ao conteúdo e aplicam-se em momentos diferentes do procedimento de elaboração, alteração ou revisão dos planos dotados de eficácia plurisub-

---

rector Municipal de Sousel, ratificadas pela Resolução de Conselho de Ministro n.º 184/2005, de 28 de Novembro, o artigo 1.º das medidas preventivas associadas à suspensão parcial do Plano Director Municipal de Óbidos, ratificadas pela Resolução do Conselho de Ministros n.º 33/2008, de 22 de Fevereiro, bem como o artigo 3.º das medidas preventivas associadas à suspensão parcial do Plano Director Municipal do Seixal, ratificadas pela Resolução do Conselho de Ministros n.º 36/2008, de 26 de Fevereiro.

[243] Para uma opinião divergente desta, cfr. FERNANDA PAULA OLIVEIRA/ /DULCE LOPES, *ob. cit.*, p. 61-63.

jectiva, pelo que não se verifica uma *sobreposição*, mas uma *coordenação* na sua aplicação[244].

[244] Vale apena deixar registada a doutrina que emana do aresto mencionado no texto, na parte que para aqui interessa, e que consta do respectivo *Sumário*:
1. A suspensão do procedimento de licenciamento prevista nos artigos 13.º do Decreto-Lei n.º 555/99, de 16 de Dezembro, e 117.º do Decreto-Lei n.º 380//99, de 22 de Setembro, aplica-se em coordenação com as medidas preventivas previstas no artigo 107.º do mesmo Decreto-Lei n.º 380/99, versando sobre normas diferentes e para momentos temporais diferentes do processo de produção do regulamento que é o plano. 2. As medidas preventivas são normas temporárias destinadas a salvaguardar aspectos considerados essenciais para não comprometer a viabilidade de hipotéticas soluções que o plano venha a adoptar, as quais se iniciam a partir do momento em que é tomada a decisão de planear ou alterar o planeamento, pelo que são normas destinadas a vigorar durante todo o tempo de preparação do plano e que, inclusivamente, determinam a respectiva suspensão de eficácia (artigo 107.º do Decreto-Lei n.º 380/99). 3. A suspensão dos procedimentos de informação prévia, licenciamento ou autorização é medida limitada ao período que se inicia com a discussão pública do plano e vai até à respectiva entrada em vigor, pelo prazo máximo de 150 dias, que visa garantir a aplicação das novas regras urbanísticas preparadas para integrar o plano, sem as excepções e bloqueamentos que resultariam de se avançar entretanto com decisões individuais e concretas baseadas no regime meramente preventivo. 4. Por visarem proteger interesses e regras urbanísticas dirigidos ao mesmo fim, mas diferentes quanto ao conteúdo e se aplicarem em momentos diferentes do procedimento regulamentar, também pela diferente distância do momento final da adopção das novas normas, bem como pela compressão de direitos temporalmente muito mais curta da suspensão do procedimento, estas medidas, por um lado, e as medidas preventivas, por outro, não se sobrepõem, antes se coordenam, de modo que se conformam com o princípio da proporcionalidade, podendo ver-se nelas uma ponderação dos interesses em presença, que resulta equilibrada, isto é, sacrifica o mínimo possível os interesses legítimos dos particulares na prossecução do interesse público, que é prosseguido através do planeamento urbanístico. Cfr. o *Sumário* deste acórdão nos CJA, N.º 48 (2004), p. 59.
Refira-se, por último, como elemento doutrinário relevante que ressalta deste aresto do Supremo Tribunal Administrativo, que o artigo 13.º do RJUE, antes da alteração introduzida pela Lei n.º 60/2007, de 4 de Setembro (a que corresponde, na versão actual, o artigo 12.º-A), impõe o entendimento de que deixa de relevar como tempo de inacção ou silêncio o que decorrer durante o período de discussão pública até à entrada em vigor do novo plano, para efeitos de recurso à medida contenciosa de intimação prevista no artigo 112.º do RJUE.

22. A dinâmica dos planos: a alteração, a rectificação, a revisão e a suspensão dos planos

22.1. *A estabilidade e a mudança dos planos territoriais*

Como foi vincado anteriormente, os planos territoriais que produzem efeitos jurídicos directos e imediatos em relação aos particulares são um instrumento de *programação* e de *coordenação* de decisões administrativas individuais com incidência na ocupação do solo, bem como um *factor de previsibilidade* das decisões administrativas de gestão urbanística, e constituem um importante instrumento de *segurança* para os particulares, mormente para os titulares de direitos reais que incidem sobre os solos por eles abrangidos.

Para que os planos possam desempenhar tão relevantes missões, necessitam eles de uma certa *estabilidade*, traduzida numa *duração mínima* de vigência, sem modificações, do regime jurídico dos solos neles traçado. Esta ideia de estabilidade dos planos municipais e especiais do ordenamento do território está expressamente contemplada no artigo 25.º, n.º 2, da LBPOTU, onde se determina que aqueles planos "devem respeitar um período de vigência mínima legalmente definido, durante o qual eventuais alterações terão carácter excepcional", no artigo 95.º, n.º 1, do RJIGT, onde se consagra o princípio segundo o qual os referidos tipos de planos "só podem ser objecto de alteração decorridos três anos sobre a respectiva entrada em vigor", e, bem assim, no n.º 2 do artigo 98.º deste último diploma, onde se estabelece que a revisão dos planos com eficácia plurisubjectiva decorrente da "necessidade de adequação à evolução, a médio e longo prazo, das condições económicas, sociais, culturais e ambientais que determinaram a respectiva elaboração, tendo em conta os relatórios de avaliação da execução dos mesmos", só pode ocorrer três anos sobre a entrada em vigor do plano.

Mas os planos não podem também ser instrumentos *imutáveis*, devem, para manterem a sua funcionalidade, adaptar-se à dinamicidade da actividade urbanística. A *alterabilidade* do plano é, assim, um elemento que lhe é natural, uma vez que o plano tem uma dimensão realizadora, que vai ligada necessariamente a elementos *espaciais* e *temporais*.

De acordo com este contexto, poderemos falar de uma "coordenação justa" ou de uma "harmonização" entre os princípios da *continuidade* e da *mudança* na planificação urbanística. Como foi sublinhado na Sentença do Supremo Tribunal de Espanha de 1 de Fevereiro de 1982, "a possibilidade de exercer um poder inovador, ou um «*ius variandi*», corresponde à própria índole de toda a planificação, enquanto participa da natureza das normas jurídicas, em cujo campo a estabilidade e a mudança estão condenadas a conviver, dentro de uma harmonia imposta pelas necessidades consideradas como tais pela política urbanística de cada momento; porque se a estabilidade dá satisfação à ideia de segurança jurídica, a mudança é o veículo para realizar a do progresso"[245].

Na mesma linha, J. L. MEILÁN GIL realça que *permanência* e *mudança* "devem compatibilizar-se de acordo com a natureza normativa do plano e ao serviço da sua funcionalidade; o que tem como aspectos derivativos fundamentais servir de vinculação à Administração e garantir a segurança jurídica em protecção dos direitos dos proprietários. Devem ter-se em conta todos os interesses em jogo. Harmonizá-los será a grande tarefa dos aplicadores do direito"[246].

A ideia de *mudança* dos planos foi expressamente recebida no RJIGT, concretamente nos artigos 93.º a 100.º, colocados sob a epí-

---

[245] Sentença citada por J. L. MEILÁN GIL, em *La Dimension Temporal de la Ordenacion Urbanistica*, in RDUMA, Vol. XXIX (Outubro-Dezembro 1995), p. 30, e por R. ESTÉVEZ GOYTRE, *Manual de Derecho Urbanístico*, cit., p. 265 e 266.

Tendo em conta que a mutabilidade é algo de conatural à planificação urbanística, compreende-se que a liberdade da Administração de manutenção ou de modificação do plano não possa ser limitada ou condicionada por qualquer contrato, acordo ou convénio urbanístico celebrado entre aquela e os particulares. Cfr., neste sentido, FERNANDA PAULA OLIVEIRA, *Reflexão sobre Algumas Questões Práticas no Âmbito do Direito do Urbanismo*, cit., p. 958-963, e FERNANDA PAULA OLIVEIRA/DULCE LOPES, *O Papel dos Privados no Planeamento*, cit., p. 69-79.

[246] Cfr. *ob. cit.*, p. 33 e 34.

grafe *dinâmica* dos planos. Ela expressa a faculdade de os órgãos administrativos dotados de competência planificatória *alterarem, rectificarem, reverem* ou *suspenderem* os planos, com base na avaliação que fizerem da sua execução [247] e da sua adequação às mudanças históricas das concepções e da realidade urbanísticas.

A *dinâmica* dos planos manifesta-se nas figuras jurídicas da *alteração, rectificação, revisão* e *suspensão* dos mesmos. É a caracterização geral

---

[247] A estreita relação da *avaliação* da adequação e concretização da disciplina consagrada nos planos com a mutabilidade dos mesmos é claramente assumida nos artigos 98.º, n.º 1, alínea *a*), e 144.º a 147.º do RJIGT. Esta ideia é também vincada no preâmbulo do Decreto-Lei n.º 380/99, salientando-se que se procura neste diploma "relacionar a dinâmica dos instrumentos de gestão territorial com a respectiva avaliação, explicitando-se que da mesma pode resultar a fundamentação de propostas de alteração quer do plano, quer dos respectivos mecanismos de execução". A entidade responsável pela *avaliação* dos instrumentos de gestão territorial referida no artigo 144.º, n.ºs 2 a 4, do Decreto-Lei n.º 380/99 é o *Observatório do Ordenamento do Território e do Urbanismo,* cujo funcionamento é assegurado pela Direcção-Geral do Ordenamento do Território e Desenvolvimento Urbano [cfr. o artigo 14.º, n.º 2, alínea *g*), do Decreto-Lei n.º 207/2006, de 27 de Outubro, que aprova a orgânica do Ministério do Ambiente, do Ordenamento do Território e do Desenvolvimento Regional].

A necessidade de se basear a introdução de alterações aos planos nas informações obtidas quanto à aplicação e execução dos mesmos é salientada por M. COSTA LOBO/SIDÓNIO PARDAL/PAULO V. D. CORREIA/MARGARIDA SOUSA LOBO, ao falarem da "monitorização permanente da execução dos planos no sentido de reaferir (e corrigir) soluções e regras", a qual visa as seguintes preocupações: determinação do grau de alcance dos objectivos operacionais; avaliação da adequação das soluções urbanísticas e das regras do plano à realidade (em mudança) que se pretende controlar; verificação da execução de facto das medidas e acções preconizadas e da sua adequação ao alcance dos objectivos; e detecção de níveis de alarme, de situações críticas e de novas prioridades a partir de informação adicional, obtida durante a execução, face aos indicadores de controlo da execução do plano (cfr. *Normas Urbanísticas,* Vol. I, cit., p. 108-112).

Registe-se, por último, que alguma doutrina vem caracterizando o dever de os planos serem objecto de uma *reavaliação periódica,* em função não só da sua própria execução, mas também em função da evolução das circunstâncias existentes no momento da sua elaboração, como *princípio da recorrência* dos planos. Cfr. PIERRE MOOR, *ob. cit.,* p. 125 e 126.

do regime jurídico destas quatro figuras jurídicas que vamos fazer nas linhas que vêm a seguir [248].

22.2. *A alteração dos planos*

22.2.1. A LBPOTU e o RJIGT consagraram três princípios fundamentais no domínio da *alteração* dos planos. O primeiro é o de que a *alteração* constitui o conceito ou a figura central da *dinâmica* dos instrumentos de gestão territorial. O segundo – já referido anteriormente – é o do estabelecimento para os planos especiais e municipais de ordenamento do território, devido à sua eficácia plurisubjectiva, e em homenagem aos valores da estabilidade e da segurança jurídica, de um período de três anos após a respectiva entrada em vigor, durante o qual não poderão ser objecto de alteração, a não ser que essa alteração seja alguma das elencadas nas alíneas *a)* a *e)* do n.º 2 do artigo 95.º do RJIGT [249]. E o terceiro consiste no carácter plural da

---

[248] Uma análise desenvolvida da disciplina da *alteração, revisão* e *suspensão* dos planos pode ver-se em JOÃO MIRANDA, *ob. cit.*, p. 209-291.

[249] As alterações aos planos dotados de eficácia plurisubjectiva que podem ser introduzidas antes de decorridos três anos sobre a data da sua entrada em vigor são as seguintes: as alterações por adaptação previstas no artigo 97.º e as rectificações previstas no artigo 97.º-A do RJIGT; as alterações simplificadas previstas no artigo 97.º-B do RJIGT; as alterações resultantes de circunstâncias excepcionais, designadamente em situações de calamidade pública ou de alteração substancial das condições económicas, sociais, culturais e ambientais que fundamentaram as opções definidas no plano; as alterações resultantes de situações de interesse público não previstas nas opções do plano reconhecidas por despacho do membro do Governo responsável pelo ordenamento do território e do ministro competente em razão da matéria, designadamente decorrentes da necessidade de instalação de infra-estruturas de produção e transporte de energias renováveis, de infra-estruturas rodoviárias, de redes de saneamento básico e de abastecimento de água, de acções de realojamento, da reconversão de áreas urbanas de génese ilegal e as relativas à reserva ecológica e reserva agrícola nacionais, bem como da classificação de monumentos, conjuntos e sítios; e as alterações aos planos de ordenamento de áreas protegidas decorrentes de alterações dos limites da área protegida respectiva.

figura de *alteração*, que abrange uma pluralidade de formas e de procedimentos.

Uma das questões dogmaticamente mais interessantes no domínio da *dinâmica* dos planos é a da distinção entre *alteração* e *revisão* dos planos dotados de eficácia plurisubjectiva. O Decreto-Lei n.º 69/90, de 2 de Março, na versão decorrente do Decreto-Lei n.º 211/92, de 8 de Outubro, distinguia claramente os conceitos de *revisão* e de *alteração* dos planos municipais. De facto, o artigo 19.º, n.º 1, do Decreto-Lei n.º 69/90 estabelecia que a *revisão* dos planos municipais consistia na reapreciação das disposições consagradas no regulamento e na planta de síntese, com vista à sua eventual actualização. Por sua vez, o artigo 20.º, n.º 2, do mesmo diploma, na versão resultante do Decreto-Lei n.º 211/92, considerava *alterações* daqueles planos todas as que não implicavam alterações aos princípios de uso, ocupação e transformação dos solos que estiveram subjacentes à elaboração do plano, nomeadamente alteração da tipologia de ocupação. Além disso, o procedimento de *revisão* e de *alteração* dos planos municipais não era idêntico. Enquanto o procedimento de revisão seguia a mesma tramitação que a elaboração do plano original, o procedimento de alteração era bastante mais aligeirado e célere[250].

Mas o RJIGT, antes da actual versão decorrente do Decreto-Lei n.º 316/2007, de 19 de Setembro, não apresentava qualquer critério de distinção entre as figuras de *alteração* e *revisão*. Com efeito, em primeiro lugar, tanto a *alteração*, como a *revisão* dos planos municipais eram susceptíveis (e são-no também actualmente) de atingir o regime de ocupação, uso e transformação do solo neles consagrado e, por isso, as disposições que vinculam directa e imediatamente os particulares, como resulta claramente, desde logo, do artigo 71.º, n.º 2, do mencionado diploma legal, onde se prevê que "a reclassificação ou requalificação do uso do solo processa-se através dos procedimentos de revisão ou alteração dos planos municipais de ordenamento do território". Em segundo lugar, quer a *revisão*, quer a *alteração* dos planos especiais e municipais seguiam, em regra, idênticos procedimentos e

---

[250] Cfr., sobre este ponto, a nossa obra *As Grandes Linhas*, cit., p. 45, nota 25.

que eram os previstos para a elaboração daqueles planos. Dizemos, em regra, porquanto já havia certos tipos de *alterações* aos planos especiais e municipais de ordenamento do território que se pautavam por um regime mais célere do que o previsto para a elaboração desses mesmos planos.

Apesar de a legislação sobre planeamento urbanístico anterior às inovações trazidas pelo Decreto-Lei n.º 316/2007 prever a possibilidade de a alteração e a revisão dos planos com eficácia plurisubjectiva atingirem as opções neles vertidas quanto à ocupação, uso e transformação do solo e, bem assim, a identidade (com algumas excepções) de procedimentos da alteração e da revisão – fenómenos que nos suscitavam uma grande perplexidade –, defendíamos que ainda era possível descortinar, por detrás dos textos legais, um *critério de distinção* entre a alteração e a revisão daqueles planos. Traduzia-se ele na *intensidade* ou no *nível de profundidade* da *reapreciação* originada pela alteração e pela revisão do plano.

Cremos que vale a pena reproduzir, neste local, o que, sobre este critério de distinção entre *alteração* e *revisão* dos planos dotados de eficácia plurisubjectiva, escrevemos na anterior edição do presente Manual: "De facto, se o artigo 27.º da Lei n.º 48/98 determina que «os instrumentos de gestão territorial vinculativos dos particulares são obrigatoriamente revistos no prazo e condições legalmente previstos»; se o artigo 98.º do Decreto-Lei n.º 380/99 estabelece, no seu n.º 1, alíneas *a*) e *b*), que a revisão dos planos especiais e municipais de ordenamento do território decorre «da necessidade de adequação à evolução, a médio e longo prazos, das condições económicas, sociais, culturais e ambientais que determinaram a sua elaboração, tendo em conta os relatórios de avaliação da execução dos mesmos», bem como «de situações de suspensão do plano e da necessidade da sua adequação à prossecução dos interesses públicos que a determinaram»; e se o n.º 3 do mesmo artigo prescreve que «os planos directores municipais são obrigatoriamente revistos decorrido o prazo de 10 anos após a sua entrada em vigor ou após a sua última revisão»; (...) então, deverá concluir-se que a *revisão* dos planos com eficácia plurisubjectiva coenvolve uma *reponderação global* das regras respeitantes ao uso, ocupação e transformação do solo, da qual pode resultar a confirmação das mesmas, a introdução de pequenas modificações ou a adopção de um novo modelo de plano.

A *alteração* consiste não numa reapreciação global do plano, mas tão-só numa *reanálise meramente parcelar* ou *pontual* do mesmo, através da introdução de algumas modificações no seu conteúdo prescritivo, ainda que relacionadas com as regras e princípios respeitantes à ocupação, uso e transformação do solo, com vista a adaptar o plano às mudanças das circunstâncias de facto ou de direito (relacionadas estas com a entrada em vigor de leis, regulamentos ou planos supervenientes) entretanto ocorridas.

Propendemos, por isso, a entender que o *punctum saliens* da distinção entre a revisão e a alteração (e, quanto a esta, estamos apenas a falar da *alteração normal*, com exclusão daquela que coenvolve modificações de natureza técnica que traduzem *meros ajustamentos* do plano) dos planos com eficácia plurisubjectiva, como parece resultar da Lei n.º 48/98 e do Decreto-Lei n.º 380/99, não se encontra na quantidade e na profundidade das modificações por elas operadas [embora, na generalidade dos casos, a alteração coenvolva modificações de pormenor ou de âmbito limitado do plano, que não põem em causa os seus «objectivos globais», como refere o artigo 93.º, n.º 2, alínea *a*), *in fine*, do Decreto-Lei n.º 380/99, ao passo que a revisão atinge a «economia geral do plano»[251]], mas fundamentalmente na *intensidade* ou *profundidade* do procedimento de *reponderação* ou de *reapreciação* que está na base daquelas duas figuras jurídicas[252]. É legítimo,

---

[251] A expressão é utilizada no direito do urbanismo francês para distinguir entre *revisão* e *modificação* do "plan local d'urbanisme", não podendo esta última atentar contra a "economia geral do plano". Cfr. H. JACQUOT/F. PRIET, *ob. cit.*, p. 239-241; J. MORAND-DEVILLER, *ob. cit.*, p. 53 e 54; e ANDRÉ DE LAUBADÈRE//J.-C. VENEZIA/Y. GAUDEMET, *Traité de Droit Administratif*, Vol. II, 9.ª ed., Paris, L.G.D.J., 1992, p. 561.

[252] De modo semelhante, entende-se no direito do urbanismo espanhol que a *revisão* dos planos (por oposição à modificação dos mesmos) "pressupõe uma reconsideração de carácter geral e substancial dos elementos fundamentais da planificação" e implica "uma consideração global do plano em relação a todos os seus elementos" ou "um exame total do seu texto". Cfr. J. L. MEILÁN GIL, *ob. cit.*,

por isso, afirmar que «a revisão é um procedimento qualificado de mutabilidade dos planos»[253].

Compreende-se, por isso, neste contexto, que a revisão de múltiplos PDM, a decorrer neste momento – e da qual resultarão os já baptizados PDM da 2.ª geração, que se espera venham a corrigir as imperfeições dos PDM da 1.ª geração[254] –, pressuponha um procedimento de *reponderação* daqueles planos no seu todo, e não apenas uma *reanálise* de algum ou alguns dos seus pontos, de modo a que o plano revisto corresponda, no conjunto do seu conteúdo prescritivo, às novas concepções e realidades urbanísticas. E entende-se também que as várias alterações àqueles planos (ou a outros planos municipais), cujos actos de ratificação vêm sendo publicados, a cada passo, no *Diário da República*, sejam o produto de uma reanálise de apenas alguma ou algumas prescrições dos planos e se traduzam, por via de regra, em modificações meramente pontuais do seu conteúdo".

E o que oferece o actual RJIGT, na sequência das alterações introduzidas pelo Decreto-Lei n.º 316/2007, sobre a distinção entre os conceitos de *alteração* e de *revisão* dos planos dotados de eficácia

---

p. 34. Cfr., no mesmo sentido, RAMÓN PARADA, *Derecho Administrativo*, III, 6.ª ed., Madrid, Pons, 1997, p. 481-483; E. GARCÍA DE ENTERRÍA/L. PAREJO ALFONSO, *ob. cit.*, p. 372; T.-RAMÓN FERNÁNDEZ, *Manual de Derecho Urbanístico*, cit., p. 107--110; R. ESTÉVEZ GOYTRE, *ob. cit.*, p. 266-268; e F. LÓPEZ RAMÓN, *ob. cit.*, p. 112 e 113.

[253] Cfr., neste sentido, JOÃO MIRANDA, *ob. cit.*, p. 219.

[254] Como tivemos ocasião de escrever noutro local, os defeitos mais relevantes dos PDM actualmente em vigor (PDM da 1.ª geração) são os seguintes: a deficiente estrutura dos respectivos regulamentos; a desadequação de alguns planos directores municipais à realidade física, económica, social e urbanística do respectivo município, em consequência de um deficiente conhecimento dessa realidade por parte das equipas técnicas responsáveis pela sua elaboração; a diversidade de densificação e de grau de concretização das suas disposições, encontrando-se exemplos de planos directores municipais de conteúdo muito genérico, enquanto outros apresentam um conteúdo bastante preciso e específico; a variedade e discrepância dos conceitos urbanísticos neles utilizados; e a irrealista e excessiva classificação de solos como urbanizáveis, isto é, de solos que podem vir a adquirir as características dos solos urbanos e que estão situados geralmente nas áreas de expansão dos aglomerados existentes. Cfr. a nossa obra *Problemas Actuais*, cit., p. 13.

plurisubjectiva? Com o objectivo declarado de proceder à "clarificação e diferenciação de conceitos e instrumentos" no domínio da dinâmica dos planos, de dar resposta "à reclamada delimitação conceptual das figuras da revisão e da alteração dos instrumentos de gestão territorial", de autonomizar "procedimentos específicos de alteração quanto aos instrumentos de gestão territorial vinculativos dos particulares" e de "flexibilizar e agilizar os procedimentos de alteração em função das dinâmicas de desenvolvimento económico, social e ambiental, obviando o recurso sistemático à figura da suspensão do plano" (cfr. o exórdio do Decreto-Lei n.º 316/2007), o legislador consagrou um *critério material* de distinção entre *revisão* e *alteração* dos planos dotados de eficácia plurisubjectiva – um critério bem próximo daquele que tínhamos proposto – e definiu um regime para os procedimentos de alteração dos planos dotados de eficácia plurisubjectiva bem mais simples e célere do que os procedimentos da sua elaboração ou revisão. Característica comum àquelas duas figuras continua a ser a susceptibilidade de contenderem com o regime de ocupação, uso e transformação do solo consagrado nos planos.

Assim, quanto ao critério avançado pelo legislador, o artigo 93.º, n.º 3, do RJIGT prescreve que "a revisão dos instrumentos de gestão territorial implica a reconsideração e reapreciação global, com carácter estrutural ou essencial, das opções estratégicas do plano, dos princípios e objectivos do modelo territorial definido ou dos regimes de salvaguarda e valorização dos recursos ou valores territoriais". A *contrario sensu*, a *alteração* dos planos abrange mutações dos planos não estruturais ou essenciais e que não pressupõem uma reconsideração ou uma reapreciação global do plano. Além disso, como decorre do preceituado na alínea a), *in fine*, do n.º 2 do artigo 93.º do RJIGT, a *alteração* do plano reveste carácter parcial, já que normalmente se restringe a uma parte delimitada da área abrangida pelo mesmo.

No que respeita ao procedimento de *alteração* dos planos dotados de eficácia plurisubjectiva, o artigo 96.º, n.º 1, *in fine*, excepciona o procedimento de alteração dos planos especiais de ordenamento do território e dos planos directores municipais do princípio geral nele condensado, segundo o qual as alterações aos instrumentos de gestão territorial seguem, com as devidas adaptações, os procedimentos previstos para a sua elaboração, aprovação, ratificação e publicação.

22.2.2. Depois de termos procurado esclarecer a distinção entre *alteração* e *revisão* dos planos especiais e municipais de ordenamento do território, vejamos, agora, em linhas breves, o regime jurídico daquela primeira figura jurídica integradora da *dinâmica* dos planos. Vamos abordar, sucessivamente, a alteração dos planos sem eficácia plurisubjectiva, a alteração dos planos com eficácia plurisubjectiva, alteração por adaptação dos planos e a alteração dos planos sujeita a um regime procedimental simplificado.

a) No que respeita ao primeiro ponto, o artigo 25.º da LBPOTU acentua que "os instrumentos de desenvolvimento territorial e os instrumentos de política sectorial são alterados sempre que a evolução das perspectivas de desenvolvimento económico e social o determine". Na mesma linha, a alínea *a)* do n.º 2 do artigo 93.º do RJIGT consigna que a alteração dos instrumentos de gestão territorial pode decorrer "da evolução das condições económicas, sociais, culturais e ambientais que lhes estão subjacentes e que fundamentam as opções definidas no plano, desde que revista carácter parcial, designadamente se restrinja a uma parte delimitada da respectiva área de intervenção". E, de modo similar, o artigo 94.º, n.º 1, do RJIGT estabelece que "o programa nacional da política de ordenamento, os planos regionais, os planos intermunicipais e os planos sectoriais são alterados sempre que a evolução das perspectivas de desenvolvimento económico e social o determine". Estas formulações legais, ao utilizarem a técnica da indicação dos *pressupostos* das alterações daqueles tipos de planos através do recurso a "conceitos imprecisos-tipo" ou a "conceitos imprecisos em sentido estrito", isto é, a conceitos elásticos, de natureza não descritiva, que não indicam uma classe de situações individuais, antes expressam de modo difuso factos ou valores nos quais as situações concretas da vida não se podem encaixar com rigor[255], atribuem à Admi-

---

[255] Cfr. R. EHRHARDT SOARES, *Direito Administrativo*, Lições destinadas ao Curso de Direito do Porto da Universidade Católica Portuguesa, cit., p. 62. No di-

nistração um amplo espaço de discricionaridade na verificação da existência das circunstâncias que justificam a alteração dos planos, desde logo porque elas implicam *avaliações técnicas especializadas* e *juízos de prognose*, isto é, avaliações de circunstâncias futuras[256-257].

De acordo com o n.º 2 do artigo 94.º do RJIGT, os planos regionais, os planos sectoriais e os planos intermunicipais são também

---

zer deste mesmo autor, trata-se de "conceitos de limites esfumados, que apresentam uma zona nuclear de grande densidade, da qual se passa imperceptivelmente para áreas cada vez mais voláteis". Cfr. *Administração Pública e Controlo Judicial*, in RLJ, Ano 127.º, N.º 3845, p. 230.

[256] Sobre o complexo problema das relações entre os "conceitos imprecisos-
-tipo", utilizados pelo legislador, tanto na hipótese, como na estatuição da norma jurídica, e a discricionaridade administrativa, cfr. R. EHRHARDT SOARES, *Direito Administrativo*, Lições destinadas ao Curso de Direito do Porto, cit., p. 55-74, e *Administração Pública e Controlo Judicial*, cit., p. 230-233; D. FREITAS DO AMARAL, *Curso de Direito Administrativo*, Vol. II, Coimbra, Almedina, 2001, p. 105-114; J. M. SÉRVULO CORREIA, *Legalidade e Autonomia Contratual*, cit., p. 309-340; J. C. VIEIRA DE ANDRADE, *O Ordenamento Jurídico Administrativo Português*, cit., p. 41-48; M. FRANCISCA PORTOCARRERO, *Anotação ao Acórdão do STA de 20/11/97 (Proc. n.º 39 512)*, in CJA, N.º 10 (1998), p. 26-46, e *Notas sobre Variações em Matéria de Discricionaridade. A Propósito de Algumas Novidades Terminológicas e da Importação de Construções Dogmáticas pelas Nossas Doutrina e Jurisprudência do Supremo Tribunal Administrativo*, in *Juris et de Jure:* Nos Vinte Anos da Faculdade de Direito da Universidade Católica Portuguesa, Porto, 1998; e JOSÉ EDUARDO FIGUEIREDO DIAS/
/FERNANDA PAULA OLIVEIRA, *Noções Fundamentais de Direito Administrativo*, Coimbra, Almedina, 2005, p. 109-113.

[257] Podemos dizer que o conceito de "evolução das perspectivas de desenvolvimento económico e social" ou de "evolução das condições económicas, sociais, culturais e ambientais" subjacentes ao plano e fundamentadoras das opções nele definidas não é, para utilizarmos a terminologia do Acórdão da 1.ª Secção do Supremo Tribunal Administrativo de 17 de Janeiro de 2007, Proc. n.º 1 068/2006, um conceito indeterminável que seja judicialmente sindicável, porque não é "um conceito descritivo cujo critério de avaliação não exige conhecimentos técnicos especiais" (por exemplo, "grande quantidade"), porque não é um "conceito indeterminado de valor, cujo critério de concretização resulta, por forma directa, da exegese dos textos legais" (v.g., "local apropriado"), nem é um "conceito de valor cuja concretização envolva juízos mais especificamente jurídicos" (por exemplo, "jurista de reconhecida idoneidade"). Cfr. o sumário do aresto citado nos CJA, N.º 62 (2007), p. 63 e 64.

alterados por força da posterior ratificação e publicação de planos municipais de ordenamento do território ou da aprovação de planos especiais de ordenamento do território que com eles não se conformem, indicando expressamente as normas alteradas, nos termos do artigo 25.º, n.º 3, do mesmo diploma. E de harmonia com o que dispõe o n.º 3 do artigo 94.º, nas situações previstas nas alíneas *b*) e *c*) do n.º 2 do artigo 93.º – ou seja, naquelas em que a alteração dos instrumentos de gestão territorial decorre da ratificação ou da aprovação de planos municipais ou da aprovação de planos especiais de ordenamento do território que com eles não se compatibilizem ou conformem e, bem assim, da entrada em vigor de leis ou regulamentos que colidam com as respectivas disposições ou que estabeleçam servidões administrativas ou restrições de utilidade pública que afectem as mesmas –, o conteúdo dos novos planos ou regras é, com as necessárias adaptações, integrado no conteúdo dos instrumentos de gestão territorial assim alterados.

Resulta destas últimas disposições que as *alterações* aos tipos de planos que estamos a considerar nelas contempladas são de carácter *obrigatório* e, por isso, em relação à verificação da existência, nos casos concretos, das circunstâncias que as determinam não gozam os respectivos órgãos administrativos de qualquer discricionariedade. Elas são, por outras palavras, uma manifestação da *hetero-alteração*, uma vez que não têm como base uma iniciativa dos órgãos administrativos competentes (hipótese esta que pode ser designada como *auto-alteração*).

Quanto ao *procedimento* de alteração dos planos não dotados de eficácia plurisubjectiva, o artigo 96.º, n.º 1, do RJIGT determina que as alterações aos instrumentos de gestão territorial seguem, com as necessárias adaptações, os procedimentos previstos para a sua elaboração, aprovação, ratificação e publicação. Significa isto que a *alteração* ao programa nacional da política de ordenamento do território, aos planos regionais, aos planos intermunicipais e aos planos sectoriais segue o procedimento estabelecido no RJIGT quanto à formação de cada um daqueles tipos de planos sem eficácia plurisubjectiva.

b) No tocante ao segundo ponto acima enunciado – o da *alteração* dos planos com eficácia plurisubjectiva –, interessa focar os seguintes aspectos: o *tempo* em que a alteração pode ter lugar; os *pressupostos* da alteração; e o *procedimento* da alteração.

No que concerne ao primeiro aspecto, já sabemos que os planos municipais e especiais de ordenamento do território só podem ser objecto de alteração decorridos três anos sobre a respectiva entrada em vigor (ou sobre a sua última revisão). É o que dispõe o n.º 1 do artigo 95.º do RJIGT, consagrando-se aí o princípio da *duração mínima* ou da *estabilidade* daqueles planos[258]. Constituem excepção a este princípio, nos termos do n.º 2 do artigo 95.º: as alterações por adaptação previstas no artigo 97.º e as rectificações previstas no artigo 97.º-A; as alterações simplificadas previstas no artigo 97.º-B; a possibilidade de alteração resultante de circunstâncias excepcionais, designadamente em situações de calamidade pública ou de alteração substancial das condições económicas, sociais, culturais e ambientais que fundamentaram as opções definidas no plano; as alterações resultantes de situações de interesse público não previstas nas opções do plano reconhecidas por despacho do membro do Governo responsável pelo ordenamento do território e do ministro competente em razão da matéria, designadamente decorrentes da necessidade de instalação de infra-estruturas de produção e transporte de energias renováveis, de infra-estruturas rodoviárias, de redes de saneamento básico e de abastecimento de água, de acções de realojamento, da reconversão de áreas urbanas de génese ilegal e as relativas à reserva ecológica[259] e reserva agrícola nacionais, bem como da classificação de

---

[258] Um outro limite temporal à alteração e à revisão dos planos municipais de ordenamento do território está consagrado, como sabemos, nos n.ºˢ 1 e 3 do artigo 1.º do Decreto-Lei n.º 327/90, de 22 de Outubro, na redacção do Decreto-Lei n.º 34/99, de 5 de Fevereiro. De facto, neles se estabelece que, nos terrenos com povoamentos florestais percorridos por incêndios, não incluídos em espaços classificados em planos municipais de ordenamento do território como urbanos, urbanizáveis ou industriais, "durante o prazo de 10 anos a contar da data da ocorrência do incêndio, não poderão ser revistas ou alteradas as disposições dos planos municipais de ordenamento do território ou elaborar-se novos instrumentos de planeamento territorial, por forma a permitir-se a sua ocupação urbanística".

[259] Entendemos, porém, como já tivemos ocasião de acentuar, que, nos casos em que à demarcação da REN constante de plano especial ou municipal de

monumentos, conjuntos e sítios; e as alterações aos planos de ordenamento de áreas protegidas decorrentes de alterações dos limites da área protegida respectiva [260].

Relativamente ao segundo aspecto, também o legislador define os *pressupostos* ou as *circunstâncias histórico-ambientais* justificativas da alteração dos planos com eficácia plurisubjectiva por meio da utilização de "conceitos imprecisos-tipo", concretamente, através da expressão "evolução das condições económicas, sociais, culturais e ambientais" subjacentes ao plano e que fundamentam as opções nele definidas [cfr. o artigo 93.º, n.º 2, alínea a), do RJIGT] e das locuções "circunstâncias excepcionais, designadamente em situações de calamidade pública ou de alteração substancial das condições económicas, sociais, culturais e ambientais que fundamentaram as opções definidas

---

ordenamento do território sobrevier uma resolução do Conselho de Ministros que altera as áreas da REN contemplados naqueles instrumentos de planeamento, devem os mesmos ser objecto de uma *alteração em forma simplificada*, nos termos da alínea a) do n.º 1 do artigo 97.º do RJIGT, na redacção anterior ao Decreto-Lei n.º 316/2007, a que corresponde, na sequência das alterações introduzidas por este diploma legal, uma *alteração por adaptação*. É esta, aliás, como vimos, a solução consagrada no artigo 3.º, n.º 13, do Decreto-Lei n.º 93/90, de 19 de Março, na redacção do Decreto-Lei n.º 180/2006, de 6 de Setembro.

[260] Sublinhe-se que, de acordo com o n.º 1 do artigo 2.º do Decreto-Lei n.º 115/2001, de 7 de Abril, as alterações a planos municipais de ordenamento do território necessárias para a execução de empreendimentos maioritariamente abrangidos pelos Decretos-Leis n.ºs 226/87, de 6 de Junho (que estabelece o regime de cooperação entre a administração central e a administração local em programas de habitação social para arrendamento), e 163/93, de 7 de Maio (que aprovou o Programa Especial de Realojamento nas Áreas Metropolitanas de Lisboa e Porto), bem como os programas de construção de habitação a custos controlados destinados a arrendamento, que impliquem alterações aos elementos gráficos e aos princípios de uso, ocupação e transformação dos solos, subjacentes à elaboração do respectivo plano, ou que afectem servidões, restrições de utilidade pública ou tenham repercussões noutros planos ou nas redes de equipamentos e infra-estruturas, englobam-se também na excepção prevista no n.º 2 do artigo 96.º do Decreto-Lei n.º 380/99 (actualmente, por força das alterações introduzidas pelo Decreto-Lei n.º 310/2003 e pelo Decreto-Lei n.º 316/2007, n.º 2 do artigo 95.º), podendo, por isso, também ter lugar antes de decorridos três anos sobre a respectiva entrada em vigor ou sobre a última revisão.

no plano", e "situações de interesse público não previstas nas opções do plano" [cfr. o n.º 2, alíneas c) e d), do artigo 95.º do mesmo diploma legal], dispondo, por isso, também aqui, os órgãos administrativos competentes de um amplo espaço de discricionaridade na verificação da existência das circunstâncias justificativas da alteração daqueles planos.

Quanto ao terceiro aspecto, a *alteração* (normal) dos planos com eficácia plurisubjectiva segue, na sequência das alterações ao RJIGT introduzidas pelo Decreto-Lei n.º 316/2007, um *procedimento* mais ligeiro e mais célere do que o previsto para a elaboração e para a revisão dos planos especiais e municipais de ordenamento do território (cfr. o artigo 96.º, n.º 1, *in fine,* e n.º 2, do RJIGT). É este um dos pontos da reforma trazida pelo Decreto-Lei n.º 316/2007 que suscita o nosso aplauso. De facto, podendo os planos municipais e especiais ser objecto de alteração e de revisão e assumindo esta, como se viu, uma índole diversa da primeira, devido à sua maior exigência e profundidade, é natural que o legislador preveja um procedimento mais simplificado e célere para a alteração daqueles tipos de planos.

Em que consistiu a simplificação do procedimento de alteração dos planos dotados de eficácia plurisubjectiva? O artigo 96.º, n.º 2, do RJIGT estabelece que são objecto de acompanhamento nos termos do artigo 75.º-C do RJIGT, com as devidas adaptações, as alterações aos planos especiais de ordenamento do território previstas nas alíneas b) a d) do artigo 95.º, n.º 2, do RJIGT (isto é, as alterações simplificadas previstas no artigo 97.º-B, e a que nos vamos referir mais adiante; as alteração resultantes de circunstâncias excepcionais, designadamente em situações de calamidade pública ou de alteração substancial das condições económicas, sociais, culturais e ambientais que fundamentaram as opções definidas no plano; e as alterações resultantes de situações de interesse público não previstas nas opções do plano reconhecidas por despacho do membro do Governo responsável pelo ordenamento do território e do ministro competente em razão da matéria, designadamente decorrentes da necessidade de instalação de infra-estruturas de produção e transporte de energias renováveis, de infra-estruturas rodoviárias, de redes de saneamento básico e de abastecimento de água, de acções de realojamento, da reconversão de áreas urbanas de génese ilegal e as relativas à reserva ecológica e reserva agrícola nacionais, bem como da classificação de monumentos, conjuntos e sítios), bem como as alterações ao plano director municipal. A simplificação do procedimento de alteração dos planos especiais de ordenamento do território não se aplica, assim, a todas e quaisquer alterações aos planos especiais, mas tão-só às que vêm de ser indicadas.

Significa isto que, no caso do procedimento de alteração do plano director municipal e das alterações referidas do plano especial de ordenamento do território, o acompanhamento é idêntico ao estabelecido para os planos de urbanização e para os planos de pormenor. O acompanhamento é aquele que a câmara municipal, no caso de alteração do PDM, ou o órgão competente para a alteração do plano especial de ordenamento do território entenderem como necessário, devendo, uma vez concluída a proposta de alteração do plano, ser a mesma apresentada à comissão de coordenação e desenvolvimento regional territorialmente competente, acompanhada dos pareceres eventualmente emitidos e do relatório ambiental, a qual procede à realização de uma *conferência de serviços*, isto é, uma reunião na qual estão presentes os representantes das entidades que se devem pronunciar sobre o plano em causa, dotados de delegação de poderes para assumir a posição oficial do organismo que representam. Da *conferência de serviços* resulta uma acta, que inclui o parecer das entidades representadas.

Seguem-se, no caso das alterações aos planos directores municipais e na hipótese das indicadas alterações aos planos especiais de ordenamento do território, as restantes fases procedimentais. No primeiro caso, a abertura pela câmara municipal de um período de discussão pública sobre a proposta de alteração do PDM, a ponderação e divulgação dos resultados da discussão pública, a elaboração da versão final da proposta pela câmara municipal, a aprovação pela assembleia municipal, a ratificação governamental, se for caso disso, a publicação e o depósito. No segundo caso, a abertura pela entidade responsável pela alteração do plano especial de ordenamento do território de um período de discussão pública sobre a proposta de alteração, a ponderação e divulgação dos resultados da discussão pública, a elaboração da versão final da proposta de alteração para aprovação, a aprovação por resolução do Conselho de Ministros, a publicação e o depósito.

c) O terceiro ponto que queremos abordar, em termos sintéticos, é a *alteração por adaptação* dos planos, designada, antes das alterações trazidas ao RJIGT pelo Decreto-Lei n.º 316/2007, alteração sujeita a regime simplificado. Vamos aqui referir dois aspectos: o das *espécies* de alterações que estão sujeitas ao regime de *alteração por adaptação*; e o da caracterização desse *regime de alteração por adaptação*, isto é, do *procedimento* a que estão submetidas tais alterações – o qual, adiante-se, é ainda mais simples e célere do que o caracterizado no ponto anterior.

O artigo 97.º, n.º 1, do RJIGT, na versão do Decreto-Lei n.º 316/2007, enumera as *espécies* de alterações sujeitas a um regime de alteração por adaptação. São elas as seguintes: as alterações aos instrumentos de gestão territorial que decorrem da entrada em vigor de leis ou regulamentos, designadamente planos sectoriais, planos especiais e planos municipais de ordenamento do território [alínea *a*)]; as alterações aos instrumentos de gestão do território que decorram da incompatibilidade com a estrutura regional do sistema urbano, das redes, das infra-estruturas e dos equipamentos de interesse regional e com a delimitação da estrutura regional de protecção e valorização ambiental definidas em plano regional de ordenamento do território posteriormente aprovado, no caso dos planos municipais de ordenamento do território [alínea *c*)]; e as alterações relacionadas com a variação total máxima de 3% da área de construção inicialmente prevista em planos de urbanização e de pormenor [alínea *d*)].

Debruçando-nos sobre estas alterações, podemos dizer que a sua sujeição ao regime de *alteração por adaptação* justifica-se ou porque se trata de alterações que são obrigatórias, sendo uma expressão da *hetero-alteração*, não gozando, por isso, os órgãos administrativos competentes de qualquer liberdade de iniciativa quanto à sua aprovação, como sucede com as alterações previstas nas alíneas *a*) e *c*) do n.º 1 do artigo 97.º do RJIGT[261], ou porque se está perante alterações relacionadas com *pequenos ajustamentos* na área de construção definida em planos de urbanização e planos de pormenor, ditadas por necessidades detectadas no momento da execução destes planos.

Sobre o *regime da alteração por adaptação*, importa referir que o n.º 2 do artigo 97.º do RJIGT determina que as adaptações "devem estar concluídas, no prazo de 90 dias, pela entidade responsável pela elaboração do plano, através da reformulação dos elementos na parte afectada, aplicando-se o disposto nos artigos 148.º a 151.º do presente diploma". Por sua vez, o n.º 3 do artigo 97.º do mesmo diploma legal estabelece que, para além do disposto no número anterior, "às adaptações aos planos municipais de ordenamento do território referidas no n.º 1 aplica-se o disposto no n.º 1 do artigo 79.º" – o que significa que são aprovadas pela assembleia municipal, mediante proposta apresentada pela câmara municipal –, após o que são comunicadas à comissão de coordenação e desenvolvimento regional, estando ainda submetidas ao previsto nos artigos 148.º a 151.º do RJIGT (publicidade e remessa à Direcção-Geral do Ordenamento do Território e Desenvolvimento Urbano para depósito e consulta pelos interessados).

Do texto legal acabado de transcrever pode inferir-se que o *procedimento de alteração por adaptação* de que vimos falando engloba as seguintes etapas: elaboração técnica das alterações pelo órgão competente para a elaboração do plano, através da reformulação dos ele-

---

[261] É o que acontece com a *alteração por adpatação*, que assume um cunho obrigatório, de planos municipais de ordenamento do território preexistentes no caso de planos sectoriais, especiais ou regionais de ordenamento do território posteriormente aprovados, que contenham disposições incompatíveis ou desconformes com as consagradas nos preexistentes planos municipais, e que façam uma indicação expressa das disposições dos planos municipais que estão numa relação de incompatibilidade ou de desconformidade com aqueles planos. O mesmo se passa com a *obrigação de alteração por adaptação* de um PDM, após a aprovação de um plano de urbanização ou de um plano de pormenor que tenha alterado ou revogado disposições do PDM, devendo a deliberação da assembleia municipal que aprova o plano de urbanização ou o plano de pormenor indicar expressamente as disposições do PDM alteradas ou revogadas (cfr. os artigos 97.º e 83.º-B, n.º 3, do RJIGT).

mentos na parte afectada por aquelas; aprovação das alterações a cargo do órgão competente para a aprovação do plano (que, no caso de planos municipais, é a assembleia municipal, cabendo a competência para a elaboração à câmara municipal); comunicação das alterações à comissão de coordenação e desenvolvimento regional, salvo no caso dos planos regionais de ordenamento do território, uma vez que aquela entidade é responsável pela sua elaboração; publicação das alterações no *Diário da República* e em outros meios de publicidade, de harmonia com o que dispõem os artigos 148.º e 149.º do RJIGT; e depósito das alterações pela Direcção-Geral do Ordenamento do Território e do Desenvolvimento Urbano – depósito esse que, nos termos do n.º 1 do artigo 150.º do RJIGT, abrange todos os instrumentos de gestão territorial, com o respectivo conteúdo documental, incluindo as "alterações, revisões, suspensões, adaptações e rectificações de que sejam objecto, bem como das medidas preventivas", e que possibilita a consulta da versão actualizada dos planos por parte dos interessados [262].

---

[262] Cfr. JOÃO MIRANDA, *ob. cit.*, p. 255 e 256. Importa sublinhar que o RJIGT, antes da versão do Decreto-Lei n.º 316/2007, estabelecia que estavam sujeitos a *registo* todos os instrumentos de gestão territorial, incluindo os planos municipais de ordenamento do território que não carecessem de ratificação governamental. Acresce que o Decreto-Lei n.º 380/99, na versão do Decreto-Lei n.º 210/2003, reintroduziu a faculdade de a Direcção-Geral do Ordenamento do Território e Desenvolvimento Urbano *recusar o registo* dos planos municipais de ordenamento do território não sujeitos a ratificação governamental, com fundamento na violação de qualquer instrumento de gestão territorial com o qual devessem ser compatíveis ou no não cumprimento de disposições legais e regulamentares vigentes. Do acto de *recusa de registo* cabia recurso para o Ministro do Ambiente, do Ordenamento do Território e do Desenvolvimento Regional (cfr. o artigo 151.º, n.º 5, do RJIGT).

Mas o Decreto-Lei n.º 316/2007, entre outras alterações introduzidas ao RJIGT, eliminou a figura do *registo*, justificando, no seu exórdio, esta eliminação do seguinte modo: "A efectiva responsabilização dos municípios pelas opções de ordenamento do território e de urbanismo contidas nos respectivos instrumentos de planeamento conduz ainda à eliminação do registo, no âmbito do qual eram exercidas funções de controlo de legalidade dos planos municipais de ordenamento

O artigo 97.º, n.º 2, do RJIGT estabelece um prazo de 90 dias para a entidade responsável pela elaboração do plano introduzir as alterações por adaptação referidas no n.º 1 do mesmo artigo, mas não prevê qualquer *sanção* para o não cumprimento desse prazo. A previsão de uma qualquer sanção faz todo o sentido nas situações em que o município, por exemplo, não altere, dentro do prazo legal, as disposições do PDM para compatibilizá-las com o superveniente PROT ou para conformá-las com o posterior plano especial de ordenamento do território. Com efeito, no caso de violação pelo município do *dever* de alterar o seu PDM para adaptá-lo a um superveniente PROT ou a um posterior plano especial de ordenamento do território, constante do artigo 97.º, n.º 2, do RJIGT, deveria o legislador ter consagrado uma sanção a aplicar ao município não cumpridor daquela obrigação.

Já foi referido que essa sanção poderia consistir, por exemplo, na suspensão automática da parte do PDM que está incompatível com o PROT, suspensão esta que se manteria até que o plano municipal fosse alterado [263]. É esta uma posição de *jure constituendo*. No contexto

---

do território, os quais, à semelhança dos demais instrumentos de gestão territorial, passam a ser enviados para depósito, tendo em vista potenciar a consulta dos mesmos por todos os interessados.

O depósito dos instrumentos de gestão territorial na DGOTDU passa, assim, a desempenhar a função de repositório centralizado e de publicitação de todos os instrumentos de gestão territorial, cujo acesso e consulta pública se pretende garantir em breve, por meio da disponibilização *online* no âmbito do sistema nacional de informação territorial".

No caso de planos municipais de ordenamento do território ou de medidas preventivas sujeitas a *ratificação* governamental, é a DGOTDU que procede ao respectivo depósito. No caso de planos municipais de ordenamento do território não sujeitos a ratificação, assim como das respectivas alterações e revisões, e ainda de medidas preventivas, as câmaras municipais devem enviar após a publicação no *Diário da República*, no prazo de 15 dias, os elementos indicados no artigo 151.º, n.º 1, do RJIGT, para efeitos de *depósito*.

[263] Cfr. FERNANDA PAULA OLIVEIRA, *Alguns Aspectos do Novo Regime Jurídico dos Planos Regionais de Ordenamento do Território. Em Especial a Questão da sua Eficácia Jurídica*, in RJUA, N.ᵒˢ 11/12 (1999), p. 84, nota 11.

do RJIGT, poderá o Governo utilizar, numa situação daquelas, a faculdade, contemplada na alínea a) do n.º 2 do artigo 100.º, de *suspensão parcial* do PDM, por se estar perante um "caso excepcional de reconhecido interesse nacional ou regional", ouvida a respectiva câmara municipal. Além disso, poderá falar-se, uma vez decorrido o prazo do artigo 97.º, n.º 2, sem que seja cumprido o dever de alteração do plano, numa *ilegalidade superveniente*, e consequente nulidade, das disposições do PDM incompatíveis com um posterior PROT ou desconformes com um ulterior plano especial de ordenamento do território ou com um superveniente plano sectorial [264-265].

---

[264] Como referimos anteriormente, pensamos que o mencionado Acórdão da 1.ª Secção do Supremo Tribunal Administrativo de 14 de Abril de 2005, Proc. n.º 47 310, ao considerar que o facto de um plano director municipal não prever para determinada área a construção de infra-estruturas, tais como auto-estradas, antes estabelecer a proibição de implantação nessa mesma área de vias de comunicação, salvo caminhos municipais e vicinais, não significa que aquelas não venham a ser previstas em planos sectoriais posteriores, como é o caso do Plano Rodoviário Nacional, e ao entender que é perfeitamente legal o acto de declaração de utilidade pública da expropriação de um terreno abrangido por aquela proibição do plano director municipal para a construção de uma auto-estrada prevista no ulterior Plano Rodoviário Nacional, tem subjacente a ideia de que são *supervenientemente ilegais* e, por isso, *nulas* as disposições de um plano director municipal desconforme com um superveniente plano sectorial, se o município não tiver promovido a alteração do plano director municipal, dentro do prazo de 90 dias referido no artigo 97.º, n.º 3, do Decreto-Lei n.º 380/99.

Cremos, porém, que aquele aresto deveria *ter julgado ilegais* e, consequentemente, *ter recusado* a *aplicação* das normas do plano director municipal desconformes com o posterior plano sectorial, *in casu*, o Plano Rodoviário Nacional, pois só utilizando esta via é que impedia que o acto de declaração de utilidade pública da expropriação violasse as normas do plano director municipal e fosse, consequentemente, nulo.

[265] Sobre a discussão, no direito francês, do problema do "prazo de adaptação da norma inferior no caso de modificação da norma superior ou de criação de uma norma nova superior", cfr., por todos, H. JACQUOT/F. PRIET, *ob. cit.,* p. 108 e 109, os quais referem o "Arrêt", de 18 de Maio de 1999, *Commune de Clairefontaine-Yvelines*, da "Assembleia Plenária do Tribunal Administrativo de Apelação de Paris", o qual decidiu que "a norma inferior incompatível tornava-se ilegal, desde a entrada em vigor da norma superior modificada ou novamente criada".

d) O quarto ponto respeitante ao regime da *alteração* dos instrumentos de gestão territorial diz respeito à *alteração simplificada* dos planos municipais de ordenamento do território, que o RJIGT, na redacção do Decreto-Lei n.º 316/2007, autonomizou no artigo 97.º-B. Com se sublinha no exórdio do Decreto-Lei n.º 316/2007, "considerando a caducidade do regime do uso do solo decorrente das decisões de cessação de restrições e servidões de utilidade pública em determinadas áreas do território, bem como de desafectação de bens imóveis do domínio público ou dos fins de utilidade pública a que se encontravam adstritos, introduziu-se um mecanismo célere de alteração simplificada de planos municipais de ordenamento do território para obviar à indefinição urbanística". Vamos, num primeiro momento, escrutinar as alterações aos planos municipais que estão sujeitas a um *regime procedimental simplificado* e, num segundo momento, indicar as notas caracterizadoras dessa simplificação procedimental.

Quanto ao primeiro aspecto, o n.º 1 do artigo 97.º-B identifica as alterações de planos municipais de ordenamento do território que estão sujeitas a um regime procedimental simplificado: são as que resultem da necessidade de *integrar a lacuna* originada pela cessação de restrições e servidões de utilidade pública ou pela desafectação de bens imóveis do domínio público ou dos fins de utilidade pública a que se encontravam adstritos, designadamente os do domínio privado indisponível do Estado, quando: a área se insira em perímetro urbano; e quando a área seja igual ou inferior à da maior parcela existente na área envolvente e que constituíam uma unidade harmoniosa que garanta a integração do ponto de vista urbanístico e a qualidade do ambiente urbano. Segundo o n.º 2 do artigo 97.º-B, a integração da referida lacuna, com vista à definição de um novo regime de uso do solo, em consequência da verificação daqueles factos jurídicos, é feita *por analogia*, através da aplicação das normas do plano aplicáveis às parcelas confinantes. E de harmonia com o preceituado no n.º 3 do artigo 97.º-B do RJIGT, a deliberação da câmara municipal que determina a alteração simplificada a que nos vimos referindo deve conter a proposta integradora que resulta da aplicação das normas aplicáveis às parcelas confinantes.

No que respeita ao segundo aspecto, os n.ºˢ 4, 5 e 6 do artigo 97.º-B do RJIGT definem as notas caracterizadoras do *regime procedimental simplificado*. Podemos dizer que o mesmo se situa a meio caminho, no que respeita ao grau de simplicidade e celeridade, entre o procedimento de *alteração normal* dos planos dotados de eficácia plurisubjectiva (*rectius,* das alterações do PDM e de algumas alterações aos planos especiais de ordenamento do território) e o procedimento de *alteração por adaptação* dos instrumentos de gestão territorial. São as seguintes as etapas procedimentais da alteração simplificada de planos municipais de ordenamento do território: deliberação da câmara municipal de proceder a uma alteração simplificada do plano municipal de ordenamento do território; publicitação e divulgação pela câmara municipal da proposta de alteração simplificada do plano e fixação de um *período de discussão pública*, que não deve ser inferior a 10 dias, para apresentação de reclamações, observações ou sugestões sobre aquela proposta; ponderação dos resultados da discussão pública e reformulação dos elementos do plano municipal na parte afectada pela alteração simplificada; envio do projecto de versão final da alteração do plano municipal à comissão de coordenação e desenvolvimento regional territorialmente competente, a qual pode emitir parecer no prazo de 10 dias, improrrogáveis, a notificar, sendo caso, à câmara municipal e à assembleia municipal – parecer esse que, quando emitido, não possui carácter vinculativo e incide apenas sobre a conformidade com as disposições legais e regulamentares vigentes e a compatibilidade ou conformidade com os instrumentos de gestão territorial eficazes; aprovação da alteração ao plano municipal pela assembleia municipal, mediante proposta da câmara municipal; solicitação da ratificação governamental do plano director municipal objecto de alteração simplificada, se ocorrer a hipótese prevista no artigo 79.º, n.º 2, do RJIGT; e publicidade e depósito da alteração ao plano municipal de ordenamento do território, nos termos dos artigos 148.º a 151.º do RJIGT.

22.3. A rectificação dos planos

O RJIGT, na versão do Decreto-Lei n.º 316/2007, autonomizou uma nova figura da *dinâmica* dos planos: a *rectificação*.

Nos termos do artigo 97.º-A, n.º 1, do RJIGT, as *rectificações* dos instrumentos de gestão territorial – que podem ter lugar em qualquer momento – são admissíveis para efeitos de: correcções de erros materiais provenientes de divergências entre os elementos aprovados e os elementos publicados; correcções de erros materiais ou de cálculo, patentes e manifestos, nas disposições regulamentares ou na representação cartográfica; acertos de cartografia determinados por incorrecções de cadastro, de transposição de escalas, de definição de limites físicos identificáveis no terreno, bem como por discrepâncias entre plantas de condicionantes e plantas de ordenamento; e correcções de regulamentos ou de plantas determinadas por incongruência entre os mesmos.

Todas estas causas de *rectificação* têm como pano de fundo o *dever* de os órgãos administrativos com competência planificatória corrigir os erros materiais e as incongruências entre elementos que compõem os planos. Poderá, por isso, considerar-se que as mesmas são também uma expressão da *hetero-alteração*, pois, em face do conhecimento pelo órgão com competência planificatória dos referidos erros materiais e das apontadas incongruências, tem o mesmo a obrigação de proceder à sua *rectificação*.

Compreende-se, em face do exposto, que o procedimento de elaboração, aprovação e publicação das declarações de *rectificação* seja simples e célere, equiparando o n.º 2 do artigo 97.º-A do RJIGT o mesmo ao procedimento da *alteração por adaptação* dos planos, por nós referido um pouco mais acima.

22.4. A revisão dos planos

Como referimos anteriormente, o artigo 93.º, n.º 3, do RJIGT, na redacção do Decreto-Lei n.º 316/2007, definiu o conceito de *revisão* dos instrumentos de gestão territorial, demarcando-a claramente do conceito de *alteração* dos mesmos. O conceito de *revisão*, plasmado naquele preceito, torna claro que a *revisão* é uma *figura jurídica* de dinâmica dos planos, aplicável a todos os tipos de instrumentos de gestão territorial. Também o n.º 7 do artigo 96.º do RJIGT, ao prescrever que "a revisão dos instrumentos de gestão territorial segue, com as devidas adaptações, os procedimentos estabelecidos no presente diploma para a sua elaboração, aprovação, ratificação e publicação", aponta para a aplicação da figura de *revisão* a todas as espécies de instrumentos de gestão territorial.

Todavia, o artigo 98.º do RJIGT apenas nos fornece o regime jurídico de alguns aspectos relevantes da *revisão* dos planos com eficácia plurisubjectiva, designadamente quanto aos *pressupostos* e ao *tempo* em que a mesma pode ocorrer, pelo que, nas linhas subsequentes, vamos circunscrever a nossa atenção à *revisão* dos planos especiais e municipais de ordenamento do território. Significa isto que a definição dos *pressupostos* e do *tempo* em que pode ter lugar a *revisão* dos planos desprovidos de eficácia plurisubjectiva, como o PNPOT, os planos sectoriais e os planos regionais de ordenamento do território, constará ou de legislação específica ou das disposições destes mesmos planos. É o que se passa, por exemplo, com o artigo 9.º da Lei n.º 58//2007, de 4 de Setembro, que aprovou o PNPOT, nos termos do qual este "pode ser alterado ou revisto sempre que a evolução das perspectivas de desenvolvimento económico e social o determine". Vejamos, então, as questões respeitantes ao *tempo* em que pode ou deve ocorrer a revisão daqueles instrumentos de planificação territorial, aos seus *pressupostos* e ao respectivo *procedimento*.

Quanto à primeira, interessa lembrar que o artigo 98.º do RJIGT prevê, à semelhança do que se referiu em relação à alteração dos planos, que a revisão dos planos especiais e municipais de ordenamento do território, que tenha como pressuposto a "necessidade de adequação à evolução, a médio e longo prazo, das condições económicas, sociais, culturais e ambientais que determinaram a respectiva elaboração, tendo em conta os relatórios de avaliação da execução dos mesmos", só pode ocorrer decorridos três anos sobre a sua entrada em vigor. Trata-se de uma norma que consagra, como vimos, o princípio da *estabilidade* ou da *duração mínima* dos planos com eficácia plurisubjectiva.

Ainda no tocante à primeira questão, o artigo 98.º, n.º 3, do mencionado diploma determina que os PDM são obrigatoriamente revistos decorrido que seja o prazo de dez anos após a sua entrada em vigor ou após a sua última revisão. É esta uma norma menos exigente do que a do artigo 19.º, n.º 3, do Decreto-Lei n.º 69/90, de 2 de Março, na medida em que esta não só estendia a obrigatoriedade da revisão aos planos de urbanização, como impunha que a revisão deveria estar concluída antes de decorridos dez anos a contar da sua entrada em vigor ou da sua última revisão. O RJIGT abandonou também a regra que constava do n.º 5 do artigo 19.º do Decreto-Lei n.º 69/90, na redacção do Decreto-Lei n.º 155/97, de 24 de Julho, nos termos da qual, decorrido o prazo de dez anos sem que o plano municipal fosse revisto, ficavam sujeitos a ratificação do Governo todos os planos de urbanização ou de pormenor que com aquele tivessem área em comum.

Tendo em conta o discurso anterior, pode distinguir-se, quanto ao PDM, entre uma *revisão ordinária*, que tem lugar decorridos dez anos após a sua entrada em vigor ou após a sua última revisão, e uma *revisão extraordinária*, que se verifica antes do decurso deste prazo, uma vez verificados os pressupostos definidos na lei.

No que respeita aos *pressupostos* justificativos da *revisão* dos planos com eficácia plurisubjectiva, o artigo 98.º do RJIGT indica os seguintes: a necessidade de adequação à evolução, a médio e longo prazo, das condições económicas, sociais, culturais e ambientais que determinaram a respectiva elaboração [alínea *a*)]; e a suspensão do plano e a necessidade da sua adequação à prossecução dos interesses públicos que a determinaram [alínea *b*)].

Na definição do primeiro *pressuposto*, utiliza o legislador "conceitos imprecisos-tipo", pelo que o órgão administrativo competente goza de um amplo poder discricionário na verificação da existência das circunstâncias justificativas da revisão do plano especial ou municipal de ordenamento do território. Quanto ao segundo, significa o mesmo que, na perspectiva do legislador, a *suspensão* do plano especial ou municipal é sempre seguida da *revisão* do mesmo. Mas, muitas vezes, a decisão de *revisão* do plano antecede a *suspensão* do mesmo, pelo que, nessas situações, é aquela que funciona como pressuposto desta e não o contrário.

Sobre os *pressupostos* da revisão, deve ainda acrescentar-se que, no caso do PDM, a lei indica como *pressuposto* o simples decurso do prazo de dez anos sobre a data da sua entrada em vigor ou sobre a sua última revisão. Todavia, o próprio PDM pode estabelecer um prazo diferente deste para a sua vigência (e, por isso, um prazo diferente para a sua revisão) e definir as condições da sua revisão [cfr. o artigo 85.º, n.º 1, alínea *u*), do RJIGT].

No tocante ao *procedimento* da revisão dos planos com eficácia plurisubjectiva, já sabemos que ele é regido, com as devidas adaptações, pelas regras procedimentais respeitantes à elaboração, aprovação, ratificação e publicação daqueles planos. Tendo em conta que a *revisão* coenvolve uma *reponderação global* ou uma *reconsideração e reapreciação global*, com carácter estrutural ou essencial, das opções estratégicas dos planos, compreende-se que o procedimento de revisão dos planos coincida, em termos genéricos, com o procedimento da sua formação. Uma tal identidade de procedimentos constitui, aliás, a solução consagrada em vários ordenamentos jurídicos europeus, como sucede, por exemplo, nos direitos francês, alemão e italiano [266].

---

[266] De facto, no direito francês, o procedimento de revisão do "*plan local d'urbanisme*" é, com excepção do procedimento de revisão simplificada, segundo o artigo L. 123-13 do *Code de l'Urbanisme*, idêntico ao procedimento da sua elaboração (cfr., por todos, H. JACQUOT/F. PRIET, *ob. cit.*, p. 241, e B. LARMOLETTE/ /D. MORENO, *Code de l'Urbanisme*, cit., p. 73 e 74). Também no direito alemão a *modificação* (*Änderung*) dos planos urbanísticos que brigue com os seus princípios fundamentais segue as regras do procedimento de elaboração dos planos. Isso resultava expressamente do § 2.º, n.º 4, do *Baugesetzbuch*, interpretado em conjugação com o § 13.º do mesmo Código, ambos na redacção anterior à referida *Europarechtsanpassungsgesetz Bau* de 2004, e resulta do actual § 1.º, n.º 8, do mesmo Código, na redacção subsequente àquela lei (cfr., por todos, W. BROHM, *ob. cit.*, p. 261 e 262, e U. BATTIS, in BATTIS/KRAUTZBERGER/LÖHR, *ob. cit.*, § 1.º, p. 78 e 79).

De igual modo, no direito italiano, o procedimento da revisão do *piano regolatore generale*, através da introdução de *varianti*, desenvolve-se, em geral (com ex-

22.5. *A suspensão dos planos*

A *suspensão* consiste na paralisação, durante um período de tempo determinado, dos efeitos de todo ou de parte do plano, quer sob o ponto de vista territorial, quer sob o ponto de vista material.

Os artigos 26.º da LBPOTU e 99.º, n.º 1, e 100.º, n.ᵒˢ 1 e 2, do RJIGT referem-se à possibilidade de suspensão, total ou parcial, dos planos, querendo significar com esta expressão disjuntiva que a suspensão tanto pode envolver a totalidade ou parte da área abarcada pelo plano, como abranger todo ou parte do conteúdo prescritivo do mesmo.

Nos termos dos artigos 99.º, n.º 3, e 100.º, n.º 3, do referido diploma legal, a decisão de suspensão dos planos – e veremos, daqui a pouco, a quem compete a adopção dessa decisão – deve conter a fundamentação, o prazo e a incidência territorial da suspensão, bem como indicar expressamente as disposições suspensas. O âmbito territorial e material é, assim, definido na decisão de suspensão, devendo aí também ser estabelecido o *prazo* ou a *duração temporal* da suspensão.

Quanto a este último aspecto, existia uma diferença significativa entre o Decreto-Lei n.º 380/99, de 22 de Setembro na sua versão originária, e o Decreto-Lei n.º 69/90, de 2 de Março. Com efeito, este último diploma determinava, no seu artigo 21.º, n.º 2, que a suspensão dos planos municipais era sempre acompanhada de medidas preventivas ou de normas provisórias, nos termos dos artigos 7.º e 8.º do mesmo diploma. Esta solução do Decreto-Lei n.º 69/90 tinha não apenas a vantagem de evitar um *vazio* de disciplina jurídica no domínio da ocupação, uso e transformação do solo, durante o período de duração da suspensão, como também possibilitava – e é este o ponto que nos interessa, agora, relevar – uma pré-determinação do prazo da suspensão, o qual coincidia com os prazos de duração máxima das

---

cepção das denominadas *varianti anomale*, resultantes do procedimento de aprovação de *projectos de obras públicas* ou de aprovação de *planos de execução*), segundo as regras procedimentais previstas para a formação e a aprovação daquele plano (cfr., por todos, F. SALVIA/F. TERESI, *ob. cit.*, p. 89). Cfr. também F. SALVIA, *Manuale di Diritto Urbanistico*, Padova, Cedam, 2008, p. 80.

medidas preventivas e das normas provisórias (que eram, de harmonia com os artigos 7.º, n.º 2, e 8.º, n.º 3, de três e de dois anos, respectivamente). Ao invés, o Decreto-Lei n.º 380/99, antes das alterações introduzidas pelo Decreto-Lei n.º 310/2003, admitia a possibilidade de o plano ser suspenso, sem que a correspondente decisão fosse acompanhada do estabelecimento de medidas preventivas. A adopção de medidas preventivas em consequência da suspensão do plano era uma faculdade que a Administração podia exercer ou não. Todavia, por efeito das alterações do Decreto-Lei n.º 310/2003, foi, como já referimos, consagrada a obrigação do estabelecimento de *medidas preventivas*, sempre que haja uma deliberação da assembleia municipal, sob proposta da câmara municipal, sujeita a ratificação do Governo, de *suspensão*, total ou parcial, de um plano municipal de ordenamento do território [cfr. os artigos 100.º, n.º 2, alínea *b*), e n.º 4, e 107.º, n.º 2, do Decreto-Lei n.º 380/99) [267]. Acrescente-se que a suspensão, total ou parcial, por deliberação da assembleia municipal de um plano municipal de ordenamento do território implica obrigatoriamente

---

[267] Cfr., a título de exemplo, a Resolução do Conselho de Ministros n.º 72/ /2002, de 9 de Abril, que ratificou a suspensão parcial dos PDM de Guimarães, Lousada e Felgueiras, na área das freguesias que constituem o município de Vizela, e ratificou as medidas preventivas para a mesma área, a vigorar pelo prazo de dois anos, prorrogável por mais um ano, a contar da data da publicação daquela resolução, bem como a Resolução do Conselho de Ministros n.º 34/2003, de 10 de Março, que ratificou a suspensão parcial do PDM de Vila do Conde, para determinada área, pelo prazo de dois anos, bem como o estabelecimento de medidas preventivas para a mesma área e por igual prazo. Cfr., ainda, a Resolução do Conselho de Ministros n.º 178/2005, de 17 de Novembro, que ratificou a suspensão, pelo prazo de dois anos, de alguns artigos do Regulamento do PDM de Miranda do Corvo e as medidas preventivas para a área por eles abrangida, a vigorar também por dois anos, a Resolução do Conselho de Ministros n.º 181/2005, da mesma data, que ratificou parcialmente a suspensão parcial do artigo 52.º do Regulamento do PDM do Fundão, pelo prazo de dois anos, e o estabelecimento de medidas preventivas por idêntico prazo, e, bem assim, a Resolução do Conselho de Ministros n.º 92/2006, de 1 de Agosto, que ratificou a suspensão parcial dos artigos 19.º e 21.º do Regulamento do PDM de Mortágua numa área determinada, pelo prazo de dois anos, e o estabelecimento de medidas preventivas para a mesma área e pelo mesmo prazo.

não só o estabelecimento de medidas preventivas, mas também a abertura do procedimento de revisão ou alteração do plano de ordenamento do território suspenso (cfr. o n.º 4 do artigo 100.º do RJIGT). É esta uma solução virtuosa, já que permite evitar *vazios jurídicos* no que respeita às regras de ocupação, uso e transformação do solo durante o período que vigorar a suspensão daqueles planos ou, como se refere no exórdio do Decreto-Lei n.º 310/2003, *vazios planificatórios*. Neste caso, a duração da suspensão do plano municipal coincide com o período de validade das medidas preventivas. Refira--se, ainda, a este propósito que o RJIGT, na versão do Decreto-Lei n.º 316/2007, mantém-se fiel à obrigação do estabelecimento de medidas preventivas, na sequência da deliberação da assembleia municipal, de suspensão, total ou parcial, do plano municipal de ordenamento do território.

Mas a suspensão dos planos especiais de ordenamento do território continua a não ser acompanhada obrigatoriamente da adopção de medidas preventivas. A conclusão a extrair do RJIGT é, assim, a de que a decisão de suspensão dos planos especiais de ordenamento do território pode ser acompanhada da adopção de medidas preventivas, coincidindo, nesse caso, a duração da suspensão com o período de validade daquelas medidas, o qual é, como já sabemos, de três anos (cfr. o artigo 112.º, n.º 1). Mas para as situações em que os órgãos administrativos competentes entenderem não fazer acompanhar a suspensão dos planos especiais com a adopção de medidas preventivas e, bem assim, para as hipóteses de suspensão dos instrumentos de desenvolvimento territorial e dos instrumentos de política sectorial, não encontramos no RJIGT qualquer limite temporal.

A opção legislativa de não consagrar a obrigação de fazer acompanhar a decisão de suspensão dos planos especiais de ordenamento do território da adopção de medidas preventivas parece-nos grave, na medida em que possibilita a existência de um *vazio jurídico* no que respeita às regras de ocupação, uso e transformação do solo durante o período em que vigorar a suspensão daqueles planos – argumento este que parece manter ainda validade, mesmo em face da alteração, operada pelo Decreto-Lei n.º 316/2007, ao artigo 44.º do RJIGT, respeitante ao *conteúdo* dos planos especiais de ordenamento do território, no sentido de o mesmo passar a incluir somente "regimes de salvaguarda de recursos e valores naturais e o regime de gestão compatível com a utilização sustentável do território", deixando, assim, de "fixar usos" compatíveis com essa utilização sustentável do território. Por outro lado, a solução do legislador de remissão para a Administração do poder de fixar o prazo de duração da suspensão, sem fixação de quaisquer balizas, parece-nos claramente inadequada e traduz-se na outorga de uma liberdade excessiva à Administração.

Seja como for, poderá considerar-se que a suspensão do plano, quando motivada pela sua alteração ou revisão, não pode ter uma duração superior ao prazo fixado pela Administração para a conclusão da alteração ou revisão.

Decorrido o prazo de duração da suspensão do plano, este recupera os seus efeitos, a não ser que entretanto o mesmo tenha sido alterado ou revisto. Acresce que a suspensão do plano caduca se, antes da queda do respectivo prazo, entrar em vigor a alteração ou revisão do plano ou se deixarem de vigorar as medidas preventivas. Por último, interessa referir que, nos termos do n.º 3 do artigo 107.º do RJIGT, o estabelecimento de medidas preventivas por motivo de revisão e alteração do plano determina automaticamente a suspensão deste, na área abrangida por aquelas medidas.

Os *pressupostos* da suspensão são definidos, em geral, e no que respeita a todos os tipos de instrumentos de gestão territorial, nos artigos 26.º da LBPOTU e 93.º, n.º 4, do RJIGT; quanto aos instrumentos de desenvolvimento territorial e aos instrumentos de política sectorial, no artigo 99.º, n.º 1, do RJIGT; relativamente aos planos especiais de ordenamento do território, no n.º 1 do artigo 100.º do mesmo diploma; e, no que respeita aos planos municipais, nas alíneas *a)* e *b)* do n.º 2 do mesmo preceito do RJIGT. As formulações legais são muito parecidas quanto à indicação dos pressupostos da suspensão daqueles instrumentos planificatórios. Assim, a suspensão, total ou parcial, dos planos, em geral, pode ocorrer "em casos excepcionais e quando esteja em causa a prossecução de relevante interesse público" (cfr. o artigo 26.º da LBPOTU) ou "pode decorrer da verificação de circunstâncias excepcionais que se repercutam no ordenamento do território, pondo em causa a prossecução de interesses públicos relevantes" (cfr. o artigo 93.º, n.º 4, do RJIGT). A suspensão, total ou parcial, dos instrumentos de planificação territorial referidos no artigo 99.º, n.º 1, do RJIGT tem lugar "quando se verifiquem circunstâncias excepcionais resultantes de alteração significativa das perspectivas de desenvolvimento económico-social incompatíveis com a concretização das opções estabelecidas no plano". Por seu lado, a suspensão, total ou parcial, dos planos especiais ocorre "quando se verifiquem circunstâncias excepcionais resultantes de alteração significativa das perspectivas de desenvolvimento económico e social ou da realidade ambiental que determinou a sua elaboração, incompatíveis com a concretização das opções estabelecidas no plano". Por último, a suspensão, total ou parcial, dos planos municipais verifica-se, quando a iniciativa pertence ao Governo, "em casos excepcionais de reconhecido interesse nacional ou regional", e, nas hipóteses em que a iniciativa é do município, "quando se verifiquem circunstâncias excepcionais resultantes de alteração significativa das perspectivas de desenvolvimento económico e social local ou de situações de fragilidade ambiental incompatíveis com a concretização das opções estabelecidas no plano".

Os *pressupostos* de suspensão dos planos são mais exigentes do que os definidos para a alteração e para a revisão dos mesmos, dado que o legislador utiliza, quanto àquela primeira figura, as expressões "circunstâncias excepcionais" e "casos excepcionais". Mas também estas expressões, bem como várias outras que se encontram nos textos legais que vêm de ser transcritos, coenvolvem a utilização de "conceitos imprecisos-tipo", os quais se traduzem na outorga aos órgãos administrativos competentes de um amplo poder discricionário na verificação, nos casos concretos, das causas justificativas da suspensão do plano.

A existência, nos casos concretos, de uma causa justificativa de suspensão do plano deve constar da *fundamentação* da decisão de suspensão, conforme determinam os artigos 99.º, n.º 3, e 100.º, n.º 3, do RJIGT.

O *procedimento* de suspensão dos planos varia consoante o tipo de plano que esteja em causa, mas o n.º 8 do artigo 96.º do RJIGT estebelece um princípio comum: o de que a suspensão de todos os planos é sempre instruída com a colaboração da comissão de coordenação e desenvolvimento regional. No caso de suspensão de instrumentos de desenvolvimento territorial e dos instrumentos de política sectorial, o artigo 99.º, n.º 1, do RJIGT prescreve, no que respeita ao procedimento de suspensão, que devem ser ouvidas as câmaras municipais das autarquias abrangidas, a comissão de coordenação e desenvolvimento regional e a entidade responsável pela elaboração do plano sectorial. A referida resolução deve conter, como já foi sublinhado, a fundamentação, o prazo e a incidência territorial da suspensão, bem como a indicação expressa das disposições suspensas (cfr. o artigo 99.º, n.º 3, do citado diploma legal).

O referido preceito, na redacção antecedente ao Decreto-Lei n.º 316/2007, determinava que a suspensão daqueles instrumentos de gestão territorial era determinada por resolução do Conselho de Ministros – disposição esta que nos suscitou duas observações críticas. A primeira tinha a ver com a suspensão do "programa nacional da política de ordenamento do território". Sendo este aprovado por lei da Assembleia da República, com base na proposta de plano elaborada pelo Governo (cfr. os artigos 20.º, n.º 1, da LBPOTU e 34.º do RJIGT), o princípio do paralelismo das competências e das formas exigia que a suspensão daquele tipo de plano fosse feita por lei da Assembleia da República. Propusemos, assim, uma interpretação restritiva do artigo 99.º do RJIGT, de modo a que ele não se aplicasse ao "programa nacional da política de ordenamento do território". A segunda referia-se aos planos sectoriais. Prevendo o artigo 41.º daquele diploma que uma norma especial pode determinar que aqueles planos sejam aprovados por decreto-lei ou por decreto regulamentar[268], o princípio do paralelismo das formas impunha que, nesses

---

[268] Podemos citar o *Plano Nacional da Água* e os *Planos de Bacia Hidrográfica*, os quais, por força do disposto no artigo 5.º, n.º 3, do Decreto-Lei n.º 45/94, de 22 de Fevereiro, foram aprovados, respectivamente, por decreto-lei e por decreto regulamentar, e, bem assim, os *Planos Regionais de Ordenamento Florestal* (PROF),

casos, a suspensão dos planos sectoriais revestisse a forma de decreto--lei ou de decreto regulamentar.

O artigo 99.º, n.º 2, do RJIGT, na redacção do Decreto-Lei n.º 316/2007, acolheu estas duas observações críticas, passando a estabelecer que "a suspensão dos instrumentos de desenvolvimento territorial e de instrumentos de política sectorial é determinada pelo mesmo tipo de acto que os haja aprovado".

No que respeita ao *procedimento* da suspensão dos planos especiais de ordenamento do território, ela é determinada por resolução do Conselho de Ministros, ouvidas as câmaras municipais das autarquias abrangidas (cfr. o n.º 1 do artigo 100.º do RJIGT). Aquela resolução deve também conter a fundamentação, o prazo e a incidência territorial da suspensão, bem como indicar expressamente as disposições suspensas (cfr. o n.º 3 do artigo 100.º daquele diploma).

Quanto ao *procedimento* de suspensão dos planos municipais, há que distinguir consoante ela é feita pelo Governo ou pelo município que os elaborou e aprovou. No caso de suspensão governamental de planos municipais de ordenamento do território, tem a mesma lugar por meio de resolução do Conselho de Ministros, ouvidas as câmaras municipais das autarquias abrangidas [cfr. o artigo 100.º, n.º 2, alínea *a*), do RJIGT][269]. Também a resolução do Conselho de Ministros de

---

que são aprovados por decreto regulamentar (cfr. o artigo 13.º, n.ºˢ 1 e 2, do Decreto-Lei n.º 204/99, de 9 de Junho).

A Lei da Água (Lei n.º 58/2005, de 29 de Dezembro) determina que o *Plano Nacional da Água* continua a ser aprovado por decreto-lei (cfr. o artigo 28.º, n.º 3), mas não contém qualquer indicação sobre a *forma* de aprovação dos *Planos de Gestão de Bacia Hidrográfica*, que vieram substituir os *Planos de Bacia Hidrográfica*, mantendo-se, porém, estes em vigor, enquanto aqueles não forem elaborados e aprovados, e equiparando-se-lhes para todos os efeitos legais (cfr. o artigo 104.º).

[269] O artigo 21.º, n.º 1, alínea *a*), do Decreto-Lei n.º 69/90, de 2 de Março, determinava que a suspensão, total ou parcial, das disposições de um plano director municipal, em casos excepcionais e de reconhecido interesse supramunicipal, era feita mediante decreto-lei. Como exemplos, podem citar-se o Decreto-Lei n.º 39/94, de 11 de Fevereiro, que suspendeu a execução do Plano Parcial de Urbanização da Meia Praia, no município de Lagos, e o Decreto-Lei n.º 50/99, de 16 de Fevereiro, que suspendeu parcialmente, pelo prazo de dois anos, os Pla-

suspensão deve conter a fundamentação, o prazo e a incidência territorial da suspensão, bem como a indicação expressa das disposições suspensas (cfr. o n.º 3 do artigo 100.º do RJIGT)[270].

Na hipótese de suspensão municipal dos planos, compete à câmara municipal elaborar a proposta de suspensão, solicitando, para o efeito, a colaboração da comissão de coordenação e desenvolvimento regional territorialmente competente, com vista ao acautelamento dos interesses supralocais (cfr. o artigo 96.º, n.º 8, do RJIGT). Concluída a proposta, é esta apresentada à assembleia municipal para apro-

---

nos Directores Municipais de Vila Nova de Foz Coa, Pinhel, Figueira de Castelo Rodrigo e Meda (tendo o Decreto-Lei n.º 95/2001, de 23 de Março, prorrogado, por seis meses, os prazos previstos nos artigos 1.º e 2.º do Decreto-Lei n.º 50/99).

Por seu lado, a alínea a) do n.º 2 do artigo 100.º do Decreto-Lei n.º 380/ /99, de 22 de Dezembro, veio determinar que a suspensão, total ou parcial, de planos municipais de ordenamento do território, em casos excepcionais de reconhecido interesse nacional ou regional, ouvidas as câmaras das autarquias abrangidas, podia ser feita pelo Governo, por decreto regulamentar. Ao abrigo da citada norma, foram publicados, por exemplo, os Decretos Regulamentares n.º 8/2001, de 28 de Maio, 20/2006, de 21 de Novembro, 13/2007, de 20 de Março, e 40/2007, de 9 de Abril, que suspenderam parcialmente o Plano Director Municipal de Aveiro, o Plano Director Municipal de Matosinhos, o Plano Director Municipal da Chamusca e o Plano Director Municipal de Loulé, respectivamente.

Entretanto, por força das alterações introduzidas àquele diploma legal pelo Decreto-Lei n.º 316/2007, de 19 de Setembro, a referida suspensão, total ou parcial, passou a ser feita por resolução do Conselho de Ministros (cfr., por exemplo, a Resolução do Conselho de Ministros n.º 53/2008, de 19 de Março, que aprovou a suspensão parcial do PDM de Palmela e o estabelecimento de medidas preventivas, pelo prazo de dois anos, na área de implantação da Plataforma Logística Multimodal do Poceirão).

[270] Tem sido colocada a questão da constitucionalidade das normas que possibilitam a suspensão governamental de planos municipais (assim, por exemplo, JOÃO MIRANDA, *ob. cit.*, p. 274-277). Cremos, porém, que aquela questão não suscita especiais dificuldades, devido, fundamentalmente, à excepcionalidade das situações em que aquela suspensão pode ocorrer e à natureza dos interesses (interesses nacionais ou regionais de reconhecida importância) – os quais, como já sabemos, também estão coenvolvidos nos planos municipais, atento o princípio constitucional do urbanismo como um espaço de condomínio de interesses estaduais, regionais e locais, o qual está implícito no artigo 65.º, n.º 4, da Constituição.

vação, estando a deliberação de suspensão sujeita a ratificação governamental [cfr. o artigo 100.°, n.° 2, alínea b), e n.° 5, do RJIGT], seja qual for o tipo de plano municipal a que diga respeito[271]. Se a suspensão incidir sobre o PDM e for acompanhada de medidas preventivas que consistam na limitação ou na sujeição a parecer vinculativo das acções previstas no n.° 4 do artigo 107.° do RJIGT e quando, no âmbito da instrução da suspensão, a comissão de coordenação e desenvolvimento regional tiver suscitado a incompatibilidade com plano sectorial ou plano regional de ordenamento do território, a ratificação do Governo incide não apenas sobre a deliberação de suspensão, mas também sobre as medidas preventivas. Nas outras situações, a ratificação do Governo "incide exclusivamente sobre a suspensão do plano municipal de ordenamento do território e destina-se a assegurar o cumprimento das disposições legais e regulamentares aplicáveis", mas, como a suspensão de qualquer plano municipal de ordenamento do território implica obrigatoriamente o estabelecimento de medidas preventivas, devem estas ser publicadas juntamente com a resolução do Conselho de Ministros que ratifica a deliberação da assembleia municipal de suspensão do plano municipal de ordenamento do território.

A deliberação da assembleia municipal de suspensão do plano deve, tal como foi referido para as situações anteriores, conter a fundamentação, o prazo e a incidência territorial da suspensão, bem

---

[271] Cfr., a título de exemplo, as Resoluções do Conselho de Ministros n.ᵒˢ 167/2001 e 168/2001, ambas de 11 de Dezembro, que ratificaram a suspensão de determinadas partes do PDM de Valongo, pelo prazo de dois anos, a Resolução do Conselho de Ministros n.° 68/2004, de 4 de Junho, que ratificou a suspensão parcial, pelo prazo de três anos, do PDM da Figueira da Foz, a Resolução do Conselho de Ministros n.° 13/2007, de 24 de Janeiro, que ratificou a suspensão parcial do PDM de Vila Franca de Xira e estabeleceu medidas preventivas para a mesma área e aprovou a suspensão do PROT da Área Metropolitana de Lisboa para a mesma área, e, mais recentemente, a Resolução do Conselho de Ministros n.° 36/2008, de 26 de Fevereiro, que ratificou a suspensão parcial do PDM do Seixal, pelo prazo de dois anos, e a Resolução do Conselho de Ministros n.° 43/2008, de 28 de Fevereiro, que ratificou a suspensão parcial do PDM de Vila do Conde, pelo prazo de dois anos.

como indicar expressamente as disposições suspensas (cfr. o n.º 3 do artigo 100.º do RJIGT).

Todas as decisões de suspensão dos planos devem ser objecto de publicação na 1.ª Série do *Diário da República* (assim sucede com as resoluções do Conselho de Ministros que suspendem o plano regional de ordenamento do território, o plano sectorial e o plano especial de ordenamento do território, as que determinam a suspensão de plano municipal de ordenamento do território e as que ratificam a suspensão do plano municipal de ordenamento do território). Assim o impõe o artigo 148.º, n.º 1, alíneas *b*), *i*) e *j*), do RJIGT. Acresce que, por força do que dispõe o artigo 150.º do mesmo diploma, são as suspensões dos planos objecto de *depósito* na Direcção-Geral do Ordenamento do Território e do Desenvolvimento Urbano.

O problema dos *efeitos* da suspensão dos planos municipais reclama que lhe dediquemos umas breves linhas. No caso da decisão de suspensão de plano municipal de ordenamento do território, que é obrigatoriamente acompanhada da adopção de medidas preventivas, poderá dizer-se que os *efeitos* da suspensão são consumidos pelos efeitos das medidas preventivas. Mas quando a suspensão do plano não for guarnecida com o estabelecimento de medidas preventivas – solução admitida pelo RJIGT, como vimos, na hipótese de suspensão de planos especiais de ordenamento do território, mas que suscita a nossa discordância –, tudo se passa como se não existisse plano, durante o lapso temporal da suspensão, e no que respeita às disposições suspensas.

A suspensão de planos de urbanização e de planos de pormenor tem ainda como consequência o despojamento da assembleia municipal da competência para declarar a utilidade pública das expropriações da iniciativa da administração local autárquica, para efeitos de concretização daqueles planos, constante do artigo 14.º, n.º 2, do Código das Expropriações, aprovado pela Lei n.º 168/99, de 18 de Setembro [272].

---

[272] Para mais desenvolvimentos sobre a problemática da atribuição aos municípios da *potestas expropriandi,* cfr. a nossa obra *A Jurisprudência do Tribunal Constitucional sobre Expropriações por Utilidade Pública e o Código das Expropriações de 1999,* cit., in RLJ, Ano 132, N.ºˢ 3908 e 3909, p. 327-329.

Vale a pena, por último, despender alguns segundos na análise da questão de saber se os municípios podem, para além de alterar, rectificar, rever e suspender os seus planos, *revogá-los*, pura e simplesmente, na sua totalidade, em termos de o município ficar desprovido do respectivo plano. A nossa opinião é a de que, sendo os planos municipais elaborados e aprovados pelos órgãos competentes do município com base numa *incumbência constitucional* – que se encontra definida no artigo 65.º, n.º 4, da Lei Fundamental – e *legal* (cfr., desde logo, o artigo 4.º da LBPOTU, respeitante ao *dever de ordenar o território* incidente sobre o Estado, as regiões autónomas e as autarquias locais) e atendendo à natureza *específica* dos *fins públicos* que eles visam prosseguir – que são os de um ordenamento racional da ocupação, uso e transformação do solo –, a sua manutenção ou a sua eliminação não estão na disponibilidade dos municípios. Não é, assim, admissível a revogação, pura e simples, isto é, sem substituição, de um plano no seu todo (sendo, no entanto, possível, a revogação, pura e simples, de alguma ou algumas disposições de um plano, por exemplo, de disposições ilegais, inúteis, incongruentes ou tecnicamente incorrectas)[273]. Esta afirmação não é posta em causa pelo artigo 25.º, n.º 3, do RJIGT, pois a revogação aí prevista de disposições de um PDM por um plano de urbanização ou por um plano de pormenor ou de disposições de um plano de urbanização por um plano de pormenor, nem é uma revogação total, nem uma "revogação simples", mas uma "revogação-substituição".

O que pretendemos dizer é que não está na disponibilidade do município decidir, uma vez aprovado um plano, revogá-lo, pura e simplesmente, no seu todo, deixando a área sobre a qual incidia sem qualquer plano ou com um vazio de disciplina jurídica. Isto é, desde logo, claro quanto ao PDM, em relação ao qual está prevista, inclusive uma *obrigação* da sua elaboração e aprovação (cfr. o artigo 84.º, n.º 4, do RJIGT). Mas à problemática da denominada *obrigação de planificação* que impende sobre os municípios voltaremos mais adiante.

---

[273] Cfr., sobre este ponto, a nossa obra *O Plano Urbanístico*, cit., p. 224.

22.6. As consequências indemnizatórias da alteração, revisão ou suspensão dos planos com eficácia plurisubjectiva. Remissão

A alteração, revisão ou suspensão dos planos territoriais directa e imediatamente vinculativos dos particulares, em especial dos planos municipais, podem provocar danos que carecem de indemnização. Todavia, de acordo com a sistematização por nós adoptada, a análise dos casos de indemnização dos prejuízos provenientes da alteração, revisão ou suspensão dos planos municipais será feita no capítulo seguinte, dedicado ao estudo das relações entre os planos urbanísticos e o princípio da igualdade.

23. Natureza jurídica dos planos

A questão que vamos tratar nesta rubrica é a de saber qual a *topologia* dos planos no quadro das formas jurídicas de manifestação da actividade administrativa, designadamente averiguar se aqueles se enquadram nos regulamentos ou nos actos administrativos ou se, ao invés, não são assimiláveis a nenhuma destas modalidades de acção administrativa, antes constituem algo de diferente, um *aliud* ou um instituto *sui generis* do direito administrativo.

A questão da natureza jurídica dos planos não é meramente teórica ou académica, antes tem uma enorme ressonância prática, já que dela depende o regime do *contencioso dos planos*. De facto, este será diferente conforme os planos sejam qualificados como actos administrativos ou como regulamentos.

Na problemática da natureza jurídica dos planos, há, desde logo, uma distinção a fazer entre os planos sem eficácia plurisubjectiva e os planos dotados de eficácia plurisubjectiva.

23.1. *Natureza jurídica dos planos sem eficácia plurisubjectiva*

No que respeita aos planos desprovidos de eficácia plurisubjectiva, dúvidas não há em que eles revistem a natureza de *normas jurí-*

dicas. As *normas jurídicas* de alguns desses planos têm mesmo carácter legislativo, como sucede com o "programa nacional da política de ordenamento do território", que é aprovado por lei da Assembleia da República (cfr. o artigo 34.° do RJIGT), e com os planos sectoriais que, por força de norma especial, sejam aprovados por decreto-lei (cfr. o artigo 41.° do mesmo diploma).

De qualquer modo, a questão da natureza jurídica dos planos sem eficácia plurisubjectiva (e o mesmo vale para os planos com eficácia plurisubjectiva) é algo que tem a ver com o *conteúdo* dos planos e não com a *forma* que revestem. Ora, quanto àquele aspecto, os preceitos da LBPOTU e do RJIGT são claros no sentido de que os instrumentos de desenvolvimento territorial "traduzem as grandes opções com relevância para a organização do território", estabelecem "directrizes de carácter genérico sobre o modo de uso do mesmo" e consubstanciam "o quadro de referência a considerar na elaboração de instrumentos de planeamento territorial" [cfr. os artigos 8.°, alínea *a*), e 9.°, n.° 1, alíneas *a*), *b*) e *c*), da LBPOTU, bem como os artigos 26.°, 27.°, 28.°, 51.°, 52.°, 53.°, 60.°, 61.° e 62.° do RJIGT]. Por sua vez, os planos sectoriais "programam ou concretizam as políticas de desenvolvimento económico e social com incidência espacial, determinando o respectivo impacte territorial" [cfr. o artigo 8.°, alínea *c*), da LBPOTU e os artigos 35.° e 36.° do RJIGT].

Significa isto que os planos territoriais sem eficácia plurisubjectiva comungam, por via de regra, sob o ponto de vista material, das características de *generalidade*, *abstracção* e de *pretensão de durabilidade*, próprias das *normas jurídicas*.

23.2. *Natureza jurídica dos planos com eficácia plurisubjectiva*

O problema da natureza jurídica dos planos que produzem efeitos jurídicos directos e imediatos em face dos particulares – os planos especiais e municipais de ordenamento do território, como já sabemos – assume uma grande importância prática, na medida em que eles contêm prescrições que influenciam decisivamente o conteúdo do direito de propriedade do solo, o mesmo não sucedendo com os planos que produzem efeitos jurídicos e imediatos apenas perante as entidades públicas.

Poderíamos, logo de início, ser confrontados com o argumento de que a discussão sobre a *natureza jurídica* dos planos de que estamos a falar não tem razão de ser. Na verdade, dir-se-á que o legislador se encarregou de resolver expressamente este problema, ao referir no artigo 8.º, alínea b), da LBPOTU e nos artigos 42.º, n.º 1, e 69.º, n.º 1, do RJIGT que os planos especiais e municipais de ordenamento do território são instrumentos de natureza regulamentar. Também o artigo 108.º do RJIGT prescreve que as *medidas preventivas* dos planos especiais e municipais têm a natureza de regulamentos administrativos, como foi salientado oportunamente.

Cremos, no entanto, que, mesmo em face daqueles preceitos legais, a questão da *natureza jurídica* daqueles planos não fica resolvida. Em primeiro lugar, porque este problema é de índole essencialmente *teórica* e *doutrinária* e não cabe ao legislador resolvê-lo. Em segundo lugar, a questão da *natureza jurídica* dos planos urbanísticos é algo que deve ser analisado com base no seu *conteúdo* e não na sua *forma*. Ora, o legislador pode determinar que os mencionados planos assumem a forma de *regulamento*, mas não pode pronunciar-se sobre a sua *qualificação material*, já que este é um problema cuja resposta depende da própria análise das disposições dos planos, tarefa que só pode ser desempenhada pelo intérprete e pelo aplicador destes actos jurídicos. Em apoio desta nossa opinião, podemos invocar o que se passa no direito alemão. O § 10.º, n.º 1, do *Baugesetzbuch* refere que o município adopta o *Bebauungsplan* como regulamento (*als Satzung*). Mas a doutrina e a jurisprudência alemãs consideram, de um modo geral, que esta disposição legal resolve apenas o problema da sua *forma*, deixando em aberto a questão da sua *natureza jurídica*, que tem a ver com o seu conteúdo[274]. A este propósito, H.-U. EVERS reconhece que é problemático que o legislador possa determinar, através da opção por

---

[274] Cfr. E. FORSTHOFF, *Traité de Droit Administratif Allemand,* trad. franc., Bruxelles, Bruylant, 1969, p. 318-322; U. BATTIS, *Öffentliches Baurecht,* cit, p. 83 e 84; K. H. FRIAUF, *Baurecht,* cit., p. 470-472; W. ERNST/W. HOPPE, *ob. cit.,* p. 281-283; e E. SCHMIDT-ASMANN, *Grundfragen,* cit., p. 63 e 64.

um determinado conceito ou pela imposição de um determinado procedimento, a *natureza jurídica* (*Rechtsnatur*) de um instituto, devendo ser, pelo contrário, decisivos os efeitos jurídicos e o conteúdo [275].

Aquelas disposições legais podem, assim, ser criticadas por aparentemente pretenderem resolver um problema que é essencialmente *teórico* e *doutrinário* e que postula uma análise do *conteúdo* das disposições do plano – missão que só pode ser realizada pelo intérprete e pelo aplicador daquele acto jurídico. Elas têm, no entanto, o mérito de resolver todas as dúvidas no que concerne ao regime do contencioso dos referidos planos. Sendo estes considerados, ao menos na sua parte essencial ou fundamental – onde se incluem o zonamento e as regras que definem o *tipo* ou *modalidade* de utilização do solo, bem como a *medida* ou *intensidade* dessa utilização e, indirectamente, as plantas indicativas da localização no terreno das diferentes zonas –, como regulamentos administrativos, o seu contencioso apresenta-se essencialmente como um contencioso de normas jurídicas [276-277].

---

[275] Cfr. H.-U. EVERS, *Bauleitplanung, Sanierung und Stadtentwicklung*, München, W. Goldmann, 1972, p. 34.

[276] Os planos territoriais dotados de eficácia plurisubjectiva integram também o conceito de norma para o efeito de recurso de constitucionalidade, previsto no artigo 280.º, n.º 1, alíneas *a*) e *b*), da Constituição e no artigo 70.º, n.º 1, alíneas *a*) e *b*), da Lei do Tribunal Constitucional (Lei n.º 28/82, de 15 de Novembro, alterada, sucessivamente, pelas Leis n.ᵒˢ 143/85, de 26 de Novembro, 85/89, de 7 de Setembro, 88/95, de 1 de Setembro, e 13-A/98, de 26 de Fevereiro), e, bem assim, para o efeito de fiscalização abstracta sucessiva da constitucionalidade, consagrada nos n.ᵒˢ 1, alínea *a*), e 2 do artigo 281.º da Lei Fundamental, atento o conceito *funcional* e *formal* de norma que vem sendo adoptado pelo Tribunal Constitucional, em jurisprudência uniforme e constante, na sequência, aliás, do anteriormente sufragado pela Comissão Constitucional. De acordo com aquela jurisprudência, para fins da fiscalização da constitucionalidade, o referido conceito não abrange apenas os preceitos de natureza *geral* e *abstracta*, antes inclui todo e qualquer acto do poder público, de eficácia externa, que contiver uma «regra de conduta» para os particulares ou para a Administração, um «critério de decisão» para esta última ou para o juiz ou, em geral, «um padrão de valoração de comportamento» [cfr., *inter alia*, os Pareceres da Comissão Constitucional n.ᵒˢ 3/78, 6/78 e 13/82 (in *Pareceres da Comissão Constitucional*, Vol. IV, p. 221 segs. e 303 segs., e Vol. XIX, p. 149 segs.) e os Acórdãos do Tribunal Constitucional n.ᵒˢ 26/85, 63/91, 146/92, 255/92 e 186/94, publica-

Tendo em conta o anteriormente exposto, somos de opinião que os preceitos legais citados não dispensam um exame mais demorado da problemática da natureza jurídica dos planos dotados de eficácia plurisubjectiva. Vamos, por isso, referir, em linhas breves, as principais posições doutrinárias que surgem a disputar a primazia[278] e, de seguida, expor a nossa posição sobre aquela temática.

23.2.1. *Posições doutrinárias*

a) O plano urbanístico como um acto administrativo individual e concreto

É a posição defendida por alguns autores italianos, com especial destaque para A. SANDULLI, em relação ao *"piano regolatore generale"*,

---

dos no DR, II Série, de 26 de Abril de 1985, de 3 de Julho de 1991, de 24 de Julho de 1992, de 26 de Agosto de 1992 e de 14 de Maio de 1994, respectivamente]. Cfr., sobre o conceito de *norma*, para efeitos de fiscalização da constitucionalidade, o nosso *Relatório Geral*, in I Conferência da Justiça Constitucional da Ibero-América, Portugal e Espanha (Os Órgãos de Fiscalização da Constitucionalidade: Funções, Competências, Organização e Papel no Sistema Constitucional Perante os Demais Poderes do Estado), Lisboa, Tribunal Constitucional, 1997, p. 69 e 70; e os nossos artigos *A Fiscalização da Constitucionalidade das Normas do Ordenamento Jurídico de Macau à Luz da Recente Jurisprudência do Tribunal Constitucional*, cit., p. 63 e 64, e *A Justiça Constitucional em Portugal e em Espanha. Encontros e Divergências*, cit., p. 163 e 164. Cfr. também J. M. CARDOSO DA COSTA, *A Jurisdição Constitucional em Portugal*, 3.ª ed., Coimbra, Almedina, 2007, p. 34-36, L. LOPES MARTINS, *O Conceito de Norma na Jurisprudência do Tribunal Constitucional*, in BFDUC, Vol. 75 (1999), p. 599 e segs., e J. C. VIEIRA DE ANDRADE, *A Fiscalização da Constitucionalidade de "Normas Privadas" pelo Tribunal Constitucional*, in RLJ, Ano 133.º, N.º 3921, p. 357-363.

[277] Também no direito alemão se entende que o § 10.º, n.º 1, do *Baugesetzbuch* veio resolver as dúvidas quanto aos meios jurisdicionais de protecção dos particulares perante o *Bebauungsplan*. Independentemente de saber se este plano deve ser qualificado como regulamento ou acto administrativo, está ele sujeito ao regime de impugnação das normas jurídicas. Cfr. R.-P. LÖHR, in BATTIS/KRAUTZBERGER//LÖHR, ob. cit., § 10.º, p. 249.

[278] Sobre as diferentes *posições doutrinárias* respeitantes à *natureza jurídica* dos planos territoriais com eficácia plurisubjectiva, cfr. a nossa obra *O Plano Urbanístico*, cit., p. 219-232, e a bibliografia aí citada.

documento que constitui a base do ordenamento urbanístico do território municipal, e equiparável, *grosso modo,* ao nosso PDM. Segundo aquele administrativista transalpino, aos "planos reguladores gerais" deve, em princípio, negar-se *carácter normativo.* Com efeito, estes planos contêm uma disciplina *diferenciada, particularizada* e *detalhada* do território, tomando em consideração os aspectos e os interesses próprios de um espaço singular. Daí que tenham por objecto bens *determinados* e as suas estatuições digam respeito aos *bens em si* e só indirectamente aos proprietários e aos futuros adquirentes. Na opinião do autor citado, o plano urbanístico não se distingue de qualquer outro acto destinado a impor um *vínculo real* sobre um bem.

Merece ser destacada a seguinte passagem de A. SANDULLI: "É certo que estes (os planos reguladores gerais) não são actos normativos, mas actos destinados a satisfazer interesses públicos concretos e pontuais, na medida em que se traduzem na criação imediata de vínculos reais sobre imóveis abrangidos pelo plano; nem são actos inovadores do ordenamento, na medida em que, embora importem a modificação de situações subjectivas decorrente do exercício de um poder concreto que o ordenamento reconhece à Administração, não introduzem inovações no sistema que *rege o corpo* social. É fora de dúvida ainda que se trata de meros actos administrativos e não de fontes de produção jurídica. É erróneo, porém, procurar neles as características dos actos gerais, já que os planos não têm como destinatários uma generalidade não especificada de sujeitos, têm antes (à semelhança de todos os actos que produzem efeitos no campo dos direitos reais) como função produzir efeitos, cada um de modo particular, em relação a bens imóveis determinados especificamente e aos titulares presentes e futuros de direitos que incidem sobre tais bens. Dado que constituem uma pluralidade de relações distintas [...], poderão ser enquadrados na categoria dos actos de conteúdo e objecto compósitos, mas não certamente na dos gerais"[279].

---

[279] Cfr. A. M. SANDULLI, *Sugli Atti Amministrativi Generali a Contenuto non Normativo,* in Il Foro Italiano, 77 (1954), IV, p. 221, nota 11; e *L'Attività Normativa della Pubblica Amministrazione* (*Origini-Funzione-Caratteri*), Napoli, Jovene, 1970, p. 111 e 112, nota 239.

b) O plano como um acto administrativo geral

Esta posição doutrinária nega também ao plano urbanístico o carácter de *norma jurídica*. Mas, contrariamente à tese anterior, considera que se trata de uma decisão administrativa que, aplicando-se a uma situação concreta, tem como destinatários um conjunto indeterminado de pessoas[280]. A concreteza das disposições do plano manifesta-se, na opinião dos adeptos desta doutrina, no facto de ele definir as condições da utilização urbanística de cada parcela do território por si abrangido. Nestes termos, em relação ao terreno X proíbe a edificação, em relação ao terreno Y possibilita a construção, de acordo com um determinado coeficiente de ocupação do solo ou com base num concreto índice de utilização, e assim sucessivamente. Os destinatários das prescrições do plano são, no entanto, indeterminados no momento da sua publicação, uma vez que são abrangidos os actuais proprietários e todos aqueles que vierem a adquirir direitos reais sobre os terrenos situados no seu âmbito territorial de aplicação. O carácter de acto administrativo geral do plano e, por conseguinte, a sua natureza não normativa justifica-se, na opinião dos defensores desta tese, também pelo facto de as suas disposições esgotarem os seus efeitos com uma única aplicação. Na verdade, se o plano urbanístico prevê para uma determinada parcela de terreno um certo tipo de edificação, uma vez construído o edifício, aquela disposição fica inteiramente consumida e perde toda a razão de ser para o futuro. Significa que os planos urbanísticos, de acordo com os paladinos desta doutrina, não compartilham daquela "pretensão imanente de duração" que caracteriza os regulamentos[281].

É na literatura jurídica italiana que se encontram os principais defensores desta tese. Poderemos citar, como exemplos, M. S. GIANNINI[282]

---

[280] Sobre o conceito de acto administrativo geral, cfr. R. EHRHARDT SOARES, *Direito Administrativo*, Coimbra, 1978, p. 80-87; A. R. QUEIRÓ, *Lições*, cit., p. 410--412; e A. M. SANDULLI, *Sugli Atti Amministrativi Generali*, cit., p. 217 e segs..

[281] Cfr. A. R. QUEIRÓ, *Lições*, cit., p. 411.

[282] Cfr. *Provvedimenti Amministrativi Generali e Regolamenti Ministeriali,* in Il Foro Italiano, 76 (1953), III, p. 19.

e F. SALVIA/F. TERESI[283]. Trata-se, além disso, de uma orientação que tem encontrado algum eco na jurisprudência do Consiglio di Stato italiano[284].

c) O plano como regulamento administrativo

Poderemos afirmar que a tese que considera os planos urbanísticos como *regulamentos administrativos* é claramente maioritária na doutrina e jurisprudência de direito comparado. É também a posição defendida, entre nós, por J. OSVALDO GOMES em relação ao plano director municipal e aos planos de urbanização[285].

De acordo com esta concepção, os planos urbanísticos apresentam as notas características de *generalidade* e de *abstracção* próprias das normas jurídicas, tendo como função a integração da lei e fixando o ordenamento urbanístico aplicável a um determinado território. Estaremos, assim, perante regras gerais, isto é, em face de disposições que, por natureza, não têm destinatário ou destinatários determinados, concretamente mencionados ou mencionáveis, e de regras abstractas, que regulam ou disciplinam não um caso ou uma hipótese determinada, concreta ou particular, mas um número indeterminado de casos, uma pluralidade de hipóteses reais que venham a verificar-se

---

[283] Estes autores consideram que a concepção do "plano regulador" como um *acto administrativo geral* é, nos dias de hoje, maioritária, adiantando que, segundo alguns autores, aquele faz parte da categoria dos *actos gerais de conteúdo preceptivo ou conformativo*. Cfr. ob. cit., p. 94. Cfr. também F. SALVIA, *Manual de Derecho Urbanístico*, cit., p. 84 e 85.

[284] Assim, a Sentença da Secção IV, de 9 de Maio de 1978, n° 403, referiu que "o plano regulador geral tem a natureza de acto administrativo geral". Consequentemente, "não adquirindo os proprietários singulares dos terrenos por ele abrangidos a qualidade de sujeitos expressamente contemplados, o prazo para a impugnação começa a decorrer [...] da data da publicação e não da notificação, comunicação ou conhecimento efectivo". Cfr. R. POGGI, *Rassegna di Giurisprudenza sull'Urbanistica* (*Appendice di Aggiornamento al 31 Dicembre 1979*), 2.ª ed., Milano, Giuffrè, 1980, p. 10.

[285] Cfr. *Plano Director Municipal*, Coimbra, Coimbra Editora, 1985, p. 20-26 e 108-115.

no futuro[286]. A *generalidade* revelar-se-ia no facto de os planos urbanísticos se aplicarem a todas as pessoas que no momento da sua publicação ou no futuro sejam ou venham a ser titulares de direitos reais sobre imóveis abrangidos no seu âmbito territorial de aplicação. De acordo com as palavras de E. GARCÍA DE ENTERRÍA/L. PAREJO ALFONSO, o plano, ainda que referido a um pequeno território, não singulariza os seus efeitos em relação a pessoas determinadas, estabelece, pelo contrário, um ordenamento do solo com inteira independência das pessoas titulares do mesmo[287]. Por sua vez, a *abstracção* decorreria da ideia de que os planos disciplinam todas as hipóteses de uso, transformação e destino do solo e não uma utilização concreta. Noutros termos, o plano não se aplica a uma situação de facto determinada, estende a sua eficácia a todas as situações de facto que se verificarem durante a sua vigência[288].

Acrescenta-se ainda que o plano urbanístico, tal como o regulamento, não esgota a sua eficácia jurídica ao nascer, antes é susceptível de "se aplicar um número indeterminado de vezes a um número indeterminado de pessoas"[289]. De facto, mesmo após a concretização de um determinado tipo de utilização previsto no plano em relação a uma parcela de terreno, este continua em vigor até ser alterado, revisto ou suspenso, aplicando-se novamente a propósito de outra utilização ou de outro destino que se pretenda dar a essa mesma parcela. A aplicação ou a execução do plano não determinaria a sua consumpção: não obstante a edificação numa parcela de terreno de acordo com as disposições do plano aplicável, este não esgota a sua eficácia, uma vez que continua a disciplinar – até cessar a sua vigência – os sucessivos actos de edificação de que seja objecto a mesma parcela de terreno e o próprio uso do edifício que nela foi erigido[290].

Os defensores da tese da *natureza regulamentar* dos planos dotados de eficácia plurisubjectiva invocam ainda os seguintes argumen-

---

[286] Cfr. A. R. QUEIRÓ, *Lições*, cit., p. 410.
[287] Cfr. *ob. cit.*, p. 185.
[288] Cfr. E. GARCÍA DE ENTERRÍA/L. PAREJO ALFONSO, *ob. cit.*, p. 185 e 186.
[289] Cfr. A. R. QUEIRÓ, *Lições*, cit., p. 412.
[290] Cfr. E. GARCÍA DE ENTERRÍA/L. PAREJO ALFONSO, *ob. cit.*, p. 185.

tos: estes planos – que resultam de uma incumbência da Constituição e do legislador ordinário dirigida aos órgãos da Administração –, não podem ser revogados pura e simplesmente pela Administração, mas apenas alterados, revistos ou substituídos por outros[291]; o seu carácter vinculativo não apenas em relação aos particulares, mas igualmente em relação à Administração, que está obrigada a respeitá-los tanto nos actos de controlo das operações urbanísticas dos particulares (v. g., licenciamentos e comunicações prévias de obras e de operações de loteamento urbano), como nas operações urbanísticas da sua iniciativa, de acordo com o conhecido princípio da *inderrogabilidade singular dos regulamentos*[292]; os aludidos planos estão sujeitos, como todos os regulamentos, sob pena de ineficácia jurídica, ao princípio da *publicidade* e não ao princípio da *notificação;* finalmente, os referidos planos são inegavelmente actos criadores de direito, na medida em que fixam *ex novo* regras jurídicas respeitantes ao regime de uso, destino e transformação do solo.

A tese que defende o carácter *normativo* dos planos urbanísticos é claramente maioritária na doutrina espanhola em relação ao "plan general municipal de ordenación"[293], sendo, além disso, a orientação dominante da jurisprudência do país vizinho[294]. É também a solução adoptada por alguns autores italianos em relação ao "piano regolatore generale"[295], a que se junta uma pluralidade de decisões jurisprudenciais[296].

---

[291] Cfr. A. R. QUEIRÓ, *Lições*, cit., p. 479 e 480.

[292] Para mais desenvolvimentos, cfr. A. R. QUEIRÓ, *Lições*, cit., p. 483-487.

[293] É o caso de E. GARCÍA DE ENTERRÍA/L. PAREJO ALFONSO, *ob. cit.*, p. 179-187; A. CARCELLER FERNANDEZ, *Instituciones*, cit., p. 134-136; e J. L. LASO MARTINEZ, *Derecho Urbanístico*, Vol. I, Madrid, Montecorvo, 1981, p. 299-318.

[294] Cfr. E. GARCÍA DE ENTERRÍA/L. PAREJO ALFONSO, *ob. cit.*, p. 181 e 182; A. CARCELLER FERNANDEZ, *ob. cit.*, p. 135; R. ESTÉVEZ GOYTRE, *ob. cit.*, p. 95--99; e F. LÓPEZ RAMÓN, *ob. cit.*, p. 104-107. Estes dois últimos autores não deixam, porém, de apontar alguns exemplos de decisões jurisdicionais que consideram os planos urbanísticos como tendo um carácter misto, assumindo em parte a natureza de actos normativos e noutra parte a de actos administrativos.

[295] É o caso de C. GRASSI, *Considerazioni sulla Natura Giuridica del P.R.G. (Contrasto tra Cartografia ed Atto Istruttorio del Provvedimento di Formazione)*, in RGE,

De igual modo, não sofria, em regra, contestação na doutrina e jurisprudência francesas a *natureza regulamentar* do "plan d'occupation des sols" (POS), que, nos termos do anterior artigo L.123-1 do *Code de l'Urbanisme*, fixava, "no quadro das orientações dos esquemas directores ou dos esquemas de sector, caso existam, as regras gerais e as servidões de utilização dos solos, que podem designadamente comportar a interdição de construir", e produz efeitos perante a Administração e os particulares[297]. O *carácter regulamentar* dos planos urbanísticos directamente oponíveis aos proprietários dos imóveis já era defendido por A. DE LAUBADÈRE em relação aos antigos "planos

---

1987 (2), II, p. 93. A indicação de outros autores defensores da *natureza normativa* pode ver-se em A. FIALE, *Diritto Urbanistico*, 6.ª ed., Napoli, Simone, 1996, p. 64 e 65; G. VIGNOCCHI/G. BERTI, *Piano Regolatore*, in NDI, XIII, Torino, Unione Tipografico-Editrice Torinese, 1966, p. 19, nota 2; G. BERTOLANI//G. VIGNOCCHI, *Urbanistica*, in NDI, XX, Torino, Unione Tipografico-Editrice Torinese, 1975, p. 149, nota 1; F. SPANTIGATI, *Manual de Derecho Urbanistico*, trad. esp., Madrid, Montecorvo, 1973, p. 136; A. PREDIERI, *Profili Costituzionali, Natura ed Effetti dei Piani Urbanistici nelle Opinioni della Dottrina e nelle Decisioni Giurisprudenziali*, in RTDP, XI (1961), p. 258 e 259; e G. D'ANGELO, *Urbanistica e Diritto*, Napoli, Morano, 1969, p. 142; e G. PAGLIARI, *Corso di Diritto Urbanistico*, cit., p. 131.

[296] Cfr. A. PREDIERI, *Profili Costituzionali*, cit., p. 266 e 267. Poderemos citar alguns exemplos significativos. Assim, na Sentença do "Consiglio di Stato", Secção V, de 16 de Outubro de 1970, n.º 737, afirmava-se que os *vínculos* (no caso concreto: os *limites de altura*) contidos num plano regulador constituem *verdadeiras e próprias normas jurídicas*, não estando, por isso, subordinados ao princípio da motivação dos actos administrativos. Por sua vez, a "Suprema Corte" italiana tem afirmado repetidamente que os planos reguladores têm *conteúdo normativo* e *valor* (*rectius: força*) de *normas objectivas de lei*. Além disso, como afirma R. POGGI, várias são as decisões jurisdicionais afirmativas de que "os planos reguladores gerais, pelo menos na parte em que contêm prescrições relativas ao zonamento, têm natureza normativa no mesmo grau que os regulamentos municipais e inserem-se imediatamente no ordenamento da propriedade urbana, contribuindo para determinar o modo e o limite de utilização dos bens nele abrangidos e o âmbito de exercício do direito de edificar". Cfr. *Rassegna di Giurisprudenza sull'urbanistica*, Vol. I, 2.ª ed., Milano, Giuffrè, 1977, p. 20.

[297] Cfr. R. CRISTINI, *ob. cit.*, p. 132 e segs.; e J.-B AUBY/H. PÉRINET--MARQUET, *ob. cit.*, p. 117-119.

de urbanismo"[298] e foi estendido pela ulterior doutrina ao POS[299]. A doutrina não deixava, porém, de salientar que o POS apresentava uma estrutura *complexa*, uma vez que aparecia formalmente como um *dossier*, constituído por um relatório de apresentação, documentos gráficos, um regulamento e diversos anexos. Todavia, sob o ponto de vista *material*, o essencial do conteúdo do POS é, como escrevia R. SAVY, integrado por *regras de urbanismo* obrigatórias por ele instituídas: zonamento, regras de utilização do solo e regras de densidade[300].

O que acaba de ser referido vale, seguramente, para os "plans locaux d'urbanisme" (PLU), que sucederam aos POS, já que eles fixam também o direito dos solos, embora se diferenciem destes pelo seu aspecto mais estratégico, através da definição para o conjunto do território por eles coberto de um *projecto de ordenamento e de desenvolvimento durável*, e pelo seu carácter de instrumento de urbanismo operacional[301].

No direito alemão, o problema da natureza jurídica do *plano de urbanização (Bebauungsplan)* continua a ser muito discutido, não obstante o § 10.°, n.° 1, do *Baugesetzbuch* indicar que aquele é adoptado como *regulamento*[302]. Na verdade, enquanto alguns autores caracte-

---

[298] Cfr. *Traité de Droit Administratif*, Vol. II, 6.ª ed., Paris, L.G.D.J., 1975, p. 414 e 415.

[299] Cfr. R. SAVY, *Droit de l'Urbanisme*, cit., p. 180, 199, 226 e 227; J. CATHELINEAU/J.-L. VIGUIER, *ob. cit.*, p. 86-89; e R. CRISTINI, *ob. cit.*, p. 132 e 133; C. BLUMANN, *ob. cit.*, p. 46 e 47; J. CHAPUISAT, *ob. cit.*, p. 23; e Y. JÉGOUZO/ /Y. PITTARD, *ob. cit.*, p. 65.

[300] Cfr. R. SAVY, *Droit de l'Urbanisme*, cit., p. 199.

[301] Cfr. H. JACQUOT/F. PRIET, *ob. cit.*, p. 187 e 188; e J. MORAND-DEVILLER, *ob. cit.*, p. 45-48.

[302] Assim, U. BATTIS escreve que, à primeira vista, a questão da natureza jurídica do *Bebauungsplan* fica resolvida como § 10.°, n.° 1, do *Baugesetzbuch*. Mas o problema muda se, em vez da sua forma, atendermos ao seu conteúdo. Cfr. *Öffentliches Baurecht*, cit., p. 83. Em sentido idêntico, W. ERNST/W. HOPPE referem que mesmo perante a disposição do § 10.°, n.° 1, do *Baugesetzbuch* não pode considerar-se resolvido o problema da caracterização jurídica do *Bebauungsplan*. Cfr. *ob. cit.*, p. 151. Também H. J. WOLFF/O. BACHOF/R. STOBER entendem que, apesar do disposto no § 10.°, n.° 1, do *Baugesetzbuch*, continua a ser dis-

rizam o *Bebauungsplan* como uma *norma jurídica*[303], outros consideram-no como um *regulamento*, sob o ponto de vista formal, e como um *acto administrativo*, sob o ponto de vista substancial[304-305].

d) O plano como um acto misto

Os defensores desta tese referem que o plano urbanístico não pode ser qualificado como um *acto unitário,* mas antes como um *acto misto,* constituído por determinações de natureza *concreta* e disposições *abstractas.* Segundo os paladinos desta posição doutrinária, coexistem no plano urbanístico determinações *concretas* – que têm a natureza de acto administrativo geral ou de factos dotados de reflexos normativos indirectos – e previsões que regulam para o futuro, segundo paradigmas abstractos, um número indefinido de situações concretas, e que

---

cutida a natureza jurídica do *Bebauungsplan* (acto administrativo ou norma jurídica), adiantando que, não obstante aquela disposição legal, o referido instrumento de planificação territorial não é um regulamento típico, mas tão-só procedimentalmente adoptado como tal. Cfr. *Verwaltungsrecht*, Vol. II, cit., p. 263 e 264.

[303] Assim acontece, por exemplo, com H.-U. EVERS, *ob. cit.*, p. 35.

[304] Neste sentido, K. H. FRIAUF salienta que o *Bebauungsplan* constitui uma *norma jurídica atípica,* uma vez que as suas regras não são abstractas e gerais, mas concretas e individuais. Aquele encerra decisões singulares, que dizem respeito a imóveis singulares, pelo que está juridicamente próximo do conceito de acto administrativo constante do § 35.º da Lei de Procedimento Administrativo (*Verwaltungsverfahrensgesetz*). Cfr. *Baurecht,* cit., p. 471. Também K.-M. ORTLOFF/ /K. FINKELNBURG consideram que, sob o ponto de vista do seu conteúdo, o *Bebauungsplan* não é uma norma jurídica geral e abstracta, mas um acto concreto e individual (cfr. *Öffentliches Baurecht,* Vol. I, 2. Aufl., München, Beck, 1999, p. 72 e 73).

[305] O Tribunal Administrativo Federal (*Bundesverwaltungsgericht*) referiu, em Sentença com data de 30 de Janeiro de 1976, que "planos urbanísticos e preceitos urbanísticos distinguem-se tipicamente pelo facto de os preceitos conterem uma regulamentação geral e abstracta, enquanto o plano contém uma regulamentação individual e concreta e tem em vista por assim dizer uma situação concreta [...]". Cfr. W. ERNST/W. HOPPE, *ob. cit.*, p. 152. Esta sentença leva U. BATTIS a afirmar que o *Bebauungsplan,* de acordo com o seu conteúdo, e contrariamente à sua forma, não é uma norma jurídica. Cfr. *Öffentliches Baurecht,* cit. p. 83.

têm um carácter regulamentar. Trata-se de uma posição defendida, em Itália, por vários autores[306] e que encontra também alguns seguidores no país vizinho[307].

Segundo G. VIGNOCCHI/G. BERTI, defensores da tese que estamos a expor, "os planos reguladores gerais" apresentam um conteúdo *variado* e *heterogéneo*. O esquema do conteúdo dos planos constante dos artigos 7.° e 13.° da Lei Urbanística de 1942 — escrevem os referidos autores — levaria à primeira vista a admitir uma grande afinidade daqueles instrumentos com os actos administrativos gerais, devido ao facto de contemplarem de modo prevalecente operações e objectos determináveis e individualizáveis *a priori*. Mas, acrescentam os autores citados, uma análise mais atenta mostra que os planos encerram verdadeiros preceitos jurídicos, que têm como objectivo disciplinar a observância dos próprios planos pelos particulares (tendo em vista os múltiplos modos pelos quais a sua execução se poderá verificar por obra de um número indeterminável de sujeitos) e salvaguardar, em face de eventuais abusos destes últimos, os resultados da acção que compete na matéria à Administração Pública[308]. Na opinião daqueles autores, a regulamentação mediante planos manifesta a sua peculiaridade no facto de não poder prescindir da utilização simultânea de determinações concretas e de prescrições abstractas, dando assim lugar a uma coexistência das mesmas num *único acto* — fenómeno que não é mais do que a projecção, num plano formal, da coordenação material das diferentes actividades públicas e privadas, indispensável para levar a cabo uma sistematização urbanística completa e orgânica dos aglomerados. Concluem, por isso, aqueles autores que a natureza jurídica dos "piani regolatori" não corresponde a uma qualificação

---

[306] É o caso de BENVENUTI, SANTANIELLO e VIGNOCHI/BERTI. Cfr. A. FIALE, *ob. cit.*, p. 65; F. SPANTIGATI, *ob. cit.*, p. 133 e 134; e A. PREDIERI, *Profili Costituzionali*, cit., p. 259. Também G. MENGOLI parece defender a natureza mista do "plano regulador geral", embora com características prevalecentemente de acto administrativo. Cfr. *ob. cit.*, p. 77.

[307] Assim acontece com CARRATERO PÉREZ e HERRERO LOZANO. Cfr. E. GARCÍA DE ENTERRÍA/L. PAREJO ALFONSO, *ob. cit.*, p. 181.

[308] Cfr. *Piano Regolatore*, cit., p. 20.

absolutamente *unitária*, mas sim *mista*, tendo em consideração as determinações com carácter de concreteza – que devem ser vistas como actos administrativos gerais ou como factos dotados de reflexos normativos indirectos – e as *prescrições abstractas*, às quais se deve reconhecer natureza regulamentar para todos os efeitos [309].

Os autores mencionados concebem, assim, o plano urbanístico como um instrumento dotado de um conteúdo *complexo* ou *misto*, onde se aliam disposições normativas, actos administrativos gerais e, inclusive, disposições meramente programáticas [310-311].

---

[309] Cfr. *ob. e loc. cits.*.

[310] F. SALVIA/F. TERESI, apesar de sufragarem a tese de que o "plano regulador geral" é um acto administrativo geral, não deixam de reconhecer que aquele tende hoje a assumir *conteúdos variados,* pois, ao lado de prescrições concretas sobre a conformação da propriedade, contém normas abstractas sobre a actividade de construção (inseridas geralmente nas normas de execução do plano), previsões imediatamente operativas e disposições meramente programáticas. Cfr. *ob. cit.*, p. 95 e 96. Cfr. também F. SALVIA, *Manuale di Diritto Urbanistico*, cit., p. 84. Em sentido idêntico, M. A. BARTOLI/A. PREDIERI escrevem que parece perfilar-se a tendência para considerar o "piano regolatore" não como acto unitário, mas como um complexo de prescrições diferenciadas, programáticas ou imediatamente operativas, de eficácia imediata ou de execução diferida, de que derivam situações diferenciadas em sede de tutela jurisdicional. Um tal entendimento contribuiria, segundo os referidos autores, para uma superação, ao menos sob o ponto de vista pragmático, da *querela* entre a natureza normativa ou de acto administrativo do plano. Cfr. *Piano Regolatore,* in ED, XXXIII, Milano, Giuffrè, 1983, p. 702. A ideia de um *conteúdo variado* do *"piano regolatore"* está também presente em A. M. SANDULLI. De facto, apesar de defender, como vimos, a tese do acto administrativo individual, refere que não pode ser negado o carácter normativo às estatuições dos planos que dizem respeito a aspectos tradicionalmente sujeitos à disciplina dos regulamentos de construção, em relação aos quais os planos conservam, no respeitante a tais aspectos, uma certa fungibilidade e aos quais são, num certo sentido, equiparáveis. Cfr. *L'Attività Normativa,* cit, p. 112, nota 239, *in fine.*

[311] A tese de que os planos urbanísticos de carácter vinculativo em relação aos proprietários dos imóveis têm uma *natureza mista*, sendo constituídos por *actos administrativos* e por *normas jurídicas* é também defendida, em relação ao direito alemão, por K. OBERMAYER. Cfr. *ob. cit.*, p. 157 e 158. De igual modo, E. SCHMIDT-ASSMANN parece sustentar a doutrina do *carácter misto* do *Bebauungsplan*. Na verdade, depois de referir que este não se enquadra com rigor no esquema

e) O plano como um instituto *"sui generis"*, insusceptível de ser enquadrado nas formas típicas de actuação da Administração Pública

O principal representante desta tese é, sem dúvida, E. FORSTHOFF[312]. Começando por salientar que o problema da natureza jurídica dos *"planos de alinhamento"* e dos *"planos de urbanização"* deve ser resolvido com base na análise do respectivo conteúdo e não no exame da forma prescrita ou do procedimento observado para a sua elaboração e que o legislador não tem capacidade para a sua resolução, refere aquele eminente juspublicista que o plano não é *uma combinação* de regras jurídicas e de actos administrativos, mas um *acto de natureza diferente* (um *aliud*)[313]. Segundo este autor, o plano não é uma norma, porque não é abstracto, mas extremamente concreto; não é um acto administrativo, porque não regula a situação do indivíduo em face da Administração e impõe uma ordem que ultrapassa o quadro dos interesses individuais. Esta é a razão pela qual é difícil situar o plano entre as formas típicas dos actos do Estado de Direito. Para E. FORSTHOFF, a qualificação jurídica do plano deve depender, ao fim e ao cabo, do problema da protecção jurisdicional do particular, o qual está relacionado com a questão de saber a partir de que momento o plano atinge os direitos dos indivíduos, se é desde a sua entrada em vigor ou apenas no momento da sua execução. O autor cujo pensamento estamos a seguir considera que o plano confere logo após a sua entrada em vigor um *estatuto* determinado aos terrenos compreendidos no seu perímetro. Com ele nascem os *direitos de preferência* e o *direito de expropriação* da Administração Pública. Em certa medida, o poder de o proprietário dispor do seu bem fica limitado, mesmo antes da medida de execução que venha proibir toda a utilização do terreno incompatível com o "plano de urbanização"

---

norma-acto administrativo individual, adianta que, considerando o espectro dos seus efeitos jurídicos e económicos, está próximo da *norma jurídica*, mas outras vezes está próximo do *acto administrativo*. Cfr. *Grundfragen*, cit., p. 64.

[312] Cfr. *Traité de Droit Administratif Allemand*, cit., p. 318-322.
[313] Cfr. *ob. cit.*, p. 320.

(*Bebauungsplan*). Acresce que o *estatuto* dos terrenos definido no plano tem uma repercussão imediata no seu valor, dado que este depende da utilização que for permitida pelo plano [314]. Depois de salientar que a decisão que aprova o plano urbanístico representa a execução de uma norma e não a concretização de uma norma, como acontece no regulamento, E. FORSTHOFF conclui que os planos vinculativos perante os particulares (*v. g.*, *Bebauungspläne* e *Fluchtlinienpläne*) devem ser considerados – para efeitos contenciosos – como actos administrativos, porque interferem directamente nos direitos dos particulares [315].

23.2.2. Posição adoptada

Perante divergências tão profundas, na doutrina e na jurisprudência, torna-se extremamente difícil tomar uma posição sobre a natureza jurídica dos planos dotados de eficácia plurisubjectiva. E a dificuldade é tanto maior quanto é certo que não se pode rejeitar liminarmente nenhuma das teses enunciadas, uma vez que elas expressam correctamente, cada uma a seu modo, alguns aspectos ou algumas características dos planos territoriais que vinculam directa e imediatamente os particulares. Pode apenas apontar-se-lhes o defeito de sobrevalorizarem alguma ou algumas notas características dos planos, deixando intencionalmente, ou não, na sombra outra ou outras igualmente importantes. Não obstante a controvérsia reinante sobre a problemática da natureza jurídica dos planos urbanísticos, é possível alinhar algumas considerações.

a) A dificuldade de enquadramento do plano nas formas tradicionais dos actos jurídicos da Administração Pública

No Estado de Direito Social, a Administração Pública utiliza instrumentos de intervenção na sociedade, cuja caracterização como

---

[314] Cfr. E. FORSTHOFF, *ob. cit.*, p. 321.
[315] Cfr. *ob. cit.*, p. 321 e 322.

actos normativos ou como *actos administrativos* apresenta grandes dificuldades. É o que se passa, como afirma R. EHRHARDT SOARES, entre outras, com as estatuições sobre contingentes de importação, a fixação de preços de certos produtos, os sinais de trânsito (quando estes contenham em si mesmos a estatuição, isto é, quando não tiverem como pressuposto uma decisão administrativa que tenha ordenado a sua colocação) e os planos urbanísticos[316]. Poderá dizer-se que estes actos da Administração assumem como que uma posição intermédia entre os actos normativos e os actos administrativos gerais. Por outro lado, assiste-se nos nossos dias ao aparecimento de *leis* que visam a realização de finalidades concretas: são as chamadas "leis-medida" (*Massnahmegesetze*) ou "leis-providência" (*leggi-provvedimento*), que põem em causa o princípio segundo o qual ao legislador compete a definição dos fins públicos e à Administração a sua realização[317]. O fenómeno da realização de fins públicos concretos directamente pela lei fez com que esta tenha perdido "a sua primitiva dignidade"[318].

Tudo isto significa que, actualmente, está a ser seriamente posta em causa a dialéctica abstracto-geral, de um lado, e concreto-individual, do outro lado, que constituía o modo específico de realização e de garantia da liberdade no Estado de Direito Liberal. Com efeito, como escreve E. FORSTHOFF, era esta dialéctica que proporcionava *segurança* (*Gewissheit*) à liberdade ou, numa terminologia moderna, tornava a liberdade *mensurável*[319]. A fórmula de ANSCHÜTZ, segundo

---

[316] Cfr. *Direito Administrativo*, cit., p. 81-85.
[317] Cfr. A. R. QUEIRÓ, *Lições*, cit., p. 63 e 64.
[318] Cfr. R. EHRHARDT SOARES, *Interesse Público, Legalidade e Mérito*, Coimbra, Atlântida, 1955, p. 83.
[319] Cfr. *Über Mittel und Methoden moderner Planung*, in Planung III, org. JOSEPH H. KAISER, Baden-Baden, Nomos, 1968, p. 22. J. M. SÉRVULO CORREIA observa que esta exigência – a de que as limitações à liberdade e propriedade deveriam ser de natureza geral – "assentava na convicção de que, graças à sua generalidade, a lei salvaguardaria a liberdade do indivíduo. Assim sucederia com efeito sempre que o comando fosse emitido não em nome de uma autoridade pessoal, mas no de uma norma impessoal e, por seu turno, o exercício concreto da autoridade representasse obediência a uma norma e não arbítrio ilimitado, ou graça, ou

a qual as intervenções na liberdade e na propriedade careciam de fundamento legal, constituía uma concretização da referida dialéctica, através dos conceitos de lei e de intervenção. O conjunto das funções do Estado de Direito Liberal seguia esta lógica de graduação hierárquica, que ia da Constituição, passava pela lei e pelo regulamento e terminava no acto administrativo concreto. Mas a actividade de planificação veio destruir esta *sequência gradualista* (Constituição, lei, regulamento, acto administrativo), uma vez que o plano não se encaixa, com rigor, nem no conceito de *norma,* nem no de *acto de administrativo.*

Poderemos, então, concluir que as "categorias" tradicionais herdadas do Estado de Direito Liberal são incapazes de abranger a variedade das intervenções da Administração Pública na sociedade dos nossos dias, entre as quais se encontra a actividade de planificação territorial.

b) O carácter heterogéneo do conteúdo dos planos

É indubitável que os planos com eficácia plurisubjectiva são configurados como actos de *conteúdo variado* e *heterogéneo*[320]. O seu

---

privilégio". E acrescenta o citado autor: "o pensamento jusnaturalista viu ainda na generalidade da lei a fonte de uma tripla virtualidade no plano do aperfeiçoamento das relações sociais: através daquele instrumento de técnica jurídica, acautelar-se-ia simultaneamente a certeza e previsibilidade, a racionalidade e a justiça das limitações indispensáveis na esfera da liberdade e da propriedade de cada um". Cfr. *Legalidade e Autonomia Contratual,* cit., p. 23 e 24.

Ainda segundo este último administrativista, a ideia de *parametricidade* ou *mensurabilidade* (*Messbarkeit*) é uma exigência do Estado de direito e da racionalidade da organização estadual e "significa que os poderes da Administração não podem ser ilimitados ou globais, mas limitados e específicos, de modo a que os particulares não estejam sujeitos ao arbítrio e os poderes funcionais se arrumem segundo centros de imputação", acrescentando que "sem mensurabilidade não há *justiciabilidade,* porque os tribunais não dispõem de parâmetros suficientemente firmes para analisar em que medida a relação entre o acto administrativo e a norma satisfaz o requisito da *conformidade".* Cfr. *ob. cit.,* p. 317.

[320] Apesar de estarmos, aqui, a tratar apenas dos planos dotados de eficácia plurisubjectiva, podemos acrescentar que também o programa nacional da política

conteúdo documental é constituído, desde logo, por duas partes: uma *escrita* e outra *desenhada*.

---

de ordenamento do território, os planos sectoriais, os planos regionais de ordenamento do território e os planos intermunicipais de ordenamento do território apresentam um conteúdo *heterogéneo*.

Em relação a todas estas figuras planificatórias, o legislador tipifica o respectivo *conteúdo material* e *documental*. Quanto ao *conteúdo documental* do programa nacional da política de ordenamento do território, o artigo 29.º do RJIGT determina que o mesmo é constituído por um *relatório* e um *programa de acção*, definindo o primeiro "cenários de desenvolvimento territorial" e fundamentando "as orientações estratégicas, as opções e as prioridades da intervenção político-administrativa em matéria de ordenamento do território, sendo acompanhado por peças gráficas ilustrativas do modelo de organização espacial estabelecido", e disciplinando o segundo: os objectivos a atingir numa perspectiva de médio e de longo prazos; os compromissos do Governo em matéria de medidas legislativas, de investimentos públicos ou de aplicação de outros instrumentos de natureza fiscal ou financeira, para a concretização da política de desenvolvimento territorial; as propostas do Governo para a cooperação neste domínio com as autarquias locais e as entidades privadas, incluindo o lançamento de programas de apoio específicos; as condições de realização dos programas de acção territorial previstos no artigo 17.º da lei de bases da política de ordenamento do território e de urbanismo; e a identificação dos meios de financiamento das acções propostas.

Relativamente ao *conteúdo documental* dos planos sectoriais, o artigo 37.º do diploma acima indicado prescreve que os mesmos "estabelecem e justificam as opções e os objectivos sectoriais com incidência territorial e definem normas de execução, integrando as peças gráficas necessárias à representação da respectiva expressão territorial", devendo os mesmos ser acompanhados por "um relatório que procede ao diagnóstico da situação territorial sobre a qual o instrumento da política sectorial intervém e à fundamentação técnica das opções e objectivos estabelecidos".

No tocante ao *conteúdo documental* dos planos regionais de ordenamento do território, o artigo 54.º do RJIGT preceitua que o mesmo é constituído por "opções estratégicas, normas orientadoras e um conjunto de peças gráficas ilustrativas das orientações substantivas" definidas naqueles planos, por um "esquema representando o modelo territorial proposto, com a identificação dos principais sistemas, redes e articulações de nível regional" e, bem assim, por um *relatório*, que contém, *inter alia*: estudos sobre a caracterização biofísica, a dinâmica demográfica, a estrutura de povoamento e as perspectivas de desenvolvimento económico, social e cultural da região; programa de execução, contendo disposições indicati-

Começando pelos planos especiais de ordenamento do território, deve salientar-se que a sua parte *escrita* é composta por um *regulamento* – o qual condensa regras jurídicas respeitantes à salvaguarda de recursos e valores naturais e estabelece o regime de gestão compatível com a utilização sustentável do território abrangido –, um *relatório*, que contém a justificação da disciplina jurídica neles definida, e um *relatório ambiental*, cujo significado e conteúdo já foram anteriormente referidos [cfr. os artigos 44.º e 45.º, n.ºs 1 e 2, alíneas *a*) e *b*), do RJIGT]. Por sua vez, a sua parte *desenhada* é constituída pelas *peças gráficas* necessárias à representação da expressão territorial do regulamento, bem como pela *planta de condicionantes*, que identifica as servidões e as restrições de utilidade pública em vigor [cfr. o artigo 45.º, n.ºs 1 e 2, alínea *c*), do mesmo diploma]. Acrece que os planos que vimos referindo são, ainda, acompanhados por outros elementos *escritos* e *gráficos* fixados no n.º 1.º da Portaria n.º 137/2005, de 2 de Fevereiro [a qual foi emitida ao abrigo do disposto no n.º 3 do artigo 45.º e na alínea *d*) do n.º 1 do artigo 155.º do Decreto-Lei n.º 380/99, na versão do Decreto-Lei n.º 310/2003]. São eles os seguintes: planta de enquadramento, abrangendo a área de intervenção,

---

vas sobre a realização das obras públicas a efectuar na região, bem como de outros objectivos e acções de interesse regional, indicando as entidades responsáveis pela respectiva concretização; e identificação das fontes e estimativa de meios financeiros [cfr. o artigo 54.º, n.º 2, alíneas *a*), *f*) e *g*), do RJIGT].

Por último, no que respeita ao *conteúdo documental* dos planos intermunicipais de ordenamento do território, o artigo 63.º do RJIGT estatui que o mesmo inclui um *relatório* e um *conjunto de peças gráficas* ilustrativas das orientações substantivas. Aqueles planos podem, ainda, ser acompanhados por um conjunto de elementos, em função dos respectivos âmbitos e objectivos, entre os quais: planta de enquadramento, abrangendo a área de intervenção e a restante área de todos os municípios integrados no plano; análise previsional da dinâmica demográfica, económica, social e ambiental da área abrangida; programas de acção territorial, relativos, designadamente, à execução das obras públicas determinadas pelo plano, bem como de outros objectivos e acções de interesse municipal, indicando as entidades responsáveis pela respectiva concretização; e plano de financiamento [cfr. as alíneas *a*), *e*), *f*) e *g*) do n.º 2 do artigo 63.º do citado diploma legal].

devidamente assinalada, e a zona envolvente, bem como as principais vias de comunicação; programa de execução que contenha disposições sobre as principais intervenções, indicando as entidades responsáveis pela sua implementação e concretização, bem como a estimativa dos custos associados e o cronograma da sua execução; estudos da caracterização física, económica e urbanística que fundamentam a solução proposta; planta de situação existente; elementos gráficos de maior detalhe que ilustrem situações específicas do respectivo plano; e participações recebidas em sede de discussão pública e respectivo relatório de ponderação. No caso dos planos de ordenamento da orla costeira, para além dos elementos referidos naquela Portaria, podem os mesmos ainda ser acompanhados dos planos de praia respectivos (cfr. o n.º 2.º da Portaria n.º 137/2005).

No que aos planos municipais de ordenamento do território diz respeito, importa acentuar, desde já, que o Decreto-Lei n.º 380/99, de 22 de Setembro, abandonou a distinção, constante do Decreto-Lei n.º 69/90, de 2 de Março, entre elementos *fundamentais*, *complementares* e *anexos* àqueles planos, passando a distinguir entre os elementos que os *constituem* (e que são os que contêm regras vinculativas, sendo, por isso, publicados no *Diário da República*) e os elementos que os *acompanham*. Vamos referir-nos, de seguida, indistintamente a ambos os tipos de elementos, privilegiando, antes, a enunciação daqueles que compõem a parte *escrita* e a parte *desenhada* das diferentes espécies de planos municipais. Iniciando a nossa exposição pelo PDM[321], a sua

---

[321] Sublinhe-se que o artigo 84.º do RJIGT, na versão do Decreto-Lei n.º 316/2007, veio acentuar o *carácter estratégico* dos PDM, os quais devem reflectir uma *visão integrada* do território municipal e definir o regime de uso do solo e o modelo de organização territorial num quadro de flexibilidade que permita o acompanhamento das dinâmicas perspectivadas para um período de 10 anos. São instrumentos privilegiados para operar a *coordenação* entre as várias políticas municipais com incidência territorial e a política de ordenamento do território e de urbanismo e para operar a *coordenação externa* entre as políticas municipais e as políticas nacionais e regionais com incidência territorial. Os PDM devem *concentrar* todas as disposições necessárias à gestão do território, incluindo as que constam de planos especiais, planos sectoriais e planos regionais de ordenamento do território. Além disso, está-lhes reservada a importante tarefa de definir os *termos de referência*

parte *escrita* é integrada pelo *regulamento* – o qual "define um modelo de organização municipal do território", estabelecendo um conjunto de elementos que são enumerados, exemplificativamente, nas vinte alíneas do artigo 85.º, os quais constituem o *conteúdo material* daquele plano [322] –, bem como por *estudos de caracterização do território muni-*

---

para a elaboração dos demais planos municipais de ordenamento do território e para o estabelecimento de programas de acção territorial.

Acrescente-se que a acentuação do *carácter estratégico* do planeamento territorial municipal tem estado na base das reformas legislativas ocorridas em vários países europeus. Assim, em Itália, fala-se num *novo modelo* de plano – o *plano estrutural* –, que deverá substituir o *plano regulador geral*, com o qual se pretende uma planificação mais elástica e menos conflitual, orientada pelo princípio do desenvolvimento sustentável e atenta à salvaguarda dos recursos essenciais do território.

Apesar da adopção deste *novo modelo* de planificação urbanística ainda não ter tido êxito a nível nacional, várias têm sido as regiões italianas que consagraram a figura do *plano estrutural*, mesmo na ausência de uma lei quadro estatal.

O *plano estrutural*, na experiência das regiões que o têm recebido, desempenha essencialmente as seguintes funções: uma função *estratégica* (que é a de constituir um guia para o conjunto dos actos planificatórios ulteriores do município); a de individualizar as partes do território *destinadas a ser preservadas* de transformações substanciais; e a de indicar as *áreas destinadas à tranformação*. O aspecto novo deste modelo de planificação consiste no seguinte: relativamente à função indicada em terceiro lugar, o plano estrutural não poderá impor – diferentemente do que sucede com o plano regulador geral – vínculos precisos de localização sobre propriedades singulares, antes deverá limitar-se a indicar *critérios-guia*, a desenvolver e a densificar num segundo momento. Este novo conceito exprime-se, nas palavras de P. STELLA RICHTER, do seguinte modo: a conformação do *território* é tarefa do plano estrutural; a conformação das *propriedades singulares* do plano operativo. Daqui resultam diversas vantagens: desdramatiza-se, por um lado, o problema dos "vínculos" e, com isso, os motivos de conflitualidade (com notáveis vantagens para os tempos de formação do plano municipal); potencia-se, por outro lado, a salvaguarda do território, através do diferimento da actividade edificatória para a sucessiva planificação *operativa*. Cfr., por todos, F. SALVIA, *Manuale di Diritto Urbanistico*, cit., p. 88-90.

[322] Os elementos que integram o *conteúdo material* dos PDM são deveras significativos, merecendo ser destacados os seguintes: a referenciação espacial dos usos e das actividades, nomeadamente através da definição das classes e categorias de espaços; a identificação das áreas e a definição de estratégias de localização, distribuição e desenvolvimento das actividades industriais, turísticas, comerciais e de

cipal, por um *relatório*, que explicita os objectivos estratégicos e as opções de base territorial adoptadas para o modelo de organização espacial, bem como a respectiva fundamentação técnica, suportada na avaliação das condições económicas, sociais, culturais e ambientais para a sua execução, por um *relatório ambiental*, e por um *programa de execução*, contendo designadamente disposições indicativas sobre a execução das intervenções municipais previstas, bem como sobre os meios de financiamento das mesmas [cfr. o artigo 86.°, n.ºˢ 1, alínea *a*), e 2, alíneas *a*), *b*), *c*) e *d*), do RJIGT]. Por seu lado, a parte *desenhada* é composta pela *planta de ordenamento*, que representa o modelo de organização espacial do território municipal, de acordo com os sistemas estruturantes e a classificação e a qualificação dos solos e ainda as unidades operativas de planeamento e gestão definidas, e pela *planta de condicionantes*, que identifica as servidões e restrições de utilidade pública em vigor que possam constituir limitações ou impedimentos a qualquer forma específica de aproveitamento [cfr. o artigo 86.°, n.° 1, alíneas *b*) e *c*), do citado diploma legal].

Adiante-se que os PDM são acompanhados por outros elementos escritos e gráficos fixados no n.° 1.° da Portaria n.° 138/2005, de 2 de Fevereiro [a qual foi emitida ao abrigo do artigo 86.°, n.° 3, e

---

serviços; a definição de estratégias para o espaço rural, identificando aptidões, potencialidades e referências aos usos múltiplos possíveis; a identificação e a delimitação dos perímetros urbanos, com a definição do sistema urbano municipal; a especificação qualitativa e quantitativa dos índices, indicadores e parâmetros de referência, urbanísticos ou de ordenamento, a estabelecer em plano de urbanização e plano de pormenor, bem como os de natureza supletiva aplicáveis na ausência destes; a definição de unidades operativas de planeamento e gestão, para efeitos de programação da execução do plano, estabelecendo para cada uma das mesmas os respectivos objectivos, bem como os termos de referência para a necessária elaboração de planos de urbanização e de pormenor; a identificação das áreas de interesse público para efeitos de expropriação, bem como a definição das respectivas regras de gestão; os critérios de perequação compensatória de benefícios e encargos decorrentes da gestão urbanística a concretizar nos instrumentos de planeamento previstos nas unidades operativas de planeamento e gestão; e a articulação do modelo de organização municipal do território com a disciplina consagrada nos demais instrumentos de gestão territorial aplicáveis [cfr. as alíneas *e*), *f*), *g*), *h*), *j*), *l*), *q*), *s*) e *t*) do n.° 1 do artigo 85.° do RJIGT].

do artigo 155.°, n.° 1, alínea c) do Decreto-Lei n.° 380/99]. São eles os seguintes: planta de enquadramento regional, elaborada a escala inferior à do plano director municipal, com indicação dos municípios limítrofes, centros urbanos mais importantes, principais vias de comunicação e outras infra-estruturas relevantes e grandes equipamentos que sirvam o município, bem como a delimitação da área de intervenção dos demais instrumentos de gestão territorial em vigor para a área do município; planta da situação existente, com a ocupação do solo, à data de elaboração do plano; relatório e ou planta com a indicação das licenças ou autorizações de operações urbanísticas emitidas, bem como das informações prévias favoráveis em vigor, substituível por declaração da câmara municipal comprovativa da inexistência dos referidos compromissos na área do plano; carta da estrutura ecológica municipal; e participações recebidas em sede de discussão pública e respectivo relatório de ponderação.

O plano de urbanização tem, de igual modo, o seu *conteúdo documental* constituído por uma parte *escrita* e uma parte *desenhada*[323].

---

[323] Saliente-se que o RJIGT, na redacção do Decreto-Lei n.° 316/2007, introduziu importantes alterações nos *objectos* e *conteúdos materiais* dos planos de urbanização, as quais se justificam, conforme refere o exórdio daquele decreto-lei, "por razões de clarificação e de diferenciação de instrumentos, atentas as respectivas finalidades no sistema de gestão territorial e na prática urbanística municipal", tendo para as mesmas contribuído, ainda, "a reconhecida necessidade de alargamento do âmbito de intervenção da figura do plano de urbanização, ditada pelas características dos actuais processos de ocupação territorial para fins turísticos, industriais e comerciais". Quanto ao *conteúdo material* dos planos de urbanização, o RJIGT, na versão do Decreto-Lei n.° 316/2007, consagrou o princípio de que os mesmos, "sem prejuízo da tipicidade associada, devem adoptar um conteúdo material apropriado às condições da área territorial a que respeitam e aos objectivos previstos nos termos de referência e na deliberação municipal que determina a sua elaboração, realçando-se, também neste aspecto, a responsabilização municipal pela definição dos objectivos estratégicos e operativos dos respectivos processos de planeamento".

Os planos de urbanização concretizam, para uma determinada área do território municipal, a política de ordenamento do território e de urbanismo, fornecendo o quadro de referência para a aplicação das políticas urbanas e definindo a estrutura urbana, o regime de uso do solo e os critérios de transformação do ter-

A primeira é constituída pelo *regulamento* – o qual "concretiza, para uma determinada área do território municipal, a política de ordenamento do território e de urbanismo, fornecendo o quadro de referência para a aplicação das políticas urbanas e definindo a estrutura urbana, o regime de uso do solo e os critérios de transformação do território", estabelecendo um acervo de elementos que são enumerados, exemplificativamente, no artigo 88.º do RJIGT, os quais constituem o seu *conteúdo material* (*conteúdo* este que, na sequência das alterações introduzidas pelo Decreto-Lei n.º 316/2007, assume um *carácter aberto*, devendo o mesmo ser apropriado às condições da área territorial a que respeita, aos objectivos das políticas urbanas e às transformações previstas nos termos de referência e na deliberação municipal que determinou a elaboração do plano de urbanização) [324] –,

---

ritório (cfr. o artigo 87.º, n.º 1, do RJIGT). Aqueles planos devem estar associados a uma visão estratégica da cidade e ao reforço do seu papel como pólo integrado num determinado sistema urbano.

De harmonia com o disposto nas alíneas *a*) e *b*) do n.º 2 do artigo 87.º do RJIGT, os planos de urbanização podem abranger: qualquer área do território do município incluída em perímetro urbano por PDM eficaz e ainda o solo rural complementar de um ou mais perímetros urbanos, que se revele necessário para estabelecer uma intervenção integrada de planeamento (sendo, porém, importante registar que, de acordo com o n.º 3 do artigo 87.º do RJIGT, a inclusão do solo rural complementar num plano de urbanização não pode implicar a sua reclassificação como solo urbano); e outras áreas do território municipal que, de acodo com os objectivos e prioridades estabelecidas no PDM, possam ser destinadas a usos e funções urbanas, designadamente à localização de instalações ou parques industriais, logísticos ou de serviços ou à localização de empreendimentos turísticos e equipamentos e infra-estruturas associadas.

[324] O *conteúdo material* do plano de urbanização integra, nomeadamente: a definição e caracterização da área de intervenção, identificando os valores culturais e naturais a proteger; a concepção geral da organização urbana, a partir da qualificação do solo, definindo a rede viária estruturante, a localização de equipamentos de uso e interesse colectivo, a estrutura ecológica, bem como o sistema urbano de circulação de transporte público e privado e de estacionamento; a definição do zonamento para localização das diversas funções urbanas, designadamente habitacionais, comerciais, turísticas, de serviços e industriais, bem como a identificação das áreas a recuperar ou reconverter; a adequação do perímetro urbano definido

e, bem assim, por um *relatório*, que explicita os objectivos estratégicos do plano e a respectiva fundamentação técnica, suportada na avaliação das condições económicas, sociais, culturais e ambientais para a sua execução, por um *relatório ambiental*, sendo caso disso, e por um *programa de execução*, contendo designadamente disposições indicativas sobre a execução das intervenções municipais previstas, bem como sobre os meios de financiamento das mesmas [cfr. o artigo 89.º, n.º 1, alínea *a*), e n.º 2, alíneas *a*), *b*) e *c*), daquele diploma]. A segunda é composta pela *planta de zonamento*, que representa a estrutura territorial e o regime de uso do solo da área a que respeita, e pela *planta de condicionantes*, que identifica as servidões e restrições de utilidade pública em vigor que possam constituir limitações ou impedimentos a qualquer forma específica de aproveitamento [cfr. o artigo 89.º, n.º 1, alíneas *b*) e *c*), do mesmo diploma].

Tal como sucede com os planos especiais de ordenamento do território e com o PDM, também o plano de urbanização é acompanhado por outros elementos *escritos* e *gráficos* definidos no n.º 2.º da Portaria n.º 138/2005, de 2 de Fevereiro [emanada ao abrigo do disposto no n.º 3 do artigo 89.º e na alínea *c*) do n.º 1 do artigo 155.º do Decreto-Lei n.º 380/99]. Tais elementos são os seguintes: planta de enquadramento elaborada a escala inferior à do plano de urbanização, que assinale as principais vias da comunicação e outras infra-estruturas relevantes e grandes equipamentos, bem como outros elementos considerados pertinentes; planta da situação existente, com a

---

no plano director municipal em função do zonamento e da concepção da organização urbana definidos; o traçado e o dimensionamento das redes de infra-estruturas gerais que estruturam o território, fixando os respectivos espaços-canal; os critérios de localização e inserção urbanística e o dimensionamento dos equipamentos de utilização colectiva; as condições de aplicação dos instrumentos da política de solos e de política urbana previstos na lei, em particular os que respeitam à reabilitação urbana e à reconversão urbanística de áreas urbanas degradadas; os indicadores e parâmetros urbanísticos aplicáveis a cada uma das categorias e subcategorias de espaços; a delimitação e os objectivos das unidades e subunidades operativas de planeamento e gestão e a estruturação das acções de perequação compensatória; e a identificação dos sistemas de execução do plano [cfr. as alíneas *a*) a *j*) do artigo 88.º do RJIGT].

ocupação do território à data da elaboração do plano; relatório e ou planta com a indicação das licenças ou autorizações de operações urbanísticas emitidas, bem como das informações prévias favoráveis em vigor, substituível por declaração da câmara municipal comprovativa da inexistência dos referidos compromissos urbanísticos na área do plano; plantas de identificação do traçado de infra-estruturas viárias, de abastecimento de água, de saneamento, de energia eléctrica, de recolha de resíduos e demais infra-estruturas relevantes, existentes e previstas, na área do plano; carta da estrutura ecológica do aglomerado ou aglomerados; extractos do regulamento, plantas de ordenamento e de condicionantes dos instrumentos de gestão territorial em vigor na área de intervenção do plano de urbanização; e participações recebidas em sede de discussão pública e respectivo relatório de ponderação.

Por último, também o plano de pormenor vê o seu *conteúdo documental* composto por uma parte *escrita* e uma parte *desenhada*[325]. A primeira integra o *regulamento* – o qual "desenvolve e concretiza propostas de ocupação de qualquer área do território municipal" e estabelece um naipe de elementos que são indicados, exemplificati-

---

[325] Refira-se que o RJIGT, na versão decorrente do Decreto-Lei n.º 316//2007, também introduziu alterações importantes no *objecto* e no *conteúdo material* dos planos de pormenor, consagrando o princípio, tal como em relação aos planos de urbanização, de que, "sem prejuízo da tipicidade associada, devem adoptar um conteúdo material apropriado às condições da área territorial a que respeitam e aos objectivos previstos nos termos de referência e na deliberação municipal que determina a sua elaboração".

Os planos de pormenor definem com detalhe a ocupação de parcelas do território municipal, sendo um instrumento privilegiado para a concretização dos processos de urbanização. Nos termos do artigo 90.º, n.º 1, do RJIGT, o plano de pormenor "desenvolve e concretiza propostas de ocupação de qualquer área do território municipal, estabelecendo regras sobre a implantação das infra-estruturas e o desenho dos espaços de utilização colectiva, a forma de edificação e a disciplina da sua integração na paisagem, a localização e inserção urbanística dos equipamentos de utilização colectiva e a organização espacial das demais actividades de interesse geral". O mesmo abrange "áreas contínuas do território municipal, correspondentes, designadamente, a uma unidade ou subunidade operativa de planeamento e gestão ou a parte delas".

vamente, no n.º 1 do artigo 91.º do RJIGT, os quais constituem o *conteúdo material* do plano de pormenor (*conteúdo* este que também reveste um *carácter flexível*, devendo o mesmo ser apropriado às condições da área territorial a que respeita e aos objectivos previstos nos termos de referência e na deliberação municipal que determinou a sua elaboração)[326] –, um *relatório*, contendo a fundamentação técnica das soluções propostas no plano, suportada na identificação e caracterização objectiva dos recursos territoriais da sua área de intervenção e na avaliação das condições económicas, sociais, culturais e ambientais para a sua execução, um *relatório ambiental*, sendo caso disso, *peças escritas* que suportem as operações de transformação fundiária previstas, nomeadamente para efeitos de registo predial, e um *programa de execução* das acções previstas e respectivo plano de financiamento [cfr. o artigo 92.º, n.º 1, alínea *a*), e n.º 2, alíneas *a*), *b*), *c*) e *d*), do referido diploma legal]. A segunda é composta pela *planta de implantação*, que representa o regime de uso, ocupação e transformação da área de intervenção, pela *planta de condicionantes*, que identifica as servidões e restrições de utilidade pública em vigor que possam constituir limitações ou impedimentos a qualquer forma específica de aproveita-

---

[326] O *conteúdo material* do plano de pormenor inclui, nomeadamente: a definição e caracterização da área de intervenção, identificando, quando se justifique, os valores culturais e naturais a proteger; as operações de transformação fundiária necessárias e a definição das regras relativas às obras de urbanização; o desenho urbano, exprimindo a definição dos espaços públicos, de circulação viária e pedonal, de estacionamento, bem como do respectivo tratamento, alinhamentos, implantações, modelação do terreno, distribuição volumétrica, bem como a localização dos equipamentos e zonas verdes; a distribuição de funções e a definição de parâmetros urbanísticos, designadamente índices, densidade de fogos, número de pisos e cérceas; indicadores relativos às cores e materiais a utilizar; as operações de demolição, conservação e reabilitação das construções existentes; as regras para a ocupação e gestão dos espaços públicos; a implantação das redes de infra-estruturas, com delimitação objectiva das áreas a elas afectas; os critérios de inserção urbanística e o dimensionamento dos equipamentos de utilização colectiva e a respectiva localização no caso dos equipamentos públicos; a identificação dos sistemas de execução do plano e a programação dos investimentos públicos associados, bem como a sua articulação com os investimentos privados; e a estruturação das acções de perequação compensatória [cfr. as alíneas *a*) a *l*) do n.º 1 do artigo 91.º do RJIGT].

mento, e por *peças desenhadas* que suportem as operações de transformação fundiária previstas, igualmente para efeitos de registo predial [cfr. o artigo 92.º, n.º 1, alíneas *b*) e *c*), e n.º 2, alínea *c*), do mesmo diploma].

De harmonia com o disposto no n.º 3, alíneas *a*) a *g*), do artigo 92.º do RJIGT, as peças escritas e desenhadas do plano de pormenor que suportem as operações de transformação fundiária previstas, para *efeitos de registo predial*, consistem nos seguintes elementos: planta de cadastro original, quadro com a identificação dos prédios, natureza, descrição predial, inscrição matricial, áreas e confrontações; planta da operação de transformação fundiária com a identificação dos novos prédios; quadro com a identificação dos novos prédios ou fichas individuais, com a indicação da respectiva área, área destinada à implantação dos edifícios e das construções anexas, área de construção, volumetria, cércea e número de pisos acima e abaixo da cota de soleira para cada um dos edifícios, número de fogos e utilização dos edifícios e dos fogos; planta com as áreas de cedência para o domínio municipal; quadro com a descrição das parcelas a ceder, sua finalidade e área de implantação e de construção dos equipamentos de utilização colectiva; e quadro de transformação fundiária, explicitando o relacionamento entre os prédios originários e os prédios resultantes da operação de transformação fundiária[327].

---

[327] Uma das inovações mais relevantes introduzidas pelo Decreto-Lei n.º 316/ /2007 ao RJIGT é a dos *efeitos registais* dos planos de pormenor. No exórdio daquele decreto-lei, sublinha-se que "exigências de simplificação e eficiência levam ao reconhecimento expresso da possibilidade dos planos de pormenor com um conteúdo suficientemente denso procederem a operações de transformação fundiária relevantes para efeitos de registo predial e inscrição matricial, dispensando-se um subsequente procedimento administrativo de controlo prévio. Com efeito, reconhecida a identidade funcional entre muitos planos de pormenor e as operações de loteamento e reparcelamento urbano e de estruturação da compropriedade, justifica-se, salvaguardada a autonomia da vontade dos proprietários, que o plano de pormenor possa fundar directamente a operação de transformação fundiária, seja o fraccionamento ou o emparcelamento das propriedades".

É no artigo 92.º-A do RJIGT que encontramos o travejamento jurídico básico dos *efeitos registais* dos planos de pormenor. Por seu lado, o artigo 92.º-B

À semelhança do que foi referido para os planos especiais de ordenamento do território, para os PDM e para os planos de urba-

---

reporta-se às taxas e às obras de urbanização associadas à emissão da certidão do plano de pormenor, de que resulta a individualização no registo predial dos prédios resultantes das operações de loteamento, estruturação da compropriedade ou reparcelamento previstas naquele plano. Assim, nos termos do preceito indicado em primeiro lugar, a certidão do plano de pormenor que contenha as menções constantes das alíneas a) a d), h) e i) do n.º 1 do artigo 91.º – indicadas na nota anterior – constitui título bastante para a individualização no registo predial dos prédios resultantes das operações de loteamento, estruturação da compropriedade ou reparcelamento previstas no plano (cfr. o n.º 1). O registo incide apenas sobre as descrições prediais de que o requerente seja titular inscrito e, nas situações de estruturação da compropriedade ou de reparcelamento, aquele depende da apresentação, respectivamente, do acordo de estruturação da compropriedade ou de um dos contratos previstos no n.º 8 do artigo 131.º do RJIGT, isto é, de um contrato de urbanização ou de um contrato de desenvolvimento urbano (cfr. os n.ºˢ 2 e 3 do artigo 92.º-A do RJIGT). O acordo de estruturação da compropriedade e os contratos de urbanização ou de desenvolvimento urbano são oponíveis ao proprietário ou ao comproprietário que tenha inscrito o seu direito após a data da respectiva celebração (cfr. o n.º 4 do artigo 92.º-A). De entre as notas caracterizadoras do regime jurídico dos *efeitos registais* dos planos de pormenor, destaque-se, ainda, que as parcelas de terrenos cedidas ao município integram-se no domínio municipal no acto de individualização no registo predial dos lotes respectivos (cfr. o n.º 6 do artigo 92.º-A do RJIGT).

Quanto às taxas, o artigo 92.º-B, n.º 1, do RJIGT determina que a emissão da certidão do plano de pormenor para efeitos registais depende do prévio pagamento da taxa pela realização, manutenção e reforço das infra-estruturas primárias e secundárias, prevista na alínea a) do n.º 1 do artigo 6.º da Lei n.º 53-E/2006, de 29 de Dezembro (que aprovou o regime geral das taxas das autarquias locais), embora tão-só nos casos em que o plano de pormenor não preveja a realização de obras de urbanização, bem como das compensações em numerário devidas nos termos do n.º 4 do artigo 44.º do RJUE. Mas o plano de pormenor pode optar por outra solução.

No que respeita às obras de urbanização relacionadas com o plano de pormenor, o n.º 2 do artigo 92.º-B estatui que a certidão do plano de pormenor identifica a forma e o montante da caução de boa execução das obras de urbanização referentes aos lotes a individualizar. Mas na falta de indicação e fixação de caução, esta é prestada por primeira hipoteca legal sobre os lotes a individualizar, calculada de acordo com a respectiva compartição nos custos de urbanização (cfr. o n.º 3

nização, também o plano de pormenor é acompanhado por outros elementos *escritos* e *desenhados* fixados no n.º 3.º da Portaria n.º 138/

---

do artigo 92.º-B do RJIGT). Acrece que cada prédio responde apenas pela parte do montante da garantia que lhe cabe, calculada de acordo com a respectiva comparticipação nos custos de urbanização, sendo lícito ao seu titular requerer a substituição da hipoteca legal por outro meio de caução admissível, valendo a deliberação camarária de aceitação como título bastante para cancelamento da inscrição da hipoteca legal (cfr. o n.º 4 do artigo 92.º-B).

Importa referir algo mais, com vista ao esclarecimento do regime jurídico dos *efeitos resgistais* dos planos de pormenor – que são, como sabemos, um instrumento importante para garantir intervenções urbanísticas *programadas, de conjunto* e *contratualizadas* com os proprietários, promotores, investidores e outros interessados na urbanização e edificação.

Os *efeitos registais* do plano de pormenor não podem ser compreendidos cabalmente sem se considerar os *instrumentos jurídicos* com base nos quais se processa a sua execução. A execução dos planos de pormenor é feita de acordo com os sistemas típicos referidos na lei – os sistemas de compensação, de cooperação e de imposição administrativa (cfr. os artigos 120.º e 122.º a 124.º do RJIGT) – e através da utilização dos instrumentos jurídicos definidos pelo legislador, com especial destaque para o simples loteamento ou divisão de prédios, em regra pertencentes a vários proprietários, e o reparcelamento (cfr. os artigos 131.º a 134.º do RJIGT). O instrumento jurídico do *reparcelamento* é, seguramente, o mais utilizado, pois é o que melhor se adequa à execução do plano de pormenor. Aquele é, acima de tudo, um instituto de remodelação ou de recomposição predial, que se caracteriza por três etapas: o *agrupamento* dos imóveis (em regra, terrenos) localizados numa determinada área; a *nova divisão* dos terrenos em lotes adequados à construção, em conformidade com as prescrições do plano; e a *partilha* desses lotes entre os interessados – a Administração e os proprietários particulares – ou do produto da sua cedência e algum ou alguns dos interessados ou a terceiros. O reparcelamento integra uma operação de loteamento, uma vez que compreende uma divisão de lotes, mas apresenta uma textura mais complexa do que este último. A totalidade dos terrenos da origem aquilo que se designa por *massa de concentração*. Desta devem ser retiradas as parcelas de terrenos para espaços verdes públicos e de utilização colectiva, infra-estruturas e equipamentos públicos que, de acordo com a operação de reparcelamento, devam integrar o domínio municipal. A parte restante constitui o que se denomina *massa de distribuição*. A massa de terrenos edificáveis é repartida entre os proprietários ou cedida por estes a algum ou alguns dos proprietários ou a terceiros, na *proporção* do valor do respectivo terreno à data do início do processo ou na proporção da sua *área*

/2005, de 2 de Fevereiro [regulamento emanado com base no disposto no n.º 3 do artigo 92.º e na alínea c) do n.º 1 do artigo 155.º

---

nessa data (podendo, no entanto, os proprietários fixar, por unanimidade, outro critério).

Os lotes resultantes da operação de reparcelamento são, na opinião de J. A. MOUTEIRA GUERREIRO, "novos prédios" ou "novos lotes", adquiridos *originariamente* pelos seus também novos proprietários, uma vez que "os antigos proprietários *abandonaram* os direitos de propriedade que tinham sobre os prédios objecto de reparcelamento, para que estes viessem a integrar a *massa de concentração* e para, uma vez formada a *massa de distribuição*, dela virem a obter uma «compensação» que, mesmo que traduzida em terrenos, a verdade é que já nada tem a ver com aqueles antigos prédios" (cfr. *Os Efeitos Registrais Decorrentes da Execução Urbanística*, in DRL, N.º 2, 2008, p. 42-44).

A consideração de *reparcelamento* como instrumento jurídico privilegiado de execução do plano de pormenor resulta claramente do artigo 92.º-A, n.º 3, do RJIGT, onde se determina que, na situação de reparcelamento, o registo depende da apresentação de um dos contratos previstos no n.º 8 do artigo 131.º do RJIGT, isto é, de um contrato de urbanização (que regula as relações entre os proprietários e entre estes e outras entidades interessadas na operação de reparcelamento) ou de um contrato de desenvolvimento urbano (que disciplina as relações entre aqueles e o município) e, bem assim, do artigo 131.º, n.º 10, do RJIGT, no qual se estabelece que, estando a operação de reparcelamento abrangida por plano de pormenor, "pode concretizar-se através dos contratos referidos nos números anteriores e registo efectuado nos termos dos artigos 92.º-A e 92.º-B".

Significa isto, como refere J. A. MOUTEIRA GUERREIRO, "que é o contrato *in casu* realizado que, com o plano de pormenor, constituem ambos, conjuntamente, o «título» que vai basear o registo. Exactamente por isto e porque o plano, o contrato e o registo devem ter – ou melhor, têm necessariamente de ter – um tratamento unitário, não parece correcto que se interprete a parte final do citado n.º 10 do art. 131.º num sentido literal, isto é, no de que o legislador tenha remetido integralmente para o art. 92.º-A. O reparcelamento só pode ser registado *como um todo* e, portanto, devemos considerar que *verbi gratia* o n.º 2 daquele artigo deve ser, neste caso, inaplicável. De facto, mostra-se evidente que este registo não pode ser feito «apenas sobre as descrições prediais de que o requerente *seja titular inscrito*»" (no sentido de que o registo da operação de reparcelamento terá de ser feita de uma forma unitária, já que deve ser com base nesse único acto de registo que se abre a descrição do "prédio" que corresponde à massa de concentração e se inscreve o facto – o reparcelamento – que deve dar origem à abertura da descrição dos "lotes" e "parcelas" e à inscrição nas respectivas fichas

do Decreto-Lei n.º 380/99]. Os referidos elementos são os seguintes: planta de enquadramento, contendo a localização do plano no território municipal envolvente, com indicação da área de intervenção e respectiva articulação, designadamente com as vias de comunicação e demais infra-estruturas relevantes, estrutura ecológica, grandes equipamentos e outros elementos considerados relevantes; planta da situação existente, com a ocupação do território à data da elaboração do plano; relatório e ou planta com a indicação das licenças ou autorizações de operações urbanísticas emitidas, bem como as informações prévias favoráveis em vigor, substituível por declaração da câmara municipal comprovativa da inexistência dos referidos compromissos urbanísticos na área do plano; extractos do regulamento, das plantas de ordenamento ou zonamento e de condicionantes dos instrumentos de gestão territorial em vigor na área de intervenção do plano; plantas contendo os elementos técnicos definidores da modelação do terreno, cotas mestras, volumetrias, perfis longitudinais e transversais dos arruamentos e traçados das infra-estruturas e equipamentos urbanos; e participações recebidas em sede de discussão pública e respectivo relatório de ponderação.

De referir que o n.º 5.º da Portaria n.º 138/2005 preceitua que, para além dos elementos nos mencionados preceitos do RJIGT e na Portaria n.º 138/2005, os planos municipais de ordenamentos do território são acompanhados pelas *fichas de dados estatísticos*, elaboradas segundo modelo a disponibilizar pela Direcção-Geral do Ordenamento do Território e Desenvolvimento Urbano.

---

dos factos e direitos que definem a sua situação jurídica, cfr. também o *Parecer do Conselho Técnico da Direcção-Geral dos Registos e Notariado*, proferido no Proc. C. P. N.º 148/2002, relatado por JOÃO BASTOS, in Boletim dos Registos e do Notariado, N.º 2, 2003, p. 25-35). Conclui-se, por isso, utilizando mais uma vez as palavras daquele autor, que, concretizando-se a operação de reparcelamento na área abrangida pelo plano de pormenor através dos contratos previstos no n.º 8 do artigo 131.º do RJIGT, são o contrato e o plano de pormenor aprovado – os quais produzem os efeitos previstos nos n.os 1 e 2 do artigo 131.º do RJIGT – que constituem o título bastante para efectuar *globalmente* o registo da operação (cfr. *ob. cit.*, p. 44 e 46).

Sublinhe-se, por último, que o Decreto-Lei n.º 316/2007 trouxe, no conjunto das inovações ao RJIGT, a substituição das *modalidades simplificadas* de plano de pormenor por *modalidades específicas* do mesmo plano. Uma tal substituição justificou-a o legislador com o facto de a figura dos planos de pormenor de *modalidade simplificada* se ter revelado de "difícil operacionalização prática, sem que a especificidade do respectivo regime procedimental evidenciasse ganhos de eficiência", acrescentando que às *modalidades específicas* de plano de pormenor se encontram "associados conteúdos materiais próprios em função das respectivas finalidades e da sua articulação com regimes legais relativos à salvaguarda de interesses públicos específicos, como seja a lei de bases da política e do regime de valorização do património cultural português, no caso dos planos de pormenor de salvaguarda, ou o regime jurídico da reabilitação urbana, no caso dos respectivos planos de pormenor" (cfr. o exórdio do Decreto-Lei n.º 316/2007). Significa que as anteriores *modalidades simplificadas* de plano de pormenor foram substituídas por *modalidades específicas* de plano de pormenor, cuja caracterização deixou de se referir à *simplificação do seu procedimento*, para passar a ter como base a *especificidade do seu conteúdo*, o qual deve ser adaptado às "finalidades particulares de intervenção previstas nos termos de referência do plano e na deliberação municipal que determinou a respectiva elaboração" (cfr. o artigo 91.º-A, n.º 1, do RJIGT). De acordo com o n.º 2 do artigo 91.º-A do RJIGT, são modalidades específicas de plano de pormenor: o plano de intervenção no espaço rural; o plano de pormenor de reabilitação urbana; e o plano de pormenor de salvaguarda[328]. A possibilidade de o plano

---

[328] Nos termos do n.º 3, alíneas *a)* a *e)*, do artigo 91.º-A do RJIGT, o plano de intervenção no espaço rural abrange solo rural e estabelece as regras relativas a: construção de novas edificações e reconstrução, alteração, ampliação ou demolição das edificações existentes, quando tal se revele necessário ao exercício das actividades autorizadas no solo rural; implantação de novas infra-estruturas de circulação de veículos, animais e pessoas, e de novos equipamentos públicos ou privados de utilização colectiva, e a remodelação, ampliação ou alteração dos existentes; criação ou a beneficiação de espaços de utilização colectiva, públicos ou privados, e respectivos acessos e áreas de estacionamento; criação de condições para a pres-

de pormenor revestir, para além das suas *modalidades normais*, ainda que dotadas de *conteúdo flexível*, algumas *modalidades específicas* constitui, como veremos à frente, uma atenuação do rigor do *princípio da tipicidade* dos planos.

Demonstrado que os planos que vinculam directa e imediatamente os particulares não apresentam um conteúdo homogéneo, é o momento adequado para sublinhar que o problema da natureza jurídica daqueles planos só tem verdadeira razão de ser se for reportado ao conjunto formado pelos *regulamentos*, onde são definidas as regras jurídicas respeitantes à ocupação, uso e transformação do solo abrangido pelos planos, e pelas *plantas* representativas da expressão territorial das regras jurídicas que compõem o regulamento (designadas por *plantas de ordenamento*, *plantas de zonamento* e *plantas de implantação*, conforme se trate de PDM, de plano de urbanização e de plano de pormenor, respectivamente). As *plantas de condicionantes*, que identificam as servidões e restrições de utilidade pública em vigor que pos-

---

tação de serviços complementares das actividades autorizadas no solo rural; e operações de protecção, valorização e requalificação da paisagem. Mas o plano de intervenção no espaço rural não pode promover a reclassificação do solo rural em urbano, com excepção justificada das áreas expressamente destinadas à edificação e usos urbanos complementares (cfr. o artigo 91.º-A, n.º 4, do RJIGT). Refira-se que a Portaria n.º 389/2005, de 5 de Abril, fixa os elementos que acompanham o "projecto de intervenção no espaço rural" – a denominação que nos aparecia no artigo 91.º, n.º 2, alínea a), do RJIGT, na versão anterior ao Decreto-Lei n.º 316/2007, como uma das modalidades simplificadas que o plano de pormenor podia assumir –, os quais poderão também acompanhar o actual "plano de intervenção no espaço rural".

Por seu lado, o plano de pormenor de reabilitação urbana abrange solo urbano correspondente à totalidade ou a parte de: um centro histórico delimitado em plano director municipal ou plano de urbanização eficaz; uma área crítica de recuperação e reconversão urbanística; e uma área de reabilitação urbana constituída nos termos da lei. O mesmo pode delimitar áreas a sujeitar à aplicação de regimes específicos de reabilitação urbana previstos na lei [cfr. os n.ºs 5, alíneas a) a c), e 6 do artigo 91.º-A do mesmo diploma legal].

Por último, o conteúdo do plano de pormenor de salvaguarda é definido nos termos previstos na Lei n.º 107/2001, de 8 de Setembro (cfr. o n.º 7 do artigo 91.º-A do RJIGT).

sam constituir limitações ou impedimentos a qualquer forma específica de aproveitamento do solo, também estão dotadas de força jurídica vinculativa. Todavia, a sua *força normativa* não advém dos próprios planos, mas sim de "factores" que lhe são estranhos e que se sobrepõem à própria *voluntas* ordenadora dos planos[329]. Por isso, entendemos não as incluir na análise da questão da natureza jurídica dos planos dotados de eficácia plurisubjectiva, considerando apenas as disposições dotadas de *força normativa* criadas *ex novo* por aqueles planos.

Com o que foi referido não queremos significar que as restantes componentes anteriormente mencionadas dos planos com eficácia plurisubjectiva, como, por exemplo, o *relatório* fundamentador das soluções adoptadas pelo plano e os *estudos* de caracterização física, sócio-económica e demográfica do território abrangido pelo plano, estão desprovidas de qualquer valor ou significado jurídico. Concretamente, o *relatório*, onde são indicadas e fundamentadas as principais opções vertidas no plano, constitui um elemento essencial do mesmo, na medida em que condensa a fundamentação das soluções nele adoptadas, dando, assim, cumprimento à *obrigação de fundamentação* dos planos, e exerce uma importante função *coadjuvante* na interpretação das disposições do plano constantes do respectivo regulamento. Pode dizer-se que esta sua função é semelhante à do *preâmbulo* de um diploma legal. Mas, tal como este, não possui o *relatório*, nessa sua função, qualquer força normativa ou vinculativa directa, pelo que, no caso de haver contradição com o que dispõe o regulamento do plano, é este que prevalece[330].

---

[329] Cfr., neste sentido, M. COSTA LOBO/SIDÓNIO PARDAL/PAULO V. D. CORREIA/M. SOUSA LOBO, *Normas Urbanísticas*, Vol. I, cit., p. 207.

[330] Constitui, de facto, doutrina pacífica que, existindo uma divergência entre o preâmbulo e o articulado de um diploma, deve este prevalecer sobre aquele, dado que as notas preambulares dos diplomas legais estão desprovidas de qualquer *força normativa directa*. É assim que ANTÓNIO VITORINO (cfr. *Preâmbulo e Nota Justificativa*, in A Feitura das Leis, Vol. II, Lisboa, INA, 1986, p. 129), apesar de considerar que "o preâmbulo aparece como um resumo sintético das principais disposições normativas que integram o diploma e tem, nessa medida, não só

c) A natureza essencialmente normativa da "parte regulamentar" dos planos dotados de eficácia plurisubjectiva

Chegados a este ponto, é ocasião de perguntar se as disposições da parte dos planos de que estamos a tratar designada como *regulamento* pelo legislador (o qual forma, como dissemos, um todo com as plantas que exprimem graficamente as regras constantes daquele) têm uma *natureza normativa* ou se, pelo contrário, assumem o carácter de simples actos administrativos. A questão não teria qualquer sentido se fosse restringida ao *aspecto formal*, uma vez que o legislador denomina essa parte dos planos como *regulamentos*. Mas o problema da *natureza jurídica* é de *índole material* e, sob este prisma, é legítimo questionar se as disposições do denominado "regulamento" do plano têm um carácter normativo.

A resposta, na nossa opinião, não pode deixar de ser afirmativa. Com efeito, os "regulamentos" dos planos dotados de eficácia plurisubjectiva, e de modo muito particular dos planos municipais, contêm o *regime de uso* do solo, através da sua *classificação* (que determina o destino básico dos terrenos, assentando na distinção fundamental entre *solo rural* e *solo urbano*) e da sua *qualificação* (a qual, atenta a sua

---

o papel didáctico de permitir uma ideia abreviada de qual é o conteúdo do articulado, mas também assinalável relevância interpretativa acerca do diploma em causa", escreve: "convém esclarecer que o preâmbulo não prevalece sobre o articulado, já que não é tão raro quanto se possa pensar surgirem preâmbulos que não coincidem totalmente com textos articulados".

No mesmo sentido se pronuncia J. OLIVEIRA ASCENSÃO, o qual, após caracterizar o preâmbulo das leis como "afirmações formalmente incluídas pelo legislador na própria fonte, sem todavia possuírem carácter vinculativo directo" e de integrá-lo nos *elementos lógicos* da interpretação das leis, refere que "estes elementos, apesar da sua grande autoridade, não tem o mesmo valor do texto. Em si, não têm o sentido de *determinação*, que é o próprio de uma fonte de direito, mas o de esclarecimento (preâmbulo) [...]. Por isso, se houver contradição é o que está no articulado [...] que prevalece [...]". Cfr. *O Direito – Introdução e Teoria Geral, Uma Perspectiva Luso-Brasileira,* 11.ª ed., Coimbra, Almedina, 2001, p. 393 e 394. Cfr., no mesmo sentido, o Acórdão do Tribunal Constitucional n.º 255/92, publicado no *DR*, II Série, de 26 de Agosto de 1992, em *Acórdãos do Tribunal Constitucional,* 22.º Vol. (1992), p. 121 e segs., e no BMJ, N.º 419, p. 176 e segs..

classificação básica, regula o aproveitamento do mesmo em função da utilização dominante que nele possa ser instalada ou desenvolvida, fixando os respectivos usos e, quando admissível, a edificabilidade), bem como da integração do solo urbano em *categorias* que conferem a susceptibilidade de urbanização ou de edificação (cfr. os artigos 71.º, 72.º e 73.º do RJIGT) [331], e encerram a especificação qualitativa e quantitativa dos índices, indicadores e parâmetros de referência, urbanísticos ou de ordenamento (como sucede com os PDM), a definição do zonamento para localização das diversas funções urbanas, designadamente habitacionais, comerciais, turísticas, de serviços e industriais, e a determinação dos indicadores e dos parâmetros urbanísticos aplicáveis a cada uma das categorias e subcategorias de espaços (como acontece com os planos de urbanização), e, bem assim, a distribuição de funções e a definição de parâmetros urbanísticos, designadamente índices, densidade de fogos, número de pisos e cérceas, e a determinação de indicadores relativos às cores e materiais a utilizar (como se passa com os planos de pormenor) [cfr. os artigos 85.º, n.º 1, alínea *j*), 88.º, alíneas *c*) e *h*), e 91.º, n.º 1, alíneas *d*) e *e*), do RJIGT] [332].

---

[331] Acrescente-se que a qualificação do solo urbano determina a definição do perímetro urbano, compreendendo os solos urbanizados, os solos cuja urbanização seja possível programar e os solos afectos à estrutura ecológica necessários ao equilíbrio do sistema urbano, como, por exemplo, parques verdes urbanos e jardins públicos (cfr. o n.º 4 do artigo 73.º do RJIGT).

[332] Alguns conceitos técnico-urbanísticos referidos no texto necessitam de ser aclarados. Já apresentamos, em momento anterior, uma definição genérica dos conceitos de "indicadores" e "parâmetros" urbanísticos. Importa, agora, debruçar-nos sobre outros conceitos urbanísticos.

Assim, *densidade populacional* é o valor numérico expresso em habitantes/ /hectare, correspondente ao quociente entre o número de habitantes existentes ou previstos e a área de uma determinada classe ou categoria de uso do solo, ou ainda de uma sua parte homogénea destinada a fins habitacionais. Por sua vez, *densidade habitacional* é o valor expresso em fogos/hectare, correspondente ao quociente entre o número de fogos existentes ou previstos e a área de uma determinada classe ou categoria de uso do solo, ou ainda de uma sua parte homogénea destinada a fins habitacionais. A densidade populacional e a densidade habitacional podem ser brutas ou líquidas, conformem incluam a área afecta a espaço público (rede viária,

Isto significa que os planos municipais definem, na sua "parte regulamentar", de acordo com a remissão normativa operada pela

---

equipamentos, estacionamentos e áreas verdes), ou excluam a área afecta a equipamentos públicos.

Área urbanizável é a superfície do terreno a infra-estruturar ou susceptível de ocupação para efeitos de construção. *Área de construção* é o valor expresso em metros quadrados, resultante do somatório das áreas brutas de todos os pavimentos, acima e abaixo do solo, medida pelo extradorso das paredes exteriores, com exclusão das garagens (quando situadas totalmente em cave), sótãos sem pé direito regulamentar, instalações técnicas localizadas em cave (v.g., central térmica, posto de transformação, etc.), varandas, galerias exteriores públicas (quando não encerradas), arruamentos e outros espaços livres de uso público cobertos pela edificação. *Área de implantação de construção*, também designada por *área ocupada pelos edifícios* ou *área de terreno ocupada*, define-se como o valor numérico expresso em metros quadrados, correspondente ao somatório das áreas resultantes da projecção no plano horizontal de todos os edifícios (residenciais e não residenciais), incluindo anexos, mas excluindo varandas e platibandas.

Na noção geral de *índices urbanísticos* estão incluídos, entre outros, os conceitos de *índice de construção*, de *índice de implantação* e de *índice volumétrico*. O primeiro, também designado *índice de utilização*, é o quociente entre a área de construção e a área de base onde se pretende aplicar de forma homogénea o índice (área urbana, área urbanizável, área de loteamento, área do lote). O segundo exprime o quociente entre a área de implantação das construções e a área de base onde se pretende aplicar de forma homogénea o índice (área urbana, área urbanizável, área de loteamento, área do lote). E o terceiro, também designado índice de *ocupação volumétrica*, é o valor urbanístico expresso em metros cúbicos/metros quadrados, correspondente à relação entre o volume de construção e a área do terreno que lhe está afecta [o *volume de construção* poderá incluir somente as construções acima do solo ou abranger também as construções abaixo da cota da soleira (sendo esta a demarcação altimétrica do nível do pavimento da porta principal do edifício), com inclusão ou exclusão de caves e pisos técnicos e sótãos não habitáveis].

Quanto ao *número de pisos*, abrange o mesmo os pisos situados acima e abaixo da cota média do terreno. A *cércea* é a dimensão vertical da construção, medida a partir do ponto de cota média do terreno marginal no alinhamento da fachada até à linha superior do beirado, platibanda ou guarda do terraço, incluindo andares recuados, mas excluindo acessórios, tais como chaminés, casa de máquinas de ascensores, depósitos de água, etc. Da *cércea* distingue-se a *altura total da construção*, que é a dimensão vertical máxima da construção, medida a partir do ponto de cota média do terreno no alinhamento da fachada até ao ponto mais alto da constru-

Constituição e pela lei, o conteúdo do direito de propriedade do solo, contendo, deste modo, preceitos jurídicos criados *ex novo*, que não constam de quaisquer instrumentos normativos anteriores. Têm, por isso, um carácter indubitável de *inovação jurídica*. Estas afirmações serão aprofundadas e comprovadas quando abordarmos, mais adiante, os efeitos dos planos municipais no regime do direito de propriedade do solo. Às regras jurídicas do "regulamento" dos planos estão sujeitos todos aqueles que vierem no futuro a solicitar à Administração uma licença ou a admissão de uma comunicação prévia para realizar uma operação urbanística.

A nossa opinião da natureza essencialmente normativa da parte regulamentar dos planos directa e imediatamente vinculativos poderá ser confrontada com o reparo de que o *objecto* das suas disposições são os terrenos em concreto, incluídos nas zonas em que é dividido o território. O plano constituirá a definição da situação jurídica de uma *coisa concreta*, isto é, de um conjunto determinado de terrenos, e só em relação a ela tem sentido. Noutros termos, as disposições daqueles planos definem o *estatuto jurídico* de uma coisa concreta (os terrenos incluídos nas diferentes *zonas*). Faltar-lhe-ia, por isso, o carácter de *abstracção* próprio da norma jurídica. Das características tra-

---

ção, incluindo a cobertura, mas excluindo acessórios e elementos decorativos. Por último, o *alinhamento* é, como já sabemos, uma das técnicas urbanísticas mais antigas e consiste na linha que separa em planta uma via pública dos edifícios e terrenos contíguos, a qual é definida pela intercepção dos planos verticais das fachadas com o plano horizontal dos arruamentos adjacentes.

A encerrar a aclaração destes conceitos urbanísticos, resta-nos acrescentar que o *índice de utilização do solo,* a *densidade habitacional* e a *altura total da fachada* (até ao beirado) permitem, no seu conjunto, quantificar a ocupação, uso e transformação do solo, sem prejuízo da utilização, nos planos, de outros parâmetros urbanísticos, como cérceas, alinhamentos, profundidades de empena (que estabelecem a distância entre os planos das fachadas principais e de tardoz), áreas de cedência para equipamentos e para protecção e enquadramento, dimensões mínimas dos lotes, etc.

Sobre estes e outros conceitos urbanísticos, cfr. *Indicadores e Índices Urbanísticos,* cit., p. 6-24; *Vocabulário Urbanístico,* 2.ª ed., Lisboa, DGOTDU, 1994, p. 11-109; e M. COSTA LOBO/SIDÓNIO PARDAL/PAULO V. D. CORREIA/M. SOUSA LOBO, *Normas Urbanísticas,* vol. I, cit., p. 223-255.

dicionais da norma jurídica o plano só teria a *generalidade,* uma vez que o *estatuto jurídico* dos terrenos aplica-se não apenas aos titulares de direitos reais no momento da entrada em vigor das disposições do plano, mas ainda a todos aqueles que os venham a adquirir no futuro. Ou, de outra maneira, o referido *estatuto jurídico* do solo constante do plano é definido sem consideração dos respectivos proprietários. Esta objecção tem como resultado a consideração dos "regulamentos" dos planos dotados de eficácia plurisubjectiva como *actos administrativos gerais.*

Somos, no entanto, de parecer que a referida objecção não obsta ao reconhecimento de uma natureza essencialmente *normativa* à parte regulamentar daquele tipo de planos. Na verdade, o postulado segundo o qual a norma jurídica terá de ser necessariamente geral e abstracta não pode mais ser aceite. Segundo pensamos, a *normatividade* não anda associada exclusivamente à generalidade e à abstracção, existe também nos actos de *criação* ou *inovação jurídicas.* E esta última característica é perfeitamente compatível com a figura de acto administrativo geral.

Poderemos, então, concluir que tanto a tese que atribui *natureza materialmente regulamentar* às correspondentes disposições dos planos directa e imediatamente vinculativos dos particulares, como a que as considera como *actos administrativos gerais* de conteúdo *normativo, preceptivo ou conformativo* se apresentam idóneas para traduzir a índole *jurisgénica* daquela espécie de planos [333].

---

[333] O Supremo Tribunal Administrativo vem afirmando, em jurisprudência reiterada e constante, que os planos municipais de ordenamento do território têm a natureza de *regulamento administrativo.* Cfr., *inter alia,* os anteriormente citados Acórdãos da 1.ª Secção do Supremo Tribunal Administrativo de 17 de Outubro de 1995 (Proc. n.º 35829), de 8 de Abril de 1997 (Proc. n.º 38991), de 8 de Julho de 1997 (Proc.º n.º 38632) e de 30 de Setembro de 1997 (Proc. n.º 38991).

Importa, no entanto, adiantar que os planos municipais de ordenamento do território, entendidos como revestindo, sob o ponto de vista material, a natureza de regulamentos, não são *regulamentos autónomos* idênticos àqueles que os municípios podem elaborar, nos termos do artigo 241.º da Constituição, sobre matérias das suas *atribuições específicas,* isto é, sobre assuntos ou tarefas que se relacionam específica e directamente com as comunidades locais e que por elas devam ser

24. A discricionaridade de planeamento e os princípios jurídicos estruturais dos planos

24.1. *A discricionaridade de planeamento*

Como já tivemos oportunidade de referir, a actividade administrativa de planificação territorial é caracterizada por uma ampla "discricionaridade de planeamento" (*Planungsermessen*) ou, noutros termos, por uma significativa "liberdade de conformação" (*Gestaltungsfreiheit*) ou, ainda, por uma acentuada "discricionaridade de consequências jurídicas" (*Rechtsfolgeermessen*)[334]. Quer isto dizer que a lei não deixa

---

prosseguidos em auto-responsabilidade. É que, como já foi múltiplas vezes realçado, as matérias sobre que incidem os planos municipais – as matérias do urbanismo e do ordenamento do território – são assuntos que coenvolvem interesses *gerais*, *estaduais* ou *nacionais* e interesses *locais*. Por isso, sendo embora os planos municipais de ordenamento do território elaborados e aprovados pelos *órgãos municipais*, eles são, como vimos, o produto de uma intensa colaboração entre o Estado e os municípios, sendo múltiplas as intervenções daquele ente público, no procedimento da sua formação, com vista à tutela dos interesses nacionais relacionados com a ocupação, uso e transformação do solo, tutela essa que está constitucionalmente cometida ao Estado.

À luz deste contexto, somos de opinião que o entendimento dos planos municipais de ordenamento do território como *regulamentos autónomos*, alicerçados no artigo 241.º da Constituição, não é o mais adequado. Mais correcta é, na nossa óptica, a concepção dos mesmos como *regulamentos autorizados* que, com base numa habilitação constitucional (sediada no artigo 65.º, n.º 4, da Constituição) e legal (localizada na legislação respeitante ao ordenamento do território e ao urbanismo), visam a definição das regras de ocupação, uso e transformação do solo, nas quais estão implicados interesses *nacionais* e *locais* (ou *municipais*). Daí que nos suscite fundadas reservas a qualificação feita pelo Acórdão da 1.ª Secção do Supremo Tribunal Administrativo de 11 de Janeiro de 2001 (Proc. n.º 45 861) das *medidas preventivas* dos planos municipais de ordenamento do território – cuja natureza jurídica é, como se salientou, idêntica à destes – como *regulamentos autónomos* [cfr o texto deste aresto nos CJA, N.º 29 (2001), p. 47 e segs., com uma *Anotação* de FERNANDA PAULA OLIVEIRA].

[334] As expressões "discricionaridade de planeamento" e "liberdade de conformação" são muitas vezes utilizadas como sinónimas. Mas na opinião de W.

de reconhecer à entidade planificadora um alargado *poder discricionário* na escolha das soluções que considerar mais adequadas e correctas no contexto do desenvolvimento urbanístico de um determinado território. Nem poderia ser de outra maneira, dado que a actividade de planificação é uma tarefa de previsão, na qual o conhecimento da realidade urbanística local e o *juízo de prognose* sobre a evolução futura dos processos urbanísticos – o qual se caracteriza por "avaliações projectadas no futuro" (sobre o desenvolvimento económico, demográfico, etc.)[335] – desempenham um papel primordial.

De facto, a regulamentação ou a vinculação estrita por parte da lei da actividade de planeamento roubaria "à Administração a maleabilidade e a adaptabilidade às condições de cada caso concreto"[336], impediria que a Administração procurasse a *melhor solução* do ponto de vista do interesse público urbanístico[337] e tornaria praticamente impossível a elaboração e a aprovação de planos adequados às realidades e aos problemas urbanísticos locais. Assiste-se, por isso, a um reconhecimento pela lei aos órgãos com competência planificatória de uma zona de liberdade[338], a qual pode abranger a *decisão de elaborar*,

---

BROHM, a discricionaridade de planeamento tem a ver, sobretudo, com a questão de saber se o município pretende de todo elaborar um plano (relacionando-se, por isso, com a dicotomia liberdade de planeamento/obrigação de planeamento) e com o modo como ele vai moldar o conteúdo do mesmo. Em contrapartida, a liberdade de conformação é usada principalmente para exprimir este último aspecto, isto é, a discricionaridade do conteúdo do plano. Cfr. *ob. cit.*, p. 187.

[335] Cfr. S. COGNETTI, *ob. cit.*, p. 135.

[336] Cfr. A. R. QUEIRÓ, *O Poder Discricionário da Administração*, Coimbra, Coimbra Editora, 1944, p. 256.

[337] Sobre a ideia de que a discricionaridade obriga o órgão administrativo a encontrar a melhor solução para o interesse público, cfr. R. EHRHARDT SOARES, *Interesse Público, Legalidade e Mérito*, cit., p. 146-149; D. FREITAS DO AMARAL, *Curso de Direito Administrativo*, Vol. II, cit., p. 80-82; e J. C. VIEIRA DE ANDRADE, *O Ordenamento Jurídico Administrativo*, cit., p. 46 e 47, e *O Dever de Fundamentação Expressa de Actos Administrativos*, Coimbra, Almedina, 1991, p. 374 e 375.

[338] Cfr. L. BENVENUTI, *La Discrizionalità Amministrativa*, Padova, Cedam, 1982, p. 252.

ou não, um plano (o *an* da decisão), a escolha do *momento* da elaboração do plano (o *quando* da decisão), a faculdade de apor, ou não, ao plano *condições, termos, modos* ou *outras cláusulas acessórias* (*quomodo* da decisão) e a determinação do *conteúdo* do plano (o *quid* da decisão)[339], designada justamente, como se disse, por *discricionariedade de planeamento* (*Planungsermessen*)[340].

É no domínio do *conteúdo* do plano, ou seja, no campo das soluções a adoptar quanto ao regime de ocupação, uso e transformação do território por ele abrangido, que ganha maior expressão o chamado *princípio da discricionariedade de planificação da Administração*. A *discricionariedade da autoridade que elabora e aprova* o plano assume particular relevância quando esta determina o chamado *zonamento funcional*, estabelecendo os destinos ou vocações das várias parcelas do território por ele abrangidas[341].

Apesar de a discricionariedade de planeamento comungar das características essenciais da *discricionariedade da Administração* (*Verwaltungsermessen*), não deixa ela de apresentar algumas especificidades em relação a esta. Uma dessas especificidades da discricionariedade planificatória em face da discricionariedade administrativa normal traduz-se na circunstância de naquela se chegar à composição do quadro complexo dos interesses através de "pré-decisões", que dão forma cada vez mais precisa ao arranjo definitivo das escolhas[342]. Poderá dizer-se, neste contexto, que se verifica uma redução do espaço de discricionariedade à medida que se vai desenvolvendo o procedimento de planeamento: aquele é muito amplo no momento inicial do procedimento, quando são definidos os *objectivos* do plano e escolhido o *modelo territorial* proposto, e vai-se atenuando quando se avança para a escolha de outras soluções mais específicas, que hão-de ser coerentes

---

[339] Cfr. A. R. QUEIRÓ, *Lições*, cit., p. 65; D. FREITAS DO AMARAL, *Curso*, Vol. II, cit., p. 92-94; e L. BENVENUTI, *ob*. e *loc. cits.*.

[340] Cfr. E. SCHMIDT-ASSMANN, *Grundfragen*, cit., p. 160-166; e W. BROHM, *ob. cit.*, p. 187-190.

[341] Cfr. L. MAROTTA, *Pianificazione Urbanistica e Discrezionalità Amministrativa*, Padova, Cedam, 1988, p. 27.

[342] Cfr. a nossa obra *O Plano Urbanístico*, cit., p. 260, nota 159.

com as opções previamente tomadas[343]. Outra dessas particularidades relaciona-se com o facto de a discricionaridade de planificação se caracterizar por uma *situação complexa de decisões (komplexe Entscheidungssituation)*. De facto, como assinala W. BROHM, enquanto na discricionaridade administrativa comum o círculo de questões é relativamente limitado e simples, tendo, além disso, a maior parte dos conflitos de interesses sociais sido decidida pelo legislador na definição dos pressupostos hipotéticos e na determinação das consequências jurídicas, devendo a Administração somente adaptar a superação geral de conflitos prevista na lei às especificidades do caso concreto, na discricionaridade de planeamento estão implicadas variadíssimas decisões singulares, as quais devem ser conciliadas umas com as outras, de modo a reuni-las num todo. Para esse efeito, devem ser tomados em consideração os numerosos interesses públicos e privados colidentes para ser realizada a sua coordenação e serem entrelaçados numa unidade[344].

Tal como sucede na discricionaridade administrativa comum, também a discricionaridade de planeamento se apresenta, hoje, como uma *concessão legislativa*, determinada pela interpretação das normas legais, e não como um poder originário da Administração, e caracteriza-se como um espaço *funcional* e *materialmente jurídico* – ela representa, na verdade, o preenchimento de uma *lacuna intralegal*

---

[343] Cfr. A. FERNÁNDEZ CARBALLAL, *El Urbanismo Finalista, A Propósito del Principio de Menor Restricción en el Derecho de Propiedad*, Madrid, Civitas, 2002, p. 155 e 156.

[344] Cfr. *ob. cit.*, p. 187 e 188. Ainda segundo o mesmo autor, a forma das leis clássicas, que, com base na definição dos pressupostos, determinam com precisão as consequências jurídicas, segundo o esquema "se..., então" (*programa condicional*), não é aplicável às situações complexas de planeamento. Daí que as leis de planeamento se tenham de limitar a definir certos fins ou objectivos e alguns instrumentos e competências (*programa final*). Neste contexto, a Administração pode ela própria decidir, com base em cada situação concreta de planeamento, quais dos objectivos propostos que deverão ser alcançados e, bem assim, de que modo e com que dimensão devem ser atingidos. Tudo isto é realizado através de uma avaliação e de uma pesagem de cada um dos objectivos, de acordo com a "obrigação de ponderação". Cfr. *ob.* e *loc. cits.*.

aberta pelo legislador[345] e constitui um modo particular de realização pela Administração da "Ideia de Direito" –, onde a Administração tem de respeitar escrupulosamente as vinculações legais, actuar segundo os princípios jurídicos fundamentais (igualdade, proporcionalidade, justiça, imparcialidade, boa-fé e racionalidade, entre outros) e observar estritamente os direitos, liberdades e garantias dos cidadãos[346].

O espaço da discricionaridade de planeamento está, assim, sujeito, a uma série de limitações. Elas resultam essencialmente daquilo que designamos por "princípios jurídicos fundamentais ou estruturais dos planos". Uns são de carácter *externo* e outros de índole *interna*. Os primeiros definem a *moldura* da discricionaridade de planeamento, limitam-na do *exterior*, estabelecendo limitações ou condicionamentos que têm de ser obrigatoriamente observados antes de o órgão competente se debruçar sobre uma determinada decisão de planificação. Os segundos colocam, no *interior* do espaço da discricionaridade de planeamento, limitações na escolha entre as várias soluções alternativas a consagrar numa concreta decisão planificatória[347].

Vamos referir-nos aos mais significativos[348].

---

[345] Cfr. R. EHRHARDT SOARES, *Administração Pública e Controlo Judicial*, cit., p. 228 e 229. Na mesma linha, sublinham MARCELLO REBELO DE SOUSA/ANDRÉ SALGADO MATOS que a discricionaridade "só existe na medida em que seja conferida por lei e na medida em que não seja ultrapassado qualquer limite imposto pelo bloco de legalidade". Cfr. *Direito Administrativo Geral*, Tomo I, Lisboa, Dom Quixote, 2004, p. 194 e segs.. Cfr. também MARCELLO REBELO DE SOUSA, *Lições de Direito Administrativo*, Vol. I, Lisboa, Lex, 1999, p. 105.

[346] Para uma síntese da discricionaridade administrativa, elaborada com objectivos pedagógicos, cfr. J. EDUARDO FIGUEIREDO DIAS/FERNANDA PAULA OLIVEIRA, *Discricionaridade Administrativa*, in Scientia Juridica, N.ᵒˢ 280/282 (Julho/Dezembro de 1999), p. 371-386.

[347] Cfr. W. BROHM, *ob. cit.*, p. 190-194.

[348] Cfr., sobre esta problemática, as nossas obras *O Plano Urbanístico*, cit., p. 286-298, *O Contencioso dos Planos Municipais de Ordenamento do Território*, cit., p. 26-31, e *As Grandes Linhas*, cit., p. 53-61.

24.2. *Os princípios jurídicos estruturais dos planos*

24.2.1. *O princípio da legalidade. As suas expressões mais relevantes*

O primeiro desses princípios (de natureza externa) é, naturalmente, o da *legalidade*. Apresentando-se como uma manifestação da actividade da Administração Pública, os planos territoriais (com excepção daqueles que assumem a forma de lei ou de decreto-lei) estão necessariamente vinculados à lei – é esta, desde logo, uma exigência do artigo 266.º, n.º 2, da Constituição. As vinculações estabelecidas na lei tocam vários aspectos do plano e assumem diversos graus de intensidade. O *princípio da legalidade* dos planos apresenta diferentes *expressões* ou *manifestações*.

a) A homogeneidade da planificação

Este princípio tem, entre nós, uma aplicação circunscrita ao plano director municipal e está expressamente contemplado no artigo 84.º, n.º 1, do RJIGT. O seu significado é o de que a lei pretendeu sujeitar as áreas urbanas e rurais a um mesmo tipo de plano – justamente o PDM –, com a finalidade de equiparar ou de parificar as condições de vida na cidade e no campo [349]. A inclusão do planeamento das áreas urbanas e rurais num mesmo instrumento (o PDM) não impede que partes determinadas do território municipal venham a ser objecto de uma planificação específica, de acordo com as suas características particulares, mediante a elaboração de planos de urbanização e de planos de pormenor (cfr. os artigos 87.º e 90.º, do RJIGT).

b) A tipicidade dos planos

Com este princípio quer expressar-se a ideia de que a Administração não pode elaborar os planos que entender, mas apenas aqueles

---

[349] Cfr. E SCHMIDT-ASSMANN, *Grundfragen,* cit, p. 69, 70; e W. ERNST//W. HOPPE, *ob. cit.*, p. 134.

que a lei prevê de modo *típico*. É a lei que determina a *designação* ou o *nome* dos planos, define os respectivos *fins* ou *objectivos* e estabelece os elementos que compõem o seu *conteúdo material* (embora este assuma, no plano de urbanização e no plano de pormenor, um *carácter flexível*, devendo ser "apropriado às condições da área territorial a que respeita e aos objectivos previstos nos termos de referência e na deliberação municipal que determinou a sua elaboração") e *documental*[350]. Assim, a Administração só pode elaborar os planos territoriais tipificados na lei[351].

O princípio da *tipicidade* dos planos tem servido, frequentes vezes, de fundamento à recusa de ratificação de disposições de Regulamentos de PDM que remetiam a sua densificação para figuras planificatórias não contempladas na lei. Isso verificou-se em múltiplas resoluções do Conselho de Ministros de ratificação de PDM, no âmbito da vigência do Decreto-Lei n.º 69/90, de 2 de Março[352].

---

[350] Cfr. W. ERNST/W. HOPPE, *ob. e loc. cits.*; e E. SCHMIDT-ASSMANN, in ERNST/ZINKAHN/BIELENBERG, *ob. cit.*, § 1.º, p. 4a e 4b.

[351] Também no direito do urbanismo italiano, a doutrina e a jurisprudência vêm realçando o carácter *nominativo* e *típico* dos planos urbanísticos, como corolário do princípio mais geral da legalidade, vincando que os instrumentos urbanísticos aplicáveis de modo legítimo são aqueles que estão previstos na lei, em quantidade limitada, excluindo-se, por isso, a faculdade de a Administração introduzir novas categorias de instrumentos de planificação urbanística. Cfr. MASSIMO OCCHIENA, *Rapport Italien*, Le Contenu des Plans d'Urbanisme et d'Aménagement dans les Pays d'Europe de l'Ouest, Colloque International de Genève-Lausanne, Les Cahiers du GRIDAUH, N.º 15 (2006), p. 286.

[352] Manifestações do princípio da *tipicidade* dos planos municipais podem ver-se, por exemplo, no preâmbulo da Resolução do Conselho de Ministros n.º 24/94 (*DR*, I Série-B, de 22 de Abril de 1994) – que ratificou o PDM de Coimbra –, onde se afirma que a figura de "estudos de conjunto", referida no artigo 70.º do Regulamento daquele plano, *"não existe"*, pelo que a densificação das orientações globais do plano e a modificação de alguma ou algumas das suas disposições apenas podem ter lugar "pelas formas previstas no Decreto-Lei n.º 69/90, de 2 de Março, designadamente através de planos de pormenor e de planos de urbanização", e, bem assim, no exórdio da Resolução do Conselho de Ministros n.º 33/94 (*DR*, I Série-B, de 17 de Maio de 1994) – que ratificou o PDM da Maia –, onde se esclarece que os instrumentos de planeamento referenciados

Tais figuras planificatórias, como os planos de alinhamento e cérceas e projectos urbanos, tinham, no entanto, devido à simplicidade da sua estrutura e à sua flexibilidade, uma grande importância para um correcto ordenamento urbanístico do espaço. Por isso, o n.º 2 do artigo 91.º do Decreto-Lei n.º 380/99 veio, quanto aos planos de pormenor, aligeirar o *princípio da tipicidade*, admitindo, ao lado dos normais planos de pormenor, a possibilidade de os mesmos adoptarem, por deliberação da câmara municipal, uma das seguintes modalidades simplificadas: projecto de intervenção em espaço rural; plano de edificação em área dotada de rede viária, caracterizando os volumes a edificar, com definição dos indicadores e parâmetros urbanísticos a utilizar; plano de conservação, reconstrução e reabilitação urbana, designadamente de zonas históricas ou de áreas críticas de recuperação e reconversão urbanística; plano de alinhamento e cércea, definindo a implantação da fachada face à via pública; e projecto urbano, definindo a forma e o conteúdo arquitectónico a adoptar em área urbana delimitada, estabelecendo a relação com o espaço envolvente.

Todavia, como já sabemos, o actual RJIGT, na versão do Decreto-Lei n.º 316/2007, aboliu a figura dos planos de pormenor de *modalidade simplificada*, pela figura de *modalidades específicas* de plano de pormenor, as quais, nos termos do artigo 91.º-A, n.º 2, daquele Regime, são de três espécies: o plano de intervenção no espaço rural, o plano de pormenor de reabilitação urbana e o plano de pormenor de salvaguarda. Também estas *modalidades específicas* de plano de pormenor, que acrescem à *modalidade normal* de plano de pormenor, são, devido à flexibilidade do seu conteúdo, que deve ser adaptado às finalidades particulares de intervenção de cada um dos planos que as integram, em certa medida, um aligeiramento do *princípio da tipicidade* dos planos.

---

na alínea *a*) do n.º 2 do artigo 17.º e no n.º 2 do artigo 26.º do Regulamento "devem reconduzir-se aos previstos no Decreto-Lei n.º 69/90, de 2 de Março, pois não existem as figuras de «plano de alinhamentos e cérceas» e de «estudo urbanístico»".

c) O desenvolvimento urbanístico em conformidade com o plano e a obrigação de planificação

Em regra, a Administração é detentora de um poder discricionário quanto ao *an* da decisão de planeamento, cabendo-lhe avaliar os pressupostos da necessidade ou não da elaboração de um plano urbanístico. Possui, além disso, em geral, um poder discricionário no que diz respeito à escolha do *quando* ou do *momento* da elaboração de um plano.

A referida discricionaridade está, porém, sujeita a limitações. Em primeiro lugar, uma limitação importante é a que resulta do princípio elaborado pela doutrina alemã do *desenvolvimento urbanístico em conformidade com o plano*. Este princípio – que tem a ver directamente com o *fundamento* ou a *razão de ser* do plano – significa que o desenvolvimento e a evolução urbanísticas não podem ser deixados ao respectivo "crescimento natural" ("natürliches Wachsen")[353], antes devem ser ordenados e disciplinados pelos planos urbanísticos previstos na lei. Subjacente ao citado *princípio* está também a ideia de que o desenvolvimento urbanístico não deve ser realizado mediante *decisões individuais*, não enquadradas por um instrumento de planificação urbanística[354].

Em segundo lugar, a lei criou mesmo uma *obrigação* de elaboração de alguns tipos de planos, pelo que em relação a eles a autoridade administrativa não goza de qualquer poder discricionário quanto ao *an* da decisão. É o que acontece, desde logo, com o *dever* legal que impende sobre os municípios de elaboração do plano director municipal (cfr. o artigo 84.°, n.° 4, do RJIGT). Ou ainda com a *obrigação* que incide sobre os municípios com mais de 30.000 habitantes de criação de *áreas de desenvolvimento urbano prioritário e áreas de construção prioritária* em todas as aglomerações com mais de 2.500 habitantes (cfr. o artigo 1.°, n.° 1, do Decreto-Lei n.° 152/82)[355].

---

[353] Cfr. E. SCHMIDT-ASSMANN, *Grundfragen*, cit, p. 70.
[354] Cfr. E. SCHMIDT-ASSMANN, *Grundfragen*, loc. cit.; e in ERNST/ZINKAHN//BIELENBERG, *ob. cit.*, § 1.°, p. 4 e segs.; e W. ERNST/W. HOPPE, *ob. e loc. cits.*.
[355] O artigo 53.°, n.° 1, da Lei do Património Cultural (Lei n.° 107/2001, de 8 de Setembro) criou também uma *obrigação* de planificação, ao prescrever

Este *dever de planificação* constitui um aprofundamento do *princípio do desenvolvimento urbanístico em conformidade com o plano*[356].

A obrigação de os municípios elaborarem o PDM condensada no artigo 84.º, n.º 4, do RJIGT, e cuja inobservância dá origem a uma pesada sanção, é o epílogo de uma longa evolução histórica. Vale a pena referir, em termos genéricos, o modo como o legislador, ciente de que os PDM constituem um instrumento básico para um correcto ordenamento do território, se tem empenhado, ao longo dos anos, em conseguir que os municípios fiquem dotados de PDM plenamente eficazes[357].

Já em 1934, o legislador considerou ser indispensável que todas as câmaras municipais possuíssem plantas topográficas, em escalas apropriadas, das zonas urbanas de maior interesse público; e considerou, bem assim, ser necessário que não se empreendessem quaisquer trabalhos de urbanização que não estivessem subordinados a um plano convenientemente delineado com a previsão do futuro, de tal sorte que o valor intrínseco das obras encetadas pudesse crescer à medida que a execução do plano se fosse desenvolvendo. Nesse entendimento, decidiu o legislador que o levantamento das plantas topográficas se fizesse "sob a direcção e fiscalização do Governo" e que os planos de urbanização a organizar sobre essas plantas fossem elaborados por iniciativa das câmaras municipais, segundo as bases que o Governo estabelecesse, para dar unidade e eficiência ao trabalho dos municípios (cfr. o preâmbulo do Decreto-Lei n.º 24802, de 21 de Dezembro de 1934). Nesse decreto-lei, dispôs-se, no artigo 1.º, que

---

que o acto que decrete a classificação de monumentos, conjuntos ou sítios, ou em vias de classificação como tal, *obriga* o município, em parceria com os serviços da administração central ou regional autónoma responsáveis pelo património cultural, ao estabelecimento de um *plano de pormenor de salvaguarda* para a área a proteger. Este é, como já referimos, nos termos da alínea *c*) do n.º 2 e do n.º 7 do artigo 91.º-A do RJIGT, uma *modalidade específica* de plano de pormenor.

[356] Cfr. W. ERNST/W. HOPPE, *ob. cit.*, p. 136 e 137.
[357] Cfr., sobre este ponto, a nossa obra *As Grandes Linhas*, cit., p. 15 e 16, nota 1.

as câmaras municipais do continente e ilhas adjacentes eram obrigadas a promover o levantamento de plantas topográficas e a elaboração de planos gerais de urbanização das sedes dos seus municípios. No artigo 2.º, impôs-se igual obrigação relativamente às localidades com mais de 2.500 habitantes que, entre dois recenseamentos oficiais consecutivos, acusassem um aumento superior a 10 por cento, e aos centros urbanos ou zonas de interesse turístico, recreativo, climático, terapêutico, espiritual, histórico ou artístico constantes de lista a publicar pelo Governo. No artigo 8.º, impôs-se às câmaras municipais a obrigação de submeter à apreciação do Governo os planos gerais de urbanização elaborados nos termos deste diploma, a fim de, como resulta do § 3.º, serem por ele aprovados. E, no artigo 15.º, dispôs-se que, depois de 1 de Janeiro de 1940, nenhuma expropriação por utilidade pública para a abertura de novas ruas ou para a execução de outros trabalhos de urbanização seria autorizada pelo Governo sem que as câmaras municipais interessadas demonstrassem que o trabalho projectado fazia parte de plano de urbanização elaborado e aprovado nos termos desse decreto-lei.

Posteriormente, foi publicado o Decreto-Lei n.º 33921, de 5 de Setembro de 1944, com o propósito de reunir a legislação em vigor, dispersa por vários diplomas, sobre levantamentos topográficos e planos de urbanização das cidades, vilas e outras localidades do País, aproveitando o legislador para introduzir algumas alterações a essa legislação e, bem assim, disposições novas que a experiência aconselhara (cfr. o respectivo preâmbulo). Nos artigos 1.º e 2.º deste diploma legal, impôs-se às câmaras municipais a obrigação de promoverem o levantamento de plantas topográficas e a elaboração de planos gerais de urbanização e expansão das sedes dos seus municípios e de outras localidades; no artigo 10.º, impôs-se-lhes a obrigação de submeterem à aprovação do Governo as plantas topográficas e os planos gerais de urbanização e expansão, no prazo de três anos a contar da data da sua conclusão; e, no artigo 21.º, prescreveu-se que, decorrido esse prazo, nenhuma expropriação por utilidade pública para a abertura de novas ruas ou para a execução de outros trabalhos de urbanização ou expansão seria autorizada pelo

Governo sem que se demonstrasse que o trabalho projectado fazia parte de um plano de urbanização ou expansão elaborado nos termos desse decreto-lei.

Mais tarde, em 1971, foi publicado o Decreto-Lei n.º 560/71, de 17 de Dezembro, que revogou o citado Decreto-Lei n.º 33921. O seu objectivo foi, como sublinha o preâmbulo, definir mais claramente a hierarquia dos planos de urbanização e conferir aos planos sujeitos à aprovação do Ministério das Obras Públicas um carácter mais geral e menos rígido; atribuir aos municípios poderes mais latos para a aprovação dos planos de pormenor, referentes a sectores urbanos integrados em planos gerais ou parciais já aprovados; tornar obrigatória a audiência dos interessados, mediante aviso público, quanto à aprovação dos planos propostos à aprovação do Governo; e estabelecer condições favoráveis de financiamento, por parte do Estado, da elaboração dos planos de urbanização e do levantamento das respectivas plantas topográficas, condições que deverão constituir incentivos eficazes à revisão dos planos vigentes e à organização de novos planos, por forma a dotar os centros urbanos e outras localidades ou zonas do País com os indispensáveis instrumentos de disciplina e promoção urbanística e de aplicação da política de solos legalmente estabelecida, proporcionando, ao mesmo tempo, oportuna execução das directivas de planeamento regional fixadas pelo Governo. Assim, os artigos 1.º e 2.º continuaram a impor às câmaras municipais a obrigação de promover a elaboração de planos gerais de urbanização das sedes dos municípios e de certas outras localidades, que, nos termos do artigo 3.º, n.ºs 1 e 4, deviam apresentar à aprovação do Ministro das Obras Públicas, por intermédio da Direcção Geral de Urbanização. O artigo 9.º, n.º 1, dispôs que os municípios podiam beneficiar de comparticipações concedidas pelo Estado nas seguintes percentagens máximas: 75 por cento, para o levantamento de plantas topográficas e para a elaboração dos planos gerais ou parciais de urbanização; 50 por cento, para a elaboração de planos de pormenor. De sua parte, o artigo 11.º preceituou, no seu n.º 1, que, decorridos três anos sobre a data da entrada em vigor deste diploma legal, nenhuma expropriação por utilidade pública para a abertura de novas ruas ou para a execução de outros trabalhos de urbanização seria autorizada pelo Governo, sem que se demonstrasse que o trabalho projectado fazia parte de um plano geral ou parcial de urbanização ou de um plano de pormenor, elaborado e aprovado nos termos desse decreto-lei; e, no n.º 2, acrescentou que a aquisição de terrenos pelas câmaras municipais, ao abrigo do disposto nos artigos 24.º a 42.º do Decreto-Lei n.º 576/70, de 24 de Novembro, e a concessão dos subsídios, empréstimos e garantias a que se refere o artigo 52.º do mesmo diploma, dependia, quanto às áreas sujeitas a plano de urbanização nos termos desse decreto-lei, da aprovação pelo Ministro das Obras Públicas dos respectivos planos gerais, parciais ou de pormenor.

Passados anos, o Decreto-Lei n.º 384/87, de 24 de Dezembro (alterado pelo Decreto-Lei n.º 319/2001, de 10 de Dezembro) – que definiu as condições para a participação do Estado no financiamento de projectos de investimento da responsabilidade dos diferentes níveis da Administração Pública, através da celebração de contratos-programa e de acordos de colaboração (cfr. o preâmbulo) – veio dispor, no artigo 6.º, n.º 1, alínea a), que, na celebração de contratos-programa para a realização de investimentos, só seriam consideradas as propostas cujos projectos se localizassem em áreas abrangidas por plano director municipal plenamente eficaz; ou seja, só podiam ser comparticipados financeiramente pela administração central os empreendimentos localizados em áreas abrangidas por plano director municipal que, uma vez elaborado pela respectiva câmara municipal e aprovado pela assembleia municipal (cfr. os artigos 12.º, n.º 1, e 15.º, n.º 1, do Decreto-Lei n.º 208/82, de 26 de Maio), tivesse sido ratificado pelo Governo (cfr. o artigo 16.º do mesmo Decreto-Lei n.º 208/82), dando-se a devida publicidade a essa ratificação (cfr. o artigo 25.º do mencionado Decreto-Lei n.º 208/82). E o artigo 17.º, n.º 2, daquele Decreto-Lei n.º 384/87 continha disciplina idêntica relativamente à celebração de acordos de colaboração nos domínios técnico e financeiro entre os municípios e departamentos da administração central para a realização de certos empreendimentos: também a celebração destes acordos dependia de os projectos se localizarem em áreas abrangidas por plano director municipal plenamente eficaz.

Semelhantemente, o Decreto-Lei n.º 363/88, de 14 de Outubro – que, lê-se no preâmbulo, veio estabelecer os critérios e o processo de concessão de subsídios e comparticipações do Estado às autarquias locais em certos casos especiais, como o de calamidade pública (cfr. o artigo 1.º) – dispôs que a concessão desses auxílios financeiros, que pode chegar a atingir 55 por cento do custo previsto [cfr. o artigo 6.º, n.º 1, alínea b)], depende, em regra, de as "acções a empreender" se localizarem em áreas abrangidas por plano director municipal plenamente eficaz [cfr. o citado artigo 6.º, n.º 1, alínea a)]. Mas o artigo 10.º logo acrescentou que, até 1 de Janeiro de 1992, poderiam ser concedidos auxílios financeiros, ainda que as respectivas acções se desenvolvessem em áreas não abrangidas por planos directores municipais ratificados (n.º 1); que, até essa data (1 de Janeiro de 1992), o Estado poderia conceder uma participação financeira aos municípios que procedessem à elaboração de planos directores municipais, no montante máximo de 50 por cento do respectivo custo, nos termos a definir por despacho conjunto dos Ministros do Planeamento e da Administração do Território e das Obras Públicas, Transportes e Comunicações; e que, nesse período de tempo (ou seja, até 1 de Janeiro de 1992), a participação financeira do Estado para "acções" que se desenvolvessem em áreas abrangidas por plano director municipal plenamente eficaz podia ser majorada até 10 por cento (n.º 3).

É justamente ao abrigo do disposto no n.º 2 do artigo 10.º do Decreto-Lei n.º 363/88 acabado de citar que é editado o Despacho Conjunto do Ministro do Planeamento e da Administração do Território e do Ministro das Obras Públicas, Transportes e Comunicações, de 31 de Janeiro de 1989 (publicado no *Diário da República*, II série, de 10 de Novembro de 1989). Aí se prescreveu que poderia ser concedida uma comparticipação financeira, no montante máximo de 50 por cento dos respectivos custos, aos municípios que procedessem à elaboração de planos directores municipais (n.º 1), devendo as câmaras municipais que pretendessem beneficiar de tal comparticipação proceder à abertura de concursos e celebração de contrato escrito para elaboração do plano director municipal, de acordo com o disposto no Decreto-Lei n.º 390/82, de 17 de Setembro (n.º 3), e apresentar a sua candidatura, devidamente instruída, à Direcção-Geral da Administração Autárquica (n.º 7). E, no n.º 8, acrescentou-se que podiam igualmente beneficiar de comparticipação do Estado, embora tão-só em casos excepcionais (cfr. o n.º 9), as câmaras municipais que, para elaboração dos planos directores municipais, decidissem recorrer aos gabinetes de apoio técnico (GAT) ou que optassem por cometer esse encargo aos serviços próprios da autarquia, embora com apoio de consultores externos: nesses casos, a comparticipação incidiria apenas sobre os custos adicionais que o município tivesse de suportar em virtude da elaboração do plano (n.º 9).

É, entretanto, publicado o já citado Decreto-Lei n.º 69/90, de 2 de Março, que, entre outra legislação, revogou os Decretos-Leis n.ºˢ 560/71, de 17 de Dezembro, e 208/82, de 26 de Maio, a que já se fez referência. Este Decreto-Lei n.º 69/90 foi rectificado no 2.º suplemento do *Diário da República*, I série-A, de 30 de Abril de 1990, alterado pelo Decreto-Lei n.º 211/92, de 8 de Outubro, Decreto-Lei n.º 151/95, de 24 de Junho, e Decreto-Lei n.º 155/97, de 24 de Junho, e, finalmente, revogado pelo artigo 159.º do Decreto-Lei n.º 380/99, de 22 de Setembro. No preâmbulo daquele Decreto-Lei n.º 69/90, o legislador sublinhou a necessidade de proceder à revisão da legislação vigente sobre a elaboração dos planos de ocupação do solo da competência dos municípios (isto é, dos planos directores municipais, dos planos gerais e parciais de urbanização e dos planos de pormenor), uma vez que – disse – a mesma já não se revelava adequada. Enunciando as linhas de força do diploma, o legislador fez ressaltar a ideia de que aí se "evidencia a responsabilidade e competência dos municípios, englobando planos directores municipais, planos de urbanização e planos de pormenor na designação genérica de planos municipais de ordenamento do território e possibilitando-lhes a orientação da gestão dos solos da sua área de jurisdição desde que a figura de plano mais abrangente – o plano director municipal – tenha sido ratificado pelo Governo". Este diploma legal, depois de dispor que a elaboração dos planos municipais compete à câmara municipal (cfr. o artigo 3.º, n.º 1), prescreveu no artigo 32.º que as câmaras municipais devem promover a elaboração e aprovação dos planos directores municipais dos respectivos municípios até 31 de Dezembro de 1991; e acrescentou que, a partir de 1 de Janeiro de 1992, a declaração de utilidade pública para efeitos de expropriação por iniciativa das autarquias locais ficava condicionada à existência de plano director municipal plenamente eficaz (n.º 2).

Posteriormente, no Decreto-Lei n.º 25/92, de 25 de Fevereiro, o legislador começou por sublinhar no preâmbulo que os planos directores municipais constituem um dos instrumentos privilegiados da política de ordenamento do território, tendo-se, por isso, adoptado diversas medidas legislativas e financeiras visando incentivar e apoiar os municípios na elaboração e aprovação dos planos directores municipais. No artigo 1.º deste diploma legal, veio, no entanto, abrir-se a possibilidade de, em áreas não abrangidas por plano director municipal plenamente eficaz, ser declarada a utilidade pública para efeitos de expropriação da iniciativa das autarquias locais, desde que o respectivo requerimento fosse acompanhado de relatório da comissão técnica ou de acompanhamento do plano director municipal que permitisse avaliar em que medida a expropriação podia comprometer a execução do plano ou torná-la mais difícil ou onerosa. No artigo 2.º, abriu-se igualmente a possibilidade de celebração de contratos-programa e de acordos de colaboração ao abrigo do citado Decreto-Lei n.º 384/87, de 24 de Dezembro, mesmo não dispondo o respectivo município de plano director municipal plenamente eficaz, desde que a comissão técnica ou de acompanhamento do plano confirmasse, mediante parecer escrito, a adequação do projecto ao plano em curso (n.º 1), mas, nesse caso, a comparticipação financeira da administração central não podia exceder 40 por cento do custo total do projecto (n.º 2). Também o n.º 1 do artigo 3.º veio tornar possível a concessão de auxílios financeiros por parte do Estado aos municípios que não dispusessem de plano director municipal plenamente eficaz, desde que a comissão técnica ou de acompanhamento do plano confirmasse, mediante parecer escrito, a adequação do projecto ao plano em curso. E o n.º 2 do mesmo artigo 3.º veio permitir que o Estado, ao abrigo do disposto no Decreto-Lei n.º 363/88, de 14 de Outubro, e nos termos definidos pelo Despacho Conjunto de 31 de Janeiro de 1989, concedesse apoio financeiro aos municípios para elaboração de planos directores municipais. Por último, no artigo 4.º, este diploma legal prescreveu que o regime por si instituído vigoraria durante o ano de 1992.

Depois disto, o legislador, no preâmbulo do Decreto-Lei n.º 281/ /93, de 17 de Agosto, começou por anotar que os Decretos-Leis n.ºs 384/87, de 24 de Dezembro, 363/88, de 14 de Outubro, e 69/ /90, de 2 de Março, subordinavam a celebração de contratos-programa com as câmaras municipais, a concessão de auxílios financeiros e a declaração de utilidade pública, para efeitos de expropriação, à existência de plano director municipal. Acrescentou que tal imposição legal era perfeitamente justificável numa óptica de correcta e racional gestão do território, ao estimular as câmaras municipais à elaboração de planos directores. No entanto, como, por diversas razões, tinha havido atrasos na conclusão dos planos directores municipais; e, ao menos em situações excepcionais e urgentes, o facto de um município não dispor ainda de plano director municipal não devia obstar ao prosseguimento de projectos de relevante interesse público e de clara incidência positiva na melhoria das condições de vida da generalidade da população; o legislador decidia permitir a declaração de utilidade pública para efeitos de expropriação e a celebração de contratos de cooperação técnica e financeira entre o Governo e as autarquias locais, em situações excepcionais, sempre que estivessem em causa empreendimentos de relevante interesse público. Nesse sentido, o artigo 6.º prescreveu que não se aplicava o disposto no artigo 32.º do Decreto-Lei n.º 69/90, de 2 de Março, na alínea a) do n.º 1 do artigo 6.º e no n.º 2 do artigo 17.º do Decreto-Lei n.º 384/87, de 24 de Dezembro, e na alínea a) do n.º 1 do artigo 6.º e no artigo 10.º do Decreto-Lei n.º 363/88, de 14 de Outubro, desde que se verificassem, cumulativamente, os seguintes requisitos: a comissão técnica ou de acompanhamento do plano director municipal informasse que o projecto subjacente à expropriação, contrato-programa, acordo ou auxílio financeiro se adequava ao plano em elaboração, não comprometendo a sua execução, nem a tornando mais difícil ou onerosa; o projecto fosse considerado de relevante interesse público; e a não conclusão do plano director municipal no prazo previsto no Decreto--Lei n.º 25/92, de 25 de Fevereiro, fosse da responsabilidade de entidades exteriores ao município. Além disso, no intuito de acelerar o processo de aprovação dos planos directores municipais, tornando mais célere a intervenção da administração central nesse processo, o legislador decidiu criar uma comissão – a Comissão Permanente de Apreciação dos Planos Directores Municipais – com competência para recolher os pareceres das entidades consultadas, nos termos do n.º 2 do artigo 13.º do Decreto-Lei n.º 69/90, de 2 de Março, e procurar conciliar as diversas posições em ordem a ultrapassar objecções e proceder à respectiva síntese (cfr. o artigo 1.º). Esta Comissão Permanente de Apreciação dos Planos Directores Municipais, como resulta do artigo 7.º deste Decreto-Lei n.º 281/93, estava destinada a durar até 31 de Dezembro de 1993, mas o artigo único de Decreto--Lei n.º 68/94, de 3 de Março, prolongou-lhe a vida até 31 de Dezembro de 1994, e o artigo 4.º do Decreto-Lei n.º 61/95, de 7 de Abril, até 31 e Dezembro de 1995.

Em 1999, é publicado o já citado Decreto-Lei n.º 380/99, de 22 de Setembro, que, no seu artigo 84.º, n.º 3, prescreve que o plano director municipal é de elaboração obrigatória; e no artigo 82.º dispõe que a existência de planos municipais de ordenamento do território eficazes pode constituir condição de acesso à celebração de contratos-programa, bem como à obtenção de fundos e linhas de crédito especiais. O conteúdo prescritivo destas disposições legais manteve-se na versão do RJIGT, decorrente do Decreto-Lei n.º 316/2007, de 19 de Setembro, tendo, porém, aquele artigo 84.º, n.º 3, sido convertido no artigo 84.º, n.º 4.

Naquele mesmo ano, é também publicado o Decreto-Lei n.º 402//99, de 14 de Outubro, que aditou ao citado Decreto-Lei n.º 281/93, de 17 de Agosto, o artigo 6.º-A, assim redigido:

"Artigo 6.º-A (Acesso a acções financiadas)

Na selecção de candidaturas de projectos às acções financiadas pelas intervenções operacionais incluídas no Quadro Comunitário de

Apoio só serão consideradas as propostas apresentadas por autarquias locais que se insiram em áreas territoriais que:

a) A partir de 1 de Janeiro de 2000, disponham de plano director municipal aprovado pela assembleia municipal e remetido para ratificação governamental;

b) A partir de 30 de Junho de 2000, disponham de plano director municipal eficaz".

Podemos dizer, em síntese, que o legislador, convicto de que os PDM constituem um instrumento essencial para um correcto ordenamento do espaço, adoptou, ao longo dos anos, um conjunto de medidas orientadas para que os municípios elaborassem e aprovassem os respectivos *planos directores municipais*. Assim e reportando-nos apenas à legislação emitida já no domínio da Constituição de 1976, o legislador – para além de impor ao Estado o encargo de conceder apoio financeiro aos municípios para elaboração de tais planos (artigo 10.º, n.º 2, do Decreto-Lei n.º 363/88, de 14 de Outubro, Despacho Conjunto, de 31 de Janeiro de 1989, e artigo 3.º, n.º 2, do Decreto-Lei n.º 25/92, de 25 de Fevereiro) – impôs às câmaras municipais a obrigação de promover a sua elaboração e a aprovação, por forma a terem-nos plenamente eficazes, num primeiro momento, até 31 de Dezembro de 1991 (artigo 32.º do Decreto-Lei n.º 69/90, de 2 de Março), num segundo momento, até 31 de Dezembro de 1992 (artigo 4.º do Decreto-Lei n.º 25/92, de 25 de Fevereiro) e, por último, até 30 de Junho de 2000 (artigo 84.º, n.º 3, do Decreto-Lei n.º 380/ /99, e artigo 6.º-A do Decreto-Lei n.º 281/93, de 17 de Agosto, aditado pelo artigo único do Decreto-Lei n.º 402/99, de 14 de Outubro). A partir de 31 de Dezembro de 1992, o legislador condicionou a declaração de utilidade pública para efeitos de expropriação da iniciativa das autarquias locais, bem como a celebração de contratos-programa e de acordos de colaboração entre a administração central e os municípios, ao abrigo do disposto no Decreto-Lei n.º 384/87, de 24 de Dezembro, e a concessão de auxílios financeiros aos municípios, nos termos do Decreto-Lei n.º 363/88, de 14 de Outubro, à existência de planos directores municipais plenamente eficazes (citado artigo 32.º, n.ºs 1 e 2, do Decreto-Lei n.º 69/90, de 2 de Março, e o

Decreto-Lei n.º 25/92, de 25 de Fevereiro). No entanto, dado o atraso verificado na conclusão dos planos directores municipais de vários concelhos, o legislador, excepcionalmente embora, desde que estivessem em causa empreendimentos de relevante interesse público e se verificassem os requisitos enunciados nas várias alíneas do n.º 1 do artigo 6.º do Decreto-Lei n.º 281/93, de 17 de Agosto, permitiu a declaração de utilidade pública para efeitos de expropriação e a celebração de contratos-programa e de acordos de cooperação técnica e financeira entre o Governo e esses municípios, mesmo que eles não dispusessem de planos directores municipais plenamente eficazes. Permitiu-o para além de 31 de Dezembro de 1992 (citado artigo 6.º do Decreto-Lei n.º 281/93) – *rectius*, até que o Decreto-Lei n.º 402//99, de 14 de Outubro, veio acabar com a possibilidade de os municípios que não disponham de plano director municipal eficaz apresentarem candidaturas aos fundos do Quadro Comunitário de Apoio. Disso mesmo se dá nota no preâmbulo deste último diploma legal, que justifica assim a disciplina estabelecida: como "as acções financiadas pelas intervenções operacionais incluídas no Quadro Comunitário de Apoio constituem um importante contributo para a implantação de novos equipamentos e infra-estruturas", "justifica-se a adopção de uma medida que possibilite o acesso a estes financiamentos somente às autarquias locais detentoras daqueles instrumentos de planeamento territorial"[358].

---

[358] Entendemos que a norma do artigo 6.º-A do Decreto-Lei n.º 281/93, de 17 de Agosto (aditada pelo artigo único do Decreto-Lei n.º 402/99, de 14 de Outubro) enferma de alguns vícios de inconstitucionalidade.

Na medida em que impõe aos municípios a obrigação de se munirem de PDM plenamente eficazes, ela não invade o núcleo incomprimível da *autonomia local*, já que não representa o exercício de qualquer tipo de *tutela administrativa* constitucionalmente inadmissível, antes se fundamenta no princípio constitucional, várias vezes referido, de que o urbanismo é um *espaço de condomínio* de interesses nacionais, gerais ou estaduais e de interesses locais – princípio esse que está ínsito no artigo 65.º, n.º 4, da Lei Fundamental. Quanto a este aspecto, a mencionada norma não padece de inconstitucionalidade.

Mas a apontada norma estabelece a *proibição* de apresentação de candidaturas aos fundos do Quadro Comunitário de Apoio pelos municípios que não disponham de plano director municipal plenamente eficaz. E essa proibição constitui uma *pesada sanção* para as autarquias que a sofrem – uma *sanção* que, olhada nos seus efeitos, é em tudo idêntica à de *privação do direito a receber subsídios ou subvenções* outorgados (concedidos) por entidades ou serviços públicos, prevista como *pena acessória* no domínio do direito penal secundário e como *medida acessória* no domínio do ilícito de mera ordenação social, tanto geral, como especial. Ou seja: a sanção de *proibição de candidatura* aos referidos fundos comunitários é idêntica a uma sanção que a lei prevê para ser aplicada a autores de factos ilícitos criminais ou contra-ordenacionais. É certo que a *proibição de candidatura* aos referidos fundos comunitários tem por finalidade obrigar os municípios a munirem-se de planos directores plenamente eficazes. Esse facto, porém, não retira a essa proibição o carácter de *sanção,* pois que ela é aplicada pelo incumprimento da obrigação de planificação, e dela resulta para o município que a sofre a privação do direito subjectivo de apresentar candidaturas aos fundos comunitários em causa.

Além disso, no caso da *proibição de apresentação de candidaturas* a fundos comunitários, prevista pela referida norma, o legislador não exige que a falta do plano director municipal plenamente eficaz se deva a culpa da respectiva autarquia, nem que isso assuma especial gravidade: contenta-se com o puro facto de o município não dispor do referido plano director. A norma também não fixa qualquer limite temporal à referida sanção: enquanto o município não dispuser do dito plano, as candidaturas que, acaso, apresentar aos mencionados fundos comunitários não podem ser levadas em consideração.

Ora, uma sanção com este recorte apresenta-se, por isso, como *excessiva* – e, assim, como violadora do *princípio da proporcionalidade*, entendido este no sentido de *proibição do excesso* (consagrado nos artigos 18.°, n.° 2, e 270.°, relativamente às restrições de direitos, liberdades e garantias; no artigo 266.°, que o indica como um dos princípios por que se deve nortear a Administração; e no artigo 272.°, n.° 2, relativamente às medidas de polícia, preceitos estes todos da Constituição). *Princípio da proporcionalidade* que é, de resto, implicado pelo próprio *princípio do Estado de Direito democrático.*

A norma constante do artigo 6.°-A do Decreto-Lei n.° 281/93, de 17 de Agosto (aditada pelo artigo único do Decreto-Lei n.° 402/99, de 14 de Outubro), que prevê tal sanção, é, assim, segundo pensamos, inconstitucional, por violação do princípio da *proporcionalidade*, implicado no *princípio do Estado de Direito democrático.*

Ainda, porém, que a sanção de proibição de apresentar candidaturas aos fundos do Quadro Comunitário de Apoio por parte dos municípios que não disponham de plano director municipal plenamente eficaz não devesse ser julgada excessiva, quando abstractamente considerada – e que, consequentemente, a norma que a consagra não houvesse de ser julgada inconstitucional em todos os casos, por violação do princípio da proporcionalidade –, sempre haverá de concluir-se pela inconstitucionalidade de tal norma, quando interpretada no sentido de essa sanção ser aplicável a casos em que a *culpa* da falta de plano director municipal plenamente eficaz não pertence exclusivamente ao respectivo município, mas também à administração central.

Na verdade, se a culpa de determinado município não dispor de plano director municipal plenamente eficaz é também dos órgãos ou agentes da administração central, é injusto – e, por isso mesmo, inadmissível – que esta venha, depois, a "penalizar" a autarquia por um comportamento de que também é responsável. Impedir num caso desses o município de se candidatar a fundos que, segundo o próprio legislador, "constituem um *importante* contributo para a implantação de novos equipamentos e infra-estruturas", representa um autêntico *venire contra factum proprium*, coisa que é, de todo, incompatível com o *princípio do Estado de Direito democrático*, pois este exige que o Estado proceda com *boa-fé* no seu relacionamento com as pessoas e com os corpos intermédios. O princípio da *boa-fé* é, de resto, um daqueles por que a Administração se deve pautar, por força do disposto no citado artigo 266.°, n.° 2, da Constituição.

Por conseguinte, nos casos em que se comprove que foi também por culpa da administração central que os municípios, em 30 de Junho de 2000, ainda não dispunham de plano director municipal plenamente eficaz, interpretar a norma constante do artigo 6.°-A do Decreto-Lei n.° 281/93, de 17 de Agosto (aditada pelo artigo único do Decreto-Lei n.° 402/99, de 14 de Outubro), por forma a impedir (proibir) esses municípios de apresentar candidaturas aos fundos do Quadro Comunitário de Apoio, é fazer uma interpretação inconstitucional, porque violadora do *princípio do Estado de Direito democrático*, consagrado no artigo 2.° da Constituição.

Mas a norma que vem ocupando a nossa atenção é ainda inconstitucional a outro título: ela viola a reserva de competência legislativa da Assembleia da República, resultante da conjugação das alíneas *c*) e *d*) do n.° 1 do artigo 165.° da Constituição, em matéria de direito sancionatório público.

De facto, tal norma consagra uma sanção, e foi editada pelo Governo sem autorização legislativa. Ora, embora as referidas alíneas, expressamente, apenas indiquem como sendo da competência exclusiva (delegável) da Assembleia da República legislar sobre a "definição de crimes, penas, medidas de segurança e respectivos pressupostos, bem como processo criminal" [alínea *c*)] e sobre o "regime geral de punição das infracções disciplinares, bem como dos ilícitos de mera ordenação social e do respectivo processo" [alínea *d*)], não pode deixar de entender-se

d) A definição pela lei da competência para a elaboração e a aprovação dos planos e do procedimento para a sua formação

A lei não deixa de indicar os *órgãos competentes* para a elaboração e a aprovação dos planos e de desenhar minuciosamente o *procedimento da sua formação*. Trata-se de outro limite ao poder discricionário da actividade de planificação da Administração, que tivemos oportunidade de versar desenvolvidamente em momento anterior. É importante recordar, aqui, que, no estudo que fizemos dos pontos mais salientes do procedimento de formação dos planos, foi realçada a importância da *participação* dos interessados como elemento de *compensação* (e também de *limitação*) da amplitude do poder discricionário que caracteriza a actividade de planificação territorial.

e) A determinação pela lei de um regime particular para certos tipos de bens

Como já tivemos ocasião de afirmar, é, no domínio do *conteúdo* do plano, ou seja, no campo das soluções a adoptar quanto ao regime de ocupação, uso e transformação do território por ele abrangido,

---

que nessa reserva se inclui a edição de normas de qualquer outro ramo de direito sancionatório público, como decidiu o Tribunal Constitucional no seu Acórdão n.º 430/91, publicado no *DR*, I Série-A, de 7 de Dezembro de 1991, e em *Acórdãos do Tribunal Constitucional*, 20.º Vol. (1991), p. 191 e segs..

Cremos que foi a convicção, assumida pelo legislador, de que integra a reserva relativa de competência legislativa da Assembleia da República a emanação de todas e quaisquer normas de direito sancionatório público que esteve na base da aprovação por lei da Assembleia da República, e não por decreto-lei do Governo não alicerçado em lei de autorização legislativa, da sanção para o imcumprimento das obrigações de os municípios disponibilizarem na *Internet* a informação relativa a todos os planos municipais de ordenamento do território e de actualizarem o conteúdo dessa informação (incluindo o dever de os municípios actualizarem o conteúdo de cada plano, no prazo máximo de um mês após a entrada em vigor de qualquer alteração), constante dos artigos 83.º-A e 83.º-B do RJIGT, a qual consiste na preclusão da possibilidade de candidatura e ou acesso a fundos comunitários, com excepção dos que se destinem ao cumprimento dessas mesmas obrigações (cfr. o artigo 3.º da Lei n.º 56/2007, de 31 de Agosto).

que ganha maior expressão o chamado *princípio da discricionaridade de planeamento* da Administração. De um modo geral, a entidade que elabora e aprova o plano determina discricionariamente o zonamento do espaço abrangido pelo plano e fixa com uma acentuada margem de liberdade as regras fundamentais a que obedece a ocupação, uso e transformação das áreas por ele definidas.

São, porém, em elevado número as disposições legais que prescrevem limitações a esta liberdade de modelação ou de conformação do conteúdo dos planos, estabelecendo para alguns tipos de bens imóveis um regime jurídico particular, de tal modo que é ilegítima uma previsão do plano incompatível com ele.

A planificação urbanística está sujeita, por isso, a uma série de limitações *in rebus ipsis*, tanto de *carácter real*, isto é, que decorrem das características e das qualidades das próprias coisas imóveis, como de carácter *funcional*, ou seja, que dizem respeito não às coisas em si mesmas, mas ao destino que elas recebem por determinação legal. É o que acontece, desde logo, com as disposições legais que, tendo em conta as qualidades naturais e funcionais de uma coisa imóvel ou de uma categoria de coisas imóveis, visam conservar a sua estrutura sem modificações. Estamos no domínio daquilo que a doutrina italiana designa por *bens públicos* ou *bens de interesse público*[359], que devem ser preservados de qualquer transformação urbanística. Por outras palavras, estamos perante situações em que a lei determina a preservação do existente.

As limitações referidas à ampla discricionaridade que caracteriza as escolhas do plano encontram o seu fundamento na tutela de um determinado interesse público não derrogável. No dizer de L. MAROTTA, este interesse público não derrogável – que é, em regra, definido pelo legislador – subtrai-se ao juízo de comparação com os interesses públicos e privados que devem ser tidos em conta pelo órgão dotado de poderes de planificação e, devendo prevalecer em todas as circunstâncias, apresenta-se como um limite não avaliável pelo exercício do poder discricionário daquele mesmo órgão[360].

---

[359] Cfr. V. CERULLI IRELLI, *Pianificazione Urbanistica e Interessi Differenziati*, in RTDP, 35 (1985), p. 390.

[360] Cfr. *ob. cit.*, p. 27 e 28.

O nosso direito oferece-nos uma pluralidade de exemplos deste tipo de bens, que a lei pretende proteger de todas ou de algumas modificações ou transformações urbanísticas. É o que sucede, como tivemos ensejo de sublinhar, por exemplo, com as áreas integradas na RAN e na REN, com as áreas protegidas, com os solos incluídos na faixa costeira, com as áreas florestais, com as *áreas de reserva* para o aproveitamento de recursos geológicos de especial interesse para a economia nacional ou regional[361] e com as áreas oneradas com servidões administrativas e restrições de utilidade pública.

f) A fixação pela lei de *standards urbanísticos*

Uma limitação de grande alcance à *discricionariedade* na determinação do conteúdo do plano urbanístico é a que decorre da fixação pela lei de *standards urbanísticos*. Nesta expressão, englobamos, tal como referem E. GARCÍA DE ENTERRÍA/L. PAREJO ALFONSO, as "determinações materiais de ordenamento estabelecidas pela lei, não com o objectivo de regular directamente o uso do solo e das construções, mas antes com a finalidade específica de estabelecer critérios de fundo a observar obrigatoriamente pelo planeamento urbanístico". Ainda segundo os mesmos autores, os *standards urbanísticos* "não constituem preceitos legais de aplicação directa, mas antes obrigações legais impostas ao planificador, que reduzem o âmbito da discricionariedade conferido a este para a fixação das opções materiais do ordenamento", através da determinação da proporção de espaços públicos e de equipamentos colectivos e do limite máximo de densidade urbana[362].

---

[361] As referidas *áreas de reserva* são definidas por decreto regulamentar, nos termos do artigo 36.º do Decreto-Lei n.º 90/90, de 16 de Março. Cfr., a título de exemplo, o Decreto Regulamentar n.º 40/2002, de 1 de Agosto, que declarou *área de reserva*, para efeitos de aproveitamento de calcário cinzento e branco, areias e argilas que nela ocorram, uma determinada área do concelho de Alcobaça.

[362] Cfr. *ob. cit.*, p. 201. Cfr., para mais desenvolvimentos, E. GARCÍA DE ENTERRÍA/L. PAREJO ALFONSO, *ob. cit.*, p. 198-221; A. CARCELLER FERNANDEZ, *Instituciones*, cit., p. 142-147; L. PAREJO ALFONSO, *Derecho Urbanístico (Instituciones Basicas)*, Mendoza, Ediciones Ciudad Argentina, 1986, p. 246 e segs.; T.-RAMÓN

Também no direito italiano, a técnica dos *standards urbanísticos* é muito utilizada. Foi introduzida pelo artigo 17.º da Lei n.º 765, de 1967. A doutrina transalpina distingue entre *standards ope legis ou de operatividade imediata,* que são válidos de um modo uniforme em todo o território nacional e são estabelecidos pela lei, tendo, por isso, uma operatividade imediata perante os particulares que requerem uma autorização de construção, e *standards de operatividade diferida,* que variam de acordo com a zona em que se subdivide o território nacional e têm como destinatários directos os órgãos municipais de planificação, os quais são obrigados a introduzi-los nos instrumentos urbanísticos, actualizando-se a sua operatividade apenas no momento em que forem recebidos por estes. Está bem de ver que só em relação aos *standards de operatividade diferida* do direito italiano é que se pode falar de limitação à discricionaridade de planeamento[363].

São vários os exemplos de disposições legais que impõem aos órgãos com competência planificatória critérios ou padrões urbanísticos a observar nos instrumentos de planeamento. Assim sucede, desde logo, com o artigo 72.º, n.º 3, do RJIGT, que determina que os planos municipais de ordenamento do território só podem *reclassificar* o solo como solo urbano em situações excepcionais, impondo que essa reclassificação seja limitada aos casos em que tal for comprovadamente necessário face à dinâmica demográfica, ao desenvolvimento económico e social e à indispensabilidade de qualificação urbanística.

O mesmo acontece com os parâmetros para o dimensionamento das áreas destinadas à implantação de espaços verdes e de utilização colectiva, infra-estruturas viárias e equipamentos nos projectos de loteamento (que constituem, como assinalámos, sob o ponto de vista material, verdadeiros planos de pormenor da área a que respeitam), os quais, enquanto não estiverem definidos em plano municipal de ordenamento do território, de acordo com as directrizes estabeleci-

---

FERNÁNDEZ, *Manual de Derecho Urbanístico,* cit., p. 49-51; e S. GONZÁLEZ-VARAS IBÁÑEZ, *ob. cit.,* p. 323-336.

[363] Para mais desenvolvimentos, cfr. F. SALVIA/F. TERESI, *ob. cit.,* p. 51-55; F. SALVIA, *Manuale di Diritto Urbanistico,* cit., p. 47-51; G. C. MENGOLI, *ob. cit.,* p. 82-87; e A. FIALE, *ob. cit.,* p. 181-203.

das pelo programa nacional da política de ordenamento do território e pelos planos regionais de ordenamento do território, são fixados por portaria do membro do Governo responsável pelo ordenamento do território (cfr. o artigo 43.º, n.ºˢ 1 e 2, do RJUE e o artigo 6.º, n.º 3, da Lei n.º 60/2007, de 4 de Setembro). A portaria que, actualmente, fixa os parâmetros para o dimensionamento das áreas destinadas a espaços verdes e de utilização colectiva, infra-estruturas viárias e equipamentos de utilização colectiva nos projectos de loteamento é a Portaria n.º 216-B/2008, de 3 de Março [364-365].

---

[364] Seria desejável que o legislador definisse *standards mínimos* no que respeita à previsão e à dimensão dos *espaços verdes* para toda a área a abranger pelos planos urbanísticos e não apenas, como sucede actualmente, nos projectos de loteamento. Dar-se-ia, assim, um passo significativo para o fomento da criação de *áreas verdes urbanas*, as quais são um importante instrumento de melhoria do *ambiente urbano*. Não podemos, de facto, olvidar que as áreas verdes urbanas, os parques urbanos e os corredores verdes contribuem decisivamente para o equilíbrio físico e psicológico dos habitantes das cidades e que a política de fomento de espaços verdes é uma política estreitamente ligada ao desenvolvimento e à melhoria da qualidade de vida das cidades modernas. Cfr., sobre este ponto, a nossa obra *Principais Instrumentos da Tutela do Ambiente Urbano em Portugal*, cit., p. 92-94.

[365] A Portaria n.º 216-B/2008, de 3 de Março, rectificada pela Declaração de Rectificação n.º 24/2008, de 2 de Maio, tal como anteriormente a Portaria n.º 1136/2001, de 25 de Setembro, aplica-se supletivamente, isto é, apenas quando não haja plano municipal de ordenamento do território ou quando este não fixe os referidos parâmetros urbanísticos. Acresce que os planos municipais de ordenamento do território podem fixar parâmetros que se distanciem, tanto para mais, como para menos, dos fixados naquela Portaria, devendo, no entanto, ser acompanhados de uma *fundamentação acrescida*, no caso de se desviarem dos parâmetros fixados naquela Portaria. É esta, aliás, a interpretação constante do Despacho de 20 de Fevereiro de 2004 do Secretário de Estado do Ordenamento do Território. Com efeito, esclareceu-se no mesmo que a Portaria n.º 1136/2001 estabelece *"standards" urbanísticos*, isto é, critérios de fundo de carácter indicativo para o planeamento urbanístico, servindo de elemento de base passível de ajustamento às características próprias de cada município, e vinculou-se a necessidade de fundamentação das concretas opções de planeamento, por ser do "discurso justificativo das opções de planeamento que se retira o esclarecimento da motivação dos mesmos, permitindo a reconstituição do *"iter"* cognoscitivo que determinou o conteúdo dos planos". Cfr., sobre esta problemática, F. ALVES CORREIA/A. BARBOSA

Como exemplos de *standards urbanísticos* limitativos da discricionaridade de planeamento, podemos ainda indicar: o dever de os planos municipais de ordenamento do território assegurarem a qualidade do ambiente sonoro, promovendo a distribuição adequada dos usos do território, tendo em consideração as fontes de ruído existentes e previstas, condensado no artigo 6.º, n.º 1, do Regulamento Geral do Ruído, aprovado pelo Decreto-Lei n.º 9/97, de 17 de Janeiro, alterado pelo Decreto-Lei n.º 278/2007, de 1 de Agosto; a obrigação de os instrumentos de gestão territorial preverem a existência de infra-estruturas de utilização colectiva para a prática desportiva, constante do artigo 8.º, n.º 2, da Lei n.º 5/2007, de 16 de Janeiro (Lei de Bases da Actividade Física e do Desporto), em termos idênticos ao anteriormente previsto no artigo 78.º, n.º 2, da Lei n.º 30/2004, de 21 de Julho (Lei de Bases do Sistema Desportivo), e à semelhança do que sucedia com o artigo 37.º, n.º 1, da antecedente Lei de Bases do Sistema Desportivo (Lei n.º 1/90, de 13 de Janeiro, alterada pela Lei n.º 19/96, de 25 de Junho), que estabelecia o dever de os planos directores municipais e os planos de urbanização reservarem zonas

---

DE MELO/FERNANDA PAULA OLIVEIRA/DULCE LOPES/JOANA MENDES, *ob. cit.*, p. 104-110.

Adiante-se que o Plano Regional de Ordenamento do Território da Área Metropolitana de Lisboa (PROTAML), aprovado pela Resolução do Conselho de Ministros n.º 68/2002, de 8 de Abril (e cuja alteração foi determinada pela Resolução do Conselho de Ministros n.º 92/2008, de 5 de Junho), estabelece, na alínea *n*) do n.º 2.1.3. do n.º 2 do Capítulo IV, a obrigatoriedade de os instrumentos de planeamento territorial adoptarem parâmetros urbanísticos superiores aos da Portaria n.º 1136/2001, de 25 de Setembro, para os espaços verdes e de uso colectivo, infra-estruturas viárias e equipamentos.

Acresce que o n.º 1 do artigo 6.º da Lei n.º 91/95, de 2 de Setembro, na redacção da Lei n.º 64/2003, de 23 de Agosto, determina que, nas Áreas Urbanas de Génese Ilegal (AUGI), as áreas de terreno destinadas a espaços verdes e de utilização colectiva, infra-estruturas viárias e equipamentos podem ser inferiores às que resultam da aplicação de parâmetros definidos pelo regime aplicável aos loteamentos, quando o cumprimento estrito daqueles parâmetros possa inviabilizar a operação de reconversão (cfr., a este propósito, o texto da Resolução do Conselho de Ministros n.º 10/2005, de 17 de Janeiro, que ratificou o Plano de Pormenor da AUGI n.º 24 da Ribeira do Marchante, no Município de Sintra).

para a prática desportiva; o dever de os planos directores municipais preveram a localização de parques de sucata, plasmado no artigo 3.º do Decreto-Lei n.º 268/98, de 28 de Agosto; e a obrigação de os instrumentos de planeamento territorial preverem a afectação de espaços para fins religiosos, condensada no artigo 25.º, n.º 2, da Concordata entre a República Portuguesa e a Santa Sé (aprovada para ratificação pela Resolução da Assembleia da República n.º 74/2004, de 16 de Novembro, e ratificada pelo Decreto do Presidente da República n.º 80/2004, da mesma data)[366].

g) O dever de fundamentação do plano

Como foi vincado oportunamente, a lei impõe o *dever de fundamentação* expressa, racional e clara das soluções adoptadas nos planos, sobretudo, nos planos dotados de eficácia plurisubjectiva [cfr. os artigos 4.º, 45.º, n.º 2, alínea *a*), 86.º, n.º 2, alínea *b*), 89.º, n.º 2, alínea *a*), e 92.º, n.º 2, alínea *a*), do RJIGT], bem como, em geral, as decisões de alteração, revisão e suspensão dos planos (cfr., quanto a esta última, os artigos 99.º, n.º 3, e 100.º, n.º 3, do mesmo diploma). A *fundamentação* das soluções vertidas nos planos especiais e municipais de ordenamento do território consta dos respectivos *relatórios*, os quais, assumem, assim, no âmbito do conteúdo daqueles planos, uma importância significativa.

Ora, sendo a fundamentação das soluções adoptadas nos planos um "discurso justificativo" ou um "juízo justificativo"[367] das previsões, indicações e determinações neles contidas, tendo como objectivo essencial esclarecer a motivação dos mesmos e permitir a reconstituição do *iter* cognoscitivo que determinou o conteúdo daqueles

---

[366] Sublinhe-se que o n.º 3 do artigo 25.º da Concordata entre a República Portuguesa e a Santa Sé, assinada em 18 de Maio de 2004 na cidade do Vaticano, reconhece à Igreja Católica e às pessoas jurídicas canónicas o direito de *audiência prévia*, que deve ser exercida nos termos do direito português, quanto às decisões relativas à afectação de espaços a fins religiosos em instrumentos de planeamento.

[367] Cfr. J. C. VIEIRA DE ANDRADE, *O Dever de Fundamentação Expressa de Actos Administrativos*, cit., p. 228-232.

instrumentos de planeamento[368], a consagração pelo legislador do dever de fundamentação dos planos impõe ao órgão com competência planificatória um momento de verificação e controlo crítico da lógica da decisão planificatória, o qual funciona como um *limite* à discricionaridade de planeamento.

Acresce que é a *fundamentação* do plano que evidencia se este é "o produto da racionalidade e não o fruto de uma arbitrariedade" e se a decisão planificatória obedece aos cânones da proporcionalidade, da coerência e da racionalidade[369].

h) A proibição de planos meramente negativos

Se analisarmos as normas do RJIGT respeitantes ao conteúdo dos diferentes tipos de planos, verificamos que são proibidos, entre nós, planos com um *conteúdo meramente negativo (Negativplanung)*, cujo único objectivo é impedir ou obstacularizar a realização de toda e qualquer utilização juridicamente admissível do solo por eles abrangido[370]. É neste contexto que os planos sem eficácia plurisubjectiva estabelecem *opções* ou *directivas* quanto ao uso do solo e os planos dotados de eficácia plurisubjectiva encerram *regras positivas* sobre a ocupação, uso e transformação daquele bem. Mesmo os planos especiais de ordenamento do território, cujo objectivo essencial é estabelecer regimes de salvaguarda de recursos e valores naturais, não deixam de fixar o regime de gestão compatível com a utilização sustentável do território (antes da alteração ao artigo 44.º do RJIGT, operada pelo Decreto-Lei n.º 316/2007, de 19 de Setembro, o plano especial de ordenamento do território podia ir mais além, fixando os usos compatíveis com a utilização sustentável do território).

Ora, a proibição de uma *planificação exclusivamente negativa* – isto sem deixarmos de considerar que toda e qualquer utilização positiva permitida por um plano implica ou pode implicar a proibição de

---

[368] Cfr. D. FREITAS DO AMARAL, *Curso de Direito Administrativo*, Vol. II, cit., p. 350 e 351.
[369] Cfr. A. FERNÁNDEZ CARBALLAL, *ob. cit.*, p. 142-156.
[370] Cfr. W. BROHM, *ob. cit.*, p. 253 e 254.

outros tipos de utilização – constitui também um *limite* à discricionaridade de planeamento.

i) A obrigação da unidade externa do plano

De acordo com este princípio, uma determinada área só pode estar abrangida por um único plano do *mesmo tipo*. Com isto queremos significar que sobre um mesmo espaço não podem incidir dois ou mais planos de pormenor, dois ou mais planos de urbanização, dois ou mais planos directores municipais, dois ou mais planos especiais de *idêntica espécie* ou dois ou mais planos regionais de ordenamento do território.

Mas já é perfeitamente admissível que uma mesma área esteja abrangida por planos de tipos diferentes (v.g., um plano de pormenor, um plano de urbanização, um PDM, um plano da orla costeira, um plano de uma área protegida e um plano regional de ordenamento do território), colocando-se, nessas situações, como já sabemos, um problema de harmonização entre as disposições desses diferentes tipos de planos.

Para que a obrigação da unidade externa do plano (*das Gebot aüsserer Planeinheit*)[371] seja observada, devem as modificações operadas num plano incidente sobre uma determinada área, em consequência de um procedimento da sua alteração ou revisão, ser incorporadas nesse mesmo plano. De igual modo, o n.º 3 do artigo 94.º e o n.º 3 do artigo 83.º-B do RJIGT contêm medidas destinadas à observância da obrigação da unidade externa do plano. Na verdade, de harmonia com aquela primeira disposição legal, nas situações previstas nas alíneas *b*) e *c*) do n.º 2 do artigo 93.º do mesmo diploma – ou seja, naquelas em que a alteração dos instrumentos de gestão territorial decorre da ratificação ou da aprovação de planos municipais ou da aprovação de planos especiais de ordenamento do território que com eles não se compatibilizem ou conformem e, bem assim, da entrada em vigor de leis ou regulamentos que colidam com as respectivas disposições ou que estabeleçam servidões administrativas ou restrições

---

[371] Cfr. W. BROHM, *ob. cit.*, p. 253.

de utilidade pública que afectem as mesmas –, o conteúdo dos novos planos ou regras é, com as necessárias adaptações, integrado no conteúdo dos instrumentos de gestão territorial assim alterados. E, de acordo com a norma legal indicada em segundo lugar, "o município deve actualizar o conteúdo de cada plano no prazo máximo de um mês após a entrada em vigor de qualquer alteração".

Está bem de ver que estamos aqui também perante um princípio *limitativo* da discricionaridade de planeamento da Administração Pública.

j) A obrigação de clareza do plano

Este princípio significa que as disposições do plano devem ser *compreensíveis* e *claras*, não sendo admissíveis planos cujas disposições são desprovidas de sentido ou de significado ou que são de tal modo imprecisas ou indeterminadas que não podem ser delas extraído qualquer sentido útil.

É evidente que, quanto mais densas e determinadas forem as disposições dos planos, maior é a clareza do plano, mas a *obrigação de clareza do plano (das Gebot der Planklarheit)*[372] é uma imposição que se aplica a todos os planos. E ela constitui, de igual modo, uma *limitação* à discricionaridade de planificação.

l) A obrigação da consideração pelo plano das circunstâncias concretas

Como foi referido oportunamente, os planos devem programar a evolução urbanística de uma determinada área, partindo de uma inventariação da realidade existente. Significa isto, então, que os planos, sobretudo os planos com eficácia plurisubjectiva, não podem abstrair das situações ou das circunstâncias concretas existentes, antes devem tomá-las em consideração, sob pena de uma completa desadequação do conteúdo prescritivo do plano à realidade. É, nesta linha, que o artigo 4.º do RJIGT determina que as previsões, indicações

---

[372] Cfr. W. BROHM, *ob. cit.*, p. 252 e 253.

e determinações dos planos devem ser estabelecidas e fundamentadas com base no conhecimento sistematicamente adquirido: das características físicas, morfológicas e ecológicas do território; dos recursos naturais e do património arquitectónico e arqueológico; da dinâmica demográfica e migratória; das transformações económicas, sociais, culturais e ambientais; e das assimetrias regionais e das condições de acesso às infra-estruturas, aos equipamentos, aos serviços e às funções urbanas.

Ora, esta *obrigação da índole concreta da planificação (das gebot konkreter Planung)* [373] constitui também, como facilmente se compreende, um *limite* à discricionaridade de planeamento[374].

24.2.2. *Os princípios da hierarquia, da contra-corrente e da articulação*

Um segundo tipo de limitações, de índole externa, à liberdade de modelação do conteúdo dos planos é o que resulta dos princípios da *hierarquia*, da *contra-corrente* e da *articulação*, que constituem, como já sabemos, os princípios regentes das relações entre as normas dos planos. Já discorremos, em páginas anteriores, sobre o sentido de cada um destes princípios, sobre o modo como eles comandam as relações entre os vários tipos de planos territoriais e sobre as consequências da sua violação, pelo que nos limitamos, neste momento, a remeter o leitor para o que oportunamente foi escrito sobre aquelas matérias.

24.2.3. *Os princípios da justa ponderação e da superação dos conflitos de interesses coenvolvidos nos planos*

Um terceiro tipo de limitações – mas, agora, de carácter interno – à discricionaridade de planeamento é o que deriva dos princípios da *justa ponderação (gerechte Abwägung)* entre a multiplicidade e a complexidade de interesses conflituantes coenvolvidos nos planos e da

---

[373] Cfr. W. BROHM, *ob. cit.*, p. 253.

[374] Há quem designe esta obrigação de consideração pelo plano das circunstâncias concretas como *princípio da transversabilidade* dos planos, cujo sentido é o de que os planos devem tomar em consideração tudo o que se passa à volta deles. Cfr. PIERRE MOOR, *ob. cit.*, p. 125.

superação dos conflitos (*Konfliktbewältigung*) de interesses surgidos à volta dos planos.

Os aspectos mais relevantes destes dois princípios foram versados a propósito do procedimento de formação dos planos. Não faria, por isso, sentido repetir, aqui, o que foi sublinhado nesse local.

24.2.4. *O princípio da garantia constitucional do direito de propriedade privada*

O direito de propriedade privada, enquanto direito análogo aos direitos, liberdades e garantias, previsto no artigo 62.º, n.º 1, da Constituição, deve ser especialmente considerado no procedimento de *ponderação* dos interesses coenvolvidos no plano. Todavia, a enorme relevância do direito de propriedade como limite à liberdade de conformação dos planos justifica que lhe demos um particular destaque, autonomizando-o do número anterior.

De facto, não são só os planos – e estamos a referir-nos aos planos dotados de eficácia plurisubjectiva – que condicionam ou influenciam decisivamente o direito de propriedade do solo, através da definição do destino e das formas de utilização do espaço. Também o direito de propriedade privada constitucionalmente garantido condiciona por si mesmo a liberdade de conformação dos planos e influencia significativamente o seu conteúdo. Por outras palavras, o direito de propriedade constitui também um limite à discricionariedade do conteúdo dos planos.

A limitação à discricionariedade do conteúdo dos planos decorrente da garantia constitucional do direito de propriedade abrange, por um lado, a *garantia da existência* ou da *manutenção* (*Bestandsschutz*) e, por outro lado, a *obrigação de ponderação* dos interesses dos proprietários do solo no procedimento de formação dos planos.

A primeira é, como se realçou anteriormente, um *princípio constitucional* do nosso direito do urbanismo, que tem o seu fundamento na *garantia constitucional da propriedade privada*[375], condensada no artigo

---

[375] Cfr. G. SCHOLZ, *Öffentliches Baurecht*, 5.ª ed.. München, Vahlen, 1987, p. 84 e 127; M. OLDIGES, *ob. cit.*, p. 372 e 373; K. H. FRIAUF, *Baurecht*, cit.,

62.º, n.º 1, da Lei Fundamental, e nos princípios da *não retroactividade* das disposições dos planos e da *protecção da confiança*[376], os quais estão ínsitos no princípio do Estado de direito democrático, plasmado nos artigos 2.º e 9.º, alínea b), da Constituição. A *garantia da existência* ou da *manutenção* – uma figura jurídica criada e desenvolvida pelo Tribunal Administrativo Federal Alemão – significa que o plano produz efeitos apenas para o futuro, pelo que deve respeitar as edificações existentes à data da sua entrada em vigor, desde que elas tenham sido realizadas legalmente. O sentido do princípio da garantia da existência é o de que um edifício, cuja legalidade material originária não sofra contestação, não pode ser eliminado, sem indemnização, mesmo que esteja em contradição com as novas prescrições do plano[377].

---

p. 480 e 481; K. NÜSSGENS/K. BOUJONG, *Eigentum, Sozialbindung, Enteignung*, München, Beck, 1987, p. 27-29; U. BATTIS, *Öffentliches Baurecht*, cit., p. 66; K. GELZER/H.-J. BIRK, ob. cit., p. 529 e 530; e W. BROHM, ob. cit., p. 386-389.

[376] Cfr. H. SCHULTE, *Das Dogma Baufreiheit*, in DVBl, 94 (1979), p. 136.

[377] Segundo o *Bundesverwaltungsgericht* alemão, a *garantia da existência* pode apresentar-se sob duas modalidades: uma *garantia de existência passiva* e uma *garantia de existência activa*. A primeira cobre apenas a *conservação* da edificação e a manutenção da sua *função* anterior. Àquele a quem aproveitar a *Bestandsschutz* cabe o *ónus da prova* dos seus pressupostos. A garantia de existência *passiva* não se limita às edificações. A jurisprudência alemã entende que também as utilizações de terrenos que não se traduzem em construções, desde que sejam originariamente conformes ao direito, podem gozar de uma *Bestandsschutz* (v.g., a utilização de um terreno para o comércio de automóveis usados ou para a exploração de jazigos minerais). De particular importância é a nota segundo a qual a *Bestandsschutz* termina, desde que o edifício objecto de protecção *deixe de existir* ou desapareça como *entidade utilizável*.

A garantia de existência *activa* fundamenta um direito à obtenção de uma autorização para a realização de obras de *reparação* e de *restauração*, desde que permaneça intacta a identidade do edifício originário. A garantia de existência activa pode fundamentar também um alargamento limitado da construção, desde que uma utilização adequada ao tempo e ajustada à função o exija (*v. g.*, a edificação de garagens). Já não é, porém, abrangida por este tipo de garantia a construção de um *edifício equivalente*, no caso de um prédio ter sido destruído na sua totalidade ou nas suas partes fundamentais, ou, em geral, uma *ampliação da construção*. A mais recente jurisprudência do *Bundesverwaltungsgericht* alemão admite, no entanto, uma *garantia de existência excepcional (überwirkender Bestandsschutz)*, que possibilita a adop-

A segunda, isto é, o dever de ponderação dos interesses dos proprietários do solo no procedimento de formação dos planos dotados de eficácia plurisubjectiva, funciona também como um importante limite interno à discricionaridade do conteúdo dos mesmos. Como salientámos anteriormente, um dos aspectos mais relevantes do procedimento de formação dos planos é a obrigação de ponderação dos interesses neles coenvolvidos, a qual assume uma tríplice dimensão.

ção de medidas de alteração e de ampliação de edifícios, bem como a realização de certas alterações de utilização, desde que elas sejam indispensáveis para garantir a *capacidade funcional* (*Funktionsfähigkeit*) de uma instalação industrial ou comercial. Esta garantia de existência *extensiva* ou *excepcional* é reconhecida pelo Tribunal Administrativo Federal apenas dentro de limites estritos. Exige que entre a edificação existente e o projecto de modificação ou de alargamento necessário para a sua garantia exista uma *indissolúvel conexão funcional*, de tal modo que a protecção da construção existente ficaria "simplesmente sem objecto", se não fossem autorizadas as medidas de alargamento ou de modificação (cfr. K. NÜSSGENS//K. BOUJONG, *ob. cit.*, p. 27-29; M. OLDIGES, *ob. cit.*, p. 372 e 373; K. H. FRIAUF, *ob. cit.*, p. 481; U. BATTIS, *Öffentliches Baurecht*, cit., p. 66; G. SCHOLZ, *ob. cit.*, p. 127; W. BROHM, *ob. cit.*, p. 386-411; e K. GELZER/H.-J. BIRK, *ob. cit.*, p. 529 e 530).

Como já referimos anteriormente, o artigo 60.°, n.° 1, do RJUE recebeu expressamente, no nosso direito, o princípio da *garantia da existência passiva*, ao determinar que "as edificações construídas ao abrigo do direito anterior e as utilizações respectivas não são afectadas por normas legais e regulamentares supervenientes". E o n.° 2 do mesmo artigo consagra o princípio da *garantia da existência activa*, ao prescrever que "a concessão de licença ou admissão de comunicação prévia de obras de reconstrução ou de alteração das edificações não pode ser recusada com fundamento em normas legais ou regulamentares supervenientes à construção originária, desde que tais obras não originem ou agravem desconformidade com as normas em vigor ou tenham como resultado a melhoria das condições de segurança e de salubridade da edificação".

Mas também no n.° 4 do artigo 117.° do RJIGT se encontra uma certa manifestação do princípio da *garantia da existência*, na medida em que aí se prescreve que não se suspendem os procedimentos de informação prévia, de comunicação prévia e de licenciamento, quando o pedido tenha por objecto obras de reconstrução ou de alteração em edificações existentes, desde que tais obras não originem ou agravem desconformidade com as normas em vigor ou tenham como resultado a melhoria das condições de segurança e de salubridade da edificação.

Neste momento, a nossa atenção vai incidir sobre a importância dos interesses inerentes ao direito de propriedade do solo na escolha das soluções ou do conteúdo do plano.

Os interesses que resultam da propriedade do solo e, em primeira linha, os *interesses de utilização* que são afectados directamente pelo plano são aqueles que têm um significado maior no contexto dos interesses privados que devem ser objecto de consideração e de ponderação em face dos interesses públicos pela entidade que elabora e aprova o plano[378]. Os interesses dos proprietários apresentam manifestações variadas. Ora vão no sentido de o plano consagrar formas vantajosas de utilização para os seus terrenos, por exemplo, a edificação intensiva para fins habitacionais, comerciais ou industriais, de modo a que possam beneficiar do maior número de "*chances*" urbanísticas, ora no sentido de que o plano impeça a produção de danos ou a diminuição do valor das suas propriedades, em consequência da edificação de outras habitações, da instalação de indústrias ou da abertura de vias de comunicação[379].

O direito fundamental da propriedade privada surge, deste modo, como um limite interno à liberdade de modelação do conteúdo do plano. Convém, no entanto, salientar que o interesse do proprietário do solo não é elevado ao nível de um direito subjectivo. Por outras palavras, o proprietário não goza de um poder de exigir que o seu

---

[378] Segundo a doutrina alemã, o conceito de "interesses privados" deve ser entendido em sentido amplo, não se restringindo às posições ou aos interesses juridicamente protegidos. No procedimento de ponderação dos interesses do plano, a Administração deve considerar todos os interesses privados, incluindo os não garantidos juridicamente. Assim, não pode deixar de ser tido em consideração e ser objecto de ponderação o interesse dos habitantes de uma zona em que não sejam rasgadas uma estrada, uma auto-estrada ou mesmo uma simples rua, por causa do ruído e de outros tipos de poluição. Ou ainda o interesse dos habitantes de uma área em que não sejam construídos equipamentos colectivos ou instalações para fins públicos, por exemplo, escolas, centros de cultura, jardins de infância, etc., por causa do desassossego que deles frequentemente deriva. Cfr. W. BROHM, *Der Schutz privater Belange bei Bauplanungen*, in NJW, 34 (1981), p. 1693.

[379] Cfr. E. SCHMIDT-ASSMANN, in ERNST/ZINKAHN/BIELENBERG, *ob. cit.*, § 1.º, p. 229 e 230; e M. KRAUTZBERGER, *ob. cit.*, § 1.º, p. 69.

interesse seja consagrado no plano. Os interesses do proprietário do solo não têm de antemão qualquer preferência ou primazia perante os interesses públicos. O proprietário do solo tem apenas o direito de exigir que o seu "interesse" seja tomado em consideração no procedimento de ponderação[380]. Mas, como refere H. SCHULTE, é inegável que a obrigação de inserir os interesses dos proprietários do solo no procedimento de ponderação tem inevitavelmente reflexos no conteúdo do plano urbanístico. Tendencialmente, o direito de propriedade do solo goza de um tratamento muito mais favorável no plano urbanístico do que se ocorresse a situação contrária, isto é, se os órgãos com competência para elaborar e aprovar o plano não fossem obrigados a tomar em consideração os interesses dos proprietários dos terrenos[381]. Deverá, além disso, afirmar-se que a garantia constitucional da propriedade privada, condensada no artigo 62.º, n.º 1, da Constituição, seria violada se os interesses dos proprietários não fossem considerados, ao lado de outros interesses, nas reflexões conducentes à escolha do conteúdo do plano urbanístico.

24.2.5. *O princípio da separação das utilizações urbanisticamente incompatíveis*

O princípio da separação das utilizações urbanisticamente incompatíveis (Grundsatz der Trennung von unverträglichen Nutzungen) foi elaborado e desenvolvido, como foi anteriormente vincado, pela jurisprudência do Tribunal Administrativo Federal Alemão. Trata-se de um elemento essencial do desenvolvimento urbanístico ordenado e, por isso, de "um princípio elementar da planificação urbanística", cujo sentido é o de que "as áreas de habitação e as áreas industriais que são por natureza poluidoras do ambiente devem distanciar-se o mais possível umas das outras".

---

[380] Cfr. H. SCHULTE, *Das Dogma Baufreiheit*, cit., p. 135; V. GÖTZ, *Bauleitplanung und Eigentum*, Frankfurt am Main, A. Metz, 1969, p. 45 e 46; e M. KRAUTZBERGER, in BATTIS/KRAUTZBERGER/LÖHR, *ob. cit.*, § 1.º, p. 65 e 66.
[381] Cfr. *ob.* e *loc. cits.*.

Este princípio não é, na nossa óptica, um simples princípio de uma boa ordenação urbanística e de um correcto e adequado planeamento urbanístico. Não é algo que se circunscreve ao *mérito* da actividade de planeamento, é, ao invés, um verdadeiro *princípio jurídico* da referida actividade, sendo, por isso, um importante limite interno à discricionaridade de planeamento.

A obrigação da separação das utilizações urbanisticamente incompatíveis vem sendo considerada por alguma doutrina alemã como uma expressão da obrigação de o plano tomar em consideração todas as consequências, designadamente de natureza ambiental, dos tipos e modalidades de utilização por ele estabelecidos (*Gebot der Rücksichtnahme*)[382].

24.2.6. O princípio da proporcionalidade em sentido amplo ou da "proibição do excesso" e o princípio da igualdade

Estes dois princípios constituem importantes limites internos à discricionaridade do conteúdo dos planos urbanísticos.

O primeiro desdobra-se, como já tivemos ensejo de sublinhar neste Manual, em três subprincípios: o da adequação, o da necessidade e o da proporcionalidade em sentido estrito. O princípio geral da proporcionalidade em sentido amplo ou da "proibição do excesso" significa que as medidas do plano que estabelecem restrições ou que proíbem a realização de transformações urbanísticas nos imóveis dos particulares devem ser *adequadas*, *necessárias* e *proporcionais* ao fim público de ordenamento urbanístico do plano. As referidas medidas do plano não podem ser *desadequadas*, antes devem ser idóneas para a prossecução dos objectivos do plano. Noutros termos, aquelas medidas não podem estar arbitrariamente desconectadas da realidade objectiva, nem ser inadequadas ou incongruentes com as linhas orientadoras e a finalidade do plano. Em segundo lugar, aquelas disposições do plano devem ser *necessárias* ou *indispensáveis*, isto é, não devem ser

---

[382] Cfr. W. BROHM, *Öffentliches Baurecht*, cit., p. 258 e 259; e M. KRAUTZBERGER, *ob. cit.*, § 1.º, p. 82 e 83.

estabelecidas quando o mesmo fim puder ser atingido com outros meios menos onerosos para o cidadão. Em terceiro lugar, as medidas citadas devem ser *proporcionais*, no sentido de que os custos ou inconvenientes que delas resultam não podem ser notoriamente excessivos em relação ao fim público por elas realizado[383]. Dizendo as coisas de outro modo, as medidas de que estamos a falar não podem impor aos proprietários um sacrifício absolutamente desproporcionado em relação à finalidade prosseguida, sobretudo se não forem acompanhadas de um significativo benefício para a colectividade[384].

Embora a primeira impressão que ressalta do confronto entre o plano urbanístico e o *princípio da igualdade* seja a de que aquele constitui uma negação deste, já que o plano tem um carácter "necessariamente discriminatório" e é fonte de desigualdades em relação aos proprietários – ou aos titulares de outros direitos reais – dos imóveis por ele abrangidos – fenómeno este que leva alguns autores a falarem mesmo de uma relação de *tensão dominante (herrschende Spannung)* entre as determinações do plano e a obrigação de igualdade jurídica[385] ou de uma antinomia entre a lógica interna de carácter teológico-racional do plano e o princípio da igualdade[386] –, o certo é que o princípio constitucional da igualdade não pode deixar de constituir um limite à discricionaridade do plano (cfr. o artigo 266.º, n.º 2, da Constituição). Assim acontece, desde logo, para utilizarmos a terminologia da doutrina alemã, com o "denominado princípio da igualdade imanente ao plano ou princípio da proibição do arbítrio". O seu sentido é o de que as disposições do plano não podem ser *arbitrárias (Willkürverbot)*. O plano, enquanto instrumento simultâneo de criação e de aplicação do direito, não pode ser *ilógico* e as medidas que prescrevem um tratamento diferenciado dos proprietários do

---

[383] Sobre a importância do *princípio da proporcionalidade (Verhältnismässigkeitsprinzip)* no direito da planificação urbanística alemão, cfr., por todos, W. BROHM, *Öffentliches Baurecht*, cit., p. 258; e M. KRAUTZBERGER, in BATTIS/KRAUTZBERGER/ /LÖHR, *ob. cit.*, § 1.º, p. 77 e 78.

[384] Cfr. A. FERNÁNDEZ CARBALLAL, *ob. cit.*, p. 160 e 161.

[385] Cfr. E. SCHMIDT-ASSMANN, *Grundfragen*, cit., p. 110.

[386] Cfr. M. IMBODEN, *ob. cit.*, p. 129-132.

solo não podem ser irrazoáveis, antes têm de basear-se em fundamentos objectivos ou materiais bastantes. A violação deste princípio da igualdade *imanente* ao plano – o qual está envolvido na sua própria lógica de índole racional teleológica – tem como consequência a invalidade das correspondentes disposições do plano, por ofensa directa do preceito constitucional que consagra o direito fundamental da igualdade[387].

Ao tema das dimensões de relevância do *princípio da igualdade* nos planos dotados de eficácia plurisubjectiva voltaremos no capítulo seguinte.

25. Violação dos planos

Destina-se este número a apresentar uma panorâmica geral das consequências resultantes da violação dos planos por outros planos, por actos administrativos de gestão urbanística e por actos materiais de realização de operações urbanísticas. Há, assim, que distinguir estas três hipóteses de violação das disposições dos planos.

25.1. *A violação das disposições dos planos por outros planos*

Já tivemos oportunidade de realçar, um pouco mais atrás, que o legislador fulmina com a sanção de *nulidade* os planos elaborados e aprovados com violação de qualquer instrumento de planeamento com o qual devessem ser *compatíveis* ou *conformes*. Neste sentido, o artigo 101.º, n.º 1, do RJIGT determina que "a compatibilidade ou conformidade entre os diversos instrumentos de gestão territorial é condição da respectiva validade". E o artigo 102.º, n.º 1, do mesmo diploma estatui que "são nulos os planos elaborados e aprovados em

---

[387] Cfr., sobre este ponto, no direito alemão, por todos, W. BROHM, *Öffentliches Baurecht*, cit., p. 258. No direito do urbanismo do país vizinho, cfr., por todos, A. FERNÁNDEZ CARBALLAL, *ob. cit.*, p. 161 e 162.

violação de qualquer instrumento de gestão territorial com o qual devessem ser compatíveis ou conformes".

No caso de um plano desrespeitar a *relação hierárquica* com outro plano, tanto na modalidade de *compatibilidade*, como na de *conformidade*, é o mesmo *nulo*, nos termos dos preceitos acabados de referir. Mas, como foi por nós sublinhado, idêntica consequência deve resultar da violação por um plano dos princípios da *contra-corrente* e da *articulação*, pois verificam-se em relação a eles as mesmas razões de ordem material que justificam a sanção de *nulidade* dos planos ou de alguma ou algumas das suas disposições prevista na lei para a violação do princípio da *hierarquia* dos planos.

Atente-se, porém, que a declaração de nulidade de um plano ou de alguma ou algumas das suas disposições não prejudica, por via de regra, os efeitos dos actos administrativos entretanto praticados com base no plano. Trata-se de um princípio expressamente previsto no artigo 102.º, n.º 2, do RJIGT e que tem como finalidade garantir a *estabilidade* dos efeitos dos actos administrativos de gestão urbanística praticados ao abrigo de um plano que venha posteriormente a ser declarado nulo, na sua totalidade ou em alguma ou algumas das suas disposições. Prescreve-se, com efeito, naquele preceito que, "salvo menção expressa em contrário, acompanhada da necessária comunicação do dever de indemnizar, a declaração de nulidade não prejudica os efeitos dos actos administrativos entretanto praticados com base no plano".

Esta norma suscita algumas dificuldades de interpretação. Os termos nela utilizados parecem induzir que o seu campo de aplicação se restringe à *declaração de nulidade* do plano pela própria Administração. É seguro, porém, que o princípio segundo o qual os efeitos dos actos administrativos praticados ao abrigo de um plano que seja nulo ficam resguardados da declaração de nulidade do plano vale também para a declaração de ilegalidade, com força obrigatória geral, feita pelo tribunal administrativo competente do plano no seu todo ou de alguma ou algumas das suas normas, como veremos daqui a pouco.

Entendemos também que o princípio subjacente à norma do n.º 2 do artigo 102.º do RJIGT aplica-se a todas as situações de *decla-*

ração de nulidade do plano, independentemente do vício que a originou. Ele não tem, por isso, o seu perímetro de aplicação restringido aos casos de nulidade oriundos da violação do *princípio da hierarquia* dos planos, como poderia resultar do enquadramento sistemático da aludida norma do RJIGT.

25.2. *A violação das disposições dos planos pelos actos administrativos de gestão urbanística*

Na hipótese de os actos administrativos de gestão urbanística infringirem as disposições de um plano, as consequências são igualmente drásticas. Vejamos, em termos sintéticos, quais são elas.

Em primeiro lugar, a *nulidade* dos actos administrativos praticados em violação de qualquer instrumento de planeamento territorial aplicável. Isto resulta, desde logo, do artigo 103.º do RJIGT, que proclama aquele princípio, e, bem assim, do artigo 68.º, alínea *a)*, do RJUE, que sanciona com a *nulidade* as licenças, as admissões de comunicações prévias ou as autorizações de utilização que "violem o disposto em plano municipal de ordenamento do território, plano especial de ordenamento do território, medidas preventivas ou licença de loteamento em vigor"[388].

Note-se que a *nulidade* dos actos administrativos de gestão urbanística praticados em violação de qualquer instrumento de gestão territorial não pode, hoje, contrariamente ao regime geral de nulidade dos actos administrativos, ser invocada a todo o tempo, antes está sujeita a uma *limitação temporal* para a respectiva declaração administrativa e para a propositura da competente acção administrativa especial. Foi esta uma importante novidade trazida pela alteração ao RJUE,

---

[388] Como já tivemos ensejo de salientar, são também *nulos* os actos administrativos que decidam pedidos de licenciamento ou admitam comunicações prévias com a inobservância das proibições ou limitações consequentes do estabelecimento de medidas preventivas dos planos especiais e municipais de ordenamento do território ou que violem os pareceres vinculativos nelas previstos (cfr. o artigo 115.º do RJIGT).

operada pela Lei n.º 60/2007, de 4 de Setembro. Com efeito, de harmonia com o disposto no artigo 69.º, n.º 4, do actual RJUE, a possibilidade de o órgão que emitiu o acto ou deliberação declarar a nulidade caduca, no prazo de 10 anos, caducando igualmente o direito de propor a acção prevista no artigo 69.º, n.º 1 – isto é, a acção interposta pelo Ministério Público –, se os factos que determinaram a nulidade não forem participados ao Ministério Público, dentro daquele prazo, excepto se os mesmos disserem respeito a monumentos nacionais e respectiva zona de protecção.

A criação pelo legislador de uma *limitação temporal* para a invocação da nulidade dos actos administrativos de gestão urbanística violadores de normas dos planos dotados de eficácia plurisubjectiva – e só das nulidades que tenham esta causa estamos aqui a falar –, ou seja, a criação de um regime de *invalidade mista*, deve-se ao relevo que o legislador veio reconhecer, no âmbito do direito do urbanismo, aos efeitos de factos consolidados, resultantes de actos administrativos nulos, os quais, em homenagem a outros interesses, públicos ou privados, devem prevalecer sobre o interesse público da legalidade subjacente ao regime especialmente gravoso da nulidade. O referido regime de *invalidade mista* aplica-se não só às acções interpostas pelo Ministério Público, mas também às acções administrativas especiais apresentadas por qualquer interessado ou qualquer pessoa ou entidade referida no artigo 9.º, n.º 2, do Código de Processo nos Tribunais Administrativos. É esta a interpretação que melhor se adequa ao sentido teleológico da norma do artigo 69.º, n.º 4, do RJUE[389]. A este tema haveremos de voltar no Volume II do presente Manual.

Não é, porém, tarefa fácil saber quando é que um *projecto urbanístico* viola o disposto num plano, sobretudo num plano director municipal. Sobre este ponto, a moderna doutrina jurídica urbanística vem defendendo que o projecto urbanístico não deve ser, hoje, entendido como um *"acto de mera execução ou de aplicação"* do que está

---

[389] Cfr. FERNANDA PAULA OLIVEIRA, *A Alteração Legislativa ao Regime Jurídico da Urbanização e Edificação: Uma Lebre que Saiu Gato...?*, in DRL, N.º 0 (2007), p. 67 e 68.

previsto no plano, mas antes como um *"acto de integração das previsões"* do plano[390].

De acordo com esta *nova relação* entre o *projecto urbanístico* e o *plano director municipal* – a qual tem como base uma ideia "revalorizadora" do projecto, através do reconhecimento de que lhe cabe um papel "criador" e "integrador" das previsões daquele instrumento de planeamento territorial –, para que um projecto urbanístico *esteja de acordo* com as disposições de um plano director municipal e, por isso, *não o viole*, não é necessário que aquele reproduza *estrita e rigorosamente* o que está previsto neste, bastando que, no conjunto ou no seu todo, o projecto urbanístico licenciado dê cumprimento às exigências *significativas* ou *expressivas* constantes do plano ou à *utilização dominante* nele definida[391].

---

[390] Cfr. P. STELLA RICHTER, *Necessità e Possibilità della Pianificazione Urbanistica*, in Presente e Futuro della Pianificazione Urbanistica, a cura di Francesco Pugliesi e Erminio Ferrari, Milano, Giuffrè, 1999, p. 90.

[391] A questão apresenta particular acuidade, quando o PDM define um destino genérico para uma determinada área, como, por exemplo, quando considera um certo espaço como zona de "equipamento público" ou como zona de "equipamento de utilização colectiva", as quais, tendo em conta a densificação, em termos meramente exemplificativos e muito abertos, fornecida pela Portaria n.º 1136/ /2001, de 25 de Setembro, e, actualmente, pela Portaria n.º 216-B/2008, de 3 de Março – "áreas afectas às instalações (inclui as ocupadas pelas edificações e os terrenos envolventes afectos às instalações) destinadas à prestação de serviços à colectividade (saúde, ensino, administração, assistência social, segurança pública, protecção civil, etc.), à prestação de serviços de carácter económico (mercados, feiras, etc.) e à prática de actividades culturais, de recreio e lazer e de desporto" –, devem ser consideradas como conceitos *tipológicos* e não *definitórios*.

Significa isto que o conteúdo do conceito de *equipamento* apresenta um conjunto amplo de características (a denominada *intensio* do conceito) e, além disso, para que uma determinada obra, edificação ou instalação se inclua no domínio (*extensio*) daquele conceito, não é necessário que satisfaça todas as características do mesmo, bastando para isso que preencha um *núcleo significativo* ou *representativo* delas.

De facto, como sublinha A. BARBOSA DE MELO, "o modelo tipológico apresenta uma estrutura geral similar à do modelo definitório, na medida em que compreende, por um lado, um conjunto de características ideadas ou abstractas poten-

Por último, refira-se que a violação de plano municipal de ordenamento do território por um acto de gestão urbanística apenas poderá ser considerada fundamento de *nulidade* quando em causa esteja a violação de uma norma deste instrumento de planeamento que configura uma verdadeira *opção do plano*, isto é, *uma inovação* no ordenamento jurídico, e não já quando o plano municipal se limita a *remeter* ou a *integrar*, no seu conteúdo prescritivo, soluções que decorrem de regimes legais em vigor, que, independentemente do plano, sempre seriam aplicáveis às operações urbanísticas. Quando ocorrer esta última situação, a consequência, quanto ao tipo de invalidade, terá de ser aquela que o legislador previu para a violação dessas normas legais (que, na ausência de disposição expressa, será a anulabilidade, a não ser que esteja em causa uma nulidade por natureza) e não a nulidade por violação do plano. Uma solução diferente significaria estar-se a modelar o regime de invalidade de determinadas prescrições urbanísticas, consoante as mesmas fossem ou não integradas num instrumento de planeamento municipal, reconhecendo ao município uma faculdade que é exclusiva do legislador[392].

---

cialmente referidas a objectos (*intensio, Sinn, sense*) e, por outro, um conjunto de objectos portadores dessas características (*extensio, Bedeutung, meaning*). No entanto, a composição e o arranjo da *intensio* – e, consequentemente, da *extensio* – tomam aí uma feição peculiar: enquanto no conceito definitório, por um lado, o número das características tende a ser mínimo (desejavelmente único) e, por outro lado, a verificação integral desse conjunto de características nos objectos ou indivíduos incluídos na *extensio* será sempre indispensável (ou, então, já *não* estaríamos perante uma característica essencial, mas perante uma característica acidental) – no conceito tipológico, ao contrário, não só o conjunto das características tende a ser amplo, como também não é requisito de inclusão que o objecto ou indivíduo *sub judice* satisfaça todas essas características, bastando para isso que exiba um núcleo significativo ou representativo delas" (cfr. *Notas de Contencioso Comunitário,* polic., Coimbra, 1986, p. 123).

[392] Cfr., a este propósito, o Acórdão do Tribunal Central Administrativo do Norte de 7 de Janeiro de 2008, Proc. n.º 581/052 BEPNF, que entendeu que a violação por um acto de licenciamento de uma obra de edificação do artigo 73.º do Regulamento Geral das Edificações Urbanas (RGEU) não implicava a violação da norma do n.º 1 do artigo 13.º do Regulamento do PDM de Lousada e,

Em segundo lugar, o *dever de indemnização* por parte dos municípios dos danos suportados pelos particulares em consequência da revogação, anulação ou declaração de nulidade de licenças, comunicações prévias ou autorizações de utilização, sempre que a causa da revogação, anulação ou declaração de nulidade resulte de uma conduta ilícita dos titulares dos órgãos daqueles entes autárquicos ou dos seus funcionários ou agentes, traduzida na violação por aqueles actos administrativos de gestão urbanística do disposto em plano municipal ou em plano especial de ordenamento do território, em medidas preventivas ou em licença de loteamento em vigor – respondendo os titulares dos órgãos do município e os seus funcionários e agentes solidariamente com aquele ente público, quando tenham dolosamente dado causa à ilegalidade que fundamenta a revogação, anulação ou declaração de nulidade [cfr. os artigos 68.º, alínea *a*), e 70.º, n.ºs 1 e 2, do RJUE][393].

---

consequentemente, não gerava a nulidade daquele acto – norma esta que refere que "os afastamentos das construções relativamente à via pública e entre fachadas, com excepção das instalações industriais, devem ser considerados de acordo com a legislação rodoviária em vigor e com o Regulamento Geral das Edificações Urbanas". Considerou, com efeito, aquele aresto que, não estando "em causa verdadeiras opções referentes à ocupação e transformação do solo, nem conformidade do direito de propriedade de particulares com essa ocupação/transformação – caso de zonas de REN e RAN – o que constitui normatividade essencial dos planos directores municipais, enquanto planos de ordenamento do respectivo território municipal – mas apenas e só mera remissão para a lei, *in casu*, para o RGEU, entendemos [...] que a violação de normas do RGEU, como seria o caso dos autos, apenas importa a mera anulabilidade, que não a nulidade, por aplicação das mesmas e dos seus efeitos jurídicos".

[393] Cfr., sobre esta problemática, o Acórdão do Supremo Tribunal Administrativo de 16 de Maio de 2001 (Proc. n.º 46 227), que decidiu, entre o mais, que a norma do n.º 5 do artigo 52.º do Decreto-Lei n.º 445/91, de 20 de Novembro, ao estabelecer que o município deve indemnizar no caso de ter licenciado uma construção contra as prescrições dos planos, está a prever uma hipótese de responsabilidade da Administração pelo dano de confiança, assimilável aos casos de responsabilidade pré-contratual (*culpa in contrahendo*), permitindo ao particular que demande o município para ressarcimento dos prejuízos ligados ao interesse negativo, isto é, os que se traduzem no reembolso das despesas fei-

Em terceiro lugar, a possibilidade de ser exercida *tutela administrativa* de carácter *sancionatório* sobre os órgãos das autarquias locais e entidades equiparadas, nos termos do artigo 242.° da Constituição e da Lei n.° 27/96, de 1 de Agosto. Com efeito, o artigo 8.°, n.° 1, alínea *d*), desta lei (regime jurídico da tutela administrativa sobre as autarquias locais e entidades equiparadas) determina que perdem o mandato os membros dos órgãos autárquicos ou das entidades equiparadas que pratiquem ou sejam individualmente responsáveis pela prática de actos que violem culposamente instrumentos de ordenamento do território ou de planeamento urbanístico válidos e eficazes. E o artigo 9.°, alínea *c*), da mesma lei estabelece que qualquer órgão autárquico ou de entidade equiparada pode ser dissolvido quando "viole culposamente instrumentos de ordenamento do território ou de planeamento urbanístico válidos e eficazes"[394].

tas, ocasiões perdidas e compromissos assumidos por ter razoavelmente confiado na aprovação dada e em ligação causal com esta confiança, e não no que deixou de ganhar em consequência de não ter podido construir um prédio com as características que pretendia [cfr. o sumário deste aresto nos CJA, N.° 29 (2001), p. 71 e 72].

[394] Cfr., relativamente ao regime da tutela administrativa sobre os órgãos das autarquias locais, D. FREITAS DO AMARAL, *Curso de Direito Administrativo*, Vol. I, cit., p. 699-712; ANTÓNIO CÂNDIDO DE OLIVEIRA, *Direitos das Autarquias Locais*, Coimbra, Coimbra Editora, 1993, p. 299-304; PEDRO GONÇALVES, *O Novo Regime Jurídico da Tutela Administrativa sobre as Autarquias Locais,* Coimbra, CEFA, 1997, p. 5-44; e o Acórdão do Tribunal Constitucional n.° 260/98, publicado no *DR*, I Série-A, de 31 de Março de 1998, em *Acórdãos do Tribunal Constitucional*, 39.° Vol. (1998), p. 97 e segs., e nos CJA, N.° 9 (1998), p. 11 e segs., com uma *Anotação* de ANTÓNIO CÂNDIDO DE OLIVEIRA.

A jurisprudência do Supremo Tribunal Administrativo vem adoptando a orientaçao segundo a qual para ser decretada a perda de mandato ou a dissolução do órgão autárquico não basta um qualquer juízo de culpa, sendo necessário que se esteja perante uma actuação que mereça um forte juízo de censura (culpa grave ou negligência grosseira).

Questão controversa é a de saber se deve ser determinada a perda de mandato ou a dissolução do órgão autárquico nos casos em que, no momento em que estas medidas sancionatórias forem desencadeadas, a situação de nulidade já não exista, ou porque a violação culposa do plano foi entretanto regularizada (como

25.3. A violação das disposições dos planos por actos materiais de realização de operações urbanísticas

Em face da violação das disposições dos planos pelos actos materiais de realização de operações urbanísticas, o legislador adoptou dois tipos de medidas.

Primeiro, tipificou como *ilícito de mera ordenação social*, punível com coima, a realização de obras e a utilização de edificações ou do solo em violação de disposições de plano municipal ou de plano especial de ordenamento do território (cfr. o artigo 104.º do RJIGT) [395].

---

sucede quando tenha entrado em vigor, em momento posterior, um novo plano que passe a admitir a operação urbanística anteriormente vedada pelo plano), ou porque a nulidade foi entretanto declarada pelo órgão que praticou o acto viciado e tenha extraído dessa declaração todas as consequências. Sobre a jurisprudência do Supremo Tribunal Administrativo relativamente à perda de mandato e à dissolução do órgão autárquico em consequência de violações culposas dos planos e sobre a questão acabada de enunciar, cfr. F. ALVES CORREIA/A. BARBOSA DE MELO/ /FERNANDA PAULA OLIVEIRA/DULCE LOPES/JOANA MENDES, *ob. cit.*, p. 59-63.

[395] O ilícito de mera ordenação social constitui a parte mais importante do chamado *ilícito administrativo*, o qual consiste na violação pelos particulares de deveres ou o desconhecimento de proibições fixadas para defesa de valores tipicamente administrativos, isto é, de valores desprovidos de dimensão ético-social (cfr. R. EHRHARDT SOARES, *Direito Administrativo*, cit., p. 32 e segs.).

O estabelecimento, no nosso país, de um regime específico de punição dos actos ilícitos de mera ordenação social, através da criação da figura jurídica da contra-ordenação, inseriu-se no conhecido *movimento da descriminalização*, cujo propósito foi o de retirar dos quadros do direito penal um larguíssimo número de infracções de nula ou duvidosa relevância ética, cujo número vem aumentando no Estado Social de Direito, devido ao seu pendor crescentemente intervencionista, reservando ao direito penal a tutela dos valores que constituem o "mínimo ético" essencial à vida em sociedade [cfr. EDUARDO CORREIA, *Direito Penal e Direito de Mera Ordenação Social*, in BFDUC, Vol. 49 (1973), p. 266], devendo, por isso, aquele intervir com os seus instrumentos próprios de actuação ali e apenas, como salienta J. FIGUEIREDO DIAS, "onde se verifiquem lesões insuportáveis das condições comunitárias essenciais de livre realização e desenvolvimento da personalidade de cada homem" (cfr. *O Movimento da Descriminalização e o Ilícito de Direito de Mera Ordenação Social*, in Jornadas de Direito Criminal, o

Segundo, sujeitou a *embargo* os trabalhos e a *demolição* as obras realizados em violação de plano municipal ou especial de ordena-

---

Novo Código Penal Português e Legislação Complementar, Lisboa, Petrony, 1983, p. 322).

O Decreto-Lei n.º 433/82, de 27 de Outubro (alterado pelos Decretos-Leis n.ºs 356/89, de 17 de Outubro, 244/95, de 14 de Setembro, e 323/2001, de 17 de Dezembro, e pela Lei n.º 109/2001, de 24 de Dezembro), que estabelece o regime geral das contra-ordenações, define no seu artigo 1.º, n.º 1, contra-ordenação como "todo o facto ilícito e censurável que preencha um tipo legal no qual se comine uma coima". Mas, como acentua J. FIGUEIREDO DIAS (cfr. *ob. cit.*, p. 326 e 327), apesar de o legislador ter adoptado, naquele preceito, um "índice conceitual formal" para operar a distinção entre crimes e contra-ordenações, subjacentes às opções do legislador vertidas naquele diploma legal estão seguramente razões de ordem material distintivas do direito penal em relação ao direito de mera ordenação social (cfr. o intróito dos citados Decretos-Leis n.ºs 433/82 e 356/89). Assim, é da circunstância de o ilícito de mera ordenação social se traduzir numa conduta que, em si mesma, independentemente da sua proibição legal, é axiologicamente neutra (cfr. J. FIGUEIREDO DIAS, *ob. cit.*, p. 327 e 328), isto é, uma conduta que não se apresenta com uma carga valorativa negativa para além do desvalor que lhe é atribuído pelo simples facto de violar deveres (de acção ou de omissão) prescritos pelo Estado [cfr. J. PEDRO CARDOSO DA COSTA, *O Recurso para os Tribunais Judiciais da Aplicação de Coimas pelas Autoridades Administrativas*, in Ciência e Técnica Fiscal, n.º 366 (1992), p. 46], que ele, por exemplo, não é punível com penas restritivas da liberdade, mas com sanções exclusivamente patrimoniais (coimas) e eventualmente com determinadas sanções acessórias (cfr. os artigos 17.º a 26.º do Decreto-Lei n.º 433/82); que a verificação concreta da existência do facto ilícito e a aplicação das coimas é da competência das autoridades administrativas (cfr. os artigos 33.º a 37.º do referido diploma legal), sem prejuízo do direito ao recurso para os tribunais das decisões das autoridades administrativas (cfr. os artigos 59.º e seguintes do Decreto-Lei n.º 433/82) – sendo competentes os tribunais comuns (o tribunal em cuja área territorial se tiver praticado a infracção), os quais têm poderes de jurisdição plena, isto é, podem não apenas anular ou declarar a invalidade da decisão administrativa aplicadora da coima, mas também absolver o arguido e manter a sanção aplicada ou alterá-la (para uma justificação da opção tomada pelo legislador do recurso para os tribunais comuns, em detrimento dos tribunais administrativos, cfr. J. PEDRO CARDOSO DA COSTA, *ob. cit.*, p. 52 e segs.); que as coimas podem aplicar-se não só às pessoas singulares, mas também às pessoas colectivas e às associações sem personalidade jurídica (cfr. o artigo 7.º do citado diploma legal); ou, ainda, que, no

mento do território, tenham sido ou não objecto de licença ou comunicação prévia (cfr. o artigo 105.º do RJIGT). O regime jurí-

---

domínio das contra-ordenações, o princípio da *culpa* tem um sentido diverso daquele que lhe vai associado no âmbito jurídico-penal – não se trata de uma culpa, como refere J. FIGUEIREDO DIAS, "baseada numa censura *ética*, dirigida à *pessoa* do agente e à sua atitude interna, mas apenas de uma imputação do facto à responsabilidade social do seu autor", ou seja, "da adscrição social de uma responsabilidade que se reconhece exercer ainda uma função positiva e adjuvante das finalidades admonitórias da coima" (cfr. *ob. cit.*, p. 331).

O actual artigo 165.º, n.º 1, alínea d), da Constituição inclui, desde a Lei Constitucional n.º 1/82, de 30 de Setembro, na reserva relativa de competência legislativa da Assembleia da República o regime geral de punição dos actos ilícitos de mera ordenação social e do respectivo processo. A demarcação das competências legislativas da Assembleia da República e do Governo em matéria de ilícito de mera ordenação social e respectivo processo foi traçada com rigor pelo Acórdão do Tribunal Constitucional n.º 56/84 [publicado no *DR*, I Série, de 9 de Agosto de 1984, e em *Acórdãos do Tribunal Constitucional*, 3.º Vol. (1984), p. 153 e segs.], passando a linha aí gizada a ser trilhada em múltiplos arestos posteriores (cfr., *inter alia*, os Acórdãos n.ºs 324/90, 329/92 e 175/97, o primeiro publicado no *DR*, II Série, de 19 de Março de 1991, e o segundo e o terceiro no mesmo Jornal Oficial, I Série-A, de 14 de Novembro de 1992 e de 24 de Abril de 1997, respectivamente).

Nos termos daquele primeiro aresto, "é da exclusiva competência da Assembleia da República, salvo autorização legislativa do Governo (e admitindo hipoteticamente a subsistência constitucional da figura da contravenção):

a) Definir crimes e penas em sentido restrito, o que comporta o poder de variar os elementos constitutivos do facto típico, de extinguir modelos de crime, de desqualificá-los em contravenções e contra-ordenações e de alterar as penas previstas para os crimes no direito positivo;

b) Legislar sobre o regime geral de punição das contra-ordenações e contravenções e dos respectivos processos;

c) Definir contravenções puníveis com pena de prisão e modificar o *quantum* desta:

É da competência concorrente da Assembleia da República e do Governo (e na mesma linha de hipotética sobrevivência constitucional do tipo contravencional):

a) Definir, dentro dos limites do regime geral, contravenções não puníveis com pena restritiva de liberdade e contra-ordenações, alterar e eliminar umas e outras e modificar a sua punição;

b) Desgraduar contravenções não puníveis com pena restritiva de liberdade em contra-ordenações, com respeito pelo quadro traçado pelo Decreto-Lei

dico do *embargo* e da *demolição* de obras de urbanização e de edificação e de trabalhos que estejam a ser executados em violação das nor-

n.º 433/82" (cfr. também J. J. GOMES CANOTILHO/VITAL MOREIRA, *Constituição da República Portuguesa Anotada*, 3.ª ed., Coimbra, Coimbra Editora, 1993, p. 673).
   Ainda segundo o Acórdão do Tribunal Constitucional que vimos seguindo, pode o Governo fixar as coimas e outras sanções aplicáveis a certos comportamentos qualificados como contra-ordenações, com respeito, porém, do diploma que estabelece o regime geral de punição das contra-ordenações (Decreto-Lei n.º 433/82). Ora, desse regime geral, por força do disposto no artigo 165.º, n.º 1, alínea *d*), da Constituição, "não pode deixar de constar um quadro rígido das sanções aplicáveis aos ilícitos de mera ordenação social, bem como uma referência, com valor taxativo, aos montantes mínimo e máximo das coimas". Daqui resulta que não pode o Governo, sem apoio em autorização legislativa, fixar para as coimas devidas por contra-ordenações limites mínimos *inferiores* ao estabelecido no Decreto-Lei n.º 433/82, nem limites máximos *superiores* ao determinado nesse diploma legal, sob pena de inconstitucionalidade orgânica na diferença para menos ou para mais, respectivamente.
   Os montantes máximos e mínimos das coimas são fixados nos n.ºs 2 e 4 do artigo 104.º do RJIGT. Assim, no caso de realização de obras, o montante da coima é fixado entre o mínimo de € 2 500 e o máximo de € 100 000 (cfr. o n.º 2 daquele artigo); no caso de utilização de edificações ou do solo, o montante da coima é fixado entre o mínimo de € 1 500 e o máximo de € 50 000 (cfr. o n.º 3 do mesmo artigo); e tratando-se de pessoas colectivas, as coimas referidas nos n.ºs 2 e 3 podem elevar-se até ao montante de € 125 000, em caso de negligência, e até ao montante máximo de € 250 000, em caso de dolo (cfr. o n.º 4 do mencionado artigo 104.º do RJIGT). Não se alicerçando o Decreto-Lei n.º 380/99 em nenhuma lei de autorização legislativa, nem contendo a Lei de Bases da Política de Ordenamento do Território e de Urbanismo (Lei n.º 48/98, de 11 de Agosto), que aquele diploma veio desenvolver, nenhum princípio básico ou fundamental respeitante às contra-ordenações decorrentes da violação dos planos e aos limites mínimos e máximos das coimas, conclui-se que as normas dos n.ºs 2 a 4 do artigo 104.º do Decreto-Lei n.º 380/99 não respeitam, nos seus limites máximos, os limites constantes do artigo 17.º do Decreto-Lei n.º 433/82, na redacção do Decreto-Lei n.º 244/95. Na verdade, o artigo 17.º, n.º 1, deste diploma determina que o montante mínimo da coima aplicável às pessoas singulares é de € 3,75 e o máximo é de € 3 750; o n.º 2 estabelece que o montante máximo da coima aplicável às pessoas colectivas é de € 45 000; e o n.º 3 prescreve que, em caso de negligência, os montantes máximos das coimas são de € 1 875 e de € 22 500, conforme se trate, respectivamente, de pessoas singulares e de pessoas colectivas. Na medida

mas legais e das normas regulamentares aplicáveis, incluindo as constantes de planos dotados de eficácia plurisubjectiva, bem como das

---

em que as normas dos n.ᵒˢ 2 a 4 prevêem limites máximos de coimas *superiores* aos determinados no diploma condensador do regime geral das contra-ordenações, são elas *organicamente inconstitucionais*, na diferença para mais em relação aos limites consagrados no Decreto-Lei n.º 433/82, na redacção do Decreto-Lei n.º 244/95.

De acordo com o n.º 5 do artigo 104.º do RJIGT, do montante da coima, 60% reverte para o Estado e 40% para a entidade competente para o processo de contra-ordenação e aplicação da coima. As entidades detentoras desta competência são o presidente da câmara municipal ou o presidente da comissão de coordenação e desenvolvimento regional da área, no caso de violação de plano municipal de ordenamento do território, ou as entidades competentes em razão da matéria, no caso de violação de plano especial de ordenamento do território [cfr. as alíneas *a*) e *b*) do n.º 8 do artigo 104.º do mencionado diploma legal]. Por último, o n.º 6 do mesmo artigo determina que a punição com coima de qualquer comportamento infractor das disposições de um plano especial ou municipal de ordenamento do território é comunicada ao Instituto da Construção e do Imobiliário, I. P. (cuja orgânica foi aprovada pelo Decreto-Lei n.º 144/2007, de 27 de Abril), enquanto o n.º 7 estabelece que a tentativa e a negligência são sempre puníveis.

A tipificação de certos comportamentos dos particulares violadores de normas jurídicas urbanísticas como ilícitos de mera ordenação social e a sua punição como contra-ordenações é muito frequente no nosso direito. Para além do domínio da violação dos planos dotados de eficácia plurisubjectiva, aquela técnica aparece-nos, como tivemos ocasião de referir, em outros sectores do direito do urbanismo, tais como, entre outros, os da RAN (cfr. os artigos 36.º e 38.º do Decreto-Lei n.º 196/89, de 14 de Junho, na redacção do Decreto-Lei n.º 274/92, de 12 de Dezembro), da REN (cfr. artigos 12.º e 13.º do Decreto-Lei n.º 93/90, de 19 de Março, na redacção do Decreto-Lei n.º 213/92, de 12 de Outubro), das áreas protegidas (cfr. os artigos 22.º a 24.º do Decreto-Lei n.º 19/93, de 23 de Janeiro), dos terrenos com povoamentos florestais percorridos por incêndios (cfr. os artigos 7.º a 9.º do Decreto-Lei n.º 139/88, de 22 de Abril, os artigos 7.º a 9.º do Decreto-Lei n.º 180/89, de 30 de Maio, e artigo 1.º, n.º 8, do Decreto-Lei n.º 327/90, de 22 de Outubro), da ocupação, uso e transformação da faixa costeira (cfr. o artigo 6.º do Decreto-Lei n.º 302/90, de 22 de Setembro) e, como melhor se verá no Volume II deste Manual, o do regime jurídico da urbanização e da edificação (cfr. os artigos 98.º e 99.º do RJUE).

Realce-se, por fim, que as infracções às normas jurídicas urbanísticas, constitutivas de ilícitos de mera ordenação social, de ilícitos penais, de ilícitos disciplinares e de ilícitos civis, integram o chamado *ilícito urbanístico*, que os mais recentes

obras e trabalhos realizados sem a necessária licença ou comunicação prévia ou em desconformidade com o respectivo projecto ou com as condições do licenciamento ou da admissão da comunicação prévia será apresentado, de acordo com a sistematização por nós adoptada, no Volume II do presente Manual, por ocasião do estudo do travejamento jurídico da urbanização e da edificação.

Vamos, por isso, circunscrever, agora, a nossa atenção à indicação de alguns aspectos disciplinados nos artigos 105.° e 106.° do RJIGT e do artigo 108.°-A do RJUE (preceito este aditado pela Lei n.° 60/2007, de 4 de Setembro). De harmonia com o n.° 1 do artigo indicado em primeiro lugar, o *embargo* dos trabalhos – constituindo crime de desobediência, nos termos da alínea *b)* do n.° 1 do artigo 348.° do Código Penal, o prosseguimento dos trabalhos embargados (cfr. o artigo 106.° do RJIGT) – ou a *demolição* de obras pode ser determinada pelo presidente da câmara municipal, quando violem plano municipal de ordenamento do território [cfr. a alínea *a)* do n.° 1 do artigo 105.° do RJIGT e, bem assim, a alínea *m)* do n.° 2 do artigo 68.° da Lei n.° 169/99, de 18 de Setembro], pelo membro do Governo responsável pelo ordenamento do território, quando violem plano especial de ordenamento do território [cfr. a alínea *b)* do n.° 1 do artigo 105.° do RJIGT] e pelo mesmo membro do Governo, quando esteja em causa a prossecução de objectivos de interesse nacional ou regional [cfr. também a alínea *b)* do mesmo número e artigo daquele diploma][396].

---

manuais, sobretudo de língua italiana, vêm incluindo como um capítulo do direito do urbanismo (cfr., por todos, G. C. MENGOLI, *ob. cit.*, p. 805 e segs.; e N. ASSINI/ /M. MARINARI, *L'Illecito Urbanistico – Edilizio e le Sanzioni*, in Manuale di Diritto Urbanistico, a cura di N. Assini, cit., p. 571 e segs.).

[396] A alínea *b)* do n.° 1 do artigo 105.° do RJIGT atribui competência ao membro do Governo responsável pelo ordenamento do território, para ordenar o embargo de trabalhos ou a demolição de obras, quando esteja em causa a prossecução de objectivos de interesse nacional ou regional. Esta norma, tendo em conta os termos genéricos nela utilizados, abrange também as situações em que esses trabalhos ou obras violem planos municipais de ordenamento do território, desde que contendam com a prossecução daqueles objectivos. Significa, então, que o artigo 105.° do RJIGT, nas suas alíneas *a)* e *b)*, estabelece uma competên-

As despesas com a demolição correm por conta do dono das obras a demolir e, sempre que não forem pagas voluntariamente no prazo de 20 dias a contar da notificação para o efeito, são cobradas coercivamente, servindo de título executivo certidão passada pelos serviços competentes, donde conste, além dos demais requisitos exi-

---

cia *alternativa* ou *concorrente* dos presidentes das câmaras e do membro do Governo responsável pelo ordenamento do território (ainda que, relativamente a este, apenas quando se verificarem os pressupostos acima referidos) para ordenar o embargo de trabalhos ou a demolição de obras, quando violem planos municipais de ordenamento do território.

Também o artigo 104.º, n.º 8, alínea *a*), do RJIGT atribui uma competência *alternativa* ou *concorrente* aos presidentes das câmaras municipais e aos presidentes das comissões de coordenação e desenvolvimento regional para a promoção do processo de contra-ordenação e para a aplicação da coima, no caso da realização de obras e de utilização de edificações ou do solo em violação do plano municipal de ordenamento do território. E, por último, tanto os presidentes das câmaras municipais, como as comissões de coordenação e desenvolvimento regional têm competência para comunicar às conservatórias do registo predial as ordens de embargo e de demolição, para efeitos de registo, nos termos do n.º 4 do artigo 105.º do RJIGT.

A justificação destas competências *concorrentes* ou *alternativas* encontra-se no facto de os planos municipais de ordenamento do território, apesar de serem elaborados e aprovados pelos órgãos do município, versarem sobre uma matéria que coenvolve interesses simultaneamente *locais* e *nacionais*. Daí que não se possa ver na competência atribuída no artigo 105.º, n.º 1, alínea *b*), a um membro do Governo, bem como nas competências atribuídas pela alínea *a*) do n.º 8 do artigo 104.º e pelo n.º 4 do artigo 105.º a um órgão desconcentrado da administração directa do Estado uma qualquer forma de intervenção tutelar do Governo, violadora do disposto nos artigos 6.º, n.º 1, 235.º, 237.º e 242.º da Constituição. Essa tem sido, aliás, a posição defendida na nossa jurisprudência constitucional e administrativa [cfr. os citados Acórdãos do Tribunal Constitucional n.ºs 432/93, 674/95, 379/96 e 560/99, bem como, *inter alia*, os Acórdãos da 1.ª Secção do Supremo Tribunal Administrativo de 4 de Julho de 1991 (Proc. n.º 26 889), de 21 de Abril de 1994 (Proc. n.ºs 29 573 e 29 852), de 23 de Fevereiro de 1995 (Proc. n.º 34 478) e de 11 de Julho de 1995 (Proc. n.º 37 116)]. Cfr. também, sobre este assunto, a nossa obra *As Grandes Linhas*, cit., p. 104 e 105, nota 71; J. MIGUEL SARDINHA, *O Novo Regime Jurídico das Operações de Loteamento e de Obras de Urbanização (Dec.-Lei n.º 448/91, de 29 de Novembro), Comentado e Anotado*, Coimbra, Coimbra Editora, 1992, p. 94-96, 145 e 146; e NUNO DA SILVA SALGADO, *Infracções Urbanísticas*, in RDA, Ano 1.º, N.º 1 (1992), p. 86 e 87.

gidos, a identificação do dono das obras e o montante em dívida (cfr. o n.º 3 do artigo 105.º do RJIGT). Acresce que as ordens de embargo e de demolição são objecto de registo na conservatória do registo predial competente mediante comunicação do presidente da câmara municipal, da comissão de coordenação e desenvolvimento regional ou do órgão competente dependente do membro do Governo responsável pelo ordenamento do território, procedendo-se oficiosamente aos necessários averbamentos (cfr. o n.º 4 do artigo 105.º do citado diploma).

Refira-se, por último, que a violação de medidas preventivas de planos especiais ou municipais de ordenamento do território por actos materiais de realização de operações urbanísticas constitui igualmente um *ilícito de mera ordenação social*, punível com coima, e constitui também fundamento de *embargo* dos trabalhos e de *demolição* das obras realizados em violação daquelas medidas cautelares (cfr. os artigos 113.º e 114.º do RJIGT). Por isso, o discurso feito anteriormente a propósito da violação das disposições dos planos por actos materiais de realização de operações urbanísticas aplica-se, nas suas linhas essenciais, à violação por estes actos materiais das medidas preventivas dos planos especiais e municipais de ordenamento do território, tendo em conta a similitude de conteúdo, por um lado, dos artigos 104.º e 105.º e, por outro lado, dos artigos 113.º e 114.º do RJIGT.

Quanto à norma do artigo 108.º-A do RJUE, determina ela que "o presidente da comissão de coordenação e desenvolvimento regional territorialmente competente pode determinar o embargo, a introdução de alterações, a demolição do edifício ou a reposição do terreno em quaisquer operações urbanísticas desconformes com o disposto em plano municipal ou plano especial de ordenamento do território, sempre que não se mostre assegurada pelo município a adopção das referidas medidas de tutela da legalidade urbanística, aplicando-se, com as necessárias adaptações, o disposto nos artigos 94.º a 96.º e 102.º a 108.º" do RJUE. Esta norma, na parte em que consente a um órgão desconcentrado da administração directa do Estado a adopção das mencionadas medidas de tutela da legalidade urbanística em operações urbanísticas desconformes com o disposto em plano municipal de ordenamento do território, sempre que o município não tenha lançado mão de tais medidas, poderá, *primu conspectu*, ser entendida como configurando uma *tutela substitutiva*, não coberta pelo artigo 242.º, n.º 1, da Constituição, e, por isso, como feridora da Constituição.

Cremos, no entanto, que a referida norma, no segmento referido, não consagra qualquer tipo de *tutela substitutiva*, tendo como objecto as *atribuições* ou os *interesses próprios* dos municípios. É que, como já referimos, as matérias respeitantes à ocupação, uso e transformação do solo, isto é, as questões atinentes ao urbanismo, são, por força da Constituição, matérias que constituem um *espaço* de *condomínio* de *interesses gerais, estaduais* ou *nacionais*, de *interesses regionais* e de *interesses locais*, e não um espaço que coenvolva unicamente interesses municipais. Por isso, quando a aludida norma legal permite a um órgão dependente do Governo, em caso de inacção do município, praticar os referidos actos de tutela da legalidade urbanística, relativamente a operações urbanísticas desconformes com os planos municipais de ordenamento do território, não está a criar uma *tutela substitutiva*, tendo por objecto matérias que têm a ver com interesses próprios (exclusivos) da população municipal, mas a prever o exercício por parte do Estado de uma função de curadoria dos interesses gerais ou nacionais relacionados com o urbanismo, que lhe está (também) constitucionalmente atribuída, como resulta do artigo 65.º, n.º 4, da Lei Fundamental.

26. O contencioso dos planos

26.1. *Considerações gerais*

Apresentada a *natureza jurídica* dos planos e expostos os mais importantes *princípios jurídicos fundamentais* vinculativos da actividade de planificação territorial, estamos em condições de afirmar que a sua violação inquina os planos, ou alguma ou algumas das suas disposições, de *ilegalidade*, estando, assim, aberta a via da sua impugnação contenciosa junto dos tribunais administrativos. Tendo em conta a assinalada natureza jurídica dos planos, o regime do seu contencioso é essencialmente um contencioso de *normas jurídicas*[397-398].

---

[397] Cfr. as nossas obras *O Contencioso dos Planos Municipais de Ordenamento do Território*, cit., p. 31-40, *A Impugnação Jurisdicional de Normas Administrativas*, in CJA, N.º 16 (1999), p. 16-27, e *Estudos de Direito do Urbanismo*, cit., p. 137-140. A competência dos tribunais administrativos constitui um imperativo constitucional, considerado o disposto no artigo 212.º, n.º 3, da Constituição (a que correspondia o artigo 214.º, n.º 3, na versão da Revisão de 1989), onde se determina que "compete aos tribunais administrativos [e fiscais] o julgamento das acções e recursos contenciosos que tenham por objecto dirimir os litígios emergentes das relações jurídicas administrativas [e fiscais]". Este preceito constitucional foi introduzido na Revisão de 1989 e visou, na linha da alteração do artigo 209.º (artigo 211.º, na versão de 1989), que deixou de considerar a existência de tribunais administrativos como facultativa, consagrar a ordem jurisdicional administrativa como uma jurisdição própria, ordinária e não como uma jurisdição especial ou excepcional em face dos tribunais judiciais (cfr. J. M. SÉRVULO CORREIA, *Contencioso Administrativo*, Lições ao 5.º Ano Jurídico, Lisboa, 1990, p. 115 e 116).

Não é consensual na doutrina a interpretação daquele preceito constitucional. Enquanto J. J. GOMES CANOTILHO/VITAL MOREIRA vêem nele a consagração de uma reserva absoluta de jurisdição atribuída aos tribunais administrativos, não consentindo que "estes tribunais possam julgar outras questões ou que certas questões de natureza administrativa possam ser atribuídas a outros tribunais" (cfr. *Constituição da República Portuguesa Anotada*, cit., p. 814), J. C. VIEIRA DE ANDRADE considera que a mesma contém apenas "uma regra definidora de um *modelo típico*, susceptível de adaptações ou de desvios em casos especiais, desde que não fique prejudicado o núcleo caracterizador do modelo", sendo legítimo, por isso, ao legislador ordinário, desde que respeite o núcleo essencial da organização material das jurisdições, atribuir pontualmente a outros tribunais competência para o julgamento de questões materialmente administrativas [cfr. *A Justiça Administrativa (Lições)*, 9.ª ed., Coimbra, Almedina, 2007, p. 99-108].

O Tribunal Constitucional, não tomando embora partido nesta disputa doutrinária, vem considerando que não violam o mencionado preceito constitucional as normas que atribuem, em casos especiais e devidamente justificados, competência aos tribunais judiciais para a resolução de litígios emergentes de relações jurídicas administrativas. Assim sucedeu, por exemplo, com o Acórdão n.º 746/96 [publicado no *DR*, II Série, de 4 de Setembro de 1996, e em *Acórdãos do Tribunal Constitucional*, 34.º Vol. (1996), p. 245 e segs.], que não julgou inconstitucionais

Há *vícios* dos planos que, pela sua própria natureza, originam a invalidade do plano no seu conjunto. É o que acontece com os vícios, designados pela jurisprudência e doutrinas francesas, de *legalidade externa* dos planos (*v. g.*, o vício de incompetência, o vício de forma e o vício de procedimento) – vícios esses que, de acordo com a perspectiva de R. EHRHARDT SOARES, apoiada numa concepção estrutural do plano e numa conexão tendencial entre vícios e tipos de invalidade em função do momento estrutural afectado, são os relativos ao *sujeito, ao procedimento* e à *forma*[399]. Outros, ao invés, podem desencadear a declaração de nulidade ou a anulação de apenas alguma ou algumas das disposições dos planos, assistindo-se, deste modo, a uma declaração de nulidade ou a uma anulação *parcial* do plano. Está bem de ver que uma consequência destas só é possível no caso de vícios de *legalidade interna* [*v. g.*, o vício de violação de lei e o vício de desvio de poder (em sentido subjectivo e em sentido objectivo][400-401] –

---

as normas do Código das Expropriações que cometem aos tribunais judiciais a competência para conhecer dos litígios respeitantes ao valor da indemnização por expropriação. Nele se sublinhou, a propósito, que, independentemente de saber se o artigo 214.º, n.º 3, da Constituição (actualmente, o artigo 212.º, n.º 3) atribui aos tribunais administrativos uma reserva material absoluta de jurisdição, ou se aí apenas se consagram os tribunais administrativos como tribunais comuns em matéria administrativa, o certo é que nada obsta a que se atribua a outros tribunais – *rectius*, aos tribunais judiciais – a competência para julgamento de questões de direito administrativo, quando existe toda uma tradição jurídica nesse sentido e, onde, além disso, concorrem razões que têm a ver com uma mais fácil defesa dos direitos.

[398] Para uma visão geral da problemática do *contencioso do urbanismo*, não circunscrita ao contencioso dos planos, cfr. a nossa obra *O Direito do Urbanismo em Portugal (Síntese)*, cit., p. 227-234.

[399] Cfr. *Direito Administrativo*, cit., p. 229 e segs..

[400] A jurisprudência administrativa francesa realiza, no domínio da *legalidade externa* – que incide sobre o respeito das regras de *competência* das autoridades que elaboram o plano local de urbanismo (PLU), bem como das *regras de forma* e dos *procedimentos* previstos para a sua elaboração, revisão e modificação – um *controlo rigoroso*, ao passo que, no que respeita à *legalidade interna* (que recai sobre o conteúdo do PLU), exerce um *controlo mínimo*, o qual abrange apenas a violação da lei, o erro manifesto de apreciação e o desvio do poder. Cfr., por todos, H. JACQUOT//F. PRIET, *ob. cit.*, p. 814-818; H. JACQUOT, *Plan d'Occupation des Sols, Contrôle*

os quais, de acordo com a posição enunciada de R. EHRHARDT SOARES, são vícios relativos ao *objecto*, ao *conteúdo* e ao *fim* do plano)] [402]. Todavia, a declaração de nulidade ou a anulação parcial do plano só ocorrerá se, após uma apreciação dos laços que unem as diferentes disposições de um plano, o juiz concluir pela *divisibilidade* deste, isto é, pela susceptibilidade e utilidade da sua continuação em vigor na parte não afectada por um vício de ilegalidade.

Pretendemos abordar, nesta rubrica, as *garantias jurisdicionais* ou *contenciosas* dos particulares perante os planos — as quais apresentam, no contexto das garantias dos administrados, uma importância particular e são potencialmente mais eficazes do que as garantias políticas e administrativas, dado que são efectivadas através dos tribunais [que

---

Juridictionnel, in Urbanisme, Paris, Dalloz, 1992, p. 730-733; e J.-P. LEBRETON, *Droit de l'Urbanisme*, cit., p. 104 e 105.

No direito alemão, distingue-se, para efeitos do controlo jurisdicional (abstracto) da validade das normas dos planos de urbanização (*Bebauungspläne*), entre vícios formais (*formelle Verstöße*) e vícios materiais (*materielle Verstöße*), caracterizando-se os primeiros pela violação por parte das normas do plano de preceitos relativos à forma e ao procedimento e os segundos pelo desrespeito de regras concernentes ao conteúdo (*v. g.*, violação da obrigação de harmonização do plano com os planos dos municípios vizinhos, não cumprimento da obrigação de ponderação dos diferentes interesses tocados pelo plano, etc.). Cfr., por todos, M. QUAAS/ /K. MÜLLER, *Normenkontrolle und Bebauungsplan*, Düsseldorf, Werner-Verlag, 1986, p. 125-163.

[401] O desvio de poder propriamente dito ou desvio de poder em sentido subjectivo consiste na divergência entre o fim subjectivamente proposto pelo agente e o fim legalmente fixado para a respectiva decisão, enquanto o desvio de poder em sentido objectivo é um vício do acto, traduzido na violação dos princípios da justiça, igualdade, proporcionalidade e imparcialidade [cfr. A. BARBOSA DE MELO, *Direito Administrativo II (A Protecção Jurisdicional dos Cidadãos perante a Administração Pública)*, cit., p. 86 e 87, e *Notas de Contencioso Comunitário*, cit., p. 70-76]. Ambos espelham incorrecções no exercício do poder discricionário, caracterizando-se o segundo por um alargamento do clássico "détournement de pouvoir", com o qual, como salienta R. EHRHARDT SOARES, "se pode insuflar um sopro novo numa figura a que o direito administrativo tanto deve, o desvio do poder" [cfr. *Princípio da Legalidade e Administração Constitutiva*, Separata do Vol. 57 (1981) do BFDUC, Coimbra, 1982, p. 25].

[402] Cfr. *Direito Administrativo, loc. cit.*.

são, em regra, como se acentuou, os tribunais administrativos – cfr. os artigos 209.º, n.º 1, al. b), e 212.º, n.º 3, da Constituição], isto é, de órgãos independentes e imparciais, que decidem de harmonia com a lei ou com critérios por ela definidos, tendo como fim específico a realização do direito ou da justiça, sendo as suas decisões obrigatórias para todas as entidades públicas e privadas e prevalecendo sobre as de quaisquer outras autoridades (cfr. os artigos 203.º e 205.º, n.º 2, da Constituição).

Mas as garantias jurisdicionais não são as únicas reconhecidas aos particulares no domínio dos planos. De facto, o artigo 7.º, n.º 1, do RJIGT refere que, no âmbito dos instrumentos de gestão territorial, são reconhecidas aos interessados as garantias gerais dos administrados previstas no Código do Procedimento Administrativo e no regime de participação procedimental, nomeadamente, o direito de acção popular, o direito de apresentação de queixa ao Provedor de Justiça e o direito de apresentação de queixa ao Ministério Público. Deixando, para um pouco mais tarde, a análise do *direito de acção popular* – que é uma garantia jurisdicional –, conclui-se daquele preceito legal que são admissíveis, no âmbito dos diferentes tipos de planos, dotados ou não de eficácia plurisubjectiva, as garantias *políticas* e *administrativas* consideradas adequadas e que tenham como finalidade directa evitar ou sancionar a violação dos direitos ou interesses legalmente protegidos dos particulares pelos planos[403].

As primeiras são efectivadas através de órgãos políticos do Estado. O exemplo mais importante de *garantias políticas* de que podem os particulares lançar mão em face dos planos é o *direito de petição*, condensado no artigo 52.º, n.ºˢ 1 e 2, da Constituição, e disciplinado na Lei n.º 43/90, de 10 de Agosto, alterada pelas Leis n.ºˢ 6/93, de 1 de Março, 15/2003, de 4 de Junho, e 45/2007, de 24 de Agosto – direito que é regulado nestes textos normativos juntamente com o

---

[403] Cfr. o nosso artigo *Garantias dos Administrados*, in Alguns Conceitos de Direito Administrativo, cit., p. 53-61. Cfr., também, sobre as garantias políticas e administrativas dos particulares perante a Administração Pública, JOÃO CAUPERS, *Introdução ao Direito Administrativo*, 7.ª ed., Lisboa, Âncora, 2003, p. 239-248.

direito de formulação pelos cidadãos, individual ou colectivamente, aos órgãos de soberania (ou a qualquer autoridade pública) de representações, reclamações ou queixas para defesa dos seus direitos. Caracteriza-se, em geral, pela apresentação por qualquer cidadão, individual ou colectivamente, a um órgão de soberania, com excepção dos tribunais (designadamente, à Assembleia da República), de um pedido ou de uma proposta, para que ele tome, adopte ou proponha determinadas medidas. Segundo alguns autores, no elenco de *garantias políticas* dos administrados cabe também o *direito de queixa* por acções ou omissões dos poderes públicos ao Provedor de Justiça (cfr. o artigo 23.º da Constituição e a Lei n.º 9/91, de 9 de Abril, alterada pela Lei n.º 30/96, de 14 de Agosto), mas, na nossa óptica, ele configura, antes, uma garantia dos administrados de tipo novo, distinta das tradicionais garantias de protecção dos cidadãos contra a Administração, que não veio substituí-las, nem rivalizar com elas, mas suprir as suas deficiências[404]. O direito de apresentação de queixa ao Provedor de Justiça é, como se referiu, expressamente reconhecido aos particulares, no domínio dos planos, pela alínea *b*) do n.º 1 do artigo 7.º do RJIGT.

As segundas – as garantias administrativas – são efectivadas através de órgãos da Administração Pública e podem ser de tipo *petitório* ou *impugnatório*. As do primeiro grupo têm um carácter preventivo, uma vez que procuram prevenir, em primeira linha, a lesão dos interesses legalmente protegidos dos cidadãos e não pressupõem, por via de regra, um acto da Administração. Poderão, em geral, ser utilizadas, no âmbito dos planos, as seguintes garantias administrativas de tipo petitório: o "direito de petição administrativa" (faculdade de dirigir pedidos à Administração, para que esta elabore, altere, reveja ou suspenda um plano – cfr. o artigo 115.º do Código do Procedimento Administrativo); o "direito de representação" (exposição destinada a manifestar opinião contrária da perfilhada por um órgão da Adminis-

---

[404] Cfr. a nossa obra *Do Ombudsman ao Provedor de Justiça*, Separata do Número Especial do BFDUC – "Estudos em Homenagem ao Prof. Doutor José Joaquim Teixeira Ribeiro – 1979", Coimbra, 1979, p. 83-86.

tração ou a chamar a atenção de uma autoridade administrativa relativamente a certo plano, com vista à sua alteração, revisão ou suspensão); o "direito de queixa" (que consiste na denúncia de qualquer inconstitucionalidade ou ilegalidade praticada por um órgão administrativo do Estado ou de outra pessoa colectiva pública no domínio dos planos); e o "direito de participação procedimental" [faculdade reconhecida aos interessados no procedimento de formação dos planos, isto é, às pessoas cujos direitos ou interesses legalmente protegidos possam ser lesados pelo plano em elaboração (ou em alteração, revisão ou suspensão), de nele intervirem, de modo a prevenirem a efectivação dessa violação, nos termos anteriormente estudados – cfr. também os artigos 117.º e 118.º do Código do Procedimento Administrativo].

Por sua vez, as garantias administrativas de carácter impugnatório são aquelas em que os particulares, em face de um plano, têm a possibilidade de o atacar, com determinados fundamentos, perante os próprios órgãos da Administração (têm, por isso, uma natureza repressiva ou sancionatória). As garantias administrativas de carácter impugnatório admitidas no âmbito dos planos resumem-se à *reclamação*, a qual consiste num pedido de reapreciação do plano dirigido ao seu autor, com vista à alteração, revisão ou suspensão do mesmo, podendo ter como fundamento a ilegalidade ou a inconveniência do plano impugnado [cfr. os artigos 158.º, n.ᵒˢ 1 e 2, alínea *a*), 159.º, 160.º e 161.º a 165.º do Código do Procedimento Administrativo]. Com efeito, o *recurso hierárquico* não tem lugar no âmbito dos planos, porque uns são aprovados pelo Governo, que é o órgão superior da Administração Pública (ou pela Assembleia da República, no caso do "programa nacional da política de ordenamento do território"), e outros por órgãos da administração local autárquica, que não estão hierarquicamente dependentes do Governo. Nem em relação aos planos municipais e intermunicipais de ordenamento do território é possível interpor qualquer *recurso tutelar* dirigido ao Governo, nos termos do artigo 177.º do Código do Procedimento Administrativo, porque o mesmo não é, desde logo, admitido pela lei. Não está excluído, no entanto, que qualquer cidadão solicite ao Governo a *suspensão,* total ou parcial, de um plano municipal de ordenamento do território, verificados os pressupostos contemplados na alínea *a)* do n.º 2 do artigo 100.º do RJIGT.

O artigo 7.º, n.º 1, alínea *c)*, do RJIGT reconhece também aos particulares o direito de apresentação de queixa ao Ministério Público, tendo por objecto qualquer tipo de plano, para que o mesmo utilize os meios de impugnação jurisdicional que a lei coloca à sua disposição. Trata-se, porém, de uma garantia que não se enquadra nas garantias *políticas, administrativas* e *jurisdicionais,* antes assume um recorte específico.

Retornando às garantias jurisdicionais ou contenciosas dos particulares em face dos planos, importa acentuar que as mesmas apresentam uma textura diferente nos planos desprovidos de eficácia plurisubjectiva e naqueles que estão dotados dessa eficácia. Vamos, por isso, distinguir as duas situações, começando pela abordagem destes últimos.

26.2. O contencioso dos planos dotados de eficácia plurisubjectiva

É em relação a esta categoria de planos que o problema da sua impugnação jurisdicional assume maior relevância, devido ao facto de os mesmos terem potencialidade lesiva dos direitos ou interesses legalmente protegidos dos particulares, sendo, por isso, susceptíveis de impugnação contenciosa directa, nos termos do artigo 268.º, n.º 5, da Constituição. De acordo com este quadro, o n.º 2 do artigo 7.º do RJIGT estabelece que "no âmbito dos planos municipais de ordenamento do território e dos planos especiais de ordenamento do território é ainda reconhecido aos particulares o direito de promover a sua impugnação directa".

Não se pense, porém, que a *impugnação jurisdicional directa* das normas administrativas – e, por isso, também das normas dos planos de que estamos a falar – se impôs sem resistências. Durante algum tempo, defendeu-se o *princípio da inimpugnabilidade directa dos regulamentos,* essencialmente com base em dois tipos de fundamentos. Primeiro, porque a normação regulamentar, não obstante o seu carácter secundário em relação à lei, devido à sua natureza geral e abstracta, seria insusceptível de produzir lesões directas na esfera jurídica dos particulares (a lesão resultaria somente do acto administrativo de aplicação do regulamento, pelo que apenas este deveria ser directamente sindicável). Segundo, tratando-se de regulamentos governamentais, porque eles traduzem opções de índole política e estão dotados de especial autoridade (*majestas*), não deveriam ser postos em causa pelos tribunais.

Foi, aliás, este o *ambiente* jurídico-cultural que predominou até à reforma do contencioso administrativo de 1984/1985. Com efeito, se tanto a doutrina, como a jurisprudência administrativas eram unânimes na aceitação da impugnação contenciosa directa das posturas e regulamentos locais ilegais, com a consequente declaração da sua ilegalidade, com força obrigatória geral, com base no disposto nos artigos 54.º, 820.º e 828.º, § único, n.º 2, do Código Administrativo, já o mesmo não sucedia com os regulamentos do Governo.

Baseando-se nas disposições conjugadas do n.º 1 do artigo 16.º da Lei Orgânica do Supremo Tribunal Administrativo, aprovada pelo Decreto-Lei n.º 40 768, de 8 de Setembro de 1956, e do § único deste mesmo artigo, o Supremo Tribunal Administrativo e o Prof. MARCELLO CAETANO – mas com a veemente discordância do Prof. AFONSO QUEIRÓ – entendiam que tanto os decretos regulamentares, como as portarias e os despachos normativos eram insusceptíveis de impugnação contenciosa directa. Impugnáveis eram somente os actos administrativos de aplicação daquelas normas, limitando-se o tribunal a anular o acto e continuando os referidos regulamentos em vigor. Uma tal perspectiva alicerçava-se, por um lado, na convicção de que o artigo 16.º, n.º 1, da Lei Orgânica do Supremo Tribunal Administrativo, ao utilizar a expressão "decretos regulamentares", não queria referir-se a uma forma específica de produção de normas gerais e abstractas, mas a todo e qualquer regulamento do Governo, e, por outro lado, na consideração de que, como normas gerais e abstractas, os regulamentos do Governo constituíam uma mera ameaça de lesão dos direitos ou interesses legalmente protegidos dos cidadãos[405].

As novas exigências dos princípios da legalidade e da juridicidade administrativa, aliadas ao aprofundamento das garantias dos administrados, bem como a constatação de que vários actos normativos provenientes da Administração são lesivos dos direitos ou interesses legalmente protegidos dos particulares impuseram a superação da tese da inimpugnabilidade directa dos regulamentos. Por isso, o Estatuto dos Tribunais Administrativos e Fiscais (ETAF), aprovado pelo Decreto-Lei n.º 129/84, de 27 de Abril (alterado, sucessivamente, pela Lei n.º 4/86, de 21 de Março, pela Lei n.º 46/91, de 3 de Agosto, pela Lei n.º 11/93, de 6 de Abril, pelo Decreto-Lei n.º 229/96, de 29 de Novembro, e pelo Decreto-Lei n.º 301-A/99, de 5 de Agosto), e a Lei de Processo nos Tribunais Administrativos (LPTA), aprovada pelo Decreto-Lei n.º 267/85, de 16 de Julho (alterado pela Lei n.º 12/86, de 21 de Maio, pelo Decreto-Lei n.º 326//89, de 26 de Setembro, e pelo Decreto-Lei n.º 229/96, de 29 de Novembro), previam um conjunto de "vias de direito" de impugnação jurisdicional directa de normas administrativas.

O artigo 268.º, n.º 5, da Constituição, na sequência da Lei de Revisão Constitucional n.º 1/97, de 20 de Setembro, veio estabelecer que os "cidadãos têm [...] direito de impugnar as normas administrativas com eficácia externa lesiva dos seus direitos ou interesses legalmente protegidos". Cremos que esta disposição não se limitou a

---

[405] Para mais desenvolvimentos sobre as posições divergentes do Supremo Tribunal Administrativo e do Prof. MARCELLO CAETANO, de um lado, e do Prof. AFONSO QUEIRÓ, do outro lado, cfr. deste último autor *Anotação ao Acórdão do Supremo Tribunal Administrativo (Tribunal Pleno) de 18 de Janeiro de 1962*, in RLJ, Ano 97.º, N.º 3280, p. 300-304, e *Lições de Direito Administrativo*, cit., p. 497 e 498; MARCELLO CAETANO, *Manual de Direito Administrativo*, Vol. II, 9.ª ed., cit., p. 1350 e 1351; M. ESTEVES DE OLIVEIRA, *Direito Administrativo*, Vol. I, Coimbra, Almedina, 1980, p. 154-157, e *A Impugnação e Anulação Contenciosa dos Regulamentos*, in RDP, Ano I, N.º 2 (1986), p. 38-40; JOÃO RAPOSO, *Sobre o Contencioso dos Regulamentos Administrativos*, in RDP, Ano IV, N.º 7 (1990), p. 41-43; e WLADIMIR BRITO, *A Impugnação Contenciosa dos Regulamentos*, in RMP, Ano 9.º, N.ºs 33 e 34 (1988), p. 51 e 52.

"receber" na Lei Fundamental uma garantia jurisdicional dos administrados já reconhecida pela legislação processual administrativa. O seu sentido é mais profundo. Compreendida à luz do princípio da "tutela jurisdicional efectiva" dos direitos ou interesses legalmente protegidos dos cidadãos e inserida no acervo, meramente exemplificativo, dos meios ou instrumentos processuais referidos nos n.ᵒˢ 4 e 5 do artigo 268.º da Lei Básica, a "constitucionalização" do direito de impugnação de normas administrativas com eficácia externa lesiva dos direitos ou interesses legalmente protegidos dos cidadãos exigiu do legislador o aperfeiçoamento dos meios de impugnação directa de normas, designadamente através da eliminação de alguns obstáculos que existiam à sua plena efectividade[406].

Um tal aperfeiçoamento verificou-se, como dissemos, através da aprovação de um novo Estatuto dos Tribunais Administrativos e Fiscais (ETAF), pela Lei n.º 13/2002, de 19 de Fevereiro, alterada pelas Leis n.ᵒˢ 4-A/2003, de 19 de Fevereiro, 107-D/2003, de 31 de Dezembro, 1/2008 e 2/2008, de 14 de Janeiro, e 26/2008, de 27 de Junho, e de um Código de Processo nos Tribunais Administrativos (CPTA), por meio da Lei n.º 15/2002, de 12 de Fevereiro, alterada pela Lei n.º 4-A/2003, de 19 de Fevereiro, bem como da criação de mais um Tribunal Central Administrativo (ficando a existir dois, o Tribunal Central Administrativo do Sul, com sede em Lisboa, e o Tribunal Central Administrativo do Norte, com sede no Porto) e de vários tribunais administrativos de círculo, cujo número é, actualmente, de 16 (cfr. o Decreto-Lei n.º 325/2003, de 29 de Dezembro) – reforma esta que entrou em vigor no dia 1 de Janeiro de 2004.

Uma nota particular desta reforma que importa, desde já, adiantar é a possibilidade de o Estado permitir a instalação de "centros de arbitragem permanente" para a composição de litígios em vários domínios, entre os quais o do urbanismo [artigo 187.º, alínea e), do CPTA].

---

[406] Ao fim desta evolução, poderemos falar, com J. M. SÉRVULO CORREIA, de uma *omniabrangência da impugnação de normas regulamentares*. Cfr. *Direito do Contencioso Administrativo* I, Lisboa, Lex, 2005, p. 603-605.

O legislador português não estabeleceu, contrariamente, por exemplo, ao legislador francês[407], regras particulares sobre o contencioso dos planos (com excepção do anteriormente mencionado artigo 102.º, n.º 2, do RJIGT), devendo aplicar-se-lhes o regime da impugnação jurisdicional das normas regulamentares – o qual não pode, contudo, ser transposto acriticamente para o domínio do contencioso dos planos, antes requer uma "adaptação" às especificidades deste último.

Vejamos, então, quais as vias de impugnação jurisdicional dos planos dotados de eficácia plurisubjectiva.

a) Qualquer disposição de um plano directa e imediatamente vinculativo dos particulares pode ser objecto de impugnação *indirecta* ou *incidental*, mediante excepção de ilegalidade deduzida no recurso contencioso de anulação interposto contra o acto administrativo que nele se fundamente (*v. g.*, licenças, admissões de comunicações prévias ou autorizações de utilização das operações urbanísticas) ou noutro processo administrativo, como sejam a acção para o reconhecimento de um direito ou de um interesse legalmente protegido ou sobre a responsabilidade civil da Administração ou a intimação judicial para a prática de acto legalmente devido[408]. No caso de o tribu-

---

[407] Não foi apenas no âmbito do contencioso dos planos, mas em diferentes domínios do contencioso do urbanismo que o legislador francês produziu regras jurídicas específicas. Como salientam H. JACQUOT/F. PRIET, essas regras, introduzidas pelo legislador na sequência de certas sugestões do *Conseil d'État*, têm como objectivo não só impedir a inundação dos tribunais administrativos com processos, mas também melhorar a eficácia da intervenção do juiz administrativo. A relativa originalidade do contencioso do urbanismo francês leva aqueles autores a perguntar se o urbanismo não constituirá "uma espécie de laboratório do contencioso administrativo do futuro". Cfr. *ob. cit.*, p. 789.

[408] Para uma caracterização do instrumento processual da *intimação judicial para a prática de acto legalmente devido no âmbito do procedimento de licenciamento de operações urbanísticas*, cfr. o nosso artigo *Le Silence de l'Administration en Droit de l'Urbanisme Portugais*, cit., p. 129-159, e a nossa *Anotação* ao Acórdão da 1.ª Secção do Supremo Tribunal Administrativo de 10 de Março de 2004, Proc. n.º 182/2004, in RLJ, Ano 135.º, N.º 3934, p. 37-50. Cfr. também o Acórdão

nal administrativo considerar uma norma do plano ilegal, tem ele uma *Verwerfungskompetenz*, que se traduz no poder-dever de recusar a aplicação de uma norma do plano ilegal ao caso concreto e, consequentemente, de anular ou declarar nulo o acto administrativo que nela se tinha baseado. A impugnação jurisdicional do acto administrativo de gestão urbanística, com fundamento na ilegalidade do plano com base no qual ele foi praticado, pode ser deduzida por qualquer entidade que alegue ser parte na relação material controvertida. Mas nos domínios, entre outros, do ordenamento do território e do urbanismo, têm legitimidade para propor e intervir em processos principais ou cautelares qualquer pessoa, bem como as associações e fundações defensoras daqueles interesses, as autarquias locais e o Ministério Público, independentemente de terem interesse pessoal na demanda, como se refere no artigo 9.º, n.º 2, do CPTA [a chamada *acção popular*, prevista no artigo 52.º, n.º 3, alínea *a*), da Constituição]. Aliás, este poder-dever de recusa de aplicação nos casos concretos de um plano ou de alguma ou algumas das suas normas não se circunscreve aos tribunais administrativos, antes abrange todos os tribunais judiciais. Sendo um poder-dever, não carece o mesmo de estar previsto na lei para ser utilizado pelo tribunal, tanto *ex officio*, como a requerimento das pessoas ou entidades com legitimidade para o efeito [409].

---

da 1.ª Secção do Supremo Tribunal Administrativo de 27 de Outubro de 2005, Proc. n.º 408/2005, com uma *Anotação* de FERNANDA PAULA OLIVEIRA, in CJA, N.º 60 (2006), p. 32 e segs.. Para uma caracterização em geral da acção de condenação à prática de acto devido, cfr. M. FRANCISCA PORTOCARRERO, *Reflexões sobre os Poderes de Pronúncia do Tribunal num Novo Meio Contencioso – A Acção para a Determinação da Prática de Acto Legalmente Devido –, na sua Configuração no Art. 71.º do Código de Processo nos Tribunais Administrativos (CPTA)*, in ROA, Ano 67, I (2007), p. 343 e segs..

[409] Discordamos, assim, de C. BLANCO DE MORAIS, que propõe que a impugnação incidental de regulamentos (e, por isso, também a impugnação indirecta ou incidental de planos dotados de eficácia plurisubjectiva) seja explicitada na lei, com vista a dissipar dúvidas doutrinais sobre a sua efectiva consagração. Cfr. *Brevíssimas Notas sobre a Revisão do CPTA e do ETAF em Matéria de Contencioso Regulamentar*, in CJA, N.º 65 (2007), p. 4.

Todavia, a comprovação da ilegalidade do plano ou de alguma ou algumas das suas disposições só produz efeitos entre as "partes" do processo, levando, por isso, à anulação ou à declaração de nulidade do acto administrativo objecto do recurso, e não à do plano, que permanece em vigor. Nesta hipótese, como estamos perante uma impugnação jurisdicional de um acto administrativo que se fundamenta numa disposição do plano, e não perante uma impugnação jurisdicional do plano, o prazo do recurso – se estivermos perante um vício que gera a *anulabilidade* – é o previsto para a impugnação do acto administrativo e não o estabelecido para a *impugnação do plano* ou de alguma ou algumas das suas normas[410-411-412].

---

[410] Cfr. J. L. MOREIRA DA SILVA, *Da Impugnação Contenciosa de Regulamentos Administrativos*, Tese Mest., polic., Lisboa, 1992, p. 367 e 368.

[411] No direito do urbanismo português, a impugnação contenciosa *indirecta* ou *incidental* ou por *via de excepção* de uma disposição de um plano especial ou municipal de ordenamento do território não está sujeita a qualquer prazo: ela pode ter lugar aquando da interposição da acção administrativa comum ou da acção administrativa especial, nos termos dos artigos 37.º e seguintes e 46.º e seguintes do CPTA (cfr., no entanto, o artigo 69.º, n.º 4, do RJUE, que fixa o prazo geral de 10 anos para a declaração de nulidade e para a propositura da acção administrativa especial relativa à nulidade dos actos de licenciamento e de admissão da comunicação prévia e das autorizações de utilização de operações urbanísticas).

Diferentemente se passam as coisas no direito do urbanismo francês. Baseando-se no Relatório do *Conseil d'État* (cfr. *L'Urbanisme: Pour un Droit Plus Efficace*, cit., p. 91 e 92), que sublinhou os riscos que resultam para a estabilidade das situações jurídicas constituídas por acto administrativo do instrumento da excepção de ilegalidade dos planos, o legislador determinou (cfr. o artigo L. 600-1 do *Code de l'Urbanisme*, na redacção da Lei de 9 de Fevereiro de 1994 e da Lei de 13 de Dezembro de 2000) que a invocação, por via de excepção, de vícios de forma ou de procedimento que afectem alguns documentos de urbanismo, designadamente um esquema director, um esquema de coerência territorial, um plano de ocupação de solos e um plano local de urbanismo, só é possível dentro do prazo de seis meses a contar da data da entrada em vigor daqueles documentos. Consciente do carácter restritivo desta medida, não deixou, porém, o legislador francês de excluir da sujeição àquele prazo a invocação dos seguintes três tipos de vícios: a ausência de colocação à disposição do público dos esquemas directores; o desconhecimento substancial ou a violação das regras do inquérito público no procedimento de elaboração, entre outros documentos, dos esquemas de coerência terri-

b) Mas os planos dotados de eficácia plurisubjectiva podem, no seu todo, ou em alguma ou algumas das suas disposições, ser objecto de *impugnação jurisdicional directa*. Esta é, aliás, como se salientou já, uma garantia constitucional dos administradores, como resulta do n.º 5 do artigo 268.º da Constituição. E o artigo 7.º, n.º 2, do RJIGT determina expressamente que "no âmbito das planos especiais de ordenamento do território e dos planos municipais de ordenamento do território é [...] reconhecido aos particulares o direito de promover a sua impugnação directa".

No domínio da impugnação de normas administrativas – e, por isso, da impugnação das normas dos planos territoriais dotados de eficácia plurisubjectiva –, os artigos 72.º e seguintes do CPTA prevêem dois tipos de pronúncias judiciais: a *declaração da ilegalidade com força obrigatória geral* e a *declaração de ilegalidade sem força obrigatória geral*[413].

A primeira pode ser pedida, sem dependência de quaisquer pressupostos, pelo Ministério Público, oficiosamente ou mediante

---

torial e dos planos locais de urbanismo; e a falta de relatório de apresentação ou de documentos gráficos daqueles planos. Cfr. H. JACQUOT/F. PRIET, *ob. cit.*, p. 812 e 813; e B. LAMORLETTE/D. MORENO, *Code de l'Urbanisme*, cit., p. 483-485.

[412] Sublinhe-se, no entanto, que, no processo em que se impugne um acto administrativo de gestão urbanística com fundamento na ilegalidade de um plano dotado de eficácia plurisubjectiva ou de alguma ou algumas das suas disposições, é possível cumular o pedido de declaração de ilegalidade com força obrigatória geral da norma ou normas do plano em que aquele acto se tenha baseado, a que se refere o artigo 73.º, n.º 1, do CPTA, desde que, naturalmente, estejam preenchidos os pressupostos estabelecidos neste artigo, e a que nos vamos referir um pouco mais adiante. Cfr. D. FREITAS DO AMARAL/M. AROSO DE ALMEIDA, *Grandes Linhas da Reforma do Contencioso Administrativo*, 3.ª ed., Coimbra, Almedina, 2004, p. 75 e 76.

[413] Sobre o contencioso de normas regulamentares em geral, cfr. J. C. VIEIRA DE ANDRADE, *A Justiça Administrativa*, cit., p. 234-244; M. AROSO DE ALMEIDA, *O Novo Regime do Processo nos Tribunais Administrativos*, 4.ª ed., Coimbra, Almedina, 2005, p. 233-241; M. ESTEVES DE OLIVEIRA/R. ESTEVES DE OLIVEIRA, *Código de Processo nos Tribunais Administrativos*, Vol. I, p. 435-457; VASCO PEREIRA DA SILVA, *O Contencioso Administrativo no Divã da Psicanálise*, Coimbra, Almedina, 2005, p. 378-399; JOÃO CAUPERS, *ob. cit.*, p. 325-328; e ANA RAQUEL MONIZ, *O Controlo Judicial do Exercício do Poder Regulamentar*, in BFDUC, N.º 82 (2006), p. 415-484.

requerimento apresentado pelas pessoas e entidades mencionadas no referido artigo 9.º, n.º 2, do CPTA[414]. O Ministério Público tem, porém, o dever de deduzir o pedido de declaração de ilegalidade com força obrigatória geral "quando tenha conhecimento de três decisões de desaplicação de uma norma com fundamento na sua ilegalidade". A referida declaração também pode ser pedida por quem tenha sido prejudicado pela aplicação da norma ou possa previsivelmente vir a sê-lo em momento próximo. Todavia, neste caso, a declaração só pode ser pedida se aplicação do plano ou de alguma ou algumas das suas normas já tiver sido recusada por qualquer tribunal, em três casos concretos, com fundamento na sua ilegalidade[415].

Por outro lado, a declaração com força obrigatória geral da ilegalidade de planos com eficácia plurisubjectiva, ou de alguma ou algumas das suas disposições, pode ser pedida a todo o tempo e o juiz não está limitado pela *causa de pedir* – isto é, pode decidir com fundamento na ofensa de princípios ou normas jurídicas diversos daqueles cuja violação haja sido invocada –, produzindo efeitos desde a data da entrada em vigor das normas dos planos (eficácia *ex tunc*) e determinando a repristinação das que elas hajam revogado. O tribunal pode, no entanto, determinar que os efeitos da decisão se produzam apenas a partir da data do trânsito em julgado da sentença, quando

---

[414] Refere esta disposição legal que, "independentemente de ter interesse pessoal na demanda, qualquer pessoa, bem com as associações e fundações defensoras dos interesses em causa, as autarquias locais e o Ministério Público têm legitimidade para propor e intervir, nos termos previstos na lei, em processos principais e cautelares destinados à defesa de valores e bens constitucionalmente protegidos, como a saúde pública, o ambiente, o urbanismo, o ordenamento do território, a qualidade de vida, o património cultural e os bens do Estado, das Regiões Autónomas e das autarquias locais".

[415] Saliente-se que estes três casos concretos de desaplicação, tanto podem referir-se a processos de declaração de ilegalidade de normas com efeitos circunscritos a casos concretos (desaplicação por via principal) – que abordaremos um pouco mais adiante –, como a processos de impugnação de actos em que tenha havido desaplicação das normas aplicadas pelo acto (desaplicação por via incidental). Cfr. J. C. VIEIRA DE ANDRADE, *A Justiça Administrativa,* cit., p. 238, nota 519; e M. ESTEVES DE OLIVEIRA/R. ESTEVES DE OLIVEIRA, *ob. cit.,* p. 444.

razões de segurança jurídica, de equidade ou de interesse público de excepcional relevo, devidamente fundamentadas, o justifiquem.

A retroactividade da declaração de ilegalidade da norma ou normas dos planos não afecta os casos julgados, nem os actos administrativos que entretanto se tenham tornado inimpugnáveis, salvo decisão em contrário do tribunal, quando a norma respeite a matéria sancionatória e seja de conteúdo menos favorável ao particular[416].

Como sublinha PAULO OTERO, o CPTA consagra duas excepções ao princípio segundo o qual a declaração de ilegalidade com força obrigatória geral de uma norma pelos tribunais administrativos tem efeitos retroactivos: por um lado, essa retroactividade "destrutiva", além de não afectar os casos julgados, também salvaguarda os actos administrativos que entretanto se tenham tornado inimpugnáveis, sem prejuízo de, tratando-se de matéria sancionatória e sendo a norma menos favorável ao administrado, o tribunal poder determinar a "destruição" de tais actos ressalvados; por outro lado, confere-se ao tribunal a possibilidade de, existindo razões de segurança, equidade ou interesse público de excepcional relevo, determinar que a declaração de invalidade apenas produz efeitos a partir da data do trânsito em julgado da sentença, ocorrendo aqui a ressalva de todos os efeitos até então produzidos pelos actos emanados com fundamento na norma declarada ilegal com força obrigatória geral[417-418].

---

[416] Significa isto que não será ressalvado o caso julgado ou o acto administrativo inimpugnável quando a norma declarada ilegal respeitar a matéria sancionatória e for de conteúdo menos favorável, ou seja, quando da sua declaração de ilegalidade resultar uma redução da sanção ou exclusão, isenção ou limitação da responsabilidade, aplicando-se, nesse caso, a norma repristinada mais favorável.

[417] Cfr. *Legalidade e Administração Pública, O Sentido da Vinculação Administrativa à Juridicidade*, Coimbra, Almedina, 2003, p. 1019-1021.

[418] Há quem considere a solução da não afectação dos actos administrativos que se tenham tornado inimpugnáveis pela declaração de ilegalidade da norma administrativa com força obrigatória geral pelos tribunais administrativos como inconstitucional, na medida em que a subsistência de actos ilegais de execução de um regulamento nulo violariam os princípios constitucionais da legalidade, do Estado de direito e da igualdade (é o caso de VASCO PEREIRA DA SILVA, *O Contencioso Administrativo*, cit., p. 392). Outros autores não vão tão longe, mas consi-

Nos casos em que o tribunal não determinar que os efeitos da declaração com força obrigatória geral da ilegalidade do plano ou de alguma ou algumas das suas disposições se produzem apenas a partir da data do trânsito em julgado da sentença, poderá levantar-se a questão de saber se desaparece o fundamento jurídico da totalidade ou de algum ou alguns dos actos administrativos urbanísticos – e que ainda não se tenham tornado inimpugnáveis – praticados em execução da norma ou normas declaradas ilegais, fenómeno que acarretará, consequencialmente, a anulação ou a declaração de nulidade daqueles actos, ou se não deverá, antes, a validade (*rectius*, eficácia) dos mesmos actos ser preservada mesmo em face da declaração com força obrigatória geral da ilegalidade do plano ou de alguma ou algumas das suas prescrições. Cremos que esta questão deve ser resolvida com base no seguinte princípio: a declaração de ilegalidade do plano ou de alguma ou algumas das suas disposições não implica necessariamente a anulação ou a declaração de nulidade das licenças ou autorizações administrativas emitidas sob a sua égide, mesmo quando o tribunal não determinar que os efeitos da declaração se produzam apenas a partir da data do trânsito em julgado da sentença. É esta, aliás, a solução contemplada no artigo 102.º, n.º 2, do RJIGT. Com efeito, como já acentuámos, de acordo com esta norma, "salvo menção expressa em contrário, acompanhada da necessária comunicação do dever de indemnizar, a declaração de nulidade não prejudica os efeitos dos actos administrativos entretanto praticados com base no plano". E entendemos que este princípio segundo o qual os efeitos dos actos administrativos praticados ao abrigo de um plano ficam resguardados

---

deram que a referida solução "comporta vícios lógicos e teleológicos" (é o caso de C. BLANCO DE MORAIS, *ob. cit.*, p. 8-10) ou que é uma "solução má" ou "francamente negativa" [assim sucede com CARLA AMADO GOMES, *Dúvidas não Metódicas sobre o Novo Processo de Impugnação de Normas do CPTA*, in CJA, N.º 60 (2006), p. 13 e 14].

Temos muitas dificuldades em acompanhar estas críticas, já que a referida solução tem como base o salutar princípio da segurança jurídica, o qual, como já sabemos, assume um relevo importante, designadamente no domínio dos actos administrativos de gestão urbanística.

da declaração de nulidade do plano vale não só para os casos de declaração de nulidade do plano pela própria Administração, mas também para as situações de declaração com força obrigatória geral da ilegalidade do plano no seu todo ou de alguma ou algumas das suas normas pelo tribunal administrativo competente, independentemente do vício que a originou.

No que concerne à repristinação, importa referir que nos casos em que não tenha existido qualquer plano anterior àquele que foi declarado ilegal com força obrigatória geral, total ou parcialmente, não ocorre, como é óbvio, qualquer repristinação de normas. Mas fora destas situações, se um plano foi declarado ilegal, verifica-se, de acordo com a regra apontada, a repristinação do anterior. Pensamos, no entanto, que uma tal repristinação não deverá ter lugar se o plano a repristinar for ilegal (designadamente se for incompatível com o plano hierarquicamente superior legitimador daquele que foi declarado ilegal) ou se estiver completamente desactualizado e desadaptado à realidade urbanística[419]. Nas hipóteses avançadas, estar-se-á perante um caso de inexistência de plano, ficando, assim, franqueadas as portas à aplicação da disciplina prevista no RJUE para os casos de ausência de plano municipal de ordenamento do território.

O que vem de ser referido tem o mérito de mostrar que vários aspectos do regime da declaração jurisdicional da ilegalidade com força obrigatória geral dos regulamentos não podem ser transpostos acriticamente para o domínio dos planos urbanísticos, antes requerem uma "adaptação" às especificidades destes últimos. Essas particularidades justificarão mesmo a emanação pelo legislador português de algumas regras particulares sobre o contencioso dos planos (para além da constante do artigo 102.º, n.º 2, do RJIGT).

A segunda modalidade de pronúncia judicial – *a declaração de ilegalidade sem força obrigatória geral* – é uma declaração de que a norma impugnada é ilegal que só vale para o interessado. De facto, o artigo

---

[419] Neste sentido, C. BLANCO DE MORAIS propõe a consagração pelo legislador da preclusão da repristinação de regulamentos ilegais ou caducos, sempre que seja declarada com força obrigatória geral a ilegalidade de outros regulamentos que tenham revogado os primeiros. Cfr. *ob. cit.*, p. 4.

73.º, n.º 2, do CPTA determina que, quando os efeitos de uma norma se produzam imediatamente, sem dependência de um acto administrativo ou jurisdicional de aplicação – como sucede com os planos que vinculam directa e imediatamente os particulares –, o lesado ou qualquer das entidades referidas no n.º 2 do artigo 9.º pode obter a desaplicação da norma, pedindo a declaração de ilegalidade com efeitos circunscritos ao seu caso. O alcance que o citado preceito directamente associa a esta declaração é de "obter a desaplicação da norma", ou seja, o alcance de impedir que a norma possa ser aplicada ao interessado. Esta modalidade distingue-se da impugnação indirecta ou incidental, pois o que se prevê aqui é uma declaração de ilegalidade proferida a título principal, anterior ou independentemente da prática de um qualquer acto administrativo de gestão urbanística. Como a norma do plano é directamente aplicável e directamente lesiva do interessado, ele é admitido a reagir directamente contra ela, pedindo a declaração da sua ilegalidade e, com ela, o afastamento da lesão[420].

---

[420] Importa sublinhar que os dois tipos referidos de declaração de ilegalidade aplicam-se quando se impugnam os planos especiais ou municipais de ordenamento do território. Diferente é a impugnação da *ratificação* governamental destes últimos planos, quando ela é exigível, uma vez que, sendo ela um acto administrativo (e não um acto normativo), é *ela* contenciosamente impugnável, mas apenas por vícios de que *ela mesma* enferme ou por *vícios próprios* desse acto. Isto mesmo foi vincado pelos anteriormente mencionados Acórdãos da 1.ª Secção do Supremo Tribunal Administrativo de 17 de Outubro de 1995, de 8 de Abril de 1997 e de 8 de Julho de 1997.

Assim sendo, no caso de ser impugnada contenciosamente uma resolução do Conselho de Ministros, com vista à declaração de nulidade de um plano municipal, invocando um vício de ilegalidade próprio desse plano (ou de alguma ou algumas das suas disposições), e não qualquer vício específico dessa resolução, deve o mesmo ser *rejeitado*, por *inidoneidade* do *objecto*, do *pedido* e do *meio processual* utilizado. Foi esta também, como vimos, a orientação definida nos Acórdãos da 1.ª Secção do Supremo Tribunal Administrativo de 8 de Julho de 1997 e de 23 de Setembro de 1997 e do Pleno da mesma Secção de 9 de Novembro de 1999, e, bem assim, no Acórdão da 1.ª Secção do Supremo Tribunal Administrativo de 30 de Janeiro de 2007, Proc. n.º 0797/2005.

Acresce que a impugnação contenciosa da resolução do Conselho de Ministros que ratifica um plano municipal, tendo como fundamento vícios espe-

Estamos perante uma via mais favorável para o interessado do que a da declaração de ilegalidade da norma com força obrigatória

cíficos deste acto administrativo, nunca poderá ter como consequência a *declaração de nulidade* ou a *anulação* do plano municipal (ou de alguma ou algumas das suas disposições). É que, sendo a *ratificação* do plano municipal um *acto integrativo da eficácia* da deliberação da assembleia municipal que aprova o plano, a declaração de nulidade ou a anulação do acto de ratificação acarretará apenas a *ineficácia* do plano. Daí que a impugnação contenciosa da resolução do Conselho de Ministros que ratifica um plano municipal não seja um meio idóneo para atacar contenciosamente as prescrições deste instrumento de planificação territorial, com fundamento em vícios que as afectem, nem para as abolir do ordenamento jurídico.

Acrescente-se que a impugnação contenciosa do plano no seu todo ou de alguma ou algumas das suas disposições não impede que seja impugnada contenciosamente a deliberação da assembleia municipal que aprovou o plano, com fundamento em vícios de ilegalidade de que padeça aquele acto. Cfr., a este propósito, o Acórdão do Supremo Tribunal Administrativo (1.ª Secção), de 26 de Março de 1992 (Proc. n.º 29 909), no qual se decidiu que o recurso de normas regulamentares previsto na primeira parte do artigo 51.º, n.º 1, alínea *e*), do ETAF não impede que seja interposto recurso de uma deliberação de uma Assembleia Municipal que aprovou um Regulamento Municipal de Obras no preciso ponto em que aprovou as normas que o recorrente reputa de ilegais. A consequência da anulação ou da declaração de nulidade da deliberação que aprovou o plano municipal é o desaparecimento do ordenamento jurídico do mesmo [cfr. também o Acórdão da 1.ª Secção de 17 de Outubro de 1995 (Proc. n.º 35 828)].

Esta orientação jurisdicional foi, porém, contrariada pelo Acórdão da 1.ª Secção do Supremo Tribunal Administrativo de 9 de Junho de 1999 (Proc. n.º 44 614), onde se decidiu que "as fases de elaboração do PDM pela câmara, entre elas a sujeição a inquérito público, e a aprovação pela assembleia municipal são simples momentos de um procedimento de formação de normas, não actos administrativos".

Acompanhando NUNO DA SILVA SALGADO, propendemos a discordar da tese sufragada por este último aresto, uma vez que é a aprovação da assembleia municipal do plano que confere a este a sua validade, ou seja, transforma em plano o que até aí era simples projecto ou proposta, assim como a ratificação do Conselho de Ministros lhe confere eficácia. Assim sendo, o acto de aprovação, que é um verdadeiro acto administrativo, não poderá deixar de ser impugnável contenciosamente por vícios próprios (cfr. *Vantagens e Inconvenientes da Codifi-*

geral. A lei não se refere expressamente aos efeitos desta declaração de ilegalidade no caso concreto, mas deve entender-se que operam *ex tunc* e, de igual modo, com alcance *repristinatório*, embora circunscritos ao caso concreto. Na verdade, uma declaração de ilegalidade da norma sem força obrigatória geral nunca poderia ter efeitos *ex nunc*, por estes se justificarem apenas em função de razões de interesse público, que "respeitam exclusivamente aos *efeitos gerais* da declaração de ilegalidade". Ademais, se à declaração de ilegalidade sem força obrigatória geral pudesse ser atribuída eficácia *ex nunc*, a mesma esvaziar-se-ia de utilidade para o interessado [421].

c) O artigo 77.º do CPTA prevê também a possibilidade de o Ministério Público, as demais pessoas e entidades defensoras dos interesses referidos no n.º 2 do artigo 9.º e quem alegue um prejuízo directamente resultante da situação de omissão pedirem ao tribunal administrativo competente que aprecie e verifique a existên-

---

cação Global da Legislação do Urbanismo, in Um Código de Urbanismo para Portugal?, Actas do 2.º Colóquio Internacional, cit., p. 120 e nota 14 da mesma página).

Note-se que a opinião que vimos de defender parece dever manter-se, mesmo em face do artigo 72.º, n.º 1, do CPTA, no qual se determina que "a impugnação de normas no contencioso administrativo tem por objectivo a declaração da ilegalidade de normas emanadas ao abrigo de disposições de direito administrativo, *por vícios próprios ou derivados da invalidade de actos praticados no âmbito do respectivo procedimento de aprovação*" (itálico nosso), e que aponta para a não impugnação autónoma dos actos que integram o procedimento de formação do regulamento. Os vícios de ilegalidade de tais actos só poderão ser conhecidos aquando da impugnação do regulamento, funcionando como causas da declaração da ilegalidade deste. Cremos, no entanto, que aquela norma não abrangerá os actos administrativos com eficácia externa e autónoma ao regulamento, ainda que integrados no procedimento da sua formação – como sucede com a deliberação da assembleia municipal que aprova o plano –, mas somente os actos integrantes do procedimento de formação do regulamento desprovidos de autonomia funcional. Cfr., neste sentido, M. ESTEVES DE OLIVEIRA/R. ESTEVES DE OLIVEIRA, *ob. cit.*, p. 439.

[421] Cfr. J. C. VIEIRA DE ANDRADE, *A Justiça Administrativa*, cit., p. 242, e C. AMADO GOMES, *Dúvidas*, cit., p. 14 e 15.

cia de situações de *ilegalidade por omissão* de normas cuja adopção, ao abrigo de disposições de direito administrativo, seja necessária para dar exequibilidade a actos legislativos carentes de regulamentação. Quando verifique a existência de uma situação de ilegalidade por omissão, disso dará conhecimento à entidade competente, fixando prazo, não inferior a seis meses, para que a omissão seja suprida [422-423].

---

[422] Alguma doutrina vem referindo que se está aqui perante uma sentença condenatória e não apenas perante uma mera recomendação ou comunicação, embora a mesma "não esteja especificamente armada com a possibilidade de aplicação de sanções pecuniárias compulsórias e falte, no título reservado ao processo executivo, a previsão normativa dos termos da respectiva execução". Cfr. J. C. VIEIRA DE ANDRADE, *A Justiça Administrativa*, cit., p. 244. Em sentido diferente, considerando que o tribunal poderá aplicar sanções pecuniárias compulsórias à Administração no caso de não emissão do regulamento ilegalmente omitido dentro do prazo que lhe for fixado, Cfr. M. ESTEVES DE OLIVEIRA/R. ESTEVES DE OLIVEIRA, *ob. cit.*, p. 457.

[423] O Acórdão da 1.ª Secção do Supremo Tribunal Administrativo de 3 de Outubro de 2006, Proc. n.º 964/2004, decidiu que, "para que se declare a existência de situações de ilegalidade por omissão de normas regulamentares, é necessário que o acto legislativo continue a necessitar de regulação através de actos normativos" e, bem assim, que "a impossibilidade absoluta de emitir normas regulamentares, por força da alteração do quadro legal aplicável, implica a improcedência do pedido, nos termos do artigo 45.º do CPTA, devendo o tribunal convidar as partes a acordarem no montante da indemnização devida" [cfr. o Sumário deste aresto nos CJA, n.º 60 (2006), p. 77 e 78].

Vale a pena também enunciar a doutrina que, sobre esta matéria, emana do Acórdão da 1.ª Secção do Supremo Tribunal Administrativo de 30 de Janeiro de 2007, Proc. n.º 310/2006:

"I – A declaração de ilegalidade por omissão de normas regulamentares depende do preenchimento dos seguintes pressupostos que decorrem do texto do artigo 77.º do CPTA e dos princípios gerais de direito:

1 – É necessário que a omissão seja relativa à falta de emissão de normas cuja adopção possa considerar-se, sem margem de dúvida, como exigência da lei.

2 – É necessário que o acto legislativo careça de regulamentação para ser exequível, isto é, faltem elementos para poder ser aplicado aos casos da vida visados no âmbito da norma, elementos esses cuja definição o legislador voluntariamente endossou para concretização através de regulamento.

3 – É necessário que a obrigação de regulamentar se tenha tornado exigível, por ter decorrido o prazo para efectuar a regulamentação. O segundo requisito

A figura da "declaração de ilegalidade por omissão" de um plano suscita algumas dificuldades, se não quanto à sua admissibilidade teórica, pelo menos quanto ao seu âmbito de aplicação. Parece seguro, no entanto, poder afirmar-se que, naqueles casos em que o legislador criou uma verdadeira *obrigação de planificação*, como sucede com o artigo 84.°, n.° 4, do RJIGT, que determina que "o plano director municipal é de elaboração obrigatória", será possível recorrer à referida figura jurídica.

Cremos que também poderá ser utilizado o pedido de declaração de ilegalidade por omissão no caso de os instrumentos de gestão territorial vinculativos dos particulares não preverem mecanismos directos ou indirectos de perequação de benefícios e encargos deles decorrentes, em clara violação dos artigos 135.° e 136.° do RJIGT.

Todos os processos respeitantes à prática ou omissão de normas das autarquias locais e demais entidades de âmbito local são intentadas no tribunal administrativo de círculo da área da sede da entidade demandada (cfr. os artigos 44.° do ETAF e 20.° do CPTA), com recurso para o Tribunal Central Administrativo territorialmente competente (cfr. o artigo 37.° do ETAF)[424]. O julgamento é feito, em

---

desdobra-se em dois aspectos, a necessidade do regulamento e a autorização para regulamentar, sendo que entre eles existem certas relações, mas também alguma autonomia.

II – A Administração, habilitada para o efeito pela lei, pode determinar o «quando» da regulamentação, mas nada exclui que seja investida na faculdade de decidir sobre o «an», de modo a escolher em que circunstâncias, dentre um conjunto mais vasto delimitado pela lei, é que deve ou não exercer aquele poder regulamentar, sem embargo de este também se encontrar delimitado em termos mais ou menos amplos pelos objectivos que se pretendem alcançar ou ainda pelos efeitos a atribuir."

[424] No entanto, os regulamentos emanados do Conselho de Ministros e do Primeiro-Ministro são impugnáveis junto das subsecções da secção de contencioso administrativo do Supremo Tribunal Administrativo, nos termos do artigo 24.°, n.° 1, alíneas *a*), *iii*) e *iv*) do ETAF. Por isso, a acção administrativa especial de impugnação de um plano especial de ordenamento do território, dado que este é aprovado por resolução do Conselho de Ministros, é apresentada nas subsecções da secção de contencioso administrativo do Supremo Tribunal Administrativo.

regra, nos tribunais administrativos de círculo, por um colectivo de três juízes (cfr. os artigos 34.º, n.ºˢ 1 e 2, do CPTA e 40.º, n.º 3, do ETAF).

Importa realçar, no que respeita ao valor das causas e às alçadas, que o artigo 34.º, n.º 1, do CPTA considera de valor indeterminável os processos respeitantes a bens imateriais e a normas emitidas ou omitidas no exercício da função administrativa, incluindo planos urbanísticos e de ordenamento do território. Por sua vez, o n.º 2 do mesmo preceito determina que, quando o valor da causa seja indeterminável, considera-se superior ao da alçada do Tribunal Central Administrativo (cfr. também o artigo 6.º do ETAF). E de harmonia com o n.º 3 do artigo 34.º, das decisões de mérito proferidas em processo de valor indeterminado cabe sempre recurso de apelação e, quando proferidas por tribunal administrativo de círculo, recurso de revista para o Supremo Tribunal Administrativo, nos termos e condições previstos no artigo 151.º do CPTA.

d) Uma última inovação importante no domínio da impugnação jurisdicional dos planos dotados de eficácia plurisubjectiva foi a da *medida cautelar de suspensão jurisdicional* da sua eficácia.

Se a suspensão jurisdicional da eficácia dos actos administrativos objecto de impugnação contenciosa já há muito era admitida, o mesmo não sucedia com a suspensão de eficácia de normas emanadas no exercício da função administrativa, tendo sido consagrada, pela primeira vez, nos artigos 112.º, n.º 2, alínea *a*), e 130.º do CPTA [425].

---

[425] De facto, o artigo 76.º da LPTA, bem como os artigos 40.º, alínea *f*), e 51.º, n.º 1, alínea *b*), do anterior ETAF referiam-se apenas à suspensão jurisdicional da eficácia dos actos administrativos, tendo o Supremo Tribunal Administrativo afirmado a insusceptibilidade de suspensão de eficácia de actos normativos [cfr., por exemplo, o Acórdão da 1.ª Secção de 21 de Março de 1996 (Proc. n.º 39 683)].

Mas já antes da recente reforma da justiça administrativa, propendíamos a entender, com apoio em alguma doutrina, que, em face do artigo 268.º, n.º 4, da Constituição – preceito que consagra o princípio da "tutela jurisdicional efectiva" dos direitos ou interesses legalmente protegidos dos administrados e prevê, entre os vários instrumentos necessários à sua concretização, a existência de "medidas

Neste último artigo, admite-se que a suspensão dos efeitos das normas emitidas pela Administração possa ser requerida em dois tipos diferentes de situações. O primeiro é aquele em que o interessado na declaração de ilegalidade da norma emitida ao abrigo de disposições de direito administrativo cujos efeitos se produzam imediatamente, sem dependência de um acto administrativo ou jurisdicional de aplicação, requer a suspensão da eficácia dessa norma, com efeitos circunscritos ao seu caso (cfr. o artigo 130.º, n.º 1, do CPTA). O segundo tipo de situações de suspensão de eficácia de normas regulamentares tem lugar a requerimento do Ministério Público ou de quem, estando legitimado para o efeito, "tenha deduzido ou se proponha deduzir pedido de declaração de ilegalidade com força obrigatória geral" (cfr. o artigo 130.º, n.º 2, do CPTA). À luz destas disposições é, hoje, possível a providência cautelar de suspensão jurisdicional de eficácia de normas dos planos dotados de eficácia plurisubjectiva[426].

Em qualquer das duas situações, estamos perante *pretensões urgentes*, relativas a um especial tipo de *periculum in mora*, que é aquele prejuízo que resulta agravado pela aplicação da norma do plano dotado de eficácia plurisubjectiva, juntando-se assim ao prejuízo atípico que decorre da própria demora do processo de acção adminis-

---

cautelares adequadas" –, aquela providência não podia ser negada, pura e simplesmente, em face dos regulamentos de aplicação imediata, sempre que ela se mostrasse indispensável à garantia da "tutela jurisdicional efectiva", sob pena de inconstitucionalidade das normas dos artigos 76.º da LPTA e 40.º, alínea *f*), e 51.º, n.º 1, alínea *l*), do ETAF

E, por isso, defendíamos que devia ser admitida a suspensão jurisdicional da eficácia de alguma ou algumas normas dos planos especiais e municipais de ordenamento do território, sempre que aquela medida cautelar fosse indispensável à garantia da "tutela jurisdicional efectiva" do particular lesado com alguma ou algumas normas daqueles planos.

[426] Sobre a problemática do contencioso dos planos, cfr. as nossas obras *Le Juge et l'Urbanisme au Portugal, Rapport*, in Le Juge et l'Urbanisme dans les Pays de l'Europe de l'Ouest, cit., p. 254-273, e *Linhas Gerais do Contencioso do Urbanismo em Portugal*, in O Direito e a Cooperação Ibérica II, II Ciclo de Conferências, Guarda/Porto, CEI/Campo das Letras, 2006.

trativa especial de impugnação de normas. Neste contexto, visa assegurar-se que enquanto decorre o processo principal de impugnação das normas dos planos dotados de eficácia plurisubjectiva não acontece uma alteração do *status quo ante*, propondo-se, assim, a providência cautelar da suspensão da eficácia da norma do plano evitar ou impedir que a Administração aplique ou dê continuidade à aplicação de um plano cuja legalidade está a ser apreciada (ou vai ser apreciada) no âmbito de uma acção administrativa especial de impugnação de normas[427].

26.3. O contencioso dos planos sem eficácia plurisubjectiva

Já sabemos que os planos desprovidos de eficácia plurisubjectiva contêm, por via de regra, *normas genéricas* ou *directivas* sobre a ocupação, uso e transformação do solo, a ser desenvolvidas e densificadas em planos dotados de maior concreteza, em particular nos planos municipais de ordenamento do território. Esses planos vinculam apenas as entidades públicas e contêm disposições sem eficácia lesiva dos direitos ou interesses legalmente protegidos dos particulares. Daí que eles não sejam susceptíveis de impugnação contenciosa directa pelos particulares, nos termos do artigo 268.º, n.º 5, da Constituição.

Isto não significa que os planos não dotados de eficácia plurisubjectiva que sejam aprovados pela Administração – ficam, assim, excluídos o programa nacional da política de ordenamento do território, que é aprovado por lei da Assembleia da República, e os planos sectoriais que sejam aprovados por decreto-lei – estejam imunes a qualquer controlo jurisdicional.

Segundo a alínea *a)* do artigo 7.º do RJIGT, todos os planos – incluindo os desprovidos de eficácia plurisubjectiva – estão sujeitos ao *direito de acção popular,* o qual está previsto no artigo 52.º, n.º 3, alí-

---

[427] Cfr. ISABEL CELESTE FONSECA, *Processo Temporalmente Justo e Urgência (Contributo para a Autonomização da Categoria da Tutela Jurisdicional de Urgência na Justiça Administrativa)*, Tese Dout., polic., Coimbra, 2006, p. 941.

nea *a*), da Constituição e está disciplinado na Lei n.º 83/95, de 31 de Agosto. Mas no que respeita ao controlo jurisdicional da legalidade dos planos sem eficácia plurisubjectiva, é nas pertinentes disposições do CPTA que devemos procurar a resposta.

Assim, tais planos ou alguma ou algumas das suas normas podem ser *declarados ilegais com força obrigatória geral*, nos termos do artigo 73.º, n.º 3, do CPTA, com os efeitos anteriormente assinalados. A legitimidade para pedir a declaração de ilegalidade com força obrigatória geral dos planos desprovidos de eficácia plurisubjectiva pertence ao Ministério Público, oficiosamente ou a requerimento de qualquer das entidades referidas no n.º 2 do artigo 9.º do CPTA, com a faculdade de estas se constituírem como assistentes. Um tal pedido pode ser apresentado a todo o tempo (cfr. o artigo 74.º do CPTA).

Deve sublinhar-se que o artigo 73.º, n.º 3, refere somente as entidades mencionadas no n.º 2 do artigo 9.º (e não pessoas e entidades). Mas no domínio da impugnação contenciosa dos planos sem eficácia plurisubjectiva, porque estamos no âmbito do direito de acção popular, a que alude o artigo 7.º, n.º 1, alínea *a*), do RJIGT, deve entender-se que qualquer pessoa pode requerer ao Ministério Público a apresentação do pedido de declaração de ilegalidade com força obrigatória geral dos planos não dotados de eficácia plurisubjectiva ou de alguma ou algumas das suas disposições. Quanto às entidades mencionadas no artigo 9.º, n.º 2, do CPTA com legitimidade para requerer ao Ministério Público aquele pedido, há que destacar as *associações* e *fundações* defensoras dos valores e bens constitucionalmente protegidos do urbanismo e do ordenamento do território, bem como as *autarquias locais* (assim, no que respeita a estas, um município pode requerer ao Ministério Público que apresente um pedido de declaração de ilegalidade com força obrigatória geral de, por exemplo, um PROT ou de alguma ou algumas das suas disposições).

Os planos sem eficácia plurisubjectiva poderão hipoteticamente também ser objecto de uma *declaração de ilegalidade por omissão*. Com efeito, nos termos do artigo 77.º, n.º 1, do CPTA, o Ministério Público, bem como as demais pessoas e entidades defensoras dos interesses referidos no n.º 2 do artigo 9.º daquele Código podem pedir ao tribunal administrativo competente que aprecie e verifique a existência de ilegalidade por omissão de normas cuja adopção, ao abrigo de disposições de direito administrativo, seja necessária para dar exequibilidade a actos legislativos carentes de regulamentação. Como já sabemos, de harmonia com o n.º 2 do artigo 77.º do CPTA, quando o tribunal verifique a existência de uma situação de ilegalidade por omissão, disso dará conhecimento à entidade competente, fixando prazo, não inferior a seis meses, para que a omissão seja suprida.

Dissemos hipoteticamente, porque uma tal possibilidade é de difícil verificação, dado que os planos sem eficácia plurisubjectiva são, em regra, de elaboração facultativa. Mas, naqueles casos em que a lei estabeleça uma obrigação de elaboração de um desses planos, por exemplo de um plano sectorial, é perfeitamente admissível uma *declaração de ilegalidade da sua omissão*, com as consequências anteriormente assinaladas.

CAPÍTULO III
OS PLANOS URBANÍSTICOS E O PRINCÍPIO DA IGUALDADE

27. As dimensões de relevância do princípio da igualdade na planificação plurisubjectiva

27.1. Como referimos anteriormente, o princípio da igualdade do cidadão perante a lei, consagrado no artigo 13.º da Constituição, é um princípio estruturante do Estado de direito democrático e do sistema constitucional global, que vincula directamente os poderes públicos, tenham eles competência legislativa, administrativa ou jurisdicional. Dissemos também que este facto resulta da consagração pela nossa Constituição do princípio da igualdade perante a lei como um direito fundamental do cidadão e da atribuição pela mesma aos preceitos constitucionais respeitantes aos direitos, liberdades e garantias de uma força jurídica própria, traduzida na sua aplicabilidade directa, sem necessidade de qualquer lei regulamentadora, e da sua vinculatividade imediata para todas as entidades públicas, dotadas de competência legislativa, administrativa ou jurisdicional (cfr. o artigo 18.º, n.º 1, da Constituição). E salientámos, ainda, que a vinculação da Administração Pública ao princípio da igualdade, apesar de resultar já de uma interpretação conjugada dos artigos 13.º e 18.º, n.º 1, da Constituição, recebeu um impulso especial ao ser expressamente contemplada no artigo 266.º, n.º 2, da Lei Fundamental, na sequência da Revisão Constitucional de 1989.

Tendo em conta o referido entendimento do princípio constitucional da igualdade, compreende-se que ele deva ser observado em todos os domínios da actividade da Administração Pública, incluindo a que se traduz na elaboração e aprovação de planos que estabelecem regras respeitantes à ocupação, uso e transformação do solo (designadamente, através da definição do regime de uso do solo, corporizado na *classificação* e *qualificação* do mesmo) directa e imediatamente vinculativas para os particulares, isto é, nos planos municipais e especiais de ordenamento do território.

De acordo com esta ordem de ideias, tivemos ensejo de escrever, noutra altura, que são *três* as dimensões de relevância do princípio da igualdade naquele tipo de planos [1].

A primeira dimensão de relevância é constituída pelo *princípio da igualdade imanente ao plano* ou princípio da *proibição do arbítrio*. O seu sentido é o de que as disposições do plano não podem ser *arbitrárias*. O plano, enquanto instrumento simultâneo de criação e de aplicação do direito, não pode ser ilógico e as medidas que prescrevem um tratamento diferenciado dos proprietários do solo não podem ser irrazoáveis, antes têm de basear-se em fundamentos objectivos ou materiais bastantes. A violação deste princípio da igualdade *imanente* ao plano – o qual está envolvido na sua própria lógica de índole racional teleológica – tem como consequência, na linha do que dissemos anteriormente, a invalidade das correspondentes disposições do plano, por ofensa directa do preceito constitucional que consagra o direito fundamental da igualdade [2].

A segunda dimensão de relevância do princípio da igualdade nos planos diz respeito ao *princípio da igualdade transcendente ao plano*, o qual tem uma dupla incidência: como "princípio da igualdade perante os encargos públicos" e como "princípio da igualdade de «chances» ou de oportunidades urbanísticas".

O "princípio da igualdade perante os encargos públicos" expressa a ideia segundo a qual um indivíduo que, em comparação com os restantes cidadãos, suporta um sacrifício especial e desigual em benefício da comunidade deve ser, por efeito do princípio da igual-

---

[1] Cfr. a nossa obra *O Plano Urbanístico*, cit., p. 457-469.

[2] Cfr. o nosso artigo *O Contencioso dos Planos Municipais de Ordenamento do Território*, cit., p. 30 e 31.

dade, indemnizado por essa mesma comunidade. A sua aplicação, no âmbito dos planos, diz respeito às denominadas *expropriações do plano*, isto é, àquelas disposições dos planos vinculativos dos particulares que traduzem modificações especiais e graves na *utilitas* do direito de propriedade que não podem deixar de ser consideradas como "expropriativas" (expropriações de sacrifício ou substanciais) e, consequentemente, ser acompanhadas de indemnização.

Por fim, o "princípio da igualdade de «chances» ou de oportunidades urbanísticas" reporta-se às medidas que definem formas e intensidades diferentes de utilização para as várias parcelas de terrenos, que não são consideradas como expropriações, e, consequentemente, não são acompanhadas da obrigação de indemnização, nos termos do artigo 62.º, n.º 2, da Constituição. Tais medidas não deixam, porém, de significar um tratamento desigual dos diferentes proprietários e, por isso, também aí o princípio da igualdade adquire relevância [3].

Todavia, o significado jurídico do princípio da igualdade não pode ser idêntico em relação às três espécies de prescrições do plano acabadas de referir. Assim, no tocante às indicadas em último lugar, o princípio da igualdade não confere aos particulares desfavorecidos pelas determinações do plano um direito de impugnar judicialmente a sua validade – como sucede, no caso de violação do "princípio da igualdade imanente ao plano" ou "princípio da proibição do arbítrio" –, nem de exigir o pagamento de uma indemnização – como acontece, no caso de violação do "princípio da igualdade perante os encargos públicos" –, antes impõe ao legislador que consagre mecanismos ou instrumentos adjacentes ao plano que visem corrigir as desigualdades de tratamento entre os proprietários do solo. A sua força jurídica traduz-se numa directiva ao legislador ou numa imposição legiferante, para que lance medidas de perequação dos benefícios e encargos decorrentes do plano entre os proprietários do solo por ele abrangidos.

---

[3] Rejeitamos, assim, as teses desvalorizadoras da importância do princípio da igualdade no plano urbanístico, que restringem a relevância jurídica do mesmo princípio à *proibição do arbítrio*. Cfr., para mais desenvolvimentos, a nossa obra *O Plano Urbanístico*, cit., p. 451-456.

27.2. O problema das relações entre os planos territoriais directa e imediatamente vinculativos dos particulares e o princípio da igualdade é, seguramente, o mais importante do direito do urbanismo, já que da garantia da igualdade de tratamento dos proprietários – ou dos titulares de outros direitos reais – dos terrenos abrangidos pelos planos municipais, depende, como salienta T.-RÁMON FERNÁNDEZ, a própria legitimidade do ordenamento urbanístico, "sobre o qual pesa sempre, em consequência da sua estrutura peculiar, a sombra desqualificante da desigualdade"[4]. De facto, um dos problemas jurídicos mais angustiosos colocados pelos planos urbanísticos deriva da circunstância de estes atingirem as diferentes parcelas do território – e, por isso, os seus proprietários e titulares de outros direitos reais – de modo essencialmente desigual.

As desigualdades que decorrem dos planos devem ser corrigidas, não apenas as relacionadas com as medidas de *índole expropriativa,* mas também com as medidas de carácter não expropriativo (que constituem, sem dúvida, a parte mais importante dos planos), mas que se traduzem na outorga de aproveitamentos urbanísticos de valor muito diverso[5].

Estas desigualdades, no dizer de E. GARCÍA DE ENTERRÍA/L. PAREJO ALFONSO, traduzem "um grave repto para a teoria jurídica do plano", que deve criar instrumentos ou mecanismos de perequação das mais-valias, de modo a garantir o respeito da justiça material, cuja faceta mais importante é a da igualdade[6].

Os cidadãos ficam perplexos com a facilidade com que qualquer técnico, com um simples traço de lápis, pode determinar decisivamente o valor de um terreno. Não aceitam, por isso, que o plano, atribuindo a uma área um determinado destino e a outra um destino completamente diferente, possa *decuplicar ou quase reduzir a zero* o

---

[4] Cfr. *Manual de Derecho Urbanístico,* cit., p. 140.

[5] Para mais desenvolvimentos, cfr. a nossa obra *O Plano Urbanístico,* cit., p. 393 e segs..

[6] Cfr. *Lecciones de Derecho Urbanístico,* cit., p. 436. Cfr., ainda, T.-RÁMON FERNÁNDEZ, *Os Sistemas de Execução dos Planos Gerais Municipais de Ordenamento do Território em Espanha,* cit., p. 64 e 65.

valor de um terreno. Rejeitam que o plano seja algo de semelhante a um jogo *de lotaria,* qualquer coisa de "fortuito" ou o produto de uma "boa ou má sorte". O estabelecimento de instrumentos ou de mecanismos de correcção dos efeitos desigualitários dos planos constitui, assim, a via que pode levar à *aceitação* dos planos pelos particulares e, simultaneamente, o caminho que pode conduzir à eliminação de toda a sorte de "pressões" dos proprietários na fase de elaboração dos planos (é, como se sabe, o chamado princípio da "neutralidade de interesses do plano", meta que devemos esforçar-nos por atingir) [7].

A questão da correcção dos efeitos desigualitários dos planos foi, ao longo dos anos, ignorada pelo legislador português. Diferentemente, nos ordenamentos jurídicos urbanísticos europeus, é possível encontrar, há vários anos, experiências, mais ou menos bem sucedidas, de mecanismos de perequação dos benefícios e encargos resultantes dos planos, como sucede, por exemplo, com os ordenamentos urbanísticos espanhol e italiano [8]. Por isso, nos últimos anos, fomos

---

[7] Cfr. a nossa obra *O Plano Urbanístico,* cit., p. 587, e o nosso trabalho *Problemas Actuais do Direito do Urbanismo em Portugal,* cit., p. 19.

[8] Sobre os mecanismos de perequação no direito comparado, cfr., por todos, a nossa obra *O Plano Urbanístico,* cit., p. 593-624, e a bibliografia aí citada. Quanto ao ordenamento espanhol, cfr. também o nosso estudo *Problemas Actuais,* cit., p. 30, nota 28, e, por último, J. C. TEJEDOR BIELSA, *Propiedad, Equidistribución y Urbanismo, Hacia un Nuevo Modelo Urbanístico,* Pamplona, Aranzadi, 1998.

Em relação ao direito do urbanismo italiano, a perequação urbanística tem vindo, nos últimos anos, a ser aplicada sobretudo por impulso da legislação regional. Segundo P. URBANI, as finalidades gerais da perequação urbanística são, em síntese, as seguintes: a aplicação, também no domínio do urbanismo, do princípio da justiça distributiva própria de outros sectores da vida social e, ainda, a procura da denominada "indiferença" dos proprietários em relação às escolhas do plano, a fim de evitar discriminações; a marginalização do instituto expropriativo, isto é, em termos breves, a passagem do carácter autoritário das escolhas públicas para a busca do consenso; a cobertura da necessidade de obras de urbanização para além da garantia dos *standards urbanísticos*; a superação da rigidez funcional das zonas em função da *mixité*; a realização a cargo do proprietário das obras de urbanização: princípio que se liga à passagem da propriedade fundiária à propriedade edificativa; e a flexibilidade das prescrições urbanísticas e a sua execução com base num *urbanismo relacional*, isto é, fundada essencialmente em "relações contratuais" que se

chamando a atenção, em diversos textos da nossa autoria, para a necessidade e a urgência de o legislador português consagrar expressamente a *igualdade de tratamento* dos proprietários dos solos como um *princípio fundamental* da actividade de planificação territorial e, bem assim, estabelecer *mecanismos de perequação* dos benefícios e encargos resultantes dos planos territoriais, em especial dos planos municipais de ordenamento do território [9].

27.3. A grave lacuna que vem de ser referida do nosso ordenamento jurídico urbanístico foi, felizmente, colmatada com a publicação da LBPOTU. De facto, consagrou-se, neste diploma, como um

---

instauram com os destinatários das prescrições urbanísticas [cfr. *Ancora sui Principi Perequativi e sulle Modalità di Attuazione nei Piani Urbanistici*, in RGU, N.º 4 (2004), Parte II, p. 509-513].

No direito do urbanismo italiano, estão previstas duas formas de perequação urbanística. A primeira, designada perequação *parcial* ou *limitada*, tem lugar no âmbito dos *"comparti edificatori"* e tem como corolário necessário o carácter unitário da execução das previsões do plano e o acordo entre os diferentes proprietários participantes na associação ou no *"comparto"*, para distribuir vantagens e desvantagens segundo a equidade. A segunda, denominada perequação *generalizada* ou *ampla (perequazione estesa)*, baseia-se na ideia de concentração da volumetria da construção e numa série de contratos de volumetria entre os diversos proprietários, para consentir concretamente a edificabilidade em determinados lotes e a realização nos não edificáveis de obras de interesse colectivo, através de um sistema de compensações entre os diferentes proprietários.

Distinta da perequação é a *compensação* – que tem a sua disciplina estatal na Lei n.º 308, de 2004 –, segundo a qual o proprietário titular de um direito de construir juridicamente consolidado tem o direito de exigir ao município, no caso de superveniência de um vínculo de inedificabilidade que obstaculize a concretização daquele direito, a transferência do direito edificatório para outra área de que seja proprietário ou em relação à qual tenha um direito que lhe permita a edificação. Cfr., para mais desenvolvimentos, P. URBANI, *I Problemi Giuridici della Perequazione Urbanistica*, in RGU, N.º 4 (2002), Parte III, p. 587-596, e *Urbanistica Consensuale*, cit., p. 71-73; P. S. RICHTER, *La Perequazione Urbanistica*, in RGE, Anno XLVIII, 2005, Parte II, p. 169-175; F. SALVIA, *Manuale di Diritto Urbanistico*, cit., p. 7 e 8 e 91 e 92; e N. ASSINI/P. MANTINI, *Manuale di Diritto Urbanistico*, cit., p. 192-211.

[9] Cfr. as nossas obras *O Plano Urbanístico,* cit., p. 451 e segs., *As Grandes Linhas,* cit, p. 47 e 48, e *Estudos de Direito do Urbanismo,* cit., p. 46, 47, 120 e 121.

dos princípios gerais da política de ordenamento do território e de urbanismo o *princípio da equidade,* com vista a assegurar a "justa repartição dos encargos e benefícios decorrentes da aplicação dos instrumentos de gestão territorial" [cfr. o artigo 5.º, alínea e)]. E no artigo 18.º, estabeleceu-se que "os instrumentos de gestão territorial vinculativos dos particulares devem prever mecanismos equitativos de perequação compensatória, destinados a assegurar a redistribuição entre os interessados dos encargos e benefícios deles resultantes, nos termos a estabelecer na lei" (n.º 1), e, bem assim, que "existe o dever de indemnizar sempre que os instrumentos de gestão territorial vinculativos dos particulares determinem restrições significativas de efeitos equivalentes a expropriação, a direitos de uso do solo preexistentes e juridicamente consolidados que não possam ser compensados nos termos do número anterior" (n.º 2), remetendo-se para a lei a definição do prazo e das condições de exercício desse direito à indemnização (n.º 3).

E o RJIGT veio desenvolver e densificar, nos seus artigos 135.º a 143.º, os mencionados *princípios básicos ou fundamentais* da política de ordenamento do território e de urbanismo.

As recentes alterações à LBPOTU, decorrentes da Lei n.º 54//2007, de 31 de Agosto, e ao RJIGT, resultantes do Decreto-Lei n.º 316/2007, de 19 de Setembro, deixaram intocados os preceitos respeitantes à *perequação* e à *indemnização* no âmbito dos planos dotados de eficácia plurisubjectiva – fenómeno este que indicia a formulação pelo legislador de um juízo globalmente positivo sobre o regime legal daquelas matérias, pelo que as *causas* da *fraca adesão* dos planos municipais à inclusão de mecanismos de perequação não se encontram em qualquer pretensa imperfeição da disciplina legal sobre os mecanismos de perequação, antes devem ir procurar-se, sobretudo, à falta de sensibilidade dos eleitos locais para aquela problemática e à impreparação técnica de muitos dirigentes e funcionários dos nossos municípios[10].

---

[10] Cfr. o nosso artigo *A Perequação nos Planos Municipais de Ordenamento do Território, Breves Considerações*, in 30 Anos de Poder Local na Constituição da Re-

Com a recepção destes princípios, procurou o legislador pôr termo à situação aberrante de os planos serem uma fonte de gravíssimas desigualdades e injustiças, dando, assim, um decisivo passo no sentido da construção de um ordenamento jurídico urbanístico mais *moderno* e mais *justo*. Ao consagrar os referidos princípios, não se limitou o legislador a um aprimoramento da técnica planificatória, operou uma profunda renovação no direito do urbanismo, procurando criar um clima cultural novo, no qual devem operar os dois grandes actores do urbanismo: os poderes públicos e os privados.

O profundo significado, no campo do direito do ordenamento do território e do urbanismo, dos instrumentos criados pelo nosso legislador *de garantia de igualdade de tratamento* dos proprietários abrangidos pelos planos territoriais directa e imediatamente vinculativos dos particulares[11] justifica que lhe dediquemos umas breves páginas,

---

pública Portuguesa, Braga, Governo Civil do Distrito de Braga/Universidade do Minho/CEJUR, 2007, p. 203-212.

[11] O legislador restringiu, como vimos, o perímetro de aplicação do "princípio da justa distribuição dos benefícios e encargos resultantes dos planos" aos instrumentos de planeamento territorial que vinculam directa e imediatamente os particulares. Tem razão de ser esta restrição. De facto, como foi sublinhado, os restantes tipos de planos (o programa nacional da política de ordenamento do território, os planos sectoriais, os planos regionais de ordenamento do território e os planos intermunicipais de ordenamento do território), de acordo com o regime constante da LBPOTU e do RJIGT (cfr. os artigos 26.º a 34.º, 35.º a 41.º, 51.º a 59.º e 60.º a 68.º), limitam-se, em regra, a fixar opções gerais no que respeita à organização do território por eles abrangido e a estabelecer directivas quanto ao ordenamento do espaço, a desenvolver e a densificar em planos de conteúdo mais concreto e preciso, não tendo, por isso, idoneidade para definir as modalidades e intensidades de uso do solo, pelo que, em relação a eles, não se pode colocar qualquer questão de correcção de desigualdades pelos mesmos eventualmente produzidas.

Em contrapartida, os planos especiais de ordenamento do território são instrumentos de natureza regulamentar, elaborados pela administração central, que "estabelecem regimes de salvaguarda de recursos e valores naturais e o regime de gestão compatível com a utilização sustentável do território" (cfr. os artigos 42.º a 50.º do RJIGT). E os planos municipais são instrumentos de natureza regula-

com a finalidade de escrutinar o sentido da reforma introduzida pelo legislador e de analisar criticamente as soluções por ele encontradas. Pela nossa parte, trata-se, ao cabo e ao resto, de uma nova visita (ainda que mais rápida e num contexto bem diferente) a um tema que constituiu o núcleo central da nossa tese de doutoramento – precisamente o das relações entre o plano urbanístico e o princípio da igualdade.

A abordagem que vamos empreender do regime jurídico dos instrumentos de garantia da igualdade de tratamento dos proprietários abrangidos pelas disposições dos planos territoriais que vinculam directa e imediatamente os particulares vai circunscrever-se aos planos municipais do ordenamento do território. É que, no contexto daquele tipo de planos, são esses os mais importantes. Para além de serem mais numerosos do que os planos especiais de ordenamento do território, são eles que contêm, como referimos, o regime de uso do solo, através da definição das *modalidades* e *intensidades* de utilização do espaço, indicando, designadamente, se, numa determinada parcela de terreno, é possível construir e, em caso afirmativo, quais os indicadores e parâmetros urbanísticos.

Vejamos, então, o modo como o legislador encarou e resolveu o problema da observância pelos planos municipais do princípio da igualdade – na dimensão de "princípio da igualdade transcendente ao plano", já que a vertente do "princípio da igualdade imanente ao plano" ou "princípio da proibição do arbítrio" gera, no caso de ser violado, como se acentuou, a invalidade das correspondentes disposições daqueles planos[12].

---

mentar, aprovados pelos municípios, que fixam o regime de uso do solo, isto é, as vocações e os destinos das parcelas de terrenos, incluindo a urbanização e a edificação (cfr. os artigos 69.º a 83.º-B do referido diploma legal).

[12] Seguimos de perto, neste capítulo, o nosso artigo *Planos Municipais de Ordenamento do Território, Perequação de Benefícios e Encargos e Indemnização*, cit., p. 53-96.

28. A perequação compensatória dos benefícios e encargos resultantes dos planos municipais

28.1. O artigo 135.º do RJIGT atribui aos proprietários o direito à distribuição perequativa dos benefícios e encargos decorrentes dos instrumentos de gestão territorial vinculativos dos particulares. E o artigo 136.º, n.º 1, do mesmo diploma legal veio impor, correlativamente, à Administração o dever de incluir, nos referidos instrumentos de planeamento territorial, mecanismos directos ou indirectos de perequação, de acordo com os critérios definidos nos artigos 138.º a 142.º, e que a seguir analisaremos.

A consagração pelo legislador de um direito dos proprietários do solo à perequação dos benefícios e encargos resultantes dos planos municipais e de um dever de previsão nos mesmos planos de mecanismos directos ou indirectos de perequação de uns e de outros reveste-se de particular importância[13]. De facto, no caso de os planos municipais actualmente em vigor não preverem mecanismos de pere-

---

[13] Os mecanismos directos são os verdadeiros mecanismos de perequação, ao passo que os indirectos são aqueles que não têm como objectivo principal ou imediato a perequação, mas que permitem igualmente alcançar este objectivo, como sucede com a taxa pela criação, manutenção e reforço das infra-estruturas urbanísticas e com a taxa pela emissão de alvarás de licença e de autorização de utilização e pela admissão de comunicação prévia de obras de construção. No que respeita à primeira, embora o seu objectivo precípuo seja a compensação aos municípios pelos gastos feitos com a execução das infra-estruturas urbanísticas, ela não deixa de ter também como fundamento ou como justificação as vantagens que os proprietários dos terrenos obtêm com as infra-estruturas urbanísticas. Daí que, como veremos um pouco mais adiante, o artigo 142.º do RJIGT a considere como um mecanismo de perequação. Sobre este ponto, cfr. a nossa obra *O Plano Urbanístico*, cit. p. 643-645.

Acresce que, numa outra perspectiva, a repartição dos custos de urbanização pelos proprietários dos terrenos beneficiados com as obras de urbanização tem também como finalidade impedir uma situação de *injustiça* nas relações entre proprietários dos terrenos e a colectividade, através da execução a expensas desta de obras de urbanização cujo efeito principal é valorizar terrenos daqueles. Cfr. P. S. RICHTER, *La Perequazione Urbanistica*, cit., p. 169.

quação dos benefícios e encargos deles oriundos, que se enquadrem na arquitectura definida nos artigos 138.º a 142.º e que satisfaçam, pelo menos, o objectivo definido na alínea a) do artigo 137.º, todos do RJIGT, têm as câmaras municipais a obrigação de alterar aqueles planos, de modo a que dos mesmos passem a constar os mecanismos de perequação compensatória. O cumprimento da mencionada obrigação deveria ter tido lugar no prazo de ano e meio após a entrada em vigor do Decreto-Lei n.º 380/99, de 22 de Setembro (esta ocorreu 60 dias após a data da sua publicação, nos termos do artigo 160.º daquele diploma legal), como resulta dos n.ºˢ 2 e 3 do artigo 154.º. Com efeito, de harmonia com estes preceitos, compete às comissões de coordenação e desenvolvimento regional a identificação no prazo de um ano das normas directamente vinculativas dos particulares a integrar em plano municipal de ordenamento do território, devendo as câmaras municipais, nos 180 dias subsequentes àquela identificação, promover a correspondente alteração dos planos municipais de ordenamento do território.

No caso de as câmaras municipais não terem inserido nos planos municipais mecanismos de perequação dentro daquele prazo, podem os proprietários por eles abrangidos lançar mão dos meios processuais adequados, designadamente propondo no tribunal administrativo de círculo territorialmente competente *uma acção para o reconhecimento do seu direito subjectivo* à distribuição perequativa dos benefícios e encargos decorrentes daqueles planos, nos termos da alínea a) do n.º 2 do artigo 37.º do CPTA. Mas como tivemos oportunidade de acentuar, cremos que também poderá ser utilizado o *pedido de declaração de ilegalidade por omissão* numa situação destas de incompletude dos instrumentos de gestão territorial vinculativos dos particulares, traduzida na não previsão de mecanismos directos ou indirectos de perequação de benefícios e encargos deles decorrentes, em clara violação dos artigos 135.º e 136.º do RJIGT.

Espera-se que os planos directores municipais actualmente em revisão, ao abrigo do RJIGT, venham a definir os critérios de perequação compensatória de benefícios e encargos decorrentes da gestão urbanística a concretizar nos instrumentos de planeamento previstos nas unidades operativas de planeamento e gestão [cfr. os artigos 85.º, n.º 1, alínea s), e 136.º, n.º 2, do RJIGT]. Mas enquanto o procedimento de revisão daqueles planos não estiver concluído, *devem* os planos de urbanização e os planos de pormenor, elaborados depois da entrada em vigor do RJIGT, consagrar mecanismos de perequação, mesmo na ausência de definição dos critérios de perequação pelos planos directores municipais.

É esta, segundo pensamos, uma solução imposta pelos n.ºˢ 1 e 2 do artigo 136.º do RJIGT, que estabelecem o *dever de perequação*, pelo artigo 135.º do mesmo diploma legal, que condensa o *direito dos proprietários* à distribuição perequativa dos benefícios e encargos decorrentes dos planos dotados de eficácia plurisubjectiva, e pelos artigos 88.º, alínea i), e 91.º, n.º 1, alínea l), também do RJIGT, que determinam que tanto o plano de urbanização, como o plano de pormenor estabelecem, *inter alia*, "a estruturação das acções de perequação compensatória".

28.2. Uma questão que deve ser aqui esclarecida, ainda que em termos genéricos, é a de saber quais são os benefícios e encargos que devem ser abrangidos pelos mecanismos de perequação a inserir nos planos municipais. Pensamos que o princípio a observar nesta matéria é o de que os mecanismos de distribuição perequativa dizem respeito somente aos benefícios e encargos decorrentes dos planos municipais, isto é, aos direitos e às proibições ou limitações de utilização do solo resultantes daqueles instrumentos de planeamento territorial. Os elementos textuais dos artigos 5.º, alínea e), e 18.º da LBPOTU e, bem assim, dos artigos 135.º, 137.º, alínea a), e 143.º do RJIGT não deixam quaisquer dúvidas sobre a vigência daquele princípio.

Quer isto dizer que a perequação compensatória apenas abrange aqueles destinos ou modos de utilização do solo que resultem de *opções* dos planos municipais ou que sejam por estes *atribuídos*, ficando por isso, excluídas da mesma as situações em que as proibições, condicionamentos e limitações à ocupação, uso e transformação do solo não são um produto ou uma consequência dos planos, antes são o resultado da *vinculação situacional* dos solos, isto é, de restrições às possibilidades de utilização destes bens que são *imanentes* à sua especial situação factual e às suas características intrínsecas, ou de determinações legais que se impõem à *voluntas* ordenadora daqueles planos, como sucede, por exemplo, com os solos integrados na RAN e na REN[14].

Em abono do referido princípio, poderá ainda acrescentar-se – recordando uma ideia anteriormente avançada – que as proibições, condicionamentos e limitações à ocupação, uso e transformação dos solos que sejam uma mera consequência da *vinculação situacional* dos mesmos, como sucede com os integrados na RAN e na REN, não conferem, por via de regra, ao respectivo proprietário um direito de indemnização. Ora, o direito de indemnização dos danos singulares e graves (ou anormais) oriundos dos planos municipais, quando os mesmos não puderem ser ressarcidos por efeito da aplicação dos mecanismos de perequação, de acordo com o princípio do carácter subsidiário da indemnização em relação aos mecanismos perequativos – princípio este que referiremos um pouco mais adiante –, está expressamente contemplado no artigo 18.º, n.ºs 2 e 3, da LBPOTU e no artigo 143.º do RJIGT e constitui um importante instrumento, juntamente com os mecanismos de perequação dos benefícios e encargos resultantes dos planos municipais, de observância do princípio da igualdade, nas duas dimensões anteriormente referidas, por aquelas figuras planificatórias.

O aludido princípio não deverá, no entanto, segundo pensamos, ser entendido em termos absolutos. Na verdade, situações haverá em que solos integrados na REN sejam "afectos à estrutura ecológica necessários ao equilíbrio do sistema urbano" [cfr. a alínea *c*) do n.º 4 do artigo 73.º do RJIGT], passando, por força do plano municipal, a ter uma *qualificação urbana* e a desempenhar uma função de *melhoria da qualidade urbana* de um aglomerado populacional. Ora, numa situação dessas, em que aqueles solos sofreram, por assim dizer, uma *mudança*

---

[14] Na linha do exposto, P. URBANI refere, em relação ao direito italiano, que a aplicação da técnica perequativa exclui, "per ovvi motivi, le aree destinate alla conservazione". Cfr. *I Problemi Giuridici della Perequazione Urbanistica*, cit., p. 590.

de destino, por efeito do plano municipal, e passaram a estar afectos a uma importante função de melhoria do *ambiente urbano* (passando, por exemplo, a constituir um *parque verde urbano*), beneficiando um conjunto urbano, entendemos que as proibições e restrições associadas àqueles solos devem ser abrangidas pelos mecanismos de perequação dos benefícios e encargos resultantes dos planos municipais. É esta, segundo cremos, uma exigência dos princípios da igualdade e da justiça [15-16].

---

[15] Assinale-se que vão parcialmente no sentido que defendemos no texto as soluções adoptadas nos artigos 86.°, n.° 2, do Regulamento do PDM do Porto, cuja revisão foi ratificada pela Resolução do Conselho de Ministros n.° 19/2006, de 3 de Fevereiro, e 62.°, n.° 2, do Regulamento do PDM de Penafiel, cuja revisão foi ratificada pela Resolução do Conselho de Ministros n.° 163/2007, de 12 de Outubro. Com efeito, o primeiro Regulamento, depois de definir, no artigo 85.°, n.° 2, que o índice médio de utilização (construção) é de 0,67 e a cedência média de 0,37, com excepção da UOPG 6 (Parque Ocidental) e da UOPG 23 (Parque Oriental), para as quais os referidos parâmetros estão definidos nos planos respectivos, e de estabelecer, no n.° 1 do artigo 86.°, que é fixado, para cada um dos prédios abrangidos pelas UOPG e unidades de execução, um direito abstracto de construir dado pelo produto do índice médio de construção pela área do respectivo prédio, que se designa por edificabilidade média, determina, no n.° 2 do artigo 86.°, que, "nas áreas de protecção de recursos naturais e para efeitos perequativos, face à sua vinculação situacional, a edificabilidade média é de 25% da calculada de acordo com o número anterior". E o segundo Regulamento, após estabelecer, no artigo 62.°, n.° 1, que "é fixado, para cada um dos prédios abrangidos pelas UOPG e unidades de execução definidas no artigo 64.°, um direito abstracto de construir dado pelo produto do índice médio de construção pela área do respectivo prédio, que se designa por edificabilidade média", consigna, no n.° 2 do artigo 62.°, que, "nas áreas incluídas em RAN, em REN ou, simultaneamente, em RAN e REN e para efeitos perequativos, face à sua vinculação situacional, a edificabilidade média é de, respectivamente, 40%, 30% e 20% da calculada de acordo com o número anterior".

[16] Questão conexa com a referida no texto é de saber se os solos integrados na REN – e o mesmo se poderá dizer para os terrenos integrados na RAN – podem, ou não, ser contabilizados no cálculo dos parâmetros urbanísticos definidos nos planos municipais de ordenamento do território.

Esta questão foi respondida na Informação n.° 112/DGS, de 14 de Abril de 2004, homologada pelo Director-Geral do Ordenamento do Território e Desen-

28.3. A aplicação dos mecanismos de perequação dos benefícios e encargos realiza-se no âmbito dos *planos de pormenor* ou das *unidades de execução,* segundo os critérios adoptados no plano director municipal (cfr. o artigo 136.º, n.º 2, do RJIGT)[17]. Significa isto que, embora os mecanismos de perequação sejam definidos para todo o espaço municipal, a sua aplicação efectiva ou o seu funcionamento prático tem lugar num *nível* ou num âmbito territorial mais restrito, precisamente o dos *planos de pormenor* ou das *unidades de execução.*

As "unidades de execução" são áreas delimitadas pela câmara municipal por iniciativa própria ou a requerimento dos proprietários interessados, para efeitos de execução dos planos, através dos sistemas típicos indicados na lei, isto é, os sistemas de *compensação,* de *cooperação* e de *imposição administrativa* (cfr. o artigo 119.º do RJIGT)[18].

---

volvimento Urbano em 19 de Outubro de 2004, tendo-se aí afirmado que, na ausência de disposição legal impeditiva, *não se pode concluir que o legislador não tenha querido contabilizar as áreas da Reserva Agrícola e da Reserva Ecológica Nacional no cálculo dos índices de construção,* apesar de, em princípio, a edificação só ser permitida fora das mesmas. Aquela Informação – com a qual concordamos – sugere, inclusive, às equipas projectistas dos planos, bem como às entidades responsáveis pela elaboração e acompanhamento dos mesmos, que contabilizem as áreas da RAN e da REN para efeitos de cálculo dos respectivos índices de edificabilidade e da aplicação dos mecanismos de perequação, nos termos que decorrem da lei. Conclui-se, por isso, que a não contabilização das áreas da RAN e da REN no cálculo dos parâmetros urbanísticos apenas se verifica quando o instrumento de planeamento municipal a tal se opuser. Não poderá, no entanto, este deixar de ponderar as consequências de uma tal contabilização, designadamente se, com isso, não se estará a concentrar excessivamente a construção em áreas não incluídas na RAN ou na REN ou a sobrecarregar a edificabilidade junto das áreas integradas nestas Reservas. Para mais desenvolvimentos, cfr. FERNANDA PAULA OLIVEIRA, *A Reserva Ecológica Nacional e o Planeamento do Território,* cit., p. 49-52.

[17] Tais critérios não têm de ser idênticos para todo o território do município, podendo o plano director municipal fixar critérios diferentes, mas devidamente justificados, para cada uma das partes, em que, para o efeito, entender subdividi-lo. Cfr. JORGE CARVALHO, *Propostas e Experiências Perequativas,* in O Sistema de Execução de Planos e a Perequação, Lisboa, DGOTDU, 2002, p. 43.

[18] Para uma análise da problemática da execução dos planos directores municipais, antes das inovações trazidas pelo Decreto-Lei n.º 380/99, cfr. o nosso

A delimitação de "unidades de execução" consiste na fixação em planta cadastral da área a sujeitar a intervenção urbanística e com identificação de todos os prédios abrangidos[19]. Uma tal delimitação deverá ser feita de forma a assegurar um desenvolvimento urbano harmonioso e a justa repartição de benefícios e encargos pelos proprietários abrangidos, devendo integrar as áreas a afectar a espaços públicos ou equipamentos previstos nos planos de ordenamento (cfr. os n.os 1 e 2 do artigo 120.º do mencionado diploma legal).

Faz sentido que a aplicação dos mecanismos de perequação dos benefícios e encargos tenha lugar no âmbito dos *planos de pormenor* ou das *unidades de execução*, pois a justa distribuição de benefícios e encargos só é totalmente realizada com o conhecimento exacto do

---

estudo *A Execução dos Planos Directores Municipais. Algumas Questões,* in RJUA, N.º 3 (1995), p. 67-86.

Para uma caracterização geral dos *sistemas de execução dos planos com eficácia plurisubjectiva*, cfr. o nosso artigo *O Direito do Urbanismo em Portugal (Síntese)*, cit., p. 219-222.

[19] Segundo o artigo 1.º, n.º 2, do Decreto-Lei n.º 172/95, de 18 de Julho, cadastro predial é "o conjunto de dados que caracterizam e identificam os prédios existentes em território nacional". Os princípios e as normas a que deve obedecer a produção cartográfica do território nacional constam do Decreto-Lei n.º 193/95, de 28 de Julho, alterado, por último, pelo Decreto-Lei n.º 202/2007, de 25 de Maio.

Importa sublinhar que a Resolução do Conselho de Ministros n.º 45/2006, de 4 de Maio, aprovou as grandes linhas orientadoras para a execução, manutenção e exploração de informação cadastral através da criação do Sistema Nacional de Exploração e Gestão de Informação Cadastral (SINERGIC) e definiu os seus objectivos gerais. Nela se sublinha, *inter alia*, que "o conhecimento dos limites e da titularidade da propriedade é reconhecidamente imprescindível para as actividades de planeamento, gestão e apoio à decisão sobre a ocupação e uso do território, para a regulação da repartição das mais-valias fundiárias e para a gestão, controlo e desenvolvimento dos recursos naturais das obras públicas", e, bem assim, que "a informação predial única [...] consiste na reconciliação e condensação sistemática da realidade factual da propriedade imobiliária com o registo predial, as inscrições matriciais e as informações cadastrais".

O regime experimental da execução, exploração e acesso à informação cadastral, visando a criação do SINERGIC, foi definido no Decreto-Lei n.º 224/2007, de 31 de Maio.

produto final da urbanização, isto é, quando há desenho urbano, fenómeno que só acontece no plano de pormenor ou na unidade de execução [20].

As "unidades de execução" podem corresponder a uma *unidade operativa de planeamento e gestão* [21], à área abrangida por um plano de pormenor ou a parte desta (cfr. o n.º 3 do artigo 120.º do mesmo diploma) [22].

Por outro lado, o plano director municipal integra, no seu conteúdo material, *inter alia,* a definição dos "critérios de perequação compensatória de benefícios e encargos decorrentes da gestão urbanística a concretizar nos instrumentos de planeamento previstos nas unidades operativas de planeamento e gestão", devendo o plano de urbanização e o plano de pormenor estabelecer, entre o mais, "a estruturação das acções de perequação compensatória" [cfr. os artigos 85.º, n.º 1, alínea s), 88.º, alínea i), e 91.º, n.º 1, alínea l), do RJIGT].

O nosso legislador, ao determinar que os mecanismos de perequação se aplicam no âmbito dos *planos de pormenor* ou das *unidades de execução* – as quais podem corresponder, como vimos, a uma "unidade operativa de planeamento e gestão", à área abrangida por um

---

[20] Cfr. JOSÉ ANTÓNIO LAMEIRAS, *Reflexões Sobre Perequação*, in O Sistema de Execução de Planos e a Perequação, cit., p. 177.

[21] As "unidades operativas de planeamento e gestão" são definidas no plano director municipal, para efeitos de programação da sua execução, devendo o mesmo estabelecer para cada uma daquelas "unidades" os respectivos objectivos, bem como os termos de referência para a necessária elaboração de planos de urbanização e de pormenor. Aquelas "unidades" podem decompor-se em várias "subunidades operativas de planeamento e gestão", cuja delimitação e objectivos são definidos pelo plano de urbanização [cfr. os artigos 85.º, n.º 1, alínea l), e 88.º, alínea i), do RJIGT].

[22] Nos termos do n.º 4 do artigo 120.º do RJIGT, na falta de plano de pormenor aplicável à área abrangida pela unidade de execução, deve a câmara municipal promover, previamente à aprovação, um período de discussão pública, em termos análogos aos previstos para o plano de pormenor.

Sublinhe-se, ainda, que o plano de pormenor deve estabelecer "a identificação dos sistemas de execução do plano" [cfr. o artigo 91.º, n.º 1, alínea j), do citado diploma legal].

plano de pormenor ou apenas a uma parte desta –, preocupou-se, sobretudo, em garantir uma igualdade de tratamento dos proprietários dos terrenos no *interior* de cada um dos planos de pormenor ou de cada uma das "unidades de execução", instituindo, assim, uma igualdade *intraplanos* (como sucede nos planos de pormenor ou nas "unidades de execução" que coincidam com a área de um plano de pormenor) ou até uma igualdade *intrazonas* de um mesmo plano (como acontece nas "unidades de execução" que correspondam somente a uma parte da área abrangida por um plano de pormenor ou nas "unidades de execução" que correspondam a uma "unidade operativa de planeamento e gestão" definida pelo plano director municipal ou a uma "subunidade operativa de planeamento e gestão" estabelecida no plano de urbanização).

Na nossa óptica, andou bem o legislador. É que, por um lado, sob o ponto de vista técnico, a correcção das *desigualdades* oriundas dos planos municipais apenas é possível, com um mínimo de rigor, num espaço bastante restrito. É extremamente difícil, se não mesmo impossível, descobrir instrumentos fiáveis que eliminem as desigualdades de tratamento dos proprietários *interplanos* ou até *interzonas* de um mesmo plano. Além disso, a *eficácia* dos mecanismos que procuram garantir uma igualdade *intraplanos* ou *intrazonas* de um mesmo plano é muito maior do que a dos anteriormente referidos, já que neles não se verificam, em regra, desvios comprometedores do seu êxito. Por outro lado, as *desigualdades* que se devem considerar mais chocantes são aquelas que se situam no âmbito de aplicação de um mesmo plano ou de cada uma das áreas em que este se subdivide – em suma, as desigualdades de tratamento entre proprietários vizinhos –, pelo que é no contexto de cada plano ou de cada uma das zonas ou sectores nele delimitados que deve ser feita a perequação de benefícios e encargos entre os proprietários do solo.

Acresce que a opção pela via da obtenção de uma igualdade de tratamento dos proprietários no âmbito de aplicação de cada plano ou de cada uma das suas zonas ou sectores é a única que está em sintonia com o carácter *relativo* do *conceito de igualdade*. Esta relatividade do conceito de igualdade implica que o problema da *igualdade de tra-*

tamento dos proprietários dos terrenos seja circunscrito ao âmbito de um mesmo plano ou de cada uma das zonas ou sectores em que ele se subdivide e que a localização dos terrenos na área abrangida por cada um deles e a sujeição às mesmas regras jurídicas urbanísticas se transformem no *critério de comparação* entre as situações jurídicas dos diferentes proprietários [23-24].

No Volume II do presente Manual, teremos oportunidade de desenvolver um pouco mais a figura das *unidades de execução* e de realçar as suas virtualidades no domínio da execução *programada, integrada* e *participada* dos planos municipais [25]. Não obstante a revitalização que o RJIGT, na versão do Decreto-Lei n.º 316/2007, veio dar aos planos de pormenor, ao atribuir-lhes, em certas condições, a possibilidade de procederem a operações de transformação fundiária relevantes para efeitos de registo predial e inscrição matricial, dispensando um subsequente procedimento administrativo de controlo prévio (cfr. os artigos 92.º, 92.º-A e 92.º-B), as *unidades de execução* apresentam vantagens, em vários aspectos, em comparação com os planos de pormenor. De facto, aquelas apontam, tal como estes, para a concretização, na área respectiva, de operações urbanísticas *integradas* e de *conjunto* sobre vários prédios, impedindo a realização de operações urbanísticas *isoladas, pontuais* e *desligadas* de uma visão global e

---

[23] Cfr., sobre esta problemática, a nossa obra *O Plano Urbanístico,* cit., p. 648-651.

[24] Sublinhe-se que, para facilitar a perequação dos benefícios e encargos dentro de cada *unidade de execução,* o artigo 125.º do RJIGT, na redacção do Decreto-Lei n.º 310/2003, admite a possibilidade de cada unidade de execução estar associada a um *fundo de compensação*, com os seguintes objectivos: liquidar as compensações devidas pelos particulares e respectivos adicionais; cobrar e depositar em instituição bancária as quantias liquidadas; e liquidar e pagar as compensações devidas a terceiros.

O fundo de compensação é gerido pela câmara municipal, com a participação dos interessados, nos termos a definir em regulamento municipal.

[25] Cfr., sobre o tema das *unidades de execução na gestão urbanística*, as *comunicações* de A. CÂNDIDO DE OLIVEIRA, FERNANDA PAULA OLIVEIRA, JORGE CARVALHO e J. A. MOUTEIRA GUERREIRO no I Seminário da Revista Direito Regional e Local, in DRL, N.º 2 (2008).

coerente de ocupação, uso e transformação do espaço. Elas estão, porém, sujeitas a uma tramitação mais simples e mais célere do que a dos planos de pormenor, ainda que cumprindo as exigências mínimas de participação pública e de publicidade – e isto não obstante a simplificação procedimental da formação dos planos municipais, operada pela nova versão do RJIGT, decorrente do Decreto-Lei n.º 316//2007, de 19 de Setembro –, apresentam um conteúdo mais flexível do que o dos planos de pormenor e conferem maior liberdade na definição de um desenho urbano conjunto, em comparação com os planos de pormenor, devendo, no entanto, observar os indicadores e parâmetros urbanísticos constantes dos planos municipais, uma vez que, ao invés do que sucede com os planos de pormenor, as unidades de execução não podem alterar qualquer plano municipal de ordenamento do território.

De qualquer modo, as *unidades de execução* são um instrumento de execução dos planos e não uma figura típica destes.

28.4. Existe, assim, uma estreita relação entre a *perequação* dos benefícios e encargos resultantes dos planos dotados de eficácia plurisubjectiva e a *execução* dos mesmos. É este um tema que desenvolveremos no Volume II do presente Manual. Referimos tão-só, por agora, que essa íntima conexão traduz-se na circunstância de ser na *fase de execução* dos planos que tem lugar a aplicação dos mecanismos perequativos dos benefícios e encargos oriundos dos planos directa e imediatamente vinculativos dos particulares.

Para expressar esta ideia, PAULO CORREIA utiliza a expressão "execução perequacionada" ou "gestão urbanística perequacionada"[26] e T.-RAMÓN FERNÁNDEZ sublinha que é na execução concreta do plano que terá de se actuar para restabelecer a igualdade que o plano rompeu, redistribuindo tanto benefícios, como encargos derivados do plano[27].

---

[26] Cfr. *Aplicação dos Mecanismos de Perequação em Planos de Pormenor*, in O Sistema de Execução de Planos e a Perequação, cit., p. 28.

[27] Cfr. *Os Sistemas de Execução dos Planos Gerais Municipais de Ordenamento do Território em Espanha*, cit., p. 65.

28.5. De acordo com o artigo 137.º do RJIGT, os mecanismos de perequação compensatória a prever nos planos municipais de ordenamento do território devem prosseguir os seguintes objectivos: a redistribuição das mais-valias atribuídas pelo plano aos proprietários; a obtenção pelos municípios de meios financeiros adicionais para a realização das infra-estruturas urbanísticas e para o pagamento de indemnizações por expropriação; a disponibilização de terrenos e edifícios ao município para a implementação, instalação ou renovação de infra-estruturas, equipamentos e espaços urbanos de utilização colectiva, designadamente zonas verdes, bem como para compensação de particulares nas situações em que tal se revele necessário; o estímulo da oferta de terrenos para urbanização e construção, evitando-se a retenção dos solos com fins especulativos; e a eliminação das pressões e influências dos proprietários ou grupos para orientar as soluções do plano na direcção das suas intenções.

Estes objectivos elencados pelo legislador não se situam no mesmo nível. Enquanto o primeiro – o da redistribuição das mais--valias atribuídas pelo plano aos proprietários – constitui um objectivo essencial daqueles mecanismos, uma vez que se apresenta como conatural ao princípio da perequação dos benefícios e encargos resultantes dos planos municipais, os restantes são uma mera consequência ou um efeito do funcionamento dos mecanismos perequativos.

28.6. No que concerne aos mecanismos de perequação previstos no diploma legal que vimos analisando, determina o artigo 138.º, n.º 1, que os municípios podem utilizar, designadamente, os seguintes: o estabelecimento de um índice médio de utilização; o estabelecimento de uma área de cedência média; e a repartição dos custos de urbanização. Por sua vez, o n.º 2 do mesmo preceito estatui que o recurso ao primeiro mecanismo tem sempre de ser combinado com o recurso ao segundo. Finalmente, o n.º 3 do mencionado artigo dispõe que o município pode utilizar conjunta ou coordenadamente mecanismos de perequação.

A enumeração dos mecanismos feita pelo n.º 1 do artigo 138.º não é taxativa, mas apenas *indicativa,* como resulta claramente da utilização pelo legislador do advérbio "designadamente".

Significa isto que os municípios podem consagrar mecanismos de perequação diferentes dos indicados pelo legislador, utilizar conjugadamente os mecanismos constantes da lei ou combinar estes mecanismos com outro ou outros por si criados, desde que, naturalmente, os mecanismos perequativos consagrados nos planos municipais satisfaçam, pelo menos, o primeiro dos objectivos estabelecidos no artigo 137.º do RJIGT [28].

Caracterizando, em linhas gerais, os três mecanismos de perequação indicados no RJIGT, poderemos afirmar que o mecanismo do *índice médio de utilização* consiste na fixação pelo plano de um direito abstracto de construção correspondente a uma edificabilidade média que é determinada pela construção admitida para cada propriedade ou conjunto de propriedades, por aplicação dos índices e orientações urbanísticos estabelecidos no plano (cfr. o artigo 139.º, n.º 1). A edificabilidade média é determinada pelo quociente entre a soma das superfícies brutas de todos os pisos acima e abaixo do solo destinados à edificação, independentemente dos usos existentes e admitidos pelo plano, e a totalidade da área ou sector abrangido por aquele (cfr. o artigo 139.º, n.º 3) [29]. No tocante ao direito concreto

---

[28] Antes da recepção pela nossa legislação do princípio da perequação dos benefícios e encargos resultantes dos planos territoriais directa e imediatamente vinculativos dos particulares, escrevemos que, para além da consagração expressa da *igualdade de tratamento* dos proprietários dos solos como um *princípio fundamental* da actividade de planificação urbanística, deveria a lei – entendida esta como lei da Assembleia da República ou decreto-lei alicerçado em autorização legislativa – fixar "um conjunto de técnicas ou instrumentos de perequação dos benefícios e encargos resultantes dos planos, deixando ao órgão municipal que aprova o plano um certo espaço de discricionariedade, traduzido quer na opção por cada um deles ou no recurso combinado a mais do que um, quer no estabelecimento de pormenores da sua regulamentação e concretização". Cfr. a nossa obra *As Grandes Linhas,* cit., p. 48, nota 29, e os nossos trabalhos *A Execução dos Planos Directores Municipais,* cit., p. 71, e *Problemas Actuais,* cit., p. 20. O artigo 138.º do RJIGT recebeu, em termos globais, a ideia por nós sugerida.

[29] O n.º 4 do artigo 139.º do RJIGT determina que, para efeitos de determinação do valor da edificabilidade média, incluem-se, na soma das superfícies brutas dos pisos, as escadas, as caixas de elevadores e alpendres e excluem-se os

de construir, resulta o mesmo dos actos de licenciamento de operações urbanísticas, os quais devem ser conformes aos índices e parâmetros urbanísticos estabelecidos no plano (cfr. o artigo 139.º, n.º 2).

Conforme determinam os n.ºs 5 e 6 do artigo 139.º, quando a edificabilidade do terreno for inferior à média, o proprietário deverá, quando pretenda urbanizar, *ser compensado* de forma adequada, compensação essa que deverá ser prevista em regulamento municipal, através das seguintes medidas alternativas ou complementares: desconto nas taxas que tenha de suportar ou aquisição pelo município, por permuta ou compra, da parte do terreno menos edificável.

Por sua vez, quando a edificabilidade do terreno for superior à média, o proprietário deverá, aquando da emissão do alvará, *ceder* para o domínio privado do município uma área com a possibilidade construtiva em excesso, cedência essa que será contabilizada como cedência para equipamento, já que se destina a compensar o município pela área que, para esse efeito, por permuta ou compra, terá de adquirir noutro local (cfr. os n.ºs 7 e 8 do artigo 139.º).

O *índice médio de utilização* aponta, assim, para uma distinção entre a *edificabilidade potencial* de um terreno, correspondente a um direito abstracto de construir de que gozam todos os proprietários dos terrenos situados no âmbito do plano de pormenor ou da unidade de execução, e a *edificabilidade efectiva* de um terreno, que é aquela que resultar do acto de licenciamento da operação urbanística.

De harmonia com o que dispõe o artigo 140.º, n.ºs 1 e 2, pode o plano estabelecer que a compensação, em vez de ser feita através do município, nos termos referidos antecedentemente, seja efectuada entre proprietários. Deste modo, o plano pode permitir que os proprietários que, de acordo com as disposições do mesmo, possam construir acima da edificabilidade média, adquiram o excesso a essa potencialidade àqueles que, igualmente nos termos do plano, disponham de um direito concreto de construção inferior à mesma, de-

---

espaços livres de uso público cobertos pelas edificações, zonas de sótãos sem pé--direito regulamentar, terraços descobertos e estacionamentos e serviços técnicos instalados nas caves dos edifícios.

vendo essas transacções ser obrigatoriamente comunicadas à câmara municipal e sujeitas a inscrição no registo predial.

Saliente-se que esta variante do mecanismo de compensação do índice médio de utilização, denominada pelo legislador como "compra e venda do índice médio de utilização", apresenta fortes semelhanças com o mecanismo do direito francês, designado por "transferência de coeficiente de ocupação do solo" (*"transfert de COS"*). Este instrumento jurídico, previsto, actualmente, apenas no artigo L. 123-4 do *Code de l'Urbanisme* francês[30], consiste, em traços gerais, no seguinte: o plano local de urbanismo fixa para todo o território municipal, ou apenas para uma zona ou sector, um coeficiente de ocupação do solo idêntico para todos os proprietários – designado COS de referência – e que determina o respectivo direito de construir. A construção para além do coeficiente de ocupação do solo de referência será admitida até ao limite estabelecido no plano urbanístico, desde que o proprietário adquira o direito de construir de outro proprietário, que aceita vendê-lo, renunciando a utilizar o seu terreno para fins de edificação, o qual fica onerado com uma servidão *non aedificandi*.

Há, assim, terrenos ou parcelas emissores, aos quais são retiradas no todo ou em parte as possibilidades de construção, e terrenos receptores, que são beneficiados com as faculdades de construção complementares[31-32].

---

[30] Segundo o artigo citado no texto do *Code de l'Urbanisme*, "nas zonas a proteger em razão da qualidade da sua paisagem, o plano local de urbanismo pode determinar as condições nas quais as possibilidades de construir resultantes do coeficiente de ocupação do solo fixado para o conjunto da zona poderão ser transferidas com vista a favorecer uma concentração das construções em outros terrenos situados num ou em vários sectores da mesma zona". Cfr. B. LAMORLETTE/ /D. MORENO, *Code de l'Urbanisme*, cit., p. 69.

[31] Para mais desenvolvimentos sobre a figura jurídica da *"transfert de COS"*, cfr. a nossa obra *O Plano Urbanístico,* cit., p. 614-617, e a bibliografia aí citada; e, por último, H. JACQUOT/F PRIET, *ob. cit.*, p. 222 e 223, e H. JACQUOT, *Coefficient d'Occupation du Sol,* in Urbanisme, Paris, Dalloz, 1992, p. 129-132.

[32] Registe-se que o direito do urbanismo brasileiro prevê no artigo 35.° do Estatuto da Cidade (aprovado pela Lei n.° 10257, de 10 de Julho de 2001), no

O mecanismo de perequação traduzido na fixação de uma área de cedência média é regulado no artigo 141.º do RJIGT. Nos termos dos n.ᵒˢ 1 e 2 deste preceito, o plano pode fixar uma área de cedência média de parcelas de terrenos, aquando da emissão do alvará de loteamento[33], parcelas essas destinadas a infra-estruturas e pequenos

---

elenco dos "instrumentos da política urbana", o mecanismo da *transferência do direito de construir*. Esta pode ser de dois tipos: *interlocativa* e *intersubjectiva*. Ambas dependem de autorização de lei municipal, baseada no plano director – o que significa que, se não houver plano director, ou, havendo-o, não dispuser sobre a "transferência do direito de construir", esta não poderá existir.

Na *transferência interlocativa*, o proprietário de imóvel urbano poderá, nos casos autorizados por lei municipal, com base no plano director, exercer em outro local o seu direito de construir. Vai aqui pressuposto que o proprietário só poderá exercer o seu direito de construir em outro imóvel que lhe pertença.

Na *transferência intersubjectiva*, poderá o proprietário, nas mesmas condições, *alienar*, mediante escritura pública, o seu direito de construir previsto no plano director ou em legislação urbanística dele decorrente, transferindo, assim, o seu direito para outro sujeito, que poderá utilizá-lo no seu imóvel. Em ambas as modalidades referidas, a "transferência do direito de construir" só é admissível quando o imóvel sobre o qual recai esse direito for necessário para fins de: implantação de equipamentos urbanos e comunitários; preservação, quando o imóvel for considerado de interesse histórico, ambiental, paisagístico, social ou cultural; ou realização de programas de regularização fundiária, urbanização de áreas ocupadas por população de baixa renda e habitação de interesse social.

A doutrina considera que a "transferência do direito de construir" é um instrumento destinado a compensar o proprietário de um imóvel afectado ao cumprimento de uma função de interesse público ou social, dele desincorporando o direito de construir, segundo o coeficiente de aproveitamento previsto no plano director, para ser exercido em outro local ou alienado a terceiros. Tem como ali cerce a *dicotomia* entre o direito de construir e o direito de propriedade, a qual se fundamenta no princípio constitucional da função social da propriedade. Cfr. JOSÉ AFONSO DA SILVA, *Direito Urbanístico Brasileiro*, cit., p. 270-272; TOSHIO MUKAI, *Estatuto da Cidade, Anotações à Lei N.º 10 257, de 10-7-2001*, São Paulo, Saraiva, 2001, p. 28-31 e 49; e *Estatuto da Cidade (Comentários à Lei Federal 10 257/2001)*, coord. ADILSON ABREU DALLARI/SÉRGIO FERRAZ, São Paulo, Malheiros, 2003, p. 276-286.

[33] Como já sabemos, o regime jurídico dos loteamentos urbanos e obras de urbanização encontra-se, hoje, no Decreto-Lei n.º 555/99, 16 de Dezembro, diploma este aprovado ao abrigo da autorização legislativa concedida pela Lei

espaços públicos que irão servir directamente o conjunto a edificar ou a zonas verdes urbanas, equipamentos e vias sem construção adjacente, conforme o previsto no plano.

Quando a área de cedência efectiva for superior à área de cedência média, o proprietário deverá, quando pretenda urbanizar, *ser compensado* de forma adequada, compensação essa que deve ser prevista em regulamento municipal, através das seguintes medidas alternativas ou complementares: desconto nas taxas ou aquisição da área em excesso pelo município, por compra ou permuta (cfr. os n.ºˢ 3 e 4 do artigo 141.º). Ao contrário, quando a área de cedência efectiva for inferior à média, o proprietário terá de compensar o município, em numerário ou espécie, nos termos que forem fixados em regulamento municipal (cfr. o artigo 141.º, n.º 5).

No tocante ao mecanismo de perequação denominado *repartição dos custos de urbanização,* refere o n.º 1 do artigo 142.º que a comparticipação naqueles custos — custos esses que, de harmonia com o n.º 3 do mesmo preceito, são os relativos às infra-estruturas gerais e locais — pode ser determinada pelos seguintes critérios, isolada ou conjuntamente: o *tipo* ou a *intensidade* de aproveitamento urbanístico determinados pelas disposições dos planos ou a *superfície* do lote ou da parcela[34]. Por sua vez, o n.º 2 do mesmo preceito estatui que o

---

n.º 110/99, de 3 de Agosto, e que disciplina o conjunto das operações urbanísticas, incluindo também as obras particulares, sob o título de "regime jurídico da urbanização e edificação", tendo sido alterado, por último, pela Lei n.º 60/2007, de 4 de Setembro.

A regulação num único diploma das operações urbanísticas, designadamente das operações de loteamento urbano e obras de urbanização e das obras particulares, obedeceu a um meritório propósito de simplificação legislativa, o qual se manifestou igualmente na reunião num mesmo diploma — o Decreto-Lei n.º 380/99, de 22 de Setembro — da disciplina jurídica da elaboração, aprovação, execução e avaliação dos instrumentos de gestão territorial.

[34] Os critérios indicados no n.º 1 do artigo 142.º são claramente inspirados nos estabelecidos pelo n.º 2 do § 131.º do Código do Urbanismo *(Baugesetzbuch)* alemão. De facto, neste preceito, são indicados os "critérios de repartição das despesas ou custos de urbanização" *(Massstäbe für die Verteilung des Erschliessungsaufwands)*. Estes critérios são três, sendo a opção por cada um deles deixada à discricionaridade

pagamento dos custos de urbanização pode realizar-se, por acordo com os proprietários interessados, mediante a cedência ao município,

---

do município, que, além disso, pode combiná-los ou fundi-los uns com os outros: 1) o tipo e a intensidade de utilização para fins de construção ou quaisquer outros; 2) a superfície do terreno *(die Grundstücksfläche)*; 3) e a largura da parte do terreno que bordeja as obras de urbanização *(die Grundstücksbreite an der Erschliessungsanlage)*, também designada, na terminologia tradicional, por "critério dos metros de frente" *(Frontmetermassstab)*. Cfr. a nossa obra *O Plano Urbanístico,* cit., p. 644 e 645, nota 130; R-P LÖHR, in BATTIS/KRAUTZBERGER/LÖHR, *Baugesetzbuch,* cit., § 131.º, p. 966-969; U. BATTIS, *Öffentliches Baurecht,* cit., p. 136 e 137; H. SCHRÖDTER, in R. Breuer *[et. al.], Baugesetzbuch Kommentar,* 5. Aufl., München, Vahlen, 1992, p. 1267-1270; e H.-J. DRIEHAUS, *Erschliessungs-und Ausbaubeiträge,* 3. Aufl., München, Beck, 1991, p. 335-339.

Saliente-se, finalmente, que as alíneas *a)* e *b)* do n.º 5 do artigo 116.º do RJUE determinam que os projectos de regulamento municipal da taxa devida pela realização, manutenção e reforço de infra-estruturas urbanísticas – taxa referida na alínea *a)* do n.º 1 do artigo 6.º do Regime Geral das Taxas das Autarquias Locais, aprovado pela Lei n.º 53-E/2006, de 29 de Dezembro, e cuja criação é legitimada pelo artigo 15.º da Lei das Finanças Locais, aprovada pela Lei n.º 2/2007, de 15 de Janeiro, e à qual estão sujeitas não só a emissão do alvará de licença e a admissão de comunicação prévia de loteamento, mas também a emissão do alvará de licença e a admissão de comunicação prévia de obras de construção ou ampliação em área não abrangida por operação de loteamento ou alvará de obras de urbanização, sempre que aquelas obras pela sua natureza impliquem um acréscimo de encargos públicos de realização, manutenção e reforço das infra-estruturas gerais do município – devem ser acompanhados da fundamentação do cálculo das taxas previstas, tendo em conta, designadamente, o programa plurianual de investimentos municipais na execução, manutenção e reforço das infra-estruturas gerais, que pode ser definido por áreas geográficas diversificadas, e a diferenciação das taxas aplicáveis em função dos usos e tipologias das edificações e, eventualmente, da respectiva localização e correspondentes infra-estruturas locais.

Resulta do exposto que o legislador veio prever que o montante das taxas pela realização, manutenção e reforço das infra-estruturas deve variar não apenas em função das necessidades concretas de infra-estruturas e serviços gerais do município, justificadas no respectivo programa plurianual de investimentos, mas também em função dos usos e tipologias das edificações e, eventualmente, da respectiva localização, aspecto este que contribui para que aquelas taxas desempenhem também um papel não despiciendo no domínio da garantia do princípio da

livre de ónus ou encargos, de lotes ou parcelas com capacidade *aedificandi* de valor equivalente. E o n.º 3 do mesmo artigo determina que são designadamente considerados custos de urbanização os relativos às infra-estruturas gerais e locais.

---

igualdade de tratamento entre os proprietários a quem o plano atribui "direitos de construção" de conteúdo diferente, já que quem beneficiar de um "direito de construir" mais amplo deve contribuir em maior medida para os custos das infra-estruturas. Desta maneira, a taxa pela criação, manutenção e reforço das infra-estruturas urbanísticas concretiza o *princípio da justa repartição de encargos públicos*, que o artigo 15.º, n.º 2, da Lei das Finanças Locais considera um dos princípios estruturais das taxas municipais. Cfr., sobre este ponto, a nossa obra *O Plano Urbanístico,* cit., p. 643-645.

À problemática das taxas por infra-estruturas urbanísticas, designadamente à discussão sobre a sua natureza de "taxa" ou "imposto", voltaremos no Volume II do presente Manual. Por ora, importa adiantar tão-só os princípios consagrados nos artigos 8.º e 9.º do Regime Geral das Taxas das Autarquias Locais, relativos à criação e alteração (que não se traduza numa mera actualização de acordo com a taxa de inflação) das taxas municipais (incluindo as taxas por infra-estruturas urbanísticas, no pressuposto de que estas são verdadeiras "taxas"). De um lado, a competência para essa criação ou alteração à assembleia municipal, que a deve exercer aprovando ou alterando o correspondente regulamento. Do outro, consagra-se, *inter alia,* o princípio da *justificação económico-financeira do quantitativo* das taxas, segundo o qual o regulamento que cria ou altera as taxas deve conter a fundamentação económico-financeira relativa ao valor das mesmas, designadamente os custos directos e indirectos, os encargos financeiros, amortizações e futuros investimentos realizados ou a realizar pelo município. É este um princípio cuja observância, ao exigir aos municípios que concretizem e revelem as contas que sustentam o quantitativo das taxas, muito contribuirá para o respeito do *princípio da proporcionalidade* ou do *princípio da equivalência jurídica* de tais tributos – princípio que vemos condensado no artigo 4.º do Regime Geral das Taxas das Autarquias Locais e no artigo 15.º, n.º 2, da Lei das Finanças Locais. Cfr., sobre o tema, por todos, J. CASALTA NABAIS, *A Autonomia Financeira das Autarquias Locais,* in BFDUC, N.º 82 (2006), p. 15 e segs., em especial, p. 39-42; J. M. CARDOSO DA COSTA, *Sobre o Princípio da Legalidade das «Taxas» (e das «Demais Contribuições Financeiras»),* in Estudos em Homenagem ao Prof. Doutor Marcello Caetano no Centenário do seu Nascimento, Coimbra, Coimbra Editora, 2006, p. 789-807; e SÉRGIO VASQUES, *Regime das Taxas Locais. Introdução e Comentário,* Coimbra, Almedina, 2008, p. 93-100, 131-151 e 152-157.

28.7. Antes da entrada em vigor da LBPOTU e do RJIGT, já havia alguns planos municipais – planos estes elaborados e aprovados pelos municípios no uso de uma competência conferida directamente pelo artigo 65.º, n.º 4, da Constituição e também pela lei, designadamente pelo Decreto-Lei n.º 69/90, de 2 de Março (diploma este que o Decreto-Lei n.º 380/99 veio revogar e substituir) – que consagravam "mecanismos de perequação" ou "mecanismos de compensação"[35].

Importa, por isso, esclarecer quais são as condições exigidas para que esses "mecanismos" estejam em consonância com o estatuído no artigo 18.º, n.º 1, da LBPOTU e nos artigos 135.º a 142.º do RJIGT, de modo a que não careçam de ser adaptados ao estabelecido naquelas disposições legais. Para que uma tal consonância se verifique, não é necessário que eles se encaixem rigorosamente em alguns dos mecanismos de perequação estabelecidos e regulados no citado RJIGT. Na verdade, como foi sublinhado, este diploma legal não exige que o mecanismo de compensação que deve ser obrigatoriamente estabelecido nos planos municipais corresponda exactamente a um dos mecanismos aí previstos, tendo-se o legislador limitado a fornecer alguns exemplos, mas sem querer cercear a possibilidade da criação de outros por parte dos municípios. Daí que se afirme no n.º 1 do artigo 138.º que "*os municípios podem utilizar, designadamente, os seguintes mecanismos de perequação*". Acresce que o município pode criar novos mecanismos de perequação, em que conjugue fórmulas de outros mecanismos. É isso que decorre do n.º 3 do artigo 138.º, quando aí se determina que "*o município pode utilizar, conjunta ou coordenadamente, mecanismos de perequação*".

Necessário é, no entanto, que os instrumentos ou técnicas consagrados nos planos municipais sejam verdadeiros *mecanismos* directos ou indirectos de perequação dos benefícios e encargos decorrentes desses planos e cumpram, pelo menos, o primeiro dos objectivos in-

---

[35] Vários exemplos desses planos podem ser colhidos na publicação já citada *O Sistema de Execução de Planos e a Perequação*, designadamente nas p. 59 e segs. e 193 e 194.

dicados no artigo 137.º do RJIGT, que é, como foi salientado, a "redistribuição das mais-valias atribuídas pelo plano aos proprietários". Quer isto dizer que tais instrumentos serão incompatíveis com os artigos 18.º, n.º 1, da LBPOTU e 135.º a 142.º do RJIGT se forem *meros expedientes* para a obtenção pelos municípios de mais receitas, isto é, se funcionarem de modo *unidireccional,* ou, por outras palavras, se servirem apenas para exigir dos proprietários dos terrenos com uma edificabilidade superior à edificabilidade média (estabelecida de acordo com um *coeficiente médio de ocupação do solo* ou com um *índice médio de utilização*) o pagamento ao município de uma compensação (em terrenos ou em dinheiro), não prevendo qualquer compensação por parte do município aos proprietários dos terrenos com uma edificabilidade inferior à média.

O que vem de ser referido constitui uma resposta ao problema de saber se os "mecanismos de perequação ou de compensação" vertidos nos planos municipais em vigor à data do início de vigência do RJIGT podem ou não manter-se para o futuro. A resposta foi, como vimos, positiva, desde que sejam observadas as condições que foram apontadas.

Subsiste, no entanto, uma outra questão, que se cifra no seguinte: no período que mediou entre a entrada em vigor dos planos municipais que consagraram aqueles "mecanismos" e o início da vigência do RJIGT, era legítimo aos municípios inserir nos regulamentos dos seus planos territoriais instrumentos de perequação dos benefícios e encargos deles oriundos? Esta questão de legitimidade desdobra-se em duas vertentes. A primeira relaciona-se com a eventual violação pelos "mecanismos de compensação", na parte em que implicavam que os proprietários dos terrenos dotados de uma edificabilidade superior à média pagassem ao município, aquando da emissão do alvará, uma compensação, em dinheiro ou em espécie, do disposto no artigo 68.º do Decreto-Lei n.º 445/91, de 20 de Novembro. Esta disposição legal determinava que "a emissão de alvarás de licença de construção e de utilização está sujeita ao pagamento das taxas a que se refere a alínea *b)* do artigo 11.º da Lei n.º 1/87, de 6 de Janeiro, não havendo lugar ao pagamento de quaisquer mais-

-valias ou compensações" – a qual, por força das alterações introduzidas pelo artigo 1.º do Decreto-Lei n.º 250/94, de 15 de Outubro, àquele decreto-lei, passou, com o mesmo conteúdo, a constituir o n.º 1 do artigo 68.º do Decreto-Lei n.º 445/91. Este aspecto da questão da legitimidade da inserção nos planos municipais, no período antecedente à data da entrada em vigor do RJIGT, de "mecanismos de compensação" que se traduziram na exigência aos proprietários dos terrenos dotados de um índice de utilização ou de um coeficiente de ocupação do solo superior ao médio do pagamento ao município de uma compensação, em dinheiro ou em espécie, tem uma enorme ressonância prática, uma vez que, no caso de se concluir que a exigência dessa compensação foi ilegal, assistirá ao titular da licença de construção o direito de reaver o indevidamente pago e o direito à obtenção de uma indemnização (cfr. o anterior artigo 68.º, n.º 4, do Decreto-Lei n.º 445/91, de 20 de Novembro, na redacção do Decreto-Lei n.º 250/94, de 15 de Outubro, e o actual artigo 117.º, n.º 4, do RJUE).

A segunda vertente da questão que vem sendo referida tem a ver com a eventual inexistência de fundamento *legal ou jurídico* para os órgãos dos municípios criarem esses instrumentos de perequação, tomando em consideração que, na data da aprovação desses planos, não havia normas legais que habilitavam ou que atribuíam competência aos municípios para estabelecer mecanismos de perequação dos benefícios e encargos resultantes dos planos por si aprovados.

No que respeita ao primeiro aspecto da questão acima enunciada, parece-nos claro que tais "mecanismos de compensação" não infringiam o estatuído no artigo 68.º do Decreto-Lei n.º 445/91, na sua versão originária, e no artigo 68.º, n.º 1, do mesmo decreto-lei, na versão decorrente do Decreto-Lei n.º 250/94. Com efeito, estes preceitos apenas proibiam a imposição do pagamento de mais-valias ou compensações (em numerário ou em espécie) naquelas situações em que resultava do ordenamento jurídico urbanístico, mais concretamente, das disposições do plano municipal, que o proprietário tinha direito à emissão da licença de construção – direito esse que só poderia corresponder à edificabilidade média estabelecida no plano. Eles não podiam, por isso, ser entendidos como vedando a exigência do pagamento de mais-valias ou compensações, nos casos em que ao proprietário era permitida a ultrapassagem do índice médio de utilização ou do coeficiente médio de ocupação do solo fixado no plano, isto é, nas hipóteses em que lhe era atribuído um *plus* de edificabilidade, a que não tinha direito, segundo as prescrições do plano.

No tocante à segunda vertente da questão que vimos analisando, tendo em conta que o princípio da igualdade é um direito fundamental do cidadão, que ele é directamente aplicável, sem necessidade de qualquer lei regulamentadora, e que o mesmo vincula imediatamente todas as entidades públicas, tenham elas competência legislativa, administrativa ou jurisdicional, somos de opinião que os municípios, mesmo na ausência de uma lei que previsse e disciplinasse os mecanismos de perequação dos benefícios e encargos resultantes dos planos, podiam *(rectius, deviam)* inserir nos seus planos territoriais normas que garantissem a observância da *igualdade de tratamento* dos proprietários por eles abrangidos.

Como tivemos oportunidade de escrever noutra altura, "é perfeitamente possível aos municípios consagrar nos planos que elaboram, no uso do amplo espaço de discricionariedade concedido pelo legislador na sua conformação, instrumentos de perequação de benefícios e encargos, desde que com eles não sejam postos em causa princípios fundamentais do nosso direito dos solos. A legitimidade constitucional de uma tal consagração será inequívoca, uma vez que o leque de instrumentos de perequação dos benefícios e encargos oriundos dos planos deve ser visto como uma concretização directa do *princípio constitucional da igualdade*"[36]. E, mais recentemente, sublinhámos que, "não obstante as lacunas da legislação urbanística portuguesa no que respeita à obrigação de previsão nos planos municipais de mecanismos ou instrumentos perequativos de benefícios e encargos deles oriundos e quanto à definição de quais sejam esses mecanismos ou instrumentos, alguns municípios vêm inserindo, sobretudo em planos de pormenor, algumas técnicas de perequação de uns e de outros.

---

[36] Cfr. a nossa obra *O Plano Urbanístico*, cit., p. 652.

Tais experiências que vêm sendo testadas em alguns planos municipais – que, na ausência de previsão legal, vão buscar a sua legitimidade ao próprio princípio constitucional da igualdade – são iniciativas louváveis, mas constituem casos isolados. Elas têm, além disso, deparado com algumas dificuldades de execução, devido à falta do seu enquadramento legal"[37].

À luz de tudo o que vem de ser referido, concluímos, no que concerne ao segundo aspecto da questão atrás enunciada, que existia *fundamento jurídico* para que os municípios aprovassem, antes da entrada em vigor da LBPOTU e do RJIGT, *"mecanismos de perequação ou de compensação"*, não obstante a falta, naquela altura, de lei que consagrasse um conjunto de técnicas ou de instrumentos de perequação dos benefícios e encargos resultantes dos planos e que habilitasse os municípios a introduzir tais mecanismos nos regulamentos dos seus planos e, eventualmente, a estabelecer pormenores da sua regulamentação e concretização. Esse *fundamento jurídico* era o próprio *princípio constitucional da igualdade.*

29. O carácter subsidiário da indemnização em relação aos mecanismos de perequação compensatória

Como já foi referido, o artigo 18.º, n.º 2, da LBPOTU determina que existe o dever de indemnizar, sempre que os instrumentos de gestão territorial vinculativos dos particulares determinem restrições significativas de efeitos equivalentes a expropriação, a direitos de uso do solo preexistentes e juridicamente consolidados, mas desde que não possam ser compensados, através dos mecanismos equitativos de perequação compensatória dos benefícios e encargos resultantes daqueles instrumentos de planeamento. Na mesma linha, o artigo 143.º, n.º 1, do RJIGT estabelece que as restrições determinadas pelos instrumentos de gestão territorial vinculativos dos particulares

---

[37] Cfr. o nosso trabalho *Problemas Actuais*, cit, p. 30, nota 30.

apenas geram um dever de indemnizar quando a compensação nos termos previstos nos mecanismos de perequação acima caracterizados não seja possível.

Consagram estas duas disposições legais o *princípio da subsidiariedade* do dever de indemnização dos danos decorrentes das disposições expropriativas dos planos que vinculam directa e imediatamente os particulares em relação aos mecanismos de perequação dos benefícios e encargos dos mesmos decorrentes. Quer isto dizer que, perante uma disposição de um plano municipal que impõe a um proprietário um dano singular e grave (ou anormal), só haverá indemnização, se esse proprietário não vir o seu prejuízo ressarcido por efeito da aplicação dos mecanismos de perequação. Noutros termos, o referido proprietário só poderá exigir uma indemnização, quando não existirem mecanismos de compensação, ou quando, apesar de existirem, eles não possibilitarem a compensação daqueles prejuízos. Por exemplo, o particular que veja um seu terreno destinado por um plano municipal a um espaço verde privado, desde que situado numa área edificável ou com vocação edificatória – um dos casos que, como veremos um pouco mais à frente, constitui um exemplo de uma "expropriação do plano" –, apenas poderá exigir uma indemnização, quando não tiver sido criado um mecanismo de compensação, ou quando, tendo sido criado, este for incapaz de compensar adequadamente o prejuízo singular e anormal por ele suportado.

Ao adoptar o referido princípio, o legislador português inspirou-se no então vigente artigo 43.º da lei espanhola sobre *Régimen del Suelo e Valoraciones* (Ley 6/1998, de 13 de Abril, alterada pela Ley 10/2003, de 20 de Maio), que, sob a epígrafe "indemnização por limitações singulares", dispunha o seguinte: "As disposições que impuserem vinculações ou limitações singulares em ordem à conservação dos edifícios, que excedam os deveres legalmente estabelecidos, ou que originem uma restrição ao aproveitamento urbanístico do solo que não possa ser objecto de distribuição equitativa entre os interessados, darão direito a indemnização".

Como salienta J. GONZÁLEZ PÉREZ, a propósito deste preceito, o ordenamento jurídico urbanístico espanhol assenta num princípio básico: a distribuição equitativa dos benefícios e encargos do planeamento. A fim de tornar efectivo o princípio da igualdade consagrado nas leis fundamentais, estabelece-se o direito à distribuição equitativa dos benefícios e encargos derivados do ordenamento. O proprietário não terá direito a ser indemnizado, em consequência do ordenamento do uso do terreno e da sua modificação. Com efeito, se os benefícios e encargos que deles derivam são suportados de modo igual por todos os proprietários, não poderá falar-se de "dano individualizado", nem existirá uma "privação singular da propriedade". Mas quando essa distribuição equitativa dos encargos não for possível, quando – qualquer que seja a razão – não for possível repartir os encargos de modo igual, não se verificam as razões que justificavam a não indemnização. Ao singularizar-se o sacrifício patrimonial, ao recair sobre determinado proprietário encargos que não recaem sobre os demais que se encontram em idêntica situação, nasce o direito à indemnização [38].

Entretanto, a Ley 8/2007, de 28 de Maio, *de Suelo*, revogou e substituiu a anterior Ley 6/1998, mas manteve, no artigo 30.º, com a epígrafe "casos de indemnização", concretamente na sua alínea *b*), um princípio idêntico. Aí se determina que dão lugar, em todo o caso, a direito de indemnização as lesões aos bens e direitos que resultem das "vinculações e limitações singulares que excedam os deveres legalmente estabelecidos em relação às construções e edificações ou impliquem uma restrição à edificabilidade ou ao uso que não seja susceptível de distribuição equitativa" [39].

---

[38] Cfr. *Comentarios à la Ley sobre Régimen del Suelo y Valoraciones (Ley 6//1998, de 13 de Abril)*, Madrid, Civitas, 1998, p. 774 e 775. Cfr. também A. L. SÁNCHEZ-CÍA, *Ley del Suelo del 98, Comentarios Jurídicos*, Zaragoza, Edijus, 1999, p. 224-226.

[39] Cfr. a *Exposição de Motivos* e o articulado da Ley 8/2007, de 28 de Maio, *de Suelo*, no *Boletín Oficial del Estado*, n.º 128, de 29 de Maio de 2007, p. 23 266 e segs., e, na doutrina, por todos, L. PAREJO ALFONSO/G. ROGER FERNÁNDEZ, *Comentarios a la Ley de Suelo (Ley 8/2007, de 28 de mayo)*, Madrid, Iustel, 2007, p. 360-371.

30. Os casos especiais de indemnização dos danos resultantes dos planos directa e imediatamente vinculativos dos particulares: as "expropriações do plano"

30.1. Tal como em outros ordenamentos jurídicos urbanísticos, também no nosso país os planos municipais de ordenamento do território são considerados como instrumentos que definem o "conteúdo e limites do direito de propriedade do solo", pelo que as proibições, limitações e condicionamentos às possibilidades de utilização do solo que deles decorrem não têm, por via de regra, carácter expropriativo, não dando, por isso, origem a qualquer indemnização. Fala-se, por isso, no princípio do *carácter não indemnizatório* dos planos territoriais, em geral, e dos planos municipais, em particular[40].

Os casos de indemnização dos danos decorrentes dos planos municipais são, assim, excepcionais. Uma tal excepcionalidade resulta da apontada *natureza* das disposições dos planos, em particular dos planos municipais. Mas a mesma decorre também do mencionado *princípio da subsidiariedade* da indemnização em relação aos mecanismos de perequação dos benefícios e encargos resultantes dos planos.

Isto não significa que não haja certas disposições dos planos municipais que produzem danos *especiais (singulares)* e *graves (anormais)* no direito de propriedade do solo e que, por isso, devem ser consideradas como tendo um carácter expropriativo (disposições que, para utilizarmos a terminologia jurídica alemã, configuram verdadeiras *expropriações do plano*) – as quais, no caso de os danos delas resultantes não poderem ser compensados através dos "mecanismos de perequação", devem ser acompanhadas de indemnização[41].

---

[40] Para mais desenvolvimentos, cfr. a nossa obra *O Plano Urbanístico*, cit., p. 333-337, e a bibliografia aí citada. Cfr., ainda, as nossas obras *As Grandes Linhas*, cit., p. 46 e 47, e *Estudos de Direito do Urbanismo*, cit., p. 46-48 e 120 e 127, e o nosso trabalho *Problemas Actuais*, cit., p. 19 e 20; e MARIA DA GLÓRIA F. P. DIAS GARCIA, *Direito do Urbanismo (Relatório)*, cit., p. 86.

[41] Saliente-se que a expressão "expropriação do plano", apesar de não ser utilizada no articulado da Lei n.º 48/98 e do Decreto-Lei n.º 380/99, aparece-nos no exórdio deste último diploma legal.

Como já tivemos ensejo de referir anteriormente, para a densificação do conceito de *"danos ou encargos especiais e anormais"* produzidos pelos planos municipais de ordenamento do território no direito de propriedade do solo, ou, dizendo as coisas de outro modo, para a identificação dos casos de indemnização dos danos resultantes daqueles planos, é legítimo recorrer ao artigo 2.° do Regime da Responsabilidade Civil Extracontratual do Estado e Demais Entidades Públicas, aprovado pela Lei n.° 67/2007, de 31 de Dezembro – o qual define como "especiais os danos ou encargos que incidam sobre uma pessoa ou um grupo, sem afectarem a generalidade das pessoas, e anormais os que, ultrapassando os custos próprios da vida em sociedade, mereçam, pela sua gravidade, a tutela do direito". Mas o regime da indemnização daqueles danos oriundos dos planos municipais não é o da *"indemnização pelo sacrifício"*, constante dos artigos 16.° e 3.° daquele Regime de Responsabilidade Civil, mas o regime da *indemnização por expropriação*, não só porque estamos perante uma *expropriação de sacrifício*[42], sob o ponto de vista dogmático (dada a *intencio-*

---

[42] No Volume II do presente Manual, versaremos, com algum desenvolvimento, o *conceito de expropriação*, o qual, na nossa óptica, abrange a expropriação em *sentido clássico*, ou *expropriação clássica* – a qual consiste num acto de *privação* ou de *subtracção* de um direito de conteúdo patrimonial e na sua transferência para um sujeito diferente, para a realização de um fim público, coenvolvendo, por isso, simultaneamente um momento *privativo* e um momento *apropriativo* do direito de propriedade –, e a *expropriação de sacrifício*, a qual se caracteriza por uma *destruição* ou uma *afectação essencial* de uma posição jurídica garantida como propriedade pela Constituição, à qual falta, porém, o momento translativo do direito, bem como a relação tripolar (autoridade expropriante-expropriado-beneficiário da expropriação), mas que produz modificações *especiais* e *graves* na *utilitas* do direito de propriedade, pelo que deve ser acompanhada de indemnização (cfr., por todos, a nossa obra *A Jurisprudência do Tribunal Constitucional sobre Expropriações por Utilidade Pública* e o *Código das Expropriações de 1999*, Separata da RLJ, Ano 132.°, N.ºˢ 3904, 3905 e 3906, 3907 e 3908 e 3909, e Ano 133.°, N.ºˢ 3910, 3911 e 3912 e 3913 e 3914, p. 12-21).

Por agora, acrescentaremos tão-só que, apesar de M. NOGUEIRA DE BRITO ter vindo, recentemente, considerar ultrapassado "o debate entre a concepção clássica e uma concepção ampla de expropriação", devido à introdução do conceito de "determinação do conteúdo (do direito de propriedade) envolvendo um dever

nalidade ablativa que lhe é inerente, traduzida na consciente e voluntária *destruição* ou *afectação essencial* de uma posição jurídica garantida como propriedade pela Constituição), como ainda porque o artigo 143.º, n.º 4, do RJIGT determina que o valor da indemnização daqueles danos "corresponde à diferença entre o valor do solo antes e depois das restrições provocadas pelos instrumentos de gestão territorial, sendo calculado nos termos do Código das Expropriações"[43].

---

de compensação" (cfr. *A Justificação da Propriedade Privada numa Democracia Constitucional*, Coimbra, Almedina, 2007, p. 993-1032), temos por seguro que a noção de *expropriação de sacrifício*, envolvendo actos do poder público cujo escopo não é o da aquisição de um bem para a realização de um interesse público, mas que aniquilam o conteúdo mínimo, essencial ou intangível do direito de propriedade, e cuja indemnização é calculada nos termos do Código das Expropriações, foi claramente assumida pelo legislador, desde logo no artigo 8.º, n.ºˢ 2 e 3, do Código das Expropriações (servidões que dão lugar a indemnização) e no artigo 143.º do RJIGT.

[43] A distinção entre a *indemnização pelo sacrifício*, como modalidade de responsabilidade civil extracontratual do Estado e demais pessoas colectivas públicas, e a *expropriação de sacrifício* revela-se importante, por diversas razões. Em primeiro lugar, o *fundamento* da indemnização. Na *indemnização pelo sacrifício*, o fundamento encontra-se nos *princípios do Estado de Direito* e da *igualdade perante os encargos públicos*. Na *expropriação de sacrifício*, o fundamento vai buscar-se não só a estes dois princípios constitucionais, mas também ao princípio da "justa indemnização por expropriação", condensado no artigo 62.º, n.º 2, da Lei Fundamental. Em segundo lugar, a *natureza* da indemnização. Na *indemnização pelo sacrifício*, a indemnização é uma *consequência* do acto impositivo de encargos ou causador de danos especiais e anormais, enquanto na *expropriação de sacrifício* a indemnização é um *pressuposto de validade* do acto expropriativo, como resulta claramente do artigo 62.º, n.º 2, da Constituição.

Em terceiro lugar, o *critério da indemnização*. Na *indemnização pelo sacrifício*, a indemnização é calculada com base nos critérios definidos nos artigos 16.º e 3.º do Regime da Responsabilidade Civil Extracontratual do Estado e Demais Entidades Públicas. Na *expropriação de sacrifício*, a indemnização é apurada com base no Código das Expropriações, devendo corresponder ao *valor do mercado (Verkehrswert)* do bem expropriado, entendido não em sentido estrito ou rigoroso, mas em sentido normativo *(valor de mercado normativamente entendido)*.

Em quarto lugar, os litígios respeitantes à *indemnização pelo sacrifício* são decididos pelos tribunais administrativos [cfr. o artigo 4.º, n.º 1, alíneas *g*), *h*) e *i*), do

São as situações de indemnização dos danos resultantes dos planos municipais de ordenamento do território – noutros termos, os casos de "expropriação do plano" – que vamos analisar, *breviter*, nas linhas subsequentes.

30.2. O legislador recorreu no artigo 18.º, n.º 2, da LBPOTU, a cláusulas de contornos imprecisos para definir as situações de indemnização resultantes dos planos territoriais directa e imediatamente vinculativos dos particulares. Sempre que estes planos determinem "restrições significativas de efeitos equivalentes a expropriação" e, bem assim, "restrições significativas a direitos de uso do solo preexistentes e juridicamente consolidados", existe o dever de indemnizar, desde que a compensação daquelas restrições não possa ter lugar através dos "mecanismos de perequação" dos benefícios e encargos dos mesmos resultantes. O prazo e as condições de exercício deste direito à indemnização foram remetidos pelo artigo 18.º, n.º 3, daquela lei para legislação complementar.

A referida técnica utilizada pelo legislador não nos parece a mais correcta, nem a mais adequada, já que gera muitas dúvidas de interpretação. Na nossa óptica, o legislador teria agido mais avisadamente, se, em vez do recurso a "cláusulas indeterminadas", tivesse *tipificado* as disposições dos planos que devem ser acompanhadas de indemni-

---

ETAF], ao passo que, na *expropriação de sacrifício*, a discussão litigiosa do valor da indemnização é cometida à competência dos tribunais judiciais pelo CE, na esteira da nossa tradição legislativa (cfr. os artigos 38.º e seguintes do Código das Expropriações).

Referida a importância da distinção entre a *indemnização pelo sacrifício* e a *expropriação de sacrifício*, pergunta-se se há algum *critério* que tenha sido adoptado pelo legislador para, nuns casos, considerar que os actos impositivos de encargos ou causadores de danos especiais e anormais devem ser indemnizados de acordo com o regime da *indemnização pelo sacrifício* e, noutros casos, segundo os ditames da *expropriação de sacrifício*. Não é esta uma questão fácil. Mas cremos que, pelo menos tendencialmente, o legislador optou pela indemnização de acordo com os cânones da *expropriação de sacrifício* naquelas situações em que o acto do poder público revelar uma *intencionalidade ablativa* de um direito de conteúdo patrimonial ou de alguma ou algumas "faculdades" ou "irradiações" desse direito.

zação, à semelhança do que sucede no direito alemão (cfr. os §§ 39.º a 44.º do *Baugesetzbuch*)[44], e, de certo modo, no direito do urbanismo espanhol (cfr. os artigos 41.º a 44.º da anterior Ley 6/1998, de 13 de Abril, sobre *Régimen del Suelo y Valoraciones*, e o artigo 30.º da actual Ley 8/2007, de 28 de Maio, *de Suelo*).

O artigo 143.º do RJIGT veio desenvolver e regulamentar o disposto nos n.ºˢ 2 e 3 do artigo 18.º da LBPOTU. No n.º 1 daquele preceito, reafirma-se, como já sabemos, o *carácter subsidiário* do dever de indemnização em relação aos mecanismos de perequação compensatória.

No n.º 2 do referido artigo, prescreve-se que "são indemnizáveis as restrições singulares às possibilidades objectivas de aproveitamento do solo, preexistentes e juridicamente consolidadas, que comportem uma restrição significativa na sua utilização de efeitos equivalentes a uma expropriação". No n.º 3, estabelecem-se os termos em que é reconhecido o direito de indemnização dos danos decorrentes da revisão dos planos territoriais que vinculam directa e imediatamente os particulares, estatuindo-se que "as restrições singulares às possibilidades objectivas de aproveitamento do solo resultantes de revisão dos instrumentos de gestão territorial vinculativos dos particulares apenas conferem direito a indemnização quando a revisão ocorra dentro do período de cinco anos após a sua entrada em vigor, determinando a caducidade ou a alteração das condições de um licenciamento prévio válido". No n.º 4, define-se o critério da indemnização, acentuando-se que, "nas situações previstas nos números anteriores, o valor da indemnização corresponde à diferença entre o valor do solo antes e depois das restrições provocadas pelos instrumentos de gestão territorial, sendo calculado nos termos do Código das Expropriações".

No n.º 5, estatui-se que, nos casos de indemnização dos danos resultantes da revisão dos planos referidos no n.º 3, "são igualmente indemnizáveis as despesas efectuadas na concretização de uma mo-

---

[44] Sobre os casos de indemnização dos danos resultantes dos planos no direito alemão *(Planungsschadensrecht)*, cfr. a nossa obra *O Plano Urbanístico*, cit., p. 506-515.

dalidade de utilização prevista no instrumento de gestão territorial vinculativo dos particulares se essa utilização for posteriormente alterada ou suprimida por efeitos de revisão ou suspensão daquele instrumento e essas despesas tiverem perdido utilidade". No n.º 6, indica-se a entidade responsável pelo pagamento da indemnização, esclarecendo-se que é "a pessoa colectiva que aprovar o instrumento de gestão territorial que determina directa ou indirectamente os danos indemnizáveis". E, por fim, no n.º 7, estabelece-se que "o direito à indemnização caduca no prazo de três anos a contar da entrada em vigor do instrumento de gestão territorial ou da sua revisão".

30.3. A interpretação dos n.ᵒˢ 2 e 3 do artigo 18.º da LBPOTU e dos n.ᵒˢ 2, 3 e 5 do artigo 143.º do RJIGT suscita múltiplas dificuldades. Vamos escrutinar algumas delas.

30.3.1. Como foi referido anteriormente, o n.º 2 do artigo 18.º da LBPOTU define os pressupostos de existência de indemnização dos danos resultantes dos planos territoriais directa e imediatamente vinculativos dos particulares, deixando para legislação complementar apenas a definição do *prazo* e das *condições de exercício* do direito à indemnização. Tendo em conta a redacção daquela norma, cremos que estão aí contemplados os casos em que as disposições dos planos municipais originam *restrições significativas a direitos de uso do solo preexistentes e juridicamente consolidados* e, em geral, aqueles em que as prescrições dos referidos instrumentos de planeamento territorial determinam *restrições significativas de efeitos equivalentes a expropriação*. Pensamos que a vírgula que separa, no texto do preceito, estas duas expressões subentende uma conjunção copulativa. De acordo com esta interpretação, o artigo 18.º, n.º 2, da Lei de Bases comporta uma pluralidade de tipos de danos que derivam directamente dos planos municipais. Eles são, em termos gerais, os seguintes: os resultantes de disposições dos planos que ponham em causa licenças ou admissões de comunicações prévias de loteamento ou de construção válidas emitidas antes da sua entrada em vigor; os decorrentes de uma *diminuição* ou *subtracção* de uma modalidade de utilização do solo conferida por um plano (*v. g.*, a edificação), por efeito da alteração, revisão ou suspensão deste; os originados pela perda de utilidade das despesas efectuadas na concretização de uma modalidade de utilização prevista no plano, em consequência da alteração ou supressão desta, por efeito da alteração, revisão ou suspensão do plano; os provenientes de disposições dos planos que reservam terrenos particulares para equipamentos públicos e infra-estruturas urbanísticas; e os causados pelas prescrições dos planos que destinam certas parcelas de terrenos a *espaços verdes privados*, desde que situados numa *área edificável* ou numa área com *vocação edificatória* – a qual é definida tendo em conta um complexo de elementos certos e objectivos, relativos à localização do próprio terreno, à sua acessibilidade, ao desenvolvimento urbanístico da zona, à presença de serviços públicos essenciais e à existência de infra-estruturas urbanísticas, que atestam uma aptidão ou uma vocação para a edificabilidade.

Na verdade, todos eles são, desde que verificados certos pressupostos (que indicaremos adiante), o resultado ou de "restrições significativas de efeitos equivalentes a expropriação" ou de "restrições significativas a direitos de uso do solo preexistentes e juridicamente consolidados".

Sendo este, segundo julgamos, o sentido e o alcance do n.º 2 do artigo 18.º da LBPOTU, parece, *prima facie*, que os n.ºs 2, 3 e 5 do artigo 143.º do RJIGT vieram restringir os casos de indemnização dos danos resultantes dos planos directa e imediatamente vinculativos dos particulares abrangidos naquela disposição da Lei de Bases.

Vejamos se, de facto, assim sucedeu.

30.3.2. Os n.ºs 3 e 5 do artigo 143.º do RJIGT aplicam-se às hipóteses de indemnização das restrições singulares às possibilidades objectivas de aproveitamento do solo resultantes da revisão dos planos territoriais directa e imediatamente vinculativos dos particulares. Pelo que respeita ao n.º 2 do artigo 143.º daquele diploma legal, abrange ele as restantes situações de indemnização dos danos emergentes daqueles planos.

Mas o texto deste último preceito, consistente em que "são indemnizáveis as restrições singulares às possibilidades objectivas de aproveitamento do solo, preexistentes e juridicamente consolidadas, que comportem uma restrição significativa na sua utilização de efeitos equivalentes a uma expropriação", parece pressupor que apenas estão incluídas as situações em que o plano põe em causa, revogando ou fazendo caducar, as licenças ou admissões de comunicações prévias de loteamento ou de construção válidas emitidas antes da sua entrada em vigor. Ou, ainda, as situações similares àquelas, nas quais o particular beneficia de um acto administrativo prévio favorável, por exemplo, uma *informação prévia favorável* sobre a viabilidade de realizar determinada operação urbanística e tendo apresentado, dentro do prazo de um ano a contar da notificação daquela, um pedido de licenciamento ou de comunicação prévia da operação urbanística a que respeita – lapso de tempo esse durante o qual o conteúdo da informação prévia favorável vincula as entidades competentes na decisão sobre aquele pedido –, a licença não puder ser concedida ou a comunicação prévia não puder ser admitida, por ter, entretanto, entrado em vigor um plano cujas disposições são incompatíveis com a realização da operação urbanística objecto de "informação prévia favorável"[45], ou uma *aprovação do projecto de arquitectura* de uma obra de edificação[46-47].

---

[45] Sobre o regime do "pedido de informação prévia", cfr. os artigos 14.º a 17.º do RJUE.

A posição defendida no texto tem como base a concepção da "informação prévia favorável" como um verdadeiro acto administrativo, de natureza constitutiva, que se pronuncia (de uma forma prévia ou antecipada) sobre alguns aspectos da operação urbanística. Ela decide sobre "a existência de certas condições para a prática do acto administrativo autorizativo de modo final e vinculante para a Administração, pelo que só poderá ser alterada ou eliminada (durante o prazo em que vincula, que é de um ano, podendo, nos termos do n.º 3 do artigo 17.º do RJUE, o prazo ser prorrogado por mais um ano), através dos regimes da revogação e da anulação dos actos administrativos" (cfr. FILIPA URBANO CALVÃO, *Os Actos Precários e os Actos Provisórios no Direito Administrativo*, Porto, Universidade Católica Portuguesa, 1998, p. 52). Sobre a problemática da "informação prévia", cfr., ainda, a nossa obra *As Grandes Linhas,* cit., p. 131 e 132, nota 77; PEDRO GONÇALVES/FERNANDA PAULA OLIVEIRA, *A Nulidade dos Actos Administrativos de Gestão Urbanística*, in Revista do CEDOUA, Ano II, N.º 1 (1999), p. 25 e 26; e FERNANDA PAULA OLIVEIRA, *As Medidas Preventivas dos Planos Municipais de Ordenamento do Território*, cit., p. 118.

[46] Entendemos, de facto, na linha do que vem sendo defendido por alguns autores, que a aprovação do projecto de arquitectura de uma obra de edificação

Aliás, o entendimento de que as disposições dos planos que ponham em causa ou afectem substancialmente os "direitos urbanís-

é um verdadeiro acto administrativo, embora um *acto administrativo prévio,* que se pronuncia de modo *final* e *vinculativo* para a Administração sobre um conjunto de requisitos constantes da lei (cfr. o artigo 20.º, n.º 1, do RJUE). A verificação dos requisitos constantes daquelas disposições legais fica definitivamente decidida, tornando-se, por isso, o acto que aprovou o projecto de arquitectura (cfr. o artigo 20.º, n.º 4, do RJUE), em relação a tais aspectos, *constitutivo de direitos* para o requerente do licenciamento (no sentido de que ele tem o direito a que esses aspectos não voltem a ser postos em causa no decurso do procedimento) e *vinculativo* para a câmara municipal no momento da deliberação final sobre o pedido de licenciamento. Cfr., neste sentido, FERNANDA PAULA OLIVEIRA, *Duas Questões no Direito do Urbanismo: Aprovação do Projecto de Arquitectura (Acto Administrativo ou Acto Preparatório?) e Eficácia de Alvará de Loteamento (Desuso?)* – Ac. do STA de 5-5-1998, Proc. n.º 43 497, in CJA, N.º 13 (1999), p. 51-55, JOÃO GOMES ALVES, *Natureza Jurídica do Acto de Aprovação Municipal do Projecto de Arquitectura* – Ac. do STA de 5-5-1998, Proc n.º 43 497, in CJA, N.º 17 (1999), p. 13-16, e MÁRIO TORRES, *Anotação ao Acórdão do Tribunal Constitucional n.º 40/2001*, in CJA, N.º 27 (2001), p. 41-45. Para uma visão global da problemática da natureza do acto de aprovação do projecto de arquitectura, cfr. ANTÓNIO CORDEIRO, *Arquitectura e Direito*, Coimbra, Almedina, 2008, p. 281-313.

Discordamos, assim, da solução vertida nos Acórdãos da 1.ª Secção do Supremo Tribunal Administrativo de 5 de Maio de 1998 (Proc. n.º 43 497), de 30 de Setembro de 1988 (Proc. n.º 44 672) e de 20 de Janeiro de 2000 (Proc. n.º 45 166), nos quais se decidiu que o acto de aprovação do projecto de arquitectura é meramente preparatório da decisão final de licenciamento.

Todavia, o Supremo Tribunal Administrativo já equiparou a *aprovação do projecto de arquitectura* ao *acto de licenciamento,* para efeitos indemnizatórios. Fê-lo no mencionado Acórdão da 1.º Secção de 16 de Maio de 2001 (Proc. n.º 46 227), ao decidir, por um lado, que "a deliberação camarária que, nos termos do Decreto--Lei n.º 445/91, de 20 de Novembro, aprova o projecto de arquitectura, não sendo embora o acto final do procedimento de licenciamento, nem possuindo efeitos lesivos sobre terceiros contra-interessados, é, no entanto, constitutiva de direitos para o próprio particular requerente, criando em favor deste expectativas legítimas no licenciamento, que a partir daí (salvo casos de revogação ou nulidade da deliberação) já não poderá ser recusado com fundamento em qualquer desvalor desse mesmo projecto, ficando apenas dependente do impulso do particular na apresentação dos projectos das especialidades e da conformidade destes, e ulteriormente do requerimento do alvará e do pagamento das taxas devidas", e, por outro lado, que, "verificando-se que o licenciamento é impossível por a área de implan-

ticos" conferidos por actos administrativos válidos configuram uma "expropriação do plano", que exige uma indemnização, tem estado

tação do edificio projectado ser substancialmente maior do que a que o PDM (já vigente ao tempo da aprovação desse projecto) autoriza para o local, são equiparáveis, para efeitos indemnizatórios, as situações em que já foi praticado o acto de licenciamento e aquela em que ainda só existe a aprovação do projecto de arquitectura, seguida da apresentação dos projectos das especialidades".
Ainda segundo o mesmo aresto, "a norma do n.º 5 do artigo 52.º do Decreto-Lei n.º 445/91, ao estabelecer que o município deve indemnizar no caso de ter licenciado uma construção contra as prescrições dos planos, está a prever uma hipótese de responsabilidade da Administração pelo dano de confiança, assimilável aos casos de responsabilidade pré-contratual (*culpa in contrahendo*), permitindo ao particular que demande o município para ressarcimento dos prejuízos ligados ao interesse negativo, isto é, os que se traduzem no reembolso das despesas feitas, ocasiões perdidas e compromissos assumidos por ter razoavelmente confiado na aprovação dada, e em ligação causal com esta confiança, e não no que deixou de ganhar em consequência de não ter podido construir um prédio com as características que pretendia", sendo, por isso, "indemnizáveis as despesas feitas com taxas e licenças pagas e desaproveitadas, com a elaboração dos projectos das especialidades referentes ao prédio anteriormente aprovado ou outras do mesmo tipo, mas não a desvalorização do terreno proveniente da menor área de implantação autorizada, que essa não deriva causalmente de facto da Administração, mas da lei que proíbe a construção contra o plano e das prescrições deste" Cfr. o texto deste acórdão, bem como a *Anotação* de A. DUARTE DE ALMEIDA, in CJA, n.º 45 (2004), p. 20-35.
[47] O artigo 116.º, n.º 2, do RJIGT indica, como sabemos, as situações em que a imposição de *medidas preventivas* confere direito a indemnização. A primeira das situações é aquela em que uma área é sujeita a medidas preventivas dentro do prazo de quatro anos após a caducidade das medidas anteriores [cfr. a alínea *a*) daquele artigo]. A segunda é aquela em que a adopção de medidas preventivas "provoque danos equivalentes, embora transitórios, aos previstos no artigo 143.º, designadamente quando comportem, durante a sua vigência, uma restrição ou uma supressão substancial de direitos de uso do solo preexistentes e juridicamente consolidados, designadamente mediante licença ou autorização" [cfr. a alínea *b*) do referido preceito].
A redacção da alínea *b*) do n.º 2 do artigo 116.º do RJIGT – uma redacção bem mais feliz do que a do n.º 2 do artigo 143.º – não deixa quaisquer dúvidas quanto à indemnização dos danos decorrentes das *medidas preventivas* que ponham em causa *informações prévias favoráveis* válidas e vinculativas sobre a viabilidade de realização de uma determinada operação urbanística.

presente na jurisprudência do Tribunal Constitucional[48] e do Supremo Tribunal Administrativo[49].

De acordo com a interpretação anteriormente avançada do n.º 2 do artigo 143.º do RJIGT, ele não abrangerá dois tipos de danos resultantes dos planos municipais, que cabem na previsão do artigo 18.º, n.º 2, da LBPOTU, e que são "verdadeiras expropriações do plano", devendo, por isso, no caso de não ser possível a sua compensação por meio dos mecanismos de perequação acima analisados, ser acompanhados de indemnização. Referimo-nos às disposições dos planos que *reservam* terrenos particulares para a construção de equipamentos públicos (*v. g.*, escolas, hospitais, instalações desportivas, etc.) ou de infra-estruturas urbanísticas (*v. g.*, arruamentos), desde que uma tal reserva se prolongue por um lapso de tempo razoável, e, bem assim, às prescrições dos planos que destinam certas parcelas de terrenos a *espaços verdes privados*, desde que situados numa *área com vocação edificatória*.

No que respeita ao primeiro grupo de disposições dos planos municipais, prevêem elas um destino para os terrenos que passa pela sua aquisição (por expropriação ou pela via do direito privado) pela Administração Pública. Mas, normalmente, esta não está interessada em adquirir aqueles terrenos imediatamente. Por isso, as referidas disposições dos planos municipais não configuram uma expropriação imediata (em sentido clássico), mas tão-só uma *reserva* de expropriação ou uma expropriação a *prazo incerto*. E ficando essas áreas reservadas pelos planos municipais para a construção de equipamentos públicos ou de infra-estruturas urbanísticas oneradas com um vínculo de inedificabilidade, não pode esse vínculo prolongar-se por tempo indeterminado, sem indemnização, já que os vínculos de inedificabi-

---

[48] Exemplos impressivos são, como foi referido, os mencionados Acórdãos n.ºˢ 329/99 e 517/99.

[49] Cfr., *inter alia*, os Acórdãos do Pleno da 1.ª Secção do Supremo Tribunal Administrativo de 4 de Junho de 1997 (Proc. n.º 29 573) e da 1.ª Secção de 13 de Janeiro de 2000 (Proc. n.º 44 287), de 9 de Novembro de 2000 (Proc. n.º 46 229) e de 1 de Fevereiro de 2001 (Proc. n.º 46 285). O texto do aresto indicado em penúltimo lugar pode ser consultado nos CJA, N.º 14 (2000), p. 227-234.

lidade, de duração indefinida, que oneram terrenos com vocação edificatória, definida em termos objectivos, constituem uma *expropriação de carácter substancial*[50]. Daí que tenhamos defendido, em face da ausência de uma disciplina legislativa específica, a aplicação analógica às disposições dos planos que reservam terrenos para a construção de equipamentos públicos ou de infra-estruturas urbanísticas do disposto no artigo 106.º da Lei n.º 2 110, de 19 de Agosto de 1961 (Regulamento Geral das Estradas e Caminhos Municipais)[51].

---

[50] Cfr., sobre este ponto, a Sentença do Tribunal Constitucional italiano de 29 de Maio de 1968, n.º 65, que considerou inconstitucionais, por violação do artigo 42.º, parágrafo terceiro, da Constituição, os artigos 7.º, n.ºs 2, 3 e 4, e 40.º da Lei de 17 de Agosto de 1942, n.º 1150 (Lei Urbanística), na parte em que consentem que os "planos reguladores gerais" criem vínculos de inedificabilidade por tempo indeterminado e sem indemnização. Cfr. o texto desta sentença em V. ANGIOLINI [et al.], Materiali per un Corso di Diritto Urbanistico, 2.ª ed., Torino, Giappichelli, 1996, p. 25-30.

Esta decisão do Tribunal Constitucional italiano esteve na base da aprovação da Lei de 19 de Novembro de 1968, n.º 1187, cujo artigo 2 º, parágrafo primeiro, estabeleceu que "as prescrições dos planos reguladores gerais, na parte em que incidem sobre bens determinados e sujeitam os próprios bens a vínculos preordenados à expropriação ou a vínculos que comportam a inedificabilidade, perdem a sua eficácia, quando, decorridos cinco anos sobre a data da sua aprovação, não sejam aprovados os correspondentes planos de pormenor ou autorizados os planos de loteamento convencionados. A eficácia dos referidos vínculos não pode ser prorrogada para além do prazo de execução dos planos de pormenor e de loteamento".

E, mais recentemente, o Tribunal Constitucional italiano, através da Sentença de 20 de Maio de 1999, n.º 179, declarou a ilegitimidade constitucional das normas conjugadas dos artigos 7.º, n.ºs 2, 3 e 4, e 40.º da Lei de 17 de Agosto de 1942, n.º 150 (Lei Urbanística), e 2.º, parágrafo primeiro, da Lei de 19 de Novembro de 1968, n.º 1187, "na parte em que permitem à Administração reiterar os vínculos urbanísticos, preordenados à expropriação ou que comportam a inedificabilidade, sem a previsão de indemnização". Cfr. o texto desta sentença em *Giurisprudenza Costituzionale*, Anno XLIV, 3 (1999), Milano, Giuffrè, p. 1750-1762. Cfr., sobre esta problemática, por todos, F. SALVIA, *Manuale di Diritto Urbanistico*, cit., p. 9-12

[51] Cfr. a nossa obra *O Plano Urbanístico*, cit., p. 521-523.

O artigo 106.º da Lei n.º 2110, de 19 de Agosto de 1961 (Regulamento Geral das Estradas e Caminhos Municipais), estabelece o seguinte: "As câmaras

Continuamos a entender que ao proprietário de um terreno reservado por um plano municipal para a construção de equipamentos públicos ou de infra-estruturas urbanísticas deverá ser reconhecido, uma vez decorrido o prazo de cinco anos após a sua entrada em vigor, sem que a expropriação (ou a aquisição pela via do direito privado) se concretize, o direito de requerer a sua expropriação, por aplicação analógica do § 2.º do artigo 106.º da citada Lei n.º 2 110, à semelhança do que sucede em outros ordenamentos urbanísticos[52].

---

municipais podem impedir a execução de quaisquer obras na faixa de terreno que, segundo o projecto ou ante-projecto aprovado, deva vir a ser ocupada por um troço novo de via municipal ou uma variante a algum troço de via existente. § 1.º No caso de o impedimento referido neste artigo durar mais de três anos, o proprietário da faixa interdita pode exigir indemnização pelos prejuízos resultantes de ela ter sido e continuar reservada para expropriações. § 2.º Se o impedimento se prolongar por mais de cinco anos, o proprietário pode exigir que a expropriação se realize desde logo".

[52] Poderemos citar, como exemplos, os ordenamentos jurídicos urbanísticos alemão e francês.

No primeiro, o n.º 2 do § 40.º do *Baugesetzbuch* confere ao proprietário dos terrenos reservados pelo *Bebauungsplan* para fins públicos (indicados no n.º 1 daquele § 40.º) o direito de exigir que o município os adquira *(Übernahmeanspruch)*. De facto, nos termos do n.º 2 do § 40.º daquele Código, o proprietário pode exigir ao município a aquisição dos referidos terrenos "se e na medida em que não lhe for economicamente exigível conservar o terreno ou utilizá-lo no modo habitual ou noutro modo lícito, respeitando a determinação ou a execução do plano". Ou, ainda, "se não puderem ser realizados projectos de construção segundo o § 32.º e, em consequência disso, a utilização habitual de um edifício for suprimida ou diminuída de um modo essencial". Cfr., sobre este ponto, U. BATTIS, in BATTIS//KRAUTZBERGER/LÖHR, *Baugesetzbuch,* cit., § 40.º, p. 553-555; R. BREUER, in R. Breuer *[et al.], Baugesetzbuch Kommentar,* cit., p. 656 e 657 e 661-668; e a nossa obra *O Plano Urbanístico,* cit., p. 512-514.

Por outro lado, o artigo L. 123-17 do *Code de l'Urbanisme* francês prescreve que "o proprietário de um terreno construído ou não construído reservado por um plano local de urbanismo para uma obra pública, uma via pública, equipamento de interesse geral ou um espaço verde pode, a partir do momento em que o plano é oponível a terceiros, [...] exigir que a pessoa colectiva pública ou o serviço público em benefício do qual o terreno foi reservado proceda à sua aquisição [...]" (cfr. também os artigos L. 230-1 a L. 230-6 do mesmo Código). Este direito de

Lamentavelmente, o legislador não contemplou esta possibilidade no RJIGT.

E quando a *reserva* dos terrenos para a construção de equipamentos públicos ou de infra-estruturas urbanísticas se prolongar por mais de três anos – prazo este que é o referido no § 1.º do artigo 106.º da mencionada Lei n.º 2110, mas também é o *prazo de duração mínima* dos planos municipais e especiais de ordenamento do território, durante o qual as alterações ou revisões não podem, salvo algumas excepções, ter lugar, e, bem assim, o prazo máximo de vigência, sem indemnização, das *medidas preventivas* dos planos municipais (cfr. os artigos 95.º, n.ºˢ 1 e 2, 98.º, n.ºˢ 1 e 2, 112.º e 116.º do RJIGT) –, sem que a sua expropriação (ou a sua aquisição pela via do direito privado) tenha lugar, deverá ser reconhecido ao respectivo proprietário o direito a uma indemnização. Numa situação destas, entendemos que a norma do n.º 7 do artigo 143.º do RJIGT, que determina que "o direito de indemnização caduca no prazo de três anos a contar da entrada em vigor do instrumento de gestão territorial ou da sua revisão", não poderá ser aplicada sem adaptações, dado que, na nossa óptica, o direito de indemnização resultante da *reserva* pelo plano de terrenos para a construção de equipamentos públicos ou de infra-estruturas urbanísticas só surge na esfera jurídica do proprietário desses terrenos decorridos três anos após a entrada em vigor do plano. Tais adaptações traduzir-se-ão no facto de o prazo de caducidade de três anos, previsto naquele artigo, só poder começar a decorrer a partir do momento em que se perfizerem três anos sobre a data da entrada em vigor do plano.

No tocante às prescrições dos planos municipais que destinam certas parcelas de terrenos a *espaços verdes privados*, desde que situados numa *área edificável* ou numa *área com vocação edificatória*, carac-

---

o proprietário exigir à Administração Pública a aquisição do terreno reservado pelo plano local de urbanismo (PLU) para aqueles fins é designado pela doutrina como "droit de délaissement". Cfr. B. LAMORLETTE/D. MORENO, *Code de l'Urbanisme, Commenté*, cit., p. 75, 229 e 231; J.-P LEBRETON, *ob. cit.*, p. 90; H. CHARLES, *Droit de l'Urbanisme*, Paris, PUF, 1997, p. 55; e H. JACQUOT/F. PRIET, *ob. cit.*, p. 466-469.

terizada nos termos anteriormente referidos, dúvidas não pode haver em que se está perante *expropriações do plano* (que são *expropriações de sacrifício* ou *substanciais*), que esvaziam ou aniquilam o conteúdo mínimo, essencial ou intangível do direito de propriedade dos solos em causa, por motivos de utilidade ou de interesse público. De facto, a constituição de *áreas verdes privadas* no interior dos aglomerados urbanos visa melhorar a qualidade de vida dos habitantes da cidade e, em geral, o ambiente urbano. Elas devem, por isso, ser acompanhadas de indemnização, no caso de a compensação dos danos que das mesmas resultam não poder ter lugar através dos "mecanismos de perequação" dos benefícios e encargos resultantes dos planos municipais[53].

A interpretação que vimos de apresentar do n.º 2 do artigo 143.º do RJIGT, traduzida na exclusão do seu perímetro de aplicação dos dois tipos de disposições dos planos municipais atrás referenciados, parece-nos a mais consentânea com o texto daquele preceito. Sendo assim, propendemos a entender que aquela norma, na parte em que considera não sujeitas a indemnização as restrições singulares

---

[53] A exigência de indemnização em situações como as referidas no texto tem sido também sublinhada na Jurisprudência do Tribunal Europeu dos Direitos do Homem, a propósito da interpretação do artigo 1.º do Primeiro Protocolo Adicional, de 20 de Março de 1952, à Convenção Europeia dos Direitos do Homem.

Na verdade, como já tivemos ocasião de realçar, nos Acórdãos "Sporrong e Lönnroth", de 23 de Setembro de 1982, e "Matos e Silva, Lda., e outros contra Portugal", de 16 de Setembro de 1996, aquele Tribunal entendeu que existe violação do mencionado artigo, sempre que o proprietário suporte "um encargo especial e exorbitante" que rompa "o justo equilíbrio entre, de um lado, as exigências do interesse geral e, do outro lado, a salvaguarda do direito ao respeito dos seus bens", devendo, nesses casos, ser reconhecido um direito a indemnização.

Para mais desenvolvimentos, cfr. os mencionados Acórdãos em *Tribunal Europeo de Derechos Humanos, 25 Años de Jurisprudencia 1959-1983,* Madrid, Cortes Generales, p. 850-867, e em *Human Rights Law Journal,* Vol. 17, N.ºs 11-12 (1996), p. 428-434. Cfr., ainda, J.-E STRUILLOU, *Cour Européenne des Droits de l'Homme et le Conseil d'État: Une Nouvelle Limitation au Principe de Non-Indemnisation des Servitudes d'Urbanisme?,* in AFDUH, Paris, Dalloz, N.º 3 (1999), p. 64-69 e 81 e 82.

às possibilidades objectivas de aproveitamento do solo resultantes das disposições dos planos municipais que *reservam* terrenos particulares para a construção de equipamentos públicos ou de infra-estruturas urbanísticas, se uma tal reserva se prolongar por um período superior a três anos, e que destinam certas parcelas de terrenos a *espaços verdes privados*, desde que situados numa *área edificável* ou numa *área com vocação edificatória*, é orgânica e materialmente inconstitucional.

A inconstitucionalidade orgânica da referida norma, na parte assinalada, resulta da circunstância de ela, ao restringir o alcance do artigo 18.º, n.º 2, da LBPOTU violar um *princípio básico* constante deste preceito. Ora, é sabido que o artigo 165.º, n.º 1, alínea *z*), da Constituição determina que é da exclusiva competência da Assembleia da República, salvo autorização do Governo, legislar sobre as "bases do ordenamento do território e do urbanismo". O sentido deste preceito é o de que cabe na reserva daquele órgão de soberania a definição do quadro dos *princípios básicos* ou *fundamentais* daquelas matérias, dos seus princípios reitores ou orientadores, princípios que cabe ao Governo desenvolver ou concretizar em diplomas complementares.

Estes diplomas que desenvolvem as bases gerais das regras jurídicas estão, por força do n.º 2 do artigo 112.º da Lei Fundamental, subordinados às correspondentes leis. Não pode, por isso, o Governo, por decreto-lei não alicerçado em autorização legislativa da Assembleia da República, sob pena de inconstitucionalidade orgânica, modificar, revogar ou derrogar algum ou alguns dos *princípios básicos* constantes da LBPOTU. E a definição dos casos especiais de indemnização dos danos resultantes dos planos directa e imediatamente vinculativos dos particulares constitui, seguramente, um *princípio estrutural* ou uma *base* do regime jurídico do ordenamento do território e do urbanismo.

A inconstitucionalidade material da norma do n.º 2 do artigo 143.º do RJIGT, também na parte mencionada, deriva do facto de ela, ao negar a indemnização nos casos indicados, violar o *princípio do Estado* de *direito democrático*, condensado nos artigos 2.º e 9.º, alínea *b*), da Constituição (a indemnização dos danos resultantes de actos substancialmente expropriativos é uma exigência daquele princípio), o *princípio da igualdade*, plasmado no artigo 13.° da Lei Fundamental (o proprietário afectado por uma medida *substancialmente expropriativa* contribuirá em maior medida do que os restantes cidadãos para o interesse público, havendo, assim, uma violação do "princípio da igualdade dos cidadãos perante os encargos públicos", se os prejuízos por ele suportados não forem indemnizados), e o princípio da *justa indemnização* por expropriação (entendida, aqui, no sentido de *expropriação de sacrifício* ou *substancial*), previsto no artigo 62.°, n.° 2, também da Constituição.

30.3.3. A interpretação dos n.ᵒˢ 3 e 5 do artigo 143.° do RJIGT suscita também angustiosas dificuldades.

Um dado parece-nos, desde já, claro: estes dois preceitos – que devem ser analisados conjugadamente – restringem incompreensivelmente os casos de indemnização dos danos provenientes da alteração, revisão ou suspensão dos planos territoriais directa e imediatamente vinculativos dos particulares.

Antes de avançarmos na análise do sentido e alcance dos n.ᵒˢ 3 e 5 do artigo 143.° do RJIGT, importa apontar, desde já, uma omissão do legislador. Refere-se naquela primeira disposição apenas a figura jurídica da *revisão* dos planos, omitindo-se outras duas figuras jurídicas que também fazem parte da *dinâmica* dos planos: a *alteração* e a *suspensão* (cfr. os artigos 93.° a 100.° do RJIGT). Uma tal omissão não tem qualquer justificação, devendo-se, antes, a um lapso do legislador. Na verdade, se considerarmos o regime da *alteração* e da *suspensão* dos planos municipais constante do RJIGT, verificamos que tanto da primeira, quer se trate da *alteração normal*, quer da *alteração por adaptação*, quer ainda da *alteração simplificada*, como da segunda podem resultar danos idênticos aos referidos nos n.ᵒˢ 3 e 5 do artigo 143.°. Além disso, no n.° 5 do artigo 143.° já é expressamente referida a *suspensão* dos planos. Concluiremos, pois, que nos n.ᵒˢ 3 e 5 do artigo 143.° daquele diploma estão contempladas as restrições singulares às possibilidades objectivas de aproveitamento do solo resultantes de *alteração, revisão* ou *suspensão* dos planos directa e imediatamente vinculativos dos particulares, já que em relação a todas estas figuras jurídicas se verificam as mesmas razões de ordem material que justificam as soluções constantes daquelas disposições legais[54].

Feito este esclarecimento prévio, vejamos quais as situações contempladas naqueles dois preceitos e quais as que deles estão excluídas.

O n.º 3 do artigo 143.º considera indemnizáveis – indemnização cujo valor deve ser determinado com base no critério estabelecido no n.º 4 do mesmo artigo (válido também para as situações contempladas no n.º 2), devendo corresponder à diferença entre o valor do solo antes e depois das restrições provocadas pelos instrumentos de gestão territorial, sendo calculado nos termos do Código das Expropriações – as restrições singulares às possibilidades objectivas de aproveitamento do solo resultantes da *revisão* (ou da *alteração* ou *suspensão*) dos planos directa e imediatamente vinculativos dos particulares, quando a *revisão* (*alteração* ou *suspensão*) ocorra dentro do período de cinco anos após a sua entrada em vigor e, além disso, da *revisão* (*alteração* ou *suspensão*) resultar a *caducidade* ou a *alteração* das condições de um licenciamento prévio válido[55].

O elemento textual do n.º 3 do artigo 143.º não deixa quaisquer dúvidas quanto à exigência de dois *requisitos* para a indemnização das restrições singulares às possibilidades objectivas de aproveitamento do solo resultantes de alteração, revisão ou suspensão dos planos municipais (e isto pressupondo, como determina o n.º 3 do artigo 9.º do Código Civil, que o legislador soube exprimir o seu

---

[54] Registe-se que está aqui também incluída a alteração de um plano dotado de eficácia plurisubjectiva por outro hierarquicamente inferior, nos termos em que ela é legalmente admissível, como, por exemplo, a alteração de um plano director municipal por um plano de urbanização ou por um plano de pormenor.

[55] Como veremos mais detalhadamente no Volume II deste Manual, o Código das Expropriações, aprovado pela Lei n.º 168/99, de 18 de Setembro, desconsidera, nas normas respeitantes à indemnização, a problemática da *perequação* dos benefícios e encargos resultantes dos planos dotados de eficácia plurisubjectiva, bem como a questão das *expropriações do plano*. Mas uma conciliação entre os regimes da *perequação* e das *expropriações do plano* e a disciplina da *indemnização* por expropriação (em sentido clássico) não pode deixar de ser feita pelo intérprete. Uma tal conciliação não se apresenta fácil, antes suscita problemas deveras angustiosos, como teremos ensejo de ver no Volume II deste Manual.

pensamento em termos adequados): o primeiro é o de que aquelas ocorram dentro do período de cinco anos após a entrada em vigor do plano; e o segundo é o de que delas resultem a caducidade ou a alteração das condições de um licenciamento prévio válido [56].

Por seu lado, o n.º 5 do artigo 143.º do mesmo diploma legal estabelece que, nas situações abrangidas no n.º 3, isto é, nos casos de indemnização dos danos resultantes da *revisão* (*alteração* ou *suspensão*) dos planos, também são indemnizáveis "as despesas efectuadas na concretização de uma modalidade de utilização prevista no instrumento de gestão territorial vinculativo dos particulares se essa utilização for posteriormente alterada ou suprimida e essas despesas tiverem perdido utilidade".

De acordo com a interpretação que vem de ser avançada dos n.ᵒˢ 3 e 5 do artigo 143.º do RJIGT, estão excluídos do dever de indemnização:

a) Os danos resultantes da *subtracção* ou da *diminuição* de uma modalidade de utilização do solo conferida por um plano municipal, por efeito da alteração, revisão ou suspensão deste, ainda que estas ocorram dentro do prazo de cinco anos após a sua entrada em vigor, se o proprietário não for detentor de uma licença ou de uma comunicação prévia válida;

b) Os danos resultantes da *subtracção* ou da *diminuição* de uma modalidade de utilização conferida por um plano municipal, por efeito da alteração, revisão ou suspensão deste, desde que estas ocorram após o decurso do prazo de cinco anos sobre a data da entrada em vigor do plano, mesmo que a alteração, revisão ou suspensão do plano originem a caducidade ou a alteração das condições de uma licença ou de uma comunicação prévia válida;

---

[56] Defendendo uma interpretação diversa, por entender que os dois requisitos referidos não são cumulativos, mas disjuntivos, cfr. FERNANDA PAULA OLIVEIRA, *Reflexão sobre Algumas Questões Práticas no Âmbito do Direito do Urbanismo*, in BFDUC, Volume Comemorativo, 2003, p. 969, e *Anotação ao Acórdão do Supremo Tribunal Administrativo de 1 de Fevereiro de 2001* (Proc. 46825), in CJA, N.º 43 (2004), p. 55-57.

c) Os danos correspondentes às despesas realizadas com base na *confiança* na manutenção ou na subsistência do plano municipal, com vista à concretização de uma modalidade de utilização nele prevista, se essa utilização for posteriormente alterada ou suprimida por efeitos da alteração, revisão ou suspensão do plano e essas despesas tiverem perdido utilidade, se a alteração, revisão ou suspensão tiverem ocorrido dentro do prazo de cinco anos após a entrada em vigor do plano e o proprietário não for titular de uma licença ou de uma comunicação prévia válida, ou se aquelas tiverem ocorrido após o decurso de cinco anos sobre a data da entrada em vigor do plano, mesmo que a alteração, revisão ou suspensão do plano originem a caducidade ou a alteração de uma licença ou de uma autorização de uma comunicação prévia válida.

30.3.4. As situações contempladas e excluídas dos n.ºs 3 e 5 do artigo 143.º do RJIGT suscitam-nos algumas observações.

A primeira é a de que o princípio segundo o qual o direito de indemnização dos danos oriundos da *diminuição* ou da *subtracção* de uma modalidade de utilização do solo conferida por um plano municipal (*v. g.*, a edificação), em consequência da alteração, revisão ou suspensão deste, só deve ser reconhecido dentro de um período temporal circunscrito merece o nosso aplauso, pois, se um lapso temporal não fosse determinado, seria posto em causa outro princípio bem importante da planificação territorial: o da *flexibilidade do plano* ou da *susceptibilidade da sua adaptação* às realidades urbanísticas[57]. E o prazo de cinco anos estabelecido no n.º 3 do artigo 143.º do RJIGT não nos parece irrazoável, nem desproporcionado. Aliás, a fixação pelo legislador de um prazo para a indemnização dos danos decorrentes da *diminuição* ou da *subtracção* de uma modalidade de utilização do solo conferida por um plano, em consequência da sua alteração, revisão ou suspensão, aparece-nos em outros ordenamentos jurídicos urbanísticos[58].

---

[57] Cfr. a nossa obra *O Plano Urbanístico*, cit., p. 520 e 521.

[58] Assim, no direito alemão, a lei fixa um prazo de sete anos, a contar da data da admissibilidade da utilização lícita de um terreno, para o particular poder exigir

Decorrido o referido prazo, se o proprietário não tiver obtido uma licença ou uma admissão de comunicação prévia válida de uma

---

uma indemnização pelos danos decorrentes da supressão ou modificação dessa possibilidade de utilização, mas ainda não efectivada. Após o decurso deste prazo, não há mais lugar a uma indemnização pela supressão ou alteração da possibilidade de utilização do solo, mas apenas pelas intervenções efectuadas na utilização concretizada (cfr. o § 42.º, n.º 2 e 3, do *Baugesetzbuch*).

De facto, de harmonia com o n.º 1 do § 42.º do *Baugesetzbuch* alemão, "se uma utilização admitida de um terreno for suprimida ou alterada e daí resultar uma diminuição substancial do valor do terreno, pode o proprietário exigir uma indemnização adequada em dinheiro, nos termos dos números seguintes". Segundo o n.º 2 do mesmo preceito, "se a utilização admitida de um terreno for suprimida ou alterada dentro do prazo de sete anos a contar da admissibilidade, calcula-se a indemnização com base na diferença entre o valor do terreno referido à utilização admitida e o valor que resulta da supressão ou da alteração". E de acordo com o n.º 3, "se a utilização admitida de um terreno for suprimida ou revogada depois do decurso do prazo referido no n.º 2, o proprietário apenas pode exigir uma indemnização pelas intervenções na utilização efectivada, em especial se, em consequência da supressão ou da modificação da utilização admitida, se tornarem impossíveis ou sensivelmente mais difíceis o exercício da utilização realizada ou as restantes possibilidades de aproveitamento económico do terreno que resultam da utilização efectivada [...]". Cfr., para mais desenvolvimentos, a nossa obra *O Plano Urbanístico*, cit, p. 508-511; U. BATTIS, in BATTIS/KRAUTZBERGER/LÖHR, *Baugesetzbuch*, cit., § 42.º, p. 561-568; e R. BREUER, in Breuer [et al.], *Baugesetzbuch Kommentar*, cit., p. 719-743.

No direito espanhol, a indemnização por alteração de planeamento também só é reconhecida dentro de determinado prazo. Na verdade, de harmonia com o anteriormente vigente artigo 41.º, n.º 1, da *Ley sobre Régimen del Suelo y Valoraciones*, acima citada, "la modificación o revisión del planeamiento sólo podrá dar lugar a indemnización por reducción de aprovechamiento si se produce antes de transcurrir los plazos previstos para su ejecución en el âmbito en el que a dichos efectos se encuentre incluido el terreno, o transcurridos aquéllos, si la ejecución no se hubiere llevado a efecto por causas imputables a la Administración". E de acordo com o artigo 30.º, alínea *a*), da vigente Ley 8/2007, de 28 de Maio, *de Suelo*, dão lugar a indemnização as lesões aos bens e direitos que resultem da "alteración de las condiciones de ejercicio de la ejecución de la urbanización, o de las condiciones de participación de los propietarios en ella, por cambio de la ordenación territorial o urbanística o del acto o negocio de la adjudicación de dicha actividad, siempre que se produzca antes de transcurrir los plazos previstos para su

operação urbanística (ou um acto similar a estes, isto é, um *acto administrativo prévio*, como uma "informação prévia favorável" vinculativa ou uma aprovação de um projecto de arquitectura de uma obra de edificação), não pode exigir qualquer indemnização no caso de *diminuição* ou *supressão* da possibilidade de utilização do solo por efeito de alteração, revisão ou suspensão do plano. Poderá dizer-se que a não atribuição de qualquer indemnização funcionará, neste caso, como uma sanção pela *inércia* ou *incúria* do proprietário, que não desenvolveu as diligências necessárias à obtenção da licença ou da admissão de comunicação prévia para a realização da operação urbanística prevista no plano objecto de alteração, revisão ou suspensão. Terão, naturalmente, de ser ressalvados os casos em que o proprietário do terreno não obteve, durante aquele prazo, a licença ou admissão de comunicação prévia por facto imputável à Administração, e, bem assim, aqueles em que a licença ou admissão de comunicação prévia for denegada por acto administrativo inválido.

A segunda observação é a de que consideramos que devem ser indemnizados os danos resultantes da *diminuição* ou *supressão* de uma modalidade de utilização conferida por um plano municipal (desde

---

desarollo o, transcurridos éstos, si la ejecución no se hubiere llevado a efecto por causas imputables a la Administración".

Segundo a jurisprudência do Tribunal Supremo de Espanha, a indemnização por modificação ou revisão antecipada do plano, de que resulte uma redução do aproveitamento urbanístico – a qual já estava prevista no artigo 87.º, n.º 2, da *Ley del Suelo* (texto refundido de 1976) –, "opera não só nos casos em que tenham sido previstos expressamente prazos para a sua execução, mas também quando não exista essa previsão: o plano nasce para tornar-se realidade – se assim não fosse, não passaria de uma figura morta –, o que implica a necessidade de desenvolver uma complexa actividade de execução que reclama sempre um certo lapso de tempo, de sorte que há que entender que no plano existe *um prazo implícito que abarcará o tempo razoavelmente necessário para a sua execução, o que justifica uma confiança legítima em que o plano irá manter-se em vigor durante esse tempo*. Só assim pode esperar-se que os particulares façam gastos para a sua execução". Cfr. J. GONZÁLEZ PÉREZ, *ob. cit.*, p. 763. Cfr. também L. PAREJO ALFONSO/G. ROGER FERNÁNDEZ, *ob. cit.*, p. 360-364.

que as suas disposições tenham um tal grau de especificidade ou de concreteza que confiram, por si mesmas, um *direito de edificação),* por efeito da sua alteração, revisão ou suspensão, contanto que estas tenham lugar dentro do prazo de cinco anos após a data da entrada em vigor do plano, e mesmo que, durante esse período, o proprietário não tenha obtido uma licença ou uma admissão de comunicação prévia de uma operação urbanística válida. Na verdade, as disposições dos planos municipais que atribuem uma "possibilidade objectiva de aproveitamento do solo", designadamente a "possibilidade de construir", conferem verdadeiros "direitos urbanísticos", de tal modo que estes *direitos adquiridos* pelos particulares não podem ser *diminuídos* ou *subtraídos,* durante o prazo de cinco anos – prazo este que, na óptica do legislador, expressa um *equilíbrio* ou uma *harmonização* entre os direitos dos proprietários do solo, traduzidos na realização das operações urbanísticas permitidas pelo plano municipal, e o interesse público, espelhado na *flexibilidade* do plano ou na *susceptibilidade da sua adaptação* às realidades urbanísticas –, sem indemnização, já que uma tal *diminuição ou subtracção,* naquelas condições, constitui uma *expropriação de sacrifício* ou *substancial*[59-60].

---

[59] É esta, aliás, como vimos, a solução adoptada pelo direito germânico. De facto, neste, qualquer supressão ou alteração de uma utilização admitida de um terreno prevista num plano, desde que ocorra dentro do prazo de sete anos após a entrada em vigor do plano, confere direito a indemnização, mesmo que o proprietário não seja titular de um licenciamento prévio válido. Cfr. a nota anterior e a bibliografia aí citada.

[60] Pode acontecer que a *supressão* de uma modalidade de utilização do solo (por exemplo, a *edificação*) conferida por um plano municipal seja imposta pela aprovação e entrada em vigor de um plano especial de ordenamento do território. Nestes casos, impende sobre o município o dever de *alterar* (alteração por adaptação) o plano municipal, no prazo de 90 dias (*hetero-alteração*), nos termos do artigo 97.º, n.º 1, alínea *a*), e n.º 2, do RJIGT, *eliminando* a aptidão edificativa do terreno anteriormente conferida pelo plano municipal. Se esta *supressão* tiver ocorrido dentro do prazo de cinco anos após a entrada em vigor do plano municipal, deve ser reconhecido ao proprietário uma indemnização. Mas esta será da responsabilidade do Estado, já que foi esta a pessoa colectiva que aprovou o instrumento de gestão

A terceira traduz-se em que, na nossa perspectiva, devem ser indemnizados os danos resultantes da *diminuição* ou *supressão* de uma modalidade de utilização conferida por um plano municipal, por efeito da sua alteração, revisão ou suspensão, ainda que estas tenham lugar após o decurso de cinco anos sobre a data da entrada em vigor do plano, se o proprietário for titular de um licenciamento prévio válido ou de uma admissão de comunicação prévia válida (ou, ainda, como referimos anteriormente, se for beneficiário de um *acto administrativo prévio,* como uma "informação prévia favorável" vinculativa ou uma aprovação de um projecto de arquitectura de uma obra de edificação) e estes caducarem ou forem modificados em consequência da alteração, revisão ou suspensão do plano. Com efeito, se a alteração, revisão ou suspensão do plano afectarem substancialmente uma licença ou uma admissão de comunicação prévia válida de uma operação urbanística, estamos perante uma verdadeira "expropriação" (de sacrifício ou substancial) de um direito urbanístico "conferido por um acto administrativo válido"[61]. Acrescente-se

---

territorial que determinou, neste caso indirectamente, os danos indemnizáveis, de harmonia com o disposto no artigo 143.º, n.º 6, do RJIGT. Cfr., a este propósito, o Acórdão do Pleno da 1.ª Secção do Supremo Tribunal Administrativo de 11 de Maio de 2005, Proc. n.º 616/2004, o qual decidiu, *inter alia,* que são competentes os tribunais administrativos de círculo para conhecer de uma acção de condenação ao pagamento de indemnização decorrente de sacrifícios resultantes da aprovação do Plano de Ordenamento da Orla Costeira (POOC) de Sintra/Sado pelo Conselho de Ministros, devido ao facto de o mesmo ter proibido a construção em determinado local do Portinho da Arrábida. O *Sumário* deste aresto pode ser consultado nos CJA, n.º 52 (2005) p. 68.

[61] A indemnização dos danos resultantes da caducidade de uma licença, por efeito da modificação ou revisão do plano, independentemente da data em que estas tiverem ocorrido, estava expressamente prevista no n.º 1 do artigo 42.º da mencionada lei do país vizinho sobre *Régimen del Suelo y Valoraciones.* Com efeito, aí se determinava que, "si en el momento de entrada en vigor de la modificación o revisión del planeamiento se hubiera obtenido la licencia de construcción, pero aún no se hubiera iniciado la edificación, se declarará extinguida, con audiencia del interesado, la eficacia de la licencia en cuanto sea disconforme con la nueva ordenación, debiendo fijarse la indemnización, en el mismo expediente,

que uma situação destas cabe perfeitamente no n.º 2 do artigo 143.º do RJIGT, pois, nesse caso, está-se perante uma restrição singular

---

por la reducción del aprovechamiento resultante de las nuevas condiciones urbanísticas, así como por los perjuicios que justificadamente se acrediten de conformidad con la legislación general de expropiación forzosa". E no n.º 2 do mesmo preceito estabelecia-se que, "si la edificación ya se hubiera iniciado, la Administración podrá modificar o revocar la licencia, fijándose la indemnización de acuerdo con lo establecido en el número anterior". Cfr. J. GONZÁLEZ PÉREZ, *ob. cit.*, p. 767-770.

Na actual Ley 8/2007, de 28 de Maio, *de Suelo*, encontramos um princípio idêntico, concretamente no artigo 30.º, alínea *c*). Aí se estatui, com efeito, que dão lugar a indemnização as lesões aos bens e direitos que resultem da "modificación o extinción de la eficacia de los títulos administrativos habilitantes de obras y actividades, determinadas por el cambio sobrevenido de la ordenación territorial o urbanística". Cfr. L. PAREJO ALFONSO/G. ROGER FERNÁNDEZ, *ob. cit.*, p. 365-368.

De modo semelhante, no direito francês – um ordenamento jurídico onde vigora o *princípio da não-indemnização das servidões de urbanismo,* consagrado no artigo L. 160-5 do *Code de l'Urbanisme,* isto é, das servidões instituídas por aplicação deste Código e respeitantes, designadamente, à utilização do solo, à altura das construções, à proporção das superfícies construídas e não construídas em cada propriedade, à interdição de construir em certas zonas e na berma de certas vias e à repartição dos imóveis entre diversas zonas –, se entende que é devida uma indemnização quando resulta dessas servidões (incluídas as provenientes das disposições do PLU) um atentado a direitos *adquiridos* (indemnização que é expressamente prevista naquele artigo do *Code de l'Urbanisme),* estando aí abrangidas as situações em que é posta em causa uma licença de construção ou um licenciamento de uma operação de loteamento.

Adiante-se, ainda, que se tem discutido, no direito francês, a questão da compatibilidade do princípio da não indemnização das servidões de urbanismo, condensado no artigo L. 160-5 do Código do Urbanismo, com o artigo 1.º do Primeiro Protocolo Adicional à Convenção Europeia dos Direitos do Homem. Mas o *Conseil d'État,* num "Arrêt" de Secção de 3 de Julho de 1998 ("Arrêt Bitouzet"), veio responder afirmativamente àquela questão, acentuando que aquele princípio não é em si mesmo contrário às regras da Convenção Europeia e considerando que as exigências do artigo 1.º do Primeiro Protocolo Adicional, tal como são interpretadas pelo Tribunal de Estrasburgo, impõem uma integração, no direito francês, de uma nova excepção ao princípio da não-indemnização das servidões de urbanismo. Assim, o *Conseil d'État,* utilizando uma in-

a uma possibilidade objectiva de aproveitamento do solo, preexistente e juridicamente consolidada (por um acto administrativo prévio válido), e que comporta uma restrição significativa na sua utilização de efeitos equivalentes a uma expropriação. E não faria sentido excluir da indemnização danos só pela simples razão de eles terem a sua origem na alteração, revisão ou suspensão dos planos municipais.

A indemnização referida deve ser determinada de acordo com o critério definido no n.º 4 do artigo 143.º do RJIGT e abranger, além disso, as despesas efectuadas com a obtenção da licença ou da admissão da comunicação prévia, nos termos do n.º 5 do artigo 143.º do mesmo diploma legal.

A última observação tem a ver com o n.º 5 do artigo 143.º do RJIGT. Entendemos, em coerência com a segunda observação anteriormente referida, que devem também ser indemnizadas as despesas efectuadas pelo proprietário com base na *confiança* na manutenção ou na estabilidade do plano municipal, com vista à concretização de uma modalidade de utilização prevista no plano (*v. g.*, despesas com o estudo geológico do terreno, com o seu levantamento topográfico, com a elaboração do projecto de loteamento e de obras de urbanização, com a elaboração do projecto de arquitectura do edifício, com a elaboração dos projectos das especialidades, etc.), se essa utilização for posteriormente alterada ou suprimida por efeito da

---

terpretação construtiva do artigo L. 160-5 do Código do Urbanismo, sublinhou que o proprietário cujo bem é onerado por uma servidão de urbanismo tem direito a uma indemnização, não apenas quando resulta dessas servidões "um atentado aos direitos adquiridos ou uma modificação do estado anterior dos lugares que determina um dano directo, material e certo", mas também "no caso excepcional em que resulta do conjunto das condições e circunstâncias em que a servidão foi constituída e aplicada, assim como do seu conteúdo, que o proprietário suporta um encargo especial e exorbitante, desproporcionado em relação ao objectivo de interesse geral prosseguido". Cfr., sobre este ponto, H. CHARLES, *ob. cit.*, p. 52-57; J.-E STRUILLOU, *ob. cit.*, p. 61-83; H. JACQUOT/F. PRIET, *ob. cit.*, p. 838-844; e B. LAMORLETTE/D. MORENO, *Code de l'Urbanisme, Commenté*, cit., p. 157-160.

alteração, revisão ou suspensão do plano, desde que estas tenham tido lugar dentro do período de cinco anos após a data da entrada em vigor do plano[62], e essas despesas tiverem perdido utilidade, ainda que o proprietário não seja detentor de qualquer licenciamento prévio válido ou de qualquer admissão de comunicação prévia válida[63].

---

[62] Não sem alguma hesitação, defendemos o prazo de cinco anos para a indemnização dos danos resultantes da *confiança* do proprietário na *manutenção* ou na *estabilidade* do plano municipal. De facto, é esse o prazo que o legislador consagrou nos n.ºs 3 e 5 do artigo 143.º do RJIGT, sendo certo que este último número refere-se expressamente – embora, como vimos, em termos muito restritivos – à indemnização das despesas efectuadas na concretização de uma modalidade de utilização prevista no plano, despesas essas que foram realizadas com base na convicção de que o plano se iria manter inalterado durante um período razoável de tempo.

Poderá, no entanto, argumentar-se (e com alguma razão) no sentido de aquele prazo ser de três anos. Na verdade, poderá afirmar-se que é este o período de garantia da estabilidade do plano, uma vez que é o próprio legislador que fixa o período de três anos como o *período mínimo* de duração, sem modificações, dos planos. Isso resulta dos artigos 95.º e 98.º, onde se estatui que a alteração e a revisão dos planos especiais e municipais de ordenamento do território não podem ocorrer, em regra, antes de decorridos três anos sobre a data da sua entrada em vigor. E sendo assim, a *confiança* do proprietário na manutenção ou na estabilidade só merecerá tutela jurídica durante o período de três anos.

[63] Saliente-se que, no direito alemão, o § 39.º do *Baugesetzbuch* prevê a indemnização do *dano da confiança (Vertrauensschaden)*, estabelecendo que os proprietários ou os restantes titulares de direitos de utilização que, confiando na manutenção de um plano urbanístico juridicamente vinculativo, tiverem realizado despesas para a concretização das possibilidades de utilização que resultam do plano podem exigir uma indemnização adequada em dinheiro, se essas despesas tiverem perdido valor por efeito da alteração, integração ou revogação do plano.

O direito à indemnização do *dano da confiança* existe quando os proprietários ou os restantes titulares de direitos de utilização, confiando na estabilidade de um plano juridicamente vinculativo, tiverem realizado *actos preparatórios* para a efectivação das possibilidades de utilização que derivam do *Bebauungsplan*. Mas não se fixa, naquele preceito, qualquer prazo dentro do qual é reconhecido o referido direito de indemnização. Cfr., para mais desenvolvimentos, a nossa obra

A segunda e a terceira observações anteriormente avançadas impelem-nos a considerar que a norma do n.º 3 do artigo 143.º do RJIGT, na parte em que nega o direito de indemnização dos danos decorrentes das situações aí referidas, viola o n.º 2 do artigo 18.º da LBPOTU – disposição que, como se assinalou, determina que devem ser indemnizadas as "restrições significativas de efeitos equivalentes a expropriação" e, bem assim, as "restrições significativas a direitos de uso do solo preexistentes e juridicamente consolidados" resultantes dos instrumentos de gestão territorial vinculativos dos particulares –, sendo, por isso, organicamente inconstitucional. E levam-nos a entender que ela infringe, de igual modo, os princípios do *Estado de direito democrático*, da *igualdade* e da *justa indemnização* por expropriação, condensados, respectivamente, nos artigos 2.º e 9.º, alínea b), 13.º e 62.º, n.º 2, da Constituição, pelo que será também materialmente inconstitucional.

Por sua vez, a quarta observação atrás apresentada permite-nos afirmar que a norma do n.º 5 do artigo 143.º do diploma legal que temos vindo a citar, na parte em que não admite a indemnização dos "danos da confiança" acima referidos, para além das apontadas inconstitucionalidades, briga também com *o princípio da protecção da confiança,* o qual vai ínsito no princípio do *Estado de direito democrático*[64].

O Plano Urbanístico, cit., p. 506 e 507; U. BATTIS, in BATTIS/KRAUTZBERGER/ /LÖHR, *Baugesetzbuch,* cit., § 39.º, p. 543-548; e R. BREUER, in Breuer *[et al.], Baugesetzbuch Kommentar,* cit., p. 630-652.

[64] Segundo a jurisprudência reiterada e uniforme do Tribunal Constitucional (seguindo, neste ponto, as pistas traçadas pela Comissão Constitucional), o princípio do "Estado de direito democrático" leva postulada a ideia de *protecção da confiança* dos cidadãos e da comunidade na ordem jurídica e na actuação do Estado, o que implica um mínimo de *certeza e segurança* nos direitos das pessoas e nas suas expectativas juridicamente criadas e, consequentemente, a *confiança dos cidadãos e da comunidade na tutela jurídica* [cfr., entre outros, o Acórdão n.º 463 da Comissão Constitucional, de 13 de Janeiro de 1983, in *Apêndice ao DR,* de 23 de Agosto de 1983; o Parecer da Comissão Constitucional n.º 14/82, de 22 de Abril de 1982, in BMJ, n.º 318, p. 224 e segs.; e os Acórdãos do Tribunal Constitucional n.ᵒˢ 11/83, 10/84, 17/84, 89/84 e 303/90 (publicados no *DR,* I Série, de

A rematar este capítulo, poderemos dizer que a Lei de Bases da Política de Ordenamento do Território (Lei n.º 48/98, de 11 de Agosto) e o Regime Jurídico dos Instrumentos de Gestão Territorial (Decreto-Lei n.º 380/99, de 22 de Setembro) vieram disciplinar – a primeira, nos seus artigos 5.º, alínea e), e 18.º, e o segundo, nos seus artigos 135.º a 143.º – o importantíssimo problema das relações entre os planos municipais e especiais de ordenamento do território e o princípio constitucional da igualdade. Aqueles textos legislativos significaram, por isso, uma mudança qualitativa no ordenamento jurídico urbanístico português e representaram um contributo decisivo para a construção, no nosso país, de um direito do urbanismo mais *moderno* e mais *justo*. Lamenta-se, no entanto, que as soluções verti-

---

20 de Outubro de 1983, II Série, de 4 de Maio de 1984, de 14 de Maio de 1984 e de 5 de Fevereiro de 1985, e I Série, de 26 de Dezembro de 1990, respectivamente).

No entanto, uma norma jurídica apenas violará o princípio da "protecção da confiança do cidadão", ínsito no princípio do Estado de direito, se ela postergar de forma *intolerável, arbitrária, opressiva* ou *demasiado acentuada* aquelas exigências de confiança, certeza e segurança que são dimensões essenciais do princípio do Estado de direito [cfr. os Acórdãos do Tribunal Constitucional nas 287/90, 303/90, 339//90, 352/91 e 237/98 (o primeiro publicado no *DR,* II Série, de 20 de Fevereiro de 1991, o terceiro no de 17 de Junho de 1991, o quarto no de 17 de Dezembro de 1991 e o quinto no de 17 de Junho de 1998)].

Ora, no caso da norma do n.º 5 do artigo 143.º do RJIGT, na parte em que não consente, nas situações em que não há um licenciamento prévio válido, a indemnização das despesas efectuadas pelo proprietário com base na *confiança* na manutenção ou na estabilidade do plano municipal de ordenamento do território, se essa utilização for posteriormente alterada ou suprimida por efeito da alteração, revisão ou suspensão do plano, desde que as despesas com os actos preparatórios para a efectivação daquela utilização tiverem tido lugar dentro do período de tempo em que o proprietário podia *legitimamente confiar* na estabilidade do plano – período esse que, segundo pensamos, deve ser de cinco anos, contados da data da entrada em vigor do plano –, e essas despesas tiverem perdido utilidade, entendemos que se está perante uma postergação da confiança que assume as referidas características de *intolerabilidade, arbitrariedade* e *opressão,* pelo que ela colide com o princípio constitucional da protecção da confiança.

das em algumas disposições legais, designadamente no artigo 143.º do RJIGT, respeitantes à indemnização dos danos dos planos, não sejam as mais correctas e equilibradas.

A reforma introduzida pelo legislador é deveras significativa não só para garantir a *igualdade de tratamento* dos proprietários do solo abrangidos pelas disposições dos planos dotados de eficácia plurisubjectiva, em particular dos planos municipais, e, assim, possibilitar o respeito da *justiça material*, no âmbito da planificação urbanística, mas também para reforçar a *harmonia* e a *melhoria da qualidade* das operações urbanísticas realizadas nas cidades e vilas do nosso País. Com efeito, sendo os mecanismos de perequação aplicados, como vimos, no âmbito das *unidades de execução* – as quais correspondem a uma unidade operativa de planeamento e gestão definida no PDM, à área abrangida por um plano de pormenor ou a parte desta (cfr. os artigos 136.º, n.º 2, e 120.º do RJIGT) –, implicam os mesmos uma execução *coordenada*, *programada* e *sistematizada* dos planos municipais, com exclusão da realização de operações urbanísticas *isoladas*, *pontuais* e *desligadas* de uma visão global e coerente da ocupação, uso e transformação do espaço.

Todavia, a aludida reforma constitui apenas um primeiro passo na boa direcção. Verdadeiramente decisivas serão, por um lado, a inclusão pelos municípios, nos seus planos, de mecanismos directos ou indirectos de perequação dos benefícios e encargos deles resultantes, de acordo com os parâmetros definidos nos artigos 135.º a 142.º do RJIGT, e, por outro lado, a aplicação desses mecanismos, no momento da execução daqueles planos. Só através destes passos lograrão as mencionadas normas jurídicas moldar a realidade urbanística, evitando-se, desse modo, que elas sejam um conjunto ineficaz ou inútil, ou, como refere R. EHRHARDT SOARES, um mero produto da "motorização do legislativo" dos nossos dias[65], espelhada, frequentemente, na aprovação de leis que passam sem deixar qualquer rasto na realidade económica, social e cultural.

---

[65] Cfr. *Direito Público e Sociedade Técnica,* Coimbra, Atlântida, 1969, p. 151, 152 e 175.

O tempo já decorrido desde a entrada em vigor do RJIGT mostra-nos que nos planos especiais de ordenamento do território não têm sido previstos mecanismos de perequação, sucedendo o mesmo com vários planos municipais de ordenamento do território. Ainda que sem suporte num estudo estatístico rigoroso, podemos, por isso, falar de uma *escassa consagração* nos planos municipais de mecanismos de perequação. No entanto, um número significativo de *planos de pormenor* vêm inserindo no seu conteúdo material mecanismos de perequação dos benefícios e encargos deles decorrentes[66]. Esperamos que, uma vez concluído o procedimento

---

[66] Cfr., por exemplo, o artigo 34.º do Regulamento do Plano de Pormenor das Antas (*DR*, II Série, de 29 de Julho de 2002); o artigo 22.º do Regulamento do Plano de Pormenor da Envolvente Urbana do Rio Paiva, no Município de Viseu, integrado no âmbito do Programa Polis (ratificado pela Resolução do Conselho de Ministros n.º 23/2003, de 19 de Fevereiro); o artigo 27.º do Regulamento do Plano de Pormenor da Zona Histórica e da Devesa de Castelo Branco, no Município de Castelo Branco, integrado no âmbito do Programa Polis (ratificado pela Resolução do Conselho de Ministros n.º 49/2003, de 31 de Março); o artigo 25.º do Plano de Pormenor da Área do Parque Urbano de Vila do Conde, integrado no âmbito do Programa Polis (ratificado pela Resolução do Conselho de Ministros n.º 109/2004, de 27 de Julho); os artigos 9.º e 10.º do Regulamento do Plano de Pormenor da Ligação do Bairro de Palame à Quinta d'El Rey, no Município de Beja (ratificado pela Resolução do Conselho de Ministros n.º 142/2004, de 12 de Outubro); o artigo 9.º do Regulamento do Plano de Pormenor para a Zona do Galante, no Município da Figueira da Foz (ratificado pela Resolução do Conselho de Ministros n.º 69/2006, de 15 de Maio); o artigo 23.º do Regulamento do Plano de Pormenor do Espaço Industrial da Vila Chã (Abrunheira), no Município de Seia (ratificado pela Resolução do Conselho de Ministros n.º 82/2006, de 29 de Junho); o artigo 26.º do Regulamento do Plano de Pormenor da Área Empresarial de Anreade, no Município de Resende (ratificado pela Resolução do Conselho de Ministros n.º 117/2006, de 20 de Setembro); o artigo 24.º do Regulamento do Plano de Pormenor de Loulé-Sul, no Município de Loulé (ratificado pela Resolução do Conselho de Ministros n.º 123/2006, de 27 de Setembro); e os artigos 37.º a 39.º do Regulamento do Plano de Pormenor da Unidade Operativa de Planeamento e Gestão da Quinta do Gualdim – UP 2, freguesia da Romeira, no Município de Santarém, ratificado pela Resolução do Conselho de Ministros n.º 146/2007, de 28 de Setembro.

de revisão de um grande número de planos directores municipais, venha a generalizar-se a inclusão, no seu conteúdo material, da definição dos *critérios* de perequação compensatória de benefícios e encargos, tal como o impõem os artigos 85.º, n.º 1, alínea s), e 136.º, n.º 2, do RJIGT [67].

---

[67] Cfr., a título exemplificativo, o artigo 93.º do Regulamento do Plano Director Municipal de Ponte de Sor, cuja revisão foi ratificada pela Resolução do Conselho de Ministros n.º 160/2004, de 8 de Novembro; o artigo 86.º do Regulamento do Plano Director Municipal de Ponte Lima, cuja revisão foi ratificada parcialmente pela Resolução do Conselho de Ministro n.º 81/2005, de 31 de Março; os artigos 84.º a 86.º do Regulamento do Plano Director Municipal do Porto, cuja revisão foi ratificada pela Resolução do Conselho de Ministros n.º 19//2006, de 3 de Fevereiro; os artigos 60.º a 62.º do Regulamento do Plano Director Municipal de Penafiel, cuja revisão foi ratificada pela Resolução do Conselho de Ministros n.º 163/2007, de 12 de Outubro; e os artigos 94.º a 96.º do Regulamento do Plano Director Municipal de Torres Vedras, cuja revisão foi ratificada pela Resolução do Conselho de Ministros n.º 144/2007, de 26 de Setembro.

PARTE II

DIREITO E POLÍTICA DE SOLOS

Depois de terem sido estudadas as regras jurídicas respeitantes à ocupação, uso e transformação do solo, incluídas em disposições legais e em prescrições dos planos, segue-se, de acordo com o *objecto* do direito do urbanismo geral referido anteriormente, a abordagem da matéria do *direito e política de solos*, com vista a analisarmos as questões da *titularidade* e da *disponibilidade* dos solos urbanos, as quais precedem logicamente a problemática da realização de operações de transformação e ocupação do solo para fins de urbanização e de construção.

Como tivemos ensejo de sublinhar, no ponto respeitante às regras e princípios constitucionais do direito do urbanismo, o nosso *direito e política de solos* são enformados por dois princípios fundamentais: o da garantia constitucional do direito de propriedade privada dos solos urbanos, condensado no artigo 62.º, n.º 1, da Lei Fundamental; e o do reconhecimento ao Estado, às regiões autónomas e às autarquias locais de competência para realizarem as expropriações desses bens que se revelem necessárias à satisfação de fins de utilidade pública urbanística, para procederem à apropriação dos mesmos, quando tal for exigido pelo interesse público, ou para intervirem nos referidos bens, de acordo com os meios e formas definidos na lei, por motivo de interesse público, previsto nos artigos 65.º, n.º 4, 80.º, alínea *d*), e 165.º, n.º 1, alínea *l*), da Constituição. O nosso ordenamento jurídico-constitucional rejeita, assim, no domínio dos solos urbanos, quer a ideologia liberal, que acredita sem reservas nas virtualidades da propriedade privada daquela classe de solos e nos benefícios do livre funcionamento do mercado e defende, consequentemente, a abstenção de intervenção da Administração Pública na correcção das disfunções sociais que eles originam no processo urbanizador e, em geral, no aproveitamento do território, quer a ideologia socialista, defensora de uma nacionalização ou municipalização geral do solo urbano e, por isso, da abolição da propriedade privada que incide sobre aquela classe de bens. De harmonia com o disposto nos mencionados artigos da Constituição, a expropriação, a apropriação e outras formas de intervenção nos solos urbanos apenas são admissíveis quando tal for necessário para a realização de um interesse público específico de natureza urbanística.

O tema do *direito e política de solos* é dividido em dois capítulos, correspondentes aos dois princípios fundamentais atrás assinalados. No primeiro, é versado o *regime urbanístico da propriedade do solo* e no segundo a *intervenção da Administração Pública nos Solos*.

CAPÍTULO I
REGIME URBANÍSTICO DA PROPRIEDADE DO SOLO

31. A garantia constitucional do direito de propriedade privada

A nossa Constituição consagra, no artigo 62.º, n.º 1, a garantia da propriedade privada, ao estabelecer que "a todos é garantido o direito à propriedade privada e à sua transmissão em vida ou por morte, nos termos da Constituição".

O direito de propriedade privada é um direito fundamental de *natureza análoga* aos direitos, liberdades e garantias, nos termos do artigo 17.º da Constituição – o qual dispõe que o regime dos direitos, liberdades e garantias se aplica aos enunciados no Título II e aos direitos fundamentais de natureza análoga –, apesar de estar enquadrado no Capítulo I (direitos e deveres económicos) do Título III (direitos e deveres económicos, sociais e culturais) da Constituição[1].

31.1. *A dupla garantia do direito de propriedade privada*: *a garantia institucional e a garantia individual*

O artigo 62.º, n.º 1, da Lei Fundamental deve ser interpretado, à semelhança do que sucede nos ordenamentos jurídico-constitu-

---

[1] Seguimos de perto, neste capítulo, o nosso artigo *Regime Urbanístico da Propriedade do Solo*, in Estudos em Homenagem ao Conselheiro José Manuel Cardoso da Costa, cit., p. 499-544.

cionais alemão[2] e francês[3], como consagrando uma garantia *institucional* (ou objectiva) e uma garantia *individual* (ou subjectiva) do direito de propriedade privada. A primeira garante a propriedade como *instituto jurídico*; a segunda protege como *direito fundamental* a posição jurídica de valor patrimonial que se encontra nas mãos do particular.

A garantia institucional da propriedade privada dirige-se exclusivamente ao *legislador* (vocábulo entendido aqui em sentido amplo, como *órgão criador do direito material*, englobando, por isso, tanto os órgãos com competência legislativa, como os que têm competência regulamentar) e impõe a produção de normas que permitam caracterizar um direito individual como "propriedade privada" e possibilitem a sua existência e capacidade funcional.

A garantia institucional ou objectiva da propriedade privada impede o legislador de *abolir* ou de *eliminar* o direito de propriedade privada, mas não implica necessariamente que todo o bem jurídico deva ser submetido a um domínio jurídico-privado pela Constituição. Ela não é, por isso, violada pela existência de certos tipos ou classes de bens insusceptíveis de propriedade privada, como sucede com os *bens do domínio público* (cfr. o artigo 84.º da Constituição), bem como pela coexistência, imposta pela Lei Fundamental (cfr. o artigo 82.º),

---

[2] Cfr., sobre este ponto, a nossa obra *O Plano Urbanístico*, cit., p. 302-307, e a bibliografia aí citada. Para uma aprofundada análise da garantia *constitucional* da propriedade entre a protecção dos direitos individuais e a garantia de instituto, com amplas referências à doutrina e jurisprudência germânicas, cfr. M. NOGUEIRA DE BRITO, *ob. cit.*, p. 754-794.

[3] No que respeita ao direito francês, o *Conseil Constitutionnel* tem sublinhado, na sua jurisprudência, que a propriedade privada é simultaneamente uma *instituição* fundamental e um *direito* (ou uma liberdade) fundamental (cfr. L. FAVOREU, *La Jurisprudence du Conseil Constitutionnel et le Droit de Propriété Proclamé par la Déclaration de 1789*, in La Déclaration des Droits de l'Homme et du Citoyen et la Jurisprudence, Paris, PUF, 1989, p. 125 e segs.). E segundo este mesmo autor, "la propriété n'est pas seulement protégée en tant qu'institution: le droit de propriété est également protégé au profit de chaque individu ou de chaque personne" (cfr. *ob. cit.*, p. 133).

de um *sector público*, de um *sector privado* e de um *sector cooperativo e social* de propriedade dos meios de produção [4].

---

[4] Nos termos do artigo 82.º, n.º 1, da Constituição, "é garantida a coexistência de três sectores de propriedade dos meios de produção". De harmonia com o disposto nos n.ºs 2 e 3 do mesmo artigo, "o sector público é constituído pelos meios de produção cujas propriedade e gestão pertencem ao Estado ou a outras entidades públicas", sendo o sector privado constituído "pelos meios de produção cuja propriedade ou gestão pertence a pessoas singulares ou colectivas privadas". Por fim, o n.º 4 do mesmo artigo determina que "o sector cooperativo e social compreende especificamente os meios de produção possuídos e geridos por cooperativas, em obediência aos princípios cooperativos, sem prejuízo das especificidades estabelecidas na lei para as cooperativas com participação pública, justificadas pela sua especial natureza [alínea *a*)]; os meios de produção comunitários, possuídos e geridos por comunidades locais [alínea *b*)]; os meios de produção objecto de exploração colectiva por trabalhadores [alínea *c*)]; [e] os meios de produção possuídos e geridos por pessoas colectivas, sem carácter lucrativo, que tenham como principal objectivo a solidariedade social, designadamente entidades de natureza mutualista" [alínea *d*)].

Conforme dispõe o artigo 165.º, n.º 1, alínea *j*), é da reserva relativa de competência legislativa da Assembleia da República a "definição dos sectores de propriedade dos meios de produção, incluindo a dos sectores básicos nos quais seja vedada a actividade às empresas privadas ou a outras entidades da mesma natureza".

Desde a versão originária da Constituição até à actualidade, foram publicadas várias "leis de delimitação dos sectores", vindo todas elas a alargar sucessivamente o perímetro da propriedade privada dos meios de produção, acompanhando, de resto, o sentido das revisões constitucionais, que foram eliminando ou atenuando fortemente o cariz socializante da constituição económica portuguesa. O diploma que, actualmente, define os sectores de propriedade dos meios de produção é a Lei n.º 88-A/97, de 25 de Julho.

De qualquer modo, continuando a coexistência dos três sectores de propriedade dos meios de produção um princípio fundamental da nossa constituição económica, é ainda perfeitamente válida a doutrina que emana do Acórdão do Tribunal Constitucional n.º 186/88 (publicado no *DR*, II Série, de 5 de Setembro de 1988), e que pode ser resumida no seguinte trecho:

"[...] Não é total ou absoluta a liberdade de conformação do legislador ordinário na definição dos sectores básicos vedados à actividade privada [...]. Ela há-de respeitar os pertinentes parâmetros constitucionais, *maxime* o da coexistência dos sectores".

"[...] Duas ideias fundamentais podem colher-se: por um lado que não será legítimo ao legislador levar tão longe a vedação de certas actividades

Por seu lado, a garantia individual ou subjectiva da propriedade privada constitui um direito fundamental do cidadão que vincula não apenas o legislador, mas também a Administração e o poder judicial (cfr. o artigo 18.º, n.º 1, da Constituição). A sua função mais importante é a de proteger a posição jurídica patrimonial do cidadão perante as medidas de socialização, confisco político e expropriação.

O direito fundamental da propriedade privada caracteriza-se pelo reconhecimento ao seu titular de um *poder de domínio* (*Herrschaftsgewalt*), que se manifesta em duas vertentes: num *"poder-ter"* (*Haben-Dürfen*), que constitui a componente *estática* do direito de propriedade; e num *"poder-utilizar"* (*Gebrauchen – Können*), que constitui a sua componente *dinâmica*[5].

Duas notas devem ainda ser realçadas a propósito da *garantia constitucional da propriedade privada,* na sua dimensão individual ou subjectiva. A primeira é a de que a sua consagração tem também como

---

económicas às empresas privadas que desvirtue o próprio sentido do sector privado enquanto elemento essencial do modelo económico misto delineado pela Constituição (e que ao fim e ao cabo subverta [...] o direito constitucionalmente reconhecido à iniciativa económica privada); por outro lado, [...] que a Constituição impõe, de qualquer modo, a existência de alguns sectores básicos vedados à iniciativa privada, pelo que não será legítimo ao legislador ficar tão perto nessa vedação que lhe retire todo o sentido ou «a esvazie de conteúdo útil»".

Saliente-se, por último, que o exemplo mais expressivo dos meios de produção comunitários, possuídos e geridos por comunidades locais, que a alínea b) do n.º 4 do artigo 82.º da Constituição integra no *sector cooperativo e social*, é constituído pelos *baldios*, cujo regime jurídico consta da Lei n.º 68/93, de 4 de Setembro, alterada pela Lei n.º 89/97, de 30 de Julho. Sobre o significado da garantia constitucional da existência desta categoria de meios de produção comunitários, cfr. os Acórdãos do Tribunal Constitucional n.ºs 325/89 e 240/91, publicados no *DR*, I Série, de 17 de Abril de 1989, e I Série-A, de 28 de Junho de 1991, respectivamente. Um importante estudo sobre a figura dos *baldios* pode ver-se em J. CASALTA NABAIS, *Alguns Perfis de Propriedade Colectiva nos Países do Civil Law*, in *Studia Juridica* 61, *AD Honorem – 1, Estudos em Homenagem ao Prof. Doutor Rogério Soares*, cit., p. 223-261.

[5] Cfr., por todos, W. ERNST/W. HOPPE, *Das Öffentliche Bau- und Bodenrecht, Raumplanungsrecht*, cit., p. 88.

finalidade tornar efectiva a *garantia fundamental da liberdade pessoal*. A íntima conexão entre estes dois tipos de garantia tem sido bem vincada pelo *Bundesverfassungsgericht* alemão. Na estrutura global dos direitos fundamentais, a garantia da propriedade privada tem a função de assegurar ao titular do direito um *espaço de liberdade (Freiheitsraum)* no âmbito jurídico-patrimonial, através do reconhecimento de direitos de decisão, de utilização e de domínio, possibilitando-lhe, desse modo, uma conformação da sua vida, estribada numa responsabilidade pessoal[6]. A ideia de que o direito de propriedade privada, e em particular o direito de propriedade privada do solo, desempenha um papel importante como garantia fundamental da liberdade individual é igualmente salientada, na doutrina francesa, por J.-P. GILLI[7] e por J. DE LANVERSIN[8].

Também a doutrina social da Igreja põe em destaque a ligação estreita entre o direito de propriedade privada e o direito de liberdade. Isso ressalta de várias Encíclicas, das quais salientamos a *"Mater et Magistra"* do Papa JOÃO XXIII, onde se afirma que "a história e a experiência provam que, nos regimes políticos que não reconhecem

---

[6] Cfr. K. NÜSSGENS/K. BOUJONG, *Eigentum, Sozialbindung, Enteignung*, München, Beck, 1987, p. 5, 6 e 16. CH. TOMUSCHAT expressa a ligação entre a garantia do direito de propriedade privada e a garantia da liberdade nos seguintes termos: "Se o artigo 14.º é, em primeiro lugar, um direito fundamental, é igualmente uma garantia institucional. Isto significa que, de acordo com a vontade dos constituintes, deve haver uma propriedade privada que, embora inserida no quadro social que a lei lhe fixa, não é menos independente em face do Estado. Vista sob este ângulo, a propriedade tem uma função completamente diferente: serve de freio ao poder do Estado. Na medida em que há forças sociais cuja força reside na sua propriedade, o Estado é impedido de estabelecer um regime totalitário". Cfr. *L'Interventionnisme de l'État et le Droit de Propriété en Allemagne Fédérale*, in RIDC, 23 (1971), p. 589. A estreita conexão entre liberdade individual e propriedade privada, entendendo-se que esta sustenta e assegura aquela, é também salientada, em relação ao direito alemão, por M. NOGUEIRA DE BRITO. Cfr. *ob. cit.*, p. 734-736.

[7] Cfr. *Redéfinir le Droit de Propriété*, Paris, 1975, p. 25.

[8] Cfr. *La Propriété, Une Nouvelle Règle du Jeu?*, Paris, PUF, 1975, p. 29. Este autor cita, a propósito, a seguinte frase de DIDEROT: "Où la puissance souveraine est illimitée, il n'y a point de propriété".

o direito de propriedade privada sobre os bens produtivos, são oprimidas ou sufocadas as expressões fundamentais da liberdade; é legítimo, portanto, concluir que estas encontram naquele direito garantia e incentivo". Refere ainda aquele Documento da Igreja que a propriedade privada é "garantia da liberdade essencial da pessoa humana e elemento insubstituível da ordem social[9].

A segunda nota diz respeito à ligação estreita entre o direito fundamental da propriedade e o direito fundamental ao (livre) *desenvolvimento da personalidade* – um direito que a Lei de Revisão Constitucional n.º 1/97, de 20 de Setembro, veio acrescentar aos "outros direitos pessoais", consagrados no artigo 26.º, n.º 1, da Constituição –, entendido este em *sentido amplo*, de modo a abranger no seu perímetro de protecção não apenas "as situações em que se exprima de forma particular a personalidade", mas também todas as actividades desenvolvidas no âmbito da "liberdade geral de acção" da pessoa ou "dentro do espaço livre dos comportamentos pessoalmente imputáveis ao indivíduo", incluindo as actividades económicas e, de entre estas, as que se traduzem em formas de aquisição do direito de propriedade[10].

31.2. *Diferenciação do conceito de propriedade*

A propriedade privada não pode mais ser vista, hoje, como uma instituição única. Deve ser realizada uma *diferenciação do conceito de propriedade* e renunciar-se à tese da unidade do seu conceito. Fala-se, por isso, numa superação pela evolução da realidade social da *concepção monista* do instituto da propriedade privada e na necessidade de se

---

[9] Cfr. *Mater et Magistra*, N.ºˢ 109 e 111, in «Os Caminhos da Justiça e da Paz (Doutrina Social da Igreja – Documentos de 1891 a 1981)», Lisboa, Rei dos Livros, 1987, p. 138.

[10] Sobre esta *concepção ampla* do direito ao desenvolvimento da personalidade, cfr. P. MOTA PINTO, *O Direito ao Livre Desenvolvimento da Personalidade*, in «Portugal-Brasil Ano 2000 – Tema Direito», Boletim da Faculdade de Direito, *Studia Juridica* 40, Coimbra, Coimbra Editora, 1999, p. 157 e segs..

aderir a uma *concepção pluralista* da propriedade, nos termos da qual o legislador pode modelar o conteúdo da propriedade das várias categorias de bens, de acordo com a função que os mesmos desempenham na sociedade.

A doutrina alemã coloca uma ênfase especial na distinção de várias formas de manifestação da propriedade, com base no seu significado para a *garantia da liberdade* e na sua *função económica* ou *relevância social*[11].

Compreende-se, neste contexto, que o legislador possa definir *formas especiais* de propriedade, com conteúdo jurídico diferente, por exemplo, em relação à propriedade industrial, à propriedade do solo (variando esta conforme se trate de solos de áreas protegidas, de solo integrado na REN, de solo rural e de solo urbano) e à propriedade de bens móveis, que tenham em consideração as suas formas típicas e as exigências decorrentes de tais formas de propriedade, bem como a sua especial *vinculação social*[12].

Outro aspecto salientado pela literatura jurídica alemã é o de que a garantia individual da propriedade assume um relevo especial no domínio do direito de propriedade que se apresente como um produto ou uma consequência da *aplicação de capital e de trabalho*. Este tipo especial de propriedade justifica uma garantia constitucional mais forte, uma vez que, como salienta E.-W. BÖCKENFÖRDE, ele é uma expressão particular da função de liberdade da propriedade. A propriedade surge, nestes casos, como um produto de despesas e investimentos e de prestações próprias ou, em termos sintéticos, como uma consequência do *manejo da liberdade* (*Betätigung der*

---

[11] Cfr. P. BADURA, *Eigentum im Verfassungsrecht der Gegenwart*, München, Beck, 1972, p. 11 e 12. Cfr., ainda, para mais desenvolvimentos, a nossa obra *O Plano Urbanístico*, cit., p. 307-310.

Recusando também um conceito unitário do direito de propriedade que abranja todas as suas dimensões, cfr. J. J. GOMES CANOTILHO/VITAL MOREIRA, *Constituição da República Portuguesa Anotada*, Vol. I, 4.ª ed., Coimbra, Coimbra Editora, 2007, p. 800 e 801.

[12] Cfr. E.-W. BÖCKENFÖRDE, *Staat, Gesellschaft, Freiheit*, Frankfurt am Main, Suhrkamp, 1976, p. 328.

Freiheit)[13]. Nesta ordem de ideias, o *Bundesverfassungsgericht* alemão acentua que a garantia da propriedade deve "sobretudo preservar das intervenções injustificadas do poder público a existência de bens de valor patrimonial adquiridos através do trabalho e de prestações individuais"[14]. Como salienta H. SENDLER – a propósito da mudança de concepção da propriedade que, no seu entender, se verificou mormente no domínio das suas funções –, a *garantia individual da existência (individuelle Daseinssicherung)* está actualmente menos na propriedade das coisas ou na qualidade de "proprietário" e nos respectivos rendimentos do que na prestação de trabalho pessoal[15].

O princípio de que a propriedade privada adquirida pelo trabalho ou que serve como instrumento do trabalho merece uma protecção especial e goza de uma garantia constitucional mais sólida do que a propriedade obtida por outros meios (*v. g.* especulativos) encontra guarida na nossa Lei Fundamental. A consagração constitucional do referido princípio era particularmente notada no artigo 99.º, n.º 1, da Constituição (na sua formulação anterior à Lei Constitucional n.º 1/89), que resguardava das expropriações a realizar no âmbito da reforma agrária a propriedade da terra dos pequenos e médios agricultores "enquanto instrumento ou resultado do seu trabalho". No texto actual da Constituição, o mesmo princípio continua presente em algumas disposições. É o que acontece, por exemplo, com o artigo 65.º, n.ºs 2, al. *c*), e 3, que incumbe o Estado de estimular o "acesso à habitação própria", isto é, a aquisição da propriedade de habitações com base no aforro, e com o artigo 93.º, n.º 1, al. *b*), que indica como um dos objectivos da política agrícola a promoção do "acesso à propriedade ou à posse da terra e demais meios de produção directamente utilizados na sua exploração por parte daqueles que a trabalham". O direito de propriedade privada tende hoje a ser visto predominantemente em conexão com o trabalho. Esta ideia é vincada na Encíclica *Laborem Exercens* do Papa JOÃO PAULO II, onde se afirma

---

[13] Cfr. *ob. cit.*, p. 327.

[14] Cfr. H. SENDLER, *Zum Wandel der Auffassung vom Eigentum*, in DÖV, 27 (1974), p. 82.

[15] Cfr. *ob. cit.*, p. 75.

que "a propriedade adquire-se primeiro que tudo pelo trabalho e para servir o trabalho"[16].

31.3. *Definição do conteúdo e limites do direito de propriedade pela lei*

O artigo 62.º, n.º 1, da Constituição refere que o direito de propriedade privada é garantido "nos termos da Constituição". O significado desta fórmula é, como sublinham J. J. GOMES CANOTILHO/ /VITAL MOREIRA, o de que "o direito de propriedade não é garantido em termos absolutos, mas sim dentro dos *limites* e com as restrições previstas e definidas noutros lugares da Constituição (e na lei, quando a Constituição possa para ela remeter ou quando se trate de revelar limitações constitucionalmente implícitas) por razões ambientais, de ordenamento territorial e urbanístico, económicas, de segurança, de defesa nacional"[17].

Não encontramos, porém, naquele dispositivo constitucional qualquer incumbência expressa dirigida ao legislador para definir o *conteúdo* e *limites* do direito de propriedade privada, ao contrário do que sucede, por exemplo, com o artigo 14.º, n.º 1, frase 2, da Lei Fundamental alemã, o artigo 33.º, n.º 2, da Constituição espanhola e o artigo 42.º da Constituição italiana. Todavia, como escrevem J. J. GOMES CANOTILHO/VITAL MOREIRA, a ausência de uma explícita *reserva de lei restritiva*, embora cause alguma perplexidade (pois é corrente na história constitucional e no direito constitucional comparado) não impede porém que a lei – seja por via de algumas específicas remissões constitucionais expressas (artigos 82.º, 88.º e 94.º), seja por efeito da concretização de limites não expressamente estabelecidos ou autorizados, sobretudo, por colisão com outros direitos fundamentais – possa determinar restrições mais ou menos profundas ao direito de propriedade. De uma forma geral, o próprio projecto económico, social e político da Constituição implica um estreita-

---

[16] Cfr. *Laborem Exercens*, N.º 14, in «Os Caminhos da Justiça e da Paz», cit., p. 524.
[17] Cfr. *Constituição da República Portuguesa Anotada*, Vol. I, cit., p. 801.

mento do âmbito dos poderes tradicionalmente associados à propriedade privada e a admissão de restrições (quer a favor do Estado e da colectividade, quer a favor de terceiros) das liberdades de uso, fruição e disposição [18].

Podemos, por isso, afirmar que, também entre nós, compete ao legislador definir o conteúdo e limites do direito de propriedade privada [cfr. o artigo 165.º, n.º 1, alíneas b) e j), da Constituição] e que é este direito, conformado pelas leis emanadas de acordo com a Lei Fundamental, que constitui o objecto da garantia da propriedade e goza de protecção jurídico-constitucional. Note-se, porém, que não é só a lei em sentido estrito que define o conteúdo e limites do direito de propriedade. No caso dos solos urbanos, também os planos territoriais dotados de eficácia plurisubjectiva, sobretudo os planos municipais de ordenamento do território, definem as regras de ocupação, uso e transformação desses solos, conformando, consequentemente, o direito de propriedade privada que incide sobre esses bens, com base numa habilitação constitucional (sediada no artigo 65.º, n.º 4, da Constituição) e legal (localizada na legislação respeitante ao ordenamento do território e ao urbanismo).

Da faculdade conferida ao legislador de conformar o conteúdo e limites do direito de propriedade privada – ou, talvez melhor, dos vários tipos de propriedade privada – derivam duas consequências. Em primeiro lugar, a negação do carácter *absoluto* do direito de propriedade, tal como tinha sido gizado pelas constituições liberais, e a consagração da natureza *relativa* do seu conceito. O direito de propriedade privada passa a estar dependente de uma pluralidade de leis ordinárias, que fixam conteúdos diversos e impõem limites de vária ordem aos diferentes tipos de propriedade privada. Em segundo lugar, a recusa da concepção do direito de propriedade como algo de *fixo* ou *imutável*. Com efeito, o seu conteúdo fica à mercê do legislador, que pode ampliá-lo ou comprimi-lo em função das concepções políticas, económicas e sociais do momento [19]. Significativas nos parecem,

---

[18] Cfr. *Constituição da República Portuguesa Anotada*, Vol. I, cit., p. 802 e 803.

[19] Cfr. C. BROY-BÜLOW, *Baufreiht und baurechtlicher Bestandsschutz*, Berlin, Erich Schmidt, 1982, p. 4.

a este propósito, as palavras da Sentença da *Corte Costituzionale* italiana, n.º 55, de 29 de Maio de 1968: "Segundo conceitos sempre mais progressivos de solidariedade social, fica excluído que o direito de propriedade possa ser entendido como domínio absoluto e ilimitado sobre bens próprios, devendo-se, ao invés, considerá-lo subordinado no seu conteúdo a um regime que a Constituição deixa determinar ao legislador. Ao definir tal regime, o legislador pode inclusive excluir a propriedade privada de certas categorias de bens e impor, sempre para categorias de bens, algumas limitações por via geral [...]" [20].

A literatura jurídica alemã salienta que a intensidade vinculativa da garantia da propriedade em relação à actividade de conformação do legislador não é a mesma em todos os casos. Aquela está directamente relacionada com a *particularidade* e a *função* do objecto do direito de propriedade. Assim, o legislador está submetido a limites estreitos naquelas hipóteses em que a função da propriedade aparece como um elemento de garantia da *liberdade pessoal* do particular ou como um fundamento material do *desenvolvimento da sua personalidade* (*Persönlichkeitsentfaltung*) [21]. Em contrapartida, na opinião do *Bundesverfassungsgericht*, a competência do legislador para determinar o conteúdo e limites da propriedade é tanto mais alargada quanto mais o objecto da propriedade estiver inserido numa *referência social* (*sozialer Bezug*) e numa *função social* (*soziale Funktion*), nomeadamente quando a utilização e a decisão sobre o bem não se circunscrevem à esfera do proprietário, antes tocam interesses de outros "sujeitos de direito" [22-23].

---

[20] Cfr. citação em A. BERLINI, I *Problemi Posti della Sentenza della Corte Costituzionale Relativi all'Indennizzabilità dei Vincoli di Zona*, in FA, 1968, III, p. 544, nota 1; e M. BERNARDINI, *Contenuto della Proprietà Edilizia*, Milano, Giuffrè, 1988, p. 219.

[21] Cfr. A. BRÜNNECK, *Die Eigentumsgarantie des Gundgesetzes*, Baden-Baden, Nomos, 1984, p. 338.

[22] Cfr. E. NAWROTH, *Privateigentum als Problem der Raumordnungspolitik*, in «*Raumplanung und Eigentumsordnung (Festschrift für Werner Ernst zum 70. Geburstag)*», München, Beck, 1980, p. 328; e K. NÜSSGENS/K. BOUJONG, *ob. cit.*, p. 65.

[23] Para mais desenvolvimentos sobre a problemática da definição do conteúdo e limites do direito de propriedade pela lei, cfr. a nossa obra *O Plano Urbanístico*, cit., p. 311-314, e a bibliografia aí citada.

31.4. *A função, vinculação ou obrigação social da propriedade privada*

A caracterização da garantia constitucional da propriedade privada não ficaria completa sem uma referência à sua *função, vinculação* ou *obrigação social*.

É, de facto, hoje vulgarmente aceite pela doutrina jurídica comparada que o direito de propriedade está subordinado a um *limite inerente* à sua estrutura, designado por *função social* ou ainda, na terminologia jurídica germânica, por *vinculação* ou *obrigação social*[24]. Podemos afirmar que a propriedade como direito constitucional serve duas funções diferentes e até opostas: uma *função pessoal e privada*, assegurando uma zona de liberdade para o indivíduo na esfera da actividade económica; e uma *função social e pública*, no âmbito da qual, muito embora a propriedade seja individual e confira ao proprietário uma considerável discricionariedade no que respeita ao seu uso, ela é ordenada ao bem comum da sociedade que a reconhece[25].

A nossa Constituição não menciona expressamente a "função social" como *um limite imanente* ao direito da propriedade privada, ao invés do que sucede, por exemplo, com a Lei Fundamental alemã (artigo 14.º, n.º 2), a Constituição espanhola (artigo 33.º, n.º 2) e a Constituição italiana (artigo 42.º). Mas uma tal limitação deve considerar-se *implícita* em várias regras e princípios constitucionais. É o que acontece, desde logo, com os artigos 61.º, n.º 1, e 88.º da Constituição. No primeiro refere-se que a iniciativa económica privada deve ser exercida "tendo em conta o interesse geral"[26]. No segundo, estabelece-se a possibilidade de serem expropriados os meios de produção em abandono, isto é, os bens que não estejam a ser explorados em termos sociais úteis (n.º 1). No caso de o abandono dos meios de produção ser injustificado, para além de estarem sujeitos a uma "expropria-

---

[24] Cfr., sobre esta problemática, a nossa obra *O Plano Urbanístico*, cit., p. 314--320, e a bibliografia aí citada.

[25] Cfr. M. NOGUEIRA DE BRITO, *ob. cit.*, p. 723.

[26] Cfr., sobre este tema, VASCO MOURA RAMOS, *O Direito Fundamental à Iniciativa Económica Privada (Art. 61.º, N.º 1, da CRP): Termos da sua Consagração no Direito Constitucional Português*, in BFDUC, Vol. 77 (2001), p. 833 e segs..

ção-sanção", podem ainda ser objecto de arrendamento ou de concessão de exploração compulsivos, em condições a fixar por lei (n.º 2).

Não faltam, além disso, exemplos de leis ordinárias que concretizam a ideia de "função social" do direito de propriedade. Assim sucede com o artigo 334.º do Código Civil, que consagra a figura do *abuso do direito*, ao prescrever que "é ilegítimo o exercício de um direito, quando o titular exceda manifestamente os limites impostos pela boa fé, pelos bons costumes ou pelo fim social ou económico desse direito". Esta figura tem sido entendida pela doutrina civilista mais representativa como expressão da ideia "de que o titular de um determinado direito subjectivo, com capacidade embora para o exercer, colocar-se-á em situação de abuso do direito que titula se, aquando do seu concreto exercício, manifestar «uma contradição entre o cumprimento da estrutura formalmente definidora [do] direito [especificamente em causa] e a violação concreta do fundamento que material-normativamente constitui esse mesmo direito»"[27]. Por isso, no que toca ao direito de propriedade, o instituto do *abuso do direito* tem sido entendido como a consagração pelo Código Civil da "função social da propriedade"[28]. E isto é assim, porquanto um dos elementos constitutivos do *abuso do direito* é a ultrapassagem manifesta pelo titular do direito, no seu exercício, dos limites impostos "pelo fim social ou económico desse direito".

Devemos, pois, concluir com FERNANDO BRONZE, a propósito do instituto do *abuso do direito*, que "os direitos subjectivos, que cada pessoa titula, têm um fundamento material, que remete à respectiva inserção comunitária, e esta sua dimensão constitutiva (por vezes designada «interesse geral») há-de manifestar-se no momento em que são exercidos", sob pena de o autor do acto jurídico-normativamente censurável se expor às sanções cominadas pelo direito[29].

---

[27] Cfr. FERNANDO JOSÉ BRONZE, *Lições de Introdução ao Direito*, 2.ª ed., Coimbra, Coimbra Editora, 2006, p. 427 e 428 (seguindo, como o autor faz questão de lembrar, o ensinamento de A. Castanheira Neves).

[28] Cfr., com algum sentido crítico, J. M. COUTINHO DE ABREU, *Do Abuso de Direito*, Coimbra, Almedina, 1999, p. 32-42.

[29] Cfr. FERNANDO JOSÉ BRONZE, *ob. cit.*, p. 429 e 430.

De igual modo, o artigo 14.º, n.º 1, da Lei n.º 86/95, de 1 de Setembro (Lei de Bases do Desenvolvimento Agrário), se refere expressamente à "função social" do solo rural, nos seguintes termos: "A terra, como suporte físico fundamental da comunidade, é valor eminentemente nacional, devendo respeitar a sua função social, no quadro dos condicionalismos ecológicos, sociais e económicos do País".

O facto de a nossa Constituição não fazer uma alusão expressa no artigo 62.º à "função social" da propriedade privada não significa, de modo algum, que a nossa Lei Fundamental tenha rejeitado um tal princípio. O legislador constitucional terá apenas considerado *desnecessário* referir expressamente no artigo citado a "função social" da propriedade privada, porque este princípio resulta de outras normas constitucionais. Parafraseando JORGE MIRANDA, diremos que a desnecessidade de uma alusão expressa à "função social" do direito de propriedade deriva do facto de o n.º 1 do artigo 62.º da Lei Fundamental se inserir num contexto mais vasto: a construção de uma sociedade livre, justa e solidária (artigo 1.º); a realização da democracia económica, social e cultural (artigo 2.º); a promoção da igualdade real entre os portugueses [artigo 9.º, alínea *d*)]; a correcção das desigualdades na distribuição da riqueza e do rendimento [artigos 81.º, alínea *b*), 103.º, n.º 1, e 104.º], bem como a propriedade pública dos recursos naturais e de meios de produção, de acordo com o interesse colectivo [artigo 80.º, alínea *d*)] [30].

Parece-nos, assim, pertinente abordar alguns aspectos da denominada função, vinculação ou obrigação social da propriedade privada, convictos de que este princípio constitui um dos traços característicos do direito de propriedade privada garantido pelo nosso texto fundamental.

A ideia de que o direito de propriedade privada desempenha uma "função social" é muito antiga. Aparece-nos no pensamento

---

[30] Cfr. JORGE MIRANDA, *Manual de Direito Constitucional*, Tomo IV, 3.ª ed, Coimbra, Coimbra Editora, 2000, p. 526. Cfr. também JORGE MIRANDA/RUI MEDEIROS, *Constituição Portuguesa Anotada*, Tomo I, Coimbra, Coimbra Editora, 2005, p. 626.

cristão medieval, com particular destaque para a *Summa Theologica* de S. TOMÁS DE AQUINO. Foi posteriormente desenvolvida na doutrina social da Igreja, desde a Encíclica *Rerum Novarum* de LEÃO XIII até às mais recentes encíclicas papais.

O princípio da "função social" da propriedade privada integra-se no movimento crítico à concepção absolutista do direito de propriedade da ideologia liberal. Um dos seus principais defensores foi, no princípio deste século, DUGUIT, o qual defendia que o direito só pode ser justificado pela missão social que deve desempenhar e que o proprietário deveria comportar-se e ser considerado, quanto à gestão dos seus bens, como um "funcionário"[31].

Sob o ponto de vista jurídico-político, um dos primeiros textos a consagrar o princípio da "função ou da obrigação social" da propriedade foi o artigo 153.°, n.° 3, da Constituição de Weimar.

A "função ou vinculação social" significa que o proprietário deve dar uma utilização *socialmente justa* ao objecto do direito de propriedade. Ela tem subjacente a recusa de um ordenamento da propriedade no qual o interesse individual tenha uma precedência em face do interesse geral[32]. A função social – escreve P. ESCRIBANO COLLADO – "introduziu na esfera interna do direito de propriedade um *interesse* que pode não coincidir com o do proprietário e que, em todo o caso, é alheio ao mesmo; *interesse social* que, juntamente com o *individual* do titular do direito, ambos inseparavelmente, constituem

---

[31] Cfr. J. DE LANVERSIN, *ob. cit.*, p. 44. No seu *Discours au Congrès National de la Propriété Bâtie* (1905), DUGUIT afirmava: "A propriedade não é um direito, é uma função social. O proprietário, isto é, o detentor da riqueza, tem, devido ao facto de possuir essa riqueza, uma função social a desempenhar; enquanto ele desempenhar essa missão, os seus actos de proprietário serão protegidos. Se ele não a desempenhar ou a desempenhar mal – se por exemplo não cultivar a sua terra, deixar a sua casa cair em ruínas –, a intervenção dos governantes é legítima para o obrigar a desempenhar as suas funções sociais de proprietário, que consistem em assegurar o emprego das riquezas que ele detém, de acordo com o seu destino". Apud J.-P. LÉVY, *História da Propriedade* (trad. port.), Lisboa, Estampa, 1973, p. 126.

[32] Cfr. K. NÜSSGENS/K. BOUJONG, *ob. cit.*, p. 68. Em sentido idêntico, cfr. M. PACELLI, *La Planificazione Urbanistica nella Costituzione*, Milano, Giuffrè, 1966, p. 45.

o fundamento da atribuição do direito, do reconhecimento e garantia do mesmo"[33].

O fundamento da "obrigação social" da propriedade reside, como refere E. NAWROTH, na *natureza social* do homem. Este, na sua qualidade de pessoa, é simultaneamente indivíduo e ser social. Está ligado à sociedade na sua existência, na sua evolução, na sua segurança, na sua força de trabalho e na sua propriedade. A vinculação social de toda a propriedade não é mais do que um *reflexo* da própria natureza social do homem. O direito de propriedade, de acordo com este entendimento, tem como conteúdo o poder de livre decisão sobre os bens, mas em contrapartida está limitado pelos direitos fundamentais dos outros. A obrigação social faz, por conseguinte, parte da essência da propriedade e não é apenas um "encargo" ou um "ónus" imposto de fora[34].

A função social constitui um princípio constitucional ordenador da propriedade privada[35], que vincula imediatamente o legislador. Na fixação do conteúdo e limites do direito de propriedade, aquele é obrigado a estabelecer um regime *socialmente justo* do direito de propriedade, isto é, um regime em que "a pertinência dos bens realize o objectivo de contribuir de qualquer modo para o bem estar material e (ou) espiritual da sociedade"[36]. A eficácia vinculativa do princípio da função social da propriedade não se restringe, contudo, ao legislador. Como salienta a doutrina e a jurisprudência alemãs, o princípio da vinculação social fundamenta também obrigações jurídicas direc-

---

[33] Cfr. P. ESCRIBANO COLLADO, *La Propiedad Privada Urbana (Encuadramiento y Regimen)*, cit., p. 118.

[34] Cfr. E. NAWROTH, *Privateigentum als Problem der Raumordnungspolitik*, cit., p. 328 e 329. Na mesma linha de ideias, F. WEYREUTHER salienta que a propriedade privada "não se encontra numa *ilha isolada*" (*einsame Insel*) e que está pela realidade dos factos "integrada socialmente" (*gemeinschaftsbezogen*). Cfr. *Die Situationsgebundenheit des Grundeigentums (Naturschutz-Eigentumsschutz-Bestandsschutz)*, Köln-Berlin-Bonn-München, Carl Heymans, 1983, p. 39.

[35] Cfr. P. ESCRIBANO COLLADO, *ob. cit.*, p. 122.

[36] Cfr. A. SANDULLI, *Profili Costituzionali della Proprietà Privata*, in RTDPC, 26 (1972), p. 476.

tas para o proprietário[37]. Afirma-se claramente que a obrigação social imanente a todo o direito de propriedade pode originar directamente, sem concretização da legislação ordinária, limitações de uso, de utilização e de decisão para o proprietário. Acresce que a vinculação social da propriedade pode ser concretizada por meio de uma *sentença judicial* ou de um *acto administrativo*[38]. É assim que a jurisprudência alemã retira da *vinculação situacional (Situationsgebundenheit)* de um terreno, que não é mais do que uma manifestação específica da vinculação social, limitações de *decisão* e de *utilização* que se impõem ao proprietário.

No que concerne à *natureza* da "função social" da propriedade, um sector maioritário da doutrina concebe-a como um elemento da própria *estrutura* do direito ou como uma parte integrante do mesmo. São, deste modo, rejeitadas a concepção que considera a "função social" como um fim externo ao direito, finalidade a que se dirige a instituição da propriedade, mas que não faz parte dela, nem incide sobre o interior do direito, bem como aquela que vê a "função social" como um elemento contraposto à estrutura do direito[39].

A doutrina alemã mais recente fala da necessidade de um *alargamento da vinculação social*, como consequência da mudança do contexto económico, social e político da garantia da propriedade, referindo que só com esse reforço ou aprofundamento da vinculação social pode ser garantida a capacidade funcional do sistema económico, protegida a liberdade do particular e mantida a paz social[40]. No

---

[37] Cfr. R. BREUER, *Die Bodennutzung im Konflikt Zwishen Städtebau und Eigentumsgarantie*, München, Beck, 1976, p. 42.

[38] Cfr. K. NÜSSGENS/K. BOUJONG, *ob. cit.*, p. 69. Também F. SPANTIGATI atribui ao conceito de "função social" o carácter de norma de aplicação imediata e considera-o como um critério base para a reconstrução do direito de propriedade. Cfr. *Manual de Derecho Urbanistico* (trad. esp.), Madrid, Montecorvo, 1973, p. 261.

[39] Cfr. F. SPANTIGATI, *ob. cit.*, p. 261 e 262; S. RODOTÀ, *Note Critiche in Tema di Proprietà*, in RTDPC, 14 (1960), p. 1338; A. SUSTAETA ELUSTIZA, *Propiedad y Urbanismo*, cit., p. 294; e A. FERNÁNDEZ CARBALLAL, *El Régimen Jurídico del Urbanismo en España (Una Perspectiva Competencial),* Madrid, INAP, 2001, p. 35 e 36.

[40] Cfr. A. BRÜNNECK, *ob. cit.*, p. 336.

dizer de A. BRÜNNECK, "a extensão da vinculação social apresentar-se-ia como parte de um processo de modificação a longo prazo na relação entre o Estado e a sociedade"[41].

A subordinação do direito de propriedade a uma "função social" coloca angustiosas dificuldades no que respeita à determinação de uma linha de fronteira entre as medidas legislativas e administrativas que se situam no âmbito daquela e os actos do poder público que tocam o *núcleo essencial* do direito de propriedade, os quais devem ser qualificados como *expropriativos*. Problema este que tem uma assinalável ressonância prática, uma vez que as primeiras não estão constitucionalmente submetidas a uma obrigação de indemnização, ao passo que os segundos devem ser acompanhados de uma "justa indemnização" (cfr. o artigo 62.º, n.º 2, da Constituição).

32. Aspectos particulares da vinculação social da propriedade do solo

Referimos, no ponto antecedente que, em rigor, não se deve falar de uma instituição única de propriedade privada, mas antes de *formas* diferentes de propriedade, cujo conteúdo jurídico varia de acordo com as funções típicas de cada uma delas e a *relevância social* dos respectivos objectos. Compreende-se, assim, que o direito de propriedade do solo esteja subordinado a um regime jurídico diferente do direito de propriedade que incide sobre os outros bens, móveis e imóveis, tendo em conta as características particulares daquele bem jurídico. No conjunto destas, merecem destaque a sua *escassez* e *irreprodutibilidade*, a de ser um *instrumento indispensável* à satisfação de necessidades básicas do homem (*v. g.*, o solo urbano como instrumento de efectivação do direito fundamental à habitação – artigo 65.º da Constituição – e o solo agrícola como instrumento de produção de bens alimentares) e a de ser o *suporte físico* necessário a todas

---

[41] Cfr. A. BRÜNNECK, *ob.* e *loc. cits.*

as realizações do homem[42]. O solo desempenha, além disso, funções vitais, nomeadamente: de suporte à produção agro-florestal; de armazenagem e transformação de matéria orgânica, água, energia, gases e outras substâncias químicas; e de filtragem de água subterrânea, a principal fonte de água para consumo humano.

Não é, todavia, apenas o direito de propriedade do solo no seu todo que se distingue, quanto ao seu regime jurídico, do direito de propriedade que incide sobre outras categorias de bens. No conjunto do direito de propriedade do solo, existem diferenciações de regime jurídico, segundo a natureza do solo. Um tal regime varia conforme se trate de solo consolidado por edificações, de solo rural (e existindo neste diferenciações, conforme se esteja perante solo com vocação para actividades agrícolas, pecuárias, florestais ou minerais ou solo que integra espaços naturais de protecção ou de lazer) e de solo urbano (divergindo o regime deste conforme estejamos em face de terrenos urbanizados ou de terrenos cuja urbanização seja programada)[43].

A doutrina e a jurisprudência alemãs vêm defendendo que a propriedade do solo está sujeita na sua essência e no seu significado a uma *vinculação social mais forte* do que a propriedade que incide sobre os restantes bens, devido à sua importância fundamental para

---

[42] Segundo A. SUSTAETA ELUSTIZA, o *regime normativo especial* do solo resulta das seguintes características especiais: *é um bem dado pela Natureza*, não é fruto do trabalho do homem; é *algo de permanente*, isto é, aparece como um bem perpétuo e que se manterá quanto à sua extensão "in quantitate" sem variação alguma; é *limitado na sua superfície*, não é susceptível de aumento, nem de diminuição, é algo fixo, sem prejuízo de alguns exemplos de conquista de terras pelo homem às águas do mar (*v. g.*, Holanda, Bombaim, Hong Kong e Macau); *não se deprecia*, nem se deteriora como outros tipos de bens; *atribui poder ao seu titular; é objecto de "mais--valias" contínuas*, que resultam da sua limitação, perpetuidade e permanência; finalmente, *é um bem com aptidão especial para ser objecto de especulação*, dado que constitui uma base segura de colocação de capitais, devido à sua permanência e não depreciabilidade, bem como ao facto de não necessitar, em regra, de despesas de conservação. Cfr. *ob. cit.*, p. 135-137.

[43] Sobre a problemática dos aspectos particulares da vinculação social da propriedade do solo, cfr. a nossa obra *O Plano Urbanístico*, cit., p. 320-329, e a bibliografia aí citada.

o desenvolvimento da sociedade no seu conjunto e para as necessidades das *instituições de utilidade pública (Gemeinwohl-Institutionen)* [44]. E.-W. BÖCKENFÖRDE fala, a este propósito, de uma "intensidade da vinculação social da propriedade do solo fortemente acentuada" (*stark gewachsene Intensität der Sozialbindung des Bodeneigentums*) [45]. Por seu lado, o Tribunal Constitucional Federal Alemão, na sua Sentença de 12 de Janeiro de 1967, sublinhou a *obrigação social* da propriedade do solo, nos seguintes termos: "O facto de o solo ser indispensável e de não ser multiplicável impede que a sua utilização seja abandonada completamente ao jogo não controlável da livre iniciativa e à vontade do particular; uma ordem social e jurídica justa exige, pelo contrário, que os interesses gerais sejam salientados no caso do solo numa medida mais forte do que nos outros bens económicos. O solo, por causa do seu significado tanto económico, como social, não é equiparável sem mais aos restantes bens económicos; não pode ser tratado no comércio jurídico como um bem móvel [...] A obrigação da utilização socialmente justa não é apenas uma ordem para o comportamento concreto do proprietário, é também em primeira linha uma *directiva (Richtsnur)* para o legislador, para este tomar em consideração o interesse público na regulamentação do conteúdo da propriedade. Nisto reside a recusa de um ordenamento da propriedade, no qual o interesse individual tenha uma preferência incondicional perante o interesse geral" [46].

A doutrina da *obrigação social*, que nos últimos tempos vem sendo desenvolvida pelo Tribunal Federal Alemão *(Bundesgerichtshof)* em referência à propriedade do solo, tem uma relevância prática de grande alcance: legitima que a lei e a Administração (esta no exercício de uma competência baseada na lei) estabeleçam restrições ou limitações às faculdades de *uso ou de utilização do solo*, sem que se verifique uma obrigação de indemnização. Por outras palavras, a referida doutrina tem servido de base à demarcação entre as intervenções na proprie-

---

[44] Cfr. E. NAWROTH, *ob. cit.*, p. 329; e W. RÜFNER, *Bodenordnung und Eigentum*, in JuS, 13 (1973), p. 595.
[45] Cfr. *Staat, Gesellschaft, Freiheit*, cit., p. 325.
[46] Texto citado por E. NAWROTH, *ob.* e *loc. cits.*

dade do solo admitidas sem indemnização e as medidas de carácter expropriativo, que devem ser acompanhadas da obrigação de indemnização"[47].

Significado particular assume, como já tivemos ensejo de acentuar, o conceito de *vinculação situacional* da propriedade do solo, que foi elaborado pelo *Bundesgerichtshof* alemão como *subespécie* da vinculação social. O seu sentido é o de que todo o terreno é caracterizado pela sua situação e pela sua *qualidade*, bem como pela sua inserção na natureza e na paisagem. Ora, da especial *situação factual* de um terreno, nomeadamente da sua localização numa área de protecção da natureza ou numa área industrial densamente ocupada, pode resultar para o respectivo proprietário a *obrigação* de não realizar ou de renunciar a determinadas utilizações, que seriam, em princípio, admissíveis, como por exemplo a edificação[48]. Noutros termos, há determinadas restrições às possibilidades de utilização de um terreno que são *imanentes* à sua especial situação factual, as quais constituem como que um *ónus (Belastung)* que incide sobre o terreno. Pode citar-se, como exemplo, a regra da insusceptibilidade de construção dos terrenos situados em *zonas submersas ou alagadas* ou em *zonas de infiltração máxima* ou dos terrenos ainda não dotados de infra-estruturas urbanísticas. O alcance prático do conceito da *Situationsgebundenheit* da propriedade do solo é inegável: naqueles casos em que o legislador estabelecer, de acordo com as circunstâncias, determinadas proibições de utilização que resultam da particular situação factual de um terreno, não faz mais do que *actualizar* uma limitação inerente à propriedade do terreno, de tal modo que se está apenas perante uma "definição do conteúdo" da propriedade e não perante "uma expropriação que obriga a indemnização" (*entschädigungspflichtige Enteignung*).

---

[47] Cfr. W. RÜFNER – *Das Recht der öffentlich-rechtlichen Schadensersatz-und Entschädigungsleistungen*, in *Allgemeines Verwaltungsrecht*, org. Erichsen/Martens, 8.ª ed., Berlin-New York, W. de Gruyter, 1988, p. 565.

[48] Cfr., por todos, F. OSSENBÜHL, *Staatshaftungsrecht*, 4. Aufl, München, Beck, 1991, p 146 e 147; e H. MAURER, *Allgemeines Verwaltungsrecht*, 9. Aufl., München, Beck, 1994, p. 631.

O conceito de *vinculação situacional*, utilizado também pela jurisprudência do Tribunal Administrativo Federal, revela-se particularmente importante no domínio dos conflitos de interesses resultantes da *protecção da natureza, da paisagem, dos monumentos e dos sítios naturais*, embora não esgote aí o seu âmbito de aplicação[49].

Convém salientar que não é apenas o legislador que, muitas vezes, não faz mais do que "actualizar" limitações inerentes à situação particular de um terreno ou à própria natureza deste. Também as medidas do plano urbanístico, em alguns casos, não são mais do que um reflexo da situação ou das características peculiares de um terreno. Assim, por exemplo, um terreno situado junto a um rio pode oferecer condições especiais para a construção de um canal ou de uma represa, por causa da sua situação, qualidade ou características topográficas. Se o plano, neste caso, der guarida a uma vocação ou a um destino natural do terreno, "reagindo" apenas à sua situação, não faz mais do que concretizar a sua *vinculação situacional*[50]. Discurso idêntico pode ser feito a propósito das disposições dos planos urbanísticos que proíbem a realização de construções em terrenos "especialmente declivosos", ou situados em "linhas de água", as quais se limitam a expressar a situação particular e as qualidades específicas dos mesmos.

Hipóteses completamente diferentes das que acabámos de enunciar são aquelas em que o plano modifica a "situação" do terreno, de acordo com os seus *fins próprios*, e não se limita a transplantar os *encargos* ou *ónus* resultantes da situação do terreno para as suas medidas. Nestes casos, já não se poderá afirmar que o plano se limitou a determinar uma utilização resultante da situação factual do terreno.

A ideia de que a propriedade do solo está subordinada a limites de utilização inerentes à sua situação factual é também utilizada pela jurisprudência italiana. O princípio da "vinculação situacional" é desenvolvido, por exemplo, a propósito dos bens sujeitos a vínculo paisagístico. Assim, em relação a estes últimos, refere a Sentença da *Corte Costituzionale* n.º 56, de 29 de Maio de 1968, que a lei pode excluir

---

[49] Cfr. F. OSSENBÜHL, *ob.* e *loc. cits.*; e H. MAURER, *ob.* e *loc. cits.*
[50] Cfr. K. NÜSSGENS/K. BOUJONG, *ob. cit.*, p. 94.

qualquer indemnização na medida em que tais bens constituem um *genus* objectivamente identificável *a priori*, com a consequência de que a Administração, ao declarar o carácter de interesse paisagístico, não modifica a situação preexistente, antes aclara a correspondência das suas qualidades concretas à prescrição normativa. Individualiza o bem que está essencialmente subordinado ao controlo administrativo do seu uso, de tal modo que fixa nele a marca jurídica expressa pela sua natureza. O acto administrativo desempenha, por assim dizer, uma função que corresponde às características próprias dos bens naturalmente paisagísticos e por isso não comprime o direito que incide sobre a área. A Administração pode também proibir de modo absoluto a possibilidade de edificação das áreas abrangidas pelo vínculo paisagístico, sem que a tal corresponda uma indemnização, uma vez que "em tal caso ela não comprime o direito que incide sobre a área, porque este direito nasceu com o referido limite e com ele vive, nem acrescenta ao bem nenhuma qualidade de interesse público que não seja indicada pela sua índole e conquistada apenas por efeito de um acto administrativo discricionário, como é o caso da expropriação prevista no artigo 42.º, n.º 3, da Constituição, sacrificando uma situação patrimonial a um interesse público que está fora dela e à qual se contrapõe"[51].

As ideias referidas anteriormente sobre "o princípio da vinculação situacional" do direito de propriedade do solo têm um enorme relevo no nosso ordenamento jurídico. Aquele princípio apresenta um interesse particular quando utilizado como *critério* justificativo das várias medidas *legislativas* e *administrativas* que estabelecem limitações ou restrições às faculdades de utilização do solo e que não assumem dignidade expropriativa, pelo que não dão origem a qualquer indemnização. O referido princípio apresenta, como referimos, uma particular importância em vários domínios, como, por exemplo, o da problemática do acompanhamento, ou não, de indemnização das proibições,

---

[51] Cfr. o texto desta Sentença em V. ANGIOLINI/C. MARZUOLI/A. ROCCELA/ /D. SORACE/A. TRAVI, *Materiali per un Corso di Diritto Urbanistico*, 2.ª ed., Torino, Giappichelli, 1996, p. 31-35.

restrições e condicionamentos ao uso, ocupação e transformação do solo classificado como *área protegida* ou integrado na RAN ou na REN, bem como o da separação entre as servidões administrativas que devem ser acompanhadas de indemnização e aquelas que não reclamam qualquer indemnização.

33. Efeitos do plano urbanístico sobre o direito de propriedade do solo

Os planos territoriais dotados de eficácia plurisubjectiva revestem um especial significado para a caracterização do actual direito de propriedade do solo: os tipos de utilização de um terreno, designadamente para fins de construção, deixaram de estar dependentes da sua *qualidade natural* e da sua *localização territorial*, bem como da vontade ou da liberdade do proprietário, para serem uma consequência do plano [52-53]. É certo que, em alguns casos, o plano consagra para os terrenos um modo de utilização que está intimamente ligado à sua especial situação factual. Mas esta não é a regra. Em geral, os destinos ou modos de utilização dos terrenos são *acidentais* em relação à sua *qualidade* e *situação concreta* e resultam de *opções conscientes* do plano, com base em pontos de vista técnicos ligados à planificação. Como escreve E-W. BÖCKENFÖRDE, não se pode falar mais em desenvolvimento "*orgânico*", ligado à qualidade e situação do terreno, revestindo o modo de utilização jurídica do solo o carácter de uma *atribuição (Zuteilung)* ou de um *reconhecimento (Zuerkennung)* do plano, que é mais ou menos fortuito em face da qualidade natural do terreno [54].

De facto, são os planos municipais que definem, como tivemos ensejo de sublinhar, o *regime de uso do solo*, através da *classificação* e *qualificação* do mesmo (cfr. os artigos 15.º da LBPOTU e 71.º a 73.º do

---

[52] Cfr. E.-W. BÖCKENFÖRDE, *Staat, Gesellschaft, Freiheit*, cit., p. 322-324.

[53] Sobre a problemática dos efeitos do plano urbanístico sobre o direito de propriedade do solo, cfr. a nossa obra *O Plano Urbanístico*, cit., p. 330-343.

[54] Cfr. *Staat, Gesellschaft, Freiheit*, cit., p. 323.

RJIGT). A *classificação* do solo determina o destino básico dos terrenos, assentando na distinção fundamental entre *solo rural* e *solo urbano*.

O solo rural é, como já sabemos, aquele para o qual é reconhecida vocação para as actividades agrícolas, pecuárias, florestais ou minerais, assim como o que integra os espaços naturais de protecção ou de lazer, ou que seja ocupado por infra-estruturas que não lhe confiram o estatuto de solo urbano. Por sua vez, o solo urbano é aquele para o qual é reconhecida vocação para o processo de urbanização e de edificação, nele se compreendendo os terrenos urbanizados ou cuja urbanização seja programada, constituindo o seu todo o perímetro urbano.

A *qualificação* do solo, atenta a sua classificação básica, regula, como foi referido, o aproveitamento do mesmo em função da utilização dominante que nele pode ser instalada ou desenvolvida, fixando os respectivos uso e, quando admissível, a edificabilidade. A *qualificação* do solo rural processa-se através da integração nas seguintes categorias: espaços agrícolas ou florestais afectos à produção ou à conservação; espaços de exploração mineira; espaços afectos a actividades industriais directamente ligadas às utilizações anteriormente referidas; espaços naturais; e espaços destinados a infra-estruturas ou a outros tipos de ocupação humana que não impliquem a classificação como solo urbano, designadamente permitindo usos múltiplos em actividades compatíveis com espaços agrícolas, florestais ou naturais.

Por seu lado, a *qualificação* do solo urbano processa-se, como foi salientado, através da integração em categorias que conferem a susceptibilidade de urbanização ou de edificação. A mesma determina a definição do perímetro urbano, que compreende: os solos urbanizados; os solos cuja urbanização seja possível programar; e os solos afectos à estrutura ecológica necessários ao equilíbrio do sistema urbano[55-56-57].

---

[55] Sublinhe-se que, de acordo com o n.º 5 do artigo 73.º do RJIGT, a definição da utilização dominante que caracteriza a *qualificação* do solo, bem como das *categorias* relativas ao solo rural e ao solo urbano, obedece a critérios uniformes aplicáveis a todo o território nacional, a estabelecer por decreto regulamentar. Mas, lamentavelmente, um tal decreto regulamentar ainda não foi aprovado e publicado.

Ora, se a escolha do destino e dos modos de utilização do solo foi transferida para o plano urbanístico, o actual direito dos solos passou a ser regido, como salienta W. GÖTZ, por um novo princípio: o da repartição do poder sobre o solo entre a comunidade política – representada pelos municípios – e o proprietário[58]. Este posicionamento do plano urbanístico em relação à propriedade do solo está na base da formulação elaborada pela doutrina alemã, segundo a qual aquela é uma *propriedade concretizada pelo plano (plankonkretisiertes Eigentum)*. Por sua vez, o *Bundesgerichtshof* refere que os planos urbanísticos têm "na realidade um efeito distributivo ou repartidor da propriedade[59].

Mas, contrariamente ao que, *prima facie*, se poderia entender, o plano urbanístico não é algo que se situe numa posição *estranha*,

---

[56] Para uma análise crítica da *classificação* do solo, com base na distinção entre *solo rural* e *solo urbano* – a qual se traduziu no abandono da trilogia que distinguia solo urbano, solo urbanizável e solo não urbanizável –, cfr. SIDÓNIO PARDAL, *Planeamento do Espaço Rústico*, Lisboa, ADISA/CESUR, 2002, p. 48-52.

[57] A recente Lei Espanhola n.º 8/2007, de 28 de Maio, *de Suelo*, que revogou a anterior Lei n.º 6/1998, de 13 de Abril, substituiu as classes ou categorias de solo pelas "situações básicas" de *solo rural* ou de *solo urbano*, eliminando toda e qualquer referência ao *solo urbanizável*, que era a peça chave da Lei de 1998. Cfr. J. L. MEILÁN GIL, *La Nueva Regulación Legal del Suelo en España*, in Revista do CEDOUA, N.º 20 (no prelo).

A mesma lei introduziu um novo sistema de valorização do solo, o qual prescinde da classificação e qualificação que os planos podem dar ao terreno e atende somente à situação rural ou urbana em que o terreno se encontra. A *Exposição de Motivos* daquela lei parte da crítica ao sistema em vigor, na medida em que incorpora – diz – "as meras expectativas geradas pela acção dos poderes públicos". Para evitar esta situação, desvincula a classificação do solo da valorização e apoia-se exclusivamente na situação, rural ou urbana, em que se encontram os terrenos. "Deve valorizar-se o que há e não o que o plano diz que pode haver no futuro". Cfr., para uma visão crítica, T.-RAMÓN FERNÁNDEZ, *La Nueva Ley 8/2007, de 28 de Mayo, de Suelo: Valoración General*, in RAP, N.º 174 (2007), p. 61-74. Cfr. também L. PAREJO ALFONSO/G. ROGER FERNÁNDEZ, *Comentarios a la Ley de Suelo*, cit., p. 159-173.

[58] Cfr. *Bauleitplanung und Eigentum*, Frankfurt am Main. Berlin, A. Metzner, 1969, p. 7.

[59] Cfr. K. NÜSSGENS/K. BOUJONG, *ob. cit.*, p. 23 e 72.

extrínseca ou de *contraste* em relação ao direito de propriedade do solo, mas antes um instrumento que faz parte integrante dele. Nas palavras expressivas de V. GÖTZ, assiste-se actualmente a uma *integração do plano urbanístico no conteúdo* da *propriedade*, que não conduz a uma redução da sua garantia, mas antes ao seu reforço[60]. Ou, como escreve E. SCHMIDT-ASSMANN, o planeamento do solo não é enquanto tal um *adversário*, mas um meio de conformação da propriedade imobiliária[61]. A tudo isto acresce que o solo abrangido por um plano urbanístico alcança um significado e uma importância que não são compartilhados por aquele que não é objecto de qualquer planificação. Na verdade, o plano define antecipadamente aquilo com que os proprietários poderão contar, estabelece regras e princípios que devem ser observados pela Administração e inspira confiança nos agentes interessados na realização de operações de transformação do solo, designadamente a construção. Objecto do direito de propriedade já não é hoje mais o solo em si, mas, em certo sentido, o solo "planificado"[62]. Utilizando as palavras de V. GÖTZ, diremos que o plano *enobrece* o terreno, cria conjuntos "standardizados" com utilização especial, conforma o terreno, destinando-o a habitação unifamiliar, a habitação locativa ou a fins industriais. Com base nestes conjuntos de utilização "standardizados", os terrenos abrangidos por um plano são objecto de maior procura do que os não "planificados"[63].

A natureza *valorativa* da propriedade do solo atribuída ao plano urbanístico é igualmente reconhecida por P. ESCRIBANO COLLADO, que fala do direito de propriedade urbana como um *direito planificado*[64], uma vez que é o plano que define o destino urbanístico do solo e determina a sua utilidade económica. A este propósito, escreve E. GARCÍA DE ENTERRÍA que "o plano outorga positivamente faculdades, não limita uma posição básica de liberdade do proprietário. Isto é claro no que diz respeito à conversão do solo rústico em solo

---

[60] Cfr. *ob. cit.*, p. 41.
[61] Cfr. *Grundfragen des Städtebaurechts*, cit., p. 94.
[62] Cfr. V. GÖTZ, *ob. cit.*, p. 51.
[63] Cfr. *ob. cit.*, p. 52.
[64] Cfr. *ob. cit.*, p. 163 e segs..

urbano, mas também quando se trata de determinar as faculdades de aproveitamento do terreno no âmbito do solo urbano, que não existem antes do plano, e muito menos contra o plano, mas tão-só com base e com o conteúdo por ele precisado"[65].

Como já sabemos, os planos urbanísticos, em particular os planos municipais de ordenamento do território, são considerados como instrumentos que definem "o conteúdo e limites do direito de propriedade do solo", pelo que não têm, por via de regra, uma natureza expropriativa. Foi esta uma ideia que já tivemos ocasião de desenvolver, a propósito do ordenamento jurídico-urbanístico português. Essa mesma ideia tem sido, aliás, defendida pela doutrina e jurisprudência de vários países da União Europeia[66].

Todavia, se este modo de entender o plano é, em termos gerais, correcto, não é menos certo, como também é sabido, que algumas das medidas dos planos constituem verdadeiras "expropriações", isto é, "expropriações substanciais" ou de "sacrifício", justamente designadas "expropriações do plano".

Concordamos, por isso, com a tese que defende que o plano urbanístico constitui, na sua essência, um instrumento de *conformação* do direito de propriedade do solo. Daí que tenha razão E. SCHMIDT-ASSMANN, quando afirma que o plano urbanístico não pode ser entendido exclusivamente como um *instrumento de intervenção (Eingriffs-instrument)* e a planificação urbanística como *administração de intervenção* ou *ablativa (Eingriffsverwaltung)*, assentando-lhe melhor o qualificativo de *administração de orientação (Lenkunsverwaltung)*[67], ou quando considera demasiado simplistas as posições doutrinárias que encaram o

---

[65] Citação em P. ESCRIBANO COLLADO, *ob. cit.*, p. 165.

[66] Cfr., para mais desenvolvimentos, a nossa obra *O Plano Urbanístico*, cit., p. 333-335.

[67] Cfr. *Grundfragen*, cit., p. 95. A *Lenkunsverwaltung* é definida por P. BADURA como a actividade por meio da qual a Administração exerce influência sobre determinadas condições ou evoluções sociais, com a finalidade de produzir ou de conseguir uma situação económica ou social politicamente desejada. Cfr. *Die Daseinsvorsorge als Verwaltungszweck der Leistungsverwaltung und der soziale Rechtsstaat*, in DÖV, 1966, p. 630.

plano como um instrumento "contra a esfera jurídico-privada" ou "contra a propriedade do solo".

Porém, se quisermos ser rigorosos no que concerne à *qualificação* dos planos, deveremos falar, com E. SCHMIDT-ASSMANN, de uma "*ambivalência*"[68] das suas disposições, no sentido de que uma parte (sem dúvida, a mais importante) tem um efeito conformador do conteúdo e limites do direito de propriedade do solo, enquanto outra assume uma dignidade expropriativa.

O estudo das influências do plano urbanístico no direito de propriedade do solo levanta ainda duas questões. A primeira é a de saber se a transferência para a Administração, operada pelo plano, do poder de decidir sobre o regime do destino, uso, ocupação e transformação do solo tem como consequência o desaparecimento do instituto da propriedade privada do solo. Noutros termos, se o plano realiza uma "*socialização a frio*" ("*kalte Sozialisierung*"), que atenta contra o conteúdo essencial da propriedade privada, e se aquele pode ser visto como expressão de uma "*superpropriedade*" ("*Obereigentum*") municipal[69]. A resposta é claramente negativa. A supressão da propriedade privada do solo poderá verificar-se em consequência de medidas de *colectivização* do solo urbano ou em vias de urbanização, nas formas de *nacionalização* ou de *municipalização*, conforme o sujeito público – o Estado ou o município – que delas beneficia, mas não por efeito do plano urbanístico. De facto, este retira ao proprietário o direito de determinar os *tipos* e os *graus* ou as *intensidades* de utilização do solo. Mas mantém, na sua essência, o regime de *utilização privada* da propriedade do solo. A utilização dos solos pelo proprietário, de acordo com as disposições do plano, continua a ser, em regra, uma *utilização privada*, uma vez que as medidas expropriativas do plano constituem uma pequena parte do seu conteúdo. O produto económico da utilização do solo reverte, em princípio, para o proprietário e este mantém o poder de decidir jurídica e economicamente sobre o seu terreno. Isto não significa que o plano urbanístico não

---

[68] Cfr. *Grundfragen*, cit., p. 95.
[69] Cfr. V. GÖTZ, *ob. cit.*, p. 50.

tenha mudado *a essência da utilização do solo*: esta é sempre, na medida em que for urbanisticamente relevante, uma *utilização conforme ao plano* ou uma utilização *conforme às determinações do plano*[70]. Mas, apesar disso, o plano não veio destruir ou eliminar o direito de propriedade privada do solo. Pelo contrário, como já tivemos ocasião de salientar, o plano veio *valorizar* o solo, atribuir-lhe um *significado acrescido*.

A segunda diz respeito à compatibilidade do plano urbanístico, enquanto instrumento modelador do conteúdo e limites do direito de propriedade do solo, com o princípio da *reserva de lei*, condensado no artigo 165.º, n.º 1, alínea b), da Constituição, que considera como *reserva relativa* de competência legislativa da Assembleia da República a definição do regime dos direitos, liberdades e garantias – e nela se devem enquadrar os direitos fundamentais de natureza análoga, a que o artigo 17.º da Constituição alude, entre os quais se conta, como se acentuou, o direito de propriedade, de harmonia com a doutrina que emana do Acórdão do Tribunal Constitucional n.º 373/91[71], segundo a qual "cabem necessariamente na reserva da competência legislativa da Assembleia da República, por força das disposições combinadas dos artigos 17.º e 168.º (hoje, artigo 165.º), n.º 1, alínea b), da CR, as intervenções legislativas que contendam com o *núcleo essencial* dos «direitos análogos», por aí se verificarem as mesmas razões de ordem material que justificam a actuação legislativa parlamentar no tocante aos direitos, liberdades e garantias".

Ora, é entendimento corrente que este princípio da *reserva relativa* de competência legislativa da Assembleia da República acarretaria uma dupla consequência: por um lado, a proibição da Administração de invadir aquele âmbito material sem autorização expressa da lei, quer no domínio da sua actuação por via individual e concreta, quer no uso do seu poder regulamentar; por outro lado, a interdição ao legislador de delegar na Administração a tarefa de disciplinar nor-

---

[70] Cfr. V. GÖTZ, *ob. cit.*, p. 51.
[71] Publicado no *DR*, I Série-A, de 7 de Novembro de 1991.

mativamente a citada matéria, obrigando-o a regulá-la de um modo *integral* ou *total*[72]. No domínio dos direitos, liberdades e garantias e, bem assim, no âmbito dos direitos análogos, como o direito de propriedade, apenas seriam admissíveis *regulamentos de execução*, isto é, regulamentos necessários à *boa* execução das leis. Estes regulamentos, segundo as palavras de A. QUEIRÓ, limitam-se a "repetir" os preceitos ou regras de fundo que o legislador editou – só que de uma maneira mais clara – ou a enunciar os pormenores e minúcias do regime que o legislador involuntariamente omitiu[73]. De acordo com esta concepção, os planos urbanísticos, que não se limitam a estabelecer os pormenores ou a precisar o sentido de leis preexistentes, antes definem em primeira mão o regime de utilização e o destino das parcelas do território por eles abrangidas e, consequentemente, o estatuto do direito de propriedade do solo, infringiriam o citado preceito constitucional.

Esta questão foi muito debatida[74], mas pensamos que, hoje, em face do texto constitucional emergente da Revisão de 1997, ela perdeu grande parte do interesse. Com efeito, em primeiro lugar, sob o ponto de vista *lógico* ou *prático*, não poderá deixar de se considerar que os planos urbanísticos, sobretudo os planos municipais de ordenamento do território, têm de definir regras e princípios respeitantes à ocupação, uso e transformação de solo e, por isso, tocar, sem ser em execução estrita da lei, o direito fundamental de propriedade, pois seria de todo impossível que o legislador definisse, ele próprio, essas

---

[72] Cfr. J. C. VIEIRA DE ANDRADE, *Autonomia Regulamentar e Reserva de Lei (Algumas Reflexões acerca da Admissibilidade de Regulamentos das Autarquias Locais em Matéria de Direitos, Liberdades e Garantias)*, Coimbra (Separata do Número Especial do BFDUC "Estudos em homenagem ao Prof. Doutor Afonso Rodrigues Queiró" – 1986), 1987, p. 9 e 10.

[73] Cfr. *Teoria dos Regulamentos*, I Parte, in RDES, XXVII, p. 9. Foi no sentido indicado no texto que decidiram os Acórdãos do Tribunal Constitucional n.ᵒˢ 77/84 e 248/86, publicados no *DR*, I Série, de 11 de Setembro de 1984 e de 15 de Setembro de 1986, respectivamente.

[74] Para os contornos desse debate, cfr. a nossa obra *O Plano Urbanístico*, p. 338-343.

regras e princípios em relação a todas as parcelas de solo existentes no território nacional[75].

Em segundo lugar, sob o ponto de vista *jurídico-constitucional*, o artigo 65.º, n.º 4, da Lei Fundamental contém uma *habilitação expressa* para que o Estado, as regiões autónomas e as autarquias locais definam, através de instrumentos de planeamento, as regras de ocupação, uso e transformação dos solos urbanos, no quadro das leis respeitantes ao ordenamento do território e ao urbanismo, possibilitando, assim, que os planos definam o conteúdo e limites do direito de propriedade, por meio da criação, *ex novo*, de regras e princípios jurídicos conformadores daquele direito fundamental[76].

34. O conteúdo urbanístico da propriedade do solo. O direito de propriedade privada do solo e os "direitos" de "urbanizar", de "lotear" e de "edificar" (*"jus aedificandi"*)

O último ponto respeitante ao "regime urbanístico da propriedade do solo" tem a ver com a discussão travada a propósito do con-

---

[75] Abordando, no ordenamento jurídico espanhol, a questão da constitucionalidade dos planos urbanísticos, em face da reserva de lei formal, L. PAREJO ALFONSO, depois de sublinhar a resposta afirmativa da generalidade da doutrina e da jurisprudência, acrescenta que a conclusão da conformidade constitucional dos planos baseia-se numa "razão concludente: a própria natureza das coisas, que torna impossível uma regulação abstracta, geral e com vocação de vigência indefinida, inclusive à escala das Comunidades Autónomas, de todos os destinos possíveis de todos os terrenos concretos, assim como de todos os processos dirigidos à transformação destes". Cfr. *El Estatuto de la Propiedad Urbana*, in Manual de Urbanismo, Madrid, INAP, 2001, p. 59.

[76] Também no ordenamento jurídico urbanístico espanhol se entende que a Constituição habilita os "planos de urbanismo" a determinar o conteúdo último do direito de propriedade do solo, de acordo com a sua função social, regulando o uso e o aproveitamento do solo em coerência com as exigências do interesse geral. Cfr. A. FERNÁNDEZ CARBALLAL, *ob. cit.*, p. 36.

teúdo urbanístico da propriedade do solo. A controvérsia caracteriza-se, muito sinteticamente, do seguinte modo: o direito de propriedade privada garantido constitucionalmente inclui, como suas componentes essenciais, o "direito" de urbanizar (ou seja, a faculdade de dotar um terreno de infra-estruturas urbanísticas), de lotear (isto é, a faculdade de realizar uma operação de loteamento, entendida como a acção que tenha por objecto ou por efeito a constituição de um ou mais lotes destinados, imediata ou subsequentemente, à edificação urbana e que resulte da divisão de um ou vários prédios ou do seu reparcelamento) e de edificar (ou seja, a faculdade de erigir uma nova construção no solo), estando apenas o exercício daqueles "direitos" dependente de uma *autorização permissiva* da Administração Pública? Ou, ao invés, aqueles "direitos" não se incluem na garantia constitucional da propriedade privada, sendo antes o resultado de uma atribuição jurídico-pública decorrente do ordenamento jurídico urbanístico, designadamente dos planos?

Não vamos expor, para não sermos fastidiosos, o modo como estas duas concepções têm sido desenvolvidas nos direitos alemão, francês, italiano e espanhol, nem referir os ensinamentos da doutrina e jurisprudência comparadas sobre as mesmas[77], mas tão-só indicar as linhas essenciais do debate que tem sido avançado sobre a referida questão no nosso ordenamento jurídico urbanístico.

As duas concepções que vêm disputando a primazia referem-se essencialmente à problemática do denominado "jus aedificandi", uma vez que parece bem mais difícil defender uma pretensa inerência da "faculdade de lotear" e da "faculdade de urbanizar" ao direito de propriedade do solo, garantido pelo artigo 62.º, n.º 1, da Constituição.

Vamos, por isso, circunscrever a nossa exposição às relações entre o plano urbanístico e o vulgarmente designado "jus aedificandi".

---

[77] Para uma exposição das linhas gerais de cada uma das apontadas concepções em direito comparado, cfr. a nossa obra *O Plano Urbanístico*, cit., p. 349-372.

34.1. *A tese do "jus aedificandi" como uma componente essencial do direito de propriedade do solo*

A tese segundo a qual o "jus aedificandi" não constitui mais do que uma das várias faculdades inerentes ao direito de propriedade e que pode falar-se de uma "permanente unicidade do direito de propriedade e da faculdade de edificação na esfera do *dominus soli*"[78] alicerça-se em diversos argumentos. Vamos referir tão-só os principais.

a) Uma primeira linha de argumentação situa-se numa visão jus-civilista da relação entre o direito de propriedade do solo e o "jus aedificandi". De acordo com esta perspectiva, a resposta à questão que ora nos ocupa deve encontrar-se numa análise dos pertinentes artigos do Código Civil, isto é, dos seus artigos 1305.º, 1344.º, 1524.º, 1525.º e 1534.º.

O primeiro define o conteúdo do direito de propriedade nos seguintes termos: "O proprietário goza de modo pleno e exclusivo dos direitos de uso, fruição e disposição das coisas que lhe pertencem, dentro dos limites da lei e com observância das restrições por ela impostas". Ora, segundo alguns, a leitura deste artigo leva a supor que o Código Civil inclui o "jus aedificandi" no *direito de uso*, que faz parte integrante do direito de propriedade, não obstante a sua subordinação aos limites da lei e às restrições por ela impostas. No conjunto das restrições legais ao *direito de uso*, costumam citar-se as restrições de direito público e, dentro destas, as de natureza urbanística, nomeadamente as decorrentes das leis urbanísticas e dos planos. Outros, como J. OLIVEIRA ASCENSÃO, enquadram o poder ou a faculdade de construção no *poder de transformação* da coisa, que decorre da faculdade de *disposição*, não em sentido jurídico, mas em sentido material[79].

---

[78] Cfr. M. BERNARDINI, *Contenuto della Proprietà Privata*, Milano, Giuffrè, 1988, p. 193.

[79] Cfr. *O Urbanismo e o Direito de Propriedade*, in «Direito do Urbanismo», coord. D. FREITAS DO AMARAL, cit., p. 319 e 320.

É certo que a nossa doutrina civilista mais representativa salienta "o facto de o Código, ao descrever o conteúdo que tem o direito de propriedade, haver incluído na definição, como elemento normal, e não a título de excepção encravada no poder absoluto do *dominus*, os limites resultantes da lei para o gozo do proprietário"[80] e entende que "as normas que estabelecem restrições ao direito real compõem o conteúdo deste"[81]. Apesar de tudo, os autores que seguem esta linha defendem que os termos do citado artigo indicam que, na perspectiva do Código Civil, o "jus aedificandi" é parte integrante do direito de propriedade de solo. Vai, aliás, neste sentido, a compreensão do direito de propriedade com base na *teoria do senhorio*, nos termos da qual "no direito de propriedade, o titular tem, em princípio, todos os poderes", ou, dizendo as coisas de outro modo, que "a propriedade concede a universalidade dos poderes que se podem referir à coisa", ou, ainda, que "a essência da propriedade reside na sua aptidão para abarcar a generalidade dos poderes que permitam o total aproveitamento da utilidade de uma coisa, o que lhe dá carácter de exclusividade"[82].

Os defensores da óptica jus-civilista consideram ainda mais claro do que o preceito mencionado no sentido da inclusão do "jus aedificandi" no direito de propriedade do solo o artigo 1344.º do Código Civil, cujo n.º 1 estabelece que "a propriedade dos imóveis abrange o espaço aéreo correspondente à superfície, bem como o subsolo, com tudo o que neles se contém e não esteja desintegrado do domínio por lei ou negócio jurídico". Com a afirmação de que a propriedade dos imóveis engloba o espaço aéreo correspondente à superfície, bem como o subsolo, com tudo o que neles se contém, apenas com o limite das coisas consideradas por lei como integrantes do

---

[80] Cfr. J. M. ANTUNES VARELA, *Comunicação à Assembleia Nacional*, em 26 de Novembro de 1966, in F. A. PIRES DE LIMA/J. M. ANTUNES VARELA, *Código Civil Anotado*, Vol. III, 2.ª ed., Coimbra, Coimbra Editora, 1984, p. 93.

[81] Cfr. J. OLIVEIRA ASCENSÃO, *Direito Civil (Reais)*, 4.ª ed., Coimbra, Coimbra Editora, 1987, p. 213.

[82] Cfr., sobre esta teoria compreensiva do direito de propriedade, A. SANTOS JUSTO, *Direitos Reais*, Coimbra, Coimbra Editora, 2007, p. 223-226.

domínio público ou daquelas que, por efeito de negócio jurídico, deixarem de pertencer ao dono da superfície, o Código Civil parece consagrar que o direito de propriedade fundiária abrange o "direito de construir". A inclusão do "espaço aéreo" e do "subsolo" no conteúdo do direito de propriedade fundiária significará, então, que o proprietário tem um "direito de edificação", tanto em altura, como em profundidade.

Os artigos 1524.º, 1525.º e 1534.º de Código Civil, respeitantes ao direito de superfície, vêm sendo igualmente utilizados como argumentos a favor da tese da inerência do "jus aedificandi" ao direito de propriedade do solo, numa visão jus-civilista do problema. O primeiro artigo determina que o "direito de superfície consiste na faculdade de construir ou manter, perpétua ou temporariamente, uma obra em terreno alheio, ou de nele fazer ou manter plantações". O segundo artigo, no seu n.º 1, estabelece que, "tendo por objecto a construção de uma obra, o direito de superfície pode abranger uma parte do solo não necessária à sua implantação, desde que ela tenha utilidade para o uso da obra". E, no seu n.º 2 (na redacção do artigo único do Decreto-Lei n.º 257/91, de 18 de Julho), estatui que "o direito de superfície pode ter por objecto a construção ou a manutenção da obra sob solo alheio". E, por último, o artigo 1534.º do Código Civil prescreve que o "direito de superfície e o direito de propriedade do solo são transmissíveis por acto entre vivos ou por morte".

A possibilidade de o proprietário de um terreno constituir por contrato ou por testamento o direito de superfície em favor de um terceiro, isto é, a faculdade de ceder a outrem o direito de construir sobre o seu próprio terreno, nos termos dos artigos 1524.º e seguintes do Código Civil, foi o principal argumento avançado por D. FREITAS DO AMARAL, na arguição da nossa tese de doutoramento[83], contra a tese por nós aí defendida – e que continuamos a considerar cor-

---

[83] Cfr. D. FREITAS DO AMARAL, *Apreciação da Dissertação de Doutoramento do Licenciado Fernando Alves Correia "O Plano Urbanístico e o Princípio da Igualdade"*, cit., p. 99-101.

recta –[84] da não inerência do "jus aedificandi" ao direito de propriedade do solo. De facto, desta possibilidade de constituição por parte do proprietário do terreno de um direito de superfície em benefício de um terceiro, traduzido na faculdade de este construir ou manter uma obra no solo ou no subsolo daquele, extrai D. FREITAS DO AMARAL a conclusão de que o proprietário é titular do direito de construir, mesmo antes de qualquer plano urbanístico o regular.

Em consonância com a concepção *civilista* do direito de propriedade do solo, J. OLIVEIRA ASCENSÃO defende a tese de que o "jus aedificandi" é uma componente essencial do direito de propriedade. Segundo as palavras do citado autor, à face da lei portuguesa, "o direito de construir é um atributo *natural* da propriedade imóvel", apesar de estar genericamente sujeito a limitações, que podem levar ao caso extremo de retirar em concreto o direito de construir[85]. Apesar de reconhecer que "o direito de construir, conteúdo do direito de propriedade, deixou de poder ser actualmente exercido sem uma autorização administrativa nesse sentido" e que "o proprietário perde a faculdade de determinar por si o destino dos seus prédios[86], considera aquele civilista que "o direito de construir continua, em abstracto, a compor o seu direito de propriedade[87] e que "toda a propriedade imóvel continua a albergar o direito de construir, muito embora esse direito esteja já dependente de uma autorização do poder público"[88-89].

---

[84] Cfr. a nossa obra *O Plano Urbanístico*, cit., p. 372-383.

[85] Cfr. *O Urbanismo e o Direito de Propriedade*, cit., p. 322 e 323.

[86] Cfr. *O Urbanismo e o Direito de Propriedade*, cit., p. 324.

[87] Cfr. *O Urbanismo e o Direito de Propriedade*, cit., p. 324.

[88] Cfr. *O Urbanismo e o Direito de Propriedade*, cit., p. 325. Defende também, entre nós, a tese da inerência do "jus aedificandi" ao direito de propriedade do solo M. NEVES PEREIRA, *Vinculação Urbanística da Propriedade Privada*, Tese Mest., polic., Coimbra, 1991, p. 130-141.

[89] A tese de inerência do *jus aedificandi* ao direito de propriedade constitucionalmente garantido foi defendida, recentemente, por M. NOGUEIRA DE BRITO, ainda que em termos algo ambíguos, no seguinte trecho da sua obra: "Na medida em que a posição jurídica de um proprietário é determinada pelas normas do direito civil, que integram no conteúdo do direito de propriedade o direito de cons-

Pensamos, no entanto, que a concepção subjacente aos citados artigos do Código Civil, bem como a tese defendida por J. OLIVEIRA ASCENSÃO dão-nos uma perspectiva distorcida da realidade jurídico--urbanística. A sua desadaptação a esta realidade é evidente, se atendermos ao facto de o proprietário não possuir a faculdade de decidir *se* pode construir e *como* pode construir no seu terreno. A opinião que defende a inerência do "direito de construir" ao conteúdo essencial do direito de propriedade do solo é dificilmente conciliável, tanto do ponto de vista prático, como do ponto de vista lógico, com a regulamentação integral da possibilidade de construir pelo direito público e com a definição pelos planos urbanísticos dos *tipos* e *intensidades* de utilização do solo. Entendemos, por isso, que a questão que nos preocupa das relações entre o direito de propriedade do solo e o denominado "*jus aedificandi*" deve ser resolvida numa perspectiva jus-publicista e tendo como ponto de partida o conceito constitucional do direito de propriedade e não o conceito do direito civil que, como sabemos, não são coincidentes[90].

---

truir (artigos 1305.º, 1339.º e 1344.º, n.º 1, do Código Civil), e pelas normas de direito público que condicionam o exercício daquele direito, a liberdade de construir é incluída no âmbito de protecção da garantia constitucional da propriedade. Assim, a liberdade de construir segue a qualificação da relação de propriedade privada como objecto da garantia constitucional. Mas esta é uma conclusão só com validade genérica, que não exclui a possibilidade de separar do conteúdo de um direito de propriedade determinados direitos de uso, que integrem de um modo geral o conteúdo do direito de propriedade regulado pelo direito civil, excluindo--os, do mesmo passo, do âmbito de protecção da garantia constitucional da propriedade". Cfr. *ob. cit.*, p. 967 e 968.

[90] A doutrina alemã põe especialmente em destaque a não correspondência entre o conceito de propriedade do direito civil e o direito de propriedade inserto nas Constituições, quando se referem à garantia do direito de propriedade e ao direito de expropriação.

Veja-se, a este propósito, o artigo 1302.º do nosso Código Civil, que determina que "só as coisas corpóreas, móveis ou imóveis, podem ser objecto do direito de propriedade regulado neste Código". Mas o conceito de propriedade jurídico--constitucional abrange, além da "*proprietas rerum*" e dos direitos reais limitados, certos direitos obrigacionais, como o direito ao arrendamento, a propriedade intelectual, os direitos de invenção, os direitos de autor, os direitos sobre as marcas e

Quanto à argumentação de D. FREITAS DO AMARAL, entendemos que as normas do Código Civil respeitantes ao direito de superfície não devem ser interpretadas isoladamente, mas em conjugação com o ordenamento jurídico-urbanístico. É neste que se deve procurar a resposta para a questão da inerência ou não do "*jus aedificandi*" ao direito de propriedade do solo. Ora, se atentarmos no ordenamento urbanístico, verificamos que o proprietário apenas pode ceder a um terceiro o "direito" de construir no seu terreno, se as normas jurídico-urbanísticas, designadamente as constantes dos planos, antes lho tiverem atribuído. Nas múltiplas situações em que o ordenamento jurídico-urbanístico nega a construção ao proprietário, a transferência para um terceiro do "direito" de construir no seu próprio terreno é impossível, já que ninguém pode ceder a outrem um direito ou uma faculdade que não tem.

Deve, pois, em face do que vem de ser referido, procurar-se uma *harmonização* ou uma *concordância prática* entre os mencionados artigos do Código Civil e o ordenamento jurídico urbanístico, através de uma (re) leitura ou de uma (re) interpretação daqueles à luz deste, sob pena de o direito civil e o direito do urbanismo viverem em mundo separados e, assim, se quebrar o princípio da *unidade do sistema jurídico*.

b) Um segundo argumento que vem sendo avançado em abono da concepção do "jus aedificandi" como uma faculdade que integra o conteúdo essencial ou natural do direito de propriedade do solo é o de que apenas o proprietário está legitimado a construir ou a permitir a outros construir. É este um argumento utilizado, no direito italiano, por A. M. SANDULLI[91], o qual acrescenta que o proprietário do

---

os modelos, os direitos de crédito, a universalidade das coisas e direitos inerentes ao direito de estabelecimento, os direitos sociais, como, por exemplo, as acções, e ainda as posições jurídicas profissionais. Em suma: o direito de propriedade garantido pela Constituição abrange qualquer direito individual de valor patrimonial. Cfr., sobre esta problemática, a nossa obra *As Garantias do Particular na Expropriação por Utilidade Pública*, Coimbra, Almedina, 1982, p. 43-45.

[91] Cfr. *Nuovo Regime del Suoli e Costituzione*, in RDC, XXIV (1978), I, p. 287.

solo é o único legitimado a ser titular do "jus aedificandi". Aí onde o ordenamento jurídico urbanístico possibilita a edificação, a nenhum outro, além do proprietário, ou quem tenha sido autorizado por ele, é consentido construir.

Trata-se, porém, de um argumento que tem um valor muito relativo, uma vez que se limita a defender que, nos casos em que, por um lado, o ordenamento urbanístico atribui uma aptidão edificativa ao solo e, por outro, existe uma licença de construir, o proprietário permanece o único legitimado a ser ou a tornar-se titular do "jus aedificandi", não defendendo que, em geral, o proprietário do solo, enquanto titular de um direito, inclui entre as faculdades que o integram o "jus aedificandi". Ora, a questão é precisamente a de saber se o proprietário do solo, enquanto tal, tem, só pelo simples facto de ser titular daquele direito, e como seu atributo co-natural, um "jus aedificandi".

Acresce que o princípio segundo o qual apenas o proprietário do solo tem legitimidade para construir não é totalmente correcto, à luz do nosso ordenamento jurídico. De facto, em primeiro lugar, titulares de outros direitos reais, como, por exemplo, o titular de um direito de superfície, têm legitimidade para construir. Em segundo lugar, o artigo 9.º, n.º 1, do RJUE, referindo-se ao requerimento ou comunicação apresentados com recurso a meios electrónicos e através de um sistema informático próprio, dirigidos ao presidente da câmara municipal, com vista ao controlo prévio das operações urbanísticas, limita-se a exigir que eles sejam acompanhados, entre outros elementos, da "indicação da qualidade de titular de qualquer direito que [...] confira (ao requerente) a faculdade de realizar a operação urbanística".

A conclusão a extrair é, pois, a do escasso valor deste argumento como sustentáculo da tese da inerência do "jus aedificandi" ao direito de propriedade do solo.

c) Uma terceira linha de argumentação da tese que estamos a expor e a comentar é a de que, no caso de expropriação de um terreno ("expropriação em sentido clássico"), o "jus aedificandi" deve ser considerado como um valor inarredável da indemnização.

Este argumento é verdadeiro, só que não tem o sentido e o alcance que os defensores da tese da inerência do "jus aedificandi" ao direito de propriedade do solo lhe querem atribuir. De facto, segundo a jurisprudência do Tribunal Constitucional[92], a "vocação urbanística" ou a "possibilidade edificatória" não pode deixar de ser considerada como um "factor de potenciação valorativa" do solo e, por isso, ser computado na indemnização por expropriação, sob pena de violação do princípio da "justa indemnização" por expropriação, inserto no artigo 62.º, n.º 2, da Constituição, e do princípio da igualdade, plasmado no artigo 13.º, n.º 1, da Lei Fundamental.

Só que aquele Tribunal exige que uma tal aptidão edificativa seja *certa* e exista em termos *concretos* e *objectivos*. Se tal não acontecer, não pode a mesma ser incluída na indemnização por expropriação. Esta doutrina foi bem vincada no Acórdão do Tribunal Constitucional n.º 184/97[93], onde se decidiu que as normas das diferentes alíneas do artigo 24.º, n.º 2, do Código das Expropriações de 1991, que definiam os terrenos com vocação edificativa, para efeitos de indemnização por expropriação, de acordo com um *critério concreto* de potencialidade edificativa (dotação do solo com infra-estruturas urbanísticas, inserção em núcleo urbano, classificação do solo como área de edificação por um plano municipal de ordenamento do território plenamente eficaz ou cobertura do mesmo por alvará de loteamento ou licença de construção em vigor no momento da declaração de utilidade pública), e não com base num *critério abstracto* de aptidão edificatória, não são inconstitucionais, pois não violam o direito à *justa*

---

[92] Cfr. os Acórdãos n.ºˢ 131/88, 52/90, 108/92, 184/92 e 210/93, publicados no *DR*, I Série, de 29 de Junho de 1988, I Série, de 30 de Março de 1990, II Série, de 15 de Julho de 1992, II Série, de 1 de Setembro de 1992, e II Série, de 28 de Maio de 1993, respectivamente.

[93] Publicado no *DR*, II Série, de 27 de Janeiro de 1999. A doutrina deste aresto foi reiterada em múltiplos acórdãos posteriores, como, por exemplo, nos Acórdãos n.ºˢ 121/2002 (publicado em *Acórdãos do Tribunal Constitucional*, 52.º Vol., p. 591 e segs.) e 155/2002 (publicado no *DR*, II Série, de 30 de Dezembro de 2002).

indemnização por expropriação (consagrado no artigo 62.º, n.º 2, da Constituição), nem o *princípio da igualdade* (condensado no artigo 13.º da Lei Fundamental).

Para chegar a uma tal conclusão, referiu aquele Tribunal, *inter alia*, que, "se não se exigisse que a *capacidade edificativa* do terreno expropriado existisse já no momento da declaração de utilidade pública, poderiam criar-se artificialmente factores de valorização que, depois, iriam, distorcer a avaliação. E, então, a *indemnização* podia deixar de traduzir apenas uma adequada restauração da lesão patrimonial sofrida pelo expropriado [...] e ser desproporcionada à perda do bem expropriado [...]". E, de seguida, acentuou:

"Ora, só quando os terrenos expropriados envolvam uma muito próxima ou efectiva potencialidade edificativa [...] é que se impõe constitucionalmente que, na determinação do valor do terreno expropriado, se considere o *jus aedificandi* entre os factores de valorização. Tal, porém, só acontece, quando essa potencialidade edificativa seja uma realidade, e não quando seja uma simples possibilidade abstracta, sem qualquer concretização nos planos municipais de ordenamento, num alvará de loteamento ou numa licença de construção". "Como tais normas – concluiu o aresto que estamos a seguir – se adequam à finalidade de assegurar o pagamento de indemnizações justas aos expropriados, não desfavorecem elas o expropriado no confronto com os proprietários não abrangidos pela expropriação – e, por isso, não violam o princípio da igualdade no âmbito externo. E, como não estabelecem distinções de tratamento entre terrenos que se encontrem em situação idêntica, não violam a igualdade entre os expropriados".

Sublinhe-se que a definição do "solo apto para a construção", para efeitos do cálculo da indemnização por expropriação, constante do artigo 25.º, n.º 2, do Código das Expropriações de 1999, não difere substancialmente da condensada no artigo 24.º, n.º 2, do Código das Expropriações de 1991. Com efeito, também naquele Código, não adoptou o legislador um *critério abstracto* de aptidão edificatória – já que, abstracta ou teoricamente, todo o solo, mesmo o de prédios rústicos, é passível de edificação –, mas antes um *critério concreto* de potencialidade edificativa. Na definição do solo apto para a construção, teve o legislador em conta, como não podia deixar de ser, elementos *certos e objectivos*, espelhados na sua dotação de acesso rodoviário e de rede de abastecimento de água, de energia eléctrica e de saneamento, com características adequadas para servir as edificações nele existentes ou a construir [cfr. o artigo 25.º, n.º 2, alínea *a*)], na disposição pelo mesmo de parte das mencionadas infra-estruturas, mas estando integrado em núcleo urbano existente [cfr. o artigo 25.º, n.º 2, alínea *b*)] [94], na sua destinação, de acordo com instrumento de gestão territorial, a ser dotado das referidas infra-estruturas [cfr. o artigo 25.º, n.º 2, alínea *c*)] ou na cobertura do mesmo por alvará de loteamento ou licença de construção em vigor no momento da declaração de utilidade pública, mesmo que não esteja dotado das apontadas infra-estruturas, nem integrado em núcleo urbano existente, nem esteja destinado por um instrumento de gestão territorial a ser beneficiado com as citadas infra-estruturas, desde que o procedimento do licenciamento do loteamento ou do licenciamento da construção se tenha iniciado antes da data da notificação da *resolução* de requerer a expropriação [cfr. o artigo 25.º, n.º 2, alínea *d*)].

---

[94] O conceito de *núcleo urbano* é idêntico ao de *aglomerado urbano*, sendo caracterizado pelo artigo 62.º, n.º 1, do Decreto-Lei n.º 794/76, de 5 de Novembro (Lei dos Solos), como "o núcleo de edificações autorizadas e respectiva área envolvente, possuindo vias públicas pavimentadas e que seja servido por rede de abastecimento domiciliário de água e de drenagem de esgoto, sendo o seu perímetro definido pelos pontos distanciados 50 m das vias públicas onde terminam aquelas infra-estruturas urbanísticas".
Diferente e mais ampla é a noção de *perímetro urbano*. Este abrange as diferentes *categorias* de *solo urbano*, isto é, aquelas que conferem a susceptibilidade de urbanização ou de edificação, compreendendo os solos urbanizados, os solos cuja urbanização seja possível programar e os solos afectos à estrutura ecológica necessários ao equilíbrio do sistema urbano [cfr. os artigos 72.º, n.º 2, alínea *b*), e 73.º, n.ºs 3 e 4, do RJIGT]. Por sua vez, o artigo 28.º, n.º 2, do Decreto-Lei n.º 69/90, de 2 de Março (diploma revogado pelo RJIGT – cfr. o artigo 159.º), definia o *perímetro urbano* como o conjunto do espaço urbano, do espaço urbanizável e dos espaços industriais que lhes sejam contíguos.

Sendo assim, a doutrina do Acórdão do Tribunal Constitucional n.º 194/97 pode ser transplantada para o actualmente vigente artigo 25.º, n.º 2, do Código das Expropriações.

Por sua vez, como foi salientado, no que respeita às "expropriações do plano" (que são "expropriações de sacrifício"), a indemnização pela subtracção ou pela diminuição do "jus aedificandi" causada por uma disposição de um plano dotado de eficácia plurisubjectiva pressupõe, em geral, nos casos em que a ela haja lugar, que esse "direito de construir" esteja consolidado na esfera jurídica do particular por um acto administrativo válido ou que tenha sido atribuído por um plano municipal, desde que as disposições deste tenham uma tal grau de especificidade ou de concreteza que confiram, por si mesmas, um direito de edificação.

Poderemos, pois, concluir, em face de tudo o que vem de ser referido, que o regime jurídico da indemnização correspondente ao "jus aedificandi", nos casos de "expropriação em sentido clássico" e de "expropriação do plano", longe de constituir um argumento a favor da concepção da inerência do "jus aedificandi" ao direito de propriedade do solo, funciona como um argumento a favor da tese que entende que aquela "faculdade" não decorre directamente do direito de propriedade do solo, é antes um *poder que acresce* à esfera jurídica do proprietário, nos termos e nas condições definidos pelas normas jurídico-urbanísticas.

d) Tradicionalmente, os defensores da tese da inerência do "jus aedificandi" ao direito de propriedade do solo recorrem a dois aspectos do regime jurídico do licenciamento ou da autorização de construção: os denominados princípios do *deferimento tácito* e da *taxatividade* dos fundamentos de indeferimento do pedido de licenciamento ou de comunicação prévia.

Cremos, no entanto, que estes princípios não têm um valor decisivo na sustentação daquela posição doutrinária.

Quanto ao primeiro, importa começar por assinalar que, com o RJUE, na versão anterior à Lei n.º 60/2007, de 4 de Setembro, se verificou uma diminuição do alcance da figura do *deferimento tácito*. Na verdade, nos termos da alínea *b*) do artigo 111.º, do n.º 9 do artigo 112.º e do artigo 113.º daquele diploma legal, na aludida versão, o deferimento tácito da pretensão do requerente apenas se verificava no caso de se tratar de acto que devesse ser praticado no âmbito do procedimento de autorização e não tivesse havido decisão no prazo assinalado naquele diploma legal, e, bem assim, tratando-se de acto que devesse ser praticado por qualquer órgão municipal no âmbito do procedimento de licenciamento, o interessado tivesse pedido, nos termos do artigo 112.º do RJUE, ao tribunal administrativo de círculo da área da sede da autoridade requerida a intimação da autoridade competente para proceder à prática do acto que fosse devido e, tendo obtido ganho de causa, tivesse decorrido o prazo fixado pelo tribunal sem que se mostrasse praticado o acto devido.

Nas hipóteses em que o acto que devesse ser praticado, dentro de certo prazo, por qualquer órgão municipal no âmbito do procedimento de licenciamento, não havia deferimento tácito, podendo, no entanto, o interessado pedir ao tribunal administrativo de círculo da área da sede da autoridade requerida a intimação da autoridade competente para proceder à prática do acto que se mostrasse devido, nos termos do artigo 112.º do Decreto-Lei n.º 555/99, de 16 de Dezembro.

Na actual versão do RJUE, resultante da Lei n.º 60/2007, o perímetro da figura do *deferimento tácito* já não abrange os actos que devessem ser praticados no âmbito do procedimento de autorização e não tenha havido decisão no prazo legal, uma vez que o procedimento de autorização foi abolido, e continua a não abranger as hipóteses em que o acto devesse ser praticado, dentro de certo prazo, por qualquer órgão municipal no âmbito do procedimento de licenciamento [cfr. os artigos 111.º, alínea *a*), e 112.º]. Abarca tão-só os casos previstos no artigo 112.º, n.º 9, do RJUE, ou seja, os casos em que, tratando-se de acto que devesse ser praticado por qualquer órgão municipal no âmbito do procedimento de licenciamento, o interessado tenha pedido, nos termos do artigo 112.º do RJUE, ao tribunal administrativo de círculo da área da sede da autoridade requerida a intimação da autoridade competente para a prática do acto que seja devido e, tendo obtido ganho de causa, tenha decorrido o prazo fixado pelo tribunal sem que se mostre praticado o acto devido (cfr. o artigo 113.º do RJUE), bem como as hipóteses de *omissões* de actos que devam ser praticados em qualquer outro procedimento que não o procedimento de licenciamento [cfr. o artigo 111.º, alínea *c*), do RJUE]. É o que sucederá com o procedimento de *comunicação prévia*, no qual a lei atribui à "não decisão" da Administração o valor jurídico de *um acto administrativo de admissão* (cfr. o artigo 36.º-A, n.º 2, do RJUE). Estamos aqui perante uma *ficção* de um acto administrativo (constitutivo de direitos), que a aproxima da figura do *deferimento tácito*[95].

Todavia, nas situações em que o RJUE admite o deferimento tácito, aquele acto tácito de deferimento não deixa de ser *nulo*, no caso de violação de disposições dos planos urbanísticos [cfr. os artigos 103.º do RJIGT e 68.º, alínea *a*), do RJUE]. Tal consequência demonstra que o papel decisivo em matéria de "jus aedificandi" é desempenhado pelo plano urbanístico, não sendo o princípio do "deferimento tácito" susceptível de o pôr em causa[96].

E nas hipóteses em que o silêncio da Administração apenas possibilita ao interessado pedir ao tribunal administrativo de círculo da área da sede da autoridade requerida a intimação para proceder à prática do acto que se mostre devido, compete ao tribunal conhecer da *nulidade* do acto silente, designadamente por violação de um plano com eficácia plurisubjectiva, devendo, no caso de essa nulidade se verificar, indeferir o pedido de intimação.

---

[95] Há, no entanto, como sublinha PEDRO GONÇALVES, uma diferença entre as *omissões* de decisão no âmbito do procedimento de *comunicação prévia* das operações urbanísticas e as situações típicas de *deferimento tácito*: no procedimento de comunicação prévia, a ausência de decisão formal da Administração é a situação típica configurada pelo legislador, não se verificando qualquer hipótese de inércia do órgão competente, ao passo que o deferimento tácito surgiu como remédio para uma "apatia da Administração", numa situação em que a lei pressupõe a realização de um controlo prévio seguido de uma decisão expressa. Cfr. *Controlo Prévio das Operações Urbanísticas Após a Reforma Legislativa de 2007*, in DRL, N.º 1 (2008), p. 18 e 19.

[96] Cfr., sobre este ponto, a nossa obra *Estudos de Direito do Urbanismo*, cit., p. 69 e 70.

Cremos que se deve aplicar aos casos do artigo 112.º do RJUE a doutrina que emana dos Acórdãos da 1.ª Secção do Supremo Tribunal Administrativo de 27 de Fevereiro de 1997 (Proc. n.º 41 563), de 30 de Setembro de 1997 (Proc. n.º 42 761) e de 17 de Fevereiro de 1998 (Proc. n.º 43 384), relativa ao processo de intimação para emissão de alvará de construção, previsto no já revogado artigo 62.º do Decreto-Lei n.º 445/91, de 20 de Novembro, na redacção do Decreto-Lei n.º 250/94, de 15 de Outubro, nos termos da qual "cabe na competência do tribunal apurar não apenas a existência e não caducidade do licenciamento de construção e o pagamento ou garantia das taxas devidas (artigo 21.º, n.º 4, do mesmo diploma, na referida redacção), mas também a não ocorrência de nulidade do acto de licenciamento, expresso ou tácito, pois desta constatação depende o deferimento do pedido"[97-98].

Este aspecto é também demonstrativo de que o elemento determinante da existência do "jus aedificandi" é o plano urbanístico, pois, no caso de este ser infringido, designadamente por o mesmo não atribuir aptidão edificativa a uma parcela de terreno, qualquer acto de gestão urbanística, expresso ou tácito, é *nulo* e, por isso, insusceptível de produzir quaisquer efeitos jurídicos.

O segundo princípio – o da *taxatividade* dos fundamentos de indeferimento – significa apenas que a câmara municipal (nos casos de concessão de licença, nos termos do artigo 5.º, n.º 1, do RJUE) ou o presidente da câmara (nos casos de admissão de comunicação prévia, de harmonia com o que determinam os artigos 35.º e 36.º do

---

[97] Cfr., sobre este ponto, a nossa obra *Evolução do Direito do Urbanismo em Portugal em 1997-1998*, cit., p. 697. O texto do Acórdão da 1.ª Secção do Supremo Tribunal Administrativo de 27 de Fevereiro de 1997 (Proc. n.º 41 563) pode ver--se nos CJA, N.º 4 (1997), p. 51 e segs., com uma *Anotação* de FERNANDA PAULA DE OLIVEIRA.

[98] Um estudo mais desenvolvido e aprofundado sobre a problemática aqui abordada pode ver-se no nosso artigo *Le Silence de l'Administration en Droit de l'Urbanisme Portugais*, cit., p. 129-159, e a nossa *Anotação* ao Acórdão da 1.ª Secção do Supremo Tribunal de 10 de Março de 2004, Proc. n.º 182/2004, in RLJ, Ano 135.º, N.º 3934, p. 37-50.

mesmo diploma legal) estão vinculados aos fundamentos de indeferimento do pedido de licenciamento e do pedido de comunicação prévia, enumerados, respectivamente, nos artigos 24.º e 36.º do RJUE, estando-lhes vedado rejeitar um pedido por fundamentos diversos dos deles constantes, e não a exclusão de toda a margem de discricionaridade por parte daqueles órgãos. É com este sentido limitado que deve ser entendido, no nosso direito, o denominado *carácter vinculado* ou *regulado* da licença e da admissão de comunicação prévia de obras de construção [99].

O reconhecimento à câmara municipal de um certo espaço de discricionaridade na apreciação dos pedidos de licenciamento de obras deve ser admitido pelo menos nos casos dos fundamentos de indeferimento referidos no n.º 4 do artigo 24.º do RJUE, no qual são utilizados "conceitos imprecisos-tipo" ("quando a obra seja susceptível de manifestamente afectar a estética das povoações, a sua adequada inserção no ambiente urbano ou a beleza das paisagens") [100], e no n.º 2 do mesmo preceito, onde se utiliza o conceito de "pode".

Ora, visto no contexto do reconhecimento ao órgão com competência para emitir a licença de uma certa margem de discricionaridade, o princípio da *taxatividade* dos fundamentos do indeferimento do pedido de licenciamento de obras de edificação perde muita da sua força como argumento em abono da tese da pertinência do "jus aedificandi" ao conteúdo essencial do direito de propriedade constitucionalmente reconhecido.

---

[99] Cfr., sobre este tema, as nossas obras *As Grandes Linhas da Recente Reforma do Direito do Urbanismo Português*, cit., p. 128-131, nota 74, e *Estudos de Direito do Urbanismo*, cit., p. 70 e 71.

[100] Sobre a afectação da "estética das povoações", da "adequada inserção no ambiente urbano" e da "beleza das paisagens" como fundamento de indeferimento do pedido de licenciamento de obras e sobre as limitações do poder de sindicância dos tribunais administrativos em face de utilização daqueles "conceitos imprecisos-tipo", cfr. os Acórdãos da 1.ª Secção do Supremo Tribunal Administrativo de 10 de Dezembro de 1998 (Proc. n.º 37 572) e de 11 de Maio de 1999 (Proc. n.º 43 248).

34.2. *A tese do "jus aedificandi" como uma faculdade jurídico-pública atribuída pelo ordenamento urbanístico, em especial pelo plano*

A concepção segundo a qual o vulgarmente designado "jus aedificandi" não é uma faculdade que decorre directamente do direito de propriedade do solo, antes é um *poder que acresce* à esfera jurídica do proprietário, nos termos e nas condições definidos pelas normas jurídico-urbanísticas, em particular pelos planos dotados de eficácia plurisubjectiva, tem sido por nós defendida há vários anos[101], tendo posteriormente obtido a adesão de vários autores portugueses[102-103].

É essa concepção que continuamos a considerar correcta, tendo as reformas legislativas ocorridas nos últimos anos reforçado uma tal concepção, como veremos daqui a pouco. A referida posição tem sido, além disso, sufragada pela nossa jurisprudência constitucional e administrativa.

Quanto à primeira, já tivemos oportunidade de lhe fazer uma referência, mas pensamos que vale a pena voltar ao assunto. Assim, no referido Acórdão do Tribunal Constitucional n.º 341/86, afirmou-se que "no direito de propriedade constitucionalmente consagrado contém-se o poder de gozo do bem objecto do direito, sendo certo que

---

[101] Cfr. as nossas obras *O Plano Urbanístico*, cit., p. 372-383, e *Estudos de Direito do Urbanismo*, cit., p. 51-53.

[102] Cfr. Cláudio Monteiro, *O Embargo e a Demolição de Obras no Direito do Urbanismo*, cit., p. 23-30; António Cordeiro, *A Protecção de Terceiros em Face de Decisões Urbanísticas*, cit., p. 24 e segs.; João Miranda, *A Dinâmica Jurídica do Planeamento Territorial* (a *Alteração, a Revisão e a Suspensão dos Planos*), cit., p. 295 e segs.; e Jorge Miranda/Rui Medeiros, *Constituição Portuguesa Anotada*, Tomo I, cit., p. 627 e 628.

[103] Repare-se que a tese que considera que o *jus aedificandi* não é uma faculdade inerente ao direito de propriedade, mas uma faculdade que é concedida nos termos e nas condições definidos pelas normas jurídico-urbanísticas, não é incompatível com o entendimento, que sufragamos, sem qualquer hesitação, de que o "direito de construir", uma vez concedido ao abrigo das normas de direito do urbanismo, passa a integrar o conteúdo do direito de propriedade e a ser abrangido pela garantia constitucional do direito de propriedade. Cfr. M. Nogueira de Brito, *ob. cit.*, p. 966.

não se tutela ali expressamente um «jus aedificandi», um direito à edificação como elemento necessário e natural do direito fundiário".

E o mesmo Tribunal consignou no mencionado Acórdão n.º 329/ /99, e repetiu no citado Acórdão n.º 517/99, que os direitos de urbanizar, lotear e edificar não fazem parte da *essência* do direito de propriedade, tal como ele é garantido pela Constituição. E acrescentou-se nesses dois arestos: "E, assim, como só pode construir-se ali onde os planos urbanísticos o consentirem; e o território nacional tende a estar, todo ele, por imposição constitucional, integralmente planificado [cfr. artigos 9.º, alínea *e*), 65.º, n.º 4, e 66.º, n.º 2, alínea *b*)]; o *direito de edificar*, mesmo entendendo-se que é uma faculdade inerente ao direito de propriedade, para além de ter que ser exercido nos termos desses planos, acaba, verdadeiramente, por *só existir* nos solos que estes qualifiquem como *solos urbanos*. Atenta a *função social* da propriedade privada e os relevantes interesses públicos que confluem na decisão de quais sejam os solos urbanizáveis, o *direito de edificar* vem, assim, a ser inteiramente modelado pelos planos urbanísticos".

Por seu lado, no Acórdão da 1.ª Secção do Supremo Tribunal Administrativo de 30 de Setembro de 1997 (Proc. n.º 35 751), acentuou-se que "no direito de propriedade consagrado no artigo 62.º, n.º 1, da Constituição contêm-se poderes de gozo e usufruição do bem objecto desse direito, mas não se tutela aí o *jus aedificandi*, ou seja, o direito de construção ou edificação. Existindo um instrumento de planeamento, é este que define o direito de construção"[104]. Na mesma linha, o Acórdão do Pleno da 1.ª Secção do Supremo Tribunal Administrativo de 18 de Fevereiro de 1998 (Proc. n.ºˢ 27 816 e 27 817) sublinhou que "o *jus aedificandi* não integra o núcleo essencial do direito de propriedade, sendo outrossim uma faculdade legal e nos termos em que a mesma lei o dispuser"[105]. E o Acórdão da 1.ª Secção do Supremo Tribunal Administrativo de 18 de Maio de 2006

---

[104] Cfr. a nossa obra *Evolução do Direito do Urbanismo em Portugal em 1997--1998*, cit., p. 698 e 699.

[105] Cfr. o texto deste aresto em F. RODRIGUES PARDAL/A. MADEIRA BORDALO, *Antologia de Acórdãos do Supremo Tribunal Administrativo e Tribunal Central Administrativo*, Ano I, N.º 2 (1998), p. 36-43.

(Proc. n.º 167/05) realçou que "a faculdade de construir apresenta-se como o resultado de uma concessão jurídico-pública em face dos planos urbanísticos"[106].

Quais são as principais razões alicerçadoras deste entendimento?

Ao rebatermos os argumentos avançados em abono da tese da inerência do "jus aedificandi" ao direito de propriedade do solo, já tivemos ocasião de enunciar, ainda que indirectamente, algumas razões justificativas da concepção por nós defendida. Podemos, no entanto, adiantar, ainda que em termos breves, mais algumas razões.

a) Em primeiro lugar, uma razão que tem a ver com uma adequação do direito à realidade. De facto, a tese que considera o "jus aedificandi" como uma faculdade imanente ao direito de propriedade está em contradição com a realidade da vida, dado que a muitos proprietários é negada ou não é admitida qualquer possibilidade de construção. Há, assim, que abandonar o "dogma" da inerência do "jus aedificandi" ao direito de propriedade, o qual tem apenas uma base "ideológica" e está em desacordo com a realidade jurídica[107-108].

b) Uma segunda razão pode ir buscar-se à planificação *integral* do território nacional, decorrente da obrigação imposta aos municípios de elaborarem e aprovarem planos directores municipais (cfr. o já revogado artigo 32.º, n.ºs 1 e 2, do Decreto-Lei n.º 69/90, de 2 de Março, e os actualmente vigentes artigos 84.º, n.º 4, do RJIGT, e 6.º-A do Decreto-Lei n.º 281/93, de 17 de Agosto, aditado pelo Decreto-Lei n.º 402/99, de 14 de Outubro), e à existência, em quase

---

[106] No mesmo sentido, cfr. os Acórdãos da 1.ª Secção do Supremo Tribunal Administrativo de 1 de Fevereiro de 2001 (Proc. n.º 46 825) e de 12 de Fevereiro de 2002 (Proc. n.º 0828/02), o primeiro publicado nos CJA, N.º 43 (2004), p. 49 e segs., com uma *Anotação*, parcialmente discordante, de FERNANDA PAULA OLIVEIRA, e o segundo publicado na RJUA, N.ºs 18/19 (2002/2003), p. 189 e segs..

[107] Cfr. H. SCHULTE, *Das Dogma Baufreiheit*, cit., p. 141.

[108] É, aliás, nesta linha, que ALBERTO ROCCELLA, reportando-se no actual direito do urbanismo italiano, afirma que o plano é o *acto realmente constitutivo* da faculdade de construir. Cfr. *Les Évolutions du Droit de l'Urbanisme en Italie* en 2001 et 2002, in DAUH, 2003, p. 561.

todos os municípios portugueses[109], de planos directores municipais (cujas disposições vêm sendo desenvolvidas e densificadas, em vários casos, em planos de urbanização e em planos de pormenor). Ora, estes dois factores apontam claramente no sentido de que os *pressupostos de existência* do "jus aedificandi", e não apenas as *condições do seu exercício*, se encontram naqueles instrumentos de planificação territorial e estão dependentes do seu "sistema de atribuição".

c) Uma terceira razão, estritamente ligada à acabada de referir, encontra-se no chamado *princípio da reserva do plano*. Significa este princípio que só pode construir-se num terreno quando o plano – o qual, como já referimos, é sempre de *iniciativa* e *responsabilidade* públicas, mesmo naqueles casos em que a elaboração (alteração ou revisão) de um plano de urbanização ou de um plano de pormenor e ou a respectiva execução tenham sido objecto de um *contrato* celebrado entre a câmara municipal e os particulares interessados, nos termos dos artigos 6.º-A e 6.º-B do RJIGT – lhe atribuir vocação edificativa ou o classificar e qualificar como solo urbano, nos termos dos artigos 72.º e 73.º do RJIGT, e, além disso, o projecto de edificação não contrariar as disposições daquele.

Ora, este princípio – que está subjacente a várias disposições do RJUE, designadamente ao artigo 41.º, ao estabelecer que "as operações de loteamento só podem realizar-se nas áreas situadas dentro do perímetro urbano e em terrenos já urbanizados ou cuja urbanização se encontre programada em plano municipal de ordenamento do território" – impede que se perspective o "jus aedificandi" como uma faculdade conatural ao direito de propriedade do solo, desde logo porque os particulares não têm o direito de elaborar e de aprovar um plano urbanístico, sendo esse direito uma reserva do Estado, das regiões autónomas e das autarquias locais, como flui do artigo 65.º, n.º 4, da Constituição e da legislação urbanística.

---

[109] De facto, como já foi sublinhado, com a Resolução do Conselho de Ministros n.º 41/2003, de 26 de Março, que ratificou parcialmente o Plano Director Municipal de Góis, todos os municípios do Continente passaram a estar dotados do plano director municipal aprovado e ratificado.

d) Por fim, uma quarta razão – que consideramos de grande relevo – está relacionada com os *mecanismos de garantia do princípio da igualdade em face das medidas dos planos dotados de eficácia plurisubjectiva.*

Neste campo, a tese que sustenta a dependência do "jus aedificandi" de um acto de atribuição do poder público – por via de regra, o plano – leva nitidamente a melhor sobre a que se lhe opõe. De facto, um sistema jurídico que se baseie no princípio fundamental da *liberdade de construção* e que considere, em traços gerais, o "jus aedificandi" como uma resultante da garantia constitucional do direito de propriedade do solo tende, em regra, a dar relevo apenas a um tipo de medidas do plano urbanístico que violam o *princípio da igualdade*, precisamente aquelas que se traduzem em "expropriações", quer se trate de expropriações em sentido clássico, isto é, de expropriações translativas do direito de propriedade do solo do particular para a Administração, quer de expropriações que sacrificam o "jus aedificandi" do proprietário do solo por motivos de interesse geral. É o que acontece, em linhas gerais, com o sistema jurídico alemão, que se preocupa tão-só com as *intervenções (Eingriffe)* da Administração Pública no "jus aedificandi" que merecem o qualificativo de "expropriações", deixando de lado as medidas do plano de conteúdo não expropriativo e que se traduzem na definição de *tipos* e de *intensidades* diferentes de utilização do solo, as quais atingem muitas vezes proprietários de terrenos, situados uns ao lado dos outros. Já sabemos que o *princípio da igualdade*, entendido em sentido material e não meramente formal, exige uma correcção destas diferenças de tratamento. O jurista não pode ignorá-las, já que se trata de desigualdades que se traduzem em diferenças significativas do valor dos terrenos. Veja-se, por exemplo, a distância que separa o valor por metro quadrado de um terreno destinado a uma vivenda unifamiliar, com o máximo de dois pisos, do de um terreno destinado a um prédio de habitações em propriedade horizontal, com vários pisos.

Um sistema jurídico que se estribe na premissa de que o "jus aedificandi" é uma faculdade atribuída pelo plano urbanístico apresenta-se, em geral, mais *sensível* à correcção das desigualdades decorrentes daquele segundo tipo de medidas. Em primeiro lugar, porque considerando que o proprietário do solo não dispõe "ab initio" de um "direito de construir", sendo este objecto de atribuição ou de concessão do plano, coloca o problema do *princípio da igualdade* em face das medidas do plano sob o ângulo do princípio do *tratamento igual (Gleichbehandlung)* dos particulares pela Administração, vincando, deste modo, a ideia segundo a qual esta não pode atribuir um benefício a uns e não o atribuir a outros ou atribuir um benefício maior a uns do que a outros. Em segundo lugar, justamente porque entende que o "jus aedificandi" não é um direito originário do proprietário do solo, é mais *consentâneo* com a adopção de mecanismos de "perequação" dos benefícios e encargos entre os proprietários dos terrenos abrangidos por um mesmo plano, através de uma pluralidade de instrumentos, entre os quais o da recuperação pela comunidade das mais-valias oriundas do plano. Poderemos mesmo afirmar que à tese da inerência do "jus aedificandi" ao direito de propriedade do solo repugna toda a gama de técnicas ou de instrumentos de garantia do princípio da igualdade em face das medidas não expropriativas do plano urbanístico.

Ora, o actual ordenamento jurídico urbanístico (cfr. o artigo 18.º da LBPOTU e os artigos 135.º a 143.º do RJIGT) consagrou, como tivemos ensejo de realçar, o *princípio da perequação compensatória dos benefícios e encargos decorrentes dos instrumentos de gestão territorial vinculativos dos particulares,* com vista a garantir a observância do princípio da igualdade em face das medidas (expropriativas e não expropriativas) daqueles planos. A nossa convicção profunda é a de que, ao ter introduzido uma tão importante reforma no nosso direito do urbanismo, o legislador não poderia ter deixado de partir do princípio de que o "jus aedificandi" não é uma faculdade que faz parte do *conteúdo natural* do direito de propriedade, mas uma faculdade *atribuída* ou *conferida* pelo ordenamento jurídico urbanístico, de modo particular pelos planos[110-111-112].

---

[110] Uma consequência prática da tese que defendemos – a de que o "jus aedificandi" não é uma *faculdade natural* que compõe o conteúdo do direito de propriedade do solo, mas uma *atribuição* do ordenamento urbanístico, em particular dos planos – é a consideração como uma verdadeira *taxa* – e não como um *imposto* –

da quantia paga pela licença para colocação de mensagens publicitárias nos telhados ou nos terraços dos edifícios que sejam propriedade de particulares, já que o beneficiário da licença para publicidade está, nesse caso, realmente, a ocupar espaço público, pois que tal é o espaço aéreo acima da cobertura dos edifícios.

Com efeito, embora pertença aos particulares "o espaço aéreo correspondente à superfície" dos imóveis de privados, por ser abrangido pelo respectivo direito de propriedade (cfr. o artigo 1344.°, n.° 1, do Código Civil), o *limite superior* desse espaço aéreo privado é, no tocante aos imóveis onde tenham sido erigidos edifícios, a cobertura da construção que aí foi levantada, ou seja, o respectivo telhado ou terraço. O espaço aéreo acima da cobertura do edifício tem já a natureza de bem do domínio público. É espaço *aéreo público*, susceptível, no entanto, de uma utilização individualizada pelos particulares que sejam titulares da necessária licença. É, consequentemente, um *bem semipúblico*, assumindo a contraprestação pela sua utilização individualizada a natureza de *taxa*.

Acrescente-se que existe uma divergência entre o Supremo Tribunal Administrativo e o Tribunal Constitucional sobre a caracterização do tributo exigido pela licença de publicidade de mensagens publicitárias nos telhados dos edifícios particulares. Enquanto o primeiro vê nele uma verdadeira *taxa* (cfr., por exemplo, o Acórdão da 2.ª Secção do Supremo Tribunal Administrativo de 2 de Julho de 1997, in *AD*, Ano XXXVII, N.° 437, p. 620), o segundo perspectiva-o como um *imposto* (cfr., por exemplo, os Acórdãos do Tribunal Constitucional n.ºs 558/98, 63/99 e 32/2000, publicados no *DR*, II Série, de 11 de Novembro de 1998, de 31 de Março de 1999, e de 8 de Março de 2000, respectivamente.)

Mais recentemente, o Acórdão da 2.ª Secção do Supremo Tribunal Administrativo de 15 de Maio de 2002 (Proc. n.° 26 820) utilizou expressamente, entre outros argumentos, o da não inerência do "jus aedificandi" ao direito de propriedade do solo, para fundamentar a consideração como *taxa* das quantias pagas pelas licenças para colocação de mensagens publicitárias nos telhados de edifícios de particulares (cfr. o ponto 7.9. da respectiva fundamentação).

Interposto recurso deste aresto para o Tribunal Constitucional, veio este, porém, no seu Acórdão n.° 437/2003 (publicado no *DR*, II Série, de 4 de Fevereiro de 2004) reiterar a sua anterior jurisprudência, sem cuidar de ponderar devidamente a nova argumentação decorrente da consideração como *espaço público* daquele que se situa acima da cobertura do edifício, constituída pelo respectivo telhado ou terraço. Limitou-se, com efeito, aquele órgão supremo da justiça constitucional a referir que, "no presente caso, não se encontra, aliás, qualquer elemento concreto que permita afirmar a existência de uma intromissão no espaço público, para além do referido «facto notório» e da consideração genérica, apoiada na invocação dos limites ao direito de propriedade resultantes das restrições urbanísticas, de qual tal espaço aéreo, para além do edificado, seria de considerar espaço *público*.

Ora, independentemente da apreciação da valia de eventuais teses doutrinárias nesse sentido – e, também, da sua coerência com a consideração de que o *jus aedificandi* não é elemento essencial do direito de propriedade –, importa recordar – como se recordou nos citados arestos anteriores relativos às «taxas» em questão –, não só o princípio, estabelecido no artigo 1344.º do Código Civil, de que «a propriedade dos imóveis abrange o espaço aéreo correspondente à superfície», como que o plano da tributação é distinto do da *polícia ou controlo do ambiente ou das regras urbanísticas*".

Tendo em conta o exposto, é bem de ver que esta retórica não constitui uma resposta adequada à argumentação constante do acórdão recorrido, na parte respeitante à *natureza jurídica* do espaço aéreo situado acima da cobertura dos edifícios, à luz do contexto da relação entre o direito de propriedade do solo e o *"jus aedificandi"*.

[111] Importa sublinhar que, depois da Revisão de 1997, a Constituição passou a referir, além das duas categorias tradicionais de tributos – *impostos* e *taxas* –, as *"demais contribuições financeiras a favor das entidades públicas"* [cfr. a alínea i) do n.º 1 do artigo 165.º da Constituição], atribuindo à Assembleia da República a reserva relativa de competência para legislar sobre o *"regime geral"* destas *contribuições financeiras*, bem como sobre o das *taxas* – o qual, especificamente no que respeita às *taxas*, abrange, na opinião de J. M. CARDOSO DA COSTA, o "regime-quadro" desta figura tributária, podendo, inclusive, ser aprovados "diversos regimes gerais de taxas em função designadamente dos sectores da actividade pública a que respeitem", e em cuja extensão ou conteúdo normativo se incluem: a própria noção de *taxa* e a sua caracterização, as suas possíveis modalidades e a indicação típica dos domínios da sua incidência, os princípios e as regras gerais relativos à competência para o seu estabelecimento e à forma ou procedimento que neste deve ser observado, o critério ou critérios gerais a que deverá obedecer a fixação do respectivo montante, e os elementos ou circunstâncias para tanto atendíveis, e, porventura, ainda, algum ou alguns aspectos mais relevantes do regime da relação jurídica e da obrigação tributárias (cfr. *Sobre o Princípio da Legalidade das «Taxas»*, cit., p. 801 e 802). Quanto aos *impostos*, continua a competir-lhe legislar sobre a respectiva *criação*, ou seja, cabe-lhe determinar *"a incidência, a taxa, os benefícios fiscais e as garantias dos contribuintes"* (cfr. o artigo 103.º, n.º 2, da Constituição).

Em consonância com o comando constitucional, a Lei Geral Tributária (aprovada pelo Decreto-Lei n.º 398/98, de 17 de Dezembro, rectificado no *Diá-*

rio da República, I Série-A, 2.º Suplemento, de 29 de Fevereiro de 1999, e alterada por vários diplomas legais posteriores), depois de prescrever, no n.º 2 do artigo 3.º, que "os tributos compreendem os impostos, incluindo os aduaneiros e especiais, e outras espécies tributárias criadas por lei, designadamente as taxas e demais contribuições financeiras a favor de entidades públicas", acrescenta no n.º 3 do mesmo artigo que "o regime geral das taxas e das contribuições financeiras referidas no número anterior consta de lei especial".

Ora, o "regime geral das taxas das autarquias locais" foi aprovado, como se sabe, pela Lei n.º 53-E/2006, de 29 de Dezembro, prevendo, no seu artigo 6.º, n.º 2, que "as taxas municipais podem também incidir sobre a realização de actividades dos participantes geradoras de impacto ambiental negativo". Cremos que esta norma legal constitui uma credencial suficiente para a caracterização como "taxa" do tributo exigido pela licença de publicidade de mensagens publicitárias nos telhados dos edifícios particulares, dado "o impacto ambiental negativo" a elas associado, garantido que está o seu carácter de tributo bilateral, baseado numa relação do tipo *do ut des* ou sinalagmática (cfr. J. CASALTA NABAIS, *A Autonomia Financeira das Autarquias Locais*, cit., p. 40 e 41).

[112] J. REIS NOVAIS fornece-nos uma perspectiva diversa da apresentada no texto sobre a natureza jurídica do *jus aedificandi*, a qual se caracteriza por uma crítica à tese *privatista* (segundo a qual, e com base na respectiva regulação por parte do direito civil, o *jus aedificandi* é uma faculdade inerente ao direito de propriedade privada) e à tese *publicista* (para a qual o *jus aedificandi* é um direito autónomo, desintegrado do direito de propriedade privada, concedido pela autoridade pública a alguns proprietários através de acto jurídico, circunstâncias e pressupostos regidos pelo direito público) e pelo entendimento de que, estando em discussão o direito de propriedade privada e a delimitação dos seus contornos, designadamente o conteúdo do direito de propriedade do solo e a questão específica de se saber se o *jus aedificandi* integra, ou não, esse conteúdo, se trata de um problema de direitos fundamentais e, como tal, é no âmbito da Constituição, das normas de direitos fundamentais e da teoria dos direitos fundamentais que a resposta àquela natureza jurídica deve ser prioritariamente encontrada. E, em coerência com esta compreensão do problema, considera que "o *jus aedificandi* tem uma natureza de jusfundamentalidade que lhe advém da sua associação natural e histórica à propriedade privada do solo e, consequentemente, ao direito de propriedade privada".

Todavia, segundo o mesmo autor, "o facto de uma determinada faculdade ser reconhecida, *prima facie*, como direito fundamental – no caso, direito fundamental integrado no direito de propriedade privada do solo concebido como um todo – é perfeitamente compatível com a possibilidade da sua restrição legítima, tal como acontece com todos os direitos fundamentais. Não apenas a Constituição acolhe os outros valores que justificam a restrição, como há que ter em conta que o direito de propriedade é um direito especial, com uma enorme vinculação social e necessária possibilidade de conformação e limitação infraconstitucionais; a própria Constituição remete para os planos e as autarquias locais a possibilidade de conformação/limitação do *jus aedificandi*".

Apesar de partir de uma perspectiva metodológica diferente e de se basear em pressupostos distintos dos da tese por ele apelidada de *privatista* – a qual, inclusivamente, critica –, cremos que a posição adoptada por J. REIS NOVAIS aproxima-se, numa visão substancial das coisas, da tese *privatista* ou *civilista*, pelo que é passível das críticas dirigidas no texto à tese da inerência do *jus aedificandi* ao direito de propriedade constitucionalmente garantido. Cfr. *Ainda Sobre o Jus Aedificandi (... Mas Agora como Problema de Direitos Fundamentais)*, in Direitos Fundamentais: Trunfos Contra a Maioria, Coimbra, Coimbra Editora, 2006, p. 117-153, em especial, p. 117-122 e 147-153.

CAPÍTULO II
A INTERVENÇÃO DA ADMINISTRAÇÃO PÚBLICA NOS SOLOS

35. Necessidade, conceito, pressupostos e objectivos de uma política de solos

A deslocação de um elevado número de pessoas dos meios rurais para os centros urbanos, de que resulta um acentuado crescimento demográfico dos aglomerados urbanos, ocasiona um aumento contínuo da procura de terrenos para fins urbanísticos, designadamente para a realização de infra-estruturas, para a construção de habitações e para a instalação de equipamentos públicos, exigindo, por isso, uma ocupação de solos em áreas cada vez mais vastas. Normalmente, a oferta de solos não acompanha esta necessidade de consumo crescente de terrenos para fins de urbanização e de construção, não só devido à escassez, por natureza, destes bens, mas ainda devido à tendência dos proprietários dos solos (sobretudo dos solos susceptíveis de urbanização) para conservá-los durante largo tempo, normalmente com o objectivo de beneficiarem do aumento contínuo do seu preço (fenómeno conhecido por "retenção dos solos" ou "especulação fundiária"). Este desequilíbrio entre a oferta e a procura de solos urbanos e urbanizáveis origina um crescimento progressivo do preço destes bens, a que andam associados múltiplos efeitos perniciosos. Tais consequências nefastas são caracterizadas nos prolegómenos justificativos do Decreto-Lei n.º 576/70, de 24 de Novembro – diploma que aprovou a Lei de Solos antecedente da que hoje vigora –, em termos ainda bem actuais e que vale a pena citar:

"[...] O encarecimento dos terrenos conduz a soluções aparentemente mais económicas, mas técnica e socialmente inapropriadas, tais como a implantação de bairros em zonas afastadas, que origina inconvenientes de vária ordem, desde o desordenado crescimento das infra-estruturas urbanísticas e dos equipamentos sociais, com o agravamento dos seus custos de instalação e funcionamento, até ao excessivo afastamento dos locais de trabalho dos habitantes, com as inevitáveis repercussões nos orçamentos familiares e na economia geral, para só falar nos inconvenientes de ordem económica.

Também os elevados valores atingidos pelos terrenos levam ao seu máximo aproveitamento, quer ultrapassando os limites adequados na densidade de ocupação do solo – por uma construção em altura superior à conveniente e pela diminuição dos espaços verdes e dos destinados a serviços e equipamentos sociais –, quer pela redução da área das habitações, com a generalização de fogos sem as condições necessárias para a média das famílias.

Além disso, o aumento dos preços dos terrenos provoca o aumento do custo total das construções e, como consequência, a elevação constante das rendas, levando também os construtores a diminuir os restantes encargos, designadamente à custa da qualidade dos edifícios, com prejuízo da conservação e até da sua duração.

Por fim, deixando de parte outros aspectos, é de salientar que o progressivo e intenso aumento dos preços dos terrenos suscita o encaminhamento de muitas economias para o entesouramento de terrenos urbanizáveis, ou que como tais se julgam, ocasionando a imobilização, por períodos mais ou menos longos, de capitais que bem melhor poderiam ser utilizados em investimentos de utilidade social".

Mais recentemente, a Resolução do Conselho de Ministros n.º 76/2002, de 11 de Abril (que determinou a elaboração do PNPOT), salienta, na mesma linha, "as tendências, que ainda subsistem, para a concentração demográfica no litoral e nas áreas metropolitanas de Lisboa e do Porto, com a consequente expansão urbanística nessas zonas", acrescentando que "estas tendências, como é sabido, são responsáveis não apenas por assimetrias perturbadoras da coesão territorial, mas também por excessivas pressões urbanísticas sobre áreas ambientalmente sensíveis e pela ocupação de solos com vocação agrícola ou florestal, para além de propiciarem o crescimento das áreas suburbanas na periferia das grandes metrópoles, muitas vezes desqualificadas do ponto de vista urbanístico e insuficientemente servidas de espaços verdes, equipamentos, acessibilidades ou transportes públicos e, como tal, longe de favorecer a qualidade de vida das populações, com todas as consequências sociais daí decorrentes."

De acordo com a mesma Resolução do Conselho de Ministros, "paralelamente, persiste a tendência para a expansão generalizada das áreas urbanizáveis e da construção dispersa, muitas vezes ao arrepio das tendências demográficas, com evidentes prejuízos para a paisagem e gerando assinaláveis encargos em matéria de construção e manutenção de infra-estruturas. Na década de 90, e ainda de acordo com os dados do último Censo, para um aumento de apenas 4,6% da população residente verificou-se um aumento de 20,1% dos alojamentos, que já tinham crescido 22% na década de 80." Daí que, segundo aquela Resolução, a política de solos deva orientar-se, actualmente, também, para a *contenção da expansão urbanística*.

E o PNPOT, aprovado, como é sabido, pela Lei n.º 58/2007, de 4 de Setembro, refere, a propósito do *objectivo específico* de "promover um desenvolvimento urbano mais compacto e policêntrico no Continente, contrariar a construção dispersa, estruturar a urbanização difusa e incentivar o reforço das centralidades intra-urbanas" (enquadrado no *objectivo estratégico* de "promover o desenvolvimento policêntrico dos territórios e reforçar as infra-estruturas de suporte à integração e à coesão territoriais"), que "vastos espaços do País desenvolveram-se segundo um modelo de urbanização difusa e são generalizadas as pressões para a construção dispersa. Esses processos, além dos custos que implicam, originam a desestruturação dos espaços rurais, agrícolas e florestais.

Em geral, as áreas propostas para expansão urbana em sede de PDM ultrapassam as necessidades decorrentes do desenvolvimento sócio-demográfico e económico dos concelhos, o que origina grandes disfunções, agravando o custo de infra-estruturas, incentivando o abandono de actividades agrícolas e o alargamento dos solos expectantes e aumentando a descontinuidade dos tecidos urbanos e a degradação das paisagens.

Por outro lado, existe uma clara associação entre o crescimento das periferias e o abandono dos núcleos urbanos centrais. Apesar de nos últimos anos ter havido um grande esforço das autarquias para reabilitar os núcleos históricos e as áreas centrais das aglomerações urbanas, não se conseguiu contrariar suficientemente o seu abandono, sendo necessário reforçar a intervenção neste domínio".

A situação que vem de ser caracterizada reclama, como facilmente se compreende, uma intervenção da Administração Pública nos solos urbanos, através do recurso a diversas providências, tendentes não só a resolver o problema da disponibilidade de solos, para efeitos de urbanização e construção – aspecto este que constituía a finalidade precípua da política de solos do período do urbanismo *quantitativo*, que se estendeu, como dissemos, no nosso país, até ao fim da década de 90 do século passado –, mas também a conter a expansão urbanística e a incentivar a reconstrução e a reabilitação, em detrimento das novas construções, o mesmo é dizer a adopção de uma política coerente de solos[1].

A *política de solos* consiste, assim, na definição de um conjunto articulado de objectivos e meios de natureza pública, com vista não apenas a proporcionar, nos diferentes aglomerados urbanos, uma oferta de solos que corresponda à respectiva procura, de modo a que os utilizadores (pessoas colectivas públicas e construtores privados) tenham ao seu dispor terrenos a preços razoáveis, como ainda a conter a expansão urbanística e a promover e a facilitar a renovação urbana.

No que respeita aos *pressupostos* da política de solos, já sabemos que só é possível falar de uma política de solos, caracterizada nos termos acima expostos, se se aceitar simultaneamente a existência de um mercado de terrenos urbanos e uma intervenção correctora por parte

---

[1] Cfr. A. PEREIRA DA COSTA, *Direito dos Solos e da Construção*, cit., p. 33-36.

dos poderes públicos dos efeitos negativos do funcionamento desse mercado. Ora, isso só é concebível se o Estado excluir duas ideologias urbanísticas de sinal contrário (a que defende a *colectivização* integral dos solos urbanos, na veste de nacionalização ou de municipalização dos mesmos, a qual subtrai ou suprime a propriedade privada daqueles bens e elimina, consequentemente, qualquer mercado de solos, e a que propõe um *liberalismo puro*, que é adepto fervoroso da não intervenção da Administração Pública nos tecidos económico e social, de acordo com o princípio "laissez faire – laissez passer", e que rejeita, por isso, qualquer intervenção dos poderes públicos no mercado daquelas categorias de bens) e adoptar, no domínio dos solos urbanos, os princípios do Estado de Direito Social, característico dos países membros da União Europeia a que pertencemos[2].

Por fim, no que toca aos *objectivos* da política de solos, tal como foi anteriormente definida, são eles essencialmente os seguintes: combater a especulação fundiária, através de medidas de estímulo ao aumento da oferta de solos por iniciativa dos particulares e de medidas desincentivadoras da "retenção de solos" urbanos; satisfazer as necessidades das pessoas colectivas públicas territoriais, sobretudo do Estado e dos municípios, de terrenos para espaços verdes públicos e de utilização colectiva, infra-estruturas, designadamente arruamentos viários e pedonais, e equipamentos públicos, os quais integram o domínio público daqueles entes; constituir reservas de solos nas mãos de entes públicos – que ficam a pertencer ao seu domínio privado –, com um duplo fim: introduzir no mercado do solo um factor de correcção das suas disfunções, através da colocação à disposição dos promotores privados de terrenos a preços não especulativos, e possibilitar a realização de operações urbanísticas por iniciativa e responsabilidade públicas, conseguindo, desse modo, uma maior agilidade e eficácia da gestão urbanística; conter a expansão urbanística, a construção dispersa e a urbanização difusa; e promover e incentivar as operações de renovação urbana.

---

[2] Cfr. D. FREITAS DO AMARAL, *Direito do Urbanismo (Sumários)*, cit., pág. 85, e *Opções Políticas e Ideológicas Subjacentes à Legislação Urbanística*, cit., p. 99.

No que respeita aos mecanismos de intervenção da Administração Pública nos solos que visam a promoção e a efectivação de operações de renovação urbana, já tivemos ocasião de lhes fazer uma ligeira referência. De qualquer modo, o desenvolvimento do seu regime jurídico, como sucede com o instituto das "áreas críticas de recuperação e reconversão urbanística" – que a actual Lei dos Solos (aprovada pelo Decreto-Lei n.º 784/76, de 5 de Novembro, alterado pelo Decreto-Lei n.º 313/80, de 19 de Agosto) disciplina como um mecanismo de intervenção da Administração Pública nos solos urbanos (cfr. os artigos 41.º a 46.º), mas que achamos mais correcto considerar como um dos instrumentos jurídicos de renovação urbana –, deve ter lugar num capítulo dedicado à "renovação urbana".

Por sua vez, no que toca aos mecanismos ou instrumentos cuja finalidade principal é a contenção da expansão urbanística, são eles, entre outros, a programação adequada pelos instrumentos de planeamento territorial da expansão dos aglomerados urbanos, a criação de fortes restrições à construção dispersa e à urbanização difusa, a consagração de critérios rigorosos de reclassificação do solo rural como solo urbano e a exigência da respectiva fundamentação técnica, à luz das tendências positivas de evolução demográfica, das perspectivas de desenvolvimento económico e social e das redes de infra-estruturas e equipamentos colectivos, e a associação da edificabilidade em espaço rural a critérios de sustentabilidade, dimensão e conexão com o desenvolvimento de explorações agrícolas, florestais ou afins [3].

---

[3] O PNPOT aponta as seguintes *medidas prioritárias* para "promover um desenvolvimento urbano mais compacto e policêntrico no Continente, *contrariar a construção dispersa, estruturar a urbanização difusa* e incentivar o reforço das centralidades intra-urbanas" (itálico nosso): rever o quadro legal, para que nas áreas metropolitanas de Lisboa e do Porto e nas aglomerações de maior dimensão se verifique uma maior articulação entre o desenvolvimento de novas urbanizações e o sistema de transportes, nomeadamente através do condicionamento da aprovação de planos de pormenor e do licenciamento de loteamentos à avaliação dos seus impactes no sistema de mobilidade (2007-2009); reforçar a componente estratégica dos PDM, integrando no seu conteúdo a definição de opções sobre a dimensão e

Tendo em conta o exposto, vamos debruçar-nos, nas páginas seguintes, apenas sobre os mecanismos de intervenção da Administração Pública nos Solos que visam a prossecução dos três primeiros *objectivos* anteriormente assinalados da política de solos.

36. Mecanismos de intervenção da Administração Pública nos solos

O segundo ponto que queremos referir neste capítulo abrange a análise dos diferentes *mecanismos* de intervenção da Administração Pública nos solos, destinados à consecução daqueles três primeiros *objectivos* da política de solos.

---

as formas de desenvolvimento urbano mais adequadas aos respectivos territórios (2007-2009); definir nos PROT do território continental e das Regiões Autónomas o quadro estratégico de organização dos sistemas regionais de ordenamento do território, designadamente nos domínios ecológico, urbano e das acessibilidades e mobilidade, tendo em conta os objectivos de reforço de centralidades, de um desenvolvimento urbano mais compacto e do controlo e disciplina da dispersão da construção (2007-2008); incentivar novas parcerias para o desenvolvimento de programas integrados de reabilitação, revitalização e qualificação das áreas urbanas, reforçar e agilizar o papel das Sociedades de Reabilitação Urbana e rever o enquadramento fiscal e financeiro das operações integradas nestes programas (2007--2009); introduzir procedimentos de avaliação do impacte territorial da criação de infra-estruturas e equipamentos de uso colectivo, nomeadamente em termos do impacte no crescimento urbano, na mobilidade e no uso eficiente dos recursos (2007-2009); dinamizar a aplicação dos diversos mecanismos de execução dos instrumentos de gestão territorial previstos no Decreto-Lei n.º 380/99, nomeadamente promovendo um urbanismo programado e de parcerias e operações urbanísticas perequativas e com auto-sustentabilidade financeira (2007-2013); e rever e actualizar a legislação dos solos, em coerência com os restantes regimes legais e fiscais e com os instrumentos de gestão do território, evitando a apropriação indevida de mais-valias resultantes da reclassificação do uso do solo ou da retenção e intermediação especulativa dos terrenos e aperfeiçoando os mecanismos de assumpção por parte dos promotores das externalidades geradas pelas novas urbanizações, quer sobre as infra-estruturas quer sobre a estrutura ecológica (2007-2009).

Importa, desde já, esclarecer que existe uma *conexão* ou uma *íntima ligação* entre os *meios* ou *instrumentos* de política dos solos e a execução dos planos, tendo aqueles uma *função auxiliar* na realização dos fins definidos normativamente nos planos urbanísticos. Este princípio está plasmado no n.º 2 do artigo 16.º da LBPOTU, onde se estatui que, "para a execução coordenada e programada dos instrumentos de planeamento territorial, os meios de política de solos a estabelecer na lei devem contemplar, nomeadamente, modos de aquisição ou disponibilização de terrenos, mecanismos de transformação fundiária e formas de parceria ou contratualização, que incentivem a concertação dos diversos interesses"[4].

Compreende-se, por isso, que, neste capítulo, nos limitemos a enunciar, em termos muito gerais, os principais mecanismos de intervenção da Administração Pública nos solos urbanos, bem como os mais importantes instrumentos jurídicos de aquisição de solos pela Administração Pública, deixando para o Volume II deste Manual o estudo desenvolvido dos mais relevantes instrumentos de execução dos planos, que são também, como vem de ser referido, instrumentos ou mecanismos de política de solos.

São *quatro* os principais mecanismos de intervenção da Administração Pública nos solos urbanos.

Em primeiro lugar, as medidas de estímulo e de controlo da oferta de solos por iniciativa dos particulares. Trata-se de situações em que a oferta de solos para urbanização e construção tem origem na iniciativa privada, cabendo à Administração Pública uma função de estímulo ao aparecimento dessa oferta (como sucede quando as câmaras municipais realizam obras de urbanização numa determinada área, designadamente através da abertura de arruamentos e da construção de infra-estruturas de abastecimento de água e saneamento, em termos de os terrenos por elas servidos ficarem em condições de serem aproveitados para edificação) ou uma função de controlo da observância das normas urbanísticas em geral e das dos planos em parti-

---

[4] Cfr. a nossa obra *Evolução do Direito do Urbanismo em Portugal em 1997--1998*, cit., p. 690.

cular nas actividades dos sujeitos privados de "produção" de solo para fins de urbanização e de construção (nomeadamente por meio da atribuição de licenças e admissão de comunicações prévias de operações urbanísticas).

Em segundo lugar, as formas de colaboração da Administração com os proprietários na urbanização de solos, as quais visam um aumento da oferta de lotes de terreno para construção, e em que se destaca a figura jurídica da "associação da Administração com os proprietários do solo", disciplinada nos artigos 22.º a 26.º da vigente Lei dos Solos, no Decreto n.º 15/77, de 18 de Fevereiro (diploma que regulamenta aquelas disposições legais), bem como nos artigos 8.º, n.º 1, alínea *a*), 10.º e 11.º, n.º 2, do Decreto-Lei n.º 152/82, de 3 de Maio [5].

Em terceiro lugar, os meios de desincentivo à "retenção de solos" urbanos pelos proprietários, de modo a incrementar a oferta deste tipo de bens. Temos de reconhecer que são insuficientes, entre nós, os meios de combate àquele fenómeno. Os mecanismos de perequação compensatória a prever nos planos dotados de eficácia plurisubjectiva têm como objectivo, entre outros, o "estímulo da oferta de terrenos para urbanização e construção, evitando a retenção dos solos com fins especulativos" [cfr. o artigo 137.º, alínea *d*), do RJIGT]. Mas, sob o ponto de vista fiscal, não existe um imposto progressivo no tempo sobre os terrenos urbanos que incite os proprietários a utilizá-los para construção ou a aliená-los, de modo a eliminar a retenção de solos, normalmente com fins especulativos [6]. No nosso país,

---

[5] Para uma caracterização da figura jurídica da "associação da Administração com os proprietários do solo", cfr. a nossa obra *O Plano Urbanístico*, cit., p. 625--639. Trata-se de uma figura jurídica que tem uma limitadíssima ressonância prática, devido, fundamentalmente, às deficiências da sua regulamentação jurídica, salientadas nas referidas páginas daquela obra.

[6] Sublinhe-se que, no ordenamento jurídico brasileiro, estão previstos instrumentos jurídicos voltados especificamente para o combate à retenção de solos urbanos com fins especulativos. Tais instrumentos são referidos, desde logo, na Constituição Federal, no § 4.º do artigo 182.º, que faculta "ao Poder Público municipal, mediante lei específica para área incluída no plano director, exigir, nos

a tributação dos terrenos para construção e a recuperação das mais-
-valias resultantes da aprovação de planos urbanísticos, da realização
de obras de urbanização e da abertura de grandes vias de comunicação — que têm lugar, sobretudo, através do "encargo da mais-valia",
se for caso disso, da sujeição a imposto sobre o rendimento das pessoas singulares (IRS) ou sobre o rendimento das pessoas colectivas
(IRC), conforme os casos, das mais-valias obtidas com a transmissão
onerosa de terrenos para construção e da incidência sobre o valor
patrimonial dos terrenos para construção do imposto municipal sobre
imóveis[7] — não constituem armas suficientemente eficazes para deses-

---

termos da lei federal, do proprietário do solo urbano não edificado, subutilizado ou não utilizado, que promova seu adequado aproveitamento, sob pena, suces-sivamente, de: I — parcelamento ou edificação compulsórios; II — imposto sobre a propriedade predial e territorial urbana progressiva no tempo; III — desapro-priação com pagamento mediante títulos da dívida pública de emissão previa-mente aprovada pelo Senado Federal, com prazo de resgate de até dez anos em parcelas anuais, iguais e sucessivas, assegurados o valor real da indenização e os juros legais".

Os referidos mecanismos são disciplinados pelos artigos 5.º a 8.º do Estatuto da Cidade (Lei 10.257/2001), que constitui a lei geral do direito do urbanismo brasileiro. Para uma análise dos instrumentos jurídicos respeitantes ao *aproveita-mento adequado compulsório do solo urbano*, cfr. JOSÉ AFONSO DA SILVA, ob. cit., p. 427-433.

[7] O Código de Imposto Municipal sobre Imóveis (CIMI) foi aprovado pelo Decreto-Lei n.º 287/2003, de 12 de Novembro, no uso da autorização legislativa concedida pela Lei n.º 26/2003, de 30 de Julho (rectificado pela Declaração de Rectificação n.º 4/2004, de 9 de Janeiro, e alterado pontualmente por alguns diplomas legais posteriores), tendo substituído o anterior Código da Contribuição Autárquica, aprovado pelo Decreto-Lei n.º 442-C/88, de 30 de Novembro.

Ao aprovar o CIMI, o legislador pretendeu alcançar os três seguintes objec-tivos: criar um novo sistema de determinação do valor patrimonial dos imóveis; actualizar os seus valores; e repartir de forma mais justa a tributação da propriedade imobiliária, principalmente no plano intergeracional (e isto tendo em conta que o anterior regime de tributação estática do património imobiliário conduziu a uma sobretributação dos prédios novos e a uma subtributação dos prédios antigos).

Interessa-nos aqui referir somente a tributação dos prédios *urbanos,* nas suas modalidades de edifícios habitacionais, comerciais, industriais ou para serviços e de terrenos para construção (cfr. o artigo 6.º). A determinação do seu valor patrimo-

timular o fenómeno da retenção de solos. E o mecanismo jurídico especificamente pensado para combater a retenção de solos, que é *obrigatoriedade de construção* nos terrenos para tal aptos, nos termos do artigo 48.º da Lei dos Solos, dentro do prazo de dezoito meses, a contar da notificação que, para esse fim, seja feita ao respectivo proprietário, sob pena da expropriação daqueles, tem uma aplicação prática muito escassa [8].

Sublinhe-se que este princípio da *obrigatoriedade de construção* foi reafirmado e ampliado nas alíneas *b)*, *c)* e *d)* do n.º 2 do artigo 128.º do RJIGT. De facto, prescreve-se no n.º 2 do referido artigo que podem ser expropriados por causa de utilidade pública da execução do plano "os prédios rústicos que, após as obras que justifiquem o seu aproveitamento urbano, não sejam assim aproveitados, sem motivo legítimo, no prazo de 18 meses a contar da notificação que, para esse

---

nial tributário passou a basear-se em factores objectivos, sem espaço para a subjectividade e a discricionaridade do avaliador.

Assim, para a determinação do valor tributário dos prédios urbanos para habitação, comércio, indústria e serviços, consideram-se, nomeadamente, o valor base dos prédios edificados, a área bruta de construção e a área excedente à área de implantação, bem como coeficientes, constantes da lei, de afectação, de localização (variando estes de acordo com as *zonas homogéneas* fixadas pelo município), de qualidade e conforto e de vetustez (cfr. os artigos 38.º e segs.). Por seu lado, o valor tributário dos terrenos para construção é o somatório do valor da área de implantação do edifício a construir, que é a situada dentro do perímetro de fixação do edifício ao solo, medida pela parte exterior (o qual varia entre 15% e 45% do valor das edificações autorizadas ou previstas), adicionado do valor do terreno adjacente à implantação (cfr. o artigo 45.º).

O imposto municipal sobre prédios urbanos – cuja receita reverte a favor dos municípios, com base no *princípio do benefício*, já que aquele corresponde à contrapartida dos benefícios que os proprietários recebem com obras e serviços que são primordialmente da responsabilidade daqueles entes autárquicos – é calculado com base numa taxa que varia entre 0,4% e 0,8%, ou entre 0,2% e 0,5%, no caso de prédios urbanos avaliados, nos termos do CIMI (sendo fixada pelas assembleias municipais em cada ano, dentro daqueles intervalos), do valor patrimonial dos prédios urbanos [cfr. o artigo 112.º, n.º 1, alíneas *b)* e *c)*, e n.º 5].

[8] Cfr. a nossa obra *Problemas Actuais do Direito do Urbanismo em Portugal*, cit., p. 23-26.

fim, seja feita ao respectivo proprietário "[alínea *b*)], "os terrenos destinados a construção adjacentes a vias públicas de aglomerados urbanos, quando os proprietários, notificados para os aproveitarem em edificações, o não fizerem, sem motivo legítimo, no prazo de 18 meses a contar da notificação" [alínea *c*)], e "os prédios urbanos que devam ser reconstruídos ou remodelados, em razão das suas pequenas dimensões, posição fora do alinhamento ou más condições de salubridade, segurança ou estética, quando o ou os proprietários não derem cumprimento, sem motivo legítimo, no prazo de 18 meses, à notificação que, para esse fim, lhes for feita..." [alínea *d*)]. Os prazos assinalados referem-se, conforme determina o n.º 3 do artigo 128.º do RJIGT, ao início das obras.

Temos, porém, muitas dúvidas sobre a eficácia destas disposições. Primeiro, porque os municípios não dispõem de meios financeiros suficientes para pagarem as indemnizações correspondentes às expropriações. Segundo, porque os titulares dos órgãos municipais competentes não querem, muitas vezes, assumir os ónus de uma decisão de expropriação.

Nos mecanismos de intervenção da Administração Pública nos solos, incluem-se, em quarto lugar, os instrumentos jurídicos de aquisição de solos urbanos pelo Estado e pelas autarquias locais, com destaque para os municípios, os quais, como veremos de seguida, podem assumir várias modalidades. Como se sabe, alguns desses solos passam a integrar o domínio público destes entes (como sucede em alguns casos de cedência de parcelas no âmbito dos loteamentos urbanos), mas outra parte passa a pertencer a seu domínio privado. São os solos urbanos integrados no domínio privado da Administração que podem ser utilizados por esta para corrigir as disfunções do mercado de solos.

A conclusão a extrair do que acaba de ser referido é que os mecanismos de intervenção de Administração Pública nos solos que foram apontados estão, em boa parte, desajustados aos objectivos de uma moderna política de solos. Embora o RJIGT tenha introduzido algumas inovações importantes no âmbito dos sistemas e instrumentos de execução dos planos – matéria esta que tem, como sublinhámos, uma estreita relação com os instrumentos de política de solos –, é manifesto que a nossa Lei dos Solos já é muito antiga e carece de uma profunda reformulação e actualização [9].

37. Mecanismos de intervenção (cont.). Instrumentos jurídicos de aquisição de solos pela Administração Pública

São vários os instrumentos jurídicos de aquisição de solos pela Administração. Vamos enunciá-los brevemente, remetendo para o Volume II do presente Manual o desenvolvimento do seu regime.

Em primeiro lugar, temos como instrumentos de constituição do património público de solos os *meios jurídico-privados* de aquisição de bens, designadamente o contrato de compra e venda e a permuta de solos. São instrumentos nos quais a Administração aparece na veste de sujeito jurídico-privado no comércio de solos, não utilizando quaisquer prerrogativas substantivas de direito público.

Em segundo lugar, a *expropriação por utilidade pública* de solos urbanos, instituto que ocupa um lugar privilegiado na actual Lei dos Solos (cfr. os artigos 2.º, 4.º, 23.º, n.ᵒˢ 3 e 4, 42.º, 47.º, 48.º e 49.º).

Refira-se que, de harmonia com o que dispõem os n.ᵒˢ 2, 3 e 4 do artigo 14.º do Código das Expropriações de 1999 (aprovado pela Lei n.º 168/99, de 18 de Setembro), no caso de expropriações da iniciativa da administração local autárquica, para efeitos de concretiza-

---

[9] Como já referimos, o PNPOT indica como uma das *medidas prioritárias*, para "promover um desenvolvimento urbano mais compacto e policêntrico no Continente, contrariar a construção dispersa, estruturar a urbanização difusa e incentivar o reforço das centralidades intra-urbanas", "rever e actualizar a legislação dos solos, em coerência com os restantes regimes legais e fiscais e com os instrumentos de gestão do território, evitando a apropriação indevida de mais-valias resultantes da reclassificação do uso do solo ou da retenção e intermediação especulativa dos terrenos e aperfeiçoando os mecanismos de assumpção por parte dos promotores das externalidades geradas pelas novas urbanizações, quer sobre as infra-estruturas quer sobre a estrutura ecológica", a concretizar no período de 2007-2009.

ção de plano de urbanização ou plano de pormenor eficaz, a competência para a declaração de utilidade pública pertence à assembleia municipal. A deliberação deste órgão deve ser tomada por maioria dos membros em efectividade de funções e ser comunicada ao membro do Governo responsável pela área da administração local.

As disposições do Código de 1999 atributivas de competência à assembleia municipal para declarar a utilidade pública das expropriações da iniciativa da administração local autárquica que sejam necessárias à execução de um plano de urbanização ou de um plano de pormenor eficaz – as quais devem ser interpretadas em conjunção com o disposto no artigo 128.º do RJIGT, cujo n.º 1 determina que "a Administração pode expropriar os terrenos e edifícios que sejam necessários à execução dos planos municipais de ordenamento do território" – traduzem um claro reforço da autonomia dos municípios, enquanto titulares do dever de proceder à execução coordenada e programada dos planos municipais (cfr. o artigo 16.º, n.º 1, da LBPOTU e os artigos 118.º a 125.º do RJIGT), já que, graças a elas, passam a deter não só a iniciativa, mas também a competência para decidir o recurso à expropriação, enquanto instrumento jurídico de execução dos mencionados tipos de planos municipais de ordenamento do território [10].

Em terceiro lugar, *o direito de preferência urbanística* da administração nas transmissões, a título oneroso, entre particulares de terrenos ou de edifícios, cuja disciplina jurídica geral consta dos artigos 27.º e 28.º da Lei dos Solos e do Decreto n.º 862/76, de 22 de Dezembro.

De facto, o artigo 27.º da Lei dos Solos determina que "poderá ser concedido à Administração, por decreto, o direito de preferência nas transmissões por título oneroso, entre particulares, de terrenos ou edifícios situados nas áreas necessárias para a expansão, desenvolvimento ou renovação de aglomerados urbanos, ou para a execução de qualquer outro empreendimento de interesse público, em obediên-

---

[10] Cfr. a nossa obra *A Jurisprudência do Tribunal Constitucional sobre Expropriações por Utilidade Pública e o Código das Expropriações de 1999*, in RLJ, Ano 132.º, N.ºs 3908 e 3909, p. 327 e 328.

cia ao respectivo plano e nas condições a definir em decreto regulamentar" (n.º 1). E o n.º 2 do mesmo preceito estatui que "o direito de preferência pode ser conferido relativamente aos prédios existentes, na totalidade ou em parte da área abrangida por medidas preventivas ou pelo estabelecimento de uma zona de defesa e *contrôle* urbanos".

Um dos aspectos específicos do regime jurídico do *direito de preferência urbanística* é a possibilidade de o mesmo ser exercido com a declaração da não aceitação do preço convencionado, sendo a transmissão para o preferente feita pelo preço correspondente ao montante da indemnização por expropriação por utilidade pública. É o que resulta dos artigos 28.º da Lei dos Solos e, bem assim, dos n.ºˢ 2 a 4 do artigo 126.º do RJIGT e do artigo 92.º do Código das Expropriações de 1999.

É de grande utilidade referir este último preceito, dado que o Código das Expropriações de 1999 preocupou-se com a regulamentação da *aplicação subsidiária do processo de expropriação*, sempre que a lei o mande aplicar para determinar o valor de um bem, designadamente no caso de não aceitação do preço convencionado de acordo com o regime do *direito legal de preferência*. A disciplina jurídica estabelecida naquele preceito do Código das Expropriações está em consonância com o estatuído no mencionado artigo 28.º da Lei dos Solos, mas também com o estabelecido no artigo 126.º do RJIGT, onde se define o travejamento jurídico do *direito de preferência*, enquanto instrumento jurídico de execução dos planos. No referido artigo 126.º, determina-se, entre o mais, que o município tem preferência nas transmissões por título oneroso, entre particulares, de terrenos ou edifícios situados nas áreas do plano com execução programada (cfr. o n.º 1), que o direito de preferência pode ser exercido com a declaração de não aceitação do preço convencionado (cfr. o n.º 2), que, neste caso, o preço a pagar no âmbito da preferência será fixado nos termos previstos para o processo de expropriação litigiosa, com as necessárias adaptações, se o transmitente não concordar, por sua vez, com o oferecido pelo preferente (cfr. o n.º 3), e, por último, que o exercício do direito de preferência com a declaração de não aceitação do preço convencionado só é possível se o valor do terreno ou dos edifícios, de acordo com a avaliação efectuada por perito da lista oficial da escolha do preferente, for inferior em, pelo menos, 20% ao preço convencionado (cfr. o n.º 4 do artigo 126.º do RJIGT, que reproduz, nas suas linhas essenciais, o n.º 2 do artigo 92.º do Código das Expropriações)[11].

Os instrumentos jurídicos de aquisição de solos pela Administração compreendem, em quarto lugar, a *cedência obrigatória e gratuita* ao município de parcelas de terrenos no âmbito de vários institutos de direito do urbanismo. Assim sucede, desde logo, no domínio dos *loteamentos urbanos*.

No âmbito destes, interessa, desde logo, sublinhar que uma das novidades trazidas ao RJUE pela Lei n.º 60/2007, de 4 de Setembro, diz respeito ao regime das *cedências*, na medida em que estas – ao invés do que resultava do artigo 44.º, n.º 3, do RJUE, na versão anterior àquela lei, que determinava que as parcelas cedidas se integravam automaticamente no domínio público municipal com a emissão do alvará de loteamento – tanto podem ser feitas para o domínio público, como para o domínio privado do município [embora se deva entender que devem ser integradas no domínio público aquelas parcelas que, por força da lei, devam assumir um tal estatuto, ou aquelas que estejam associadas ao exercício de uma *função (predominantemente) pública* (*v. g.*, porque se destinam a um *uso público*, porque ficam afectas à *realização directa* de *fins administrativos* ou porque exercem uma

---

[11] Cfr. A nossa obra *A Jurisprudência do Tribunal Constitucional*, cit., in RLJ, Ano 133.º, N.º 3910, p. 12 e 13.

Sublinhe-se de que o Decreto-Lei n.º 105/96, de 31 de Julho, modela a faculdade que se encontra prevista no artigo 27.º da Lei dos Solos de concessão do direito de preferência à Administração nas transmissões a título oneroso, entre particulares, de "terrenos ou edifícios situados nas áreas necessárias para a expansão, desenvolvimento ou renovação de aglomerados urbanos", na medida em que torna desnecessária a menção expressa, por decreto, da atribuição do direito de preferência à Administração, bastando, para tal, a declaração de "área crítica de recuperação e reconversão urbanística" (cfr. o artigo 7.º do Decreto-Lei n.º 105/96).

função de *utilidade pública*, enquanto revelam aptidão para a satisfação de *necessidades colectivas*) [12-13].

De facto, nos termos do n.º 1 do artigo 44.º do RJUE, "o proprietário e os demais titulares de direitos reais sobre o prédio a lotear cedem gratuitamente ao município as parcelas para implantação de espaços verdes públicos e equipamentos de utilização colectiva e as infra-estruturas que, de acordo com a lei e a licença ou comunicação prévia, devam integrar o domínio municipal". Segundo o n.º 3 do mesmo artigo, no caso de a operação de loteamento estar sujeita a licenciamento, "as parcelas de terreno cedidas ao município integram-se no domínio municipal com a emissão do alvará", mas nas situações em que a operação de loteamento se encontrar sujeita a comunicação prévia, a integração das parcelas cedidas no domínio municipal será efectuada "através de instrumento próprio a realizar pelo notário privativo da câmara municipal", devendo esta "definir no momento da recepção as parcelas afectas aos domínios público e privado do município". Finalmente, de harmonia com o que dispõe o n.º 4 do mencionado artigo 44.º, se o prédio a lotear já estiver servido por infra-estruturas ou não se justificar a localização de qualquer equipamento ou espaço verde públicos no referido prédio, ou ainda nos casos em que, nos termos do n.º 4 do artigo 43.º, também do RJUE, os espaços verdes e de utilização colectiva, infra-estruturas viárias e equipamentos de natureza privada constituem partes comuns dos lotes resultantes da operação de loteamento e dos edifícios que neles venham a ser construídos (os quais se regem pelo disposto nos artigos 1420.º a 1438.º-A do Código Civil), não há lugar a qualquer cedência para esses fins, ficando, no entanto, o proprietário obrigado ao pagamento de uma compensação ao município, em numerário ou espécie, nos termos definidos em regulamento municipal.

---

[12] Cfr., sobre este ponto, FERNANDA PAULA OLIVEIRA, *A Alteração ao Regime Jurídico de Urbanização e Edificação*, cit., p. 66 e 67.

[13] Sobre o critério da dominialidade ou da publicidade das coisas, cfr., para mais desenvolvimentos, ANA RAQUEL MONIZ, *O Domínio Público*, cit., p. 280-302.

Também no caso de *reparcelameto do solo urbano* de acordo com as disposições do plano, ocorre uma *cedência obrigatória e gratuita* ao município de parcelas de terrenos. Com efeito, o artigo 133.º, alínea *c*), do RJIGT estabelece como um dos efeitos do licenciamento ou da aprovação da operação de reparcelamento a "transmissão para a câmara municipal, de pleno direito e livre de quaisquer ónus ou encargos, das parcelas de terrenos para espaços verdes públicos e de utilização colectiva, infra-estruturas, designadamente arruamentos viários e pedonais, e equipamentos públicos que, de acordo com a operação de reparcelamento, devam integrar o domínio público".

De igual modo, nas urbanizações realizadas com base na "associação entre a Administração e os proprietários do solo" tem lugar uma *cedência obrigatória e gratuita* ao município de parcelas de terrenos. Na verdade, conforme determina o artigo 14.º, n.º 2, do Decreto n.º 15/77, de 18 de Fevereiro, da *massa de concentração* (*Umlegungsmasse*) da totalidade dos terrenos devem ser retirados os terrenos necessários às infra-estruturas urbanísticas e às instalações de equipamento social, os quais ficarão a pertencer à Administração (que é, por via de regra, o município), sendo o respectivo custo suportado por todos os associados [14].

Finalmente, vamos encontrar a figura da *cedência obrigatória e gratuita* ao município de parcelas de terrenos no âmbito dos *sistemas de execução* dos planos, designadamente no domínio do *sistema de compensação*, e no âmbito dos *mecanismos de perequação compensatória* dos benefícios e encargos resultantes dos planos.

Assim, quanto ao primeiro, o artigo 122.º, n.º 1, do RJIGT determina que "no sistema de compensação a iniciativa de execução é dos particulares, que ficam obrigados a prestar ao município a compensação devida de acordo com as regras estabelecidas nos planos ou em regulamento municipal". E, no tocante aos segundos, já sabemos que um dos objectivos dos *mecanismos de perequação compensatória* é a disponibilização de terrenos e edifícios ao município para a implementação, instalação ou renovação de infra-estruturas, equipamentos

---

[14] Cfr., sobre este ponto, a nossa obra *O Plano Urbanístico*, cit., p. 631 e 632.

e espaços urbanos de utilização colectiva, designadamente zonas verdes, bem como para compensação de particulares nas situações em que tal se revele necessário [cfr. a alínea c) do artigo 137.º do RJIGT]. De acordo com este contexto, no mecanismo de perequação compensatória designado por *índice médio de utilização*, quando a edificabilidade do terreno for superior à média, o proprietário deverá, aquando da emissão do alvará, ceder para o domínio privado do município uma área com a possibilidade construtiva em excesso (cfr. o n.º 7 do artigo 139.º do RJIGT). Por sua vez, no mecanismo denominado *área de cedência média*, quando a área de cedência efectuada for inferior à cedência média, o proprietário terá de compensar o município em numerário ou espécie a fixar em regulamento municipal (cfr. o n.º 5 do artigo 141.º do mesmo diploma legal). Por último, no mecanismo de perequação compensatória apelidado *repartição dos custos de urbanização*, o pagamento dos custos de urbanização, relativos, designadamente, às infra-estruturas gerais e locais, pode realizar-se, por acordo com os proprietários interessados, mediante a cedência ao município, livre de ónus ou encargos, de lotes ou parcelas com capacidade *aedificandi* de valor equivalente (cfr. os n.ºˢ 2 e 3 do artigo 142.º do RJIGT).

A encerrar este ponto, queremos salientar que, no tocante aos instrumentos jurídicos de aquisição de solos por parte da Administração Pública, sobretudo com vista à constituição de reservas ou de bolsas de solos nas mãos de entes públicos, é manifesta a sua inaptidão para a consecução de um tal objectivo. Basta lembrar que, em Portugal, os proprietários não são obrigados a ceder à Administração, ao invés do que sucede em Espanha, uma percentagem (que, de acordo com a Lei n.º 8/2007, de 28 de Maio, *de Suelo*, não poderá ser inferior a 5%, nem superior a 15%) da edificabilidade média ponderada das acções de transformação urbanística – cedência essa que se destina ao património público de solo e é independente das cedências obrigatórias para infra-estruturas urbanísticas, espaços de utilização colectiva e equipamentos públicos [cfr. o artigo 47.º da Constituição espanhola, que determina que "a comunidade participará nas mais-valias geradas pela acção urbanística das entidades públicas", e, bem assim, os artigos 3.º, n.º 2, alínea b), 16.º, 33.º e 34.º da citada Lei n.º 8/2007, de 28 de Maio, de Suelo][15]. É bem de ver que a introdução de uma solução legislativa similar no nosso País possibilitaria aos entes públicos, sobretudo aos municípios, a constituição de uma reserva significativa de solos, com as inegáveis vantagens daí decorrentes e que um pouco mais acima tivemos ocasião de realçar[16].

38. A cedência pela Administração a terceiros da propriedade de terrenos ou do direito à sua utilização mediante a constituição do direito de superfície

Pretende-se neste número estudar os termos e as condições da cedência pela Administração a terceiros da propriedade de terrenos ou do direito à sua utilização mediante a constituição do direito de superfície.

De que terrenos se trata? Trata-se, de acordo com o n.º 1 do artigo 5.º da Lei dos Solos, na redacção do artigo 1.º do Decreto-Lei n.º 313/80, de 19 de Agosto, de terrenos já pertencentes à Administração ou que por ela venham a ser adquiridos, incluindo por expropriação, desde que destinados aos fins previstos no artigo 2.º daquela lei[17] ou a operações de renovação urbana, sempre que a realização dos

---

[15] Cfr. F. LÓPEZ RAMÓN, ob. cit., p. 160 e 161; S. GONZÁLEZ-VARAS IBÁÑEZ, ob. cit., p. 863 e segs.; e L. PAREJO ALFONSO/G. ROGER FERNÁNDEZ, Comentarios a la Ley de Suelo, cit., p. 87 e segs., 209 e segs. e 377-383.

[16] Cfr., sobre este ponto, a nossa obra Problemas Actuais do Direito do Urbanismo em Portugal, cit., p. 25.

[17] Os fins indicados no n.º 1 do artigo 2.º da Lei dos Solos são os seguintes: criação de aglomerados urbanos; expansão ou desenvolvimento de aglomerados urbanos com mais de 25 000 habitantes; criação e ampliação de parques industriais; criação e ampliação de espaços verdes urbanos de protecção e recreio; e recuperação de áreas degradadas, quer resultantes do depósito de desperdícios, quer da exploração de inertes.

Os terrenos necessários para estes fins podem ser expropriados pela Administração. E o n.º 2 do artigo 2.º determina que "pode ser mandado aplicar, por

correspondentes empreendimentos não venha a ser efectuada pela Administração. Estamos sempre, de qualquer modo, perante terrenos pertencentes ao domínio privado de entes públicos territoriais, dado que a utilização por particulares de terrenos do domínio público, que, por natureza, são inalienáveis, só pode ser permitida através do regime de concessão[18].

Ora, por vezes, aqueles terrenos podem ser cedidos a terceiros, em propriedade plena, ao passo que, outras vezes, apenas só pode ser cedido o direito à sua utilização mediante a constituição do direito de superfície.

38.1. *Cedência em propriedade plena*

Os terrenos acima referidos, incluídos no domínio privado da Administração, só podem ser alienados, em propriedade plena, a pessoas colectivas de direito público ou a empresas públicas (cfr. o artigo 5.º, n.º 1, da Lei dos Solos) e, bem assim, a entidades de direito privado, desde que os mencionados terrenos se integrem em áreas abrangidas por planos de urbanização legalmente aprovados (cfr. o artigo 5.º, n.º 2, da Lei dos Solos, na redacção dada pelo Decreto-Lei n.º 313/80, de 19 de Agosto)[19].

---

decreto, o regime do n.º 1 à expansão ou desenvolvimento de outros aglomerados urbanos, quando assim for deliberado pelos órgãos locais competentes ou quando o Governo o considere conveniente, nomeadamente para a execução de empreendimentos integrados em planos de âmbito nacional ou regional".

[18] Cfr. ANA RAQUEL MONIZ, *O Domínio Público: O Critério e o Regime da Dominialidade*, cit., p. 305 e segs.; A. PEREIRA DA COSTA, *ob. cit.*, pág. 61; e P. SIZA VIEIRA, *Solos Urbanos*, in A. DUARTE DE ALMEIDA [et al.], *Legislação Fundamental de Direito do Urbanismo, Anotada e Comentada*, cit., p. 25.

[19] As situações referenciadas no texto são as contempladas na Lei dos Solos. A elas há que acrescentar outras, em que é possível a cedência, em propriedade plena, de terrenos da Administração Pública. É o que sucede, por exemplo, com a alienação de terrenos de que é titular o Instituto de Gestão e Alienação do Património Habitacional do Estado (IGAPHE), por concurso público, a promotores de construção de habitações económicas, no âmbito do Programa de Construção

Só com a alteração operada pelo Decreto-Lei n.º 313/80, de 19 de Agosto, é que passou a ser possível a transmissão das propriedades de terrenos para os particulares, desde que os mesmos estejam abrangidos – diremos agora – por um plano municipal de ordenamento do território plenamente eficaz. Conforme sublinha P. SIZA VIEIRA, a ideia subjacente a esta possibilidade aberta por aquela alteração à versão originária do artigo 5.º da Lei dos Solos "é a de que, encontrando-se juridicamente conformado o tipo de aproveitamento urbanístico de que o solo é susceptível, e mercê da sanção estipulada no n.º 4 para a inércia do adquirente em dar início à construção, o interesse público no desenvolvimento e expansão urbanos se encontra assegurado"[20].

De facto, conforme determina o n.º 4 do artigo 5.º da Lei dos Solos, na escritura de transmissão será sempre fixado um prazo máximo para o início das construções a erigir, o qual não poderá ser ultrapassado, salvo caso de força maior ou outras circunstâncias estranhas aos interessados, sob pena da reversão dos terrenos à titularidade da Administração e à perda, por parte do proprietário, de 30% das quantias entregues a título de pagamento.

O n.º 3 do artigo 5.º da Lei dos Solos prescreve que a cedência de terrenos, em propriedade plena, a entidades de direito privado efectua-se por acordo directo ou por concurso, nos termos dos n.ºˢ 1 e 2 do artigo 29.º da mesma lei, para a cedência do direito de super-

---

de Habitações Económicas, disciplinado pelo Decreto-Lei n.º 164/93, de 7 de Maio, alterado pelo Decreto-Lei n.º 181/94, de 29 de Junho.

Registe-se que o Decreto-Lei n.º 243/2002, de 5 de Novembro, alterado pelo Decreto-Lei n.º 240/2003, de 4 de Outubro, procedeu à fusão do Instituto de Gestão e Alienação do Património Habitacional do Estado com o Instituto Nacional de Habitação (INH). Por sua vez, este instituto público foi transformado em Instituto da Habitação e da Reabilitação Urbana, I. P., sob a superintendência e tutela do Ministro do Ambiente, do Ordenamento do Território e do Desenvolvimento Regional [cfr. o artigo 5.º, n.º 1, alínea c), do Decreto-Lei n.º 207/2006, de 27 de Outubro], tendo o Decreto-Lei n.º 223/2007, de 30 de Maio, aprovado a respectiva orgânica e a Portaria n.º 662-M/2007, de 31 de Maio, aprovado os respectivos Estatutos.

[20] Cfr. ob. cit., p. 30.

fície. É esta uma norma que estabelece um determinado *procedimento para a escolha* do *co-contratante* da Administração (acordo directo ou concurso), mas que define também o perímetro de admissibilidade da cedência de terrenos em propriedade plena, tendo, assim, também um *carácter substantivo*. De facto, da remissão para os n.ºs 1 e 2 do artigo 29.º resulta que a cedência de terrenos em propriedade plena só pode fazer-se: aos promotores ou interessados na construção de edifícios ou instalações de interesse público, de empreendimentos relativos à habitação social e de edifícios para habitação própria, mediante acordo directo (artigo 29.º, n.º 1); e aos promotores ou interessados na construção de edifícios que fiquem sujeitos a fixação ou controle dos valores das rendas ou dos preços de venda, através de concurso.

Em face do que vem de ser referido, tem de concluir-se que a cedência de terrenos destinados a outros tipos de empreendimentos só poderá ocorrer através da constituição do direito de superfície e mediante o recurso a hasta pública (cfr. o artigo 29.º, n.º 3, da Lei dos Solos)[21].

O n.º 5 do artigo 5.º estabelece que, quando o terreno a ceder pertencer ao Estado, seus organismos autónomos e institutos públicos, a decisão de cedência dos terrenos, em propriedade plena, a entidades de direito privado cabe ao membro do Governo que tiver a seu cargo a área da habitação. Por sua vez, o n.º 6 do mesmo artigo prescreve que, quando o terreno pertencer a uma autarquia local, cabe à respectiva assembleia municipal deliberar sobre a cedência de terrenos, em propriedade plena, a entidades de direito privado.

Mas esta disposição da Lei dos Solos deve, hoje, ser interpretada em conjugação com o estatuído na Lei n.º 169/99, de 18 de Setembro (alterada e republicada pela Lei n.º 5-A/2002, de 11 de Janeiro), que estabelece o "quadro de competências e regime jurídico de funcionamento dos órgãos dos municípios e das freguesias". Assim, nos termos do artigo 53.º, n.º 2, alínea *i*), daquela lei, é da

---

[21] Cfr., sobre este ponto, P. Siza Vieira, *ob. cit.*, p. 30 e 31.

competência da assembleia municipal autorizar a câmara municipal a alienar bens imóveis de valor superior a 1 000 vezes o índice 100 das carreiras do regime geral do sistema remuneratório da função pública, fixando as respectivas condições gerais, podendo determinar, nomeadamente, a via da hasta pública. E, de harmonia com o que dispõe o artigo 64.º, n.º 1, alínea *f)*, da referida lei, compete à câmara municipal alienar bens imóveis de valor até 1 000 vezes o índice 100 das carreiras do regime geral do sistema remuneratório da função pública. Por sua vez, a alínea *g)* do n.º 1 do artigo 64.º da mesma lei determina que a câmara municipal tem competência para alienar em hasta pública, independentemente de autorização do órgão deliberativo (isto é, a assembleia municipal), bens imóveis de valor superior ao referido anteriormente, "desde que a alienação decorra da execução das opções do plano e a respectiva deliberação seja aprovada por maioria de dois terços dos membros em efectividade de funções".

38.2. *Cedência do direito à utilização de terrenos mediante a constituição do direito de superfície*

Fora dos casos analisados anteriormente, apenas pode ser cedido o direito à utilização dos terrenos do domínio privado da Administração Pública, mediante a constituição do direito de superfície. A disciplina jurídica do direito de superfície de que vamos tratar encontra-se nos artigos 5.º, 19.º, 20.º, 21.º, 29.º, 30.º e 31.º da Lei dos Solos e subsidiariamente nos artigos 1524.º a 1542.º do Código Civil.

É deveras importante referir o artigo 1527.º do Código Civil, onde se estatui que o direito de superfície constituído pelo Estado ou por pessoas colectivas públicas em terrenos do seu domínio privado fica sujeito a legislação especial e, subsidiariamente, às disposições daquele Código.

A cedência do direito à utilização de terrenos do domínio privado da Administração mediante a constituição do direito de superfície – uma figura jurídica que, na prática, é, hoje, bastante frequente no domínio da construção e da exploração de centros comerciais – constitui um importante estímulo à edificação, na medida em que, como salienta T.-RAMÓN FERNÁNDEZ, "facilita a disposição de terrenos a preços mais baixos, já que o proprietário não tem que despojar-se totalmente para sempre da sua titularidade dominial e permite a reincorporação futura na propriedade novamente consolidada dos aumentos de valor que o solo experimenta durante o período convencionado"[22]. De modo semelhante, S. GONZÁLEZ-VARAS IBÁÑEZ sublinha que "o direito de superfície é uma instituição jurídica viva e útil para o tráfico urbanístico actual, que convém que as entidades públicas tenham presente, pois [...] apresenta vantagens, como a de ser um mecanismo para conservar nas mãos públicas o solo e ao mesmo tempo facilitar a ampliação do parque de habitações de protecção pública, a de contribuir para conter os preços do solo edificável e para a recuperação e retenção das mais-valias urbanísticas por parte da comunidade, etc."[23].

Quanto ao *âmbito de aplicação* da cedência do direito à utilização de terrenos do domínio privado da Administração, mediante a

---

[22] Cfr. *Manual de Derecho Urbanístico*, cit., p. 206 e 207.

[23] Cfr. *ob. cit.*, p. 919. Este autor não deixa, porém, de referir, citando a Sentença do Tribunal Supremo de 24 de Março de 1992, que a assunção pelas Leis de Solo de 1956 e de 1976 da técnica jurídica do direito de superfície, enquadrada no capítulo dedicado ao fomento da edificação, "não ofereceu os resultados pretendidos, porque edificar em solo que, ao fim e ao cabo, é alheio não desperta demasiada confiança, sem dúvida porque as edificações actuais, sobretudo nas grandes cidades, materializam-se em grandes blocos de habitações de custo elevado e construídos pensando numa duração indefinida". Cfr. *ob. cit. e loc. cits.*.

No país vizinho, a *Ley de Suelo* n.º 8/2007 reformulou, nos seus artigos 35.º e 36.º, inseridos no Título V, dedicado à função social da propriedade e gestão do solo, o regime do direito de superfície, com vista a superar a deficiente situação normativa actual deste direito e a favorecer a sua operatividade, para facilitar o acesso dos cidadãos à habitação e, com carácter geral, diversificar e dinamizar as ofertas no mercado imobiliário. Cfr., para mais desenvolvimento, S. GONZÁLEZ-VARAS IBÁÑEZ, *ob. cit.*, p. 916-926, e L. PAREJO ALFONSO/G. ROGER FERNÁNDEZ, *Comentarios a la Ley de Suelo*, cit., p. 384-388.

constituição do direito de superfície, ele resulta claro do que se disse atrás a propósito da cedência dos mesmos terrenos em propriedade plena.

No que respeita ao *procedimento de escolha do co-contratante* da Administração Pública, rege, como já sabemos, o artigo 29.º da Lei dos Solos. O n.º 1 refere que é cedido o direito de superfície, mediante *acordo directo* com os respectivos promotores ou interessados, sobre terrenos destinados a edifícios ou instalações de interesse público, a empreendimentos relativos a habitação social e a edifícios para habitação própria, ainda que em regime de propriedade horizontal. Por seu lado, o n.º 2 do mesmo preceito determina que é cedido, *por concurso*, o direito de superfície sobre terrenos destinados a edifícios cujos fogos fiquem sujeitos a fixação ou controle dos valores das rendas ou dos preços de venda. Por fim, o n.º 3 do mencionado artigo estatui que o direito de superfície sobre terrenos destinados aos restantes empreendimentos será cedido mediante hasta pública.

Aspecto importante do regime do *direito de superfície* constituído pela Administração é, contrariamente ao direito de superfície disciplinado pelo Código Civil, o seu carácter *temporário*. O prazo nunca é inferior a cinquenta anos, sendo estabelecido em função das características dos edifícios a erigir, do período necessário para a amortização do capital a investir neles e da sua adequada remuneração (cfr. o artigo 19.º, n.º 1, da Lei dos Solos). Mas no caso de cedência de direito de superfície a cooperativas previstas no artigo 4.º do Decreto n.º 182/72, de 30 de Maio, ou para construção de habitação própria, ainda que em regime de propriedade horizontal, o prazo mínimo é de setenta anos (cfr. o n.º 2 do artigo 19.º). O prazo do direito de superfície é fixado no acto de constituição, podendo ser prorrogado pelos períodos que forem convencionados, salvo nos casos em que o superficiário renuncie expressamente à prorrogação. E na falta de convenção sobre o período de prorrogação, entende-se que ela se opera por um período igual a metade do prazo inicial, salvo nos casos em que a Administração, findo o prazo, necessitar do terreno para obras de renovação urbana ou outro fim de interesse público (cfr. os n.ᵒˢ 3 e 4 do artigo 19.º da Lei dos Solos).

Todavia, no que respeita aos *parques industriais*, o prazo do direito de superfície é de dez anos, sendo renovável, uma ou mais vezes, por períodos não superiores ao inicial, nem inferiores a um ano, por vontade do superficiário (cfr. o artigo 3.º do Decreto-Lei n.º 382/76, de 20 de Maio) [24].

Assume grande relevo no travejamento jurídico do direito de superfície constituído pela Administração sobre terrenos do seu domínio privado a fixação de *prazos* para o *início* e a *conclusão* das construções a erigir e a adopção das providências que se mostrem adequadas para evitar a especulação na alienação do direito. Para este último efeito, pode convencionar-se, designadamente, a proibição da alienação do direito durante certo prazo e a sujeição da mesma a autorização da Administração.

Além disso, a Administração goza sempre do direito de preferência, em primeiro grau, na alienação do direito por acto inter-vivos e na adjudicação em liquidação e partilha da sociedade, sendo anuláveis os actos praticados sem que haja sido facultado o exercício do direito de preferência (cfr. o artigo 20.º, n.ᵒˢ 1 a 4, da Lei dos Solos).

No tocante aos *preços* a pagar pelo superficiário, a lei não estabelece princípios rígidos, limitando-se a estabelecer que "o direito de superfície pode ser cedido contra o pagamento de uma quantia determinada ou de prestações periódicas" (cfr. o artigo 21.º da Lei dos Solos). Nos casos em que o preço for pago em prestações periódicas, será o mesmo revisto, salvo estipulação em contrário, sempre que se verifique alteração das condições de aproveitamento do terreno, por modificação das normas regulamentares do plano de ocupação do solo (cfr. o n.º 2 do artigo 21.º da mesma lei).

Ainda no que tange aos *preços*, a lei preocupa-se em determinar que, quando se trate de terrenos destinados a edifícios ou instalações de interesse público, a empreendimentos relativos a habitação social,

---

[24] Cfr., sobre este ponto, A. PEREIRA DA COSTA, *ob. cit.*, p. 62 e 63.

a edifícios para habitação própria, ainda que em regime de propriedade horizontal, e a edifícios cujos fogos fiquem sujeitos a fixação ou controle dos valores das rendas ou dos preços de venda, os mesmos não sejam lucrativos para a Administração, mandando atender aos custos de aquisição, acrescidos dos custos dos estudos e da realização dos trabalhos de urbanização e dos inerentes encargos, calculados em relação a toda a zona (cfr. o artigo 30.º, n.º 1, da Lei dos Solos). Os preços de cedência dos direitos sobre aqueles terrenos podem, contudo, variar, relativamente, entre si, em função das finalidades e dos objectivos específicos dos respectivos empreendimentos (cfr. o n.º 2 do artigo 30.º da referida lei).

Relativamente aos parques industriais, o preço é actualizado de cinco em cinco anos, de acordo com portaria do membro do Governo que tiver a seu cargo a indústria (cfr. o artigo 2.º, n.ºs 3 e 4, do Decreto-Lei n.º 382/76, de 20 de Maio).

Constata-se, assim, no que concerne aos *preços* a pagar pelo superficiário, que o legislador teve uma preocupação na sua contenção, procurando incentivar a constituição do direito de superfície e sendo sensível ao relevo social dos fins a que o mesmo se aplica, designadamente a construção de habitações destinadas a camadas da população economicamente mais carenciadas [25].

Importa, por último, referir a *extinção* do direito de superfície. Os *casos* de extinção do direito de superfície são os seguintes: o decurso do prazo; se o superficiário não concluir a obra dentro do prazo fixado ou, na falta de fixação de prazo, dentro do prazo de dez anos; se, destruída a obra, o superficiário não a reconstruir nos mesmos prazos, a contar da destruição; pela reunião na mesma pessoa do direito de superfície e do direito de propriedade; pelo desaparecimento ou inutilização do solo; e por expropriação por utilidade pública do direito de superfície (cfr. o artigo 1536.º do Código Civil) [26].

Sendo o direito de superfície temporário, o proprietário do solo adquire a propriedade da obra implantada pelo superficiário logo que

---

[25] Cfr. A. PEREIRA DA COSTA, *ob. cit.*, p. 63.
[26] Cfr. A. PEREIRA DA COSTA, *ob. cit.*, p. 64.

expire o prazo, tendo o superficiário direito a uma indemnização, calculada segundo as regras do enriquecimento sem causa (cfr. o artigo 1538.º do Código Civil). Mas as partes poderão acordar sobre o direito de indemnização pela extinção do direito de superfície, seja pelo decurso do prazo, seja por outra razão, conforme preceitua o n.º 3 do artigo 21.º da Lei dos Solos[27].

---

[27] Cfr. A. PEREIRA DA COSTA, ob. e loc. cits., e P. SIZA VIEIRA, ob. cit., p. 56.

ÍNDICE GERAL

NOTA PRÉVIA À 4.ª EDIÇÃO 5
NOTA PRÉVIA À 3.ª EDIÇÃO 7
NOTA PRÉVIA À 2.ª EDIÇÃO 9
NOTA PRÉVIA 11
ABREVIATURAS 13
BIBLIOGRAFIA PRINCIPAL 15

INTRODUÇÃO

§ 1.º
CARACTERIZAÇÃO GERAL DO DIREITO DO URBANISMO

1. **Noção e evolução histórica do urbanismo** 25
   1.1. *O urbanismo como facto social* 26
   1.2. *O urbanismo como técnica. Evolução histórica das principais técnicas urbanísticas* 37
       1.2.1. *O alinhamento* 38
       1.2.2. *A expansão e a renovação urbanas* 39
       1.2.3. *O zonamento* 48
       1.2.4. *A cidade-jardim* 49
       1.2.5. *A cidade linear* 51
       1.2.6. *O regionalismo urbanístico* 51
       1.2.7. *O plano urbanístico e o funcionalismo racionalista* 52
       1.2.8. *As novas cidades* 54
   1.3. *O urbanismo como ciência* 57
   1.4. *O urbanismo como política* 62

2. **Conceito, objecto, natureza, traços particulares, autonomia didáctica e importância do estudo do direito do urbanismo** 63
   2.1. *Conceito* 63
   2.2. *Objecto* 66
   2.3. *Natureza* 69

2.4. *Traços particulares* 69
2.5. *Autonomia didáctica e importância do estudo do direito do urbanismo* 71

3. **O direito do urbanismo e outras disciplinas jurídicas afins** 72
   3.1. *O direito do urbanismo e o direito do ordenamento do território. Critérios de distinção* 72
      3.1.1. O critério do âmbito territorial de aplicação 78
      3.1.2. O critério da contraposição direito-política 80
      3.1.3. O critério dos instrumentos jurídicos 83
      3.1.4. O critério da eficácia jurídica das normas 89
      3.1.5. Posição adoptada 92
   3.2. *O direito do urbanismo e o direito do ambiente. Posições doutrinárias elucidativas das suas relações* 100
      3.2.1. O direito do ambiente como uma parte integrante do direito do urbanismo 101
      3.2.2. O direito do urbanismo como um capítulo do direito do ambiente 104
      3.2.3. O direito do ambiente e o direito do urbanismo como duas disciplinas jurídicas autónomas, embora estreitamente conexas 105

4. **Constituição e direito do urbanismo** 115
   4.1. *A constitucionalização do direito* 115
   4.2. *Noção e evolução da "constituição do urbanismo"* 119
   4.3. *A "constituição do urbanismo" e a "constituição administrativa"* 132
   4.4. *As regras e princípios constitucionais do direito do urbanismo* 136
      4.4.1. A distinção e a íntima relação entre o direito do urbanismo e o direito do ordenamento do território 137
      4.4.2. A distinção e a estreita conexão entre o direito do urbanismo e o direito do ambiente 137
      4.4.3. O direito do urbanismo e o direito fundamental à habitação 138
      4.4.4. O urbanismo como uma tarefa ou uma função pública 140
      4.4.5. O urbanismo como um espaço de condomínio de interesses estaduais, regionais e locais 142
      4.4.6. O princípio da colaboração entre vários sujeitos de direito público na formação e execução dos planos territoriais 145
      4.4.7. O direito de participação dos interessados na elaboração dos planos e, em geral, na actividade urbanística da Administração Pública 147
      4.4.8. Os princípios da justa ponderação e da superação dos conflitos de interesses coenvolvidos nos planos 148
      4.4.9. O princípio da publicidade dos planos 149
      4.4.10. Os princípios da legalidade e da proporcionalidade dos planos 151
      4.4.11. Os planos e o princípio da igualdade 153
      4.4.12. O princípio da conjugação ou da harmonização entre as normas dos planos 154

4.4.13. A garantia constitucional do direito de propriedade privada dos solos e o princípio da intervenção da Administração Pública nos solos 156
4.4.14. O direito do urbanismo e o princípio constitucional da indemnização 157
4.4.15. Outros direitos e garantias constitucionais dos particulares perante a actividade urbanística da Administração Pública 163
4.5. *A "constituição do urbanismo" na jurisprudência do Tribunal Constitucional* 170
4.6. *Continuidade e mudança da "constituição do urbanismo"* 179

§ 2.º
FORMAÇÃO E EVOLUÇÃO HISTÓRICA
DO DIREITO DO URBANISMO

5. **Principais etapas da formação e evolução histórica do direito do urbanismo nos vários países europeus** 183
   5.1. *Manifestações jurídico-urbanísticas no Direito Romano* 183
   5.2. *O direito do urbanismo na Idade Média* 185
   5.3. *O direito do urbanismo no período do Renascimento* 187
   5.4. *O direito do urbanismo na época do Estado de Polícia* 189
   5.5. *O direito do urbanismo no Estado de Direito Liberal* 190
   5.6. *O direito do urbanismo no Estado de Direito Social* 196

6. **Linhas gerais da formação e evolução histórica do direito do urbanismo em Portugal** 203
   6.1. *Da Baixa Idade Média aos fins do Século XIX* 205
   6.2. *Evolução do direito do urbanismo no Século XX e inícios do Século XXI* 208

§ 3.º
ORGANIZAÇÃO ADMINISTRATIVA
DO URBANISMO

7. **Princípios fundamentais da organização administrativa do urbanismo** 215

8. **Entidades, órgãos e serviços com atribuições e competências no domínio do urbanismo** 221
   8.1. *Órgãos e serviços da administração directa do Estado* 221
       8.1.1. Governo 222
       8.1.2. Ministro do Ambiente, do Ordenamento do Território e do Desenvolvimento Regional 224

  8.1.3. *Direcção-Geral do Ordenamento do Território e Desenvolvimento Urbano (DGOTDU)* 227
  8.1.4. *Comissões de Coordenação e Desenvolvimento Regional* 229
 8.2. **Instituto da Habitação e da Reabilitação Urbana, I. P.** 234
 8.3. **Órgãos e serviços dos municípios** 238
  8.3.1. *Assembleia municipal* 240
  8.3.2. *Câmara municipal* 241
  8.3.3. *Presidente da câmara municipal* 242
 8.4. **Órgãos e serviços das áreas metropolitanas** 244
 8.5. **Órgãos e serviços das comunidades intermunicipais de direito público** 247
 8.6. **Entidades empresariais** 252

PARTE I
AS REGRAS DE OCUPAÇÃO, USO E TRANSFORMAÇÃO DO SOLO

CAPÍTULO I
NORMAS LEGAIS SOBRE UTILIZAÇÃO DO SOLO

9. **Regime jurídico da Reserva Agrícola Nacional (RAN)** 263
10. **Disciplina jurídica da Reserva Ecológica Nacional (REN)** 267
11. **Disciplina jurídica da rede nacional de áreas protegidas** 280
12. **Regime jurídico da Rede Natura 2000** 294
13. **Regime de ocupação, uso e transformação do solo na faixa costeira** 301
14. **Regime das áreas florestais** 307
15. **Servidões administrativas e restrições de utilidade pública** 324
 15.1. *Conceito* 324
 15.2. *Constituição das servidões administrativas* 327
 15.3. *Classificação das servidões administrativas* 329
 15.4. *As servidões administrativas e as restrições de utilidade pública e os planos* 331
 15.5. *Indemnização das servidões administrativas e das restrições de utilidade pública* 332

CAPÍTULO II
REGIME JURÍDICO DOS INSTRUMENTOS DE GESTÃO TERRITORIAL

16. A planificação territorial no contexto geral da planificação administrativa 346
    16.1. *Significado geral da planificação administrativa* 346
    16.2. *Diversidade de planos administrativos* 349
    16.3. *Conceito de plano administrativo* 361

17. Funções dos planos 363
    17.1. *Inventariação da realidade ou da situação existente* 363
    17.2. *Conformação do território* 366
    17.3. *Conformação do direito de propriedade do solo* 366
    17.4. *Gestão do território* 368

18. Tipologia dos planos 369
    18.1. *Classificação com base no critério da finalidade* 370
    18.2. *Classificação segundo o âmbito espacial de aplicação* 376
    18.3. *Classificação com base no grau analítico das previsões* 380
    18.4. *Classificação com base na eficácia jurídica* 384

19. Procedimento de formação dos planos 391
    19.1. *A colaboração entre vários sujeitos de direito público na formação dos planos* 392
    19.2. *A avaliação ambiental estratégica dos planos* 414
        19.2.1. *Conceito e justificação da avaliação ambiental de planos e programas* 414
        19.2.2. *Âmbito de aplicação da avaliação ambiental de planos e programas* 420
        19.2.3. *Procedimento e conteúdo da avaliação ambiental de planos e programas* 429
        19.2.4. *Articulação do procedimento de avaliação ambiental de planos e programas com outros procedimentos* 439
        19.2.5. *Avaliação ambiental de planos e programas e os princípios da "boa governação"* 441
    19.3. *A participação dos interessados na elaboração dos planos* 445
        19.3.1. *Os problemas gerais da participação dos interessados no procedimento de elaboração dos planos* 445
        19.3.2. *Os problemas específicos da iniciativa dos particulares e da contratação nos procedimentos de planeamento* 469
    19.4. *A justa ponderação e a superação dos conflitos de interesses coenvolvidos nos planos* 483
        19.4.1. *Ponderação entre os interesses públicos e privados colidentes. Remissão* 492

19.4.2. *Ponderação dos interesses públicos entre si* 492
19.4.3. *Ponderação dos interesses privados entre si* 493

20. **As relações entre os planos e a conjugação ou harmonização entre as respectivas normas** 496
    20.1. *Os princípios regentes das relações entre as normas dos planos* 496
    20.2. *As relações entre os vários tipos de planos territoriais* 504
    20.3. *Os instrumentos ou mecanismos de prevenção e de resolução dos conflitos ou das colisões de normas dos planos* 522

21. **Medidas cautelares dos planos especiais e municipais de ordenamento do território** 530
    21.1. *Medidas preventivas* 531
    21.2. *A suspensão de concessão de licenças* 551

22. **A dinâmica dos planos: a alteração, a rectificação, a revisão e a suspensão dos planos** 564
    22.1. *A estabilidade e a mudança dos planos territoriais* 564
    22.2. *A alteração dos planos* 567
    22.3. *A rectificação dos planos* 587
    22.4. *A revisão dos planos com eficácia plurisubjectiva* 587
    22.5. *A suspensão dos planos* 591
    22.6. *As consequências indemnizatórias da alteração, revisão ou suspensão dos planos com eficácia plurisubjectiva. Remissão* 602

23. **Natureza jurídica dos planos** 602
    23.1. *Natureza jurídica dos planos sem eficácia plurisubjectiva* 602
    23.2. *Natureza jurídica dos planos com eficácia plurisubjectiva* 603
        23.2.1. *Posições doutrinárias* 606
            a) O plano urbanístico como um acto administrativo individual e concreto 606
            b) O plano como um acto administrativo geral 608
            c) O plano como regulamento administrativo 609
            d) O plano como um acto misto 614
            e) O plano como um instituto *"sui generis"*, insusceptível de ser enquadrado nas formas típicas de actuação da Administração Pública 617
        23.2.2. *Posição adoptada* 618
            a) A dificuldade de enquadramento do plano nas formas tradicionais dos actos jurídicos da Administração Pública 618
            b) O carácter heterogéneo do conteúdo dos planos 620
            c) A natureza essencialmente normativa da "parte regulamentar" dos planos dotados de eficácia plurisubjectiva 639

24. **A discricionaridade de planeamento e os princípios jurídicos estruturais dos planos** 644
   24.1. *A discricionaridade de planeamento* 644
   24.2. *Os princípios jurídicos estruturais dos planos* 649
      24.2.1. *O princípio da legalidade. As suas expressões mais relevantes* 649
         a) A homogeneidade da planificação 649
         b) A tipicidade dos planos 649
         c) O desenvolvimento urbanístico em conformidade com o plano e a obrigação de planificação 652
         d) A definição pela lei da competência para a elaboração e a aprovação dos planos e do procedimento para a sua formação.... 666
         e) A determinação pela lei de um regime particular para certos tipos de bens 666
         f) A fixação pela lei de *standards urbanísticos* 668
         g) O dever de fundamentação do plano 672
         h) A proibição de planos meramente negativos 673
         i) A obrigação da unidade externa do plano 674
         j) A obrigação de clareza do plano 675
         l) A obrigação da consideração pelo plano das circunstâncias concretas 675
      24.2.2. *Os princípios da hierarquia, da contra-corrente e da articulação* 676
      24.2.3. *Os princípios da justa ponderação e da superação dos conflitos de interesses coenvolvidos nos planos* 676
      24.2.4. *O princípio da garantia constitucional do direito de propriedade privada* 677
      24.2.5. *O princípio da separação das utilizações urbanisticamente incompatíveis* 681
      24.2.6. *O princípio da proporcionalidade em sentido amplo ou da "proibição do excesso" e o princípio da igualdade* 682

25. **Violação dos planos** 684
   25.1. *A violação das disposições dos planos por outros planos* 684
   25.2. *A violação das disposições dos planos pelos actos administrativos de gestão urbanística* 686
   25.3. *A violação das disposições dos planos por actos materiais de realização de operações urbanísticas* 692

26. **O contencioso dos planos** 700
   26.1. *Considerações gerais* 700
   26.2. *O contencioso dos planos dotados de eficácia plurisubjectiva* 707
   26.3. *O contencioso dos planos sem eficácia plurisubjectiva* 726

CAPÍTULO III
OS PLANOS URBANÍSTICOS E O PRINCÍPIO DA IGUALDADE

27. As dimensões de relevância do princípio da igualdade na planificação plurisubjectiva... 729

28. A perequação compensatória dos benefícios e encargos resultantes dos planos municipais.. 738

29. O carácter subsidiário da indemnização em relação aos mecanismos de perequação compensatória.. 761

30. Os casos especiais de indemnização dos danos resultantes dos planos directa e imediatamente vinculativos dos particulares: as "expropriações do plano" 764

PARTE II
DIREITO E POLÍTICA DE SOLOS

CAPÍTULO I
REGIME URBANÍSTICO DA PROPRIEDADE DO SOLO

31. A garantia constitucional do direito de propriedade privada.... 799
    31.1. *A dupla garantia do direito de propriedade privada: a garantia institucional e a garantia individual* 799
    31.2. *Diferenciação do conceito de propriedade*................................. 804
    31.3. *Definição do conteúdo e limites do direito de propriedade pela lei* 807
    31.4. *A função, vinculação ou obrigação social da propriedade privada* 810

32. Aspectos particulares da vinculação social da propriedade do solo 815

33. Efeitos do plano urbanístico sobre o direito de propriedade do solo.. 822

34. O conteúdo urbanístico da propriedade do solo. O direito de propriedade privada do solo e os "direitos" de "urbanizar", de "lotear" e de "edificar" (*"jus aedificandi"*)......................... 830
    34.1. *A tese do "jus aedificandi" como uma componente essencial do direito de propriedade do solo*.. 832
    34.2. *A tese do "jus aedificandi" como uma faculdade jurídico-pública atribuída pelo ordenamento urbanístico, em especial pelo plano....* 847

CAPÍTULO II
A INTERVENÇÃO DA ADMINISTRAÇÃO PÚBLICA NOS SOLOS

35. Necessidade, conceito, pressupostos e objectivos de uma política de solos 857
36. Mecanismos de intervenção da Administração Pública nos solos 863
37. Mecanismos de intervenção (cont.). Instrumentos jurídicos de aquisição de solos pela Administração Pública 869
38. A cedência pela Administração a terceiros da propriedade de terrenos ou do direito à sua utilização mediante a constituição do direito de superfície 876
   38.1. *Cedência em propriedade plena* 877
   38.2. *Cedência do direito à utilização de terrenos mediante a constituição do direito de superfície* 880